国家出版基金项目
NATIONAL PUBLICATION FOUNDATION

大清律例源流辑校

《大清律例》《大清现行刑律》合编

附《大清现行刑律案语》《核订现行刑律》

中册

陈颐 洪佳期 点校

法律出版社
LAW PRESS · CHINA
北京

总　目

上　册

中　册

下　册

中 册 目 录

[5]兵律

6 刑律

5 兵律

5.13 宫卫 / 13 宫卫

5.13.183 太庙门擅入 / 13.157 太庙门擅入

律文 · 修改

大清律例	现行刑律
5.13.183.1 凡无故擅入太庙门及山陵兆域门者,杖一百;太社门,杖九十。但至门未过门限者,各减一等。守卫官故纵者,各与犯人同罪;失觉察者,减三等。	13.157.1 凡无故擅入太庙门及山陵兆域门者,处十等罚;太社门,处九等罚。但至门未过门限者,各减一等。守卫官故纵者,各与犯人同罪;失觉察者,减三等。

现行刑律案语

原律(略)

臣等谨按:此仍《明律》。律内杖罪照章改为罚金,均依数分等处罚。谨将修改律文,开列于后。

〇修改(略)

5.13.184 宫殿门擅入 / 13.158 宫殿门擅入

律文 · 修改

大清律例	现行刑律
5.13.184.1 凡擅入紫禁城午门、东华、西华、神武门及禁苑者,各杖一百。擅入宫殿门,杖六十、徒一年。擅入御膳所及御在所者,绞。监候。未过门限者,各减一等。称御者,太皇太后、皇太后、皇后并同。〇5.13.184.2 若无门籍,冒他人	13.158.1 凡擅入紫禁城午门、东华、西华、神武门及禁苑者,各处十等罚。擅入宫殿门,徒一年。擅入御膳所及御在所者,绞。监候。未过门限者,各减一等。称御者,太皇太后、皇太后、皇后并同。〇13.158.2 若无门籍,冒他人名籍

名籍而入者,兼已入、未过,罪亦如之。○5.13.184.3其应入宫殿宿值之人,未着门籍而入,或当下值而辄入,及宿次未到虽应入未到,班次,越次而辄宿者,各笞四十。○5.13.184.4若不系宿卫应值合带兵仗之人,但持寸刃入宫殿门内者,绞。监候。不言未入门限者,以须入门内乃坐。入紫禁城门内者,杖一百,发边远充军。○5.13.184.5门官及宿卫官军故纵者,各与犯人同罪。至死减一等。失觉察者,官减三等,罪止杖一百;军又减一等。并罪坐值日者。通指军言。余官与条准此。

而入者,兼已入、未过。罪亦如之。○13.158.3其应入宫殿宿值之人,未着门籍而入,或当下值而辄入,及宿次未到虽应入班次,未到越次。而辄宿者,各处四等罚。○13.158.4若不系宿卫应值合带兵仗之人,但持寸刃入宫殿门内者,绞。监候。不言未入门限者,以须入门内乃坐。入紫禁城门内者,流三千里。○13.158.5门官及宿卫官军故纵者,各与犯人同罪。至死减一等。失觉察者,官减三等,罪止十等罚;军又减一等。并罪坐值日者。通指官与军言。余条准此。

现行刑律案语

原律(略)

臣等谨按:此仍《明律》,顺治三年〔1646〕、雍正三年〔1725〕两次修改。现在笞、杖改为罚金,均应依数分等处罚;边远充军应照章改为满流;徒、流附杖应节删。谨将修改律文,开列于后。

○修改(略)

条例·删除

大清律例

5.13.184.(1)〔太监等进殿当差遗金刃之物未曾带出〕

一、太监等进殿当差,如遗金刃之物未经带出者,枷号一年,满日责四十板,罚当下贱差使。如遗失零星物件,交总管责四十板,仍在本处当差。

现行刑律案语

○删除

原例(略)

臣等谨按:此条系嘉庆十三年〔1808〕定例。查太监犯一应罪名必须徒、流以上,方行送部审办。其枷责轻罪,向由慎刑司自行决罚,内务府有定制可循,似毋庸列于通常刑律之内,致形罣漏。拟即删除。

大清律例

5.13.184.(2)〔擅入禁湖及有溺毙或赴溺获救〕

一、绣漪桥以北昆明湖内，除官民人等擅入游玩，及故纵、失察之官军，照擅入紫禁城禁苑律分别治罪外，如有溺毙人命，即将本段堆拨值班弁兵杖一百、枷号一个月，左右附近二所堆拨值班弁兵杖八十、枷号二十日。若赴溺之人，被弁兵实时拿获，或于溺水时捞救得生，弁兵免其治罪，将赴溺之人严行审讯。仅止因贫因病，并无别故，枷号半年，杖一百，发往伊犁当差。如另有重情，仍各依本律例从其重者论。

现行刑律案语

○删除

原例(略)

臣等谨按：绣漪桥为清漪园南界，系昆明湖泄水处。乾隆年间设战船于湖中，令香山健锐营按期水操，当日艨艟出入，楼橹纵横，盖即以横海之军容，为离宫之宿卫，故昆明湖南不设园墙，而湖堤东西间有人民游览。其后停止水操，警卫稍疏，绣漪桥北、昆明湖中，遂有人民赴溺之事，因时设禁，不得不然，此本条例文之所由来也。今则就清漪园旧制，葺为颐和园，昆明湖之东西，绣漪桥之迤南，皆缭以垣墙，宿以禁旅，翠华临幸，拱卫森严，不独绣漪桥以北，官民不能擅入，即桥南之浮梁，非御舟经过，从不轻启，是昆明湖中决无人民赴水之虑。此例无关引用，拟请删除。

5.13.185 宿卫守卫人私自代替 / 13.159 宿卫守卫人私自代替

律文·修改

大清律例

5.13.185.1 凡宫禁宿卫，及紫禁城皇城门守卫人，应值不值者，笞四十。以应宿卫、守卫人（下值之人。）私自代替，及替之人，各杖六十。以不系宿卫、守卫人冒名私自代替，及替之人，各杖一百。官员各加一等。○5.13.185.2 若在值而逃者，罪亦如之。（应值不值之罪，官员加等。）○5.13.185.3 京城门，减一等；各处城门，又减一等。亲管头目知而故纵者，各与犯人同罪；失觉察者，减三等。有故而赴所管告知者不坐。

现行刑律

13.159.1 凡宫禁宿卫，及紫禁城皇城门守卫人，应值不值者，处四等罚。以应宿卫、守卫人（下值之人。）私自代替，及替之人，各处六等罚。以不系宿卫、守卫人冒名私自代替，及替之人，各处十等罚。官员各加一等。○13.159.2 若在值而逃者，罪亦如之。（应值不值之罪，官员加等。）京城门，减一等；各处城门，又减一等。亲管头目知而故纵者，各与犯人同罪；失觉察者，减三等。有故而赴所管告知者不坐。

现行刑律案语

原律(略)

臣等谨按：此仍《明律》，雍正三年〔1725〕修改。律内笞、杖罪名照章罚金，均应依数分等处罚。谨将修改律文，开列于后。

〇修改(略)

5.13.186从驾稽违／13.160从驾稽违

律文·修改

大清律例	现行刑律
5.13.186.1凡(巡幸)应(扈)从车驾之人，违(原定之)期不到，及从而先回还者，一日笞四十，每三日加一等，罪止杖一百。职官有犯，各加一等。(罪止杖六十、徒一年。)〇5.13.186.2若从车驾行而逃者，杖一百，发边远充军；职官，绞。(监候。)〇5.13.186.3亲管头目故纵(不到、先回、在逃)者，各与犯人同罪；(至死减一等。)失觉察者，减三等，罪止杖一百。	13.160.1凡(巡幸)应(扈)从车驾之人，违(原定之)期不到，及从而先回还者，一日处四等罚，每三日加一等，罪止十等罚。职官有犯，各加一等。(罪止徒一年。)〇13.160.2若从车驾行而逃者，流三千里；职官，绞。(监候。)〇13.160.3亲管头目故纵(不到、先回、在逃)者，各与犯人同罪；(至死减一等。)失觉察者，减三等，罪止十等罚。

现行刑律案语

原律(略)

臣等谨按：此仍《明律》，雍正三年〔1725〕修改，乾隆五年〔1740〕删定。律内笞、杖照章罚金，均应依数分等处罚；“边远充军”应照章改为“流三千里”；小注徒罪附杖，应节删。谨将修改律文、律注，开列于后。

〇修改(略)

条例·删除

大清律例

5.13.186.(1)〔旗人随车驾行而脱逃〕

一、凡八旗正身随车驾行而脱逃者，发黑龙江等处当差。官马盘费，照数追缴。

满汉通行刑律

〇删除

谨按：此条系旗兵随驾脱逃之例，乃旧时办法。现在旗人一经脱逃，即应销档，自当按照本律治罪。此例无关引用，似应删除。

5.13.187 直行御道 / 13.161 直行御道

律文・修改

大清律例	现行刑律
5.13.187.1 凡午门外御道至御桥，除侍卫官军导从车驾出入，许于东西两旁行走外，其余文武百官、军民人等，（非侍卫导从）无故于上直行，及辄度御桥者，杖八十。若于宫殿中直行御道者，杖一百。守卫官故纵者，各与犯人同罪；失觉察者，减三等。若于御道上横过，系一时经行者，不在禁限。（在外衙门龙亭、仪杖已设而直行者，亦准此律科断。）	13.161.1 凡午门外御道至御桥，除侍卫官军导从车驾出入，许于东西两旁行走外，其余文武百官、军民人等，（非侍卫导从）无故于上直行，及辄度御桥者，处八等罚。若于宫殿中直行御道者，处十等罚。守卫官故纵者，各与犯人同罪；失觉察者，减三等。若于御道上横过，系一时经行者，不在禁限。（在外衙门龙亭、仗卫已设而直行者，亦准此律科断。）

现行刑律案语

原律（略）

臣等谨按：此仍《明律》。律内杖罪照章改为罚金，均应依数分等处罚。谨将修改律文，开列于后。

○修改（略）

条例・修改、移改

大清律例	现行刑律
5.13.187.(2)〔祭祀随扈大臣官员多带跟役及无执事人等妄乱行走〕	13.161.(1)〔祭祀随扈大臣官员多带跟役及无执事人等妄乱行走〕
一、凡遇祭祀日期，随圣驾前引后护之大臣及侍卫，并有执事官员、拜唐阿等，于午门外骑马前去时，头等大臣令跟役三人，二等大臣令跟役二人，三等以下侍卫官员及拜唐阿等俱令跟役一人，骑马行走。其无执事人等，俱不许骑马。如有多带跟役前行，无执事官	一、凡遇祭祀日期，随圣驾前引后护之大臣及侍卫，并有执事官员、拜唐阿等，于午门外骑马前去时，一品大臣令跟役三人，二品大臣令跟役二人，三品以下侍卫官员及拜唐阿等俱令跟役一人，骑马行走。其无执事人等，俱不许骑马。如有多带跟役前行，无执事官

员人等妄乱行走者,除即行赶逐外,仍将多带跟役行走并不应行走官员,指名参奏,照违制律治罪。	员人等妄乱行走者,除即行赶逐外,仍将多带跟役行走并不应行走官员,指名参奏,照违制律治罪。

现行刑律案语

原例(略)

臣等谨按:此例系乾隆三十四年〔1769〕奏定。例内"头、二、三等"名称,系仍国初定制,嘉庆年间已改称"一、二、三品",具载于《吏部则例》,似应照改,以符名实。谨将修改例文,开列于后。

〇修改(略)

大清律例	现行刑律
5.13.187.(1)〔至下马牌不下〕	13.161.(2)〔至下马牌不下〕
一、凡至下马牌不下而竟过者,笞五十。看守人役失于防范者,笞四十。	一、凡至下马牌不下而竟过者,处五等罚。看守人役失于防范者,处四等罚。

现行刑律案语

原例(略)

臣等谨按:例内笞罪照章〔改为罚〕金,均应依数分等罚。谨将修改例文,开列于后。

〇修改(略)

大清律例	现行刑律
*贼盗・盗园陵树木	
6.18.263.(1)〔车马过陵及守陵官民入陵〕(略)	13.161.(3)〔车马过陵及守陵官民入陵〕
	一、车马过陵者,及守陵官民入陵者,百步外下马。违者,以大不敬论,处十等罚。

现行刑律案语

〇移改(略)

见6.18.263.(1)〔车马过陵及守陵官民入陵〕条

5.13.188 内府工作人匠替役

律文·删除

大清律例

5.13.188.1 凡诸色(当班)工匠、(辨验货物各)行人(役)差拨赴内府及内库工作,若不亲身关牌入内应役,雇人冒(己)名(关牌)私自代替,及替之人,各杖一百,雇工钱入官。

现行刑律案语

〇删除

原律(略)

臣等谨按:此仍《明律》。前明旧制,内府当班工匠人等,均籍隶工户,故不许代替。国朝并无此项当班之人,此律无关引用,拟即删除。

5.13.189 宫殿造作罢不出／13.162 宫殿造作罢不出

律文·修改

大清律例

5.13.189.1 凡宫殿内造作,所(管官)司具工匠姓名,报(所入之处)门官及守卫官,就于所入门首,逐一点(姓名。)视,(形貌。)放入工作。至申时分,仍须相视形貌,照数点出。其不出者,绞。(监候。)监工及提调内监、门官、守卫官军点视,如原入名数短少,就便搜捉,随即奏闻。知而不举者,与犯人同罪。(至死减一等。)失觉察者减三等,罪止杖一百。

现行刑律

13.162.1 凡宫殿内造作,所(管官)司具工匠姓名,报(所入之处)门官及守卫官,就于所入门首,逐一点(姓名。)视,(形貌。)放入工作。至申时分,仍须相视形貌,照数点出。其不出者,绞。(监候。)监工及提调内监、门官、守卫官军点视,如原入名数短少,就便搜捉,随即奏闻。知而不举者,与犯人同罪。(至死减一等。)失觉察者减三等,罪止十等罚。

现行刑律案语

原律(略)

臣等谨按:此仍《明律》,雍正三年〔1725〕修改。律内"杖一百"罪名照章罚金,应改为"处十等罚"。谨将修改律文,开列于后。

〇修改(略)

5.13.190 辄出入宫殿门 / 13.163 辄出入宫殿门

律文·修改

大清律例

5.13.190.1 凡应出宫殿如差遣、给假等项。而门籍已除,辄留不出,及应入值之人被告劾,已有公文禁止,籍虽未除,辄入宫殿者,各杖一百。昼禁。○5.13.190.2 若宿卫人已被奏劾者,本管官司先收其兵仗,违者罪亦如之。○5.13.190.3 若于宫殿门虽有籍,应值至夜皆不得出入。若入者,杖一百;出者,杖八十。无籍夜入者,加二等。若夜持仗入殿门者,绞。监候。入宫门亦坐。此夜禁,比昼加谨。

现行刑律

13.163.1 凡应出宫殿如差遣、给假等项。而门籍已除,辄留不出,及应入值之人被告劾,已有公文禁止,籍虽未除,辄入宫殿者,各处十等罚。昼禁。○13.163.2 若宿卫人已被奏劾者,本管官司先收其兵仗,违者罪亦如之。○13.163.3 若于宫殿门虽有籍,应值至夜皆不得出入。若入者,处十等罚;出者,处八等罚。无籍夜入者,加二等。若夜持仗入殿门者,绞。监候。入宫门亦坐。此夜禁,比昼加谨。

现行刑律案语

原律(略)

臣等谨按:此仍《明律》。律内杖罪照章改为罚金,应依数分等处罚。谨将修改律文,开列于后。

○修改(略)

5.13.191 关防内使出入 / 13.164 关防内使出入

律文·修改

大清律例

5.13.191.1 凡内监并奉御内使,但遇出外,各守门官须要收留本人在身关防牌面,于门簿上印记姓名及牌面字号明白,附写前去某处、干办是何事务。其门官与守卫官军,搜检沿身别无夹带,官私器物,方许放出。回还一体搜检,给牌入内,以

现行刑律

13.164.1 凡内监并奉御内使,但遇出外,各守门官须要收留本人在身关防牌面,于门簿上印记姓名及牌面字号明白,附写前去某处、干办是何事务。其门官与守卫官军,搜检沿身别无夹带,官私器物。方许放出。回还一体搜检,给牌入内,以

凭逐月稽考出外次数。但有搜出应干杂药,就令带药之人自吃。若有出入不服搜检者,杖一百,发附近充军。若非奉旨,私将兵器带进入紫禁城门内者,杖一百,发边远充军;入宫殿门内者,绞。监候。其值日守门官及守卫官失于搜检者,与犯人同罪。至死减一等。内使例不拟充军,惟此须依本律。	凭逐月稽考出外次数。但有搜出应干杂药,就令带药之人自吃。若有出入不服搜检者,流二千里。若非奉旨,私将兵器带进入紫禁城门内者,流三千里;入宫殿门内者,绞。监候。其值日守门官及守卫官失于搜检者,与犯人同罪。至死减一等。

现行刑律案语

原律(略)

臣等谨按:此仍《明律》,雍正三年〔1725〕修改。律内"附近、边远充军"两项,应照章分别改流。注内"内使例不拟充军,惟此须依本律"二句,拟节删。谨将修改律文、律注,开列于后。

〇修改(略)

5.13.192 向宫殿射箭 / 13.165 向宫殿射箭

律文·修改

大清律例	现行刑律
5.13.192.1 凡向太庙及宫殿射箭、放弹、投砖石者,绞。监候。向太社,杖一百、流三千里。须箭、石可及乃坐之,若远不能及者勿论。但伤人者,斩。监候。则杀人者可知。若箭、石不及,致伤外人者,不用此律。	13.165.1 凡向太庙及宫殿射箭、放弹、投砖石者,绞。监候。向太社,流三千里。须箭、石可及乃坐之,若远不能及者勿论。但伤人者,绞。监候。则杀人者可知。若箭、石不及,致伤外人者,不用此律。

现行刑律案语

原律(略)

臣等谨按:此仍《明律》。流罪附杖应照章节删,斩候应改为绞候。谨将修改律文,开列于后。

〇修改(略)

5.13.193 宿卫人兵仗 / 13.166 宿卫人兵仗

律文 · 修改

大清律例	现行刑律
5.13.193.1 凡宿卫人兵仗不离身,违者笞四十。辄暂离应值职掌处所,笞五十。别处宿,经宿之离杖六十。官员,各加一等。亲管头目知而不举者,与犯人同罪;失觉察者,减三等。	13.166.1 凡宿卫人兵仗不离身,违者处四等罚。辄暂离应值职掌处所,处五等罚。别处宿,经宿之离处六等罚。官员,各加一等。亲管头目知而不举者,与犯人同罪;失觉察者,减三等。

现行刑律案语

原律(略)

臣等谨按:此仍《明律》,雍正三年〔1725〕修改。律内笞、杖照章改为罚金,均应依数分等处罚。谨将修改律文,开列于后。

○修改(略)

5.13.194 禁经断人充宿卫 / 13.167 禁经断人充宿卫

律文 · 修改

大清律例	现行刑律
5.13.194.1 凡在京城犯罪被极刑之家,同居人口,不论亲属。所司随即迁发别郡住坐。其本犯异居亲属人等,并一应有犯笞杖,曾经同决断之人,并不得入充近侍及宫禁宿卫,守把皇城、京城门禁。若隐匿前项情由朦胧充当者,斩。监候。其当该官司不为用心详审,或听人嘱托,及受财容令充当者,罪同。斩监候。并究嘱托人。○5.13.194.2 若极刑亲属及经断人奉有特旨选充,曾经具由复奏,明立文案者,所选之人及官司,不在此限。	13.167.1 凡在京城犯罪被极刑之家,其本犯亲属人等,并一应有犯轻罪曾经同决断之人,并不得入充近侍及宫禁宿卫,守把紫禁城、皇城、京城门禁。若隐匿前项情由朦胧充当者,绞。监候。其当该官司不为用心详审,或听人嘱托,及受财容令充当者,罪同。绞监候。并究嘱托人。○13.167.2 若极刑亲属及经断人奉有特旨选充,曾经具由复奏,明立文案者,所选之人及官司,不在此限。

现行刑律案语

原律(略)

臣等谨按:此仍《明律》。所称"犯罪被极刑之家,同居人口迁发别郡"一层,非缘坐,而实类乎缘坐。现在新章缘坐亦分别宽免,此等同居人口,较缘坐律内不知情之亲属,情节尤轻,自应比例酌免,以广皇仁。拟请律内"同居人口,随即迁发别郡住坐"二句并小注内"不论亲属所司",及"本犯异居"等字,即行删除。笞、杖业经改章,注内"有犯笞杖"一语,拟改为"有犯轻罪"。"皇城"上应添入"紫禁城",以昭敬慎。其"斩监候"一项,照章应改"绞监候"。谨将修改律文、律注,开列于后。

○修改(略)

5.13.195 冲突仪仗 凡车驾行幸之处,其前列者为仪仗。仪仗之内,即为禁地。 / 13.168 冲突仗卫 凡车驾行幸之处,其前列者为仗卫。仗卫之内,即为禁地。

律文·修改

大清律例	现行刑律
5.13.195.1 凡车驾行处,除近侍及宿卫护驾官军外,其余军民,并须回避。冲入仪仗内者,绞。系杂犯,准徒五年。若在郊野之外,一时不能回避者,听俯伏道旁以待。驾过。其随行文武百官,非奉宣唤,无故辄入仪仗内者,杖一百。典仗护卫官军故纵者,与犯人同罪;不觉者,减三等。○5.13.195.2 若有申诉冤抑者,止许于仗外俯伏以听。若冲入仪仗内,而所诉事不实者,绞。系杂犯,准徒五年。得实者,免罪。○5.13.195.3 军民之家纵放牲畜,若守卫不备,因而冲突仪仗者,守卫人杖八十;冲入紫禁城门内者,守卫人杖一百。其纵畜之家,并以不应重律论罪。	13.168.1 凡车驾行处,除近侍及宿卫护驾官军外,其余军民,并须回避。冲入仗卫内者,绞。系杂犯,准徒五年。若在郊野之外,一时不能回避者,听俯伏道旁以待。驾过。其随行文武百官,非奉宣唤,无故辄入仗卫内者,处十等罚。典仗护卫官军故纵者,与犯人同罪;不觉者,减三等。○13.168.2 若有申诉冤抑者,止许于仗外俯伏以听。若冲入仗卫内,而所诉事不实者,绞。系杂犯,准徒五年。得实者,免罪。○13.168.3 军民之家纵放牲畜,若守卫不备,因而冲突仗卫者,守卫人处八等罚;冲入紫禁城门内者,守卫人处十等罚。其纵畜之家,并以不应重律论罪。

现行刑律案语

原律(略)

臣等谨按:此仍《明律》,原分三条,雍正三年〔1725〕修并。律内杖罪照章改为罚金,均应依数分等处罚。谨将修改律文,开列于后。

○修改(略)

条例・修并、续纂

大清律例

5.13.195.(1)〔冲突仪仗妄行奏诉〕

一、圣驾出郊,冲突仪仗,妄行奏诉者,追究主使、教唆、捏写本状之人,俱问罪,各杖一百,发近边充军。所奏情词,不分虚实,立案不行。

5.13.195.(2)〔车驾临幸民人具呈妄行控诉〕

一、圣驾临幸地方,虽未陈设卤簿,如有民人具呈妄行控诉者,照冲突仪仗例杖一百,发近边充军。

现行刑律

13.168.(1)〔冲突仗卫妄行奏诉及临幸地方妄行呈诉〕

一、圣驾出郊,冲突仗卫,妄行奏诉者,及圣驾临幸地方,虽未陈设卤簿,妄行呈诉者,追究主使、教唆、捏写本状之人,俱问罪,各流二千五百里。所奏情词,立案不行。

现行刑律案语

原例

5.13.195.(1)〔冲突仪仗妄行奏诉〕(略)

5.13.195.(2)〔车驾临幸民人具呈妄行控诉〕(略)

臣等谨按:前条系前明《问刑条例》,后条系乾隆十八年〔1753〕定例。两条意义相同,自应修并为一,以归简易。惟"所奏情词",律许"得实,免罪",例改为"不分虚实,立案不行",细绎例意,系指妄行奏诉而言,若实系冤抑,自当别论,例内"不分虚实"四字,拟请节删。至"民人"二字,本以别于旗人,现在化除满汉畛域,自无庸再加"民人"字样。"近边充军"照章改为"流二千五百里"。附加杖罪应节删。谨将修并例文,开列于后。

○修并(略)

现行刑律

13.168.(2)〔细故牵涉人命叩阍案件〕

一、叩阍案件,除所控之案尚未讯结者,仍发回原省审讯外,其余户婚、田土、钱债等项细故牵涉人命,情节支离,显系捏砌耸听者,照例立案不行,仍治以冲突仗卫之罪。如系亲身赍呈,严究有无教唆之人,照例问拟。如系代人抱告,卑幼罪坐尊长,妇女罪坐夫男,雇工罪坐家长,抱告之卑幼、妇女、雇工从宽免议。至不相干之人扛帮受雇,应严究有无包揽、教唆情弊,与主使之人一体治罪。

现行刑律案语

〇续纂(略)

臣等谨按：光绪十八年十二月〔1893年1－2月〕内刑部片奏"近年以来，京外叩阍之案层见迭出，如果含冤负屈，实有大不得已之情，甘心远戍，希冀申理，其情尚为可悯，乃在京各案之交部审办者，一经提讯，所控情节都涉细微，其发交各直省，经各该督抚饬提讯究者，非已结之案，妄思翻异，即未结之案，希图牵累拖延，真有冤抑者，十不获一。推求其故，无非刁健之徒狡焉思逞，积惯讼棍播弄是非，案牍之繁，大率由此。亟应申明旧例，以戢浇风。至于叩阍之人亲身赍呈者，但须研究有无教唆之人，即可定断。而代人抱告者，或卑幼为尊长，或妇女为夫男，或雇工为雇主，更有不相干涉之扛帮受雇，其情各不相同，历来问拟此等案件，有坐罪主使者，有坐罪抱告者，亦有将主使、抱告一并问罪者，各省皆系随案酌量科断，未能画一。在卑幼、妇女、雇工人等尚系一家，共犯可以坐罪一人。若受财雇寄之犯，以不干己之事，挺身作抱，辄敢叩阍，已属不安本分。况其中包揽教唆等项，情弊更难，保其必无，自应与主使之人一体治罪，以示惩儆"等因。具奏。奉旨："依议。钦此。"钦遵在案。自应纂入例册，以资遵守。

条例·删除

大清律例

5.13.195.(3)〔八旗兵丁冲突仪仗〕

一、凡八旗兵丁，如有冲突仪仗者，在本营枷号一个月，满日同眷属俱发往各省驻防，交该将军、都统等严加管束。本犯如三年无过，准挑给兵丁差使，不准拣选官职。其子孙不在此限。

满汉通行刑律

〇删除

谨按：此条系旗兵冲突仪仗之例。贫苦旗人往往因度日艰难，故意犯此，希冀出外可以谋生，情亦可悯。今既照民人一体问拟，即无庸另立专条。且驻防兵制正在变通办法之时，未便再将此等人犯发往，致难安插，似应删除。

5.13.196 行宫营门 / 13.169 行宫营门

律文 · 修改

大清律例	现行刑律
5.13.196.1 凡行宫外营门、次营门，与紫禁城门同，若有擅入者，杖一百。内营牙帐门，与宫殿门同，擅入者，杖六十、徒一年。	13.169.1 凡行宫外营门、次营门，与紫禁城门同，若有擅入者，处十等罚。内营牙帐门，与宫殿门同，擅入者，徒一年。

现行刑律案语

原律（略）

臣等谨按：此仍《明律》，雍正三年〔1725〕修改。律内“杖一百”罪名照章罚金，应改为“处十等罚”；徒罪附杖，应节删。谨将修改律文，开列于后。

○修改（略）

5.13.197 越城 / 13.170 越城

律文 · 修改

大清律例	现行刑律
5.13.197.1 凡越皇城者，绞。监候。京城者，杖一百、流三千里。越各府州县镇城者，杖一百。官府公廨墙垣者，杖八十。越而未过者，各减一等。若有所规避者，各从其重者论。	13.170.1 凡越紫禁城者，绞。监候。皇城、京城者，各递减一等；越各府州县镇城者，处十等罚。官府公廨墙垣者，处八等罚。越而未过者，各减一等。若有所规避者，各从其重者论。

现行刑律案语

原律（略）

臣等谨按：此仍《明律》，尔时皇城内均系禁地，故治罪加严。现在皇城内有民人住居处所，情形迥不相同，似应将“越皇城者，绞”改为“越紫禁城者，绞”，皇城、京城改为“各递减一等”，以昭核实。律内杖罪照章改为罚金，均应依数分等处罚。谨将修改律文，开列于后。

○修改（略）

条例 · 修改

大清律例

5.13.197.(2)〔兵丁城上缒取什物〕

一、京城该班兵丁,如取用什物,不由马道行走,乘便由城上缒取者,照违制律杖一百,加枷号一个月。该管员弁疏于觉察,交部议处。

现行刑律

13.170.(1)〔京城兵丁城上缒取什物〕

一、京城该班兵丁,如取用什物,不由马道行走,乘便由城上缒取者,照违制律治罪。该管员弁疏于觉察,交部议处。

现行刑律案语

原例(略)

臣等谨按:此条系嘉庆十六年〔1811〕定例。惟由城上缒取什物,不过偶图便捷,照违制律治罪,已足示儆。所加枷号,拟请宽免。谨将修改例文,开列于后。

○修改(略)

条例 · 删除

大清律例

5.13.197.(1)〔官亲书吏人等冶游夜归擅叫禁门〕

一、各衙门亲戚、书吏人等,游船演戏,夜半方归,擅叫禁门者,照越府州县城律杖一百。

现行刑律案语

○删除

原例(略)

臣等谨按:此条系雍正七年〔1729〕定例,例内"各衙门亲戚、书吏人"句,既难浑括,"游船演戏、擅叫禁门",亦系绝无之事。有犯,尽可照违制办理,似毋庸另立专条。此例拟请删除。

5.13.198 门禁锁钥 / 13.171 门禁锁钥

律文·修改

大清律例	现行刑律
5.13.198.1 凡各处城门应闭而误不下锁者,杖八十;非时擅开闭者,杖一百。京城门各加一等。其有公务急速,非时开闭者,不在此限。○5.13.198.2 若皇城门应闭而误不下锁者,杖一百,发边远充军;非时开闭者,绞。监候。其有旨开闭者勿论。	13.171.1 凡各处城门应闭而误不下锁者,处八等罚;非时擅开闭者,处十等罚。京城门各加一等。其有公务急速,非时开闭者,不在此限。○13.171.2 若紫禁城门应闭而误不下锁者,流三千里;非时擅开闭者,绞。监候。其有旨开闭者勿论。

现行刑律案语

原律(略)

臣等谨按:此仍《明律》,首节指"各处城门"而言,次节指"皇城门"而言。查前明旧制,皇城内均系禁地,故例禁綦严。现在皇城内有人民居住处所,情形迥不相同,则门禁自难仍旧。拟请将律内"皇城门"移入律文首节,有犯照京城门加一等治罪;将"紫禁城门"列入次节,有犯即依律定拟。所有杖罪照章改为罚金,均依数分等处罚。"边远充军"照章改为"流三千里"。附加杖罪,应节删。谨将修改律文,开列于后。

○修改

凡各处城门应闭而误不下锁者,处八等罚;非时擅开闭者,处十等罚。京城门、皇城门,各递加一等。其有公务急速,非时开闭者,不在此限。○若紫禁城门应闭而误不下锁者,流三千里;非时擅开闭者,绞。监候。其有旨开闭者勿论。

核订现行刑律

原修改律文(略)

谨按:现在皇城东安、西安、地安三门,夜皆不闭,相习已久,未便治罪。此律首节增入之"皇城门"三字,仍应节删。谨将修改律文,开列于后。

○修改(略)

5.14 军政／14 军政

5.14.199 擅调官军／14.172 擅调官军

律文·修改

大清律例

5.14.199.1 凡将帅部领军马守御城池及屯驻边镇,若所管地方,遇有报到草贼生发,即时差人体探缓急声息。果实,须先申报本管上司,转达朝廷,奏闻给降圣旨,调遣官军征讨。若无警急,不先申上司,虽已申上司不待回报,辄于所属擅调军马,及所属擅发与者,将领、属各杖一百,罢职,发边远充军。○5.14.199.2 其暴兵猝至,欲来攻袭,及城镇屯聚军马之处,或有内贼作反作叛,或贼有内应,事有警急,及路程遥远难候申文待报者,并听从便火速调拨所属军马,乘机剿捕。若贼寇滋蔓,应合会兵剿捕者,邻近官军,虽非所属,亦得行文调拨策应,其将领官并策应官并即申报本管上司,转达朝廷知会。若不即调遣会合,或不即申报上司,及邻近官军已奉调遣不即发兵策应者,将领与邻近官并与擅调发罪同。亦各杖一百,发边远充军。其上司及典兵大臣,将文书调遣将士、提拨军马者,文书内非奉圣旨,不得擅离信地。若守御、屯驻军官有奉文改除别职,或犯罪奉文取发,如文内无奏奉圣旨,亦不许擅动。违者,兼上数事。罪亦如之。

现行刑律

14.172.1 凡将帅部领军马守御城池及屯驻边镇,若所管地方,遇有报到草贼生发,即时差人体探缓急声息。果实,须先申报本管上司,转达朝廷,奏闻给降圣旨,调遣官军征讨。若无警急,不先申上司,虽已申上司不待回报,辄于所属擅调军马,及所属发与者,将领、属各流三千里。○14.172.2 其暴兵猝至,欲来攻袭,及城镇屯聚军马之处,或有内贼作反作叛,或贼有内应,事有警急,及路程遥远难候申文待报者,并听从便火速调拨所属军马,乘机剿捕。若贼寇滋蔓,应合会兵剿捕者,邻近官军,虽非所属,亦得行文调拨策应,其将领官并策应官并即申报本管上司,转达朝廷。若不即调遣会合,或不即申报上司,及邻近官军已奉调遣不即发兵策应者,将领与邻近官并与擅调发罪同。其上司及典兵大臣,将文书调遣将士、提拨军马者,文书内非奉圣旨,不得擅离信地。若守御、屯驻军官有奉文改除别职,或犯罪奉文取发,如文内无奏奉圣旨,亦不许擅动。违者,兼上数事。罪亦如之。

现行刑律案语

原律（略）

臣等谨按：此仍《明律》，顺治三年〔1646〕、雍正三年〔1725〕两次删改。将领各官既须治罪，则罢职自不待言；又"转达朝廷"四字文义已明，"知会"二字于体制未合，拟将"罢职"及"知会"字样节去。其边远充军及附加杖罪，均应照章删改。谨将修改律文、律注，开列于后。

○修改（略）

5.14.200 申报军务／14.173 申报军务

律文·修改

大清律例

5.14.200.1 凡将领参随统兵官征进，如统兵官分调攻取城寨，克平之后，将领随将捷音差人飞报知会本管统兵官，转行兵部，统兵官又须将克捷事情另具奏本，实封御前。无少停留。○5.14.200.2 若贼人数多，出没不常，如所领军人不敷，须要速申统兵官添拨军马，设策剿捕。不速飞申者，听从统兵官量事轻重治罪。至失误军机，自依常律。○5.14.200.3 若有贼党来降之人，将领官即便送赴统兵官，转达朝廷区处。其贪取来降人财物，因而杀伤其人，及中途逼勒逃窜者，斩。监候。若无杀伤、逼勒，止依吓骗律科。

现行刑律

14.173.1 凡将领参随统兵官征进，如统兵官分调攻取城寨，克平之后，将领随将捷音差人飞报知会本管统兵官，转行陆军部，统兵官又须将克捷事情另具章奏，实封御前。无少停留。○14.173.2 若贼人数多，出没不常，如所领军人不敷，须要速申统兵官添拨军马，设策剿捕。不速飞申者，听从统兵官量事轻重治罪。至失误军机，自依常律。○14.173.3 若有贼党来降之人，将领官即便送赴统兵官，转达朝廷区处。其贪取来降人财物，因而杀伤其人，及中途逼勒逃窜者，绞。监候。若无杀伤、逼勒，止依吓骗律科。

现行刑律案语

原律（略）

臣等谨按：此仍《明律》，顺治三年〔1646〕、雍正三年〔1725〕两次删改。律内斩候照章应改绞候。谨将修改律文、律注，开列于后。

○修改（略）

5.14.201 飞报军情 / 14.174 飞报军情

律文 · 修改

大清律例

5.14.201.1 凡飞报军情，在外府州，(如闻属县及巡司等报，)即差人申督、抚、布政司、按察司、本道，仍行移将军、提镇。其守御官差人各申督、抚，仍行本管将军、提镇。督、抚、将军、提镇得报，差人一行移兵部，一具实封(直奏)御前。若互相知会，隐匿不速奏闻者，杖一百，罢职不叙。因而失误军机者，斩。(监候。)

现行刑律

14.174.1 凡飞报军情，府、厅、州、县及巡司即差人申督、抚、布政司、按察司、(提法司同。)本道，仍报将军、提镇。其守御官差人各申督、抚，仍报本管将军、提镇。督、抚、将军、提镇得报，一行移陆军部，一具实封(直奏)御前。若互相知会，隐匿不速奏闻者，处十等罚，罢职不叙。因而失误军机者，绞。(监候。)

现行刑律案语

原律(略)

臣等谨按：此仍《明律》。原文有“在内直隶军民官司”一层，顺治三年〔1646〕节去此层，既删，则今律“在外府州”句，“在外”二字为赘文，亦应删节。“按察司”下应添“提法司同”小注。“将军、提镇”句，原律系都指挥使司，故公文用“行移”，雍正三年〔1725〕改为“将军、提镇”，则品秩迥殊，自不便仍“行移”旧制，拟照是年律例馆本条按语，改“行移”字为“报”字。“兵部”应改为“陆军部”。“杖一百”罪名照章罚金，应改为“处十等罚”。斩候照章应改绞候。谨将修改律文，开列于后。

○修改

凡飞报军情，府、州，(如闻属县及巡司等报，)即差人申督、抚、布政司、按察司、(提法司同。)本道，仍报将军、提镇。其守御官差人，各申督抚，仍报本管将军、提镇。督、抚、将军、提镇得报，一行移陆军部，一具实封(直奏)御前。若互相知会，隐匿不速奏闻者，处十等罚，罢职不叙。因而失误军机者，绞(监候)。

核订现行刑律

原修改律文(略)

谨按：律首有府州而无厅，与今制不符。飞报军情，其紧急可知，如必待属县及巡司等报，然后申转，恐致贻误，拟请节去。小注改为“府厅州县及巡司”，以应机宜，而昭迅捷。谨将修改律文，开列于后。

○修改(略)

5.14.202漏泄军情大事／14.175漏泄军情大事

律文・修改

大清律例

5.14.202.1凡闻知朝廷，及统兵将军调兵讨袭外番，及收捕反逆贼，徒机密大事，而辄漏泄于敌人者，斩。监候。○5.14.202.2若边将报到军情重事报于朝廷而漏泄以致传闻敌人者，杖一百、徒三年。二项犯人，若有心泄于敌人，作奸细论。仍以先传说者为首。传至者为从，减一等。○5.14.202.3若私开官司文书印封看视者，杖六十。事干军情重事者，以漏泄论。为首杖一百、徒三年，从减等。○5.14.202.4若近侍官员漏泄机密重事不专指军情，凡国家之机密重要皆是。于人者，斩；监候。常事杖一百，罢职不叙。

现行刑律

14.175.1凡闻知朝廷，及统兵将军调兵讨袭外番，及收捕反逆贼，徒机密大事，而辄漏泄于敌人者，绞。监候。○14.175.2若边将报到军情重事报于朝廷而漏泄以致传闻敌人者，徒三年。二项犯人，若有心泄于敌人，作奸细论。仍以先传说者为首。传至者为从，减一等。○14.175.3若私开官司文书印封看视者，处六等罚。事干军情重事者，以漏泄论。为首徒三年，从减等。○14.175.4若近侍官员漏泄机密重事不专指军情，凡国家之机密重要皆是。于人者，绞；监候。常事处十等罚，罢职不叙。

现行刑律案语

原律(略)

臣等谨按：此仍《明律》，原在“公式”门，顺治三年〔1646〕移入，雍正三年〔1725〕修改。斩候照章应改绞候，徒罪附杖照章应删，杖罪照章罚金，应依数分等处罚。谨将修改律文、律注，开列于后。

○修改(略)

条例・修改

大清律例

5.14.202.(2)〔内外衙门紧要事件密封投递本官亲拆收贮〕

一、内外衙门办理紧要事件，俱密封投递，本官亲拆收贮，不得令吏胥经手。倘有密封章奏，未经上达，先已传

现行刑律

14.175.(1)〔内外衙门紧要事件密封投递本官亲拆收储〕

一、内外衙门办理紧要事件，俱密封投递，本官亲拆收储，不得令吏胥经手。倘有密封章奏，未经上达，先已传

播,及缉拿之犯闻风远扬等事,查究根由,分别议处。如将应密之事并不密封,及收受承办衙门不行谨慎,以致漏泄者,将封发、收受承办官查参,交部分别议处。如封贮之处及投递之前,提塘及衙役人等将密封事件,私开窃视,以致漏泄者,杖六十。事重者,为首杖一百、徒三年,为从减一等治罪。仍令科道不时稽查。如不行查参,别经发觉者,将该管科道一并交部议处。	播,及缉拿之犯闻风远扬等事,查究根由,分别议处。如将应密之事并不密封,及收受承办衙门不行谨慎,以致漏泄者,将封发、收受承办官查参,交部分别议处。如封储之处及投递之前,提塘及衙役人等将密封事件,私开窃视,以致漏泄者,处六等罚。事重者,为首徒三年,为从减一等治罪。

现行刑律案语

原例(略)

臣等谨按:此雍正五年〔1727〕定例,乾隆五年〔1740〕删改。"科道稽查"一项,自前年变通都察院官制,给事中不分部科,与旧制微异,现在都察院奏修台规,应如何分司稽查之处,将来自有专章,本例"科道稽查"数句,应请删节。例内"杖六十"罪名照章罚金,应改为"处六等罚";徒罪附杖,照章节删。谨将修改例文,开列于后。

○修改(略)

条例·删除

大清律例

5.14.202.(1)〔私通往来朝贡外人〕

一、在京在外军民人等,与朝贡外国人私通往来,投托拨置害人,因而透漏事情者,俱发近边充军。通事并伴送人,系官革职。

现行刑律案语

○删除

原例(略)

臣等谨按:此条系前明嘉靖年间定例,国初因之雍正三年〔1725〕、乾隆三十二年〔1767〕两经修改。自海禁大开,中外人民互相往来,并不禁止。"透漏事情"句泛言事情,与重要者有间,外人游历内地者,于人情风土类能言之,已无所谓透漏,如关系机密大事,则自有定律及新章可引。至"投托拨置"解者,谓有挑唆教诱之意,查近年内地奸民,多有播弄教士,托名洋商,以逞忿射利者,其伴送洋人之通事,尤多凶横不法,惟此节应申明条约,另订专章,不必于本条牵混。此例拟请删除。

大清律例

5.14.202.(3)〔刊刻未经御览批发本章及捏造讹言〕

一、凡平常事件,虽非密封,但未经御览批发之本章,刊刻传播,概行严禁。如提塘与各衙门书办彼此勾通,本章一到,即抄写刊刻图利者,将买抄之报房、卖抄之书办,亦俱照漏泄密封事件例治罪。其捏造讹言刊刻者,杖一百、流二千里。若有招摇诈骗情弊,犯该徒罪以上,不分首从,俱发近边充军。该管官失于觉察,该科道不行查参者,均交部亦照例议处。

现行刑律案语

○删除

原例(略)

臣等谨按:此条系雍正三年〔725〕定例,乾隆五年〔1740〕删定。从前奏事多用题本,故称本章"题本",进呈必经通政司,且均有副本,故易于漏泄。近年改题为奏,裁通政司,内外臣工奏折达御前漏泄之事已少;各衙门书办,现正陆续裁撤;京城报房,自奏办政治官报后,亦已一律禁止。至报馆漏泄事情,及挟嫌诬蔑等项,奏定报律,亦有专条。本例各节,均属无关引用,应请删除。

5.14.203 边境申索军需

律文·删除

大清律例

5.14.203.1 凡守边将领,但有(缺乏)取索军器、钱粮等物,须要差人一行布政司,一申督、抚、将军、提镇,再差人转行合干部分,及具(缺少应用)奏本实封御前。其公文若到该部,须要随即(将所申事情)奏闻区处,发遣差来人回还。若稽缓不即奏闻,及(边将于)各处(衙门)不行依式申报者,并杖一百,罢职不叙。因(不申奏以致临敌缺乏)而失误军机者,斩。(监候。)

现行刑律案语

○删除

原律(略)

臣等谨按:此仍《明律》,顺治三年〔1646〕、雍正三年〔1725〕两次修改。军兴以来,各省设立善后筹防支应等局,以为军需总汇,除录营支领俸饷等银,仍由藩库核发外,其防练各营饷项,鲜有归布政司管理者。虽各局司道必以藩司领袖,而文书申报并不径达藩司衙门。至各省将军只管驻防营务,提督总兵职司训练,不掌财政,其

必须奏拨之款，皆由督抚具奏，或汇总奏销办法，皆与本律不合。拟请删除。

5.14.204 失误军事 / 14.176 失误军事

律文·修改

大清律例	现行刑律
5.14.204.1 凡临军征讨，有司应合供给军器、行粮、草料。若有征解，违期不完者，当该官吏各杖一百，罪坐所由。或上司移文稽迟，或下司征解不完，各坐所由。若临敌有司违期不至而缺乏，及领兵官已承上司调遣，而逗遛观望，不依期进兵策应，若军中承差告报会军日期而违限，因而失误军机者，并斩。监候。	14.176.1 凡临军征讨，有司应合供给军器、行粮、草料。若有征解，违期不完者，当该官吏各处十等罚，罪坐所由。或上司移文稽迟，或下司征解不完，各坐所由。○14.176.2 若临敌有司违期不至而缺乏，及领兵官已承上司调遣，而逗遛观望，不依期进兵策应，若军中承差告报会军日期而违限，因而失误军机者，并绞。监候。

现行刑律案语

原律（略）

臣等谨按：此仍《明律》。斩候照章应改绞候。"杖一百"罪名照章罚金，应改为"处十等罚"。谨将修改律文，开列于后。

○修改（略）

5.14.205 从征违期 / 14.177 从征违期

律文·修改

大清律例	现行刑律
5.14.205.1 凡官军已承调遣临当征讨，行师已有起程日期，而稽留不进者，一日杖七十，每三日加一等。若故自伤残，及诈为疾患之类，以避征役者，各加一等，计日坐之。并罪止杖一百，仍发出征。若伤残至不堪出征，仍选本户壮丁充补，令其出征。○5.14.205.2 若军临敌境，托故违期，一日不至者，杖一百；不必失误军机。	14.177.1 凡官军已承调遣临当征讨，行师已有起程日期，而稽留不进者，一日处七等罚，每三日加一等。若故自伤残，及诈为疾患之类，以避征役者，各加一等。计日坐之。并罪止十等罚，仍发出征。若伤残至不堪出征，验实开役，不在仍发出征之限。○14.177.2 若军临敌境，托故违期，一日不至者，处十等罚；不必失误军机。

三日不至者,斩。(监候。统兵官竟行军法。)若能立功赎罪者,从统兵官区处。	三日不至者,绞。(监候。统兵官竟行军法。)若能立功赎罪者,从统兵官区处。

现行刑律案语

原律(略)

臣等谨按:此仍《明律》。顺治三年〔1646〕添入小注,律末原注有"若果伤残笃疾不堪征进者,验实开役,不在仍发出征之限"等语,雍正三年〔1725〕以与前注重复,删。如今律查首节"出征"小注,仍选"本户壮丁充补"六字,系本前《明律》说。国朝定制,除旗营外,皆由招募,即以旗营而论,亦无本兵伤残、令其壮丁充补之事,拟请规复。顺治三年〔1646〕原注"若伤残至不堪出征者,验实开役,不在仍发出征之限",现行律注"仍选本户壮丁"二句,即行删除,以昭核实。律内斩候应改绞候。杖罪照章罚金,应依数分等处罚。谨将修改律文、律注,开列于后。

○修改(略)

条例·删除

大清律例

5.14.205.(1)〔官兵从征违期及出征兵丁违法乱行〕

一、凡官兵从征,无故起程违期者,官革职,兵杖一百,仍发出征。在外违期者,官革职拿问,兵杖一百,将所俘获人口入官。出征处所兵丁,藐视该管官,干犯号令,违法乱行者,将为首之人正法,为从者俱枷号三个月、杖一百,该管官仍交该部议处。

现行刑律案语

○删除

原例(略)

臣等谨按:此条系康熙年间定例,雍正三年〔1725〕纂入例册,光绪三十四年〔1908〕陆军部奏定《惩治逃亡章程》,军人擅离职守,或军队所在过五日者,以逃亡论定罪,极为严重。本例所谓从征违期,即系擅离职守,自应照新章惩办。俘获人口,按战时国际公法,本不许军人私自役使,本例入官为罚,则在刑律,固为变例,而按之公法,根本实已错误。至"兵丁藐视官长"与"违法乱行",系属二事,应由统兵官临时分别办理。本条拟请删除。

5.14.206 军人替役 / 14.178 军人替役

律文·修改

大清律例

5.14.206.1 凡军人（已遣）不亲出征，雇倩人冒名代替者，替身杖八十，正身杖一百，依旧着伍。（仍发出征。）若守御（城池）军人，雇人冒名代替者，各减二等。其（出征、守御军人）子孙弟侄，及同居少壮亲属，（非由雇倩。）自愿代替者听。若果有老弱残疾，（不堪征守者，）赴本管官司陈告，验实，与免军身。○5.14.206.2 若医工承差关领官药，随军征进，转雇庸医冒名代替者，（本身及替身）各杖八十，（庸医所得）雇工钱入官。

现行刑律

14.178.1 凡军人（已遣）不亲出征，雇倩人冒名代替者，替身处八等罚，正身处十等罚，依旧着伍。（仍发出征。）若守御（城池）军人，雇人冒名代替者，各减二等。其（出征、守御军人）子孙弟侄，及同居少壮亲属，（非由雇倩。）自愿代替者听。若果有老弱残疾，（不堪征守者，）赴本管官司陈告，验实，与免军身。○14.178.2 若医工承差关领官药，随军征进，转雇庸医冒名代替者，（本身及替身）各处八等罚，（庸医所得）雇工钱入官。

现行刑律案语

原律（略）

臣等谨按：此仍《明律》，雍正三年〔1725〕修改。杖罪照章罚金，应依数分等处罚。谨将修改律文，开列于后。

○修改（略）

条例·删除

大清律例

5.14.206.(1)〔兵丁不亲出征以奴仆代替〕

一、凡兵丁不亲出征，以奴仆代替，及行间放拨瞭哨等处，以奴仆代替者，兵杖七十，奴仆入官。如打围放马及看守京城周围处所，以奴仆代替者，兵杖一百，奴仆免入官。

现行刑律案语

○删除

原例（略）

臣等谨按：此条系康熙年间定例。原指旗营而言，现在八旗兵丁并无给与奴仆

之事,此例无关引用,拟请删除。

5.14.207主将不固守 / 14.179主将不固守

律文・修改

大清律例

5.14.207.1 凡守边将帅,被贼攻围城寨,不行固守而辄弃去,及平时守备不设,为贼所掩袭,因此弃守、无备而失陷城寨者,斩。监候。若官兵与贼临境,其望高巡哨之人失于飞报,以致陷城损军者,亦斩。监候。若主将懈于守备,及哨望失于飞报,不曾陷城失军,止被贼侵入境内掳掠人民者,杖一百,发边远充军。○5.14.207.2 其官军临阵先退,及围困敌城而逃者,斩。监候。

现行刑律

14.179.1 凡守边将帅,被贼攻围城寨,不行固守而辄弃去,及平时守备不设,为贼所掩袭,因此弃守、无备而失陷城寨者,绞。监候。若官兵与贼临境,其望高巡哨之人失于飞报,以致陷城损军者,亦绞。监候。若主将懈于守备,及哨望失于飞报,不曾陷城失军,止被贼侵入境内掳掠人民者,流三千里。○14.179.2 其官军临阵先退,及围困敌城而逃者,绞。监候。

现行刑律案语

原律(略)

臣等谨按:此仍《明律》。斩候、充军,均应照章修改;附加杖罪,应节删。谨将修改律文,开列于后。

○修改(略)

条例・修改、修并

大清律例

5.14.207.(1)〔贼众入寇交锋伤掳入境掳杀及突入掳掠〕

一、失误军机,除律有正条者,拟议监候奏请外,若是贼拥大众入寇,官军猝遇交锋,损伤被掳数十人以上,不曾亏损大众,或贼众入境,掳杀军民数十人以上,不曾掳去大众,或被贼白昼昏夜突入境内,掳掠头畜衣粮数多,不曾杀掳军民者,俱问守备不设被贼侵入境

现行刑律

14.179.(1)〔失误军机奏请处置及侦探军役等被贼杀掳〕

一、失误军机,除律有正条者,拟议监候奏请外,若情轻律重,有碍发落者,备由奏请处置。其有被贼入境,将侦探军役及飞报声息等项公差、官军人等一时杀伤捉去,事出不测者,俱问不应重罪,留任;或境外被贼杀掳侦探军役,非智力所能防范者,免其问罪。

内掳掠人民本律,发边远充军。若是交锋入境,损伤掳杀四五人,抢去头畜衣粮不多者,亦问前罪。以上各项内情轻律重,有碍发落者,备由奏请处置。其有被贼入境,将侦探军役及飞报声息等项公差、官军人等,一时杀伤捉去,事出不测者,俱问不应杖罪,留任。或境外被贼杀掳侦探军役,非智力所能防范者,免其问罪。

现行刑律案语

原例(略)

臣等谨按:此系前明《问刑条例》,雍正三年〔1725〕、乾隆五年〔1740〕两经修改。所称"被贼众掳掠"各项律文,已经赅括,似毋庸复叙,拟请节删。"不应杖罪"拟改为"不应重罪"。谨将修改例文,开列于后。

〇修改(略)

大清律例

5.14.207.(2)〔失守城池专城武职守土州县及同城知府捕盗等官分别治罪〕

一、凡沿边、沿海及腹里州县,与武职同城,若遇边警及盗贼生发攻围,不行固守而辄弃去,及守备不设,被贼攻陷城池,劫杀焚烧者,除专城武职照本律拟斩监候外,其守土州县,亦照守边将帅失陷城寨律拟斩监候;其同城之知府及捕盗官,比照守边将帅被贼侵入境内掳掠人民律,发边远充军;统辖、兼辖各官,交部分别议处。若有两县同住一城,专管官分有守城汛地,各以贼所进入地方坐罪。若无城池,与虽有城池,被贼潜隐设计越入劫盗,随即逃散,不系失陷者,止以失盗论,俱不得引用此例。

现行刑律

14.179.(2)〔失守城池专城武职守土州县及同城知府捕盗等官分别治罪〕

一、凡沿边、沿海及腹里州县,与武职同城,若遇边警及盗贼生发攻围,不行固守而辄弃去,及守备不设,被贼攻陷城池,劫杀焚烧者,除专城武职照本律拟绞监候外,其守土州县,亦照守边将帅失陷城寨律拟绞监候;其同城之知府及捕盗官,比照守边将帅被贼侵入境内掳掠人民律,流三千里;统辖、兼辖各官,交部分别议处。如系兵饷充足,不行固守,一闻贼警,弃城先逃者,专城武职及守土州县,均拟绞监候,请旨即行正法;同城知府,亦从重拟绞监候;捕盗官及统辖、兼辖各官,仍分别议处。若有两县同住一城,专管官分有守城汛

5.14.207.(4)〔兵饷充足不行固守一闻贼警弃城先逃者〕

一、凡失守城池之案,如系兵饷充足,不行固守,一闻贼警,弃城先逃者,将专城武职及守土州县,均按本例拟斩监候,请旨即行正法;同城知府,亦从重拟斩监候;捕盗官及统辖、兼辖各官,仍照例分别办理。倘非兵饷充足,弃城先逃,仍按本例科断。地,各以贼所进入地方坐罪。若无城池,与虽有城池,被贼潜隐设计越入劫盗,随即逃散,不系失陷者,止以失盗论,俱不得引用此例。

现行刑律案语

原例

5.14.207.(2)〔失守城池专城武职守土州县及同城知府捕盗等官分别治罪〕(略)

5.14.207.(4)〔兵饷充足不行固守一闻贼警弃城先逃者〕(略)

臣等谨按:前一条系前明《问刑条例》,雍正三年〔1725〕、乾隆五年〔1740〕及三十五年〔1770〕迭经修改;后一条系咸丰三年〔1853〕定例,应修并为一,以归简明。其斩候及边远充军罪名,均应照章修改。谨将修并例文,开列于后。

○修并(略)

大清律例

5.14.207.(3)〔统兵将帅玩视军务〕

一、凡统兵将帅玩视军务,苟图安逸,故意迁延,不将实在情形具奏,贻误国事者,又凡将帅因私忿娼嫉,推诿牵制,以致糜饷老师,贻误军机者,又凡身为主帅,不能克敌,转布流言,摇惑众心,借以倾陷他人,致误军机者,均属有心贻误,应拟斩立决。

现行刑律

14.179.(3)〔统兵将帅玩视军务〕

一、凡统兵将帅玩视军务,苟图安逸,故意迁延,不将实在情形具奏,贻误国事者,又凡将帅因私忿娼嫉,推诿牵制,以致糜饷老师,贻误军机者,又凡身为主帅,不能克敌,转布流言,摇惑众心,借以倾陷他人,致误军机者,均属有心贻误,应拟绞立决。

现行刑律案语

原例(略)

臣等谨按:此条系乾隆十三年〔1748〕定例。"斩立决"罪名,照章应改为"绞立决"。谨将修改例文,开列于后。

○修改(略)

大清律例

5.14.207.(5)〔文武员弁无备仓猝及重兵畏葸失守要隘〕

一、防守要隘文武员弁，若带兵无多，仓猝遇贼，寡不敌众，因而失守要隘者，照同城捕盗官失守城池拟军例，从重发往新疆效力赎罪。倘统带重兵，畏葸巧避，失守要隘者，照守边将帅失陷城寨律，拟斩监候。

现行刑律

14.179.(4)〔文武员弁无备仓猝及重兵畏葸失守要隘〕

一、防守要隘文武员弁，若带兵无多，仓猝遇贼，寡不敌众，因而失守要隘者，照同城捕盗官失守城池拟流例，从重发往新疆效力赎罪。倘统带重兵，畏葸巧避，失守要隘者，照守边将帅失陷城寨律，拟绞监候。

现行刑律案语

原例（略）

臣等谨按：此条系咸丰三年〔1853〕定例。拟军、拟斩应改为拟流、拟绞。谨将修改例文，开列于后。

○修改（略）

大清律例

5.14.207.(7)〔失守城池案内文武员弁如有可原情节酌议减免〕

一、失守城池，该督抚立即参奏，将守土州县及专城武职，均革职治罪，不得以功过相抵免议。如有可原情节，或甫经到任，不及设防，或被围日久，粮尽援绝，或失守后一月内，督率乡团，随同官兵将城池克复者，于斩监候罪上量减一等治罪。若甫经到任，及被围日久，于失守后一月内随同克复，或非甫经到任，及被围日久，但于失守时身受重伤，或一月内自行收复城池者，于减等拟军罪上，再减一等治罪。其实因兵单力竭，身受重伤，而又能督率兵勇，于一月内自行收复，及随同克复者，革职，免其治罪。若克复城池在一月以外，及克复并非本处城池，概不准随案声请减免。

现行刑律

14.179.(5)〔失守城池案内文武员弁如有可原情节酌议减免〕

一、失守城池，该督抚立即参奏，将守土州县及专城武职，均革职治罪，不得以功过相抵免议。如有可原情节，或甫经到任，不及设防，或被围日久，粮尽援绝，或失守后一月内，督率乡团，随同官兵将城池克复者，于绞监候罪上量减一等治罪。若甫经到任，及被围日久，于失守后一月内随同克复，或非甫经到任，及被围日久，但于失守时身受重伤，或一月内自行收复城池者，于绞监候罪上，减二等治罪。其实因兵单力竭，身受重伤，而又能督率兵勇，于一月内自行收复，及随同克复者，革职，免其治罪。若克复城池在一月以外，及克复并非本处城池，概不准随案声请减免。其

其减等议罪及免罪各员弁,如果素得民心,循声卓著,及克敌陷阵,屡著战功,仍准酌量奏请留营效力,再得劳绩,方准免罪。均由刑部专案知照吏、兵二部存记。若失守而未经参办,或议罪而并未奏留员弁,仍不准胪列后来劳绩,率行奏请免罪开复。至失守之同城知府及捕盗官,如身受重伤,或一月内随同克复城池,亦准叙明可原情节,应拟斩监候者量予减等,应拟军者革职免罪。其并未随同克复城池,亦未身受重伤,但系甫经到任,及被围日久,只准于本律军罪上量减一等,不得概请免罪。如系平日官声素好,及战功卓著之员,亦准奏请留营效力,再得劳绩,方准免罪。

减等议罪及免罪各员弁,如果素得民心,循声卓著,及克敌陷阵,屡著战功,仍准酌量奏请留营效力,再得劳绩,方准免罪。均由法部专案知照吏部、陆军部存记。若失守而未经参办,或议罪而并未奏留员弁,仍不准胪列后来劳绩,率行奏请免罪开复。至失守之同城知府及捕盗官,如身受重伤,或一月内随同克复城池,亦准叙明可原情节,应拟绞监候者量予减等,应拟流者革职免罪。其并未随同克复城池,亦未身受重伤,但系甫经到任,及被围日久,止准于本律流罪上量减一等,不得概请免罪。如系平日官声素好,及战功卓著之员,亦准奏请留营效力,再得劳绩,方准免罪。

现行刑律案语

原例(略)

臣等谨按:此条系同治五年〔1866〕定例。例内"于减等拟军罪上,再减一等治罪"拟改为"于绞监候罪上,减二等治罪","应拟军者革职"拟改为"应拟流者革职","本律军罪上,量减一等"拟改为"本律流罪上,量减一等"。刑部、兵部应改为法部、陆军部。谨将修改例文,开列于后。

○修改(略)

条例·删除

大清律例

5.14.207.(6)〔督抚提镇不行固守省城驻地盗贼生发闻警先逃〕

一、各省督、抚、提镇,如遇省城及驻扎地方,盗贼生发,不行固守,闻警先逃者,均照失陷城寨本律拟斩监候。声明情罪重大,应即行处决,仍请旨定夺。倘有必须于军前正法者,应请旨即在军前正法。如有必须严讯情节再行定罪者,仍拿问解京审讯。其寻常失守一城一寨,并无闻警先逃情事,仍照各本律办理。

现行刑律案语

○删除

原例（略）

臣等谨按：此系同治元年〔1862〕议政王军机大臣会同刑部议复给事中卞宝第等条奏定例。督抚、提镇为国家重臣，其应否于军前正法，既已请旨定夺，则朝廷自有权衡，部臣拟议罪名，亦只能按照情节声请。查当时议复折内“有旧例，已有专条，自可酌量比附，未便于例外增加”等语，是本例不过申明办法，于罪名本无出入，拟请删除。

5.14.208纵军掳掠／14.180纵军掳掠

律文·修改

大清律例	现行刑律
5.14.208.1 凡守边将领，私自使令军人，于未附外境掳掠人口、财物者，将领杖一百，罢职，发附近充军；所部听使武官及管队，递减一等。并罪坐所由，使令之人。军人不坐。○5.14.208.2 若军人不曾经由本管头目使令私出外境掳掠者，为首杖一百，为从杖九十。因掳掠而伤外境人，为首者斩，监候。为从杖一百。其掳掠伤人为从，并不伤人，首从俱发边远充军。若本管头目钤束不严，杖六十，留任。○5.14.208.3 其边境城邑有贼出没，乘机领兵攻取者，不在此限。○5.14.208.4 若于已附地面虏掠者，不分首从皆斩。监候。本管头目钤束不严，杖八十，留任。○5.14.208.5 其将领知军人私出外境及已附地面掳掠之情故纵者，各与犯人同罪。至死减一等。	14.180.1 凡守边将领，私自使令军人，于未附外境掳掠人口、财物者，将领流二千里；所部听使武官及管队，递减一等。并罪坐所由，使令之人。军人不坐。○14.180.2 若军人不曾经由本管头目使令私出外境掳掠，为首处十等罚，为从处九等罚。因而伤外境人，为首者绞，监候。为从并不伤人，首从俱流三千里。若本管头目钤束不严，处六等罚，留任。○14.180.3 其边境城邑有贼出没，乘机领兵攻取者，不在此限。○14.180.4 若于已附地面掳掠者，不分首从皆绞。监候。本管头目钤束不严，处八等罚，留任。○14.180.5 其将领知军人私出外境及已附地面掳掠之情故纵者，各与犯人同罪。至死减一等。

现行刑律案语

原律（略）

臣等谨按：此仍《明律》，雍正三年〔1725〕修改。次节小注“其掳掠伤人为从”一语系赘述，应节删。各项罪名，均应照章修改。“罢职”二字，亦拟节去。谨将修改律文、律注，开列于后。

○修改（略）

条例・修改

大清律例

5.14.208.(3)〔凯撤回营兵丁强行携带良民子女及逆犯家属及典买民人〕

一、凡出征官员、兵丁,除有不遵纪律,欺压良民,肆行掳掠子女者,仍按律治罪外,其于凯撤回营之日,沿途遇有良民子女,并非逃失,该官兵等强行携带者,即照于已附地面掳掠人口律治罪;若携带逃失良民子女,照收留迷失子女律治罪。其携带人口有亲属者,追出给还完聚;无亲属者,交地方官妥为抚恤。如有携带逆犯家属例应缘坐者,除该家属仍照例缘坐外,该官兵等讯明,知系逆犯家属,即照知情藏匿罪人律治罪;若讯不知情,及携带不应缘坐之逆犯家属,均仍以携带逃失子女论。跟役等有犯,照兵丁一律办理。领兵之该管官、跟役之家长,知情故纵者,与同罪;失察者,官员交部分别议处,兵丁鞭责发落。能自查出究办者,免议。若出征官兵于经过地方,私自典买人口,均照不应重律,系兵杖八十,系官交部议处。失察各官,照例减等议处。典买人口,追出入官。

现行刑律

14.180.(1)〔凯撤回营兵丁强行携带良民子女逆犯家属及典买民人〕

一、凡出征官员、兵丁,除有不遵纪律,欺压良民,肆行掳掠子女者,仍按律治罪外,其于凯撤回营之日,沿途遇有良民子女,并非逃失,该官兵等强行携带者,即照于已附地面掳掠人口律治罪;若携带逃失良民子女,照收留迷失子女律治罪。其携带人口有亲属者,追出给还完聚;无亲属者,交地方官妥为抚恤。如有携带逆犯家属例应治罪者,除该家属仍照例治罪外,该官兵等讯明,知系逆犯家属,即照知情藏匿罪人律治罪;若讯不知情,及携带不应治罪之逆犯家属,均仍以携带逃失子女论。跟役等有犯,照兵丁一律办理。领兵之该管官、跟役之家长,知情故纵者,与同罪;失察者,交部分别议处。能自查出究办者,免议。若出征官兵于经过地方,私自典买人口,均照不应重律,系兵处八等罚,系官交部议处。失察各官,照例减等议处。典买人口,由官安插。

现行刑律案语

原例(略)

臣等谨按:此系嘉庆十九年〔1814〕遵旨奏定条例。现在新章律例缘坐各条,除知情者仍治罪外,其不知情者,悉予宽免。例内"缘坐"二字,应改为"治罪"二字。再,新练陆军不用鞭责之法,例内"兵丁鞭责发落"句,拟请节去。"典买人口,追出入官"拟改为"典买人口,由官安插"。杖罪照章罚金,应改为"处八等罚"。谨将修改例文,开列于后。

○修改(略)

条例·删除

大清律例

5.14.208.(1)〔借通城为名烧毁良民庐舍抢掠子女财物〕

一、凡领兵王、贝勒、将军,借通贼为名,烧毁良民庐舍,抢掠子女财物者,领兵将军、参赞大臣及营总等,俱交部议处;系王、贝勒,交宗人府从重治罪;参领以下官免议。若分兵征进,有犯前项罪名者,统兵将领,及分管两翼官,并管领旗分官,俱交部议处。至于官员兵丁,一二人私自焚掠者,系官,交部议处;系护军、领催、兵丁,鞭一百;系厮役,正法。若厮役之主知情者,鞭一百;系官,交部分别议处。所管参领以下官员及营总,均交部议处。其抢掠携带男妇人口,仍追出给还完聚。若该督抚隐匿不行题参,别经发觉者,该督抚一并议处。

删除律例

○删除

大清律例

5.14.208.(2)〔调台湾兵丁借端需索扰害番社〕

一、调台兵丁,及台湾催饷社丁,如借端需索,扰害番社,依吓诈例计赃从重论。无赃者,照不应重律杖八十,革退。该管官徇隐、失察,交部分别议处。

删除律例

○删除

5.14.209不操练军士 / 14.181不操练军士

律文·修改

大清律例	现行刑律
5.14.209.1凡各处(边方、腹里)守御官,不守纪律,不操练军士,及城池不完、衣甲器杖不整者,初犯,杖八十;再犯,杖一百。○5.14.209.2若(守御)官提备不严,抚驭无方,致有所部军人反叛者,该管官各杖一百,	14.181.1凡各处(边方、腹里。)守御官,不守纪律,不操练军士,及城池不完、衣甲器仗不整者,初犯,处八等罚;再犯,处十等罚。○14.181.2若(守御)官堤备不严,抚驭无方,致有所部军人反叛者,该管官各追

追夺,诰敕。发边远充军。若因军人反叛弃城而逃者,斩。监候。	夺,诰敕。发三千里。若因军人反叛弃城而逃者,绞。监候。

现行刑律案语

原律(略)

臣等谨按:此仍《明律》,雍正三年〔1725〕修改。杖罪照章罚金,应依数分等处罚。近边军照章改为"流三千里"。附杖应节删。谨将修改律文、律注,开列于后。

○修改(略)

条例·删除

大清律例

5.14.209.(1)〔驾炮夜不收守墩军人轮班不去〕

一、架炮夜不收,守墩军人,夤夜回家,轮班不去者,在守哨处枷号一个月发落。

现行刑律案语

○删除

原例(略)

臣等谨按:此系前明《问刑条例》,雍正三年〔1725〕修改,乾隆五年〔1740〕增定。查"架炮夜不收"系前明名目,守墩军人轮班不去各处军营,自有惩治章程。此例无关引用,拟请删除。

5.14.210 激变良民 / 14.182 激变良民

律文·修改

大清律例	现行刑律
5.14.210.1 凡有司牧民之官,平日失于抚字,又非法行事,使之不堪,激变良民,因而聚众反叛,失陷城池者,斩。监候。止反叛而城池未陷者,依守御官抚绥无方致军人反叛,按充军律奏请。	14.182.1 凡有司牧民之官,平日失于抚字,又非法行事,使之不堪,激变良民,因而聚众反叛,失陷城池者,绞。监候。止反叛而城池未陷者,依守御官无取无方致军人反叛,按流三千里律奏请。

现行刑律案语

原律(略)

臣等谨按:此仍《明律》。斩候照章应改绞候。律注"按充军律奏请"应改为"按

流三千里律奏请”。谨将修改律文、律注，开列于后。

〇修改(略)

条例·仍旧、修改

大清律例

5.14.210.(1)〔刁恶之徒聚众抗官〕

现行刑律

14.182.(1)〔刁恶之徒聚众抗官〕

一、凡刁恶之徒，聚众抗官，地方文武员弁，即带领兵壮迅往扑捉。如稍有迟延者，即照定例严议。其扑捉之时，该犯即俯首伏罪，不敢抗拒，应分别末减。如该犯等持仗抗拒，许文武官带同兵壮，持械擒拿。若聚众之犯，并未执有器械，文武官纵令兵壮杀伤者，严加议处。

现行刑律案语

原例(略)

〇仍旧

臣等谨按：此例应仍其旧，理合陈明。

大清律例

5.14.210.(2)〔直省刁民约会抗粮敛钱构讼罢考罢市抗官塞署殴官等〕

一、直省刁民，假地方公事，强行出头，逼勒平民，约会抗粮，聚众联谋，敛钱构讼，及借事罢考、罢市，或果有冤抑，不于上司控告，擅自聚众至四五十人，尚无哄堂塞署，并未殴官者，照光棍例，为首拟斩立决，为从拟绞监候。如哄堂塞署，逞凶殴官，为首斩决、枭示；其同谋聚众，转相纠约，下手殴官者，拟斩立决；其余从犯，俱拟绞监候；被胁同行者，各杖一百。若遇此等案件，该督抚先将实在情形奏闻，严饬所属立拿正

现行刑律

14.182.(2)〔直省刁民约会聚众抗粮罢市哄堂殴官敛钱构讼〕

一、直省刁民，假地方公事，强行出头，逼勒平民，约会抗粮，聚众至四五十人以上，或借事罢市，尚无哄堂塞署，并未殴官者，照光棍例，为首拟绞立决，为从拟绞监候。如哄堂塞署，逞凶殴官，为首拟斩立决；其同谋聚众，转相纠约，下手殴官者，拟绞立决；其余从犯，俱拟绞监候；被胁同行者，各处十等罚。至因事敛钱、构讼，或果有冤抑，不于上司控告，擅自聚众至四五十人，尚无前项情事者，减一等定拟。若遇前项案件，

大清律例	现行刑律
犯，速讯明确，分别究拟。如实系首恶通案渠魁，例应斩枭者，该督抚一面具题，一面将首犯于该地方即行正法，将犯事缘由及正法人犯姓名，刻示遍贴城乡晓谕。若承审官不将实在为首之人究出拟罪，混行指人为首，因而坐罪，并差役诬拿平人，株连无干，滥行问拟者，严参治罪，该督抚一并交部严加议处。至刁民滋事，其同城武职不行擒拿，及该地方文职不能弹压抚恤者，俱革职。该管之文武上司官徇庇不即申报，该督抚、提镇不行题参，俱交部议处。	该督抚先将实在情形奏闻，严饬所属立拿正犯，速讯明确，分别究拟。如实系首恶通案渠魁，例应斩决者，该督抚一面具奏，一面将首犯于该地方即行正法，将犯事缘由及正法人犯姓名，刻示遍贴城乡晓谕。若承审官不将实在为首之人究出拟罪，混行指人为首，因而坐罪，并差役诬拿平人，株连无干，滥行问拟者，严参治罪，该督抚一并交部严加议处。至刁民滋事，其同城武职不行擒拿，及该地方文职不能弹压抚恤者，俱革职。该管之上司文武官徇庇不即申报，该督抚、提镇不行奏参，俱交部议处。

现行刑律案语

原例（略）

臣等谨按：此例原系三条，乾隆五十三年〔1788〕修并。刁民强行出头、约会抗粮、罢市，皆不法之尤，自应从严惩办。至“因事敛钱、构讼，或果有冤抑，不于上司控告，虽聚众至四五十人，如无前项情事，则情节较轻，一律照光棍定拟”，殊嫌过重，似应量予区别，以昭平允。拟将“刁民聚众、抗粮、罢市”等项，仍照本例治罪。惟照章改“斩决”为“绞决”，改“斩枭”为“斩决”，“杖一百”罪名改为“处十等罚”。“罢考”一项，现在各项考试，与科举时办法不同，应请节删。其因事聚众“敛钱、构讼，或果有冤抑，不于上司控告，擅自聚众至四五十人以上，尚无前项情事者，减一等定拟”。“题参”应改“奏参”。谨将修改例文，开列于后。

○修改（略）

5.14.211 私卖战马／14.183 私卖战马

律文·修改

大清律例	现行刑律
5.14.211.1 凡军人出征，获到（敌人）马匹，须要尽数报官。若私下货卖（与常人）者，杖一	14.183.1 凡军人出征，获到（敌人）马匹，须要尽数报官。若私下货卖（与常人）者，处十

百；军官（私）卖者，罪同，罢职。买者，笞四十。马匹价钱并入官。（若出征）军官、军人买者，勿论。（卖者，追价入官，仍科罪。）	等罚；军官（私）卖者，罚同，罢职。买者，处四等罚。马匹价钱并入官。（若出征）军官、军人买者，勿论。（卖者，追价入官，仍科罪。）

现行刑律案语

原律（略）

臣等谨按：此仍《明律》，雍正三年〔1725〕修改。笞、杖罪名照章罚金，应依数分等处罚。谨将修改律文，开列于后。

〇修改（略）

条例・删除

大清律例

5.14.211.(1)〔披甲随围偷卖官肥马〕

一、凡披甲随围，将肥官马偷卖，到家交瘦马者，照窃盗例治罪。

现行刑律案语

〇删除

原例（略）

臣等谨按：此条系康熙五十七年〔1718〕定例，指随从木兰行围而言，系属一事一例，既照窃盗治罪，自有通例可引，此条拟请删除。

大清律例

5.14.211.(2)〔民人出口私贩骟马〕

一、民人出口私贩骟马，在三十匹以下者，照违制律杖一百。三十匹以上至四十匹，加枷号一个月；四十匹以上至五十匹，加枷号两个月；五十匹以上，杖六十、徒一年，每十匹加一等，罪止杖一百、徒三年。所贩马匹入官。

现行刑律案语

原例（略）

臣等谨按：此条系道光二年〔1822〕定例，数在三十匹以下，即照违制律杖一百，则是一二匹，亦应以违制论矣，未免过严。且查骟马征税载在《则例》，各口皆循案办理。是现在情形，已与曩时不同，似应量予变通，以免阻滞。拟改为"未至二十匹者，免议。二十匹以上至三十匹，照不应重律治罪。每十匹加一等，罪止徒三年。所贩马匹入官"。谨将修改例文，开列于后。

○修改

一、凡民人出口私贩骟马,未至二十匹者,免议。二十匹以上至三十匹,照不应重律治罪。每十匹加一等,罪止徒三年。所贩马匹入官。

核订现行刑律

○删除

原修改例文(略)

谨按:沿边贩马之禁,本为防接济匪徒而设。惟自道光以来,官贩久停,如复禁人贩运,更何以供给军需。且各口业经征税,上年六月间,并经杀虎口监督林景贤奏请弛禁,奉旨:"该部知道。钦此。"钦遵在案。是有无济匪情事,可严税关稽察之责,无须徒悬禁令也。此条拟请删除。

5.14.212 私卖军器 / 14.184 私卖军器

律文·修改

大清律例	现行刑律
5.14.212.1 凡军人将自己关给衣甲、刀枪、旗帜一应军器,私下货卖与常人者,杖一百,发边远充军;军官私卖者,罪同,罢职,附近充军。买者,笞四十。其间有应禁军器,民间不宜私有而买者,以私有论。一件杖八十,每一件加一等,罪止杖一百、流三千里。所买军器、不论应禁与否。及所得价钱并入官。官军买者勿论。卖者仍坐罪,追价入官。	14.184.1 凡军人将自己关给衣甲、刀枪、旗帜一应军器,私下货卖与常人者,流三千里;军官私卖者,流二千里。买者,处四等罚。其间有应禁军器,民间不宜私有而买者,以私有论,一件处八等罚,每一件加一等,罪止流三千里。所买军器、不论应禁与否。及所得价钱并入官。官军买者勿论。卖者仍坐罪,追价入官。

现行刑律案语

原律(略)

臣等谨按:此仍《明律》。"罪同"二字指"杖一百",言军官既拟充军,则罢职自不待论,律文"罪同,罢职"四字,均拟节去。充军、笞杖及附加杖罪,均应照章分别删改。谨将修改律文、律注,开列于后。

○修改(略)

条例 · 修改

大清律例

5.14.212.(1)〔私当军器〕

一、军人军官私当关给衣甲、旗帜、应禁军器,照私卖律减一等,杖一百、徒三年。至收当之人,照私有军器律减一等,杖七十;每一件加一等,罪止杖一百、徒三年。如有结伙盘踞,加倍重利收当军器者,枷号三个月,发极边足四千里充军。军器、当本照例入官。其非应禁者,不在此限。失察之地方、将领各官,交部议处。

现行刑律

14.184.(1)〔私当收当军器〕

一、军人军官私当关给衣甲、旗帜、应禁军器,照私卖律减一等,徒三年。收当之人,照私有军器律减一等,处七等罚;每一件加一等,罪止徒三年。如有结伙盘踞,加倍重利收当军器者,发极边足四千里安置。军器、当本照例入官。其非应禁者,不在此限。失察之地方将领各官,交部议处。

现行刑律案语

原例(略)

臣等谨按:此条系乾隆二十六年〔1761〕定例,三十七年〔1772〕增定。徒罪附杖,照章应删。“杖七十”罪名照章罚金,应改为“处七等罚”。“极边足四千里充军”应改为“安置”。其附加枷号照章折罚,为数无多,拟请节去。谨将修改例文,开列于后。

○修改(略)

5.14.213毁弃军器 / 14.185毁弃军器

律文 · 修改

大清律例

5.14.213.1凡将领关拨一应军器,出征守御事讫,停留不收回纳还官者,以事讫之日为始,十日杖六十,每十日加一等,罪止杖一百。○5.14.213.2若将领征守事讫,将军器辄弃毁者,一件杖八十,每一件加一等;二十件以上,斩。监候。遗失及误毁者,各减三等;军人

现行刑律

14.185.1凡将领关拨一应军器,出征守御事讫,停留不收回纳还官者,以事讫之日为始,十日处六等罚,每十日加一等,罪止十等罚。○14.185.2若将领征守事讫,将军器辄弃毁者,一件处八等罚,每一件加一等;二十件以上,绞。监候。遗失及误毁者,各减三等;军人

(弃毁、遗误)各又减一等。并验(毁失之)数追赔。(还官。)其曾经战阵而有损失者,不坐不赔。

(弃毁、遗误)各又减一等;并验(毁失之)数追赔。(还官。)其曾经战阵而有损失者,不坐不赔。

现行刑律案语

原律(略)

臣等谨按:此仍《明律》。杖罪照章罚金,应依数分等处罚。斩候照章应改绞候。谨将修改律文,开列于后。

○修改(略)

条例·修改

大清律例

5.14.213.(1)〔兵丁遗失器械〕

一、凡看守城池、仓库、街道等处兵丁,遗失本身器械者,杖七十。

现行刑律

14.185.(1)〔兵丁遗失器械〕

一、凡看守城池、仓库、街道等处兵丁,遗失本身器械者,处七等罚。

现行刑律案语

原例(略)

臣等谨按:此条系雍正三年〔1725〕定例。"杖七十"罪名照章罚金,应改为"处七等罚"。谨将修改例文,开列于后。

○修改(略)

条例·删除

大清律例

5.14.213.(2)〔箭上不书姓名〕

一、箭上不书姓名,及书他人姓名者,杖八十。

删除律例

○删除

5.14.214 私藏应禁军器 / 14.186 私藏应禁军器

律文・修改

大清律例

5.14.214.1 凡民间私有人马甲傍牌、火筒火炮、旗纛号带之类应禁军器者，一件杖八十，每一件加一等。私造者，加私有罪一等。各罪止杖一百、流三千里。非全成（不堪用。）者，并勿论，许令纳官。其弓箭、枪、刀、弩及鱼叉、禾叉，不在禁限。

现行刑律

14.186.1 凡民间私有人马甲傍牌、火筒火炮、旗纛号带之类应禁军器者，一件处八等罚，每一件加一等。私造者，加私有罪一等。各罪止流三千里。非全成（不堪用。）者，并勿论，许令纳官。其弓箭、枪、刀、弩及鱼叉、禾叉，不在禁限。

现行刑律案语

原律（略）

臣等谨按：此仍《明律》。杖罪照章罚金，应改“处八等罚”。流罪附杖照章应删。谨将修改律文，开列于后。

○修改（略）

条例・修改、续纂、修并

大清律例

5.14.214.(6)〔私造及私藏鸟枪竹铳〕

一、各省深山邃谷及附近山居驱逐猛兽，并甘肃兰州等府属与番回错处毗连各居民，及滨海地方，应需鸟枪守御者，务须报明该地方官详查明确。实在必需，准其仍照营兵鸟枪尺寸制造，上刻姓名，编号立册，按季查点。如有不报官私造者，杖一百，枷号两个月；私藏者，杖九十，枷号一个月；仍各照律每一件加一等，罪止杖一百、流三千里。该管地保失察私造者，杖一百，革役；如系

现行刑律

14.186.(1)〔私造私买鸟枪洋枪〕

一、各省居民应需鸟枪、洋枪守御者，务报明地方官确查。实在必需，准其报官制造鸟枪、购买洋枪，上刻姓名，编号立册，按季查点。有私造、私买者，处十等罚；私藏者，处九等罚；仍各照律每一件加一等，罪止流三千里。该管地保失察私造者，处八等罚，革役；如系知情故纵，处十等罚。该管官不行查出，交部议处。如兵丁有借查鸟枪、洋枪名色扰民者，该管官一并议罪。至私造、

知情故纵,加枷号一个月。该管官不行查出,交部议处。如兵丁有借查鸟枪名色扰民者,该管官一并议罪。至私造、私藏竹铳,及失察、故纵之地保,俱照鸟枪例治罪。地方官失于觉察,亦照鸟枪例议处。

私藏竹铳,及失察故纵之地保,俱照鸟枪例治罪。地方官失于觉察,亦照鸟枪例议处。

现行刑律案语

原例(略)

臣等谨按:此例原系二条,定于康熙四十八年〔1709〕,嗣后迭经修,并私造私藏鸟枪旧例,罪止杖责。道光二年〔1822〕以两江总督孙玉庭奏请,分别加以枷号,改如今例。惟私造应禁军器依律止杖九十,本例处以满杖,已为加重。新章改枷号为罚金,计数无多,拟请规复旧例,节去枷号;其杖罪,仍依数分等处罚;流罪附杖,应照章删节。至地保失察,情罪尚轻,拟改为"处八等罚";知情故纵者,改为"处十等罚"。谨将修改例文,开列于后。

○修改

一、各省深山邃谷及附近山居驱逐猛兽,并甘肃兰州等府属与番回错处毗连各居民,及滨海地方,应需鸟枪守御者,务须报明该地方官详查明确。实在必需,准其仍照营兵鸟枪尺寸制造,上刻姓名,编号立册,按季查点。如有不报官私造者,处十等罚;私藏者,处九等罚;仍各照律每一件加一等,罪止流三千里。该管地保失察私造者,处八等罚,革役;如系知情故纵,处十等罚。该管官不行查出,交部议处。如兵丁有借查鸟枪名色扰民者,该管官一并议罪。至私造、私藏竹铳,及失察、故纵之地保,俱照鸟枪例治罪。地方官失于觉察,亦照鸟枪例议处。

核订现行刑律

原修改例文(略)

谨按:现在各处盗贼皆有洋枪,居民守御,非各备洋枪不足以敌之,不仅近山滨海地方为然,拟请各处居民皆准自备鸟枪、洋枪,以资守御,不必限以近山滨海地方。谨将修改例文,开列于后。

○修改(略)

现行刑律

14.186.(2)〔私贩外洋炮位洋枪洋药等〕

一、内地奸民私贩外洋炮位者,发烟瘴地方安置;贩卖洋枪,处十等罚,每一件加一等,罪止流三千里。贩卖洋药、洋砂、铜帽,照兴贩硫磺例治罪。倘有济匪情事,均

以通贼论。

现行刑律案语

〇续纂

一、内地奸民私贩外洋炮位之案,发烟瘴地方安置;贩卖洋枪,处十等罚,每一件加一等,罪止流三千里。贩卖洋药、洋砂、铜帽,照兴贩硫磺例治罪。倘有济匪情事,均以通贼论。至近山滨海地方存备洋枪守御者,须报地方官,錾刻姓名,编号立案。如有私藏,照鸟枪例按件治罪。有借端搜拿,致滋扰累者,该管官一并议罪。

臣等谨按:光绪元年〔1875〕十一月二十八日,总理衙门会同刑部议复署盛京将军崇实奏《请严定私贩外洋枪炮罪名》折,内称"查洋枪、洋炮来自外洋,本系奉禁之物。内地奸民牟取重利,私自销售,以致扰害地方,诚不可不严行禁止。臣等公同酌议,嗣后拿获私贩洋炮之案,应于私铸大小炮位处斩例上酌减,为发新疆给官兵为奴,仍照例改发极边足四千里充军,到配加枷号六个月。贩卖洋枪照私造鸟枪例,枷号两个月,杖一百,每一件加一等,罪止杖一百,流三千里。贩卖洋药、洋砂、铜帽,即照内地民人窝囤兴贩硫磺例,分别斤数多寡定拟。倘有济匪情事,均以通贼论。至近山滨海地方存备洋枪守御者,亦应照鸟枪例,必须报明地方官,錾刻姓名,编号立案。如有私藏,照私藏鸟枪例按件治罪。仍严禁不许借端搜拿,致滋扰累"等因。本日奉旨:"依议。钦此。"钦遵通行在案。自应纂入例册,以资遵守。惟原章"洋炮"应改为"外洋炮位",以免疑误。"私铸大小炮位处斩"例,现拟删除,此处应节〔去〕。极边军系由新疆为奴改发,应改为"烟瘴地方安置"。"杖一百"罪名照章罚金,应改为"处十等罚"。枷号酌从宽免。流罪附杖并应节删。"照窝囤兴贩硫磺例定拟",亦应改为"照兴贩硫磺例治罪",以省繁冗。理合陈明。

核订现行刑律

原续纂例文(略)

谨按:居民存备洋枪守御,现拟纂入前条。则此条"至近山滨海"以下,应删。谨将修改例文,开列于后。

〇修改(略)

大清律例

5.14.214.(3)〔窝囤兴贩硫磺〕

一、内地民人窝囤兴贩硫磺,十斤以下,杖一百;十斤以上,杖六十、徒一年;二十斤以上,以次递加。五十斤以上,杖一百、流二千里;八十斤以上,杖

现行刑律

14.186.(3)〔煎挖窝囤兴贩硝磺〕

一、内地奸民煎挖窝囤兴贩硫磺,十斤以下,处十等罚;十斤以上,徒一年;每十斤加一等;六十斤以上,流二千里;八十斤以上,流二千五百里;一百

一百、流二千五百里;一百斤,杖一百、流三千里;百斤以上,发近边充军。若甫经窝囤,尚未兴贩,减兴贩罪一等。焰硝每二斤作硫磺一斤科断。硝磺入官。邻保知情不首,杖一百;不知情,杖八十。挑夫、船户知情不首,减本犯罪二等;知情分赃,与犯同罪,赃重以枉法从重论。首报人免罪,仍照硝磺入官价值向本犯另追给赏。如合成火药卖与盐徒,不问斤数多寡,发近边充军。其本省银匠、药铺、染房需用硝磺,每次不许过十斤,令其呈明地方官批限,买完缴销,违者以私囤论。

5.14.214.(9)〔私行煎挖硝磺合成火药及济匪〕

一、内地奸民,在产硝磺地方私行煎挖,无论已未兴贩,照台湾之例科断,十斤以下,杖一百,刺字;十斤以上,杖六十、徒一年,每十斤加一等;百斤以上,及合成火药在十斤以下者,发近边充军;三百斤以上,及合成火药在十斤以上者,照私铸红衣等大小炮位例处斩,妻、子缘坐,财产入官。如将硝磺济匪,以通贼论。知情故纵,及隐匿不首,并与犯同罪,至死减一等。俟军务完竣,仍照旧例办理。

斤,流三千里;百斤以上,发极边足四千里安置。若甫经窝囤,尚未兴贩,减兴贩罪一等。焰硝每二斤作硫磺一斤科断。硝磺入官。邻保知情不首,处十等罚;挑夫、船户知情不首,减本犯罪二等;知情分赃,与犯同罪,赃重以枉法从重论。首报人免罪,仍照硝磺入官价值向本犯另追给赏。如合成火药卖与匪徒,不问斤数多寡,发极边足四千里安置。其本省银匠、药铺、染坊需用硝磺,每次不许过十斤,令其呈明地方官批限,卖完缴销,违者以私囤论。

现行刑律案语

原例

5.14.214.(3)〔窝囤兴贩硫磺〕(略)

5.14.214.(9)〔私行煎挖硝磺合成火药及济匪〕(略)

臣等谨按:前一条系前明《问刑条例》,乾隆年间改定。后一条本无专例,咸丰元年〔1851〕广西巡抚周天爵条奏私造私售火药罪名,经刑部议准,于“窝囤兴贩硫磺”例内,添“煎挖”二字;同治元年〔1862〕又以云贵总督潘铎条奏,经部议准,将煎挖硝磺照台湾之例科断;九年〔1870〕修例,添辑专条,而将硫磺例内“煎挖”二字节去。

查“煎挖”与“私囤兴贩情事”，本属相同，定例轻重悬殊，办理徒滋歧异。原例本有“军务完竣，仍照旧例办理”之语，则规复旧例并无不合，拟请于前一条仍添“煎挖”二字，后一条即行删除。其各项罪名，均应照新章修改。惟“近边充军”一项，按之情罪，重于满流，应改为“极边安置”。邻保不知情，仍杖八十，核与宽免缘坐之意不符，应节去。至奸民合成火药，不仅卖与盐徒，“盐徒”二字拟改为“匪徒”，较为浑括。又，例首“民人”二字应改为“奸民”；例末“买完”二字应改为“卖完”，以昭核实。谨将修并例文，开列于后。

〇修并（略）

大清律例

5.14.214.(5)〔违例售卖火药〕

一、京城制造花爆之家，于地方保甲门牌内，注明“业花爆”字样，止准售卖花爆，不准售卖火药。如违例售卖火药，数不足十斤者，笞五十；十斤，杖六十；每十斤加一等。至五十斤以上者，杖一百、徒三年。其应需硝磺，如不由官行、官店承买者，照私囤例治罪。

现行刑律

14.186.(4)〔违例售卖火药〕

一、凡制造花爆之家，于地方保甲门牌内，注明“业花爆”字样，止准售卖花爆，不准售卖火药。如违例售卖火药，数不足十斤者，处五等罚；十斤，处六等罚；每十斤加一等。至五十斤以上者，徒三年。其应需硝磺，如不由官行、官店承买者，照私囤例治罪。

现行刑律案语

原例（略）

臣等谨按：此条系道光十七年〔1837〕定例。惟制造花爆之家，各处皆有，不独京城为然，应即改为通例，以资援引。笞、杖罪名照章改为罚金，应依数分等处罚。徒罪附杖，应节删。谨将修改例文，开列于后。

〇修改（略）

大清律例

5.14.214.(1)〔苗猓蛮户带刀出入及私藏违禁等物〕

一、苗猓蛮户俱不许带刀出入，及私藏违禁等物，违者照民间私有应禁军器律治罪。该管头目人等知而不报者，杖一百。地方文武官弁失察，照例议处。

现行刑律

14.186.(5)〔苗猓蛮户带刀出入及私藏违禁等物〕

一、苗猓蛮户俱不许带刀出入，及私藏违禁等物，违者照民间私有应禁军器律治罪。该管头目人等知而不报者，处十等罚。地方文武官弁失察，照例议处。

现行刑律案语

原例(略)

臣等谨按:此条系雍正六年〔1728〕定例。“杖一百”罪名照章罚金,应改为“处十等罚”。谨将修改例文,开列于后。

○修改(略)

条例·删除

大清律例

5.14.214.(2)〔台民私造鸟枪〕

一、台湾民人停止制造鸟枪,违者照例治罪。

删除律例

○删除

大清律例

5.14.214.(4)〔官员商民携带军器途中防护者〕

一、官员出差、赴任、回籍,及商民出外贸易等事,如有携带军器途中防护者,在京取具兵部印票,在外取具该差遣衙门及该地方官印票,注明所带件数,以备出城沿途照验。仍知会所到地方,限一月缴销。如隐匿原票不缴者,照违令律治罪。

删除律例

○删除

大清律例

5.14.214.(7)〔私铸红衣等大小炮位及抬枪〕

一、私铸红衣等大小炮位及抬枪者,不论官员、军民人等,及铸造匠役,一并处斩,妻、子给付功臣之家为奴,家产入官。铸造处所邻佑、房主、里长等知情不首者,俱拟绞监候。专管文武官革职,兼辖文武官及该督抚、提镇,俱交该部议处。其私藏炮位及抬枪之犯,除讯有不法重情,仍照各律例从重定拟外,如讯无别情,仅止私藏者,即于私铸罪上减一等,杖一百、流三千里。失察之地方官,交部分别议处。

现行刑律案语

○删除

原例(略)

臣等谨按：此条治罪之法与反逆等，原以私铸炮位抬枪，非实有反逆之谋，断无私铸之理。惟现在枪炮之制，日益新奇，名亦互异，必泥定红衣炮位及抬枪名目，已形罣漏。例意既以严诛反逆为主，自应将其本罪明白宣示，以照炯戒。其私铸枪炮，不过案据之一端，遇有此等案件，可直引谋反、叛逆本律科断。此例亦成赘设，拟请删除。

大清律例

5.14.214.(8)〔私制藤牌〕

一、凡民间如有私制藤牌者，杖一百。失察之地方文武官，照失察私藏鸟枪例议处。

现行刑律案语

○删除

原例（略）

臣等谨按：此条系乾隆三十九年〔1774〕部议御史李漱芳条奏定例。藤牌为防御之物，与他项军器可以杀伤人者不同，近年军器日新，藤牌已无所用，且历来此等案件，亦不概见，本例拟请删除。

大清律例

5.14.214.(10)〔违例私运川滇黔产黑铅出境〕

一、四川、云南、贵州所产黑铅，除由官采办外，其余无论在厂在店，一律严禁出境。如违例私运，照窝囤兴贩硫磺例治罪。兵役知情徇隐，减犯人罪一等；受财故纵，与犯人同罪；赃重者，以枉法从重论。倘有济匪情事，以通贼论。仍须人铅并获乃坐。

现行刑律案语

○删除

原例（略）

臣等谨按：此条系咸丰五年〔1855〕定例。现在振兴矿务，开采黑铅，为矿章所不禁。此例无关引用，应请删除。

5.14.215 纵放军人歇役 / 14.187 纵放军人歇役

律文・修改

大清律例	现行刑律
5.14.215.1 凡管军千总、把总及管队军吏,纵放军人出百里之外买卖,或私种田土,或隐占在己使唤,空歇军役(不行操备)者,(计所纵放及隐占之军数,)一名杖八十,每三名加一等,罪止杖一百,罢职。若受财卖放者,以枉法从重论。所隐(纵放、隐占、卖放各项。)军人,并杖八十。若私使出境,因而致死,或被贼拘执者,杖一百,罢职,发边远充军;至三名者,绞。(监候。)本营专管官吏知情容隐,不行举问,及虚作逃亡,扶同报官者,与犯人同罪。(罪止杖一百、发边远充军。)若管队把总、千总,纵放军人,其本营专管官吏知情故纵,或容隐不行举问,及本营专管官故纵军人,其千总、把总、管队知而不首告者,罪亦如之。(私使出境而不首告者,同罪。)○5.14.215.2 若钤束不严,(原无纵放私使之情,)致有违犯,(或出百里,或出外境私自歇役。)及(原无知情容隐,止)失觉举者,管队名下一名、把总名下五名、千总名下十名、本营专管官名下五十名,各笞四十;管队名下二名、把总名下十名、千总名下二十名、本营专管官名下一百名,各笞五十,并留任。不及数者,不坐。○5.14.215.3 若武职官私家役使军人,不曾隐占歇役(妨废操备)者,一名笞四十,每五名加一等,罪止杖八十。○5.14.215.4 并每名计一日追雇工银(八分五厘五毫)入官。○若有吉凶借使者勿论。	14.187.1 凡管军千总、把总及管队军吏,纵放军人出百里之外买卖,或私种田土,或隐占在己使唤,空歇军役(不行操备)者,(计所纵放及隐占之军数,)一名处八等罚,每三名加一等,罪止十等罚,罢职。若受财卖放者,以枉法从重论。所隐(纵放、隐占、卖放各项。)军人,并处八等罚。若私使出境,因而致死,或被贼拘执者,流三千里;至三名者,绞。(监候。)本营专管官吏知情容隐,不行举问,及虚作逃亡,扶同报官者,与犯人同罪。(罪止流三千里。)若管队把总、千总,纵放军人,其本营专管官吏知情故纵,或容隐不行举问,及本营专管官故纵军人,其千总、把总、管队知而不首告者,罪亦如之。(私使出境而不首告者,同罪。)○14.187.2 若钤束不严,(原无纵放私使之情,)致有违犯,(或出百里,或出外境私自歇役。)及(原无知情容隐,止)失觉举者,管队名下一名、把总名下五名、千总名下十名、本营专管官名下五十名,各处四等罚;管队名下二名、把总名下十名、千总名下二十名、本营专管官名下一百名,各处五等罚,并留任。不及数者,不坐。○14.187.3 若武职官私家役使军人,不曾隐占歇役(妨废操备)者,一名处四等罚,每五名加一等,罪止八等罚。并每名计一日追雇工银(一钱二分五厘)入官。

现行刑律案语

原律(略)

臣等谨按：此仍《明律》，顺治三年〔1646〕、雍正三年〔1725〕、乾隆五年〔1740〕迭经修改。律内笞、杖、充军罪名，均应照章改正。军官既拟满流，则罢职自不待言，"罢职"二字，拟请节去。雇工银律注"八分五厘五毫"，应照罚金折工，作银数减半计算，改为"一钱二分五厘"。律末"吉凶借使"一层，究与私家役使无殊，非惟妨废操练，亦非重视军人资格之意，现值朝廷整军经武，自应将从前轻视军人积习，一律革除，亦拟节删。谨将修改律文、律注，开列于后。

○修改(略)

条例·仍旧

大清律例	现行刑律
5.14.215.(1)〔擅拨下班军士与人役使〕	14.187.(1)〔擅拨下班军士与人役使〕 一、凡军士下班之日，其本管官员擅拨与人做工等项役使，照私役军人本律发落。

现行刑律案语

原例(略)

○仍旧

臣等谨按：此例应仍其旧，理合陈明。

5.14.216 公侯私役官军

律文·删除

大清律例

5.14.216.1 凡公侯非奉特旨，不得私自呼唤官军前去役使。违者，初犯、再犯免罪，三犯奏请区处。其官军听从，及不出征时，辄于公侯之家门首伺立者，官各杖一百，罢职，发边远充军，军人同罪。伯爵有犯，亦准此律奏请。

现行刑律案语

○删除

原律(略)

臣等谨按：此仍《明律》。明代封公、侯者，给予铁券，载明免死次数，故私役官军之罪，著于律令，以防恣肆。国朝公、侯封爵，并无给券免死之事，且公、侯不掌兵柄，无从私役官军。此律无关引用，应请删除。

5.14.217 从征守御官军逃 / 14.188 从征守御官军逃

律文 · 修改

大清律例

5.14.217.1 凡官军（已承调遣）从军征讨，私逃还家，及逃往他所者，初犯，杖一百，仍发出征；再犯者，绞。（监候。）知（在逃之）情窝藏者，（不问初犯、再犯，）杖一百，充军。（原籍及他所之）里长知而不首者，杖一百。若（征讨事毕）军还（官军不同振旅）而先归者，减（在逃）五等；因而在逃者，杖八十。若在京军人逃者，初犯，杖九十；各处守御城池军人逃者，初犯，杖八十，俱发充伍；再犯，（不问京、外，）并杖一百，俱发边远充军；三犯者，绞。（监候。）知（在逃之）情窝藏者，与犯人同罪，罪止杖一百，充（附近）军。（不在边远、处绞之限。）里长知而不首者，各减（窝藏）二等。（从杖罪减科，罪止杖八十。其从征军与守御军）本管头目知情故纵者，各（随所犯次数）与同罪，罪止杖一百，罢职，附近充军。其（征守）在逃官军，（自逃日为始，）一百日内，能自出官首告者，（不问初犯、再犯，）免罪。若在限外自首者，减罪二等。但于随处官司首告者，皆得准理。（准免罪及减罪二等。）○5.14.217.2 若各营军人，（不着本伍，）转投别营当军者，同逃军论。（或初犯、再犯，皆依上文律科断。）

现行刑律

14.188.1 凡官军（已承调遣）从军征讨，私逃还家，及逃往他所者，初犯，处十等罚，仍发出征；再犯者，绞。（监候。）知（在逃之）情窝藏者，（不问初犯、再犯，）流二千里。（原籍及他所之）里长知而不首者，处十等罚。若（征讨事毕）军还（官军不同振旅）而先归者，减（在逃）五等；因而在逃者，处八等罚。若在京军人逃者，初犯，处九等罚；各处守御城池军人逃者，初犯，处八等罚，俱发充伍；再犯，（不问京、外，）俱流三千里；三犯者，绞。（监候。）知（在逃之）情窝藏者，与犯人同罪，罪止流二千里。（不在满流，处绞之限。）里长知而不首者，各处八等罚。（其从征军与守御军）本管头目知情故纵者，各（随所犯次数）与同罪，罪止流二千里。其（征守）在逃官军，（自逃日为始，）一百日内，能自出官首告者，（不问初犯、再犯，）免罪。若在限外自首者，减罪二等。但于随处官司首告者，皆得准理。（准免罪及减罪二等。）○14.188.2 若各营军人，（不着本伍，）转投别营当军者，同逃军论。（或初犯、再犯，皆依上文律科断。）

现行刑律案语

原律(略)

臣等谨按：此仍《明律》，雍正、乾隆年间迭经修改。律内杖罪照章罚金，应依数

分等处罚；边远、附近军应照章分别改为流三千里、流二千里。本管头目既已拟罪，罢职自不待言，应将“罢职”二字节去。律注“不在边远，处绞之限”，应改为“不在满流，处绞之限”；小注“从杖罪减科罪，止杖八十”二语，系承律文“减窝藏二等”而言，今窝藏满杖已拟删除，则“里长罪名未便再云，从杖罪减科”此二语，并行节删。但将“杖八十”罪名修入正律，仍改为“处八等罚”。再，查近年兵制屡议更张，今昔情形已难尽合，陆军部新订专章，条理较为完密，军人有犯，自可援引章程，依法惩治。此律原可删除，因恐间有查照刑律治罪之案，未免无所据依，是以修改留存，以备引用。至律后例条，则拟一概从删，以昭核实，当于彼条，另具按语声明。谨将修改律文、律注，开列于后。

○修改（略）

条例 · 删除

大清律例

5.14.217.(1)〔守御兵丁拐带饷米马匹脱逃〕

一、各处守御兵丁，有拐带饷米、马匹脱逃者，计赃照常人盗官物律加一等治罪。如拐带同营饷银，计赃照窃盗加一等。所拐带饷米等项，仍向该犯家属名下照数追赔。知情容留之人同罪。

5.14.217.(4)〔京外在伍兵丁脱逃〕

一、京、外在伍兵丁脱逃，该营立即通移各标、协、营一体查拿，定限一百日，实力严缉务获。其有自知畏悔，于限内投回者，杖一百，枷号一个月，不准入伍。若被缉获及逾限投回者，除枷责、不准入伍外，俱照例刺字。

5.14.217.(6)〔随征兵丁脱逃分别治罪〕

一、将弁在营潜逃者，严拿正法。随征兵丁，无论协剿邻封及备防本省，有私逃者，领兵将弁即将姓名、数目，知照该兵丁本营及原籍一体严拿。获日审讯明确，拟斩立决。其在军务未竣以前投首者，改发各省驻防给官兵为奴。如在配脱逃被获，用重枷枷号三个月，杖责、管束。若在军务告成以后投首者，依随征脱逃例拟斩立决。仍援引金川逃兵投首发遣新疆例，奏请定夺。蒙恩免死减发者，亦改发驻防给官兵为奴。如再脱逃，请旨即行正法。至在途患病，及打仗受伤，或迷失路径，与落后有因，并非有心脱逃，若在军务未竣以前投首，照自首律免罪；被获者，杖一百、徒三年。在军务告成以后投首，亦杖一百、徒三年；被获者，改发各省驻防给官兵为奴。在配脱逃被获，仍枷责、管束。其跟随余丁，有偷盗马匹、军器及衣服、银两潜逃者，亦拟斩立决。如有投首，照兵丁投首，按军务已未告竣，分别问拟。其并无偷盗情事，有心脱逃之余丁，无论军务已未告竣，被获者，俱改发极边足四千里充军，到配加枷号三个月。在配脱逃被获，亦照前枷责、管束。其自行投首，并笃疾者，无论军务

已未告竣,俱杖一百、流三千里。如落后有因,无论军务已未告竣,投首者免罪,被获者杖一百、枷号一个月。仍向犯属及中保人追原雇价值给主。勇丁脱逃,亦照兵丁例一律办理。至驻防官兵私逃,应销除本身旗档。如落后有因,并非有心脱逃,免其销档。溃散兵丁,一概不准收标。该管将弁知情容隐,任令冒饷,或该兵丁逃后改易姓名,朦混入营食饷者,除本犯治罪外,知情容隐及失察该管将弁,均交部分别议处。

现行刑律案语

○删除

5.14.217.(6)〔随征兵丁脱逃分别治罪〕(略)

5.14.217.(1)〔守御兵丁拐带饷米马匹脱逃〕(略)

5.14.217.(4)〔京外在伍兵丁脱逃〕(略)

臣等谨按:以上三例,第一条言出征弁兵跟丁人等脱逃之罪,第二条言守御兵丁脱逃之罪,第三条言绿营兵丁脱逃之罪。查光绪三十四年〔1908〕陆军部奏定《陆军惩治逃亡章程》,分逃亡罪名为平时、戒严时、前敌攻守时三种,较旧例仅分出征、守御二项者,尤为详备。各省绿营兵丁,现正分年裁撤,即有未便尽裁之处,自应照新章罪名办理,以归画一。其为旧例所有,而新章所无,如在途患病、打仗受伤、失迷路径与落后有因,并非有心脱逃,得照律免罪等项,亦自有新订《陆军惩罚过失章程》参酌办理,无虞遗漏。至"驻防兵丁脱逃"一项,现正变通旗制,虽为新章所无,而旧例亦不适用。悉心参考以上三条,均属无关引用,拟请一并删除。

大清律例

5.14.217.(2)〔旗丁无故弃船潜逃〕

一、旗丁不拘重运、回空,如有无故潜逃,弃船中途不顾者,照守御官军在逃律治罪,仍于面上刺"逃丁"二字。

删除律例

○删除

大清律例

5.14.217.(3)〔驻防兵丁逃走〕

一、凡驻防兵丁逃走,除照例报部外,该驻防处开明逃人年貌,知照该犯本旗,及沿途有满洲兵丁处所,并附近省份,一体严拿。其窝家人等及失察各官,均照例究治。

删除律例

○删除

大清律例

5.14.217.(5)〔派往伊犁等处换防种地之满汉兵丁犯逃〕

一、派往伊犁等处换防种地之满、汉各项兵丁，初次犯逃，自行投回者，枷号三个月，满日鞭责，交该管官严行管束；如被拿获，用重枷枷号五个月，痛加责惩折磨差使。若逃走二次，及在原派处所曾经犯逃，移驻伊犁之后，复行逃走者，自行投回，应俱用重枷枷号五个月，痛加责惩折磨差使；如被拿获者，即行正法。

删除律例

〇删除

5.14.218优恤军属 / 14.189优恤军属

律文·修改

大清律例	现行刑律
5.14.218.1凡阵亡、病故官军回乡，家属应给行粮、脚力，经过有司不即应付者，以家属到日为始，迟一日笞二十，每三日加一等，罪止笞五十。	14.189.1凡阵亡、病故官军回乡，家属应给行粮、脚力，经过有司不即应付者，以家属到日为始，迟一日处二等罚，三日加一等，罪止五等罚。

现行刑律案语

原律(略)

臣等谨按：此仍《明律》。笞罪照章罚金，应依数分等处罚。谨将修改律文，开列于后。

〇修改(略)

条例·删除

大清律例

5.14.218.(1)〔八旗阵亡人无嗣妻室及父母〕

一、凡八旗阵亡人等妻室内，查有无子嗣，或子嗣稚幼，又无家人食粮者，伊夫原系职官，给原官一半俸禄米石；如系兵丁，给食一半钱粮米石。若阵亡之人并无妻室，其父母别无子嗣，又无钱粮可以依赖为生者，亦照此例行。

满汉通行刑律

○删除

谨按:此条系八旗阵亡家属优恤之例,事隶陆军部刑律,无关引用,似应删除。

5.14.219 夜禁

律文·删除

大清律例

5.14.219.1 凡京城夜禁,一更三点,钟声已静,之后。五更三点,钟声未动,之前。犯者笞三十;二更、三更、四更犯者,笞五十。外郡城镇,各减一等。其京城、外郡因公务急速,军民之家,有疾病、生产、死丧,不在禁限。○5.14.219.2 其暮钟未静,晓钟已动,巡夜人等故将行人拘留,诬执犯夜者,抵罪。○5.14.219.3 若犯夜拒捕,及打夺者,杖一百;因而殴巡夜人至折伤以上者,绞;监候。死者,斩。监候。拒捕者,指犯夜人;打夺者,旁人也。若巡夜人诬执犯夜,因而拒捕互殴至死者,以凡斗殴论。

现行刑律案语

原律(略)

臣等谨按:此仍《明律》。现在京城夜禁,应照《违警律》办理。惟外省、州、县未设巡警之处尚多,本律应仍其旧,以资引用。其笞、杖及斩候罪名,均应照章修改。谨将修改律文,开列于后。

○修改

凡京城夜禁,一更三点,钟声已静,之后。五更三点,钟声未动,之前。犯者处三等罚;二更、三更、四更犯者,处五等罚。外郡城镇,各减一等。其京城、外郡因公务急速,军民之家。有疾病、生产、死丧,不在禁限。○其暮钟未静,晓钟已动,巡夜人等,故将行人拘留,诬执犯夜者,抵罪。○若犯夜拒捕,及打夺者,处十等罚;因而殴巡夜人至折伤以上者,绞;监候。死者,亦绞。监候。拒捕者,指犯夜人;打夺者,旁人也。若巡夜人诬执犯夜,因而拒捕互殴至死者,以凡斗殴论。

核订现行刑律

○删除

原修改律文(略)

谨按:京城夜禁,既照《违警律》办理,此条无关引用,外省、州、县未设巡警之处,向未按照此律办过。犯夜罪名,此条久成具文,拟请删除。

条例 · 删除

大清律例

5.14.219.(1)〔旗丁无故城外宿〕

一、凡八旗兵丁无故在城外夜宿者,杖八十。

满汉通行刑律

○删除

谨按:此条系旗兵专例,现在并不照此办理,已同虚设,似应删除。

5.15 关津 / 15 关津

5.15.220 私越冒度关津

律文·删除

大清律例

5.15.220.1 凡无文引私度关津者，杖八十。若关不由门、津不由渡，（别从间道）而越度者，杖九十。若越度缘边关塞者，杖一百、徒三年。因而（潜）出（交通）外境者，绞。（监候。）守把之人知而故纵者，同罪；（至死减一等。）失于盘诘者，（官）各减三等，罪止杖一百。军兵又减一等。并罪坐值日者。○5.15.220.2 若有文引冒（他人）名度关津者，杖八十。家人相冒者，罪坐家长。守把之人知情与同罪，不知者不坐。○5.15.220.3 其将（无引）马骡私度、冒度关津者，杖六十；越度，杖七十。（私度，谓人有引马骡无引；冒度，谓马骡冒他人引上马骡毛色齿岁；越度，谓人由关津，马骡不由关津而度。）

现行刑律案语

原律（略）

臣等谨按：此仍《明律》。杖罪照章改为罚金，应依数分等处罚；徒罪附杖，应节删。谨将修改律文，开列于后。

○修改

凡无文引私度关津者，处八等罚。若关不由门、津不由渡，（别从间道）而越度者，处九等罚。若越度缘边关塞者，徒三年。因而（潜）出（交通）外境者，绞。（监候。）守把之人知而故纵者，同罪；（至死减一等。）失于盘诘者，（官）各减三等，罪止十等罚。军兵又减一等。并罪坐值日者。○若有文引冒（他人）名度关津者，处八等罚。家人相冒者，罪坐家长。守把之人知情与同罪，不知者不坐。○其将（无引）马骡私度、冒度关津者，处六等罚；越度，处七等罚。（私度，谓人有引马骡无引；冒度，谓马骡冒他人引上马骡毛色齿岁；越度，谓人由关津，马骡不由关津而度。）

核订现行刑律

○删除

原修改律文（略）

谨按：此沿唐律，从前水、陆关栈，两岸俱设防禁，凡行人来往，皆有公文，如驿使

验符、券军防丁、夫有总历之类。我朝版图日扩，远迈前代，凡关以外辽沈，本祖宗发祥之地，久列陪都，即西北一带亦设行省，内地人民自由来往，从无给发文引之事。此条今昔情形不符，拟请删除。

条例 · 删除

大清律例

5.15.220.(1)〔雇倩口内之人往口外种地及砍木烧炭〕

一、凡雇倩口内之人，往口外种地及砍木烧炭者，户、工二部照例给票出口，回日仍察收。无票之人，令各处察拿。若捏称种地及砍木烧炭名色，起票前往，而将票与人，及受者，并杖八十。受财者，计赃以枉法从其重者论。

删除律例

○删除

大清律例

5.15.220.(2)〔民人无票私出口外及贿纵徇庇〕

一、凡民人无票私出口外者，杖一百、流二千里。缘边关口，每季将出入人数造册，取具并无匪类出口印、甘各结申报。倘守口官不验明印票及贿纵出入，该管官察出，即行详报该管将军、督抚、提镇题参，交部严行治罪。若该管将军、督抚、提镇通同徇庇，不行查参，及稽查不严，以致匪类越境生事者，一并从重议处。

删除律例

○删除

大清律例

5.15.220.(3)〔土官土人不请咨牌私出外省〕

一、凡土官土人，如有差遣公务应赴外省者，呈明本管官，转报督抚给咨，并知会所往省份督抚，令事竣勒限毋许逗遛，仍知照本省督抚。倘不请咨牌，私出外省，土官革职，土人照无引私度关津律杖八十，递回。如潜往外省生事为匪，别经发觉，除实犯死罪外，徒罪以上，俱照军人私出外境掳掠不分首从发边远充军律递回，照例枷责，同家口父母兄弟子侄一并迁徙安插。其不行管束之该管官，及失于查报之外省地方官，均交部议处。

现行刑律案语

○删除

原例(略)

臣等谨按：此条系雍正十三年〔1735〕定例，尔时各省土司未尽归流，故严加防范，今土司并无潜往外省生事为匪之案，此例无关引用，拟即删除。

大清律例

5.15.220.(4)〔引领游民偷越缘边关口及引送夹带违禁货物人口出口〕

一、缘边关口，有熟识路径奸徒，引领游民私自偷越，或受贿引送夹带违禁货物之人出口者，除将偷越及夹带本犯，各照律分别治罪外，其引送之人，如审系仅图微利并无别情者，照违制律杖一百，加枷号一个月，交该管官严行管束。如偷越之人出口别有奸谋，该犯明知引送，婪索多赃，照守把之人知情故纵律治罪。兵弁失于查拿，照例参处。

5.15.220.(5)〔指引逃匪偷越出口〕

一、指引逃匪偷越出口之犯，如实系不知逃匪情由，仅止私行引送者，仍照违制律问拟外，若明知逃匪故行引送者，照故纵律与犯人同罪。至再犯、三犯者，各按本罪以次递加。得财故纵者，计赃从重论。

现行刑律案语

○删除

5.15.220.(4)〔引领游民偷越缘边关口及引送夹带违禁货物人口出口〕(略)

5.15.220.(5)〔指引逃匪偷越出口〕(略)

臣等谨按：关口货物税则及出入禁令，今昔情形迥不相同，此二例无关引用，拟即删除。

大清律例

5.15.220.(6)〔所买奴婢不当官立契载入口票私带出境〕

一、东三省出口之人，若将在京所买奴婢，不照例当官立契、载入口票，私带出境，该守关兵弁即时拿送刑部。如讯系拐卖，即照拐卖例分别治罪。如无拐卖情事，将不行当官立契载入口票之人，照冒度关津律治罪。

删除律例

○删除

大清律例

5.15.220.(7)〔山东民人前赴奉天地方官滥行给票放行违禁下海〕

一、凡山东民人前赴奉天，除各项贸易船只，并只身带有本钱货物贸易者，查明系往何处、贸易何物，确有凭据，仍准地方官给票出口，毋庸禁止外，其有借称寻亲觅食出口前赴奉天，并无确据者，地方官概不许给票。如不查明确实，滥行给票放行，致有私刨樵采，及邪教煽惑等事，别经发觉，将给票之地方官，照滥行出结例议处。

删除律例

○删除

大清律例

5.15.220.(8)〔典买家人随回本省转卖图利〕

一、东三省身任京员，及在京当差者，置买家奴，于当官立契时，俱询明卖身之人，或只愿在京服役，或情愿日后随回东省，俱当官载于契纸。若只愿在京服役，伊主回家时，听其另行投主，交还身价。若情愿日后随去者，伊主回家时报明本旗，咨行该省将军存记，只许永远役使，不许转卖图利。如违，俱按兴贩人口例治罪。仍令该将军每年将有无转卖图利之处，年终咨报刑部备查。

删除律例

○删除

大清律例

5.15.220.(9)〔滇省永昌顺宁边隘私贩碧霞玺翡翠等玉及鱼盐棉花等物〕

一、凡滇省永昌、顺宁二府以外沿边关隘，禁止私贩碧霞玺、翡翠、玉葱、玉鱼、盐、棉花等物。如拿获私贩之人，审讯明确，共伙人数在一二十人以上，为首者，拟绞立决；为从，及数在四人以上不及十人者，俱发极边足四千里充军；若止三人以下者，杖一百、流三千里。如有因私贩透漏军情消息者，审实，无论人数多寡，请旨即行正法。关口员弁，或有失察、故纵情弊，查出分别从重治罪。

删除律例

○删除

大清律例

5.15.220.(10)〔吉林地方军民人等私越卡伦〕

一、吉林地方卡伦外,毋许流民居住。若军民人等私越卡伦者,发云贵两广烟瘴稍轻地方充军。该将军令守卡各官随时严查,三个月更换,交代时,出具并无流民潜住甘结,呈报将军衙门查核,仍按季选派协领等官复查。如守卡各员不实力奉行,严参治罪。并令该将军随时密查,每届年终核实具奏。

删除律例

○删除

5.15.221 诈冒给路引

律文·删除

大清律例

5.15.221.1 凡不应给路引之人(谓配遣囚徒安置家口之类。)而给引,及军诈为民、民诈为军,若冒名告给引,及以所给引转与他人者,并杖八十。若于经过官司停止去处倒(换另)给路引,及官豪势要之人,嘱托军民衙门,擅给批帖,影射(人货)出入者,各杖一百。(若官吏、人匠供送文引年深,于原任、原役衙门告给新引,照身回还者,不在此限。)当该官吏听从及知情给与者,(指上三件。)并同罪。若不从,及不知者,不坐。○5.15.221.2 若巡检司越分给引者,罪亦知之。(依听从知情律。)○5.15.221.3 其(应给衙门)不立文案,空押路引私填与人者,杖一百、徒三年。○受财者,(分有禄、无禄,)计赃以枉法,及有所规避者,(或贩禁货通番,或避罪犯出境。)各从重论。

现行刑律案语

原律(略)

臣等谨按:此仍《明律》。惟屯卫现经裁撤,自无军民相诈之事,此二句应删。至"越分给引"一层,专言"巡检司",殊形罣漏,"巡检司"三字亦应节去。杖罪照章改为罚金,应依数分等处罚。徒罪附杖,应节删。谨将修改律文,开列于后。

○修改

凡不应给路引之人(谓配遣囚徒安置家口之类。)而给引,若冒名告给引,及以所给引转与他人者,并处八等罚。若于经过官司停止去处倒(换另)给路引,及官豪势要之人,嘱托军民衙门,擅给批帖,影射(人货)出入者,各处十等罚。(若官吏、人匠供送文引年深,于原任、原役衙门告给新引,照身回还者,不在此限。)当该官吏听从及知情给与者,(指上三件。)并同罪。若不从,及不知者,不坐。○若越分给引者,罪亦如之。(依听从知情律。)○其(应给衙门)不立文案,空押路引私填与人者,徒三年。○受财者,(分有禄、无禄,)计赃以枉

法，及有所规避者，或贩禁货通番，或避罪犯出境。各从重论。

核订现行刑律

○删除

原修改律文（略）

谨按：路引，亦即文引。此条与前相为维系，前条既拟议删，自应一律删除。

5.15.222 关津留难 / 15.190 关津留难

律文·修改

大清律例	现行刑律
5.15.222.1 凡关津往来船只，守把之人，不即盘诘验文引放行，无故阻当者，一日笞二十，每一日加一等，罪止笞五十。坐值日。若取财者，照在官人役取受有事人财例，以枉法计赃科罪。○5.15.222.2 若官豪势要之人，乘船经过关津，不服盘验者，杖一百。○5.15.222.3 若撑驾渡船梢水，如遇风浪险恶，不许摆渡，违者笞四十。若不顾风浪，故行开船，到中流停船勒要船钱者，杖八十。因而杀伤人者，以故杀死。伤未死。论。或不曾勒要船钱，止是不顾风浪，因而沉溺杀伤人者，以过失科断。	15.190.1 凡关津往来船只，守把之人，不即盘诘验文引放行，无故阻当者，一日处二等罚，每一日加一等，罪止五等罚。坐值日。若取财者，照在官人役取受有事人财例，以枉法计赃科罪。○15.190.2 若官豪势要之人，乘船经过关津，不服盘验者，处十等罚。○15.190.3 若撑驾渡船梢水，如遇风浪险恶，不许摆渡，违者处四等罚。若不顾风浪，故行开船，至中流停船勒要船钱者，处八等罚。因而杀伤人者，以故杀死。伤未死。论。或不曾勒要船钱，止是不顾风浪，因而沉溺杀伤人者，以过失科断。

现行刑律案语

原律（略）

臣等谨按：此沿《明律》，应仍其旧。惟笞、杖罪名照章罚金，均应依数分等处罚。谨将修改律文，开列于后。

○修改（略）

5.15.223 递送逃军妻女出城

律文·删除

大清律例

5.15.223.1 凡在京守御官军，递送逃军妻女出京城者，绞；杂犯。民犯者，杖一百。若各

处守御城池及屯田官军,递送逃军妻女出城者,杖一百、徒三年;民犯者,杖八十。受财者,计赃以枉法从重论。分有禄人、无禄人。其逃军买求者,罪同。若逃罪重者,仍从本罪论。守门之人知情故纵者,与犯人同罪;失于盘诘者,官减三等,罪止杖一百。军人又减一等。○5.15.223.2 若递送非逃军妻女出城者,如犯罪取发而妻女私还原籍之类,但不系逃者皆是。杖八十。有所规避者,如刁奸、诱卖,或犯罪法应缘坐。从重论。依送令隐避从重论。

现行刑律案语

○删除

原律(略)

臣等谨按:此仍《明律》,为各卫所军人脱逃而设。今卫所已经裁撤,并无此项逃军妻女,此律无关引用,拟即删除。

5.15.224 盘诘奸细 / 15.191 盘诘奸细

律文 · 修改

大清律例	现行刑律
5.15.224.1 凡缘边关塞,及腹里地面,但有境内奸细,走透消息于外人,及境外奸细入境内探听事情者,盘获到官,须要鞫问接引、入内、起谋出外之人,得实,不分首从皆斩。监候。经过去处守把之人,知而故纵,及隐匿不首者,并与犯人同罪。至死减等。失于盘诘者,官杖一百;军兵杖九十。罪坐值日者。	15.191.1 凡缘边关塞,及腹里地面,但有境内奸细,走透消息于外人,及境外奸细入境内探听事情者,盘获到官,须要鞫问接引、入内、起谋出外之人,得实,不分首从皆绞。监候。经过去处守把之人,知而故纵,及隐匿不首者,并与犯人同罪。至死减等。失于盘诘者,官杖十等罚;军兵处九等罚。罪坐值日者。

现行刑律案语

原律(略)

臣等谨按:此仍《明律》。律内斩候应改绞候;杖罪照章罚金,应依数分等处罚。谨将修改律文,开列于后。

○修改(略)

条例 · 仍旧、修改、移改、续纂

大清律例	现行刑律
5.15.224.(3)〔保甲法〕	15.191.(1)〔保甲法〕 一、凡州县城乡，十户立一牌头，十牌立一甲头，十甲立一保长。户给印牌一张，书写姓名、丁数，出则注明所往，入则稽其所来。其客店亦令各立一簿，每夜宿客姓名几人、行李牲口几何，作何生理，往来何处，逐一登记明白。至于寺观，亦分给印牌，上写僧道口数、姓名，稽察出入。如有虚文应事，徒委捕官吏胥需索扰害者，该上司查参治罪。

现行刑律案语

原例(略)

○仍旧

臣等谨按：此例应仍其旧，理合陈明。

大清律例	现行刑律
5.15.224.(1)〔交结外国及私通土苗〕 一、交结外国，及私通土苗，互相买卖借贷，诓骗财物，引惹边衅，或潜住苗寨，教诱为乱，(如打劫民财，以强盗分别。)贻患地方者，除实犯死罪(如越边关出外境，将人口、军器出境，卖与硝磺之类。)外，俱问发边远充军。	15.191.(2)〔诓骗苗蛮人等引惹邀衅及教诱为乱〕 一、内地人民诓骗苗蛮猺狑黎獞人等财物，引惹邀衅，或潜住苗蛮等寨，教诱为乱，(如行劫民财，以强盗分别。)贻患地方者，除实犯死罪外，俱流三千里。

现行刑律案语

原例(略)

臣等谨按：此沿前明《问刑条例》，迭经修并。就今日情势而论，有必应删改者。明初定例原指川、广、云、贵、陕西等处，并无"交结外国"字样，乾隆五年〔1740〕，以雍正七年〔1729〕定"禁止私通土苗借骗财物"之例，与此条相类，并入改定。查"互相买卖借贷"句，兼指交结外国、私通土苗而言，定例之始，海禁方严，故并买卖，而亦加禁止。自立约通商，情势一变，中外商民互相卖买，已为通商正义，例首"交结外

国”四字,应节删。其小注所引“越边关出外境,将人口、军器出境,卖与硝磺”四项,后一项系前明旧例,乾隆五年〔1740〕即已删除,前三项此次亦拟分别删去,则例内小注应节删,以归画一。又,按内地人民与土苗买卖,本为定例所许,康熙三十九年〔1700〕以镇筸红苗平定,准苗民互市;雍正七年〔1729〕定苗疆贸易例,凡人民往苗土贸易者,报官给照,查验放行;道光十九年〔1849〕贵州巡抚贺长龄疏,言苗疆饶杂粮材木非得客民交易,则盐布无所资,而杂粮材木亦无由销售分利,是客民未尝不有益于苗。今苗疆地方,犹沿集场交易之例,足见汉苗互市,久泯猜嫌,律以私通,殊为过当。例内“私通”二字,统互相买卖及借贷诓骗而言,未免牵混,应节删。又,按内地人民不许与土司等交往借债,乾隆四十六年〔1781〕本有专例,载“违禁取利”门,臣等此次以违禁取利,及土苗有犯,均可照律办理,毋庸另立专条,已拟将彼例删除,详绎本例,重在诓骗财物,如只互相借贷并无诓骗情事,似可不禁,例内“借贷”二字,亦应节删。至此例本专指土苗而言,惟此外如土蛮猺狑黎獞等类,事同一律,应于例首添入,以为内地人民有犯之通例。其边远军,并应照章改为满流。谨将修改例文、例注,开列于后。

○修改(略)

大清律例	现行刑律
*关津·私出外境及违禁下海 5.15.225.(11)〔奸商贩卖军器与土司番蛮〕(略)	15.191.(3)〔贩卖军器与土司番蛮〕 一、奸商贩卖军器与土司番蛮者,流三千里。该管官知情故纵者,罪同;不知情者,道府、州县官,及武职专管、兼辖官,并该督抚、提镇,俱交部照例分别议处。

现行刑律案语

○移改(略)

见5.15.225.(11)〔奸商贩卖军器与土司番蛮〕条

大清律例	现行刑律
*关津·私出外境及违禁下海 5.15.225.(30)〔将米谷等偷运外洋接济奸匪〕(略)	15.191.(4)〔米谷豆麦杂粮偷运外洋〕 一、奸徒将米、谷、豆、麦、杂粮偷运外洋,希图渔利者,米过一百石,流二千

五百里；一百石以下，徒三年；不及十石者，处十等罚。为从及知情不首之船户，各减一等。谷及豆、麦、杂粮每二石作米一石科断。如系由此口运至彼口，有护照可凭者，不在此例。

现行刑律案语

〇移改（略）

见5.15.225.(30)〔将米谷等偷运外洋接济奸匪〕条

大清律例

5.15.224.(4)〔盘获货物人数不符税单牌票之疑船〕

一、凡盘获形迹可疑之船，货物、人数不符税单、牌票者，限三日内查明。果系商船，即速放行；如系贼船，交与地方官审鞫有无行劫，按律例分别治罪。如巡缉官兵以贼船作为商船释放者，照讳盗例治罪；以商船作为贼船扰害者，照诬良为盗例治罪。索取财物者拿问。该管上司失察，照例议处。

现行刑律

15.191.(5)〔盘获货物人数不符税单牌票之疑船〕

一、凡内地、沿海盘获形迹可疑之船，货物、人数不符税单、牌票者，限即日查明。果系商船，即速放行；如系贼船，交与地方官审鞫有无行劫，按律例分别治罪。如巡缉官兵以贼船作为商船释放者，照讳盗例治罪；以商船作为贼船扰害者，照诬良为盗例治罪。索取财物者拿问。该管上司失察，照例议处。

现行刑律案语

原例（略）

臣等谨按：此条系康熙五十一年〔1712〕定例，为盘查贼船而设，于扰害需索之弊，防范甚严。惟查明以三日为限，不无延滞，税单、牌票有无弊混，稽查甚易，且船只之为商、为贼，巡缉官弁熟于情形者，一望而知，宽以时日，徒启留难延搁诸弊，拟改"三日"为"即日"，以期迅速。又，"违禁下海"门载盘诘沿海船只例，核与本条相类，拟将彼例删除，于本条添"内地、沿海"四字，以昭赅备。谨将修改例文，开列于后。

〇修改（略）

大清律例	现行刑律
*关津·私出外境及违禁下海 5.15.225.(5)〔船只出洋十船取结环保及不由各汛偷越外洋〕(略)	15.191.(6)〔出洋船只编甲保结〕 一、船只出洋,十船编为一甲,取具连环保结。一船为非,余船知而不首者,并坐;能首捕到官者免。初出口时,必于汛口挂号,将船照呈送地方官、管营官验明,填注日月,盖印放行;入口亦如之。经过省分,一省必挂一号,回籍时仍于本籍印官处送照查验。违者,俱各处十等罚。失察及知情之该管各官,交部议处。

现行刑律案语

○移改(略)

见5.15.225.(5)〔船只出洋十船取结环保及不由各汛偷越外洋〕条

大清律例	现行刑律
*关津·私出外境及违禁下海 5.15.225.(6)〔商渔船只分别书刻字样及舵工水手人等各给腰牌〕(略)	15.191.(7)〔商渔船只书刻字号舵工水手人等给与腰牌〕 一、沿海地方商渔船只,分别书刻字样,其营船刊刻某营第几号哨船,舵工、水手人等俱各给与腰牌,刊明姓名、年貌、籍贯。如船无字号、人有可疑,即严加究治。若货物与照内不符,仍按货物不符单票例办理。至渔船出洋,不许多载米酒,进口不许装载货物,违者严加治罪。守口文武各官不行盘查,照例议处。

现行刑律案语

○移改(略)

见5.15.225.(6)〔商渔船只分别书刻字样及舵工水手人等各给腰牌〕条

大清律例

*关津・私出外境及违禁下海

5.15.225.(8)〔沿海一应采捕及内河通海之各色小船取结编号查验〕(略)

现行刑律

15.191.(8)〔各色小船印烙编号〕

一、沿海一应采捕及内河通海之各色小船,地方官取具澳甲、邻佑甘结,一体印烙编号,给票查验。如有为匪行劫等项,照例治罪。甲邻知而不首,一体治罪。倘船只有被贼押坐出洋者,立即报官,将船号、姓名移知营汛缉究;容隐不首,照违制律治罪。其呈报遭风船只,必查讯实据,方准销号;捏报者,即行究治。

现行刑律案语

〇移改(略)

见5.15.225.(8)〔沿海一应采捕及内河通海之各色小船取结编号查验〕条

大清律例

*关津・私出外境及违禁下海

5.15.225.(26)〔往洋船只于海关各口换票查验其有人照不符船货互异者〕(略)

现行刑律

15.191.(9)〔往洋船只倒换照票〕

一、海关各口,如遇往洋船只倒换照票,务须查验人数,登填簿籍,钤盖印戳,始准放行。进口时,责成该委员、吏役稽查。其有人照不符、船货互异,即送地方官审究。如失于查察,致匪船滥出滥入,审明系何处口岸,有委员者,将该委员照例议处;无委员者,将该吏役处十等罚,革役;并将失察之该管官,交部议处。倘关口员役借端需索,照例分别参处治罪。

现行刑律案语

〇移改(略)

见[5.15.225.(26)]〔往洋船只于海关各口换票查验其有人照不符船货互异者〕条

核订现行刑律

○改隶（略）

见[5.15.225.(26)]〔往洋船只于海关各口换票查验其有人照不符船货互异者〕条

大清律例

[5.15.224.(2)]〔盘获归复乡土人口〕

现行刑律

[15.191.(10)]〔盘获归复乡土人口〕

一、沿边关塞及腹里地面盘诘奸细处所，有归复乡土人口，被获到官，查审明白，即行起送归籍。有妄作奸细希图冒功者，以故入人罪论。若实系奸细，能首降者，亦一体给赏、安插。

现行刑律案语

原例（略）

○仍旧

臣等谨按：此例应仍其旧，理合陈明。

大清律例

[15.191.(11)]〔出洋华商人等回籍〕

一、出洋华商人等回籍以后，地方胥吏遇事刁难，里族莠民借端苛索勒诈者，按律严惩。

现行刑律案语

○续纂（略）

臣等谨按：光绪二十九年二月二十三日〔1903年3月21日〕钦奉上谕："讲求商务，尤应体恤商情，加意护惜各埠华商人等，凡有因事回华者，其身家财产，均责成各省督抚严饬地方官切实保护，即行妥定章程，奏明办理。钦此。"旋经商部于是年十一月初三日〔1903年12月21日〕具奏请饬沿海各省督抚，一律妥定章程，切实保护奉旨出洋商民，以闽广为最多。迭经谕令："该督抚切实保护，逐渐推广。若如所奏，华商回籍后，地方胥吏遇事刁难，里族莠民借端苛索、勒诈，据情控诉，官不为理，种种积弊，成何事体？亟应严行查禁，认真整顿。着沿海各省督抚，严饬各该州、县，随时随事，妥为保护。如再有前项情弊，按律严惩，以恤商艰，而通民隐。钦此。"恭绎迭次谕旨，所以保护华侨者，至周且渥。自应订定专条，以资遵守。

条例 · 删除

大清律例

5.15.224.(5)〔严查沿柳条边蒙古地方种地内地民人隐匿逃人〕

一、沿柳条边之蒙古地方，有内地民人种地居住者，交与扎萨克等，十家内设立一长，逐户严查，不许闲人存留，取具十家长保结。如民人内有隐匿内地逃人者，着该扎萨克将逃人与隐匿逃人之民人，一并查拿解部治罪。

现行刑律案语

○删除

原例（略）

臣等谨按：此条系雍正年间定例，为稽查内地逃人而设。柳条边乃盛京与蒙古交界，当日内地人民在彼居住者尚少，自不妨交扎萨克稽查。二百年来生齿日繁，来往日盛，加以铁路交通，外人络绎，并非专恃扎萨克之力所能稽查、约束。且《理藩部则例》于缉获解送之事，本有专条，亦无须于本门复载。此例拟请删除。

大清律例

5.15.224.(6)〔稽查沿边去回贸易割草人如有遣犯混入逃匿蒙古〕

一、沿边近蒙古地方，令汛渡弁兵，将贸易、割草人，于去时登记人数，回时照数稽查。如有发遣人犯混入逃匿，即行文知会蒙古，拿送该处，照本犯原罪分别治罪。倘弁兵疏纵脱逃，漫无觉察，将弁员交部议处，兵照失于盘诘律治罪。若蒙古知系内地逃犯，仍容留隐匿者，照窝藏逃人例治罪。

现行刑律案语

○删除

原例（略）

臣等谨按：此条系雍正年间定例，乾隆五年〔1740〕改定。惟边地情形，今非昔比，稽查之法，已难拘执旧例。且拿获逃人分别治罪，及弁兵疏纵与容留窝藏罪名，均各有通例可引。此例拟即删除。

大清律例

5.15.224.(7)〔广东省穷民赶山搭寮取香砍柴烧炭种麻种靛等项〕

一、广东省穷民赶山搭寮，取香、砍柴、烧炭、种麻、种靛等项，令各州县每寮给牌。遇有迁徙消长，赴县添除。违者，寮长照脱漏户口律治罪。倘窝藏奸宄、勾通匪

类,寮长不报官究治,或被旁人首告者,照总甲容留棍徒例治罪。如有不赴官报明,径自搭寮居住者,照盗耕田亩律治罪。山主不经官验准,私令批佃搭寮者,照违令律治罪。若文武各官漫不约束,以致藏奸,该督抚即行题参,交部议处。

5.15.224.(8)〔浙赣闽省棚民在山种麻种靛开炉扇铁造纸做菰等项〕

一、浙江、江西、福建等省棚民,在山种麻种靛、开炉扇铁、造纸做菰等项,责成山地主并保甲长出具保结,造册送该州县官,照保甲之例,每年按户编查,并酌拨官弁防守。该州县官于农隙时,务会同该营汛逐棚查点,毋得懈弛。如有窝匪、奸盗等事,山地主并保甲长不行首告,照连坐律治罪。该管官失察,交部议处。

现行刑律案语

○删除

5.15.224.(7)〔广东省穷民赶山搭寮取香砍柴烧炭种麻种靛等项〕(略)

5.15.224.(8)〔浙赣闽省棚民在山种麻种靛开炉扇铁造纸做菰等项〕(略)

臣等谨按:此二条均雍正年间定例。各省实业,现正极力提倡一切稽查、约束之法,自应随时变通,似未便拘定成例。如有窝匪、藏奸等情,应由地方官酌量情形,按照通律、通例惩办。此二条拟请删除。

大清律例

5.15.224.(9)〔滇省与外夷商贩之江楚客民稽查严禁及近边居民进关回籍等事〕

一、滇省与外夷商贩,江西、湖广人为多,尤宜严禁。永昌府有潞江一处,顺宁府有猛缅一处,俱为通达各边总汇之区,应派妥干员弁专司稽察,遇有江、楚客民,驱令归回。其向来居住近边之人,地方官照内地保甲之例,编造寄籍册档,登记年貌,互相保结,严禁与附近猓夷结亲。如有进关、回籍等事,俱用互结报明,官给印票,关口照验放行,回滇时照验放出。若无印票,不准放行。守关员弁,如有混放偷漏情事,查明参处。其顺宁、永昌、腾越、猛缅、南甸、龙陵一带,所有本籍民人保甲,亦一体严为稽核,毋许江、楚客民混匿,违者从严惩治。至猛缅需用之黄丝等货,概不许贩至潞江、猛缅隘口。如有私贩出关者,货物入官,本犯究处。

删除律例

○删除

大清律例

5.15.224.(10)〔外国人等私越边境〕

一、凡有外国人等私越边境,无论是否贼匪,守卡官员即行擒拿。有将军、参赞

驻扎者，报明将军、参赞；有督、抚驻扎者，报明督、抚，听候办理。如守卡官员任意贿纵，查出即行正法。其该管之将军、参赞、督抚等不遵照妥办，亦一并从重治罪。

删除律例

〇删除

大清律例

5.15.224.(11)〔内地人民私往洋面山岛盖屋居住〕

一、洋面山岛，不许民人搭盖房屋居住，令该镇将督同弁兵，于出洋会哨时，奋勇搜捕。见有在海岛内搭盖房屋者，除有为匪实迹，各照定例拿究办理，即未为匪，所有房屋亦立即烧毁。仍于岁底将各海岛有无建房居住，及人数多寡之处，咨报军机处、兵刑二部查明汇奏。

删除律例

〇删除

大清律例

5.15.224.(12)〔盛京地方越边偷运米石接济山犯〕

一、盛京地方，遇有匪徒越边偷运米石，接济山犯，未至一石，照违制律杖一百；至一石者，杖六十、徒一年，每一石加一等；五石以上拟杖一百、流三千里。倘有运送杂粮、吃食、货物等项，计其驮载之马，每马一匹作米五斗，照偷运米石之数，一律办理。若仅止背负运送者，仍照违制律杖一百。

现行刑律案语

〇删除

原例(略)

臣等谨按：此条系道光二十九年〔1849〕定例。查奉天地方，从前矿产、山林全行封禁，围场处所，不许擅入，是以接济山犯，特设治罪专条。近来风气日开，围场地亩业经奏明丈放，矿产亦逐渐开采，东边又设有采木公司开采森林，是山禁已弛，此项例文无关引用，拟即删除。

5.15.225 私出外境及违禁下海

律文·删除

大清律例

5.15.225.1 凡将马牛、军需、铁货、未成军器。铜钱、缎匹、绸绢、丝棉私出外境货卖及下海者,杖一百。受雇挑担驮载之人,减一等。物货、船车并入官。于内以十分为率,三分付告人充赏。若将人口、军器出境及下海者,绞。监候。因而走泄事情者,斩。监候。其该拘束官司及守把之人,通同夹带,或知而故纵者,与犯人同罪。至死减等。失觉察者,官减三等,罪止杖一百。军兵又减一等。罪坐值日者。若守把之人受财,以枉法论。

现行刑律案语

〇删除

原律(略)

臣等谨按:中国古无海禁之说,元明以来海疆多,故下海之禁始严。国初海氛不靖,遗患未除,故一切禁令仍明之旧。近百年来,瀛寰大通东西,各国联袂而至,立约遣使,岁不绝书,出洋华侨,设官派舰,保护扶持,惟恐不至。而律例相沿,未改甚非,所以示圣朝保商怀远之德。"私出外境"一节,本兼陆路在内国,初准朝鲜互市,许罗刹通商,及殄灭准夷,荡平回部,则哈萨克交易于乌鲁木齐,俄罗斯贩运于内外蒙古;近则订藏印通商之约,立滇越贸易之条,南徼西陲,遄行无阻。前者编查馆议复臣等《请编现行刑律》折,谓"人民出海,昔为厉禁,今已解除,应荟萃参考"等语,是此门应删,已无疑义,原附各例酌量情形,或删除,或移并他门,以彰因时制宜之意。此条拟请删除。

条例·移改

大清律例	现行刑律
5.15.225.(5)〔船只出洋十船取结环保及不由各汛偷越外洋〕 一、船只出洋,十船编为一甲,取具连环保结。一船为非,余船并坐。余船能将为非船户首捕到官者,免其坐罪。	*关津·盘诘奸细 15.191.(6)〔出洋船只编甲保结〕(略)

初出口时,必于汛口挂号,将所有船照,呈送地方官或营官验明,填注日月,盖印放行。入口时,呈验亦如之。总计经过省份,一省必挂一号。回籍时,仍于本籍印官处送照查验,违者治罪。如有不由各汛偷越外洋者,船户、舵工人等,并富民谋利自造商船租与他人,及租之者,俱各杖一百,枷号三个月。失察及知情之该管各官,俱交该部议。

现行刑律案语

原例(略)

臣等谨按:此条系康熙四十六年〔1707〕定例,本门既拟删除,自应移归"盘诘奸细"门内。"一船为非,余船并坐",即系"缘坐之法,拟添知而不首"一层,以示区别。"违者治罪"并未指明罪名,细绎文义,当指下文枷、杖而言,自应修改明晰。"违者"二字已包"不由各汛偷越外洋"在内,此二句拟节去。富民造船租人原为谋利,未必亲自随行,船只出洋以后,大海渺茫,飘泊无定,即有不法,似难责租主以知情同坐之罪,拟请删除,以省连累。"杖一百"罪名照章罚金,应改为"处十等罚"。附加枷号,本属轻微,拟请节去。其余繁冗字句,并拟删节。谨将移改例文,开列于后。

〇移改

关津·盘诘奸细

15.191.(6)〔出洋船只编甲保结〕(略)

大清律例

5.15.225.(6)〔商渔船只分别书刻字样及舵工水手人等各给腰牌〕

一、凡商渔船只,分别书刻字样,其营船,刊刻某营第几号哨船。舵工、水手人等,俱各给与腰牌,刊明姓名、年貌、籍贯。如船无字号,人有可疑,即严加究治。至渔船出洋,不许装载米酒,进口,不许装载货物,违者严加治罪。其守口之文武各官不行盘查,照例议处。

现行刑律

*关津·盘诘奸细

15.191.(7)〔商渔船只书刻字号舵工水手人等给与腰牌〕(略)

现行刑律案语

原例(略)

臣等谨按:此条系康熙五十三年〔1714〕定例,本门既拟删除,自应移归"盘诘奸细"门内。商渔船只,指在沿海者而言,应于例首添"沿海地方"四字,以别于内地渔船。出洋不许载米,自系为杜绝接济起见,惟米乃食物所必需。恭查嘉庆元年〔1796〕二月二十日钦奉上谕:"渔船捕鱼为生,势难禁止。鱼汛之时,查其船中人口若干,带米若干,按口计食,倘有额外多带,定即查究等因。钦此。"钦遵在案。是渔船酌带米食,本所不禁,应将"不许装载"句,改为"不许多载"。谨将移改例文,开列于后。

○移改

关津·盘诘奸细

15.191.(7)〔商渔船只书刻字号舵工水手人等给与腰牌〕(略)

大清律例	现行刑律
5.15.225.(8)〔沿海一应采捕及内河通海之各色小船取结编号查验〕 一、沿海一应采捕及内河通海之各色小船,地方官取具澳甲、邻佑甘结,一体印烙编号,给票查验。如有私造、私卖及偷越出口者,俱照违禁例治罪。甲邻不行呈报,一体连坐。倘船只有被贼押坐出洋者,立即报官,将船号、姓名移知营汛缉究。容隐不首,日后发觉,以接济洋盗治罪。其呈报遭风船只,必查讯实据,方准销号。捏报者,即行究治。	*关津·盘诘奸细 15.191.(8)〔各色小船印烙编号〕(略)

现行刑律案语

原例(略)

臣等谨按:此条系乾隆二年〔1737〕定例,本门既拟删除,自应移归"盘诘奸细"门内。各色小船,乃在商渔船只之外,船身较小,装载无多,私造私卖,似可听其自便,不必禁止。至"偷越出口"一项,无非为杜绝接济起见,按之时势,已成具文,惟此种小船良莠不一,难保无为匪不法情事,拟将"偷越出口"句,改为"为匪行劫等项",似较切实。"不行呈报"句,拟改为"知而不首",以符宽免缘坐之意。至船只被贼押

坐,与自行犯法不同。容隐不首,照接济洋盗治罪,实为过重,拟改为照违制律治罪。谨将移改例文,开列于后。

〇移改

关津·盘诘奸细

15.191.(8)〔各色小船印烙编号〕(略)

大清律例	现行刑律
	*关津·盘诘奸细
5.15.225.(11)〔奸商贩卖军器与土司番蛮〕 一、奸商贩卖军器与土司番蛮者,杖一百,发边远充军。该管官知情故纵者,罪同。不知情者,道府、州县官,及武职专管、兼辖官,并该管督抚、提镇,俱交该部照例分别议处。	15.191.(3)〔贩卖军器与土司番蛮〕(略)

现行刑律案语

原例(略)

臣等谨按:此条系康熙年间定例,雍正三年〔1725〕改定。本门既拟删除,自应移归"盘诘奸细"门内。例内附杖应照章节删,"边远充军"应改为"流三千里"。谨将移改例文,开列于后。

〇移改

关津·盘诘奸细

15.191.(3)〔贩卖军器与土司番蛮〕(略)

大清律例	现行刑律
	*关津·盘诘奸细
5.15.225.(26)〔往洋船只于海关各口换票查验其有人照不符船货互异者〕 一、海关各口,如遇往洋船只倒换照票,务须查验人数,登填簿籍,钤盖印戳,始准放行。进口时,责成该委员吏役稽查。其有人照不符、船货互异,即送地方官审究。如失于查察,致匪船滥	15.191.(9)〔往洋船只倒换照票〕(略)

出滥入,审明系何处口岸,有委员者,将该委员照例议处;无委员者,将该吏役责革,加枷号一个月。并将失察之该管官交部议处。倘关口员役借端需索,照例分别参处治罪。

现行刑律案语

原例(略)

臣等谨按:此例应仍其旧,惟本门既拟删除,事关海关查验往洋船只,自应移归"私越冒度关津"门。且笞、杖与枷号,照章均应罚金。原例将失察吏役责革、枷号一个月,若枷责并罚,似涉繁苛,拟改为"处十等罚、革役"。谨将移改例文,开列于后。

○移改

关津・私越冒度关津

一、海关各口,如遇往洋船只倒换照票,务须查验人数,登填簿籍,钤盖印戳,始准放行。进口时,责成该委员吏役稽查。其有人照不符、船货互异,即送地方官审究。如失于查察,致匪船滥出滥入,审明系何处口岸,有委员者,将该委员照例议处;无委员者,将该吏役处十等罚,革役。并将失察之该管官交部议处。倘关口员役借端需索,照例分别参处治罪。

核订现行刑律

原移改例文(略)

谨按:此条因律目删除,移改"私越冒度关津"门内,惟查验往洋船只,本以严杜匪船出入,乃盘诘奸细之一端,与私度关津本不相涉;且彼条现亦议删,自应改隶"盘诘奸细"门内,以归一类,合并声明。

○改隶

关津・盘诘奸细

15.191.(9)〔往洋船只倒换照票〕(略)

大清律例

5.15.225.(30)〔将米谷等偷运外洋接济奸匪〕

一、奸徒将米谷、豆麦、杂粮偷运外洋,接济奸匪者,拟绞立决。如止图渔利,并无接济奸匪情弊者,米过一百石,

现行刑律

*关津・盘诘奸细

15.191.(4)〔米谷豆麦杂粮偷运外洋〕(略)

发近边充军;一百石以下,杖一百、徒三年;不及十石者,枷号一个月,杖一百。为从,及知情不首之船户,各减一等。谷及豆麦、杂粮,每二石作米一石科断。所有奸徒偷运米石及船只、货物,俱给拿获之员弁充赏。失察之汛口文武各官,照例议处。如有得贿故纵者,即行参革,以枉法计赃治罪。倘有不肖员弁,奉委之后,并不亲身出口,及妄拿商船额带食米讹诈者,一体严参。其有得赃者,照恐吓取财律治罪。

现行刑律案语

原例(略)

臣等谨按:此例原系二条,一专禁米谷,一兼禁杂粮豆麦,乾隆年间修并。本门既拟删除,自应移入"盘诘奸细"门内。从前杜绝接济,所以绥靖海疆,惟今昔情事不同,现在沿海非无盗贼,所需米石,即无内地接济,尽可取之海外。例首"接济奸匪"一层,暨"渔利"下"并无接济奸匪"句,均请节删。其近边军照章改为"流二千五百里";徒罪附杖,宽免枷号,亦酌予免科;"杖一百"照章罚金,改为"处十等罚"。"充赏"一节,系承接济奸匪而来,既改偷运渔利,通例自有税关罚则可循,毋须过事严刻。至失察故纵及妄拿各层,均有本例,足资引用,似可无庸赘入,均请节去。又近来航路交通彼此输运,亦所以酌剂盈虚,果有护照可凭,即不在应禁之列,自应增入,以免疑误。谨将移改例文,开列于后。

〇移改

关津・盘诘奸细

15.191.(4)〔米谷豆麦杂粮偷运外洋〕(略)

大清律例

5.15.225.(35)〔洋面失事听事主赴进口所在文武衙门详报行查缉拿〕

一、内洋失事,仍照例文武官带同事主会勘外,如外洋失事,听事主于随风飘泊进口处,带同舵水,赴所在文武

现行刑律

*捕亡・盗贼捕限

27.349.(9)〔洋面失事听事主赴进口所在文武衙门呈报行查缉拿〕(略)

衙门呈报。该衙门接据报呈,以事主所指被劫地方为准。倘事主不能指实地名,即将洋图令其指认。如在本县该管洋面被劫者,即行差缉,一面移会交界县份,一体缉拿。如所报系在邻县,或邻省洋面被劫者,该县一面缉拿,一面将报呈飞移失事地方,并详报该督抚分别咨行,毋庸传同事主会勘。仍令该督抚严饬所属,不分畛域,实力奉行。地方文武官,倘有借词推诿,或令事主改换报呈,或令盗犯捏供别处者,照规避例参革究办。至详报督抚衙门,无论内外洋失事,以事主报到三日内出详驰递,以便据报行查海关各口,将税簿、赃单,互相较核。有货物相符者,即将盗船伙党姓名呈报关拿。若守口员弁,有规避处分,互相推卸,或指使捏报他界者,将推诿员弁交部照例议处。其稽查关口员役,如于未接文檄之先,能查出匪船拿获禀报者,分别议叙,吏役酌量给赏。如奉到文檄,能按照单簿据实查出,飞移所在地方,将盗犯拿获者,免其处分。

现行刑律案语

原例(略)

臣等谨按:此条系洋面失事缉捕之例,应移列"盗贼捕限"门,以归画一。例内"文武官借词推诿"一节,彼门"承缉各官"条,及"命盗等案要犯负罪在逃"条,已有明文,此处自应节删,以免重复。谨将移改例文,开列于后。

○移改

捕亡·盗贼捕限

27.349.(9)〔洋面失事听事主赴进口所在文武衙门呈报行查缉拿〕(略)

条例・删除

大清律例

5.15.225.(1)〔越境私入台湾番境〕

一、凡民人偷越定界,私入台湾番境者,杖一百。如近番处所,偷越深山,抽藤、钓鹿、伐木、采棕等项,杖一百、徒三年。其本管头目约束不严,杖八十;乡保、社长,各减一等。巡查不力之值日兵役,杖一百;如贿纵,计赃从重论。

删除律例

〇删除

大清律例

5.15.225.(2)〔出海樵采船只准带食锅及斧斤〕

一、出海樵采船只,每船准带食锅一口外,每名许携斧斤一把,在船人数,不得过十人,俱注明照内,出入查验。若有夹带出口,及进口缺少,即行严究治罪。

删除律例

〇删除

大清律例

5.15.225.(3)〔登莱等处有票船只夹带无照流民私渡奉天〕

一、东省登、莱等处有票船只,如有夹带无照流民私渡奉天者,将船户照无票船只夹带流民例量减一等,杖九十、徒二年半,船只入官。若船户不能亲身出洋,别令亲属押驾,已经报官不给票者,将押驾之人即照船户例治罪,船只入官。

删除律例

〇删除

大清律例

5.15.225.(4)〔成造商渔船只报官取结给照及若有夹带违禁硝磺等物接济外洋者〕

一、商渔船只,不分单桅、双桅,悉从民便。造船时,呈报州县官,查取澳甲、户族、里长、邻佑保结,方准成造,完日报官,亲验给照,开明在船人年貌、籍贯,并商船所带器械件数,及船内备用铁钉等物数目,以便汛口察验。若商渔船内夹带违禁硝

磺、钉铁、樟板等物接济外洋者,船户以通贼论斩。舵工、水手知情同罪,不知情者皆杖八十、徒二年。原保结之人,皆杖一百、徒三年。若船主在籍,而船只出洋有事,并责问船主。承察取结之地方官,及汛口盘察之文武各官,俱革职;卖放者,革职,流二千里。其税关衙门,先验看地方官印照,然后给牌。有妄给者,亦照地方官例议处。若汛口盘察挂号文武各官,有勒索疏纵者,亦交与该部议。

现行刑律案语

○删除

原例(略)

臣等谨案:此条系康熙四十六年〔1707〕定例。国初海禁严密,民间私造双桅海船者,坐斩,康熙二十三年〔1684〕减为充军。至是准商渔船只,取结出洋,桅之双单,始从其便,而船内所带器械件数,仍须报明填照。乾隆五年〔1740〕并添入"铁钉等物"字样。惟今昔情形迥不相同,海禁既开,中外互市,懋迁有无,迭为运输钉铁樟板等物,已不在禁止之列。营伍军火,且有向外洋购造者,偷运硝磺出口,近来已无此等案件。至"造船必须报官"一项,窃谓成船既有刻字给牌之例,防范已极周详,造船之初,可不必报官取结,致涉繁琐。此条拟请删除。

大清律例

5.15.225.(7)〔往贩外夷之大洋船只准其携带炮位〕

一、往贩外夷之大洋船,准其携带炮位。每船炮不得过二门,火药不得过三十斤。其鸟枪、弓箭、腰刀等项,亦仍准携带。至制炮之时,该船户呈报地方官给照,赴官局制造,完日官验,凿船户籍贯、姓名及制造年月字样,仍于县照内注明所带炮位轻重大小,以备关口官弁盘验。回日即行缴库,开船再领。倘遭风沉失,令船户、客商具结,报明所在地方官,免其治罪。如船只无恙,妄称沉失,查究照接济外洋例治罪。

删除律例

○删除

大清律例

5.15.225.(9)〔苗疆五百里内民人煎挖窝囤兴贩硝磺事发〕

一、附近苗疆五百里以内民人,煎挖、窝囤、兴贩硝磺事发,如在十斤以下,杖一百;其十斤以上者,杖六十、徒一年;二十斤以上者,按照五徒以次递加;五十斤以上者,杖一百、流二千里;八十斤以上者,杖一百、流二千五百里;一百斤者,杖一百、流

三千里。多至百斤以上者，照合成火药卖与盐徒例，发近边充军。若囤积未曾兴贩，减私贩罪一等。焰硝每二斤，作硫磺一斤科断。邻保、挑夫、船户，照例分别发落。其该地银匠、药铺、染房需用硝磺，地方官照例给批定限，每次不得过五斤，违者治罪。

删除律例

○删除

大清律例

5.15.225.(10)〔棍徒引诱偷渡及船户揽载偷载〕

一、闽省不法棍徒，如有充作客头，在沿海地方引诱偷渡之人，包揽过台，索取银两，用小船载出澳口，复上大船者，为首发近边充军，为从及澳甲、地保、舵工人等知而不举者，杖一百、徒三年。遇有拿获揽载偷渡船只，将搭载大船及雇倩小船各船户，俱照客头例，分别首从治罪，船只变价充公。出具连环互结之船户，并原保、澳甲及开张歇寓之人，知情容隐者，俱杖一百，枷号一个月，均不准折赎。其偷渡之人，照私度关津律杖八十，递回原籍。若将哨船偷载图利者，亦照此例分别治罪。倘奸徒中途有谋害情事，人已被害身死者，将同谋之人，不分首从，俱照江洋行劫大盗例，拟斩立决、枭示。如被害未死，将为首者比照强盗伤人例拟斩立决，同谋之人发黑龙江给披甲人为奴。虽未同谋下手，但同船知情不首告者，杖一百、徒三年。至拿获偷渡人犯，讯明从何处开船，将失察奸船及隐匿不报之文武官弁，交部分别议处。

删除律例

○删除

大清律例

5.15.225.(12)〔匪类在朝鲜生事及盗贼前往朝鲜劫掠〕

一、凡盗贼前往朝鲜国劫掠者，该国王即行追拿杀戳，生擒解送。其飘风船只人内，实系有票，并未生事者，照例送回。若无票匪类妄行生事，该国王即照伊律审拟，咨部具题请旨完结。倘伊国防汛之员不能擒获，题参治罪，该国王一并交部议处。

删除律例

○删除

大清律例

5.15.225.(13)〔私造海船夹带违禁货物往番买卖潜通海贼向导劫掠者〕

一、凡沿海地方,奸豪势要及军民人等,私造海船,将带违禁货物下海,前往番国买卖,潜通海贼,同谋结聚,及为向导劫掠良民者,正犯比照谋叛已行律处斩、枭示。其父兄、伯叔与弟知情分赃,杖一百、流三千里;如不知情之父兄,仍照不能禁约子弟为盗例杖一百。其打造海船卖与外国图利者,造船与卖船之人,为首者立斩,为从者发近边充军。若将船只雇与下海之人分取番货,及纠通下海之人私行接买番货,与探听下海之人番货到来,私买贩卖苏木、胡椒至一千斤以上者,俱发近边充军,番货并入官。

删除律例

○删除

大清律例

5.15.225.(14)〔沿海船只在朝鲜国境界渔采及私行越江者〕

一、凡沿海船只,在朝鲜国境界渔采及私行越江者,被朝鲜国人捕送,为首发边远充军,从犯减一等。该地方官员交部查议。

删除律例

○删除

大清律例

5.15.225.(15)〔台湾流寓之民为非及越境生事并无妻室者逐令过水回籍〕

一、台湾流寓之民,凡无妻室者,应逐令过水,交原籍收管。其有妻子、田产者,如犯歃血订盟诱番杀人、捏造匿名揭帖、强盗窝家、造卖赌具,应拟斩、绞、军、流等条,除本犯依律例定拟外,此内为从罪轻之人,并教唆之讼师,均应审明逐令过水。其越界生事之汉奸,如在生番地方谋占番田,并勾串棍徒包揽偷渡,及贩卖鸦片烟者,亦分别治罪,逐令过水。

删除律例

○删除

大清律例

5.15.225.(16)〔康熙五十六年前出洋在番闽人准其取结搭船回籍〕

一、在番居住闽人,实系康熙五十六年(1717)以前出洋者,令各船户出具保结,准其搭船回籍,交地方官给伊亲族领回,取具保结存案。如在番回籍之人,查有捏混顶冒,显非善良者,充发烟瘴地方。至定例之后,仍有托故不归,复偷渡私回者,一经拿获,即行请旨正法。

删除律例

○删除

大清律例

5.15.225.(17)〔海防武官听受外番金银许令船货私入串通交易及引惹番寇出没〕

一、凡守把海防武职官员,有犯听受外番金银货物等项,值银百两以上,许令船货私入,串通交易,贻害地方,及引惹番贼海寇出没,戕杀居民,除实犯死罪外,其余俱发边远充军。

删除律例

○删除

大清律例

5.15.225.(18)〔洋船出口揽载偷渡及回船照外多载顶充偷渡及潜匿不回等弊〕

一、洋船挂验出口之时,该汛弁详细验明押交,前途各汛押送,俟放洋后方许回汛。如船户有违禁揽载偷渡者,一经拿获,即严行究拟。兵役按拿获偷渡人犯名数给赏,十名以上各赏银二两;每过十名,递加二两;至五十名以上,各赏银十两,即于该船户下追出充用。倘不实力查拿,以致疏脱,十名以上者,兵役各责二十板;每过十名,加责十板;至四十名以上,各责四十板,革役;五十名以上,枷号一个月发落。专管、兼辖官分别议处。其洋船回时,如有照外多载,或顶充偷渡,及潜匿不回等弊,船户、舵水俱照窝藏盗贼例治罪。出结之族邻行保,杖一百、徒三年。承查出结及汛口盘查各员,交部议处;有赃革职,杖一百、流二千里,仍计赃从重论。如出洋之人,果有病故等情,令同往之人及船户、舵水具结存案。

删除律例

○删除

大清律例

5.15.225.(19)〔各边出境巡探兵役私与贼人交易〕

一、各边兵役出境巡察,或探听贼情,若与贼人私擅交易货物者,除实犯死罪外,其余问发烟瘴地面充军。

现行刑律案语

〇删除

原例(略)

臣等谨按:此沿明《问刑条例》,雍正三年〔1725〕修改。“贼人”字样,明例作“夷人”,亦严禁与外人交易之例。自各国通商,此例已同虚设,拟请删除。

大清律例

5.15.225.(20)〔无票船只私渡民人及有票船只私带票内无名之人〕

一、奉天锦、复、熊、盖四城,俱系海疆,嗣后无论天津、山东等处商船,俱着于设有官兵处所停泊上岸,以便稽查,仍饬轮班兵役严行访查。如拿获无票船只私渡民人者,船户、民人,俱照越度缘边关塞律治罪,船只入官。若有票商船私带票内无名之人,查出,将本人照私度关津律治罪,递回原籍,船户照违制律治罪,船只免其入官。

删除律例

〇删除

大清律例

5.15.225.(21)〔台湾流寓之人过犯杖笞以下免其驱逐〕

一、凡台湾流寓之人,如有过犯,罪止杖、笞以下,查有妻室、田产者,照常发落,免其驱逐。至犯该徒罪以上,及奸、盗、诈伪,恃强生事,扰累地方者,审明之日,一概押回原籍治罪,不许再行越度。承审各官不行递逐,容留在台者,该督抚查参,交部分别议处。

删除律例

〇删除

大清律例

5.15.225.(22)〔丝斤违例出洋〕

一、丝斤违例出洋，过一百斤者，照米石出洋例，发近边充军；不及百斤者，杖一百、徒三年；不及十斤者，枷号一个月，杖一百。为从，及船户知情不首告者，各减一等。船只、货物入官。其违例偷漏绸缎绵绢等物，按照丝斤分两多寡，分别治罪。失察之汛口文武各官，并照失察米石出洋例分别议处。

删除律例

〇删除

大清律例

5.15.225.(23)〔沿海采捕出洋船只到口货物与照不符及遇洋面报有失事者〕

一、沿海采捕出洋船只，务将本船作何生业贸易，于照内详细填注。俟到口上岸之日，稽查官弁，令将货物核对，除与原照相符者即行放进外，若货物与照内不符，即时盘诘。如系来历不明，移交地方官审鞫。或来历有因，亦详记档簿。遇洋面报有失事地方，即开具失单，关查各口。设有被窃日期，并所失货物，与档簿相符者，立即根究严拿。仍饬兵役人等，不得借端索诈措留，影射滋事。如有失察、故纵，及扰累无辜情弊，各照讳盗诬良例，分别治罪。

现行刑律案语

〇删除

原例(略)

臣等谨按：此条系乾隆二十五年〔1760〕定例。采捕出洋船只，不外商船、渔船两种，货物与照不符，即"盘诘奸细"门所指形迹可疑之船，故纵扰累，分别治罪，亦与彼例办法相等；"填给执照"一项，核与商、渔船只例书刻字样、各给腰牌处相同。既有彼例可循，此条徒形重复，拟即删除。

大清律例

5.15.225.(24)〔出洋船只分别商渔开填入照〕

一、出洋船只，除商船仍将在船舵水、人等并填给照外，其渔船，止将船主年貌、姓名、籍贯，及作何生业，开填入照。并将船甲字号，大书深刻于桅篷船傍，出口时责成守口员弁，将该船前往何处、作何生业，并在船舵水年貌、姓名、籍贯，逐一查填照后，钤盖印戳，并将所填人数照登号簿。遇有一船为匪，按簿查缉。倘州县官将照给

与匪人,及汛口文武员弁查填不实,均交部分别议处。

5.15.225.(25)〔租赁船只出洋为匪船主不知情者〕

一、租赁船只出洋为匪之案,除犯该徒罪以下,船主不知情者,仍照自造商船租与他人例杖一百,枷号三个月外,其犯该流罪以上者,船主虽不知情,照夹带违禁货物接济外洋原保结之人治罪例杖一百、徒三年,船只入官充赏。失察地方官照例议处。如船主实有事故,不能亲自出洋,别令亲属押驾,许赴地方官呈明取结,将亲属开填入照,方许出洋。如未呈明,以顶冒论罪。

现行刑律案语

○删除

原例

5.15.225.(24)〔出洋船只分别商渔开填入照〕(略)

5.15.225.(25)〔租赁船只出洋为匪船主不知情者〕(略)

臣等谨按:以上二条,均系乾隆三十年〔1765〕刑部议复两江总督高晋条奏定例。第一条言渔船填照之法,查船傍刻字及舵水人等,填明姓名、年貌、籍贯等项,已详于商、渔船只例,舵水人等尚须填照船主,自不待言。此条不过申明旧章,无关引用。第二条言租船为匪船主治罪之法,查租船与租屋不同,租户为匪,房主易于觉察,若船只出洋,船主在家,似无由知其为匪与否,即使同舟航海,而洪涛巨浸,防范无从,较之知情纵容,实有区别。且缘坐之法,已分别宽免,而不知情之船主犹须连坐,亦未平允。拟请一并删除。

大清律例

5.15.225.(27)〔太监在宫门及禁门以内等处吸食鸦片烟〕

一、太监在宫门及禁门以内吸食鸦片烟者,拟斩监候,家属发往新疆给官员为奴。失察之总管革职;该处首领不论知情与否,俱发往黑龙江给官兵为奴;同屋太监,均发往打牲乌喇给官兵为奴。如系首领吸食,将本管总管革职发遣;其余首领及太监等,俱发吴甸铡草五年。如在外围等处及陵寝当差太监吸食者,均拟绞监候;失察之总管实降二级,首领革职;同屋太监,发吴甸铡草三年。系首领吸食,均照禁门以内例治罪。如有告假在外,或潜住私宅,及在他处吸食者,将首领太监永远枷号。若系首领在私宅吸食者,将其家属杖一百、徒三年,房屋入官。他处有客留太监吸食鸦片烟者,加等治罪,房屋一律入官。其王公门上、大臣宅中,及已为民之太监,有吸食鸦片烟者,亦照外围等处例治罪。

现行刑律案语

○删除

原例(略)

臣等谨案：此条系嘉庆十七年〔1812〕定例，道光十一年〔1831〕改定。太监吸烟罪名独严，以其在禁地也。以禁地论，应加严者，不止太监一项，应于《禁烟条例》内，另纂禁内吸烟通例，庶得其平。此条拟请删除。

大清律例

5.15.225.(28)〔拿获偷渡过台客民及客头船户分别治罪〕

一、拿获偷渡过台客民，如尚在陆路客店道路未登舟以前，客头、船户、客民俱照本例减一等发落。如已登舟，无分大船小船、已未出口，将客头、船户、客民即照偷渡本例治罪。若不法客头、船户内，有积惯在于沿海村镇引诱包揽，招集男妇老幼数至三十人以上者，无论已未登舟，一经拿获，即将客头、船户年力强壮者，发遣新疆给种地兵丁为奴；年老残废者，改发极边烟瘴充军。至拿获偷渡客民，务须严究沿海陆路在何村镇客店会集，将该处兵役、澳甲、地保、客店究明。如止于失察，兵役杖一百，澳甲、地保、客店人等杖七十。如有贿纵情弊，计赃，从重论。兵役、澳甲人等，能于客店聚集时拿获，及首报偷渡客民者，虽在本汛，亦按照拿获偷渡客民，计名给赏。若将并非偷渡之人辄行妄拿，图功邀赏，及挟嫌吓诈情事，仍各照本例分别从重治罪。

删除律例

○删除

大清律例

5.15.225.(29)〔守口员弁查验沿海各省商渔船只如有人照不符及年貌箕斗不合〕

一、沿海各省商渔船只，地方官给发照票，于舵工、水手人等年貌项下添注箕斗，令守口员弁查验。如人数与照内不符，及年貌、箕斗不合者，将船扣留，移交地方官查明严办。其有捏称照票遗失，或称存留在家者，即审明实无为匪情事，亦照违制律治罪，船只入官。其水手人等，或在洋患病，临时雇觅别船水手，准该船户于收口时，出具保结呈报该管官员，于新雇水手年貌之下，亦填注箕斗。仍验明同船之人，每名箕斗皆属相符，方准具保。若有病故淹毙，即令同船之人出具切实甘结。如有无故不回者，准令地、邻出首。倘获破盗案内有同票之人，将出结之船户、水手，及原出甘结又不禀首之地、邻，一并分别治罪。如守口弁兵不实力稽查，私行卖放，一经发觉，审明该犯于何年月日、在何处口岸透漏出口，即将该弁兵治罪。不行觉查之上司，从重议处。如系自行查出者，准予免议。

现行刑律案语

○删除

原例(略)

臣等谨按：此例原系两条，一查验箕斗，系乾隆五十三年〔1788〕奏定；一查明人数，系五十四年〔1789〕奏定，嗣于修例时合并纂入。查定例驼工水手人等，均须填注姓名、年貌，防范已极周密，添注箕斗，未免过繁。查验人数据，原奏为防止出洋不返起见，近来华商出洋侨居不归者，甚众。此例无关引用，拟请删除。

大清律例

5.15.225.(31)〔私贩铜铁等项出洋及将铁锅出洋货卖〕

一、商民收买铁斤，除近苗产铁处所，令呈明地方官外，其内地兴贩，悉从民便。若沿海地方商民图利，将铁斤及废铁、铁货，并红黄铜器、铜斤，私贩递运海洋，交卖商渔船只，一百斤以下者，杖一百、徒三年；一百斤以上及舟车捆载者，发近边充军。为从各减一等。若将前项铜铁等货，卖与外国及海边贼寇者，照将军器出境下海律拟绞监候，为从，杖一百、流三千里。船户、挑夫，各减本犯罪二等。货物、铜铁、船只入官。关汛文武官弁失察、故纵，分别议处、治罪。如内地货卖，官弁兵役借端索诈，计赃治罪。其汉夷船只，有将铁锅出洋货卖者，亦照此例行。至商船每日煮食之锅，照旧置用，官吏不得借端勒索滋扰。

删除律例

〇删除

大清律例

5.15.225.(32)〔偷越番界启衅诱乱〕

一、商民等偷越生番地界者，杖一百。偷越深山伐木等项，杖一百、徒三年。致启边衅，或教诱为乱，贻害地方者，除实犯死罪外，问发边远充军。

现行刑律案语

〇删除

原例(略)

臣等谨按：此条系嘉庆十年〔1805〕定例，近年内地生齿日益繁多，越境伐木，究为谋生起见，与勾结煽乱不同，严加禁止，似可不必。如果有引惹边衅教诱为乱情事，自可照诓骗苗蛮人等财物引惹边衅例办理。此例拟请删除。

大清律例

5.15.225.(33)〔贡船到岸未曾盘验先行接买番货及私与外国人交通买卖〕

一、凡外国贡船到岸,未曾报官盘验,先行接买番货,并外国人入贡经过地方,街市铺行人等,私与外国人交通买卖,如所买卖货物不系违禁者,均照违制律杖一百,枷号一个月,货物入官。如所买卖系违禁货物,并会同馆内外四邻及军民人等,代替外国人收买违禁货物者,俱枷号一个月,发近边充军。若外国差使臣人等朝贡到京,与军民人等交易,止许光素苎丝绢布衣服等件,不许买黄、紫、黑、皂大花西番莲缎匹,并不得收买史书。违者,将卖给之人,照代为收买违禁货物例枷号一个月,发近边充军。如有将一应违禁军器、硝磺、牛角、铜铁等物,图利卖与进贡外国者,为首依私将应禁军器出境因而走泄事情律斩监候,为从发近边充军。

删除律例

○删除

大清律例

5.15.225.(34)〔山海关所属冷口一带近边州县内地商民额外携带钢铁出口及无照夹带〕

一、山海关所属冷口迤东一带,与奉天锦州、复州、盖平三州县,及盖平县界内之熊岳城,并宁海县,皆近接海洋,除奸民私贩钢铁递运海洋,交卖商渔船只,分别斤数照例问拟外,其近边州县内地商民,若因打造农具买运钢铁出口,一百斤以内者,准其买运。令该商民呈明运往境内何处,该地方官填给印照,呈递守口员弁查验放行。如查有额外携带,及无照夹带不成器皿之铁,并非递运海洋,亦非卖与商渔船只,至五十斤者,将铁入官,照不应重律杖八十;一百斤以外者,于沿海地方商民将铁递运海洋交卖商渔船只一百斤以上军罪例上减一等,杖一百、徒三年。守口员弁,有借端需索者,参处治罪。

删除律例

○删除

大清律例

5.15.225.(36)〔商人携带引茶货物在喀什噶尔等处与越卡进内之布鲁特等私相交易〕

一、凡商人有携带引茶货物在喀什噶尔等处,与私越进卡之布鲁特等易换货物,或相买卖者,除违禁军器、硝磺实犯死罪外,余俱发边远充军。如系私茶,即照兴贩私茶

与外国交易例,发烟瘴充军。知情容留之歇家、说合之牙保,各与本犯同罪。货物入官。如商人携货私越卡外,及越卡进内交易之布鲁特,俱发云贵两广烟瘴地方充军。

删除律例

○删除

大清律例

5.15.225.(37)〔黄金白银违例出洋〕

一、黄金、白银违例出洋,如白银数在一百两以上者,发近边充军;一百两以下,杖一百、徒三年;不及十两者,枷号一个月,杖一百。为从及知情不首之船户,各减一等。至黄金每两作白银十两科断。失察、贿纵之汛口文武各官,俱照失察贿纵米谷例惩办。

删除律例

○删除

大清律例

5.15.225.(38)〔官员及兵丁买食洋药〕

一、官员及兵丁买食洋药,家长不能禁约,照不能禁约子弟为窃例治罪。

删除律例

○删除

大清律例

5.15.225.(39)〔仿铸洋钱图利〕

一、内地奸民,有摹造洋板销化白银,仿铸洋钱图利者,一经当场拿获,如数在一百元以上者,发近边充军;一百元以下,杖一百、徒三年;不及十元者,枷号一个月,杖一百。为从各减一等。

删除律例

○删除

大清律例

5.15.225.(40)〔台湾地方拿获番割讯有散发改装擅娶番妇〕

一、台湾地方拿获番割,除实犯死罪外,但经讯有散发改装、擅娶生番妇女情事,即照台湾无藉游民犷悍不法犯该徒罪以上例,酌量情节轻重,分别充军。其仅止擅娶生番妇女,并无散发改装情事者,杖一百、徒三年。

删除律例

○删除

大清律例

5.15.225.(41)〔台湾奸民私煎硝磺合成火药及与生番交易并偷漏出海〕

一、台湾奸民,私煎硝磺,无论已未兴贩,如数在十斤以下者,杖一百,刺字,逐令过水;十斤以上,杖六十、徒一年,每十斤加一等;多至百斤以上,及合成火药在十斤以下者,发近边充军;多至三百斤以上,及合成火药至十斤以上者,照私铸红衣等大小炮位例处斩,妻子缘坐,财产入官。如将硝磺与生番交易货物,及偷漏出海者,均以通贼论。总董、牌甲、邻佑、挑夫、船户知情不举者,连坐。失察各官照例议处,自行拿获者免议。

删除律例

○删除

大清律例

5.15.225.(42)〔开设烟馆及在馆吸食〕

一、洋药客商在铺开馆,及别铺并住户开设烟馆,照开场聚赌例治罪。在馆吸食之人,照违制律杖一百。房主知情,将房屋入官;不知者不坐。

现行刑律案语

○删除

原例(略)

臣等谨按:此条乃鸦片烟治罪专例,窃维烟祸之烈,甚于蛊毒,循名核实,自以移列"造畜蛊毒"门为宜。吸食鸦片治罪,始于雍正,中历嘉庆、道光,法网日益严密。嗣因海禁大弛,堤防尽决,遂于同治九年〔1870〕删除十四条,光绪三十一年〔1905〕删除三条。方今迭奉明诏,重申烟禁,即通商各国,亦谋设万国禁烟会,以相协助,揆

时度势,非严定罚则,不足以副朝廷新民之至意。第禁烟事例,非一、二条所能赅载,如墨守旧制,恐犯罪者狃于习惯,奉行者视为具文,拟请折衷新旧办法,另辑禁烟条例,俾期完善,而资援引。此条拟请删除。

大清律例

5.15.225.(43)〔官员及兵丁吸食洋药〕

一、官员及兵丁吸食洋药,俱拟绞监候。系旗人,销除本身旗档。失察之该管官,均交部议处。

满汉通行刑律

○删除

谨按:此条系官员兵丁吸食鸦片烟治罪之例,过于严厉,转至窒碍难行,近来亦不照此办理。"旗人销档"一层,更与民人两歧,似应删除。

大清律例

5.15.225.(44)〔戒烟后存留烟灰未毁弃〕

一、官员及兵丁吸食洋药,后经改悔,如存留烟灰未毁弃者,杖一百。

删除律例

○删除

5.15.226 私役弓兵

律文 · 删除

大清律例

5.15.226.1 凡私(事)役(使)弓兵者,一人笞四十,每三人加一等,罪止杖八十。每名计(役过)一日,追雇工银八分五厘五毫入官。当该官司应付(役使)者同罪,罪坐所由。(应付之官吏。)

现行刑律案语

原律(略)

臣等谨按:此仍《明律》,顺治三年〔1646〕修改。律内笞、杖照章罚金,均应依数分等处罚。至追雇工银,一日以八分五厘五毫计算,系属尔时定制,惟今昔佣值不同,"给没赃物"门律文"一人一日按照罚金折工银数,再折一半",改为"银一钱二分

五厘"，并于彼门"按语"内详晰声明，此处拟请照改，以归画一。谨将修改律文，开列于后。

〇修改

凡私(事)役(使)弓兵者，一人处四等罚，每三人加一等，罪止八等罚。每名(役过)一日，追雇工银一钱二分五厘入官。当该官司应付(役使)者同罪，罪坐所由应付之官吏。

核订现行刑律

〇删除

原修改律文(略)

谨按：弓兵，惟巡检衙门有之，《明律》纂注："弓兵，为地方守把盘诘之用。"盖明之"弓兵"与今之"汛兵"相类。今则巡检衙门弓兵绝少，即有之，亦未尝有守把盘诘之责。此条与今制不合，拟请删除。

5.16 厩牧 / 16 厩牧

5.16.227 牧养畜产不如法 / 16.192 牧养畜产不如法

律文·修改

大清律例

5.16.227.1 凡牧养（官）马、牛、驼、骡、驴、羊，并以一百头为率，若死者、损者、失者，各从实开报。死者即时将皮张鬃尾入官，牛筋角皮张亦入官。其（管牧）牧长、牧副，每（马、牛、驼）一头各笞三十，每三头加一等；过杖一百，每十头加一等，罪止杖一百、徒三年。羊减马三等，（四头笞一十，每三头加一等；过杖一百，每十头加一等，罪止杖七十、徒一年半。）驴、骡，减马牛驼二等。（一头笞一十，每三头加一等；过杖一百，每十头加一等，罪止杖八十、徒二年。）若胎生不及时日而死者，灰腌，并年老而自死者，看视明白，不坐；若失去，赔偿。损伤不堪用，减死者一等坐罪。其死损数目，并不准除。

现行刑律

16.192.1 凡牧养（官）马、牛、驼、骡、驴、羊，并以一百头为率，若死者、损者、失者，各从实开报。死者即时将皮张鬃尾入官，牛筋角皮张亦入官。其（管牧）牧长、牧副，每（马、牛、驼）一头各处三等罚，每三头加一等；过十等罚，每十头加一等，罪止徒三年。羊减马三等，（四头处一等罚，每三头加一等；过十等罚，每十头加一等，罪止徒一年半。）驴、骡，减马牛二等。（一头处一等罚，每三头加一等；过十等罚，每十头加一等，罪止徒二年。）若胎生不及时日而死者，灰腌，并年老而自死者，看视明白，不坐；若失去，赔偿。损伤不堪用，减死者一等坐罪。其死损数目，并不准除。

现行刑律案语

原律（略）

臣等谨按：此仍《明律》，雍正三年〔1725〕增修，顺治三年〔1646〕添入小注。律内笞、杖照章罚金，应依数分等处罚；徒罪附杖，应节删。谨将修改律文、律注，开列于后。

○修改（略）

条例·修改

大清律例

5.16.227.(1)〔解送军营马匹倒毙及有盗卖别情〕

一、解送军营马匹倒毙，其分起解送之文武各员，照军营赔补马匹之数，每百匹准其倒毙三匹。如倒毙三匹以上至二十匹者，交部照例分别议处；二十匹以上者，杖一百；三十匹以上者，杖六十、徒一年；三十五匹以上者，杖七十、徒一年半；四十匹以上者，杖八十、徒二年；四十五匹以上者，杖九十、徒二年半；五十匹以上者，杖一百、徒三年。如有盗卖别情，计赃以监守自盗论。至总理督解之员，合其督解总数，按其倒毙多寡，亦即照此分别议处、治罪。若知盗卖之情而故纵者，罪同。

现行刑律

16.192.(1)〔解送军营马匹倒毙及有盗卖别情〕

一、解送军营马匹倒毙，其分起解送之文武各员，照军营赔补马匹之数，每百匹准其倒毙三匹。如倒毙三匹以上至二十匹者，交部照例分别议处；三十匹以上者，徒一年；三十五匹以上者，徒一年半；四十匹以上者，徒二年；四十五匹以上者，徒二年半；五十匹以上者，徒三年。如有盗卖别情，计赃以监守自盗论。至总理督解之员，合其督解总数，按其倒毙多寡，亦即照此分别议处、治罪。若知盗卖之情而故纵者，罪同。

现行刑律案语

原例(略)

臣等谨按：此言解送军营马匹倒毙，分别议处治罪之法。查职官杖一百罪名，向系交部议处，例内"二十匹以上，杖一百"一层，可节删。徒罪附杖，亦应照章节删。谨将修改例文，开列于后。

○修改(略)

5.16.228 孳生马匹 / 16.193 孳生马匹

律文·修改

大清律例

5.16.228.1 凡牧长管领骒马一百匹为一群，每年三群孳生驹一百匹。若一年之内，止有驹八十匹者，笞五十；七十匹

现行刑律

16.193.1 凡牧长管领骒马一百匹为一群，每年三群孳生驹一百匹。若一年之内，止有驹八十匹者，处五等罚；七十匹

者,杖六十。典牧官不为用心提调者,至孳生不及数,各减三等;太仆寺官,又减典牧官罪二等。

者,处六等罚。典牧官不为用心提调者,致孳生不及数,各减三等;该管衙门官,又减典牧官罪二等。

现行刑律案语

原律(略)

臣等谨按:此仍《明律》,雍正三年〔1725〕修改,顺治三年〔1646〕添入小注。律内笞、杖照章罚金,应依数分等处罚。至太仆寺现已归并陆军部,应改为"该管衙门",以示浑括。谨将修改律文,开列于后。

○修改(略)

条例・修改

大清律例

5.16.228.(1)〔管领游牧马群每三年整顿视其孳生多少分别赏罚〕

一、凡上驷院、太仆寺所管游牧马群,每三年整顿一次。不论骒马、儿马、马驹,每三匹内合算当孳生马一匹。除合算正额外,多孳生一百六十匹以上者,为头等;八十匹以上者,为二等;一匹以上者,为三等,牧长、牧副分别给赏。若合算正额内少孳生五十匹以下者,牧长罚马五匹,牧副各笞四十;一百匹以下者,牧长罚马七匹,牧副各笞五十;一百匹以上者,牧长罚马九匹,牧副各杖六十。骟马群倒毙少者赏,多者罚,相半者免议。赏罚之数,视骒马群第三等例。其各马群赏罚相半者,总管官免议;赏多者,按群给赏;罚多者,按群受罚。

现行刑律

16.193.(1)〔管领游牧马群每三年整顿视其孳生多少分别赏罚〕

一、凡上驷院、陆军部所管游牧马群,每三年整顿一次。不论骒马、儿马、马驹,每三匹内合算当孳生马一匹。除合算正额外,多孳生一百六十匹以上者,为头等;八十匹以上者,为二等;一匹以上者,为三等,牧长、牧副分别给赏。若合算正额内少孳生五十匹以下者,牧长罚马五匹,牧副各处四等罚;一百匹以下者,牧长罚马七匹,牧副各处五等罚;一百匹以上者,牧长罚马九匹,牧副各处六等罚。骟马群倒毙少者赏,多者罚,相半者免议。赏罚之数,视骒马群第三等例。其各马群赏罚相半者,总管官免议;赏多者,按群给赏;罚多者,按群受罚。

现行刑律案语

原例(略)

臣等谨按:各处牧厂,在大凌河张家口独石口外者,隶上驷院;在察哈尔左右翼

者，隶太仆寺。本条原系康熙年间太仆寺例，前年裁太仆寺，以两翼牧场隶陆军部，本例所称“太仆寺”之处自应照改。笞、杖罪名照章罚金，应依数分等处罚。谨将修改例文，开列于后。

○修改（略）

5.16.229 验畜产不以实／16.194 验畜产不以实

律文·修改

大清律例	现行刑律
5.16.229.1 凡官司相验分拣相验其美恶，而分别拣选，以定高下。官马、牛、驼、骡、驴，不以美恶之实者，一头笞四十，每三头加一等，罪止杖一百。验羊不以实，减三等。若因验畜不实而价有增减者，计所增亏官。减损民。价坐赃论。入己者，以监守自盗论。各从重科断。不实罪重，从不实坐赃；自盗罪重，从自盗坐赃。	16.194.1 凡官司相验分拣相验其美恶，而分别拣选，以定高下。官马、牛、驼、骡、驴，不以美恶之实者，一头处四等罚，每三头加一等，罪止十等罚。验羊不以实，减三等。若因验畜不实而价有增减者，计所增亏官。减损民。价坐赃论。入己者，以监守自盗论。各从重科断。不实罪重，从不实坐赃；自盗罪重，从自盗坐赃。

现行刑律案语

原律（略）

臣等谨按：此仍《明律》，顺治初年添入小注，乾隆五年〔1740〕增修。律内笞、杖照章罚金，均应依数分等处罚。谨将修改律文，开列于后。

○修改（略）

条例·删除

大清律例

5.16.229.(1)〔州县验解备用马匹马贩交通官吏兽医兜揽作弊〕

一、州县起解备用马匹，各要经由该管官验中起解。若有马贩交通官吏、医兽人等，兜揽作弊者，问罪，枷号一个月，发近边充军。

删除律例

○删除

5.16.230 养疗瘦病畜产不如法 / 16.195 养疗瘦病畜产不如法

律文 · 修改

大清律例	现行刑律
5.16.230.1 凡养疗瘦病官马、牛、驼、骡、驴不如法,无论头数, 笞三十。因而致死者,一头笞四十,每三头加一等,罪止杖一百。羊减三等。	16.195.1 凡疗养瘦病官马、牛、驼、骡、驴不如法,无论头数, 处三等罚。因而致死者,一头处四等罚,每三头加一等,罪止十等罚。羊减三等。

现行刑律案语

原律(略)

臣等谨按:此仍《明律》,顺治初年添入小注。律内笞、杖照章改为罚金,均应依数分等处罚。谨将修改律文,开列于后。

〇修改(略)

5.16.231 乘官畜脊破领穿 / 16.196 乘官畜脊破领穿

律文 · 修改

大清律例	现行刑律
5.16.231.1 凡官马、牛、驼、骡、驴,乘驾不如法,而致脊破领穿疮围绕三寸者,笞二十;五寸以上,笞五十。并坐乘驾之人。 若牧养瘦者,计百头为率,十头瘦者,牧养人及牧长、牧副各笞二十,每十头加一等,罪止杖一百。羊减三等。典牧官各随所管牧长多少,通计科罪。亦以十分为率。 太仆寺官各减典牧官罪三等。	16.196.1 凡官马、牛、驼、骡、驴,乘驾不如法,而致脊破领穿疮围绕三寸者,处二等罚;五寸以上,处五等罚。并坐乘驾之人。 若牧养瘦者,计百头为率,十头瘦者,牧养人及牧长、牧副各处二等罚,每十头加一等,罪止十等罚。羊减三等。典牧官各随所管牧长多少,通计科罪。亦以十分为率。 该管衙门官各减典牧官罪三等。

现行刑律案语

原律(略)

臣等谨按:此仍《明律》。"脊破领穿"一项沿唐律之旧,乃本条正文,自"牧养瘦者"以下,则明时添入。查《集注》云:前牧养不如法条,有失去、损伤罪牧长、牧副之

律。此条言"牧养瘦病者,牧养人及牧长、牧副、典牧官、太仆寺官之罪,盖互相备也"等语,原以补前律所不及,惟太仆寺现归并陆军部,应改为"该管衙门"。笞罪照章罚金,应依数分等处罚。谨将修改律文,开列于后。

〇修改(略)

条例·修改

大清律例	现行刑律
5.16.231.(1)〔车驾行幸所需马匹不按时饮喂私自驰骤及倒毙走失损伤〕 一、车驾行幸,所需马匹、车辆,及校尉等所乘马匹,俱令该管职事人员亲身关领,严行约束。若校尉、当差人役、赶车步军,将马匹不按时饮水喂草,私自滥行驰骤,或在沿途,或到处所,倒毙、走失者,各杖一百;蹧病损伤者,减二等。	16.196.(1)〔车驾行幸所需马匹不按时饮喂私自驰骤及倒毙走失损伤〕 一、车驾行幸,所需马匹、车辆,及校尉等所乘马匹,俱令该管职事人员亲身关领,严行约束。若校尉、当差人役、赶车步军,将马匹不按时饮水喂草,私自滥行驰骤,或在沿途,或到处所,倒毙、走失者,各处十等罚;蹧病损伤者,减二等。

现行刑律案语

原例(略)

臣等谨按:此条系康熙十六年〔1677〕定例。"杖一百"罪名照章罚金,应改为"处十等罚"。谨将修改例文,开列于后。

〇修改(略)

5.16.232 官马不调习 / 16.197 官马不调习

律文·修改

大清律例	现行刑律
5.16.232.1 凡牧马之官,听乘官马,而不调习者,一匹笞二十,每五匹加一等,罪止杖八十。	16.197.1 凡牧马之官,听乘官马,而不调习者,一匹处二等罚,每五匹加一等,罪止八等罚。

现行刑律案语

原律(略)

臣等谨按:此仍《明律》。笞、杖罪名照章罚金,应依数分等处罚。谨将修改律

文,开列于后。

○修改(略)

5.16.233宰杀马牛/16.198宰杀马牛

律文·修改

大清律例	现行刑律
5.16.233.1凡私宰自己马、牛者,杖一百;驼、骡、驴,杖八十;筋、角、皮张入官。误杀及病死者不坐。○5.16.233.2若故杀他人马牛者,杖七十、徒一年半;驼、骡、驴,杖一百。(官畜产同。)若计赃重于本罪者,准盗论。(追价给主。系官者,准常人盗官物断罪,并免刺。)若伤而不死,不堪乘用,及杀猪、羊等畜者,计(杀伤所)减(之)价,亦准盗论,各追赔所减价钱。(完官、给主。)价不减者,笞三十。其误杀伤者,不坐罪,但追赔减价。○5.16.233.3为从者,(故杀伤,)各减一等。(官物不分首从。)○5.16.233.4若故杀缌麻以上亲马、牛、驼、骡、驴者,与本主私宰罪同;(追价赔主。)杀猪、羊等畜者,计减价坐赃论,罪止杖八十。其误杀及故伤者俱不坐,但各追赔减价。○5.16.233.5若官私畜产毁食官私之物,因而杀伤者,各减故杀伤三等,追赔所减价;(还畜主。)畜主赔偿所毁食之物。(还官、主。)○5.16.233.6若(故)放官私畜产损食官私物者,笞三十;(计所食之)赃重(于本罪)者,坐赃论。(罪止杖一百、徒三年。)(失防)者,减二等。各赔所损物。(还官、主。)○5.16.233.7若官畜产(失防)毁食官物者,止坐其罪,不在赔偿之限。○5.16.233.8若畜产欲触抵踢咬人,登时杀伤者,不坐罪,亦不赔偿。(兼官、私。)	16.198.1凡私宰自己马、牛者,处十等罚;驼、骡、驴,处八等罚;筋、角、皮张入官。误杀及病死者不坐。○16.198.2若故杀他人马牛者,徒一年半;驼、骡、驴,处十等罚。(官畜产同。)若计赃重于本罪者,准盗论。(追价给主。系官者,准常人盗官物断罪。)若伤而不死,不堪乘用,及杀猪、羊等畜者,计(杀伤所)减(之)价,亦准盗论,各追赔所减价钱。(还官、给主。)价不减者,处三等罚。为从者,各减一等。(官物不分首从。)其误杀伤者,不坐罪,但追赔减价。○16.198.3若故杀缌麻以上亲马、牛、驼、骡、驴者,与本主私宰罪同;(追价赔主。)杀猪、羊等畜者,计减价坐赃论,罪止八等罚。其误杀及故伤者俱不坐,但各追赔减价。○16.198.4若官私畜产毁食官私之物,因而杀伤者,各减故杀伤三等,追赔所减价;(还畜主。)畜主赔偿所毁食之物。(还官、主。)○16.198.5若(故)放官私畜产损食官私物者,处三等罚;(计所食之)赃重(于本罪)者,坐赃论。(罪止徒三年。)(失防)者,减一等。各赔所损物。(还官、主。)○16.198.6若官畜产(失防)毁食官物者,止坐其罪,不在赔偿之限。○16.198.7若畜产欲触抵踢咬人,登时杀伤者,不坐罪,亦不赔偿。(兼官、私。)

现行刑律案语

原律(略)

臣等谨按:此仍《明律》,顺治三年〔1646〕删定。律内笞、杖照章罚金,应依数分等递罚。徒罪附杖及小注“并免刺”三字,均应节删。至为从者各减一等,系专承故杀伤而言,小注虽已叙明,与前节究觉隔断,似不如将此句移入“误杀伤”之上,将注语“故杀伤”三字节去,并删去一圈,以免误会。谨将修改律文、律注,开列于后。

○修改(略)

条例 · 修改、修并

大清律例	现行刑律
5.16.233.(3)〔买宰堪用牲畜〕	16.198.(1)〔买宰堪用牲畜〕
一、凡屠户将堪用牲畜买去宰杀者,虽经上税,仍照故杀他人驼骡律杖一百。若将窃盗所偷堪用牲畜,不上税买去宰杀者,与窃盗一体治罪。如窃盗罪名轻于宰杀者,仍从重依宰杀本例问拟,免刺,不得以盗杀论。	一、凡屠户将别项堪用牲畜买去宰杀者,虽经上税,仍照故杀他人驼骡律科罪。若将窃盗所偷马牛及别项堪用牲畜,不上税买去宰杀者,与窃盗一体治罪。如窃盗罪名轻于宰杀者,仍从重依宰杀本罪问拟,不得以盗杀论。

现行刑律案语

原例(略)

臣等谨按:此条系康熙年间《现行例》,原例堪用牲畜,本无牛马在内,故照杀他人驼骡律拟杖。嘉庆十六年〔1811〕以“雷顺故买赃牛宰杀”一案部议,照盗牛本例转轻于宰杀之罪,改依私宰耕牛例办理,旋于修例时纂入,遂与原例不无参差。应将上层添入“别项”二字,下层“所偷”下添入“马牛及别项”五字,以免误会。至“杖一百”,即包于“故杀他人驼骡”本律之中,似无庸复叙,应改为科罪。例末“从重依宰杀本例”一语,应改为“依宰杀本罪”,较为赅括。“免刺”二字,应节删。谨将修改例文,开列于后。

○修改(略)

大清律例	现行刑律
5.16.233.(1)〔开设汤锅宰杀堪用马匹〕	16.198.(2)〔宰杀耕牛马匹私开圈店汤锅及贩卖与宰杀之人〕
一、开设汤锅,宰杀堪用马一二匹者,枷号四十日,责四十板;三四匹者,杖六十、徒一年;五匹以上,每马四匹递	一、凡宰杀耕牛,私开圈店,及开设汤锅,宰杀堪用马匹,俱计减价,赃重于

加一等;至三十匹者,杖一百、流三千里;三十匹以上者,发云贵两广烟瘴少轻地方,交与地方官严行管束。若旗人有犯,亦计匹论罪,一匹至四匹者,俱枷号四十日;五匹以上,每四匹递加一等,加枷号五日;至三十匹以上者,发黑龙江当差。牙行及卖马之人知情者,照数各减宰马人罪一等;至三十匹以上者,均发附近充军。其徒罪以下再犯,及知情卖与者,俱不计匹数,均发近边充军。失察之地方官,按数分别议处。

5.16.233.(2)〔宰杀耕牛私开圈店及贩卖与宰杀之人〕

一、凡宰杀耕牛,私开圈店,及贩卖与宰杀之人,初犯,俱枷号两个月,杖一百。若计只重于本罪者,照盗牛例治罪,免刺,罪止杖一百、流三千里。再犯,发附近充军。杀自己牛者,枷号一个月,杖八十。其残老病死者勿论。失察私宰之地方官,照失察宰杀马匹例,分别议处。若能拿获究治,免其处分。

宰杀本罪者,准窃盗论,罪止流三千里。将耕牛贩卖与宰杀之人,及牙行或卖马人知情而卖者,俱减一等。其残老病死者,勿论。失察之地方官,照例分别议处。

现行刑律案语

原例

5.16.233.(2)〔宰杀耕牛私开圈店及贩卖与宰杀之人〕(略)

5.16.233.(1)〔开设汤锅宰杀堪用马匹〕(略)

臣等谨按:以上二例,言宰杀牛马、开设圈店、汤锅之罪,应修并为一。查盗牛计只之例,臣等此次以例文错杂,改为“计赃”,上条“计只”二字亦应照改。惟牛价贵贱不同,通商口岸有一牛值百金者,若准窃盗论罪,是杀一牛而拟流,与正律罪名相去太甚。考《唐律》“故杀官私牛马者,徒一年半,赃重者,计减价准盗论”。今律杀猪、羊等畜,亦计减价准盗论,拟即参照修改。至贩卖与人宰杀,究与自行宰杀者有别。下条宰杀马匹知情卖与者,减宰马人罪一等。宰牛、宰马情事相类,定罪未便两歧,拟请比照酌减。其再犯充军之处,窃盗本例自有再犯专条,拟请节去。“枷、杖”一项,既已计赃科断,亦毋庸另立罪名。惟宰杀自己耕牛,无坐赃论罪之理,而删除枷号,又转较正律为轻,有犯,自当仍依本律定拟,此处应节删。地方官失察私宰耕牛,《处分则例》本有专条,例内照失察宰马例议处,徒滋淆混,亦拟节删。宰杀牛、马,律无区别,下条宰杀罪名,应与上条改归一例。其计匹科罪,及分别旗人有犯之

处，一概删除。谨将修并例文，开列于后。

○修并（略）

条例·删除

大清律例

5.16.233.(4)〔附京地方窝藏偷窃马匹宰剥〕

一、附京州县及京汛地方，有窝藏偷窃马匹开设马窑子宰剥者，实发云贵两广极边烟瘴充军。失察之官弁，照例议处。

现行刑律案语

○删除（略）

臣等谨按：此条系乾隆二年〔1737〕定例，为禁止宰马窑子而设。现在尚无此等情弊，本例无关引用，拟请删除。

5.16.234畜产咬踢人 / 16.199畜产咬踢人

律文·修改

大清律例

5.16.234.1凡马、牛及犬有触觗踢咬人，而（畜主）记号拴系不如法，若有狂犬不杀者，笞四十。因而杀伤人者，以过失论。（各准斗殴杀伤，收赎给主。）若故放令杀伤人者，减斗殴杀伤一等。（亲属有犯者，依尊卑相殴杀伤律。）其受雇医疗畜产，（无制控之术，）及无故（人自）触之而被杀伤者，不坐罪。○5.16.234.2若故放犬令杀伤他人畜产者，各笞四十，追赔所减价钱。（给主。）

现行刑律

16.199.1凡疏纵马、牛及犬，因而杀伤人者，以过失论。（各准斗殴杀伤，收赎给主。）若故放令杀伤人者，减斗殴杀伤一等。（亲属有犯者，依尊卑相殴杀伤律。）其受雇医疗畜产，（无制控之术。）及无故（人自）触之而被杀伤者，不坐罪。○16.199.2若故放犬令杀伤他人畜产者，处四等罚，追赔所减价钱。（给主。）

现行刑律案语

原律（略）

臣等谨按：此仍《明律》。律内"笞四十"罪名照章罚金，应改为"处四等罚"。谨将修改律文，开列于后。

○修改

凡马、牛及犬有触觗踢咬人，而（畜主）记号拴系不如法，若有狂犬不杀者，处四等罚。

因而杀伤人者,以过失论。各准斗殴杀伤,收赎给主。若故放令杀伤人者,减斗殴杀伤一等。亲属有犯者,依尊卑相殴杀伤律。其受雇医疗畜产,无制控之术,及无故人自触之而被杀伤者,不坐罪。○若故放犬令杀伤他人畜产者,处四等罚,追赔所减价钱。给主。

核订现行刑律

原修改律文(略)

谨按:第一节"记号拴系不如法",即《违警律》第二十六条之"疏纵",系属重出彼律,既有治罪明文,刑律应即节删。谨将修改律文,开列于后。

○修改(略)

5.16.235 隐匿孳生官畜产 / 16.200 隐匿孳生官畜产

律文·修改

大清律例	现行刑律
5.16.235.1 凡牧养系官马、骡、驴等畜,所得孳生,限十日内报官。若限外隐匿不报,计所隐匿之价为赃准窃盗论。止杖一百、流三千里。因而盗卖,或将不堪孳生抵换者,并以监守自盗论罪。不分首从,并赃至四十两,杂犯斩。其典牧官、太仆寺官,知情不举,与犯人同罪。不知者俱不坐。买主知情,以故买盗赃科,匿卖抵换之物还官。	16.200.1 凡牧养系官马、骡、驴等畜,所得孳生,限十日内报官。若限外隐匿不报,计所隐匿之价为赃准窃盗论。止流三千里。因而盗卖,或将不堪孳生抵换者,并以监守自盗论罪。不分首从,并赃至四十两,杂犯绞。其典牧官及该管衙门官,知情不举,与犯人同罪。不知者俱不坐。买主知情,以故买盗赃科,匿卖抵换之物还官。

现行刑律案语

原律(略)

臣等谨按:此仍《明律》,雍正三年〔1725〕修改,顺治三年〔1646〕添入小注。注内流罪附杖照章应删。"斩"应改"绞"。太仆寺现经归并陆军部,应改为"该管衙门",以示浑括。谨将修改律文、律注,开列于后。

○修改(略)

条例·修改

大清律例	现行刑律
5.16.235.(2)〔盗卖抵换口外群内马匹〕 一、口外群内马匹,盗卖抵换,照监	16.200.(1)〔盗卖抵换口外群内马匹〕 一、口外群内经管马匹之人盗卖、

守自盗律科罪。若将有太仆寺满字印烙马匹,明知故买者,与犯人同罪。

抵换,照监守自盗律科罪。若明知故买印烙有字官马者,与犯人同罪。

现行刑律案语

原例(略)

臣等谨按:此例前一层盗换马匹,自系指经管之人而言,应于例首添叙明晰。后一层专指太仆寺官马而言,现官制已改,应将此层改为"印烙有字官马",以便通引。谨将修改例文,开列于后。

〇修改(略)

条例·删除

大清律例

5.16.235.(1)〔屯庄居住旗人畜养马匹〕

一、凡屯庄居住旗人庄头畜养马匹,各用该旗印烙。无印烙者,察出将马入官,养马之人杖一百。屯领催不行察出者,笞五十,首报免罪。

满汉通行刑律

〇删除

谨按:此条系屯庄旗人养马之例,乃远年旧制,现已虚设,无关引用,似应删除。

5.16.236私借官畜产 / 16.201私借官畜产

律文·修改

大清律例

5.16.236.1凡监临(官吏)主守,(之人,)将系官马、牛、驼、骡、驴私自借用,或转借与人,及借之者,(不论久近多寡,)各笞五十,验(计借过)日期追雇赁钱入官。若计雇赁钱重(于笞五十)者,各坐赃论,加一等。(雇钱不得过其本价。官畜死,依毁弃官物。在场牵去,依常人盗。)

现行刑律

16.201.1凡监临(官吏)主守,(之人,)将系官马、牛、驼、骡、驴私自借用,或转借与人,及借之者,(不论久近多寡,)各处五等罚,验(计借过)日期追雇赁钱入官。若计雇赁钱重(于处五等罚)者,各坐赃论,加一等。(雇钱不得过其本价。官畜死,依毁弃官物。在场牵去,依常人盗。)

现行刑律案语

原律(略)

臣等谨按：此仍《明律》。“笞五十”罪名照章罚金,应改为“处五等罚”。谨将修改律文、律注,开列于后。

○修改(略)

5.16.237 公使人等索借马匹

律文 · 删除

大清律例

5.16.237.1 凡公使人等承差经过去处,(除应付脚力外,)索借有司官马匹骑坐者,杖六十;驴、骡,笞五十。官吏应付者,各减一等。罪坐所由。(应付之人。)

现行刑律案语

○删除

原律(略)

臣等谨按：公使人等索借有司官马匹骑坐,及官吏应付等情,“邮驿”门各律例已足资引用,此律似嫌重复,拟即删除。

5.17 邮驿／17 邮驿

5.17.238 递送公文／17.202 递送公文

律文·修改

大清律例

5.17.238.1 凡铺兵递送公文，昼夜须行三百里。稽留三刻，笞二十，每三刻加一等，罪止笞五十。其公文到铺，不问角数多少，铺司须要随即附籍遣兵递送，不许等待后来文书，违者铺司笞二十。○5.17.238.2 其铺兵递送公文，若磨擦及破坏封皮，不动原封者，一角笞二十，每三角加一等，罪止杖六十。若损坏公文，不动原封者，一角笞四十，每二角加一等，罪止杖八十。若沉匿公文，及拆动原封者，一角杖六十，每一角加一等，罪止杖一百。若事干军情机密文书，与漏泄不同。不拘角数，即杖一百。有所规避而沉拆者，各从重论。规避罪重，从规避；沉拆罪重，同沉拆。其铺司不告举者，与犯人同罪。若已告举，而所在官司不即受理施行者，各减犯人罪二等。○5.17.238.3 其各县铺长，专一于概管铺分往来巡视。提调官吏，每月一次亲临各铺刷勘。若有奸弊失于检举者，通计公文稽留及磨擦破坏封皮，不动原封十件以上，铺长笞四十，提调吏典笞三十，官笞二十。若损坏及沉匿公文，若拆动原封者，铺长与铺兵同罪，提调吏典减一等，官又减一等。府

现行刑律

17.202.1 凡铺兵递送公文，昼夜须行三百里。稽留三刻，处二等罚，每三刻加一等，罪止五等罚。其公文到铺，不问角数多少，铺司须要随即附籍遣兵递送，不许等待后来文书，违者铺司处二等罚。○17.202.2 其铺兵递送公文，若磨擦及破坏封皮，不动原封者，一角处二等罚，每三角加一等，罪止六等罚。若损坏公文，不动原封者，一角处四等罚，每二角加一等，罪止八等罚。若沉匿公文，及拆动原封者，一角处六等罚，每一角加一等，罪止十等罚。若事干军情机密文书，与漏泄不同。不拘角数，即处十等罚。有所规避而沉拆者，各从重论。规避罪重，从规避；沉拆罪重，同沉拆。其铺司不告举者，与犯人同罪。若已告举，而所在官司不即受理施行者，各减犯人罪二等。○17.202.3 其各县铺长，专一于概管铺分往来巡视。提调官吏，每月一次亲临各铺刷勘。若有奸弊失于检举者，通计公文稽留及磨擦破坏封皮，不动原封十件以上，铺长处四等罚，提调吏典处三等罚，官处二等罚。若损坏及沉匿公文，若拆动原封者，铺长与铺兵同罪，提调吏典减一等，官又减一等。府州提调官吏失于

州提调官吏失于检举者,各递减一等。

检举者,各递减一等。

现行刑律案语

原律(略)

臣等谨按:此仍《明律》。笞、杖罪名照章罚金,应依数分等罚。谨将修改律文,开列于后。

〇修改(略)

条例·修改、续纂

大清律例

5.17.238.(1)〔无印信文字〕

一、无印信文字,不许入递。

现行刑律

17.202.(1)〔无印信文字不许入递〕

一、无印信文字,不许入递。违者,照不应为律治罪。

现行刑律案语

原例(略)

臣等谨按:此条无治罪之文,核其情节甚轻,应于例内载明"违者,照不应为治罪"。谨将修改例文,开列于后。

〇修改(略)

大清律例

5.17.238.(2)〔马夫沉匿平常及军情机密文书〕

一、各省驿站递送公文,令管站官各立印信、号簿。上站号簿,用下站官印,于每月底彼此移明查考。倘有沉匿、稽延等情,即行详报该管上司据实题参,不得故为容隐。其沉匿平常公文,马夫照铺兵律治罪,提调官吏依律递减。若事干军情机密文书而沉匿者,不计角数,马夫杖六十、徒一年;提调吏典杖一百,革役;司驿官革职。如有所规避者,从重论。

现行刑律

17.202.(2)〔马夫沉匿平常及军情机密文书〕

一、各省驿站递送公文,令管站官各立印信、号簿。上站号簿,用下站官印,于每月底彼此移明查考。倘有沉匿、稽延等情,即行详报该管上司据实奏参,不得故为容隐。其沉匿平常公文,马夫照铺兵律治罪,提调官吏依律递减。若事干军情机密文书而沉匿者,不计角数,马夫徒一年;提调吏典处十等罚,革役;司驿官革职。如有所规避者,从重论。

现行刑律案语

原例(略)

臣等谨按:此条系雍正五年〔1727〕定例,乾隆五年〔1740〕改定。例内"题参"字样应改为"奏参";"杖一百"罪名照章罚金,应改为"处十等罚";徒罪附杖,应节删。谨将修改例文,开列于后。

○修改(略)

大清律例	现行刑律
5.17.238.(3)〔遗失马上飞递公文〕	17.202.(3)〔遗失递送公文〕
一、马上飞递公文,如有遗失,除将马夫照例治罪外,该地方官一面详报该管上司,一面径报原发衙门,查核补给。	一、凡递送一应公文,如有遗失,除将夫役照例治罪外,该地方官一面详报该管上司,一面径报原发衙门,查核补给。

现行刑律案语

原例(略)

臣等谨按:此条系乾隆三十二年〔1767〕定例。查递送一应公文,如有遗失,皆当详报补给,不独马上飞递为然,应将例首"马上飞递"一语改为"凡递送一应公文","马夫"二字改为"夫役",以昭赅备。谨将修改例文,开列于后。

○修改(略)

大清律例	现行刑律
5.17.238.(5)〔刑部咨行各省立决人犯公文〕	17.202.(4)〔刑部咨行各省立决人犯公文〕
一、刑部咨行各省立决人犯公文,俱钉封严固,封面注明件数,并"由马上飞递"字样,派笔帖式一员,送交兵部,加封发驿驰递。	一、法部咨行各省立决人犯公文,俱钉封严固,封面注明件数,并"由马上飞递"字样,派录事一员,送交陆军部,加封发驿驰递。

现行刑律案语

原例(略)

臣等谨按:此条系乾隆四十九年〔1784〕定例。惟"刑部""兵部"应改为"法部""陆军部","笔帖式"应照章改为"录事",以符今制。谨将修改例文,开列于后。

○修改(略)

现行刑律

17.202.(5)〔伪造洗用邮票信片及邮差沉匿拆动文报信件〕

一、伪造邮票及信片,已成者,计赃,准窃盗论,罪止流三千里。其仅止洗用旧票,减一等。为从及知情行使者,又各减一等。若邮差将邮寄公私文报信件沉匿及拆动原封者,依铺兵沉拆公文律治罪。

现行刑律案语

〇续纂(略)

臣等谨按:光绪三十二年〔1906〕,总税务司赫德以广东省城有铺店串通邮差,将盖戳旧邮票洗去印迹,复用借图混骗,并查出积存未发之邮信千余封,当查中国《邮政章程》无此项条例,申请外务部核示,经外务部知照刑部请酌定治罪专条。旋由刑部议奏,称"嗣后伪造邮票及信片已成者,计赃,准窃盗论,罪止流三千里。其仅止洗用旧票,减一等。为从及知情行使者,又各减一等。若邮差将邮寄公私文报信件沉匿者,比依铺兵藏匿公文律,一角,杖六十,每一角,加一等,罪止杖一百。事干军情机密文书而沉匿者,不计角数,徒一年。有所规避者,从重论"等因。奉旨:"依议。钦此。"钦遵通行在案。自应纂入例册,以资遵守。惟查"外国邮政法令于侵害秘密"一项,多有专条,并有列入宪法者,中律拆动公文与沉匿一体治罪,即外国书信秘密之意,当时外务部原咨无"拆动邮件"一层,故刑部拟订罪名,亦未议及,此次纂辑条例,似应比依"拆动公文原封"律,添入"拆动邮件"罪名,以符万国通例。合并声明。

现行刑律

17.202.(6)〔窃毁电报杆线及聚众拔毁拒捕致伤〕

一、匪徒窃毁电报杆线,不论官电、商电,是窃是毁,不计赃数,但经折断,均比依马夫沉匿军情机密公文律,徒一年;误毁者,处八等罚;窃毁杆线,均照估追赔。倘有地方奸民,造言聚众,拔毁杆线至数十里外,逞凶拒捕,致伤官兵,情节重大者,察酌情形,分别首从,比照土匪滋事从严惩办。失察窃毁之地保,照不应重律处罚,革役。误毁者,免议。

现行刑律案语

〇续纂(略)

臣等谨按:光绪十八年〔1892〕七月内,刑部议复大学士直隶总督李鸿章奏《匪徒窃毁电报杆线请明定治罪专条》一折,内称"嗣后如有匪徒窃毁电报杆线,不论官电、商电,是窃、是毁,不计赃数,但经折断,均比依驿站马夫递送公文事干军情机密沉匿

例，杖六十，徒一年。如系窃盗，仍尽本法刺字。弃毁者，免刺。误毁者，于杖六十、徒一年罪上，减三等，拟杖八十。窃毁杆线，均照估追赔。倘有地方奸民，造言聚众，拔毁杆线，至数十里外逞凶拒捕，致伤官兵，情节重大者，仍随时察酌情形，分别首从，比照土匪滋事，从严惩办，不得复拘常例。其失察窃毁杆线之地保，照不应重律，杖八十，折责革役。误毁者，免议"等因。具奏，奉旨："依议。钦此。"钦遵通行在案。自应纂入例册，以资遵守。再，"刺字"一项及流、徒附加杖罪，新章均已免除杖罪，已改罚金，原奏所称"刺字"并"徒罪附杖"，均应节删。"杖八十"罪名，应改为"处八等罚"。理合陈明。

现行刑律

17.202.(7)〔故毁窃毁安设铁轨枕木等致行车出险伤毙人命及聚众拆毁逞凶拒捕〕

一、凡故毁及窃毁安设铁轨、枕木、道钉并一切重要机件，致行车出险，因而伤毙人命者，无论官路、商路，均拟绞监候，秋审时酌核情节，分别办理；出险尚未伤毙人命者，系故毁流三千里，因窃而毁徒三年；未出险者，系故毁徒二年半，因窃而毁徒一年计；赃重者，从重论；为从各减一等。误毁者，处八等罚。所毁物件，均计估追赔。倘有造言聚众，拆毁铁路、桥梁、车站、路局，焚烧材料，逞凶拒捕，情节重大者，察酌情形，分别首从，照土匪滋事从严惩办。其窃毁路旁材料，无关行车要件者，仍照盗官物本律治罪。

核订现行刑律

续纂（略）

谨按：宣统元年十二月初四日〔1910年1月14日〕，法部议复邮传部奏《请定窃毁铁路要件治罪专条》折，内称"铁路为交通要政，大而转输征调，小之商货往来，推其行驶之捷速，实由机械之完全。是以铁轨重要器件以及枕木、道钉之属，无一物不须配合，自无一件不赖维持。乃愚民无知，往往于官商各路乘间窃毁，其间生命、财货，关系匪轻，出险时有所闻，贻害盖难胜述。拟请嗣后凡故毁及窃毁铁路安设铁轨、枕木、道钉并一切重要机件，致行车出险因而伤毙人命者，无论官路、商路，均拟绞监候，秋审时酌核情节，分别办理。出险，尚未伤毙人命者，系故毁，于绞罪上减一等，拟流三千里，因窃而毁之犯，徒三年；未出险者，系故毁，减流罪二等，窃而毁者，徒一年；计赃重者，从重论。为从各减一等。误毁者，减窃毁罪三等，拟杖八十，照章罚金。所毁物件，均计估追赔。倘有奸民造言聚众，拆毁铁路、桥梁、车站、路局，焚烧材料，逞凶拒捕，情节重大者，随时察酌情形，分别首从，照土匪滋事从严惩办，不得复拘常例。其窃毁路旁材料，无关行车要件者，仍照盗官物本律治罪"等因。本日奉旨："依议。钦此。"钦遵通行在案。自应纂入例册，以资遵守。再，原奏所称"减绞罪一等，减流罪二等，减窃毁罪三等"等语，既明定所减罪名，"减等"字样自可节去。

“杖八十”照章罚金,应改为“处八等罚”,以归一律。合并声明。

条例·删除

大清律例

5.17.238.(4)〔擅敢拆动军台文报以致漏泄事情〕

一、凡军台文报,如有将报匣夹板及兵部加封事件,擅敢拆动,以致漏泄事情者,该管大臣立即查究。供证明确,无论官兵马夫,即按军法从事。其专管台站之文武员弁,革职拿问;管辖台站大员,交部议处。至军营来往文移札禀,有关军需粮饷、调遣兵马及升调参革官员等项,发递时,俱用钉封,钤盖印信。如台站书吏人等私自拆阅者,查出究明,问拟满流;台站官弁,交部分别议处。

现行刑律案语

○删除

原例(略)

臣等谨按:此条系乾隆三十九年〔1774〕定例,原为用兵而设。现在西北两路并无军事,虽边防重要,究与办理军务不同,且边防、海防事同一律,今沿海省分各驿站,并无“拆动公文,于本律上加重治罪”之条,此例拟请删除。

5.17.239 邀取实封公文 / 17.203 邀取实封公文

律文·修改

大清律例

5.17.239.1 凡在外大小各衙门官,但有人递进呈实封公文至御前,(下司被上司非理凌虐,亦许据实封奏。)而上司官令人于中途急递铺邀截取回者,不拘远近,从本铺铺司、铺兵赴所在官司告举,随即申呈上司转达该部奏闻,追究(邀截之情)得实,斩。(监候。邀截进表文比此。)其铺司、铺兵容隐不告举者,各杖一百。若已告举,而所在官司不即受理施行者,罪亦如之。○5.17.239.2 若邀取实封至六部、察院公文者,各减二等。(下司畏上司劾奏而邀取者比此。)

现行刑律

17.203.1 凡在外大小各衙门官,但有人递进呈实封公文至御前,(下司被上司非理凌虐,亦许据实封奏。)而上司官令人于中途急递铺邀截取回者,不拘远近,从本铺铺司、铺兵赴所在官司告举,随即申呈上司转达该部奏闻,追究(邀截之情)得实,绞。(监候。邀截进表文比此。)其铺司、铺兵容隐不告举者,各处十等罚。若已告举,而所在官司不即受理施行者,罪亦如之。○17.203.2 若邀取实封至各部院公文者,各减二等。(下司畏上司劾奏而邀取者比此。)

现行刑律案语

原律(略)

臣等谨案:此仍《明律》。斩候照章应改绞候。"杖一百"照章罚金,应改为"处十等罚"。"六部"字样与现行官制不符,拟将"六部、察院"改为"各部院"。谨将修改律文,开列于后。

○修改(略)

5.17.240 铺舍损坏 / 17.204 铺舍损坏

律文·修改

大清律例	现行刑律
5.17.240.1 凡急递铺舍损坏,不为修理,什物不完、铺兵数少,不为补置,及令老弱之人当役者,铺长笞五十,有司提调官吏各笞四十。	17.204.1 凡急递铺舍损坏,不为修理,什物不完、铺兵数少,不为补置,及令老弱之人当役者,铺长处五等罚,有司提调官吏各处四等罚。

现行刑律案语

原律(略)

臣等谨按:此仍《明律》。笞罪照章罚金,应依数分等处罚。谨将修改律文,开列于后。

○修改(略)

条例·删除

大清律例

5.17.240.(1)〔急递铺之设置〕

一、急递铺,每一十五里设置一所。每铺设铺兵四名,铺司一名,于附近有丁力粮近一石之上、二石之下者点充。须要少壮正身,与免杂泛差役。每铺置备各项什物:十二时轮日晷牌子一个,红绰屑一座,并牌额铺册二本。上司行下一本,各府申上一本。遇夜,常明灯烛。铺兵每名合备什物:夹板一副,铃襻一副,缨枪一副,油绢三尺,软绢包袱一条,箬帽、蓑衣各一件,红闷棍一条,回册一本。

现行刑律案语

○删除

原例(略)

臣等谨按:此条系属《明令》,本于元制。考今制各省设铺远近不等,有不及十五里者,有过十五里者,与从前情形不同。其铺兵、铺司亦不以五名为额。至丁力粮多寡,现在摊丁于地,亦难按石计数,各项什物,如红绰屑、铃襻等名目,多为今制所无,且并无治罪之处。此例无关引用,应请删除。

5.17.241 私役铺兵 / 17.205 私役铺兵

律文·修改

大清律例	现行刑律
5.17.241.1 凡各衙门一应公差人员,于经过所在,不许差使铺兵挑送官物及私己行李,违者笞四十,每名计一日追雇工银八分五厘五毫入官。	17.205.1 凡各衙门一应公差人员,于经过所在,不许差使铺兵挑送官物及私己行李,违者处四等罚,每名计一日追雇工银一钱二分五厘入官。

现行刑律案语

原律(略)

臣等谨按:此仍《明律》。"笞四十"罪名照章罚金,应改为"处四等罚"。至"每名一日,追雇工银八分五厘五毫",系属尔时定制,惟今昔佣值不同,"给没赃物"门已按照罚金,折工银数减半科算,"一日追雇工银一钱二分五厘",业于彼条"按语"内详晰声明,此处自应照改,以归画一。谨将修改律文,开列于后。

〇修改(略)

5.17.242 驿使稽程 / 17.206 驿使稽程

律文·修改

大清律例	现行刑律
5.17.242.1 凡出使驰驿违限,常事,一日笞二十,每三日加一等,罪止杖六十。军情重事,加三等。因而失误军机者,斩。监候。若各驿官故将好马藏匿,及推故不即应付,以致违限者,对问明白,即以前应得笞、杖、斩罪坐驿官。其遇水涨路道阻碍	17.206.1 凡出使驰驿违限,常事,一日处二等罚,每三日加一等,罪止六等罚。军情重事,加三等。因而失误军机者,绞。监候。若各驿官故将好马藏匿,及推故不即应付,以致违限者,对问明白,即以前应得各罪坐驿官。其遇水涨路道阻碍经行者,

经行者，不坐。○5.17.242.2 若驿使承受官司文书，误不依（原行）题写（所在公干）去处，错去他所而违限者，减二等。（四日笞一十，每三日加一等，罪止笞四十。）事干军务者不减。若由（原行）公文题写错者，罪坐题写之人，驿使不坐。

不坐。○17.206.2 若驿使承受官司文书，误不依（原行）题写（所在公干）去处，错去他所而违限者，减二等。（四日处一等罚，每三日加一等，罪止四等罚。）事干军务者不减。若由（原行）公文题写错者，罪坐题写之人，驿使不坐。

现行刑律案语

原律（略）

臣等谨按：此仍《明律》。笞、杖照章罚金，应依数分等处罚。斩候应改绞候。小注“笞、杖、斩”三字拟改为“各”字，以示浑括。谨将修改律文、律注，开列于后。

○修改（略）

条例·删除

大清律例

5.17.242.(1)〔不依勘合随即供应驿马廪给以致迟误军务军情〕

一、凡官员因军务差遣，及自军前赴京赍奏军情，倘经过地方，不照依勘合、火牌、粮单，随即供应驿马廪给，不为预备公馆，以致迟误者，按迟误事情巨细，将本城长官及所派催办驿马粮饷官俱题参，交部察议拟罪。若长官他出，不在本城而有迟误者，其委托怠玩，亦不得免罪，仍交部察议。

现行刑律案语

○删除

原例（略）

臣等谨按：此条系乾隆五年〔1740〕遵纂为例。官员因军务差遣经过地方，供给迟误，律文已有“罪坐驿官”之条，似毋庸特设专例，致滋骚扰需索之弊。应即删除。

大清律例

5.17.242.(2)〔赍奏不骑驿马致违限者〕

一、凡赍奏不骑驿马，违限十日以内者，免罪。十日以外，系常事笞三十，密事笞四十。

现行刑律案语

○删除

原例(略)

臣等谨按:驰驿违限,本门律内已有治罪明文。有犯足资引用,似无庸为"赍奏不骑驿马"特定专条,应即删除。

大清律例

5.17.242.(3)〔用强包揽驿递夫役及各铺司兵不容正身着役〕

一、各处水马驿递运所夫役、铺兵及巡检司弓兵,若有用强包揽,不容正身着役,多取工钱,致将公文稽迟沉匿,及搅扰衙门者,发附近充军。其官吏、铺长通同纵容者,各照违制律治罪;失于觉察者,交部议处。若不曾用强多取工钱者,不在此例。多取工钱,同求索,计赃以不枉法论。

删除律例

○删除

5.17.243 多乘驿马 / 17.207 多乘驿马

律文·修改

大清律例

5.17.243.1 凡出使人员,应乘驿船驿马,数外多乘一船一马者,杖八十,每一船一马加一等。若应乘驴而乘马,及应乘中等、下等马而勒要上等马者,杖七十。因而殴伤驿官者,各加一等。至折齿以上,依斗殴论。若驿官容情应付者,各减犯人罪一等。其应乘上等马而驿官却与中等、下等马者,罪坐驿官。本驿如无上等马者勿论。○5.17.243.2 若出使人员枉道驰驿,及经驿不换船马者,杖六十。因而走死驿马者,加一等,追偿马匹还官。○5.17.243.3 其事非警急不曾枉道,而走死驿马者,偿而不坐。○5.17.243.4 若军情警急,及前驿无船马倒换者,不坐不偿。亦究不倒换缘由。

现行刑律

17.207.1 凡出使人员,应乘驿船驿马,数外多乘一船一马者,处八等罚,每一船一马加一等。若应乘驴而乘马,及应乘中等、下等马而勒要上等马者,处七等罚。因而殴伤驿官者,各加一等。至折齿以上,依斗殴论。若驿官容情应付者,各减犯人罪一等。其应乘上等马而驿官却与中等、下等马者,罪坐驿官。本驿如无上等马者勿论。○17.207.2 若出使人员枉道驰驿,及经驿不换船马者,处六等罚。因而走死驿马者,加一等,追偿马匹还官。○17.207.3 其事非警急不曾枉道,而走死驿马者,偿而不坐。○17.207.4 若军情警急,及前驿无船马倒换者,不坐不偿。亦究不倒换缘由。

现行刑律案语

原律（略）

臣等谨按：此仍《明律》。杖罪照章罚金，应依数分等处罚。谨将修改律文，开列于后。

○修改（略）

条例·修改

大清律例	现行刑律
5.17.243.(1)〔勘合之外多给夫马及差使硬派民间牲口〕	17.207.(1)〔勘合之外多给夫马及差使硬派民间牲口〕
一、勘合之外，如敢多给一夫一马，许前途州县据实揭报，都察院纠参。倘容情不揭，别经揭报，一并治罪。其差使至境，硬派民间牲口者，照违例妄索民夫例，该管官揭报，督抚题参。审明后，分别议处、治罪。	一、勘合之外，如敢多给一夫一马，许前途州县据实揭报，都察院纠参。倘容情不揭，别经揭报，一并治罪。其差使至境，硬派民间牲口者，照违例妄索民夫例，该管官揭报，督抚奏参。审明后，分别议处、治罪。

现行刑律案语

原例（略）

臣等谨按：此条系乾隆五年〔1740〕遵纂定例，嘉庆六年〔1801〕增修。“题参”二字应改为“奏参”。谨将修改例文，开列于后。

○修改（略）

大清律例	现行刑律
5.17.243.(4)〔扣克差船官价及各衙门乡亲书吏滥捉民船〕	17.207.(2)〔扣克差船官价及各衙门乡亲书吏滥捉民船〕
一、水驿一应差船，如有派拨埠头，扣克官价入己者，计赃照侵盗钱粮例问拟。各衙门乡亲来往，并书吏人等滥捉民船，辄用旗枪、灯笼假借本管官官衔者，照无官而诈称有官律杖一百、徒三年。	一、水驿一应差船，如有派拨埠头，扣克官价入己者，计赃照侵盗钱粮例问拟。各衙门乡亲来往，并书吏人等滥捉民船，辄用旗枪、灯笼假借本管官官衔者，照无官而诈称有官律徒三年。

核订现行刑律

原例（略）

臣等谨按：此条系雍正七年〔1729〕兵部议准定例。徒罪附杖照章应删。谨将修

改例文,开列于后。

○修改(略)

条例·删除

大清律例

5.17.243.(2)〔指称勋戚大臣近侍官员亲族家人扰害驿递〕

一、凡指称勋戚、文武大臣、近侍官员姻党、族属、家人名目,虚张声势,扰害经过军卫有司驿递衙门,占宿公馆,索取人夫、马匹、车辆、财物等项,及奸徒诈称势要衙门,乘坐黑楼等船只,悬挂牌面,希图免税,诓骗违法者,徒罪以上,俱于所犯地方枷号一个月,发近边充军;杖罪以下,枷号一个月发落。索取财物,同求索;希图免税,同匿税;诓骗违法,同诈称见任官家人于所部内得财。

现行刑律案语

○删除

原例(略)

臣等谨按:此系前明《问刑条例》,与今日情形多不相同,且指称名目扰害诓骗等情弊,有"诈伪"门"诈假官·诈称内使等官"各律例,足资引用。此条尤嫌重复,拟即删除。

大清律例

5.17.243.(3)〔驰驿官员纵容官役殴骂驿官或并无急务走死驿马〕

一、凡驰驿官员纵容差官、跟役,殴骂驿官、驿夫,或并无急务,走死驿马,并额马既足,故行越站,以及索诈财物者,该地方官、驿官,一面申详上司,一面具报该部察究得实,官员革职,差官人等拿送刑部从重治罪。若无勘合、火牌,谎称公差,支取夫马船只,及索诈财物者,亦俱拿送刑部从重治罪。其不照依所定程途,枉道扰驿者,系官交该部议处,差役杖一百。

现行刑律案语

○删除

原例(略)

臣等谨按:此例原系二条,俱系康熙年间、雍正三年〔1725〕修并。例内所指各项情弊,有本门及在官求索借贷人财物各律例,足资引用,毋庸复载,拟即删除。

5.17.244 多支廪给 / 17.208 多支廪给

律文 · 仍旧

大清律例	现行刑律
5.17.244.1 凡出使人员，多支领廪给者，计赃以不枉法论。分有禄、无禄。当该官吏与者，减一等。强取者，以枉法论，官吏不坐。多支口粮比此。	17.208.1 凡出使人员，多支领廪给者，计赃以不枉法论。分有禄、无禄。当该官吏与者，减一等。强取者，以枉法论，官吏不坐。多支口粮比此。

现行刑律案语

原律（略）

○仍旧

臣等谨按：此律应仍其旧，理合陈明。

条例 · 删除

大清律例

5.17.244.(1)〔外人入贡经过驿递不许容令买卖〕

一、各处地方，如遇外国人入贡，经过驿递，即便察照勘合应付，不许容令买卖，连日支应，违者按律治罪。

删除律例

○删除

5.17.245 文书应给驿而不给 / 17.209 文书应给驿而不给

律文 · 修改

大清律例	现行刑律
5.17.245.1 凡朝廷调遣军马，及报警急军务至边将，若边将及各衙门飞报军情诣朝廷实封文书，故不遣使给驿而入递者，杖一百。因而失误军机者，斩。监候。	17.209.1 凡朝廷调遣军马，及报警急军务至边将，若边将及各衙门飞报军情诣朝廷实封文书，故不遣使给驿而入递者，处十等罚。因而失误军机者，绞。监候。○17.209.2

大清律例	现行刑律
○5.17.245.2 若进贺表笺,及赈救饥荒、申报灾异、取索军需之类重事,故不遣使给驿者,杖八十。失误军机,仍从重论。若常事不应给驿而故给驿者,笞四十。	若进贺表笺,及振救饥荒、申报灾异、取索军需之类重事,故不遣使给驿者,处八等罚。失误军机,仍从重论。若常事不应给驿而故给驿者,处四等罚。

现行刑律案语

原律(略)

臣等谨按:此仍《明律》,顺治三年〔1646〕添入小注。律内笞、杖照章罚金,应依数分等处罚;斩候应改绞候。谨将修改律文,开列于后。

○修改(略)

5.17.246 公事应行稽程 / 17.210 公事应行稽程

律文·修改

大清律例	现行刑律
5.17.246.1 凡公事有应起解官物、囚徒、畜产,差人管送而辄稽留,及一切公事有期限而违者,一日笞二十,每三日加一等,罪止笞五十。若起解军需,随征供给,而管送兼稽留。违限者,各加二等,罪止杖一百。以致临敌缺乏,失误军机者,斩。监候。若承差人误不依题写去处,错去他所,以致违限者,减本罪二等,事干军务者不减。或笞,或杖,或斩,照前科罪。若由公文题写错而违限者,罪坐题写之人,承差人不坐。	17.210.1 凡公事有应起解官物、囚徒、畜产,差人管送而辄稽留,及一切公事有期限而违者,一日处二等罚,每三日加一等,罪止五等罚。若起解军需,随征供给,而管送兼稽留。违限者,各加二等,罪止十等罚。以致临敌缺乏,失误军机者,绞。监候。若承差人误不依题写去处,错去他所,以致违限者,减本罪二等,事干军务者不减。或罚,或绞,照前科罪。若由公文题写错而违限者,罪坐题写之人,承差人不坐。

现行刑律案语

原律(略)

臣等谨按:此仍《明律》,顺治三年〔1646〕添入小注。律内笞、杖照章罚金,应依数分等处罚;斩候应改绞候。谨将修改律文、律注,开列于后。

○修改(略)

条例 · 修改

大清律例	现行刑律
5.17.246.(1)〔夫役工匠遇有紧要差使挟制官长扬散误差〕 一、夫役、工匠人等，遇有紧要差使传集公所，立待应用。如不遵官长约束，为匪不法，逞刁挟制，因而率众扬散以致误差，审明，为首者拟斩监候，为从均枷号一个月、杖一百。倘系偶尔违禁，干犯赌博、斗殴等事，并未挟制官长，扬散误差者，仍按本律治罪。	17.210.(1)〔夫役工匠遇有紧要差使挟制官长扬散误差〕 一、夫役、工匠人等，遇有紧要差使传集公所，立待应用。如不遵官长约束，为匪不法，逞刁挟制，因而率众扬散以致误差，审明，为首者流三千里，为从均处十等罚。倘系偶尔违禁，干犯赌博、斗殴等事，并未挟制官长，扬散误差者，仍按本律治罪。

现行刑律案语

原例（略）

臣等谨按：此条系乾隆二年〔1737〕刑部会同吏部议复步军统领鄂善条奏定例。惟为首问斩，为从仅拟枷杖，与减一等之律不符，且仅止扬散误差拟斩，似觉过重，应酌改为满流；下"枷杖"一层，若照新章并罚，未免涉于烦苛，应将附枷酌删，仍留满杖罪名，改为处十等罚，以昭平允。再，查光绪十七年〔1891〕九月内刑部奏《京城工匠倚众滋事从严治罪》一折，内称"犯该斩、绞监候者，即行正法；犯该遣军、流罪者，改为绞监候；犯该徒罪者，监禁五年再行发配，并声明俟数年后，此风稍息，再行规复旧制"等因。奉旨允准在案。现在京城工役虽繁，尚未见有似此案件，是刁风业已稍戢，此项专章，似无庸纂入例册，合并陈明。谨将修改例文，开列于后。

○修改（略）

5.17.247 占宿驿舍上房

律文 · 删除

大清律例

5.17.247.1 凡公差人员，出外干办公事，占宿驿舍正厅上房者，笞五十。正厅上房，待品官上客。

现行刑律案语

原律（略）

臣等谨按:此仍《明律》。"笞五十"罪名照章罚金,应改为"处五等罚"。谨将修改律文,开列于后。

○修改

凡公差人员,出外干办公事,占宿驿舍正厅上房者,处五等罚。(正厅上房,待品官上客。)

核订现行刑律

○删除

原修改律文(略)

谨按:如有品官上客过驿,公差自必避之;如无上客过驿,公差自可居住。似毋庸著为禁令,此条拟请删除。

5.17.248 乘驿马赍私物 / 17.211 乘驿马赍私物

律文·修改

大清律例	现行刑律
5.17.248.1 凡出使人员,应乘驿马,除随身衣(服、器)仗外,赍带私物者,十斤杖六十,每十斤加一等,罪止杖一百;驿驴,减一等。(所带)私物入官。(致死驿马者,依本律。)	17.211.1 凡出使人员,应乘驿马,除随身衣(服、器)仗外,赍带私物者,十斤处六等罚,每十斤加一等,罪止十等罚;驿驴,减一等。(所带)私物入官。(致死驿马者,依本律。)

现行刑律案语

原律(略)

臣等谨按:此仍《明律》,顺治三年〔1646〕添入小注。律内杖罪照章罚金,应依数分等处罚。谨将修改律文,开列于后。

○修改(略)

条例·仍旧、修改

大清律例	现行刑律
5.17.248.(1)〔奉差员役随带重包及驿员徇隐〕	17.211.(1)〔奉差员役随带重包及驿员徇隐〕 一、奉差员役至头站时,该驿员即将应背之包,称准斤数,开明印单,递送前途。其每夜住宿之站,该驿员详加查

估。如果照例装载，即于印单填写“某站验明并无重包”字样。日间所过驿站，验单应付。如前站徇隐重包，经后站察出详报，该差员役照律治罪；徇隐驿员，一并议处。

现行刑律案语

原例（略）

〇仍旧

臣等谨按：此例应仍其旧，理合陈明。

大清律例	现行刑律
5.17.248.(2)〔奸商寄托年班进京回子夹带私货〕	17.211.(2)〔奸商寄托年班进京回子等夹带私货〕
一、积惯渔利奸商，寄托年班、进京回子夹带私货者，除数在五百斤以内，仍照旧例分别拟杖外，如数至六百斤，杖六十、徒一年，每百斤加一等，罪止杖一百、流三千里。货物照律入官。	一、积惯渔利奸商，寄托年班、进京回子及喇嘛、土司夹带私货者，除数在五百斤以内，仍照律分别定拟外，如数至六百斤，徒一年，每百斤加一等，罪止流三千里。货物照律入官。

现行刑律案语

原例（略）

臣等谨按：此条系嘉庆二十一年〔1816〕理藩院奏准定例。例内“照旧律分别拟杖”句，旧律即指本律而言，“旧”字应即节去。杖罪即包于律文之内，应改为“定拟”，以示浑括。徒、流附杖，照章应删。谨将修改例文，开列于后。

〇修改

一、积惯渔利奸商，寄托年班、进京回子夹带私货者，除数在五百斤以内，仍照律分别定拟外，如数至六百斤，徒一年，每百斤加一等，罪止流三千里。货物照律入官。

核订现行刑律

原修改例文（略）

谨按：近来喇嘛、土司、年班进京，亦常夹带私货。历经四川、陕西、山西各督抚奏明有案，例内“回子”下拟增“及喇嘛、土司”五字，以资援引。谨将修改例文，开列于后。

〇修改（略）

5.17.249 私役民夫抬轿 / 17.212 私役民夫抬轿

律文·修改

大清律例

5.17.249.1 凡各衙门官吏及出使人员,役使人民抬轿者,杖六十。有司应付者,减一等。若豪富(庶民)之家,(不给雇钱,以势)役使佃客抬轿者,罪亦如之。每名,计一日追给雇工银八分五厘五毫。○5.17.249.2 其民间出钱雇工者,不在此限。

现行刑律

17.212.1 凡各衙门官吏及出使人员,役使人民抬轿者,处六等罚。有司应付者,减一等。若豪富(庶民)之家,(不给雇钱,以势)役使佃客抬轿者,罪亦如之。每名,计一日追给雇工银一钱二分五厘。○17.212.2 其民间出钱雇工者,不在此限。

现行刑律案语

原律(略)

臣等谨按:此仍《明律》,顺治三年〔1646〕修改并添入小注,雍正三年〔1725〕删改,乾隆五年〔1740〕改定。律内"杖六十"照章罚金,应改为"处六等罚"。至"每名一日,追雇工银八分五厘五毫",系属尔时定制,惟今昔佣值不同,"给没赃物"门已按照罚金银数减半科算,"一日追雇工银一钱二分五厘",业于彼条"按语"内详晰,声明此处,自应照改,以归画一。谨将修改律文,开列于后。

○修改(略)

条例·修改

大清律例

5.17.249.(2)〔非钦差及奉委官员违例妄索民夫〕

一、凡兵部勘合,钦差大臣及督抚入境、学差试差、知府下县盘查,及他县奉督抚差委盘查者,准其动用民夫,其余概不准用。倘有违例妄索者,着该管官即行揭报督抚题参。若该管官违例滥应,发觉之日,照例治罪。

现行刑律

17.212.(1)〔非钦差及奉委官员违例妄索民夫〕

一、凡陆军部勘合,钦差大臣及督抚入境、知府下县盘查,及他县奉督抚差委盘查者,准其动用民夫,其余概不准用。倘有违例妄索者,着该管官即行揭报督抚奏参。若该管官违例滥应,发觉之日,照例治罪。

现行刑律案语

原例(略)

臣等谨按:此条系雍正六年〔1728〕定例。"兵部"二字应改为"陆军部","题参"二字应改为"奏参"。现在科举已停,并无试差,各省提学使亦并不按临各属考试,"学差试差"四字应删。谨将修改例文,开列于后。

○修改(略)

条例 · 删除

大清律例

5.17.249.(1)〔内府执事及部院衙门官员人等诈欺索取民夫〕

一、凡内府官员执事之人,及各部院衙门官员人等,并无印信凭据,诈欺索取民夫等项,该地方官即行拘拿,一面申报该督抚具题,一面申报该部。审实,系官革职;系领催、执事人等,拿送刑部从重治罪。拿首之地方官,交部议叙。

现行刑律案语

○删除

原例(略)

臣等谨按:内府官员人等,无印信凭据,索取民夫,自可照本门"违例妄索民夫"例办理。如诈欺情重,自有"诈称内使等官"律例可引。此条似属重复,拟请删除。

5.17.250 病故官家属还乡 / 17.213 病故官家属还乡

律文 · 修改

大清律例	现行刑律
5.17.250.1 凡军民官在任以理病故,家属无力不能还乡者,所在官司差人管领,应付车船、夫马、脚力,随程验所有家口,官给行粮,递送还乡。违而不送者,杖六十。	17.213.1 凡官员在任以理病故,家属无力不能还乡者,所在官司差人管领,应付车船、夫马、脚力,随程验所有家口,官给行粮,递送还乡。违而不送者,处六等罚。

现行刑律案语

原律(略)

臣等谨按:此仍《明律》,顺治三年〔1646〕添入小注。律首"军民官"三字应改为"官员"二字。"杖六十"照章罚金,应改为"处六等罚"。谨将修改律文,开列于后。

〇修改(略)

条例·仍旧

大清律例	现行刑律
5.17.250.(1)〔实系穷苦之县丞以下等官参革离任或告病身故回籍〕	17.213.(1)〔实系穷苦之县丞以下等官参革离任或告病身故回籍〕 一、县丞以下等官,参革离任,或告病身故,实系穷苦不能回籍者,该督抚于存公项内,酌给还乡路费,每年造册报销。

现行刑律案语

原例(略)

〇仍旧

臣等谨按:此例应仍其旧,理合陈明。

5.17.251承差转雇寄人/17.214承差转雇寄人

律文·修改

大清律例	现行刑律
5.17.251.1凡承差起解官物、囚徒、畜产,不亲管送,而雇人、寄人代领送者,杖六十。因而损失官物、畜产及失囚者,依本律各从重论。损失重同损失,轻则仍科雇寄。受雇、受寄人,各减承差人一等。〇5.17.251.2其同差人自相替者、放者,各笞四十。取财者,承替取放者贴解之物计赃以不枉法论。若事有损失者,亦依损失官物及失囚律追断,不在减等之限。若侵欺、故纵,各依本律。替者有犯,管送人不知情不坐。	17.214.1凡承差起解官物、囚徒、畜产,不亲管送,而雇人、寄人代领送者,处六等罚。因而损失官物、畜产及失囚者,依本律各从重论。损失重同损失,轻则仍科雇寄。受雇、受寄人,各减承差人一等。〇17.214.2其同差人自相替者、放者,各处四等罚。取财者,承替取放者贴解之物计赃以不枉法论。若事有损失者,亦依损失官物及失囚律追断,不在减等之限。若侵欺、故纵,各依本律。替者有犯,管送人不知者不坐。

现行刑律案语

原律(略)

臣等谨按:此仍《明律》,顺治三年〔1646〕添入小注。律内笞、杖照章罚金,应依

数分等处罚。谨将修改律文，开列于后。

〇修改（略）

条例·修改

大清律例	现行刑律
5.17.251.(1)〔出派管押护送起解人犯兵役不足数及雇人代解〕	17.214.(1)〔起解人犯兵役派不足数及雇人代解〕
一、起解人犯，每名选差的役二名管押，兵丁二名护送。若兵役派不足数，及雇人代解，许兵役互相禀报本管官，知会原派衙门查究补派。若兵役知而不举，将兵役及承派之书吏、弓兵俱杖一百，革役。其经由前途文武各官，按批查点，有缺少及代解等弊，即详报督抚，将原派官弁参处。其缺少、顶替之兵役，照承差起解囚徒雇人代送律杖六十，革役。如前途各官隐匿不报，别经发觉，题参议处。	一、起解人犯，每名选差的役二名管押，兵丁二名护送。若兵役派不足数，及雇人代解，许兵役互相禀报本管官，知会原派衙门查究补派。若兵役知而不举，将兵役及承派之书吏俱处十等罚，革役。其经由前途文武各官，按批查点，有缺少及代解等弊，即详报督抚，将原派官弁参处。其缺少、顶替之兵役，照承差起解囚徒雇人代送律处六等罚，革役。如前途各官隐匿不报，别经发觉，奏参议处。

现行刑律案语

原例（略）

臣等谨按：此条系雍正八年〔1730〕定例。例内杖罪照章罚金，应依数分等处罚。“题参”二字应改为“奏参”。谨将修改例文，开列于后。

〇修改

一、起解人犯，每名选差的役二名管押，兵丁二名护送。若兵役派不足数，及雇人代解，许兵役互相禀报本管官，知会原派衙门查究补派。若兵役知而不举，将兵役及承派之书吏、弓兵俱处十等罚，革役。其经由前途文武各官，按批查点，有缺少及代解等弊，即详报督抚，将原派官弁参处。其缺少、顶替之兵役，照承差起解囚徒雇人代送律处六等罚，革役。如前途各官隐匿不报，别经发觉，奏参议处。

5.17.252 乘官畜产车船附私物 / 17.215 乘官畜产车船附私物

律文·修改

大清律例

5.17.252.1 凡因公差应乘官马、牛、驼、骡、驴者，各衙门自拨官马，不得驰驿而行者。除随身衣仗外，私驼物不得过十斤。违者，五斤笞一十，每十斤加一等，罪止杖六十。不在乘驿马之条。○5.17.252.2 其乘船、车者，私载物不得过三十斤。违者，十斤笞一十，每二十斤加一等，罪止杖七十。家人、随从者不坐。若受寄私载他人物者，寄物之人同罪，其物并入官。当该官司知而容纵者，与同罪，不知者不坐。若应合递运家小如阵亡、病故官军，及军民官在任以理病故。者，虽有私带物件，不在此限。

现行刑律

17.215.1 凡因公差应乘官马、牛、驼、骡、驴者，各衙门自拨官马，不得驰驿而行者。除随身衣仗外，私驼物不得过十斤。违者，五斤处一等罚，每十斤加一等，罪止六等罚。不在乘驿马之条。○17.215.2 其乘船、车者，私载物不得过三十斤。违者，十斤处一等罚，每二十斤加一等，罪止七等罚。家人、随从者不坐。若受寄私载他人物者，寄物之人同罪，其物并入官。当该官司知而容纵者，与同罪，不知者不坐。若应合递运家小如阵亡、病故官军，及官员在任以理病故。者，虽有私带物件，不在此限。

现行刑律案语

原律(略)

臣等谨按：此仍《明律》，顺治三年〔1646〕增修。律内笞、杖照章罚金，应依数分等处罚。律末小注内"军民官"三字，应改为"官员"。谨将修改律文、律注，开列于后。

○修改(略)

条例·删除

大清律例

5.17.252.(1)〔漕船旗丁及回空舵水违例多带土宜梨枣〕

一、漕船旗丁，每船准带土宜一百石；头舵二人，每人准带三石；水手无论人数，准其共带二十石。其回空船只，舵水人等，准带梨枣六十石。沿途过浅盘剥，责令自备脚价。例外多带者，照数入官。监兑、粮储等官，水次先行搜检，督押粮道及府佐官员，沿途稽查。经过仪征、淮安、天津等处，听趱运镇道官盘诘。经盘官员徇情卖法，一并参治。多带问违制，徇情卖法问听从嘱托事已施行，受财问枉法，出钱之人同行求。

删除律例

〇删除

大清律例

5.17.252.(2)〔漕船附搭客商势要人等及酒面糯米等货物〕

一、漕运船只,除运军自带土宜货物外,若附搭客商势要人等,酒面糯米、花草、竹木板片、器皿货物者,将本船运军并附载人员依律治罪,货物入官。其押运官有犯,交部议处。附载人员依违制;运军与运官有赃问枉法,无赃止问违制。

删除律例

〇删除

大清律例

5.17.252.(3)〔外任及公差官员乘坐官船有犯三事〕

一、沿河一带,升除、外任及内外公差官员,若有乘坐在官船只,一事。兴贩私盐,二事。起拨人夫,三事。并带去无藉之徒,辱骂锁绑官吏,勒要银两者,督抚、巡河、巡盐、管河、管闸等官,即便拿问。干碍应奏官员,奏请提问。其军卫有司、驿递衙门,若有惧势应付者,参究治罪。三事不备,不引此例。止一事,依本律论。

现行刑律案语

〇删除

原例(略)

臣等谨按:此系前明《问刑条例》。惟公差官员兴贩私盐、锁绑官吏,系属必无之事,且巡河巡盐等官,亦为今制所无。此例无关引用,拟请删除。

5.17.253私借驿马 / 17.216私借驿马

律文·修改

大清律例	现行刑律
5.17.253.1凡驿官将驿马私自借用,或转借与人,及借之者,各杖八十;驿驴,	17.216.1凡驿官将驿马私自借用,或转借与人,及借之者,各处八等罚;驿驴,

减一等。验计日追雇赁钱入官。若计雇赁钱重于私借之罪者,各坐赃论,加二等。	减一等。验计日追雇赁钱入官。若计雇赁钱重于私借之罪者,各坐赃论,加二等。

现行刑律案语

原律(略)

臣等谨按:此仍《明律》,顺治三年〔1646〕添入小注。律内“杖八十”照章罚金,应改为“处八等罚”。谨将修改律文,开列于后。

○修改(略)

6 刑律

6.18 贼盗 / 18 贼盗

6.18.254 谋反大逆 / 18.217 谋反大逆

律文·修改

大清律例	现行刑律
6.18.254.1 凡谋反（不利于国，谓谋危社稷。）及大逆，（不利于君，谓谋毁宗庙、山陵及宫阙。）但共谋者，不分首从，（已未行，）皆凌迟处死。（正犯之）祖父、父、子、孙、兄弟，及同居之人，（如本族无服亲属及外祖父、妻父、女婿之类。）不分异姓，及（正犯之期亲）伯叔父、兄弟之子，不限（已未析居，）籍之同异，（男）年十六以上，不论笃疾、废疾，皆斩。其（男）十五以下，及（正犯之）母、女、妻妾、姊妹，若子之妻妾，给付功臣之家为奴。（正犯）财产入官。若女（兼姊妹。）许嫁已定，归其夫。（正犯）子孙过房与人，及（正犯之）聘妻未成者，俱不追坐。（上止坐正犯兄弟之子，不及其孙。余律文不载，并不得株连。）知情故纵、隐藏者，斩。有能捕获（正犯）者，民授以民官，军授以军职，（量功授职。）仍将犯人财产全给充赏。知而首告，官为捕获者，止给财产。（虽无故纵，但）不首者，杖一百、流三千里。（未行而亲属告捕到官，正犯与缘坐人俱同自首免；已行，惟正犯不免，余免。非亲属首捕，虽未行，仍依律坐。）	18.217.0 凡谋反（不利于国，谓谋危社稷。）及大逆，（不利于君，谓谋毁宗庙、山陵及宫阙。）但共谋者，不分首从，（已未行，）皆斩。知情故纵、隐藏者，绞。有能捕获（正犯）者，量功授职，仍将犯人财产给半充赏。（余者或入官，或仍给家属，随案办理。）知而首告，官为捕获者，止给财产。（虽无故纵，但）不首者，流三千里。（未行而亲属告捕到官，正犯同自首免；已行不免。非亲属首捕，虽未行，仍依律坐。）

现行刑律案语

原律（略）

臣等谨按:此系《明律》,国朝因之添入小注。现在新章凌迟改为斩决,斩决改为绞决,缘坐各条,除知情者仍治罪外,余悉宽免。律内“凌迟”“斩决”罪名,均应照改,其缘坐之祖孙、父、子、兄弟等项并注内“缘坐”等语,应即节删。至“财产入官”一层,现在缘坐既免,不得不稍留“赡养之资”,此四字拟并删去。而将下文“全给”字样改为“给半”,于“充赏”下添注“余者或入官,或仍给家属,随案办理”,似较平允。再,捕获正犯者,“民授以民官,军授以军职”,系因明时有卫所,故律亦分军、民,今既无此等名目,则二语系属赘设,似不如一并节去,但将小注“量功授职”四字改入正文,较为浑括。谨将修改律文、律注,开列于后。

○修改

凡谋反(不利于国,谓谋危社稷。)及大逆,(不利于君,谓谋毁宗庙、山陵及宫阙。)但共谋者,不分首从,(已未行,)皆斩立决。知情故纵、隐藏者,绞立决。有能捕获(正犯)者,量功授职,仍将犯人财产给半充赏;(余者或入官,或仍给家属,随案办理。)知而首告,官为捕获者,止给财产。(虽无故纵,但)不首者,流三千里。(未行而亲属告捕到官,正犯同自首免;已行不免。非亲属首捕,虽未行,仍依律坐。)

核订现行刑律

原修改律文(略)

谨按:旧律斩、绞罪名,凡小注不加“监候”字样者,即系立决,本条将“立决”字样声叙入律,与律文体例不符,应请节删。谨将修改律文,开列于后。

○修改(略)

条例·删除

大清律例

6.18.254.(1)〔邪教邪说尚未惑众及冀图诬陷捏造谋逆揭帖等犯家属免其缘坐〕

一、除实犯反逆及纠众戕官反狱、倡立邪教传徒惑众滋事案内之亲属,仍照律缘坐外,其有人本愚妄,书词狂悖,或希图诓骗财物,兴立邪教,尚未传徒惑众,及编造邪说,尚未煽惑人心,并奸徒怀挟私嫌,将谋逆重情,捏造匿名揭帖,冀图诬陷,比照反逆及谋叛定罪之案,正犯照律办理,其家属一概免其缘坐。

6.18.254.(2)〔反逆缘坐给功臣为奴人犯伊主不能养赡〕

一、反逆缘坐案内给功臣为奴人犯,除有脱逃、干犯别情,照例从重办理外,其有伊主呈明不能养赡,讯无别情者,改发各省驻防为奴。

呈明不能养赡,讯无别情者,改发各省驻防为奴。

6.18.254.(3)〔问拟凌迟逆犯之子孙及其他应缘坐男犯分别阉割发遣〕

一、反逆案内律应问拟凌迟之犯,其子、孙讯明实系不知谋逆情事者,无论已、未成丁,均解交内务府阉割,发往新疆等处给官兵为奴。如年在十岁以下者,牢固监

禁,俟年届十一岁时,再行解交内务府照例办理。内务府大臣,遇有解到阉割人犯,即遴派司员认真看验,并出具无弊切结,送交刑部,再行复验。如有情弊,即行奏参。务须查验明确,再交兵部发往新疆给官兵为奴。至其余律应缘坐男犯,并非逆犯子孙,年在十六岁以上者,发往新疆等处给官兵为奴。如年在十五岁以下者,牢固监禁,俟成丁时再行发遣。缘坐妇女,发各省驻防给官员兵丁为奴。其知情不首干连人犯,仍依律拟流。

现行刑律案语

○删除

6.18.254.(1)〔邪教邪说尚未惑众及冀图诬陷捏造谋逆揭帖等犯家属免其缘坐〕(略)

6.18.254.(2)〔反逆缘坐给功臣为奴人犯伊主不能养赡〕(略)

6.18.254.(3)〔问拟凌迟逆犯之子孙及其他应缘坐男犯分别阉割发遣〕(略)

臣等谨按:以上三条,系康熙、乾隆年间奏定,嘉庆、道光年间迭次修改,皆系变通亲属缘坐之法。惟新章缘坐各条,除知情者仍治罪外,余悉宽免。则本门各例,均无关引用,应即一并删除。

6.18.255谋叛／18.218谋叛

律文·修改

大清律例

6.18.255.1 凡谋叛,谓谋背本国,潜从他国。但共谋者,不分首从皆斩;妻妾子女,给付功臣之家为奴;财产并入官。姊妹不坐。女许嫁已定,子孙过房与人,聘妻未成者,俱不坐。父母、祖、孙、兄弟,不限籍之同异,皆流二千里安置。余俱不坐。知情故纵、隐藏者,绞。有能告捕者,将犯人财产全给充赏;知已行而不首者,杖一百、流三千里。若谋而未行,为首者绞,为从者不分多少,皆杖一百、流三千里。知未行而不首者,杖一百、徒三年。未行则事尚隐秘,故不言故纵、隐藏。○6.18.255.2若逃避山泽,不服追唤者,或避差,或犯罪,负固不服,非暂逃比。以谋叛未行论。依前分首从。其拒敌官兵者,以谋叛

现行刑律

18.218.1 凡谋叛,谓谋背本国,潜从他国。但共谋者,不分首从皆绞。知情故纵、隐藏者,绞。监候,入于秋审情实。有能告捕者,将犯人财产给半充赏;余者或入官,或仍给家属,随案办理。知已行而不首者,流三千里。若谋而未行者,为首绞,监候,入于秋审情实。为从者不分多少,皆流三千里。知未行而不首者,徒三年。未行则事尚隐秘,故不言故纵、隐藏。○18.218.2若逃避山泽,不服追唤者,或避差,或犯罪,负固不服,非暂逃比。以谋叛未行论。依前分首从。其拒敌官兵者,以谋叛已行论。依前不分首从律。以上二条,未行时事属隐秘,须审实乃坐。

已行论。依前不分首从律。以上二条，未行时事属隐秘，须审实乃坐。

现行刑律案语

原律(略)

臣等谨按：此仍《明律》。律内斩决、绞决并徒、流附杖，均应照章修改。其缘坐之妻、妾、子、女等项，亦应照章节删。至"财产入官"一层，现在缘坐已免，不得不稍留为"赡家之资"，此四字拟并节去，而将下文"全给"字样改为"给半"，于"充赏"下添注"余者或入官，或仍给家属，随案办理"，似较平允。谨将修改律文，开列于后。

〇修改

凡谋叛，谓谋背本国，潜从他国。但共谋者，不分首从皆绞立决。知情故纵、隐藏者，绞监候，入于秋审情实。有能告捕者，将犯人财产给半充赏；余者或入官，或仍给家属，随案办理。知已行而不首者，流三千里。若谋而未行者，为首绞监候，入于秋审情实，为从者不分多少，皆流三千里。知未行而不首者，徒三年。未行则事尚隐秘，故不言故纵、隐藏。〇若逃避山泽，不服追唤者，或避差，或犯罪，负固不服，非暂逃比。以谋叛未行论；依前分首、从。其拒敌官兵者，以谋叛已行论。依前不分首从律。以上二条，未行时，事属隐秘，须审实乃坐。

核订现行刑律

原修改律文(略)

谨按：旧律绞罪小注不加"监候"字样者，即系立决，本律"立决"二字，毋庸声明，应请删除。再，"监候，入于秋审情实"两项，应改作小注，以符体例。谨将修改律文、律注，开列于后。

〇修改(略)

条例·修改、续纂、仍旧

大清律例

6.18.255.(7)〔歃血焚表或聚众结拜弟兄及有抗官拒捕或结会树党凌弱暴寡者〕

一、凡异姓人，但有歃血定盟、焚表结拜弟兄者，照谋叛未行律，为首者拟绞监候，为从减一等。若聚众至二十人以上，为首者拟绞立决，为从者发云贵两广极边烟瘴充军。其无歃血盟誓焚表情事，止序齿结拜弟兄，聚众至四十人以上，为首者拟绞监候；四十人以下、二十人以上，为首者杖一百、流三千里；

现行刑律

18.218.(1)〔歃血焚表或聚众结拜弟兄及有抗官拒捕〕

一、凡异姓人，但有歃血订盟、焚表结拜弟兄者，照谋叛未行律，为首者拟绞监候，为从减一等。若聚众至二十人以上，为首者拟绞监候，入于秋审情实；为从者发烟瘴地方安置。其虽无歃血盟誓焚表情事，若年少居首，并非依齿序列，即属匪党渠魁，聚众至四十人以上者，首犯改拟绞监候，入于秋审情实，

不及二十人，为首者杖一百、枷号两个月；为从各减一等。若年少居首，并非依齿序列，即属匪党渠魁，聚众至四十人以上者，首犯拟绞立决，为从发云贵两广极边烟瘴充军；未及四十人者，为首拟绞监候，为从杖一百、流三千里。其有抗官拒捕、持械格斗等情，无论人数多寡，各按本罪分别首从，拟以斩、绞。如为从各犯内，审明实系良民被胁，勉从结拜，并无抗官拒捕等事者，应于为从各本罪上再减一等。仅止畏累出钱，未经随同结拜者，照违制律杖一百。其闻拿投首，及事未发而自首者，各照律例分别减免。倘减免之后，复犯结拜，不许再首，均于应拟本罪上酌予加等，应绞决者改拟斩决，应绞候者改为绞决，应发极边烟瘴充军者改发新疆酌拨种地、当差，应满流者改为附近充军，应满徒以下亦各递加一等治罪。其自首免罪各犯，由县造具姓名、住址清册，责成保甲、族长严行稽查约束，仍将保人姓名登记册内。如有再犯，即将保甲、族长拟杖一百。至结会树党，阴作记认，鱼肉乡民，凌弱暴寡者，不论人数多寡，审实，将为首者照凶恶棍徒例，发极边足四千里充军，为从减一等，被诱入伙者杖一百、枷号两个月。各衙门兵丁胥役，随同结会树党，凌弱暴寡者，照为首例，与起意纠结之犯，一体拟军。乡保、地方明知不首，或借端诬告者，照例分别治罪。该管文武各官，失于觉察，及捕获之后，有心开脱，均照例参处。若止系乡民酬社赛神，偶然洽比，事竣即散者，不在此例。

为从发烟瘴地方安置；未及四十人者，为首拟绞监候，为从流三千里。其有抗官拒捕、持械格斗等情，无论人数多寡，各按本罪分别首从，应绞候者加拟立决，应遣流以下者照罪人拒捕各律例分别治罪。如为从各犯内，审明实系良民被胁，勉从结拜，并无抗官拒捕等事者，应于为从各本罪上再减一等。仅止畏累出钱，未经随同结拜者，照违制律治罪。其闻拿投首，及事未发而自首者，各照律例分别减免。倘减免之后，复犯结拜，不许再首，均于应拟本罪上酌予加等，应绞候者改拟绞决，应发烟瘴安置者发新疆当差，应满流者改为极边足四千里安置，应满徒以下亦各递加一等治罪。其自首免罪各犯，由县造具姓名、住址清册，责成保甲、族长严行稽查约束，仍将保人姓名登记册内。如有再犯，即将知而不首之保甲、族长处十等罚。

现行刑律案语

原例（略）

臣等谨按：此例原系二条，一系康熙年间所纂，一系乾隆年间所定，嘉庆十四年〔1809〕修并为一，道光二年〔1822〕改定。结拜弟兄，本以有无歃血盟誓等情，分别轻重，后又以“人数多寡”及“年少居首”二层，分别轻重，转致轇轕不清。盖序齿结拜并非大干例禁，似应删去此层，止以有无歃血盟誓及聚众多寡，分别罪名轻重。至一经拒捕，无论情节轻重，概拟斩、绞，似嫌过重，拟将应绞候者改为立决，应遣流以下者照罪人拒捕律例，分别治罪。至“结会树党”一项，原系闽省专条，且既结会树党，与上之“结拜兄弟”有何分别？乃结拜兄弟人数多者，分别拟以绞决、绞候；而结会树党，不论人数多少，罪止首遣、从徒，亦觉轻重不均，似应删去此节，庶不与上项参差。至满杖罪名照章罚金，应改为“处十等罚”。“违制律”下“杖一百”三字，亦应改为“治罪”，较为浑括。谨将修改例文，开列于后。

○修改（略）

现行刑律

18.218.(2)〔会匪开堂放飘纠伙散放及勾通教匪煽惑扰害〕

一、各省拿获会匪，如讯系为首开堂放飘者，及领受飘布，辗转纠伙，散放多人，或在会中充当元帅、军师、坐堂、陪堂、刑堂、礼堂名目，与入会之后，虽未放飘，辗转纠人而有伙同抢劫情事，及勾通教匪煽惑扰害者，一经审实，即开录详细供招，禀请复讯，就地正法，仍随案具奏。此外如有虽经入会，并非头目，情罪稍轻之犯，酌定年限监禁。俟限满后，察看是否安静守法，能否改过自新，分别办理。其无知乡民被诱、被胁，误受匪徒飘布，希冀保全身家，并非甘心从逆之人，如能悔罪自首，呈缴飘布者，一概从宽，免其究治。其有向充会匪，自行投首，密告匪首姓名，因而拿获，亦一律免罪。若投首后，又能作线引拿首要各犯到案究办，除免罪之外，仍由该地方官酌量给赏。地方文武员弁，能拿获著名首要审实惩办，随案奏请优奖；如妄拿无辜，扰累闾阎，以及纵匪贻害，亦即严行参处。

现行刑律案语

○续纂（略）

臣等谨按：光绪十八年〔1892〕十一月内刑部议复前湖广总督张之洞奏《请严惩会匪分别轻重办理章程》折，内称“嗣后湖北省拿获会匪，如讯系为首开堂放飘者，及领受飘布，辗转纠伙，散放多人，或在会中充当元帅、军师、坐堂、陪堂、刑堂、礼堂名目，与入会之后，虽未放飘布、辗转纠人而有伙同抢劫情事，及勾通教匪煽惑扰害者，一经审实，即开录详细供招，照章禀请复讯，就地正法，传首犯事地方，悬杆示众，仍随案具奏。此外如有虽经入会，并非头目，情罪稍轻之犯，或酌定年限监禁，或在籍

锁带铁杆、石礅数年,俟限满后,察看是否安静守法,能否改过自新,分别办理。其无知乡民被诱、被胁,误受匪徒飘布,希冀保全身家,并非甘心从逆之人,如能悔罪自首,呈缴飘布者,一概从宽,免其究治。其有向充会匪,自行投首,密告匪首姓名,因而拿获,亦一律免罪。若投首后,又能作线引拿首要各犯到案究办,除免罪之外,仍由该地方官酌量给赏。地方文武员弁,能拿获著名首要,审实惩办,随案奏请优奖;如妄拿无辜,扰累闾阎,以及纵匪贻害,亦即严行参处。复查此等会匪,各省亦时有蠢动。湖北省既经分别轻重,酌议章程,他省亦应照办,以昭画一"等因。奏准在案。自应纂为通例,以资援引。惟现在新章免除枭示,并免锁带铁杆、石礅,所有原定章程内"传首犯事地方,悬杆示众,及在籍锁带杆、礅"等语,均应节删。理合声明。

大清律例	现行刑律
6.18.255.(4)〔不逞之徒歃血订盟结连土豪市棍衙役兵丁为害良民〕	18.218.(3)〔不逞之徒歃血订盟结连土豪市棍衙役兵丁为害良民〕 一、凡不逞之徒,歃血订盟,转相结连土豪市棍、衙役兵丁,彼倡此应,为害良民,据邻佑、乡保首告,地方官如不准理又不缉拿,惟图掩饰,或至蜂起为盗,抄掠横行,将地方文武各官革职,从重治罪。其平日失察,首告之后不自隐讳,即能擒获之地方官,免其议处。至乡保、邻佑知情不行首告者,亦从重治罪。如旁人确知首告者,该地方官酌量给赏;倘借端妄告者,仍照诬告律治罪。

现行刑律案语

原例(略)

○仍旧

臣等谨按:此例应仍其旧,理合陈明。

大清律例	现行刑律
6.18.255.(6)〔被胁入伙叛犯闻拿投首〕 一、谋叛案内,被胁入伙,并无随同焚汛戕官、抗拒官兵情事,一闻查拿,悔罪自行投首者,发新疆给官兵为奴。	18.218.(4)〔被胁入伙叛犯闻拿投首〕 一、叛逆案内,被胁入伙,并无随同焚汛戕官、抗拒官兵情事者,各于斩、绞罪上减一等,发烟瘴地方安置。其闻拿

悔罪，自行投首者，再减一等，徒三年。

现行刑律案语

原例（略）

臣等谨按：此系嘉庆五年〔1800〕定例，专言谋叛，而反逆案内此等人犯，并无明文，似未完备，应将例首"谋叛"二字改为"叛逆"。再，例内不分拿获、自行投首，一律拟遣，亦觉无所区别，似应酌量修改，其被拿获者改为烟瘴安置，如悔罪自行投首者，再减一等，拟徒，似较平允。谨将修改例文，开列于后。

〇修改

一、叛逆案内，被胁入伙，并无随同焚泛戕官、抗拒官兵情事，如被拿获者，于斩罪上酌减一等，发烟瘴地方安置。其闻拿悔罪，自行投首者，再减一等，徒三年。

核订现行刑律

原修改例文（略）

谨按：谋叛本律，系处绞罪。本例"斩"字下应添"绞"字，以昭核实。谨将修改例文，开列于后。

〇修改（略）

条例 · 删除

大清律例

6.18.255.(1)〔谋叛缘坐改发新疆种地流犯妻子及幼孙〕

一、叛案内律应缘坐流犯，改发新疆酌拨种地当差。如本犯未经到配以前身故，妻、子免遣。至叛犯之孙，如有年幼，不便与父母拆离者，听其母随带抚养。

6.18.255.(2)〔隐瞒叛犯家属财产〕

一、凡审拟叛案，如果谋叛情实，在本省者，取本犯确实口供，原籍住址，将该犯父母、祖、孙、兄弟、妻妾、子女、家属财产，俱察明严行看守，详开数目具题。如系隔省，确取本犯口供，行文该地方官严拿看守。有隐漏者，该督抚即将该管官指名题参，以凭议处。

现行刑律案语

〇删除

6.18.255.(1)〔谋叛缘坐改发新疆种地流犯妻子及幼孙〕（略）

6.18.255.(2)〔隐瞒叛犯家属财产〕（略）

臣等谨按：以上二条，系康熙、雍正年间纂定，均系惩办叛案。内缘坐之法，现在缘坐既废，此例无关引用，应即一并删除。

大清律例

6.18.255.(3)〔叛逆旗下人口及民人叛犯之奴仆〕

一、叛逆旗下人口,照例交与该管衙门。其民人叛犯之奴仆,交与户部入官。

满汉通行刑律

○删除

谨按:此条系叛逆家口入官之例,现在缘坐律已奏删,即无此项人犯。其分别旗、民之处,显分畛域,似应删除。

大清律例

6.18.255.(5)〔闽粤两省会匪天地会抢劫拒捕〕

一、闽、粤等省不法匪徒,潜谋纠结,复兴天地会名目,抢劫拒捕者,首犯与曾经纠人,及情愿入伙,希图抢劫之犯,俱拟斩立决。其并未转纠党羽,或听诱被胁,素非良善者,俱拟绞立决。如平日并无为匪,仅止一时随同入会者,俱发遣新疆酌拨种地当差。俟数年后此风渐息,仍照旧例办理。

删除律例

○删除

大清律例

6.18.255.(8)〔回疆地方甘心剃发从夷助逆及擅娶回妇〕

一、凡内地汉、回,在回疆地方,如有甘心剃发,从夷助逆者,照谋叛不分首从律拟斩立决。若系被胁剃发,并无随同焚汛戕官、抗拒官兵情事,后经悔罪投回者,实发云贵两广极边烟瘴充军。如又擅娶回妇者,到配加枷号一年。其并未剃发从逆,止于擅娶回妇者,杖一百、流二千里,各解回内地按籍发配,所娶回妇离异。

现行刑律案语

○删除

原例(略)

臣等谨按:此条系道光九年〔1829〕定例,尔时因回疆有事,故设此严法以禁之。现在回汉久已相安,回民杂居,内地亦复不少,其汉人愿娶回妇者,似可听从其便,不必悬为禁令。至于薙发从夷助逆及抗拒官兵,自有谋叛本例可循,无庸另立专条,拟即删除。

大清律例

6.18.255.(9)〔滇省匪徒结拜兄弟〕

一、滇省匪徒,结拜弟兄,除罪应徒、流以上各犯,仍照例办理外,其但系依齿序列,不及二十人,罪止枷杖者,于本地方锁系铁杆一年,限满开释,照例枷责,交保管束。如不悛改,再系一年。倘始终怙恶不悛,即照棍徒扰害例,严行办理。地方官每办一案,报明督抚、臬司按季汇册咨部,开释时亦报部查核。俟数年后此风稍息,仍循旧例办理。

删除律例

〇删除

6.18.256造妖书妖言 / 18.219造妖书妖言

律文 · 修改

大清律例	现行刑律
6.18.256.1凡造谶纬、妖书、妖言,及传用惑众者,皆斩。监候。被惑人不坐。不及众者,流三千里。合依量情分坐。若他人造传。私有妖书,隐藏不送官者,杖一百、徒三年。	18.219.0凡造妖书、妖言,及传用惑众者,皆绞。监候。被惑人不坐。不及众者,流三千里,合依量情分坐。若他人造传。私有妖书,隐藏不送官者,徒三年。

现行刑律案语

原律(略)

臣等谨按:此仍《明律》。现章斩罪改绞,徒流均去杖罪,应即遵照,将斩候改为绞候,并删去"杖一百"三字。谨将修改律文,开列于后。

〇修改

凡造谶纬、妖书、妖言,及传用惑众者,皆绞。监候。被惑人不坐。不及众者,流三千里。合依量情分坐。若他人造传。私有妖书,隐藏不送官者,徒三年。

核订现行刑律

原修改律文(略)

谨按:此沿《明律》,而《明律》又本于唐。考《唐律》"造妖书、妖言"条,并无"谶纬"字样,盖谶纬之言,惟汉时为甚,后人未有能造之者,若妄托符命言国家祸福,即当以妖书、妖言论。律内"谶纬"二字,拟请节删。谨将修改律文,开列于后。

〇修改(略)

条例 · 修改

大清律例	现行刑律
6.18.256.(1)〔妄布邪言煽惑人心〕 一、凡妄布邪言,书写张贴,煽惑人心,为首者斩立决,为从者皆斩监候。若造谶纬、妖书、妖言,传用惑人,不及众者,改发回城给大小伯克及力能管束之回子为奴。至狂妄之徒,因事造言,捏成歌曲,沿街唱和,及以鄙俚亵嫚之词,刊刻传播者,内外各地方官即时察拿,审非妖言惑众者,坐以不应重罪。	18.219.(1)〔狂徒造言捏曲及刊刻传播鄙俚亵慢之词〕 一、凡狂妄之徒,因事造言,捏成歌曲,沿街唱和,及以鄙俚亵慢之词,刊刻传播者,内外各地方官实时察拿,审非妖言惑众者,坐以不应重罪。

现行刑律案语

原例(略)

臣等谨按:此例原系二条,均康熙年间纂定,本专指京城而言,乾隆五年〔1740〕改为通例。"妄布邪言,煽惑人心"与"造谶纬、妖书、妖言,传用惑众",情节相同,而一则照律斩候,一则照例斩决,似属参差。至造妖书、妖言惑人,尚不及众,律拟满流,例改发遣为奴,虽系加重严惩之意,但现在回城早已停遣,仍照名例改发烟瘴充军,似与流罪无甚分别。且例称"邪言",实与律之"妖言"无异,律称"传用",即包书写、张贴在内,律与例科罪不同,殊涉纷歧。应将此例前半两层删去,止留末后"狂妄之徒,因事造言"一层,以便引用。谨将修改例文,开列于后。

〇修改(略)

大清律例	现行刑律
6.18.256.(2)〔造印市卖及买看淫词小说〕 一、凡坊肆市卖一应淫词小说,在内交与八旗都统、都察院、顺天府,在外交督抚等,转行所属官弁严禁,务搜板书,尽行销毁。有仍行造作刻印者,系官革职,军民杖一百、流三千里;市卖者,杖一百、徒三年;买看者,杖一百。	18.219.(2)〔造印市卖及买看淫亵书画〕 一、凡坊肆市卖一应淫亵书画,地方有司一体严禁,板书、器物尽行搜毁。有造作、刻印、描画者,系官革职,军民徒三年。市卖者,处十等罚;买看者,处八等罚。该管官,不行查出,交部议处。仍不准借端出首讹诈。

该管官弁,不行查出者,交与该部,按次
数分别议处。仍不准借端出首讹诈。

现行刑律案语

原例(略)

臣等谨按:此例系康熙年间纂定,专为严禁淫词小说而设。惟淫书、淫画,均在应禁之列,例内于"淫画"一层,漏未列入,应将"淫词小说"改为"淫亵书画"四字,"板书"下添"器物"二字,"刻印"下添"描画"二字,以资援引。原例罪名系官革职,而军民则拟满流,似嫌过重,应将军民酌减为满徒;市卖者,酌减为满杖;买看者,照不应重科罪,遵章均应罚金,应分等改为处罚,以昭平允。再,民政部及步军统领衙门,均有查缉之责,应于"都统"下添入。谨将修改例文,开列于后。

○修改

一、凡坊肆市卖一应淫亵书画,在内交与八旗都统、民政部、步军统领衙门、都察院、顺天府,在外交督抚等,转行所属官弁严禁,务搜板书、器物尽行销毁。有仍行造作、刻印、描画者,系官职革,军民徒三年。市卖者,处十等罚;买看者,处八等罚。该管官弁,不行查出者,交与该部,按次数分别议处,仍不准借端出首讹诈。

核订现行刑律

原修改例文(略)

谨按:此条原列系康熙年间礼部奏定。例文"交与行查""仍行造作"等句,均系原奏语气,与体例不符,应即删改。至在内、在外各衙门一一列举,转易罣漏,应改为"地方有司",以昭赅括。谨将修改例文,开列于后。

○修改(略)

条例·删除

大清律例

6.18.256.(3)〔各省在京抄房捏造言语录报各处〕

一、各省抄房,在京探听事件,捏造言语,录报各处者,系官革职,军民杖一百、流三千里。该管官不行查出者,交与该部按次数分别议处。其在京贵近大臣家人子弟,倘有滥交匪类,前项事发者,将家人子弟,并不行约束之家主,并照例议处、治罪。

现行刑律案语

○删除

原例(略)

臣等谨按:此条系雍正年间定例。惟"捏造言语,录报各处",现在定有报律可

循，刑律无关引用，应请删除。

6.18.257盗大祀神御物／18.220盗大祀神御物

律文·修改

大清律例

6.18.257.1 凡盗大祀天曰神地曰祇御用祭器、帷帐等物，及盗飨荐、玉帛、牲牢、馔具之属者，皆斩。不分首从、监守常人。谓在殿内及已至祭所而盗者。其祭器、品物未进神御，及营造未成，若已奉祭讫之物，及其余官物，虽大祀所用，非应荐之物。皆杖一百、徒三年；若计赃重于本罪杖一百、徒三年者，各加盗罪一等，谓监守、常人盗者，各加监守、常人盗罪一等。至杂犯绞、斩，不加。并刺字。

现行刑律

18.220.0 凡盗大祀天曰神地曰祇御用祭器、帷帐等物，及盗飨荐、玉帛、牲牢、馔具之属者，皆绞。不分首从、监守常人。谓在殿内及已至祭所而盗者。其祭器、品物未进神御，及营造未成，若已奉祭讫之物，及其余官物，虽大祀所用，非应荐之物。皆徒三年；若计赃重于本罪徒三年者，各加盗罪一等。谓监守、常人盗者，各加监守、常人盗罪一等。至杂犯绞，不加。

现行刑律案语

原律（略）

臣等谨按：此仍《明律》。律内"斩"字应照章改"绞"，徒罪附杖及并"刺字"字样，亦应照章节去。注内"杂犯绞、斩，不加"等语，今新章斩既改绞，"斩"字并应节删。谨将修改律文，开列于后。

○修改（略）

6.18.258盗制书／18.221盗制书

律文·修改

大清律例

6.18.258.1 凡盗制书者，若非御宝原书，止抄行者，以官文书论。皆斩。不分首从。○6.18.258.2 盗各衙门官文书者，皆杖一百，刺字。若有所规避者，或侵欺钱粮，或受财买求之类。从重论。事干系军机之钱粮者，皆绞。监候。不分首从。

现行刑律

18.221.1 凡盗制书者，若非御宝原书，止钞行者，以官文书论。皆绞。不分首从。○18.221.2 盗各衙门官文书者，皆处十等罚。若有所规避者，或侵欺钱粮，或受财买求之类。从重论。事干系军机之钱粮者，皆绞。监候。不分首从。

现行刑律案语

原律

6.18.258 盗制书原律文(略)

6.18.259 盗印信原律文(略)

臣等谨按：此二条均仍《明律》。律内"斩"字应各照章改"绞"。至盗官文书及关防印记，究与寻常窃盗不同，所得"杖一百"罪名，未便改拟工作，应仍照章罚金，改为"处十等罚"。"刺字"亦应节删。谨将修改律文，开列于后。

〇修改

18.221 盗制书律文(略)

18.222 盗印信律文(略)

6.18.259 盗印信 / 18.222 盗印信

律文·修改

大清律例	现行刑律
6.18.259.1 凡盗各衙门印信者，不分首从，皆斩。监候。又伪造印信时宪书条例云"钦给关防，与印信同"。盗关防印记者，皆杖一百，刺字。	18.222.0 凡盗各衙门印信者，不分首从，皆绞。监候。又伪造印信时宪书条例云"钦给关防，与印信同"。盗关防印记者，皆处十等罚。

现行刑律案语

〇修改(略)

见6.18.258 盗制书条律

6.18.260 盗内府财物 / 18.223 盗内府财物

律文·修改

大清律例	现行刑律
6.18.260.1 凡盗内府财物者，皆斩。杂犯。但盗即坐，不论多寡，不分首从。若财物未进库，止依盗官物论。"内府"字要详。	18.223.0 凡盗内府财物者，皆绞。杂犯。但盗即坐，不论多寡，不分首从。若财物未进库，止依盗官物论。"内府"字要详。

现行刑律案语

原律(略)

臣等谨按：此仍《明律》。律内"斩"字应照章改"绞"。谨将修改律文，开列

于后。

○修改(略)

条例·修改

大清律例	现行刑律
6.18.260.(1)〔偷窃大内圆明园等处及各省行宫乘舆服物〕 一、凡偷窃大内及圆明园、避暑山庄、静寄山庄、清漪园、静明园、静宜园、西苑、南苑等处乘舆服物者,照例不分首从,拟斩立决。至偷窃各省行宫乘舆服物,为首者拟绞监候,为从者发云贵、两广极边烟瘴充军。其偷窃行宫内该班官员人等财物,仍照偷窃衙署例问拟。若遇翠华临幸之时,有犯偷窃行宫物件者,仍依偷窃大内服物例治罪。	18.223.(1)〔偷窃大内禁苑各省行宫乘舆服物〕 一、凡偷窃大内及禁苑乘舆服物者,照律不分首从,拟绞立决。偷窃各省行宫乘舆服物者,为首拟绞监候,为从发烟瘴地方安置。其偷窃行宫内该班官员人等财物,仍照偷窃衙署例问拟。若遇翠华临幸之时,有偷窃行宫物件者,仍依偷窃大内服物例治罪。

现行刑律案语

原例(略)

臣等谨按:此条系嘉庆四年〔1799〕定例。查清漪园即颐和园旧址,现今改名为"驻跸之所",似应另行添入,以昭慎重,例内"清漪园"三字并应节删。至斩立决罪名及充军名目,均应遵章修改。谨将修改例文,开列于后。

○修改

一、凡偷窃大内及圆明园、避暑山庄、静寄山庄、静明园、静宜园、西苑、南苑等处乘舆服物者,照律不分首从,拟绞立决。在颐和园偷窃者,罪同。至偷窃各省行宫乘舆服物,为首者拟绞监候,为从者发烟瘴地方安置。其偷窃行宫内该班官员人等财物,仍照偷窃衙署例问拟。若遇翠华临幸之时,有犯偷窃行宫物件者,仍依偷窃大内服物例治罪。

核订现行刑律

原修改例文(略)

谨按:圆明园、颐和园等处均系禁苑,查宫卫律内本有"禁苑"字样,拟请照改,以示浑涵。谨将修改例文,开列于后。

○修改(略)

大清律例

6.18.260.(2)〔盗御宝乘舆服御物及其余内府财物〕

一、凡盗内府财物,系御宝、乘舆服御物者,俱作实犯死罪。其余银两、钱帛等物,分别监守、常人,照盗仓库钱粮各本例定拟。

现行刑律

18.223.(2)〔盗御宝乘舆服御物及其余内府财物〕

一、凡盗内府财物,系御宝、乘舆服御物者,绞立决。其余银两、钱帛等物,分别监守、常人,照盗仓库钱粮各本例定拟。

现行刑律案语

原例(略)

臣等谨按:此条系前明《问刑条例》,雍正、乾隆、嘉庆年间迭次修改。惟实犯死罪,并未叙明"监候""立决"字样,以上条例推之,应系"立决",现章斩决均改绞决,此例俱作实犯死罪,应改为绞立决。谨将修改例文,开列于后。

○修改(略)

大清律例

6.18.260.(3)〔行窃紫禁城内该班官员人等财物及拒捕〕

一、行窃紫禁城内该班官员人等财物,不计赃数、人数,照偷窃衙署拟军例上加一等,发新疆酌拨种地当差。赃重者仍从重论。如临时被拿拒捕杀人者,不论金刃、他物、手足,均拟斩立决。金刃伤人者,拟斩监候;他物伤人,及执持金刃未伤人者,拟绞监候。手足伤人,并执持器械非金刃,亦未伤人者,发新疆给官兵为奴。其寻常斗殴,仍分别金刃、他物、手足,及杀伤本例问拟。

现行刑律

18.223.(3)〔行窃紫禁城内该班官员人等财物〕

一、行窃紫禁城内该班官员人等财物,不计赃数、人数,照偷窃衙署例上加一等治罪。赃重者,从重论。

现行刑律案语

原例(略)

臣等谨按:偷窃衙署,本例系烟瘴充军,此例加一等,即应发遣,殊嫌过重,似应将彼例酌量减轻,此例仍照彼例加一等治罪,较为平允。至"被拿拒捕"一层,与"强盗门匪徒偷窃附近仓廒、官廨,拒杀官弁兵丁"一条,情事相类,应将此层移附彼条之

末，以归画一。其"寻常斗殴，仍分别金刃、他物、手足，及杀伤本例问拟"等语，"宫内忿争"门内已有专条，此层毋庸复叙，应节删。谨将修改例文，开列于后。

〇修改（略）

6.18.261 盗城门钥 / 18.224 盗城门钥

律文·修改

大清律例	现行刑律
6.18.261.1 凡盗京城门钥，皆（不分首从。）杖一百、流三千里。（杂犯。）盗府州县镇城关门钥，皆杖一百、徒三年。盗仓库门（内外各衙门）等钥，皆杖一百。并刺字。（盗皇城门钥，律无文，当以盗内府物论。盗监狱门钥，比仓库。）	18.224.0 凡盗京城门钥，皆（不分首从。）流三千里。（杂犯。遗失者，徒二年半。）盗府厅州县镇城关门钥，皆徒三年。盗仓库门（内外各衙门）等钥，皆工作十个月。（盗紫禁城门钥，以盗内府物论。盗监狱门钥，比仓库。）

现行刑律案语

原律（略）

臣等谨按：此仍《明律》。惟查《比引律条》，有"遗失京城门锁钥者，比依遗失印信律，杖九十，徒二年半"一条，应于律首小注"杂犯"下增入"遗失者，徒二年半"，并节去比依遗失印信律数字，以省繁冗。律内"杖一百"罪名，照章改为"工作十个月"。徒、流附杖并"刺字"，应节删。谨将修改律文、律注，开列于后。

〇修改

凡盗京城门钥，皆（不分首从。）流三千里。（杂犯。遗失者，徒二年半。）盗府州县镇城关门钥，皆徒三年。盗仓库门（内外各衙门）等钥，皆工作十个月。（盗皇城门钥，律无文，当以盗内府物论。盗监狱门钥，比仓库。）

核订现行刑律

原修改律文（略）

谨按：宫卫律内，此次原修改各条，凡旧称"皇城门"者，均改为"紫禁城"，小注"皇城门"字样，自应照改，以归一律。又，律文"府"字下应添"厅"字，俾昭赅备。谨将修改律文、律注，开列于后。

〇修改（略）

6.18.262 盗军器 / 18.225 盗军器

律文·仍旧

大清律例

6.18.262.1 凡盗(人关领在家)军器者,(如衣甲、枪刀、弓箭之类。)计赃以凡盗论。若盗(民间)应禁军器者,(如人马甲、傍牌、火筒、火炮、旗纛、号带之类。)与(事主已得。)私有之罪同。若行军之所,及宿卫军人相盗入已者,准凡盗论。(若不入已,)还充官用者,各减二等。

现行刑律

18.225.0 凡盗(人关领在家)军器者,(如衣甲、枪刀、弓箭之类。)计赃以凡盗论。若盗(民间)应禁军器者,(如人马甲、傍牌、火筒、火炮、旗纛、号带之类。)与(事主已得。)私有之罪同。若行军之所,及宿卫军人相盗入已者,准凡盗论。(若不入已,)还充官用者,各减二等。

现行刑律案语

原律(略)

○仍旧

臣等谨按:此律应仍其旧,理合陈明。

条例·删除

大清律例

6.18.262.(1)〔偷盗军器之犯徒杖以下加等〕

一、拿获偷盗军器之犯,除犯该流、绞者,仍依律办理外,其犯该徒、杖者,照窃盗赃加一等治罪,仍于犯事处,加枷号一个月。其当买军器之人,减本犯罪一等发落。

删除律例

○删除

6.18.263 盗园陵树木 / 18.226 盗园陵树木

律文·修改

大清律例

6.18.263.1 凡盗园陵内树木者,皆(不分首从。)杖一百、徒三年。若盗他人坟茔内树木者,(首)杖八十。(从,减一等。)若计(入已)赃重于(徒、杖)本

现行刑律

18.226.0 凡盗园陵内树木者,皆(不分首从。)徒三年。若盗他人坟茔内树木者,(首)工作

罪者，各加盗罪一等。各加监守、常人窃盗罪一等。若未驮载，仍以毁论。

六个月。从，减一等。若计入己赃重于满徒、工作本罪者，各加盗罪一等。各加监守、常人窃盗罪一等。若未驮载，仍以毁论。

现行刑律案语

原律（略）

臣等谨按：此仍《明律》。徒罪附杖，应照章节删。“杖八十”罪名，并应改为“工作六个月”。注内“徒、杖”二字，应改为“满徒工作”。谨将修改律文、律注，开列于后。

○修改（略）

条例·修改

大清律例

6.18.263.(3)〔盗采官山土石树木开窑及烧山等〕

一、凡山前山后，各有禁限。如红椿以内，盗砍树株、取土取石、开窑烧造、放火烧山者，比照盗大祀神御物律斩，奏请定夺，为从者发近边充军。若红椿以外、官山界限以内，除采樵枝叶，仍照旧例毋庸禁止，并民间修理房茔，取土刨坑不及丈余，取用山上浮石，长不及丈，及砍取自种私树者，一概不禁外，其有盗砍官树，开山采石，掘地成濠，开窑烧造，放火烧山，在红椿以外、白椿以内者，即照红椿以内减一等，为首问发近边充军，从犯杖一百、徒三年；如在白椿以外、青椿以内者，为首杖一百、徒三年，从犯减一等，杖九十、徒二年半；如在青椿以外、官山以内者，为首杖九十、徒二年半，从犯减一等，杖八十、徒二年。计赃重于徒罪者，各加一等。官山界址在二十里以外，即以二十里为限；若在二十里以内，即以官山所止之处为限。弁兵受贿故纵，如本犯罪

现行刑律

18.226.(1)〔盗采官山土石树木开窑及烧山等〕

一、凡在红椿以内盗砍树株、取土取石、开窑烧造、放火烧山者，为首拟绞监候，为从流二千五百里。若红椿以外、官山界限以内，除采樵枝叶，并民间修理房茔，取土刨坑不及丈余，取用山上浮石，长不及丈，及砍取自种私树者，一概不禁外，其有盗砍官树，开山取石，掘地成濠，开窑烧造，放火烧山者，在红椿以外、白椿以内，流二千五百里；在白椿以外、青椿以内，徒三年；在青椿以外、官山以内，徒二年半；为从，各减一等。计赃重于徒罪者，各加一等。官山界址在二十里外，即以二十里为限；若在二十里内，即以官山所止之处为限。弁兵受贿故纵，与囚同罪，赃重者，计赃以枉法从重论。其止疏于防范者，兵丁处十等罚，官弁交部议处。

应军、徒者,与囚同罪,赃重者,计赃以枉法从重论;本犯罪应斩决者,将该弁兵等拟以绞决。其未经得贿,潜通信息,致犯逃避,本犯罪应军、徒者,亦与囚同罪;本犯罪应斩决者,将该弁兵等减发极边烟瘴充军。仅止疏于防范者,兵丁杖一百,官弁交部议处。

现行刑律案语

原例(略)

臣等谨按:此条系前明旧例,国朝迭次修改。例内斩决应改绞决。"近边充军"应酌改为"流三千里"。"杖一百"罪名遵章罚金,亦应改为"处十等罚"。谨将修改例文,开列于后。

〇修改

一、山前山后,各有禁限。如红椿以内,盗砍树株、取土取石、开窑烧造、放火烧山者,比照盗大祀神御物律绞,奏请定夺,为从者流三千里。若红椿以外、官山界限以内,除采樵枝叶,仍照旧例毋庸禁止,并民间修理房茔,取土刨坑不及丈余,取用山上浮石,长不及丈,及砍取自种私树者,一概不禁外,其有盗砍官树,开山取石,掘地成濠,开窑烧造、放火烧山,在红椿以外、白椿以内者,即照红椿以内减一等,为首流三千里,从犯徒三年;如在白椿以外、青椿以内者,为首徒三年,从犯减一等,徒二年半;如在青椿以外、官山以内者,为首徒二年半,从犯减一等,徒二年。计赃重于徒罪者,各加一等。官山界址在二十里以外,即以二十里为限;若在二十里以内,即以官山所止之处为限。弁兵受贿故纵,如本犯罪应流、徒者,与囚同罪,赃重者,计赃以枉法从重论;本犯罪应绞决者,将该弁兵等拟以绞候,秋审入于情实。其未经得贿,潜通信息,致犯逃避,本犯罪应流、徒者,亦与囚同罪;本犯罪应绞决者,将该弁兵等减发烟瘴地方安置。仅止疏于防范者,兵丁处十等罚,官弁交部议处。

核订现行刑律

原修改例文(略)

谨按:盗园陵树木,律只满徒,例改为照盗大祀神御物处绞立决,自系敬谨防护之意。惟树株、土石究与大祀神御物有间,红椿以内,亦与帷帐祭器等物之切近神御者不同,拟请酌减为绞监候,其流三千里罪名,原例系近边充军,照章应改为流二千五百里。至"弁兵受贿故纵",本犯罪应绞决者,既拟改为绞候,则受贿故纵之弁兵,自应照本犯罪名一体科断。例内"本犯罪应流徒",及"本犯罪应绞决,弁兵拟以绞候,秋审入实",及"未经得贿"以下数语,均应节去。再,例首"山前、山后"二句,系明例原文,盖当时无红椿、白椿之分,故以山前、山后为界,今例内、外界限极为分明,

此二句即同虚设，其余繁冗字句，亦应节删。谨将修改例文，开列于后。

○修改（略）

大清律例	现行刑律
6.18.263.(6)〔私入红椿火道偷打牲畜及失火延烧草木殿宇墙垣〕 一、私入红椿火道以内偷打牲畜，为首于附近犯事地方枷号两个月，满日改发极边烟瘴充军；为从枷号一个月，杖一百、徒三年。其因起意在内偷牲，遗失火种，以致延烧草木者，于附近犯事地方枷号两个月，满日发新疆酌拨种地当差；为从枷号一个月，杖一百、徒三年。如延烧殿宇墙垣，为首拟绞监候，为从杖一百、流三千里。	18.226.(2)〔私入红椿火道偷打牲畜及失火延烧草木殿宇墙垣〕 一、私入红椿火道以内偷打牲畜，为首发极边足四千里安置。其因起意在内偷牲，遗失火种，以致延烧草木者，发烟瘴地方安置，为从各徒三年。如延烧殿宇墙垣，为首拟绞监候，为从流三千里。

现行刑律案语

原例（略）

臣等谨按：此条系道光五年〔1825〕定例，嗣因调剂新疆遣犯，迭经修改。查道光九年〔1829〕修例按语内称"在红椿火道以内，偷牲、遗火延烧草木，应发新疆之犯，业已奏明，改发极边，其仅止偷打牲畜并无失火延烧之案，原例应发烟瘴，是仅止偷牲之案反重于失火延烧之犯，殊未平允。应请将私入红椿火道以内偷打牲畜，为首改为发极边足四千里充军，其起意在内偷牲、遗火延烧草木之犯，改发极边烟瘴充军"等语，似与现行名例改发各项，尚属相符，应请将此例照旧修复。"充军"字样改为"安置"。杖罪遵章节删。枷号亦已改章，似可酌予宽免。谨将修改例文，开列于后。

○修改（略）

大清律例	现行刑律
6.18.263.(7)〔盗官参分别红白青椿治罪〕 一、凡旗、民人等在红椿以内偷挖人参，至五十两以上，为首比照盗大祀神御物律斩，奏请定夺，为从发新疆给兵丁为奴；二十两以上，为首发新疆给	18.226.(3)〔偷挖人参分别红白青桩治罪〕 一、凡在红椿、白椿以内偷挖人参，至五十两以上，为首拟绞监候；不及五十两者，流三千里；为从各减一等。在白椿以外、青椿以内偷挖者，照盗园陵

兵丁为奴,为从杖一百、流三千里;十两以上,为首实发云贵、两广烟瘴地方充军,为从杖一百、流二千里;十两以下,为首发近边充军,为从杖一百、徒三年。在红椿以外、白椿以内偷挖人参,至五十两以上者,为首拟绞监候,为从发近边充军;二十两以上,为首实发云贵两广烟瘴充军,为从杖一百、流二千里;十两以上,为首发近边充军,十两以下,为首杖一百、流三千里,为从俱杖一百、徒三年。在白椿以外、青椿以内偷挖者,照偷刨山场人参例分别治罪。未得参者,各于已得例上减一等。知情贩卖者,减私挖罪一等,不知者不坐。得参人犯,首从俱刺"盗官参"三字;未得参及贩卖者,俱免刺字。参物入官。旗人有犯,销除旗档,照民人一律办理。弁兵受贿故纵,本犯罪不应死者,与犯人同罪,赃重者,计赃以枉法从重论;本犯罪应斩决者,为首之弁兵拟绞立决;本犯罪应绞候者,该弁兵发新疆分别当差、为奴。其止疏于防范者,兵丁杖一百,官弁交部议处。

树木本律治罪。弁兵受贿故纵,与本犯同科,赃重者,计赃以枉法从重论。其止疏于防范者,兵丁处十等罚,官弁交部议处。

现行刑律案语

原例(略)

臣等谨按:此条系道光八年〔1828〕刑部议复马兰镇总兵宝兴奏请定例。因陵寝山界,非产参山场可比,故偷挖罪名加重。惟查偷刨人参例,其中分别人数、两数,及财主头目窝家等项情节,治罪已极详明,若因陵寝加重,自可于彼例上加等定拟。至偷挖在五十两以上,首犯彼例问拟绞候,罪已至死,原无轻纵之虞。此例偷挖五十两以上,为首照盗大祀神御物律拟斩,原以陵寝尊严有犯难同常盗,惟人参究属药品,与大祀神御物之供飨荐者,略有区分。且既拟斩罪,犹须奏请定夺,是于严定禁令之中,仍寓明慎用刑之意。应请将此项人犯,亦改为绞候,以归简易。其在红椿、白椿以内偷挖罪不至死之犯,应请改照偷刨人参例,加一等治罪;白椿以外、青椿以内偷挖者,原例本未加重,自毋庸议加,庶情罪既分差等,例条仍一线相因。满汉罪名,现

均改归一律，例内"旗人、民人"及"刺字、免刺"等语，均应照章节删。弁兵受贿故纵律，应与本犯同科，此例本犯罪应绞候，贿纵者罪止拟遣，亦属参差，应将"弁兵受贿"一层，改为与本犯同科。例末杖罪照章罚金，应改为"处十等罚"。谨将修改例文，开列于后。

〇修改

一、凡在红椿、白椿以内偷挖人参者，照偷刨人参例，加一等治罪。其罪至绞候，及在白椿以外、青椿以内偷挖者，仍依本例定拟，毋庸加等。弁兵受贿故纵，与本犯同科，赃重者，计赃以枉法从重论。其止疏于防范者，兵丁处十等罚，官弁交部议处。

大清律例

6.18.263.(4)〔子孙盗卖祖坟树株房屋碑石等物及奴仆他人盗卖者〕

一、凡子孙将祖父坟茔前列成行树木及坟旁散树高大株颗，私自砍卖者，一株至五株，杖一百、枷号一个月；六株至十株，杖一百、枷号两个月；十一株至二十株，杖一百、徒三年。计赃重者，准窃盗加一等，从其重者论。二十一株以上者，发边远充军。如坟旁散树，并非高大株颗，止问不应重杖。若系枯干树木，不行报官，私自砍卖者，照不应重律杖八十。看坟人等及奴仆盗卖者罪同。盗卖坟茔之房屋、碑石、砖瓦、木植者，子孙、奴仆计赃并准窃盗罪加一等。

现行刑律

18.226.(4)〔子孙盗卖祖坟树株房屋碑石等物及雇工看坟人等盗卖〕

一、凡子孙将祖父坟茔前列成行树木及坟旁散树高大株颗，私自砍卖者，一株至十株，处十等罚；十一株至二十株，徒三年。计赃重者，准窃盗加一等，从其重者论。二十一株以上者，流三千里。如平日并无不肖行为，实系迫于贫难，别有正大需用，于坟茔并无妨碍，人所共知者，不用此例。或系坟旁散树，并非高大树颗，均照不应重科罪。看坟人等及雇工盗卖者罪同。若雇工、看坟人等盗卖坟茔之房屋、碑石、砖瓦、木植者，计赃准窃盗罪加一等。

现行刑律案语

原例（略）

臣等谨按：砍卖坟茔树木，康熙年间原定之例。子孙罪轻，奴仆罪重，嗣经迭次修改，将子孙罪名加重，奴仆罪同，已与原定例意不符。在不肖子孙，行为不法，私自砍卖，诚罪无可恕，若平日并无不肖行为，实系迫于贫难，别有正大营干，恃此以济急需，于坟茔亦无妨碍，必一例科罪，似亦不近人情，应将此层于例内添注明晰，以示区别。至枯干树木本无关禁令，必责令报官，殊形苛细，此层似应节删。碑石所以表墓，子孙非至不孝，度不至盗卖及此；房屋本子孙自行栖息之所，砖瓦木植系子孙备用之物，似可听其自主；惟奴仆及看坟人等盗卖，则不能不严惩，应将"盗卖"一层删

去“子孙”一项，以持情法之平。再，枷、杖罪名新章均改为罚金，例内枷、杖并科之处，若一并折罚，是于满杖折罚数目之外又系奇零，于罚章转形破碎，应将例首“砍卖一株至十株”均照杖一百折罚，以归画一。边远充军，亦照章改定。谨将修改例文，开列于后。

〇修改

一、凡子孙将祖父坟茔前列成行树木及坟旁散树高大株颗，私自砍卖者，一株至十株，处十等罚；十一株至二十株，徒三年。计赃重者，准窃盗加一等，从其重者论。二十一株以上者，流三千里。如平日并无不肖行为，实系迫于贫难，别有正大需用，于坟茔并无妨碍，人所共知者，不用此例。或系坟旁散树，并非高大树颗，均照不应重科罪。看坟人等及奴仆盗卖者罪同。若奴仆、看坟人等，盗卖坟茔之房屋、碑石、砖瓦、木植者，计赃准窃盗罪加一等。

核订现行刑律

原修改例文(略)

谨按：奴仆一项，现以雇工人论。本条“奴仆”字样，应即照改，以昭画一。谨将修改例文，开列于后。

〇修改(略)

大清律例

6.18.263.(5)〔盗砍他人坟树〕

一、盗砍他人坟树，初犯，杖一百、枷号一个月；再犯，杖一百，枷号三个月。计赃重于满杖者，照本律加窃盗罪一等。犯案至三次者，即照窃盗三犯本例计赃，分别拟以军、流、绞候。其纠党成群，旬日之间，叠次窃砍，至六次以上，而统计树数，又在三十株以上，情同积匪者，无论从前曾否犯案，即照积匪猾贼例拟军。如连日窃砍，在六次以下、三次以上，树数在三十株以下、十株以上者，照积匪例量减拟徒。仍各按窃盗本例刺字。其窃砍止一、二次者，从一科断，照前例同拟。盗卖他人坟茔之房屋、碑石、砖瓦、木植者，计赃准窃盗论，免刺。

现行刑律

18.226.(5)〔盗砍他人坟树〕

一、凡盗砍他人坟树，初犯，工作六个月；再犯，递加一等。如计赃重于本罪，及犯案至三次者，均计赃，准窃盗加一等定拟。盗卖他人茔前房屋、碑石、砖瓦、木植者，罪同。

现行刑律案语

原例(略)

臣等谨按:窃盗计赃治罪,此定律也。因窃砍坟树,较凡盗加重,自可就窃盗本罪上加等定拟。此例本系计赃准窃盗论,后添入"枷号"一层,已嫌过重,嗣又添入"绞候"一层,殊与准窃盗论之本旨不合。且例内或计赃,或计株数,或计次数,参差罣漏,窒碍业生,有犯转难援引。拟将初犯照章改为工作六个月,再犯递加一等,犯案至三次者,改为计赃准窃盗罪加一等。盗卖茔前房屋等项,亦照此办理,以归简易。其余一概节删。谨将修改例文,开列于后。

○修改(略)

条例·移改

大清律例	现行刑律
6.18.263.(1)〔车马过陵及守陵官民入陵〕 一、车马过陵者,及守陵官民入陵者,百步外下马。违者以大不敬论,杖一百。	*宫卫·直行御道 13.161.(3)〔车马过陵及守陵官民入陵〕(略)

现行刑律案语

原例(略)

臣等谨按:此系《明令》,雍正三年〔1725〕改为定例。原与盗罪无涉,似应移入"直行御道"门内,庶律例以类相从。"杖一百"罪名照章罚金,应改为"处十等罚"。谨将移改例文,开列于后。

○移改

宫卫·直行御道

13.161.(3)〔车马过陵及守陵官民入陵〕(略)

条例·删除

大清律例

6.18.263.(2)〔知情私买坟茔树木房屋碑石等物者〕

一、奸徒知情私买坟茔树木者,系子孙盗卖,其私买者,减子孙盗卖罪一等。若系他人盗卖者,其私买人犯,无论株数,已伐者,初犯,杖一百、枷号一个月;再犯,杖一百、枷号三个月;犯至三次者,照窃盗三犯例,杖一百、流三千里。为从者减一等。

未伐者,又各减一等。不知情者不坐。其私买坟茔之房屋、碑石、砖瓦、木植者,均减盗卖罪一等。树木等物,分别入官、给主。

现行刑律案语

○删除

原例(略)

臣等谨按:此条系乾隆二十四年〔1759〕定例,嘉庆六年〔1801〕、十四年〔1809〕两次修改。查知窃盗赃而接买,初犯、再犯,旧例系枷号一个月,三犯发近边充军。此例初犯、再犯较窃盗加重,三犯较彼例转轻,办法殊涉参差。如系为郑重坟茔起见,自应严盗卖之罪,以示惩儆。至知情私买之人,其情事与接买贼赃等,即房屋等项,亦与树木有何分别,遇有此等案件,自可照知窃盗赃而接买例治罪。此例拟即删除。

大清律例

6.18.263.(8)〔盗砍陵树枝杈分别红白青椿治罪〕

一、凡在陵寝围墙以内盗砍树木枝杈,为首者先于犯事地方枷号两个月,发近边充军。其无围墙之处,如在红椿以内盗砍者,即照围墙以内科罪。若在红椿以外、白椿以内盗砍者,为首杖一百、徒三年;如在白椿以外、青椿以内,为首杖一百,均枷号一个月。如在青椿以外、官山以内,为首杖一百。为从各犯,俱于首犯罪上各减一等问拟。其围墙以外,并无白椿、青椿者,均照官山以内办理。弁兵受贿故纵,及潜通消息致犯逃避者,各与囚同罪。

现行刑律案语

○删除

原例(略)

臣等谨按:此条系道光年间定例。以枝杈与树株不同,故科罪减轻。惟本门条例内,既有"樵采枝叶不禁"之文,此复于枝叶而外添出"枝杈"一项,似涉两歧。即遇有此等案犯,自可照本律定拟,似毋庸另立专条。此例应请删除。

6.18.264 监守自盗仓库钱粮 / 18.227 监守自盗仓库钱粮

律文·修改

大清律例	现行刑律
6.18.264.1 凡监临主守自盗仓库钱粮等	18.227.0 凡监临主守自盗仓库钱粮等

物，不分首从，并赃论罪。并赃，谓如十人节次共盗官银四十两，虽各分四两入己，通算作一处，其十人各得四十两罪，皆斩；若十人共盗五两，皆杖一百之类。三犯者绞，问实犯。

○6.18.264.2并于右小臂膊上刺"盗官银／粮／物"三字。每字各方一寸五分，每画各阔一分五厘，上不过肘，下不过腕。余条准此。

一两以下，杖八十。

一两之上至二两五钱，杖九十。

五两，杖一百。

七两五钱，杖六十、徒一年。

一十两，杖七十、徒一年半。

一十二两五钱，杖八十、徒二年。

一十五两，杖九十、徒二年半。

一十七两五钱，杖一百、徒三年。

二十两，杖一百、流二千里。

二十五两，杖一百、流二千五百里。

三十两，杖一百、流三千里。杂犯三流，总徒四年。

四十两，斩。杂犯，徒五年。

物，不分首从，并赃论罪。并赃，谓如十人节次共盗官银四十两，虽各分四两入己，通算作一处，其十人各得四十两罪，皆绞；若十人共盗五两，皆工作十个月之类。三犯者绞，问实犯。

一两以下，工作六个月。

一两之上至二两五钱，工作八个月。

五两，工作十个月。

七两五钱，徒一年。

一十两，徒一年半。

一十二两五钱，徒二年。

一十五两，徒二年半。

一十七两五钱，徒三年。

二十两，流二千里。

二十五两，流二千五百里。

三十两，流三千里。杂犯三流，总徒四年。

四十两，绞。杂犯，徒五年。

现行刑律案语

原律（略）

臣等谨按：此仍《明律》，顺治、雍正年间二次修改。律内"斩"字应照现章改"绞"。其"刺字"一层，业经奏准删除，律末"并于右小臂膊刺'盗官银／粮／物'"数字及小注，均应节去。至杖八十、九十及一百罪名，变通窃盗条款，系改工作六个月、八个月、十个月，应照改。徒、流附杖，亦应照章节删。谨将修改律文，开列于后。

○修改（略）

条例·修改

大清律例

6.18.264.(5)〔监守盗钱粮入已者依银数治罪限内完交减免及身故无产豁免〕

一、监守盗仓库钱粮，除审非入己者，各照挪移本条律例定拟外，其入己数在一百两以下至四十两者，仍照本律问拟准徒五年，其自一百两以上至三百

现行刑律

18.227.(1)〔监守盗钱粮入己者依银数治罪限内完交减免及身故无产豁免〕

一、监守盗仓库钱粮，除审非入己者，各照挪移本条律例定拟外，其入己数在一百两以下至四十两者，仍照本律问拟准徒五年，其自一百两以上至三百

三十两,杖一百、流二千里;至六百六十两,杖一百、流二千五百里;至一千两,杖一百、流三千里;至一千两以上者,拟斩监候。勒限一年追完。如限内全完,死罪减二等发落,流、徒以下免罪;若不完,再限一年勒追。全完者,死罪及流、徒以下,各减一等发落;如不完,流、徒以下即行发配,死罪人犯监禁,均再限一年,着落犯人妻及未分家之子名下追赔。三年限外不完者,死罪人犯永远监禁;全完者,奏明请旨,均照二年全完减罪一等之例办理。至本犯身死,实无家产可以完交者,照例取结豁免。其完赃减免之犯,如再犯赃,俱在本罪上加一等治罪。文武官员犯侵盗者,俱免刺字。

三十两,流二千里;至六百六十两,流二千五百里;至一千两,流三千里;一千两以上者,拟绞监候。勒限一年追完。如限内全完,死罪减二等发落,流、徒以下免罪;若不完,再限一年勒追。全完者,死罪及流、徒以下,各减一等发落;如不完,流、徒以下即行发配,死罪人犯监禁,均再限一年,着落犯人妻及未分家之子名下追赔。三年限外不完,死罪人犯永远监禁;全完者,奏明请旨,均照二年全完减罪一等之例办理。至本犯身死,实无家产可以完交者,照例取结豁免。其完赃减免之犯,如再犯赃,俱在本罪上加一等治罪。

现行刑律案语

原例(略)

臣等谨按:此例原系四条,雍正、乾隆年间纂定,嘉庆六年〔1801〕修并为一。例内流罪附杖应照章删除。"斩"字并应改"绞"。刺字现经废止,例末"文武官员犯侵盗者,俱免刺字"等语,亦应节去。谨将修改例文,开列于后。

〇修改(略)

条例·移改

大清律例

6.18.264.(3)〔侵盗应追之赃承追及全无家产力不能完申报豁免〕

一、凡侵盗应追之赃,着落犯人妻及未分家之子名下追赔。如果家产全无,不能赔补,在旗参佐领、骁骑校,在外地方官,取具甘结,申报都统、督抚保题豁免结案。倘结案后,别有田产、人

现行刑律

*仓库·拟断赃罚不当

7.117.(2)〔侵盗赃着落犯妻及未分家之子名下追赔〕

口发觉者，尽行入官，将承追、申报各官革职，所欠赃银米谷着落赔补；督催等官，照例议处。内外承追、督催武职，俱照文职例议处。再一应赃私，察果家产全无，力不能完者，概予豁免，不得株连亲族。倘滥行着落亲族追赔，将承追官革职。其该管上司，如有逼迫申报、取具甘结之事，属官不行出首，从重治罪。

现行刑律案语

原例(略)

臣等谨按：承追帑项及赃罚银两，不得勒令代赔及混追赔补各例，均载在"拟断赃罚不当"门内。此条亦系言承追赔款不得株连亲族，滥行着落追赔，自应移入"拟断赃罚不当"门内，俾条例各归一类。例内"保题"二字应改为"奏明"。谨将移改例文，开列于后。

○移改

仓库·拟断赃罚不当

一、凡侵盗应追之赃，着落犯人妻及未分家之子名下追赔。如果家产全无，不能赔补，在旗参佐领、骁骑校，在外地方官，取具甘结，申报都统、督抚，奏明豁免结案。倘结案后，别有田产、人口发觉者，尽行入官，将承追、申报各官革职，所欠赃银米谷着落赔补；督催等官，照例议处。内外承追、督催武职，俱照文职例议处。再一应赃私，察果家产全无，力不能完者，概予豁免，不得株连亲族。倘滥行着落亲族追赔，将承追官革职。其该管上司，如有逼迫申报、取具甘结之事，属官不行出首，从重治罪。

核订现行刑律

原移改例文(略)

谨按：家产尽绝不得株连亲族，"隐瞒入官家产"门已有专条，至滥行株连之承追各官，拟以革职，亦与彼例照违制律治罪相同。本条"一应赃私"以下一层，应请节删。再，人口入官事类缘坐，"隐瞒入官家产"律内已议宽免，本条"人口"二字，亦应节去，以归一律。谨将修改例文，开列于后。

○修改

仓库·拟断赃罚不当

7.117.(2)〔侵盗赃着落犯妻及未分家之子名下追赔〕(略)

大清律例

6.18.264.(4)〔侵贪本犯身故监追其子〕

一、凡侵贪之案,如该员身故,审明实系侵盗库帑、图饱私橐者,即将伊子监追。

现行刑律

* 五刑·给没赃物

1.18.(11)〔侵贪本犯身故监追其子〕

(略)

现行刑律案语

原例(略)

臣等谨按:以赃入罪已费用者,身死勿征,"给没赃物"律已有明文,此条系指身死犹应追缴者而言,自应移入"给没赃物"门内,庶律例各归一类。谨将移改例文,开列于后。

○移改

五刑·给没赃物

1.18.(11)〔侵贪本犯身故监追其子〕(略)

条例·删除

大清律例

6.18.264.(1)〔监守盗漕粮〕

一、凡漕运粮米,监守盗六十石入已者,发边远充军;入已数满六百石者,拟斩监候。

删除律例

○删除

大清律例

6.18.264.(2)〔小船人户受雇偷载漕粮盗卖者〕

一、小船人户,受雇偷载漕粮盗卖者,将船户照漕白二粮过淮后盗卖盗买枷号一个月例,减二等发落。其漕船头舵,明知旗丁盗卖,不据实举首者,俱照不应重律杖八十;受财,计赃从重论。

删除律例

○删除

大清律例

6.18.264.(6)〔盗卖盗买过淮漕白二粮及失察官弁〕

一、漕、白二粮过淮,责令该管道、府、州、县往来巡察。如有将行月粮米,私自盗卖、盗买者,拿获,各枷号一个月。若有一人盗买,及一帮盗卖,数至百石以上者,将为首之人枷号两个月,折责四十板;粮米仍交本船,米价入官。其失察盗卖之运弁,如米数不及五十石者,将该弁即于仓场衙门捆打四十;数至五十石以上者,降一级调用;百石以上,降二级调用;二百石以上,革职。如地方官失察者,交该部议处。

删除律例

○删除

大清律例

6.18.264.(7)〔监守盗漕粮依赃数定罪限内完交减免及盗卖官船板木〕

一、经纪花户,并车户、船户驾掌代役人等,凡有监守之责,窃盗漕仓粮米入己,数满六百石,拟斩监候;一百石,拟绞监候;六十石以上,实发云贵、两广极边烟瘴充军;二十石以上,杖一百、流三千里;十石以上,杖一百、徒三年;五石以上,杖八十、徒二年;不及五石,杖六十、徒一年。俱限四个月勒追。全完,应斩候者减为附近充军,应绞候者减为杖一百、流三千里,应军、流者减二等发落,应徒者免罪。不完,再限四个月勒追。全完,应斩候者减为边远充军,应绞候者减为近边充军,军、流以下于原犯罪上减一等发落。逾限不完,徒罪及军、流罪即行发配;死罪人犯,计不完之数六百石者,入于秋审情实办理,一百石以上及不及一百石者,均入于秋审缓决,再限四个月勒追。限外不完,永远监禁。全完者,原拟斩候之犯发遣新疆酌拨种地当差,原拟绞候之犯实发云贵两广极边烟瘴充军。其驾掌人等,如有盗卖官船板木者,照盗卖漕粮例,分别计赃治罪。至押运漕粮官弁、旗丁,及各直省仓粮,有犯监守自盗,仍各照本律例问拟。

现行刑律案语

原例(略)

臣等谨按:此条系同治九年〔1870〕定例。惟查经纪花户、驾掌等名目,业于光绪二十七年〔1901〕经仓场侍郎"将经纪改为夫头,承应雇募夫役粮船、漕船变价,解部车户尚仍其旧,驾掌及各仓花户均经裁除"等因,奏准,并由臣等片查核复在案。自应于例首修改明晰,以资引用。新章斩候应改绞候。则窃盗仓米六百石与一百石罪名相同,所有"初限全完,斩候,减附近"一层,应即节去。至"初限不完,再限四个月,勒追全完",原例应斩候、绞候者,既系同一缳首,应分别改为"系由数满六百石及

数满一百石，拟绞"各层，以清眉目。仍照章将边远、近边分等改流。其逾限不完死罪人犯例，既称六百石者入实，而下有永远监禁之文，办理殊多滞碍，似不如将"入实""入缓"两层，全行删节。例末"原拟斩候之犯，发遣新疆当差；原拟绞候之犯，实发四省烟瘴"两起句，既应照前改正而科罪，究属过严，拟将"当差"一层，酌改为"烟瘴地方安置"，"四省烟瘴"酌改为"极边安置"，以符奏章，而昭平允。再，驾掌既经裁除，漕粮久归海运，自无盗卖官船板木及仍须官弁旗丁押运之事，均应酌删。徒、流附杖，亦并照章节去。谨将修改例文，开列于后。

○修改

一、夫头、车户、夫役人等，凡有监守之责，窃盗京仓粮米入已，数满六百石，拟绞监候；一百石，亦拟绞监候；六十石以上，发烟瘴地方安置；二十石以上，流三千里；十石以上，徒三年；五石以上，徒二年；不及五石，徒一年。俱限四个月勒追。全完，应绞候者，减为流三千里；应安置流罪者，减二等发落；应徒者，免罪。不完，再限四个月勒追。全完，系由数满六百石，拟绞候者，减为流三千里；数满一百石，拟绞候者，减为流二千五百里安置；流罪以下，于原犯罪上减一等发落。逾限不完，徒罪及安置流罪，即行发配。死罪人犯，计不完之数，再限四个月勒追。限外不完，永远监禁。全完者，原系数满六百石拟绞之犯，发烟瘴地方安置；原系一百石拟绞之犯，发极边足四千里安置。至各直省仓粮有犯，监守自盗，仍各照本律例问拟。

核订现行刑律

○删除

原修改例文（略）

谨按：此条为京仓漕米而设。夫头、车户人等，既有监守之责，如犯窃盗，自有监守自盗各本律例，似不必因京仓漕米而加严。本例六百石与一百石，同一绞候，已觉轻重无别，且不计赃，而计石亦与窃盗通例不符。从前漕仓各例，迭经奏准删除，自为因时变通起见，此条事同一律，应请删除。

6.18.265 常人盗仓库钱粮／18.228 常人盗仓库钱粮

律文·修改

大清律例

6.18.265.1 凡常人（不系监守外皆是。）盗仓库（自仓库盗出者坐。）钱粮等物，（发觉而）不得财，杖六十；（从，减一等。）但得财者，不分首从，并赃论罪，（并赃同前。）并于右小臂膊上刺"盗官银／粮／物"三字。

现行刑律

18.228.0 凡常人（不系监守外皆是。）盗仓库（自仓库盗出者坐。）钱粮等物，（发觉而）不得财，工作两个月；（从，减一等。）但得财者，不分首从，并赃论罪。（并赃同前。）一两以下，工作四个月。

一两以下，杖七十。
一两以上至五两，杖八十。
一十两，杖九十。
一十五两，杖一百。
二十两，杖六十、徒一年。
二十五两，杖七十、徒一年半。
三十两，杖八十、徒二年。
三十五两，杖九十、徒二年半。
四十两，杖一百、徒三年。
四十五两，杖一百、流二千里。
五十两，杖一百、流二千五百里。
五十五两，杖一百、流三千里。杂犯三流，总徒四年。八十两，绞。杂犯，徒五年。其监守、值宿之人，以不觉察科罪。

一两以上至五两，工作六个月。
一十两，工作八个月。
一十五两，工作十个月。
二十两，徒一年。
二十五两，徒一年半。
三十两，徒二年。
三十五两，徒二年半。
四十两，徒三年。
四十五两，流二千里。
五十两，流二千五百里。
五十五两，流三千里。杂犯三流，总徒四年。八十两，绞。杂犯，徒五年。其监守、值宿之人，以不觉察科罪。

现行刑律案语

原律（略）

臣等谨按：此仍《明律》，顺治、雍正年间二次修改。刺字现已废除，律内"刺字"一层即属赘文，应节删。笞、杖罪名，应照章分别改为工作。徒、流附加杖罪，亦应照章节去。谨将修改律文，开列于后。

〇修改（略）

条例·修改

大清律例

6.18.265.(1)〔窃盗库贮银钱仓贮漕粮〕

一、凡窃匪之徒，穿穴壁封，窃盗库贮银钱、仓贮漕粮，未经得财者，为首杖一百、徒三年，为从依律减一等。但经得财之首犯，数至一百两以上者，拟绞监候；其一百两以下，不分赃数多寡，发云贵两广极边烟瘴充军。为从者，一两至八十两，准徒五年；八十五两，杖一百、流二千里；九十两，杖一百、流二千五百里；九十五两至一百两以上，俱杖一百、流三千里。至窃盗饷鞘银两，即

现行刑律

18.228.(1)〔窃盗库储银钱仓储漕粮〕

一、凡窃匪之徒，穿穴壁封，窃盗库储银钱、仓储漕粮，除未得财及得财数在五十五两以下，仍依本律定拟外，其数至一百两以上者，拟绞监候；一百两以下至九十两，发极边足四千里安置；九十两以下至八十两，流三千里；八十两以下至七十两，流二千五百里；七十两以下至五十五两以上，流二千里；为从各减一等。至窃盗饷鞘银两，即照窃盗仓库钱粮，分别已、未得财，各按首、

照窃盗仓库钱粮，分别已、未得财，各按　　从一律科罪。
首、从一例科罪。

现行刑律案语

原例（略）

臣等谨按："常人盗仓库钱粮"律"不得财，杖六十；但得财，一两以下，杖七十；四十两，满徒"，已较凡盗加重数等，此例以律应杖六十之犯，加至满徒，杖七十之犯，加至烟瘴充军，均系加至十余等，殊嫌过重，似应酌量加减，以持情法之平。拟将不得财及得财数在五十五两以下各犯，仍改依本律定拟，"其数至一百两以上者，拟绞监候；一百两以下至九十两，发极边足四千里安置；九十两以下至八十两，流三千里；八十两以下至七十两，流二千五百里；七十两以下至五十五两以上，流二千里；为从各减一等"，不准照杂犯改徒，庶差等既分，仍与律意不甚悬绝。谨将修改例文，开列于后。

〇修改（略）

条例·删除

大清律例

6.18.265.(2)〔盗窃漕粮〕

一、盗窃漕运粮米，数至一百石以上者，拟绞监候。其一百石以下，即照盗仓库钱粮一百两以下例办理。

删除律例

〇删除

大清律例

6.18.265.(3)〔京城守城兵丁由城上钓掮偷窃仓米〕

一、京城守城兵丁，由城上钓掮偷窃仓米，未经得赃者，为首杖一百、流三千里，为从减一等，俱免刺。系旗人，销除旗档。其得赃至一百石以上者，首犯拟绞立决，为从发新疆给官兵为奴；一百石以下，首犯发新疆给官兵为奴，为从杖一百、流三千里，俱照例刺字。旗人，销除旗档。其常人串通兵丁，由城上钓掮偷窃仓米者，罪亦如之。如该班官员有故纵、徇隐等事，即照律与犯人同罪。若止疏于查察，及旷班不值者，交部分别严加议处。

现行刑律案语

〇删除

原例文（略）

臣等谨按：此条系嘉庆十六年〔1811〕定例。因从前仓廒有紧负城墙者，故有兵丁由城上钓摘之事，现在负城之仓已废，并无此项情弊。此例无关引用，拟即删除。

大清律例

6.18.265.(4)〔经纪花户车户人等非监守盗窃漕粮〕

一、除经纪花户、车户人等监守自盗漕粮，各照本例分别问拟外，至并无监守之责，有犯偷窃漕粮，数至一百石以上，俱照常人盗漕粮例拟绞监候，秋审入于情实；一百石以下，于发极边烟瘴军罪上，加一等发遣新疆酌拨种地当差。从犯均于本罪上加一等。其非转运京、通漕米，及各直省仓粮被窃，仍各照本例分别办理。

删除律例

〇删除

6.18.266强盗／18.229强盗

律文·修改

大清律例

6.18.266.1 凡强盗已行而不得财者，皆杖一百、流三千里；但得事主财者，不分首从皆斩。虽不分赃亦坐。其造意不行又不分赃者，杖一百、流三千里；伙盗不行又不分赃者，杖一百。〇6.18.266.2 若以药迷人图财者罪同。但得财皆斩。〇6.18.266.3 若窃盗临时有拒捕及杀伤人者皆斩。监候。得财、不得财皆斩。须看"临时"二字。因盗而奸者，罪亦如之。不论成奸与否，不分首从。共盗之人，不曾助力，不知拒捕杀伤人及奸情者，审确，止依窃盗论。分首从、得财不得财。〇6.18.266.4 其窃盗事主知觉，弃财逃走，事主追逐，因而拒捕者，自依罪人拒捕律科罪。于窃盗不得财本罪上加二等，杖七十。殴人至折伤以上，绞；杀人者，斩。为从各减一等。

现行刑律

18.229.1 凡强盗已行而不得财者，皆流三千里；但得事主财者，不分首从皆绞。虽不分赃亦坐。其造意不行又不分赃者，流三千里；伙盗不行又不分赃者，工作十个月。〇18.229.2 若以药迷人图财者罪同。但得财皆绞。〇18.229.3 若窃盗临时有拒捕及杀伤人者皆绞。监候。得财、不得财皆绞，须看"临时"二字。因盗而奸者，罪亦如之。不论成奸与否，不分首从。共盗之人，不曾助力，不知拒捕杀伤人及奸情者，审确，止依窃盗论。分首从、得财不得财。〇18.229.4 其窃盗事主知觉，弃财逃走，事主追逐，因而拒捕者，自依罪人拒捕律科罪。于窃盗不得财本罪上加二等。殴人至折伤以上，绞；杀人者，亦绞。为从各减一等。

○6.18.266.5 凡强盗自首不实不尽，只宜以名例自首律内至死减等科之，不可以不应从重科断。窃盗伤人自首者，但免其盗罪，仍依斗殴伤人律论。

○18.229.5 凡强盗自首不实不尽，只宜以名例自首律内至死减等科之，不可以不应从重科断。窃盗伤人自首者，但免其盗罪，仍依斗殴伤人律论。

现行刑律案语

原律（略）

臣等谨按：此仍《明律》，顺治三年〔1646〕添入小注，雍正三年〔1725〕修改。律内及律注“斩”字均应照章改“绞”。流罪附杖并应节删。“杖一百”罪名，亦应照章改为“工作十个月”。谨将修改律文、律注，开列于后。

○修改（略）

条例·修改、仍旧、续纂

大清律例

6.18.266.(11)〔拿获盗犯供出行劫别案〕

一、凡拿获盗犯到案，即行严讯。如有供出行劫别案，讯明次数、赃物，取具确供。其在本省他邑者，即行通详该督抚。无论他邑有无拿获盗犯，总于赃物查起、事主认领之后，提解来省，并案审拟具题，将该犯即行正法。若系供出邻省之案，其伙盗已获者，应令该督抚关查明确，首、从绝无疑义者，详悉声明，题请即行正法。如邻省伙犯未获，现获之犯，或任意抵赖，系彼案盗首而供为同伙，将来后获之犯，或本系盗首，因同伙已经正法，转推已决者为首犯，不无避重就轻之弊。应令各督抚详加研鞫，务得实情。其无前项情弊者，不必虚拟罪名，另案具题，即于本案声明，题请正法。倘行查被盗之州县，有指已正法之盗作为首盗，或盗数未足，作为伙盗，希图销案，及州县彼此行查盗犯口供，不即详细讯明关复，以致案件不能完结者，该督抚查明题参，交部分别议处。

现行刑律

18.229.(1)〔拿获盗犯供出行劫别案〕

一、凡拿获盗犯到案，即行严讯。如有供出行劫别案，讯明次数、赃物，取具确供。其在本省他邑者，即行通详该督抚。无论他邑有无拿获盗犯，总于赃物查起、事主认领之后，提解来省，并案审拟具奏，将该犯即行正法。若系供出邻省之案，其伙盗已获者，应令该督抚关查明确，首、从绝无疑义者，详悉声明，奏请即行正法。如邻省伙犯未获，现获之犯，或任意抵赖，系彼案盗首而供为同伙，将来后获之犯，或本系盗首，因同伙已经正法，转推已决者为首犯，不无避重就轻之弊，应令各督抚详加研鞫，务得实情。其无前项情弊者，不必虚拟罪名，另案具奏，即于本案声明，奏请正法。倘行查被盗之州县，有指已正法之盗作为首盗，或盗数未足，作为伙盗，希图销案，及州县彼此行查盗犯口供，不即详细讯明关复，以致案件不能完结者，该督抚查明奏参，交部分别议处。

现行刑律案语

原例（略）

臣等谨按：此例原系二条，均系雍正年间议定，五年〔1727〕修改，乾隆五年〔1740〕修并为一，三十一年〔1766〕删定。例内“题”字，均应照章改为“奏”字。谨将修改例文，开列于后。

○修改（略）

大清律例	现行刑律
6.18.266.(13)〔强盗重案交印官审鞫不许捕官私讯捕役私拷〕 一、凡强盗重案，交与印官审鞫，不许捕官私行审讯、番捕等役私拷取供。违者，捕官参处；番役等于本衙门首枷号一个月、杖一百，革役。如得财及诬陷无辜者，从重科罪。其承问官于初审之时，即先验有无伤痕。若果无伤，必于招内开明“并无私拷伤痕”字样。若疏忽不开，扶同隐讳，及纵容捕官私审者，即将印官题参，交部议处。	18.229.(2)〔强盗重案交印官审鞫不许捕官私讯捕役私拷〕 一、凡强盗重案，交与印官审鞫，不许捕官私行审讯、番捕等役私拷取供。违者，捕官参处；番役等工作十个月，革役。如得财及诬陷无辜者，从重科罪。其承问官于初审之时，即先验有无伤痕。若果无伤，必于招内开明“并无私拷伤痕”字样。若疏忽不开，扶同隐讳，及纵容捕官私审者，即将印官奏参，交部议处。

现行刑律案语

原例（略）

臣等谨按：此条系康熙年间《现行例》，原系严惩捕役之意。若照章将杖枷改为罚金，不足示警，应照窃盗新章，将原例“枷号一个月、杖一百”，酌改为“工作十个月”。例内“题”字亦应照章改“奏”。谨将修改例文，开列于后。

○修改（略）

大清律例	现行刑律
6.18.266.(14)〔强盗窃犯审明伙盗赃数或行窃次数并确认赃物即分别定拟〕 一、凡强盗初到案时，审明伙盗、赃数。及起有赃物，经事主确认，即按律定罪。其伙盗数目，以初获强盗所供为确。初招既定，不许续报。如系窃贼，	18.229.(3)〔强盗窃犯审明伙盗赃数或行窃次数并确认赃物即分别定拟〕 一、凡强盗初到案时，审明伙盗、赃数。及起有赃物，经事主确认，即按律定罪。其伙盗数目，以初获强盗所供为确。初招既定，不许续报。如系窃贼，

审明行窃次数,并事主初供。但搜有正赃,即分别定拟。若原赃花费,照例追变赔偿。如事主冒开赃物,杖八十。其盗贼供出卖赃之处,如有伊亲党并胥捕人等借端吓诈者,计赃加窃盗一等治罪。

审明行窃次数,并事主初供。但搜有正赃,即分别定拟。若原赃花费,照例追变赔偿。如事主冒开赃物,处八等罚。其盗贼供出卖赃之处,如有伊亲党并胥捕人等借端吓诈者,计赃加窃盗一等治罪。

现行刑律案语

原例

6.18.266.(14)〔强盗窃犯审明伙盗赃数或行窃次数并确认赃物即分别定拟〕(略)

6.18.266.(15)〔强盗行劫邻佑知而不协拿〕(略)

臣等谨按:以上二例,"杖八十"罪名均照章罚金,各应改为"处八等罚"。"兵部"应改为"陆军部"。谨将修改例文,开列于后。

○修改

18.229.(3)〔强盗窃犯审明伙盗赃数或行窃次数并确认赃物即分别定拟〕(略)

一、强盗行劫,邻佑知而不协拿者,处八等罚。如邻佑,或常人,或事主家人,拿获强盗一名者,官给赏银二十两,多者照数给赏。受伤者移送陆军部验明等第,照另户及家仆军伤例,将无主马匹等物变价给赏;其在外者,以各州县审结无主赃物变给。如营汛防守官兵捕贼受伤者,照绿旗阵伤例,分别给赏;若被伤身亡者,亦照绿旗阵亡例,分别给与身价银两。

大清律例

6.18.266.(28)〔封记审实盗犯家产候奏结变赔〕

一、凡盗犯到案审实,先将各犯家产封记,候题结之日,将盗犯家产变赔。如该犯父、兄弟、伯叔知情分赃,并另有窝家者,审明治罪,亦着落伊等名下追赔。倘案内各盗,或有并无家产,以及外来之人,无从封记开报者,将案内盗犯及窝家有家产者,除应赔本身赃物外,或有余剩,概行变价代赔。倘有将无干亲族,及并未分赃之亲属,株连赔累,该督抚查参议处。

现行刑律

18.229.(4)〔封记审实盗犯家产候奏结变赔〕

一、凡盗犯到案审实,先将各犯家产封记,候奏结之日变赔。如该犯父、兄、伯叔知情分赃,并另有窝家者,审明治罪,亦着落伊等名下追赔。倘案内各盗,有并无家产,及外来之人,无从封记开报者,将案内盗犯及窝家有家产者,除应赔本身赃物外,或有余剩,概行变价代赔。其有将无干亲族,及并未分赃之亲属,株连赔累,该督抚查参议处。

现行刑律案语

原例(略)

臣等谨按:此条系雍正七年〔1729〕定例,乾隆五年〔1740〕删并,嘉庆六年〔1801〕改定。例内"题结"应照章改为"奏结"。谨将修改例文,开列于后。

〇修改

一、凡盗犯到案审实,先将各犯家产封记,候奏结之日,将盗犯家产变赔。如该犯之父、兄弟、伯叔知情分赃,并另有窝家者,审明治罪,亦着落伊等名下追赔。倘案内各盗,或有并无家产,以及外来之人,无从封记开报者,将案内盗犯及窝家有家产者,除应赔本身赃物外,或有余剩,概行变价代赔。倘有将无干亲族,及并未分赃之亲属,株连赔累,该督抚查参议处。

核订现行刑律

原修改例文

6.18.266.(19)〔强盗同居父兄伯叔与弟知情分赃及得财不知情〕原修改例文(略)

6.18.266.(28)〔封记审实盗犯家产候奏结变赔〕原修改例文(略)

谨按:同居之弟,分属卑幼,与父、兄、伯叔有约束之责者不同。窃盗例内已将"与弟"二字删除,此二例内所有"弟"字自应一并节去,以归一律。再,第一条"问拟斩、绞、发遣,俱减一等",自可删节,以昭简易。谨将修改例文,分别开列于后。

〇修改

18.229.(34)〔强盗同居父兄伯叔知情分赃及得财不知情〕(略)

18.229.(4)〔封记审实盗犯家产候奏结变赔〕(略)

大清律例	现行刑律
6.18.266.(16)〔拿获别省盗犯即由拿获省份讯明定拟及须移解质审者〕	18.229.(5)〔拿获别省盗犯即由拿获省分讯明定拟及须移解质审者〕
一、各省拿获盗犯,供出他省曾犯行劫者,不论罪轻罪重,研讯明确,毋庸解往质审。其邻省地方官,自行盘获别省盗犯,及协同失事地方差役缉捕拿获者,均令在拿获地方严行监禁,详讯供词,备移被盗省份,查明案情赃证确实,即由拿获省份定拟,题请正法。仍知照本省,将拿获正法缘由,在失事地方,张挂告示,明白晓谕。如果赃迹未明,或	一、各省拿获盗犯,供出他省曾犯行劫者,不论罪轻罪重,研讯明确,毋庸解往质审。其邻省地方官,自行盘获别省盗犯,及协同失事地方差役缉捕拿获者,均令在拿获地方严行监禁,详讯供词,备移被盗省份,查明案情赃证确实,即由拿获省份定拟,奏请正法。仍知照本省,将拿获正法缘由,在失事地方,张挂告示,明白晓谕。如果赃迹未明,或

失事地方有伙盗待质,必须移解者,拿获省份,遴派文武官各一员,带领解役、兵丁,亲身管押解送。仍预先知会前途经由地方,一体遴派员弁,挑拨兵役,接递管解,遇夜寄监收禁。其道远州县,不及收监者,即令该地方官,预期选拨干役,前赴住宿处所,传齐地保,知会营汛,随同押解官弁,锁锢防范。倘不小心管解,致犯脱逃,即将各役严审,有无贿纵情弊,照例从重治罪,官员交部严加议处。

失事地方有伙盗待质,必须移解者,拿获省份,遴派文武官各一员,带领解役、兵丁,亲身管押解送。仍预先知会前途经由地方,一体遴派员弁,挑拨兵役,接递管解,遇夜寄监收禁。其道远州县,不及收监者,即令该地方官,预期选拨干役,前赴住宿处所,传齐地保,知会营汛,随同押解官弁,锁锢防范。倘不小心管解,致犯脱逃,即将各役严审,有无贿纵情弊,照例从重治罪,官员交部严加议处。

现行刑律案语

原例

6.18.266.(5)〔事主续报失单及捕役私起赃物诬栽混认瞒赃等弊〕(略)

6.18.266.(16)〔拿获别省盗犯即由拿获省份讯明定拟及须移解质审者〕(略)

臣等谨按:此二例应仍其旧。惟上条"题参"及下条"题请"字样,均应照章改"奏"。谨将修改例文,开列于后。

〇修改

18.229.(8)〔事主续报失单及捕役私起赃物诬栽混认瞒赃等弊〕(略)

18.229.(5)〔拿获别省盗犯即由拿获省份讯明定拟及须移解质审者〕(略)

大清律例

6.18.266.(41)〔地保汛兵隐匿不报窃盗或首报迟延〕

一、凡窃盗等事,责令该地保、营汛兵丁,分报各衙门文武员弁,协力追拿。如地保、汛兵,通同隐匿不报,及地保已报文职,而汛兵不报武弁,或汛兵已报武弁,而地保不报文职者,均杖一百。若首报迟延,杖八十。

现行刑律

18.229.(6)〔地保汛兵隐匿不报强窃盗及首报迟延〕

一、凡强窃盗等事,地保及营汛兵丁,一有见闻,立即分报各衙门文武员弁,协力追拿。如地保、汛兵,通同隐匿不报,及地保已报文职,而汛兵不报武弁,或汛兵已报武弁,而地保不报文职者,均处十等罚。若首报迟延,处八等罚。

现行刑律案语

原例(略)

臣等谨按：此条言地保、汛兵隐匿不报之罪，惟载在“强盗”门，自系兼强窃而言，今例首仅云“窃盗”，殊未赅括。应将“窃盗等事，责令地保、营汛兵丁分报”等语，改为“强窃盗等事，地保及营泛兵丁一有见闻，立即分报”，较为详晰。杖罪照章罚金，应依数分等处罚。谨将修改例文，开列于后。

〇修改(略)

大清律例

6.18.266.(35)〔捕役兵丁为盗并分赃通贼交往巨盗及漏信致令脱逃〕

一、捕役并防守礅卡或缉盗汛兵及营兵为盗，均照律拟斩立决。如捕役、兵丁起意，为首斩决、枭示，为从仍拟斩决。其情节重大，非寻常行劫可比者，该督抚酌量，分别枭示。失察之该管官，交部议处。该管官逼勒改供，或捏称革役，该上司不能查出，一并交部议处。如捕役、兵丁，分赃通贼，及与巨盗交结往来，奉差承缉，走漏消息，及本非承缉，走漏消息，致令脱逃者，不分曾否得财，均照本犯一体治罪。知情故纵，照窝主知情存留例分别治罪。若不知情，止系查缉不力，照不应重律科断。至书差人等，临时得赃卖放，亦照本犯一体治罪。

现行刑律

18.229.(7)〔捕役兵丁为盗并分赃通贼交结巨盗及奉差承缉走漏消息〕

一、捕役并防守礅卡或缉盗汛兵及营兵为盗，均照律拟绞立决。如捕役、兵丁起意，为首斩立决，为从仍拟绞决。失察之该管官，交部议处。该管官逼勒改供，或捏称革役，该上司不能查出，一并交部议处。如捕役、兵丁，分赃通贼，及与巨盗交结往来，奉差承缉，走漏消息者，不分曾否得财，均照本犯一体治罪。知情故纵，照窝主知情存留例分别治罪。若不知情，止系查缉不力，照不应重律科断。至书差人等，临时得赃卖放，亦照本犯一体治罪。

现行刑律案语

原例(略)

臣等谨按：例内斩决、斩枭罪名，均应遵章修改。其“酌量枭示”一层，应节删。至“捕役、兵丁，奉差承缉，走漏消息，与本非承缉，走漏消息者，均不分得财与否，一体治罪”一层，未免漫无区别，且既非奉差承缉，又未得财，即与知情故纵无异，“知情故纵，照窝主存留分别治罪”，本例已有明文，似应将“本非承缉”一层删去，以免疑误。谨将修改例文，开列于后。

〇修改(略)

大清律例

6.18.266.(5)〔事主续报失单及捕役私起赃物诬栽混认瞒赃等弊〕

一、事主呈报盗案失单，须逐细开明。如赃物繁多，一时失记，准于五日内续报。该地方官将原报、续报缘由，于招内声明。至获盗起赃，必须差委捕员眼同起认。如捕役私起赃物，或借名寻赃，逐店搜察，或嘱贼诬扳，指称收顿，或将贼犯已物作赃，或买物栽赃，或混认瞒赃等弊，事发，除捕役照律例从重问拟外，其承问官不严禁详审、该督抚不严饬题参者，一并交部议处。

现行刑律

18.229.(8)〔事主续报失单及捕役私起赃物诬栽混认瞒赃等弊〕

一、事主呈报盗案失单，须逐细开明。如赃物繁多，一时失记，准于五日内续报。该地方官将原报、续报缘由，于招内声明。至获盗起赃，必须差委捕员眼同起认。如捕役私起赃物，或借名寻赃，逐店搜察，或嘱贼诬扳，指称收顿，或将贼犯已物作赃，或买物栽赃，或混认瞒赃等弊，事发，除捕役照律例从重问拟外，其承问官不严禁详审、该督抚不严饬奏参者，一并交部议处。

现行刑律案语

○修改(略)

见6.18.266.(16)〔拿获别省盗犯即由拿获省份讯明定拟及须移解质审者〕条

大清律例

6.18.266.(4)〔事主报盗止许到官听审一次认赃一次〕

现行刑律

18.229.(9)〔事主报盗止许到官听审一次认赃一次〕

一、事主报盗，止许到官听审一次，认赃一次。所认赃物，即给主回家，不许往返拖累。违者，将承审官严加议处。

现行刑律案语

原例

6.18.266.(12)〔鞫审强盗必须赃证明确〕(略)

6.18.266.(25)〔十五岁以下盗犯审系诱胁随行上盗〕(略)

6.18.266.(4)〔事主报盗止许到官听审一次认赃一次〕(略)

6.18.266.(32)〔刃伤事主应绞窃犯闻拿畏惧送还原赃〕(略)

○仍旧

臣等谨按：此四例应仍其旧，理合陈明。

大清律例

6.18.266.(39)〔虚诬捏饰盗情及借以陷害平人讹诈官役〕

一、事主呈报盗情,不许虚诬捏饰。倘有并无被劫而谎称被劫,及以窃为强、以奸为盗者,俱杖一百。以人命、斗殴等事报盗者,其本身无罪,亦杖一百。若本有应得之罪,重者照本罪从重问拟;本罪轻者,加一等治罪。若奸棍豪绅,凭空捏报盗劫,借以陷害平人、讹诈印捕官役者,照诬告人死罪未决律杖一百、流三千里,加徒役三年。甲长、邻佑扶同者,各照事主减一等治罪。

现行刑律

18.229.(10)〔虚诬捏饰盗情及借以陷害平人讹诈官役〕

一、事主呈报盗情,不许虚诬捏饰。倘有并无被劫而谎称被劫,及以窃为强、以奸为盗者,俱处十等罚。以人命、斗殴等事报盗者,其本身无罪,亦处十等罚。若本有应得之罪,重者照本罪从重问拟;本罪轻者,加一等治罪。若奸棍豪绅,凭空捏报盗劫,借以陷害平人、讹诈印捕官役者,照诬告人死罪未决律流三千里,加徒役三年。甲长、邻佑扶同者,各照事主减一等治罪。

现行刑律案语

原例(略)

臣等谨按:此例原系二条,乾隆五年〔1740〕修并,嘉庆十九年〔1814〕改定。例内"杖一百"罪名照章罚金,均应改为"处十等罚";流罪附杖,应节删。谨将修改例文,开列于后。

○修改(略)

大清律例

6.18.266.(8)〔地方官员抑勒讳盗或改强为窃〕

一、地方文武官员,因畏疏防承缉处分,恐吓事主,抑勒讳盗,或改强为窃者,均照讳盗例革职,承行书办杖一百。若抑勒苦累事主致死,或刑伤至笃废者,除革职外,照故勘平人律治罪。该管司、道、府、厅、州不行查报,督、抚不行查参者,俱交部照例议处。如有奸民以窃报强,挟制官长,希图诬良索诈者,许州县官详明督抚,另委别州县查讯,

现行刑律

18.229.(11)〔地方官员抑勒讳盗或改强为窃〕

一、地方文武官员,因畏疏防承缉处分,恐吓事主,抑勒讳盗,或改强为窃者,均照讳盗例革职,承行书吏处十等罚。若抑勒苦累事主致死,或刑伤至笃废者,除革职外,照故勘平人律治罪。该管司、道、府、厅、州不行查报,督、抚不行查参者,俱交部照例议处。

照例办理。

现行刑律案语

原例(略)

臣等谨按:此条系雍正五年〔1727〕定例,乾隆三十五年〔1770〕改定。例内"杖一百"罪名照章罚金,应改为"处十等罚"。例末"奸民以窃报强"一层,与本门事主呈报盗情重复,似可节删。谨将修改例文,开列于后。

○修改(略)

大清律例

6.18.266.(12)〔鞫审强盗必须赃证明确〕

现行刑律

18.229.(12)〔鞫审强盗必须赃证明确〕

一、凡问刑衙门鞫审强盗,必须赃、证明确者,照例即决。如赃迹未明,招扳续缉,涉于疑似者,不妨再审。或有续获强盗,无自认口供,赃迹未明,伙盗已决无证者,俱引监候处决。

现行刑律案语

○仍旧(略)

见6.18.266.(4)〔事主报盗止许到官听审一次认赃一次〕条

大清律例

6.18.266.(1)〔强盗杀人放火行奸打劫狱库干系城衙并积至百人以上俱枭示〕

一、强盗杀人,放火烧人房屋,奸污人妻女,打劫牢狱、仓库及干系城池、衙门,并积至百人以上,不分曾否得财,俱照得财律斩,随即奏请审决枭示。凡六项有一于此,即引枭示,随犯摘引所犯之事。若止伤人而未得财,首犯斩监候,为从发新疆给官兵为奴。如未得财又未伤人,首犯发新疆给官兵为奴,从犯杖一百、流三千里。

现行刑律

18.229.(13)〔强盗杀人放火行奸打劫狱库干系城衙并积至百人以上俱斩立决〕

一、强盗杀人,放火烧人房屋,奸污人妻女,打劫牢狱、仓库凡官钱粮皆是。及干系城池、爬越人城亦是。衙门,并积至百人以上,不分曾否得财,俱拟斩立决。凡六项有一于此,即引此例,随犯摘引所犯之事。

现行刑律案语

原例(略)

臣等谨按:此系前明《问刑条例》,顺治初年添入小注。查行劫仓库较凡盗加重,重国帑也,但凡官钱粮均系国帑,似应于例内"仓库"下添注"凡官钱粮皆是"六字。爬越入城行劫,旧例亦系斩枭,似应于"城池"下添注"爬越入城亦是"六字。斩枭照章改为斩决。至例未"伤人未得财"及"未得财又未伤人"两项,凡强盗案件均应如此办理,似应分出另立一条,以为强盗之通例。斩候照章改为绞候,新疆为奴拟改为当差,流罪附杖应节删。谨将修改例文,分纂例条,开列于后。

○修改

18.229.(13)〔强盗杀人放火行奸打劫狱库干系城衙并积至百人以上俱斩立决〕(略)

18.229.(19)〔强盗未得财〕(略)

大清律例

6.18.266.(2)〔响马强盗〕

一、凡响马强盗,执有弓矢军器,白日邀劫道路,赃证明白者,俱不分人数多寡、曾否伤人,依律处决,于行劫处枭首示众。如伤人不得财,首犯斩监候,为从发新疆给官兵为奴。如未得财又未伤人,首犯发新疆给官兵为奴,为从杖一百、流三千里。其江洋行劫大盗,俱照此例立斩、枭示。

现行刑律

18.229.(14)〔响马强盗执械白日邀劫〕

一、凡响马强盗,执有弓矢军器,白日邀劫道路,赃证明白者,俱不分人数多寡、曾否伤人,拟斩立决。其江洋行劫大盗,俱照此例立斩。

现行刑律案语

原例(略)

臣等谨按:此条系前明《问刑旧例》。斩枭罪名,应照章改为斩决。例内小注为"伤人未得财"及"未得财又未伤人"之犯而设,现已将此项罪名,于本门另纂通例,此注拟即删去。谨将修改例文,开列于后。

○修改(略)

大清律例

18.229.(15)〔强劫及窃盗临时行强执持施放鸟枪洋枪〕

一、强劫及窃盗临时行强之案,但有一人执持鸟枪、洋枪在场者,不论曾否伤人,不分首从,均斩立决。若窃贼施放鸟枪、洋枪拒捕,一经成伤,无论护赃、护伙、图脱,及临时、事后,所伤是否事主,为首并帮同放枪之犯皆拟绞监候,秋审时首犯入于情

实，帮同放枪者入于缓决；杀人者，俱拟斩立决。寻常行窃，但系执持鸟枪、洋枪之犯，虽未拒捕，均发极边足四千里安置。

现行刑律案语

○续纂（略）

臣等谨案：光绪十三年〔1887〕闰四月内，刑部议原复任大学士直隶总督李鸿章奏《强劫等案执持火器从严办理》一折，"拟请遇有强劫及窃盗，临时行强，并结伙十人以上抢夺之案，但有一人执持鸟枪、洋枪，在场者不论曾否伤人，不分首从，均拟斩立决、枭示。其结伙三人以上抢夺案内，执持鸟枪洋枪之人，系首犯，亦拟斩立决、枭示；系从犯，拟斩立决；伤人者，仍加枭示。若窃贼施放鸟枪、洋枪拒捕，一经成伤，无论护赃、护伙图脱及临时事后所伤是否事主，为首并帮同放枪拒捕之犯，皆拟斩监候，秋审入于情实；杀人者，俱拟斩立决、枭示。寻常行窃及抢夺仅止一二人，但系执持鸟枪、洋枪之犯，虽未拒捕，俱发极边充军"等因。奏奉谕旨，允准在案。除"抢夺，执持鸟枪、洋枪"各层应于"白昼抢夺"门内添辑外，所有"强劫及窃盗，临时行强，拒捕"等案，均应在本门纂为定例。惟枭示应照新章改为斩决，斩候应改绞候，充军亦应改为安置。至"入实"一层，帮同放枪者与为首并无区别，未免过重，拟将此句改为"秋审时，首犯入于情实，帮同放枪者入于缓决"，较为持平。谨于例内修改明晰，以便遵行，理合陈明。

现行刑律

18.229.(16)〔强盗杀人在场目击之犯〕

一、强盗杀人案件，正凶及帮同下手之犯，遵照定例拟以斩立决，其仅止在场目击者，如已劫得赃物，仍照得财律，不分首从，问拟绞决；未得财者，目击杀人之犯，俱拟绞监候，秋审入于缓决。

现行刑律案语

○续纂（略）

臣等谨案：光绪二十八年〔1902〕刑部奏《强盗杀人未得财在场目击从犯酌拟治罪专条》一折，钦奉谕旨允准。应纂为定例，以便遵行。例内斩决原系奏请枭示，绞决原系斩决，绞候原系斩候，均查照新章改正，理合陈明。

现行刑律

18.229.(17)〔寻常盗劫未随同搜劫伙盗〕

一、寻常盗劫之案，除起意为首，与拒捕各犯有犯杀伤，及未经伤人之伙盗如曾

转纠党羽入室、过船搜赃，或行劫已至二次，并执持火器、金刃在外把风、情形凶暴者，一经得财，仍照各本律例定拟外，其止听嘱在外瞭望、接递财物，并未入室、过船搜赃，亦无执持火器、金刃情凶势恶者，均系旧例情有可原之犯，应一并免死，减等发遣新疆当差。若被胁同行，尚非甘心为盗，系在外者，仍照前拟遣；倘经入室、过船，讯未随同搜劫，均于强盗本罪上量减为绞监候。

现行刑律案语

〇续纂

一、寻常盗劫之案，除起意为首，与拒捕各犯有犯杀伤，及未经伤人之伙盗如曾转纠党羽入室、过船搜赃，或行劫已至二次，并执持火器、金刃在外把风、情形凶暴者，一经得财，仍照各本律例定拟外，其止听嘱在外了望、接递财物，并未入室、过船搜赃，亦无执持火器、金刃情凶势恶者，均系旧例情有可原之犯，应一并免死，减等发遣新疆当差。若被胁同行，尚非甘心为盗，系在外者，仍照前拟遣；倘经入室、过船，讯未随同搜劫，应于强盗本罪上量减为斩、绞监候。

臣等谨按：宣统元年〔1909〕四月内会议政务处奏、法部议复御史吴纬炳奏《寻常盗犯一律照例解勘》一折，内称“旧律强盗得财，不分首从皆斩。雍正年间分别‘法无可贷’‘情有可原’二项，以矫前明旧律之过严，昭盛世祥刑之至化。嗣以军兴盗炽，议将伙盗把风、接赃之犯，按照为首一律问拟，并有各省就地正法章程，原系辟以止辟之意，现军务既已救平，刑法宜从宽大。该部原奏称‘寻常盗劫之案，除起意为首，与拒捕各犯有犯杀伤，及未经伤人之伙盗，如曾转纠党羽入室、过船搜赃，或行劫已至二次，并执持火器、金刃在外把风，情形凶暴者，一经得财，均仍照定例、定章办理外，其止听嘱在外了望、接递财物，并未入室、过船搜赃，及实系被胁同行，尚非甘心为盗，或听纠止此一次，并无执持火器、金刃情凶势恶者，均系旧例情有可原之犯，应一并免死，减等发遣新疆，酌拨种地当差’，应准如所奏”等因。奉旨允准在案。查“被胁同行，尚非甘心为盗”，系指“在外了望者”而言，若业经入室、过船，即难并论。但此等人犯究有逼胁入内，并未随同搜劫者，倘概置之重辟，既无强暴之情，然竟减为发遣，又较“了望”为重。检查光绪三十一年〔1905〕江苏省周月虎及三十三年〔1907〕吉林省邢添海两案，均系逼胁进内，未经搜赃，经法部以“始终被逼勉从，议准将该犯等各照强盗本罪上量减监候”等因奏复，自应将“被胁同行，尚非甘心为盗”一项提入例末，改为“系在外者，仍照前拟，遣倘经入室、过船，讯未随同搜劫，应于强盗本罪上量减为斩绞监候”，以昭赅备。至所称“听纠止此一次”，与除笔内“行劫已至二次”，本属互文见义，第上文业已叙明，此句似可节去。再查强盗各项，新章均经编入例册，原奏“仍照定例、定章办理”，应酌改为“各照本律例定拟”。其“外遣”一层，此次改定例文，仅叙“新疆当差”字样，“酌拨种地”四字亦应节删，俾免参差，而资引用。理合陈明。

大清律例

6.18.266.(21)〔盗首无欲劫之家悉由引线指出〕

现行刑律

18.229.(18)〔盗首无欲劫之家悉由引线指出〕

一、强盗引线,除盗首先已立意欲劫某家,仅止听从引路者,仍照例以从盗论罪外,如首盗并无立意欲劫之家,其事主姓名、行劫道路,悉由引线指出,又经分得赃物者,虽未同行,即与盗首一体拟罪,不得以情有可原声请。

现行刑律案语

原例(略)

○仍旧

臣等谨按:此例应仍其旧,理合陈明。

大清律例

6.18.266.(1)〔强盗杀人放火行奸打劫狱库干系城衙并积至百人以上俱枭示〕(略)

现行刑律

18.229.(19)〔强盗未得财〕

一、凡强盗伤人未得财,首犯绞监候,为从发新疆当差;如未得财又未伤人,首犯发新疆当差,从犯流三千里。

现行刑律案语

○修改(略)

见6.18.266.(1)〔强盗杀人放火行奸打劫狱库干系城衙并积至百人以上俱枭示〕条

大清律例

6.18.266.(30)〔用药迷人取财〕

一、凡用药迷人已经得财之案,将起意为首,及下手用药迷人,并迷窃为从已至二次,及首先传授药方之犯,均照强盗律拟斩立决;其余为从者,俱改发新疆给官兵为奴。其有人已被迷,经他人救醒,虽未得财,将首先传授药方,转传贻害,

现行刑律

18.229.(20)〔用药迷人取财〕

一、凡用药迷人已经得财之案,将起意为首,及下手用药迷人,并迷窃为从已至二次,及首先传授药方之犯,均照强盗律拟绞立决;其余为从者,发新疆当差。其有人已被迷,经他人救醒,虽未得财,将造意为首,并首先传授药

及下手用药迷人之犯，均拟斩监候，入于秋审情实。若甫经学习，虽已合药，即行败露，或被迷之人，当时知觉，未经受累者，均发往伊犁等处为奴。倘到配之后，故智复萌，将药方传授与人，及复行迷窃，并脱逃者，请旨即行正法。其案内随行为从之犯，仍各减一等定拟。

方，转传贻害，及下手用药迷人之犯，均拟绞监候，入于秋审情实。若甫经学习，虽已合药，即行败露，或被迷之人，当时知觉，未经受累者，均发新疆当差。倘到配之后，故智复萌，将药方传授与人，及复行迷窃者，请旨即行正法。其案内随行为从之犯，仍各减一等定拟。

现行刑律案语

原例（略）

臣等谨按：此例首言用药迷人已经得财之罪，凡造意为首，下手用药，并为从已至二次，及传授药方之犯，均已逐一叙明。次言人已被迷未得财之罪，仅将传授药方及下手用药之犯，拟斩监候，而造意为首者，并未拟定罪名，显系遗漏，应于例内添入，以资援引。斩决、斩候照章改为绞决、绞候。发遣新疆给官兵为奴，与发伊犁等处为奴之犯，均应改为“发新疆当差”。再，遣犯脱逃被获正法，系指强盗免死减等者而言，若发遣是其本罪，自不在正法之列，嘉庆四年〔1799〕将新疆遣犯脱逃正法之例停止，而此例“脱逃”一语，漏未删除，殊涉参差，应将例末“并脱逃”三字删去。谨将修改例文，开列于后。

〇修改（略）

大清律例

6.18.266.(49)〔用药及邪术迷拐幼小子女〕

一、用药及一切邪术迷拐幼小子女，如人药并获，即比照用药迷人已经得财例，将起意为首，及下手用药迷人，并迷拐为从已至二次，及首先传授药方之犯，均照强盗律拟斩立决；其余为从，均发新疆给官兵为奴。其或药已丢弃，无从起获，必须供证确凿，实系迷拐有据，方照此例办理。若药未起获，又无确凿证据，仍照寻常诱拐例，分别知情、不知情科断。

现行刑律

18.229.(21)〔用药及邪术迷拐幼小子女〕

一、用药及一切邪术迷拐幼小子女，如人药并获，即比照用药迷人已经得财例，将起意为首，及下手用药迷人，并迷拐为从已至二次，及首先传授药方之犯，均照强盗律拟绞立决；其余为从，均发新疆当差。其或药已丢弃，无从起获，必须供证确凿，实系迷拐有据，方照此例办理。若药未起获，又无确凿证据，仍照寻常诱拐例，分别知情、不知情科断。

现行刑律案语

原例(略)

臣等谨按:此条系迷拐幼小子女之例。例内斩决照章改为绞决。发新疆为奴,应照现行办法,改为发新疆当差。谨将修改例文,开列于后。

○修改(略)

大清律例

6.18.266.(34)〔窃盗临时拒捕杀伤事主邻佑〕

一、窃盗临时盗所拒捕,护赃、护伙者皆是。及虽未得财,而未离盗所,逞凶拒捕,或虽离盗所,而临时护赃格斗,已离盗所护伙者,不在此例。杀人者,不论所杀系事主、邻佑,将为首者拟斩立决。为从帮殴,如刃伤,及他物、手足至折伤以上者,俱拟绞监候;伤非金刃,又非折伤者,发云贵两广极边烟瘴充军;拒捕未经帮殴成伤者,发极边足四千里充军。其伤人未死,如刃伤及折伤以上者,首犯拟斩监候,为从发近边充军;若伤非金刃,伤轻平复,首犯改发边远充军,如年在五十以上,发近边充军。拒捕未经成伤者,首犯发近边充军,为从各杖一百、徒三年。如被事主事后搜捕,起意拒捕者,仍依罪人拒捕本律,分别杀、伤科断。

现行刑律

18.229.(22)〔窃盗临时拒捕杀伤事主邻佑〕

一、窃盗临时盗所拒捕,护赃、护伙者皆是。及虽未得财,而未离盗所,逞凶拒捕,或虽离盗所,而临时护赃格斗,已离盗所护伙者,不在此例。杀人者,不论所杀系事主、邻佑,将为首者拟绞立决。为从帮殴,如刃伤,及他物、手足至折伤以上者,俱拟绞监候;伤非金刃,又非折伤者,发烟瘴地方安置;拒捕未经帮殴成伤者,发极边足四千里安置。其伤人未死,专指事主言。如非事主,依罪人拒捕条科断。如刃伤及折伤以上者,首犯拟绞监候,为从流三千里;若伤非金刃,伤轻平复,首犯流三千里,为从徒三年。其拒捕未经成伤,及被事主事后搜捕,起意拒捕者,仍依罪人拒捕本律,分别杀、伤科断。

大清律例

6.18.266.(33)〔窃犯弃财与未经得财逃走拒捕杀伤事主〕

一、窃盗弃财逃走,与未经得财逃走,被事主追逐拒捕,或伙贼携赃先遁,后逃之贼被追拒捕,及已经逃走,因见伙犯被获,帮护拒捕,因而杀人者,首犯俱拟斩监候。为从帮殴,如刃伤,及手

现行刑律

18.229.(23)〔窃盗弃财与未经得财逃走拒捕杀伤〕

一、窃盗弃财逃走,与未经得财逃走,被事主追逐拒捕,或伙贼携赃先遁,后逃之贼被追拒捕,及已经逃走,因见伙犯被获,帮护拒捕,因而杀人者,不论事主、邻佑,首犯俱拟绞监候。为从帮

足、他物至折伤以上者,俱拟绞监候;伤非金刃,又非折伤者,发附近充军;未经帮殴成伤者,杖一百、流三千里。其伤人未死,如刃伤及折伤以上者,首犯拟绞监候,从犯减等拟流。若伤非金刃,伤轻平复,并拒捕未经成伤者,及事后追捕,有拒捕杀伤者,仍各依罪人拒捕本律科断。如逃走并未弃财,仍以临时护赃格斗论。

殴,如刃伤,及手足、他物至折伤以上者,亦俱拟绞监候;伤非金刃,又非折伤,及未经帮殴成伤者,流三千里。其伤人未死,专指事主言。如非事主,依罪人拒捕条科断。如刃伤及折伤以上者,首犯拟绞监候,从犯减等拟流。若伤非金刃,伤轻平复,并拒捕未经成伤者,及事后追捕,有拒捕杀伤者,仍各依罪人拒捕本律科断。如逃走并未弃财,仍以临时护赃格斗论。

现行刑律案语

原例

6.18.266.(34)〔窃盗临时拒捕杀伤事主邻佑〕(略)

6.18.266.(33)〔窃犯弃财与未经得财逃走拒捕杀伤事主〕(略)

臣等谨按:以上二条,系雍正、乾隆年间定例,迭次修改。首条杀人不论事主、邻佑,均拟斩决;而后条止言杀人,并未指明是否事主、邻佑,以致引用多误。盖邻佑有帮捕之责,在临时杀死者,既不分事主、邻佑,则非临时杀死者,亦应将“邻佑”添入,庶无参差之弊。惟伤人未死,按照罪人拒捕条,仍分别事主、邻佑,应于例内添注明晰,以免误会。斩决、斩候,应照章分别改为绞决、绞候。附近、近边充军,若照章改为流二千里、二千五百里,未免首从轻重失宜,均应酌改为流三千里。其拒捕未经成伤者后条,系依罪人拒捕,本律科断前条,似应改归一律。“年在五十以上”一层,并“徒、流附杖”,均应节删。谨将修改例文,开列于后。

〇修改

18.229.(22)〔窃盗临时拒捕杀伤事主邻佑〕(略)

18.229.(23)〔窃盗弃财与未经得财逃走拒捕杀伤〕(略)

大清律例

6.18.266.(32)〔刃伤事主应绞窃犯闻拿畏惧送还原赃〕

现行刑律

18.229.(24)〔刃伤事主应绞窃犯闻拿畏惧送还原赃〕

一、窃盗拒捕,刃伤事主,罪应拟绞之犯,如闻拿畏惧,将原赃送还事主,确有证据者,准其照闻拿投首例,量减拟流。若止系一面之词,别无证据,仍依例拟绞监候,秋审时入于缓决。

现行刑律案语

○仍旧(略)

见6.18.266.(4)〔事主报盗止许到官听审一次认赃一次〕条

大清律例

6.18.266.(24)〔因窃盗强奸妇女〕

一、因窃盗而强奸人妇女,凡已成者,拟斩立决;同谋未经同奸,及奸而未成者,皆绞监候。共盗之人不知奸情者,审确止依窃盗论。

现行刑律

18.229.(25)〔因窃盗强奸妇女〕

一、因窃盗而强奸人妇女,凡已成者,拟绞立决;同谋未经同奸,及奸而未成者,皆绞监候。共盗之人不知奸情者,审确止依窃盗论。

现行刑律案语

原例(略)

臣等谨按:此条系嘉庆四年〔1799〕定例。例内斩决应照章改为绞决。谨将修改例文,开列于后。

○修改(略)

大清律例

6.18.266.(23)〔御驾驻跸及巡幸之处匪徒偷窃附近仓廒〕

一、恭遇御驾驻跸圆明园及巡幸之处,若有匪徒偷窃附近仓廒官廨,拒伤官弁兵丁者,如相距宫墙在一里以内,刃伤及折伤以上之首犯斩立决,为从发伊犁给官兵为奴;伤非金刃、伤轻平复之首犯发伊犁给官兵为奴,为从杖一百、流三千里。如在一里以外、三里以内,刃伤及折伤以上之首犯绞立决,为从杖一百、流三千里;伤非金刃、伤轻平复之首犯杖一百、流三千里,为从杖一百、徒三年。其行窃之罪,有重于流、徒者,各于本例上加拒捕罪二等。若拒捕杀死官弁兵丁者,无论一里、三里以内,

现行刑律

18.229.(26)〔御驾驻跸及巡幸之处匪徒偷窃附近仓廒官廨拒伤兵弁〕

一、恭遇御驾驻跸圆明园、颐和园及巡幸之处,若有匪徒偷窃附近仓廒官廨,拒伤官弁兵丁者,如相距宫墙在三里以内,系刃伤,为首者拟绞监候,入于秋审情实;帮殴者,俱拟绞监候;未帮殴者,发极边足四千里安置。伤非金刃,伤轻平复,为首者发烟瘴地方安置。未伤人,为首者发极边足四千里安置,为从者各流三千里。若拒捕杀死官弁兵丁者,首犯绞立决;为从帮殴者,拟绞监候;未帮殴者,发烟瘴地方安置。如值御驾不驻跸之日,仍照本例行。其在紫禁城内行窃该班官员人等财物,有拒捕

首犯斩决、枭示。为从帮殴,如刃伤及折伤者,绞立决;伤非金刃又非折伤者,绞监候;未经帮殴者,发伊犁给官兵为奴。如值御驾不驻跸之日,仍照本例行。

杀伤人者,亦照此办理。

现行刑律案语

原例(略)

臣等谨按:此条系嘉庆年间定例,因御驾驻跸而加严,例首应将"颐和园"增入。例内各项罪名,系随时编辑,与律意未尽符合,自应重加修改。按窃盗拒捕伤人,问拟绞候,罪已至死,本无轻纵之虞,即因附近仓廒官廨而加重,似可将金刃伤人为首者,问拟绞候,入于秋审情实;帮殴者,俱拟绞候;未帮殴者,发极边足四千里安置。伤非金刃,伤轻平复,为首者发烟瘴地方安置;未伤人,为首者发极边足四千里安置;为从者,各流三千里。庶差等既分,亦无畸轻畸重之弊。并将例内"一里内外"一层删去,统改为"三里以内",以省繁琐。至杀人之案,首犯即照窃盗拒捕杀人本例,问拟绞决,亦足蔽辜;为从,帮殴者俱拟绞监候,未帮殴者发烟瘴地方安置。如此分别改定,庶例与律仍一线相因。再"盗内府财物"门"行窃紫禁城内该班官员人等财物"条内,亦有拒捕杀伤拟罪之法,但情事既与此条相类,则科罪未便两歧,此次修例,已将"彼例拒捕"等语删去,应于此例内载明,有犯即照此办理,以昭画一。谨将修改例文,开列于后。

○修改(略)

大清律例

6.18.266.(17)〔强盗案内知而不首或强逼为盗临时逃避劫后分与赃物〕

一、强盗案内,有知而不首,或强逼为盗,临时逃避,行劫后分与赃物以塞其口,与知强盗后而分所盗之赃数在一百两以下者,俱照共谋为盗临时畏惧不行事后分赃例减一等,杖一百、徒三年。如所分赃至一百两以上,按准窃盗为从律递加一等定拟;一百二十两以上,仍照例发近边充军。

现行刑律

18.229.(27)〔强逼为盗临时逃避劫后分赃及知强盗后分赃〕

一、强逼为盗,临时逃避,行劫后分与赃物以塞其口,与知强盗后而分所盗之赃数在一百两以下者,俱照共谋为盗临时畏惧不行事后分赃例减一等,徒二年半。如所分赃至一百两以上,按准窃盗为从律递加一等定拟,罪止流三千里。

现行刑律案语

原例(略)

臣等谨按:此条系乾隆年间定例,同治九年〔1870〕改定。首句"知而不首",似指事后分赃而言,若不分赃,未便即科满徒,且下文既有"知盗后分赃"一层,此句似应删去。例末赃至一百两以上,既云准窃盗为从律定拟,而一百二十两以上又发近边,亦与罪止满流之律意不符,应改为"加一等定拟,罪止流三千里"。徒罪附杖,应节删。再查"畏惧不行事后分赃"之例,现拟规复旧制,改为满徒,业于"共谋为盗"门声明在案,此处既照彼例减一等,应改为"徒二年半"。谨将修改例文,开列于后。

〇修改(略)

大清律例

6.18.266.(25)〔十五岁以下盗犯审系诱胁随行上盗〕

现行刑律

18.229.(28)〔十五岁以下盗犯审系诱胁随行上盗〕

一、凡情有可原之伙盗内,如果年止十五岁以下,审明实系被人诱胁,随行上盗者,无论分赃与不分赃,俱问拟满流,不准收赎。

现行刑律案语

〇仍旧(略)

见6.18.266.(4)〔事主报盗止许到官听审一次认赃一次〕条

大清律例

6.18.266.(9)〔盗犯捕获他盗及同犯解官投首〕

一、强盗首、伙各犯,于事未发觉,及五日以内,果能悔罪捕获他盗及同伴,解官投首者,系伤人盗犯,于遣罪上减一等,拟杖一百、徒三年;未伤人盗犯,照律免罪。若在五日以外,或闻拿将他盗及同伴捕获,解官投首者,系伤人盗犯,于斩罪上减一等,杖一百、流三千里;未伤人盗犯,杖一百、徒三年。至

现行刑律

18.229.(29)〔盗犯捕获他盗及同犯解官投首〕

一、强盗首、伙各犯,于事未发觉,及五日以内,果能悔罪捕获他盗及同伴,解官投首者,系伤人盗犯,于遣罪上减一等,拟徒三年;未伤人盗犯,照律免罪。若在五日以外,或闻拿将他盗及同伴捕获,解官投首者,系伤人盗犯,于死罪上减一等,流三千里;未伤人盗犯,徒三年。

拿获盗犯之眼线，如曾为伙盗，悔罪将同伴指获，致被供出者，如在五日以外，照伤人首盗闻拿投首例拟斩监候。若犯事之后，五日以内，指获同伴，旋被供出获案，审明同伙，确有实据者，照强盗免死减等例，发遣新疆给官兵为奴。若并无同伙确据，审系盗犯挟恨诬扳，即予免究。

现行刑律案语

原例（略）

臣等谨按：此条前半言，强盗首伙捕获同伴投首减罪之法，应仍其旧；徒罪附杖，照章节删。后半言，拿获眼线将同伴指获减罪之法，光绪五年〔1879〕另有改定章程，应续纂为例，以资引用。此例"拿获眼线"等语，应即节删。谨将修改例文，开列于后。

〇修改（略）

现行刑律

18.229.(30)〔被获盗犯供获首伙各盗〕

一、伙盗被获，供出首盗逃所，于四个月限内拿获，系旧例法无可贷之犯，减为绞监候，入于秋审缓决；系旧例情有可原之犯，减为流三千里。其伙盗能将全案首、伙供出，于限内尽行指获，系法无可贷者，减为流三千里；情有可原者，减为徒三年。如供获伙盗在一半以上，并首盗能将全案伙犯供出，于限内指获，均减为绞监候，秋审核其情节，分别实、缓。若伙盗供获伙盗不及一半，及首盗供获伙盗虽在一半以上并拿获，已逾四个月限外者，俱照律定拟，不准轻减。以上各犯，均须到案后当堂供出，按名指获，方准以供获论。如私向捕役告知指拿到官，不得以供获论。

现行刑律案语

〇续纂（略）

臣等谨按：光绪十四年〔1788〕七月内刑部奏《变通盗案供获首伙章程》一折，钦奉谕旨允准。应纂为定例，以便遵行。惟查情有可原之犯，现经会议政务处奏准，应一并免死，减等发遣等因。所有原奏内"减发新疆"一层，似应酌减满流，以昭平允。绞候原系斩候，徒、流原有附杖，均应照章删改。理合陈明。

大清律例	现行刑律
6.18.266.(10)〔投首之贼扳害平人〕 一、凡投首之贼,借追赃名色,将平人捏称同伙,或挟仇扳害,或索诈财物,不分首从、得财与未得财,皆斩立决。	18.229.(31)〔投首之贼攀害平人〕 一、凡投首之贼,借追赃名色,将平人捏称同伙,或挟仇攀害,或索诈财物,不分首从、得财与未得财,皆绞立决。

现行刑律案语

原例(略)

臣等谨按:此条系康熙年间《现行例》。例内斩决照章应改绞决。谨将修改例文,开列于后。

○修改(略)

现行刑律

18.229.(32)〔曾犯盗案之盗犯眼线指获同伴〕

一、拿获盗犯之眼线,曾犯盗案,悔罪将同伴指获,致被供出,无论首、伙,如在五日外一月以内,照强盗免死例,发新疆当差;若在五日以内,减为流三千里。倘原伙较多,能获三名以上者,准其再减一等。

现行刑律案语

○续纂(略)

臣等谨按:光绪五年〔1879〕五月内刑部奏《请修复伙盗供获首盗旧例》折,内称"新纂条例,拿获盗犯之眼线,如曾为伙盗,悔罪将同伴指获,致被供出者,如在五日以外,拟斩监候;五日以内,发新疆为奴等语。此等眼线既有悔罪之心,又有捕贼之效,若仍照例拟以斩候、发遣,则与伙盗被获供出首盗者,无所区别,拟请将拿获盗犯之眼线曾犯盗案悔罪,将同伴指获致被供出者,无论首伙,如在五日外、一月以内,照强盗免死例,发遣新疆给官兵为奴;若在五日以内,于斩罪上减一等,拟以杖一百、流三千里。倘原伙较多,果能获犯三名以上者,准其再减一等"等因。其奏,奉旨:"依议。钦此。"自应纂入例册,以资引用。并将"给官兵为奴"一项,改为"发新疆当差"。流罪附杖照章删去。理合陈明。

大清律例	现行刑律
6.18.266.(6)〔洋盗案内被胁为匪服役者等投首及治罪收赎〕 一、洋盗案内,被胁在船,为匪服	18.229.(33)〔洋盗案内被胁为匪服役者等投首及治罪收赎〕 一、洋盗案内,被胁在船,为匪服役,

役，如摇橹、写帐等项，均以服役论。或事后被诱上船，及被胁鸡奸，并未随行上盗者，自行投首，照律免罪；如被拿获，均杖一百、徒三年。年未及岁，仍照律收赎。如已经在盗所，自行逃回，欲行投首，尚未到官，即被拿获，仍同自首免罪。若已经到家，并不到官呈首，旋被拿获，不得同自首论。

如摇橹、写帐等项，均以服役论。或事后被诱上船，并未随行上盗者，自行投首，照律免罪；如被拿获，均徒三年。年未及岁，仍照律收赎。如已经在盗所，自行逃回，欲行投首，尚未到官，即被拿获，仍同自首免罪。若已经到家，并不到官呈首，旋被拿获，不得同自首论。

现行刑律案语

原例（略）

臣等谨按：此条应仍其旧。惟徒罪附杖，应照章节删。谨将修改例文，开列于后。

○修改

一、洋盗案内，被胁在船，为匪服役，如摇橹、写帐等项，均以服役论。或事后被诱上船，及被胁鸡奸，并未随行上盗者，自行投首，照律免罪；如被拿获，均徒三年。年未及岁，仍照律收赎。如已经在盗所，自行逃回，欲行投首，尚未到官，即被拿获，仍同自首免罪。若已经到家，并不到官呈首，旋被拿获，不得同自首论。

核订现行刑律

原修改例文（略）

谨按：被胁鸡奸与被胁服役不同，未便一体科罪，例内“被胁鸡奸”四字，拟请节删。谨将修改例文，开列于后。

○修改（略）

大清律例

6.18.266.(19)〔强盗同居父兄伯叔与弟知情分赃及得财不知情〕

一、强盗同居父兄、伯叔与弟，其有知情而又分赃者，如强盗问拟斩决，减一等，杖一百、流三千里；如问拟发遣，亦减一等，杖一百、徒三年。其虽经得财，而实系不知情者，照本犯之罪减二等发落。父兄不能禁约子弟为盗者，杖一百。

现行刑律

18.229.(34)〔强盗同居父兄伯叔知情分赃及得财不知情〕

一、强盗同居父兄、伯叔，知情而又分赃者，减本犯罪一等。虽经得财，而实系不知情者，减二等。

现行刑律案语

原例（略）

臣等谨按:此条系雍正年间定例。例末"父兄不能禁约子弟为盗"一层,业经奏明停止,应与流、徒附杖,一并节删。至强盗罪名,律例内有已改绞决者,应即增入。谨将修改例文,开列于后。

〇修改

一、强盗同居父兄、伯叔与弟,其有知情而又分赃者,如强盗问拟斩、绞立决,减一等,流三千里;如问拟发遣,亦减一等,徒三年。其虽经得财,而实系不知情者,照本犯之罪减二等发落。

核订现行刑律

〇修改(略)

见6.18.266.(28)〔封记审实盗犯家产候奏结变赔〕条

大清律例

6.18.266.(15)〔强盗行劫邻佑知而不协拿〕

一、强盗行劫,邻佑知而不协拿者,杖八十。如邻佑,或常人,或事主家人,拿获强盗一名者,官给赏银二十两,多者照数给赏。受伤者移送兵部验明等第,照另户及家仆军伤例,将无主马匹等物变价给赏;其在外者,以各州县审结无主赃物变给。如营汛防守官兵捕贼受伤者,照绿旗阵伤例,分别给赏;若被伤身亡者,亦照绿旗阵亡例,分别给与身价银两。

现行刑律

18.229.(35)〔强盗行劫邻佑知而不协拿及邻佑官兵人等获盗被伤给赏〕

一、强盗行劫,邻佑知而不协拿者,处八等罚。如邻佑,或常人,或事主家人,拿获强盗一名者,官给赏银二十两,多者照数给赏。受伤者,分别轻重,由地方官于闲杂款项内酌量给赏。如营汛防守官兵捕贼受伤或被伤身亡者,俱照绿营阵伤阵亡例,分别赏恤。

现行刑律案语

〇修改(略)

见6.18.266.(14)〔强盗窃犯审明伙盗赃数或行窃次数并确认赃物,即分别定拟〕条

核订现行刑律

6.18.266.(15)〔强盗行劫邻佑知而不协拿〕原修改例文(略)

谨按:此条旧例本定于康熙年间,为奖励邻佑捕盗而设,所称另户及家仆军伤之例,自系国初定制,嘉庆年间续定。奴仆随征受伤分等给赏之法,已与旧日银数不符;且以守望相助之邻佑,比照随同打仗之家奴,于义未为允洽。"移送陆军部"一层,亦近周折,拟改为"分别受伤轻重,由地方官酌量给赏",至给赏之款,必取给于无

主之物，未免窒碍，拟改为“于闲杂款项下支给”，俾有实际。谨将修改例文，开列于后。

〇修改（略）

条例·移改

大清律例	现行刑律
6.18.266.(18)〔审题盗窃等案一犯应拟斩绞两案罪名相同者〕 一、凡审题盗、窃等案，如另案内尚有别犯，应拟斩、绞重罪者，仍照例分案具题外，如止一犯应拟斩绞，两案罪名相同，例应从一科断者，归于一案内，声叙明晰具题，其另案即咨部完结。如有余犯问拟军、流等罪者，亦随咨案办结。	*公式·事应奏不奏 3.53.(3)〔例应从一科断命盗等案归一具奏〕（略）

现行刑律案语

原例（略）

臣等谨按：此例为分别题咨而设。惟例首专言盗窃等案，而于人命案件，并未赅括，似应将例首一语改为“命盗等案”，以作通例。此项“题”本应照章改“奏”，“充军”字样改为“安置”。例内并无科罪之处，似应移入“事应奏不奏”门，庶律例各归一类。谨将移改例文，开列于后。

〇移改

公式·事应奏不奏

3.53.(3)〔例应从一科断命盗等案归一具奏〕（略）

大清律例	现行刑律
6.18.266.(29)〔现获强窃盗赃不足原失将盗犯家产变赔〕 一、强、窃盗贼现获之赃，各令事主认领外，如强、盗赃不足原失之数，将无主赃物赔补，余剩者入官。如仍不足，将盗犯家产变价赔偿。若诸色人典当、	*名例·给没赃物 1.18.(12)〔现获强窃盗赃不足原失将盗犯家产变赔〕（略）

收买盗赃及窃赃,不知情者勿论,止追原赃,其价于犯人名下追征给主。

现行刑律案语

原例(略)

臣等谨按:此条系强窃盗追赃之例,应剔入“给没赃物”门,以归一类。谨将移改例文,开列于后。

〇移改

名例·给没赃物

1.18.(12)〔现获强窃盗赃不足原失将盗犯家产变赔〕(略)

大清律例

6.18.266.(31)〔强盗自首〕

一、凡强盗,除杀死人命、奸人妻女、烧人房屋,罪犯深重,及殴事主至折伤以上,首、伙各犯,俱不准自首,其伤人首、伙各盗,伤轻平复,如事未发而自首,及强盗行劫数家,止首一家者,均发遣新疆给官兵为奴;系闻拿投首者,拟斩监候。未伤人之首、伙各盗,及窝家、盗线,事未发而自首者,杖一百、流三千里;闻拿投首者,实发云贵两广极边烟瘴充军,面刺“改遣”二字。以上各犯,如将所得之赃悉数投报,及到官后追赔给主者,方准以自首论。若赃未投报,亦未追赔给主,不得以自首论。遇有脱逃被获,新疆遣犯及实发云贵两广人犯,均照例即行正法,流犯仍加等调发。至放火烧人空房及田场积聚等物之强盗自首,依放火故烧本律拟流。若计所烧之物重于本罪者,发近边充军。

现行刑律

*名例·犯罪自首

1.19.(7)〔强盗自首追赔〕(略)

现行刑律案语

原例(略)

臣等谨按:此系前明《问刑条例》,国朝迭次修改。以强盗罪重,若照《名例》自首得免,所因未免轻纵,故虽准其自首,究较别项自首办理稍严。惟"放火、烧人、空房等物,自首依放火故烧本律,拟流"一层,似与定例本旨微有参差。况"放火"律止云"计物赔偿,并不计所烧之物科罪,亦不以被烧之物为赃",而此例忽云"计所烧之物重于本罪者,发近边充军",尤为歧异,似应将例末"放火烧人空房"数语,一并节删。斩候照章改为绞候。发新疆为奴之犯,若依《名例》改发烟瘴,似嫌轻纵,应改为新疆当差。刺字及流罪附杖,均应节删。例末遣犯脱逃正法,及流犯加等调发,业于"徒流人逃"门内,声请删除,并于《名例》内纂有"流遣各犯脱逃,改为监禁专例,自可援引",此数语亦应节去。再此例专为强盗自首而设,似应移入"犯罪自首"门内,俾归一类。谨将移改例文,开列于后。

〇移改

名例 · 犯罪自首

1.19.(7)〔强盗自首追赔〕(略)

条例 · 删除

大清律例

6.18.266.(3)〔老瓜贼用药迷人及在路杀害同行〕

一、强盗内有老瓜贼,或在客店内,用闷香、药面等物迷人取财,或五更早起,在路将同行客人杀害。此种凶徒,拿获之日,务必究缉同伙,并研审有无别处行劫犯案,不得将该犯解往他处,于被获处监禁。俟关会行劫各案确实口供到日,审明具题,即于监禁处照强盗得财律,不分首从皆斩。仍知照原行劫之处张挂告示,谕众知之。

6.18.266.(27)〔老瓜贼内传授技艺在家分赃者〕

一、老瓜贼内,传授技艺,在家分赃者,照强盗窝主造意身虽不行但分赃律,拟斩立决。其跟随学习之人,虽未同行,俱发遣新疆给官兵为奴。如无学习确证,仅止与贼往来熟识,照知情不首律杖一百。

现行刑律案语

〇删除

6.18.266.(3)〔老瓜贼用药迷人及在路杀害同行〕(略)

6.18.266.(27)〔老瓜贼内传授技艺在家分赃者〕(略)

臣等谨按:老爪贼谋财害命,情同强盗,其造意不行,亦与强盗窝主无异。康熙

年间此风甚炽,是以特立专条。近日并无此等案件,即使有犯,亦可照强盗杀人及谋杀人因而得财各本律定拟。此二例拟即删除。

大清律例

6.18.266.(7)〔粤东行劫伙众四十人以上或不及四十人而有别项重情〕

一、粤东内河盗劫,除寻常行劫仅止一二次,伙众不及四十人,并无拜会及别项重情,仍照例具题外,如行劫伙众四十人以上,或不及四十人,而有拜会结盟,拒伤事主,夺犯伤差,假冒职官,或行劫三次以上,或脱逃二三年后就获各犯,应斩决者,均加枭示,恭请王命,先行正法。

现行刑律案语

○删除

原例(略)

臣等谨按:此例专为强盗应斩决者,加拟枭示,先请正法而设。惟新章已免枭示,即就地正法各省亦有章程,究系一时一地权变之法,似毋庸为粤东内河特立专例,拟即删除。

大清律例

6.18.266.(20)〔爬越入城行劫〕

一、爬越入城行劫,罪应斩决者,加以枭示。失察越城之官员、兵丁,分别参处、责革。

删除律例

○删除

大清律例

6.18.266.(22)〔旗人有犯盗劫〕

一、满州旗人有犯盗劫之案,俱照强盗本律定拟,不得以情有可原声请。

满汉通行刑律

○删除

谨按:此条系旗人犯盗劫之例。近来盗案不分首从,一律拟斩,旗、民并无异致,似应删除。

大清律例

6.18.266.(26)〔盗案免死为奴遣犯不服管束及欺凌平人〕

一、强盗案内免死减等发遣为奴之犯,如果在配安分敛迹,或伊主图占其妻女,或平人有意欺凌,将本犯致毙者,将伊主及平人照例治罪。如该犯怙恶不悛,或不服伊主管束,或无故欺凌平人,经伊主及平人殴打毙命,将伊主免其治罪,平人照本罪减一等定拟。

现行刑律案语

〇删除

原例(略)

臣等谨按:此条系强盗免死减等遣犯被伊主及平人致毙之例,惟《名例》发遣新疆、黑龙江等处人犯,均应改发内地,与从前情形迥不相同,此例几同虚设,拟即删除。

大清律例

6.18.266.(36)〔行劫漕船〕

一、凡行劫漕船盗犯,审系法无可贷者,斩决、枭示。

删除律例

〇删除

大清律例

6.18.266.(37)〔情有可原发遣盗犯脱逃者〕

一、凡强盗案内,情有可原发遣之犯,如脱逃例应正法者,定案时,均声明"免死减等"字样。

现行刑律案语

〇删除

原例(略)

臣等谨按:奏定新章,情有可原遣犯,业声明免死减等字样,似可无庸复叙。且脱逃正法之例,现已改为监禁,此条无关引用,应即删除。

大清律例

6.18.266.(38)〔洋盗案内接赃瞭望之犯〕

一、洋盗案内接赃、瞭望之犯,照首盗一例斩枭,不得以被胁及情有可原声请。如投回自首,照强盗自首例分别定拟。此外实在情有可原,如十五岁以下,被人诱胁随行上盗,仍照本例问拟。

删除律例

○删除

大清律例

6.18.266.(40)〔纠伙行劫明知官帑〕

一、盗犯明知官帑,纠伙行劫,但经得财,将起意为首,及随同上盗者,拟斩立决、枭示。其在外瞭望、接赃,并未上盗之犯,俱拟斩监候,秋审入于情实。若不知系属官帑,仍以寻常盗案论。

删除律例

○删除

大清律例

6.18.266.(42)〔粮船水手行劫抢夺故斗杀人拒捕〕

一、粮船水手行劫杀人,不分人数多寡,曾否得财,俱拟斩立决、枭示,恭请王命,先行正法。其抢夺案内下手杀人之犯,亦照行劫杀人例正法、枭示。为从帮殴,如刃伤,及手足、他物至折伤以上者,俱拟绞立决;伤非金刃,又非折伤者,拟绞监候;未经帮殴成伤者,发新疆给官兵为奴。其寻常挟仇谋、故杀者,均拟斩立决。若审无谋、故重情,但经聚众互殴,即照广东等省械斗仇杀例一体惩办。其藏有火枪、抬枪者,虽未点放伤人,亦发新疆给官兵为奴。以上各犯,被获时有恃众持械拒捕伤人者,除原犯斩枭,罪无可加外,罪应斩决者,均加拟枭示,恭请王命,先行正法;罪应绞决者,改为斩决;应绞候者,改为绞决;应发遣者,改为绞候。若拒捕杀人为首,无论罪名轻重,均拟斩立决、枭示,恭请王命,先行正法;为从帮同拒捕之犯,即照拒捕伤人,一例科断。至粮船经过地方,游帮匪徒,有抢劫杀人,及被获时拒捕杀伤人者,均照粮船水手抢劫拒捕例办理。其执持凶器,未经滋事者,即照执持凶器未伤人杖一百例上加一等,杖六十、徒一年。仍责成该管粮道、总运官,督率运弁,日夜稽查,于泊船时依地方保甲之法,逐船按册点验。其有并无腰牌者,立即会同地方营汛拿获,审明分

别惩办。旗丁、头舵，如遇有形迹可疑之人，容隐不报者，一并治罪。该帮弁意存玩纵，从严参处。

删除律例

○删除

大清律例

6.18.266.(43)〔山东省结捻结幅强劫得赃及执持军器聚众抢夺得赃不得赃〕

一、山东省拿获匪犯，审有执持器械、结捻、结幅情事，如系强劫得赃者，仍照强盗本律问拟，将案内法无可贷，罪应斩决之首从各犯，加拟枭示；行劫未得财者，仍照定例科断。若执持军器，聚众抢夺得赃，不论赃数多寡，数至四十人以上，为首照强盗律拟斩立决，为从拟绞监候，被胁同行者发遣新疆给官兵为奴；四十人以下、十人以上，为首拟斩立决，为从发新疆给官兵为奴；五人以上，首犯亦照前拟遣，为从各犯俱实发云贵两广极边烟瘴充军。计赃逾贯，及另有拽刀等项名目者，各照本律例从其重者论。其执有军器，聚众抢夺，未经得财，如聚众在四十人以下，及十人以上，即比照强盗未得财例，首犯发新疆给官兵为奴，从犯杖一百、流三千里；五人以上，首犯拟杖一百、流三千里，从犯杖一百、徒三年。其案内造意之捻首、幅首，身虽不行，但经伙犯抢夺，即按人数多寡，照为首例问拟。如抢劫未经结捻、结幅，并聚众未及五人，尚未滋事者，仍各照本律本例问拟。若问拟遣、军人犯，脱逃回籍，复行入捻、入幅抢夺，或向原拿兵役，寻衅报复，除实犯死罪外，余俱拟绞监候。俟数年后此风稍息，奏明仍照旧例办理。

删除律例

○删除

大清律例

6.18.266.(44)〔广东广西二省行劫后复将事主等捉回勒赎〕

一、广东、广西二省强劫盗犯，如有行劫后，因赃不满欲，复将事主人等捉回勒赎者，无论所纠人数多寡，及行劫次数，为首之犯，拟斩立决、枭示，恭请王命，先行正法。其案内从犯，仍按强盗本律科断。

现行刑律案语

○删除

原例(略)

臣等谨按:此条系道光年间定例。因强盗而兼捉人勒赎,故从重加枭。现在新章捉人勒赎情重之案,已照强盗问拟枭示,已奏准废除。此例无关引用,拟即删除。

大清律例

6.18.266.(45)〔盗劫之案把风接赃等犯虽未分赃〕

一、盗劫之案,依强盗已行但得财者不分首从,皆斩律,俱拟斩立决。把风、接赃等犯,虽未分赃,亦系同恶相济,照为首一律问拟,不得以情有可原,量为末减。倘地方官另设名目,曲意开脱,照讳盗例参处。

现行刑律案语

○删除

原例(略)

臣等谨按:此条系同治九年〔1870〕定例,原为严惩盗犯而设。惟把风、接赃系属旧例情有可原之犯,业于宣统元年〔1909〕四月内经会议政务处奏准,仍应一并免死,减等发遣等因,自应于本门别纂为例,以资引用。此例应即删除。

大清律例

6.18.266.(46)〔京城大宛并五城所属地方盗犯斩决枭示〕

一、京城大、宛两县,并五城所属地方,盗劫之案,一经审实,照律斩决,仍加枭示,于犯事地方,悬竿示众,以昭炯戒。俟数年后盗风稍息,奏明仍复旧例办理。

现行刑律案语

○删除

原例(略)

臣等谨按:此条系咸丰二年〔1852〕定例,本为惩创一时而设,故例末声明"俟数年后盗风稍息,奏明仍复旧例办理"。现在处决重囚采各国密行之法,另设场所,已与此例用意不同,况设立巡警,盗案已较从前为少,自应规复旧制,以昭画一。此条拟即删除。

大清律例

6.18.266.(47)〔京城盗犯持火执械威吓掷打虽未得财伤人〕

一、京城盗案,除徒手行强,当被拿获,既未得财,又未伤人者,仍照旧例办理外,如有持火执械,入室威吓,掷物打人重情,虽未得财伤人,凶恶情形,业经昭著,即将为首之犯拟绞监候,为从发云贵两广极边烟瘴充军。俟数年后盗风稍息,奏明仍复

旧例办理。

现行刑律案语

〇删除

原例(略)

臣等谨按：此条系咸丰二年〔1852〕定例，因所犯在京城地面，故治罪加严。惟强盗未得财又未伤人，本无死罪，此独从重拟绞，殊未平允。例末既声明数年后仍复旧例，且近来亦未见有此等案件，此条拟即删除。

大清律例

6.18.266.(48)〔川省差役扫通案内掳掠人牲盗财烧屋拒捕杀伤人及教贼诬扳〕

一、川省差役，借传证、起赃等事扫通之案，无论有无牌票，但经聚众执持军火器械，直入人家，掳掠牲畜、资财，将为首及帮同动手之犯，均照捕役为盗例拟斩立决。如有掳掠人口，烧毁房屋，并拒捕，及杀伤人情事，加以枭示。其择肥而噬，教贼诬扳，因而扫通者，身虽不行，仍以为首论，拟斩立决，加以枭示；同行未经动手者，无论事后曾否分赃，均拟斩监候，秋审入于情实。兵丁有犯，照差役一律拟断。

删除律例

〇删除

6.18.267劫囚 / 18.230劫囚

律文 · 修改

大清律例

6.18.267.1 凡劫囚者，皆不分首、从。斩。监候。坐，不但劫即须得囚。若私窃放囚人逃走者，与囚同罪，至死者减一等。虽有服亲属，与常人同。窃而未得囚者，减囚二等。因而伤人者，绞；监候。杀人者，斩。监候。虽杀伤被窃之囚，亦坐前罪。不问得囚与未得囚。为从各减一等。承窃囚与窃而未得二项。若官司差人追征钱粮、勾摄公事，及捕获罪人，聚众中途打夺者，首杖一百、流三千里；因而伤差人者，绞；监候。

现行刑律

18.230.0 凡劫囚者，皆不分首、从。绞。监候。坐，不但劫即须得囚。若私窃放囚人逃走者，与囚同罪，至死者减一等。虽有服亲属，与常人同。窃而未得囚者，减囚二等。因而伤人者，绞；监候。杀人者，亦绞。监候。虽杀伤被窃之囚，亦坐前罪。不问得囚与未得囚。为从各减一等。承窃囚与窃而未得二项。若官司差人追征钱粮、勾摄公事，及捕获罪人，聚众中途打夺者，首杖三千里；因而伤差人者，绞；监候。杀人及聚

杀人及聚至十人，九人而下，止依前聚众科断。为首者斩，监候。下手致命者绞；监候。为从各减一等。其率领家人随从打夺者，止坐尊长。若家人亦曾伤人者，仍以凡人首、从论。家长坐斩，为从坐流。不言杀人者，举轻以赅重也。○其不于中途而在家打夺者，若打夺之人，原非所勾捕之人，依威力于私家拷打律，主使人殴者，依主使律；若原系所勾捕之人，自行殴打，在有罪者依罪人拒捕律，无罪者依拒殴追摄人律。

至十人，九人而下，止依前聚众科断。为首及下手致命者，俱绞；监候。为从各减一等。其率领家人随从打夺者，止坐尊长。若家人亦曾伤人者，仍以凡人首、从论。家长坐绞，为从坐流。不言杀人者，举轻以赅重也。○其不于中途而在家打夺者，若打夺之人，原非所勾捕之人，依威力于私家拷打律，主使人殴者，依主使律；若原系所勾捕之人，自行殴罪者依拒殴追摄人律。在有罪人者依罪人拒捕律，无

现行刑律案语

原律(略)

臣等谨按：此仍《明律》。斩候照章应改绞候，流罪附杖并应节删。谨将修改律文，开列于后。

○修改(略)

条例·修改

大清律例

6.18.267.(1)〔纠众劫囚杀伤官弁役卒〕

一、纠众行劫在狱罪囚，如有持械拒杀官弁者，将为首及为从杀官之犯，依谋反大逆律凌迟处死，亲属缘坐；下手帮殴有伤之人，拟斩、枭示；随同余犯，俱拟斩立决。若拒伤官弁，及杀死役卒者，为首并预谋助殴之伙犯，俱拟斩立决、枭示。其止伤役卒者，将为首及帮殴有伤之伙犯，俱拟斩立决；随同助势，虽未伤人，亦拟斩候，秋审时入于情实。若并未伤人，将起意劫狱之首犯拟斩立决；为从者俱拟斩监候，秋审时入于情实。

现行刑律

18.230.(1)〔纠众劫囚持械杀伤官弁役卒〕

一、纠众行劫在狱罪囚，如有持械拒杀官弁者，将为首及为从杀官并下手帮殴有伤之犯，均比照谋反、大逆律拟斩立决；随同余犯，俱拟绞立决。若拒伤官弁，及杀死役卒者，为首并预谋助殴之伙犯，俱拟斩立决；其止伤役卒者，将为首及帮殴有伤之伙犯俱拟绞立决；随同助势，虽未伤人，亦拟绞监候，秋审时入于情实。若并未伤人，将起意劫狱之首犯拟绞立决；为从者俱拟绞监候，秋审时入于情实。

现行刑律案语

原例(略)

臣等谨按：此条系雍正七年〔1729〕定例，乾隆三十五年〔1770〕将首从各犯改为比照谋反大逆律定拟，遂添入妻子缘坐一层。嘉庆六年〔1801〕修例时，因刑部先经

奏准，凡比照大逆定罪之案，其妻子毋庸缘坐，复将缘坐之文删去；十四年〔1809〕又将例内"比照"二字改为"依"字，并添"亲属缘坐"。窃思纠众劫狱，虽属目无法纪，究与实在谋反大逆有间，例内"依"字仍应改为"比照"。原例"为首及为从杀官"凌迟处死、亲属缘坐，"帮殴有伤之人"斩枭，本系分别罪名，虽稍有重轻，衡情究无二致。且现在新章宽免缘坐，凌迟、斩枭俱改斩决，则为首及为从杀官并帮殴有伤，三者之治罪从同，自应连类排比，以免词费。又斩决、斩候，亦应照章修改。谨将修改例文，开列于后。

○修改(略)

大清律例

6.18.267.(3)〔聚众中途夺犯伤差及致死〕

一、官司差人捕获罪人，有聚众中途打夺，殴差致死，为首者，不论曾否下手，拟斩立决；为从，下手致命伤重致死者，绞决；帮殴有伤者，不论他物、金刃，拟绞监候；随同拒捕未经殴人成伤之犯，改发极边足四千里充军。其伤差未至死者，首犯仍照律拟绞监候。但经聚众夺犯，虽未伤人，首犯亦照因而伤人律从重拟绞，为从之犯仍照律坐罪。若数年后此风稍息，请旨仍复旧律遵行。

现行刑律

18.230.(2)〔聚众中途夺犯殴差致死〕

一、官司差人捕获罪人，有聚众中途打夺，殴差致死，为首者，不论曾否下手，拟绞立决；为从，下手致命伤重致死者，拟绞监候，入于秋审情实；余仍依律定拟。

现行刑律案语

原例(略)

臣等谨按：聚众中途夺犯，殴差致死，为首者，律系斩候；下手致命者，绞候。此例至改为立决，已属加严，惟一系首恶，一系下手杀人之犯，不得不从重惩办，应照章将斩决改为绞决，绞决改为监候，入于秋审情实。至帮殴有伤，及随同拒捕未经伤人之从犯，并聚众夺犯未经伤人之首犯，情节较轻，例亦加拟绞候、充军，殊嫌过重。乾隆十八年〔1753〕定例时，本声明俟数年后此风稍息，仍照旧律遵行，拟即将例内"帮殴有伤"以下各项，概行删去，改为"余仍依律定拟"，庶轻重各得其平。谨将修改例文，开列于后。

○修改(略)

大清律例

6.18.267.(4)〔官司勾摄罪人纠谋聚众持械打夺伤差及一时斗殴杀伤〕

一、凡官司勾摄罪人,已在该犯家拿获,如有为首纠谋,聚至三人以上,持械打夺伤差者,即照中途夺犯例,分别杀、伤治罪。若并未纠约聚众,实系一时争斗拒殴,致有杀伤,仍照各本律定拟。其非本案罪犯,及非所勾捕之人,毋论在途、在家,俱以凡斗论。差人借端滋扰,照例从重治罪,地方官交部议处。

现行刑律

18.230.(3)〔官司勾摄罪人纠谋聚众持械打夺殴差致死及一时拒殴杀伤〕

一、凡官司勾摄罪人,已在该犯家拿获,如有为首纠谋,聚至三人以上,持械打夺,殴差致死者,即照中途夺犯例治罪。若并未纠约聚众,实系一时争斗拒殴,致有杀伤,仍照各本律定拟。其非本案罪犯,及非所勾捕之人,毋论在途、在家,俱以凡斗论。差人借端滋扰,照例从重治罪,地方官交部议处。

现行刑律案语

原例(略)

臣等谨按:聚众中途夺犯,原例罪名均较律加重,此次修改,仅将殴差至死为首及下手致死之犯,仍旧加重,余俱改为依律定拟。则此条所称"打夺伤差分别杀伤,照中途夺犯例治罪"等语,应改为"打夺殴差致死,照中途打夺例治罪",以免参差。谨将修改例文,开列于后。

○修改(略)

大清律例

6.18.267.(5)〔一二人中途夺犯伤差及致死〕

一、官司差人捕获罪人,有仅止一、二人中途打夺者,无论有无伤差,为首者均杖一百、流三千里,为从者减一等。若殴差至死,即照聚众打夺杀人本律分别治罪。

现行刑律

18.230.(4)〔一二人中途夺犯〕

一、官司差人捕获罪人,有仅止一、二人中途打夺者,照聚众打夺本律,分别杀、伤治罪;未伤人者,减一等。

现行刑律案语

原例(略)

臣等谨按:一、二人中途夺犯,其情罪自较聚众打夺者为轻。惟例内无论有无伤差,为首均拟满流,在未伤人之案,既与聚众未伤人者轻重无分;若伤人成笃之案,又

与寻常殴伤人成笃者，漫无区别，于义均未允协。拟改为“一、二人中途打夺者，即照聚众中途打夺本律，分别杀、伤治罪；未伤人者，减一等”，庶一、二人殴差至死之案，既不照例加重，未伤人之案，亦与聚众者略分等差，情罪较为平允。谨将修改例文，开列于后。

○修改（略）

大清律例	现行刑律
6.18.267.(2)〔尊长率领卑幼家长率领奴雇殴差夺犯杀伤或致死〕 一、官司差人捕获罪人，如有尊长率领卑幼，及家长率领奴仆、雇工，殴差夺犯，并杀死差役一命，案内随从之卑幼、奴仆、雇工，曾经杀伤人者，照律依为从拟杖一百、流三千里；在场助势，并未伤人者，杖一百、徒三年。若杀死差役，非一家二命，及二命以上，案内为从下手致死之卑幼、奴仆、雇工，俱拟绞监候；帮殴伤轻者，杖一百、流三千里；在场助势，并未伤人者，杖一百、徒三年。	18.230.(5)〔尊长率领卑幼家长率领雇工夺犯杀伤差役〕 一、官司差人捕获罪人，如有尊长率领卑幼，及家长率领雇工，殴差夺犯，并杀死差役，案内随从之卑幼、雇工，曾经杀伤人者，照律依为从拟流三千里；在场助势，并未伤人者，徒三年。若杀死差役，三命以上，案内为从下手致死之卑幼、雇工，俱拟绞监候；帮殴伤轻者，流三千里；在场助势，并未伤人者，徒三年。

现行刑律案语

原例（略）

臣等谨按：此系前明《问刑条例》，乾隆五十三年〔1788〕、道光元年〔1821〕修改，七年〔1827〕改定。例内流、徒附加杖罪应照章节删。谨将修改例文，开列于后。

○修改

一、官司差人捕获罪人，如有尊长率领卑幼，及家长率领奴仆雇工，殴差夺犯，并杀死差役一命，案内随从之卑幼、奴仆、雇工，曾经杀伤人者，照律依为从拟流三千里；在场助势，并未伤人者，徒三年。若杀死差役二命以上，案内为从下手致死之卑幼、奴仆、雇工，俱拟绞监候；帮殴伤轻者，流三千里；在场助势，并未伤人者，徒三年。

核订现行刑律

原修改例文（略）

谨按：各门条例有“二命”字样者，此次均拟删除，改为“从一科断”。本条“二命以上”句，应改为“三命以上”，其“一命”二字应即节删。奴仆一项，现已改为雇工，本条“奴仆”字样，亦应节去。谨将修改例文，开列于后。

○修改(略)

6.18.268 白昼抢夺（人少而无凶器，抢夺也；人多而有凶器，强劫也。） / 18.231 白昼抢夺（人少而无凶器，抢夺也；人多而有凶器，强劫也。）

律文·修改

大清律例	现行刑律
6.18.268.1 凡白昼抢夺人财物者，（不计赃。）杖一百、徒三年。计赃（并赃论。）重者，加窃盗罪二等。（罪止杖一百、流三千里。）伤人者，（首）斩。（监候。）为从各减（为首）一等。并于右小臂膊上刺"抢夺"二字。○6.18.268.2 若因失火，行船遭风着浅，而乘时抢夺人财物，及拆毁船只者，罪亦如之。（亦如抢夺科罪。）○6.18.268.3 其本与人斗殴，或勾捕罪人，因而窃取财物者，计赃准窃盗论。因而夺去者，加二等，罪止杖一百、流三千里，并免刺。若（窃、夺）有杀伤者，各从故、斗论。（其人不敢与争而杀之曰故，与争而杀之曰斗。）	18.231.1 凡白昼抢夺人财物者，（不计赃。）徒三年。计赃（并赃论。）重者，加窃盗罪二等。伤人者，（首）绞。（监候。）为从各减（为首）一等。○18.231.2 若因失火，及行船遭风着浅，而乘时抢夺人财物，及拆毁船只者，罪亦如之。（亦如抢夺科罪。）○18.231.3 其本与人斗殴，或勾捕罪人，因而窃取财物者，计赃准窃盗论。因而夺去者，加二等，罪止流三千里。若（窃、夺）有杀伤者，各从故、斗论。（其人不敢与争而杀之曰故，与争而杀之曰斗。）

现行刑律案语

原律(略)

臣等谨按：此仍《明律》。现章废除刺字，应将律内"并于右小臂刺字，及并免刺"等语删去。斩候照章改绞。徒、流附杖应节删。至抢夺计赃加等科罪例，已加至绞候，并不止流三千里，注内"罪止流三千里"一语，亦应删去。谨将修改律文，开列于后。

○修改(略)

条例·仍旧、修改、续纂

大清律例	现行刑律
6.18.268.(1)〔凡问白昼抢夺〕	18.231.(1)〔凡问白昼抢夺〕 一、凡问白昼抢夺，要先明事犯根由，然后揆情剖决。在白昼为抢夺，在夜间为窃盗。在途截抢者，虽昏夜仍问

抢夺,止去“白昼”二字。若抢夺不得财,及所夺之物即还事主,俱问不应。如强割田禾,依抢夺科之。探知窃盗人财,而于中途抢去,准窃盗论;系强盗赃,止问不应。若见分而夺,问盗后分赃。其亲属无抢夺之文,比依恐吓科断。

现行刑律案语

原例

6.18.268.(1)〔凡问白昼抢夺〕(略)

6.18.268.(6)〔因荒伙众抢夺挟制官长及纠众罢市辱官〕(略)

6.18.268.(16)〔抢窃拒伤事主两人同场拒伤一人以金刃他物及致命先后下手分首从〕(略)

〇仍旧

臣等谨按:以上三例,均仍其旧,理合陈明。

大清律例	现行刑律
6.18.268.(20)〔抢夺得财赃至八十及一百二十两以上〕	18.231.(2)〔白昼抢夺赃至一百二十两以上〕
一、白昼抢夺人财物,除赃在七十两以下者,仍依律拟以满徒外,其赃至八十两以上,即按律递加窃盗罪二等,罪止杖一百、流三千里;一百二十两以上者,仍照盗窃满贯律拟以绞监候。	一、凡白昼抢夺人财物,赃至一百二十两以上者,拟绞监候。

现行刑律案语

原例(略)

臣等谨按:此条因抢夺本律,仅言计赃重者,加窃盗罪二等,并无计赃问拟死罪之文,是以特立专例,将一百二十两以上定拟绞候,以补律之未备。检查旧例,例首并无除笔,亦无“罪止流三千里”等语。嘉庆二十四年〔1819〕增入除笔,已嫌与律文重复,又添入“罪止流三千里”等语,转形抵捂,应仍修复旧例,以免疑误。谨将修改例文,开列于后。

〇修改(略)

大清律例

6.18.268.(19)〔初犯再犯及三犯抢夺并抢窃并发〕

一、凡白昼抢夺,三犯者,拟绞立决。如不及三犯,照所犯之罪发落。若因抢夺问拟军、流、徒罪,在配、在逃,复犯抢夺,无论纠抢、伙抢、独抢,曾否得免并计。如本系云贵两广极边烟瘴人犯,有犯即发新疆酌拨种地当差。其余原犯军、流、徒罪,复抢一二次者,实发云贵两广极边烟瘴充军;三次以上,发新疆酌拨种地当差。其抢夺问拟军、流、徒罪,释回后,复犯抢夺一二次,赃未满贯者,发往极边足四千里充军;三次以上,实发云贵两广极边烟瘴充军;五次以上,发新疆酌拨种地当差。如抢夺初犯五次以上,实发云贵两广极边烟瘴充军;八次以上,发新疆酌拨种地当差。若按次各不及前数者,均依本律办理。倘为首赃至一百二十两以上,仍照例拟绞监候。至抢、窃同时并发之案,除抢多窃少,不得以窃作抢并拟,仍各从其重者论外,如窃多抢少,即应将抢夺并计,照纠窃次数科罪。

现行刑律

18.231.(3)〔初犯再犯及三犯抢夺并抢窃并发〕

一、凡白昼抢夺,三犯者,拟绞监候,入于秋审情实。其因抢夺问拟徒流以上罪名,复犯抢夺者,仍照徒流人又犯罪定拟。若初犯抢夺,五次以上,发烟瘴地方安置;八次以上,发新疆当差。至抢、窃同时并发之案,仍各从其重者论。

现行刑律案语

原例(略)

臣等谨按:此条第一层言抢夺三犯之罪,第二层言抢犯在配在逃复犯抢夺之罪,第三层言抢犯释回复犯抢夺之罪,第四层言初犯抢夺计次之罪,第五层言抢窃同时并发计次之罪。内惟“三犯拟绞”及“初犯计次”并“释回复犯”各层,应照章修改,仍列此门。至“抢窃同时并发计次”之处,臣等此次修改例文,已将窃盗计次条例,改用《唐律》累倍之法,未便仍与抢夺并计,应改为“抢窃同时并发之案,仍各从其重者论”。其“在配在逃复犯”等情,即属“徒流人又犯罪”,有犯自应照彼条办理,此处拟即节删。谨将修改例文,开列于后。

○修改（略）

大清律例

6.18.268.(4)〔聚众结伙抢夺以人数及有无持械定拟〕

一、抢夺之案，如结伙骑马持械，并聚至十人以上，倚强肆掠，凶暴众著者，无论白昼昏夜，及在途在野、江河湖港，均照强盗律，不分首从拟斩；被胁同行者，发遣新疆给官兵为奴。聚众不及十人，而数在三人以上，但经持械威吓，及捆缚按捺，并伤事主者，为首及在场动手之犯，亦照强盗律拟斩立决；为从在场并未动手者，均发遣新疆给官兵为奴。结伙仅止二人，但有持械威吓事主情事，及虽未持械，而结伙已至十人以上者，首犯实发云贵两广极边烟瘴充军，从犯杖一百、流三千里。结伙不及十人，俱系徒手抢夺者，首犯杖一百、流三千里，从犯杖一百、徒三年。数在三人以下者，仍照抢夺各本律例定拟。至回民结伙抢夺，及四川等省匪徒抢夺，例有专条者，仍与此例相比，从其重者论。

现行刑律

18.231.(4)〔聚众结伙抢夺以人数及有无持械定拟〕

一、抢夺之案，如结伙骑马持械，并聚至十人以上，倚强肆掠，凶暴众著者，无论白昼昏夜，及在途在野，江河湖港，均照强盗律，不分首从拟绞立决；被胁同行者，发烟瘴地方安置。聚众不及十人，而数在三人以上，但经持械殴伤事主者，不论伤之轻重，为首及在场帮殴有伤之犯，亦照强盗律拟绞立决；其余从犯，均发烟瘴地方安置。结伙三人以上，持械未伤事主，及虽未持械，而结伙已至十人以上者，首犯均发烟瘴地方安置，从犯流三千里。结伙不及十人，俱系徒手抢夺者，首犯流三千里，从犯徒三年。数在三人以下，而又未经持械，仍照抢夺各本律例定拟。

现行刑律案语

原例（略）

臣等谨按：此条系康熙、乾隆年间定例，咸丰、同治年间两次修改。原因抢夺人数众多，从严照强盗定拟，但文义不甚明显，引用易致歧误，似应略加修改。如三人以上持械威吓，及捆缚按捺并伤事主，原系分为三层，但威吓究系空言，即仅止按捺，亦属未经成伤，即拟立决似乎太重，应合三项为一，必须殴有伤痕，始拟死罪，其仅止威吓按捺而未成伤，不得即拟以死，似较允当。斩决照章改为绞决，发遣新疆依现行名例改为烟瘴安置。至回民结伙抢夺，及四川等省专条，业经先后删除。例末"相比从重"一层，应删去。徒、流附杖，并应节删。谨将修改例文，开列于后。

○修改

一、抢夺之案,如结伙骑马持械,并聚至十人以上,倚强肆掠,凶暴众著者,无论白昼昏夜,及在途在野、江河湖港,均照强盗律,不分首从拟绞立决;被胁同行者,发烟瘴地方安置。聚众不及十人,而数在三人以上,但经持械殴伤事主者,不论伤之轻重,为首及在场帮殴有伤之犯,亦照强盗律拟绞立决;其余从犯,均发烟瘴地方安置。结伙仅止二人,但持械殴伤事主,除刃伤、折伤仍照律拟绞外,其伤非金刃,伤轻平复,并三人以上持械未伤事主,及虽未持械,而结伙已至十人以上者,首犯均发烟瘴地方安置,从犯流三千里。结伙不及十人,俱系徒手抢夺者,首犯流三千里,从犯徒三年。数在三人以下,而又未经持械,仍照抢夺各本律例定拟。

核订现行刑律

原修改例文(略)

谨按:"结伙仅止二人",即上条之"结伙不及三人,刃伤、折伤拟绞;伤非金刃,伤轻平复,首犯发烟瘴安置",亦与上条罪名相同,此层系属重复,应即节删。谨将修改例文,开列于后。

○修改(略)

现行刑律

18.231.(5)〔结伙抢夺执持鸟枪洋枪〕

一、结伙十人并三人以上抢夺案内,执持鸟枪、洋枪之人,系首犯,不论曾否伤人,拟斩立决;系从犯,伤人者,亦拟斩立决。未经伤人者,系结伙十人案内之犯,仍照向例办理。系不及十人数在三人以上案内之犯,及仅止一、二人但系执持鸟枪、洋枪之犯,虽未拒捕,俱发极边足四千里安置。

现行刑律案语

○续纂

18.231.(5)〔结伙抢夺执持鸟枪洋枪〕(略)

臣等谨按:光绪十三年〔1887〕闰四月内刑部议复原任大学士直隶总督李鸿章奏《匪徒执持火枪抢劫酌照奉天定例惩办》折,内声明"抢劫及窃盗行强,并结伙十人以上抢夺之案,但有一人执持鸟枪、洋枪在场者,不论曾否伤人,不分首从,均拟斩立决、枭示。其结伙三人以上抢夺案内,执持鸟枪、洋枪之人,系首犯,亦拟斩立决、枭示;系从犯,拟斩立决。伤人者,仍加枭示。未经执持鸟枪、洋枪者,仍照向章办理。寻常行窃及抢夺,仅止一、二人,但系执持鸟枪、洋枪之犯,虽未拒捕,均发极边充军"等因。奏准在案。除强盗及窃盗临时行强拒捕各层,应于"强盗"门添纂明晰外,所有抢夺执持鸟枪、洋枪之案,自应纂入本门例册,以便遵行。惟结伙十人,虽较三人以上情节为重,但以一人执持鸟枪、洋枪之故,至令伙犯概予骈诛,亦似嫌于过刻,抢

夺究非强劫,可比照应略予区分,兹拟删去。上层将结伙十人并入三人以上案内,于"首犯"下添入"不论曾否伤人","从犯"下"仍以伤人与否为断,其未经执持鸟枪洋枪"句,改为"未经伤人者,仍照向例办理",专承从犯而言,似较平允。斩枭照章应改斩决,充军应改安置。理合陈明。

大清律例

6.18.268.(17)〔白昼抢夺杀伤人〕

一、凡白昼抢夺杀人者,拟斩立决;为从帮殴,如刃伤,及手足、他物至折伤以上者,俱拟绞监候;伤非金刃,又非折伤者,发云贵两广极边烟瘴充军;未经帮殴成伤者,发极边足四千里充军。其伤人未死,如刃伤,及折伤以上者,首犯仍照本律拟斩监候,为从改发边远充军。伤非金刃,伤轻平复之首犯,改发极边烟瘴充军。年在五十以上,刃伤及折伤为从,仍照原例发近边充军;伤非金刃伤轻平复,为首发边远充军。拒捕未经成伤之首犯,发近边充军;为从各杖一百、徒三年。俱照本例刺字。

现行刑律

18.231.(6)〔结伙不及三人白昼抢夺杀伤〕

一、凡结伙不及三人,白昼抢夺杀人者,拟绞立决;为从帮殴,如刃伤,及手足、他物至折伤以上者,拟绞监候;伤非金刃,又非折伤者,发烟瘴地方安置;未经帮殴成伤者,发极边足四千里安置。其伤人未死,如刃伤,及折伤以上者,首犯拟绞监候,为从流三千里。伤非金刃,伤轻平复之首犯,发烟瘴地方安置。拒捕未经成伤之首犯,流二千五百里;为从各徒三年。

现行刑律案语

原例(略)

臣等谨按:此条系雍正三年〔1725〕定例,乾隆、嘉庆年间迭次修改,原指一切抢夺杀人之案而言,自后定有抢夺新例。凡聚众不及十人,而数至三人以上,但经持械威吓及捆缚按捺并伤事主,为首及在场动手之犯,均照强盗律定拟。则此例惟"结伙仅止二人",尚可援引,似应于例首添入"结伙不及三人",俾免牵混。例内"俱"字并应节删,斩决照章应改绞决,极边烟瘴充军应改安置,边远、近边分别改流。其徒罪附杖,并例末"俱照本律例刺字",亦应节去。至小注"年至五十以上"数语,缘从前此等人犯应否改发新疆,例以"年至五十上下"为断,现既改发内地,自毋庸再为区别,应即一律删除。谨将修改例文,开列于后。

〇修改(略)

大清律例

6.18.268.(16)〔抢窃拒伤事主两人同场拒伤一人以金刃他物及致命先后下手分首从〕

现行刑律

18.231.(7)〔抢窃拒伤事主两人同场拒伤一人以金刃他物及致命先后下手分首从〕

一、抢窃拒伤事主伤轻平复之案,如两人同场拒伤一人,一系他物,一系金刃,无论先后下手,以金刃伤者为首;如金刃伤轻,他物伤重而未至折伤者,仍以金刃伤者为首。如一系刃伤,一系他物折伤,刃伤重以刃伤为首,折伤重以折伤为首;刃伤与折伤俱重,无可区别者,以先下手者为首。若俱系金刃,或俱系他物,以致命重伤为首。如俱系致命重伤,或俱系他物折伤,亦以先下手者为首。若两人共拒一人,系各自拒伤,并不同场者,即各科各罪,各以为首论。

现行刑律案语

〇仍旧(略)

见6.18.268.(1)〔凡问白昼抢夺〕条

大清律例

6.18.268.(13)〔大江洋海出哨兵弁乘危捞抢追赃给主与自首宽减〕

一、大江洋海出哨兵弁,乘危捞抢之案,所抢财物,照追给主。如不足数,将首犯家产变赔。无主赃物入官。其在船将备,如同谋抢夺,虽兵丁为首,该弁亦照为首例治罪;其不同谋而分赃者,以为从论。若实系不能约束,并无同谋、分赃情弊,照钤束不严例议处。以上弁兵,除应斩决及枭示者不准自首

现行刑律

18.231.(8)〔大江洋海出哨兵丁乘危捞抢追赃给主与自首宽减〕

一、大江洋海出哨兵丁,乘危捞抢之案,所抢财物,照追给主。如不足数,将首犯家产变赔。无主赃物入官。其在船将备,如同谋抢夺,虽兵丁为首,该弁亦照为首例治罪;不同谋而分赃者,以为从论。若实系不能约束,并未同谋、分赃,照钤束不严例议处。以上弁兵,除应绞决者不准自首外,其应绞候

外，其应斩候、绞候者，若事未发觉而自首，杖一百、徒三年；军、流以下，概准宽免。如系闻拿投首、应斩候、绞候者，杖一百、流三千里；军罪以下，减二等发落。仍追赃给主。如有误坐同船，并未分赃之人，能据实首报，除免罪外，仍酌量给赏。其哨船未出口之前，取同船兵丁不致抢物为匪连名甘结，令在船将弁加结，申送该管上司存案。巡哨回日，仍取同船兵丁甘结，转送该管上司。其上司如不系同船，失于觉察，或通同庇匿，及地方州县，若据难民呈报，不即查明转详，反行抑讳，及道府不行察报，督抚、提镇不行查参者，均照例议处。再营汛弁兵，如能竭力救护失风、人船，不私取丝毫货物者，该管官据实申报督抚、提镇，按次记功，照例议叙。倘弁兵因救援商人，或致受伤、被溺，详报督抚，查明优恤。

者，若事未发觉而自首，徒三年；遣流以下，概准宽免。如系闻拿投首，应绞候者，流三千里；遣流以下，减二等。仍追赃给主。如有误坐同船，并未分赃之人，能据实首报，除免罪外，酌量给赏。上司失于觉察，或通同庇匿，及地方州县，据难民呈报，不即查明转详，反行抑讳，及道府不行察报，督抚、提镇不行查参者，均照例议处。如营汛弁兵能竭力救护失风人、船，不私取丝毫货物者，该管官据实申报督抚、提镇，按次记功，照例议叙。因救援致受伤、被溺者，详报督抚，查明优恤。

现行刑律案语

原例

6.18.268.(13)〔大江洋海出哨兵弁乘危捞抢追赃给主与自首宽减〕(略)

6.18.268.(14)〔边海居民并船户乘危抢夺及致商民淹毙或伤人〕(略)

6.18.268.(18)〔大江洋海出哨兵弁乘危捞抢致商民淹毙及伤杀人者〕(略)

臣等谨按：以上三条，原系二条，雍正九年〔1731〕纂定，嘉庆年间改为三条，专为江海弁兵居民乘危抢夺而设，故治罪较寻常抢夺为重。新章斩枭改为斩决，斩决改为绞决，斩候改为绞候，军罪改为安置，均应照改。徒、流附杖并节删。第三条"题参"应改"奏参"。折责发落应改折罚。谨将修改例文，开列于后。

〇修改

一、大江洋海出哨兵弁，乘危捞抢之案，所抢财物照追给主。如不足数，将首犯家产变赔。无主赃物入官。其在船将备，如同谋抢夺，虽兵丁为首，该弁亦照为首例治罪。其不同谋而分赃者，以为从论。若实系不能约束，并无同谋分赃情弊，照钤束不严例议处。以上弁兵，除应斩决者不准自首外，其应绞候者，若事未发觉而自首，徒三年；遣、流以下，概准宽免。如系闻拿投首、应绞候者，流三千里；遣流以下，减二

等发落。仍追赃给主。如有误坐同船并未分赃之人,能据实首报,除免罪外,仍酌量给赏。其哨船未出口之前,取同船兵丁不致抢物为匪连名甘结,令在船将弁加结,申送该管上司存案。巡哨回日,仍取同船兵丁甘结转送该管上司。其上司如不系同船,失于觉察,或通同庇匿,及地方州县若据难民呈报,不即查明转详,反行抑讳,及道府不行察,报督抚提镇不行查参者,均照例议处。再,营汛弁兵如能竭力救护失风人、船,不私取丝毫货物者,该管官据实申报督抚、提镇,按次记功,照例议叙。倘弁兵因救援商人或致受伤被溺,详报督抚查明优恤。

18.231.(10)〔边海居民并船户乘危抢夺及致商民淹毙或伤人〕(略)

18.231.(9)〔大江洋海出哨兵弁乘危捞抢致商民淹毙及伤杀人〕(略)

核订现行刑律

6.18.268.(13)〔大江洋海出哨兵弁乘危捞抢追赃给主与自首宽减〕原修改例文(略)

谨按:哨船本为保民缉匪而设,若先存一兵弁为匪之见,必令出具不致抢物为匪甘结,未免近于逆亿,殊失政体,此层拟请节删。谨将修改例文,开列于后。

〇修改

18.231.(8)〔大江洋海出哨兵丁乘危捞抢追赃给主与自首宽减〕(略)

大清律例

6.18.268.(18)〔大江洋海出哨兵弁乘危捞抢致商民淹毙及伤杀人者〕

一、凡大江洋海出哨官弁兵丁,如遇商船遭风,尚未覆溺,及着浅不致覆溺,不为救护,反抢取财物,拆毁船只者,照江洋大盗例,不分首从,斩决、枭示。如遭风覆溺,人尚未死,不速救援,止顾捞抢财物,以致商民淹毙者,为首照抢夺杀人律斩立决,为从照抢夺伤人律斩监候。如见船覆溺,抢取货物,伤人未致毙命,如刃伤,及折伤以上者,斩监候;伤非金刃,伤轻平复者,改发极边烟瘴充军,年在五十以上,发边远充军;未伤人者,为首照抢夺律加一等,杖一百、流二千里,为从杖一百、徒三年;赃逾贯者,绞监候。如有凶恶之徒,明知事犯重罪,在外洋无人处所,故将商人

现行刑律

18.231.(9)〔大江洋海出哨兵弁乘危捞抢致商民淹毙及伤杀人〕

一、凡大江洋海出哨官弁兵丁,如遇商船遭风,尚未覆溺,及着浅不致覆溺,不为救护,反抢取财物,拆毁船只者,照江洋大盗例,不分首从,斩决。如遭风覆溺,人尚未死,不速救援,止顾捞抢财物,以致商民淹毙者,为首绞立决,为从绞监候。如见船覆溺,抢取货物,伤人未致毙命,如刃伤,及折伤以上者,绞监候;伤非金刃、伤轻平复者,发烟瘴地方安置;未伤人者,为首照抢夺律加一等流二千里,为从徒三年;赃逾贯者,绞监候。如有凶恶之徒,明知事犯重罪,在外洋无人处所,故将商人全杀灭口,图绝告发者,但系同谋,均斩决。如见船覆溺,并未抢取货物,但阻挠不救,

全杀灭口，图绝告发者，但系同谋，均照强盗杀人律斩决、枭示。如见船覆溺，并未抢取货物，但阻挠不救，以至商民淹毙者，为首照故杀律斩监候，为从照知人谋害不即救护律杖一百；官弁题参革职，兵丁革除名粮，均折责发落。如淹死人命在先，弁兵见有漂失无主船货，捞抢入己者，照得遗失官物坐赃论罪。

以致商民淹毙者，为首绞监候，为从照知人谋害不即救护律治罪；官弁奏参革职，兵丁革除名粮、折罚。如淹死人命在先，弁兵见有漂失无主船货，捞抢入己者，照得遗失官物坐赃论罪。

现行刑律案语

○修改(略)

见6.18.268.(13)〔大江洋海出哨兵弁乘危捞抢追赃给主与自首宽减〕条

大清律例

6.18.268.(14)〔边海居民并船户乘危抢夺及致商民淹毙或伤人〕

一、凡边海居民，以及采捕各船户，如有乘危抢夺，但经得财，并未伤人者，均照抢夺本律加一等，杖一百、流二千里，为从各杖一百、徒三年。若抢取货物，拆毁船只，致商民淹毙，或伤人未致毙命者，俱照前例分别治罪。有能救援商船，不取财物者，该督抚亦酌量给赏。

现行刑律

18.231.(10)〔边海居民并船户乘危抢夺及致商民淹毙或伤人〕

一、凡边海居民，以及采捕各船户，如有乘危抢夺，但经得财，并未伤人者，均照抢夺本律加一等，流二千里，为从各徒三年。若抢取货物，拆毁船只，致商民淹毙，或伤人未致毙命者，俱照前例分别治罪。有能救援商船，不取财物者，该管督抚亦酌量给赏。

现行刑律案语

○修改(略)

见6.18.268.(13)〔大江洋海出哨兵弁乘危捞抢追赃给主与自首宽减〕条

大清律例

6.18.268.(6)〔因荒伙众抢夺挟制官长及纠众罢市辱官〕

一、直省不法之徒，如乘地方歉收，伙众抢夺，扰害善良，挟制官长，或因赈

现行刑律

18.231.(11)〔因荒伙众抢夺挟制官长及纠众罢市辱官〕

一、直省不法之徒，如乘地方歉收，伙众抢夺，扰害善良，挟制官长，或因赈

贷稍迟,抢夺村市,喧闹公堂,及怀挟私愤,纠众罢市、辱官者,俱照光棍例治罪。若该地方官营私怠玩,激成事端,及弁兵不实力缉拿,一并严参议处。

贷稍迟,抢夺村市,喧闹公堂,及怀挟私愤,纠众罢市、辱官者,俱照光棍例治罪。若该地方官营私怠玩,激成事端,及弁兵不实力缉拿,一并严参议处。

现行刑律案语

〇仍旧(略)

见6.18.268.(1)〔凡问白昼抢夺〕条

大清律例

6.18.268.(9)〔饥民爬抢〕

一、饥民爬抢,除纠伙执持军器刀械,威吓按捺,搜劫多赃者,仍照强盗本律科断外,如有聚众十人以上至数十人,执持木棍等项,爬抢粮食,并无攫取别赃者,为首拟斩监候,为从发新疆给官兵为奴;如十人以下,持械爬抢者,为首发新疆给官兵为奴,为从减一等。其徒手并未持械者,仍照抢夺本律科断。

现行刑律

18.231.(12)〔饥民爬抢〕

一、饥民爬抢,除纠伙执持军器刀械,拒伤事主,及搜劫多赃者,仍照强盗本律科断外,如有聚众十人以上至数十人,执持木棍等项,爬抢粮食,并无攫取别赃者,为首拟绞监候,为从发极边足四千里安置;如十人以下,持械爬抢者,为首亦照前安置,为从减一等。其徒手并未持械者,仍照抢夺本律科断。

现行刑律案语

原例(略)

臣等谨案:此条系乾隆二十三年〔1758〕定例。因饥民抢夺粮食,稍从未减。应照章改斩候为绞候。"发遣新疆"一层,依现行名例改"发极边安置"。谨将修改例文,开列于后。

〇修改

一、饥民爬抢,除纠伙执持军器刀械,威吓按捺事主,搜劫多赃者,仍照强盗本律科断外,如有聚众十人以上至数十人,执持木棍等项,爬抢粮食,并无攫取别赃者,为首拟绞监候,为从发极边足四千里安置;如十人以下,持械爬抢者,为首亦照前安置,为从减一等。其徒手并未持械者,仍照抢夺本律科断。

条例 · 移改

大清律例

6.18.268.(2)〔黔楚两省相接红苗彼此仇忿聚众抢夺〕

一、凡黔、楚两省相接红苗，彼此仇忿，聚众抢夺者，照抢夺律治罪。人数不及五十名，伤人为首者，枷号两个月，为从者一个月；杀人者，斩监候，下手者枷号三个月，为从者四十日。聚至五十人者，虽不杀人，为首者亦斩监候，为从者枷号五十日；杀人者斩决，下手之人绞监候，为从者各枷号两个月。聚至百人者，虽不杀人，为首者斩决，为从者各枷号两个月；杀人者，斩决、枭示，下手之人俱斩监候，为从者各枷号三个月。所抢人畜财物，追还给主。

6.18.268.(3)〔苗人抢夺土官约束不严或教令通同〕

一、凡苗人犯抢夺，该管土官约束不严，俱交部议。若至百人以上，土司、府州革职，百户、寨长罢职役，满杖；知情故纵者革职，枷号一个月，俱不准折赎。若教令指使，或通同图利者，照为首例治罪。

6.18.268.(7)〔苗人聚众烧劫抢掳〕

一、苗人聚众至百人以上，烧村劫杀，抢掳妇女，拿获讯明，将造意首恶之人，即在犯事地方斩决、枭示。其为从内，如系下手杀人放火、抢掳妇女者，俱拟斩立决；若止附和随行，在场助势，照红苗聚众例枷号三个月；临时协从者，枷号一个月。至寻常盗劫抢夺，仍照内

现行刑律

*名例 · 蒙古及入国籍人有犯

1.28.(5)〔苗蛮獞猺犯罪例无专条者〕

（略）

地抢夺例完结。其有掳掠妇女勒赎尚
未奸污者,仍照苗人伏草捉人勒赎例
定拟。

现行刑律案语

原例

6.18.268.(2)〔黔楚两省相接红苗彼此仇忿聚众抢夺〕(略)

6.18.268.(3)〔苗人抢夺土官约束不严或教令通同〕(略)

6.18.268.(7)〔苗人聚众烧劫抢掳〕(略)

臣等谨按:以上三例,第一、二条系康熙四十四年〔1705〕纂定,第三条系乾隆九年〔1744〕奏定,均系严惩苗民之意。惟苗疆底定已久,其情形与曩时迥不相同,且民人犯盗劫、抢夺、掳捉人口勒赎等项条例,均迭经修改加严,其中有较苗人专例为尤重者,则苗人不应转轻,有犯似可改照民人办理。再,土蛮獞猺与苗人等应一并纂入,拟请将此三例概行删除,改为"凡苗人、土蛮獞猺犯罪,例无专条者,无论罪名轻重,悉照民人一律问拟",移入"化外人有犯"门,以符类聚之义。谨将移改例文,开列于后。

○移改

名例·化外人有犯①

1.28.(5)〔苗蛮獞猺犯罪例无专条者〕(略)

条例·删除

大清律例

6.18.268.(5)〔沙民伙众争地及持械聚众抗官〕

一、江南通州崇明、昭文沙民,伙众争地,除不持器械争夺,及聚众不及四五十人者,照侵占他人田宅律科断。如系执持器械,及聚众四五十人,有抗官重情者,照光棍例,为首者拟斩立决,为从者拟绞监候,逼勒同行之人各杖一百。

现行刑律案语

○删除

原例(略)

臣等谨按:此例系雍正十二年〔1734〕纂定。惟沙民争地乃彼此争利之事,与光棍情形不同,此等案件,总以临时酌核办理为妥,设一定例,转多窒碍,且一事一例,

---

① 该律目于宣统二年(1910)年四月《编查馆会奏修改各条》修改为"蒙古及入国籍人有犯"。

徒滋繁琐。此条拟即删除。

大清律例

6.18.268.(8)〔台湾盗劫及聚众散札竖旌妄布邪言抢夺杀人放火等案罪应立决之犯枭示传首〕

一、凡台湾盗劫之案,罪应斩决者,照江洋大盗例斩决、枭示。他如聚众散札竖旌,妄布邪言,书写张贴,煽惑人心,抢夺、杀人、放火,光棍抢夺路行妇女强奸致死,劫囚越狱,与番人彼此仇忿,聚众抢夺杀人等案内,造意为首,罪应立决者,均照黔楚两省例斩决、枭示,正法后即传首原犯地方示众。其附和为从之犯,不得援引此例。仍于各审案后附疏声明。

删除律例

○删除

大清律例

6.18.268.(10)〔新疆兵役抢夺杀人强盗〕

一、新疆地方兵丁、跟役,如有白昼抢夺杀人及为强盗等事,该办事大臣审实,一面奏闻,一面即行正法。

现行刑律案语

○删除

原例(略)

臣等谨按:此条系乾隆三十二年〔1767〕定例。从前盗案,均系题准后始行正法。新疆并无题本,是以定有此例,现在就地正法之案,各省均有不独,新疆为然。此例无关引用,应即删除。

大清律例

6.18.268.(11)〔失火乘机抢夺但经得财〕

一、凡因失火而乘机抢夺,除有杀伤及计赃重者,仍照定例问拟外,其但经得财,罪应拟以杖、徒者,俱照本律加一等治罪,将为首之犯杖一百、流二千里,为从者杖一百、徒三年,均于面上刺“抢夺”字。

删除律例

○删除

大清律例

6.18.268.(12)〔总甲捕役以巡捕勾摄为由殴打平人抢夺财物〕

一、凡总甲、快手、应捕人等,指以巡捕、勾摄为由,殴打平人,抢夺财物者,除实犯死罪外,犯该徒罪以上,不分人多人少,若初犯一次,发边远充军;再犯,发原抢夺地方枷号两个月,照前发遣。里老、邻佑,知而不举,所在官司,纵容不问者,各治以罪。里老、邻佑依同行知有谋害而不救阻律杖一百,官司照故出人罪律科断。

现行刑律案语

○删除

原例(略)

臣等谨按:此系前明《问刑条例》,原因捕役借巡捕为名殴打抢夺,较凡人抢夺情节为重,是以徒罪以上即加重充军。现例抢夺罪名已改从重,而捕役犯罪又有加等治罪之例,此条无关引用,似应删除。

大清律例

6.18.268.(15)〔抢夺窃盗杀人如数人共杀一人以致命金刃他物主使下手先后分首从〕

一、抢夺、窃盗杀人之案,如数人共杀一人,无论金刃、他物、手足,以致命重伤者为首;在场助力,或致命而非重伤,或重伤而非致命者,以为从论。如俱系致命重伤,以金刃者为首,手足、他物为从。如俱系金刃,及俱系他物、手足,致命重伤无可区别者,有主使,以主使者为首,下手者为从;无主使,以先下手者为首,后下手者为从。其同案抢窃,不知拒捕情事者,仍各照抢夺、窃盗本律首从论。

现行刑律案语

○删除

原例(略)

臣等谨按:此系抢窃杀人之通例,原指数人共杀一人者而言。惟查抢夺新例,聚众三人以上,为首,及在场动手之犯,均照强盗不分首从律定拟,则伤之轻重、先后已不必言;若结伙不及三人,杀人者立决,刃伤及折伤者绞候,本门亦有例文可循。至窃盗杀人,"强盗"门内有临时及逃走二例分晰,尤觉甚明。此条几同虚设,应即删除。

大清律例

6.18.268.(21)〔回民结伙抢夺〕

一、凡回民抢夺，结伙在三人以上，不分首从，俱实发云贵两广极边烟瘴充军。如有脱逃被获，改发新疆给官兵为奴，仍回避回疆附近地方。如数在二人以下，审有纠谋持械逞强情形者，亦照前拟军。若止一时乘间徒手攫取，尚无逞凶情状者，仍照抢夺本律拟徒。

现行刑律案语

○删除

原例（略）

臣等谨按：此条系乾隆三十八年〔1773〕定例。原系严惩回民之意，但现在抢夺新例，三人以上持械威吓，即应拟斩，较此例更为加严，此条名为加重，其实反轻，且与他条参差，拟即删除。

大清律例

6.18.268.(22)〔川省匪徒等在场市横行抢劫伤人及拒捕杀人〕

一、川省匪徒，并河南、安徽、湖北等三省交界地方，及山东之兖州、沂州、曹州三府，江苏之淮安、徐州、海州三府州，如有红胡子、白撞手、拽刀手等名目，在于场市人烟凑集之所，横行抢劫，纠伙不及五人者，不分首从，俱改发伊犁，分给该处察哈尔及驻防满洲官兵为奴。但伤人者，如刃伤及折伤以上，拟斩监候；伤非金刃，伤轻平复，拟绞监候。有拒捕杀人者，将为首杀人之犯拟斩立决；为从帮殴，刃伤，及折伤以上者，拟斩监候；伤非金刃，又非折伤者，拟绞监候；未经帮殴成伤者，发往伊犁为奴。如纠伙五人以上，无论曾否得财，为首照光棍例拟斩立决，为从同抢者俱拟绞监候。若拒捕夺犯，杀伤兵役并事主及在场之人者，审明首犯，即行正法、枭示；在场加功及助势者，俱拟绞立决；同谋抢夺，而拒捕夺犯之时并未在场者，仍照光棍为从本例拟绞监候。以上各匪犯父兄、牌甲，俱依盗案例，查明是否知情分赃，或止失于觉察，分别惩处。

删除律例

○删除

大清律例

6.18.268.(23)〔川省匪徒等在野拦抢伤人未伤人及杀人〕

一、川省匪徒,并河南、安徽、湖北等三省交界地方,及山东之兖州、沂州、曹州三府,江苏之淮安、徐州、海州三府州,如有红胡子、白撞手、拽刀手等名目,在野拦抢,未经伤人之案,除实犯死罪外,数止二、三人者,犯该徒罪以上,不分首从,俱发云贵两广极边烟瘴地方充军;如四人以上至九人者,不分首从,俱改发伊犁,分给该处察哈尔及驻防满洲官兵为奴。但伤人者,如刃伤,及折伤以上,拟斩监候;伤非金刃,伤轻平复,拟绞监候。有拒捕杀人者,将为首杀人之犯拟斩立决;为从帮殴,刃伤,及折伤以上者,拟斩监候;伤非金刃,又非折伤者,拟绞监候;未经帮殴成伤者,发往伊犁为奴。若数至十人以上,无论伤人与否,为首拟斩立决,为从拟绞监候,被胁同行者发乌鲁木齐给官兵为奴。倘有杀人、夺犯、伤差等事,有一于此,即将为首之犯正法、枭示;在场加功及助势者,俱拟绞立决;同谋抢夺,而拒捕、夺犯之时并未在场者,拟绞监候。以上各匪犯父兄、牌甲,俱依盗案例,查明是否知情分赃,或止失于觉察,分别惩处。

删除律例

〇删除

大清律例

6.18.268.(24)〔奉天地方匪徒纠伙持械抢夺〕

一、奉天地方,匪徒纠伙抢夺,不论人数多寡、曾否伤人,但有一人执持鸟枪抢夺者,不分首从,照响马强盗例拟斩立决、枭示。其执持寻常器械抢夺者,分别是否十人及三人以上,并有无倚强肆掠情形,按照抢夺本例科断。结伙不及三人,但有持械威吓事主情事,除实犯死罪外,余俱不分首从,发云贵两广极边烟瘴充军,面刺"抢夺"二字。若仅止一二人,乘便攫取财物,并无持械威吓事主情事,仍照抢夺本律问拟。倘数年后此风稍息,奏明仍复旧例办理。

删除律例

〇删除

大清律例

6.18.268.(25)〔湖北省匪徒聚众十人以上抢夺及不满十人持械入室吓禁事主搜劫财物〕

一、凡湖北省匪徒抢夺之案,除实系寻常抢夺,仍照定例办理外,如聚众至十人

以上,及虽不满十人,但有执持器械,入室吓禁事主,搜劫财物情事,无论是否白昼、昏夜,悉照强盗本律本例,分别法所难宥、情有可原定拟。如在江河湖港,亦无论是否白昼、昏夜,事主行船、泊船,悉照沿江滨海行劫之例分别定拟。俟数年后该省盗风稍息,仍复旧例办理。

删除律例

〇删除

大清律例

6.18.268.(26)〔抢夺洋药〕

一、抢夺洋药,仍照抢夺本律例科断。如系漏税之物,于本罪上酌减一等。

6.18.268.(27)〔抢夺无人看守空室财物〕

一、事主闻警逃避,乘间抢夺无人看守空室财物,如仅止一二人,并未持械者,照抢夺律问拟;若伙众三人以上持械者,照抢夺律加等问拟。倘事主及雇工人等往捕,护赃护伙持械格斗有杀伤者,照强盗律治罪。邻佑人等往捕,有拒捕者,照抢夺拒捕,分别杀伤科断。

现行刑律案语

〇删除

6.18.268.(26)〔抢夺洋药〕(略)

6.18.268.(27)〔抢夺无人看守空室财物〕(略)

臣等谨按:以上二条,均系咸丰年间定例,惟一事一例,殊形繁琐,且与抢夺各条不免参差,拟即删除。

附

大清律例

凡粮船水手,伙众十人以上,执持器械抢夺,为首照强盗律治罪,为从减一等。如十人以下,又无器械者,照抢夺律治罪。出结之旗丁、头舵拿送者免罪;如容隐不首,及徇庇不拿者,照强盗窝主律,分别治罪。①

删除律例

〇删除

---

① 本条系雍正三年(1725)定例,已于咸丰二年(1852)修并入6.18.268.(4)〔聚众结伙抢夺以人数及有无持械定拟〕条,并于同治九年(1870)修改。

6.18.269 窃盗 / 18.232 窃盗

律文·修改

大清律例

6.18.269.1 凡窃盗已行而不得财,笞五十,免刺;但得财,不论分赃、不分赃。以一主为重,并赃论罪。为从者,各指上得财、不得财言。减一等。以一主为重,谓如盗得二家财物,从一家赃多者科罪。并赃论,谓如十人共盗得一家财物,计赃四十两,虽各分得四两,通算作一处,其十人各得四十两之罪。造意者为首,该杖一百,余人为从,各减一等,止杖九十之类。余条准此。初犯,并于右小臂膊上刺"窃盗"二字;再犯,刺左小臂膊;三犯者,绞。监候。以曾经刺字为坐。○6.18.269.2 掏摸者罪同。

一两以下,杖六十。

一两以上至一十两,杖七十。

二十两,杖八十。

三十两,杖九十。

四十两,杖一百。

五十两,杖六十、徒一年。

六十两,杖七十、徒一年半。

七十两,杖八十、徒二年。

八十两,杖九十、徒二年半。

九十两,杖一百、徒三年。

一百两,杖一百、流二千里。

一百一十两,杖一百、流二千五百里。

一百二十两,杖一百、流三千里。

一百二十两以上,绞。监候。○6.18.269.3 三犯,不论赃数,绞。监候。

现行刑律

18.232.1 凡窃盗已行而不得财,工作一个月;但得财,不论分赃、不分赃。以一主为重,并赃论罪。为从者,各指上得财、不得财言。减一等。以一主为重,谓如盗得二家财物,从一家赃多者科罪。并赃论,作一谓如十人共盗得一家财物,计赃四十两,虽各分得四两,通算余人为处,其十人各得四十两之罪。造意者为首,该工作十个月,从,各减一等,止工作八个月之类。余条此准。○18.232.2 掏摸者罪同。

一两以下,工作两个月。

一两之上至一十两,工作四个月。

二十两,工作六个月。

三十两,工作八个月。

四十两,工作十个月。

五十两,徒一年。

六十两,徒一年半。

七十两,徒二年。

八十两,徒二年半。

九十两,徒三年。

一百两,流二千里。

一百一十两,流二千五百里。

一百二十两,流三千里。

二百两,发极边足四千里安置。

三百两,发烟瘴地方安置。

四百两,发新疆当差。

五百两以上,绞。监候。○18.232.3 三犯流者,绞。监候。

现行刑律案语

原律(略)

臣等谨按:此仍《明律》,原律系以贯计罪,顺治四年〔1647〕改贯为两,定"窃盗,

赃一百二十两,绞监候"。康熙十一年〔1672〕改为"一百二十两,杖一百、流三千里""一百二十两以上,绞监候",又添"三犯不论赃数,绞监候"一语。查窃盗计赃,自唐迄明,并无死罪,迨我朝虽增入"一百二十两以上,拟绞",秋审时,未至五百两,均系缓案,与虚拟死罪无殊,况现值减轻刑律,似此无关人命之案,自应酌量轻减。兹拟将绞罪一项改为五百两以上,仍于一百二十两至五百两之间,酌分二百两、三百两、四百两为三等,以《名例》"五刑"门新定之极边、烟瘴、新疆遣罪三项,依次分隶庶轻重,两得其平,揆诸新旧亦无窒碍。至律内刺字并附杖,均照章宽免。四十两以下之笞、杖各罪,按窃盗新章改为工作,俱依限增纂入例,以资引用。律末"三犯,不论赃数,绞候",惟《现行例》窃盗三犯仍系计赃科罪,未至五十两者,次数纵多,并不拟绞,积猾之习实所由来,兹拟酌采《唐律》"三犯流者概拟绞候",借昭惩创。谨将修改律文,开列于后。

○修改(略)

条例・修改、仍旧、修并

大清律例	现行刑律
6.18.269.(3)〔京城捕役获贼呈报迟延及勒索事主〕	18.232.(1)〔京城巡警捕役获贼呈报迟延及勒索事主〕
一、五城、两县及五营、内务府捕役,拿获窃贼者,俱限即日禀报本管官。如晚间拿获,限次早禀报该管官。讯明被窃情由,将事主年貌、姓名、住址及所失赃物,详记档案,即令事主回家,不必一同解送该管上司衙门。如赃物现获,即出示令事主认领。倘不法捕役,违限不行呈报,任意勒索事主,许事主赴都察院呈告,将捕役照恐吓取财例治罪。其该管官有失于觉察,及任意纵容者,交部分别议处。	一、京城内、外巡警厅巡警,大、宛两县及五营、内务府捕役,并步军统领衙门番役,拿获窃贼者,俱限即日禀报本管官。如晚间拿获,限次早禀报。该管官讯明被窃情由,将事主年貌、姓名、住址及所失赃物,详记档案,即令事主回家,不必一同解送。如赃物现获,即出示令事主认领。倘不法捕役及巡捕人等,违限不行呈报,任意勒索事主,许事主赴地方审判厅呈告,将捕役人等照恐吓取财例治罪。其该管官失于觉察,及任意纵容者,交部分别议处。

现行刑律案语

原例(略)

臣等谨按:此条系雍正十一年〔1733〕定例。今昔官制不同,应将"五城"改为"京城","内、外巡警厅"并添入"步军统领衙门番役"一项,俾昭完备。谨将修改例

文,开列于后。

〇修改

一、京城内、外巡警厅巡警,大、宛两县及五营、内务府捕役,并步军统领衙门番役,拿获窃贼者,俱限即日禀报本管官。如晚间拿获,限次早禀报。该管官讯明被窃情由,将事主年貌、姓名、住址及所失赃物,详记档案,即令事主回家,不必一同解送。如赃物现获,即出示令事主认领。倘不法捕役及巡捕人等,违限不行呈报,任意勒索事主,许事主赴都察院呈告,将捕役人等照恐吓取财例治罪。其该管官有失于觉察,及任意纵容者,交部分别议处。

会奏修改各条

原修改例文(略)

谨按:此条许事主赴都察院呈告,系沿从前五城旧制。现在各级审判厅以次设立,京控之案,概不归行政衙门审理。则此项惩治捕役之事,更无须在都察院呈控。拟请将例内都察院改为地方审判厅,以昭画一。谨将修改例文,开列于后。

〇修改(略)

大清律例

6.18.269.(4)〔捕役私自搜赃中饱〕

现行刑律

18.232.(2)〔捕役私自搜赃中饱〕

一、直省州县,拿获窃盗到案,取具确供,计赃在五十两以上者,即同捕官带同捕役,搜验原赃,给主收领;如赃在四十两以下,捕官带同捕役,前往搜验。如州县、捕官听捕役私自搜赃,以致中饱者,除捕役与窃盗同科外,将该州县、捕官,照失察捕役为盗例议处。

大清律例

6.18.269.(28)〔各省营镇责成将备缉贼及营员会同质审〕

现行刑律

18.232.(3)〔各省营镇责成将备缉贼及营员会同质审〕

一、各省营镇,责成将备,督率兵弁,侦缉贼匪。其缉获之贼,送县审究。如贼犯到县狡供翻异,许会同原获营员质审。如系良民被诬,并无赃、证,兵丁、营员,照例分别议处、治罪。若地方官果能将捕役豢纵之处,审查究拟,免

其失察处分。仍将获贼之弁兵，计赃案多寡，分别奖励。

现行刑律案语

原例

6.18.269.(4)〔捕役私自搜赃中饱〕(略)

6.18.269.(28)〔各省营镇责成将备缉贼及营员会同质审〕(略)

○仍旧

臣等谨按：以上二例，均仍其旧，理合陈明。

大清律例	现行刑律
6.18.269.(5)〔拿获窃犯供出邻省邻邑之案〕	18.232.(4)〔拿获窃犯供出邻省邻邑之案〕
一、拿获窃盗，承审官即行严讯。除赃至满贯，及三犯计赃五十两以上，律应拟绞者，俱即归犯事地方完结外，若审出多案，应照积匪猾贼例拟遣者，其供出邻省、邻邑之案，承审官即行备文，专差关查。若赃证俱属相符，毫无疑义，即令拿获地方迅速办结，毋庸将人犯再行关解别境。倘或赃供不符，首从各别，必应质讯，或邻境拿获人众，势须移少就多者，承审官即将必应移解质审缘由，详明各该上司，佥差妥役，将犯移解邻邑，从重归结。如有借端推诿，及删减案情，希图就事完结者，即将原审之州县官分别参处。	一、拿获窃盗，承审官即行严讯。除赃至五百两，及三犯流罪，律应拟绞者，俱即归犯事地方完结外，若审出多案，系积匪猾贼，计赃罪应拟遣者，其供出邻省、邻邑之案，承审官即行备文，专差关查。若赃证俱属相符，毫无疑义，即令拿获地方迅速办结，毋庸将人犯再行关解别境。倘或赃供不符，首从各别，必应质讯，或邻境拿获人众，势须移少就多者，承审官即将必应质审移解缘由，详明各该上司，佥差妥役，将犯移解，从重归结。如有借端推诿，及删减案情，希图就事完结者，即将原审官分别参处。

现行刑律案语

原例(略)

臣等谨按：此条系乾隆三十三年〔1768〕定例，专为积匪猾贼犯非一处而设。惟臣等现修律例，拟将律文“一百二十两以上，绞监候”，改为“五百两以上，方拟绞候”，其“三犯，不论赃数，绞候”，照《唐律》改为“三犯流者，绞监候”，并将积匪猾贼计次例文，改用《唐律》累倍之法，并计各次赃数折半科罪，均于彼条按语内详晰声明。此例“赃至满贯”句应改为“赃至五百两”，“三犯计赃五十两以上”句应改为“三

犯流罪”，“应照积匪猾贼拟遣者”句应改为“系积匪猾贼计赃罪，应拟遣者”，以免歧异。“之州县”三字并行节删。谨将修改例文，开列于后。

〇修改

一、拿获窃盗，承审官即行严讯。除赃至五百两及三犯流罪，律应拟绞者，俱即归犯事地方完结外，若审出多案，系积匪猾贼，计赃罪应拟遣者，其供出邻省、邻邑之案，承审官即行备文，专差关查。若赃证俱属相符，毫无疑义，即令拿获地方迅速办结，毋庸将人犯再行关解别境。倘或赃供不符，首从各别，必应质讯。或邻境拿获人众，势须移少就多者，承审官即将必应质审移解缘由，详明各该上司，佥差妥役，将犯移解邻邑，从重归结。如有借端推诿，及删减案情，希图就事完结者，即将原审官分别参处。

大清律例

6.18.269.(17)〔兵役人等犯窃及豢养包庇窃贼劫匪窝家〕

一、凡捕役、兵丁、地保等项在官人役，有稽查缉捕之责者，除为匪及窝匪本罪应拟斩、绞、外遣，各照本律本例定拟外，如自行犯窃，罪应军、流、徒、杖，无论首从，各加枷号两个月，兵丁仍插箭游营。若勾通、豢养窃贼，及抢劫各匪，坐地分赃，或受贿包庇窝家者，俱实发云贵、两广极边烟瘴充军。倘地方员弁，平时不行稽察，或知风查拿，有意开脱，不加严究，止以借端责革，照不实力奉行稽查盗贼例交部议处。至别项在官人役，尚无缉捕稽查之责者，如串通窝顿窃匪，贻害地方，亦各于应得本罪上加一等治罪。

现行刑律

18.232.(5)〔兵役人等犯窃及豢养窝顿包庇窃贼劫匪窝家〕

一、凡捕役、兵丁、地保等项在官人役，有稽查缉捕之责者，除为匪及窝匪本罪应拟斩、绞、外遣，各照本律本例定拟外，如自行犯窃，罪应流、徒、工作者，无论首从，各加本罪二等。若勾通、豢养窃贼，坐地分赃，或受贿包庇窝家者，不计赃数，亦不论人数多少，俱实发烟瘴地方安置。地方官弁如能究出豢养、包庇等情，认真办理者，交部从优议叙。至别项在官人役，尚无缉捕稽查之责者，如串通窝顿窃匪，贻害地方，亦各于应得本罪上加一等治罪。

现行刑律案语

原例(略)

臣等谨按：此例原系三条，雍正、乾隆年间纂定，道光年间修并为一。惟现在废除枷号，既未便照章罚金，若径改作工二十日，亦嫌轻纵，拟将首从各犯各加本罪二等，较为平允。至插箭游营，虽系旧日军法，究近肉刑，现在陆军部另订新章，此等旧制业已废除，本律更未宜袭用，拟将“兵丁仍插箭游营”七字删去。再，此等案情颇

多，而照例定拟者百无一二，皆缘官弁图避处分，曲为讳饰所致，拟删去“处分”一层，并增入优奖，庶办理或可认真，不致视为具文。充军亦应改为安置。谨将修改例文，开列于后。

〇修改(略)

大清律例

6.18.269.(15)〔两广等省匪徒明知窃情表里为奸勒赎事主者〕

一、两广、两湖及云贵等省，凡有匪徒明知窃情，并不帮同鸣官，反表里为奸，逼令事主出钱赎赃，俾贼匪获利，以至肆无忌惮，深为民害者，照为贼探听事主消息，通线引路者照强盗窝主不行又不分赃杖流律减一等，杖一百、徒三年。如有贪图分肥，但经得赃者，不论多寡，即照强盗窝主律，杖一百、流三千里。

现行刑律

18.232.(6)〔匪徒明知窃情表里为奸勒赎事主〕

一、匪徒明知窃情，并不帮同鸣官，反表里为奸，逼令事主出钱赎赃，俾贼匪获利，以致肆无忌惮，深为民害者，照窃盗为从律，减本犯一等治罪。

现行刑律案语

原例(略)

臣等谨按：此条系乾隆四十五年〔1780〕定例，不论赃之多少，一律拟以流徒。设本犯赃轻，止拟杖罪，反将逼令赎赃之犯拟以徒流，轻重殊嫌倒置，所有例内“照为贼探听消息、通线引路及贪图分肥”各层均应节去，改“照窃盗为从律，减本犯一等治罪”。再此等情形各处皆有，不止湖、广等省为然，应即改为通例，俾资引用。谨将修改例文，开列于后。

〇修改(略)

大清律例

6.18.269.(32)〔窃贼结伙持械分别三人十人问拟军徒〕

一、寻常窃盗，除并无伙众持械，及虽伙众持械，而赃至满贯，罪无可加，或犯该军、流、发遣者，均仍照律例办理外，其有纠伙十人以上，但有一人执持

现行刑律

18.232.(7)〔窃盗纠伙持械分别十人三人问拟〕

一、窃盗伙众持械赃至满贯，罪无可加，或犯该流、遣者，均仍照律例办理外，其有纠伙十人以上，但有一人执持器械者，不计赃数、次数，为首发烟瘴地

器械者，不计赃数、次数，为首之犯实发云贵两广极边烟瘴充军，为从杖一百、徒三年。若纠伙十人以上，并未持械，及纠伙三人以上，但有一人持械者，不计赃数、次数，为首之犯杖一百、徒三年，为从杖九十、徒二年半。如行窃未得财，各于军、徒罪上递减一等问拟。俟数年后此风稍息，奏明仍复旧例。

方安置，为从徒三年。若纠伙十人以上，并未持械，及纠伙三人以上，但有一人持械者，不计赃数、次数，为首徒三年，为从徒二年半。如行窃未得财，为首徒一年，为从工作十个月。

现行刑律案语

原例（略）

臣等谨按：此条系咸丰元年〔1851〕定例，以人数之多少，分罪名之轻重，虽非古法，惟沿用已久，未便骤废，应照章改“充军”为“安置”，并删杖罪。至“行窃未得财，各于军徒罪上仅减一等”，殊嫌过重，拟改为“为首者，徒一年，为从工作十个月”，以昭平允。谨将修改例文，开列于后。

○修改

一、寻常窃盗，除并无伙众持械，及虽伙众持械，而赃至满贯，罪无可加，或犯该流、遣者，均仍照律例办理外，其有纠伙十人以上，但有一人执持器械者，不计赃数、次数，为首之犯，发烟瘴地方安置；为从，徒三年。若纠伙十人以上，并未持械，及纠伙三人以上，但有一人持械者，不计赃数、次数，为首之犯，徒三年，为从徒二年半。如行窃未得财，为首徒一年，为从工作十个月。俟数年后此风稍息，奏明仍复旧例。

核订现行刑律

原修改例文（略）

谨按：寻常窃盗，并无伙众持械，既照律例办理自可，毋庸声明。例末“此风稍息，仍复旧例”一层，与此次修律为新律基础之宗旨不合，亦应节删。谨将修改例文，开列于后。

○修改（略）

大清律例

6.18.269.(1)〔偷窃衙署服物〕

一、贼匪偷窃衙署服物，除罪应拟绞，依律定拟外，其余不论初犯、再犯及赃数多寡，俱改发云贵两广极边烟瘴地方充军。若已行而未得财者，照盗仓库

现行刑律

18.232.(8)〔偷窃衙署服物〕

一、贼匪偷窃衙署服物，除计赃一百两以上，仍依律例定拟外，其余不论初犯、再犯及赃数多寡，俱流二千里。若已行而未得财者，徒一年，仍分别首

钱粮未得财例，杖一百、徒三年，仍分别首从问拟。

从问拟。

现行刑律案语

原例（略）

臣等谨按：此条系乾隆二十四年〔1759〕定例。惟查衙署虽系官所，所窃究系私物，若照盗仓库之法，分别拟以军、徒，似嫌太重，拟将“烟瘴军”减为“流二千里”，“满徒”减为“徒一年”。例首除笔亦应修改明晰，以昭赅备。谨将修改例文，开列于后。

〇修改（略）

大清律例

6.18.269.(18)〔窃盗再犯加枷交保管束后复行为窃及行在拿获窃犯〕

一、窃盗再犯，计赃罪应杖六十者，加枷号二十日；杖七十者，加枷号二十五日；杖八十者，加枷号三十日；杖九十者，加枷号三十五日；杖一百者，加枷号四十日，俱交保管束。倘不加禁约，致复行为窃，除原保系父兄子弟人等，仍分别知情、分赃究拟外，其余俱按贼人所犯，罪应杖、笞者，将原保笞四十；徒罪以上者，原保杖八十。知情故纵者，比照窝主不行又不分赃为从论科罪，免刺；受财者，以枉法从重论。至行在拿获窃盗，罪应杖、笞者，枷号一个月，满日杖一百；徒罪以上，仍照本律定拟。

现行刑律

18.232.(9)〔行在拿获窃盗〕

一、行在拿获窃盗，罪应分别工作十个月以下者，均再加工作一个月；徒罪，再加工作两个月；流罪以上，再加工作四个月。

18.232.(10)〔窃盗再犯再加工作及初犯交保管束后复行为窃〕

一、窃盗再犯，计赃罪应工作两个月者，再加工作二十日；应工作四个月者，再加工作二十五日；应工作六个月者，再加工作三十日；应工作八个月者，再加工作三十五日；应工作十个月者，再加工作四十日；罪应徒、流者，五徒俱加工作两个月，三流俱加工作四个月。凡窃盗初犯，治罪释放后，俱交保管束。倘不加禁约，致复行为窃，俱按贼人所犯，罪应工作者，将原保处四等罚；徒罪以上者，原保处十等罚；知情故纵者，比照窝主不行又不分赃为从论科罪；受财者，以枉法从重论。

现行刑律案语

原例(略)

臣等谨按:此例原系五条,系康熙、雍正、乾隆年间纂定后合并为一。惟窃盗笞、杖现章应改工作,寻常枷号应改罚金,例内加枷号各层,固未便仍行折罚,若照章统折工作二十日,亦觉轻重无所区分,应照原定枷号日数改为工作日数,于本例笞、杖改归按月工作之下,再行分别叙明,俾昭平允。交保管束当在初犯决释之时,应于例内添叙明晰。再杖罪加重而徒罪不加,未免轻重失宜,应递行增入。刺字照章删去。原保笞、杖与窃盗不同,应仍遵章罚金,改为依数分等处罚。至"行在拿获窃盗"罪名加重,并非因再犯而设,应分出另为一条,以免混淆。谨将分改例文二条,开列于后。

○修改

18.232.(9)〔行在拿获窃盗〕(略)

18.232.(10)〔窃盗再犯再加工作及初犯交保管束后复行为窃〕(略)

大清律例

6.18.269.(10)〔窃盗三犯按第三次犯窃赃数分别定拟〕

一、窃盗三犯,应按其第三犯窃赃多寡,照定例分别军、流、遣、绞,毋得将从前初犯、再犯业已治罪之赃通算,以致罪有重科。

现行刑律

18.232.(11)〔窃盗三犯按第三次犯窃赃数计算〕

一、窃盗三犯,应按其第三犯窃赃多寡计算,毋得将从前初犯、再犯业已治罪之赃通算,以致罪有重科。

现行刑律案语

原例(略)

臣等谨按:窃盗三犯计赃科罪之例,此次已经酌改罪名,不止军、流、遣、绞之分,此条所称"分别军、流、遣、绞"等语,应即节删。谨将修改例文,开列于后。

○修改(略)

大清律例

6.18.269.(29)〔窃盗三犯按赃数分别绞遣军流〕

一、窃盗三犯,除赃至五十两以上,照律拟绞外,其五十两以下至三十两者,改发云贵两广极边烟瘴充军;三十两以下至十两以上者,改发边远充军;

现行刑律

18.232.(12)〔窃盗三犯分别原犯定拟〕

一、凡窃盗三犯,除罪均应流者,仍照律拟绞外,如原犯系徒、流以上罪名,俱照徒流人又犯罪例定拟。如原犯系工作罪名,仍计赃科罪,应工作者,于本罪上加二等定拟;应徒流者,加监禁半

如银不及十两、钱不及十千者，俱杖一百、流三千里。

年；应安置者，加监禁一年；罪犯应死者，依本律本例定拟。

现行刑律案语

原例（略）

臣等谨按：此条专为严惩窃盗三犯而设。惟鼠窃计赃，古无死罪，现值轻减刑章，矜恤庶狱，臣等此次修改律例，已将窃盗本律“计赃一百二十两以上，绞候”一层，改为“五百两，方拟绞候”，将“三犯不计赃数，绞候”一语，依《唐律》改为“三犯流罪者，绞”，以期与古法不甚悬绝。此例三犯窃赃五十两以上拟绞，五十两以下拟以遣流，在三犯赃罪均重者，原不妨办理稍严，若三犯计赃，均不过枷杖罪名一例，拟以遣流，殊嫌太重，拟改为“窃盗三犯，除罪均应流者，仍照律拟绞外，如原犯系徒、流以上罪名，即照徒流人又犯罪条例科断。如原犯系工作罪名，仍计赃科罪，应工作者，于本罪上加二等定拟；应徒、流者，加监禁半年；应安置发遣者，加监禁一年；罪犯应死者，依本律本例定拟”，庶情法各得其平。谨将修改例文，开列于后。

○修改（略）

大清律例

6.18.269.(24)〔积匪猾贼〕

一、积匪猾贼，为害地方，审实，不论曾否刺字，改发云贵两广极边烟瘴充军。

6.18.269.(26)〔未免并计问拟军流徒罪窃犯在配释回复犯〕

一、未经得免并计之犯，因窃问拟军、流、徒罪，在配释回，不知悛改，如为首纠伙叠窃至四次，或虽未纠伙，而被纠叠窃及独窃至六次者，并初犯、再犯之贼，为首纠窃至六次，或未纠伙，而被纠叠窃及独窃至八次者，均照积匪猾贼例拟军。其未经得免并计之犯，因窃问拟军、流、徒罪，在配释回，为首纠窃三次，或被纠叠窃及独窃四次，并初犯、再犯之贼，为首纠窃四次，或被纠叠窃及独窃六次，同时并发者，均照积匪猾贼

现行刑律

18.232.(13)〔行窃五次以下同时并发计赃以一主为重六次以上并计折半〕

一、窃盗行窃五次以下同时并发者，仍依律计赃，以一主为重，分别首从定拟。至六次以上同时并发者，即属积匪猾贼，无论独窃、伙窃，均并计各次赃数，折半科罪；如内有一主之赃重于并赃折半，及再犯、三犯本罪重者，仍各从重论。

例量减一等,拟以满徒。其三犯及计赃重者,仍按各本例从其重者论。

现行刑律案语

原例

6.18.269.(24)〔积匪猾贼〕(略)

6.18.269.(26)〔未免并计问拟军流徒罪窃犯在配释回复犯〕(略)

臣等谨按:以上二例,前条言积匪猾贼之罪名,后条定积匪猾贼之差等,无非为严惩怙恶不悛起见。惟窃盗计赃科罪,本一定不易之法,今不计赃而计次,显与律意不符,容有奸猾巨匪,次数较少而赃数甚多者,亦有掏摸小窃次数虽多,而赃数甚少者,一例科断,岂能得情法之平?自非参用古法,不足以救其失。溯查《唐律》,以赃致罪频犯者,并累科,若罪法不等者,即以重赃并满轻赃各倍论。注云:累,谓止累见发之赃;倍,谓二尺为一尺。又《疏议》云:其有于一家频盗,及一时而盗数家者,并累而倍论,若有一处赃多,累倍不加重者,止从一重而断,其倍赃依例总征各等语。其法系累计所得之赃而倍折之,核与计赃科罪之通例,适相符合,虽不计次数,而次数已在其中。其一处赃多,累倍不加重者,止从一重而断,亦仍不失一主为重之义。本此法以定专条,情法既平,例文亦简,至后条所称"得免并计""未经得免并计"两层,均指因窃问拟军、流、徒罪之犯在配释回复犯而言,应将此层提出,纂入"窃盗三犯"条内,毋庸于此处挽列。谨将修并例文,开列于后。

〇修并(略)

大清律例	现行刑律
6.18.269.(13)〔父兄不能禁约子弟为窃盗及知情分赃〕	18.232.(14)〔窃盗同居父兄伯叔知情分赃及得财不知情〕
一、凡窃盗同居父、兄、伯叔与弟,知情而又分赃者,照本犯之罪减二等;虽经得财,而实系不知情者,减三等。父兄不能禁约子弟为窃盗者,笞四十。	一、凡窃盗同居父、兄、伯叔,知情而又分赃者,照本犯之罪减二等;虽经得财,而实系不知情者,减三等。

现行刑律案语

原例(略)

臣等谨按:此条因窃盗同居之父兄等,均有约束子弟之责,今不能约束,而反分赃,故应从严科罪。惟窃盗之弟分属卑幼,既无禁约尊长之权,又有干犯名义之责,其势不能与父兄同论。例内"与弟"二字似应删去,例末"父兄笞四十"一层已经奏准宽免,亦应节删。谨将修改例文,开列于后。

○修改（略）

大清律例	现行刑律
6.18.269.(14)〔事主追捕窃盗失足身死及失财自尽〕	18.232.(15)〔事主追捕窃盗失足身死及失财自尽〕
一、窃盗逃走，事主仓皇追捕，失足身死，及失财窘迫，因而自尽者，除拒捕伤人，及赃银数多，并积匪三犯等项，罪在满徒以上，仍照律例从重治罪外，如赃少罪轻，不至满徒者，将贼犯照因奸酿命例，杖一百、徒三年。	一、窃盗逃走，事主仓皇追捕，失足身死，及失财窘迫，因而自尽者，除拒捕伤人及赃银数多，并积匪三犯等项，罪在满徒以上，仍照律例从重治罪外，如赃少罪轻者，俱徒三年。

现行刑律案语

原例（略）

臣等谨按：此条系因窃酿命照因奸酿命治罪之例。惟因奸酿命条，此次已酌量修改罪名，并非满徒，则此例未便，仍云照彼例治罪，应即改为"赃少罪轻者，俱徒三年"。谨将修改例文，开列于后。

○修改（略）

大清律例	现行刑律
6.18.269.(22)〔抢窃夺掏摸等犯两遇恩赦再犯〕	18.232.(16)〔窃盗抢夺掏摸等犯两遇恩赦再犯〕
一、窃盗、抢夺、掏摸等犯，事犯到官，应将从前犯案次数，并计科罪。若遇恩赦，其从前所犯原案，咸予赦除，免其并计，并免刺字，有犯仍以初犯论。如得免并计之后，再行犯窃，复遇恩赦后，犯案到官，审系再犯、三犯，俱按照初次恩赦后所犯次数并计，照律科罪。若遇清理庶狱恩旨，免罪不免刺者，仍行并计，按照从前次数定拟。	一、窃盗、抢夺、掏摸等犯，事犯到官，应将从前犯案次数，并计科罪。若遇恩赦，其从前所犯原案，在流以上者，罪虽不免，仍得免并计一次；如在徒以下者，咸予赦除，免其并计，有犯均以初犯论。如得免并计之后，再行犯窃，复遇恩赦后，犯案到官，审系再犯、三犯，俱按照初次恩诏后所犯次数并计，照律科罪。若遇清理庶狱恩旨，仍行并计，按照从前次数定拟。

现行刑律案语

原例(略)

臣等谨按:此条系指窃盗、抢夺等犯两遇恩赦而言。查从前恩诏宽大,窃盗三犯拟流,尚得累减释放,即抢夺问拟军、流者,例亦有释回之文。迨后条款节次加严,凡抢窃罪至军、流,概不准援免,则例内所云"若遇恩赦,其从前所犯原案咸予赦除",自必犯在徒以下,方可援照办理,若初犯罪已至流,即无由仰邀赦典,似属偏枯,拟添入"原案在流以上者,罪虽不免,仍得免并计一次",以昭平允。其"免刺、不免刺"二语,应照章节删。谨将修改例文,开列于后。

○修改(略)

条例·删除

大清律例

6.18.269.(2)〔计赃罪应满流改近军〕

一、窃赃数多,罪应满流者,改发附近充军。

删除律例

○删除

大清律例

6.18.269.(6)〔偷窃外国到京贡使人犯〕

一、凡外国进贡使臣到京之时,即令该地方官兵,在各馆门首严加巡查。如遇有偷窃外使人犯,一经拿获,除赃重者仍照律办理外,其罪应杖、刺者,加枷号一个月,枷满之日,照例发落。如外使报窃而贼犯无获,将巡查之兵役杖一百,该地方官交部议处。

删除律例

○删除

大清律例

6.18.269.(7)〔朝鲜使臣来京在途被窃〕

一、朝鲜使臣来京,其随带货物银两,遇有偷窃,将该管地方官及护送官,均照饷鞘被失例严加议处。所失银物,着落地方官并统辖、专管之各上司,按股赔还。仍缉拿偷窃之人,照行窃饷鞘例,计赃从重科断,追赃入官。如来使人等,有借词妄报,滋

生事端情弊，由礼部行知该国王一体治罪。

删除律例

○删除

大清律例

6.18.269.(8)〔湖南湖北等省罪拟杖徒抢窃及兴贩私盐等犯分别加带铁杆石墩〕

一、湖南、湖北两省抢窃及兴贩私盐各犯，并福建、广东二省抢窃匪徒，除罪应军、流以上者，仍按本律本例定拟外，如罪应拟徒之犯，应刺字者先行刺字，毋庸解配，在籍锁带铁杆、石礅五年，湖南、湖北、闽省各犯，罪应拟杖者，亦锁带铁杆、石墩三年；广东省拟杖以下人犯，毋庸锁带。限满开释，分别杖责。如湖南、湖北、闽省各犯，释放后复行犯案，并广东省抢窃匪徒，释后复犯，罪止拟徒者，即于锁带铁杆、石礅年限上递加二年。若犯案三次者，即按例从重问拟。至云南省纠窃不及四次，罪止枷、杖之犯，亦于本地方系带铁杆一年，限满开释，分别枷责，交保管束。如不知悛改，再系一年。倘始终怙恶不悛，即照棍徒扰害例分别严办。该州县每办一案，即录叙全案供招，报明督抚、臬司，按季汇册咨部。如同案人犯，有问军、流以上者，仍专案分别题咨。均于限满开释时，报部查核。若该州县任听书役舞弊朦混，妄及无辜，从严参究。俟数年后此风稍息，仍照旧例办理。

删除律例

○删除

大清律例

6.18.269.(9)〔店家船户等行窃商民及纠匪分赃〕

一、凡店家、船户、脚夫、车夫，有行窃商民，及纠合匪类，窃赃朋分者，除分别首从，计赃照常人科断外，仍照捕役行窃例，各加枷号两个月。

现行刑律案语

○删除

原例(略)

臣等谨按：此条系乾隆二年〔1737〕定例，原为严惩店家、船户人等而设。惟新章工作之法，已视旧法为重，若仍照捕役行窃例治罪，未免过严，此例应请删除。

大清律例

6.18.269.(11)〔丢包诓取财物〕

一、奸匪伙众丢包,诓取财物,照白昼抢夺人财物律治罪,刺字。赃至一百二十两以上,拟绞监候。如有拒捕杀伤人者,亦照贼犯抢窃之例,将地方官扣限查参。

现行刑律案语

○删除

原例(略)

臣等谨按:此条系乾隆二十三年〔1758〕定例。事非抢夺而以抢夺科断,名义本属不符,且遇事编例名目繁琐,此等案情自应随时酌核。如事与抢夺无异,自有本律可循,若仍系诓取,或情节较重,亦自有"诈欺诓骗"律及"恐吓取财"门各条例,足资引用。此例拟即删除。

大清律例

6.18.269.(12)〔旗人及旗下家奴肆行偷窃〕

一、凡旗人及旗下家奴,肆行偷窃,犯罪至发遣以上者,将失察旗人为窃之该管官,及失察家奴为窃之家主,俱照旗人为盗例交部分别议处。若能于事未发觉之前,自行查出送部治罪者,免议。

删除律例

○删除

大清律例

6.18.269.(16)〔随驾官员之跟役偷盗马匹器械逃回及官兵失察过关〕

一、随驾官员之跟役,无论奴仆、雇工,如有偷盗马匹、器械逃回者,拟绞监候。其不曾偷盗马匹、器械逃回之跟役,系奴仆,讯问伊主情愿领回者,鞭一百、刺字,给主领回;不愿领回者,发各省驻防给官员、兵丁为奴。若系雇工,其所雇系旗下家奴,枷号三个月,鞭一百、刺字,交还本主。如所雇系民人,刺字,解回原籍,杖一百、徒三年。仍向各犯家属,及中保人等,追出原雇价值,给还原主。至在逃跟役,令各该关津严行查拿。如失察过关,将该汛官兵,照失察逃人例加等治罪。

现行刑律案语

原例(略)

臣等谨按：此条系乾隆八年〔1743〕定例，三十二年〔1767〕、五十三年〔1788〕及嘉庆十八年〔1813〕改定。查奴仆、雇工均包括于跟役之内，自毋庸强为区别，所有例首“无论奴仆、雇工”句应删。例内“偷窃马匹、器械逃回，拟绞”，原以马匹等系随员需用要件，一经被窃，必致误差，并不在赃数多寡也，应将此层添入“其不曾偷盗马匹、器械”，下亦应添“仅止”二字，以示明晰。至奴仆以伊主愿领与否分别鞭刺及发驻防为奴，罪名既相悬绝，而雇工系家奴，则拟枷责、刺字；系民人，则拟递籍杖、徒，轻重亦觉失当。现在满汉不分畛域，刺字及徒罪附杖，照章均已废除，似应将“区分旗、民”及“枷、刺”各层，全行节删，一律拟以满徒，并将“犯属及保人追价给主”等语节去，较为平允。例末“在逃跟役，各该关津失察，将该汛官兵照失察逃人例加等治罪”等语，并未见治罪专条，似不如一并删去。再，例系因行营事务而设，应移入“从征守御官军逃”门，俾归一类。谨将移改例文，开列于后。

〇移改

军政 · 从征守御官军逃

一、随驾官员之跟役，如有偷盗马匹、器械逃回者，不论赃数多寡，拟绞监候。其不曾偷盗马器械，仅止逃回之跟役，徒三年。

核订现行刑律

〇删除

原移改例文(略)

谨按：行围巡幸地方，偷窃官员马匹，“盗马牛畜产”门已有专条。其偷窃官员器械，亦可比照偷窃衙署例，酌量问拟，至“不曾伦窃，私行逃回”一层，原以从前旗下逃人定罪甚严，故连类叙入，现在情形不同，应请删除。

大清律例

6.18.269.(19)〔现任官员出使赴任及接送眷属被窃财物〕

一、凡现任官员，奉差出使、赴任赴省，及接送眷属，乘坐船只、住宿公馆，被窃财物，除赃逾满贯，仍依例定拟外，其余各计赃照寻常窃盗例加一等，分别首从治罪。若寓居里巷民房，及租赁寺观店铺，与齐民杂处，贼匪无从辨识，乘间偷窃者，仍依寻常窃盗例办理。

现行刑律案语

〇删除

原例(略)

臣等谨按：此条系乾隆五十三年〔1788〕定例。既有偷窃衙署加重之条，又添此例，殊嫌繁琐，拟即删除。

大清律例

6.18.269.(20)〔旗人初犯窃〕

一、凡旗人初次犯窃,即销除旗档。除犯该徒罪以上者,即照民人一体刺字、发配外,如罪止笞、杖者,照律科罪,免其刺字。后再行窃,依民人以初犯论。其有情同积匪,及赃逾满贯者,该犯子孙,一并销除旗档,各令为民。除满贯之案,于题本内声明外,余俱按季汇题。

满汉通行刑律

○删除

谨按:此条系旗人初次犯窃之例,仅予销档、免刺,不与民人一体定拟,殊属参差,似应删除。

大清律例

6.18.269.(21)〔得免并计问拟军流徒罪窃犯在配释回复犯〕

一、窃盗于得免并计之后,因窃问拟军、流、徒罪,在配释回,复行犯窃,如止一二次同时并发者,按照得免并计后犯窃到官次数,分别初犯、再犯、三犯科罪。若不知悛改,连窃三次以上,同时并发者,照积匪猾贼例定拟。

现行刑律案语

○删除

原例(略)

臣等谨按:此条专为因窃问拟军、流、徒罪,在配释回复行窃至三次以上者而设。窃盗不计赃而计次,本非律意。臣等此次修改例文,已拟将本门"积匪猾贼计次科罪"条,参用《唐律》累倍之法,不复以次数计,其问拟徒流安置工作限满后复行犯窃,业于"徒流人又犯罪"门纂有通例,足资援引。此条拟即删除。

大清律例

6.18.269.(23)〔窃盗两邀恩典再犯〕

一、窃盗恭遇恩诏得免并计后,三犯拟流,复遇恩赦,累减释放。如再犯窃,仍以三犯科断。

现行刑律案语

○删除

原例(略)

臣等谨按：窃盗三犯，原例赃数至轻者，亦系满流。此次修改律例，已将彼条酌量减轻，并不概拟流罪，与此条“三犯拟流”一语，已不相符。且现行章程，凡抢窃罪在军、流以上者，逢恩，概不准援免。是窃盗拟流，并无累减释放之犯，此条无关引用，拟即删除。

大清律例

6.18.269.(25)〔山东及安徽省罪应枷杖窃犯如有携带铁枪及倚众拒伤等情加系铁杆〕

一、山东省窃贼，如有携带铁枪、流星、刀剑等物，及倚众叠窃，并凶横拒捕伤人，本罪止于枷、杖者，酌加锁带铁杆、石墩一、二年。如能悔罪自新，或有亲族、乡邻保领者，地方官查实，随时释放，仍令该州县报明院司察考。至安徽省罪止枷、杖情节较重之窃盗，亦照此例加系铁杆。倘数年后此风稍息，奏明仍照旧例办理。

删除律例

○删除

大清律例

6.18.269.(27)〔四川陕西等省结伙携械绺窃罪应杖徒匪徒分别加带铁杆石墩巨石〕

一、四川、陕西及甘省附近川境巩昌府属之洮州、岷州、西和，并秦州、阶州及所属秦安、清水、徽县、礼县、两当、文县、成县、三岔、白马关各厅州县匪徒，携带刀械绺窃之案，如结伙三人以上，绺窃赃轻，及结伙不及三人，而讯系再犯，带有刀械，按窃盗本例应拟徒罪者，枷号三个月，满日责四十板，系带铁杆、石礅三年；应拟杖罪者，枷号两个月，满日责四十板，系带铁杆、石礅二年。其并未窃物分赃，而随行服役，及带刀到处游荡者，枷号一个月，满日责四十板，系带铁杆、石礅一年。释放时，仍照例分别刺字、免刺。如不知悛改，复敢带杆滋扰，或毁杆潜逃，持以逞凶拒捕，除实犯死罪外，其余罪应军、流者，均于本罪上加一等，仍加枷号两个月；罪应拟徒者，以大链锁系巨石五年；罪应拟杖者，锁系巨石三年。限满果能悔罪自新，或有亲族、乡邻甘结保领，地方官查实，随时开释详报。倘释放后复敢带刀逞凶，讹诈绺窃，即锁系巨石，不拘限期。仍令该州县报明院司查核，按季汇册报部。如有妄拿无辜，锁系巨石者，该管上司访察严参。俟数年后此风稍息，仍复旧例办理。

删除律例

○删除

大清律例

6.18.269.(30)〔回民结伙持械及徒手行窃〕

一、回民行窃,除赃数满贯,罪无可加,及无伙众持械情状者,均照律办理外,其结伙三人以上,但有一人执持器械,无论绳鞭、小刀、棍棒,俱不分首从,不计赃数、次数,改发云贵两广极边烟瘴充军。若结伙虽在三人以上,而俱徒手行窃者,于军罪上减一等,杖一百、徒三年。结伙十人以上,虽无执持器械,而但行窃者,仍照三人以上执持器械之例拟军。如行窃未得财,各于军、徒罪上减一等问拟。

现行刑律案语

〇删除

原例(略)

臣等谨按:此条系乾隆二十七年〔1762〕定例,嘉庆、道光年间修改。原系严惩回民之意,现在民人条例迭经改重,彼此大略相同,惟首从稍为分别,似毋庸另立专条,拟即删除。

大清律例

6.18.269.(31)〔直隶省寻常窃盗依初犯再犯次数人数有无结伙持械加枷或加带铁杆〕

一、直隶省寻常窃盗,除计赃、计次罪应遣、军、流、徒,并初犯行窃不及四次,再犯不及三次,罪止杖、枷,讯无结伙携带凶器刀械者,仍各依本律例问拟外,如初犯、再犯,纠伙四名以下,并带器械者,各于所犯本罪上加枷号一个月;如初犯行窃四次以上,再犯三次以上,结伙已有四名,并持有凶器刀械,计赃罪止杖、枷者,于责、刺后加系带铁杆一枝,以四十斤为度,定限一年释放。如初犯系带铁杆,限满释放后,再行犯窃,计赃罪止杖、枷者,仍系带铁杆一年释放。若抢窃犯案拟徒,于到配折责后,锁带铁杆,徒限届满,开释递籍。如在配脱逃被获,讯无行凶为匪,仍发原配,从新拘役,锁带铁杆。其因抢窃拟徒,限满释回后,复行犯窃,罪止杖、枷者,无论次数、有无结伙携械,于责、刺后系带铁杆二年释放。倘不悛改,滋生事端,再系一年释放。此后盗风稍息,该督察看情形,奏明仍照旧例办理。

删除律例

〇删除

6.18.270盗马牛畜产 / 18.233盗马牛畜产

律文·修改

大清律例

6.18.270.1凡盗民间马、牛、驴、骡、猪、羊、鸡、犬、鹅、鸭者，并计所值之赃，以窃盗论。若盗官畜产者，以常人盗官物论。○6.18.270.2若盗马、牛兼官、私言。而杀者，不计赃，即杖一百、徒三年；驴、骡，杖七十、徒一年半。若计赃并从已杀计赃。重于徒三年、徒一年半本罪者，各加盗窃盗、常人盗。罪一等。

现行刑律

18.233.1凡盗民间马、牛、驴、骡、猪、羊、鸡、犬、鹅、鸭者，并计所值之赃，以窃盗论。若盗官畜产者，以常人盗官物论。○18.233.2若盗马、牛兼官、私言。而杀者，不计赃，即徒三年；驴、骡，徒一年半。若计赃并从已杀计赃。重于徒三年、徒一年半本罪者，各加盗窃盗、常人盗罪一等。

现行刑律案语

原律(略)

臣等谨按：此仍《明律》。现在徒罪附杖，业经奏准删除，律内“杖一百”“杖七十”，均应照章节删。谨将修改律文，开列于后。

○修改(略)

条例·修改、仍旧

大清律例

6.18.270.(1)〔盗御马〕

一、凡盗御用郭什哈马者，首犯拟绞立决，从犯拟绞监候。不论已宰、未宰，均照此例办理。盗多罗马者，枷号六个月，发边远充军。盗驽马者，枷号三个月，发近边充军。牧马官兵盗卖者罪同。

现行刑律

18.233.(1)〔盗御马〕

一、凡盗御用郭什哈马者，首犯拟绞监候，从犯拟发极边足四千里安置。不论已宰、未宰，均照此例办理。盗多罗马者，流三千里。盗驽马者，流二千五百里；为从各徒三年。牧马官兵盗卖者罪同。

现行刑律案语

原例(略)

臣等谨按：此系明例，雍正、嘉庆年间修改。查盗窃御马，旧例本系军罪，后改绞决，似嫌太严，应酌改为绞候，从犯亦应改为极边安置，以昭平允。至盗多罗马及驽马，无从犯罪名，应添入“于为首罪上减徒”。枷号酌删。边远、近边充军，均分别改

流。谨将修改例文，开列于后。

〇修改（略）

大清律例

6.18.270.(7)〔行围巡幸地方偷窃马匹〕

一、行围巡幸地方，如有偷窃马匹者，不分蒙古、民人，五匹以上，拟绞立决；三匹至四匹者，即发云贵两广烟瘴地方；一、二匹者，发湖广、福建、江西、浙江、江南等处充军，俱交驿地当苦差。为从及知情故买者，系民人，减本犯一等；系蒙古，仍照蒙古例办理。

现行刑律

18.233.(2)〔行围巡幸地方偷窃马匹〕

一、行围巡幸地方，如有偷窃扈从、官员、兵役人等马匹者，不分蒙古、民人，五匹以上，拟绞监候；三匹至四匹者，发烟瘴地方安置；一、二匹者，发极边足四千里安置。为从及知情故买者，减本犯一等治罪。

现行刑律案语

原例（略）

臣谨按：此条系乾隆二十四年〔1759〕定例，因巡幸之地马匹关系甚重，是以治罪较寻常官马加严，应于例首添入"扈从官员、兵役人等"数字，以醒眉目。绞决究嫌过重，业于上条"盗郭什哈马"例内叙明，此例亦应酌改为绞候。充军照章改为安置，并将蒙民分别治罪之处，改归一律，俾免参差。谨将修改例文，开列于后。

〇修改（略）

大清律例

6.18.270.(11)〔盗牛〕

一、凡盗牛一只，枷号一个月、杖八十；二只，枷号三十五日、杖九十；三只，枷号四十日、杖一百；四只，枷号四十日、杖六十、徒一年；五只，枷号四十日、杖八十、徒二年；五只以上者，枷号四十日、杖一百、徒三年；十只以上，杖一百、流三千里；二十只以上，不计赃数多寡，拟绞监候。其虽在二十只以下，除计赃轻者分别枷、杖、徒、流外，如计赃至一百二十两以上者，仍照律拟绞监候。盗杀者，枷号一个月，发附近充军。俱照

现行刑律

18.233.(3)〔盗牛〕

一、凡盗牛者，计赃，各于窃盗本罪上加一等定拟；至死者，仍依常律。盗杀者，流二千里。其窝家知情分赃者，与盗同罪；知情不分赃者，工作十个月。

窃盗例刺字。其窝家知情分赃者，与盗同罪；知情不分赃者，杖一百。

现行刑律案语

原例（略）

臣等谨按：窃盗计赃科罪，此通例也。“盗马牛畜产”律亦计赃科罪，并无计只科罪之法，此例因盗牛而加重改为计只，旋又计赃，错杂如此，殊于律法不合。且牛以只计，而别项牲畜，例内未经载明以只计者，自不得不仍以赃数计，今设有贼于此偷窃一主之物，内有牛只又有别项牲畜，其应如何计算，殊难定拟。又设有两贼各盗一牛，一大而肥，其值贵；一小而瘠，其值贱，而论罪毫无区别，亦岂情法之平？似不如仍依律计赃最为允当。若因关系耕作，应较别项赃物加严，即于窃盗本罪上加一等定拟，仍声明“至死者，依常律”，亦属简而易行。附近军照章改为“流二千里”。“杖一百”罪名应改为“工作十个月”。谨将修改例文，开列于后。

○修改（略）

大清律例

6.18.270.(10)〔民人蒙古番子偷窃四项牲畜〕

一、民人、蒙古、番子偷窃四项牲畜，以蒙古、内地界址为断。如在内地犯窃，即照刑律计赃分别首、从办理。若民人及打牲索伦、呼伦贝尔旗分另户，在蒙古地方，并青海、鄂尔多斯、阿拉善毗连之番地，以及青海等处蒙古、番子互相偷窃者，俱照蒙古例分别定拟。仍各按窃盗本例刺字。

现行刑律

18.233.(4)〔民人蒙古番子偷窃四项牲畜〕

一、民人、蒙古、番子偷窃四项牲畜，以蒙古、内地界址为断。如在内地犯窃，即照刑律计赃分别首、从办理。若民人及打牲索伦、呼伦贝尔旗分另户，在蒙古地方，并青海、鄂尔多斯、阿拉善毗连之番地，以及青海等处蒙古、番子互相偷窃者，俱照蒙古例分别定拟。

现行刑律案语

原例（略）

臣等谨按：此条系乾隆年间定例，例末“仍各按窃盗本例刺字”，应照章删除。谨将修改例文，开列于后。

○修改（略）

大清律例

6.18.270.(12)〔窃盗蒙古四项牲畜〕

一、偷窃蒙古牛、马、驼、羊四项牲畜，每羊四只，作牛、马、驼一只计算。如数至三十匹以上者，不分首从，拟绞监候，秋审时，将首犯拟入情实，从犯俱拟缓决，秋审减等时，发遣云贵两广烟瘴地方；其为从，未经同行，仅于窃后分赃者，减发云贵两广烟瘴地方。二十匹以上者，首从俱拟绞监候，秋审时将首犯入于情实；为从同窃分赃者，入于缓决，秋审减等时，减发山东、河南等处；其虽曾共谋，未经同行，仅于窃后分赃者，减发湖广、福建等处。十匹以上者，首犯拟绞监候，秋审时入于缓决，减等时，减发云贵两广烟瘴地方；为从同窃分赃者，发云贵两广烟瘴地方；其虽曾共谋，未经同行，仅于窃后分赃者，减发山东、河南等处。六匹至九匹者，首犯发云贵两广烟瘴地方；为从同窃分赃者，发湖广、福建、江西、浙江、江南；其虽曾共谋，未经同行，仅于窃后分赃者，鞭一百。三匹至五匹者，首犯发湖广、福建、江西、浙江、江南；为从同窃分赃者，发山东、河南；其虽曾共谋，未经同行，仅于窃后分赃者，鞭一百。一、二匹者，首犯发山东、河南；为从同窃分赃者，鞭一百；其虽曾共谋，未经同行，仅于窃后分赃者，鞭九十。窃羊不及四只者，首犯鞭一百；为从同窃分赃者，鞭九十；其虽曾共谋，未经同行，仅于窃后分赃者，鞭八十。以上应行发遣及减发各犯，俱交驿地充当苦差，毋庸佥妻发配；应鞭责者，蒙古照拟鞭责，民

现行刑律

18.233.(5)〔窃盗蒙古四项牲畜〕

一、偷窃蒙古牛、马、驼、羊四项牲畜，每羊四只，作牛、马、驼一只计算。如数至三十匹以上者，不分首从，拟绞监候，秋审时，将首犯拟入情实，从犯俱拟缓决，秋审减等时，发遣烟瘴地方；其为从，未经同行，仅于窃后分赃者，流二千里。二十匹以上者，首犯拟绞监候，秋审拟入缓决，减等时发遣烟瘴地方；为从同窃分赃者，发遣烟瘴地方；其虽曾共谋，未经同行，仅于窃后分赃者，徒三年。十匹以上者，首犯发遣烟瘴地方；为从同窃分赃者，发湖广、福建等省；其虽曾共谋，未经同行，仅于窃后分赃者，徒二年半。六匹至九匹者，首犯发湖广、福建、江西、浙江、江南；为从同窃分赃者，发河南、山东；其虽曾共谋，未经同行，仅于窃后分赃者，工作十个月。三匹至五匹者，首犯发河南、山东；为从同窃分赃者，工作十个月；其虽曾共谋，未经同行，仅于窃后分赃者，工作八个月。一、二匹者，首犯工作十个月；为从同窃分赃者，工作八个月；其虽曾共谋，未经同行，仅于窃后分赃者，工作六个月。窃羊不及四只者，首犯工作八个月；为从同窃分赃者，工作六个月；其虽曾共谋，未经同行，仅于窃后分赃者，工作四个月。以上应行发遣及发往湖广各省人犯，俱交驿地充当苦差。其蒙古地方强劫什物案内，抢有四项牲畜，在十匹以上者，分别首从，照《蒙古则例》治罪。

人折责发落。其蒙古地方强劫什物案内，抢有四项牲畜，在十匹以上者，分别首从，照《蒙古则例》治罪。

现行刑律案语

原例(略)

臣等谨按：此条系乾隆五十三年〔1788〕定例，道光四年〔1824〕改定，专为偷窃蒙古四项牲畜而设。嗣由理藩院将蒙古例改为“二十匹以上，首犯拟入缓决减等时，发云南、贵州、广东、广西烟瘴地方，从犯亦发云南、贵州、广东、广西烟瘴地方；十匹以上，首犯发云南、贵州、广东、广西烟瘴地方，从犯发湖广、福建等省；六匹至九匹，首犯发湖广、福建、江西、浙江、江南，从犯发河南、山东，未行公赃之犯，枷号一个月、鞭一百；三匹至五匹，首犯发河南、山东，从犯枷号一个月、鞭一百；一、二匹，首犯枷号一个月，鞭一百”，续经刑部以蒙古例已修改，刑例亦应画一改正，请俟下次修例时修改等因，于光绪元年〔1875〕三月间奏准在案。此次修订律例，自应查照改正。惟查此条例文，自三十匹以上至鞭八十，共分七节，大致以省分之远近分罪名之等差，每节又分三层，一行窃为首，一为从同窃，一共谋未行窃、后分赃。盖因牲畜关系蒙古生计，是以视寻常窃盗治罪加严，若未经同行之犯情节少轻，故得较同行之犯量从轻，比第由死罪减一等，只应满流。首节遽发烟瘴，次三节亦发湖广等省，同一交驿充当苦差，是徒有减发之名，并无减轻之实，似当酌量改订，用持情法之平。至旗人鞭责，现准笞、杖办理，窃盗犯应笞、杖者，新章俱改折工作，例内鞭一百罪名，亦应修改，拟将此项“共谋未行窃、后分赃”之犯，改为“三十匹以上者，流二千里；二十匹以上者，徒三年；十匹以上者，徒二年半；六匹至九匹者，工作十个月；三匹至五匹者，工作八个月；一、二匹者，首犯改为工作十个月，从犯工作八个月，未经同行之犯工作六个月。窃羊不及四只者，首犯改为工作八个月，从犯工作六个月，未经同行之犯工作四个月”。枷号现已改章折算工作，殊涉繁琐，均酌从宽免。佥妻之例，早经停止，“毋庸佥妻”及“鞭责”“折责”等语，并应节删。四省军酌照通例改为烟瘴地方。谨将修改例文，开列于后。

○修改(略)

大清律例

6.18.270.(4)〔偷盗蒙古马匹〕

现行刑律

18.233.(6)〔偷盗蒙古马匹〕

一、驻扎外边官兵及跟役等，有偷盗蒙古马匹者，审实即在本处正法。其蒙古偷盗官兵马匹，或官兵等自相偷盗

马匹,仍照旧例行。

大清律例	现行刑律
6.18.270.(13)〔蒙古偷窃牲畜数案并发〕	18.233.(7)〔蒙古偷窃牲畜数案并发〕 一、蒙古偷窃牲畜之案,如一年内行窃二、三次以上,同时并发者,仍照刑律以一主为重,从一科断,毋庸合计拟罪。

大清律例	现行刑律
6.18.270.(16)〔民人行窃蒙古地方民人牲畜〕	18.233.(8)〔民人行窃蒙古地方民人牲畜〕 一、民人在蒙古地方行窃民人牲畜之案,仍照盗马牛畜产本律本例办理,不得照蒙古例科断。

现行刑律案语

原例

6.18.270.(4)〔偷盗蒙古马匹〕(略)

6.18.270.(13)〔蒙古偷窃牲畜数案并发〕(略)

6.18.270.(16)〔民人行窃蒙古地方民人牲畜〕(略)

○仍旧

臣等谨按:以上三例,均仍其旧,理合陈明。

条例·删除

大清律例

6.18.270.(2)〔盗卖骑操及所养官马〕

一、将自己及他人骑操官马盗卖者,枷号一个月发落。盗至三匹以上,及再犯者,不拘匹数,俱免枷号,发附近地方,各充军;五匹以上者,发边远充军。若养马人户盗卖官马至三匹以上者,亦问发附近充军。

删除律例

○删除

大清律例

6.18.270.(3)〔偷盗官马〕

一、偷盗官马二匹以下，仍以常人盗官物计赃论。三匹以上，杖一百、流三千里；十匹以上，为首者拟绞监候，为从者发云贵两广烟瘴地方充军；二十匹以上者，不分首从，拟绞监候。窝主及牧马人役自行盗卖者，罪亦如之。

6.18.270.(15)〔察哈尔等处牧厂将在官牲畜偷卖宰食及入私者〕

一、察哈尔等处牧厂，如有偷卖在官牲畜，及宰食，并作为私产者，系官革职，发往黑龙江等处当差；系牧丁，不分首从，改发云贵两广极边烟瘴充军。若至十匹以上者，为首之犯拟绞监候，为从分赃之犯实发云贵两广极边烟瘴充军。如至二十匹以上者，不分首从，俱绞监候。知情故买者，系民人，减本犯罪一等；系蒙古，照蒙古例办理，不知者不坐。

现行刑律案语

〇删除

6.18.270.(3)〔偷盗官马〕(略)

6.18.270.(15)〔察哈尔等处牧厂将在官牲畜偷卖宰食及入私者〕(略)

臣等谨按：窃盗计赃科罪，本系通例。盗马牛畜产，本律亦系计赃科罪，惟蒙古恃牲畜为生计，偷窃罪名较常盗加严，是以定有"蒙古四项牲畜，计匹科罪"之例，此二条因盗官马及盗卖在官牲畜，亦计匹科罪，均系查照彼例定拟，但蒙古专例现已改轻，此二例仍旧未改，轻重转形倒置，有犯似应仍依律计赃以盗官物论，方为平允，均毋庸特立专例，拟一并删除。

大清律例

6.18.270.(5)〔察哈尔蒙古有犯偷窃民间马牛及御官马者〕

一、偷窃马匹案件，除外藩蒙古仍照理藩院蒙古律拟罪外，其察哈尔蒙古有犯偷窃马匹之案，审明如系盗民间马牛者，依律计赃以窃盗论；如系盗御马，及盗太仆寺等处官马者，亦仍照律例治罪。

6.18.270.(6)〔右卫地方八旗官马驼只被窃〕

一、右卫地方八旗官兵所养官马、驼只被窃拿获，除贼犯照偷窃蒙古四项牲畜新例办理外，其窃盗之家主，无论闲散、兵丁，如有知情纵容及分赃情事，依律治罪；系官员，咨部查议。

现行刑律案语

〇删除

6.18.270.(5)〔察哈尔蒙古有犯偷窃民间马牛及御官马者〕(略)

6.18.270.(6)〔右卫地方八旗官马驼只被窃〕(略)

臣等谨按:以上二例,均系乾隆年间纂定。从前偷窃蒙古牲畜,较刑律治罪为重,是以定有此例,以后蒙古例文,愈改愈宽,此例无关引用,且与他条参差,拟即删除。

大清律例

6.18.270.(8)〔奉天旗民偷窃马匹〕

一、奉天旗、民人等偷窃马匹案件,俱照盗牛及宰杀例分别治罪。旗人销除旗档,与民人一例科断,不准折枷。

现行刑律案语

○删除

原例(略)

臣等谨按:此条系乾隆年间定例。惟偷窃马牛,本门均有明文,有犯自可援引,此例无关引用,应即删除。

大清律例

6.18.270.(9)〔冒领太仆寺官马〕

一、凡冒领太仆寺官马至三匹者,问罪,于本寺门首枷号一个月,发近边充军。若家长令家人冒领三匹,不分首从,俱同常人盗官物罪,家长引例,家人不引。

删除律例

○删除

大清律例

6.18.270.(14)〔新降六项蒙古人等偷窃四项牲畜〕

一、新降之土尔扈特、都尔博特、额鲁特、霍硕特、辉特、乌梁海六项蒙古人等,在扎萨克察哈尔及边陲新疆地方,偷窃四项牲畜,俱照偷窃蒙古牲畜例,核计匹数多寡,分别首从治罪。

删除律例

○删除

6.18.271盗田野谷麦 / 18.234盗田野谷麦

律文 · 修改

大清律例

6.18.271.1凡盗田野谷麦菜果,及无人看守器物谓原不设守及不待守之物。者,并计赃准窃盗论,免刺。○6.18.271.2若山野柴草、木石之类,他人已用工力砍伐、积聚而擅取者,罪亦如之。如柴草、木石虽离本处,未驮载间,依不得财笞五十。合上条有拒捕,依罪人拒捕。

现行刑律

18.234.1凡盗田野谷麦菜果,及无人看守器物谓原不设守及不待守之物。者,并计赃准窃盗论。○18.234.2若山野柴草、木石之类,他人已用工力砍伐、积聚而擅取者,罪亦如之。如柴草、木石虽离本处,未驮载间,依不得财工作一个月。合上条有拒捕,依罪人拒捕。

现行刑律案语

原律(略)

臣等谨按:此仍《明律》,顺治三年〔1646〕添入小注,雍正三年〔1725〕删定。刺字现已奏准废除,律内"免刺"二字应删。注内"笞五十"罪名应照章改为"工作一个月"。谨将修改律文、律注,开列于后。

○修改(略)

条例 · 修改、仍旧

大清律例

6.18.271.(13)〔窃放他人池塘蓄水及拒捕被杀伤〕

一、民间农田,如有于己业地内费用工力,挑筑池塘潴蓄之水,无论业主已未车戽入田,而他人擅自窃放以灌己田者,不问黑夜白日,按其所灌田禾亩数,照侵占他人田,一亩以下笞五十,每五亩加一等,罪止杖八十、徒二年。有拒捕者,依律以罪人拒捕科断。如有被应捕之人杀伤者,各以擅杀伤罪人问拟。若于公共江河、川泽、沟渎筑成渠堰,及于公共地内挑筑池塘,占为己业者,俱不得滥引此例。如有杀伤,仍各

现行刑律

18.234.(1)〔窃放他人池塘蓄水及拒捕被杀伤〕

一、民间农田,如有于己业地内费用工力,挑筑池塘潴蓄之水,无论业主已未车戽入田,而他人擅自窃放以灌己田者,不问黑夜白日,按其所灌田禾亩数,照侵占他人田,一亩以下处五等罚,每五亩加一等,罪止徒二年。有拒捕者,依律以罪人拒捕科断。如有被应捕之人杀伤者,各以擅杀伤罪人问拟。若于公共江河、川泽、沟渎筑成渠堰,及于公共地内挑筑池塘,占为己业者,俱不得滥引此例。如有杀伤,仍各分别谋、

分别谋、故、斗殴定拟。

故、斗殴定拟。

现行刑律案语

原例(略)

臣等谨按:此条系乾隆五年〔1740〕定例,嘉庆六年〔1801〕修改,八年〔1803〕改定。"笞五十"罪名照章罚金,应改为"处五等罚"。徒罪附杖应节删。谨将修改例文,开列于后。

〇修改(略)

大清律例

6.18.271.(20)〔盗掘金银等矿砂及拒捕杀伤〕

一、凡盗掘金、银、铜、锡、水银等矿砂,每金砂一斤,折银二钱五分;银砂一斤,折银五分;铜、锡、水银等砂一斤,折银一分二厘五毫,俱计赃,准窃盗论。若在山洞捉获,持仗拒捕,伤非金刃,伤轻平复者,不论人数、砂数多寡,及初犯、再犯,俱发边远充军。若杀人,及刃伤、折伤,为首者照窃盗拒捕杀伤人律斩,为从并减一等。不曾拒捕,若聚至三十人以上者,不论砂数多寡,及初犯、再犯,为首发近边充军,为从枷号三个月,照窃盗罪发落。若不曾拒捕,又人数不及三十名者,为首初犯,枷号三个月,照窃盗罪发落,再犯亦发近边充军;为从者,止照窃盗罪发落。非山洞捉获,止是私家收藏、道路背负者,惟据见获论罪,不许巡捕人员逼令辗转扳指,违者参究治罪。

现行刑律

18.234.(2)〔私掘金银等矿砂及持仗拒捕杀伤并聚众不曾拒捕〕

一、凡私掘金、银、铜、锡、水银等矿砂,俱计赃,准窃盗论。若在山洞捉获,持仗拒捕杀伤人者,依罪人拒捕科断,为从并减一等。不曾拒捕,若聚至三十人以上者,为首徒三年;不及三十名者,减一等;为从,各准窃盗罪发落。非山洞捉获,止是私家收藏、道路背负者,惟据见获论罪,不许巡捕人员逼令辗转扳指,违者,参究治罪。

现行刑律案语

原例(略)

臣等谨按:此系前明《问刑条例》,顺治、乾隆、道光年间迭次修改。矿产本天地自然之利,与他人私有之物不同,例首"盗掘"二字应改为"私掘",矿砂今昔时值不

同，例内"砂斤折银数目"应节删。罪名本系准窃盗论，与真正窃盗不同，如有拒捕情事，应仍以别项罪人论，至聚众而未曾拒捕，情节更轻，例内首从罪名，均不免过重，亦应递从轻减，拟改为"如有拒捕杀伤人者，依罪人拒捕科断，不曾拒捕，若聚众至三十人以上者，为首徒三年；不及三十人者，减一等；为从，各准窃盗罪发落"，庶罪名差等，与实在窃盗微有区别。谨将修改例文，开列于后。

○修改(略)

大清律例	现行刑律
6.18.271.(2)〔刨参官商私刻小票影射私参〕	18.234.(3)〔刨参官商私刻小票影射私参〕 一、刨参官商私刻小票影射私参，照私贩人参例分别治罪。

现行刑律案语

原例(略)

○仍旧

臣等谨按：此例应仍其旧，理合陈明。

条例 · 删除

大清律例

6.18.271.(1)〔山主勾引矿徒潜行偷挖〕

一、产矿山场，山主违禁勾引矿徒潜行偷挖者，照矿徒之例，以为首论。若系约练勾引接济，伙同分利者，照引领私盐律，杖九十、徒二年半。得财者，计赃准窃盗从重论。如因官兵往拿，漏信使逃，及阴令拒捕者，俱照官司追捕罪人而漏泄其事者减罪人所犯罪一等律治罪。保甲、地邻知情容隐不报者，均照强盗窝主之邻佑知而不首例杖一百发落。

删除律例

○删除

大清律例

6.18.271.(3)〔刨参人夫违例私带鸟枪及转售与人〕

一、凡领票刨参人夫，例给鸟枪，应查明人数多寡，批给鸟枪，填明票上，出口验放，回山查核。违例私带者，照商民应用鸟枪不报官私造例杖一百。其将鸟枪转给

售卖刨参之人者,比照军人将军器私卖与人发边远充军律减一等,杖一百、徒三年。该管官不行查出,交部议处。

现行刑律案语

原例(略)

臣等谨按:此条系乾隆十一年〔1746〕定例。前一层"杖一百"三字,应改为"治罪"二字;后一层"杖一百、徒三年",亦改为"治罪"二字。"发边远充军"五字应节删。谨将修改例文,开列于后。

○修改

一、凡领票刨参人夫,例给鸟枪,应查明人数多寡,批给鸟枪,填明票上,出口验放,回山查核。违例私带者,照商民应用鸟枪不报官私造例治罪。其将鸟枪转给售卖刨参之人者,比照军人将军器私卖与人律,减一等治罪。该管官不行查出,交部议处。

核订现行刑律

○删除

原修改例文

6.18.271.(3)〔刨参人夫违例私带鸟枪及转售与人〕原修改例文(略)

6.18.271.(18)〔旗民人等偷刨私贩人参及代运送米石〕原修改例文(略)

谨按:以上二条皆刨参专例。现在东三省开垦日广,禁令从宽,今昔情形不同,此二条均属无关引用,拟请删除。

大清律例

6.18.271.(4)〔索伦达呼尔越界打牲滋事及私带米粮〕

一、凡索伦达呼尔越界至松阿里乌拉地方打牲滋事者,令该将军查拿,分别治罪。其有私带米粮等物,卖给刨参之人者,照无引私盐律,计米数多寡,分别定拟。吉林地方,有越界私带米粮情事,饬令吉林将军一体查拿,照例定拟。

现行刑律案语

○删除

原例(略)

臣等谨按:此条系乾隆十一年〔1746〕定例,今昔情形不同,此例无关引用,应即删除。

大清律例

6.18.271.(5)〔打珠人私藏珠子〕

一、打珠人等私藏珠子不行交官者，拿获，不论珠数多寡、分两轻重，俱杖一百、流三千里。旗人销去旗档，同民人一体发遣。总领打珠之骁骑校并总管翼长，均交部分别议处。

6.18.271.(7)〔刨参人夫自往别处刨采及转卖票张〕

一、刨参人夫，不往所指山林刨采，或将票张卖放别路飞扬者，除交官参外，余剩俱令入官，仍杖八十，枷号一个月。

6.18.271.(8)〔私刨人参贼犯潜匿禁山〕

一、私刨人参贼犯，在山林僻壤庄屯潜踪盘踞，该处保正、甲长，如有飞包过付，窝藏黑人，不行首报，除窝家照例治罪外，保正、甲长，如审系知情不首，照保甲知有为盗窝盗之人瞻徇隐匿例杖八十，加枷号一个月；如不知情，照牌头所管内有为盗之人虽不知情而失察例笞四十。

6.18.271.(9)〔潜踪山林收买并偷刨参秧〕

一、渔利之徒，潜踪山林，收买参秧栽种，及贪利之人，私行入山，偷刨参秧货卖，一经拿获，均照偷刨私卖收买私参例，一体治罪。

6.18.271.(10)〔领票工人偷窃领票商人之参〕

一、领票工人内，如有偷窃领票商人之参者，照刨参已得例，按照得参数目分别徒、流，仍于面上刺"窃盗"字，追赃给主。

现行刑律案语

〇删除

6.18.271.(5)〔打珠人私藏珠子〕(略)

6.18.271.(7)〔刨参人夫自往别处刨采及转卖票张〕(略)

6.18.271.(8)〔私刨人参贼犯潜匿禁山〕(略)

6.18.271.(9)〔潜踪山林收买并偷刨参秧〕(略)

6.18.271.(10)〔领票工人偷窃领票商人之参〕(略)

臣等谨按：以上五条，均系乾隆年间定例。从前参珠例禁綦严，不独偷刨人参例有治罪专条，即收买窝藏之人，均有罪名，但今昔情形不同，此项人犯现在并不多，有此五例无关引用，均拟删除。

大清律例

6.18.271.(6)〔伐木商人夹带偷砍盛京各处山场果松〕

一、盛京各处山场，商人领票砍伐木植，如有夹带偷砍果松者，按照株数多寡定

罪。砍至数十根者笞五十,百根者杖六十,每百根加一等,罪止杖一百、徒三年。所砍木植,变价入官。

删除律例

○删除

大清律例

6.18.271.(11)〔边外拿获偷砍私运木植人犯〕

一、盛京各城守尉、边门及卡伦官兵,在边外拿获偷砍私运木植人犯,其车马器物均赏给原拿之人。如仅止拿获车马等物,而借称人犯逃逸者,除审明有无受贿故纵,按例治罪外,仍将所获物件入官。若拿获人犯并无器物者,该将军自行酌量赏给。

删除律例

○删除

大清律例

6.18.271.(12)〔新疆地方偷挖金砂〕

一、在新疆地方偷挖金砂,无论人数、砂数多寡,为首枷号三个月,实发云贵两广极边烟瘴充军;为从枷号三个月,解回内地,杖一百、徒三年。

删除律例

○删除

大清律例

6.18.271.(14)〔私入围场打牲伐木〕

一、私入围场偷打牲畜、砍伐木植之犯,无论枷、杖、徒、流、发遣,均在犯事地方审拟发落起解,毋庸解部转发,仍专咨报部。其罪应徒、流、发遣者,令热河都统年终汇奏;罪止枷号人犯,年终汇册咨部存案。

删除律例

○删除

大清律例

6.18.271.(15)〔口外雇人刨挖黄芪〕

一、在口外出钱雇人刨挖黄芪首犯，除有拒捕、夺犯等情，仍按罪人拒捕及夺犯殴差各本律本例分别定拟外，如所雇人数未及十名者，照违制律杖一百；十人以上，加枷号两个月；五十人以上，杖六十、徒一年；每十人加一等，以次递加，罪止杖一百、徒三年。为从各减一等。受雇挖芪之人，照不应重律杖八十，递籍管束。如系割草民人，不得妄拿滋事。该处囤积黄芪首犯，数至十斤以上者，亦照违制律杖一百；五十斤以上者，加枷号两个月；百斤以上，杖六十、徒一年；每百斤加一等，以次递加，罪止杖一百、徒三年。为从亦各减一等。黄芪入官。至无业贫民，零星挖有黄芪进口售卖，每次人数不得超过十名，每人携带不得过十斤，违者以私贩论。仍责成守口员役，及各口关隘官弁，实力稽查。倘有贿纵情弊，查出按例究办。

删除律例

○删除

大清律例

6.18.271.(16)〔山海关搜查参珠不力〕

一、山海等关巡查人员，如有搜获人参、珠子，该管官交部议叙。如有搜查不力，以及私带过关者，将该管官照失察例议处，巡查人等照不应重律治罪。明知故纵者，该管官革职，巡查人等枷号一个月，杖一百。受贿卖放者，计赃以枉法从重发落。其失察偷出边关刨参至一百名者，领催、披甲人等鞭五十；至二百名者，鞭一百；至五百名以上者，枷号一个月，鞭一百。该守御官，亦按失察名数，分别议处。如有自行拿获者，免议。

现行刑律案语

○删除

原例(略)

臣等谨按：此条专为关口按查参珠之官员巡丁分别议功、议罪而设，惟关口出入禁令税则，今昔情形已不相同，且官员议叙、议处事隶吏部，至巡查人等失察，有私越冒度关津失于盘诘律，足资援引。若知情受贿实放，计赃以枉法从重论，本系治罪通例，更毋庸赘设此条，拟即删除。

大清律例

6.18.271.(17)〔三姓浑春等处商人官兵赴宁古塔船厂私行换买〕

一、凡三姓、浑春等处商人、官兵领票赴宁古塔船厂地方购买物件,令其报官给票,开明数目,有违禁携带米石、什物易换人参及貂皮,于未经交官以前,私行换买者,该将军查明,米不及五十石、什物值银不及五十两者,杖一百、徒三年;逾前数者,发云贵两广烟瘴地方安置。旗人及官兵有犯,各加民人罪一等。其巡绰官兵知情故纵,与本犯同罪。得赃者,计赃,以枉法从重论。失察者,官交部议处,兵丁照山海关搜查参珠不力例治罪。其明知偷刨奸匪而容隐在家,不即举报者,照知人犯罪藏匿在家不告捕者减罪人一等律治罪。

满汉通行刑律

○删除

谨按:此条系商人私换参貂治罪之例。现在三姓、浑春地方情形与从前迥异,办理恐有窒碍,且较平民治罪加重,殊涉参差,似应删除。

6.18.271.(18)〔旗民人等偷刨私贩人参及代运送米石〕

一、凡旗、民人等偷刨人参,如有身充财主雇人刨采,及积年在外逗遛已过三冬,人数未及四十名、参数未至五十两者,俱发云贵两广烟瘴地方管束。若人至四十名以上、参至五十两以上,为首之财主,及率领之头目,并容留之窝家,俱拟绞监候;为从发云贵、两广烟瘴地方。所获牲畜等物,给付拿获之人充赏,参入官。拟绞人犯遇赦减等者,亦照为从例发遣。其未得参者,各减一等。如并无财主,实系一时乌合,各出资本,及受雇偷采,或只身潜往得参者,俱按其得参数目,一两以下,杖六十、徒一年;一两以上至五两,杖七十、徒一年半;一十两,杖八十、徒二年;一十五两,杖九十、徒二年半;二十两,杖一百、徒三年;二十两以上至三十两,杖一百、流二千里;每十两递加一等,罪止杖一百、流三千里。为从,及未得参者,各减一等。代为运送米石者,杖一百。私贩,照私刨人犯减一等治罪。得参人犯,首、从照例刺字;未得参及私贩人犯,俱免刺字。刨参案内有犯军、流、徒罪者,系旗人,销去旗档,照民人一体问拟。若旗下家奴有犯罪应军、流者,发驻防给兵丁为奴;徒罪照例发配,限满释回,仍交主家服役。如伊主知情故纵者,杖八十,系官交部议处,不知者不坐。其潜匿禁山刨参被获拟徒人犯,限满释回,复行逃往禁山刨参者,不分已得、未得,俱发附近充军;旗下家奴,发往驻防给兵丁为奴。

满汉通行刑律

原例(略)

谨按：此条系偷刨人参治罪之例，旗人已与民人一体问拟，惟旗下家奴办法不同，未免歧异。又刺字已奏准删除，均应修改。今将修改例文，开列于后。

〇修改

一、凡旗、民人等偷刨人参，如有身充财主雇人刨采，及积年在外逗留已过三冬，人数未及四十名、参数未至五十两者，俱发云贵两广烟瘴地方管束。若人至四十名以上、参至五十两以上，为首之财主，及率领之头目，并容留之窝家，俱拟绞监候；为从发云贵、两广烟瘴地方。所获牲畜等物，给付拿获之人充赏，参入官。拟绞人犯遇赦减等者，亦照为从例发遣。其未得参者，各减一等。如并无财主，实系一时乌合，各出资本，及受雇偷采，或只身潜往得参者，俱按其得参数目，一两以下，杖六十、徒一年；一两以上至五两，杖七十、徒一年半；一十两，杖八十、徒二年；一十五两，杖九十、徒二年半；二十两，杖一百、徒三年；二十两以上至三十两，杖一百，流二千里；每十两递加一等，罪止杖一百、流三千里。为从，及未得参者，各减一等。代为运送米石者，杖一百。私贩，照私刨人犯减一等治罪。其潜匿禁山刨参被获拟徒人犯，限满释回，复行逃往禁山刨参者，不分已得、未得，俱发附近充军。

现行刑律案语

原修改例文(略)

臣等谨按：此条系康熙、雍正、乾隆年间迭次定例，原系十条，后修并为一。原有"旗下家奴有犯，发驻防为奴，并首从照例刺字"等语，嗣于光绪三十三年〔1907〕臣馆《遵议〈满汉通行刑律〉》折内，以此条旗下家奴办法不同，未免歧异，刺字已奏准删除，均应修改订为今例，奏请通行在案。惟查此例，既分参数多少，又分人数多少，复以在外是否时过三冬，分别轻重，层次愈多，转致轇轕不清，拟除去"积年逗遛"一层，止以参数、人数，分别轻重，较为明晰。旗人已与民人一体，问拟例内"旗民人等"字样，应节删。充军照章改为安置。徒、流附杖亦应照章节删。杖罪改为罚金，均依数分等处罚。谨将修改例文，开列于后。

〇修改

一、凡偷刨人参，如有身充财主雇人刨采，人数未及四十名，或已至四十名而参数未至五十两者，俱发烟瘴地方安置。若人至四十名，而得参又至五十两，为首之财主，及率领之头目，并容留之窝家，俱拟绞监候；为从发烟瘴地方安置。所获牲畜等物，给付拿获之人充赏，参入官。其未得参者，各减一等。如并无财主，实系一时乌合，或只身潜往得参者，俱按其得参数目，一两以下，徒一年；一两以上，徒一年半；一十两，徒二年；一十五两，徒二年半；二十两，徒三年；二十两以上至三十两，流二千里；每十两递加一等，罪止流三千里。为从，及未得参者，各减一等。代为运送米石者，工作十个月。私贩，照私刨人犯减一等治罪。其潜匿禁山刨参被获拟徒人犯，限满释回，复行逃往禁山刨参者，不分已得、未得，俱流二千里。

核订现行刑律

〇删除(略)

见6.18.271.(3)〔刨参人夫违例私带鸟枪及转售与人〕条

大清律例

6.18.271.(19)〔盛京威远堡南至凤凰城边外山谷围场附近拿获偷伐木植偷打鹿只刨挖鹿窖人犯〕

一、盛京威远堡南至凤凰城边外山谷附近围场处所,拿获偷伐木植、偷打鹿只人犯,审实果系身为财主,雇倩多人者,杖一百、流三千里。若无财主,一时会合,各出本钱,并雇人偷伐木植、偷打鹿只,越度边关隘口者,杖一百、徒三年。为从,及贩卖,并偷窃未得者,各减为首及已得一等。如系刨挖鹿窖,首、从各于前例流、徒罪上加一等治罪,分别面刺"偷窃木植牲畜"字样,未得者免刺。再犯者,各于本罪上加一等治罪。其越边偷窃柴草、野鸡等项,初犯枷号一个月,再犯枷号两个月,三犯枷号三个月,满日各杖一百;为从,及偷窃未得者,各减为首及已得一等;俱免刺;并递回原籍,严加管束。倘于递籍后,复行出边偷窃者,即在犯事地方枷号两个月,杖六十、徒一年。如再有犯,以次递加。其因偷窃未得,递籍管束,复有越边偷窃者,仍照初犯例枷号一个月、杖一百,递籍严加管束。淘挖金砂之犯,本例罪重者,仍从重定拟;若罪名较轻,即照此一体办理。至失察之地方各官,交部议处。

删除律例

〇删除

大清律例

6.18.271.(21)〔承德地方偷挖金银矿砂〕

一、在热河承德府所属地方,偷挖金、银矿砂,无论人数、砂数多寡,为首俱枷号三个月,系民人实发云贵两广极边烟瘴充军,系蒙古人发四省驿站当差;为从,系民人枷号三个月,解回内地,杖一百、徒三年,系蒙古人枷号三个月,调发邻盟,严加管束。如被获时有拒捕杀伤人者,仍照盗掘矿砂本例分别科断。其得钱招留之蒙古地主,与首犯同罪。地方官不行严拿者,交部议处。

删除律例

〇删除

大清律例

6.18.271.(22)〔私入木兰等处偷窃菜蔬柴草野鸡盗砍木植偷打牲畜及刨挖鹿窖〕

一、私入木兰等处围场及南苑，偷窃菜蔬、柴草、野鸡等项者，初犯枷号一个月，再犯枷号两个月，三犯枷号三个月，满日各杖一百发落。若盗砍木植、偷打牲畜，及刨挖鹿窖，初犯杖一百、徒三年；再犯，及虽系初犯，而偷窃木植数至五百斤以上，牲畜至十只以上，或身为财主雇倩多人者，俱改发极边足四千里充军；三犯者，发新疆等处种地。为从，及偷窃未得者，各减一等。贩卖者，又减一等。旗人有犯，销除旗档，照民人一律办理。围场看守兵丁有犯，俱先插箭游示，加一等治罪。至察哈尔及扎萨克旗下蒙古，私入围场偷窃，亦照此例一律问拟。蒙古人犯应拟徒罪者，照例折枷；应充军者，发遣湖广、福建、江西、浙江、江南；应拟遣者，发遣云贵两广，俱交驿充当苦差。以上各项人犯，无论初犯、再犯、三犯，均面刺"盗围场"字样；偷盗未得之犯，均面刺"私入围场"字样。其枷号三个月、两个月者，减等递减一个月；枷号一个月者，减为二十日。失察私入围场等处偷窃之该管地方文武各官，并察哈尔佐领、捕盗官，及蒙古扎萨克等，交部分别议处及折罚牲畜。起获鸟枪入官，牲畜、器物赏给原拿之人。有连获大起者，交该管官记功、奖励。一面仍向获犯研讯，由何处卡隘偷入。审系员弁、兵丁受贿故纵者，与犯同罪；赃重者，计赃以枉法从重论。若止失于觉察，员弁交部议处，兵丁杖一百，再犯折责、革伍。每月责令看卡员弁，将有无贼犯偷入围场之处，出结具报该总管，每年于五月内据实汇折具奏。倘该员弁所报不实，交部议处。热河都统亦于每年六月间据实具奏。如查明该总管所奏不实，即行参办。

现行刑律案语

○删除

原例（略）

臣等谨按：木兰等处围场及南苑地方，均系从前举行秋蒐之所，故例禁綦严。现在木兰围场早已开荒，南苑近亦招垦，今昔情形迥不相同，至未经开荒之处，如有盗砍木植、窃打牲畜等情，自可计赃照窃盗定拟，毋庸再设专例，此条拟即删除。

6.18.272 亲属相盗／18.235 亲属相盗

律文·修改

大清律例	现行刑律
6.18.272.1 凡各居（本宗、外姻）亲属，相盗（兼后尊长、卑幼二款。）财物者，期亲减凡人五等，大功减四等，	18.235.1 凡各居（本宗、外姻）亲属，相盗（兼后尊长、卑幼二款。）财物者，期亲减凡人五等，大功减四等，

小功减三等,缌麻减二等,无服之亲减一等,并免刺。(若盗有首从,而服属不同,各依本服降减科断。为从各又减一等。)若行强盗者,尊长犯卑幼,亦(依强盗已行而得财、不得财)各依上减罪。卑幼犯尊长,以凡人论。(不在减等之限。)若有杀伤者,(总承上窃、强二项。)各以杀伤尊长、卑幼本律,从(其)重(者)论。○6.18.272.2若同居卑幼,将引(若将引各居亲属同盗,其人亦依本服降减,又减为从一等科之。如卑幼自盗,止依擅用,不必加。)他人,盗已家财物者,卑幼依私擅用财物论,加二等,罪止杖一百;他人(兼首、从言。)减凡盗罪一等,免刺。若有杀伤者,自依杀伤尊长、卑幼本律科罪。他人纵不知情,亦依强盗(得财、不得财)论。若他人杀伤人者,卑幼纵不知情,亦依杀伤尊长、卑幼本律,(仍以私擅用加罪及杀伤罪权之,)从(其)重(者)论。○6.18.272.3其同居奴婢、雇工人,盗家长财物,及自相盗者,(首)减凡盗罪一等,免刺。(为从又减一等。被盗之家亲属告发,并论如律,不在名例得相容隐之例。)

小功减三等,缌麻减二等,无服之亲减一等。(若盗有首从,而服属不同,各依本服降减科断。为从各又减一等。)若行强盗者,尊长犯卑幼,亦(依强盗已行而得财、不得财,)各依上减罪。卑幼犯尊长,以凡人论。(不在减等之限。)若有杀伤者,(总承上窃、强二项。)各依杀伤尊长、卑幼本律从(其)重(者)论。○18.235.2若同居卑幼,将引(若将引各居亲属同盗,其人亦依本服降减,又减为从一等科之。如卑幼自盗,止依擅用,不必加。)他人,盗已家财物者,卑幼依私擅用财物论,加二等,罪止工作十个月;他人(兼首、从言。)减凡盗罪一等。若有杀伤者,自依杀伤尊长、卑幼本律科罪。他人纵不知情,亦依强盗(得财、不得财)论。若他人杀伤人者,卑幼纵不知情,亦依杀伤尊长、卑幼本律(仍以私擅用加罪及杀伤罪权之,)从(其)重(者)论。○18.235.3其同居雇工人,盗家长财物,及自相盗者,(首)减凡盗罪一等。(为从又减一等。被盗之家亲属告发,并论如律,不在名例得相容隐之例。)

现行刑律案语

原律(略)

臣等谨按:此律应仍其旧。惟首节"各以杀伤尊长、卑幼本律,从重论"等语,"以"字,《明律》及顺治、雍正律总注并作"依"字,"以""依"义各有别。盖谓此等亲属有犯窃盗,虽赃逾满贯,均无死罪,而杀伤则死罪居多,从重论者,为科以杀伤尊长、卑幼之本罪,非谓科以凡盗杀伤人之罪也,应从旧本改作"依"字为妥。凡盗"杖一百"罪名照章应改"工作十个月"。"免刺"等字并应节删。谨将修改例文开列于后。

○修改

凡各居(本宗外姻)亲属,相盗(兼后尊长、卑幼二款。)财物者,期亲减凡人五等,大功减四等,小功减三等,缌麻减二等,无服之亲减一等。(若盗有首从,而服属不同,各依本服降减科断。为从各又减一等。)若行强盗者,尊长犯卑幼,亦(依强盗已行而得财、不得财)各依上减罪;卑幼犯尊长,以凡人论。(不在减等之限。)若有杀伤者,(总承上窃、强二项。)各依杀伤尊长、卑幼本律,从(其)重(者)论。○若同居卑幼,将引(若将引各居亲属同盗,其人亦依本服降减,又减为从一等科之。如卑幼自盗,止依擅用,不必加。)他人,盗已家财物者,卑幼依私擅用财物论加二等,罪止工作十个月;他人(兼首从言。)减凡

盗罪一等。若有杀伤者，自依杀伤尊长、卑幼本律科罪。他人纵不知情，亦依强盗（得财、不得财）论。若他人杀伤人者，卑幼纵不知情，亦依杀伤尊长、卑幼本律，（仍以私擅用加罪及杀伤罪权之，）从其重者论。○其同居奴婢、雇工人，盗家长财物，及自相盗者，（首）减凡盗罪一等。（为从又减一等，被盗之家亲嘱告发，并论如律，不在名例得相容隐之例。）

核订现行刑律

原修改律文

6.18.272 亲属相盗条原修改律文（略）

原修改例文

6.18.272.(2)〔奴仆雇工偷盗家长财物〕原修改例文（略）

6.18.272.(4)〔雇工人强劫家长财物〕原修改例文（略）

谨按：奴婢一项，现以雇工人论，以上律例三条，所有“奴婢”“奴仆”等字均应节删，以归一律。谨将修改律文、例文，分列于后。

○修改

18.235 亲属相盗条律文（略）

18.235.(3)〔雇工人偷盗家长财物〕（略）

18.235.(4)〔雇工人强劫家长财物〕（略）

条例·修改

大清律例	现行刑律
6.18.272.(3)〔律图载明外姻尊属相盗减等〕	18.235.(1)〔律图载明外姻尊属相盗减等〕 一、凡亲属相盗，除本宗五服以外，俱照无服之亲定拟外，其外姻尊长、亲属相盗，惟律图内载明者，方准照律减等，此外不得滥引。

现行刑律案语

原例

6.18.272.(3)〔律图载明外姻尊属相盗减等〕（略）

6.18.272.(4)〔雇工人强劫家长财物〕（略）

○仍旧

臣等谨按：以上二例，均仍其旧，理合陈明。

大清律例	现行刑律
6.18.272.(1)〔同居卑幼将引他人强劫己家财物〕	18.235.(2)〔同居卑幼将引他人强劫己家财物〕
一、同居卑幼,将引他人强劫己家财物,依各居亲属行强盗卑幼犯尊长以凡人论斩,奏请定夺。	一、同居卑幼,将引他人强劫己家财物,依各居亲属行强盗卑幼犯尊长以凡人论。

现行刑律案语

原例(略)

臣等谨按:此条系前明《问刑条例》,原以补律之未备,惟例既称"以凡人论",即系照凡盗定拟可知,自毋庸再行奏请。且新章斩虽改绞,而强盗例内尚有斩决罪名,似不如将"斩"字及"奏请定夺"一层全行节去,较为浑括。谨将修改例文,开列于后。

○修改(略)

大清律例	现行刑律
6.18.272.(2)〔奴仆雇工偷盗家长财物〕	18.235.(3)〔雇工人偷盗家长财物〕
一、凡奴仆偷盗家长财物者,照窃盗律计赃治罪。若起意勾引外人,同盗家长财物者,将起意之奴仆,计赃,递加窃盗一等治罪;至一百二十两以上者,仍照律拟绞监候。被勾引之外人,仍照窃盗律分别定拟。雇工人盗家长财物,亦照窃盗计赃治罪。	一、凡雇工人偷盗家长财物者,照窃盗律计赃治罪。若起意勾引外人,同盗家长财物者,将起意之雇工人,计赃,递加窃盗一等治罪;至五百两以上者,拟绞监候。被勾引之外人,仍照窃盗律分别定拟。

现行刑律案语

原例(略)

臣等谨按:此条系雍正六年〔1728〕定例,乾隆五年〔1740〕修改。例内"一百二十两以上,拟绞"一层,现拟窃盗赃至五百两者,始拟绞罪,业于本律内声明在案,此条亦应照改。至雇工人盗家长财物,既与奴婢同科,似应将例末数语节去,而将"雇工人"移入上层"奴婢"之下,以省繁冗。谨将修改例文,开列于后。

○修改

一、凡奴仆、雇工人,偷盗家长财物者,照窃盗律计赃治罪。若起意勾引外人,同盗家长财物者,将起意之奴仆、雇工人,计赃递加窃盗一等治罪;至五百两以上者,拟

绞监候。被勾引之外人,仍照窃盗律分别定拟。

核订现行刑律

○修改(略)

见6.18.272亲属相盗律文条

大清律例

6.18.272.(4)〔雇工人强劫家长财物〕

一、凡奴仆、雇工人,强劫家长财物,及勾引外人,同劫家长财物者,悉照凡人强盗律定拟。其有杀伤家长者,仍依律从重论。

现行刑律

18.235.(4)〔雇工人强劫家长财物〕

一、凡雇工人强劫家长财物,及勾引外人,同劫家长财物者,悉照凡人强盗律定拟。其有杀伤家长者,仍依律从重论。

现行刑律案语

○仍旧(略)

见6.18.272.(3)〔律图载明外姻尊属相盗减等〕条

核订现行刑律

○修改(略)

见6.18.272亲属相盗律文条

大清律例

6.18.272.(6)〔期服以下亲属相盗杀伤〕

一、亲属相盗杀伤之案,除卑幼行强盗,及尊长放火强劫、图奸谋杀卑幼,不论有无服制,各以凡论外,如期服以下至无服尊长,强、窃盗及抢夺卑幼财物,杀伤卑幼者,各就服制中杀伤卑幼,及同姓亲属相殴,并亲属相盗各本律相比,从其重者论;卑幼窃盗及抢夺尊长财物,杀伤尊长者,以凡盗杀伤之罪,与服制杀伤,及同姓亲属相殴各本律相比,从其重者论。若期服以下至无服尊长,强、窃盗及抢夺卑幼财物,并卑幼窃

现行刑律

18.235.(5)〔亲属相盗杀伤各依服制杀伤等相较从重论〕

一、亲属相盗杀伤之案,除行强窃盗者,各以杀伤尊长卑幼本律与盗罪相较从重论外,其因抢夺财物杀伤尊长、卑幼,及因强窃盗并抢夺杀伤并无尊卑名分之人,如兄弟妻及无名分雇工人之类。或被无尊卑名分之人杀伤者,亦各依服制杀伤及同姓亲属相殴、相盗并凡斗杀伤各本律,从重定拟,均不得照凡盗杀伤科断。

盗及抢夺尊长财物,杀伤并无尊卑名分之人,如兄弟妻及无名分雇工人之类。亦各就亲属杀伤,及凡斗杀伤,并亲属相盗各本律相比,从其重者论。其因抢、窃亲属财物被尊长、卑幼,及并无尊卑名分之人杀伤者,亦各依服制杀伤,及同姓亲属相殴,并凡斗杀伤各本律问拟。均不得照凡人擅杀伤科断。

现行刑律案语

原例(略)

臣等谨按:此条系嘉庆元年〔1796〕定例,道光年间节次修改。例首既云"尊长强劫、谋杀卑幼,不论有无服制,各应同凡",下又云"尊长强盗、杀伤卑幼,就服制杀伤及亲属相殴、相盗相比,从重论",前后未免参差。至卑幼窃盗、抢夺、杀伤尊长,复照凡盗杀伤科断,不知凡盗杀伤之罪律少而例多,例文多在定律之后,如照此办理,是无服与有服同科。则凡因窃刃伤族人之案,系以卑犯尊,应依例拟以斩、绞,以尊犯卑,仍照伤罪拟徒;因窃拒毙族人之案,系以尊犯卑,则从本殴死法,以卑犯尊,则又从拒捕法,出入既觉悬殊,且杀死抢窃族人,无论尊卑,均不得以擅杀论,而因抢窃杀死尊长,又复以拒捕论,亦属自相矛盾。似应将各层全行节去,改为"除行强窃盗者,各以杀伤尊长、卑幼本律,与盗罪相较从重论外,其因抢夺财物杀伤尊长、卑幼,及因强、窃盗并抢夺、杀伤并无尊卑名分之人,或被无尊卑名分之人杀伤者,亦各依服制杀伤及同姓亲属相殴、相盗并凡斗杀伤各本律,从重定拟,均不得照凡盗杀伤科断",仍将小注"如兄弟妻及无名分雇工人之类"数语添入,以符律义,而昭赅备。谨将修改例文,开列于后。

〇修改(略)

条例・删除

大清律例

6.18.272.(5)〔行窃素有周恤之各居无服亲属〕

一、各居无服亲属,除平日膜视,并无周恤,致相盗财物者,照律减等办理外,若素有周恤,或托管田产,经理财物,不安本分,肆窃肥己、贻累受害者,即以凡人窃盗计赃科断,仍照律免刺。至满贯者,尊长照律杖一百、流三千里;卑幼拟绞监候,缓决一次后,照例减发。

现行刑律案语

〇删除

原例（略）

臣等谨按：《唐律》亲属相盗，本无“无服之亲”一层。现律添入，已非古法，此例又于无服之中，分别有无周恤，义无所取，拟请删除。

6.18.273 恐吓取财 / 18.236 恐吓取财

律文·修改

大清律例	现行刑律
6.18.273.1 凡恐吓取人财者，计赃准窃盗论，加一等，（以一主为重，并赃，分首从。其未得财者，亦准窃盗不得财罪上加等。）免刺。若期亲以下自相恐吓者，卑幼犯尊长，以凡人论；（计赃准窃盗加一等。）尊长犯卑幼，亦依亲属相盗律递减科罪。（期亲亦减凡人恐吓五等，须于窃盗加一等上减之。）	18.236.0 凡恐吓取人财者，计赃准窃盗论，加一等。（以一主为重，并赃，分首从。其未得财者，亦准窃盗不得财罪上加等。）若期亲以下自相恐吓者，卑幼犯尊长，以凡人论；（计赃准窃盗加一等。）尊长犯卑幼，亦依亲属相盗律递减科罪。（期亲亦减凡人恐吓五等，须于窃盗加一等上减之。）

现行刑律案语

原律（略）

臣等谨按：此仍《明律》。新章刺字既已删除，“免刺”二字系属赘设，自应节去。谨将修改律文，开列于后。

〇修改（略）

条例·仍旧、修并、修改、续纂、移改

大清律例	现行刑律
6.18.273.(1)〔监临恐吓所部取财〕	18.236.(1)〔监临恐吓所部取财〕一、监临恐吓所部取财，准枉法论。若知人犯罪而恐吓取财者，以枉法论。

现行刑律案语

原例

6.18.273.(1)〔监临恐吓所部取财〕（略）

6.18.273.(20)〔捉回妇女关禁勒赎〕(略)

○仍旧

臣等谨按：以上二条，应仍其旧，理合陈明。

大清律例

6.18.273.(2)〔光棍设法索诈官民〕

一、凡恶棍设法索诈官民，或张贴揭帖，或捏告各衙门，或勒写借约，吓诈取财，或因斗殴，纠众系颈，谎言欠债，逼写文券，或因诈财不遂，竟行殴毙，此等情罪重大实在光棍事发者，不分曾否得财，为首者斩立决，为从者俱绞监候。其犯人家主、父兄，各笞五十，系官交该部议处。如家主、父兄首者免罪，犯人仍照例治罪。

*断狱·断罪引律令

6.28.415.(2)〔非实在光棍者不得一概照光棍例定拟〕(略)

现行刑律

18.236.(2)〔恶棍设法索诈官民〕

一、凡恶棍设法索诈官民，或张贴揭帖，或捏告各衙门，或勒写借约，吓诈取财，或因斗殴，纠众系颈，谎言欠债，逼写文券，或因诈财不遂，竟行殴毙，此等情罪重大实在光棍事发者，不分曾否得财，为首者绞立决，为从者俱绞监候。如非实在光棍，不得滥行援引。其例载比照光棍条款，仍照例斟酌定拟。

现行刑律案语

原例

6.18.273.(2)〔光棍设法索诈官民〕(略)

断狱·断罪引律令

6.28.415.(2)〔非实在光棍者不得一概照光棍例定拟〕(略)

臣等谨按：上条系顺治十三年〔1656〕定例，康熙、雍正、乾隆年间迭经修改，下条系乾隆二年〔1737〕定例。上条例载“家主、父兄各拟笞罪”，原系缘坐之意，现在缘坐已免，此数语应行节删。斩决并应照章改绞。下条“非实在光棍，不得一概照光棍例定拟”等语，系因上条立法过严，特声明以为断罪之准，惟同系一事，自应并入上条之内，今拟将“不得一概照拟”句，改为“不得滥行援引”，其例首“比照光棍条款”一层，移入例末，仍载本门，庶援拟不致失当，而翻阅亦较简便。谨将修并例文，开列于后。

○修并(略)

大清律例

6.18.273.(8)〔棍徒生事扰害〕

一、凡凶恶棍徒屡次生事行凶，无故扰害良人，人所共知，确有实据者，发极边足四千里安置。凡系一时一事，实在情凶势恶者，亦照例拟发。如并无凶恶实迹，偶然挟诈逞凶，及屡次借端索借，赃数无多，尚非实在凶恶者，仍照所犯之罪，各依本律本例定拟，不得滥引此例。

现行刑律

18.236.(3)〔棍徒生事扰害〕

一、凡凶恶棍徒屡次生事行凶，无故扰害良人，人所共知，确有实据者，发极边足四千里安置。如系一时一事，及虽屡次而系借端讹索者，量减一等拟徒。其并无凶恶实迹，偶然挟诈，赃数无多者，仍照所犯之罪，各依本律本例定拟，不得滥引此例。

现行刑律案语

原例(略)

臣等谨按：此条系康熙二十年〔1681〕定例，乾隆、嘉庆、道光年间迭次修改。例意重在屡次生事扰害，若系一时一事，即应有所区别，注内"一时一事，实在情凶势恶"数句，并未确实指明援引，易致出入，且上下文义多未明显，拟将注内"一时一事"一项提出，并节去"实在情凶势恶，照例拟发"两句，而将下层"及屡次借端索借"移入"量减一等，拟徒"，庶几轻重适均。谨将修改例文，开列于后。

○修改(略)

大清律例

6.18.273.(15)〔刁徒吓诈逼命之案〕

一、凡刁徒无端肇衅，平空讹诈，欺压乡愚，致被诈之人因而自尽者，拟绞监候，秋审时分别情节轻重，入于情实、缓决；拷打至死者，拟斩监候，秋审时入于情实。为从各减一等。若刁徒吓诈逼命之案，如讯明死者实系奸、盗等项，及一切作奸犯科，有干例议之人，致被借端讹诈，虽非凶犯干己事情，究属事出有因，为首之犯，应于绞罪上量减一等，杖一百、流三千里；为从者，杖一百、徒三年。若凶犯所借之事，在死者本无罪可科，或虽曾实有过犯，而凶犯另捏

现行刑律

18.236.(4)〔刁徒吓诈逼命之案〕

一、凡刁徒无端肇衅，平空讹诈，欺压乡愚，致被诈之人因而自尽者，拟绞监候，秋审时入于缓决；拷打致死者，亦拟绞监候，秋审时入于情实。为从各减一等。若刁徒吓诈逼命之案，如讯明死者实系奸、盗等项，及一切作奸犯科，有干例议之人，致被借端讹诈，虽非凶犯干己事情，究属事出有因，为首之犯，应于绞罪上量减一等，流三千里；为从者，徒三年。若凶犯所借之事，在死者本无罪可科，或虽曾实有过犯，而凶犯另捏别项虚情讹诈者，均属无端肇衅，仍照

别项虚情讹诈者,均属无端肇衅,仍照例分别首从问拟绞候、满流,不得率予量减。

例分别首从问拟绞候、满流,不得率予量减。

现行刑律案语

原例(略)

臣等谨按:此条系嘉庆九年〔1804〕定例,道光二十年〔1840〕修改。惟查寻常威逼致令自尽之案,向俱不问死罪,今因刁徒平空讹诈加重拟绞,已属过重,秋审如再入实,更觉从严,似应改为"秋审时入于缓决",庶情罪既昭平允,亦与下"拷打致死之应入实"者,显有区分。斩罪照章改绞。徒、流附杖应节删。谨将修改例文,开列于后。

〇修改(略)

大清律例

6.18.273.(3)〔太监逃出索诈〕

一、凡在内太监逃出索诈者,俱照光棍例治罪。

*斗殴·斗殴

6.20.302.(13)〔在逃太监在外滋事及刃伤人〕(略)

现行刑律

18.236.(5)〔在逃太监金刃伤人并诈索有司〕

一、凡在逃太监在外滋事,除犯谋、故、斗、杀等案,仍照各本律例分别定拟外,但有执持金刃伤人,确有实据者,发烟瘴地方安置,遇赦不赦。倘逃出后,另犯诈索有司得赃重情,俱照光棍例治罪。

现行刑律案语

原例

6.18.273.(3)〔太监逃出索诈〕(略)

斗殴·斗殴

6.20.302.(13)〔在逃太监在外滋事及刃伤人〕(略)

臣等谨按:上条系康熙三十六年〔1697〕刑部因"太监刘进朝逃出索诈"一案纂辑为例,下条系道光二十八年〔1848〕刑部因"在逃之太监郭洪鹏刃伤郭大平复"一案纂辑为例。上条专言索诈,下条专言杀伤,按索诈似较杀伤为轻,第推其贪黩之情势,且害于全国,杀伤似较索诈为重,然极其凶恶之状,不过害及一人,此两例治罪之各别也。议者乃谓例文参差,几致莫衷一是。恭绎康熙年间谕旨:"刘进朝乃禁中役使之人,逃出已属可恶,况又于逃处吓诈有司,宜照光棍例治罪等因。钦此。"以内侍而与官员交结,并有诈索得赃重情,拟以光棍自非过刻,特未将此层叙明,颇涉疏漏,

应查照添入。至下条"黑龙江为奴"一层，照名例本应实发，但现在轮轨交通该处，转较内地为近，似不如照寻常遣犯酌发烟瘴地方安置，较为持平。兹拟将两例修并为一，以下条为例首，上条为例末，仍列本门，以资援引。谨将修并例文，开列于后。

〇修并（略）

大清律例

6.18.273.(14)〔捉人勒赎之案〕

一、捉人勒赎之案，除用强掳捉，胁逼上盗，应依强盗律斩决，或被捉之人，因病身死，应以威力制缚及主使各本律本例拟绞外，如有将被捉之人，拒伤身死，或于掳捉后谋、故、殴杀者，首犯俱拟斩立决；为从谋杀加功者，拟绞监候；不加功者，实发云贵两广极边烟瘴充军；若系拒杀、殴杀为从帮殴，如刃伤，及手足、他物至折伤以上者，俱拟绞监候；伤非金刃，又非折伤者，发新疆给官兵为奴；未经帮殴成伤者，实发云贵两广极边烟瘴充军。如有将被捉之人，任意凌虐，或虽无凌虐，而致被捉之人情急自尽者，为首之犯，俱照苗人伏草捉人横加枷肘例拟斩监候；为从帮同凌虐，或虽无凌虐，而助势逼勒，致令自尽者，俱发遣新疆给官兵为奴；若仅止听从掳捉关禁勒赎，尚无助势逼勒情事，均实发云贵两广极边烟瘴充军。至审无凌虐重情，止图获利关禁勒赎，为首亦发遣新疆给官兵为奴，为从之犯俱发极边足四千里充军。其因细故逞忿，并非图利勒赎，止于关禁数日，追服礼后即行放回者，为首杖一百、徒三年，为从减一等。如有聚众拒杀兵役者，首犯拟斩立决；为从帮殴，如刃伤，及手足、他物至折伤以上者，俱拟绞监候；伤非金

现行刑律

18.236.(6)〔捉人勒赎已成〕

一、捉人勒赎已成，为首发烟瘴地方安置，为从发极边足四千里安置。如任意凌虐，或虽未凌虐，致令情急自尽者，首犯拟绞监候；帮同凌虐，及虽无凌虐而助势逼勒之犯，俱发烟瘴地方安置。若被捉数在三人以上，及掳捉已至三次同时并发，或被捉系十五岁以下幼孩，不论首从，均拟绞监候。如将被捉之人谋、故、拒殴身死，不论人数、次数，是否幼孩，首犯加拟立决，从犯照谋杀加功及抢夺杀人为从帮殴成伤各本律例问拟。若勒赎得赃，数在一百二十两以上，首犯照抢夺赃一百二十两以上例拟绞监候，从犯仍发极边足四千里安置。其因细故逞忿，关禁数日后，服礼放回者，为首徒三年，为从减一等。

刃,又非折伤者,发新疆给官兵为奴。其伤人未死,如刃伤,及折伤以上者,首犯拟斩监候,为从发新疆给官兵为奴。勒赎本罪已至斩决者,加拟枭示;已至斩、绞监候者,加拟立决。若并未聚众拒捕,及伤非金刃、折伤者,仍各照罪人拒捕律加本罪二等;罪已至遣,无可复加者,到配后加枷号三个月。

6.18.273.(19)〔广东广西捉人勒赎达三人及三次以上之案〕

一、广东、广西二省捉人勒赎之案,如被捉数在三人以上,及掳捉已至三次以上,同时并发者,除被胁同行,或本罪已至斩决,无可复加外,其余罪应斩、绞监候者,加拟立决;罪应遣、军者,加拟绞监候;罪应拟徒者,发极边足四千里充军。如被捉仅止一二人,及捉人仅止一二次,仍照本例办理。倘数年后此风稍息,奏明仍复旧例办理。

6.18.273.(21)〔广东广西匪犯捉回十五岁以下幼童勒赎〕

一、广东、广西二省掳捉匪犯,如有将十五岁以下幼童捉回勒赎者,除所犯本罪已至斩决,无可复加外,其余罪应斩、绞监候者,加拟立决;罪应遣、军者,加拟绞监候;罪应拟徒者,发极边足四千里充军。倘数年后此风稍息,奏明仍复旧例办理。

6.18.273.(23)〔广东广西捉人勒赎之案计赃逾贯〕

一、广东、广西二省捉人勒赎之案,如审无凌虐重情,止图获利关禁勒赎,除赃未逾贯,首犯仍照例拟遣外,其勒赎得赃数,至一百二十两以上,首犯照抢夺满贯例拟绞监候,从犯仍发极边足

四千里充军。

现行刑律案语

原例

6.18.273.(14)〔捉人勒赎之案〕(略)

6.18.273.(19)〔广东广西捉人勒赎达三人及三次以上之案〕(略)

6.18.273.(21)〔广东广西匪犯捉回十五岁以下幼童勒赎〕(略)

6.18.273.(23)〔广东广西捉人勒赎之案计赃逾贯〕(略)

臣等谨按：以上四条，俱系捉人勒赎之例。前一条为旧例，后三条为两广专例。自光绪十三年〔1887〕新章改为通例，四条系属一事，应修并为一。第一条分为五节：一、被捉之人被杀；二、凌虐；三、止图获利关禁勒赎；四、逞忿关禁服礼放回；五、拒捕。第二至第四三节，自应节留，例内斩罪照章改为绞罪，为奴充军改为安置，徒罪附杖并照章节删。惟第一节之从犯谋杀加功拟绞，仍与凡人谋杀加功无殊，拒杀、殴杀分别刃、折伤周折虽多，其科拟之重轻，大致照抢夺杀人例办理，兹拟改为"为从，照谋杀加功及抢夺杀人帮殴成伤各本律例，从重问拟"，以归简易。第五节拒杀兵丁，自系指犯罪时之拒捕而言，果系聚众，又系拒捕，其应照二十四年〔1898〕章程强盗杀伤人之例科断，自不待言，如非聚众，自有罪人拒捕本例可引，无须复述，均拟节删。至第二、第三两条，根据第一条故由本罪加重，今既改并为一，不如径拟绞罪，不必问其原犯何如。其例内所称"罪应徒者，发极边足四千里充军"一层，查第一条之徒罪仅止"逞忿关禁"一项，此项罪名，断无掳捉积至三人、迭犯多至三次之理，均应节去，以昭核实。再，第四条之充军，亦应照章改为安置。谨将修并例文，开列于后。

〇修并(略)

现行刑律

18.236.(7)〔捉人勒赎形同强盗及拒捕杀伤并绞候情实重情〕

一、捉人勒赎之案，如有结伙三人以上，持械入室，倚强掳捉已成，形同强盗者，即照强盗得财不分首从律拟绞立决；其有执持鸟枪、洋枪者，拟斩立决；若有拒捕杀伤事主，亦照强盗杀伤人之例科断。至在途掳捉，如被捉数在三人以上，或所捉系十五岁以下幼童，或掳捉已至三次以上同时并发，或勒赎得赃数在一百二十两以上，此四项中兼有两项者，拟绞监候，入于秋审情实。若无前项重情，仍各照旧例办理。

现行刑律案语

〇续纂(略)

臣等谨按：光绪二十四年〔1898〕刑部议复原任大学士直隶总督王文韶奏《捉人勒赎之案严定罪名》一折，内称"捉人勒赎之案，如有结伙三人以上，持械入室，倚强

掳捉,已成形同强盗者,即照强盗得财不分首从律拟斩立决;其有执持鸟枪、洋枪者,照强盗章程加拟枭示;若有拒捕杀伤事主,亦照强盗杀伤人之例科断。至在途掳捉,如被捉数在三人以上,或所捉系十五岁以下幼童,或掳捉已至三次以上同时并发,或勒赎得赃数在一百二十两以上,此四项内兼有两项者,即由绞监候例上加拟绞立决,若无前项重情,仍各照旧例办理”等因。奉旨允准在案。自应恭纂为例。惟新章斩决应改绞决,斩枭应改斩决,绞决应改绞候、入实,均应于例内修改明晰,以便遵行。

大清律例

6.18.273.(20)〔捉回妇女关禁勒赎〕

现行刑律

18.236.(8)〔捉回妇女关禁勒赎〕

一、各省匪徒掳人勒赎之案,如有将妇女捉回关禁勒赎者,即以抢夺妇女及掳捉勒赎各本例相比,从其重者论。

现行刑律案语

○仍旧

见6.18.273.(1)〔监临恐吓所部取财〕条

大清律例

*捕亡·知情藏匿罪人

6.27.393.(1)〔西山窑工犯窃赌开设锅伙毙命私埋及窑户匿纵并县丞失察故纵〕(略)

现行刑律

18.236.(9)〔煤窑煤窿及各项矿产佣工人等〕

一、各省开采煤窑、煤窿及各项矿产,该管地方官设立印簿,给发窑、窿各户,令将佣工人等姓名、籍贯、来去缘由,十日一报,该地方官考查。如该窑、窿各户不将各项工人开报,照脱漏户口律治罪。若各项工人有犯窃、犯赌,或聚众逞凶致成人命,该窑、窿各户知情不行报究,发觉之日,除本犯按律治罪外,该窑、窿各户照总甲容留棍徒例处八等罚。如窑、窿各户附近奸民,及经管夫头人等,有设计诓诱穷民作工,不容脱身,未致毙命者,照凶恶棍徒例定拟。如将工作之人不加体恤,任意凌

虐,以致毙命者,即照威力制缚因而致死律拟绞监候。若无前项情事,但将工作患病之人忍心抬弃,及病故不即报官者,照夫匠在工役之所有病官司不给医药救疗及地界内有死人不申报官司辄移他处律分别治罪。其有平空强捉客民关禁入内,即照捉人勒赎例,分别首、从科断。若窑、窿各户知情纵容者,照知情藏匿罪人律治罪。该管地方官失察前项情弊,及致毙人命、私埋匿报等案,分别加等议处;受财故纵者,按枉法赃及故出人罪各律严参治罪;得受规礼者,计赃科断;失察病故之人私埋匿报者,照例议处。

现行刑律案语

○移改(略)

见6.27.393.(1)〔西山窑工犯窃赌开设锅伙毙命私埋及窑户匿纵并县丞失察故纵〕条

条例·删除

大清律例

6.18.273.(4)〔苗人伏草捉人勒赎〕

一、凡苗人有伏草捉人,横加枷肘,勒银取赎者,初犯,为首者斩监候,为从者俱枷号三个月,臂膊刺字;再犯者,不分首从,皆斩立决。其有土哨奸民勾通取利,造意者,不分初犯、再犯,并斩立决;附和者,各枷号两个月,发边远充军。该管土官虽不知情,亦按起数交该部议。知情故纵者,革职,杖一百;若教令指使,或和同取利者,革职,枷号三个月,俱不准折赎。

现行刑律案语

○删除

原例(略)

臣等谨按:此条系严惩苗民之意,但现在捉人勒赎,纂有严例,苗人有犯,可资引用,无庸另立专条,此例应即删除。

大清律例

6.18.273.(5)〔近苗地方吏民擅入苗境借差欺凌〕

一、凡附近番苗地方吏民人等，擅入苗境，借差欺凌，或强奸妇女，或抢劫财物，以及讹诈不遂，聚众凶殴，杀死人命等案，将所犯查照定例，如原系斩决、绞决之犯，审实具题，俟命下之日，将该犯押赴犯事处所正法；其例应斩候、绞候者，审系借差欺凌等项，实在情重，应将监候改为立决，亦于题复之日，押赴原犯地方正法。至寻常案件，虽系民苗交涉，审无前项情节，仍照定例拟罪。至秋审时有情实勾决之犯，亦于原犯苗地正法，仍将该犯从重治罪正法情由张挂告示，通行晓谕。该管官员，有纵差骚扰、激动番蛮者，仍援照引惹边衅例治罪。若止于失察，交部议处。

现行刑律案语

○删除

原例(略)

臣等谨按：此条系为倚势滋扰苗民而设。惟现在并无此等案件，且有犯亦各有本例可循，无关引用，应即删除。

大清律例

6.18.273.(6)〔旗民结伙指称隐匿逃人索诈〕

一、凡旗、民结伙，指称隐匿逃人，索诈财物者，不分曾否得财，为首者照凶恶棍徒生事扰害例发遣，为从者俱减一等。

删除律例

○删除

大清律例

6.18.273.(7)〔台湾无藉游民犷悍凶恶肆行不法〕

一、凡台湾无藉游民，犷悍凶恶，肆行不法，犯该死罪者，即照光棍例拟斩立决；犯该徒、流以上者，照棍徒生事扰害例发极边足四千里充军，仍酌其情罪较重者，改发新疆给官兵为奴。审系被诱随行，犯止枷、杖者，一概逐回原籍，严加管束。

删除律例

○删除

大清律例

6.18.273.(9)〔广东省匪徒伙众打单吓诈〕

一、广东省匪徒，捏造图记纸单，作为打单名色，伙众三人以上，带有鸟枪刀械，无论有无恃强掳掠，但得财者，照强盗本律问拟；拒捕杀人者，加以枭示。未得财者，为首发新疆给官兵为奴，为从杖一百、流三千里。如三人以上，并未带有鸟枪刀械，亦未恃强掳掠，但系吓诈得财，无论赃数多寡，为首，及为从二次并二次以上，亦俱发新疆给官兵为奴；为从一次，杖一百、流三千里。其案内造意之首犯，身虽不行，但经伙众打单吓诈，即分别人数多寡、有无器械，并曾否掳掠、是否得财，各照为首例问拟。若并无图记纸单，亦未伙众，仅凭口说借端讹索者，为首杖一百、徒三年，为从减一等。至遣、军人犯脱逃回籍，复行打单吓诈，或向原拿兵役寻衅报复，除实犯死罪外，余俱拟绞监候。其另犯抢劫、勒赎，仍照本例，从其重者论。倘数年后此风稍息，奏明仍照旧例办理。

现行刑律案语

○删除

原例（略）

臣等谨按：此条系广东一省专例，原为严惩匪徒而设。惟打单吓诈究与真正强盗不同，且例内所叙治罪各层亦涉繁琐，即谓情节实在凶恶，亦有恶棍设法索诈及勒赎掳掠各本例可循，似毋庸纂入例册，应即删除。

大清律例

6.18.273.(10)〔黔省匪徒如有帽顶大五小五名号及滇省匪徒带刀械游历〕

一、黔省匪徒，如有帽顶、大五、小五等名号，除犯该死罪者，仍各照本律本例问拟外，其犯该军、流、徒罪者，无论为首为从，各于所犯本罪上加一等治罪；罪止枷、杖者，于枷责后锁系铁杆一枝。如闻拿投首，及事未发而自首者，照例分别减免。倘减免后复犯，不准再首，各于所犯本罪上加一等治罪，军、流、徒罪，分别发配安置；仅止杖责者，仍系带铁杆。若平日并无犯法实迹，而系横行乡曲，有帽顶、大五、小五名目者，亦锁系铁杆。俱定限一年释放。至滇省匪徒，如仅止偶然挟诈逞凶，罪止枷、杖，并虽无犯法实迹，而平日佩带凶器刀械，游历城乡之犯，亦系带铁杆一年。以上各省匪徒，系杆限满开释，分别枷责，交保管束。如不知悛改，再系一年。倘始终怙恶，即照棍徒扰害例分别严办。乡保等挟嫌诬指，或兵役受贿徇纵，一体加等治罪。该州县每办一案，报明臬司、督抚，按季汇册报部。限满开释时，亦报部查核。其审无前项名目者，各依本律例科断。

现行刑律案语

〇删除

原例(略)

臣等谨按:此条系道光七年〔1827〕定例,咸丰元年〔1851〕改定。原系一省专例,现在此项人犯少见,而锁系铁杆之刑近已废除,此例无关引用,应即删除。

大清律例

6.18.273.(11)〔安徽省拿获水烟箱主匪徒〕

一、安徽省拿获水烟箱主匪徒,除审有抢劫、杀伤、强奸、拐卖等情,各照本律例从重定拟外,其但经携带烟童,或与鸡奸,或纵令卖奸,或遇事挺身架护者,俱发极边足四千里充军。卖烟伙党,审系一时被胁,免其治罪。若自甘下贱,助势济恶者,杖一百、徒三年。年未及岁,仍依律收赎。地方官自行访获究办,免议;倘被告发,或经上司访闻饬拿,始行破案者,交部议处。

删除律例

〇删除

大清律例

6.18.273.(12)〔陕西匪徒结伙三人十人以上持械挟诈行凶及纠众报复杀人〕

一、陕西省所属匪徒,如结伙三人以上,挟诈逞凶,但有一人执持器械伤人,除实犯死罪外,其余不分首从,俱发极边足四千里充军。如聚众至十人以上,执持器械,无论曾否伤人,不分首从,俱发极边烟瘴充军。其有因挟诈不遂,或被人控告,纠众报复,竟行殴毙,均拟斩立决。其寻常斗殴,不在此例。俟数年后此风稍息,仍照旧例办理。

删除律例

〇删除

大清律例

6.18.273.(13)〔江苏山东河南安徽陕西等处匪徒佩带刀械挟诈逞凶〕

一、江苏省徐州、淮安、海州三府州,及山东兖州、沂州、曹州三府,河南汝宁、陈州、光州三府州,并安徽、陕西二省所属匪徒,如有佩带凶器刀械,挟诈逞凶,罪止枷、杖者,拿获到案,各于枷、杖后锁系铁杆一枝一年,改悔释放。若不悛改,再系一年。如敢带杆滋扰,或毁杆潜逃,持以逞凶、拒捕,罪应拟徒者,锁系巨石五年;应拟杖者,

锁系巨石三年。限满果能悔罪自新,或有亲族乡邻甘结保领,地方官查实,随时开释详报。倘始终怙恶,按其情节,照棍徒屡次行凶扰害例分别严办。

现行刑律案语

○删除

原例(略)

臣等谨按:此条系道光六年〔1826〕定例,同治九年〔1870〕修改。现在废除铁杆、石墩等刑,此例无关引用,且系该省专条,与他条多有参差,应即删除。

大清律例

6.18.273.(16)〔盛京棍徒勾结旗民投托宗室聚众拦河讹诈肆行抢夺〕

一、盛京地方,如有外来棍徒,勾结旗民,或投托宗室、觉罗,聚至三人以上,横河拦绠,诈索扰累,肆行抢夺者,除实犯死罪外,其余无论赃数、次数,不分首从,俱照棍徒扰害例发极边足四千里安置,面刺"烟瘴改发"四字。如并未聚众,及虽经聚众,但在河沟道口,借搭桥为名,把持地方,向过往车辆,任意讹索,并无横河拦绠、肆行抢夺重情者,为首亦照棍徒扰害例拟军,为从各犯俱杖一百、徒三年。旗人有犯,销除本身旗档,与民人一体办理。知情护庇、主使之宗室、觉罗,实发黑龙江严加管束。倘数年后此风稍息,奏明仍照旧例办理。

现行刑律案语

原例(略)

臣等谨按:此条系道光二十一年〔1841〕定例,虽系专为一省而设,但现在该省此风未息,此例未可遽废,仍遵新章删除"刺字"及"徒罪附杖",并将"拟军"改为"定拟",较为浑括。谨将修改例文,开列于后。

○修改

一、盛京地方,如有外来棍徒,勾结旗民,或投托宗室、觉罗,聚至三人以上,横河拦绠,诈索扰累,肆行抢夺者,除实犯死罪外,其余无论赃数、次数,不分首从,俱照棍徒扰害例发极边足四千里安置。如并未聚众,及虽经聚众,但在河沟道口,借搭桥为名,把持地方,向过往车辆,任意讹索,并无横河拦绠、肆行抢夺重情者,为首亦照棍徒扰害例定拟,为从各犯,俱徒三年。旗人有犯,销除本身旗档,知情护庇、主使之宗室、觉罗,实发黑龙江严加管束。倘数年后此风稍息,奏明仍照旧例办理。

核订现行刑律

○删除

原修改例文(略)

谨按:此系盛京专例。现在盛京地方交通便利,警察亦日渐周密,此等棍徒扰害之事自必日少,即有似此情节,按照索诈抢夺各本律例问拟,亦不为宽。至旗人有犯,现在不分满汉,自应一律办理。此条拟请删除。

大清律例

6.18.273.(17)〔江西匪徒及广东匪徒偷入江西有拜会抢劫讹诈等案者〕

一、江西省南安、赣州、宁都州三府州所属匪徒,如有拜会、抢劫、讹诈等案,除实犯死罪,及本罪已至外遣为奴,罪无可加,均各照例办理外,其余军流以下各犯,均于应得本罪上加一等定拟。至广东省匪徒,偷入广西省勾结土匪,有犯拜会、抢劫、讹诈等案,罪在军、流以下者,亦照此例加等办理。俟数年后此风稍息,再行奏明仍复旧例。

现行刑律案语

○删除

原例(略)

臣等谨按:此条系道光年间定例,原系严惩会匪强劫之意,但现在会匪强劫已有加重新例,此条无关引用,且系一省专例,应即删除。

大清律例

6.18.273.(18)〔山东安徽结捻结幅聚众讹索强当〕

一、山东、安徽两省匪徒,如有结捻、结幅,聚众至四十人以上,带有军器,在市镇集场人烟稠密处所,窥视殷实人家铺户,强当讹索得财,不论赃数多寡,首犯拟绞立决;四十以下、十人以上,首犯拟绞监候;为从均发新疆酌拨种地当差。如数在五人以上,首犯亦发新疆种地当差,为从俱拟发极边足四千里充军。若聚众四十人以上,及十人以上,讹索强当未经得财者,首犯拟发极边足四千里充军,从犯杖一百、徒三年;五人以上,首犯杖一百、徒三年,从犯杖九十、徒二年半。其造意之捻首、幅首,身虽不行,但经伙犯讹索强当,即按人数多寡,照为首例问拟。其未经结捻、结幅,并聚众未及五人,尚未滋事者,仍照各本律本例问拟。若问拟遣、军人犯,脱逃回籍,复行入捻、入幅,讹索强当,或向原拿兵役寻衅报复,除实犯死罪外,余俱拟绞监候。倘数年后此风稍息,奏明仍复旧例办理。

删除律例

○删除

大清律例

6.18.273.(22)〔广东省棍徒及打单吓诈各犯罪应拟徒之犯〕

一、广东省凶恶棍徒，及打单吓诈各犯，除罪应军、流以上者，仍按本例定拟外，如棍徒为从，或量减，及打单为从一次，罪应拟徒之犯，应刺字者，先行刺字，毋庸解配，在籍锁带铁杆、石礅五年，限满开释，分别杖责。其棍徒为从或量减之犯，倘开释后复犯，罪止拟徒者，即于锁带铁杆、石礅年限上递加二年。若打单吓诈为从二次之犯，即按例从重问拟。该州县每办一案，即录叙全案供招，报明督抚、臬司，按季汇册咨部。如同案人犯，有问拟军、流以上者，仍专案分别题、咨。均于限满开释时，报部查核。若该州县任听书役舞弊朦混，妄及无辜，从严参究。俟数年后此风稍息，仍照旧例办理。

现行刑律案语

○删除

原例（略）

臣等谨按：此条系道光二十七年〔1847〕定例，亦系一省专例，现在锁带铁杆、石礅之刑，业已废除，此条无关引用，应请删除。

大清律例

6.18.273.(24)〔拿获绰号棍徒〕

一、拿获绰号棍徒，如系屡次行凶滋事，即照棍徒扰害例发极边足四千里安置。凡系一时一事，确有凶恶实迹，亦照例拟发。若非屡次行凶滋事扰害，于军罪上量减科断。倘并无滋事实迹，只有绰号，酌量科以不应重律杖八十，加枷号一个月。此等绰号棍徒，止准地方官弁访拿，不许讦告。有讦告者，均不准理。

现行刑律案语

○删除

原例（略）

臣等谨按：此条系同治二年〔1863〕定例，专指绰号而言，不知果有滋事实迹，即无绰号，亦应照棍徒问拟，若无实迹止以绰号加罪，未免涉于周内，应即删除。

6.18.274 诈欺官私取财 / 18.237 诈欺官私取财

律文・修改

大清律例

6.18.274.1 凡用计诈(伪)欺(瞒)官、私,以取财物者,并计(诈欺之)赃准窃盗论,免刺。若期亲以下(不论尊长、卑幼,同居、各居。)自相诈欺者,亦依亲属相盗律递减科罪。○6.18.274.2 若监临主守诈(欺同监守之人)取所监守之物者,(系官物。)以监守自盗论。未得者,减二等。○6.18.274.3 若冒认及诓赚、局骗、拐带人财物者,亦计赃准窃盗论,(系亲属,亦论服递减。)免刺。

现行刑律

18.237.1 凡用计诈(伪)欺(瞒)官、私,以取财物者,并计(诈欺之)赃准窃盗论。若期亲以下(不论尊长、卑幼,同居、各居。)自相诈欺者,亦依亲属相盗律递减科罪。○18.237.2 若监临主守诈(欺同监守之人)取所监守之物者,(系官物。)以监守自盗论。未得者,减二等。○18.237.3 若冒认及诓赚、局骗、拐带人财物者,亦计赃准窃盗论。(系亲属,亦论服递减。)

现行刑律案语

原律(略)

臣等谨按:此仍《明律》。刺字现已废除,例内“免刺”字样均应节删。谨将修改律文开列于后。

○修改(略)

条例・修改、修并、仍旧

大清律例

6.18.274.(1)〔指称买官买缺规避处分买求中式诓骗官吏举监生员财物〕

一、凡指称买官买缺,或称规避处分,及买求中式等项,诓骗听选并应议官吏,及举人、监生、生员人等财物,如诓骗已成,财已入手,无论赃数多寡,不分首从,于该衙门门首枷号三个月,发烟瘴地面充军。其央浼营干致被诓骗者,免其枷号,亦照前发遣。若诓骗未成,议有定数,财未接受,应于军罪上减

现行刑律

18.237.(1)〔指称买官买缺规避处分诓骗官吏财物〕

一、凡指称买官买缺,或称规避处分,诓骗听选并应议官吏财物,如诓骗已成,财已入手,无论赃数多寡,不分首从,发烟瘴地方安置。其央浼营干致被诓骗者,流三千里。若诓骗未成,议有定数,财未接受者,应于安置罪上减一等,徒三年;被骗者处十等罚。但经口许,并未议有定数,亦处十等罚;被骗者

一等，杖一百、徒三年，加枷号两个月；被骗者杖一百，免其枷号。但经口许，并未议有定数，应杖一百，加枷号一个月；被骗者杖八十，免其枷号。若甫被诓骗，即行首送者，诓骗之人，照恐吓未得财律准窃盗论加一等治罪，被骗者免议。

处八等罚。若甫被诓骗，即行首送者，诓骗之人，照恐吓未得财律准窃盗论加一等治罪，被骗者免议。

现行刑律案语

原例（略）

臣等谨按：此例原系二条，一系前明《问刑条例》，一系乾隆八年〔1743〕纂定，三十二年〔1767〕修并为一。例内“买求中式”等项，现在乡会试已停，自无此项人犯，应与下“举贡生监人等”句均拟节删。枷号一层，若照新章议罚，究嫌一罪两刑，应将军、徒及杖罪加枷，并免枷之处一并删去。至“央浼营干致被诓骗”，虽系不安本分，然情节究较诓骗者为轻，同发烟瘴充军，微嫌畸重；下文未成之犯诓骗者拟徒，被骗者仅止拟杖，罪名实相去五等，彼此互勘，尤觉参差，似应酌改为流三千里，以昭平允。充军应改为安置。徒罪附杖并应节删。定案杖罪照章罚金，亦应依数分等处罚。谨将修改例文，开列于后。

○修改（略）

大清律例

6.18.274.(2)〔指称衙门打点名色诓骗财物〕

一、凡指称内外大小官员名头，并各衙门打点使用名色，诓骗财物，计赃犯该徒罪以上者，俱不分首从，发近边充军；情重者，仍枷号两个月发遣。如亲属以下诈指官诓骗，止依期亲欺律，不可引例。

现行刑律

18.237.(2)〔指称衙门打点名色诓骗财物〕

一、凡指称内外大小官员名头，并各衙门打点使用名色，诓骗财物，计赃犯该徒罪以上者，俱不分首从，于本罪上加一等定拟。如亲属指官诓骗，止依期亲以下诈欺律，不可引例。

现行刑律案语

原例（略）

臣等谨按：此条系前明《问刑条例》，顺治三年〔1646〕添入小注，乾隆三十二年〔1767〕修改。例内近边军若照章改为“流二千五百里”，与计赃本罪已至满流者，不无抵触，且计赃在徒罪以上，即应不分首从，一体治罪办理，已觉从严，其情重者仍拟

加枷,未免例外加重,似应改为“于本罪上加一等定拟”。谨将修改例文,开列于后。

〇修改(略)

大清律例

6.18.274.(13)〔奸民卖空买空设局赌赛市价〕

一、奸民卖空买空,设局诱人,赌赛市价长落,其卖空者,照用计诈欺局骗人财物律计赃准窃盗论,罪止杖一百、流三千里;买空之犯,照为从律减一等。

现行刑律

18.237.(3)〔奸民卖空买空设局赌赛市价〕

一、奸民卖空买空,设局诱人,赌赛市价长落,其卖空者,照用计诈欺局骗人财物律计赃准窃盗论,罪止流三千里;买空之犯,照为从律减一等。

现行刑律案语

原例(略)

臣等谨按:此条系咸丰七年〔1857〕定例。例内流罪附杖应照章节删。谨将修改例文,开列于后。

〇修改(略)

大清律例

6.18.274.(7)〔京城钱铺侵蚀藏匿银钱闭门逃走〕

一、京城钱铺,无论新开旧设,均令五家联名互保,报明地方官存案。如将兑换现银票存钱文侵蚀,并因存借银两,聚积益多,遂萌奸计,藏匿现银,闭门逃走者,立即拘拿送部监禁,一面将寓所资财及原籍家产,分别行文查封。仍押追在京家属,勒限两个月,将侵蚀、藏匿银钱,全数开发完竣。其起意关闭之犯,枷号两个月,杖一百,折责释放。若逾限不完,由部审实,无论财主、管事人及铺伙侵吞赔折,统计未还藏匿及侵蚀票存钱文原兑现银,数在一百二十两以下者,照诓骗财物律计赃准窃盗论罪;至一百二十两,发附近充军;一百二

现行刑律

18.237.(4)〔公司钱铺等项侵蚀倒闭拘拿勒追并互保代发〕

一、商民开设公司、钱铺等项,无论新开旧设,均令五家联名互保,报官存案。私自开设者,以违制论。如有侵蚀、倒闭商民各款,立即拘拿监禁,分别查封寓所资财及原籍家产,勒令家属限两个月将侵蚀各款完竣。其起意倒闭之犯,工作十个月。若逾限不完,无论财主、管事人及铺伙侵蚀赔折,计数在一百二十两以下者,照诓骗财物律计赃,准窃盗论;一百二十两以上至五百两,流三千里;五百两以上至一千两,发极边足四千里安置;一千两以上,发烟瘴地方安置;一万两以上,发新疆当差;均勒限一年追赔,限内全完,释放;不

十两以上至三百三十两,发近边;六百六十两,发边远;一千两,发极边足四千里充军;一千两以上,发遣黑龙江安置当差;一万两以上,拟绞监候,均勒限一年追赔。限内全完,枷责释放;不完,再限一年追赔。全完,死罪减二等定拟,军、流以下,仍枷责发落;若不完,军、流以下人犯,即行发配。死罪人犯再限一年追赔。不完,即行永远监禁。所欠银钱,勒令互保之四家均匀给限代发,免其治罪。仍咨行本犯原籍,于家属名下追偿。如四家不愿代发,或限满代发未完,拘拿送部,照准窃盗为从律减一等,杖一百、徒三年。其互保代还银钱,如本犯于监禁及到配后给还四家者,军、流以下,即行释放;死罪人犯,仍减二等发落。若五家同时关闭,一并拘拿押追,照前治罪。未还银两及票存钱文,仍于各犯家属名下严追给领。地方文武官遇有关闭钱铺,不行严拿,致令远扬,严参交部议处。

6.18.274.(8)〔京城钱铺关闭如有包揽折扣及借名取钱毁窗抢物者〕

一、京城钱铺关闭,如有包揽票存钱文,折扣开发者,无论旗、民,及在官人役,审实,照棍徒生事行凶例治罪。仍将并不查拿之地方官,交部议处。如有通同作弊,包揽折扣者,与犯同罪;受财者,计赃以枉法论。其有借名取钱,踹毁门窗,抢取什物者,照抢夺例治罪。至开设钱铺,先由大兴、宛平两县知县查明,确系殷实,取具保结,详报顺天府,移咨步军统领衙门,准其开设。倘该铺关闭逃跑,将取结不慎之知县,交部严加议处。如不经两县申转,私行开完,递限两年追赔。全完,亦准释放;若不完,均暂行监禁。所欠银钱,勒令互保均匀给限代发,免其治罪,仍咨行本犯原籍,于家属名下追偿。如互保不愿代发,或限满代发未完,照准窃盗为从律减一等,徒三年。至互保代还银钱,如本犯于监禁后给还,仍准即行释放;其不能给还者,各照原拟罪名发配。若五家同时倒闭,一并拘拿勒追,照前治罪。未还银两,仍于各犯家属名下严追给领。如钱铺关闭,有包揽票存、钱文,折扣开发者,亦照诓骗财物律治罪。其有借名取钱,踹毁门窗,抢取什物者,依抢夺例办理。地方官遇有侵蚀倒闭之案,不行严拿,致令远扬,严参议处。

设,一经该协副尉等拿获,即将该铺财主及铺伙均照违制律治罪,并将铺本一并入官。倘该协副尉不能先事查拿,别经发觉,将该协副尉等交兵部,分别议处。

现行刑律案语

原例

6.18.274.(7)〔京城钱铺侵蚀藏匿银钱闭门逃走〕(略)

臣等谨按:此系道光二年〔1822〕定例,同治九年〔1870〕修改。本系京城钱铺专条,嗣光绪二十五年〔1899〕十月内刑部会同户部议复原任南洋通商大臣两江总督刘坤一奏《奸商虚设公司行铺倒骗存款》一折,声明"该省商民开设公司钱铺,即照京城钱铺定例,并称各省亦应照办"等因。奉旨允准在案。自应改为公司钱铺通例。例内繁冗字句,均应按照原奏改正。其起意关闭之犯,例应拟杖加枷,第枷、杖并罚究嫌过重,应仍照窃盗满杖罪名,改为工作十个月,所有"枷责"字样均应节删。附近、近边、边远各层,若照章递改流罪,反觉轻重不分,而黑龙江久经停遣,亦系虚设。至绞候一层,既与准窃盗论罪止满流之义未符,亦与东西各国民事案件并无死罪之法不合,且死罪仍归监禁,亦属空言,似不如将一百二十两以上至五百两为一等,改为满流;五百两以上至一千两为一等,改为极边足四千里安置;一千两以上为一等,改为烟瘴地方安置;一万两以上为一等,改为发新疆当差,庶罪既不入于死,而办法较有等次。再,追赔期限例以三年为率,现既将虚拟之死罪节去,似应不论倒骗多寡,均一律监追,应于"一年限内不完"之下酌改为"递限两年追赔,全完,亦准释放;不完,均暂行监禁"。其所称勒令互保给限代发各节,均仍照旧,惟本犯于监禁后给还四家,应改为"仍准即行释放",并添入"不能给还者,各照原拟流遣罪名实行发配",以昭惩创。徒罪附杖并应照章节删。谨将修改例文,开列于后。

○修改

一、各直省商民开设公司、钱铺等项,无论新开旧设,均令五家联名互保,报官存案。如有侵蚀、倒闭商民各款,立即拘拿监禁,分别查封寓所资财及原籍家产,仍押令家属勒限两个月,将侵蚀各款完竣。其起意关闭之犯,工作十个月。若逾限不完,无论财主管事人及铺伙侵吞赔折,计数在一百二十两以下者,照诓骗财物律计赃,准窃盗论;罪一百二十两以上至五百两,流三千里;五百两以上至一千两,发极边足四千里安置;一千两以上,发烟瘴地方安置;一万两以上,发新疆当差;均勒限一年追赔,限内全完,释放;不完,递限两年追赔。全完,亦准释放;若不完,均暂行监禁。所欠银钱,勒令互保均匀给限代发,免其治罪,仍咨行本犯原籍,于家属名下追偿。如互保不愿代发,或限满代发未完,照准窃盗为从律减一等,徒三年。至互保代还银

钱，如本犯于监禁后给还四家，仍准即行释放；其不能给还者，各照原拟流遣罪名实行发配。若五家同时关闭，一并拘拿押追，照前治罪。未还银两仍于各犯家属名下严追给领。地方文武官遇有关闭之案，不行严拿，致令远扬，严参交部议处。

现行刑律案语

原例

6.18.274.(8)〔京城钱铺关闭如有包揽折扣及借名取钱毁窗抢物者〕(略)

臣等谨按：此系道光十一年〔1831〕定例，同治九年〔1870〕修改，亦系京城钱铺专条，应即改为公司钱铺通例。谨将修改例文，开列于后。

〇修改

一、各省公司、钱铺等项关闭，如有包揽票存钱文折扣开发者，无论官民，审实，照棍徒生事行凶例治罪。仍将并不查拿之地方官，交部议处。如有通同作弊、包揽折扣者，与犯同罪。受财者，计赃以枉法论。其有借名取钱、踹毁门窗、抢取什物者，照抢夺例治罪。至开设钱铺，先由地方官查明确系殷实，取具结保，详报上司，准其开设。倘该铺关闭逃跑，将取结不慎之知县，交部严加议处。如不经县申转，私行开设，一经拿获，即将该铺财主及铺伙均照违制律治罪，并将铺本一并入官。倘地方文武官不能先事查拿，别经发觉，将该文武官等交部，分别议处。

核订现行刑律

原修改例文

6.18.274.(7)〔京城钱铺侵蚀藏匿银钱闭门逃走〕原修改例文(略)

6.18.274.(8)〔京城钱铺关闭如有包揽折扣及借名取钱毁窗抢物者〕原修改例文(略)

谨按：此二条既均改为通例，则情事相连，应则修并为一。第一条侵蚀倒闭之案，既将本犯监禁并查封资财家产，则但着落家属勒限严追办理，已极严厉，似不必将家属拘押致滋拖累，例内"押令"字样，应改为"勒令"，又关闭与倒闭不同，"关闭"二字应改"倒闭"。第二条折扣票钱事属诓骗，照棍徒生事行凶例治罪，未为允治，应仍照诓骗本律问拟，地方官通同作弊，自必有赃私情节，受赃本律自有专条，毋庸复叙。至开设钱铺必须取保，第一条办法较详，应即删并，其"私行开设"一节，照违制律治罪，已足示惩，"铺本入官"迹近苛刻，此层亦应节去。谨将修并例文，开列于后。

〇修并(略)

大清律例

6.18.274.(10)〔京城假称金店等私自换银出票〕

一、京城街市未挂钱幌,假称金店、参店,借名烟铺、布铺,换银出票,并无联名保结,一经关闭,应勒限开发票存完竣,以后不准私自出票。如违,照私自开设例惩办。若不依限开发完竣,照侵蚀票存钱文例科断。

现行刑律

18.237.(5)〔京城假称金店等私自换银出票〕

一、京城街市未挂钱幌,假称金店、参店,借名烟铺、布铺,换银出票,并无联名保结,一经关闭,应勒限开发票存完竣,以后不准私自出票。如违,照私自开设例惩办。若不依限开发完竣,照侵蚀倒闭例科断。

现行刑律案语

原例(略)

臣等谨按:例末"照侵蚀票存钱文例科断"句,修订之例已改为"侵蚀倒闭",此处自应照改,以便引用。谨将修改例文,开列于后。

○修改(略)

大清律例

6.18.274.(11)〔京城私设钱铺〕

现行刑律

18.237.(6)〔京城私设钱铺〕

一、京城钱铺,以五百一十一家作为定额,不准再增。如有私自开设,照违制律治罪。

现行刑律案语

原例(略)

○仍旧

臣等谨按:此例应仍其旧,理合陈明。

条例·删除

大清律例

6.18.274.(3)〔雇倩包揽积惯随棚枪手代考〕

一、学臣考试,有积惯随棚代考之枪手,察出审实,枷号三个月,发烟瘴地面充军。其雇倩枪手之人,及包揽之人,并与枪手同罪。知情保结之廪生,杖一百。窝留之家,不知情者,照不应重律治罪。倘有别情,从重科断。有赃计赃,以枉法从重论。

6.18.274.(5)〔积惯棍徒捏称给与记认诓骗应试生童财物〕

一、生童考试,如有积惯棍徒,捏称给与字眼记认,诓骗财物者,不论有无立约封银,及口许虚赃,俱照撞骗已成例,枷号三个月,发烟瘴地面充军;被骗生童杖一百、徒三年。若仅用虚词诓骗,事属未成,罪止杖责者,仍照定例加枷号一个月,分别发落;被骗者仍照例治罪,免其枷号。

6.18.274.(6)〔代倩枪手已成未成〕

一、代倩枪手,以已成、未成为断。如场外经提调访拿,或被生童禀首者,为未成;如已顶名入场,无论当时被获、事后发觉,俱为已成。未成者,除审系积惯随棚,仍照定例问拟外,若仅立有文约而赃未入手,枪手与本童,均照诓骗未成财未接受罪应满徒者加枷号两个月、但经口许罪止杖责者加枷号一个月分别发落之例治罪。其已成者,不分有无立约,及口许虚赃,俱照诓骗已成例,枷号三个月,发烟瘴地面充军,雇倩之生童与同罪。若生童实系被人撞骗,赃止口许,情罪稍轻者,照诓骗未成财未接受例杖一百、徒三年。

现行刑律案语

〇删除

6.18.274.(3)〔雇倩包揽积惯随棚枪手代考〕(略)

6.18.274.(5)〔积惯棍徒捏称给与记认诓骗应试生童财物〕(略)

6.18.274.(6)〔代倩枪手已成未成〕(略)

臣等谨按:以上三条,均系学臣岁科考之事。现在岁科考业已停止,此三例均无关引用,应即一并删除。

大清律例

6.18.274.(4)〔漕粮起运头伍派敛已裁陋规或于定数之外多行勒索〕

一、漕粮起运,头帮、军伍,将已裁陋规,复行派敛,私自婪收,或于定数之外多行勒索者,令各帮军丁于经管衙门呈控,将勒索之头、伍,计赃分别首从定拟。犯该徒罪以上者,俱照指称衙门打点使用名色诓骗财物例,不分首从,发近边充军;情重者,加枷号两个月。其官弁、兵役受贿,责令该管上司参革究审,计赃以枉法论。军丁挟嫌捏控,照诬告律治罪。

删除律例

〇删除

大清律例

6.18.274.(9)〔内地商民与外夷交易负欠潜逃诓骗财物〕

一、内地商民,与外夷交易买卖,如有负欠潜逃、诓骗财物者,计赃犯该徒罪以上,枷号三个月,发附近充军;杖罪以下,枷号两个月,杖一百、徒三年。

删除律例

○删除

大清律例

6.18.274.(12)〔京城短保钱铺关闭不能开发〕

一、道光十年(1830)以前,京城短保钱铺,仍责令觅保补送。如短保并不补送,一经关闭,不能开发,照有保钱铺加一等治罪。

删除律例

○删除

6.18.275略人略卖人 / 18.238略人略卖人

律文・修改

大清律例

6.18.275.1凡设方略而诱取良人(为奴婢,)及略卖良人(与人)为奴婢者,皆(不分首、从、未卖)杖一百、流三千里;为妻妾、子孙者,(造意)杖一百、徒三年。因(诱卖不从)而伤(被略之)人者,绞;(监候。)杀人者,斩。(监候。为从各减一等。)被略之人不坐,给亲完聚。○6.18.275.2若假以乞养、过房为名,买良家子女转卖者,罪亦如之。(不得引例。若买来长成而卖者,难同此律。)○6.18.275.3若和同相诱(取在己)及(两相情愿)卖良人为奴婢者,杖一百、徒三年;为妻妾、子孙者,杖九十、徒二年半。被诱之人,减一等。(仍改正给亲。)未卖者,各减(已卖)

现行刑律

18.238.1凡设方略而诱取良人(为奴婢,)及略卖良人(与人)为奴婢者,皆(不分首、从、未卖)流三千里;为妻妾、子孙者,(造意)徒三年。因(诱卖不从)而杀伤(被略之)人者,俱绞。(监候。为从各减一等。)被略之人不坐,给亲完聚。○18.238.2若假以乞养、过房为名,买良家子女转卖者,罪亦如之。(不得引例。若买来长成而卖者,难同此律。)○18.238.3若和同相诱(取在己)及(两相情愿)卖良人为奴婢者,徒三年;为妻妾、子孙者,徒二年半。被诱之人,减一等。(仍改正给亲。)未卖者,各减(已卖)一等。十岁以下,虽和亦同略诱法。(被略诱者不坐。)○18.238.4

一等。十岁以下，虽和亦同略诱法。被诱略者不坐。○[6.18.275.4]若略卖、和诱他人奴婢者，各减略卖、和诱良人罪一等。○[6.18.275.5]若略卖子孙为奴婢者，杖八十；弟、妹，及侄、侄孙、外孙，若己之妾、子孙之妇者，杖八十、徒二年。略卖子孙之妾，减二等。同堂弟、妹、堂侄及侄孙者，杖九十、徒二年半。和卖者，减略卖一等。未卖者，又减已卖一等。被卖卑幼虽和同，以听从家长不坐，给亲完聚。○[6.18.275.6]其和、略卖妻为婢，及卖大功以下尊、卑亲为奴婢者，各从凡人和、略法。○[6.18.275.7]若受寄所卖人口之窝主及买者知情，并与犯人同罪；至死，减一等。牙保各减犯人一等，并追价入官。不知者俱不坐，追价还主。

若略卖子孙为奴婢者，处八等罚；弟、妹及侄、侄孙、外孙，若己之妾、子孙之妇者，徒二年。略卖子孙之妾，减二等。同堂弟、妹、堂侄及侄孙者，徒二年半。和卖者，减略卖一等。未卖者，又减已卖一等。被卖卑幼虽和同，以听从家长。不坐，给亲完聚。○[18.238.5]其和、略卖妻为婢，及卖大功以下尊、卑亲为奴婢者，各从凡人和、略法。○[18.238.6]若受寄所卖人口之窝主及买者知情，并与犯人同罪；至死减一等。牙保各减犯人一等，并追价入官。不知者俱处八等罚，追价还主。

现行刑律案语

原律（略）

臣等谨按：此仍《明律》，顺治三年〔1646〕添入小注。律内斩候照章应改绞候，与上伤人罪名相同，应改为因而杀伤人者俱绞，以省繁冗。流、徒附杖应节删。"杖八十"照章罚金，应改为"处八等罚"。谨将修改律文，开列于后。

○修改

凡设方略而诱取良人为奴婢，及略卖良人与人为奴婢者，皆不分首、从、未卖流三千里；为妻妾、子孙者，造意徒三年。因诱卖不从而杀伤被略之人者，俱绞；监候，为从各减一等。被略之人不坐，给亲完聚。○若假以乞养、过房为名买良家子女转卖者，罪亦如之。不得引例。若买来长成而卖者，难同此律。○若和同相诱取在己及两相情愿卖良人为奴婢者，徒三年；为妻妾、子孙者，徒二年半。被诱之人，减一等。仍改正给亲。未卖者，各减已卖一等。十岁以下，虽和亦同略诱法，被诱略者不坐。○若略卖、和诱他人奴婢者，各减略卖、和诱良人罪一等。○若略卖子孙为奴婢者，处八等罚；弟、妹，及侄、侄孙、外孙、若己之妾、子孙之妇者，徒二年。略卖子孙之妾，减二等。同堂弟、妹、堂侄及侄孙者，徒二年半。和卖者，减略卖一等。未卖者，又减已卖一等。被卖卑幼虽和同，以听从家长不坐，给亲完聚。○其和、略卖妻为婢，及卖大功以下尊、卑亲为奴婢者，各从凡人和、略法。○若受寄所卖人口之窝主及买者知情，并与犯人同罪；至死，减一等。牙保各减犯人一等，并追

价入官。不知者俱不坐,追价还主。

核订现行刑律

原修改律文(略)

谨按:宣统元年十二月二十一日〔1910年1月31日〕臣馆会同修订法律大臣奏《请禁革买卖人口》折,内称"嗣后因贫而卖及子女者,处七等罚,买者处八等罚,其略卖、和卖案内不知情之买者,亦照此办理"等因。奉旨允准。钦遵在案。本律"不知者俱不坐"句,应改为"不知者俱处八等罚",以符新章。至"奴婢"一项,现改"雇工",则此后自无略卖他人奴婢之事,设有略卖他人雇工者,自可酌照略卖良人办理,本条第四节应请节删。谨将修改律文,开列于后。

〇修改(略)

条例·修改、续纂

大清律例

6.18.275.(12)〔兴贩妇人子女转卖〕

一、兴贩妇人、子女,转卖与他人为奴婢者,杖一百、流三千里;若转卖与他人为妻妾、子孙,杖一百、徒三年,为从各减一等。地方官匿不申报,别经发觉,交部议处。

现行刑律

18.238.(1)〔兴贩妇人子女转卖〕

一、兴贩妇人、子女,转卖与他人为奴婢者,流三千里;若转卖与他人为妻妾、子孙,徒三年,为从各减一等。地方官匿不申报,别经发觉,交部议处。

现行刑律案语

原例(略)

臣等谨按:此条系乾隆二十四年〔1759〕定例,嘉庆六年〔1801〕修改,应仍其旧。惟流、徒附杖应照章节删。谨将修改例文,开列于后。

〇修改(略)

大清律例

6.18.275.(2)〔诱拐妇人子女及以药饼邪术迷拐幼小子女〕

一、凡诱拐妇人、子女,或典卖,或为妻妾、子孙者,不分良人奴婢、已卖未卖,但诱取者,被诱之人若不知情,为首拟绞监候,为从杖一百、流三千里,被诱

现行刑律

18.238.(2)〔诱拐妇人子女〕

一、凡诱拐妇人、子女,或典卖,或为妻妾、子孙者,不分已卖、未卖,但诱取者,被诱之人若不知情,为首拟绞监候,为从流三千里,被诱之人不坐。如拐后被逼成奸,亦不坐。其和诱知情之

之人不坐。如拐后被逼成奸,亦不坐。若以药饼及一切邪术迷拐幼小子女,为首者绞立决,为从发极边足四千里充军。其和诱知情之人,为首者亦照前拟军,为从及被诱之人俱减等满徒。若虽知拐带情由,并无和同诱拐、分受赃物,暂容留数日者,不分旗、民,俱枷号两个月发落。有服亲属犯者,分别有无奸情,照例科断。妇人有犯,罪坐夫男。夫男不知情,及无夫男者,仍坐本妇,照例收赎。

人,为首发极边足四千里安置,为从及被诱之人俱减等满徒。若虽知拐带情由,并无和同诱拐、分受赃物,暂容留数日者,照不应重律治罪。有服亲属犯者,分别有无奸情,照例科断。

现行刑律案语

原例(略)

臣等谨按:此例原系二条,一系前明《问刑条例》,一系康熙年间定例,后来迭次修改。例内邪术迷拐,"强盗"门已有治罪专条,此数语系属重见,且为首绞决,为从极边,罪名亦相参差,应即删去。下"和诱知情,为首照前拟军",现既将前项军罪删除,应于例内添入,并遵章改充军为安置,以资引用。至容留拐犯"不分旗、民,俱枷号两月发落",按照从前旗人折枷之法核算,已在流罪以上,未免过严,应将"不分旗、民"句节删改,照不应重律治罪。其"妇人有犯,罪坐夫男"等语,亦与《名例》"侵损于人,以凡人首从论"之法不符,拟一并节去。谨将修改例文,开列于后。

○修改

一、凡诱拐妇人、子女,或典卖,或为妻妾、子孙者,不分良人奴婢、已卖未卖,但诱取者,被诱之人若不知情,为首拟绞监候,为从流三千里,被诱之人不坐。如拐后被逼成奸,亦不坐。其和诱知情之人,为首发极边足四千里安置,为从及被诱之人俱减等满徒。若虽知拐带情由,并无和同诱拐、分受赃物,暂容留数日者,照不应重律治罪。有服亲属犯者,分别有无奸情,照例科断。

核订现行刑律

原修改例文(略)

谨按:良贱名目现议删除,则以后即无良人、奴婢之别,本条"良人奴婢"四字应即节去。谨将修改例文,开列于后。

○修改(略)

大清律例

6.18.275.(18)〔诱拐愚民雇与洋人承工〕

一、内地奸民，及在洋行充当通事、买办，设计诱骗愚民，雇与洋人承工，其受雇之人，并非情甘出口，因被拐卖威逼，致父子兄弟离散者，不论所拐系男妇子女，及良人奴婢，已卖未卖，曾否上船出洋，及有无借洋人为护符，但系诱拐已成，为首斩立决，为从绞立决。该地方官获犯审实，一面按约照会外国领事官，将被拐之人立即释放送回；一面录取犯供解审，该督抚提勘后先行正法，按三个月汇奏一次，仍逐案备招咨部。其华民情甘出口，在英、法等国所属各处承工者，仍准其立约赴通商各口下船，毫无禁阻。

现行刑律

18.238.(3)〔诱拐愚民出洋承工〕

一、内地奸民，及洋行通事、买办，设计诱骗愚民，出洋承工，其受雇之人，并非情甘出口，因被拐卖威逼，致父子兄弟离散者，不论所拐系男妇子女，已卖未卖，曾否上船出洋，及有无倚借洋人情事，但系诱拐已成，为首绞立决，为从绞监候，入于秋审情实。地方官获犯审实，一面按约照会领事官，将被拐之人立即释放送回；一面录供解审，具奏，仍逐案备招咨院。其华民情甘出口、承工，系照条约、章程办理者，不在此限。

现行刑律案语

原例(略)

臣等谨按：此条系同治三年〔1864〕定例。例内斩决照章应改绞决，绞决应改绞候、入实，惟既改为绞候，其"先行正法，按三个月汇奏一次"等语，即有不合，应酌改为"即行具奏"，以昭慎重。谨将修改例文，开列于后。

〇修改

一、内地奸民，及在洋行充当通事、买办，设计诱骗愚民，雇与洋人承工，其受雇之人并非情甘出口，因被拐卖威逼，致父子兄弟离散者，不论所拐系男妇子女、及良人奴婢，已卖未卖，曾否上船出洋，及有无借洋人为护符，但系诱拐已成，为首绞立决，为从绞监候，入于秋审情实。该地方官获犯审实，一面按约照会外国领事官，将被拐之人立即释放送回；一面录取犯供解审，该督抚提勘后，即行具奏，仍逐案备招咨部。其华民情甘出口，在英、法等国所属各处承工者，仍准其立约赴通商各口下船，毫无禁阻。

核订现行刑律

原修改例文(略)

谨按：现在与外国订约，准其招募华工者，不止英、法等国，例内"情甘出口"数句，应改为"出口、承工，系照条约、章程办理者，不在此限"。"良人奴婢"四字，亦应

节去。谨将修改例文,开列于后。

○修改

一、内地奸民,及洋行通事、买办,设计诱骗愚民,出洋承工,其受雇之人并非情甘出口,因被拐卖威逼,致父子兄弟离散者,不论所拐系男妇子女,已卖未卖,曾否上船出洋,及有无倚借洋人情事,但系诱拐已成,为首绞立决,为从绞监候,入于秋审情实。地方官获犯审实,一面按约照会领事官,将被拐之人立即释放送回;一面录供解审,该督抚提勘后,即行具奏,仍逐案备招咨部。其华民情甘出口、承工,系照条约、章程办理者,不在此限。

会奏修改各条

原修改例文(略)

谨按:解勘之制,现拟逐渐变通。例内"该督抚提勘〔后,即行〕"八字拟节删,"咨部"并改为"咨院",以符定制。谨将修改例文,开列于后。

○修改(略)

大清律例

6.18.275.(17)〔将受寄他人十岁以下以上子女卖为奴婢子孙〕

一、凡将受寄他人十岁以下子女,卖为奴婢者,发极边足四千里充军;卖为子孙者,杖一百、徒三年,为从各减一等。若将受寄他人十一岁以上子女,和同卖为奴婢、子孙者,分别首从,各递减一等。子女不知情者,仍照前例问拟。被卖之人俱不坐,给亲属领回。知情故买者,减本犯罪一等,不知者不坐。

现行刑律

18.238.(4)〔将受寄他人十岁以下以上子女卖为奴婢子孙〕

一、凡将受寄他人十岁以下子女,卖为奴婢者,发极边足四千里安置;卖为子孙者,徒三年,为从各减一等。若将受寄他人十一岁以上子女,和同卖为奴婢、子孙者,分别首从,各递减一等。子女不知情者,仍照前问拟。被卖之人俱不坐,给亲属领回。知情故买者,减本犯罪一等,不知者处八等罚。

现行刑律案语

原例(略)

臣等谨按:此条系道光三年〔1823〕定例。例内徒罪附杖应照章节删,充军并应改为安置。"仍照前例问拟",系指诱拐不知情为首拟绞之例而言,亦应添叙明晰,以免疑误。谨将修改例文,开列于后。

○修改

一、凡将受寄他人十岁以下子女,卖为奴婢者,发极边足四千里安置;卖为子孙者,徒三年,为从各减一等。若将受寄他人十一岁以上子女,和同卖为奴婢、子孙者,

分别首从,各递减一等。子女不知情者,仍照诱拐本例问拟。被卖之人俱不坐,给亲属领回。知情故买者,减本犯罪一等,不知者不坐。

核订现行刑律

原修改例文(略)

谨按:买者不知情不坐,系照"略人略卖人"律文,现议将律内"不知情"一项,改"处八等罚",则本例自应照改,以归一律。谨将修改例文,开列于后。

〇修改(略)

大清律例

6.18.275.(13)〔和诱略卖期亲尊长〕

一、和诱、略卖期亲卑幼,依律分别拟徒外,若略卖期亲尊长,照卑幼强抢期亲尊属嫁卖例拟斩监候;和者,减一等,杖一百、流三千里。如因和诱而奸,仍依律各斩立决。

现行刑律

18.238.(5)〔和诱略卖期亲卑幼尊长〕

一、和诱、略卖期亲卑幼,依律分别拟徒外,若略卖期亲尊长,照卑幼强抢期亲尊属嫁卖例拟绞监候;和者,减一等,流三千里。如因和诱而奸,仍依律各绞立决。

大清律例

6.18.275.(14)〔诱拐内外大功以下缌麻以上亲及亲之妻〕

一、诱拐内外大功以下、缌麻以上亲,及亲之妻,审无奸情者,仍依和、略卖大功以下尊卑亲本律,分别和、略,拟以徒、流。若因奸而拐,及因拐而和奸,除从祖祖母、祖姑、从祖伯叔母、从祖伯叔姑、从父姊妹、母之姊妹,及兄弟妻、兄弟子妻者,各依律绞决外,余俱照凡人诱拐律拟军。至诱拐期亲以下、缌麻以上亲之妾,毋论曾否通奸,概依凡人诱拐例定拟。惟奸父、祖妾者,依律斩决,不在此例;诱拐者,仍以凡论。

略诱者,绞候。
和诱者,发遣。

现行刑律

18.238.(6)〔诱拐内外大功以下缌麻以上亲及亲之妻〕

一、诱拐内外大功以下、缌麻以上亲,及亲之妻,审无奸情者,系尊长犯卑幼,仍依本律分别和、略,拟以徒、流。系卑幼犯尊长,悉照凡人诱拐例,分别知情、不知情治罪。若因奸而拐,及因拐而和奸,各按奸、拐本罪相比从重论。至诱拐期亲以下缌麻以上亲之妾,毋论曾否通奸,概依凡人诱拐例定拟。惟奸父、祖妾者,仍依律绞决;诱拐者,以凡论。

现行刑律案语

原例

6.18.275.(13)〔和诱略卖期亲尊长〕(略)

6.18.275.(14)〔诱拐内外大功以下缌麻以上亲及亲之妻〕(略)

臣等谨按：此二例本系一条，乾隆五十三年〔1788〕刑部议准纂定，嘉庆六年〔1801〕析改为二。上条系略卖期亲尊长之例，下条系诱拐功缌亲属之例。查“略卖期亲尊长”律内并无明文，上条酌照强抢期尊嫁卖例定拟，尚属持平，自可补律之未备。惟诱拐内外大功以下及缌麻以上亲，本在十恶不睦之列，乃下条不论尊长、卑幼统依本律科罪，在尊长尚无滞碍，而卑幼有犯，不惟不得与期亲并重，且较凡人诱拐之例反轻，殊嫌未协，似应将例内“尊、卑”二项分出，改为系尊长犯卑幼，仍依本律分别和、略，拟以徒、流；系卑幼犯尊长，悉照凡人诱拐例，分别知情、不知情治罪，庶与上条例义不致参差，而于情法亦昭允当。至奸从祖祖母、祖姑、从祖伯叔母、从祖伯叔姑、从父姊妹、母之姊妹，及兄弟妻、兄弟子妻，应拟绞决，“亲属相奸”律内分晰甚明，似可毋庸复叙，拟改为“各按奸拐本罪相比，从重论”，并将“余俱照凡人诱拐例，拟军”句节删，较为浑括。例末所称“不在此例”，及小注“略诱者，绞候。和诱者，发遣”数句，系属赘设，亦应节去。斩候照章应改绞候，斩决应改绞决，流罪附杖并应删。谨将修改例文二条，分列于后。

○修改

18.238.(5)〔和诱略卖期亲卑幼尊长〕(略)

18.238.(6)〔诱拐内外大功以下缌麻以上亲及亲之妻〕(略)

大清律例

6.18.275.(15)〔奴雇略卖家长之妻女及子〕

一、奴及雇工略卖家长之妻女及子者，照卑幼强抢期亲尊属嫁卖例拟斩监候。其因略卖而又犯杀伤、奸淫等罪，仍各照本律，分别斩决、凌迟，从重科罪。至略卖家长之期、功以下亲属，仍照例拟绞；和者，改发云贵两广极边烟瘴充军。

现行刑律

18.238.(7)〔雇工略卖家长之妻女及子〕

一、雇工略卖家长之妻女及子者，照卑幼强抢期亲尊属嫁卖例拟绞监候。其因略卖而又犯杀伤、奸淫等罪，仍各照本律，分别从重科罪。至略卖家长之期、功以下亲属，仍照例拟绞；和者，发烟瘴地方安置。

现行刑律案语

原例(略)

臣等谨按：此条系乾隆二十九年〔1764〕定例，道光五年〔1825〕修改。例内斩候照章改为绞候，其“分别斩决、凌迟”句，应于本律内修改明晰，此处应删。四省军酌改为“烟瘴地方安置”。谨将修改例文开列于后。

○修改

一、奴及雇工略卖家长之妻女及子者,照卑幼强抢期亲尊属嫁卖例拟绞监候。其因略卖而又犯杀伤、奸淫等罪,仍各照本律,分别从重科罪。至略卖家长之期、功以下亲属,仍照例拟绞;和者,发烟瘴地方安置。

核订现行刑律

原修改例文(略)

谨按:奴仆一项现已改为雇工,本条"奴"字自应节去。谨将修改例文,开列于后。

○修改(略)

现行刑律

18.238.(8)〔因贫而卖子女〕

一、凡因贫而卖子女者,处七等罚;买者,处八等罚;身价入官;人口交亲属领回。

核订现行刑律

○续纂(略)

谨按:宣统元年十二月二十一日〔1910 年 1 月 31 日〕臣馆会同修订法律大臣奏《请禁革买卖人口》折,内称"因贫而卖子女者,律例内无科罪之文,拟请嗣后如有因贫而卖子女者,于略卖子孙处八等罚律上减一等,处七等罚;买者处八等罚,身价入官,人口交亲属领回"等因。奉旨允准。钦遵在案。自应纂入例册,以资遵守。

条例 · 删除

大清律例

6.18.275.(1)〔将腹里人口强略卖境外〕

一、将腹里人口,用强略卖与境外土官、土人、峒寨去处图利,除杀伤人律该处死外,若未曾杀伤人,比依将人口出境律绞。

删除律例

○删除

大清律例

6.18.275.(3)〔伙众开窑诱匿勒卖妇人子女〕

一、凡伙众开窑,诱取妇人子女藏匿勒卖事发者,不分良人奴婢、已卖未卖,审系开窑情实,为首照光棍例拟斩立决,为从发黑龙江给披甲人为奴。

现行刑律案语

○删除

原例(略)

臣等谨按:此条系专为伙众开窑而设。惟近来似此案件,均照诱拐不知情定拟,并不引用此例,系属虚设,应即删除。

大清律例

6.18.275.(4)〔乌喇居住之人混行买人〕

一、盛京、乌喇等处居住之人买人,仍照例用印行买外,若不详询来历,混买人者,系另户,连妻子发往江宁、杭州披甲;系家人,止将本人发往江宁、杭州给穷披甲之人为奴。

删除律例

○删除

大清律例

6.18.275.(5)〔外省民人买贵州穷民子女〕

一、凡外省民人,有买贵州穷民子女者,令报明地方官,用印准买,但一人不许买至四五人带往外省。仍令各州县约立官媒,凡买卖男妇人口,凭官媒询明来历,定价立契,开载姓名、住址、男女年庚,送官钤印。该地方官预给循环印簿,将经手买卖之人登簿,按月缴换稽查。倘契中无官媒花押,及数过三人者,即究其略卖之罪。倘官媒通同棍徒兴贩,及不送官印契者,俱照例治罪。至来历分明而官媒揹索,许即告官惩治。如地方官不行查明,将苗民男妇用印卖与川贩者,照例议处。至印买苗口以后,给与路照,填注姓名、年貌,关汛员弁验明放行。如有兵役留难勒索,及受贿纵放者,俱照律治罪,该管员弁分别议处。

删除律例

○删除

大清律例

6.18.275.(6)〔窝隐川贩果有指引捆拐藏匿递卖确据者〕

一、凡窝隐川贩,果有指引、捆拐、藏匿、递卖确据者,审实,照开窑为首例,同川贩首犯皆斩立决,在犯事地方正法。其无指引、捆拐、递卖情事,但窝隐、护送、分赃者,不论赃数,不分首从,俱发近边充军。其止知情窝留,未经分赃者,无论人数多

寡,为首者杖一百、流三千里,为从杖一百、徒三年。其邻佑知而不首者,杖一百。

删除律例

〇删除

大清律例

6.18.275.(7)〔收留迷失子女不报及诱拐人犯捕役人等不行查拿及疏纵者〕

一、凡收留迷失子女不报,及诱拐人犯,各衙门番捕不行查拿,经他处缉获,将番捕照缉盗逾限律责处;知而不拿者,照应捕人知罪人所在而不捕律减罪人罪一等发落。该管官按窝留、诱拐人数分别议处。其直隶各省之地方、保甲人等,如见外来之人,带有幼童、幼女,行走住宿,形迹可疑者,盘诘得实,即行捕治。倘有疏纵,经别处拿获,供出容留地方,将容留之家照知情容留拐带例惩治,地方、保甲照窝藏逃人例治罪,该地方官亦照例议处。如有借稽查名色讹诈生事者,均照讹诈例治罪。

删除律例

〇删除

大清律例

6.18.275.(8)〔内地民人略卖海外番仔〕

一、略卖海外番仔之内地民人,不分首从,杖一百、流三千里。俟有便船,仍令带回安插。文武官稽查不力,照外国之人私自进口不行查报,交部分别议处;得赃者,以枉法治罪。

删除律例

〇删除

大清律例

6.18.275.(9)〔贵州云南四川诱拐本地子女在本省售卖〕

一、贵州、云南、四川地方民人,诱拐本地子女,在本省售卖,审无勾通外省流棍情事,仍照诱拐妇人子女本例分别定拟。如捆绑本地子女,在本地售卖,为首拟斩监候,为从发近边充军。

删除律例

〇删除

大清律例

6.18.275.(10)〔贵州杀害荒村民苗人户人命掳卖其妇人子女强绑并诱拐往川贩卖〕

一、凡贵州地方，有外来流棍，勾通本地棍徒，将荒村居住民、苗人户杀害人命，掳其妇人子女，计图贩卖者，不论已卖、未卖，曾否出境，俱照强盗得财律，不分首从皆斩、枭示。其有迫协同行，并在场未经下手，情尚可原者，于疏内声明，减为拟斩监候，请旨定夺。至杀一家三人以上者，仍从重定拟。其用威力强行绑去，及设方略诱往四川贩卖，不论已卖、未卖，曾否出境，为首者拟斩立决，为从者拟绞监候。其有将被拐之人伤害致死者，除为首斩决外，为从者拟斩监候。若审无威力捆缚及设计强卖，实系和同诱拐往川者，不论已卖、未卖，但起行在途，为首者拟绞监候，为从者杖一百、流三千里，被诱之人仍照例拟徒。其窝隐川贩在家，果有指引杀人捆掳，及勾通略诱、和诱子女藏匿递卖者，审实，各与首犯罪同。其无指引勾串等情，但窝隐护送分赃，与仅知情窝留而未分赃者，仍照旧例分别定拟。云南、四川所属地方，如有拐贩捆掳等犯，亦照贵州之例行。其一年限内拿获兴贩棍徒，并不能拿获之文武员弁，均按人数分别议叙、议处。

删除律例

○删除

大清律例

6.18.275.(11)〔流棍贩卖贵州苗人〕

一、凡流棍贩卖贵州苗人，除本犯照例治罪外，其知情故买者，照违制律杖一百，仍将苗人给亲收领。

删除律例

○删除

大清律例

6.18.275.(16)〔奸夫诱拐奸妇之案其本人纵容妻妾与人通奸者〕

一、凡奸夫诱拐奸妇之案，除本夫不知奸情，及虽知奸情而迫于奸夫之强悍不能禁绝，并非有心纵容者，奸夫仍依和诱知情为首例拟军，奸妇减等满徒。若系本夫纵容抑勒妻妾与人通奸，致被拐逃者，奸夫于军罪上减一等，杖一百、徒三年；奸妇及为从之犯再减一等，杖九十、徒二年半。本夫、本妇之祖父母、父母，纵容抑勒通奸者，亦照此例办理。

删除律例

○删除

6.18.276 发冢 / 18.239 发冢

律文·修改

大清律例	现行刑律
6.18.276.1 凡发掘他人坟冢,见棺椁者,杖一百、流三千里;已开棺椁见尸者,绞;监候。发而未至棺椁者,杖一百、徒三年。招魂而葬亦是。为从减一等。若年远冢先穿陷,及未殡埋而盗尸柩尸在柩未殡,或在殡未埋。者,杖九十、徒二年半;开棺椁见尸者,亦绞。杂犯。其盗取器物、砖石者,计赃准凡盗论,免刺。○6.18.276.2 若卑幼发五服以内尊长坟冢者,同凡人论;开棺椁见尸者,斩。监候。若弃尸卖坟地者,罪亦如之。买地人、牙保知情者,各杖八十,追价入官,地归同宗亲属。不知者不坐。若尊长发五服以内卑幼坟冢,开棺椁见尸者,缌麻,杖一百、徒三年;小功以上,各递减一等。祖父母、父母发子孙坟冢,开棺椁见尸者,杖八十。其有故而依礼迁葬者,尊长、卑幼俱不坐。○6.18.276.3 若残毁他人死尸,及弃尸水中者,各杖一百、流三千里。谓死尸在家或在野未殡葬,将尸焚烧、残毁之类。若已殡葬者,自依发冢开棺椁见尸律从重论。若毁弃缌麻以上尊长未葬死尸者,斩。监候。弃他人及尊长而不失其尸及毁而但髡发、若伤者,各减一等。凡人减流一等,卑幼减斩一等。○6.18.276.4 毁弃缌麻以上卑幼,死尸。各依凡人毁弃,依服制递减一等;毁弃子孙死尸者,杖八十。其子孙毁弃祖父母、父母,及奴婢、雇	18.239.1 凡发掘他人坟冢,见棺椁者,流三千里;已开棺椁见尸者,绞;监候。发而未至棺椁者,徒三年。招魂而葬亦是。为从减一等。若年远冢先穿陷,及未殡埋而盗尸柩尸在柩未殡,或在殡未埋。者,徒二年半;开棺椁见尸者,亦绞。杂犯。其盗取器物、砖石者,计赃准凡盗论。○18.239.2 若卑幼发五服以内尊长坟冢者,同凡人论;开棺椁见尸者,绞。监候。若弃尸卖坟地者,罪亦如之。买地人、牙保知情者,各处八等罚,追价入官,地归同宗亲属。不知者不坐。若尊长发五服以内卑幼坟冢,开棺椁见尸者,缌麻,徒三年;小功以上,各递减一等。祖父母、父母发子孙坟冢,开棺椁见尸者,处八等罚。其有故而依礼迁葬者,尊长、卑幼俱不坐。○18.239.3 若残毁他人死尸,及弃尸水中者,各流三千里。谓死尸在家或在野未殡葬,将尸焚烧、残毁之类。若已殡葬者,自依发冢开棺椁见尸律从重论。若毁弃缌麻以上尊长未葬死尸者,绞。监候。弃他人及尊长而不失其尸及毁而但髡发、若伤者,各减一等。凡人减流一等,卑幼减绞一等。○18.239.4 毁弃缌麻以上卑幼,死尸。各依凡人毁弃,依服制。递减一等;毁弃子孙死尸者,处八等罚。其子孙毁弃祖父母、父母,及雇工人毁弃家长死尸者,不论残、失与否,绞。监候。律不载妻妾毁弃夫尸,有犯,以缌麻以上尊长律奏请。如子孙毁弃祖宗神主,亦依此律治罪。○18.239.5

工人毁弃家长死尸者，不论残、失与否，斩。监候。律不载妻妾毁弃夫尸，有犯，依缌麻以上尊长律奏请。○6.18.276.5若穿地得无主死尸，不即掩埋者，杖八十。若于他人坟墓，为熏狐狸因而烧棺椁者，杖八十、徒二年；烧尸者，杖一百、徒三年。若缌麻以上尊长，各递加一等。烧棺椁者，各加为杖九十、徒二年半；烧尸者，递加为杖一百、流二千里。不可依服属各递加，致反重于祖父母、父母也。卑幼各因其服依凡人递减一等。若子孙于祖父母、父母，及奴婢、雇工人于家长坟墓熏狐狸者，杖一百；烧棺椁者，杖一百、徒三年；烧尸者，绞。监候。○6.18.276.6平治他人坟墓为田园者，虽未见棺椁，杖一百。仍令改正。于有主坟地内盗葬者，杖八十，勒限移葬。若将尊长坟冢平治作地，得财卖人，止问诓骗人财，不可作弃尸卖坟地断。计赃轻者，仍杖一百。买主知情，则坐不应重律，追价入官；不知情，追价还主。○6.18.276.7若地界内有死人，里长、地邻不申报官司检验，而辄移他处及埋藏者，杖八十；以致失尸者，首杖一百；残毁及弃尸水中者，首杖六十、徒一年。残弃之人，仍坐流罪。弃而不失，及髡发若伤者，各减一等，杖一百。若邻里自行残毁，仍坐流罪。因而盗取衣服者，计赃准窃盗论，免刺。

若穿地得无主死尸，不即掩埋者，处八等罚。若于他人坟墓，为熏狐狸因而烧棺椁者，徒二年；烧尸者，徒三年。若缌麻以上尊长，各递加一等。烧棺椁者，各加为徒二年半；烧尸者，递加为流二千里。不可依服属各递加，致反重于祖父母、父母也。卑幼各因其服依凡人递减一等。若子孙于祖父母、父母，及雇工人于家长坟墓熏狐狸者，处十等罚；烧棺椁者，徒三年；烧尸者，绞。监候。○18.239.6平治他人坟墓为田园者，虽未见棺椁，处十等罚。仍令改正。于有主坟地内盗葬者，处八等罚，勒限移葬。若将尊长坟冢平治作地，得财卖人，止问诓骗人财，不可作弃尸卖坟地断。计赃轻者，仍处十等罚。买主知情，则坐不应重律，追价入官；不知情，追价还主。○18.239.7若地界内有死人，里长、地邻不申报官司检验，而辄移他处及埋藏者，处八等罚；以致失尸者，首处十等罚；残毁及弃尸水中者，首徒一年。残弃之人，仍坐流罪。弃而不失，及髡发若伤者，各减一等。若邻里自行残毁，仍作流罪。因而盗取衣服者，计赃准窃盗论。

现行刑律案语

原律（略）

臣等谨按：此仍《明律》，应循其旧。惟查《比引律条》，有"弃毁祖宗神主，比依弃毁父母死尸律，斩"一条，新章斩候已改绞候，自应于"子孙毁弃祖父母、父母死尸"律下小注内，加注"如子孙毁弃祖宗神主，亦依此律治罪"十五字，以资援引。杖罪照章罚金，应依数分等处罚。流、徒附杖及刺字，并应节删。谨将修改律文律注，开列于后。

○修改

凡发掘他人坟冢，见棺椁者，流三千里；已开棺椁见尸者，绞。监候。发而未至棺椁者，徒三年。招魂而葬亦是。为从减一等。若年远冢先穿陷，及未殡埋而盗尸柩，尸在柩未殡，或在殡未埋者，徒二年半；开棺

椁见尸者,亦绞。杂犯。其盗取器物、砖石者,计赃准凡盗论。○若卑幼发五服以内尊长坟冢者,同凡人论;开棺椁见尸者,绞。监候。若弃尸卖坟地者,罪亦如之。买地人、牙保知情者,各处八等罚,追价入官,地归同宗亲属。不知者不坐。若尊长发五服以内卑幼坟冢,开棺椁见尸者,缌麻,徒三年;小功以上,各递减一等。祖父母、父母发子孙坟冢,开棺椁见尸者,处八等罚。其有故而依礼迁葬者,尊长、卑幼俱不坐。○若残毁他人死尸,及弃尸水中者,各流三千里。谓死尸在家或在野未殡葬,将尸焚烧、残毁之类。若已殡葬者,自依发冢开棺椁见尸律从重论。若毁弃缌麻以上尊长未葬死尸者,绞。监候。弃他人及尊长而不失其尸及毁而但髡发若伤者,各减一等。凡人减流一等,卑幼减绞一等。○毁弃缌麻以上卑幼,死尸。各依凡人毁弃,依服制递减一等;毁弃子孙死尸者,处八等罚。其子孙毁弃祖父母、父母,及奴婢、雇工人毁弃家长死尸者,不论残、失与否,绞。监候。律不载妻妾毁弃夫尸,有犯,以缌麻以上尊长律奏请。如子孙毁弃祖宗神主,亦依此律治罪。○若穿地得无主死尸,不即掩埋者,处八等罚。若于他人坟墓,为熏狐狸因而烧棺椁者,徒二年;烧尸者,徒三年。若缌麻以上尊长,各递加一等,烧棺椁者,各加为徒二年半;烧尸者,递加为流二千里。不可信服属各递加,至反重于祖父母、父母也。卑幼各因其服依凡人递减一等。若子孙于祖父母、父母,及奴婢、雇工人于家长坟墓熏狐狸者,处十等罚;烧棺椁者,徒三年;烧尸者,绞。监候。○平治他人坟墓为田园者,虽未见棺椁,处十等罚。仍合改正。于有主坟地内盗葬者,处八等罚,勒限移葬。若将尊长坟冢平治作地,得财卖人,止问诓骗人财,不可作弃尸卖坟地断。计赃轻者,仍处十等罚。买主知情,则坐不应重律,追价入官;不知情,追价还主。○若地界内有死人,里长、地邻不申报官司检,验而辄移他处及理藏者,处八等罚;以致失尸者,首处十等罚;残毁及弃尸水中者,首徒一年。残弃之人仍坐流罪。弃而不失,及髡发若伤者,各减一等。若邻里自行残毁,仍坐流罪。因而盗取衣服者,计赃准窃盗论。

核订现行刑律

原修改律文(略)

原修改例文

6.18.276.(18)〔奴雇盗家长未殡未埋尸柩〕原修改例文(略)

6.18.276.(2)〔奴雇发掘家长坟冢〕原修改例文(略)

谨按:奴婢现改雇工,以上律例三条所有"奴婢""奴仆"字样,均应节删,以归一律。谨将修改律文例文,开列于后。

○修改

18.239 发冢律文(略)

18.239.(14)〔雇工人盗家长未殡未埋尸柩〕(略)

18.239.(13)〔雇工人发掘家长坟冢〕(略)

条例 · 修改、续纂、仍旧

大清律例

6.18.276.(15)〔发冢见棺及开棺见尸并见棺锯凿抽取衣饰〕

一、发掘常人坟冢,开棺见尸,为首者,拟斩立决;为从,无论次数,俱拟绞监候。其发冢见棺,锯缝凿孔,抽取衣饰,尚未显露尸身,为首者拟绞立决,为从俱拟绞监候。发冢开棺见尸为从,帮同下手开棺者,不论次数,秋审俱入情实;在外瞭望一、二次者,入于缓决,三次及三次以上者,入于情实。其发冢见棺,锯缝凿孔为从,帮同凿棺锯棺,三次及三次以上者,入于情实,一、二次者,入于缓决;在外瞭望,六次者,入于情实,一次至五次者,入于缓决。至发掘常人坟冢,见棺椁为首者,改发近边充军,年五十以上,发附近充军;为从者,杖一百、徒三年。

现行刑律

18.239.(1)〔发冢开棺见尸并见棺锯凿抽取衣饰〕

一、发掘常人坟冢,开棺见尸,为首者,拟绞立决;为从,无论次数,俱拟绞监候。其发冢见棺,锯缝凿孔,抽取衣饰,尚未显露尸身,为首者拟绞监候,入于秋审情实,为从俱拟绞监候。

现行刑律案语

原例(略)

臣等谨按:此例本系二条,一系雍正三年〔1725〕就前明旧例内分出,另纂为例;一系雍正十三年〔1735〕例,乾隆三十二年〔1767〕、五十三年〔1788〕改并为一,嘉庆六年〔1801〕、十八年〔1813〕修改,同治九年〔1870〕改定。例内"开棺见尸为从,帮同下手开棺,不论次数,及瞭望三次以上,绞候、入实;瞭望一、二次,入缓。锯缝凿孔为从,帮同凿锯及三次以上,瞭望六次,绞候、入实;凿锯一、二次,及瞭望一次至五次,入缓"。嗣于光绪十二年〔1886〕七月经刑部议复御史良弼条奏,改为"开棺见尸为从,无论是否帮同下手,在外瞭望,绞候、入实;锯缝凿孔为从,帮同凿锯并瞭望三次以上,绞候、入实;仅止一、二次,入缓"。奏准通行在案。均较旧例加严,惟分别实、缓系秋审时办法,将来修正秋审条款,自应增纂明晰,本例毋须辑入,以免与各门两歧。又,斩决照章改为绞决,绞决亦应改为绞候、入实。至"发冢见棺为首,改发近边",本系从严惩处,第近边军照章改流二千五百里,转较本律为轻,且"年在五十以

上”一层,系因乾隆年间为实边之计而设,现在改发之制既已停止,应与为从罪名,俱行节删。谨将修改例文,开列于后。

○修改(略)

现行刑律

18.239.(2)〔发冢锯缝凿孔尚未得财〕

一、发掘常人坟冢,除开棺见尸,情罪较重,首、从各犯,不分已、未得财,仍照本例定拟外;其锯缝凿孔,尚未得财者,首犯,发遣烟瘴地方安置;为从者,流三千里。

现行刑律案语

○续纂(略)

臣等谨按:光绪二十二年十二月内〔1897 年 1 – 2 月〕,原任直隶总督王文韶题《定兴县获贼赵洛辐听纠刨挖田李氏坟冢见棺锯缝凿孔未得财,声请量予末减》一折,经刑部“以例内并无未经得财如何定罪明文,惟既系未得财之犯,即未便与得财同科,且强盗未得财尚有分别首从减等之条,凿棺抽窃不应较强盗为重,拟请嗣后发掘常人坟冢,除开棺见尸、情罪较重,首从各犯不分已、未得财,仍照本例定拟外,其锯缝凿孔尚未得财,罪应绞决之首犯,酌减为绞监候;罪应绞候之从犯,酌减为极边烟瘴充军”等因。奉旨:“依议。钦此。”钦遵在案。自应恭纂为例,以便遵行。惟新章绞决已改绞候、入实,则原奏所称“酌减绞候”之处,应酌改为“发遣烟瘴地方”,并改“充军”为“安置”,从犯亦应减为“流三千里”。理合陈明。

大清律例

6.18.276.(16)〔盗未殡未埋尸柩及发年久穿陷之冢未开棺椁及开棺见尸者〕

一、盗未殡未埋尸柩,及发年久穿陷之冢,未开棺椁者,杖一百、徒三年;为从,杖九十、徒二年半。如开棺见尸为首,一次者发边远充军,二次者发极边烟瘴充军,三次者绞;为从,一次者仍照杂犯流罪总徒四年,二次者发边远充军,三次者发极边烟瘴充军,三次以上者,亦绞。

现行刑律

18.239.(3)〔盗未殡未埋尸柩及发年久穿陷之冢开棺见尸〕

一、盗未殡未埋尸柩,及发年久穿陷之冢,除未开棺椁者,仍照本律定拟外,如开棺见尸为首,一次者流三千里,二次者发烟瘴地方安置,三次者绞监候;为从,一次者仍照杂犯流罪总徒四年,二次者流三千里,三次者发烟瘴地方安置,三次以上者,绞监候。

现行刑律案语

原例(略)

臣等谨按：此条系雍正年间定例，乾隆、嘉庆年间迭次修改。查未开棺椁，系对于开棺见尸而言，惟本例既以见尸为重，则盗而未开者，仍照本律定拟，似足蔽辜，应将此层归入除笔，作为"开棺见尸"专条，庶与本门"锯缝凿孔"之例，不致互相牵混。至"见尸为首，三次"及"为从，三次以上"，改为实绞，既较律之杂犯死罪加严，则例未"亦"字似应节去，并与上层均添叙"监候"字样，以免舛错。充军照章改为安置，极边烟瘴酌改为烟瘴地方，边远军应改为流三千里。谨将修改例文，开列于后。

○修改(略)

大清律例	现行刑律
6.18.276.(19)〔盗未殡未埋尸柩锯缝凿孔〕	18.239.(4)〔盗未殡未埋尸柩锯缝凿孔〕
一、盗未殡未埋尸柩，锯缝凿孔为首，一、二次者杖一百、徒三年，三次者照杂犯流罪总徒四年，四次、五次者发边远充军，六次及六次以上者发极边烟瘴充军；为从，一、二次者杖九十、徒二年半，三次者杖一百、徒三年，四次、五次者总徒四年，六次、七次者发边远充军，八次及八次以上者，发极边烟瘴充军。	一、盗未殡未埋尸柩，锯缝凿孔为首，一、二次者徒三年，三次者照杂犯流罪总徒四年，四次、五次者流三千里，六次及六次以上者发烟瘴地方安置；为从，一、二次者徒二年半，三次者徒三年，四次、五次者总徒四年，六次、七次者流三千里，八次及八次以上者发烟瘴地方安置。

现行刑律案语

原例

6.18.276.(19)〔盗未殡未埋尸柩锯缝凿孔〕(略)

6.18.276.(20)〔发冢并盗未殡埋尸柩各按所犯本条分别首从并计科断〕(略)

6.18.276.(21)〔受雇看坟之人发冢及盗未殡未埋尸柩并锯缝凿孔〕(略)

臣等谨按：以上三例均系嘉庆二十一年〔1816〕纂定。第一条无论次数多少，均无死罪，以其未见尸也；第二条论并计之法，即《唐律》以重法并满轻法之意；第三条专言受雇看坟之罪，均应仍从其旧。惟充军照章改为安置，极边烟瘴酌改为烟瘴地方，边远军应改为流三千里，徒罪附杖应节删。谨将修改例文，分列于后。

○修改

18.239.(4)〔盗未殡未埋尸柩锯缝凿孔〕(略)

18.239.(6)〔发冢并盗未殡埋尸柩各按所犯本条分别首从并计科断〕(略)

18.239.(15)〔受雇看坟之人发冢及盗未殡未埋尸柩并锯缝凿孔〕(略)

大清律例	现行刑律
6.18.276.(23)〔发掘坟冢及锯缝凿孔偷窥〕 一、凡发掘坟冢及锯缝凿孔偷窃之案,但经得财,俱核计所得之赃,照窃盗赃科断,如计赃轻于本罪者,仍依本例定拟;若计赃重于本罪者,即从重治罪。	18.239.(5)〔盗未殡未埋尸柩开棺见尸及锯凿偷窃但经得财〕 一、凡盗未殡未埋尸柩,开棺见尸及锯缝凿孔偷窃之案,但经得财,俱核计所得之赃,照窃盗赃科断,如计赃轻于本罪者,仍依本例定拟;若计赃重于本罪者,即从重治罪。

现行刑律案语

原例(略)

臣等谨按:此条系咸丰二年〔1852〕刑部纂辑定例。惟查发冢开棺见尸及锯缝凿孔得财各犯,均系立决、监候罪名,并不计赃定罪,则例内所称“照窃盗赃科断”,即与此项人犯无关,似应改为“盗未殡未埋尸柩,开棺见尸及锯缝凿孔”,以免歧误。谨将修改例文,开列于后。

○修改(略)

大清律例	现行刑律
6.18.276.(20)〔发冢并盗未殡埋尸柩各按所犯本条分别首从并计科断〕 一、发掘坟冢,并盗未殡未埋尸柩,无论已开棺、未开棺,及锯缝凿孔等项人犯,各按其所犯本条之罪,分别首从,并计科断。如一人叠窃,有首有从,则视其为首次数与为从次数罪名相比,从其重者论。若为首各次,并计罪轻,准其将为首次数,归入为从次数内并计科罪。不得以为从次数,作为为首次数并计;亦不得以盗未殡未埋尸柩及锯缝凿孔之案,归入发冢见棺及开棺见尸案内,并计次数治罪。	18.239.(6)〔发冢并盗未殡埋尸柩各按所犯本条分别首从并计科断〕 一、发掘坟冢,并盗未殡未埋尸柩,无论已开棺、未开棺,及锯缝凿孔等项人犯,各按其所犯本条之罪,分别首从,并计科断。如一人叠窃,有首有从,则视其为首次数与为从次数罪名相比,从其重者论。若为首各次,并计罪轻,准其将为首次数,归入为从次数内并计科罪。不得以为从次数,作为为首次数并计;亦不得以盗未殡未埋尸柩及锯缝凿孔之案,归入发冢见棺及开棺见尸案内,并计次数治罪。

现行刑律案语

〇修改(略)

见6.18.276.(19)〔盗未殡未埋尸柩锯缝凿孔〕条

大清律例

6.18.276.(11)〔子孙发掘祖父母父母坟冢〕

一、凡子孙发掘祖父母、父母坟冢,均不分首从,已行未见棺椁者,皆绞立决;见棺椁者,皆斩立决;开棺见尸并毁弃尸骸者,皆凌迟处死。若开棺见尸至三冢者,除正犯凌迟处死外,其子俱发往伊犁当差。如有尊长、卑幼或外人,为首为从,分别服制、凡人,各以首、从论。

现行刑律

18.239.(7)〔子孙发掘祖父母父母坟冢〕

一、凡子孙发掘祖父母、父母坟冢,均不分首从,已行未见棺椁者,皆绞监候,入于秋审情实;见棺椁者,皆绞立决;开棺见尸并毁弃尸骸者,皆斩立决。如有尊长、卑幼或外人,为首为从,分别服制、凡人,各以首、从论。

现行刑律案语

原例(略)

臣等谨按:此条系嘉庆六年〔1801〕定例,十五年〔1810〕修改。例内凌迟照章应改斩决,斩决应改绞决,绞决应改绞候、入实。至开棺见尸,本罪既应拟斩,则虽至三冢以上,似亦无以复加,此层应即节去,而其子发往伊犁当差,自系缘坐之法,惟缘坐业已废止,是此项罪坐其子亦应删除。谨将修改例文,开列于后。

〇修改(略)

大清律例

6.18.276.(12)〔子孙盗祖父母父母未殡未埋尸柩〕

一、子孙盗祖父母、父母未殡未埋尸柩,不分首从,开棺见尸者,皆斩立决;如未开棺椁,事属已行,确有显迹者,皆绞立决。如有尊长、卑幼或外人,为首为从,分别服制、凡人,各以首从论。

现行刑律

18.239.(8)〔子孙盗祖父母父母未殡未埋尸柩〕

一、子孙盗祖父母、父母未殡未埋尸柩,不分首从,开棺见尸者,皆绞立决;如未开棺椁,事属已行,确有显迹者,皆绞监候。如有尊长、卑幼或外人,为首为从,分别服制、凡人,各以首从论。

现行刑律案语

原例

6.18.276.(12)〔子孙盗祖父母父母未殡未埋尸柩〕(略)

6.18.276.(13)〔有服卑幼盗尊长未殡未埋尸柩〕(略)

臣等谨按：此二条均系嘉庆十三年〔1808〕定例，十九年〔1814〕修改，同治九年〔1870〕改定。因律无子孙盗祖父及卑幼盗尊长未殡未理尸柩作何治罪明文，是以补此二例。第一条，斩决照章应改绞决，绞决亦应改为绞候、入实，惟未开棺椁在凡人仅拟满徒，而子孙则应实绞，固为严惩不孝起见，究嫌过重，按奴、雇盗家长未埋尸柩未开棺例，系绞候，子孙与奴、雇同科，似应照改，无庸添叙"入实"一层，以免歧异。第二条，盗尊长未埋尸柩，分别期亲、功、缌拟军，本较凡人加至数等，但凡人犯至三次即应拟绞，而卑幼并无死罪，是一、二次较凡人加重，而三次反较凡人从轻，殊未平允，似应添入"犯至三次者，为首，无论期亲、功、缌卑幼拟绞监候，为从，各按本罪加一等；三次以上，无论期亲、功、缌卑幼，不分首从，均拟绞监候"，以昭完备。充军照章改为安置，四省烟瘴酌改为烟瘴地方，边远、近边亦遵章分别改为满流及流二千五百里。谨将修改例文二条，分列于后。

〇修改

18.239.(8)〔子孙盗祖父母父母未殡未埋尸柩〕(略)

18.239.(10)〔有服卑幼盗尊长未殡未埋尸柩〕(略)

大清律例

6.18.276.(14)〔有服卑幼发掘尊长坟冢〕

一、有服卑幼发掘尊长坟冢，未见棺椁者，为首，期亲卑幼发极边足四千里充军，功、缌卑幼发边远充军；为从，期亲卑幼发边远充军，功、缌卑幼发近边充军。见棺椁者，为首，期亲卑幼实发云贵两广极边烟瘴充军，功、缌卑幼发极边足四千里充军；为从，期亲卑幼发极边足四千里充军，功、缌卑幼发边远充军。如有尊长或外人为首为从，分别服制、凡人，各以首从论。开棺见尸，并锯缝凿孔，首、从之卑幼，无论期亲、功、缌，均照常人一例问拟。

现行刑律

18.239.(9)〔有服卑幼发掘尊长坟冢〕

一、有服卑幼发掘尊长坟冢，未见棺椁者，为首，期亲卑幼发极边足四千里安置，功、缌卑幼流三千里；为从，期亲卑幼流三千里，功、缌卑幼流二千五百里。见棺椁者，为首，期亲卑幼发烟瘴地方安置，功、缌卑幼发极边足四千里安置；为从，期亲卑幼发极边足四千里安置，功、缌卑幼流三千里。如有尊长或外人为首为从，分别服制、凡人，各以首从论。开棺见尸，并锯缝凿孔，首、从之卑幼，无论期亲、功、缌，均照常人一例问拟。

现行刑律案语

原例(略)

臣等谨按:此条系嘉庆十三年〔1808〕定例,十九年〔1814〕修改,同治九年〔1870〕改定。例内充军应照章改为安置,边远应改为满流,近边应改流二千五百里,四省军应酌改为烟瘴地方。谨将修改例文,开列于后。

○修改(略)

大清律例	现行刑律
6.18.276.(13)〔有服卑幼盗尊长未殡未埋尸柩〕	18.239.(10)〔有服卑幼盗尊长未殡未埋尸柩〕
一、有服卑幼盗尊长未殡未埋尸柩,未开棺椁者,为首,期亲卑幼发极边足四千里充军,功、缌卑幼发边远充军;为从,期亲卑幼发边远充军,功、缌卑幼发近边充军。开棺见尸者,为首,期亲卑幼实发云贵两广极边烟瘴充军,功、缌卑幼发极边足四千里充军;为从,期亲卑幼发极边足四千里充军,功、缌卑幼发边远充军。如有尊长或外人为首为从,分别服制、凡人,各以首从论。	一、有服卑幼盗尊长未殡未埋尸柩,未开棺椁者,为首,期亲卑幼发极边足四千里安置,功、缌卑幼流三千里;为从,期亲卑幼流三千里,功、缌卑幼流二千五百里。开棺见尸者,为首,期亲卑幼发烟瘴地方安置,功、缌卑幼发极边足四千里安置;为从,期亲卑幼发极边足四千里安置,功、缌卑幼流三千里。如犯至三次者,为首,无论期、功、缌麻卑幼,拟绞监候;为从,各按本罪加一等。三次以上者,无论期、功、缌麻卑幼,不分首从,均拟绞监候。如有尊长或外人为首为从,分别服制、凡人,各以首从论。

现行刑律案语

○修改(略)

见6.18.276.(12)〔子孙盗祖父母父母未殡未埋尸柩〕条

大清律例	现行刑律
6.18.276.(1)〔有服尊长盗卑幼未殡未葬尸柩〕	18.239.(11)〔有服尊长盗卑幼未殡未葬尸柩〕
一、有服尊长盗卑幼未殡未埋尸柩,开棺见尸者,缌麻尊长为首,依发卑	一、有服尊长盗卑幼未殡未埋尸柩,开棺见尸者,缌麻尊长为首,依发卑

幼坟冢开棺见尸杖一百徒三年律,减一等;未开棺椁者,再减一等。如系小功以上尊长为首,各依律以次递减。为从之尊长,亦各按服制,减为首之罪一等。如有卑幼或外人为首为从,分别服制、凡人,各以首从论。

幼坟冢开棺见尸徒三年律,减一等;未开棺椁者,再减一等。如系小功以上尊长为首,各依律以次递减。为从之尊长,亦各按服制,减为首之罪一等。如有卑幼或外人为首为从,分别服制、凡人,各以首从论。

现行刑律案语

原例(略)

臣等谨按:此例应仍其旧,惟徒罪附杖照章节删。谨将修改例文,开列于后。

○修改(略)

大清律例

6.18.276.(6)〔发掘贝勒贝子公夫人坟冢及历代帝王陵寝及先贤名臣并前代亲王坟墓〕

一、凡发掘贝勒、贝子、公、夫人等坟冢,开棺椁见尸者,为首斩立决、枭示,为从皆绞立决;见棺者,为首绞立决,为从皆绞监候;未至棺者,为首绞监候,为从发边远充军。如有发掘历代帝王陵寝,及《会典》内有从祀名位之先贤名臣,并前代分藩亲王,或递相承袭分藩亲王坟墓者,俱照此例治罪。若发掘前代分封郡王,及追封藩王坟墓者,除犯至死罪,仍照发掘常人坟冢例定拟外,余各于发掘常人坟冢本罪上加一等治罪。以上所掘金银,交与该督抚饬令地方官修葺坟冢,其玉带、珠宝等物,仍置冢内。

现行刑律

18.239.(12)〔发掘贝勒贝子公夫人坟冢及历代帝王陵寝及先贤名臣并前代亲王坟墓〕

一、凡发掘贝勒、贝子、公、夫人等坟冢,开棺椁见尸者,为首斩立决;为从皆绞监候,入于秋审情实;见棺者,为首绞监候,入于秋审情实,为从皆绞监候;未至棺者,为首绞监候,为从流三千里。如有发掘历代帝王陵寝,及《会典》内有从祀名位之先贤名臣,并前代分藩亲王,或递相承袭分藩亲王坟墓者,俱照此例治罪。若发掘前代分封郡王,及追封藩王坟墓者,除犯至死罪,仍照发掘常人坟冢例定拟外,余各于发掘常人坟冢本罪上加一等治罪。以上所掘金银,交与该督抚饬令地方官修葺坟冢,其玉带、珠宝等物,仍置冢内。

现行刑律案语

原例(略)

臣等谨按:此例原系二条,一系国初就明例改定,一系康熙年间定例,雍正三年

〔1725〕、道光二年〔1822〕修改，同治九年〔1870〕改定。例内斩枭照章应改斩决，绞决应改绞候、入实，边远军亦应改流三千里。谨将修改例文，开列于后。

〇修改（略）

大清律例

6.18.276.(2)〔奴雇发掘家长坟冢〕

一、凡奴婢、雇工人发掘家长坟冢，已行未见棺者，为首绞监候，为从发近边充军；见棺椁者，为首绞立决，为从绞监候；开棺椁见尸者，为首斩立决、枭示，为从斩监候；毁弃、撇撒死尸者，不分首从，皆斩立决、枭示。如有家长、尊卑亲属或外人，为首为从，分别服制、凡人，各以首、从论。

现行刑律

18.239.(13)〔雇工人发掘家长坟冢〕

一、凡雇工人发掘家长坟冢，已行未见棺者，为首绞监候，为从流二千五百里；见棺椁者，为首绞监候，入于秋审情实；开棺椁见尸者，为首斩立决；为从各绞监候。毁弃、撇撒死尸者，不分首从，皆斩立决。如有家长、尊卑亲属或外人为首为从，分别服制、凡人，各以首、从论。

现行刑律案语

原例（略）

臣等谨按：此条系康熙二十七年〔1688〕定例，雍正、乾隆、嘉庆年间迭次修改，同治九年〔1870〕改定。例内斩枭照章应改斩决，斩候应改绞候，绞决应改绞候、入实，近边军应改流二千五百里。至“见棺椁之从犯”与“见尸之从犯”，既同一拟绞罪名，应将上层节去，于下层“为从”之下添入“各”字，总承两项，以省繁冗。谨将修改例文，开列于后。

〇修改

一、凡奴婢、雇工人发掘家长坟冢，已行未见棺者，为首绞监候，为从流二千五百里；见棺椁者，为首绞监候；入于秋审情实，开棺椁见尸者，为首斩立决；为从各绞监候。毁弃、撇撒死尸者，不分首从，皆斩立决。如有家长、尊卑亲属或外人，为首为从，分别服制、凡人，各以首、从论。

核订现行刑律

〇修改（略）

见6.18.276发冢条律

大清律例

6.18.276.(18)〔奴雇盗家长未殡未埋尸柩〕

一、奴仆、雇工人盗家长未殡未埋尸柩,未开棺椁,事属已行,确有显迹者,照发冢已行未见棺例,为首斩监候,为从发近边充军;开棺见尸者,照发冢见棺椁例,为首绞立决,为从绞监候;其毁弃、撇撒死尸者,仍照旧例,不分首从,皆斩立决。

现行刑律

18.239.(14)〔雇工人盗家长未殡未埋尸柩〕

一、雇工人盗家长未殡未埋尸柩,未开棺椁,事属已行,确有显迹者,照发冢已行未见棺例,为首绞监候,为从流二千五百里;开棺见尸者,照发冢见棺椁例,为首绞监候,入于秋审情实,为从绞监候;其毁弃、撇撒死尸者,仍照旧例,不分首从,皆绞立决。

现行刑律案语

原例

6.18.276.(17)〔平治他人坟墓为田园及子孙平治祖坟并奴雇平治家长坟〕(略)

6.18.276.(18)〔奴雇盗家长未殡未埋尸柩〕(略)

臣等谨按:以上二条均系嘉庆二十二年〔1817〕定例,二十五年〔1820〕改定。上条例首"杖一百"照章罚金,应改为"处十等罚",徒罪附杖应节删,直省军酌改为"烟瘴地方",并遵章改"充军"为"安置"。例末"按例应拟徒、流、充军"及"按例应拟军、遣、斩、绞、凌迟"字样应节去,以省繁冗。下条绞决照章应改绞候、入实,斩决应改绞决,近边军应改流二千五百里。谨将修改例文二条,分列于后。

〇修改

18.239.(18)〔平治他人坟墓为田园及子孙平治祖坟并雇工人平治家长坟〕(略)

一、奴仆、雇工人盗家长未殡未埋尸柩,未开棺椁,事属已行,确有显迹者,照发冢已行未见棺例,为首绞监候,为从流二千五百里;开棺见尸者,照发冢见棺椁例,为首绞监候,入于秋审情实,为从绞监候;其毁弃、撇撒死尸者,仍照旧例,不分首从,皆绞立决。

核订现行刑律

〇修改(略)

见6.18.276发冢条律

大清律例

6.18.276.(21)〔受雇看坟之人发冢及盗未殡未埋尸柩并锯缝凿孔〕

一、受雇看守坟墓，并无主仆名分之人，如有发冢及盗未殡、未埋尸柩，并锯缝凿孔与未开棺椁者，或自行盗发，或听从外人盗发，除死罪无可复加外，犯该军、流以下等罪，悉照凡人首从各本律例上加一等问拟。

现行刑律

18.239.(15)〔受雇看坟之人发冢及盗未殡未埋尸柩并锯缝凿孔〕

一、受雇看守坟墓，并无主仆名分之人，如有发冢及盗未殡、未埋尸柩，并锯缝凿孔与未开棺椁者，或自行盗发，或听从外人盗发，除死罪无可复加外，犯该安置、流、徒等罪，悉照凡人首从各本律例上加一等问拟。

现行刑律案语

〇修改(略)

见6.18.276.(19)〔盗未殡未埋尸柩锯缝凿孔〕条

大清律例

6.18.276.(9)〔殴故杀人案内凶犯毁弃及埋尸灭迹其听从抬弃及抬埋之人〕

一、凡殴、故杀人案内，凶犯起意残毁死尸及弃尸水中，其听从抬弃之人，无论在场有无伤人，俱照弃尸为从律杖一百、徒三年；若埋尸灭迹，其听从抬埋之人，审系在场帮殴有伤，律应满杖者，亦杖一百、徒三年；其在场并未伤人，止于听从抬埋者，照里长地邻弃尸律杖六十、徒一年。如案内余人，起意毁弃及埋尸灭迹，仍照弃尸为首律杖一百、流三千里。不失尸者，各减一等。若受雇抬埋，并不知情者，仍照地界内有死人不报官司而辄移藏律，杖八十。至窃、劫之犯，如有在湖河舟次格斗致毙，尸堕水中，漂流不获，及山谷险隘，猝然遇暴，尸沉涧溪，本无毁弃之情，仍依格杀本律科断，毋庸牵引弃尸之律。若系在家黄夜格捕，致死奸盗之犯，或在旷野道途，格杀拒

现行刑律

18.239.(16)〔殴故杀人案内毁弃及埋尸灭迹其听从抬弃抬埋之人〕

一、凡殴、故杀人案内，凶犯起意残毁死尸及弃尸水中，其听从抬弃之人，无论在场有无伤人，俱照弃尸为从律徒三年；系余人起意，仍照弃尸为首律流三千里；若埋尸灭迹，因而遗失者，其听从抬埋之人，无论在场有无伤人，各按余人本罪加一等，徒一年；系余人起意，再加一等，徒一年半。伤罪重者，仍从重论。不失尸者，各减一等。若受雇抬埋，并不知情者，仍照地界内有死人不报官司而辄移藏律，处八等罚。至窃、劫之犯，如有在湖河舟次格斗致毙，尸堕水中，漂流不获，及山谷险隘，猝然遇暴，尸沉涧溪，本无毁弃之情，仍依格杀本律科断，毋庸牵引弃尸之律。若系在家黄夜格捕，致死奸盗之犯，或在旷野

捕盗贼,罪本不应拟抵,将尸毁弃掩埋、移投坑井者,照地界内有死人不报官司私自掩埋律杖八十;因而遗失者,照地界内有死人移置他所以致失尸律杖一百。如有格杀之后,怀挟仇恨,逞凶残毁,投弃水火,割剥损伤者,仍照毁弃死尸本律科罪。其随同协捕共殴之余人,有犯弃毁、移埋等项,俱照此例分别办理。

道途,格杀拒捕盗贼,罪本不应拟抵,将尸毁弃掩埋、移投坑井者,照地界内有死人不报官司私自掩埋律处八等罚;因而遗失者,照地界内有死人辄移他处以致失尸律处十等罚。

现行刑律案语

原例(略)

臣等谨按:此例原系二条,一系乾隆二十七年〔1762〕纂定,一系乾隆四十一年〔1776〕纂定,嘉庆六年〔1801〕修改,十四年〔1809〕修并为一。查埋尸与弃尸情事各不相等,埋尸者大率由于畏罪,弃尸者事本出于有心。今例内俱照弃尸为从律拟徒,而一则不论有无伤人、一则仍分别伤人与否定拟,在毁弃之从犯,办理尚不为苛,而仅止听从抬埋之人,未免律外加重,盖余人本律不过满杖罪名,非重伤,并无从重论者,似应将下"帮殴有伤及未伤人"二层节去,统改为"无论在场有无伤人,各按余人本罪加一等,徒一年",并于"埋尸灭迹"下添入"因而遗失"句,俾免误会。至小注内"余人起意毁弃,仍照弃尸为首律拟流",应改作正文,移入上"徒三年"之下。其埋尸灭迹案内系余人起意,亦应改为"再加一等,徒一年半",并叙明"伤罪重者,仍从重论",庶与上毁弃者略有区别,而情法亦昭平允。再,地界内有死人移置他所,以致失尸,按本律系辄移他处,亦应照改。例末"格杀之后,挟仇逞凶、残毁投弃,仍照毁弃律科罪"等语,以杀死罪人律得勿论之犯,因弃尸反得流罪,是死者之命不足惜,而死者之尸转可贵矣,殊未允协,似不如将此段全行删去,以省繁冗。徒、流附杖应节删。杖罪照章罚金,应依数分等处罚。谨将修改例文,开列于后。

〇修改(略)

大清律例

6.18.276.(22)〔夫毁弃妻尸〕

一、夫毁弃妻尸者,比依尊长毁弃期亲卑幼死尸律,于凡人杖流罪上递减四等,杖七十、徒一年半;不失尸,及毁而但髡发若伤者,再减一等,杖六十、徒一年。

现行刑律

18.239.(17)〔夫毁弃妻尸〕

一、夫毁弃妻尸者,比依尊长毁弃期亲卑幼死尸律,于凡人满流罪上递减四等,徒一年半;不失尸,及毁而但髡发若伤者,再减一等,徒一年。

现行刑律案语

原例(略)

臣等谨按:此例应仍其旧。惟杖流应酌改为满流,徒罪附杖应照章节去。谨将修改例文,开列于后。

○修改(略)

大清律例

6.18.276.(17)〔平治他人坟墓为田园及子孙平治祖坟并奴雇平治家长坟〕

一、平治他人坟墓为田园,未见棺椁,止一冢者,仍照律杖一百。如平治多冢,每三冢加一等,罪止杖一百、徒三年。卑幼于尊长有犯,缌麻、功服各加凡人一等,期亲又加一等。若子孙平治祖坟,并奴仆、雇工人平治家长坟,一冢者,杖一百、徒三年;每一冢加一等,仍照加不至死之例,加至实发云贵两广极边烟瘴充军为止。其因平治而盗卖坟地,得财者,均按律计赃准窃盗论加一等;赃轻者,各加平治罪一等。知情谋买者,悉与犯人同罪,不知者不坐。如因平治而强占或盗卖,计亩数多,按例应拟徒、流、充军,以至因平治而见棺见尸,并弃毁尸骸,按例应拟军、遣、斩、绞、凌迟者,仍照各本例,从其重者论。其子孙因贫卖地,留坟祭扫,并未平治,又非盗卖者,不在此例。

现行刑律

18.239.(18)〔平治他人坟墓为田园及子孙平治祖坟并雇工人平治家长坟〕

一、平治他人坟墓为田园,未见棺椁,止一冢者,仍照律处十等罚。如平治多冢,每三冢加一等,罪止徒三年。卑幼于尊长有犯,缌麻、功服各加凡人一等,期亲又加一等。若子孙平治祖坟,并雇工人平治家长坟,一冢者,徒三年;每一冢加一等,仍照加不至死之例,加至烟瘴地方安置为止。其因平治而盗卖坟地,得财者,均按律计赃准窃盗论加一等;赃轻者,各加平治罪一等。知情谋买者,悉与犯人同罪,不知者不坐。如因平治而强占或盗卖,计亩数多,及因平治而见棺见尸,并弃毁尸骸者,仍照各本例,从其重者论。其子孙因贫卖地,留坟祭扫,并未平治,又非盗卖者,不在此例。

现行刑律案语

○修改(略)

见6.18.276.(18)〔奴雇盗家长未殡未埋尸柩〕条

大清律例

6.18.276.(8)〔于他人田园山场或有主坟地及切近坟旁盗葬〕

一、凡盗葬之人,除侵犯他人坟冢,发掘开棺见尸者,仍各按照律例治罪外,如因盗葬后,被地主发掘弃毁,无论所葬系尊长及卑幼尸柩,俱照强占官民山场律杖一百、流三千里。如于有主坟地,及切近坟旁盗葬,尚无侵犯,致被地主发掘等情者,照强占山场满流律量减一等,杖一百、徒三年。若止于田园山场内盗葬者,照强占山场满流律量减二等,杖九十、徒二年半。仍勒限一个月,押令犯属迁移。逾限不迁,即将犯属枷示,候迁移日释放。其唆令盗葬之地师、讼师,与本犯一体治罪。

现行刑律

18.239.(19)〔于他人田园山场或有主坟地及切近坟旁盗葬〕

一、凡盗葬之人,除侵犯他人坟冢,发掘开棺见尸者,仍各按照本律治罪外,如因盗葬后,被地主发掘弃毁,无论所葬系尊长及卑幼尸柩,俱照强占官民山场律,流三千里。如于有主坟地,及切近坟旁盗葬,尚无侵犯,致被地主发掘等情者,照强占山场满流律量减一等,徒三年。若止于田园山场内盗葬者,照强占山场满流律,量减二等,徒二年半。仍勒限一个月,押令犯属迁移。逾限不迁,即将犯属暂行收禁,候迁移日释放。其唆令盗葬之地师、讼师,与本犯一体治罪。

大清律例

6.18.276.(7)〔盗发他人远年祖坟及辄将他人盗葬之棺发掘抛弃及毁弃尸骸者〕

一、贪人吉壤,将远年之坟盗发者,子孙告发,审有确据,将盗发之人,以开棺见尸律拟绞监候。如非其子孙,又非实有确据之前人古冢,但因有土墩,见人埋葬,辄称伊远祖坟墓,勾引匪类,伙告伙证,陷害无辜,审明,将为首者照诬告人死罪未决律杖一百、流三千里,为从各照诬告为从律科断。若实系本人远祖之坟,被人发掘盗葬,因将所盗葬之棺,发掘抛弃者,照祖父母、父母被杀子孙不告官司而擅杀行凶人律杖六十。若盗葬者,并无发掘等情,止在切近坟旁盗葬,而本家辄行发掘者,应照地界

现行刑律

18.239.(20)〔盗发他人远年祖坟及发掘抛弃盗葬之棺并毁弃尸骸〕

一、贪人吉壤,将远年之坟盗发者,子孙告发,审有确据,将盗发之人,以开棺见尸律拟绞监候,如非其子孙,又非实有确据之前人古冢,但因有土墩,见人埋葬,辄称伊远祖坟墓,勾引匪类,伙告伙证,陷害无辜,审明,将为首者流三千里,为从徒三年。若实系本人远祖之坟,被人发掘盗葬,因将所盗葬之棺,发掘抛弃者,照祖父母、父母被杀子孙不告官司而擅杀行凶人律治罪。若盗葬者,并无发掘等情,止在切近坟旁盗葬,而本家辄行发掘者,应照地界内有死人不报官司而辄移他处律科断;如有毁弃尸骸,照地界内有死人而移尸毁弃律科

内有死人不报官司而辄移他处律科断；如有毁弃尸骸，照地界内有死人而移尸毁弃律科断。若非系坟地，止在田地场园内盗葬，而地主发掘，开棺见尸，仍照律拟绞。其不开棺见尸者，各照本律减一等治罪。如两造本系亲属，其所侵损之坟冢、棺椁、尸骸，与本身皆有服制者，各照律内服制科断。

断。若非系坟地，止在田地场园内盗葬，而地主发掘，开棺见尸，仍照律拟绞。其不开棺见尸者，各照本律减一等治罪。如两造本系亲属，其所侵损之坟冢、棺椁、尸骸，与本身皆有服制者，各照律内服制科断。

现行刑律案语

原例

6.18.276.(8)〔于他人田园山场或有主坟地及切近坟旁盗葬〕（略）

6.18.276.(7)〔盗发他人远年祖坟及辄将他人盗葬之棺发掘抛弃及毁弃尸骸者〕（略）

臣等谨按：此二例原系一条，雍正十三年〔1735〕纂定，乾隆五十三年〔1788〕析分为二。上条例首"开棺见尸，各按律例治罪"，究竟依律、依例不甚分明，窃以盗葬与盗掘不同，似应将"律例"改为"本律"，以免误会；例末"枷示"一层，若照章议罚，未免过轻，应改为"暂行收禁"。下条"照诬告人死罪未决律，拟流"，不言加役，核与彼律未符，且诬告律无为从之文，亦有未协，似应将"照诬告死罪未决律"句节去，而将从罪改为"减一等，拟徒"，以便援引；至"子孙不告官司而擅杀行凶人律，拟杖"，彼律既有明文，"杖六十"罪名亦应酌改为"治罪"。所有两例内流、徒附杖，均照章节删。谨将修改例文二条，分列于后。

○修改

18.239.(19)〔于他人田园山场或有主坟地及切近坟旁盗葬〕（略）

18.239.(20)〔盗发他人远年祖坟及发掘抛弃盗葬之棺并毁弃尸骸〕（略）

大清律例

6.18.276.(3)〔争坟阻葬开棺易罐埋藏占葬〕

现行刑律

18.239.(21)〔争坟阻葬开棺易罐埋藏占葬〕

一、民人除无故挖焚已葬尸棺者仍照例治罪外，其因争坟阻葬，开棺易罐埋藏占葬者，亦照开棺见尸、残毁死尸各本律治罪。若以他骨暗埋，预立封堆，伪说荫基，审系恃强占葬者，照强占

官民山场律治罪;审系私自偷埋者,照于有主坟地内偷葬律治罪;其侵犯他人坟冢者,照发掘他人坟冢律治罪。如果审系地师教诱,将教诱之地师均照诈教诱人犯法律分别治罪。若地方官隐讳宽纵,不实力查究,照例参处。

现行刑律案语

原例(略)

〇仍旧

臣等谨按:此例应仍其旧,理合陈明。

条例·删除

大清律例

6.18.276.(4)〔指称旱魃刨坟毁尸〕

一、凡指称旱魃,刨坟毁尸,为首者,照发冢开棺见尸律拟绞监候。如讯明实无嫌隙,秋审入于缓决;若审有挟仇泄忿情事,秋审入于情实。为从帮同刨毁者,改发近边充军;年在五十以上,仍发附近充军。其仅止听从同行,并未动手者,杖一百、徒三年。

现行刑律案语

〇删除

原例(略)

臣等谨按:此条系嘉庆九年〔1804〕定例。虽较本律加重,究较新例为轻,且此等罪犯并不常见,有犯自可查照本门例文定拟,无庸设立专条,此例似可删除。

大清律例

6.18.276.(5)〔发掘父母五服尊长骸骨占验吉凶〕

一、凡愚民惑于风水,擅称洗筋、检筋名色,将已葬父母及五服以内尊长骸骨,发掘检视,占验吉凶者,均照服制,以毁弃坐罪;帮同洗检之人,俱以为从论。地保扶同隐匿,照知人谋害他人不即阻首律杖一百。若有故而以礼迁葬,仍照律勿论。

现行刑律案语

〇删除

原例(略)

臣等谨按:此条系乾隆十一年[1746]定例。惟占验吉凶,遽照毁弃定罪,未免过重,且近来并未见有此等案件,例文无关引用,似应删除。

大清律例

6.18.276.(10)[纠众发冢起棺索财取赎及发冢后抛弃尸骨并杀人者]

一、纠众发冢起棺,索财取赎,已得财者,将起意及为从下手发掘扛抬棺木之犯,比依强盗得财律,不分首从,皆斩立决;跟随同行在场瞭望之犯,发新疆给官兵为奴。其未经得财者,首犯仍比依强盗得财律斩立决,从犯俱发新疆给官兵为奴。如发冢后将尸骨抛弃道路,并将控告人杀害者,亦照强盗得财律,不分首从,皆斩立决。

现行刑律案语

原例(略)

臣等谨按:此条系嘉庆十八年[1813]从"发掘常人坟冢"条内摘出,分纂为例,同治九年[1870]改定。以其明目张胆、不畏人知,故从严,照强盗治罪,第强盗重在得财,今例内将已得财之首从各犯俱拟骈首,而未得财者仍照得财问拟,究嫌过重,似亦应改"照强盗未得财例科断,至抛弃尸骨情节固极凶横,但或开棺见尸,或因起棺致显露尸身,其罪亦不容逭应",于例末添入此两层,并改为"不论曾否得财",以昭赅备。斩决照章改为绞决,"给官兵为奴"应酌改为"当差"。谨将修改例文,开列于后。

○修改

一、纠众发冢起棺,索财取赎,已得财者,将起意及为从下手发掘扛抬棺木之犯,比依强盗得财律,不分首从,皆绞立决;跟随同行在场瞭望之犯,发遣新疆当差。其未经得财者,仍比依强盗未得财例科断。如已开棺见尸,或因起棺致显露尸身,及发冢后将尸骨抛弃道路,并将控告人杀害者,不论曾否得财,俱照强盗得财律,不分首从,皆绞立决。

核订现行刑律

○删除

原修改例文(略)

谨按:纠众发冢索财取赎,此等案件殊不经见,有犯自可照"发冢"各本律例加等问拟,毋庸另立专条,拟请删除。

6.18.277 夜无故入人家 / 18.240 夜无故入人家

律文 · 修改

大清律例

6.18.277.1 凡夜无故入人家内者,杖八十。主家登时杀死者勿论。其已就拘执而擅杀伤者,减斗杀伤罪二等;至死者,杖一百、徒三年。

现行刑律

18.240.0 凡夜无故入人家内者,处八等罚。主家登时杀死者勿论。其已就拘执而擅杀伤者,减斗杀伤罪二等;至死者,徒三年。

现行刑律案语

原律(略)

臣等谨按:此系《明律》。律内"杖八十"罪名,若照窃盗新章改拟"工作",第是奸是盗,究未分明,似应仍照通常罚金章程,改为"处八等罚"。徒罪附杖应节删。谨将修改律文,开列于后。

〇修改(略)

条例 · 修并

大清律例

6.18.277.(1)〔邻佑人等追捕殴毙窃犯〕

一、邻佑人等,因贼犯黑夜偷窃,或白日入人家内院内偷窃,携赃逃遁,直前追捕,或贼势强横,不能力擒送官,登时仓猝殴毙者,杖一百、徒三年,余人杖八十。若贼已弃赃,及未得财,辄复捕殴致毙,并已被殴跌倒地,及就拘获后辄复叠殴,又捕人多于贼犯,倚众共殴致毙者,仍照擅杀罪人律拟绞监候,余人杖一百。其贼犯持仗拒捕,登时格杀者,勿论。

6.18.277.(2)〔事主追捕殴毙窃犯〕

一、凡事主奴仆、雇工皆是。因贼犯黑夜偷窃,或白日入人家内院内偷窃财物,并市野

现行刑律

18.240.(1)〔事主邻佑人等追捕殴毙窃犯〕

一、凡事主雇工亦是。及邻佑人等,因贼犯黑夜偷窃,或白日入人家内院内偷窃财物,并市野偷窃器物及田园谷麦、蔬果、柴草、木石等类,登时追捕殴打至死者,不问是否已离盗所、捕者人数多寡、贼犯已未得财,并器物等有无看守,俱徒二年半。若贼犯已被殴跌倒地,及已就拘获辄复叠殴致毙,或事后殴打至死者,均照擅杀罪人拟绞律上减一等,流三千里。如贼犯持仗拒捕,被捕者登时格杀,仍依律勿论。凡刀械、石块,皆是持仗。事在顷刻,势出仓猝,谓之登时。抵格而杀,谓之格杀。

偷窃有人看守器物,登时追捕殴打至死者,不问是否已离盗所、捕者人数多寡、贼犯已未得财,俱杖一百、徒三年,余人杖八十。若贼犯已被殴跌倒地,及已就拘获辄复叠殴致毙,或事后殴打至死者,均照擅杀罪人律拟绞监候;其旷野白日偷窃无人看守器物,殴打至死者,不问是否登时,亦照擅杀人律拟绞监候,余人均杖一百。如贼犯持仗拒捕,被捕者登时格杀,仍依律勿论。凡刀械、石块,皆是持仗。事在顷刻,势出仓猝,谓之登时。抵格而杀,谓之格杀。

6.18.277.(3)〔贼犯白日盗田园谷麦等类被事主邻佑殴毙〕

一、贼犯旷野白日盗田园谷麦蔬果、柴草木石等类,被事主、邻佑殴打至死者,不问是否登时、有无看守,各照擅杀罪人律拟绞监候。其贼犯持仗拒捕,登时格杀者,仍勿论。

现行刑律案语

原例

6.18.277.(1)〔邻佑人等追捕殴毙窃犯〕(略)

6.18.277.(2)〔事主追捕殴毙窃犯〕(略)

6.18.277.(3)〔贼犯白日盗田园谷麦等类被事主邻佑殴毙〕(略)

臣等谨按:以上三例原系二条,一系康熙五十一年〔1712〕定例,乾隆五年〔1740〕修改;一系乾隆二十五年〔1760〕定例,嘉庆六年〔1801〕修改,十年〔1805〕改定。惟查"邻佑"有守望相助之义,捕贼自系分所应为,今与"事主"分列两条,殊无所取,且上条例内以"贼已弃赃,及未得财,并捕人多于贼犯"定拟,第二条则以"不论已未得财,捕者人数多寡"为辞,宽事主而严待邻人,尤觉未允,似应将上条全行节去,于第二条"事主"之下添入"邻佑人等",较归画一。至"市野偷窃器物",以有无看守为徒、绞之分,与下条"旷野白日盗田园谷麦等类"不问有无看守迥异,按"非所有而取曰盗",盗即应予捕拿,似下条例义为协,应将第二条"旷野白日偷窃无人看守器物,殴打至死,拟绞"一层删除,于上层"器物"之下移入"及谷麦蔬果、柴草木石等类",并于"得财"下添入"器物等","有无看守"字样节去,下条庶省繁冗,而昭平允。再,窃贼为闾阎之害,既许事主人等捕捉,自难保无杀伤,即不应再为议抵。是以光

绪三十二年〔1906〕闰四月内,刑部会同都察院奏请"擅杀应拟绞候者,改为流三千里,并擅杀例不至死,及案内余人应于本罪上递减一等"等因。奉旨允准在案。所有例内绞候应于本罪上减一等,拟以满流。满徒应删去附杖,改为"徒二年半"。至"余人拟杖"罪名,"罪人拒捕"门业有通例可引,此处应删。谨将修并例文,开列于后。

○修并

一、凡事主(奴仆、雇工皆是。)及邻佑人等,因贼犯黑夜偷窃,或白日入人家内院内偷窃财物,并市野偷窃器物及田园谷麦蔬果、柴草木石等类,登时追捕殴打至死者,不问是否已离盗所、捕者人数多寡、贼犯已未得财,并器物等有无看守,俱徒二年半。若贼犯已被殴跌倒地,及已就拘获辄复迭殴致毙,或事后殴打至死者,均照擅杀罪人拟绞律上减一等,流三千里。如贼犯持杖拒捕,被捕者登时格杀,仍依律勿论。(凡刀械、石块,皆是持杖。事在顷刻,势出仓猝,谓之登时。抵格而杀,谓之格杀。)

核订现行刑律

原修并例文(略)

谨按:奴仆一项现以雇工人论,本条小注"奴仆、雇工皆是"句应改为"雇工",亦是以归一律。谨将修改例注,开列于后。

○修改(略)

6.18.278 盗贼窝主/18.241 盗贼窝主

律文·修改

大清律例

6.18.278.1 凡强盗窝主造意,身虽不(同)行,但分赃者,斩;(若行,则不问分赃不分赃,只依行而得财者,不分首从,皆斩。)(若不知盗情,只是暂时停歇者,止问不应。)若不(同)行,又不分赃者,杖一百、流三千里。共谋(其窝主不曾造谋,但与贼人共知谋情。)者,行而不分赃,及分赃而不行,皆斩;若不行又不分赃者,杖一百。○6.18.278.2 窃盗窝主造意,身虽不行,但分赃者,为首论;若不行又不分赃者,为从论。(减一等。)以临时主意上盗者为首,其(窝主若不造意,而但)为从者,行而不分赃,及分赃而不行,(减造意一等。)仍

现行刑律

18.241.1 凡强盗窝主造意,身虽不(同)行,但分赃者,绞;(若行,则不问分赃不分赃,只依行而得财者,不分首从,皆绞。)(若不知盗情,只是暂时停歇者,止问不应。)若不(同)行,又不分赃者,流三千里。共谋(其窝主不曾造谋,但与贼人共知谋情。)者,行而不分赃,及分赃而不行,皆绞;若不行又不分赃者,工作十个月。○18.241.2 窃盗窝主造意,身虽不行,但分赃者,为首论;若不行又不分赃者,为从论。(减一等。)以临时主意上盗者为首,其(窝主若不造意,而但)为从者,行而不分赃,及分赃而不行,(减造意一等。)仍为从论。

为从论。若不行又不分赃，笞四十。○6.18.278.3 若本不同谋，偶然相遇共为强、窃盗，其强盗固不分首从，若窃盗，则以临时主意上盗者为首，余为从论。○6.18.278.4 其知人略卖、和诱人，及强、窃盗后，而分所卖、所盗赃者，计所分赃准窃盗为从论，免刺。○6.18.278.5 若知强、窃盗赃而故买者，计所买物坐赃论；知而寄藏者，减故买一等，各罪止杖一百。其不知情误买及受寄者，俱不坐。	若不行又不分赃，工作一个月。○18.241.3 若本不同谋，偶然相遇共为强、窃盗，其强盗固不分首从，若窃盗，则以临时主意上盗者为首，余为从论。○18.241.4 其知人略卖、和诱人，及强、窃盗后，而分所卖、所盗赃者，计所分赃准窃盗为从论。○18.241.5 若知强、窃盗赃而故买者，计所买物坐赃论；知而寄藏者，减故买一等，各罪止工作十个月。其不知情误买及受寄者，俱不坐。

现行刑律案语

原律（略）

臣等谨按：此仍《明律》。应照新章改"斩"为"绞"，流罪附杖并"免刺"字样均应节删，笞、杖照窃盗章程改为工作，应依数分别照改。谨将修改律文，开列于后。

○修改（略）

条例・修改、修并

大清律例	现行刑律
6.18.278.(1)〔窝主须有造意共谋实情〕	18.241.(1)〔窝主须有造意共谋实情〕
一、推鞫窝主窝藏分赃人犯，必须审有造意、共谋实情，方许以窝主律论斩。若止是勾引容留，往来住宿，并无造意、共谋情状者，但当以窝藏例发遣，毋得附会文致，概坐窝主之罪。	一、推鞫窝主窝藏分赃人犯，必须审有造意、共谋实情，方许以窝主律论。若止是勾引容留，往来住宿，并无造意、共谋情状者，但当以窝藏例论，毋得附会文致，概坐窝主之罪。

现行刑律案语

原例（略）

臣等谨按：此条系沿前明旧例，《集解》云乃用律之令非条例也，自系明慎用刑之意。惟窝主本律斩罪，既照章改绞，"斩"字应删。至窝藏本例，并不止"外遣"一层，应酌改为"论"字，以示浑括。谨将修改例文，开列于后。

○修改（略）

大清律例

6.18.278.(12)〔保甲知有为盗窝盗之人瞻隐徇匿〕

一、编排保甲保正、甲长、牌头,须选勤慎练达之人点充。如豪横之徒,藉名武断,该管官严查究革,从重治罪。果实力查访盗贼,据实举报,照捕役获盗过半以上例,按名给赏。倘知有为盗、窝盗之人,瞻徇隐匿者,杖八十;如系窃盗,分别贼情轻重惩警。若牌头于保正、甲长处举报,而不行转报者,甲长照牌头减一等、保正减二等发落,牌头免坐。其一切户婚田土,不得问及保甲,惟人命重情,取问地邻、保甲。赌博为盗贼渊薮,仍令同盗贼一并查举。再地方有堡子、村庄,聚族满百人以上,保甲不能编查,选族中有品望者立为族正,若有匪类,令其举报。倘徇情容隐,照保甲一体治罪。

现行刑律

18.241.(2)〔保甲知有为盗窝盗之人瞻隐徇匿〕

一、编排保甲保正、甲长、牌头,须选勤慎练达之人点充。如豪横之徒,借名武断,该管官严查究革,从重治罪。果实力查访盗贼,据实举报,照捕役获盗过半以上例,按名给赏。倘知有为盗、窝盗之人,瞻徇隐匿者,照不应重律治罪;如系窃盗,分别贼情轻重惩警。若牌头于保正、甲长处举报,而不行转报者,甲长照牌头减一等、保正减二等发落,牌头免坐。其一切户婚田土,不得问及保甲,惟人命重情,取问地邻、保甲。赌博为盗贼渊薮,仍令同盗贼一并查举。再地方有堡子、村庄,聚族满百人以上,保甲不能编查,选族中有品望者立为族正,若有匪类,令其举报。倘徇情容隐,照保甲一体治罪。

现行刑律案语

原例

6.18.278.(12)〔保甲知有为盗窝盗之人瞻隐徇匿〕(略)

6.18.278.(13)〔牌头管内有为盗之人〕(略)

臣等谨按:以上二条,一系雍正年间定例,乾隆五年〔1740〕修改,一系乾隆二年〔1737〕定例,均系保甲专条,应仍其旧。惟上条"杖八十"罪名系"照不应重律治罪",下条"笞四十"罪名系"照不应轻律治罪",其甲长、保正递减科罪,亦应改为"递减一等科断"。谨将修改例文二条,分列于后。

〇修改

18.241.(2)〔保甲知有为盗窝盗之人瞻隐徇匿〕(略)

18.241.(9)〔牌头管内有为盗之人〕(略)

大清律例	现行刑律
6.18.278.(21)〔强盗窝主造意不行又不分赃及知情存留或知情分赃〕 一、强盗窝主造意不行又不分赃,改发新疆给官兵为奴。若非造意,又不同行分赃,但知情存留一人,发近边充军;存留二人,亦发新疆给官兵为奴;存留三人以上,于发遣处加枷号三个月;五人以上,加枷号六个月。如知情而又分赃,无论存留人数多寡,仍照窝主律斩。	18.241.(3)〔强盗窝主造意不行又不分赃及知情窝藏〕 一、强盗窝主造意不行又不分赃,发新疆当差。若非造意,又不同行分赃,但知情窝藏一人,流二千五百里;窝藏二人,流三千里;窝藏三人以上,发极边足四千里安置;五人以上,发烟瘴地方安置。

现行刑律案语

原例(略)

臣等谨按:此例本系二条,一系雍正元年〔1723〕定例,三年〔1725〕及乾隆五年〔1740〕修改;一系乾隆三十二年〔1767〕定例,五十三年〔1788〕并为一条,嘉庆六年〔1801〕、二十二年〔1817〕、同治九年〔1870〕迭次修改。第一层系言造意不行、不分赃之罪,按强盗窝主造意不行、又不分赃照律本系流罪,例内改发新疆,自为严惩窝主起见,尚不为苛,惟"给官兵为奴"应改为"当差",以归画一。第二层系言知情存留之罪,按非造意又不同行分赃,本与窝主造意共谋者迥别,乃存留一人即发近边,二人亦拟外遣,三人及五人以上并于发遣处分别加枷,殊嫌未协,第近边军照章既应改流二千五百里,则二人似可改拟满流,三人及五人以上即应递加为极边足四千里及烟瘴地方安置,庶与上层造意者稍示等差。至"存留"与"窝藏"意义无甚区别,前条推鞫窝主窝藏例内分晰甚明,实为此门各例之纲领,现既将"窝藏强盗"二名之例删去,则"存留"二字似应酌改"窝藏",俾得紧相照应。第三层系言知情分赃之罪,按知情与造意不同,与共谋亦异,《辑注》云:造意在共谋之先,而共谋则相与商计者,知情是但闻知其事,知情者身在事外,共谋者身在事中。其论甚确。今以"仅知强情之犯,但一分赃,即不论存留人数多寡,仍照窝主论斩",既与前条"必须有造意共谋实情、方许以窝主论"之例义不符,且混窝主、窝藏为一,尤不足以昭平允,例末数语应全行节去。谨将修改例文,开列于后。

○修改(略)

大清律例

6.18.278.(10)〔窝线不上盗又未分赃〕

一、凡窝线同行上盗得财者,仍照强盗律定拟。如不上盗,又未得财,但为贼探听事主消息,通线引路,照强盗窝主造意不行又不分赃,改发新疆给官兵为奴。

现行刑律

18.241.(4)〔窝线不上盗又未分赃〕

一、凡窝线同行上盗得财者,仍照强盗律定拟。如不上盗,又未分赃,但为贼探听事主消息,通线引路,照强盗窝主造意不行又不分赃,发新疆当差。

现行刑律案语

原例(略)

臣等谨案:此条系雍正六年〔1728〕定例,同治九年〔1870〕修改,应仍其旧。惟强盗案内得财与分赃,大有区别,例内"又未得财"句,应改为"又未分赃",以免牵混。至强盗窝主造意不行、不分赃,例系改发新疆当差,此处亦应照改,俾归画一。谨将修改例文,开列于后。

○修改(略)

大清律例

6.18.278.(15)〔邻佑地保知情容留老瓜贼〕

一、老瓜贼,本处邻佑、地保有知情容留者,发近边充军。若非知情容留,止系失于稽查,各照不应重律杖八十。其邻佑、地保,及兵役、平民,能侦知瓜贼行踪,赴地方官密禀,该地方官即行严拿,不许指出首人姓名。俟拿获瓜贼审实,将首人给赏。如瓜贼将首人扳害,立案不行。首获之贼系首犯,赏银五十两;系伙犯,赏银二十五两。首获多者,按名赏给。在充公银两内动支。有挟嫌诬首情弊,仍照诬告例治罪。

现行刑律

18.241.(5)〔邻佑地保知情容留强盗巨窝〕

一、强盗巨窝,本处邻佑、地保有知情容留者,流二千五百里。若非知情容留,止系失于稽查,各照不应重律拟罪。其邻佑、地保,及兵役、平民,能侦知强盗巨窝行踪,赴地方官密禀,该地方官即行严拿,不许指出首人姓名。俟拿获盗贼审实,将首人给赏。如盗贼将首人攀害,立案不行。首获之贼系首犯,赏银五十两;系伙犯,赏银二十五两。首获多者,按名赏给。在充公银两内动支。有挟嫌诬首情弊,仍照诬告例治罪。

现行刑律案语

原例(略)

臣等谨按：此系乾隆六、七两年〔1741、1742〕定例。现在此项贼匪并不多见，已将“强盗”门内“老瓜贼”一项罪名删除，此例即属无关引用。但首获盗贼给赏，本系良法，未可遽废，应改为“强盗巨窝”，以便引用。近边军照章应改“流三千里”，“杖八十”罪名既系照不应重律办理，亦应改为“拟罪”。谨将修改例文，开列于后。

○修改(略)

大清律例	现行刑律
6.18.278.(17)〔窝留积匪之家视有无造意同行分赃代卖分别治罪〕	18.241.(6)〔窝藏积匪之家视有无造意同行分赃代卖分别治罪〕
一、窝留积匪之家，果有造意及同行分赃代卖，改发极边烟瘴充军，面刺“改发”二字。如有脱逃被获，即改发新疆酌拨种地当差。其未经造意，又不同行，但经窝留分得些微财物，或止代为卖赃者，均减本犯一等治罪。至窝藏回民行窃犯至遣戍者，亦照窝藏积匪例分别治罪。	一、窝藏积匪之家，果有造意及同行分赃代卖，发烟瘴地方安置。其窝藏窃盗，未经造意，又不同行，但经分得些微财物，或止代为卖赃者，均减本犯一等治罪。

现行刑律案语

原例(略)

臣等谨按：此条系乾隆二十七年〔1762〕定例，三十七年〔1772〕及嘉庆六年〔1801〕修改。例内“窝留”应改为“窝藏”，俾与上例“推鞫窝主、窝藏”一条相应，“充军”照章应改“安置”，“极边烟瘴”应酌改“烟瘴地方”，新疆当差按《名例》应改发内地，如有脱逃被获，自有“徒流人逃”门本例可援，此处毋庸搀入。“刺字”应照章节去。再，本门内“窝藏、窃盗五名以上”及“顺天府五城窝藏、窃盗”两条，现在既拟删除，例内遂无窝藏寻常窃盗治罪之法，今拟于“未经造意”句上添入“窝藏窃盗”四字，但“经”下删去“窝留”二字，作为通例，以资援引。至例末“窝藏回民行窃，照窝藏积匪治罪”，自不待言，此层毋庸复叙，应并节删。谨将修改例文，开列于后。

○修改(略)

大清律例

6.18.278.(23)〔两广奸徒窝匪捉人关禁勒赎坐地分赃〕

一、广东、广西二省,如有不法奸徒,窝藏匪类,捉人关禁勒赎,坐地分赃者,无论曾否得赃,及所捉人数,并次数多寡,但经造意,虽未同行,即照苗人伏草捉人案内土哨奸民勾通取利造意例拟斩立决;虽未造意,但经事前同谋者,即分别有无凌虐,及致令自尽各情,照捉人首犯分别拟以斩候、发遣。若先未造意同谋,仅止事后窝留,关禁勒赎,如捉人首犯罪应斩、绞者,窝留之犯,发遣新疆给官兵为奴;罪应拟遣者,发极边足四千里充军。倘由本犯自行关禁勒赎,别无窝家者,仍按本例从其重者论。本犯父兄,究明曾否分赃,照盗案例分别发落。邻佑、牌、保,除受贿包庇从重定拟外,若止知情不首,亦照盗案例分别责惩。窝留关禁之房屋,如系房主知情者,房屋一并入官。倘数年后此风稍息,仍随时奏明,酌量办理。

现行刑律

18.241.(7)〔奸徒窝匪捉人关禁勒赎坐地分赃〕

一、各直省不法奸徒窝藏匪类,捉人关禁勒赎,坐地分赃者,但经造意,虽未同行,及虽未造意,但经事前同谋者,均照捉人首犯一例治罪。若先未造意、同谋,仅止事后窝留关禁勒赎,各于首犯本罪上减一等。

现行刑律案语

原例(略)

臣等谨案:此条系道光二十五年〔1845〕定例。原系两广专条,惟窝留勒赎之犯,各直省亦所常有,自应改为通例。例首窝藏匪类造意未行,即不论曾否得赃,及人数、次数,照例拟斩,转较首犯科罪为严,殊未允协,应将各层节去,并入下“虽未造意,但经同谋”之内,统改为“均照捉人首犯一律治罪”,较为持平。其“先未造意、同谋,仅止事后窝留关禁”,究与事前同谋有间,乃例称“如首犯,罪应斩绞者,窝留之犯发遣新疆为奴;罪应拟遣者,发极边足四千里”,均未免过重,应改为“各于捉人首犯本罪上,减一等”。至“本犯自行关禁勒赎,别无窝家,仍照本例从重论”,现既将窝藏罪名减轻,此层亦无庸复叙。所有父兄及邻佑、牌、保,本门窝主例内已有治罪明文,而“房主知情者,房屋入官”尤恐事形扰累,现在此风既未稍息,例末一段似可全

删。谨将修改例文，开列于后。

〇修改（略）

大清律例

6.18.278.(8)〔强窃盗窝家之父兄人等自首及知情分赃〕

一、强、窃盗窝家之同居父兄、伯叔与弟自首者，照例免罪，本犯照强盗父兄自首例分别发落外，至父兄人等知情而又分赃，各照强、窃盗为从例，减一等治罪。父兄不能禁约子弟窝盗者，各照强、窃盗父兄论。

现行刑律

18.241.(8)〔强窃盗窝家之父兄人等自首及知情分赃〕

一、强、窃盗窝家之同居父兄、伯叔自首者，照例免罪，本犯照强盗父兄自首例分别发落。至父兄人等知情而又分赃，各照强、窃盗为从例，减一等治罪。

现行刑律案语

原例（略）

臣等谨按：此条系雍正七年〔1729〕定例，嘉庆六年〔1801〕改定。现章废止缘坐，凡强窃盗之父兄不能约束子弟者，一概免其治罪，此项不能禁约，“窝盗之父兄”一项亦应删除，俾归画一。谨将修改例文，开列于后。

〇修改

一、强、窃盗窝家之同居父兄、伯叔与弟自首者，照例免罪，本犯照强盗父兄自首例分别发落外，至父兄人等知情而又分赃，各照强、窃盗为从例，减一等治罪。

核订现行刑律

原修改例文（略）

谨按：强、窃盗例内“与弟”二字均拟节删，此例自应一律节去。谨将修改例文，开列于后。

〇修改（略）

大清律例

6.18.278.(13)〔牌头管内有为盗之人〕

一、牌头所管内有为盗之人，虽不知情而失察，坐以不应轻律，笞四十；甲长、保正递减科罪。

现行刑律

18.241.(9)〔牌头管内有为盗之人〕

一、牌头所管内有为盗之人，虽不知情而失察，照不应为律治罪；甲长、保正递减一等科断。

现行刑律案语

〇修改(略)

见[6.18.278.(12)]〔保甲知有为盗窝盗之人瞻隐徇匿〕条

大清律例

[6.18.278.(7)]〔强盗窝主之邻佑知而不首〕

一、凡强盗窝主之邻佑,知而不首者,杖一百。

现行刑律

[18.241.(10)]〔强盗窝主之邻佑知而不首〕

一、凡强盗窝主之邻佑,知而不首者,处十等罚。

现行刑律案语

原例(略)

臣等谨按:此条系康熙三十六年〔1697〕定例。例内"杖一百"照章罚金,应改为"处十等罚"。谨将修改例文,开列于后。

〇修改(略)

大清律例

[6.18.278.(5)]〔强盗案内知情买赃之犯〕

一、强盗案内知情买赃之犯,照洋盗例,分别次数定拟。其知而寄藏,及代为销赃者,一次,杖八十、徒二年;二次,杖九十、徒二年半;三次以上,杖一百、徒三年。

[6.18.278.(18)]〔洋盗案内知情接买盗赃之犯〕

一、洋盗案内知情接买盗赃之犯,不论赃数多寡,一次,杖一百、徒三年;二次,发近边充军;三次以上,发新疆给官兵为奴。

现行刑律

[18.241.(11)]〔洋盗强盗案内知情买赃及知而寄藏并代为销赃〕

一、洋盗并强盗案内知情接买盗赃之犯,不论赃数多寡,一次徒三年,二次流二千五百里,三次以上发烟瘴地方安置;其知而寄藏,及代为销赃者,一次,徒二年,二次,徒二年半,三次以上,徒三年。

现行刑律案语

原例

[6.18.278.(18)]〔洋盗案内知情接买盗赃之犯〕(略)

6.18.278.(5)〔强盗案内知情买赃之犯〕(略)

臣等谨按：上条系专指洋盗而言，下条亦系照洋盗定拟，两例情事略同，至寄赃、销赃，上条虽无明文，究系盗案中恒有之事，自应修并为一，俾免繁冗。近边军照章应改"流二千五百里"，新疆为奴按《名例》应发四省烟瘴，酌改为"烟瘴地方安置"。徒罪附杖亦一律节删。谨将修并例文，开列于后。

○修并(略)

大清律例

6.18.278.(6)〔知窃盗赃而接买受寄〕

一、知窃盗赃而接买、受寄，若马骡等畜至二头匹以上、银货坐赃至满数者，俱问罪，不分初犯、再犯，枷号一个月发落。若三犯以上，不分赃数多寡，俱免枷号，发近边充军。接买盗赃，至八十两为满数；受寄盗赃，至一百两为满数；盗后分赃，至一百二十两以上为满数。

现行刑律

18.241.(12)〔知窃盗赃而接买受寄〕

一、知窃盗赃而接买、受寄，若银、物坐赃至满数者，俱不分初犯、再犯，徒一年。若三犯以上，不分赃数多寡，俱流二千五百里。接买盗赃，至八十两为满数；受寄盗赃，至一百两为满数。

现行刑律案语

原例(略)

臣等谨按：此系前明《问刑条例》，与上强盗案内"知情买寄"本属一条，顺治、乾隆年间修改，同治九年〔1870〕改定。例内既以坐赃论罪，又以马骡至二头匹与满数同科，其价值未必即至八十两，一百两以上且盗者，尚应计赃，而买寄者专论头、匹，殊未平允，此层应删，并将"银货"改为"银物"，较为赅括。至"不分初犯、再犯，枷号一个月发落"等语，似系发落满杖罪名，惟枷、杖并惩，究涉繁琐，按强盗知情买赃一次即应满徒，寄藏一次即应徒二年，则买寄窃赃酌改为徒一年，似与彼条尚属一线。近边军照章改为"流二千五百里"。上层"枷号"既删，则"免枷号"三字并应节去。例末小注"盗后分赃，至一百二十两以上为满数"，溯查从前旧例，"不分赃数多寡"下本有"与知强盗后而分赃至满数"一句，今既删去，此层注语即属无着，拟并节删。谨将修改例文，开列于后。

○修改(略)

条例・删除

大清律例

6.18.278.(2)〔大户故纵家人佃仆为盗〕

一、各处大户家人、佃仆，结构为盗，杀官、劫库、劫狱、放火，许大户即送官追问。

若大户知情故纵,除实犯死罪外,杖、徒、流罪,俱发附近充军。

现行刑律案语

〇删除

原例(略)

臣等谨按:此系前明《问刑条例》,原为严惩豪右起见。惟现在并无此等情形,例文系属虚设,应即删除。

大清律例

6.18.278.(3)〔窝藏强盗二名以上窃盗五名以上〕

一、凡皇亲功臣管庄、家仆、佃户人等,及诸色军民大户,勾引来历不明之人,窝藏强盗二名以上、窃盗五名以上,坐家分赃者,俱问发近边充军。若有造意、共谋之情者,各依律从重科断。干碍皇亲功臣者,参究治罪。

现行刑律案语

〇删除

原例(略)

臣等谨按:此系前明《问刑条例》,与后条窝藏新例人数多寡、罪名轻重均有不符,现在无关引用,应即删除。

大清律例

6.18.278.(4)〔无藉之徒引贼劫掠及探报消息〕

一、凡各处无藉之徒,引贼劫掠,以复私仇,探报消息,致贼逃窜者,照奸细律处斩,枭首示众。

现行刑律案语

〇删除

原例(略)

臣等谨按:此条系前明《问刑条例》。《辑注》云:此贼乃大伙强盗,盘据险固,时出剽劫者,似与寻常盗犯不同。有犯,尽可分别情节轻重,照"谋叛"本律及本门"通线引路"各条定拟,无庸纂为专例,应即删除。

大清律例

6.18.278.(9)〔造意分赃窝主统赃科罪〕

一、凡造意分赃之窝主，不得照窃盗律以一主为重，应统计各主之赃，数在一百二十两以上者，拟绞监候；其在一百二十两以下，亦统计各赃科罪。

现行刑律案语

○删除

原例(略)

臣等谨按：此例专为严惩窝主而设。例内统计各主之赃，前后并算，其法与监守盗相似，实较枉法赃为严。且必各赃均系造谋，方可援引，倘有一案非伊起意，即与此例不符，办理殊形窒碍。窃谓窃盗以一主为重，既有本律可循，似无庸特设苛例，应即删除。

大清律例

6.18.278.(11)〔容留外省流棍〕

一、容留外省流棍者，照勾引来历不明之人例，发近边充军。

现行刑律案语

○删除

原例(略)

臣等谨按：此条系雍正七年〔1729〕定例。例内统言"流棍"无所指实，且容留即拟军罪，似嫌太重，《集解》谓此例不可轻引，是以从来未经用过，应即删除。

大清律例

6.18.278.(14)〔游荡奸伪之徒潜居京城〕

一、凡来历不明游荡奸伪之徒，潜居京城，令五城司坊，宛、大两县，不时稽查。客店、庵院，取具并无容留甘结，以凭各衙门查阅。赁房居住者，令房主询明保人、来历，并着两邻稽查。倘有此等游棍，协同斥逐。若徇情受贿容留者，除本犯照律治罪、递回原籍外，其容留之客店、寺庙住持、房主一并惩治。该管官不行查出，照例议处。至编户居民住有常业，及候补、候选、读书、贸易诸色人等，确有凭据者，毋许驱逐。倘有借端勒索，混扰良民者，照吓诈例治罪。

现行刑律案语

○删除

原例(略)

臣等谨按:此条系为京城地面驱逐匪徒而设。惟现在统归内、外巡警总厅办理,民政部订有专章,核与刑律无涉,应即删除。

大清律例

6.18.278.(16)〔漕船被盗船户舵工人等救护不力〕

一、漕船被盗,船户、舵工人等,除勾留、容隐、分赃,仍照例治罪外,如失事时,有频呼不应,不力为救护者,分别强、窃,照窝主不行不分赃例各减一等治罪。失察之该管员弁,分别议处。其有拿获别帮盗首及窃盗积案巨窝者,交部分别议叙。

删除律例

○删除

大清律例

6.18.278.(19)〔曾任及在籍职官窝藏强窃盗〕

一、凡曾任职官,及在籍职官,窝藏窃盗、强盗,按平民窝主本律本例罪应斩决者,加拟枭示;罪应绞候者,加拟绞立决;罪应徒、流、充军者,概行发遣黑龙江当差。

现行刑律案语

○删除

原例(略)

臣等谨按:窝藏窃盗,"强盗"律例内治罪甚严,其罪应死者,既无可复加,即罪止徒、流者,系职官亦从重,分别发往军台及新疆效力赎罪,历经办理无异,似无须另立专条,应即删除。

大清律例

6.18.278.(20)〔西宁地方私设歇家〕

一、西宁地方拿获私歇家,除审有不法重情,实犯死罪外,其但在山僻小路,经年累月,开设私歇家者,为首照私通土苗例发边远充军,为从杖一百、徒三年。

现行刑律案语

原例(略)

臣等谨按:此条系道光二年〔1822〕定例,盖严禁内地奸民交通野番之意。第例内只云"私歇家"究不明显,应于"私歇家"下添入"招住野番"字样。边远军照章改

"流三千里"。徒罪附杖应节删。谨将修改例文，开列于后。

○修改

一、西宁地方拿获私歇家，除审有不法重情，实犯死罪外，其但在山僻小路，经年累月，开设私歇家招住野番者，为首照私通土苗例流三千里，为从徒三年。

核订现行刑律

○删除

原修改例文(略)

谨按：此为严禁奸民交通野番而设。惟西宁地方平定已久，番人来往如无不法重情，似可稍弛禁令；且私通土苗之例，业已删改，此例比照办理，亦未允洽，应请删除。

大清律例

6.18.278.(22)〔顺天府五城及直隶山东二省窝藏窃盗依人数治罪〕

一、顺天府、五城及直隶、山东二省，窝藏窃盗一、二名者，杖一百、徒三年；三名以上者，发近边充军；五名以上者，实发云贵两广极边烟瘴充军。窝留积匪之家，无论贼犯在彼行窃与否，但经知情窝留，亦实发云贵两广极边烟瘴充军。若罪应拟死，仍各从其重者论。

现行刑律案语

○删除

原例(略)

臣等谨按：此条系顺直山东严惩窝窃而设。惟窝藏窃盗一、二名即拟满徒，设窃盗本罪只应拟杖，而窝主反拟军、徒，殊未平允。本门既定有窝留积匪之例，其"窝窃"一层，亦拟于彼条添入，有犯自可援引，无庸另设专条。应即删除。

大清律例

6.18.278.(24)〔山东匪徒有窝留捻幅匪犯者〕

一、山东省匪徒，有窝留捻、幅匪犯者，无论有无同行，但其窝留之犯，曾经抢夺讹索、强当滋事者，窝主悉照首犯一例治罪。倘数年后此风稍息，奏明仍照旧例办理。

删除律例

○删除

大清律例

6.18.278.(25)〔回民窝窃〕

一、回民窝窃罪应极边烟瘴者,改发新疆给官兵为奴。

现行刑律案语

○删除

原例(略)

臣等谨按:此系嘉庆二十年〔1815〕定例。原以回民窝窃较民人为重,故加等拟遣,自咸丰年间遣皆改军,此例已同虚设,似应删除。

6.18.279 共谋为盗(此条专为共谋而临时不行者言。) / 18.242 共谋为盗(此条专为共谋而临时不行者言。)

律文·修改

大清律例	现行刑律
6.18.279.1 凡共谋为强盗,(数内一人)临时不行,而行者却为窃盗,此共谋(而不行)者(曾)分赃,(但系)造意者,(即)为窃盗首;(果系)余人,并为窃盗从。若不分赃,(但系)造意者,即为窃盗从;(果系)余人,并笞五十;(必查)以临时主意上盗者,为窃盗首。○6.18.279.2 其共谋为窃盗,(数内一人)临时不行,而行者为强盗,其不行之人,(系)造意者,(曾)分赃,知情、不知情,并为窃盗首;(系)造意者(但)不分赃,及(系)余人(而曾)分赃,俱为窃盗从。以临时主意及共为强盗者,不分首从论。	18.242.1 凡共谋为强盗,(数内一人)临时不行,而行者却为窃盗,此共谋(而不行)者(曾)分赃,(但系)造意者,(即)为窃盗首;(果系)余人,并为窃盗从。若不分赃,(但系)造意者,即为窃盗从;(果系)余人,并工作一个月;(必查)以临时主意上盗者,为窃盗首。○18.242.2 其共谋为窃盗,(数内一人)临时不行,而行者为强盗,其不行之人,(系)造意者,(曾)分赃,知情、不知情,并为窃盗首;(系)造意者(但)不分赃,及(系)余人(而曾)分赃,俱为窃盗从。以临时主意及共为强盗者,不分首从论。

现行刑律案语

原律(略)

臣等谨按:此仍《明律》,顺治初年添入小注。律内"笞五十"罪名,应遵章改为"工作一个月"。谨将修改律文,开列于后。

○修改(略)

条例 · 修改

大清律例

6.18.279.(1)〔共谋为盗临时不行事后分赃不分赃〕

一、共谋为强盗，伙犯临时畏惧不行，而行者仍为强盗，其不行之犯，但事后分赃者，杖一百、流二千里，赃重者仍从重论；不分赃者，杖一百。如因患病及别故不行，事后分赃者，发新疆给官兵为奴；不分赃者，杖一百、徒三年。

现行刑律

18.242.(1)〔共谋为盗临时不行事后分赃不分赃〕

一、共谋为强盗，伙犯临时畏惧不行，而行者仍为强盗，其不行之犯，但事后分赃者，徒三年，赃重者仍从重论；不分赃者，工作十个月。如因患病及别故不行，事后分赃者，流三千里；不分赃者，徒三年。

现行刑律案语

原例(略)

臣等谨按：此条系嘉庆六年〔1801〕定例，十九年〔1814〕修改，同治九年〔1870〕改定。检查旧例共谋为盗畏惧不行分赃者，系属满徒，因病及别故不行者，系属满流，原照情有可原之犯递减一等，嗣将情有可原之例删除，始将此项人犯分别改为徒、遣，现既酌复旧制，则例内流、遣各罪似应一律修复，以昭平允。"杖一百"罪名照章，改为"工作一个月"。流、徒附杖应节删。谨将修改例文，开列于后。

〇修改(略)

6.18.280公取窃取皆为盗 / 18.243公取窃取皆为盗

律文 · 仍旧

大清律例

6.18.280.1凡盗，公取、窃取皆为盗。公取，谓行盗之人，公然而取其财，如强盗、抢夺；窃取，谓潜行隐面，私窃取其财，如窃盗、掏摸，皆名为盗。器物、钱帛以下兼官、私言。之类，须移徙已离盗所；方谓之盗。珠玉、宝货之类，据入手隐藏，纵在盗所未将行亦是。为盗。其木石重器，非人力所胜，虽移本处，未驮载间，犹未成盗。不得以盗论。马、牛、驼、骡之类，须出阑圈；鹰、犬之类，须专制在己，乃成为盗。

现行刑律

18.243.1凡盗，公取、窃取皆为盗。公取，谓行盗之人，公然而取其财，如强盗、抢夺；窃取，谓潜行隐面，私窃取其财，如窃盗、掏摸，皆名为盗。器物、钱帛以下兼官、私言。之类，须移徙已离盗所；方谓之盗。珠玉、宝货之类，据入手隐藏，纵在盗所未将行亦是。为盗。其木石重器，非人力所胜，虽移本处，未驮载间，犹未成盗。不得以盗论。马、牛、驼、骡之类，须出阑圈；鹰、犬之类，须专制在己，乃成为盗。

若盗马一匹,别有马随,不合并计为罪。若盗其母而子随者,皆并计为罪。○6.18.280.2 此条乃以上盗贼诸条之通例。未成盗而有显迹证见者,依已行而未得财科断;已成盗者,依律以得财科断。

若盗马一匹,别有马随,不合并计为罪。若盗其母而子随者,皆并计为罪。○18.243.2 此条乃以上盗贼诸条之通例。未成盗而有显迹证见者,依已行而未得财科断;已成盗者,依律以得财科断。

现行刑律案语

原律(略)

○仍旧

臣等谨按:此律应仍其旧,理合陈明。

6.18.281 起除刺字

律文·删除

大清律例

6.18.281.1 凡盗贼曾经刺字者,俱发原籍收充警迹。该徒者,役满充警;该流者,于流所充警。若有起除原刺字样者,杖六十,补刺。收充警迹,谓充巡警之役,以踪迹盗贼之徒。警迹之人,俱有册籍,故曰收充。若非应起除,而私自用药或火灸去原刺面、膊上字样者,虽不为盗,亦杖六十,补刺原刺字样。

现行刑律案语

○删除

原律(略)

臣等谨按:此仍《明律》。惟刺字业已废止,律文无关引用,即"收充警迹"系属古人良法,久已视为具文,且巡警现设专司,事归民政部,办理所有侦缉诸务,并非此等贼犯所能应役,似应删除。

条例·删除

大清律例

6.18.281.(1)〔窃盗等犯自毁刺字或他人代毁〕

一、凡窃盗等犯,有自行用药销毁面、膊上所刺之字者,枷号三个月,杖一百,补刺。代毁之人,枷号两个月,杖一百。

6.18.281.(2)〔强盗人命等重犯具题之日先行刺字〕

一、凡强盗、人命重犯、拒捕杀人窃盗,并律应斩决,以及命案内斩、绞监候等犯,情重难宥者,该督抚俱于具题之日,交按察使衙门先行刺字,然后递回犯事地方监

禁。如系强盗,面上刺"强盗"二字;命案斩、绞等犯,面上刺"凶犯"二字。仍将已经刺字之处,于本内声明。其戏杀、误杀、斗殴杀,俱免刺。直省等处,如遇面刺"强盗""凶犯"等字样者,即擒拿送官。

6.18.281.(3)〔不法水手刺字〕

一、粮船水手聚众滋事,罪应徒、流者,俱面刺"不法水手"四字。如罪止杖、笞人犯,递回原籍,交地方官严查管束,毋庸刺字。

6.18.281.(4)〔遣犯面上已有原刺之字者〕

一、发遣人犯,如从前面上原刺之字,与现犯事由相同者,毋庸重复叠刺。倘现犯事由各别,仍于左面上另行刺字。

6.18.281.(5)〔串党驾船载客诱赌〕

一、拿获无赖匪徒,串党驾船,设局揽载客商勾诱赌博之犯,审明,无论初犯、再犯,不计次数,概于定案时左面刺"诱赌匪犯"四字。

6.18.281.(6)〔烟瘴改发极边人犯〕

一、由烟瘴改发极边人犯,面上刺"烟瘴改发"四字。

6.18.281.(7)〔蠹役犯赃刺字〕

一、蠹役犯赃,除照例分别赃数治罪外,无论首从,徒罪以下,以"蠹犯"二字刺臂,流罪以上刺面。白役有犯,一体办理。倘犯赃刺字后,仍盘踞衙门充当者,照更名重役例治罪。如有私毁刺字者,即照窃盗销毁刺字例治罪。若定案时,将应刺之犯不行刺字,及刺字后仍无觉察,滥准充当者,该管官交部议处。

6.18.281.(8)〔逃兵〕

一、京外在伍兵丁脱逃被获,及逾限投回者,面上俱刺"逃兵"二字。其军营脱逃之余丁,面上刺"脱逃余丁"四字。

6.18.281.(10)〔偷刨人参之犯刺字〕

一、偷刨人参之犯,计赃应拟满杖者,照窃盗例,初犯刺臂、再犯刺面。如在徒、流以上,仍依旧例,初犯刺右面,再犯刺左面。

6.18.281.(11)〔新疆改发内地人犯〕

一、新疆改发内地人犯,面上刺"改发"二字。如应刺事由者,并刺事由。若犯事到官,年在七十以上、十五以下,及成残废者,仍照律收赎,毋庸刺字。

6.18.281.(12)〔奴仆及平民窃盗抢夺刺字〕

一、奴仆为窃盗,或抢夺,并盗家长财物,俱刺面。其余平民犯抢夺,及窃盗初犯,计赃在徒罪以上者,刺面;如窃盗初犯罪止杖责者,照律于右小臂膊刺字;再犯,左面刺字。不得以赃少罪轻免刺。

6.18.281.(13)〔发冢开棺见尸等犯刺字〕

一、发掘坟冢,除冢先穿陷,及止盗坟冢上砖石器物者,仍照律免刺外,若开棺见尸,及发冢见棺,与发而未见棺者,首从均面刺"发冢"字。其盗未殡未埋尸柩者,面

刺“盗棺”字。

6.18.281.(14)〔畏罪自首减等之犯免刺〕

一、凡监守、常人盗仓库钱粮,及抢夺,并一切犯罪应刺事由之犯,如畏罪自首者,各照律例分别减等科断,均免其刺字。惟强盗自首例应外遣者,仍刺地名,不刺事由。

6.18.281.(15)〔回民窃犯刺字〕

一、凡回民行窃,分别初犯、再犯,于臂膊、面上概刺“窃贼”二字。

6.18.281.(16)〔举贡生监寻常过犯免刺〕

一、举贡生监犯罪,例应刺字者,除所犯系党恶、窝匪、卑污下贱,仍行刺字外,若只系寻常过犯,不致行止败类者,免其刺字。

6.18.281.(17)〔应发乌鲁木齐人犯例应刺明及不刺事由者〕

一、应发乌鲁木齐等处人犯,除例应刺明事由者,仍照例刺发外,其例不应刺事由者,即令起解省份,于该犯右面刺“外遣”二字,解赴甘省酌量分发,补刺地名。

6.18.281.(18)〔蒙古抢劫人犯及蒙古逃遣逃军刺字〕

一、凡蒙古、民人、番子人等,有犯抢劫之案,应照蒙古例定拟者,均面刺“抢劫”二字。其蒙古发遣人犯,在配脱逃,面刺“逃遣”二字。至蒙古免死减军人犯,在配脱逃,面刺“逃军”二字。

6.18.281.(19)〔改悔刺字窃犯缉获强盗准起除刺字〕

一、窃盗刺字发落之后,责令充当巡警。如实能改悔,历二、三年无过,又经缉获强盗二名以上或窃盗五名以上者,准其起除刺字,复为良民,该地方官编入保甲,听其各谋生理。若不系盗犯,不准滥行缉拿。

6.18.281.(20)〔硝犯刺字〕

一、兴贩硝磺,犯该徒罪以上者,左面刺“硝犯”二字;罪止拟杖者,右臂刺“硝犯”二字。

现行刑律案语

〇删除

6.18.281.(1)〔窃盗等犯自毁刺字或他人代毁〕(略)

6.18.281.(2)〔强盗人命等重犯具题之日先行刺字〕(略)

6.18.281.(10)〔偷刨人参之犯刺字〕(略)

6.18.281.(14)〔畏罪自首减等之犯免刺〕(略)

6.18.281.(17)〔应发乌鲁木齐人犯例应刺明及不刺事由者〕(略)

6.18.281.(4)〔遣犯面上已有原刺之字者〕(略)

6.18.281.(5)〔串党驾船载客诱赌〕(略)

6.18.281.(15)〔回民窃犯刺字〕(略)

6.18.281.(6)〔烟瘴改发极边人犯〕(略)

6.18.281.(8)〔逃兵〕(略)

6.18.281.(7)〔蠹役犯赃刺字〕(略)

6.18.281.(11)〔新疆改发内地人犯〕(略)

6.18.281.(12)〔奴仆及平民窃盗抢夺刺字〕(略)

6.18.281.(13)〔发冢开棺见尸等犯刺字〕(略)

6.18.281.(3)〔不法水手刺字〕(略)

6.18.281.(16)〔举贡生监寻常过犯免刺〕(略)

6.18.281.(18)〔蒙古抢劫人犯及蒙古逃遣逃军刺字〕(略)

6.18.281.(19)〔改悔刺字窃犯缉获强盗准起除刺字〕(略)

6.18.281.(20)〔硝犯刺字〕(略)

臣等谨按：此十九条均系分别刺字之法，惟刺字业经废止，例文均同虚设，应请一并删除。

大清律例

6.18.281.(9)〔台湾逐回游民刺字〕

一、台湾无藉游民，除犯该徒、流以上，仍照定例办理外，若犯止枷、杖，例应逐回原籍管束者，面刺"逐水"字样。

删除律例

〇删除

6.19 人命 / 19 人命

6.19.282 谋杀人 / 19.244 谋杀人

律文·修改

大清律例

6.19.282.1 凡谋（或谋诸心，或谋诸人。）杀人，造意者，斩；（监候。）从而加功者，绞；（监候。）不加功者，杖一百、流三千里。杀讫乃坐。（若未曾杀讫，而邂逅身死，止依同谋共殴人科断。）○6.19.282.2 若伤而不死，造意者，绞；（监候。）从而加功者，杖一百、流三千里；不加功者，杖一百、徒三年。○6.19.282.3 若谋而已行，未曾伤人者，（造意为首者，）杖一百、徒三年；为从者，（同谋同行）各杖一百。但同谋者，（虽不同行，）皆坐。○6.19.282.4 其造意者，（通承已杀、已伤、已行三项。）身虽不行，仍为首论；从者不行，减行（而不加功）者一等。○6.19.282.5 若因而得财者，同强盗不分首从论，皆斩。（行而不分赃，及不行又不分赃，皆仍依谋杀论。）

现行刑律

19.244.1 凡谋（或谋诸心，或谋诸人。）杀人，造意者，绞；（监候。）从而加功者，亦绞；（监候。）不加功者，流三千里。杀讫乃坐。（若未曾杀讫，而邂逅身死，止依同谋共殴人科断。）○19.244.2 若伤而不死，造意者，绞；（监候。）从而加功者，流三千里；不加功者，徒三年。○19.244.3 若谋而已行，未曾伤人者，（造意为首者，）徒三年；为从者，各处十等罚。但同谋者，皆坐。○19.244.4 其造意者，（通承已杀、已伤、已行三项。）身虽不行，仍为首论；从者不行，减行者一等。○19.244.5 若因而得财者，同强盗不分首从论，皆绞。（行而不分赃，分赃，及不行又不皆仍依谋杀论。）

现行刑律案语

原律（略）

臣等谨按：首节言谋人已杀之罪，二节言伤而不死之罪，三节言谋而已行之罪，四节承上三节而言身不同行之罪，皆仍前明旧律，罪名差等分晰甚明，律内小注系顺治三年〔1646〕添入。其中不免有前后牵混，转滋疑误之处，如第三节注“同谋同行”“虽不同行”八字，是于“已行”之中，忽拦入“身不同行”之罪，与下文“从而不行，减行者一等”之义，显相矛盾；第四节“造意”下既注明“通承已杀、已伤、已行三项”，而又于“从者不行”下添“而不加功”四字，亦与律文歧异。应将第三节小注“同谋同行”“虽不同行”八字，第四节小注“而不加功”四字，一并节去，免致误会。再，律内

“斩”罪照章改“绞”，流、徒附杖应节删，“杖一百”罪名照章罚金，应改为“处十等罚”。谨将修改律文、律注，开列于后。

〇修改(略)

条例·修改

大清律例

6.19.282.(1)〔勘问谋杀人犯〕

一、凡勘问谋杀人犯，果有诡计阴谋者，方以造意论斩；下手助殴者，方以加功论绞；谋而已行，人赃见获者，方与强盗同辟。毋得据一言为造谋、指助势为加功、坐虚赃为得财，一概拟死，致伤多命；亦不得以被逼勉从及尚未成伤，将加功之犯率行量减。

现行刑律

19.244.(1)〔勘问谋杀人犯〕

一、凡勘问谋杀人犯，果有诡计阴谋，方以造意论；下手助殴，方以加功论；谋而已行，人赃见获，方与强盗同论。毋得据一言为造谋、指助势为加功、坐虚赃为得财，一概拟死，致伤多命；亦不得以被逼勉从及尚未成伤，将加功之犯率行量减。

现行刑律案语

原例(略)

臣等谨按：例内“论斩”“论绞”等字，律文既照章修改，自应节删。谨将修改例文，开列于后。

〇修改(略)

大清律例

6.19.282.(2)〔杀人后取财及掠取家财〕

一、凡谋财害命，照律拟斩立决外，其有因他事杀人后，偶见财物，因而取去者，必审其行凶挟何仇隙、有何证据，果系初无图财之心，杀人后，见有随身衣物、银钱，乘便取去者，将所得之财，倍追给主，仍各依本律科断。若杀人后掠取家财，并知有藏蓄而取去者，审得实情，仍同强盗论罪。

现行刑律

19.244.(2)〔杀人后取财及掠取家财〕

一、凡谋财害命，照例拟绞立决外，其有因他事杀人后，偶见财物，因而取去者，必审其行凶挟何仇隙、有何证据，果系初无图财之心，杀人后，见有随身衣物、银钱，乘便取去者，将所得之财，倍追给主，仍各依本律科断。若杀人后掠取家财，并知有藏蓄而取去者，审得实情，仍同强盗论罪。

现行刑律案语

原例(略)

臣等谨按:律载"因而得财者,同强盗不分首从论,皆斩"等语,"斩"字业已照章改"绞",此条亦应更正。谨将修改例文,开列于后。

〇修改(略)

大清律例

6.19.282.(3)〔谋杀奔脱邂逅致死或迫于凶悍失跌致死〕

一、凡谋杀人已行,其人知觉奔逃,或失跌或堕水等项,虽未受伤,因谋杀奔脱,死于他所者,造意者满流,为从满杖。若其人迫于凶悍,当时失跌身死,原谋拟绞监候,为从者杖一百、流三千里。

现行刑律

19.244.(3)〔谋杀奔脱邂逅致死或迫于凶悍失跌致死〕

一、凡谋杀人已行,其人知觉奔逃,或失跌或堕水等项,虽未受伤,因谋杀奔脱,死于他所者,造意者流三千里,为从处十等罚。若其人迫于凶悍,当时失跌身死,原谋拟绞监候,为从者流三千里。

现行刑律案语

原例(略)

臣等谨按:此条本系律后总注,乾隆五年〔1740〕另纂为例,专为小注"未曾杀讫邂逅致死者"而设。原例"满流"二字应叙明"流三千里","满杖"照章罚金,应改为"处十等罚",流罪附杖亦应节去。谨将修改例文,开列于后。

〇修改(略)

大清律例

6.19.282.(8)〔图财害命分别杀死杀伤及得财不得财依首从治罪〕

一、凡图财害命,得财而杀死人命者,首犯与从而加功者,俱拟斩立决;不加功者,拟斩监候;不行而分赃者,实发云贵两广极边烟瘴充军。未得财杀人,为首者,拟斩监候;从而加功者,拟绞监候;不加功者,杖一百、流三千里。伤人未死而已得财者,首犯拟斩监候;从而加功,如刃伤,及折伤以上者,拟绞监候;伤非金刃,又非折伤者,实发云贵两广极边烟瘴充军;不加功者,杖一百、流

现行刑律

19.244.(4)〔图财害命分别杀死杀伤及得财不得财依首从治罪〕

一、凡图财害命,得财而杀死人命者,首犯与从而加功者,俱拟绞立决;不加功者,拟绞监候;不行而分赃者,实发烟瘴地方安置。未得财杀人,首犯与从而加功者,俱拟绞监候;不加功者,流三千里。伤人未死而已得财,首犯与从而加功者,俱拟绞监候;不加功者,流三千里;不行而分赃者,徒三年。未得财伤人,为首者,拟绞监候;从而加功者,流三千里;不加功者,徒三年。

三千里;不行而分赃者,杖一百、徒三年。未得财伤人,为首者,拟绞监候;从而加功者,杖一百、流三千里;不加功者,杖一百、徒三年。

现行刑律案语

原例(略)

臣等谨按:例内"伤人未死而已得财……从而加者〔功〕,如刃伤,及折伤以上者,拟绞监候;伤非金刃,又非折伤者,实发云贵两广极边烟瘴充军"等语,系嘉庆十年〔1805〕改定,因案系伤人未死,故将加功之犯量予区别。惟查谋杀人伤而不死加功者,一律坐罪,不以是否金刃、是否折伤为罪名轻重之分,强盗伤人亦不以此为区别,乃以图财谋杀加功,情同强盗之犯,必执金刃,非金刃折伤、非折伤,曲为分别,于律意既形枘凿,于情罪亦涉偏倚,应请将此等从而加功之犯,均改为绞监候,即谓非金刃又非折伤,原例本系军罪,但案系由生入死,尽可俟秋审时酌入缓决,亦足昭情法之平。所有例内"刃伤、折伤"及"伤非金刃又非折伤""实发充军"等语,均拟一并删除。再,本条斩、军罪名及徒、流附杖,均应遵章修改。谨将修改例文,开列于后。

〇修改(略)

大清律例

6.19.282.(9)〔逞忿及图财或因奸谋杀幼孩〕

一、凡谋杀幼孩之案,除年在十一岁以上者,仍照例办理外,如有将十岁以下幼孩,逞忿谋杀者,首犯拟斩立决;若系图财,或有因奸情事,加以枭示。从而加功之犯,俱拟绞立决;其从而不加功者,俱仍照本律杖一百、流三千里。

现行刑律

19.244.(5)〔逞忿谋杀十岁以下幼孩〕

一、凡谋杀幼孩之案,如年在十一岁以上者,仍照律办理外,如有将十岁以下幼孩,逞忿谋杀者,首犯拟绞立决;从而加功之犯,拟绞监候,入于秋审情实;其从而不加功者,仍照本律流三千里。

现行刑律案语

原例(略)

臣等谨按:此条系乾隆年间刑部因案纂定,例内小注则由嘉庆十四年〔1809〕增入,十九年〔1814〕复将除笔内"年在十岁以上者"一句,改为"年在十一岁以上",始定此例。惟查谋杀幼孩,旧例斩、绞,均系绞候加至立决,已较常人谋杀为严,即谓图财、因奸情节较重,但罪有所止,毋庸因此递加,况常人图财害命,及因奸致毙幼孩,

各有本例可循,尤不必再行区别,致涉繁琐。所有例内小注,应即节去。其斩决、绞决及流罪附杖各层,亦应照章删改。谨将修改例文,开列于后。

○修改(略)

条例·删除

大清律例

6.19.282.(4)〔苗人图财害命〕

一、苗人有图财害命之案,均照强盗杀人斩决枭示例办理。

删除律例

○删除

大清律例

6.19.282.(5)〔僧人逞凶谋故惨杀幼孩〕

一、凡僧人逞凶,谋、故惨杀十二岁以下幼孩者,拟斩立决。其余寻常谋、故杀之案,仍照本律办理。

删除律例

○删除

大清律例

6.19.282.(6)〔台湾等处商船图财害命〕

一、台湾等处商船图财害命之案,均照苗人图财害命例拟斩立决、枭示,与命、盗案内例应斩枭之犯,均传首厦门示众。仍将犯罪事由,榜贴原犯地方。

删除律例

○删除

大清律例

6.19.282.(7)〔有服卑幼图财谋杀尊长尊属〕

一、有服卑幼,图财谋杀尊长尊属,各按服制,依律分别凌迟、斩决,均枭首示众。

现行刑律案语

○删除

原例(略)

臣等谨按:此条系为枭首示众而设。现在枭首之法业经废止,嗣后卑幼图财谋杀尊长、尊属之案,尽可各照服制本律定拟,毋庸另设条文,此例应即删除。

大清律例

6.19.282.(10)〔船户店家图财害命〕

一、船户、店家图财害命,为害行旅,照强盗得财不分首从律皆斩;为首之犯,仍加枭示;同谋不行,事后分赃者,发遣新疆给官兵为奴。至杀人未得财,及伤人未死,并常人图财害命,仍照本例办理。

现行刑律案语

○删除

原例(略)

臣等谨按:此条系同治五年〔1866〕,四川总督崇实奏准定例,专为严惩船户、店家而设。惟查"船户、店家图财害命"例,既声明"照强盗得财不分首从律皆斩",似不应独于首犯加严,致与律义不合,且此外车夫、脚夫等类同一为害行旅,例内转无明文,亦嫌罣漏。至"不行、分赃"各犯,"常人图财害命"例内系实发四省充军,照章改发烟瘴安置办理,已足蔽辜,尤不必多立科条,致涉繁琐。此例应请删除。

6.19.283 谋杀制使及本管长官 / 19.245 谋杀制使及本管长官

律文·修改

大清律例

6.19.283.1 凡奉制命出使而(所在)官吏谋杀,及部民谋杀本属知府、知州、知县,军士谋杀本管官,若吏卒谋杀本部五品以上长官,已行(未伤)者,(首)杖一百、流二千里;已伤者,(首)绞;(流、绞,俱不言皆,则为从各减等。官吏谋杀监候,余皆决不待时。下斩同。)已杀者,皆斩。(其从而不加功,与不行者,及谋杀六品以下长官,并府州县佐贰、首领官,其非本属、本管、本部者,各依凡人谋杀论。)

现行刑律

19.245.0 凡奉制命出使而(所在)官吏谋杀,及部民谋杀本属知府、知州、知县,军士谋杀本管官,若吏卒谋杀本部五品以上长官,已行(未伤)者,(首)流二千里;已伤者,(首)绞;(监候,入于秋审情实。流、绞,俱不言皆,则为从各减等。官吏谋杀照常监候。下绞同。)已杀者,皆绞。(其从而不加功,与不行者,及谋杀六品以下长官,各依并府州县佐贰、首领官,其非本属、本管、本部者,谋杀凡人论。)

现行刑律案语

原律(略)

臣等谨按：此律系沿前明之旧。律内绞、斩皆指"立决"而言，流罪附杖照章应删。其小注内"官吏谋杀监候，余皆决不待时。下斩同"等语，亦应分别删改，添注明晰，以免混淆。谨将修改律文、律注，开列于后。

○修改(略)

6.19.284 谋杀祖父母父母 / 19.246 谋杀祖父母父母

律文·修改

大清律例

6.19.284.1 凡谋杀祖父母、父母及期亲尊长，外祖父母，夫，夫之祖父母、父母，已行(不问已伤、未伤。)者，(预谋之子孙，不分首从，)皆斩；已杀者，皆凌迟处死。(监故在狱者，仍戮其尸。其为从有服属不同，自依缌麻以上律论；有凡人，自依凡论。凡谋杀服属皆仿此。)谋杀缌麻以上尊长，已行者，(首)杖一百、流二千里；(为从杖一百、徒三年。)已伤者，(首)绞；(为从加功、不加功，并同凡论。)已杀者，皆斩。(不问首从。)○6.19.284.2 其尊长谋杀(本宗及外姻)卑幼，已行者，各依故杀罪减二等；已伤者，减一等；已杀者，依故杀法。(依故杀法者，谓各依斗殴条内尊长故杀卑幼律同罪。为从者，各依服属科断。)○6.19.284.3 若奴婢及雇工人谋杀家长，及家长之期亲、外祖父母，若缌麻以上亲者，(兼尊卑言。统主人服属尊卑之亲。)罪与子孙同。(谓与子孙谋杀祖父母、父母，及期亲尊长、外祖父母，缌麻以上尊长同。若已转卖，依良贱相殴论。)

现行刑律

19.246.1 凡谋杀祖父母、父母及期亲尊长，外祖父母，夫，夫之祖父母、父母，已行(不问已伤、未伤。)者，(预谋之子孙，不分首从，)皆绞；已杀者，皆斩。(其为从有服属不同，自依缌麻以上律论；有凡人，自依凡论。凡谋杀服属皆仿此。)谋杀缌麻以上尊长，已行者，(首)流二千里；(为从徒三年。)已伤者，(首)绞；(监候，入于秋审情实。为从加功、不加功，并同凡论。)已杀者，皆绞。(不同首从。)○19.246.2 其尊长谋杀(本宗及外姻)卑幼，已行者，各依故杀罪减二等；已伤者，减一等；已杀者，依故杀法。(依故杀法者，谓各依斗殴条内尊长故杀卑幼律同罪。为从者，各依服属科断。)○19.246.3 若雇工人谋杀家长，及家长之期亲、外祖父母，若缌麻以上亲者，(兼尊卑言。统主人服属尊卑之亲。)罪与子孙同。(谓与子孙谋杀祖父母、父母，及期亲尊长、外祖父母，缌麻以上尊长同。)

现行刑律案语

原律(略)

臣等谨按：律内第三节，雍正三年〔1725〕小注本有"若已转卖，当同凡论"八字，乾隆五年〔1740〕改为"若已转卖，依良贱相殴论"。第既云"转卖"，则为旧家长可知。查"谋杀故夫父母"律内"奴婢谋杀旧家长者，以凡人论"，其小注云"谓将自己奴婢转卖他人者，皆同凡论"，即"妻妾殴故夫父母"律内"奴婢殴旧家长者，及家长殴旧奴婢者，各以凡论"，其小注云"此亦自转卖与人者言之"，比类参观奴婢之于旧家长，一经转卖，恩义已绝，皆有别条律文可证，且"凡"字本赅良贱相殴而言，所有小注内"依良贱相殴论"六字，似应仍改"当同凡论"。原律凌迟、斩、绞均应照章修改，

注内"监故在狱者,仍戮其尸"九字,亦应删除。谨将修改律文、律注,开列于后。

〇修改

凡谋杀祖父母、父母及期亲尊长,外祖父母,夫,夫之祖父母、父母,已行,不问已伤、未伤。者预谋之子孙,不分首从,皆绞;已杀者,皆斩立决。其为从有服属不同,自依缌麻以上律论;有凡人,自依凡论。凡谋杀服属皆仿此。谋杀缌麻以上尊长,已行者,首流二千里;为从徒三年。已伤者,首绞;监候,入于秋审情实。为从加功、不加功,并同凡论。已杀者,皆绞,不问首从。〇其尊长谋杀本宗,及外姻卑幼,已行者,各依故杀罪减二等;已伤者,减一等;已杀者,依故杀法。依故杀法者,谓各依斗殴条内尊长故杀卑幼律问罪。为从者,各依服属科断。〇若奴婢及雇工人谋杀家长,及家长之期亲、外祖父母,若缌麻以上亲者,兼尊卑言。统主人服属尊卑之亲。罪与子孙同。谓与子孙谋杀祖父母、父母,及期亲尊长、外祖父母,缌麻以上尊长同。若已转卖,当同凡论。

核订现行刑律

原修改律文(略)

谨按:奴婢现以雇工人论,本条"奴婢"字样应节删。至买卖人口,现经奉旨禁革,以后自不容有转卖奴婢之事,律注"若已转卖"二句亦应节去。再律文体例斩、绞罪名,小注"不加监候"字样者,即系立决,本条"立决"二字系属衍文,应请一并节删。谨将修改律文、律注开列于后。

〇修改(略)

条例 · 仍旧、修并、修改

大清律例

6.19.284.(1)〔尊长谋杀卑幼为从之犯〕

现行刑律

19.246.(1)〔尊长谋杀卑幼为从之犯〕

一、尊长谋杀卑幼,除为首之尊长,仍依故杀法,分别已行、已伤、已杀定拟外,其为从加功之尊长,各按服制,亦分别已行、已伤、已杀三项,各依为首之罪减一等;若同行不加功,及同谋不同行,又各减一等。为从系凡人,仍照凡人谋杀为从科断。

现行刑律案语

原例(略)

〇仍旧

臣等谨按:此条应仍其旧,理合陈明。

大清律例

6.19.284.(2)〔抑媳同陷邪淫谋杀灭口〕

一、凡尊长故杀卑幼案内,如有与人通奸,因媳碍眼,抑令同陷邪淫不从,商谋致死灭口者,俱照平人谋杀之律,分别首从,拟以斩、绞监候。

*斗殴·殴祖父母父母

6.20.319.(7)〔因奸将子女及媳致死灭口〕(略)

现行刑律

19.246.(2)〔抑媳同陷邪淫谋杀灭口及因奸将子女媳致死灭口〕

一、凡尊长与人通奸,因媳碍眼,抑令同陷邪淫不从,商谋致死灭口者,俱照平人谋杀律拟罪。至因奸将子女致死灭口者,无论是否起意,如系亲母,拟绞监候,不论现在有无子嗣,秋审缓决一次后,收入本地习艺所,罚令工作十五年,限满释放;若系嫡母、继母、嗣母,亦拟绞监候,查明其夫止此一子,致令绝嗣者,俱入于秋审情实;未致绝嗣者,入于缓决一次后,收入本地习艺所,罚令工作二十年,限满释放。至姑因奸将媳致死灭口者,不论亲姑、嫡姑、继姑、嗣姑,俱拟绞监候,秋审缓决一次后,收入本地习艺所,罚令工作二十年,限满释放。奸夫仍照造意、加功本律治罪。

现行刑律案语

原例

6.19.284.(2)〔抑媳同陷邪淫谋杀灭口〕(略)

斗殴·殴祖父母父母

6.20.319.(7)〔因奸将子女及媳致死灭口〕(略)

臣等谨按:前一条系乾隆五十六年〔1791〕河南林朱氏案内钦奉上谕纂定,载在本门。后一条系道光二年〔1822〕山西李贾氏一案,经刑部分别亲姑、嫡姑、继姑添纂例内,载在“斗殴”门。查“因媳碍眼,抑令同陷邪淫不从,商谋致死”,其情较因虑张扬致死灭口者为重,惟同系因奸致死子媳,后条例文又指谋杀,亦与斗殴不类,自应归并一条。原例有嗣母而无嗣姑,应行添入。妇女监禁,新章已改“收入本地习艺所工作”,亦应照章修改。兹将后条例文移并前条之末,例首“故杀卑幼案内”六字闲文,可节。谨将修并例文,开列于后。

○修并(略)

大清律例

6.19.284.(4)〔谋杀妻他人起意本夫听从加功〕

一、凡夫谋杀妻之案，系本夫起意者，仍照律办理外，如系他人起意，本夫仅止听从加功者，于绞罪上减一等，杖一百、流三千里。

现行刑律

19.246.(3)〔谋杀妻他人起意本夫听从加功〕

一、凡夫谋杀妻之案，系本夫起意者，仍照律办理外，如系他人起意，本夫仅止听从加功者，于绞罪上减一等，流三千里。

现行刑律案语

原例(略)

臣等谨按：此例应仍其旧，惟流罪附杖照章应删。谨将修改例文，开列于后。

○修改(略)

大清律例

6.19.284.(5)〔蓄意谋杀子妇〕

一、凡姑谋杀子妇之案，除伊媳实犯殴、詈等罪，仍照本律定拟外，如仅止出言顶撞，辄蓄意谋杀，情节凶残显著者，改发各省驻防给官兵为奴。

现行刑律

19.246.(4)〔蓄意谋杀子妇〕

一、凡姑谋杀子妇之案，除伊媳实犯殴、詈等罪，仍照本律定拟外，如仅止出言顶撞，辄蓄意谋杀，情节凶残显著者，定案后收入本地习艺所，罚令工作十年，限满释放。

现行刑律案语

原例(略)

臣等谨按：例内"改发驻防给官兵为奴"，应照章改为"收入习艺所，限年工作"。谨将修改例文，开列于后。

○修改(略)

条例·删除

大清律例

6.19.284.(3)〔子孙谋杀祖父母父母旁人助逆加功〕

一、凡子孙谋杀祖父母、父母案内，如有旁人同谋助逆加功者，拟绞立决。

大清律例

6.19.284.(6)〔谋杀期亲尊长为从之犯〕

一、谋杀期亲尊长,正犯罪应凌迟处死者,为从加功之犯,拟以绞候,请旨即行正法;不加功者,仍按律科断。如为从系有服亲属,各按尊卑服制本律定拟。

现行刑律案语

○删除

6.19.284.(3)〔子孙谋杀祖父母父母旁人助逆加功〕(略)

6.19.284.(6)〔谋杀期亲尊长为从之犯〕(略)

臣等谨按:上条例文系乾隆三十九年〔1774〕因广西省李老闷一案定例。下条例文系嘉庆十年〔1805〕因山东省梁玉太一案定例。以其助逆加功,故将绞候之犯,改为立决,本系随案酌加,与《名例》首从罪名各别之律意,微有不合,且按照新章,绞决已改绞候、入实,则上条所称"绞立决",下条所称"即行正法"之处,均应"绞候、入实",而谋杀为从,秋审本系例实。两例皆无关引用,应即一并删除。

大清律例

6.19.284.(7)〔本宗尊长起意商同卑幼之子谋杀卑幼〕

一、本宗尊长,起意谋杀卑幼,罪应绞候之犯,如与死者之子,商同谋杀,致其子罪干凌迟者,将起意之犯,拟绞立决。

现行刑律案语

○删除

原例(略)

臣等谨按:此条系嘉庆二十五年〔1820〕因"山西省王承彩听从胞伯王步云谋勒伊父王步义身死"一案定例。惟查尊长谋杀卑幼,至与死者之子商同谋害,此等案件本属近时少见,且按照新章绞决应改绞候、入实,而就本例论罪,秋审亦难从宽,与新章并无出入,此例应即删除。

6.19.285杀死奸夫/19.247杀死奸夫

律文·修改

大清律例	现行刑律
6.19.285.1凡妻妾与人奸通,而本夫于奸	19.247.1凡妻妾与人奸通,而本夫于奸所

所亲获奸夫、奸妇，登时杀死者，勿论。若止杀死奸夫者，奸妇依和奸律断罪，当官嫁卖，身价入官。或调戏未成奸，或虽成奸已就拘执，或非奸所捕获，皆不得拘此律。○6.19.285.2 其妻妾因奸同谋杀死亲夫者，凌迟处死；奸夫处斩。监候。若奸夫自杀其夫者，奸妇虽不知情，绞。监候。

亲获奸夫、奸妇，登时杀死者，勿论。若止杀死奸夫者，奸妇依和奸律断罪。或调戏未成奸，或虽成奸已就拘执，或非奸所捕获，皆不得拘此律。○19.247.2 其妻妾因奸同谋杀死亲夫者，斩；奸夫绞。监候。若奸夫自杀其夫者，奸妇虽不知情，亦绞。监候。

现行刑律案语

原律（略）

臣等谨按：此仍《明律》，顺治三年〔1646〕添入小注。凌迟应照章改为斩决，"处斩"并应改"绞"。谨将修改律文，开列于后。

○修改

凡妻妾与人奸通，而本夫于奸所亲获奸夫、奸妇，登时杀死者，勿论。若止杀死奸夫者，奸妇依和奸律断罪，当官嫁卖，身价入官。或调戏未成奸，或虽成奸已就拘执，或非奸所捕获，皆不得拘此律。○其妻妾因奸同谋杀死亲夫者，斩立决；奸夫绞。监候。若奸夫自杀其夫者，奸妇虽不知情，亦绞。监候。

核订现行刑律

原修改律文（略）

谨按：奸妇从夫嫁卖，"犯奸"律内业已酌改，本律"当官嫁卖，身价入官"二句应即节去。又律文"立决"二字，与体例不符，亦应删节。谨将修改律文，开列于后。

○修改（略）

条例·修改、修并、仍旧、续纂

大清律例

6.19.285.(12)〔本夫捉奸杀死奸夫分别治罪〕

一、本夫于奸所登时杀死奸夫者，照律勿论。其有奸夫已离奸所，本夫登时逐至门外杀之者，照不应重律杖八十。若于奸所获奸，非登时而杀，并依夜无故入人家已就拘执而擅杀律，杖一百、徒三年；如捉奸已离奸所，非登时杀死不拒捕奸夫者，照罪人不拒捕及已就拘执而擅杀律，拟绞监候。若虽系捕获

现行刑律

19.247.(1)〔本夫捉奸杀死奸夫分别治罪〕

一、本夫于奸所登时杀死奸夫者，照律勿论。其有奸夫已离奸所，本夫登时逐至门外杀之者，处八等罚。若于奸所获奸，非登时而杀，依夜无故入人家已就拘执而擅杀拟徒律减一等，徒二年半；如捉奸已离奸所，非登时杀死不拒捕奸夫者，照擅杀情轻例，流三千里。如奸夫拒捕者，依罪人拒捕科断。若捕

奸夫,或因他故致毙者,仍以谋、故论。至于已经犯奸有据,又复逞凶拒捕,虽非登时,俱依罪人拒捕科断。

获奸夫,或因他故致毙者,仍以谋、故论。

现行刑律案语

原例(略)

臣等谨按:此条系雍正三年〔725〕由律后小注分定,乾隆五年〔1740〕、二十七年〔1762〕、五十三年〔1788〕增并,共分六层,并将"奸所,登时杀死奸夫"添纂例首,为第一层。第二层,"不应重杖"照章罚金,应改为"处八等罚"。第三层,奸所非登时而杀,系专指一事,旧例以奸夫已就拘执而殴杀,或虽在奸所非登时而杀,系属两事,是以有"并须引夜无故入人家"字样,当时既将两事并而为一,止删"须"字,漏删"并"字,几致费解,应将"并"字删去。满徒罪名,应照擅杀新章,递减一等。第四层,系指杀死不拒捕之奸夫而言,擅杀情轻拟绞之犯,新章已改满流,并应照章修改。第六层,系指杀死拒捕之奸夫而言,语意不甚明显,应改为"如奸夫拒捕者,依罪人拒捕科断",并移置在第四层之下为第五层,庶杀死不拒捕与拒捕之奸夫文义相属,至捕获奸夫,因他故致毙,即移置例末,"虽系"二字亦属衍文,可节。谨将修改例文,开列于后。

○修改(略)

大清律例

6.19.285.(1)〔本夫捉奸杀死奸妇分别治罪〕

一、非奸所获奸,将奸妇逼供而杀,审无奸情确据者,依殴妻至死论。如本夫奸所获奸,登时将奸妇杀死,奸夫当时脱逃,后被拿获到官,审明奸情是实,奸夫供认不讳者,将奸夫拟绞监候,本夫杖八十。若奸所获奸,非登时将奸妇杀死,奸夫到官供认不讳,确有实据者,将奸夫拟杖一百、流三千里,本夫杖一百。其非奸所获奸,或闻奸数日,将奸妇杀死,奸夫到官供认不讳,确有实据者,将本夫照已就拘执而擅杀律拟徒,奸夫杖一百、徒三年。

现行刑律

19.247.(2)〔本夫捉奸杀死奸妇分别治罪〕

一、非奸所获奸,将伊妻逼供而杀,审无奸情确据者,依殴妻至死论。如本夫奸所获奸,确有实据,登时将奸妇杀死,依律勿论外,其非登时而杀奸妇者,处十等罚。奸夫到官供认不讳,不论登时、非登时,俱流三千里。其非奸所获奸,或闻奸数日,将奸妇杀死,奸夫到官供认不讳,确有实据者,本夫照夜无故入人家已就拘执而擅杀律减一等,徒二年半;奸夫徒三年。

现行刑律案语

原例(略)

臣等谨按:此条系雍正三年〔1725〕由律后小注改纂。乾隆五年〔1740〕、三十二年〔1767〕,道光四年〔1824〕屡经增改,共分四层。第一层,既言逼供而杀,审无奸情确据,则不得谓之奸妇,应将“奸妇”二字改为“伊妻”,字义方协。第二层,本夫奸所获奸,登时杀死奸妇、奸夫,当时脱逃,后被拿获,供认不讳,则奸情已有确据,杀奸之律重在奸所、登时,本夫奸所登时杀死奸夫奸妇,律得勿论,其止杀奸夫者,例亦“照律勿论”,则奸所登时杀死奸妇,亦应“照律勿论”,仍科杖责,殊非律意,“杖八十”三字应改“照律勿论”。第三层,奸夫附加之“满杖”应删,本夫定案之“满杖”照章罚金,应改为“处十等罚”。第四层,本夫照“已就拘执而擅杀”律拟徒,自指夜无故入人家而言,第“捕亡”律内亦有“已就拘执而擅杀”之文,应将“夜无故入人家”六字,添叙明晰,以免牵混。“擅杀拟徒”亦应照新章“递减一等”。谨将修改例文,开列于后。

〇修改

一、非奸所获奸,将伊妻逼供而杀,审无奸情确据者,依殴妻至死论。如本夫奸所获奸,登时将奸妇杀死,奸夫当时脱逃,后被拿获到官,审明奸情是实,奸夫供认不讳者,将奸夫拟绞监候,本夫照律勿论。若奸所获奸,非登时将奸妇杀死,奸夫到官供认不讳,确有实据者,奸夫拟流三千里,本夫处十等罚。其非奸所获奸,或闻奸数日,将奸妇杀死,奸夫到官供认不讳,确有实据者,将本夫照夜无故入人家已就拘执而擅杀拟徒律减一等,徒二年半;奸夫徒三年。

核订现行刑律

原修改例文(略)

谨按:本夫将奸妇杀死,衅虽起于奸夫,而奸妇之死,究非奸夫意料所及,且登时杀死与否,为本夫罪名之区别则可,为奸夫生死之界限则不可,拟改为“不论登时、非登时,奸夫俱流三千里”。谨将修改例文,开列于后。

〇修改(略)

大清律例	现行刑律
6.19.285.(30)〔本夫捉奸杀死犯奸有服卑幼之案〕	19.247.(3)〔本夫本妇有服亲属捉奸杀死犯奸有服卑幼〕
一、本夫捉奸,杀死犯奸有服卑幼之案,除犯奸卑幼罪犯应死,或卑幼犯奸罪不应死,而杀系奸所登时者,均予勿论外,如卑幼犯奸罪不至死,本夫于	一、本夫捉奸,杀死犯奸有服卑幼之案,除犯奸卑幼罪犯应死,或卑幼犯奸罪不应死,而杀系奸所登时者,均予勿论外,如卑幼犯奸罪不至死,本夫于

奸所获奸，非登时而杀者，于常人满徒上减二等，杖八十、徒二年。如捉奸已离奸所，非登时而杀者，于常人绞候上减二等，杖一百、徒三年；若按其殴杀卑幼本罪止应拟流者，应再减一等。

6.19.285.(22)〔本夫本妇有服亲属杀死犯奸卑幼〕

一、本夫本妇之有服亲属捉奸，杀死犯奸卑幼之案，如非登时而杀，无论谋、故，各按服制于殴杀卑幼本律例上减一等。如杀系登时，按其殴杀本罪在满徒以上者，即于捉奸杀死凡人满徒上减一等；如殴杀本罪亦止满徒，应递减二等定拟。

奸所获奸，非登时而杀者，于常人徒罪上减二等。如捉奸已离奸所，非登时而杀者，于常人流罪上减二等；若按其殴杀卑幼本罪止应拟流者，应再减一等。其本夫本妇之有服亲属捉奸，杀死犯奸卑幼之案，如非登时而杀，无论谋、故，各按服制于殴杀卑幼本律上减二等。如杀系登时，按其殴杀本罪在满徒以上者，即于捉奸杀死凡人徒罪上减一等；如殴杀本罪亦止满徒，应递减二等定拟。

现行刑律案语

原例

6.19.285.(30)〔本夫捉奸杀死犯奸有服卑幼之案〕（略）

6.19.285.(22)〔本夫本妇有服亲属杀死犯奸卑幼〕（略）

臣等谨按：上条系乾隆五十三年〔1788〕刑部议准续纂，嘉庆六年〔1801〕、十四年〔1809〕两经修改；下条亦系乾隆五十三年〔1788〕定例，嘉庆六年〔1801〕修改，咸丰二年〔1852〕于“本夫本妇”下又加一“之”字，皆系杀死犯奸卑幼之例。上条指本夫言，下条指亲属言，名虽异而事则同，自应修并为一。常人擅杀满徒，新章已减一等，则例内所称“于常人满徒上减二等”之处，应改为“于常人徒罪上减二等”。常人擅杀绞候，新章已改满流，则例内所称“于常人绞候上减二等”之处，应改为“于常人流罪上减二等”。本夫本妇有服亲属捉奸，杀死卑幼，应照新章递减一等。徒罪附杖应照章删去。谨将修并例文，开列于后。

○修并（略）

大清律例

6.19.285.(9)〔母犯奸子杀奸夫父母忿愧自尽〕

一、凡母犯奸淫，其子实系激于义忿，非奸所登时将奸夫杀死，父母因奸

现行刑律

19.247.(4)〔母犯奸子杀奸夫父母忿愧自尽〕

一、凡母犯奸淫，其子实系激于义忿，非奸所登时将奸夫杀死，父母因奸

情败露，忿愧自尽者，即照罪人不拒捕而擅杀绞监候本例问拟，不得概拟立决。

情败露，忿愧自尽者，流三千里，不得概照子孙谋故杀人致父母自尽例定拟。

现行刑律案语

原例（略）

臣等谨按：此条系乾隆四十三年〔1778〕刑部议复云南申张保案，钦奉上谕，恭纂为例。查子孙罪犯应死及谋故杀人事情败露，致父母自尽者，例应立决。惟杀死母之奸夫，其罪本不应抵，是以例末有"不得概拟立决"之句，新章擅杀情轻之案已准改流，自应照章修改，例末一语应改为"不得概照子孙谋故杀人致父母自尽例定拟"。谨将修改例文，开列于后。

〇修改（略）

大清律例

6.19.285.(23)〔本夫本妇之祖父母父母捉奸杀死奸夫及止杀奸妇〕

一、凡本夫本妇之祖父母、父母，如有捉奸杀死奸夫者，其应拟罪名，悉与本夫同科；若止杀奸妇者，不必科以罪名。倘被杀奸夫，系有服尊长，仍按本律拟罪，亦照本夫之例，一体夹签声明，分别递减。

6.19.285.(20)〔本夫本妇有服亲属杀死奸夫及奸妇者〕

一、本夫本妇之伯叔、兄弟及有服亲属，皆许捉奸。如有登时杀死奸夫及奸妇者，并依夜无故入人家已就拘执而擅杀律，杖一百、徒三年，伤者勿论。非登时而杀，依擅杀罪人律拟绞监候。若捕获奸夫，或因他故致毙者，仍以谋、故论。如犯奸有据，奸夫逞凶拒捕，虽非登时，俱依罪人拒捕科断。

现行刑律

19.247.(5)〔本夫本妇之祖父母父母伯叔兄弟及有服亲属捉奸杀死奸夫〕

一、凡本夫本妇之伯叔、兄弟及有服亲属，皆许捉奸。如有登时杀死奸夫者，依夜无故入人家已就拘执而擅杀律减一等，徒二年半，伤者勿论。非登时而杀，依擅杀情轻改流例，流三千里。若捕获奸夫，或因他故致毙者，仍以谋、故论。如犯奸有据，奸夫逞凶拒捕者，依罪人拒捕科断。其本夫本妇之祖父母、父母捉奸杀死奸夫者，亦照此例问拟。

现行刑律案语

原例

6.19.285.(23)〔本夫本妇之祖父母父母捉奸杀死奸夫及止杀奸妇〕(略)

臣等谨按：例首既明言祖父母、父母捉奸杀死奸夫，应拟罪名，悉与本夫同科，则无论所杀系凡人、系尊长，均已包括在内。例末“被杀奸夫倘系有服尊长”一层，本嫌重复，且此次修订例文，已将“本夫杀死犯奸尊长”各条附入情轻例内，则例末数语更属无关援引，应即节删。谨将修改例文，开列于后。

○修改

一、凡本夫本妇之祖父母、父母，如有捉奸杀死奸夫者，其应拟罪名，悉与本夫同科；若止杀奸妇者，不必科罪。

现行刑律案语

原例

6.19.285.(20)〔本夫本妇有服亲属杀死奸夫及奸妇者〕(略)

臣等谨按：此例系雍正三年〔1725〕由律后小注改纂，乾隆五年〔1740〕、二十一年〔1756〕、五十三年〔1788〕，嘉庆六年〔1801〕修改。查律注原文专言杀伤奸夫，不及奸妇，乾隆二十一年〔1756〕修例时，始添入“及奸妇”三字。设或伯叔与兄杀死犯奸之侄女与妹，并弟捉姊奸，将其杀死，照此例定拟，则与尊长卑幼杀奸各例不符，且本例既言照“夜无故入人家已就拘执而擅杀律”拟徒，明系专指杀死奸夫而言，应将例内“及奸妇”三字，同下句“并”字一并删去。徒罪应照擅杀新章减一等，附加之杖罪应删，擅杀拟绞应照章改流。例末“杀死拒捕奸夫”一层，语意不甚明显，亦应节删。谨将修改例文，开列于后。

○修改

一、本夫本妇之伯叔、兄弟及有服亲属，皆许捉奸。如有登时杀死奸夫者，依夜无故入人家已就拘执而擅杀律减一等，徒二年半，伤者勿论。非登时而杀，依擅杀情轻改流例，流三千里。若捕获奸夫，或因他故致毙者，仍以谋、故论。如犯奸有据，奸夫逞凶拒捕者，依罪人拒捕科断。

核订现行刑律

原修改例文

6.19.285.(23)〔本夫本妇之祖父母父母捉奸杀死奸夫及止杀奸妇〕原修改例文(略)

6.19.285.(20)〔本夫本妇有服亲属杀死奸夫及奸妇者〕原修改例文(略)

谨按：杀奸勿论，本非古法，元、明定律，始设专条。后来注律者复因本夫而推及于同居亲属，遂有亲属捉奸之例，然和奸本无死罪，不论亲属、本夫，皆予勿论，实开残杀之端。例于亲属照擅杀减等，自系慎重人命之意，惟既以本夫亲属分为两层，则祖父母、父母不宜与夫同论，况杀违犯教令之子孙律杖一百，而杀犯奸子妇独予免

科，亦非律义。窃以为祖父母、父母杀死奸夫，应与有服亲属一体科断，杀死奸妇仍照杀违犯教令子孙律问拟，而与有服亲属杀死奸妇，俱不必明著条文。以上两条，应即修并为一，以免歧异。谨将修并例文，开列于后。

○修并(略)

大清律例

6.19.285.(10)〔非应许捉奸之人有杀伤者〕

一、凡非应许捉奸之人有杀伤者，各依谋、故、斗杀伤论。如为本夫本妇及有服亲属纠往捉奸，杀死奸夫暨图奸、强奸未成罪人者，无论是否登时，俱照擅杀罪人律拟绞监候。若止殴伤者，非折伤勿论；折伤以上，仍以斗伤定拟。

现行刑律

19.247.(6)〔非应许捉奸之人有杀伤者〕

一、凡非应许捉奸之人有杀伤者，各依谋、故、斗杀伤论。如为本夫本妇及有服亲属纠往捉奸，杀死奸夫暨图奸、强奸未成罪人者，无论是否登时，俱照擅杀情轻改流例，流三千里。若止殴伤者，非折伤勿论；折伤以上，于斗伤本罪上减一等定拟。

现行刑律案语

原例(略)

臣等谨按：此条首节本系律后小注，雍正三年〔1725〕改为条例，乾隆五年〔1740〕将例首“外人或非应捕人”改为“非应许捉奸之人”，嘉庆十四年〔1809〕始将“亲属纠往”一层添入，十五年〔1810〕又于“各依斗杀伤论”句内加“谋、故”二字，道光四年〔1824〕改定此例。查擅杀，新章绞候准改满流，擅伤，亦应于本罪上递减一等，所有例内“照擅杀罪人拟绞”及“折伤以上，仍以斗伤定拟”等语，均应遵章修改。谨将修改例文，开列于后。

○修改(略)

大清律例

6.19.285.(15)〔本夫本妇有服亲属杀死奸妇〕

一、本夫、本妇之有服亲属捉奸，登时杀死奸妇者，奸夫拟杖一百、流三千里；如非登时而杀，将奸夫杖一百、徒三年。其杀奸之亲属，止杀奸夫，不杀奸妇者，仍依登时、非登时各本例分别定

现行刑律

19.247.(7)〔本夫本妇有服亲属捉奸杀死奸妇〕

一、本夫、本妇之有服亲属捉奸，杀死奸妇者，无论登时与否，奸夫均止科奸罪。其止杀奸夫者，奸妇亦止科奸罪。

拟,奸妇仍止科奸罪。

现行刑律案语

原例(略)

臣等谨按:此条系乾隆五十九年〔1794〕刑部议复浙江省刘文保一案纂定为例,咸丰二年〔1852〕于"本夫、本妇"下加一"之"字。原从本夫杀死奸妇之例推衍而出,惟有服亲属包尊卑亲疏在内,等级甚多,与夫之于妻,本难同论,且尊卑亲疏各有应科之律,是杀罪已有人抵偿,今复科及奸夫,于情既嫌不顺;况杀奸夫者,奸妇止科奸罪,而杀奸妇者,奸夫仍应重科,于理亦觉难通,似不如将例内流、徒罪名全行节去,改为"无论登时与否,奸夫均止科奸罪"。其例末"仍"字改为"亦"字,庶语气较为一贯,而情法亦尚持平。谨将修改例文,开列于后。

〇修改

一、本夫、本妇之有服亲属捉奸,杀死奸妇者,无论登时与否,奸夫均止科奸罪。其杀奸之亲属,止杀奸夫,不杀奸妇者,仍依登时、非登时各本例分别定拟,奸妇亦止科奸罪。

核订现行刑律

原修改例文(略)

谨按:例内"止杀奸夫,不杀奸妇"二语,文义不顺,恐愚民误会,以为杀奸必并将奸妇杀死,未免启残杀之端,应改为"止杀奸夫者,奸妇亦止科奸罪"。谨将修改例文,开列于后。

〇修改(略)

大清律例

6.19.285.(24)〔本夫及亲属捉奸误杀旁人〕

一、本夫登时捉奸,误杀旁人,奸夫当时脱逃者,除本夫照误杀旁人律拟绞候外,将奸夫杖一百、流三千里。其亲属捉奸误杀旁人,照误杀律科断,奸夫止科奸罪。

现行刑律

19.247.(8)〔本夫及亲属捉奸误杀旁人〕

一、本夫及亲属捉奸误杀旁人之案,均照误杀本律例定拟,奸夫止科奸罪。

现行刑律案语

原例(略)

臣等谨按:此条系乾隆二十五年〔1760〕刑部议复河南按察使蒋嘉年条奏定例。

旧例系本夫登时捉奸误杀旁人，本夫照例定拟，亲属仍照定例科断。嘉庆六年〔1801〕以“照例定拟”等句语意含混，改“照误杀旁人律拟绞”。查本夫捉奸，杀死奸夫，例有勿论者，有拟杖、拟徒者，并非一概拟绞，因捉奸而误杀旁人即拟绞罪，殊未平允。惟新章因斗误杀旁人已经改流，则本夫捉奸误杀旁人，即照误杀本律例定拟，尚无过重之弊。至例内“奸夫流三千里”一层，系属一事两科，在奸妇被杀之案，本夫罪轻，将奸夫从严治罪，谓以抵奸妇之命也。今本夫误杀人，已照寻常误杀如法尽科，是人命重罪已有人当之矣，复科奸夫以满流，殊与律意不合，应将奸夫满流罪名亦改为“止科奸罪”，庶情法两得其平。谨将修改例文，开列于后。

○修改（略）

大清律例

6.19.285.(31)〔本夫杀奸后奸妇自尽减等治罪〕

一、妇女被人调戏，或与人通奸，其本夫及有服亲属，擅杀调戏罪人及奸夫，应拟绞抵者，如本妇、奸妇畏累自尽，将擅杀之犯减一等，杖一百、流三千里。

现行刑律

19.247.(9)〔本夫及有服亲属擅杀调戏罪人奸夫后本妇奸妇自尽〕

一、妇女被人调戏，其本夫及有服亲属，擅杀调戏罪人者，如本妇畏累自尽，将擅杀之犯徒三年。其妇女与人通奸，本夫及有服亲属，擅杀奸夫，罪应拟流者，如奸妇自尽，亦将擅杀之犯徒三年。

现行刑律案语

原例（略）

臣等谨按：此条系嘉庆五年〔1800〕刑部议复山东省石英一案奏准续纂，十四年〔1809〕又将“妇女与人通奸，本夫及有服亲属擅杀奸夫，以致奸妇自尽者”添纂入例。然以良妇与奸妇并列，声叙立言，殊属不顺，似应将“擅杀奸夫，致奸妇自尽者”移附例末，方昭明妥。且擅杀情轻之犯，新章已准改满流，则擅杀之本系减等拟流者，亦应以次递减。谨将修改例文，开列于后。

○修改（略）

大清律例

6.19.285.(27)〔本夫及有服亲属杀奸之案登时及非登时之分〕

现行刑律

19.247.(10)〔本夫及有服亲属杀奸之案登时及非登时之分〕

一、凡本夫及有服亲属杀奸之案，如奸所获奸，忿激即时殴毙者，以登时

论;若非奸所而捕殴致毙,及虽在奸所而非即时殴毙,或捆殴致毙者,俱以非登时论。

现行刑律案语

○仍旧(略)

见6.19.285.(3)〔奸妇自杀其夫〕条

大清律例

6.19.285.(17)〔奸夫同谋杀死亲夫后复将奸妇并幼小子女拐逃〕

一、凡奸夫起意杀死亲夫之案,除奸妇分别有无知情、同谋,照例办理外,奸夫俱拟斩立决。如奸夫虽未起意,而同谋杀死亲夫之后,复将奸妇拐逃,或为妻妾,或得银嫁卖,并拐逃幼小子女卖与他人为奴婢者,亦均斩决。本夫纵奸者,不用此例。

6.19.285.(25)〔因奸谋杀本夫为从加功之人〕

一、因奸谋杀本夫之案,除奸妇及起意之奸夫,照例办理外,其为从加功之人,如亦系奸夫,仍拟斩监候;若系平人,照凡人谋杀加功律拟绞监候。

现行刑律

19.247.(11)〔奸夫起意杀死亲夫〕

一、凡奸夫起意杀死亲夫之案,除奸妇分别有无知情、同谋,按照律例办理外,奸夫俱拟绞立决。本夫纵奸者,不用此例。其为从之犯,或亦系奸夫,或系平人,悉照凡人谋杀为从本律定拟。

现行刑律案语

原例

6.19.285.(17)〔奸夫同谋杀死亲夫后复将奸妇并幼小子女拐逃〕(略)

6.19.285.(25)〔因奸谋杀本夫为从加功之人〕(略)

臣等谨按:上一条系雍正七年〔1729〕定例,乾隆五年〔1740〕、十六年〔1751〕两经修改,五十七年〔1792〕改定。下一条系嘉庆二年〔1797〕刑部议复湖南陈柳氏案续纂。同为奸夫起意谋杀本夫之例,自应修并为一。惟妻妾因奸同谋杀死亲夫,载在本律上条,原例内“照例办理”四字,殊未赅括,应改为“按照律例办理”。奸夫俱拟斩决,应照章改为绞决。至“奸夫将奸妇拐逃,或为妻妾,或嫁卖,并拐逃子女,亦均斩决”一层,殊嫌苛细,盖奸夫如无商同谋杀情事,则拐逃等项,自有应拟罪名,既

有谋杀重情，则拐逃等项即属轻罪，科谋杀之重罪，复执其事后轻罪而加拟立决，显与“二罪俱发，以重论”之律意不符，应将此层删去，以省烦琐。其例末小注“仍留之”，下条例首“三句”与上条语意重复，应节删。其为从加功之犯，亦系奸夫，原例系斩候，按照新章应改绞候，其罪名既与凡人相等，自毋庸再行区别，应改为“为从之犯，或亦系奸夫，或系平人，均照凡人谋杀为从本律定拟”，以资援引。谨将修并例文，开列于后。

○修并(略)

大清律例

6.19.285.(33)〔奸夫起意商同奸妇谋杀本夫及期尊〕

一、奸夫起意商同奸妇谋杀本夫，复杀死奸妇期亲以上尊长者，奸妇仍照律凌迟处死外，奸夫拟斩立决、枭示。如奸夫听从奸妇，并纠其子谋杀本夫，陷人母子均罹寸磔者，奸夫拟斩立决；若系奸夫起意，加拟枭示。

现行刑律

19.247.(12)〔奸夫起意商同奸妇谋杀本夫及期尊〕

一、奸夫起意商同奸妇谋杀本夫，复杀死奸妇期亲以上尊长者，奸妇仍照律斩决外，奸夫亦拟斩立决。如奸夫商同奸妇，并纠其子谋杀本夫，陷人母子均罹斩决者，奸夫不论是否起意，均拟斩立决。

现行刑律案语

原例(略)

臣等谨按：此条系嘉庆年间定例，例内凌迟、枭示照章均应改斩决，此等并纠其子谋杀本夫，陷人母子均干斩决之奸夫，实非斩决不足蔽辜，似应改为“不论是否起意，均拟斩决”。谨将修改例文，开列于后。

○修改(略)

大清律例

6.19.285.(13)〔奸夫奸妇同谋杀纵奸本夫及纵奸本夫杀死奸夫奸妇〕

一、凡因奸同谋杀死亲夫，除本夫不知奸情，及虽知奸情，而迫于奸夫之强悍，不能报复，并非有心纵容者，奸妇仍照律凌迟处死外，若本夫纵容、抑勒妻妾与人通奸，审有确据，人所共知者，或被妻妾起意谋杀，或奸夫起意，系知

现行刑律

19.247.(13)〔奸夫奸妇同谋杀伤纵奸本夫及纵奸本夫杀死奸夫奸妇〕

一、凡因奸同谋杀死亲夫，除本夫不知奸情，及虽知奸情，而迫于奸夫之强悍，不能报复，并非有心纵容者，奸妇仍照律斩决外，若本夫纵容、抑勒妻妾与人通奸，审有确据，人所共知者，或奸妇起意谋杀，奸夫知情同谋，或奸夫起

情同谋,奸妇皆拟斩立决,奸夫拟斩监候;伤而未死,奸妇拟斩监候,奸夫仍照谋杀人伤而不死律,分别造意、加功与不加功定拟。若奸夫自杀其夫,奸妇果不知情,仍依纵容抑勒本条科断。其纵奸之本夫,因别情将奸夫奸妇一齐杀死,虽于奸所登时,仍依故杀论。若本夫抑勒卖奸,故杀妻者,以凡论。其寻常知情纵容,非本夫起意卖奸,后因索诈不遂,杀死奸妇者,仍依殴妻至死律拟绞监候。

意,奸妇知情同谋,奸妇皆拟绞立决;伤而未死,奸妇拟绞监候;奸夫仍照凡人谋杀律,分别造意、加功与不加功定拟。若奸夫自杀其夫,奸妇果不知情,仍依纵容抑勒本条科断。其纵奸之本夫,因别情将奸夫奸妇一齐杀死,虽于奸所登时,仍依故杀论。若本夫抑勒卖奸,故杀妻者,以凡论。其寻常知情纵容,非本夫起意卖奸,后因索诈不遂,杀死奸妇者,仍依殴妻至死律拟绞监候。

现行刑律案语

原例(略)

臣等谨按:此例旧分四条,乾隆五十三年〔1788〕修并为一。查本夫纵容抑勒妻妾与人通奸,致被谋杀,奸夫固属罪人,纵容之本夫亦罪人也,以罪人杀罪人,与寻常谋杀之案并无二致。今例内将奸夫拟斩候,是不论造意、听从,曾否加功,均拟斩候,与寻常谋杀之案,轻重悬殊;且下文"伤而不死,奸夫仍照谋杀律,分别造意、加功与不加功定拟",而杀死则并不区别,显属参差。应将奸夫改为"照凡人谋杀律,分别首从科罪",庶情罪既昭平允,律例亦归画一。再,例内凌迟、斩决、斩候均应遵章修改。谨将修改例文,开列于后。

〇修改(略)

大清律例

6.19.285.(8)〔奸夫自杀其夫奸妇喊救首告〕

一、凡奸夫自杀其夫,奸妇虽不知情,而当时喊救,与事后即行首告,将奸夫指拿到官,尚有不忍致死其夫之心者,仍照本律定拟,该督抚于疏内声明,法司核拟时夹签请旨。

现行刑律

19.247.(14)〔奸夫自杀其夫奸妇喊救首告〕

一、凡奸夫自杀其夫,奸妇虽不知情,而当时喊救,与事后即行首告,将奸夫指拿到官,尚有不忍致死其夫之心者,仍照本律定拟,并切实声明,大理院复判时声叙量减一等,拟流三千里,于折内双请,候旨定夺。

现行刑律案语

原例(略)

臣等谨按:此条系乾隆四十二年〔1777〕定例,现在夹签声请之案,均改为双请候旨,所有例内"法司核拟时夹签"之处,自应照案修改。谨将修改例文,开列于后。

〇修改

一、凡奸夫自杀其夫,奸妇虽不知情,而当时喊救,与事后即行首告,将奸夫指拿到官,尚有不忍致死其夫之心者,仍照本律定拟,该督抚切实声明,法部议奏时,声叙量减一等,拟流三千里,于折内双请,候旨定夺。

会奏修改各条

〇原修改例文(略)

谨按:例内"法部议奏"句拟改为"大理院复判",以符定制。谨将修改例文,开列于后。

〇修改(略)

大清律例

6.19.285.(7)〔未婚夫杀死奸夫〕

一、凡聘定未婚之妻与人通奸,本夫闻知往捉,将奸夫杀死,审明奸情属实,除已离奸所,非登时杀死不拒捕奸夫者,仍照例拟绞外,其登时杀死,及登时逐至门外杀之者,俱照本夫杀死已就拘执之奸夫引夜无故入人家已就拘执而擅杀律拟徒例拟徒;其虽在奸所捉获,非登时而杀者,即照本夫杀死已就拘执之奸夫满徒例加一等,杖一百、流二千里。如奸夫逞凶拒捕,为本夫格杀,照应捕之人擒拿罪人格斗致死律勿论。

现行刑律

19.247.(15)〔未婚夫杀死奸夫〕

一、凡聘定未婚之妻与人通奸,本夫闻知往捉,将奸夫杀死,审明奸情属实,除已离奸所,非登时杀死不拒捕奸夫者,仍照例拟流外,其登时杀死,及登时逐至门外杀之者,俱照夜无故入人家已就拘执而擅杀拟徒律减一等,徒二年半;其虽在奸所捉获,非登时而杀者,徒三年。如奸夫逞凶拒捕,为本夫格杀,照罪人拒捕格杀律勿论。至奸夫脱逃,仅杀犯奸聘定妻之案,应照本夫获奸杀死奸妇各例加一等科罪;奸夫照杀死奸妇本例减一等定拟。

现行刑律案语

原例(略)

臣等谨按:此例系乾隆三十四年〔1769〕刑部核复广西省梁亚受一案,奏准续纂。惟查例内已离奸所,非登时杀死不拒捕奸夫,系擅杀拟绞,情轻之案新章已改满流,例内"绞"字应改"流"字。本夫杀死已就拘执奸夫,引夜无故入人家律拟徒之例,已

于乾隆四十八年〔1783〕删除,原例仍复列入,系属错误,自应节去。擅杀满徒,应照新等减一等。奸所非登时而杀,流二千里,亦应照章递减。至应捕之人擒拿罪人,格斗致死,自系指罪人拒捕之律而言,第罪人拒捕律内无此数语,应查照律文改正。原例止言杀死奸夫,而不言杀死奸妇,本门既续纂有聘定未婚妻因奸同谋杀死本夫,照谋杀亲夫量减之例,则杀死犯奸聘定妻,应照已婚奸妇加一等问拟,奸夫应照本夫杀死奸妇例减一等定拟。谨将修改例文,开列于后。

〇修改(略)

大清律例

6.19.285.(34)〔与人聘定未婚妻通奸起意杀死其夫者分别治罪〕

一、与人聘定未婚之妻通奸,起意杀死其夫者,照奸夫起意杀死亲夫例拟斩立决;如系为从同谋,仍照同谋杀死亲夫律拟斩监候。若奸夫虽未起意,而同谋杀死来婚夫之后,复将奸妇娶为妻妾,或拐逃嫁卖者,亦照例斩决。

6.19.285.(35)〔聘定及童养未婚妻因奸起意杀死本夫分别治罪〕

一、聘定未婚妻,因奸起意杀死本夫,应照妻妾因奸同谋杀死亲夫律凌迟处死;如并未起意,但知情同谋者,即于凌迟处死律上量减为斩立决。若奸夫自杀其夫,未婚妻果不知情,即于奸妇不知情绞监候律上减为杖一百、流三千里。倘实有不忍致死其夫之心,事由奸妇破案者,再于流罪上减为杖一百、徒三年。至童养未婚妻,因奸谋杀本夫,应悉照谋杀亲夫各本律定拟。

6.19.285.(29)〔童养未婚之妻与人奸通照已婚妻例〕

一、凡童养未婚之妻,与人通奸,本夫及夫之祖父母、父母并有服亲属捉奸,杀死奸夫奸妇者,均照已婚妻例

现行刑律

19.247.(16)〔与人聘定未婚之妻通奸杀死本夫〕

一、与人聘定未婚之妻通奸,杀死本夫者,照凡人谋杀本律,分别造意、加功定拟。其聘定妻因奸杀死本夫,无论起意、同谋,均于妻妾因奸同谋杀死亲夫斩决律上量减为绞立决。若奸夫自杀其夫,聘定妻果不知情,即于奸妇不知情绞候律上减为流三千里。倘实有不忍致死其夫之心,事由奸妇破案者,再于流罪上减为徒三年。

19.247.(17)〔童养未婚妻因奸杀夫及与本夫及亲属捉奸杀死奸夫奸妇〕

一、凡童养未婚妻,因奸谋杀本夫,应悉照谋杀亲夫各本律例定拟。其本夫及夫之祖父母、父母并有服亲属,捉奸杀死奸夫、奸妇者,均照已婚妻例问拟。

问拟。

现行刑律案语

原例

6.19.285.(29)〔童养未婚之妻与人奸通照已婚妻例〕(略)

6.19.285.(34)〔与人聘定未婚妻通奸起意杀死其夫者分别治罪〕(略)

6.19.285.(35)〔聘定及童养未婚妻因奸起意杀死本夫分别治罪〕(略)

臣等谨按：前一条系嘉庆六年〔1803〕刑部因安徽按察使恩长奏请定例。后二条系道光二十三年〔1843〕刑部因安徽巡抚程楙采奏请定例。第聘定妻系但经聘定而未至夫家者，童养妻系已至夫家而未及完婚者，则童养妻与聘定妻本有区别，原例以童养妻照已婚妻定拟，固与礼重见舅姑之义相合；而聘定妻之因奸起意杀死本夫，及与人聘定妻通奸起意杀死其夫者，竟照已婚妻论罪，似觉过严。查本门内本夫杀死聘定妻之奸夫，其治罪较已婚夫加重，即《比引律》内既聘未娶子孙之妇骂舅姑，止依违犯教令律满杖，与妻骂夫之祖父母、父母罪干绞决之律，轻重悬殊，则聘定妻起意杀死其夫，及与人聘定妻通奸起意，杀死其夫之奸夫，均未便照谋杀亲夫律定拟，此可据今律以断者。《礼·曾子问》篇：昏礼有吉日，婿之父母死，致命女氏曰"某之子有父母之丧，不得嗣为兄弟"。《钦定三礼义疏》案曰：不得嗣为兄弟，不称夫妇嫌也。又女未庙见，而死不迁于祖、不祔于皇姑婿、不杖不菲、不次归葬于女氏之党，示未成妇也。夫将婚而遭亲丧，致辞尚不称夫妇，已婚而未庙见，死葬尚应归女氏，则但经聘定，更不得谓之妇可知，亦可据古礼以断者。《唐律疏议》云：夫者，依礼有三月庙见、有未庙见、或就婚等三种之夫，并同夫法，其有克吉日及定婚夫等，唯不得违约改嫁，自余相犯并同凡人，则聘定妻又应同凡论之一证。详绎古今律文，参以礼意，若径同凡论，究有纳聘之名，若径照现例，又与礼文不合。衡情酌理，凡聘定妻因奸起意杀死本夫，及与人聘定妻通奸起意杀死其夫者，似应照第三条内"聘定妻并未起意，但知情同谋者，量减为斩决"例一体量减，将聘定妻因奸谋杀本夫，改为"无论起意、同谋，均拟以绞立决"，奸夫仍分别起意、听从，照凡人谋杀本律问拟，方得情法之平。例内"凌迟""斩决"等罪，均应照章修改。若奸夫谋杀未婚夫之后，或将奸妇娶为妻妾，或拐逃嫁卖，亦拟斩决，本与"二罪俱发、以重论"之律意不合，此次修例已于本门"奸夫起意杀死亲夫"条内，将此层删去，此处亦应节删，以免两歧。至童养妻因奸谋杀本夫，已至夫家应同已婚论，与第一条事本一类，应以第三条例末三句移归第一条例首，以清眉目，并将第二、第三两条修并为一，庶于维持名分之中，仍寓量为区别之意。谨将修改修并例文，开列于后。

〇修并

19.247.(16)〔与人聘定未婚之妻通奸杀死本夫〕(略)

〇修改

[19.247.(17)]〔童养未婚妻因奸杀夫及与本夫及亲属捉奸杀死奸夫奸妇〕(略)

大清律例	现行刑律
[6.19.285.(3)]〔奸妇自杀其夫〕	[19.247.(18)]〔奸妇自杀其夫〕 一、奸妇自杀其夫,奸夫果不知情,止科奸罪。

现行刑律案语

原例

[6.19.285.(3)]〔奸妇自杀其夫〕(略)

[6.19.285.(4)]〔例内不言当官嫁卖之奸妇给夫领回〕(略)

[6.19.285.(6)]〔奸夫临时拒捕〕(略)

[6.19.285.(27)]〔本夫及有服亲属杀奸之案登时及非登时之分〕(略)

〇仍旧

臣等谨按:以上四例,均应仍其旧,理合陈明。

大清律例	现行刑律
[6.19.285.(6)]〔奸夫临时拒捕〕	[19.247.(19)]〔奸夫临时拒捕〕 一、凡奸夫并无谋杀本夫之心,其因本夫捉奸,奸夫情急拒捕,奸妇已经逃避,或本夫追逐,奸夫已离奸所,拒捕杀死本夫,奸妇并未在场,及虽在场而当时喊救,与事后即行首告,并因别事起衅,与奸无涉者,奸妇仍止科奸罪外,其奸夫临时拒捕,奸妇在场并不喊阻救护,而事后又不首告者,应照奸夫自杀其夫奸妇虽不知情律拟绞监候。

现行刑律案语

〇仍旧(略)

见[6.19.285.(3)]〔奸妇自杀其夫〕条

大清律例

6.19.285.(11)〔妇女拒奸杀死奸夫〕

一、凡妇女拒奸杀死奸夫之案，如和奸之后，本妇悔过拒绝，确有证据，后被逼奸，将奸夫杀死者，照擅杀罪人律减一等，杖一百、流三千里。其因贪利与之通奸，后以无力资助，拒殴致死者，或先经和奸，后复与他人通奸情密，因而拒绝殴毙者，仍各依谋、故、斗殴等本律定拟。

6.19.285.(19)〔妇女拒奸杀死强奸调奸罪人〕

一、妇女拒奸杀人之案，审有确据，登时杀死者，无论所杀系强奸、调奸罪人，本妇均勿论。若捆缚复殴，或按倒叠殴，杀非登时者，所杀系调奸罪人，即照擅杀罪人律减一等，杖一百、流三千里；所杀系强奸罪人，再减一等，杖一百、徒三年，均照律收赎。

现行刑律

19.247.(20)〔妇女拒奸杀人〕

一、妇女拒奸杀人之案，审有确据，登时杀死者，无论所杀系强奸、调奸罪人，均予勿论。非登时者，所杀系调奸罪人，徒三年；系强奸罪人，再减一等。其先经和奸，本妇悔过拒绝，确有证据，后被逼奸，将奸夫杀死者，徒三年，均照律收赎。如因别故拒绝致毙者，仍各依谋、故、斗殴等本律定拟。

现行刑律案语

原例

6.19.285.(11)〔妇女拒奸杀死奸夫〕(略)

6.19.285.(19)〔妇女拒奸杀死强奸调奸罪人〕(略)

臣等谨按：上一条系乾隆四十八年〔1783〕刑部议复直隶省张魏氏案续纂。下一条系嘉庆十四年〔1809〕刑部议复四川省李何氏案续纂。同为妇女拒奸杀人之事，似可修并为一。惟擅杀情轻之拟绞者，新章已准改流，则原照擅杀减科者，自应以次递减，上条例文可附下条之末，所叙“无力资助”“复与他人通奸情密”两层，尚属未尽情伪，不若用犯奸例内“别故拒绝”四字，似较赅括。流、徒附杖照章应删。谨将修并例文，开列于后。

〇修并(略)

现行刑律

19.247.(21)〔母犯奸拒绝子致毙复登门奸夫〕

一、母犯奸拒绝，奸夫复登门寻衅，其子一时义忿，拒殴致毙者，徒三年；如系谋、故杀，流三千里。

现行刑律案语

〇续纂（略）

臣等谨按：光绪三十二年十二月〔1907 年 1－2 月〕间，法部秋审可矜人犯酌拟随案减等开列清单，内称"嗣后母犯奸拒绝，奸夫复登门寻衅，其子一时义忿，拒殴致毙者，减为徒三年；如系谋故杀，减为流三千里"等因。奏准在案。自应纂入例册，以资遵守。

条例・移并、移改

大清律例

6.19.285.(2)〔本夫及有服亲擅杀图奸未成罪人〕

一、凡本夫及有服亲属，杀死图奸未成罪人，无论登时、事后，俱照擅杀律拟绞监候。

6.19.285.(36)〔本夫杀死强奸未成罪人分别治罪〕

一、本夫杀死强奸未成罪人，如系登时忿激致毙者，即照本夫奸所登时杀死奸夫例勿论；若追逐殴打致毙，及虽在登时，系捆殴致毙者，即照奸所获奸非登时而杀例杖一百、徒三年；系事后寻殴致毙者，仍照擅杀罪人律拟绞监候。

*捕亡・罪人拒捕

6.27.388.(10)〔强奸未成罪人被本妇之子杀死〕（略）

现行刑律

*捕亡・罪人拒捕

27.344.(12)〔本夫及本妇之子杀死强奸图奸未成罪人〕（略）

27.344.(13)〔本夫本妇之有服亲属杀死强奸图奸未成罪人〕（略）

现行刑律案语

原例

6.19.285.(2)〔本夫及有服亲擅杀图奸未成罪人〕(略)

6.19.285.(36)〔本夫杀死强奸未成罪人分别治罪〕(略)

捕亡·罪人拒捕

6.27.388.(10)〔强奸未成罪人被本妇之子杀死〕(略)

6.27.388.(7)〔杀死放火及无故扰害凶徒并强奸未成各罪人〕(略)

臣等谨按：第一条系嘉庆十四年〔1809〕刑部议准续纂，第二条系道光二十四年〔1844〕刑部奏明续纂，均载本门，第三条系嘉庆九年〔1804〕、道光四年〔1824〕刑部先后分别强奸、图奸奏明续纂，第四条系嘉庆六年〔1801〕刑部奏明续纂，均载"罪人拒捕"门。综核各例，参差互见，本妇之子杀死图奸未成罪人，既以登时、非登时分拟徒、流，何以杀由本夫则无论登时事后俱照擅杀拟绞？如虑本夫捏奸诿卸因而加重，岂本妇之子独不可捏奸卸罪乎？且本夫登时杀死强奸伊妻之人，例得勿论，而本夫登时杀死图奸伊妻之人，例仍拟绞，轻重亦太悬殊。其本夫事后寻殴致毙强奸未成罪人者，既照擅杀定拟，而于本妇之子竟未将事后寻殴一层议及，尤属疏漏。子之于母，与夫之于妻，同属伦常所系，其不甘受奸匪之辱，情无二致，科罪亦应从同，自应将本夫及本妇之子，合并为一，仍以登时、非登时分别拟罪。杀死强奸未成罪人，即照第二条修并，擅杀满徒新章得递减一等，绞罪亦应改流；杀死图奸未成罪人，即照第三条修并，按照新章徒流均应递减。惟原例本夫杀死图奸罪人，无论登时、事后均拟绞候，今照本夫之子改拟徒流，已属从轻，似毋庸再行递减。且以本妇之子而论，非奸所登时杀死母之奸夫，仍应拟绞；事后杀死图奸伊母之人，问拟满流，本嫌参差，应请将"图奸"一层，亦毋庸照章递减。再，第一条有夫属而无妇属，第四条有妇属而无夫属，查本夫本妇有服亲属捉奸之例，无不连类对举，应将本夫本妇有服亲属并列一条，本夫有服亲属杀死强奸未成罪人，亦应分别登时、非登时，照本妇有服亲属科罪，满徒照章得减一等，绞罪减流。其杀死图奸未成罪人，原例不论登时、事后与本夫概照擅杀治罪，今本夫既照本妇之子拟徒，则亲属亦应改为满徒，如杀非登时者，仍照擅杀情轻改拟满流。本妇有服亲属一体照此科断，庶情法两得其平。至强奸、图奸等罪人，本不得谓之奸夫，隶于"杀死奸夫"门，名义未协，应将修并例条移入"罪人拒捕"门内，若"凶徒挟仇放火"条本隶"罪人拒捕"门。今将"强奸"一层剔归别条，则例内"本妇有服亲属"等语，均应节删。杖、徒、绞候罪名均应遵章修改，余人罪名另有专条，亦应节删。谨将移并、修改各例条，开列于后。

○移并

捕亡·罪人拒捕

27.344.(12)〔本夫及本妇之子杀死强奸图奸未成罪人〕(略)

27.344.(13)〔本夫本妇之有服亲属杀死强奸图奸未成罪人〕(略)

○修改

捕亡·罪人拒捕

27.344.(15)〔被害之人致毙挟仇放火并行凶扰害凶徒〕(略)

大清律例

6.19.285.(16)〔卑幼图奸有服亲属被尊长杀死〕

一、凡卑幼因图奸有服亲属,被尊长忿激致死,审有确据,无论谋、故,悉照擅杀罪人,各按服制,于殴杀卑幼本律例上减一等定拟。至为从在场帮殴有伤之犯,除系死者有服卑幼,仍照卑幼不得杀尊长之例,依殴故杀尊长本律定拟,法司核拟时,夹签请旨办理外,其余无论凡人、尊长,概照斗杀余人律定拟。

现行刑律

*捕亡·罪人拒捕

27.344.(14)〔尊长忿激致死图奸强奸有服亲属未成卑幼〕(略)

现行刑律案语

原例(略)

臣等谨案:此例系乾隆五十三年〔1788〕续纂,五十六年〔1791〕修改。查捉奸杀死犯奸卑幼,本夫及亲属俱以登时、非登时分别拟罪,兹则不论登时与否,一例同科,轻重殊未平允,其应修改者一;擅杀绞罪情轻者,新章已改满流,今例内杀死图奸卑幼,系各按殴杀本律例减一等定拟,设杀死大功卑幼罪应拟绞之犯减一等,仍应满流,是与杀死图奸凡人漫无区别矣,其应修改者二;擅杀例不至死者,新章各于本罪上递减一等,今各例已遵章递减,若仍按服制减一等,势必至参差迭出,轻重失宜,其应修改者三;各例分图奸、强奸两层,兹则仅言图奸,不言强奸,有犯亦难援引,其应修改者四。逐层勾核,应将此例改为"本夫及亲属杀死图奸、强奸未成卑幼,悉照杀死图奸、强奸凡人例减一等定拟,如减科,仍与服制殴杀本罪相等者,应再减一等",庶轻重各有等差,援引无虞错误。且图奸、强奸未成之人,均不得谓之"奸夫",列入"杀死奸夫"门,殊非律意,应移入"罪人拒捕"门,庶律例各归一类。谨将移改例文,开列于后。

○移改

捕亡·罪人拒捕

27.344.(14)〔尊长忿激致死图奸强奸有服亲属未成卑幼〕(略)

条例 · 删除

大清律例

6.19.285.(4)〔例内不言当官嫁卖之奸妇给夫领回〕

一、本夫捉奸止杀奸夫，案内之奸妇，除本律载明当官嫁卖、身价入官者，仍依律办理外，其余条例内不言当官嫁卖者，均给与本夫及亲属领回，听其去留。

现行刑律案语

○仍旧(略)

见6.19.285.(3)〔奸妇自杀其夫〕条

核订现行刑律

○删除

原例

6.19.285.(4)〔例内不言当官嫁卖之奸妇给夫领回〕(略)

谨按：各门律例内"当官嫁卖"一层，此次均拟删改，本条即无关引用，应请删除。

大清律例

6.19.285.(5)〔亲属相奸奸夫起意或与奸妇同谋杀死本夫〕

一、亲属相奸，罪止杖、徒及律应监候者，如奸夫将本夫杀死，或与奸妇商通谋死者，奸妇依律问拟，奸夫拟斩立决。

现行刑律案语

○删除

原例(略)

臣等谨案：此条雍正十三年〔1735〕定例，系为亲属因奸杀死本夫而设。细绎例文，上句云"将本夫杀死"，似指奸夫起意而言，下句云"或与奸妇商通谋死"，又似不指奸夫起意，若由奸妇起意，奸夫听从下手，即不应问拟斩决。如因亲属相奸，加重定拟，而奸缌麻以上亲，如奸从祖祖姑、从祖伯叔姑母之姊妹等项，则奸夫与本夫皆属凡人。若不论起意、加功，概拟立决，则与凡人起意者相等，而较凡人加功者实严，且奸本宗缌麻以上亲之妻，其本夫有尊长、卑幼之分，杀死尊长，本罪即应立决，杀死卑幼，则轻重悬殊，查"亲属相奸"及本门各律例，赅载详明，有犯皆可援引。此条似应删除。

大清律例

6.19.285.(14)〔妾因奸商同奸夫谋杀正妻〕

一、凡妾因奸商同奸夫谋杀正妻,比照奴仆谋杀家长律凌迟处死;若谋杀伤而不死,或已行而未伤,俱比照奴仆谋杀家长已行不论已伤未伤律拟斩立决。奸夫仍分别曾否起意同谋,各照本例办理。至妾若非因奸起衅,殴、故杀正妻,仍照律科断。

现行刑律案语

○删除

原例(略)

臣等谨按:此条系乾隆五十二年〔1788〕因山东孔胡氏一案定例。惟查妾殴正妻故杀者,与妻殴夫罪同,见"妻妾殴夫"律,故杀即应凌迟,谋杀无可再加,自当与妻谋杀夫同论,谋杀夫凌迟,其已行者,不问已伤、未伤,斩决,皆有正律。妾有犯均可通引此律,似毋庸比照奴仆杀家长律,特设专条,致多周折。至奸夫罪名,更毋庸过事区别,死者既非本夫,即照常人谋杀本律定拟,已无虞宽纵。例末"若非因奸起衅,殴故杀正妻,仍照律科断"三句,尤属赘疣,无关引用。此条应即删除。

大清律例

6.19.285.(18)〔本夫捉奸杀死犯奸有服尊长〕

一、本夫捉奸,杀死犯奸有服尊长之案,除犯时不知,依凡人一例定拟,及止殴伤者,仍予勿论外,若于奸所亲获奸夫、奸妇,登时杀死者,或奸所而非登时,及非登时又非奸所,或已就拘执而杀,如系本宗期、功尊长,均照卑幼殴故杀尊长本律拟罪,法司夹签声明。奉旨敕下九卿核拟量从末减者,期亲减为拟斩监候,功服减为杖一百、流三千里。若杀系本宗缌麻及外姻功、缌尊长,亦仍照殴、故本律拟罪,法司于核拟时,随本声明,量减为杖一百、流二千里,恭候钦定。

6.19.285.(21)〔本夫本妇有服亲属杀死犯奸尊长〕

一、本夫、本妇之有服亲属捉奸,杀死犯奸尊长之案,除犯时不知,依凡人一例定拟,及止殴伤者,仍予勿论外,如杀死本宗期、功尊长,无论是否登时,皆照卑幼殴故杀期功尊长本律拟罪,法司夹签声明,奉旨敕下九卿核拟量从末减者,期亲及本宗大功、小功,均减为拟斩监候。若杀系本宗缌麻及外姻功、缌尊长,亦仍照殴故杀本律拟罪,法司于核拟时,如系登时杀死者,亦夹签声明,奉旨敕下九卿核拟,减为杖一百、流三千里;若杀非登时,各依本律核拟,毋庸夹签声明。

6.19.285.(26)〔拒奸杀死夫之有服尊长〕

一、有服尊长强奸卑幼之妇未成,被本夫本妇忿激至毙,系本宗期、功卑幼,罪应斩决者,无论登时、事后,均照殴死尊长情轻之例,夹签声明;如系本宗缌麻、外姻功

缌卑幼，除事后殴毙，仍照殴故杀尊长本律问拟斩候外，若登时忿激至毙，定案时依律问拟，法司核拟，随案减为杖一百、流三千里。

6.19.285.(32)〔有服尊长强奸卑幼之妇未成被本夫本妇致毙〕

一、有服尊长强奸卑幼之妇未成，被本夫、本妇有服亲属，登时忿激致毙，系缌麻卑幼，定案时依律问拟，法司核拟夹签声明，奉旨敕下九卿核拟，减为杖一百、发近边充军；若杀非登时，仍照殴故杀本律问拟，毋庸夹鉴声请。如系期、功卑幼，无论是否登时，各按服制拟罪，夹签声明，奉旨敕下九卿核拟，减为拟斩监候。

现行刑律案语

○删除

6.19.285.(18)〔本夫捉奸杀死犯奸有服尊长〕(略)

6.19.285.(21)〔本夫本妇有服亲属杀死犯奸尊长〕(略)

6.19.285.(26)〔拒奸杀死夫之有服尊长〕(略)

6.19.285.(32)〔有服尊长强奸卑幼之妇未成被本夫本妇致毙〕(略)

臣等谨按：以上四例，第一条系雍正三年〔1725〕由律后小注改纂，乾隆五年〔1740〕、二十一年〔1756〕两经修改，四十二年〔1777〕另定，分别期、功、缌麻核减之例，五十三年〔1788〕并为一条，嘉庆十四年〔1809〕始将本宗期、功，外姻功、缌分晰定拟，道光十四年〔1834〕又经改定。第二条亦于雍正三年〔1725〕由律后小注改纂，乾隆五年〔1740〕仍依故杀科罪，二十一年〔1756〕改依殴故杀尊长律治罪，准其夹签，嘉庆六年〔1801〕始分别本宗期、功、缌麻及外姻功、缌定拟，道光十四年〔1834〕、咸丰二年〔1852〕复经修改。第三条系嘉庆五年〔1800〕刑部议复四川省周新兆一案续纂。第四条系嘉庆十三年〔1808〕刑部议复广东省吴耀川一案续纂，均系卑幼杀死犯奸尊长，及强奸未成之例。其中罪名有与凡人互异者，有与凡人从同者，有较凡人转轻者，皆缘迭次增改例条，繁琐而滞碍滋多，非重加删并，不足以昭平允而归画一。夫明刑弼教，法律一本乎礼经，酌古准今，防范莫逾乎名义尊卑之分，大义懔然，一有杀伤，其治罪悉较常人加重，即遇有事出非常，而情节实堪矜悯者，亦应各按律例定拟，于折内声叙明晰，恭候钦定。此“斗杀”门殴死期、功尊长，情轻之例所由设也，律有亲属相奸从严治罪之文，并无卑幼杀死犯奸尊长之文，律后旧注始有“卑幼不得杀尊长，犯则依故杀科断”等语。即尚稽《唐律》，亦只有亲属相奸之文，而于杀死犯奸尊长等项，并不著其法，诚以遇事编例，恐案情变幻而法穷，挈领提纲则名简义赅，而法当卑幼犯尊长，既有本法复有情轻之例，则杀死犯奸尊长等项，自可以情轻之例统之正，毋庸另立专条，致起参差之弊。今捉奸杀死尊长，各例内于期亲由斩决请减监候，尚属平允；至功、缌而分别减流，则轻重悬殊矣。刃伤期亲罪犯应死，今例内殴伤概予勿论，是直等尊长于凡人视干犯为报复，揆之理法，均属未安。如谓尊长犯奸其罪本重，卑幼干犯其罪可轻，宽于卑幼，严于尊长，正所以防淫也，殊不知尊长之淫

恶,法固宜惩卑幼之干犯,法亦难恕严亲属相奸之律,以防尊长之淫可也,执杀死奸夫之名,而借以宽干犯之罪,恐于防淫之义无所增,而干犯之风有潜滋暗长于其间者矣。再四推求,始终以删并例文为妥协,应请将"卑幼捉奸、拒奸而杀"及"杀死强奸未成尊长"并"图奸"等项,均附注于"斗殴"门殴死期、功尊长情轻之例,以资援引,庶于律意既相符合,于情罪亦无偏倚,于条目亦省繁难。其原例有减流、减军之犯归入彼例,未能遽行,请减秋审时自应酌核办理,以免向隅。原例殴伤勿论,殊嫌过轻,若竟改依本伤法,又与无故逞凶干犯者无别,应酌量减等,于"罪人拒捕"条例内添注明晰,以示区别。至"犯时不知,依凡人定拟"一层,自有本条别有罪名律注可引,无虞疏漏。所有卑幼捉奸杀死尊长,及杀死强奸尊长四例,应即一并删除。

大清律例

6.19.285.(28)〔男子拒奸杀人〕

一、男子拒奸杀人,如死者年长凶犯十岁以外,而又当场供证确凿,及死者生供足据,或尸亲供认可凭,三项兼备,无论谋、故、斗杀,凶犯年在十五岁以下,杀系登时者勿论;非登时而杀,杖一百,照律收赎。年在十六岁以上,登时杀死者,杖一百、徒三年;非登时而杀,杖一百、流三千里。至死者虽无生供,而年长凶犯十岁以外,确系拒奸起衅,别无他故,或年长凶犯虽不及十岁,而拒奸供证确凿,及死者生供足据,或尸亲供认可凭,三项中有一于此,凶犯年在十五岁以下,登时杀死者,杖一百、徒三年;非登时而杀,杖一百、流三千里,俱依律收赎。年在十六岁以上,无论登时与否,均照擅杀罪人律拟绞监候。如死者与凶犯年岁相当,或仅大三五岁,审系因他故致毙人命,捏供拒奸狡饰者,仍分别谋、故、斗杀,各照本律定拟,秋审实、缓,亦照常办理。若供系拒奸,并无证佐及死者生供,审无起衅别情,仍按谋、故、斗杀各本律定拟,秋审俱入于缓决。至先被鸡奸,后经悔过拒绝,确有证据,复被逼奸,将奸匪杀死者,无论谋、故、斗杀,不问凶犯与死者年岁若干,悉照擅杀罪人律拟绞监候。其因他故致毙者,仍依谋、故、斗杀各本律问拟。

现行刑律案语

原例(略)

臣等谨按:此例原分二条,一系乾隆四十二年〔1777〕刑部奏准续纂;一系六十年〔1795〕刑部议准增纂,嘉庆六年〔1801〕修并为一,道光四年〔1824〕增改,均系言男子拒奸擅杀之罪。查擅杀,新章情轻者减流,谋、故杀仍依律拟绞,应将"无论谋、故、斗杀"一语,改为"系斗杀,流三千里;系谋、故,仍照擅杀律拟绞监候",以归画一。其罪不至死者,亦准递减一等。例内绞候、流、徒等罪,均应遵章递减。"杖一百"照章罚金,应改为"处十等罚",折半收赎。徒、流附杖并应节删。谨将修改例文,开列于后。

○修改

一、男子拒奸杀人,如死若年长凶犯十岁以外,而又当场供证确凿,及死者生供足据,或尸亲供认可凭,三项兼备,无论谋、故、斗杀,凶犯年在十五岁以下,杀系登时者勿论;非登时,而杀处十等罚,折半收赎。年在十六岁以上,登时杀死者,徒二年半;非登时而杀,徒三年。至死者虽无生供,而年长凶犯十岁以外,确系拒奸起衅,别无他故,或年长凶犯虽不及十岁,而拒奸供证确凿,及死者生供足据,或尸亲供认可凭,三项中有一于此,凶犯年在十五岁以下,登时杀死者,徒二年半;非登时而杀,徒三年,俱依律收赎。年在十六岁以上,无论登时与否,均流三千里。如死者与凶犯年岁相当,或仅大三五岁,审系因他故致毙人命,捏供拒奸狡饰者,仍分别谋故、斗、杀,各照本律定拟,秋审实缓,亦照常办理。若供系拒奸,并无证佐及死者生供,审无起衅别情,仍按谋、故、斗杀各本律定拟,秋审俱入于缓决。至先被鸡奸,后经悔过拒绝,确有证据,复被逼奸,将奸匪杀死者,不问凶犯与死者年岁若干,系斗杀,流三千里;系谋、故,照擅杀罪人律拟绞监候。其因他故致毙者,仍依谋、故、斗杀各本律问拟。

核订现行刑律

○删除

原修改例文(略)

谨按:此男子拒奸、杀人分别治罪之例,必当场证供、死者生供、尸亲供认三项兼备,又必分别是否登时,及凶犯死者年龄,自为慎防诬陷起见。惟凶犯年止十五岁上下,而死者长于凶犯十岁,则其强弱不敌,已可概见,拒奸而杀,事理所无;死者生供,当命在呼吸之时,亦未必甘被恶名而死。窃谓此等案件,全在问官细心推鞠,不在多立条文。溯查康熙年间,凡鸡奸之案有照以秽物灌人口鼻问拟者,有照以他物置人孔窍定拟者,良由男女不同,故不以奸情论,自定拒奸杀人之例,于是转辗比附,案牍益繁,而法理浸失。现值删减科条之际,此例拟请删除。

6.19.286 谋杀故夫父母 / 19.248 谋杀故夫父母

律文·修改

大清律例	现行刑律
6.19.286.1 凡改嫁妻妾谋杀故夫之祖父母、父母者,并与谋杀见奉舅姑罪同。若妻妾被出,不用此律。若舅姑谋杀已故子孙改嫁妻妾,依故杀律,已行,减二等;已伤,减一等。若奴婢不言雇工人,举重以见义。谋杀旧家长者,以凡人论。	19.248.0 凡改嫁妻妾谋杀故夫之祖父母、父母者,并与谋杀见奉舅姑罪同。若妻妾被出,不用此律。若舅姑谋杀已故子孙改嫁妻妾,依故杀律,已行,减二等;已伤,减一等。

谓将自己奴婢转卖他人者,皆同凡人论。余条准此。赎身奴婢,主仆恩义犹存,如有谋杀旧家长者,仍依谋杀家长律科断。

现行刑律案语

原律(略)

〇仍旧

臣等谨按:此律应仍其旧,理合陈明。

核订现行刑律

原仍旧律文(略)

谨按:奴婢谋杀旧家长一项,系指转卖之奴婢而言。现在申明卖买人口之禁,以后即不容再有转卖奴婢之事,至小注"赎身奴婢"一项,"奴婢殴家长"门已有专例,自可类推,以上二项拟请一并删除。谨将修改律文,开列于后。

〇修改(略)

6.19.287 杀一家三人 / 19.249 杀一家三人

律文·修改

大清律例

6.19.287.1 凡杀谓谋杀、故杀、放火行盗而杀。一家谓同居,虽奴婢、雇工人皆是;或不同居,果系本宗五服至亲亦是。非实犯死罪三人,及支解活人者,但一人即坐,虽有罪亦坐,不必非死罪三人也。为首之人,凌迟处死,财产断付死者之家,妻、子不言女,不在缘坐之限。流二千里;为从加功者,斩。财产、妻、子,不在断付、应流之限。不加功者,依谋杀人律减等。

〇6.19.287.2 若将一家三人,先后杀死,则通论。若本谋杀一人,而行者杀三人,不行之人,造意者斩;非造意者,以从者不行,减行者一等论。仍以临时主意杀三人者为首。

现行刑律

19.249.0 凡杀谓谋杀、故杀、放火行盗而杀。一家谓同居之本宗五服至亲皆是;或不同居,凡属期亲亦是。非实犯死罪三人,及支解活人者,但一人即坐,虽有罪亦坐,不必非死罪三人也。为首之人,斩;为从加功者,绞。不加功者,依谋杀人律减等。〇若将一家三人,先后杀死,则通论。若本谋杀一人,而行者杀三人,不行之人,造意者绞;非造意者,以从者不行,减行者一等论。仍以临时主意杀三人者为首。

现行刑律案语

原律(略)

臣等谨按:此条本沿《明律》。查"一家"二字,《唐律》小注"同籍及期亲为一家。部曲、奴婢非。"《疏议》曰:"但杀一家非死罪良口三人,即为不道。注云同籍不限亲疏,期亲虽别籍亦是。杀一家三人内,兼杀部曲、奴婢者,非。并谓部曲若奴,杀别人部曲、奴婢一家三人,坐同良人,还入十恶。"《明律纂注》始将一家分同居、不同居,谓"同居共财,不限籍之同异,虽奴婢、雇工人,亦准三人之数。若不同居,果系父子兄弟至亲,亦是"。《笺释》又称"或不同居,果系五服至亲,亦是"。顺治三年〔1646〕

所添小注系照纂注改定，于“同居”下节去“共财不限籍之同异”八字，于“奴婢、雇工”下改“亦准三人之数为皆是”。乾隆十六年〔1751〕，又将“父子兄弟”字样，改为“本宗五服至亲”，律注逐次修明，究于律义实多未协，按古者以赃没为奴婢，奴婢皆系罪人，自秦法得买卖奴婢，汉承其敝，遂有官、私奴婢之异，私奴婢非有罪者，而其不与良人并论，实无所区别。《唐律》以奴婢、部曲为非一家，《疏议》有“良口三人”之语，分晰极明。部曲之名，今已不见，《明律》始有雇工，即占之佣保也，《唐律》释文云：二面断约年月赁人指使为随身，颇与雇工相似，而情谊则与奴婢迥殊。盖奴婢自幼无归投身，衣饭其主，以畜产视之，非若雇工来等奚奴，去同陌路，并无恩谊可言者，夫以奴婢于主人身命相关，古法尚不在良人之列，则如雇工之漠不相属，更不得以一家论可知。且“良贱相殴”律内，故杀奴、雇不与凡人同科，乃杀一家三人，奴、雇即可与良人同论，似尤未甚吻合。今拟仍宗《唐律》，节去“虽奴婢、雇工皆是”一语，而以“本宗五服至亲”贴同居，以“凡属期亲”贴不同居，较为确切。至断给财产，本非古制，妻子缘坐新章已有分别宽免之文，况此等案件，妻子如知情同谋，即应科以为从之罪，如仅知情不举，非怵于威命，即徇于恩私，事非谋逆，揆诸“亲属得相容隐”之律，亦尚可原，应请将律内“财产断付死者之家，妻子流二千里”等语，并注内有关“缘坐”之处，一并节删。凌迟照章改为斩决，斩罪亦应改绞。谨将修改律文、律注，开列于后。

○修改

凡杀（谓谋杀、故杀、放火行盗而杀。）一家（谓同居之本宗五服至亲，皆是。或不同居，凡属期亲亦是。）非（实犯）死罪三人，及支解（活）人者，（但一人即坐，虽有罪亦坐，不必非死罪三人也。为首之人，）斩立决；为从（加功）者，绞立决。（不加功者，依谋杀人律减等。○若将一家三人，先后杀死，则通论。若本谋杀一人，而行者杀三人，不行之人，造意者绞；非造意者，以从者不行，减行者一等论。仍以临时主意杀三人者为首。）

核订现行刑律

原修改律文（略）

谨按：律文体例凡斩、绞罪名，小注“不加监候”字样者，即系立决，本条“立决”二字系属衍文，应请节删。谨将修改律文，开例于后。

○修改（略）

条例·修改、修并、仍旧

大清律例

6.19.287.(5)〔杀一家三命以上凶犯〕

一、凡杀一家三命以上凶犯，审明后，依律定罪，一面奏闻，一面恭请王命，先行正法。

现行刑律

19.249.(1)〔杀一家三命以上凶犯〕

一、凡谋、故杀及放火、行盗杀一家三命以上凶犯，审明后，依律定罪，一面奏闻，一面恭请王命，先行正法。其杀

三命而非一家者,拟绞立决。

现行刑律案语

原例

6.19.287.(2)〔无心支解但图灭迹及本欲支解杀讫随行〕(略)

6.19.287.(5)〔杀一家三命以上凶犯〕(略)

○仍旧

臣等谨按:以上二条,应仍其旧,理合陈明。

核订现行刑律

原例

6.19.287.(5)〔杀一家三命以上凶犯〕(略)

谨按:此条例内"杀"字本指谋、故杀及放火行盗而杀,第本门尚有共殴杀一家三命、斗杀一家三命、误杀一家三命各例,则本条例首似应照律叙明,且共殴杀一家三命各例皆及三命,而非一家,此例亦应增入,方昭赅备。谨将修改例文,开列于后。

○修改(略)

大清律例

6.19.287.(4)〔为父报仇杀一家三命分别是否一家及命数定拟〕

一、为父报仇,除因忿逞凶,临时连杀一家三命者,仍照律例定拟外,如起意将杀父之人杀死后,被死者家属经见,虑其报官,复行杀害,致杀一家三命以上者,必究明报仇情节,杀非同时,与临时逞凶连毙数命者有间,将该犯拟斩立决,妻、子免其缘坐。

现行刑律

19.249.(2)〔为祖父母父母报仇杀死一家三命以上〕

一、为祖父母、父母报仇,杀死一家三命以上之案,无论临时逞凶与杀非同时,除将致毙伊祖父母、父母正凶一命不计外,如被杀人数已至三人,仍应照律治罪。

现行刑律案语

原例(略)

臣等谨按:此例系嘉庆四年〔1799〕刑部因案纂定。惟查祖父母、父母为人所杀,例载国法已伸,不当为仇。如有子孙杀害,照谋、故杀本律定拟,入于缓决;若凶犯未经到官脱逃,被死者子孙撞遇擅杀,例止拟杖。其律文则以祖父母为人所杀,而子孙即时杀死者,勿论。况杀一家三人,重在非实犯死罪,如果杀死其祖父母、父母,正凶未经到官致被杀死,则正凶实系有罪之人,即国法已伸,亦与平人有别。今例内将为

父复仇，临时连杀一家三命者，仍照律例定拟，杀非同时者，拟以斩决，既与律载“非实犯死罪三人”之语相悖，亦与“将三人先后杀死则通论”之律注未符。平情而论，此等复仇杀死一家数命之案，似应“无论临时逞凶与杀非同时，除致毙伊父正凶一命不计外，仍以所杀之人数，分别各按照本律例治罪”，并查照祖父母、父母被殴例，添入“祖父母”一层，以昭赅备，而示持平。妻、子缘坐，自应节删。谨将修改例文，开列于后。

〇修改

一、为祖父母、父母报仇，杀死一家数命之案，无论临时逞凶与杀非同时，除致毙伊祖父母、父母正凶一命不计外，仍以所杀之人数，分别按照各本律例治罪。

核订现行刑律

原修改例文（略）

谨按：此条致毙伊祖父母、父母之正凶本系罪人，自应不计，方与“杀一家非实犯死罪三人”之律文相合，其杀非同时者，如被杀已至三人，即应照律拟罪，庶与“将一家三人先后杀死则通论”之律注亦符，所改之例，仍泥于一家二命，似应将例末两语改为“如被杀人数已至三人，仍应照律治罪”。谨将修改例文，开列于后。

〇修改（略）

大清律例

6.19.287.(12)〔谋故杀人误杀旁人二三命分别是否临时逞凶治罪〕

一、凡谋、故杀人，而误杀旁人二、三命，除非一家者，仍从一科断，照故杀本律拟斩监候外，如系一家二命，拟以斩决，免其枭示；三命以上，拟以斩枭，俱毋庸酌断财产。

6.19.287.(15)〔谋杀人而误杀其人之祖父母父母妻女子孙一家二命及三命以上〕

一、谋杀人，而误杀其人之祖父母、父母、妻女、子孙，一家二命及三命以上，除首犯仍照误杀旁人一家二命，及三命以上本律，分别问拟斩决、斩枭外，其为从下手，伤重致死，及知情买药者，如误杀一家二命及三命而非一家者，发往新疆当差；三命以上，发往新疆给官

现行刑律

19.249.(3)〔谋故杀人误杀旁人三命〕

一、凡谋、故杀人，而误杀旁人三命，除非一家者，仍从一科断，照故杀本律拟绞监候，秋审入于情实，从而加功者发新疆当差外，如系一家三命，拟以绞立决；其为从加功之犯，拟绞监候。若首犯并未在场，系为从下手伤重致死，如误杀三命而非一家者，拟绞监候，秋审入于情实；一家三命，拟绞立决；造意之犯，仍按致死人数，照原谋拟流律以次递加一等问拟。倘因谋、故、斗殴而误杀其人祖父母、父母、兄弟、妻、女、子孙，一命及三命以上者，均依各本律本例科罪。

兵为奴。

*人命·戏杀误杀过失杀伤人

6.19.292.(19)〔谋故斗殴而误杀其人之祖父母父母妻子子孙一命〕(略)

现行刑律案语

原例

6.19.287.(12)〔谋故杀人误杀旁人二三命分别是否临时逞凶治罪〕(略)

6.19.287.(15)〔谋杀人而误杀其人之祖父母父母妻女子孙一家二命及三命以上〕(略)

人命·戏杀误杀过失杀伤人

6.19.292.(19)〔谋故斗殴而误杀其人之祖父母父母妻子子孙一命〕(略)

6.19.292.(16)〔谋杀人致下手之犯误杀他人〕(略)

臣等谨按:第一条系嘉庆十七年〔1812〕刑部因"河南省刘敬谋毒刘运成,误毒兰罗儿、兰关儿身死"案内议准定例;第二条系嘉庆二十年〔1815〕因"河南省王庭臣谋毒王不济,误毒其妻李氏及子女一家三命"一案纂辑为例,均载在本门;第三条系乾隆二十七年〔1762〕因"贵州省苏光子与吴绍先扭结,误伤其子吴长生身死"一案附纂为例,四十八年〔1783〕、嘉庆十九年〔1814〕、二十年〔1815〕节次修改;第四条系嘉庆五年〔1800〕因"陕西省陈居英纠同何成谋杀徐有才,误杀赵学仓"一案议准定例,十四年〔1809〕改定,均载在"戏杀误杀过失杀伤人"门,各例互有参差,应斟酌以归一。是查因谋误杀,《唐律》并无明文,而《疏议》问答有"合科故杀罪"之语,今律以故杀论,似即本此,以故杀云者,非临时起意,欲杀曰故之谓,盖谓各从本杀法也。事由首犯误杀,首犯应依本杀法论;事由从犯误杀,从犯应依本杀法论。首犯之本杀系斩候,律内业已注明,从犯之本杀系绞候,律内未经议及,诚以律例专为首犯一人而设,首犯因谋而误,不能逭其骈诛,即从犯因谋而误,不能宽其绞抵,当可隅反,自释者拘于故杀无为从之说,又以注内有"死者处斩"之文,于是专以首犯当其重罪,其在下手即造意之犯办理,本自无差。所难者首犯并未亲行,将科以谋杀之条,而所谋者既未杀讫,将坐下手以谋杀之罪,而从犯究系听命于人,此中权衡,似仍应各从本杀法为断。如杀人者即系首犯,则一命拟以斩候改绞,二命、三命各照为首应得重罪,坐之人虽误,而谋已行,诛其心也。其内加功之犯,一命照本律定罪未免过重,似应酌减满流,二命、三命应仍照本律拟绞,盖既有正犯拟抵,从犯不妨略予区别也。如杀人者系属从犯,则一命拟以绞候,适得本罪,二命、三命即照斗杀例内分别二命、三命之罪坐之,原其听从而误,非系临时主意也,其内造意不行之犯,若照谋杀已行未伤律拟徒,究已酿成人命,应按致死人数,照原谋律以次加等,方昭平允。今将各条酌核,首条系专言自行谋杀人误杀旁人之罪而加功无文,且二三命非一家,均从一科

断,核与致死非一家三命,照一家二命治罪各例不符,应将例首三字节去,于“一家二命”下添入“及三命而非一家”一层,并于例末添入“加功拟绞”,除笔内添入“从犯仍于加功本律上减流”各层,庶例义益昭赅备。第二条虽言为从罪名,然仅当差为奴,而止在例意,或以首犯业经实抵,不应复将从犯加严,但首犯既失其所谋,自应专以从犯为坐,查斗杀一家二命,及三命非一家者,由绞决改为绞候、入实,三命以上,由斩决改为绞决,业于彼例内,逐一修明。谋杀加功与斗杀罪同,则因听从谋杀而误杀,酌照彼例定断,似非无据,其造意之犯照原谋律以次加等,亦应叙明。至例首称“祖父母、父母、妻女、子孙”与第三条同义,特有一命、二命、三命之分,按祖父母等系属一脉至亲,与无干之旁人有间。第三条例内既载明照谋、故、斗杀各本律科罪,似凡谋、故杀而误杀其人之祖父母等一命、二命、三命案内从犯,皆应照本律本例定拟可知,下文“拟流”一层,应即删去。兹拟合三例为一,而将第二条“为从下手伤重致死”各节移入首条,并节去“俱毋庸断给财产”句,其谋杀、误杀其人之祖父母等项,亦与第三条修明总叙于末,以省繁冗。第四条系言谋杀人以致从犯误杀旁人之罪,例以造意之犯拟斩,下手伤重致死者拟流,轻重似觉倒置。溯查嘉庆五年〔1800〕旧例,载谋杀人而误杀旁人之案,如系造意之犯下手致死者,照故杀律拟斩监候,为从加功者,杖一百、流三千里;若为从之犯下手致死者,系手足、他物、金刃,照同谋共殴下手伤重致死者,拟绞监候,系火器及毒药者,仍照本例拟斩监候。其造意之犯,照原谋拟流律加一等各等语,以首从各犯下手与否分别科罪,原例本极详明,应行照改。惟下手之从犯,一照谋殴,一照故杀,强以金刃、火器等物区分差等,究涉纷烦,案系谋杀加功,似不如径照加功律拟绞,较为简当;且首犯既失所谋之意,照原谋问拟已足蔽辜,毋庸再行加等,均应于例内修改明晰,以资引用。再,知情买药究与亲手下药者有殊,例与为从下手同科,亦属过当,所有第二条、第四条“知情买药”字样应节删。新章斩候改绞,例内照谋故、杀本律拟斩之处,应改正;斩决改为绞候,即行正法仍系绞决罪名,业于“杀一家非死罪二人”条声明在案,毋庸复叙。斩枭改为斩决。流罪附杖亦应删。“杖一百”罪名照章罚金,应改为“处十等罚”。谨将移并例文一条汇载“杀一家三人”门,修改例文一条仍载“戏杀误杀过失杀伤人”门合行,开列于后。

〇移并

一、凡谋、故杀人而误杀旁人二命,除非一家者,仍从一科断,照故杀本律拟绞监候。从犯仍于加功本律上减流外,如系一家二命,及三命而非一家者,亦照故杀本律拟绞监候,请旨即行正法。三命以上拟斩立决,其为从加功之犯,仍照加功律拟绞监候。若首犯并未在场,系为从下手伤重致死者,如误杀一家二命,及三命而非一家者,拟绞监候,入于秋审情实;三命以上,拟绞立决。造意之犯,仍按致死人数,照原谋拟流律上,以次递加一等问拟。倘因谋故斗殴,而误杀其人之祖父母、父母、妻女、子孙,一命、二命及三命以上,均各依本律本例科罪。

○修改

人命·戏杀误杀过失杀伤人

19.254.(3)〔谋杀人而误杀旁人〕(略)

核订现行刑律

原移并例文(略)

谨按:此条因谋、故而误杀旁人,究与真正谋、故杀有间,自应稍示区别。一家二命现已议删。应将例首二命“二”字改为“三”字,其非一家者,虽从一科断,照故杀本律拟以绞候,秋审入于情实,并不贷其一死,其从而加功者,原例本系发疆当差,应请即仍其旧,如系一家三命,亦应与谋故致死者,略分差等,且为从加功之犯,既不照律而改拟绞候,则首犯亦应改为绞决,方为持平。例内其为从加功之犯,以下“仍照加功律”五字,应即节去,总以被杀三命是否一家为绞罪立决、监候之分,若首犯并未在场,系由从犯下手伤重致死,则从犯误杀之人,非首犯欲杀之人,应以从犯当其重罪,而科造意者以原谋,仍按致死人数递加一等定拟,庶法理较为完足。谨将修改例文,开列于后。

○修改

19.249.(3)〔谋故杀人误杀旁人三命〕(略)

大清律例

6.19.287.(6)〔聚众共殴死一家三命及以上并斗杀之案殴死一家二命三命〕

一、聚众共殴,原无必杀之心,而殴死一家三命,及三命以上者,将率先聚众之人不问共殴与否,拟斩立决;为从下手伤重至死者,拟绞监候。其共殴致死一家二命者,将率先聚众之人,不问共殴与否,拟绞立决;为从下手伤重至死者,拟绞监候。若斗杀之案,殴死一家三命,及三命以上者,拟斩立决;殴死一家二命,或三命而非一家者,拟绞立决。

现行刑律

19.249.(4)〔聚众共殴并斗杀之案殴死三命及以上〕

一、聚众共殴,原无必杀之心,而殴死一家三命,及三命以上者,将率先聚众之人不问共殴与否,拟绞立决;为从下手伤重至死者,拟绞监候。其共殴致死三命而非一家者,将下手伤重致死之犯拟抵;率先聚众之人,照原谋本律递加一等治罪。若斗杀之案,殴死一家三命,及三命以上者,亦拟绞立决;如三命而非一家者,拟绞监候,入于秋审情实。

现行刑律案语

原例(略)

臣等谨按:此例原系二条,一乾隆五年〔1740〕采辑律后小注,一乾隆三十年

〔1765〕“山西省石继萬扎死石如玉父子二命”案内附请定例，嘉庆六年〔1801〕修并为一。在聚众共殴致死一家三命者，情节本与谋、故略同，予以骈诛，尚不为刻。若系一家二命，即与三命以上大有区分，例既将下手之犯各拟抵偿，复将谋殴之犯加予立决，是以三命而偿死者二命，于法似觉未平。即谓果有率先聚众重情，亦止可按本律加等定拟，盖案系各毙各命，不能因一家而从严，而衅究起于原谋，亦不能不因二命而稍重，至此节有二命，而三命非一家者无文，与下节斗杀之案例文互异，系属罣漏，亦应补入。所有例内绞决、绞候各层，拟改为“共殴杀死一家二命，或三命而非一家者，各将下手伤重致死之犯拟抵，率先聚众之人，照原谋本律递加一等治罪”，较为平允。斩决照章改为绞决，绞决亦应改为绞候、入实。谨将修改例文，开列于后。

〇修改

一、聚众共殴，原无必杀之心，而殴死一家三命，及三命以上者，将率先聚众之人不问共殴与否，拟绞立决；为从下手伤重至死者，拟绞监候。其共殴致死一家二命或三命而非一家者，各将下手伤重致死之犯拟抵；率先聚众之人，照原谋本律递加一等治罪。若斗杀之案，殴死一家三命，及三命以上者，拟绞立决；殴死一家二命，或三命而非一家者，拟绞监候，入于秋审情实。

核订现行刑律

原修改例文(略)

谨按：此条例内所叙“一家二命”一层，应照前节去，至“三命而非一家”，虽原例皆与一家二命相提并论，然死至三人，案情较重，似应与斗杀案内之“三命而非一家者”一并议留，以杜残杀而重人命，例内“殴死一家三命，及三命以上者”之下应加一“亦”字，方与上文之“拟绞立决”呼应。谨将修改例文，开列于后。

〇修改(略)

大清律例

6.19.287.(8)〔本宗及外姻尊长杀有服卑幼一家主仆雇工非死罪三人〕

一、本宗及外姻尊长，杀缌麻、小功、大功卑幼一家非死罪主、仆、雇工三人者，俱斩决。杀期服卑幼一家主、仆、雇工三人者，绞决；若三人内有功服、缌麻卑幼者，仍从杀死功服、缌麻卑幼三人斩决。至杀死一家三命，分均卑幼，内有一人按服制律应同凡论者，斩决、枭示。如谋占财产，图袭官职，杀期服

现行刑律

19.249.(5)〔本宗及外姻尊长杀有服卑幼一家三人〕

一、本宗及外姻尊长，杀缌麻、小功、大功卑幼一家非死罪三人者，俱绞立决。杀期服卑幼一家三人者，绞监候，入于秋审情实；若三人内有功服、缌麻卑幼者，仍从杀死功服、缌麻卑幼三人绞决。至杀死一家三命，分均卑幼，内有一人按服制律应同凡论者，斩立决。如谋占财产，图袭官职，杀期服卑

卑幼一家三人者,斩决;杀大功、小功、缌麻卑幼一家三人者,凌迟处死。仍各将犯人财产,断付被杀之家。

幼一家三人者,绞立决;杀大功、小功、缌麻卑幼一家三人者,斩立决。

现行刑律案语

原例(略)

臣等谨按:此条系乾隆、嘉庆年间两经修改,为尊长杀死有服卑幼一家三人之例。惟查故杀胞侄及其奴仆,均罪不应抵,一至三命即拟立决,已未允协。至以卑幼之主仆为一家,而凶犯本系有服尊长,反谓外人立言,尤为不顺,此皆律注内"奴仆、雇工人"皆是一语误之也,且杀死同主雇工及雇主各一命,例不得以一家二命论,而杀死有服卑幼,内有奴、雇,反以一家三命论,亦觉显相抵牾,自应将例内"主、仆、雇工"各节删去。凌迟、斩决、绞决等罪均应照章依次递改。断付财产亦应删。谨将修改例文,开列于后。

○修改(略)

大清律例

6.19.287.(14)〔罪止绞候命犯杀人后支解尸体〕

一、凡谋、故、斗殴杀人,罪止斩、绞监候之犯,若于杀人后挟忿逞凶,将尸头、四肢全行割落,及剖腹取脏掷弃者,俱各照本律例拟罪,请旨即行正法。

现行刑律

19.249.(6)〔罪止绞候命犯杀人后支解尸体〕

一、凡谋、故、斗殴杀人,罪止绞监候之犯,若于杀人后挟忿逞凶,将尸头、四肢全行割落,及剖腹取脏掷弃者,俱各照本律例拟罪,请旨即行正法。

现行刑律案语

原例(略)

臣等谨按:此例系道光八年〔1828〕刑部因案纂定。惟谋、故杀人之原拟斩候者,新章已改绞候,例内"斩"字应节去。谨将修改例文,开列于后。

○修改(略)

大清律例

6.19.287.(2)〔无心支解但图灭迹及本欲支解杀讫随行〕

现行刑律

19.249.(7)〔无心支解但图灭迹及本欲支解杀讫随行〕

一、支解人,如殴杀、故杀人后,欲求避罪,割碎死尸,弃置埋没,原无支解

之心，各以殴、故杀论。若本欲支解其人，行凶时势力不遂，乃先杀讫，随又支解，恶状昭著者，以支解论。俱奏请定夺。

现行刑律案语

○仍旧（略）

见6.19.287.(5)〔杀一家三命以上凶犯〕条

条例・删除

大清律例

6.19.287.(1)〔犯杀一家非死罪三人及支解人为首监故者〕

一、凡杀一家非死罪三人，及支解人，为首监故者，将财产断付被杀之家，仍锉碎死尸，枭首示众。

6.19.287.(16)〔罪应斩决命犯情节凶残者〕

一、杀死人命罪干斩决之犯，如有将尸身支解，情节凶残者，加拟枭示。

现行刑律案语

○删除

6.19.287.(1)〔犯杀一家非死罪三人及支解人为首监故者〕（略）

6.19.287.(16)〔罪应斩决命犯情节凶残者〕（略）

臣等谨按：上条系前明旧例，乾隆三十二年〔1767〕修改；下条系嘉庆年间续纂，专为锉尸及加拟枭示而设。惟新章已免戮尸、枭示，此二例无关引用，似应一并删除。

大清律例

6.19.287.(3)〔杀死功缌卑幼一家非死罪二命者〕

一、杀死功服、缌麻卑幼一家非死罪二命者，俱问拟绞决，奏请定夺。仍查明该犯财产，酌断一半给付死者之家。

6.19.287.(9)〔谋故殴杀缌麻尊长一家二命〕

一、凡谋、故杀缌麻尊长一家二命者，斩决、枭示。殴死缌麻尊长一家二命者，拟斩立决。

现行刑律案语

原例

6.19.287.(9)〔谋故殴杀缌麻尊长一家二命〕(略)

6.19.287.(3)〔杀死功缌卑幼一家非死罪二命者〕(略)

臣等谨按:上一条系嘉庆年间续纂,下一条系乾隆年间修定,均为服制案内严惩致毙一家二命而设,似应修并为一。惟查唐明各律,并无杀一家二命之文,有犯向俱照《名例》"二罪俱发相等者,从一科断"。今上条例内将谋、故杀缌尊二命者,拟以斩枭,殴杀者,拟以斩决,固系为严治凶徒起见,但现在凌迟业经废止,设更有致毙三命及三命以上之案,势必无从议增办理,既形窒碍,然遽置二命于不论,亦不足杜残杀而植纲常。臣等窃以为罪有所止,其律应立决者,不妨径循本法,以示无可复加,而律应监候者,究系以卑犯尊,亦应略予创惩,以示不容干犯。所有"斩枭"一层,按谋、故杀缌尊本律原系斩决,遵章应改绞决,拟仍改为"仍照本律拟绞立决";"斩决"一层,按殴死缌尊本律原系斩候,遵章应改绞候,拟改为"仍照本律拟绞监候,请旨即行正法",并于下注明"如尊长理曲肇衅者,不在此列",既与凡人稍示区别,亦与律文从一之义相符,似较平允。至下条"杀死功、缌卑幼非死罪二人",情节本极惨忍,第二命究均卑幼,与杀死平人一家非死罪二命不同,应仍改照本律拟绞监候,并查照新章声明入于秋审情实。例末"酌断财产",本非古法,应即节删。谨将修并例文,开列于后。

○修并

一、凡谋、故杀缌麻尊长一家二命者,仍照本律拟绞立决。殴死缌麻尊长一家二命者,仍照本律拟绞监候,请旨即行正法。如尊长理曲肇衅者,不在此列。其杀死功服、缌麻卑幼一家非死罪二人者,亦照本律拟绞监候,入于秋审情实。

核订现行刑律

○删除

原修并例文(略)

谨按:本条律目系"杀一家三人",其律文则曰"杀一家非实犯死罪三人",词严义正,若被杀三人内有一人应处死罪,即不以三人论。《唐律疏议》曰:"杀一家非死罪良口三人,内一人先犯死罪而杀之,即非不道,只依杀一人罪法。"盖不言一家二命也。宋、元、明律亦皆以杀一家非死罪三人定罪,均不及一家二命。国初仍沿用之。自乾隆四年〔1739〕定"杀死功缌卑幼一家二命"之例,嘉庆十四年〔1809〕乃复定"谋、故杀缌麻尊长一家二命""殴死缌麻尊长一家二命"之例,实均于律外加重,且与《名例》"二罪俱发相等者,从一科断"之律相背。况谋、故杀缌尊之案即应绞决,科及二命,亦不过绞决之罪,其殴死缌尊者,本律原系斩候,照章应改绞候,如因其连

毙二命，秋审亦必情实，若拟绞候，而请旨即行正法，则与上年奏定章程似亦未符。至杀死功缌卑幼，"殴大功以下尊长"门内本于殴杀、故杀分晰叙明，如系谋杀，则应依故杀法，其情节较重者，秋审固应入实，若不论案情，因其一家二命概予绞候、入实，而殴杀功服弟妹、堂侄及缌麻侄孙，从一科断，其罪本不至死，一并由流改绞拟实，则与本应绞候者亦应区别，似不必泥于续增之一家二命，致与从一之义抵触。此条拟请删除。

大清律例

6.19.287.(7)〔杀一家非死罪二人〕

一、凡杀一家非死罪二人，及杀三人而非一家，内二人仍系一家者，拟斩立决、枭示，酌断财产一半，给被杀二命之家养赡。倘本犯监故，财产仍行断给。如致死一家二命，系一故一斗者，及杀三人而非一家者，与本欲谋杀一人而行者杀三人案内造意不行之犯，俱拟斩立决，奏请定夺，毋庸断给财产。

现行刑律案语

原例(略)

臣等谨按：此条系乾隆、嘉庆年间迭经修并、修改。查谋、故杀一家二命，律无明文，以二罪俱发之律推之，自当从一科断。此例原定斩决，继改斩枭，本觉重而又重，惟究关一家二命，若不稍加惩创，又与二命非一家者无所区别。兹拟将例内"杀一家非死罪二人，及杀三人而非一家，内二人仍系一家者"，改为"各照本律本例拟罪，请旨即行正法"。其"致死一家二命，系一故一斗，及杀三人而非一家者"，亦改为"各照本律本例拟罪，秋审时入于情实"。如此分别办理，庶与律文从一之旨不悖，而情重、情轻各犯，一则不令稽诛，一则仍予实抵，较得情法之平。至造意者本欲谋杀一人，而行者杀三人，是三人之死皆由于下手，而非由于造意，本门律注明有以临时主意杀三人者为首之文，自可照办，乃独严于造意，未免轻重失宜，此层似应节去。再，"断给财产"一层，本非古法，所有例内断产养赡及本犯监故，仍行断给，并例末"奏请定夺，毋庸断产"等语，均应删除。谨将修改例文，开列于后。

〇修改

一、凡杀一家非死罪二人，及杀三人而非一家，内二人仍系一家者，各照本律本例拟罪，请旨即行正法。其致死一家二命，系一故一斗，及杀三人而非一家者，亦照本律本例拟罪，秋审时入于情实。

核订现行刑律

〇删除

原修改例文(略)

谨按:此条上截皆系杀一家二命之例,本与律义不合,至杀三人而非一家,如系谋、故杀,已有绞决之例;如系斗杀,又有拟绞入实之例,即聚众共殴致死,因谋故而误杀,亦均分载各例。此例似可删除。

大清律例

6.19.287.(10)〔家长杀奴仆非死罪三人及杀期亲功缌及族中奴仆一家三人〕

一、家长杀奴仆非死罪三人者,官员、旗人发黑龙江当差;民人,发驻防给官员兵丁为奴,被杀人父母、妻子,悉放为民。若杀期亲奴仆一家三人者,绞候;杀内外大功、小功、缌麻及族中奴仆一家三人者,俱斩候。

满汉通行刑律

○修改(略)

谨按:此条系家长杀死奴仆三命之例。官员、旗、民所发之地不同,显涉歧异,似应修改划一。现在黑龙江边防吃重,驻防又正在变制之时,未便纷纷发遣,拟请改发新疆。今将修改例文,开列于后。

一、家长杀奴仆非死罪三人者,不论旗、民发新疆当差,被杀人父母、妻子,悉放为民。若杀期亲奴仆一家三人者,绞候;杀内外大功、小功、缌麻及族中奴仆一家三人者,俱斩候。

现行刑律案语

原修改例文(略)

臣等谨按:此条系家长杀死奴仆三命之例。查光绪三十三年十二月〔1908年1-2月〕内,臣等《遵议〈满汉通行刑律〉》折,内声明"此例官员、旗、民所发之地不同,显涉歧异,酌改为不论旗、民发新疆当差"等因。奉旨允准在案。自应照改。惟查例首既照律文叙明"非死罪"三字,而"杀期亲等奴仆"无文,亦应添入。至斩候照章应改绞候,与杀期亲奴仆罪同,自可节并。谨将修改例文,开列于后。

○修改

一、家长杀奴仆非死罪三人者,不论旗、民发新疆当差,被杀人父母、妻子,悉放为民。若杀期亲及内外大功、小功、缌麻,并族中奴仆一家非死罪三人者,俱绞候。

核订现行刑律

○删除

原修改例文(略)

谨按:奴婢现以雇工人论,家长故杀雇工律拟绞候,则杀雇工非死罪三人,自应酌量加重,第此等案件素不经见,设有似此情节,自可比照尊长杀卑幼三人之例,分

别科断，毋庸特设专条。至奴仆之父母、妻子既改雇工，于理本应释放，例内"父母、妻子，悉放为民"二语亦近赘设，此例拟请删除。

大清律例

6.19.287.(11)〔为奴遣犯杀死管主一家三人及以上〕

一、凡发遣当差为奴之犯，杀死伊管主一家三人，并三人以上者，除正犯凌迟处死外，其知情之子孙，拟斩立决；不知情者，拟斩监候。若子孙年未及岁，并凶犯之妻妾，俱发驻防给官员兵丁为奴。

现行刑律案语

〇删除

原例（略）

臣等谨按："发遣为奴"之例停止已数十年，此等遣犯自新疆兵燹，之后大约已无存者，即现在尚有"当差"名目，亦与从前办法不同，此例几同虚设，应即删除。

大清律例

6.19.287.(13)〔杀一家非死罪三四命以上凶犯之子分别其及年并死者绝嗣与否问拟〕

一、杀一家非死罪三四命以上者，凶犯依律凌迟处死。凶犯之子，除同谋加功，及有别项情罪者，仍照本律定拟外，其实无同谋加功，查明被杀之家未至绝嗣者，凶犯之子，年在十六岁以上，改发极边足四千里安置；年在十五岁以下，与凶犯之妻女，俱改发附近充军地方安置。若被杀之家实系绝嗣，将凶犯之子年未及岁者，送交内务府阉割，奏明请旨分赏；十六岁以上者，仍照前例发极边足四千里安置。如未至绝嗣，案内凶犯之妻已故，其年在十五岁以下之子，暂行监禁，俟成丁时再行发配。女已许嫁者，照律归其夫家，不必缘坐。若凶犯之妻已故，其女年在十五以下者，给其亲属领回，不必发配。

删除律例

〇删除

大清律例

6.19.287.(17)〔杀同主雇工复杀死雇主至三命〕

一、凡杀死同主雇工，复杀死雇主，至三命者，如内有雇主二命，仍分别有无主仆名份，各照凡人谋、故、斗杀一家二命及杀死家长本律本例问拟。若杀死同主雇工及雇主各一命者，不得以一家二命论，仍从一科断。

现行刑律案语

○删除

原例(略)

臣等谨按:此条系道光二年〔1822〕刑部因案题准定例。惟同主雇工本属凡人,有犯不能以一家论,即雇工故杀家长一命,已应凌迟,照章改为斩决,二命亦属罪无可加,似不必显为区别。此例拟请删除。

附

现行刑律案语

○续纂

一、纠众互殴致毙多命,及聚众共殴致死一家三命及三命以上各案内,为从下手伤重致死者,如系火器杀人,均照故杀律问拟绞候。

臣等谨按:光绪十三年〔1887〕六月内刑部议复御有庆祥史奏《民间私藏洋枪加等治罪并严定洋枪伤人》一折,内称"近来各省纠众互殴致毙多命,及聚众共殴致死一家三命以上之案,为从下手伤重,各犯系属鸟枪、洋枪杀人者,亦复不少。各该省有即照鸟枪杀人问拟斩候者,有仍照下手伤重问拟绞候者,统经随案更正办理,仍多参差。议请嗣后纠众互殴致毙多命,及聚众共殴致死一家三命及三命以上各案内,为从下手伤重致死者,如系火器杀人,均照故杀律问拟斩候",奏准通行在案。现在新章斩候改为绞候,应查照更正,恭纂为例,以便遵行。

核订现行刑律

○删除

原续纂例文(略)

谨按:聚众共殴致死一家三命及三命以上之例,为从下手伤重致死者,本拟绞监候。光绪十三年〔1887〕通行"如系火器杀人,照故杀律问拟斩候",新章斩候已改绞候,则为从之火器杀人者,亦系绞候罪名,似可赅于下手伤重致死之内。至纠众互殴致毙多命之案,其随从下手伤重致死,应行拟抵者,本各依律例拟抵,火器杀人例以故杀论,故杀律应绞候,有犯皆可援引,此条拟请删除。

6.19.288 采生折割人 / 19.250 采生折割人

律文 · 修改

大清律例	现行刑律
6.19.288.1 凡采生折割人者，兼已杀及已伤言。首 凌迟处死，财产断付死者之家，妻、子及同居家口，虽不知情，并流二千里安置；采生折割人是一事，谓取生人耳目脏腑之类而折割其肢体也。此与支解事同。但支解者，止欲杀其人而已，此则杀人而为妖术以惑人，故又特重之。为从加功者，斩。财产、家口不在断付、应流之限。不加功者，依谋杀人律减等。若已行而未曾伤人者，首 亦斩，妻、子流二千里；财产及同居家口，不在断付、应流之限。为从加功者，杖一百、流三千里。不加功者，亦减一等。里长知而不举者，杖一百，不知者不坐。告获者，官给赏银二十两。	19.250.0 凡采生折割人者，兼已杀及已伤言。首 斩；采生折割人是一事，谓取生人耳目脏腑之类而折割其肢体也。此与支解事同。但支解者，止欲杀其人而已，此则杀人而为妖术以惑人，故又特重之。为从加功者，绞。不加功者，依谋杀人律减等。若已行而未曾伤人者，首 亦绞；为从加功者，流三千里。不加功者，亦减一等。里长知而不举者，处十等罚，不知者不坐。告获者，官给赏银二十两。

现行刑律案语

原律（略）

臣等谨按：此仍明律。断付财产、妻子缘坐之法，均应从删，已于修改“杀一家三人”律文内声叙明晰，此律与杀一家三人情事相类，应请将律内“财产断付死者之家，妻子及同居家口流二千里”等语，并注内有关“缘坐”之处，一并节删。凌迟、斩决均应遵章修改。满杖照章罚金，应改为“处十等罚”。谨将修改律文、律注，开列于后。

〇修改

凡采生折割人者，兼已杀及已伤言。首 斩立决。采生折割人是一事，谓取生人耳目脏腑之类而折割其肢体也。此与支解事同。但支解者，止欲杀其人而已，此则杀人而为妖术以惑人，故又转重之。为从加功者，绞立决。不加功者，依谋杀人律减等。若已行，而未曾伤人者，首 亦绞立决；为从加功者，流三千里。不加功者，亦减一等。里长知而不举者，处十等罚；不知者不坐。告获者官，给赏银二十两。

核订现行刑律

原修改律文（略）

谨按：律文“立决”字样与体例不符，已于前条声明，应请节删。谨将修改律文，开列于后。

〇修改（略）

条例・移并

大清律例

6.19.288.(1)〔采生折割等人亲属首告〕

一、凡采生折割等人,如有亲属首告,或捕送到官,已行者,正犯不免,其缘坐之妻、子及同居家口,得同自首律免罪。

*名例・犯罪自首

1.1.25.(1)〔亲属首告〕(略)

现行刑律

*名例・犯罪自首

1.19.(1)〔亲属首告〕(略)

案语

○移并(略)

见1.1.25.(1)〔亲属首告〕条

6.19.289造畜蛊毒杀人/19.251造畜蛊毒杀人

律文・修改

大清律例

6.19.289.1凡置造藏畜蛊毒,堪以杀人,及教令人造畜者,并坐斩。不必用以杀人。○6.19.289.2造畜者,不问已未杀人,财产入官,妻、子及同居家口,虽不知情,并流二千里安置。教令者之财产、妻、子等,不在此限。若以蛊毒毒同居人,其被毒之人父母、妻妾、子孙,不知造蛊情者,不在流远之限。若系知情,虽被毒仍缘坐。若里长知而不举者,各杖一百,不知者不坐。告获者,官给赏银二十两。○6.19.289.3若造魇魅、符书咒诅,欲以杀人者,凡人子孙、奴婢、雇工人,尊长、卑幼,各以谋杀已行未伤论;因而致死者,各依本谋杀法。欲止令人疾苦无杀人之心。者,减谋杀已行未伤二等。其子孙于祖父母、父母,不言妻妾于父母,举子

现行刑律

19.251.1凡藏造藏畜蛊毒,堪以杀人,及教令人造畜者,并坐绞。不必用以杀人。○19.251.2若里长知而不举者,处十等罚,不知者不坐。告获者,官给赏银二十两。○19.251.3若造魇魅、符书咒诅,欲以杀人者,凡人子孙、雇工人,尊长、卑幼,各以谋杀已行未伤论;因而致死者,各依本谋杀法。欲止令人疾苦无杀人之心。者,减谋杀已行未伤二等。其子孙于祖父母、父母,不言妻妾于夫之祖父母、父母,举子孙以见义。雇工人于家长者,各不减。仍以谋杀已行论绞。○19.251.4若用毒药杀人者,绞。监候。或药而不死,依谋杀已伤律。买而未用者,徒三年。知情卖药者,与犯人同罪,至死减等。不知者不坐。

夫之祖父母、孙以见义。奴婢、雇工人于家长者，各不减。仍以谋杀已行论斩。○6.19.289.4若用毒药杀人者，斩。监候。或药而不死，依谋杀已伤律，绞。买而未用者，杖一百、徒三年。知情卖药者，与犯人同罪，至死减等。不知者不坐。

现行刑律案语

原律（略）

臣等谨按：此仍《明律》。律内"财产入官、妻子缘坐"一节，与"杀一家三人"及"采生折割人"两律情事相类，拟一并删除。斩罪照章改绞，徒罪附杖应节删，"杖一百"罪名照章罚金，应改为"处十等罚"。谨将修改律文、律注，开列于后。

○修改

凡藏造藏畜蛊毒，堪以杀人，及教令人造毒者，并坐绞。不必用以杀人。○若里长知而不举者，处十等罚；不知者不坐。告获者，官给赏银二十两。○若造魇魅、符书咒诅，欲以杀人者，凡人子孙、奴婢、雇工人，尊长、卑幼，各以谋杀已行未伤论；因而致死者，各依本谋杀法。欲止令人疾苦无杀人之心。者，减谋杀已行未伤二等。其子孙于祖父母、父母，不言妻妾于夫之祖父母、父母，举子孙以见义。奴婢、雇工人于家长者，各不减。仍以谋杀已行论绞。○若用毒药杀人者，绞。监候。或药而不死，依谋杀已伤律，绞。买而未用者，徒三年。知情卖药者，与犯人同罪，至死减等。不知者不坐。

核订现行刑律

原修改律文（略）

谨按：奴婢现以雇工人论，本条"奴婢"字样均应节删。谨将修改律文、律注，开列于后。

○修改（略）

条例・修改、续纂

大清律例

6.19.289.(1)〔铺户人等混卖砒霜信石〕

一、诸色铺户人等，货卖砒霜、信石，审系知情故卖者，仍照律与犯同罪外，若不究明来历，但贪利混卖，致成人命者，虽不知情，亦将货卖之人，照不应重律杖八十。

现行刑律

19.251.(1)〔铺户人等混卖砒霜信石及杀人药品〕

一、诸色铺户人等，货卖砒霜、信石等类，及其余一切堪以杀人药品，审系知情故卖者，仍照律与犯同罪外，若不究明来历，但贪利混卖，致成人命者，虽

不知情,亦将货卖之人,处八等罚。

现行刑律案语

原例(略)

臣等谨按:此例系乾隆三十年〔1765〕续纂。近来砒霜、信石杀人之案,已较从前少见,拟于“砒霜、信石”下加“及其余一切堪以杀人药品”,较为周密。不应重杖照章罚金,应改为“处八等罚”。谨将修改例文,开列于后。

〇修改(略)

大清律例

6.19.289.(2)〔以毒药毒鼠毒兽误毙人命以置毒处所分别科断〕

一、凡以毒药毒鼠毒兽误毙人命之案,如置药饵之处,人所罕到,或置放喂食牲畜处所,不期杀人,实系耳目、思虑所不及者,依过失杀人律收赎;若在人常经过处所置放,因而杀人者,依无故向有人居止宅舍放弹射箭律杖一百、流三千里,仍追给埋葬银一十两。

现行刑律

19.251.(2)〔以毒药毒鼠毒兽误毙人命以置毒处所分别科断〕

一、凡以毒药毒鼠毒兽误毙人命之案,如置药饵之处,人所罕到,或置放喂食牲畜处所,不期杀人,实系耳、思虑所不及者,依过失杀人律收赎;若在人常经过处所置放,因而杀人者,照无故向有人居止宅舍放弹射箭律减一等,徒三年,仍追给埋葬银一十两。

现行刑律案语

原例(略)

臣等谨按:此例系嘉庆四年〔1799〕刑部因案续纂。惟查“无故向有人居止宅舍放弹射箭”之律,重在“无故”二字,毒鼠、毒兽不得谓之无故,且置放毒药由死者自行误食,究较亲手杀人者为轻,似应量减问拟,方得其平,拟请照无故放弹射箭致死满流律上减一等拟徒。附加杖罪应删。谨将修改例文,开列于后。

〇修改(略)

现行刑律

19.251.(3)〔制造施打吗啡针及铺户贩卖吗啡〕

一、凡制造、施打吗啡针之犯,不论杀人与否,应依造畜蛊毒律绞罪上减为烟瘴地方安置。其贩卖吗啡之铺户,如查系未领海关专单者,照知情卖药律,与犯人同罪,仍将铺户查封房屋入官。

现行刑律案语

○续纂(略)

臣等谨按：光绪三十四年六月十八日〔1908年7月16日〕，臣等会同法部议复江苏巡抚陈启泰奏《请定贩卖吗啡及制造施打吗啡针治罪专条》一折，当以"吗啡及吗啡针之害，较鸦片尤甚，上年政务处议定商禁洋药进口章程，曾查照中英、中美《续议通商条约》，奏准通行严禁，而贪利之徒仍有以吗啡针诱人打用，自应照造畜蛊毒律量减治罪。至贩卖吗啡之铺户，英美条约内既有'未领专单者，一概不准进口'之文，其内地奸民勾引私贩，亦应定罪示惩。请将拿获制造、施打吗啡针之犯，不论杀人与否，应依造畜蛊毒律斩罪上减为极边烟瘴安置，其贩卖吗啡之铺户加查，系未领海关专单者，亦照知情卖药律与犯人同罪，仍将该铺户即行查封"等因。具奏。奉旨："依议。钦此。"钦遵在案。自应续纂为例，以资引用。再，新章斩均改绞，造畜蛊毒律斩决罪名，已遵章改为绞决，例内斩罪亦应改为绞罪，俾免歧异，理合陈明。

6.19.290 **斗殴及故杀人** 独殴曰殴，有从为同谋共殴。临时有意欲杀，非人所知曰故。共殴者惟不及知，仍只为同谋共殴。此故杀所以与殴同条，而与谋有分。/

19.252 **斗殴及故杀人** 独殴曰殴，有从为同谋共殴。临时有意欲杀，非人所知曰故。共殴者惟不及知，仍止为同谋共殴。此故杀所以与殴同条，而与谋有分。

律文·修改

大清律例	现行刑律
6.19.290.1 凡斗殴杀人者，不问手足、他物、金刃，并绞。监候。○6.19.290.2 故杀者，斩。监候。○6.19.290.3 若同谋共殴人，因而致死者，以致命伤为重，下手致命伤重者，绞；监候。原谋者，不问共殴与否，杖一百、流三千里；余人，不曾下手致命，又非原谋，各杖一百。各，兼人数多寡及伤之轻重言。	19.252.1 凡斗殴杀人者，不问手足、他物、金刃，并绞。监候。○19.252.2 故杀者，亦绞。监候。○19.252.3 若同谋共殴人，因而致死者，以致命伤为重，下手致命伤重者，绞；监候。原谋者，不问共殴与否。流三千里；余人，不曾下手致命又非原谋，各处十等罚。各，兼人数多寡及伤之轻重言。

现行刑律案语

原律(略)

臣等谨按：此仍《明律》。新章斩已改绞，律内"故杀者，斩"应改为"故杀者，亦绞"，流罪附杖应节删。原犯"杖一百"罪名照章罚金，应改为"处十等罚"。谨将修改律文，开列于后。

○修改(略)

条例·修改、修并、仍旧

大清律例	现行刑律
6.19.290.(1)〔同谋共殴人被纠之人殴死其所欲谋殴之人亲属或旁人者〕 一、凡同谋共殴人致死,如被纠之人,殴死其所欲谋殴之父母、兄弟、妻女、子孙及有服亲属者,除下手致死之犯,各按本律例拟抵外,其起意纠殴之犯,不问共殴与否,仍照原谋律杖一百、流三千里。如殴死非其所欲谋殴之人,亦非所欲谋殴之父母、兄弟、妻女、子孙及有服亲属,将起意纠殴之犯,不问共殴与否,照原谋律减一等,杖一百、徒三年。	19.252.(1)〔同谋共殴人被纠之人殴死其所欲谋殴之人亲属及旁人〕 一、凡同谋共殴人致死,如被纠之人,殴死其所欲谋殴之祖父母、父母、伯叔父母、妻、兄弟、子孙、在室女,除下手致死之犯,各按本律例拟抵外,其起意纠殴之犯,不问共殴与否,仍照原谋律流三千里。如殴死非其所欲谋殴之人,亦非其所欲殴之祖父母、父母、伯叔父母、妻、兄弟、子孙、在室女,将起意纠殴之犯,不问共殴与否,照原谋律减一等,徒三年。

现行刑律案语

原例(略)

臣等谨按:此例嘉庆五年〔1800〕刑部因案续纂,九年〔1804〕复经修改。例内所称"殴死其所欲谋殴之父母……子孙及有服亲属"两话,既将祖父母遗漏,又泛言有服亲属,亦与别门所称"误杀"各项显有参差。查"有司决囚等第"门条例,内称误杀其人之祖父母、父母、伯叔父母、妻、兄弟、子孙、在室女,其界限似以服属期亲为断,较为允常,应即按照彼条改定,以归画一。徒、流附加杖罪,并应节删。谨将修改例文,开列于后。

〇修改(略)

大清律例	现行刑律
6.19.290.(2)〔共殴案内原谋及助殴重伤之人监毙病故其下手应拟抵人犯减等〕 一、凡审共殴案内,下手应拟绞抵人犯,果于未经到官之前,遇有原谋及共殴余人内,殴有致死重伤之人,实因本案畏罪自尽,及到官以后、未结之前,	19.252.(2)〔同谋共殴案内原谋及助殴重伤之人监毙病故自尽其下手应拟抵人犯减等〕 一、凡同谋共殴案内,下手应拟绞抵人犯,果于未经到官之前,遇有原谋及余人内,殴有致死重伤,或所殴伤痕与正凶不甚悬绝,实因本案畏罪自尽,

监毙在狱，与解审中途因而病故者，准其抵命，将下手应绞之人，减等拟流。若系配发事结之后身故，及事前在家病亡，或因他故自尽，与本案全无干涉者，不得滥引此例，仍将下手之人，依律拟抵。

6.19.290.(9)〔同谋共殴致死二命非一家者原谋监途病故自尽其下手应绞之犯减等〕

一、同谋共殴，致毙二命非一家者，原谋从一科断，拟以满流。如原谋在监在途病故，及因本案畏罪自尽，准其抵命，将下手应绞之犯，一体减等拟流。若致毙非一家三四命以上者，原谋照例按致死人数以次加等问拟，下手致死之犯，均各照例拟抵；如原谋在监、在途病故，及畏罪自尽者，下手之犯均各照例拟抵，不准减等。

6.19.290.(16)〔共殴致毙其余谋故杀人等案悉应拟抵不得率请减等〕

一、共殴之案，除致毙一、二命，遇有原谋及助殴伤重之余人监毙在狱，与解审中途病故，或因本案畏罪自尽，仍照例准其抵命，将下手应绞之犯减等拟流外，其余谋、故杀人，火器杀人，威力主使制缚，并有关尊长尊属服制之案，悉照本律本例拟抵，不得率请减等。

及到官以后、未结之前，监毙在狱，与解审中途及取保病故者，准其抵命，将下手应绞之人，减等拟流。若系配发事结之后身故，及事前在家病亡，或因他故自尽，与本案全无干涉者，不得滥引此例，仍将下手之人拟抵。其致毙三命而非一家，及四命以上者，原谋照律按致死人数以次加等问拟，下手致死之犯，均各照例拟抵；如原谋在监、在途病故及畏罪自尽者，下手之犯仍各照例拟抵，不准减等。威力主使制缚之案，均照此例办理。其余谋、故杀人，火器杀人，并有关尊长尊属者，悉照本律本例拟抵，不得率请减等。

现行刑律案语

原例

6.19.290.(2)〔共殴案内原谋及助殴重伤之人监毙病故其下手应拟抵人犯减等〕(略)

6.19.290.(9)〔同谋共殴致死二命非一家者原谋监途病故自尽其下手应绞之犯减等〕(略)

6.19.290.(16)〔共殴致毙其余谋故杀人等案悉应拟抵不得率请减等〕(略)

臣等谨按：第一条系前明旧例，乾隆、嘉庆年间节次修改；第二条系嘉庆六年〔1803〕刑部议准定例；第三条系嘉庆二十二年〔1817〕刑部议复河南杜殿选一案题准定例，综核各例冗复迭见，自应修并为一。第一条例内，殴有致死重伤之余人，在狱、在途、病故下手致死者，准其减等，原示一命不容两抵之意，然或正凶及余人所殴各伤，均系金刃及他物手足而拟徒，拟杖之余人一遇患病自必取保，如果在保病故，下手者仍拟绞抵，是情伤较轻之案反严于伤多且重之案矣。检查刑部成案，遇有余人与正凶所殴，伤痕不甚悬绝，虽系在保病故，向俱照监毙在狱例将正凶减等拟流，似应将此层增入，以资援引。第二条例内，死系二命似难与一命相提并论，若谓原谋，可从一科断，下手者亦得一体减流，设二人均系一人致毙，即系连毙应抵二命之人，且二命未必俱系原谋所欲殴；容有谋殴甲，而因乙拦阻，以致并行殴毙者，是甲有原谋，而乙无原谋矣，一概减等，究嫌未协；似不如将此层节去，较为持平。第三条例内，威力主使制缚，亦在不得率请减等之列，惟主使与谋殴情异而罪同，原谋及助殴伤重之余人，与主使案内下手之人，罪名相类，谋殴之案原谋及助殴伤重者病故下手之人，既得减等，则主使之案下手之人病故，主使者亦应减等，方与一命不容两抵之例意相符。应于例内添纂明晰，并将例首除笔删去，并作一条，以省繁冗，而昭平允。谨将修并例文，开列于后。

○修并

一、凡同谋共殴案内下手应拟绞抵人犯，果于未经到官之前，遇有原谋及余人内，殴有致死重伤，或所殴伤痕与正凶不甚悬绝者，实因本案畏罪自尽，及到官以后未结之前，监毙在狱，与解审中途及取保病故者，准其抵命，将下手应绞之人减等拟流。若系配发事结之后身故，及事前在家病亡，或因他故自尽，与本案全无干涉者，不得滥引此例，仍将下手之人拟抵。其致毙二命非一家者，原谋从一科断，拟以满流。若致毙非一家三、四命以上者，原谋照例按致死人数以次加等问拟，下手致死之犯，均各照例拟抵。如原谋在监在途病故，及畏罪自尽者，下手之犯均各照例拟抵，不准减等。威力主使制缚之案，均照此例办理。其余谋、故杀人，火器杀人，并有关尊长尊属者，悉照本律本例拟抵，不得率请减等。

核订现行刑律

原修并例文(略)

谨按：一家二命现已议删，例内其“致毙二命非一家者，原谋从一科断，拟以满流”三句，应即节去。下文“致毙非一家三、四命”一层，拟改为“其致毙三命而非一家，及四命以上”，庶文义较为明显。谨将修改例文，开列于后。

○修改(略)

大清律例

6.19.290.(10)〔帮殴余人审系持枪刀伤人〕

一、凡同谋共殴人，除下手致命伤重者，依律处绞外，其共殴之人，审系执持枪刀等项凶器伤人者，发近边充军。

现行刑律

19.252.(3)〔帮殴余人执持凶器火器金刃伤人〕

一、凡同谋共殴人，除下手致命伤重者，依律处绞外，其共殴之人，审系执持凶器、火器及金刃伤人者，各照凶器、火器、金刃伤人本律本例定拟。

现行刑律案语

原例（略）

臣等谨按：共殴案内余人有执持凶器伤人者，亦有系寻常刃伤者，此条仅言凶器拟军，似未赅备，应改为"执持凶器、火器及金刃伤人者，各照凶器、火器、金刃伤人本律本例定拟"，以便援引。谨将修改例文，开列于后。

○修改（略）

大清律例

6.19.290.(4)〔同谋共殴人伤皆致命分别以后下手重伤重或原谋拟抵〕

现行刑律

19.252.(4)〔同谋共殴人伤皆致命分别以后下手重伤重或原谋拟抵〕

一、凡同谋共殴人伤皆致命，如当时身死，则以后下手重者当其重罪；若当时未死，而过后身死者，当究明何伤致死，以伤重者坐罪。若原谋共殴，亦有致命重伤，以原谋为首；如致命伤轻，则以殴有致命重伤之人拟抵，原谋仍照律拟流。至乱殴不知先后、轻重者，有原谋，则坐原谋为首；无原谋，则坐初斗者为首。

现行刑律案语

原例（略）

○仍旧

臣等谨按：此例应仍其旧，理合陈明。

大清律例

6.19.290.(3)〔两人共殴人致死分别部位以致命论抵〕

一、凡审理命案,一人独殴人致死,无论致命不致命,皆拟抵偿。若两人共殴人致死,则以顶心、囟门、太阳穴、耳窍、咽喉、胸膛、两乳、心坎、肚腹、脐肚、两胁、肾囊、脑后、耳根、脊背、脊膂、两后胁、腰眼,并顶心之偏左偏右、额颅、额角为致命,论抵。

现行刑律

19.252.(5)〔两人共殴人致死分别部位以致命论抵〕

一、凡审理命案,一人独殴人致死,无论致命不致命,皆拟抵偿。若两人共殴人致死,则以顶心、囟门、太阳穴、耳窍、咽喉、胸膛、两乳、心坎、肚腹、脐肚、两胁、肾囊、脑后、耳根、脊背、脊膂、两后胁、腰眼,并顶心之偏左偏右、额颅、额角为致命处,论抵。若致命处伤轻,不致于死,实因不致命处伤重而死者,仍以原殴不致命重伤之人拟抵。

现行刑律案语

原例(略)

臣等谨按:此条系康熙五十一年〔1712〕刑部会同九卿议准定例。惟致命部位原殴伤轻不至于死,实因不致命部位伤重而死者,自应以殴伤不致命部位之人拟抵,向办成案已皆如是。盖律所谓致命,非专指部位而言,因其足以致人于死,故曰致命。《洗冤录》所谓致命之伤是也。拟请于例末增纂四语,以昭明晰。谨将修改例文,开列于后。

○修改(略)

大清律例

6.19.290.(13)〔两家互殴各毙一命各系凶手本宗服亲其应抵人犯免死减等〕

一、凡两家互殴致毙人命,除尊卑服制,及死者多寡不同,或故杀、斗杀,情罪不等,仍照本律定拟外,其两家各毙一命,果各系凶手本宗有服亲属,将应拟抵人犯均免死,减等发近边充军。若原殴伤轻不至于死,越十日后因风身死,及保辜正限外余限内身死者,于军罪上再减一等,杖一百、徒三年。如有

现行刑律

19.252.(6)〔两家互殴各毙一命各系凶手本宗服亲其应抵人犯免死减等〕

一、凡两家互殴致毙人命,除尊卑服制,及死者多寡不同,或故杀、斗杀,情罪不等,仍照本律定拟外,其两家各毙一命,果各系凶手本宗有服亲属,将应拟抵人犯均免死,减等拟流三千里。其案内原谋及火器、凶器伤人者,各于本罪上减一等。如有服亲属内,有一不同居共财者,各于犯人名下,追银二十

服亲属内，有一不同居共财者，各于犯人名下，追银二十两，给付死者之家。若两家凶手，与死者均系同居亲属，毋庸追埋。

两，给付死者之家。若两家凶手，与死者均系同居亲属，毋庸追银。

现行刑律案语

原例（略）

臣等谨按：此条系乾隆五年〔1740〕刑部因案议定，嘉庆年间两经修改。当时定例原以两家各毙一命，可以一家之亲属抵一家之亲属，是以将拟抵人犯免死，减发近边照章，应改流二千五百里。惟此系命案，应抵免死减等，与寻常军罪不同，自应仍减满流，以符律义。至拟抵之犯既得减等，如案有原谋，及执持火器、凶器伤人者，似应各于本罪量减一等，方与拟抵减等之犯，轻重两得其平。至"原殴伤轻不至于死，越十日因风身死，及保辜正限外余限内身死者，应拟满徒"一节，本见于保辜限期例内，原例所叙系属冗复，似应删去。谨将修改例文，开列于后。

○修改（略）

大清律例

6.19.290.(14)〔两家互殴致死一命其死者亲属当时殴死正凶者分别有无服定拟〕

一、凡两家互殴致死一命，其律应拟抵之正凶，当时被死者无服亲属殴死，将殴死凶手之人杖一百、流三千里；如被死者有服亲属殴死，再减一等，杖一百、徒三年。仍各追埋葬银二十两，给付被杀凶手之家。

现行刑律

19.252.(7)〔两家互殴之案律应拟抵之正凶当时被死者亲属殴死〕

一、两家互殴之案，无论两造死者人数多寡，其律应拟抵之正凶，当时被死者无服亲属殴死，将殴死凶手之人流三千里；如被死者有服亲属殴死，再减一等，徒三年。如非两家互殴，仍照祖父母、父母被杀还杀行凶人本律定拟。

现行刑律案语

原例（略）

臣等谨案：此条系乾隆年间刑部因案续定，嘉庆十九年〔1814〕修改。惟查"斗殴"门内祖父母、父母被杀，子孙杀死行凶人者，分别勿论，杖八十，其余有服亲属亦仅拟满杖，与此条科罪迥殊。寻绎律意例义，彼条杀死正凶之人，系指并未在场争斗者而言，此条杀死正凶之人，系指听纠同往者而言，例眼重在"两家互殴"一句，如非两家互殴，则应仍照"祖父被殴"之律拟办，自应划清界限，以免歧误。至杀死一切罪人向不追埋，杀死应抵正凶，与上条应抵之犯免死减等者不同，似可毋庸追埋，应将

"追埋"一层,及附加杖罪一并删去。谨将修改例文,开列于后。

○修改(略)

大清律例

6.19.290.(15)〔凶犯立毙救护父母之幼孩〕

一、十岁以下幼孩,因救护父母,被凶犯立时毙命者,照谋杀十岁以下幼孩例拟斩立决。

现行刑律

19.252.(8)〔凶犯立毙救护父母之幼孩〕

一、十岁以下幼孩,因救护父母,被凶犯立时毙命者,照谋杀十岁以下幼孩例拟绞立决。

现行刑律案语

原例(略)

臣等谨按:此条系嘉庆二十一年〔1816〕刑部因案定例。斩决照章应改绞决。谨将修改例文,开列于后。

○修改(略)

大清律例

6.19.290.(17)〔广东等六省纠众互殴之案纠众至一二十人以上致毙彼造多命者〕

一、广东、福建、广西、江西、湖南、浙江等六省纠众互殴之案,除寻常共殴、谋殴,虽人数众多,并非械斗,及台湾械斗之案,仍各照旧例办理外,如审系预先敛费,约期械斗仇杀,纠众至一二十人以上,致毙彼造四命以上者,主谋纠斗之首犯拟绞立决;三十人以上,致毙彼造四命以上,或不及三十人,而致毙彼造十命以上,首犯拟斩立决;四十人以上,致毙彼造十命以上,或不及四十人,而致毙彼造二十命以上,首犯拟斩立决、枭示。如所纠人数虽多,致毙彼造一命者,首犯发极边足四千里充军;二命者,实发云贵两广极边烟瘴充军;三命者,发遣新疆给官兵为奴。若致毙彼造一家二、三命,主谋纠斗之首犯,例应分

现行刑律

19.252.(9)〔械斗仇杀纠众至二十人以上致毙彼造多命〕

一、纠众互殴之案,如审系预先敛费,约期械斗仇杀,纠众至二十人以上,致毙彼造四命以上者,主谋纠斗之首犯拟绞监候,入于秋审情实;十命以上,拟绞立决;二十命以上,拟斩立决。如所纠人数虽多,致毙彼造一命者,首犯发极边足四千里安置;二命者,发烟瘴地方安置;三命者,发遣新疆当差。若致毙彼造一家三命,主谋纠斗之首犯,例应问拟绞决者,从其重者论。其随从下手伤重致死者,均各依本律例拟抵。若执持火器、凶器伤人,并其余金刃、他物、手足伤人,及未伤人者,各照本律例分别治罪。倘纠往之人,但被彼造致毙者,无论死者人数多寡,及彼造有无原

别问拟斩、绞立决者，各从其重者论。其随从下手伤重致死，应行拟抵者，均各依本律例拟抵；伤人及未伤人者，亦各按本律例分别治罪。至彼造仓猝邀人抵御，并非有心械斗者，仍照共殴本例科罪。地方官不将主谋首犯，审出究办，及有心回护，将械斗之案，分案办理，该督抚严参，照官司出入人罪例，议处治罪。

6.19.290.(18)〔广东福建二省械斗案内如有贿买顶凶构衅械斗者〕

一、广东、福建二省械斗案内，如有将宗祠田谷贿买顶凶构衅械斗者，于审明后，除主谋买凶之犯，严究定拟外，查明该族祠产，酌留祀田数十亩，以资祭费，其余田亩及所存银钱，按族支分散。若族长、乡约不能指出敛财买凶之人者，族长照共殴原谋例拟以杖流，按致死人数，每一人加一等，罪止发遣新疆为奴；乡约于杖六十、徒一年上，每一人加一等，罪止杖一百、徒三年。

6.19.290.(19)〔广东省纠众谋殴致毙人命之案纠往之人但被彼造致毙者〕

一、广东省纠众谋殴，致毙人命之案，原谋应按致毙彼造人数，分别照例治罪。倘纠往之人，但被彼造致毙者，无论死者人数多寡，及彼造有无原谋，将此造起意纠往之人，照沿江滨海持枪执棍混行斗殴首犯杖流例，拟杖一百、流三千里。

谋，将此造起意纠往之人流三千里。至彼造仓猝邀人抵御，及寻常共殴、谋殴，虽人数众多，并非械斗者，仍照共殴本例科罪。地方官不将主谋首犯，审出究办，及有心回护，将械斗之案，分案办理，该督抚严参，照官司出入人罪例，议处治罪。

19.252.(10)〔械斗案内将宗祠田谷贿买顶凶构衅械斗〕

一、械斗案内，如有将宗祠田谷贿买顶凶构衅械斗者，于审明后，除主谋买凶之犯，严究定拟外，查明该族祠产，酌留祀田数十亩，以资祭费，其余田亩及所存银钱，按族支分散。若族长、乡约不能指出敛财买凶之人者，族长照共殴原谋例拟流三千里，按致死人数，每一人加一等，罪止发遣新疆当差；乡约于徒一年上，每一人加一等，罪止徒三年。

现行刑律案语

原例

6.19.290.(17)〔广东等六省纠众互殴之案纠众至一二十人以上致毙彼造多命者〕(略)

6.19.290.(18)〔广东福建二省械斗案内如有贿买顶凶构衅械斗者〕(略)

6.19.290.(19)〔广东省纠众谋殴致毙人命之案纠往之人但被彼造致毙者〕(略)

臣等谨按:此三条均系道光年间刑部续纂之例,意在严惩主谋,故于从犯从宽。第一条,例首除笔有无关援引者,似应删去。约期械斗必系两造预约在先,与寻常共殴、谋殴情节迥异,若彼造仓猝抵御,则为此造谋殴而非两造预约械斗,可知原例内只言"仍照共殴本例科罪",是否统指两造,抑系专论彼造,此造仍应以械斗论之处,声叙未甚明晰。且例首所叙寻常谋殴,虽人数众多,亦不以械斗论,设或致毙人数过多,首犯应否仍照寻常原谋论罪,即彼造仓猝抵御,其纠众之人是否以原谋论,均未叙明。似应将例首"寻常共殴谋殴,虽人数众多,并非械斗",移列于本例"仓猝抵御"之下,界限较清。至例内以一二十人以上、三十人以上、不及三十人、四十人以上、不及四十人为五等,虽事犯不同,其为聚众则一,且既计聚众之数,又计毙命之数,未免涉于繁苛;而寻常纠众十人共殴,事所恒有,概照械斗定拟亦觉过重,似应将"一"字节去,而以纠众至二十人以上为断,则无论为三十人、四十人,皆已包括在内。兹拟改为"纠众至二十人以上,致毙彼造四命以上者,主谋纠斗之首犯拟绞监候,入于秋审情实;十命以上者,绞立决;二十命以上者,斩立决",较为简易。极边及四省烟瘴充军,新章均改安置,为奴酌改当差,均应逐层修改。其随从之火器、凶器伤人者,原例未经议及,亦应增入。至械斗仇杀之案,第一条并指广东等六省,第二条仅指广东、福建两省,第三条又止广东一省,似应一并删去,改为通例,以昭画一。第三条所叙纠往之人被彼造致毙,将"起意纠往之人拟流"一节,似可并入第一条内,附加杖罪应删。谨将修并修改例文,分列于后。

〇修并

一、纠众互殴之案,如审系预先敛费,约期械斗仇杀,纠众至二十人以上,致毙彼造四命以上者,主谋纠斗之首犯,拟绞监候,入于秋审情实;十命以上,拟绞立决;二十命以上,拟斩立决。如所纠人数虽多,致毙彼造一命者,首犯发极边,足四千里安置;二命者,发烟瘴地方安置;三命者,发遣新疆当差。若致毙彼造一家二、三命,主谋纠斗之首犯,例应分别问拟斩、绞立决者,各从其重者论。其随从下手伤重致死者,均各依本律例拟抵。若执持火器、凶器伤人,并其余金刃、他物、手足伤人,及未伤人者,各照本律例分别治罪。倘纠往之人,但被彼造致毙者,无论死者人数多寡,及彼造有无原谋,将此造起意纠往之人流三千里。至彼造仓猝邀人抵御,及寻常共殴、谋殴虽人数众多,并非械斗者,仍照共殴本例科罪。地方官不将主谋首犯,审出究办,及有心回护,将械斗之案,分案办理,该督抚严参,照官司出入人罪例,议处治罪。

〇修改

19.252.(10)〔械斗案内将宗祠田谷贿买顶凶构衅械斗〕(略)

核订现行刑律

原修并例文(略)

谨按:此条例内"若致毙彼造一家二、三命,主谋纠殴之首犯,例应分别问拟斩、

绞立决者，各从其重者论”一节，现在“杀一家三人”门各例既将一家二命议删，自应将一家二命之“二”字节去，但事系预先敛费，约期械斗仇杀，则与聚众共殴原无必杀之心者不同，其主谋纠斗之首犯，应即照“杀一家三人”律内拟以斩决，所有“例应分别问拟斩、绞立决者，各从其重者论”两句，应改为“例应问拟斩决者，从其重者论”。至致毙彼造一命、二命、三命，分别安置当差，系按原谋加等科断，实为严惩械斗起见，应请仍循原文之旧。谨将修改例文，开列于后。

〇修改

19.252.(9)〔械斗仇杀纠众至二十人以上致毙彼造多命〕(略)

大清律例

6.19.290.(20)〔斗殴之案被殴之人追赶或互扭后凶犯闪避失跌身死〕

一、凡斗殴之案，除追殴致被追之人失跌身死，并先殴伤人，致被殴之人回扑失跌身死，及虽未殴伤人，因被揪扭挣脱，致令跌毙者，均仍照律拟绞外，如殴伤人后跑走，被殴之人追赶，自行失跌身死，及彼此揪扭，于松放之后，复自行向人扑殴，因凶犯闪避失跌身死者，均于斗杀绞监候律上减一等，杖一百、流三千里。若仅止口角骂詈，并无揪扭情事，因向人赶殴，自行失跌身死，及被死者扑殴闪避，致令自行失跌身死者，均照不应重律拟杖八十。

现行刑律

19.252.(11)〔斗殴之案被殴之人追赶或互扭后凶犯闪避失跌身死〕

一、凡斗殴之案，除追殴致被追之人失跌身死，并先殴伤人，致被追之人回扑失跌身死，及互拉致跌，已有争斗情形，或理曲肇衅者，均仍照律拟绞外，如殴伤人后跑走，被殴之人追赶，自行失跌身死，及彼此揪扭，于松放之后，复向扑殴，因凶犯闪避，失跌身死，或虽未殴伤人，因被揪扭挣脱，致令跌毙，或被揪被推，并未还手，死由自行栽跌，或痰壅致毙，并因恐其栽跌，向拉致令碰磕，及被拉同跌落水落崖，幸而得生者，均于斗杀绞候律上减一等，流三千里。若仅止口角詈骂，并无揪扭推拉各情，因向人赶殴，及被死者扑殴闪避，致令自行失跌身死者，均照不应重律定拟。

现行刑律案语

原例(略)

臣等谨案：此条系咸丰五年〔1855〕刑部因“四川汪拢咬伤周芳祖跑走致令追赶失跌身死”，并十年〔1860〕“山东孙小讨劳与高于氏争殴致令失跌身死”二案奏准续纂。惟跌毙议抵之案，总以先有殴情者为断，若并无殴情，因被死者揪扭，急图挣脱，致令跌毙，揆诸挣脱之情，实于闪避相近，因闪避而致失跌，既得减流，则因挣脱而致失跌，自未便仍行议抵。查光绪二十三年十二月〔1898 年 1－2 月〕内法部议复前任

两江总督周馥咨《秋审可矜人犯援案分别减等》一折,内称"斗殴之案,如被拉并未还手,同跌落水落崖幸而得生者,减流三千里。若互拉致跌,已有争斗情形,或理曲肇衅者,仍按律拟绞。又被揪、被推,并未还手,死由自行栽跌,或痰壅致毙,及因恐其栽跌向拉致令碰磕,并被揪、被扭挣脱致令跌毙者,应一体减流"等因。奏奉谕旨,允准在案。是失跌究由挣脱,即指例内"虽未殴伤人,因被揪扭挣脱,致令跌毙"而言,应将此层移在"彼此揪扭,于松放后,复向扑殴失跌身死"之下,其互拉致跌已有斗情,或理曲肇衅者,既仍照律拟绞,即应归入除笔,而被揪、被推并未还手各层,仍分入下减流之内,以省繁复,而资援引。流罪附杖照章应删。例末"照不应重律,拟杖八十"字样,酌改为"照不应重律定拟",较为浑括。谨将修改例文,开列于后。

○修改(略)

大清律例	现行刑律
6.19.290.(8)〔因斗擅将鸟枪竹铳杀人者〕	19.252.(12)〔因争斗施放火器杀伤人〕
一、因争斗擅将鸟枪、竹铳施放杀人者,以故杀论;伤人者,旗人发宁古塔等处,民人发云贵两广烟瘴少轻地方充军。	一、因争斗擅将鸟枪、竹铳、洋枪、洋炮及一应火器施放杀人者,以故杀论;伤人者,发极边足四千里安置。

满汉通行刑律

○修改

谨按:此条系鸟枪杀伤人之例。同是以故杀伤论,旗、民办理不应两歧,自应修改一律。又洋枪、洋炮与鸟枪、竹铳杀伤人无异,应于例文增入,以便引用。今将改定例文,开列于后。

一、因争斗擅将鸟枪、竹铳、洋枪、洋炮施放杀人者,以故杀论;伤人者,不论旗、民,发极边足四千里安置。

现行刑律案语

原修改例文(略)

臣等谨按:光绪三十三年十二月〔1908年1-2月〕内奏《遵议〈满汉通行刑律〉》一折,声明"此条系鸟枪杀伤人之例,同是以故杀伤论,旗民不应两歧,又洋枪、洋炮与鸟枪、竹铳杀伤人无异,应于例文增入"等因。奉旨允准在案。惟查原改之例,仅及洋枪、洋炮而别项火器并未叙明,自应添入"及一应火器"字样,以昭赅备案。系不论旗民,则"不论旗、民"句亦应节删。谨将修改例文,开列于后。

○修改(略)

条例 · 移改

大清律例

6.19.290.(7)〔死罪监候人犯在监行凶致死人命〕

一、凡犯死罪监候人犯，在监复行凶致死人命者，照前后所犯斩、绞罪名，从重拟以立决。

现行刑律

*捕亡 · 狱囚脱监及反狱在逃

27.345.(5)〔死罪监候人犯在监复行凶致死人命〕(略)

现行刑律案语

原例(略)

臣等谨按：此条应仍其旧。惟例内专言"死罪人犯在监行凶"，应移入"狱囚脱监及反狱在逃"门，以归一类。谨将移改例文，开列于后。

〇移改

捕亡 · 狱囚脱监及反狱在逃

27.345.(5)〔死罪监候人犯在监复行凶致死人命〕(略)

条例 · 删除

大清律例

6.19.290.(5)〔文武生员乡绅土豪棍徒依势逞凶武断乡曲及殴人致死〕

一、文武生员、乡绅，及一切土豪势恶、无赖棍徒，除谋、故杀人，及戏杀、误杀、过失杀、斗殴杀伤人者，仍照律治罪外，如有倚仗衣顶及势力，武断乡曲，或凭空诈赖，逞凶横行，欺压平民，其人不敢与争，旁人不敢劝阻，将人殴打至死者，拟斩监候。若受害人有杀伤者，以擅杀伤罪人律科断。

6.19.290.(6)〔约伙寻衅及与人斗殴报复迁怒殴毙人父母〕

一、凡凶徒好斗生事，见他人斗殴，与已毫无干涉，辄敢约伙寻衅，迁怒于其父母，毒殴致毙者，照光棍例分别首从治罪。其本身与人斗殴之后，仍寻殴报复，而迁怒于其父母，毒殴致毙者，拟斩监候。

现行刑律案语

〇删除

6.19.290.(5)〔文武生员乡绅土豪棍徒依势逞凶武断乡曲及殴人致死〕(略)

6.19.290.(6)〔约伙寻衅及与人斗殴报复迁怒殴毙人父母〕(略)

臣等谨按：上条系言生员等倚势欺压平民殴打至死之例。下条系言凶徒见人斗

殴迁怒于其父母毒殴致死之例。惟查上条倚势欺压各节,与“威力制缚人”律内注明豪强之人以威力挟制捆缚人于私家拷打相同,而案非谋、故,遽拟斩候,又较彼律为重,殊涉参差。下条因斗殴而迁怒其父母毒殴致毙,或照光棍例分别首从治罪,或径改为斩候,情节虽极凶很〔狠〕实,皆斗杀罪名,窃以为例拟虽严,其照此定案者百无一二,且新章斩候已改绞候,则两例皆无关引用。至上条例末“受害人有杀伤者,以擅杀伤罪人科断,无论生员等武断乡曲,未必即与罪人同科,即照凶恶棍徒论”,亦有“罪人拒捕”门内律例可引。此二条拟即删除。

大清律例

6.19.290.(11)〔实系造意首祸方以原谋拟流〕

一、凡同谋共殴人犯,除下手者拟绞外,必实系造意首祸之人,方以原谋拟流。其但曾与谋而未造意者,毋得概拟流罪。

现行刑律案语

○删除

原例(略)

臣等谨按:律文所谓原谋,自系指首先造意者而言,若与谋而非造意,其不得以原谋论,亦毋庸赘述,此条无关引用,拟即删除。

大清律例

6.19.290.(12)〔纠众至五人以上互殴致毙案内余人持械伤人〕

一、凡纠众互殴,致毙二、三命以上案内执持金刃器械伤人之余人,除实系被纠之人,及纠众不及五人者,仍依各本例问拟外,如有辗转纠人,数至五人以上者,无论其曾否伤人,即照原谋律杖一百、流三千里。如系凶器伤人,仍照本例拟军。若猝遇在场帮护,审非预纠械斗,及互斗止毙一命之余人,有执持凶器及金刃伤人者,各照凶器金刃伤人本律本例定拟,其余仍照余人科断。

现行刑律案语

○删除

原例(略)

臣等谨按:此条专为纠殴致毙二命以上案内之余人而设,所称“辗转纠人数至五人以上,照原谋律拟流”等语,是于原谋之外,又增一原谋,于立法之通义微有不合,且科条虽密,而避就之法亦多,虚悬此例,徒形繁琐。至猝遇在场帮护,及余人执持凶器金刃伤人等情,自有本门及“斗殴”门律例可引,亦毋庸复叙。此条拟即删除。

6.19.291 屏去人服食 / 19.253 屏去人服食

律文 · 修改

大清律例

6.19.291.1 凡以他物（一应能伤人之物。）置人耳、鼻及孔窍中，若故屏去人服用饮食之物，而伤人者，（不问伤之轻重，）杖八十；（谓寒月脱去人衣服，饥渴之人绝其饮食，登高、乘马私去梯、辔之类。）致成残、废疾者，杖一百、徒三年；令至笃疾者，杖一百、流三千里，将犯人财产一半，给付笃疾之人养赡；至死者，绞。（监候。）〇6.19.291.2 若故用蛇蝎毒蛊咬伤人者，以斗殴伤论；（验伤之轻重。如轻则笞四十，至笃疾亦给财产。）因而致死者，斩。（监候。）

现行刑律

19.253.1 凡以他物（一应能伤人之物。）置人耳、鼻及孔窍中，若故屏去人服用饮食之物，而伤人者，（不问伤之轻重，）处八等罚；（如寒月脱去人衣服，饥渴之人绝其饮食，登高、乘马私去梯、辔之类。）致成残、废疾者，徒三年；令至笃疾者，流三千里；至死者，绞。（监候。）〇19.253.2 若故用蛇蝎、毒虫咬伤人者，以斗殴伤论；（验伤之轻重定罪。）因而致死者，亦绞。（监候。）

现行刑律案语

原律（略）

臣等谨按：此仍《明律》。律文毒蛊之"蛊"，检查唐明旧律，均作"虫"字，则"蛊"字系"虫"字之误。盖毒虫能咬人，毒蛊不能咬人，也应即改正。"杖八十"罪名照章罚金，应改为"处八等罚"。徒、流附杖应删。小注"如轻则笞四十"等语，与以斗殴伤论之律意未符，应酌改为"定罪"。律末"斩"字照章改"绞"。谨将修改律文、律注，开列于后。

〇修改

凡以他物（一应能伤人之物。）置人耳、鼻及孔窍中，若故屏去人服用饮食之物，而伤人者，（不问伤之轻重，）处八等罚；（如寒月脱去人衣服，饥渴之人绝其饮食，登高、乘马私去梯、辔之类，）致成残、废疾者，徒三年；令至笃疾者，流三千里，将犯人财产一半，给付笃疾之人养赡；至死者，绞。（监候。）〇若故用蛇蝎、毒虫咬伤人者，以斗殴伤论；（验伤之轻重定罪，至笃疾亦给财产。）因而致死者，亦绞。（监候。）

6.19.292 戏杀误杀过失杀伤人 / 19.254 戏杀误杀过失杀伤人

律文 · 修改

大清律例

6.19.292.1 凡因戏（以堪杀人之事为戏，如比较拳棒之类。）而杀伤

现行刑律

19.254.1 凡因戏（以堪杀人之事为戏，如比较拳棒之类。）而杀人者，

人，及因斗殴而误杀伤旁人者，各以斗杀伤论。死者并绞，伤者验轻重坐罪。其谋杀、故杀人而误杀旁人者，以故杀论。死者处斩。不言伤，仍以斗殴论。○6.19.292.2若知津河水深泥淖而诈称平浅，及桥梁、渡船朽漏不堪渡人而诈称牢固，诓令人过渡，以致陷溺死伤者，与戏杀相等。亦以斗杀伤论。○6.19.292.3若过失杀伤人者，较戏杀愈轻。各准斗杀伤罪，依律收赎，给付其被杀伤之家。过失，谓耳目所不及、思虑所不到。如弹射禽兽、因事投掷砖瓦，不期而杀人者；或因升高险足有蹉跌，累及同伴；或驾船使风、乘马惊走、驰车下坡，势不能止；或共举重物，力不能制，损及同举物者。凡初无害人之意，而偶致杀伤人者，皆准斗殴杀伤人罪，依律收赎，给付被杀、被伤之家，以为营葬及医药之资。

徒三年；伤者，各于本罪上减二等。因斗殴而误杀旁人者，以斗杀论。死者绞候。其谋杀、故杀人而误杀旁人者，以故杀论。不言伤，仍以斗殴论。○19.254.2若知津河水深泥淖而诈称平浅，及桥梁、渡船朽漏不堪渡人而诈称牢固，诓令人过渡，以致陷溺死伤者，较戏杀为重。各减斗杀伤罪一等。○19.254.3若过失杀伤人者，较戏杀愈轻。准斗杀伤罪减二等，依律收赎，给付其被杀伤之家。过失，谓耳目所不及、思虑所不到。如弹射禽兽、因事投掷砖瓦，不期而杀人者；或因升高险足有蹉跌，累及同伴；或驾船使风、乘马惊走、驰车下坡，势不能止；或共举重物，力不能制，损及同举物者。凡初无害人之意，而偶致杀伤人者，皆准斗杀伤人罪减二等，依律收赎，给付被杀、被伤之家，以为营葬及医药之资。

现行刑律案语

原律（略）

臣等谨按：此律及律末小注均沿前明之旧，余皆顺治三年〔1646〕增入。惟查光绪三十二年〔1906〕闰四月内刑部会同都察院奏定新章，戏杀改为徒罪，伤者于本罪上减一等，是戏杀已照斗杀减二等，戏伤止照斗伤减一等，其中不无窒碍，应将伤者改为于本罪上减二等，以昭平允。其因斗误杀伤旁人，亦有分别改流、递减章程，惟误杀其人之父母、兄弟等项，并未一律遽减，则误杀律文尚当仍旧，其改流及伤罪递减，新章应另纂条例，以资援引。小注内“死者并绞”应改为“死者绞候”，“伤者验轻重坐罪”应节删。谋、故杀斩罪本应改绞，惟律既叙明，以故杀论，则小注“死者处斩”四字，系属赘文，亦应节去。至“知津河水深泥淖，及桥梁渡船朽漏，诈称平浅、牢固，诓令过渡，致人陷溺死伤”，与戏杀情事不甚相类，按《唐律》不和同不得为戏，则既曰诈称、曰诓，令其非和同可知，今若照戏杀一律议减二等，未免失当，拟将“亦以斗杀伤论”句改为“各减斗杀伤罪一等”，而“与戏杀相等”小注酌改为“较戏杀为重”，以完修定之义。至“过失杀伤人”律系准斗、杀收赎，其情节本较戏杀为更轻，今戏杀已改满徒，系照斗杀减二等，若过失杀伤仍准斗杀论赎，是情轻而名重，与戏杀减徒之意转涉参差，拟将“过失”一项，亦改为“准斗、杀罪减二等，依律收赎”，庶名实两相符合；而收赎银数既较旧例略增，仍不失之过重。谨将修改律文、律注开列于后。

○修改（略）

条例:修改、续纂、修并、仍旧

大清律例	现行刑律
6.19.292.(4)〔因戏而误杀旁人〕	19.254.(1)〔因戏而误杀伤旁人〕
一、凡因戏而误杀旁人者,以戏杀论,拟绞监候。	一、凡因戏而误杀伤旁人者,以戏杀伤论。

现行刑律案语

原例(略)

臣等谨按:此条系雍正十三年〔1735〕定例,乾隆三十五年〔1770〕改定。惟因戏杀人新章已改徒罪,伤者各于本罪上减一等等因,业于律内修明在案,今因戏而误,情节本较戏杀尤轻,若仍照章拟以满徒,究嫌未协,且例内只言误杀,而误伤者并无明文,亦涉疏漏,似不如酌改为"因戏而误杀伤旁人者,各减戏杀伤罪一等",较为包括,而情法亦得其平。谨将修改例文,开列于后。

〇修改

一、凡因戏而误杀伤旁人者,各减戏杀伤罪一等。

核订现行刑律

原修改例文(略)

谨按:律文戏无误杀者,以戏近于误也,原例以戏杀论,深合律意。新章减绞为徒,定罪已轻,似不必再议减等,拟将"减戏杀伤罪一等"句改为"以戏杀伤论"。谨将修改例文,开例于后。

〇修改(略)

现行刑律

19.254.(2)〔斗殴而误杀伤旁人或其人近亲〕

一、凡因斗殴而误杀旁人者,流三千里。若误杀其人之祖父母、父母、伯叔父母、妻、兄弟、子孙、在室女者,仍依律以斗杀论。伤者,均各于斗伤本罪上减一等。

现行刑律案语

〇续纂(略)

臣等谨按:光绪三十二年〔1906〕闰四月内刑部会同都察院奏定新章,"嗣后误杀人犯,凡秋审例准缓决一次减等者,改为流三千里,其现行例内误杀其人之父母、兄弟等项,秋审不准一次减等者,仍照向例办理。至误伤者,情节尤可矜,原各于本罪上减一等"等因。在案。自应纂入例册,以资遵守。

大清律例

6.19.292.(16)〔谋杀人致下手之犯误杀他人〕

一、谋杀人以致下手之犯误杀旁人，将造意之犯拟斩监候；下手伤重致死，及知情买药者，杖一百、流三千里；余人杖一百。若执持凶器，伤罪重于满流者，从其重者论。如下手之犯另挟他嫌，乘机杀害，并非失误者，审实，将下手之犯，照谋杀人本律拟斩监候；其造意之犯，照谋杀人未伤律拟徒。

现行刑律

19.254.(3)〔谋杀人而误杀旁人〕

一、谋杀人而误杀旁人之案，如系造意之犯下手致死者，照故杀律拟绞监候；为从加功者，流三千里；余人处十等罚。如下手之犯伤重致死者，照加功律拟绞监候；造意之犯，照原谋律拟流三千里。其有另挟他嫌，乘机杀害，并非失误者，审实，将下手之犯，照谋杀人本律拟绞监候；造意之犯，照谋杀人未伤律拟徒。

现行刑律案语

〇修改（略）

见6.19.287.(12)〔谋故杀人误杀旁人二三命分别是否临时逞凶治罪〕条

大清律例

6.19.292.(14)〔因殴及谋杀子而误杀伤旁人及有服卑幼〕

一、凡因殴子而误伤旁人致死者，杖一百、流三千里。因谋杀子而误杀旁人，发近边充军。其因殴子及谋杀子而误杀有服卑幼者，各于殴、故杀卑幼本律上减一等。若误杀有服尊长者，仍依殴、故杀尊长及误杀尊长各本律本例问拟。

现行刑律

19.254.(4)〔因殴及谋杀子而误杀伤旁人及有服卑幼尊长〕

一、凡因殴子而误伤旁人致死者，依殴杀子本律上加二等，徒一年半。因谋杀子而误杀旁人者，依故杀子本律上加二等，徒二年。其因殴子及谋杀子而误杀有服卑幼者，各照殴、故杀子本律加一等。若误杀有服尊长，仍依殴、故杀尊长及误杀尊长各本律本例问拟。

现行刑律案语

原例（略）

臣等谨按：此条系道光四年〔1824〕刑部议复陕西钟世祥一案纂定为例。查《辑注》云：谋故殴之误杀皆言凡人，若因凡人而误及亲属，因亲属而误及凡人，因亲属而误及亲属，当按尊长卑幼各律轻重随事科之。持论自甚精确。原例因殴子及谋杀子而误杀旁人，各照误杀律减拟军、流，本系酌量办理，惟父母殴、故杀其子律止杖、徒，与凡人之应拟死罪者迥别，今因子而误，并不按照殴、故杀子本律酌予加等，径照寻

常误杀罪上减科，揆诸罪坐所因之义，殊觉未尽符合。平情而论，案系由殴故杀子起衅，如有误伤旁人致死者，各应按本律上加二等；其误杀有服卑幼者，各应照本律上加一等，庶科罪各有等差，而情法亦昭平允。谨将修改例文，开列于后。

〇修改（略）

大清律例	现行刑律
6.19.292.(3)〔捕役拿贼误杀无干之人〕	19.254.(5)〔捕役拿贼误杀无干之人〕
一、凡捕役拿贼，与贼格斗，而误杀无干之人者，仍照过失杀人律，于犯人名下追银十二两四钱二分，给付死者之家。	一、凡捕役拿贼，与贼格斗，而误杀无干之人者，仍照过失杀人律定拟。

现行刑律案语

原例（略）

臣等谨按：过失杀收赎银数，既已增加，则此条所追银数与律不合，应改为“仍照过失杀人律定拟”。谨将修改例文开列于后。

〇修改（略）

现行刑律

19.254.(6)〔子孙因疯殴杀祖父母父母〕

一、子孙因疯殴杀祖父母、父母之案，审明平日孝顺，实系疯发无知，即比照误杀祖父母、父母之例，仍照本律定拟，将可原情节于折内声叙，请旨改为绞立决。倘系装捏疯迷，即将本犯照例拟罪，恭请王命，即行正法；并将扶同捏饰之邻佑人等，及未能审出实情之地方官，分别治罪、议处。

现行刑律案语

〇续纂（略）

臣等谨按：光绪二十九年〔1903〕刑部奏《因疯致毙祖父母、父母案件请比照误杀祖父母、父母治罪》一折，声明“嗣后子孙因疯殴杀祖父母、父母之案，审明平日孝顺，实系疯发无知，即比照误杀祖父母、父母之例，仍照本律定拟。将可原情节，于折内声叙，奉旨改为斩立决。倘系装捏疯迷，即将本犯照例拟罪，恭请王命，即行正法，并将扶同捏饰之邻佑人等，及未能审出实情之地方官，分别治罪议处”等因。具奏。奉旨：“依议。钦此。”钦遵在案。自应恭纂为例。惟查殴杀祖父母、父母本律，凌迟业经照章改为斩决，则原奏“斩”字亦应递减拟“绞”，以昭平允。理合陈明。

大清律例

6.19.292.(21)〔因疯致毙期功尊长尊属一命〕

一、因疯致毙期、功尊长尊属一命,或尊长尊属一家二命,内一命系凶犯有服卑幼,律不应抵,或于致毙尊长尊属之外,复另毙平人一命,俱仍按致死期、功尊长尊属本律问拟,准其比引情轻之例,夹签声请,候旨定夺。若致毙期、功尊长尊属一家二命,或二命非一家,但均属期、功尊长尊属,或一家二命,内一命分属卑幼,而罪应绞抵,或于致毙尊长尊属之外,复另毙平人二命,无论是否一家,俱按律拟斩立决,不准夹签声请。

现行刑律

19.254.(7)〔因疯致毙期功尊长尊属一二命〕

一、因疯致毙期、功尊长尊属一命,或致毙尊长尊属之外,复另毙律应绞抵有服卑幼一命,或另毙平人一命,俱仍按致死期、功尊长尊属本律问拟。大理院将可原情节声明,减为拟绞监候,于折内双请,候旨定夺。若致毙期、功尊长尊属二命,或致毙尊长尊属一命,复另毙律应绞抵有服卑幼二命,或另毙平人二命,俱按律拟绞立决,不准援例双请。

现行刑律案语

原例

6.19.292.(21)〔因疯致毙期功尊长尊属一命〕(略)

6.19.292.(22)〔妇因疯杀夫或系误伤及情有可悯者〕(略)

臣等谨按:光绪二十八年〔1902〕刑部奏《核议山西朱立按因疯扎死大功兄夹签声叙》一折,军机大臣面奉谕旨:"嗣后遇有此等案件,着刑部于议奏时,将应行减拟罪名声叙明晰,于折内双请候旨定夺等因。钦此。"复经刑部查明例得夹签各案一律改为双请,奏奉谕旨允准在案。所有上条"比引情轻之例夹签声请",及下条"法司会同核复,援案具题""内阁夹叙说帖,票拟""夹签"各层,现均不行,自应删改。斩决照章应改绞决,斩候应改绞候。谨将修改例文两条,开列于后。

○修改

一、因疯致毙期、功尊长尊属一命,或尊长尊属一家二命,内一命系凶犯有服卑幼,律不应抵,或于致毙尊长尊属之外,复另毙平人一命,俱仍按致死期、功尊长尊属本律问拟。法司将可原情节声明,减为拟绞监候,于折内双请,候旨定夺。若致毙期、功尊长尊属一家二命,或二命非一家,但均属期功尊长尊属,或一家二命,内一命分属卑幼,而罪应绞抵,或于致毙尊长尊属之外,复另毙平人二命,无论是否一家,俱按律拟绞立决,不准援例双请。

一、凡妇人殴伤本夫致死,罪干绞决之案,审系疯发无知,或系误伤,及情有可悯者,该督抚按律例定拟,于案内将并非有心干犯各情节分晰叙明,法司核复时,减为

拟绞监候，于折内双请，候旨定夺。

核订现行刑律

原修改例文

6.19.292.(21)〔因疯致毙期功尊长尊属一命〕原修改例文(略)

谨按：此条准双请、不准双请之关键，自应悉仍其旧。惟一家二命各例现已议删，如仍留"一家二命"字样，殊不一律，应即查照原文例意，另易其词。谨将修改例文，开列于后。

○修改

19.254.(7)〔因疯致毙期功尊长尊属一二命〕(略)

大清律例

6.19.292.(22)〔妇因疯杀夫或系误伤及情有可悯者〕

一、凡妇人殴伤本夫致死，罪干斩决之案，审系疯发无知，或系误伤，及情有可悯者。该督抚按律例定拟，于案内将并非有心干犯各情节，分晰叙明。法司会同核覆，援引嘉庆十一年段李氏案内所奉谕旨具题仍照本条拟罪，毋用夹签。内阁核明，于本内夹叙说帖，票拟九卿议奏，及依议斩决双签进呈，恭候钦定。

现行刑律

19.254.(8)〔妇人殴夫致死系因疯发或误伤及情有可悯〕

一、凡妇人殴伤本夫致死，罪干绞决之案，审系疯发无知，或系误伤，及情有可悯者，各按律例定拟，于案内将并非有心干犯各情节，分晰叙明。大理院复判时减为拟绞监候，于折内双请，候旨定夺。

现行刑律案语

○修改(略)

见6.19.292.(21)〔因疯致毙期功尊长尊属一命〕条

会奏修改各条

6.19.292.(22)〔妇因疯杀夫或系误伤及情有可悯者〕原修改例文(略)

谨按：例内"法司核复"句，拟改为"大理院复判"，以符定制。谨将修改例文，开列于后。

○修改(略)

大清律例

6.19.292.(13)〔疯病杀人致毙平人非一家二命者〕

一、疯病杀人,除平人一命,仍照例分别办理外,若致毙平人非一家二命者,拟绞监候,秋审酌入缓决。其连杀平人非一家三命以上,及杀死一家二命者,均拟绞监候;杀死一家三命以上者,拟斩监候,秋审俱入于情实。倘审系装捏疯迷,仍按谋、故、斗杀一家二、三命各本律例问拟。

现行刑律

19.254.(9)〔因疯致毙致毙平人三命以上〕

一、因疯致毙平人非一家三命以上者,拟绞监候,秋审酌入缓决;系一家三命以上者,拟绞监候,秋审入于情实。倘审系装疯捏饰,仍按谋、故、斗杀一家三命及三命而非一家各本律本例问拟。

现行刑律案语

原例(略)

臣等谨按:疯病杀人向系照过失杀问拟,并无连毙多命加重治罪之文。嗣乾隆四十一年〔1776〕吏部会同刑部议复左都御史崔应阶条奏,始将连毙二命者拟绞入缓。道光四年〔1824〕又将非一家三命及一家二命者拟绞,一家三命者拟斩,均入实,与前例大相悬殊。窃以为人命攸关,在平人固难宽其实抵,而事由疯发,究与常犯不同,拟请将"连杀非一家三命以上,及一家二命"两层,移入上"非一家二命"之下,同拟缓决。其杀死一家三命以上者,仍照章改"斩"为"绞入实",以昭情法之平。再,因疯致毙平人一命,既系照例办理,例首除笔似应节去。谨将修改例文,开列于后。

○修改

一、因疯致毙平人非一家二命,及连杀平人非一家三命以上,并杀死一家二命者,均拟绞监候,秋审酌入缓决。其杀死一家三命以上者,拟绞监候,秋审入于情实。倘审系装疯捏饰,仍按谋、故、斗杀一家二、三命各本律本例问拟。

核订现行刑律

原修改例文(略)

谨按:此条因疯致毙非一家二命,及一家二命,均与致毙非一家三命以上拟罪本属相同,则但言非一家三命,已可举重以赅轻,至例末"仍按谋、故、斗杀一家二、三命各本律本例问拟"一层,现已将杀死一家二命各例议删,则"二"字自应节去。谨将修改例文,开列于后。

○修改(略)

大清律例

6.19.292.(12)〔疯病杀人分别留养承祀〕

一、疯犯杀人，永远锁锢。若亲老丁单，例应留养承祀者，如病果痊愈，令地方官诊验明确，加结具题核释。仍责成地方官，饬交犯属领回，严加防范。倘复病发滋事，亲属照例治罪，本犯永远监禁，不准释放；出结之地方官，照例议处。

6.19.292.(18)〔疯病杀人缓决人犯监禁五年后不发题请留养承祀〕

一、凡疯病杀人，问拟斩、绞监候之犯，除死系期、功尊长尊属，并连毙平人一家二命，及三命而非一家，应入情实各犯，毋庸查办外，其余应入缓决人犯，如果到案后病愈，监禁至五年后不复举发，遇有亲老丁单，或父母已故，家无次丁，该管官饬取印甘各结，题请留养承祀。倘释放后复行滋事，将出结之地方官，并邻、族人等，分别议处、惩治，本犯仍永远监禁，虽病愈不准再予释放。

现行刑律

19.254.(10)〔疯病杀人分别留养承祀〕

一、疯病杀人，如系始终疯迷，永远锁锢之犯，亲老丁单，例应留养承祀者，验明病果痊愈，锁锢已逾十年，即可随案声请。若系到案供吐明晰，例应拟抵缓决人犯，遇有亲老丁单，或父母已故，家无次丁，病虽痊愈，必俟五年后方准查办。该地方官取具印甘各结，详请奏明核释。倘释放后复行滋事，将取结之地方官并邻族人等分别议处、惩治，本犯仍永远监禁，不准再予释放。

现行刑律案语

原例

6.19.292.(12)〔疯病杀人分别留养承祀〕(略)

6.19.292.(18)〔疯病杀人缓决人犯监禁五年后不发题请留养承祀〕(略)

臣等谨按：此二条均系疯犯案内分别留养承祀之例，事例大略相同，应行修并为一。查上条，疯犯杀人永远锁锢，若亲老丁单例应留养承祀者，如病果痊愈，验明加结题释，系嘉庆六年〔1801〕纂定，原指始终疯迷应永远锁锢者而言。下条，监禁五年以后，不复举发，遇有亲老丁单，取结题请留养承祀，系嘉庆十六年〔1811〕纂定，同治九年〔1870〕修改。原指到案供吐明晰，例应拟抵缓决人犯而言，是因疯杀人，如系始终疯迷，定案时永远锁锢之犯，验明病果痊愈，即可随案声请，不必拘定五年之限，若系到案供吐明晰，照例科以斗杀入于秋审缓决之犯，旧例本系从严论抵，并无准予留养承祀明文，故必酌俟五年后方准查办，一则悯其监禁过久，一则防其装疯捏饰，例

义本各有指归。惟上条既无随案声请，不必拘定五年字样，下条又无复审供吐明晰一层，均嫌含混。溯查嘉庆二十三年〔1818〕“江苏华增宝因疯砍死顾张氏永远监禁题请承祀”一案，经刑部以“永远锁锢者，不必拘以五年到案；供吐明晰者，必俟五年查办”，逐条诠释，剖晰甚明，自应查照改正，并将永远锁锢之犯，酌定俟锁锢已逾十年，方准查办，庶与到案供吐明晰之犯，仍有区别。至下条缓决人犯准予留养承祀，例内既经叙明，则情实人犯之毋庸查办，自可概见。例首除笔似属赘文，应行删节。“题”字照章改“奏”。谨将修并例文，开列于后。

〇修并(略)

大清律例

6.19.292.(8)〔疯人报官锁禁其曾杀人之犯分别锁锢及取供定拟〕

一、疯病之人，如家有严密房屋可以锁锢、的当亲属可以管束，及妇女患疯者，俱报官交与亲属看守，令地方官亲发锁拷，严行封锢。如亲属锁禁不严，致有杀人者，将亲属照例严加治罪。如果痊愈不发，报官验明，取具族长、地邻甘结，始准开放。如不行报官，及私启锁封者，照例治罪。若并无亲属，又无房屋者，即于报官之日，令该管官验讯明确，将疯病之人，严加锁锢监禁，具详立案。如果监禁之后，疯病并不举发，俟数年后诊验情形，再行酌量详请开释，领回防范。若曾经杀人之犯，到案始终疯迷，不能取供者，即行严加锁锢监禁，不必追取收赎银两。如二、三年内偶有病愈者，令该地方官讯取供招，出结转详，照复审供吐明晰之犯，依斗杀律拟绞监候，入于秋审缓决。遇有查办死罪减等恩旨，与复审供吐明晰之犯，一体查办。如不痊愈，即永远锁锢，虽遇恩旨，不准查办。若锁禁不严，以致扰累狱囚者，将管狱、有狱官严加参处，狱卒照例严加治罪。地方官遇有疯

现行刑律

19.254.(11)〔疯病杀人之犯复审供吐明晰准拟斗杀〕

一、疯病杀人之案，总以究明有无捏饰为主，如诊验该犯始终疯迷，语无伦次者，即行永远锁锢；若因一时陡患疯病以致杀人，旋经痊愈，或二、三年偶有病愈，及到案时验系疯迷，迨复审时供吐明晰者，该承审官审明，即讯取尸亲、邻佑人等切实甘结，加结转详，依斗杀律拟绞监候，入于秋审缓决。至所杀系有服卑幼，罪不至死者，应俟监禁五年后，察看疯病不复举发，即行收所习艺；倘不痊愈，仍行锁锢。若锁禁不严，以致扰累狱囚者，将管狱官、有狱官严加参处，狱卒照例治罪。如有假疯捏报，除凶犯即行按律治罪外，将知情捏报之地方、邻佑、亲属人等照隐匿罪人知情者减罪人一等律问拟。其有因疯伤人者，仍照本律本例科断。

病杀人之案，呈报到官，务取被杀之事主切实供词，并取邻佑、地方确实供结，该管官详加验讯。如有假疯妄报，除凶犯即行按律治罪外，将知情捏报之地方、邻佑、亲属人等，照隐匿罪人知情者减罪人一等律问拟。

6.19.292.(15)〔疯病杀人之犯复审供吐明晰准拟斗杀〕

一、凡疯病杀人之案，总以先经报官有案为据。如诊验该犯始终疯病，语无伦次者，仍照定例永远锁锢。若因一时陡患疯病，猝不及报，以致杀人，旋经痊愈，或到案时虽验系疯迷，迨复审时供吐明晰者，该州县官审明，即讯取尸亲切实甘结，叙详咨部，方准拟以斗杀。如无报案，又无尸亲切结，即确究实情，仍按谋、故各本律定拟。至所杀系有服卑幼，罪不至死者，不得以病已痊愈，即行发配，仍依疯病杀人例永远锁锢。

现行刑律案语

原例

6.19.292.(8)〔疯人报官锁禁其曾杀人之犯分别锁锢及取供定拟〕(略)

6.19.292.(15)〔疯病杀人之犯复审供吐明晰准拟斗杀〕(略)

臣等谨按：上条系乾隆二十七年〔1862〕刑部奏准，并三十一年〔1866〕议复四川按察使石嘉礼条奏定例，道光二十六年〔1846〕修改。下条系嘉庆十一年〔1806〕刑部奏准定例。惟亲属律得容隐祖父，虽实犯死罪，自非叛逆，尚不科子孙，以隐匿之条，一经患疯，责令报官，似非律意。今上条内将疯病之人及妇女患疯者，一律呈报封锢，既虑房屋之不密，复恐锁禁之不严，而痊愈必须验明，开放必须取结，层层防范，未免涉于纷烦。其私启锁封照例治罪，无论应治何罪，并未叙明，且疯犯未致杀人，即属无罪可拟，似应全行删去。将下条例首移入上条，改"先经报官有案"一语，究明有无捏饰为主，较归画一。至杀人之犯始终疯迷者，严加锁禁，及假疯妄报凶犯，照律治罪，与下条例义相同。所称不必追取赎银，按旧例疯病杀人，本系照过失杀收赎，嗣咸丰二年〔1852〕将"照例收赎"句删除，此语即系赘设，而"逢恩查办"一节向有定章，尽可随时奏请，尤无庸叙入例内。下条取结叙详咨部，尚系照过失杀办

法,案经改照斗杀,即无咨结之理,应删。若殴死卑幼,本较平人为轻,而永远锁锢,又较平人反重,亦嫌未协。查因疯杀人应入缓决人犯,本有监禁五年后准予查办之文,则殴死卑幼罪不至死者,酌改为监禁五年后疯疾不复举发,即行发配,仍照章收所习艺,似亦不为无据。再,斗殴例载若果有疯疾,依过失伤人律收赎,自系因杀人者照过失杀定拟,故伤人亦照过失伤科断,第杀人既经改为绞罪,而伤人仍照过失,亦属参差。况案系因疯尤不宜分隶两处,应将此层剔出,改为"仍照本律本例定拟",移于例末,以免歧误。除剔出"疯疾伤人"一层,应于彼门凶器条下再行详晰声叙外,谨将修并例文,开列于后。

〇修并(略)

大清律例

6.19.292.(17)〔疯病杀人问拟死罪免勾永远监禁之犯病愈遇有恩旨例得查办释放〕

现行刑律

19.254.(12)〔疯病杀人问拟死罪免勾永远监禁之犯病愈遇有恩旨例得查办释放〕

一、疯病杀人,问拟死罪,免勾永远监禁之犯,病愈后遇有恩旨,例得查办释放者,除所杀系平人,仍照旧办理外,若卑幼致死尊长及妻致死夫,关系服制者,仍永远监禁,不准释放。

现行刑律案语

原例(略)

〇仍旧

臣等谨按:此例应仍其旧,理合陈明。

条例·移并

大清律例

6.19.292.(1)〔应偿命罪囚遇赦追银给被杀家属〕

一、应该偿命罪囚,遇蒙赦宥,俱追银二十两,给付被杀家属。如果十分贫难者,量追一半。

6.19.292.(6)〔追给各项埋葬银两〕

一、凡各项埋葬银两,地方官照数

现行刑律

*名例·给没赃物

1.18.(13)〔命案内减等人犯应追埋葬银〕(略)

追给,取具嫡属收领,然后将该犯释放,报部存案。若不给付,该犯系管押者仍管押,系监禁者仍监禁,勒限追给。如捏称给付,将本犯释放者,告发之日,本犯不准援免,地方官一并从重议处。

6.19.292.(11)〔过失杀人应追银两力不能交〕

一、凡过失杀人,应追埋葬银两之犯,如有力不能交,咨请豁免者,免其着追,将该犯照不应重律杖责发落。

*名例·给没赃物

1.1.24.(1)〔命案内减等人犯应追埋葬银〕(略)

现行刑律案语

○修并(略)

见1.1.24.(1)〔命案内减等人犯应追埋葬银〕条

大清律例

6.19.292.(10)〔深山旷野捕猎施放枪箭不期杀人〕

一、凡民人于深山旷野捕猎,施放枪箭打射禽兽,不期杀人者,比照捕户于深山旷野安置窝弓不立望竿因而伤人致死律,杖一百、徒三年。若向城市及有人居止宅舍,施放枪箭,打射禽兽,不期杀伤人者,仍依弓箭杀伤人本律科断。各追埋葬银一十两,给与死者之家。

*人命·弓箭伤人

6.19.295.(1)〔城市人居施放鸟枪竹铳伤人及致死〕(略)

现行刑律

*人命·弓箭伤人

19.257.(1)〔山野城市施放枪箭竹铳打射禽兽误伤人及致死〕(略)

现行刑律案语

原例

6.19.292.(10)〔深山旷野捕猎施放枪箭不期杀人〕(略)

人命·弓箭伤人

6.19.295.(1)〔城市人居施放鸟枪竹铳伤人及致死〕(略)

臣等谨按：上条系乾隆三十九年〔1774〕刑部因“江西黄昌怀放枪打麂误杀姚文贵身死”案奏准定例，下条系嘉庆六年〔1801〕刑部议准定例，均指捕打禽兽而言。上条兼言枪箭，下条专言枪铳，皆以深山旷野、城市宅舍分差等，而拟罪又属相同，似应将上条例文移并下条例内，以免冗复。至下条“虽不伤人，笞四十”，弓箭伤人律内已有明文，应于彼律照章修改，此处应删；徒、流附杖亦应节去，仍列于“弓箭伤人”门内。谨将移并例文，开列于后。

〇移并

人命·弓箭伤人

19.257.(1)〔山野城市施放枪箭竹铳打射禽兽误伤人及致死〕(略)

大清律例

6.19.292.(19)〔谋故斗殴而误杀其人之祖父母父母妻子子孙一命〕

一、凡谋、故、斗殴而误杀其人之祖父母、父母、妻女、子孙一命，均依谋、故、斗杀各本律科罪。其因谋杀人而误杀一命案内从犯，杖一百、流三千里。

*人命·杀一家三人

6.19.287.(12)〔谋故杀人误杀旁人二三命分别是否临时逞凶治罪〕(略)

*人命·杀一家三人

6.19.287.(15)〔谋杀人而误杀其人之祖父母父母妻女子孙一家二命及三命以上〕(略)

现行刑律

*人命·杀一家三人

19.249.(3)〔谋故杀人误杀旁人三命〕(略)

现行刑律案语

〇移并(略)

见6.19.287.(12)〔谋故杀人误杀旁人二三命分别是否临时逞凶治罪〕条

核订现行刑律

〇修改(略)

见6.19.287.(12)〔谋故杀人误杀旁人二三命分别是否临时逞凶治罪〕条

条例·删除

大清律例

6.19.292.(2)〔过失杀人绞罪收赎银数〕

一、收赎过失杀人绞罪,与被杀之家营葬,折银十二两四钱二分。其过失伤人收赎银两数目,另载图内。

现行刑律案语

〇删除

原例(略)

臣等谨按:过失杀人现拟改为准斗、杀罪减二等收赎,其银数亦不止十二两四钱二分。此条无关引用,应即删除。

大清律例

6.19.292.(5)〔疯人容隐不报不行看守以致自杀及杀人者〕

一、疯病之人,其亲属、邻佑人等容隐不报,不行看守,以致疯病之人自杀者,照不应重律杖八十;致杀他人者,照知人谋害他人不即阻挡首报律杖一百。如亲属、邻佑人等已经报明,而该管官不严饬看守,以致自杀,及致杀他人者,俱交部议处。

现行刑律案语

〇删除

原例(略)

臣等谨按:光绪三十二年〔1906〕法部核复云南省咨报李开化、周俊猴因疯杀人两案,声明嗣后遇有疯病杀人案件,凡亲属、邻佑人等容隐不报,致杀他人者,均从宽免其治罪等因,通行各省遵照在案。第致杀他人者亲属人等,既得免罪,则因疯自杀者,亦应一体免罪可知。至"该管官不严饬看守"一层,尤非意料所及,予以处分殊觉过严。此例无关引用,拟请删除。

大清律例

6.19.292.(7)〔命案死罪人犯奏准赎罪者〕

一、命案内死罪人犯,有奏准赎罪者,追埋葬银四十两,给尸亲收领。

删除律例

〇删除

大清律例

6.19.292.(9)〔围场内射兽兵丁因射兽而伤平人者〕

一、围场内射兽兵丁,因射兽而伤平人致死者,照比较拳棒戏杀律拟绞监候,仍追银给付死者之家。如系前锋、护军、亲军、领催及甲兵等,追给银一百两;系跟役,追给银五十两。若伤而未死,前锋等项及甲兵,头等伤者将本犯鞭一百、罚银四十两,二等伤者鞭八十、罚银三十两,三等伤者鞭七十、罚银二十两;如系跟役,所罚银数各减十两,给与被伤之人。

现行刑律案语

〇删除

原例(略)

臣等谨按:围阳本畋猎之所,兵丁等控弦驰射,原是职分所当,为其不幸偶遇杀伤,自非意料所及。原例称因射兽而伤平人致死,照戏杀拟绞,既与民人于深山旷野射兽杀人拟徒之例,轻重悬殊,而给付埋银数至一百及五十两不等,无论戏杀,向无追埋之律,且兵丁月得饷银有几,岂能如数完交,又于办罪外兼议赔偿,衡情亦觉未允。至伤而未死,弓箭伤人各律内本有照凡斗减等之文,不在断付家产之限,则分别头、二、三等伤罚银,尤非律意。况此等案件,近年并不经见。此例拟请删除。

大清律例

6.19.292.(20)〔子孙及子孙妇过失杀祖父母父母〕

一、子孙过失杀祖父母、父母,及子孙之妇过失杀夫之祖父母、父母,定案时仍照本例问拟绞决。法司核其情节,实系耳目所不及、思虑所不到,与律注相符者,准将可原情节,照服制情轻之例,夹签声明,恭候钦定,改为拟绞监候。至妻妾过失杀夫、奴婢过失杀家长,亦照此例办理。

现行刑律案语

〇删除

6.19.292.(20)〔子孙及子孙妇过失杀祖父母父母〕(略)

斗殴·殴祖父母父母

6.20.319.(3)〔过失杀祖父母父母〕(略)

斗殴·妻妾殴夫

6.20.315.(2)〔妾过失杀正妻〕(略)

6.20.315.(3)〔妻过失杀夫〕(略)

斗殴·奴婢殴家长

6.20.314.(2)〔奴婢过失杀家长〕(略)

臣等谨按：过失杀人乃七杀中之最轻者，是以子孙于祖父母、父母，及妻妾于夫之祖父母、父母，律亦仅止拟流，其义自可概见。至妻妾过失杀夫、妾过失杀正妻，律注仅云当用比律，而罪名并未明言，准诸妾过失杀正妻，比照过失杀期亲尊长拟徒之例推之，则妻妾过失杀夫亦应得徒罪。乾隆九年〔1744〕将妻过失杀夫、妾过失杀家长，比照子孙过失杀祖父母律定为满流，已嫌未协。嗣二十八年〔1763〕刑部将子孙过失杀祖父母、父母者改为绞决，三十一年〔1766〕又因江苏按察使李永书条奏，将奴婢过失杀家长亦改绞决，而妻过失杀夫者，连类照改，益觉轻重失平。嘉庆四年〔1799〕"直隶民妇张周氏误毒伊夫身死"一案，刑部以该氏系出无心，且因奉有谕旨"一切案件，毋庸律外加重"，将该氏改为满流，并将子孙奴婢均照本律改流，奏准通行在案。五年〔1800〕审办"崔三过失杀伊父身死"一案，刑部以所犯情节较轻，又未便遽行拟流，仍照例拟以绞决、夹签声请减等。嘉庆十一年〔1806〕又改照情轻之例，夹签请改绞候。道光二十三年〔1843〕又因"广西省民妇乃陈氏用药毒鼠误毙伊姑"一案，添入"子孙之妇过失杀夫之祖父母、父母"一层。此例文畸轻畸重之原委也。窃维子孙及妻妾、奴婢遇有过失杀伤之案，应流、应徒、应绞，本有定律可循，今一概予以绞决罪名，不惟律应徒、流者办理过严，即律应绞候者，惩创亦嫌其刻，则欲泯参差，以归画一，自仍以专用律文为宜，除"妻妾过失杀夫、妾过失杀正妻，比律拟徒"一层，应于"妻妾殴夫"门律注修改明晰外，此五例均拟一并删除。

6.19.293夫殴死有罪妻妾／19.255夫殴死有罪妻妾

律文·修改

大清律例	现行刑律
6.19.293.1凡妻妾因殴骂夫之祖父母、父母，而夫(不告官)擅杀死者，杖一百。(祖父母、父母亲告乃坐。)○6.19.293.2若夫殴骂妻妾，因而自	19.255.1凡妻妾因殴骂夫之祖父母、父母，而夫(不告官)擅杀死者，处十等罚。(祖父母、父母亲告乃坐。)○19.255.2若夫殴骂妻妾，因而自

大清律例	现行刑律
尽身死者,勿论。若祖父母、父母已亡,或妻有他罪不至死而夫擅杀,仍绞。	尽身死者,勿论。若祖父母、父母已亡,或妻有他罪不至死而夫擅杀,流三千里。

现行刑律案语

原律(略)

臣等谨按:此仍《明律》,顺治三年〔1646〕添入小注,雍正三年〔1725〕、乾隆五年〔1740〕修改。"杖一百"罪名照章罚金,应改为"处十等罚"。至"妻有他罪不至死,而夫擅杀仍绞"等语,按擅杀情轻者,新章已准改流,自应改"流三千里"。谨将修改律文、律注,开列于后。

〇修改(略)

条例·续纂、修并

大清律例	现行刑律
	19.255.(1)〔殴故杀詈骂顶撞翁姑并犯奸殴夫之妻〕 一、殴杀詈骂及顶撞翁姑、不孝有据之妻者,徒三年;故杀者,流三千里。如未取有尸翁姑及尸亲人等供词,或殴伤后,牵詈翁姑,及非因詈骂、顶撞翁姑起衅者,仍按律拟绞监候。至殴杀妻之案,如妻犯奸,并未纵容,及殴夫成伤者,流三千里;若纵容妻犯奸,并殴夫未经成伤,或案系谋、故,仍依律拟绞监候。

现行刑律案语

〇续纂(略)

臣等谨按:光绪三十二年十二月〔1907年1-2月〕间法部将秋审可矜人犯酌拟随案减等开列清单,内称"嗣后殴死詈骂,及顶撞翁姑不孝有据之妻,随案减为徒三年,故杀者减为流三千里,如未取有尸翁姑及尸亲人等供词,或殴伤后牵詈翁姑,及非因詈骂顶撞翁姑起衅者,仍按律拟绞监候。至殴杀妻之案,如妻犯奸,并未纵容及殴夫成伤者,随案减为流三千里。若纵容妻犯奸,并殴夫未经成伤,或案系谋故,亦仍依律拟绞监候"等因。奏准在案。自应纂入例册,以资遵守。

大清律例

6.19.293.(1)〔与夫角口被殴有重伤致妻自缢者〕

一、妻与夫角口,以致妻自缢,无伤痕者无庸议,若殴有重伤缢死者,其夫杖八十。

6.19.293.(2)〔殴伤无罪妻妾〕

一、凡妻妾无罪,被殴致折伤以上者,虽有自尽实迹,仍依夫殴妻妾致折伤本律科断。

现行刑律

19.255.(2)〔无罪妻妾与夫角口自尽并被夫殴伤自尽〕

一、妻妾无罪,与夫角口,以致自尽无伤痕,或被殴伤轻自尽者,俱照律勿论。若殴至折伤以上,虽有自尽实迹,仍依夫殴妻妾致折伤本律科断。

现行刑律案语

原例

6.19.293.(1)〔与夫角口被殴有重伤致妻自缢者〕(略)

6.19.293.(2)〔殴伤无罪妻妾〕(略)

臣等谨按:上条系雍正三年〔1725〕定例,下条系乾隆五年〔1740〕由律后总注另纂为例。惟定律夫殴妻非折伤勿论,折伤以上减凡人二等,妾又减二等。上条殴有重伤缢死者,杖八十,下条仍依夫殴妻妾致折伤本律科断,轻重未免悬殊。且究以何项为重伤,上条既未分晰,设或与妻角口,用刀及他物或手足殴伤,致妻自缢身死,依上条定拟,则俱应杖八十,依下条科罚,则刃伤应徒一年,他物、手足伤则应勿论,又如殴折一指一齿,由满杖减二等,尚与上条相符,若殴折二齿二指,由徒一年罪上减二等,又似应杖九十办理,殊觉参差。似不如将上条例末“杖八十”一层删去,仍查照律文改“自缢”为“自尽”,以昭浑括。并将“殴有重伤”句改为“被殴伤轻自尽”,移入“与夫角口,以致自尽无伤痕”之下,“俱照律勿论”,而仍以“殴至折伤以上”为断,较为平允。再,下条系妻妾并举,上条专指妻言,亦嫌未合,应将两例修并为一,俾资援引。谨将修并例文,开列于后。

〇修并(略)

6.19.294 杀子孙及奴婢图赖人 / 19.256 杀子孙图赖人

律文·修改

大清律例

6.19.294.1 凡祖父母、父母故杀子孙,及

现行刑律

19.256.1 凡祖父母、父母故杀子孙,图

家长故杀奴婢,图赖人者,杖七十、徒一年半。○6.19.294.2若子孙将已死祖父母、父母,奴婢、雇工人将家长身尸未葬。图赖人者,杖一百、徒三年;将期亲尊长,杖八十、徒二年;将大功、小功、缌麻,各递减一等。○6.19.294.4若尊长将已死卑幼及他人身尸图赖人者,杖八十。以上俱指未告官言。○6.19.294.5其告官者,随所告轻重,并以诬告平人律反坐论罪。○6.19.294.6若因图赖而诈取财物者,计赃准窃盗论;抢去财物者,准白昼抢夺论,免刺。各从重科断。图赖罪重,依图赖论;诈取、抢夺罪重,依诈取、抢夺论。

赖人者,徒一年半。○19.256.2若子孙将已死祖父母、父母,雇工人将家长身尸未葬。图赖人者,徒三年;将期亲尊长,徒二年;将大功、小功、缌麻,各递减一等。○19.256.3若尊长将已死卑幼及他人身尸图赖人者,处八等罚。以上俱指未告官言。○19.256.4其告官者,随所告轻重,并以诬告平人律反坐论罪。○19.256.5若因图赖而诈取财物者,计赃准窃盗论;抢去财物者,准白昼抢夺论。各从重科断。图赖罪重,依图赖论;诈取、抢夺罪重,依诈取、抢夺论。

现行刑律案语

原律(略)

臣等谨按:此仍《明律》,顺治三年〔1646〕添入小注。徒罪附杖照章应删,“杖八十”罪名亦应罚金,应改为“处八等(罪)〔罚〕”。新章已免刺字,“免刺”二字应删。谨将修改律文,开列于后。

○修改

凡祖父母、父母故杀子孙,及家长故杀奴婢,图赖人者,徒一年半。○若子孙将已死祖父母、父母,奴婢、雇工人将家长身尸未葬。图赖人者,徒三年;将期亲尊长,徒二年;将大功、小功、缌麻,各递减一等。○若尊长将已死卑幼及他人身尸图赖人者,处八等罚。以上,俱指未告官言。○其告官者,随所告轻重,并以诬告平人律反坐论罪。○若因图赖而诈取财物者,计赃准窃盗论;抢去财物者,准白昼抢夺论。各从重科断。图赖罪重,依图赖论;诈取、抢夺罪重,依诈取、抢夺论。

核订现行刑律

原修改律文(略)

谨按:祖父母、父母故杀子孙,家长故杀奴婢,俱徒一年。本律以其故杀图赖人故,加故杀一等,惟奴婢一项现以雇工人论,则家长故杀雇工,本罪已至绞候,自毋庸再因图赖而加重。律内“故杀奴婢”一层,拟请节删。本条律目即改为“杀子孙图赖人”,以符名实,其第二节“奴婢”二字亦应节去。谨将修改律目、律文,开列于后。

○修改

19.256杀子孙图赖人(略)

条例・修改、仍旧

大清律例	现行刑律
6.19.294.(1)〔有服亲属互以尸图赖〕 一、有服亲属，互相以尸图赖者，依干名犯义律。	19.256.(1)〔有服亲属互相以尸图赖〕 一、有服亲属，互相以尸图赖者，仍依律分别已、未告官，各照图赖诬告抢窃本罪从重科断。

现行刑律案语

原例(略)

臣等谨按：此条系前明笺释之语，顺治三年〔1646〕纂辑为例，原补律文之阙。惟律系分别已、未告官，例则统言干名犯义，检查笺释原文，本系专为已告官者而言，若未告到官，在凡人既不科以诬告之罪，即亲属不得科以干犯之条，今例内并未详细叙明，有犯碍难援引，似不如将例末改为"仍依律分别已、未告官，各照图赖诬告抢窃本罪从重科断"，庶与律义相符。谨将修改例文，开列于后。

〇修改(略)

大清律例	现行刑律
6.19.294.(6)〔将父母尸身装伤图赖〕 一、将父母尸身装点伤痕图赖他人，无论金刃、手足、他物，成伤者，俱拟斩立决。	19.256.(2)〔将祖父母父母尸身装伤图赖〕 一、将祖父母、父母尸身装点伤痕图赖他人，无论金刃、手足、他物，成伤者，俱拟绞立决。

现行刑律案语

原例(略)

臣等谨按："发冢"门内毁弃父母死尸，系与祖父母并叙，则此例亦应添入"祖父母"字样，方昭一律。斩决照章应改绞决。谨将修改例文，开列于后。

〇修改(略)

大清律例	现行刑律
6.19.294.(2)〔妻将夫尸图赖人并夫将妻尸图赖人〕	19.256.(3)〔妻将夫尸图赖人并夫将妻尸图赖人〕 一、妻将夫尸图赖人，比依卑幼将

期亲尊长图赖人律。若夫将妻尸图赖人者,依不应重律。其告官司、诈财、抢夺者,依本律科断。

现行刑律案语

原例(略)

〇仍旧

臣等谨按:此条应仍其旧,理合陈明。

大清律例	现行刑律
6.19.294.(3)〔故杀妾及子孙等图赖人者〕	19.256.(4)〔故杀妾及侄侄孙子孙之妇图赖人〕
一、故杀妾,及子孙、侄、侄孙,与子孙之妇,图赖人者,无论图赖系凡人及尊卑亲属,俱发附近充军。	一、故杀妾,及侄、侄孙,与子孙之妇,图赖人者,无论图赖系凡人及尊卑亲属,各照本律加一等治罪。

现行刑律案语

原例(略)

臣等谨按:此条系沿前明旧例,雍正三年〔1725〕、乾隆五年〔740〕、嘉庆六年〔1826〕迭经修改。惟查"斗殴"门律载故杀子孙,徒一年;故杀妾,徒三年;故杀侄、侄孙与子孙之妇,流二千里。而本门律载故杀子孙图赖人,徒一年半,系照本罪加一等。今例内故杀妾与子孙等图赖俱发附近充军,在侄与侄孙及子孙之妇,由流加军,按新章附近应改流二千里,适得本罪,已嫌无所区别,而以故杀妾与子孙罪止拟徒之犯,亦一体改流,尤觉轻重失宜。窃维故杀子孙图赖律文,既照本罪加一等,则故杀妾与侄及侄孙,并子孙之妇,亦应各照本律加一等,情法方得其平,且可补律所未及。至"子孙"一项,既有本律可援,应于例内节去。谨将修改例文,开列于后。

〇修改(略)

大清律例	现行刑律
6.19.294.(4)〔无赖凶棍冒认尸亲混闹殴打勒掯行诈〕	19.256.(5)〔无赖之徒冒认尸亲混闹殴打勒掯行诈并尸亲借命打抢勒索私和〕
一、无赖凶棍,遇有自尽之案,冒认尸亲,混行吵闹殴打,或将棺材拦阻打坏,抬去尸首,勒掯行诈者,均杖一百,	一、无赖之徒,遇有自尽之案,冒认尸亲,混行吵闹殴打,或将棺材拦阻打坏,抬去尸首,勒掯行诈者,照棍徒例减

枷号两个月。若该管地方兵役,知而不拿者,各照不应重律治罪。

一等治罪。若系尸亲,借命打抢及勒索私和者,照抢夺私和各本律例治罪,仍追抢毁物件给还原主,勒索财物入官。该管地方兵役,知而不拿者,各照不应重律治罪。

现行刑律案语

原例(略)

臣等谨按:此条系康熙五十二年〔1787〕刑部题准定例,乾隆五年〔1740〕增定。惟冒认尸亲,吵闹打坏棺材,抬去尸首措诈,此等情形,与凶恶棍徒何异,彼拟充军,而此仅枷杖,轻重未免悬殊,且例首既以凶棍为言,似应改照棍徒例量减一等治罪。再"检验尸伤不以实"门人命呈报到官例内,载"刁悍之徒,借命打抢者,照白昼抢夺例拟罪,仍追抢毁物件给还原主;勒索私和者,照私和律科断,勒索财物入官"等语,系指尸属而言,情事究与此例相类,彼例系专言检验,似不应搀入其中,今拟删去冗句,于本例上层之下,添入"若系尸亲,借命打抢及勒索私和者,照抢夺私和各本律例治罪,仍追抢毁物件给还原主,勒索财物入官",以归画一。除剔出"打抢""私和"两层,应再于彼例内声叙明晰外,谨将修改例文,开列于后。

○修改(略)

条例·删除

大清律例

6.19.294.(5)〔夺产故杀弟侄图赖致被诈之家复有殴故杀尊长酿成立决重案者〕

一、凡兄及伯叔谋夺族人财产,故杀弟侄图赖,致被诈之家,复有殴、故杀尊长,酿成立决重案者,除罪犯应死,悉照各本例定拟外,其罪应军、流者,即照兄及伯叔因争夺弟侄财产故行杀害例拟绞监候。至被诈之家财产,或无人承管,不得以争夺者之后继嗣承受。

现行刑律案语

○删除

原例(略)

臣等谨按:期尊谋夺财产,故杀弟侄图赖,致被诈之家复酿成立决重案,系属不经见之事;且故杀胞弟,例已改绞,故杀侄图赖,现拟改照本律加一等,并无军、流罪名,此例几同虚设,应即删除。

6.19.295 弓箭伤人／19.257 弓箭伤人

律文·修改

大清律例

6.19.295.1 凡无故向城市及有人居止宅舍,放弹射箭、投掷砖石者,虽不伤人,笞四十;伤人者,减凡斗伤一等;虽至笃疾,不在断付家产之限。因而致死者,杖一百、流三千里。若所伤系亲属,依名例律。本应重罪,而犯时不知者,依凡人论;本应轻者,听从本法。仍追给埋葬银一十两。

现行刑律

19.257.0 凡无故向城市及有人居止宅舍,放弹射箭、投掷砖石者,虽不伤人,处四等罚;伤人者,减凡斗伤一等;因而致死者,流三千里。若所伤系亲属,依名例。本应重罪,而犯时不知者,依凡人论;本应轻者,听从本法。仍追给埋葬银一十两。

现行刑律案语

原律(略)

臣等谨按:此仍《明律》。"笞四十"罪名照章罚金,应改为"处四等罚"。流罪附杖并应节删。谨将修改律文,开列于后。

○修改

凡无故向城市及有人居止宅舍,放弹射箭、投掷砖石者,虽不伤人,处四等罚;伤人者,减凡斗伤一等;虽至笃疾,不在断付家产之限。因而致死者,流三千里。若所伤系亲属,依名例律。本应重罪,而犯时不知者,依凡人论;本应轻者,听从本法。仍追给埋葬银一十两。

条例·移并

大清律例

6.19.295.(1)〔城市人居施放鸟枪竹铳伤人及致死〕

一、凡鸟枪、竹铳,向城市及有人居止宅舍施放者,虽不伤人,笞四十;误伤人者,减汤火伤人律一等;因而致死者,杖一百、流三千里。若在深山旷野施放,误伤人者,减汤火伤人律二等;因而致死者,杖一百、徒三年。皆追征埋葬银一十两。

*人命·戏杀误杀过失杀伤人

6.19.292.(10)〔深山旷野捕猎施放枪箭

现行刑律

19.257.(1)〔山野城市施放枪箭竹铳打射禽兽误伤人及致死〕

一、凡民人于深山旷野捕猎,施放枪箭、竹铳,打射禽兽,误伤人者,减汤火伤人律二等;因而致死者,比照捕户于深山旷野安置窝弓不立望竿因而伤人致死律,徒三年。若向城市及有人居止宅舍施放枪箭、竹铳打射禽兽,误伤人者,减汤火伤人律一等;因而致死者,流三千里。各追埋葬银一十两,给与死者之家。

不期杀人〕(略)

现行刑律案语

○移并(略)

见6.19.292.(10)〔深山旷野捕猎施放枪箭不期杀人〕条

6.19.296车马杀伤人 / 19.258车马杀伤人

律文·修改

大清律例	现行刑律
6.19.296.1凡无故于街市镇店驰骤车马,因而伤人者,减凡斗伤一等;致死者,杖一百、流三千里。若(无故)于乡村无人旷野地内驰骤,因而伤人(不致死者不论。)致死者,杖一百。(以上所犯,)并追埋葬银一十两。○6.19.296.2若因公务急速而驰骤杀伤人者,以过失论。(依律收赎,给付其家。)	19.258.1凡无故于街市镇店驰骤车马,因而伤人者,减凡斗伤一等;致死者,流三千里。若(无故)于乡村无人旷野地内驰骤,因而伤人(不致死者不论。)致死者,处十等罚。(以上所犯,)并追埋葬银一十两。○19.258.2若因公务急速而驰骤杀伤人者,以过失论。(依律收赎,给付其家。)

现行刑律案语

原律(略)

臣等谨按:此仍《明律》,顺治三年〔1646〕添入小注。流罪附杖照章应删。杖罪已改罚金,应改为“处十等罚”。谨将修改律文,开列于后。

○修改(略)

条例·删除

大清律例

6.19.296.(1)〔骑马碰伤人将马追给〕

一、凡骑马碰伤人,除依律拟断外,仍将所骑之马,给与被碰之人。若被碰之人身死,其马入官。

删除律例

○删除

6.19.297 庸医杀伤人 / 19.259 庸医杀伤人

律文·修改

大清律例

6.19.297.1 凡庸医为人用药、针刺，误不如本方，因而致死者，责令别医辨验药饵、穴道，如无故害之情者，以过失杀人论，依律收赎，给付其家。不许行医。○6.19.297.2 若故违本方，乃以诈心疗人疾病，而增轻作重，乘危以取财物者，计赃准窃盗论；因而致死，及因事私有所谋害，故用反症之药杀人者，斩。监候。

现行刑律

19.259.1 凡庸医为人用药、针刺，误不如本方，因而致死者，责令别医辨验药饵、穴道，如无故害之情者，以过失杀人论，依律收赎，给付其家。不许行医。○19.259.2 若故违本方，乃以诈心疗人疾病，而增轻作重，乘危以取财物者，计赃准窃盗论；因而致死，及因事私有所谋害，故用反症之药杀人者，绞。监候。

现行刑律案语

原律(略)

臣等谨按：此仍《明律》，顺治三年〔1646〕添入小注。斩候照章应改绞候。谨将修改律文，开列于后。

○修改(略)

条例·修改

大清律例

6.19.297.(1)〔异端法术医人致死〕

一、凡端公、道士，及一切人等，作为异端法术，如圆光画符等类。医人致死者，照斗杀律拟绞监候；未致死者，杖一百、流三千里；为从，各减一等。

现行刑律

19.259.(1)〔左道异端作为法术医人致死〕

一、凡左道、异端，及一切人等，作为法术，如圆光画符等类。医人致死者，照斗杀律拟绞监候；未致死者，流三千里；为从，各减一等。

现行刑律案语

原例(略)

臣等谨按：此条系康熙年间定例，原载“禁止师巫邪术”门内，嘉庆六年〔1801〕改定移入本门。惟查“端公”系从前名目，本属不经，自应将首句改为“左道、异端”，而将下文“异端”二字节去，较为赅括。流罪附杖照章应删。谨将修改例文，开列

于后。

〇修改(略)

6.19.298 窝弓杀伤人 / 19.260 窝弓杀伤人

律文·修改

大清律例

6.19.298.1 凡打捕户,于深山旷野猛兽往来去处,穿作坑阱,及安置窝弓,不立望竿,及抹眉小索者,(虽未伤人,亦)笞四十;以致伤人者,减斗杀伤二等;因而致死者,杖一百、徒三年,追征埋葬银一十两。(若非深山旷野,致杀伤人者,从弓箭杀伤论。)

现行刑律

19.260.0 凡打捕户,于深山旷野猛兽往来去处,穿作坑阱,及安置窝弓,不立望竿,及抹眉小索者,(虽未伤人,)处四等罚;以致伤人者,减斗殴伤二等;因而致死者,徒三年,追埋葬银一十两。(若非深山旷野,致杀伤人者,从弓箭杀伤论。)

现行刑律案语

原律(略)

臣等谨按:此仍《明律》,顺治三年〔1646〕添入小注,雍正三年〔1725〕增修。"笞四十"罪名照章罚金,应改为"处四等罚"。徒罪附杖并应节删。谨将修改律文,开列于后。

〇修改(略)

6.19.299 威逼人致死 / 19.261 威逼人致死

律文·修改

大清律例

6.19.299.1 凡因事(户婚、田土、钱债之类。)威逼人致(自尽)死者,(审犯人必有可畏之威。)杖一百。若官吏、公使人等,非因公务而威逼平民致死者,罪同。(以上二项)并追埋葬银一十两。(给付死者之家。)〇6.19.299.2 若(卑幼)因事逼迫期亲尊长致死者,绞;(监候。)大功以下,递减一等。〇6.19.299.3 若因(行)奸、(为)盗而威逼人致死者,斩。(监候。)

现行刑律

19.261.1 凡因事(户婚、田土、钱债之类。)威逼人致(自尽)死者,(审犯人必有可畏之威。)处十等罚。若官吏、公使人等,非因公务而威逼平民致死者,罪同。(以上二项)并追埋葬银一十两。(给付死者之家。)〇19.261.2 若(卑幼)因事逼迫期亲尊长致死者,绞;(监候。)大功以下,递减一等。〇19.261.3 若因(行)奸、(为)盗而威逼人致死者,绞。(监候。)

大清律例	现行刑律
○6.19.299.4奸不论已成与未成,盗不论得财与不得财。	○19.261.4奸不论已成与未成,盗不论得财与不得财。

现行刑律案语

原律(略)

臣等谨按:此仍《明律》,乾隆三十七年〔1772〕修改其小注,系顺治三年〔1646〕添入律内。"杖一百"罪名照章罚金,应改为"处十等罚"。斩候亦应改绞候。谨将修改律文,开列于后。

○修改(略)

条例 · 修改、修并

大清律例	现行刑律
6.19.299.(1)〔因奸威逼人致死〕	19.261.(1)〔因奸威逼人致死〕
一、凡因奸威逼人致死人犯,务要审有挟制、窘辱情状,其死者无论本妇、本夫、父母、亲属,奸夫亦以威逼拟斩。若和奸、纵容,而本妇、本夫愧迫自尽,或妻妾自逼死其夫,或父母、夫自逼死其妻、女,或奸妇以别事致死其夫,与奸夫无干者,毋得概坐因奸威逼之条。	一、凡因奸威逼人致死人犯,务要审有挟制、窘辱情状,其死者无论本妇、本夫、父母、亲属,奸夫亦以威逼拟绞。若和奸、纵容,而本妇、本夫愧迫自尽,或妻妾自逼死其夫,或父母、夫自逼死其妻、女,或奸妇以别事致死其夫,与奸夫无干者,毋得概坐因奸威逼之条。

现行刑律案语

原例(略)

臣等谨按:此条系沿前明之旧,为因奸威逼人致死分别治罪之通例。斩罪照章改绞。谨将修改例文,开列于后。

○修改(略)

大清律例	现行刑律
6.19.299.(5)〔因奸威逼致死一家三命〕	19.261.(2)〔因奸威逼致死一家三命〕
一、因奸威逼人,致死一家三命者,拟斩立决。	一、因奸威逼人,致死一家三命者,拟绞立决。

现行刑律案语

原例(略)

臣等谨按:此条系嘉庆二十年〔1815〕定例。例内斩决照章应改绞决。谨将修改

例文,开列于后。

○修改(略)

大清律例

6.19.299.(9)〔因事威逼人致死三命以上〕

一、凡因事威逼人致死一家二命及非一家但至三命以上者,发近边充军;若一家三命以上,发边远充军;仍依律各追给埋葬银两。

现行刑律

19.261.(3)〔因事威逼人致死三命以上〕

一、凡因事威逼人致死非一家三命以上者,流二千五百里;若一家三命以上,流三千里;仍依律各追给埋葬银两。

现行刑律案语

原例(略)

臣等谨按:此条系沿明例,惟近边军照章应改"流二千五百里",边远军应改"流三千里"。谨将修改例文,开列于后。

○修改

一、凡因事威逼人致死一家二命,及非一家但至三命以上者,流二千五百里;若一家三命以上,流三千里。仍依律各追给埋葬银两。

核订现行刑律

原修改例文(略)

谨按:此条例内"一家二命"亦应节去,应以"非一家三命以上,及一家三命以上"为断。谨将修改例文,开列于后。

○修改(略)

大清律例

6.19.299.(10)〔逼迫本管官致死〕

一、凡军民人等,因事逼迫本管官致死,为首者,比依逼迫期亲尊长致死律绞;为从者,枷号三个月,发近边充军。

现行刑律

19.261.(4)〔逼迫本管官致死〕

一、凡军民人等,因事逼迫本管官致死,为首者,比依逼迫期亲尊长致死律绞监候;为从者,流三千里。

现行刑律案语

原例(略)

臣等谨按:此条系沿明例。惟查寻常案件首绞从流,本系一定办法,今逼迫本管

官致死,从犯情节本属可恶,例内枷满仍发近边,如照新章改为流二千五百里,名为加重,实则反轻,似应酌改满流,较为允当。至"为首者……绞"应照律增入"监候"二字,以清眉目。谨将修改例文,开列于后。

○修改(略)

大清律例

6.19.299.(11)〔奉差员役逼死印官〕

一、凡奉差员役,执持勘合、火牌,照数支取,而该地方官不能措办,因而自尽者,勿论。若奉差员役,额外需索,逼死印官者,审实,依威逼致死律杖一百,加徒三年。若有受贿实迹,仍依枉法从重论。

现行刑律

19.261.(5)〔奉差员役逼死印官〕

一、凡奉差员役,执持勘合、火牌,照数支取,而该地方官不能措办,因而自尽者,勿论。若奉差员役,额外需索,逼死印官者,为首,照军民人等因事逼迫本管官致死拟绞例减一等,流三千里;为从徒三年。若有受贿实迹,仍依枉法从重论。

现行刑律案语

原例(略)

臣等谨按:此条系康熙年间定例。上一层死系畏罪与人无尤,下一层额外需索逼死印官,情节较重,旧例因事威逼人致死,除奸盗及有关服制名分外,皆罪不至死,是以死虽印官,亦仅照常人加等拟徒,嗣后添纂"蠹役诈赃致毙平民"各例,定有缳首罪名,与此例大相悬绝。窃以印官当视平民为重,岂逼死转较平民为轻?即谓员役事属因公,与蠹役等平空讹诈者有间,但印官既被需索逼死,则员役之倚势凌逼可知,谨拟满徒,实觉情浮于法。查军民人等因事逼迫本管官致死,为首拟绞,为从拟军,军罪现拟改流,似员役借差逼死印官,应酌照彼例分别首从减等,拟以流、徒,方昭平允。谨将修改例文,开列于后。

○修改(略)

大清律例

6.19.299.(25)〔因事用强殴打威逼人致死或重伤残废笃疾〕

一、凡因事用强殴打威逼人致死,果有致命重伤,及成残废、笃疾者,虽有自尽实迹,依律追给埋葬银两,发近边充军;其致命而非重伤,及重伤而非致

现行刑律

19.261.(6)〔因事用强殴打威逼人致死并殴伤逼迫尊长致令自尽〕

一、凡因事用强殴打威逼人致死,果有致命重伤,及成残废者,虽有自尽实迹,依律追给埋葬银两,流二千里;致笃疾者,照本律加一等,发极边足四千

命之处者，追给埋葬银两，杖一百、徒三年；如非致命又非重伤者，杖六十、徒一年。若逼迫尊长致令自尽之案，除期亲卑幼，刃伤尊长尊属，及折肢，若瞎其一目，并功服卑幼，殴伤尊长尊属至笃疾者，仍依律绞决外，若殴有致命重伤，未成残废者，缌麻卑幼，照凡人加一等，发边远充军，功服卑幼发极边充军，期亲卑幼仍照逼迫本律绞监候；其致命而非重伤，或伤重而非致命之处者，期亲卑幼仍照逼迫本律绞监候，功服发边远充军，缌麻发近边充军；如非致命，又非重伤，期亲卑幼仍照逼迫本律绞监候，功服以下卑幼各于逼迫尊长尊属致死本律上加一等治罪。尊长犯卑幼，各按服制照例科其伤罪。

里安置；其致命而非重伤，及重伤而非致命者，追给埋葬银两，徒三年；如非致命又非重伤者，徒一年。若逼迫尊长致令自尽之案，除期亲卑幼，刃伤尊长尊属，及折肢、若瞎其一目，并功服以下卑幼，殴伤尊长尊属至笃疾者，仍依律拟绞外，若殴有致命重伤，致成残废者，缌麻卑幼，照凡人加二等，流三千里，小功卑幼发极边足四千里安置，大功卑幼发烟瘴地方安置；其未成残废，及致命而非重伤，或重伤而非致命者，期服卑幼仍照逼迫本律绞监候，大功发极边足四千里安置，小功流三千里，缌麻流二千五百里；如非致命，又非重伤，期亲卑幼仍照逼迫本律绞监候，功服以下卑幼亦各照逼迫尊长尊属致死本律治罪。尊长犯卑幼，各按服制照例科其伤罪。

现行刑律案语

原例（略）

臣等谨按：此条系前明《问刑条例》，乾隆、嘉庆年间修改，道光六年〔1826〕改定。例内近边军照章应改流二千五百里，惟殴至笃疾，本罪已应满流，似较律反减一等，而殴成残废，本罪只应拟徒，又较律反加数等，均嫌未协。似应将成残废者，改为流二千里，并提出致笃疾者加一等，发极边足四千里安置，俾免参差。至"逼迫尊长致令自尽之案"，除笔内"功服卑幼殴伤尊长尊属至笃疾者，仍依律绞决"，按"斗殴"门律注明"有本宗则决，余俱监候"之语，即不止绞决一层，且例只及功服，而缌麻卑幼有犯，转致无从援引；查律载"笃疾者，不问大功以下尊属，并绞"等语，是缌麻亦在其内可知，应于"功服"下添入"以下"二字，并将"绞决"改为"拟绞"，以昭赅备，而免误会。其"殴有致命重伤"，例止言未成残废之罪，而殴至废疾者无文，窃以为未成残废即不得谓为重伤，应将此层改为"致成残废"罪名，而将"未成残废"一层，移入下"致命非重伤"之内。边远军照章改"流三千里"，功服亦应照律分别小功、大功，改为极边足四千里及烟瘴两等安置。其期亲卑幼拟绞，即在上除笔内叙明，此层应节下"未成残废，及致命非重伤，重伤非致命者，大功酌改为发极边足四千里安置，小功酌改流三千里，缌麻酌改流二千五百里；如非致命，又非重伤者，功服以下卑幼酌改为各照逼迫本律治罪"，庶例义不致疏漏，而办法亦有等差。徒罪附杖并应照章节去。谨将修改例文，开列于后。

〇修改(略)

大清律例

6.19.299.(15)〔子孙不孝致祖父母父母自尽〕

一、凡子孙不孝,致祖父母、父母自尽之案,如审有触忤、干犯情节,以致忿激轻生,窘迫自尽者,即拟斩决。其本无触忤情节,但其行为违犯教令,以致抱忿轻生自尽者,拟以绞候。妻妾于夫之祖父母、父母有犯,罪同。

6.19.299.(16)〔妻妾悍泼逼死其夫〕

一、妻妾悍泼,逼迫其夫致死者,拟绞立决。若衅起口角,事涉微细,并无逼迫情状,其夫轻生自尽者,照子孙违犯教令致父母轻生自尽例,拟绞监候。

现行刑律

19.261.(7)〔子孙不孝致祖父母父母自尽并妻妾悍泼逼死其夫〕

一、凡子孙不孝,致祖父母、父母自尽之案,如审有触忤、干犯情节,以致忿激窘迫自尽者,拟绞立决。其本无触忤情节,但其行为违犯教令,以致抱忿轻生自尽者,拟绞监候。妻妾于夫之祖父母、父母有犯,罪同。若妻妾悍泼,逼迫其夫致死者,拟绞监候,入于秋审情实。如衅起口角,事涉微细,并无逼迫情状,实由其夫轻生自尽者,应于绞候上减一等,流三千里。

现行刑律案语

原例

6.19.299.(15)〔子孙不孝致祖父母父母自尽〕(略)

6.19.299.(16)〔妻妾悍泼逼死其夫〕(略)

臣等谨按:上条系沿用明例,乾隆三十七年〔1772〕修改;下条系乾隆四十八年〔1783〕从上条分出,径拟绞决,嘉庆六年〔1801〕以绞决过重,将"衅起口角事涉细微者,添纂绞候"一层,按新章斩决应改绞决,绞决应改绞候、入于秋审情实,均应分晰改正。惟下条并无逼迫情状,致其夫轻生自尽,与悍泼逼迫者迥殊,同一绞候罪名究嫌无所区别,似应于绞候上减一等,并将两例仍并为一,于类众中分别差等,庶无畸重畸轻之弊。再,祖父母、父母自尽之案,其子孙既有触犯情节,则自尽之由非忿激即窘迫可知,例内"轻生"二字,似亦可节。谨将修并例文,开列于后。

〇修并(略)

大清律例

6.19.299.(3)〔因奸致夫或父母羞忿自尽〕

一、妇女与人通奸,致并未纵容之

现行刑律

19.261.(8)〔因奸致夫与父母并夫之祖父母父母羞忿自尽〕

一、妇女与人通奸,本夫与父母及

父母，一经见闻，杀奸不遂，羞忿自尽者，无论出嫁、在室，俱拟绞立决。其本夫并未纵容，一经见闻，杀奸不遂，因而羞忿自尽者，奸妇拟绞监候。奸夫俱拟杖一百、徒三年。若父母纵容通奸，后因奸情败露，愧迫自尽者，妇女实发驻防给兵丁为奴，奸夫止科奸罪。本夫纵容通奸，后因奸情败露，愧迫自尽者，奸夫、奸妇止科奸罪。如父母、本夫虽知奸情，而迫于奸夫之强悍，不能报复，并非有心纵容者，奸夫、奸妇仍照并未纵容之例科断。

夫之祖父母、父母并未纵容，一经见闻，羞忿自尽者，奸妇拟绞监候，奸夫徒三年。若纵容通奸，后因奸情败露，愧迫自尽者，奸妇、奸夫均止科奸罪。其虽知奸情，而迫于奸夫之强悍，并非有心纵容者，仍照并未纵容例科断。

现行刑律案语

原例（略）

臣等谨按：此条系乾隆三十年〔1765〕刑部奏准定例，原例系本夫与父母并未纵容，杀奸不遂，羞忿自尽，奸妇拟绞监候。嗣五十六年〔1787〕以"诉讼"门子孙犯奸、盗致未纵容之祖父母、父母忧忿戕生例系绞决，将此条分别修改，不知彼条系因三十四年〔1769〕广东何长子一案纂定，案系诱奸十岁幼女已成，又致伊母自尽，罪犯业已至死，拟以立绞，原不为苛。今因父母杀奸不遂自尽，即将奸妇加重，似嫌未协。况查本夫之祖父母等捉奸，杀死奸夫，其罪名悉照本夫同科，则杀奸不遂、羞忿自尽之父母，亦应与本夫同论，应仍改归原例，并增入夫之祖父母、父母较为周备。至父母纵容，愧迫自尽，原例系与本夫对举为辞，奸妇、奸夫止科奸罪，诚以此等情节，纵奸者当自任之，其自尽亦由自取，不必论其为本夫、为父母也，似亦应改归旧例，以昭平允。徒罪附杖应节删除。子孙犯奸、盗分别纵容与否定罪，应于"诉讼"门内详加声叙外，谨将修改例文，开列于后。

〇修改

一、妇女与人通奸，本夫与父母及夫之祖父母、父母并未纵容，一经见闻，杀奸不遂，因而羞忿自尽者，奸妇拟绞监候，奸夫徒三年。若纵容通奸，后因奸情败露，愧迫自尽者，奸妇、奸夫均止科奸罪。如本夫与父母，及夫之祖父母、父母虽知奸情，而迫于奸夫之强悍，不能报复，并非有心纵容者，奸夫、奸妇仍照并未纵容之例科断。

核订现行刑律

原修改例文（略）

谨按：例内"杀奸不遂，不能报复"等语，皆启人残杀之机，应即节去，其余重复字句亦应删节。谨将修改例文，开列于后。

〇修改(略)

大清律例

6.19.299.(2)〔逼媳卖奸及奸夫抑媳同陷邪淫致媳自尽〕

一、妇女令媳卖奸不从,折磨殴逼,致媳情急自尽者,拟绞监候。若奸妇抑媳同陷邪淫,致媳情急自尽者,改发各省驻防为奴。

6.19.299.(7)〔因与姑通奸被窥破图奸其媳酿命〕

一、奸淫之徒,先与其姑通奸,因被其媳窥破碍眼,即听从奸妇,图奸其媳,不从,致被其姑毒殴自尽者,除奸妇仍发各省驻防为奴外,将图奸酿命之犯拟绞监候,秋审入于情实。

现行刑律

19.261.(9)〔逼媳卖奸抑媳同陷邪淫致媳自尽〕

一、妇人令媳卖奸或抑媳同陷邪淫不从,折磨殴逼,致媳情急自尽者,拟流三千里,不准收赎。如奸淫之徒听从奸妇,图奸其媳,致酿命案者,拟绞监候。

现行刑律案语

原例

6.19.299.(2)〔逼媳卖奸及奸夫抑媳同陷邪淫致媳自尽〕(略)

6.19.299.(7)〔因与姑通奸被窥破图奸其媳酿命〕(略)

臣等谨按:上条系乾隆五十七年〔1792〕定例,嘉庆年间改定;下条系嘉庆二十一年〔1816〕定例,两例系属一事,自应修并为一。惟查上条令媳卖奸,与抑媳同陷邪淫,有何分别?而一生一死,殊属参差。即谓殴逼折磨,情节较重,但致死究由自尽,即与谋杀内因奸碍眼、商谋致死灭口之例不同,古律非亲手杀人,从不实抵。似应将"抑媳同陷邪淫"一层移入"令媳卖奸"之下,而以殴逼、折磨紧承两项,并酌改为流三千里,不准收赎,庶与彼例微有等差,亦仍与实发之义不悖。至奸淫之徒图奸酿命,其情节轻重亦非一致,秋审擅行入实,究嫌无所区别,俟秋审时酌核办理,此句应删,并将下条冗文节去,移入例末,以资援引。谨将修并例文,开列于后。

〇修并(略)

大清律例

6.19.299.(4)〔妇人因奸有孕堕胎致死〕

一、妇人因奸有孕,畏人知觉,与奸

现行刑律

19.261.(10)〔妇人因奸有孕堕胎致死〕

一、妇人因奸有孕,畏人知觉,与奸

夫商谋用药打胎，以致堕胎身死者，奸夫比照以毒药杀人知情卖药者至死减一等律，杖一百、流三千里。若有服制名分，本罪重于流者，仍照本律从重科断。如奸妇自倩他人买药，奸夫果不知情，止科奸罪。

夫商谋用药打胎，以致堕胎身死者，奸夫比照以毒药杀人知情卖药者至死减一等律，流三千里。若有服制名分，本罪重于流者，仍照本律从重科断。如奸妇自倩他人买药，奸夫果不知情，止科奸罪。

现行刑律案语

原例（略）

臣等谨按：此条系乾隆五年〔1740〕定例。例内流罪附杖应行节删。谨将修改例文，开列于后。

〇修改（略）

大清律例

6.19.299.(13)〔奸夫奸妇商谋同死奸妇殒命奸夫审明有无谋故斗杀分别治罪〕

一、奸夫、奸妇，商谋同死，若已将奸妇致死，奸夫并无自戕伤痕、同死确据者，审明或系谋、故，或系斗杀，核其实在情节，各按本律拟以斩、绞，不得因有同死之供稍为宽贷。若奸夫与奸妇因奸情败露，商谋同死，奸妇当即殒命，奸夫业经自戕，因人救阻，医治伤痊，实有确据者，将奸夫减斗杀罪一等律，杖一百、流三千里。如另有拐逃及别项情节，临时酌量，从重定拟。

现行刑律

19.261.(11)〔奸夫奸妇商谋同死奸妇殒命奸夫审明有无谋故斗杀分别治罪〕

一、奸夫、奸妇，商谋同死，若已将奸妇致死，奸夫并无自戕伤痕、同死确据者，审明或系谋、故，或系斗杀，核其实在情节，仍各按本律拟绞，不得因有同死之供稍为宽贷。若奸夫与奸妇因奸情败露，商谋同死，奸妇当被奸夫下手致毙，奸夫业经自戕，因人救阻，医治伤痊，实有确据者，将奸夫照雇人伤残因而致死减斗杀罪一等律，流三千里；若非奸夫下手者，仍止科奸罪。其或奸夫死，而奸妇经救得生，亦照此办理。如另有拐逃及别项情节，临时酌量，从重定拟。

现行刑律案语

原例（略）

臣等谨按：此条系乾隆二十九年〔1764〕刑部因湖南罗常五案奏准定例。检查原案系由奸妇匡氏起意，逼令奸夫罗常五下手，故云已将奸妇致死，若死由奸妇自刎、自缢，即与代为下手不同，概拟满流，究嫌无所区别。似应将下层“奸妇当即殒命”

句,改为“当被奸夫下手致毙”,并于例末添入“若非奸夫下手者,仍止科奸罪”一层,较为明晰。至例称减斗杀罪一等,按原奏系援诈病死伤避事之律,照雇人伤残因而致死减斗杀罪一等拟流,自应依律叙明。再此等商谋同死之案,如果奸夫死,而奸妇经救得生,是否照此办理,并无明文,亦应叙入。新章斩候已改绞候,例内“斩”字应删。流罪附杖并应节去。谨将修改例文,开列于后。

〇修改(略)

大清律例

6.19.299.(6)〔凡人及亲属相奸奸妇羞愧自尽〕

一、凡和奸之案,奸妇因奸情败露,羞愧自尽者,奸夫杖一百、徒三年。亲属相奸,奸夫按奸罪应发附近充军者,如奸妇因奸情败露,羞愧自尽,奸夫于奸罪上加一等,发近边充军。

现行刑律

19.261.(12)〔和奸奸妇羞愧自尽〕

一、凡和奸之案,无论亲属、凡人,奸妇因奸情败露,羞愧自尽者,奸夫均于奸罪上加一等治罪。其本犯应死者,仍按律定拟。

现行刑律案语

原例(略)

臣等谨按:奸妇因奸情败露,羞愧自尽,系属咎由自取,与人无尤,但奸妇既因此戕生,即奸夫不能脱然无罪。查军民相奸及奸同宗无服之亲旧例,均止枷、杖,今因奸妇自尽之故,酌于奸罪上加一等,似足示惩,例内将奸夫问拟满徒,殊属过重。至亲属相奸,奸夫按奸罪应发附近,例文业于光绪三十一年〔1905〕三月间经刑部以“奸内外缌麻以上亲及亲之妻,若妻前夫之女,同母异父姊妹,律系满徒,有犯自可照律定拟”,奏准。将彼例删除,在案则由附近加发近边,各节即属无从引用,均应节删。惟亲属究有应得罪名,似应于例首“和奸之案”下添入“无论亲属、凡人”,“奸夫”下添入“均于奸罪上加一等”,并声明“其本犯应死者,仍按律定拟”,庶例意益昭赅备,而情法亦为平允。谨将修改例文,开列于后。

〇修改(略)

大清律例

6.19.299.(17)〔强奸或调戏服亲致本夫本妇及父母亲属羞忿自尽〕

一、强奸内外缌麻以上亲,及缌麻以上亲之妻,若妻前夫之女、同母异父

现行刑律

19.261.(13)〔强奸调戏服亲致本夫本妇及父母亲属羞忿自尽〕

一、强奸内外缌麻以上亲,及缌麻以上亲之妻,若妻前夫之女、同母异父

姐妹，未成，或但经调戏，其夫与父母、亲属及本妇羞忿自尽者，俱拟斩监候；如强奸已成，其夫与父母、亲属及本妇羞忿自尽者，俱拟斩立决。

姊妹，未成，或但经调戏，本妇羞忿自尽者，拟绞监候；如强奸已成，本妇羞忿自尽者，拟绞立决。若致其夫与父母、亲属自尽，仍按奸罪与服制相比，从其重者论。

现行刑律案语

原例（略）

臣等谨按：此条系雍正十一年〔1733〕定例。原例止言亲属强奸，本妇自尽，分别已成、未成治罪，其夫与父母亲属，并无明文，诚以服制亲疏不同，有奸罪已应斩决者，有致令自尽，万不拟抵者，是以未经议及。嗣嘉庆十四年〔1809〕以凡人强奸未成，或但经调戏，其夫与父母亲属及本妇自尽例系一体拟绞，将调奸及亲属各层添入。查调奸固可照强奸未成定拟，而夫与父母亲属究较本妇不同，设如调奸功、缌卑幼之妇未成，致卑幼自尽，拟以斩候，法已过严；若强奸子侄妇未成，而子侄自尽，亦拟骈诛，尤嫌未协；至强奸妻前夫之女未成，致女之母自尽死者，即系伊妻，而竟科其夫以斩候，是因妻加重也；又如强奸同母异父姊妹未成，以致其母自尽则死，即本犯之母子犯奸，而母自尽，例应绞决，而仅科其子以斩候，是与常人等也。平情酌核，亲属相奸本有应死、不应死之别，而卑幼逼迫尊长自尽，及尊长犯卑幼，亦各按服制为衡，则遇有此等案件，似应从重科断。今拟将例内"其夫与父母亲属"句仍行节去，于例末添入"若致其夫与父母亲属自尽，仍按奸罪及服制相比，从其重者论"，庶罪名显有区别，而情法益昭平允。斩候照章改为绞候，斩决应改绞决。谨将修改例文，开列于后。

〇修改（略）

大清律例

6.19.299.(20)〔强奸已成未成本妇被杀伤及夫与父母亲属羞忿自尽并奸夫拒捕杀人〕

一、强奸已成，将本妇杀死者，斩决、枭示；强奸未成，将本妇立时杀死者，拟斩立决；将本妇殴伤，越数日后因本伤身死者，照因奸威逼致死律，拟斩监候。若强奸人妻女，其夫与父母、亲属闻声赴救，奸夫逞凶拒捕，立时杀死

现行刑律

19.261.(14)〔强奸已成未成本妇被杀伤及羞忿自尽并奸夫拒捕杀人〕

一、强奸已成，将本妇杀死者，斩立决；强奸未成，将本妇立时杀死者，拟绞立决；将本妇殴伤，越数日后因本伤身死者，照因奸威逼致死律，拟绞监候。若强奸人妻女，其夫与父母、亲属闻声赴救，奸夫逞凶拒捕，立时杀死者，俱拟绞立决；若殴伤，越数日后因本伤身死

者,俱拟斩立决;若殴伤,越数日后因本伤身死者,亦照因奸威逼致死律,拟斩监候。至强奸已成,其夫与父母、亲属及本妇羞忿自尽者,拟斩监候;如强奸未成,或但经调戏,其夫与父母、亲属及本妇羞忿自尽者,俱拟绞监候。

者,亦照因奸威逼致死律,拟绞监候。至因强奸以致本妇羞忿自尽者,不论已成、未成,俱拟绞监候;其但经调戏,本妇羞忿自尽者,亦拟绞监候。

现行刑律案语

原例(略)

臣等谨按:此条旧例,雍正、乾隆年间分定四条,乾隆五十三年〔1788〕修并为一,嘉庆八年〔1803〕改定新章。斩枭已改斩决,斩决已改绞决,斩候已改绞候,均应于例内修改。至强奸以致羞忿自尽之案,自尽以本妇为重,其夫与父母及亲属较轻,拟将此层剔归例未,改为递减一等,分拟流、徒,以昭平允。惟下"强奸未成"一层,与"但经调戏"并列,原系同一缳首罪名,今上层斩既改绞,则已成、未成均属无所区别,应于上"本妇羞忿自尽"下,改为"不论已成、未成,俱拟绞监候;其但经调戏,本妇羞忿自尽者,亦拟绞监候",俾示区别,而省繁冗。谨将修改例文,开列于后。

○修改

一、强奸已成,将本妇杀死者,斩立决;强奸未成,将本妇立时杀死者,拟绞立决;将本妇殴伤,越数日后因本伤身死者,照因奸威逼致死律,拟绞监候。若强奸人妻女,其夫与父母亲属闻声赴救,奸夫逞凶拒捕,立时杀死者,俱拟绞立决;若殴伤,越数日后因本伤身死者,亦照因奸威逼致死律,拟绞监候。至因强奸以致本妇羞忿自尽者,不论已成、未成,俱拟绞监候;其但经调戏,本妇羞忿自尽者,亦拟绞监候;若致其夫与父母自尽,均酌减一等,流三千里,亲属再减一等,徒三年。

大清律例

6.19.299.(12)〔强奸犯奸妇女已成未成立时杀死本妇及本妇自尽〕

一、强奸犯奸妇女已成,将本妇立时杀死者,拟斩立决;致本妇羞愧自尽者,发黑龙江给披甲人为奴。如强奸犯奸妇女未成,将本妇立时杀死者,拟斩监候,秋审时入于情实;致本妇羞愧自尽者,杖一百、流三千里。若妇女犯奸后,已经悔过自新,确有证据者,仍以良

现行刑律

19.261.(15)〔强奸犯奸妇女已成未成立时杀死本妇及本妇自尽〕

一、强奸犯奸妇女已成,将本妇立时杀死者,拟绞立决;致本妇羞愧自尽者,发烟瘴地方安置。如强奸犯奸妇女未成,将本妇立时杀死者,拟绞监候,秋审入于情实;致本妇羞愧自尽者,流三千里。若妇女犯奸后已经悔过自新,确有证据者,仍以良人妇女论。

人妇女论。

现行刑律案语

原例(略)

臣等谨按:此条系嘉庆十二年〔1807〕刑部因直隶李喜贵一案续纂为例。新章斩决改为绞决,斩候改为绞候,均应修改。黑龙江为奴照《名例》实发四省烟瘴,应改为"发烟瘴地方安置"。流罪附杖应删。谨将修改例文,开列于后。

○修改(略)

大清律例

6.19.299.(18)〔村愚出语猥狎致本妇轻生〕

一、凡村野愚民,本无图奸之心,又无手足勾引、挟制窘辱情状,不过出语亵狎,本妇一闻秽语,即便轻生,照强奸未成本妇羞忿自尽例减一等,杖一百、流三千里。

6.19.299.(19)〔妇女因人亵语戏谑羞忿自尽〕

一、凡妇女因人亵语戏谑,羞忿自尽之案,如系并无他故,辄以戏言觌面相狎者,即照但经调戏本妇羞忿自尽例,拟绞监候。其因他事与妇女角口,彼此詈骂,妇女一闻秽语,气忿轻生,以及并未与妇女觌面相谑,止与其夫及亲属互相戏谑,妇女听闻秽语,羞忿自尽者,仍照例杖一百、流三千里。

现行刑律

19.261.(16)〔妇女因人亵语戏谑羞忿自尽〕

一、凡妇女因人亵语戏谑羞忿自尽之案,如并无图奸之心,又无手足勾引、挟制窘辱情状,不过出语亵狎,及并无他故,仅以戏言觌面相狎者,均照但经调戏本妇羞忿自尽绞例减一等,流三千里。其因他事与妇女角口,彼此骂詈,妇女一闻秽语,气忿轻生,或并未与妇女觌面,止与其夫及亲属互相戏谑,妇女听闻秽语,气忿自尽者,应再减一等,徒三年。

现行刑律案语

原例

6.19.299.(18)〔村愚出语猥狎致本妇轻生〕(略)

6.19.299.(19)〔妇女因人亵语戏谑羞忿自尽〕(略)

臣等谨按:上条系乾隆五年〔1740〕太常寺少卿唐绥祖条奏定例,下条系乾隆五十年〔1785〕刑部因案续定,均为妇女听闻秽语,羞忿自尽之例。惟上条所称"本无图奸之心",与下条"并无他故"相等,而"出语亵狎"与"以戏言觌面相狎"情事亦复相同,乃一则照强奸未成例减流,一则照但经调戏例拟绞,上条既嫌比拟未当,下条又似情罪失

平,均应酌改。查但经调戏本妇羞忿自尽拟绞之例,原指有心图奸者而言,若并无图奸别情,即不得科以图奸之罪,如谓亵而戏狎,情近于调,亦只可照彼例酌减一等,今拟将两例修并为一,节去上条例首"村野愚民"句,移入下条,并将下条例内"辄"字改作"仅"字,统照但经调戏例减流,较为平允。至下条因事角口骂詈,及未与妇女亵面,止与其夫及亲属戏谑,情节尤轻,似应拟再减一等。谨将修并例文,开列于后。

〇修并(略)

大清律例

6.19.299.(23)〔调奸和息后追悔致死一命及二命〕

一、凡调奸妇女未成,业经和息之后,如有因人耻笑,其夫与父母、亲属及本妇复追悔抱忿自尽,致死二命者,将调奸之犯改发边远充军;若致死一命者,杖一百、流三千里。

现行刑律

19.261.(17)〔调奸和息后本夫本妇与父母亲属追悔自尽〕

一、凡调奸未成,业经和息,如有因人耻笑,其夫与父母、亲属及本妇复追悔抱忿自尽者,将调奸之犯流三千里。

现行刑律案语

原例(略)

臣等谨按:此条系乾隆四十六年〔1781〕定例,嘉庆六年〔1801〕修改。例内边远军照章应改"流三千里",下层流罪似应酌减为"徒三年"。谨将修改例文,开列于后。

〇修改

一、凡调奸妇女未成,业经和息之后,如有因人耻笑,其夫与父母、亲属及本妇复追悔抱忿,致死二命者,将调奸之犯流三千里;若致死一命者,徒三年。

核订现行刑律

原修改例文(略)

谨按:此条原例致死二命系发边远充军,致死一命系流三千里,边远军罪照章应改流三千里,则系同一满流,似不必再分二命、一命,转与从一之律相背。谨将修改例文,开列于后。

〇修改(略)

大清律例

6.19.299.(24)〔秽语村辱致本妇本夫自尽〕

一、因事与妇人角口,秽语村辱,以

现行刑律

19.261.(18)〔秽语村辱致本妇本夫自尽〕

一、因事与妇人口角,秽语村辱,致

致本妇气忿轻生，又致其夫痛妻自尽者，拟绞监候，入于秋审缓决。

本妇气忿轻生，又致其夫痛妻自尽者，流三千里。

现行刑律案语

原例（略）

○仍旧

臣等谨按：此条应仍其旧，理合陈明。

核订现行刑律

原仍旧例文（略）

谨按：此条情节，与调奸未成，因人耻笑致死二命者相同，而一拟满流，一拟绞候，殊未允洽。惟秋审缓决减等，即改满流，是实际本与彼例无甚区别，拟即酌减为流三千里，以昭画一。谨将修改例文，开列于后。

○修改（略）

大清律例

6.19.299.(8)〔因盗烧毁事主一二命以上〕

一、贼犯除有心放火，图窃财物，延烧事主毙命者，仍照例依强盗分别问拟斩决、斩枭外，如因遗落火煤，或因拨门不开，燃烧门闩板壁，或用火煤照亮，窃取财物，致火起延烧，不期烧毙事主一、二命，及三命而非一家者，俱照因盗威逼人致死律拟斩监候；若烧毙一家三命者，拟斩立决；三命以上，加以枭示。

现行刑律

19.261.(19)〔因盗延烧致毙事主或三命以上〕

一、贼犯除有心放火，图窃财物，延烧事主毙命者，仍照例依强盗分别问拟绞决、斩决外，如因遗落火煤，或因拨门不开，燃烧门闩板壁，或用火煤照亮，窃取财物，致火起延烧，不期烧毙事主，或死至三命而非一家者，俱照因盗威逼人致死律拟绞监候；若烧毙一家三命者，拟绞立决；三命以上，拟斩立决。

现行刑律案语

原例（略）

臣等谨按：此条系道光三年〔1823〕刑部议准定例。惟斩决照章应改绞决，斩枭应改斩决，斩候应改绞候。谨将修改例文，开列于后。

○修改

一、贼犯除有心放火，图窃财物，延烧事主毙命者，仍照例依强盗分别问拟绞决、斩决外，如因遗落火煤，或因拨门不开，燃烧门闩板壁，或用火煤照亮，窃取财物，致火起延烧，不期烧毙事主一、二命，及三命而非一家者，俱照因盗威逼人致死律拟绞

监候;若烧毙一家三命者,拟绞立决;三命以上,拟斩立决。

核订现行刑律

原修改例文(略)

谨按:此条例内烧毙事主一二命,本系同拟绞候,所有例内"不期烧毙事主一二命"一句,应将"一二命"三字,并下句"及"字,并行节去,改为"或死至三命而非一家者",则与下文"一家三命"界限分明。谨将修改例文,开列于后。

○修改(略)

条例·删除

大清律例

6.19.299.(14)〔威逼窘辱致死一家二命三命及非一家三命以上〕

一、豪强凶恶之徒,恃财倚势,因事威逼、挟制窘辱,令平民冤苦无申,情极自尽,致死一家三命以上者,拟斩监候;致死一家二命,及非一家但至三命以上者,拟绞监候。如无前项情节,仍照例分别拟军。

现行刑律案语

○删除

原例(略)

臣等谨按:此条系乾隆三十六年〔1771〕刑部奏准定例。查本门例载因奸威逼人致死,务要审有挟制窘辱情状等语,是挟制窘辱即系威逼批注,并非于威逼外另有挟制窘辱情事也;且本门另条因事威逼致死一家三命,罪止军、流,而此条恃财倚势、挟制窘辱致死一家三命,及非一家三命者,竟拟斩绞,究竟何者为挟制,何者为窘辱,既无界限可分,而所谓恃财倚势者,又系空言无据。窃维死虽三命,究非本犯下手杀伤,前例既有多命加重之文,似亦足以示警,况威逼本律止有满杖罪名,若遽行加入于死,不特与律义不符,亦与前例显相歧异,此条拟请删除。

大清律例

6.19.299.(21)〔强奸缌麻以上亲及亲之妻未成将本妇杀死〕

一、强奸本宗缌麻以上亲,及缌麻以上亲之妻,未成,将本妇杀死者,分别服制,拟以凌迟、斩决,仍枭示。系外姻亲属,免其枭示。

现行刑律案语

删除

原例(略)

臣等谨按：此条系为强奸缌麻以上亲及亲之妻未成，杀死本妇，分别枭示、免枭而设。惟查新章凌迟、斩枭均改斩决，斩决亦改绞决，则所称“枭示”“免枭”两层，均属无关引用，应即删除。

大清律例

6.19.299.(22)〔强奸不从主使本夫杀死本妇〕

一、强奸不从，主使本夫将本妇殴死，主使之人拟斩立决，本夫拟绞监候。

现行刑律案语

○删除

原例（略）

臣等谨按：此等案件近年并不经见，且有犯均有各本律例可循，此例无关引用，拟即删除。

6.19.300尊长为人杀私和 / 19.262尊长为人杀私和

律文 · 修改

大清律例

6.19.300.1凡祖父母、父母，及夫，若家长，为人所杀，而子孙、妻妾、奴婢、雇工人私和者，杖一百、徒三年。期亲尊长被杀，而卑幼私和者，杖八十、徒二年；大功以下，各递减一等。其卑幼被杀，而尊长私和者，各（依服制）减卑幼一等。若妻妾、子孙，及子孙之妇，奴婢、雇工人，被杀，而祖父母、父母、夫、家长私和者，杖八十；受财者，计赃准窃盗论，从重科断。（私和就各该抵命者言。赃追入官。）○6.19.300.2常人（为他人）私和人命者，杖六十。（受财，准枉法论。）

现行刑律

19.262.1凡祖父母、父母，及夫，若家长，为人所杀，而子孙、妻妾、雇工人私和者，徒三年。期亲尊长被杀，而卑幼私和者，徒二年；大功以下，各递减一等。其卑幼被杀，而尊长私和者，各（依服制）减卑幼一等。若妻妾、子孙，及子孙之妇，雇工人，被杀，而祖父母、父母、夫、家长私和者，处八等罚；受财者，计赃准窃盗论，从重科断。（私和就各该抵命者言。赃追入官。）○19.262.2常人（为他人）私和人命者，处六等罚。（受财，准枉法论。）

现行刑律案语

原律（略）

臣等谨按：此仍《明律》。律内“各减卑幼一等”句“卑幼”二字，系顺治三年

〔1646〕所增，并增入小注，应请均仍其旧。徒罪附杖应节删。定案杖罪照章罚金，应依数分等处罚。谨将修改律文，开列于后。

〇修改

凡祖父母、父母，及夫，若家长，为人所杀，而子孙、妻妾、奴婢、雇工人私和者，徒三年。期亲尊长被杀，而卑幼私和者，徒二年；大功以下，各递减一等。其卑幼被杀，而尊长私和者，各依服制减卑幼一等。若妻妾、子孙，及子孙之妇，奴婢、雇工人，被杀，而祖父母、父母、夫、家长私和者，处八等罚；受财者，计赃准窃盗论，从重科断。私和各就该抵命者言。赃追入官。〇常人为他人私和者，处六等罚。受财，准枉法论。

核订现行刑律

原修改律文（略）

谨按：奴婢一项现以雇工人论，本条"奴婢"二字应即删去。谨将修改律文，开列于后。

〇修改（略）

条例·删除

大清律例

6.19.300.(1)〔尸亲受财私和人命〕

一、凡尸亲人等私和人命，除未经得财，或赃罪较轻，仍照律议拟外，如尸亲期服以下亲属，受财私和者，俱计赃准枉法从重论。其祖父母、父母，及夫，若家长，被杀，子孙及妻妾、奴婢、雇工人受贿私和者，无论赃数多寡，俱杖一百、流三千里。若子孙及妻妾、奴婢、雇工人被杀，祖父母、父母、夫、家长受贿私和，无论赃数多寡，俱杖一百。其以财行求者，如系凶犯之缌麻以上有服亲属，及家长、奴婢、雇工人，均不计赃数，拟杖一百。若凶犯罪止军、流者，以财行求之亲属等，各杖九十；罪止拟徒者，各杖八十。说事过钱者，各减受财人罪一等。

现行刑律案语

〇删除

原例（略）

臣等谨按：尸亲、邻证等项，不系在官人役，取受有事人财，各依本等律条科断，不在枉法之律受赃门例内，本有明文。今以律准窃盗之赃改为准枉法论，殊觉律外加重，至祖父母、父母被杀，子孙受贿私和者，加拟满流；子孙被杀，祖父母、父母私和者，加拟满杖办理，益觉参差。而以财行求之犯亲分等定拟，说事过钱者，各得减科，尤与与受同罪之例文不合。此等案件既有本律可引，似毋庸另纂专例，以免窒碍，而省纷烦，此条拟即删除。

6.19.301 同行知有谋害 / 19.263 同行知有谋害

律文 · 修改

大清律例	现行刑律
6.19.301.1 凡知同伴人欲行谋害他人，不即阻当救护，及被害之后不首告者，杖一百。	19.263.0 凡知同伴人欲行谋害他人，不即阻当救护，及被害之后不首告者，处十等罚。

现行刑律案语

原律（略）

臣等谨按：此仍《明律》。"杖一百"罪名照章罚金，应改为"处十等罚"。谨将修改律文，开列于后。

〇修改（略）

6.20 斗殴 / 20 斗殴

6.20.302 **斗殴**（相争为斗，相打为殴。） / 20.264 **斗殴**（相争为斗，相打为殴。）

律文 · 修改

大清律例

6.20.302.1 凡斗殴，（与人相争。）以手足殴人不成伤者，笞二十；（但殴即坐。）成伤，及以他物，殴人不成伤者，笞三十；（他物殴人）成伤者，笞四十。（所殴之皮肤）青赤（而）肿者为伤。非手足者，其余（所执）皆为他物。即（持）兵不用刃（持其背柄以殴人。）亦是。（他物。）拔发方寸以上，笞五十。若（殴人）血从耳、目中出，及内损（其脏腑而）吐血者，杖八十。（若止皮破血流，及鼻孔出血者，仍以成伤论。）以秽物污人头面者，（情固有重于伤，所以）罪亦如之。（杖八十。）〇6.20.302.2 折人一齿，及手足一指，眇人一目，（尚能小视，犹未至瞎。）抉毁人耳、鼻，若破（伤）人骨，及用汤火、铜铁汁伤人者，杖一百。以秽物灌入人口鼻内者，罪亦如之。（杖一百。）折二齿、二指以上，及（尽）髡（去）发者，杖六十、徒一年。（髡发不尽，仍堪为髻者止依拔发方寸以上论。）〇6.20.302.3 折人肋，眇人两目，堕人胎，及刃伤人者，杖八十、徒二年。（堕胎者，谓辜内子死，及胎九十日之外成形者即坐。若子死辜外，及堕胎九十日之内者，仍从本殴伤法论，不坐堕胎之罪。）〇6.20.302.4 折跌人肢（手足。）体，（腰项。）及瞎人一目者，（皆成废疾。）杖一百、徒三年。〇6.20.302.5 瞎人两目、折人两肢、损人二事以上，（二事如瞎一目又折一肢之类。）及因旧患令至笃疾，若

现行刑律

20.264.1 凡斗殴，（与人相争。）以手足殴人不成伤者，处二等罚；（但殴即坐。）成伤，及以他物，殴人不成伤者，处三等罚；（他物殴人）成伤者，处四等罚。（所殴之皮肤）青赤（而）肿者为伤。非手足者，其余（所执）皆为他物。即（持）兵不用刃（持其柄背以殴人。）亦是。（他物。）拔发方寸以上，处五等罚。若（殴人）血从耳、目中出，及内损（其脏腑而）吐血者，处八等罚。（若止皮破血流，及鼻孔出血者，仍以成伤论。）以秽物污人头面者，（情固有重于伤，所以）罪亦如之。〇20.264.2 折人一齿，及手足一指，眇人一目，（尚能小视，犹未至瞎。）抉毁人耳、鼻，若破（伤）人骨，及用汤火、铜铁汁伤人者，处十等罚。以秽物灌入人口鼻内者，罪亦如之。折二齿、二指以上，及（尽）髡（去）发者，徒一年。（髡发不尽，仍堪为髻者止依拔发方寸以上论。）〇20.264.3 折人肋，眇人两目，堕人胎，及刃伤人者，徒二年。（堕胎者，谓辜内子死，及胎九十日之外成形者即坐。若子死辜外，及堕胎九十日之内者，仍从本殴伤法论，不坐堕胎之罪。）〇20.264.4 折跌人肢（手足。）体，（腰项。）及瞎人一目者，（皆成废疾。）徒三年。〇20.264.5 瞎人两目、折人两肢、损人二事以上，（二事如瞎一目又折一肢之类。又如同时并殴一人，先瞎其一目，则依废疾拟徒；一人后瞎其一目，则依笃疾拟流。损人二事，亦仿此。）及因旧患令至

断人舌，令人全不能说话。及毁败人阴阳者，以至不能生育。并杖一百、流三千里。仍将犯人财产一半，断付被伤笃疾之人养赡。若将妇人非理毁坏者，止科其罪，以不妨生育，不在断付财产一半之限。○6.20.302.6同谋共殴伤人者，各以下手伤重者为重罪。原谋或不曾下手，或虽殴而伤轻。减伤重者一等。凡斗殴不下手伤人者勿论。惟殴杀人，以不劝阻为罪，若同谋殴人至死，虽不下手，及同行知谋，不行救阻者，各依本律，并杖一百。如共殴人，伤皆致命，以最后下手重者当其重罪。如乱殴不知先后轻重者，或二人共打一人，其伤同处，或二人同时各瞎人一目，并须以原谋为首，余人为从。若无原谋，以先斗人为首。○6.20.302.7若因斗互相殴伤者，各验其伤之轻重定罪。后下手理直者，减本等罪二等；至死，及殴兄姊、伯叔依本律定拟。虽后下手理直者，不减。○6.20.302.8如甲、乙互相斗殴，甲被瞎一目，乙被折一齿，则甲伤为重，当坐乙以杖一百、徒三年；乙被伤轻，当坐甲以杖一百。若甲系后下手而又理直，则于杖一百上减二等，止杖八十；乙后下手理直，则于杖一百、徒三年上减二等，止杖八十、徒二年。或至笃疾，仍断财养赡。若殴人至死，自当抵命。

笃疾，若断人舌，令人全不能说话。及毁败人阴阳，以至不能生育。并流三千里。○20.264.6同谋共殴伤人者，各以下手伤重者为重罪。原谋或不曾下手，或虽殴而伤轻。减伤重者一等。凡斗殴不下手伤人者勿论。惟殴杀人，以不劝阻为罪，若同谋殴人至死，虽不下手，及同行知谋不行救阻者，各依本律，并处十等罚。如共殴人，伤皆致命，以最后下手重者当其重罪。如乱殴不知先后轻重者，或二人共打一人，其伤同处，或二人同时各瞎人一目，并须以原谋为首，余人为从。若无原谋，以先斗人为首。

○20.264.7若因斗互相殴伤者，各验其伤之轻重定罪。后下手理直者，减本罪二等；至死，及殴兄姊、伯叔依本律定拟。虽后下手理直者，不减。○20.264.8如甲、乙互相斗殴，甲被瞎一目，乙被折一齿，则甲伤为重，当坐乙以徒三年；乙被伤轻，当处甲以十等罚。若甲系后下手而又理直，则于十等罚上减二等，处八等罚；乙后下手理直，则于徒三年上减二等，徒二年。若殴人至死，自当抵命。

现行刑律案语

原律（略）

臣等谨按：此仍《明律》，原有小注系顺治三年〔1646〕修改。律内“秽物污人头面，及灌入人口鼻内，罪亦如之”，均系照上文定罪。小注“杖八十”“杖一百”等字应删，“瞎人两目”一节，其小注应照总注添入，如同时一人先殴瞎一目，则依废疾拟徒一人，后殴又瞎其一目，则依笃疾拟流，方清界限。“断产”一层，本非古法，拟请将原律并注，及律末小注内“断财养赡”一律节删。笞、杖照章罚金，应依数分等处罚。徒、流附杖并应节去。谨将修改律文、律注，开列于后。

○修改（略）

条例·修改

大清律例

6.20.302.(6)〔执持凶器伤人及聚众执持凶器伤人滋事〕

一、凶徒因事忿争，执持腰刀、铁枪、弓箭，并铜铁简、剑、鞭、钺、斧、扒头、流星、骨朵、麦穗等项凶器，及库刀、

现行刑律

20.264.(1)〔执持凶器伤人及聚众执持凶器伤人滋事〕

一、凶徒因事忿争，执持腰刀、铁枪、弓、弩、箭，并铜铁简、剑、鞭、钺、斧、扒头、流星、骨朵、麦穗、扑枪、长枪、札

梭镖,骟鸡尾、黄鳝尾、鲫鱼背、海蚌等刀,朴刀、顺刀,并凡非民间常用之刀,但伤人及误伤旁人者,俱发近边充军。如系民间常用之镰刀、菜刀、小刀、柴斧等器,不在此限。若殴人至笃疾者,改发边远充军;如年在五十以上,仍发近边充军。若聚众执持凶器伤人,及围绕房屋,抢检家财,弃毁器物,奸淫妇女,除实犯死罪外,徒罪以上,不分首从,发边远充军。虽执持凶器而未伤人者,杖一百;执凶器自伤者,亦杖一百。其伤人之犯,有能首先拿获者,官给赏银十五两;其次协拿者,给赏银十两;再次协拿者,给赏银五两。未伤人者,不在给赏之限。若因捕拿而受伤者,除官给赏银外,仍验伤痕等第,于犯人名下追给伤银。若果有疯疾,依过失伤人律收赎,将赎银给付被伤之人。

枪、刀枪等项凶器,及库刀、梭标、骟鸡尾、黄鳝尾、鲫鱼背、海蚌、朴刀、顺刀,并凡非民间常用之刀,但伤人及误伤旁人者,俱流二千五百里。如系民间常用之镰刀、菜刀、小刀、柴斧等器,不在此限。若聚众执持凶器伤人,及围绕房屋,抢检家财,弃毁器物,奸淫妇女,除实犯死罪外,徒罪以上,不分首从,流三千里;虽执持凶器而未伤人,及执凶器自伤者,均处十等罚。

现行刑律案语

原例(略)

臣等谨按:此例原系七条。一、前明《问刑条例》"误伤旁人"下原有"剜瞎人眼睛"数层。一、夺获突持刀枪杀人之人,及分别首拿、次拿、三拿,均系康熙年间《现行例》,雍正三年〔1725〕删改,乾隆五年〔1740〕修并。一、库刀及梭标,并骟鸡尾、黄鳝尾、鲫鱼背、海蚌等刀伤人,系乾隆二十五年〔1760〕、三十二年〔1767〕、四十七年〔1782〕定例。一、凶徒年力强壮,改发乌鲁木齐等处,系乾隆三十一年〔1766〕定例,嘉庆六年〔1801〕将"剜瞎人眼睛"等项析出,另为一条,并将各例改并为一例内,近边军照章应改流二千五百里,边远应改满流。惟查"殴人至笃疾"一层,本律既系流罪,自有律文可循,此处似应节去,下层仍拟照改"其年在五十以上,仍发近边",系因不堪耕作之故,现在此项人犯业已停遣,即属赘语,尤应酌删。至执持凶器未伤人及执凶器自伤,均系满杖,新章俱应罚金,应删去上层,改为"均处十等罚"。其首拿、次拿、再次协拿各节,止有伤人者给赏,而杀人无文,既涉疏漏,且从未见办过此等案件,亦应节删。例末"疯疾伤人,依律收赎",业移并于"人命"门"戏杀误杀过失杀伤人"例内,应于此例删除。再,光绪五年〔1879〕刑部议复奉天府尹咨"孙朝俊用朴枪扎伤靳得俞"一案,声明"朴枪、长枪、扎枪、刀枪,例内均未载,及检查历办成案,仍以凶器论,自未便办理两歧"等因。通咨各省在案。自应于例内添入,以资援引。谨将

修改例文，开列于后。

○修改（略）

大清律例

6.20.302.(8)〔夺获凶器伤人之犯〕

一、夺获凶器伤人之犯，照执持凶器伤人军罪上量减一等，杖一百、徒三年。

现行刑律

20.264.(2)〔夺获凶器伤人之犯〕

一、夺获凶器伤人之犯，照执持凶器伤人流罪上量减一等，徒三年。

现行刑律案语

原例（略）

臣等谨按：此条系嘉庆二十二年〔1817〕刑部因案纂辑为例。惟凶器伤人，照章已改流罪，此处亦应照改。徒罪附杖并应节删。谨将修改例文，开列于后。

○修改（略）

大清律例

6.20.302.(9)〔枪手受雇帮殴及枪手学习已成〕

一、各省械斗及共殴之案，如有自称枪手受雇在场帮殴者，杖一百、流三千里。其有杀伤人者，仍按各本律例从其重者论。若并未受雇帮殴，但学习枪手已成，确有证据者，杖一百、徒三年。

现行刑律

20.264.(3)〔枪手受雇帮殴及学习枪手已成〕

一、各省械斗及共殴之案，如有自称枪手受雇在场帮殴者，虽未伤人，流三千里。其有杀伤人者，仍按各本律例从其重者论。若并未受雇帮殴，但学习枪手已成，确有证据者，徒三年。

现行刑律案语

原例（略）

臣等谨按：此条系道光十二、十五两年〔1832、1835〕刑部议复安徽巡抚邓廷桢及两广总督卢坤奏准纂辑为例，道光年间改定，专为严惩枪手而设。惟检查原奏“受雇在场帮殴”之下有“虽未伤人”一句，似应添入较为明晰。流、徒附杖照章应删。谨将修改例文，开列于后。

○修改（略）

条例·移并

大清律例	现行刑律
6.20.302.(13)〔在逃太监在外滋事及刃伤人〕 一、凡在逃太监，在外滋事，除犯谋、故、斗杀等案，仍照各本律例分别问拟外，但有执持金刃伤人，确有实据者，发黑龙江给官兵为奴，遇赦不赦。 *贼盗·恐吓取财 6.18.273.(3)〔太监逃出索诈〕(略)	*贼盗·恐吓取财 18.236.(5)〔在逃太监金刃伤人并诈索有司〕(略)

案语

○修并(略)

见6.18.273.(3)〔太监逃出索诈〕条

条例·删除

大清律例

6.20.302.(1)〔凶徒剜瞎人眼故折人肢体等〕

一、凶徒因事忿争，剜瞎人眼睛，故折人肢体，全抉人耳鼻口唇，若非剜瞎、故折、全抉者，照律科罪，不得引例。及断人舌，毁败人阴阳者，发近边充军。

现行刑律案语

○删除

原例(略)

臣等谨按：此条系前明《问刑条例》，乾隆、嘉庆年间叠经修改。惟瞎人两眼、折人两肢等项，照律本拟满流，此例虽加重拟军，而近边实较满流道里为近，新章于附近、近边、边远军罪已奏准删除，自有本律可援。至全抉人耳鼻口唇之事，向不经见，即使有犯，亦可依损人二事以上律科罪。此例拟请删除。

大清律例

6.20.302.(2)〔护军及兵役持金刃伤人或自伤〕

一、护军兵丁，及食粮当差人役，若执持金刃伤人或自伤者，除革役照律例问拟

外，永不准食粮。闲散人有犯，立案永不准食粮充役。

满汉通行刑律

○删除

谨按：此系护军人等犯罪不准食粮充役之例。惟金刃伤人或自伤，究非无廉耻者可比，不至失军人之资格。绿营兵丁有犯，不在此例，殊不划一。似应删除。

大清律例

6.20.302.(3)〔沿江滨海持枪执棍混行斗殴〕

一、沿江滨海，有持枪执棍混行斗殴，将两造为首及鸣锣聚众之犯，杖一百、流三千里；伤人之犯，杖一百、徒三年；其附和未伤人者，各枷号一个月，责四十板。

现行刑律案语

○删除

原例（略）

臣等谨按：此条系聚众械斗尚未致毙人命之例。惟聚众械斗，不独沿江滨海地方为然，而持枪混殴，又与凶器伤人之例不合。且查此等案件，斗殴及故杀人门内已定专条，与此例轻重参差，殊不画一。现拟将彼例修改明晰，此例即无关引用，似应删除。

大清律例

6.20.302.(4)〔殴伤罪人至笃疾者〕

一、凡殴伤罪人至笃疾者，各照本例分别勿论及以斗伤并减等问拟，俱毋庸断付财产养赡。

现行刑律案语

○删除

原例（略）

臣等谨按：断产各条，现拟废止，此条无关引用，应即删除。

大清律例

6.20.302.(5)〔以非民间常用之物伤人〕

一、凶徒因事忿争，执持凶器伤人，除例载凶器外，其余例未赅载，凡非民间常用之物，均以凶器伤人论。

删除律例

〇删除

大清律例

6.20.302.(7)〔回民结伙共殴伤毙人〕

一、凡回民结伙三人以上，执持器械殴人之案，除致毙人命罪应拟抵之犯，仍照民人定拟外，其余纠伙共殴之犯，但有一人执持器械者，不分首从，发云贵两广极边烟瘴充军。如结伙虽在三人以上，而俱徒手争殴，并无执持器械者，均各于军罪上减一等，杖一百、徒三年。结伙在十人以上，虽无执持器械，而但殴伤人者，仍照三人以上执持器械之例定拟。

现行刑律案语

〇删除

原例（略）

臣等谨按：此条系乾隆四十二年〔1777〕刑部因案纂定，道光年间两经修改。惟结伙三人以上持械致毙人命罪，应拟抵之犯，既照民人定拟，而殴伤者不问原谋，余人一律拟军，已非允协。至结伙十人徒手殴伤一人，亦照三人以上持械伤人例科断，尤觉过重，窃以此等罪犯，既有民人通例可引，似无庸于回民显分畛域，应即删除。

大清律例

6.20.302.(10)〔河南安徽南阳颍州等府凶徒结伙伤人〕

一、豫省南阳、汝宁、陈州、归德、光州五府州所属州县，并安徽颍州、凤阳二府所属州县，及庐州府所属之合肥县，遇有凶徒结伙三人以上，但有一人执持器械伤人之案，除实犯死罪外，其余不分首从，实发云贵、两广极边烟瘴充军。如聚众至十人以上，执持器械，无论曾否伤人，不分首从，发新疆给官兵为奴。其寻常因事争殴，不在此例。俟数年后此风稍息，仍循旧例办理。

删除律例

〇删除

大清律例

6.20.302.(11)〔回民并豫皖结伙共殴之案所殴系属尊长及卑幼〕

一、回民，并豫省南阳、汝宁、陈州、归德、光州五府州所属州县，及安徽颍州、凤阳二府所属州县，庐州府所属之合肥县凶徒，遇有结伙共殴之案，除所殴系属尊长，

仍就服制中杀伤尊长，及回民并豫省等处凶徒结伙共殴，各本律例相比，从其重者论外，若所殴系属卑幼，即各按服制，于回民并豫省等处凶徒结伙共殴各本例上，依次递减一等科断。其有因卑幼触犯，以理训责者，仍分别服制，各按本律例定拟，不得概援结伙共殴之例。

删除律例

○删除

大清律例

6.20.302.(12)〔河南安徽南阳颍州等府结伙斗殴之案枪手受雇帮殴者〕

一、各省回民，及豫省南阳、汝宁、陈州、归德、光州五府州所属，并安徽颍州、凤阳二府所属州县，庐州府所属之合肥县凶徒，结伙斗殴之案，有自称枪手受雇帮殴者，除结伙罪在满徒以下，仍按自称枪手本例从重定拟外，如结伙罪应拟军，即将该枪手于应得军罪上各加一等。

删除律例

○删除

大清律例

6.20.302.(14)〔天津锅匪聚众结伙持械及徒手斗殴杀伤抢掠〕

一、天津锅伙匪徒，聚众数十人，及百人以上，执持火器、军械杀伤人命，或聚众抢掠，扰害商民，审明后就地正法。如被获时持仗拒捕者，照格杀律勿论。其结伙三人以上，但有一人执持器械伤人，除致毙人命罪应拟抵之犯照旧办理外，余俱不分首从，实发云贵两广极边烟瘴充军。若结伙虽在三人以上，而俱徒手并无器械，于军罪上减一等，杖一百、徒三年。结伙在十人以上，虽无器械，但殴伤人者，仍照三人以上执持器械例定拟。其非锅伙斗殴之案，不得援引此例。俟数年后此风稍息，仍照旧例办理。此等案犯，应照罪应军流窃案，解府审明，详司核请咨部，毋庸解省审勘，以免疏失。其斩、绞重犯，仍照例解勘。

现行刑律案语

原例(略)

臣等谨按：此条系同治九年〔1870〕定例，专为严惩锅匪而设。例首以聚众数十人及百人以上相提并论，查此项锅伙各分疆界，均系零星匪徒，其聚至百人者尚少，应改为四十人以上，以免纷歧。至结伙十人以上，既无器械，而但殴伤人者，竟照三

人以上执持器械例定拟,是以徒手伤人之案照持械伤人之例,究嫌未允。如因人数较多加重,亦应照徒手结伙三人以上加重拟流,庶差等秩然,办理亦无虞轻纵。充军照章改为安置,四省军酌改为烟瘴地方。徒罪附杖并遵章删节。例末"军"字应改为"遣"字,"斩、绞"应改为"死罪"二字。谨将修改例文,开列于后。

○修改

一、天津锅伙匪徒,聚众四十人以上,执持火器、军械杀伤人命,或聚众抢掠,扰害商民,审明后就地正法。如被获时持仗拒捕者,照格杀律勿论。其结伙三人以上,但有一人执持器械伤人,除致毙人命罪应拟抵之犯照旧办理外,余俱不分首从,发烟瘴地方安置。若结伙在三人以上,俱系徒手,并无器械,减一等,徒三年。结伙在十人以上,虽无器械,但殴伤人者,均流二千里。其非锅伙斗殴之案,不得援引此例。俟数年后,此风稍息,仍照旧例办理。此等案犯,应照罪应遣流窃案,解府审明,详司核请咨部,毋庸解省审勘,以免疏失。其死罪重犯,仍照例解勘。

核订现行刑律

○删除

原修改例文(略)

谨按:此系咸丰九年〔1859〕定例。现在天津地方推广巡警,此种锅匪抢夺之风日渐止息,且自续定抢夺新例以后,三人以上持械伤人,及三人以上徒手抢夺,其罪名均较此条为重,如有此项人犯,按照通例办理,似已无虞轻纵。此条拟请删除。

6.20.303 保辜限期 保,养也;辜,罪也。保辜,谓殴伤人未至死,当官立限以保之。保人之伤,正所以保己之罪也。 / 20.265 保辜限期 保,养也;辜,罪也。保辜,谓殴伤人未至死,当官立限以保之。保人之伤,正所以保己之罪也。

律文·修改

大清律例

6.20.303.1 凡保辜者,先验伤之重轻,或手足,或他物,或金刃,各明白立限。责令犯人保辜医治。辜限内,皆须因原殴之伤死者,如打人头伤,风从头疮而入,因风致死之类。以斗殴杀人论。绞。○6.20.303.2 其在辜限外,及虽在辜限内,原殴之伤已平复,官司文案明白,被殴之人别因他故死者,谓打人头伤,不因头疮得风,别因他病而死者,是为他故。各从本殴伤法。不在抵命之律。若折伤以上,辜内医治平复者,各减二等。下手理直,减殴伤二等,如辜限内平复,又得减二等,此所谓犯罪得累减也。

现行刑律

20.265.1 凡保辜者,先验伤之重轻,或手足,或他物,或金刃,各明白立限,责令犯人保辜医治。辜限内,皆须因原殴之伤死者,以斗殴杀人论。绞。○20.265.2 其在辜限外,及虽在辜限内,原殴之伤已平复,官司文案明白,被殴之人别因他故死者,谓别因他病而死者。各从本殴伤法。不在抵命之列。若折伤以上,辜内医治平复者,各减二等。堕胎子死者不减。下手理直,减殴伤二等,如辜限内平复,又得减二等,此所谓犯罪得累减也。辜内虽平

辜内虽平复，而成残废、笃疾，及辜限满日不平复（而死）者，各依律全科。（全科所殴伤残废、笃疾之罪，虽死亦同伤论。）○6.20.303.3 手足及以他物殴伤人者，（其伤轻。）限二十日。（平复。）○6.20.303.4 以刃及汤火伤人者，限三十日。○6.20.303.5 折跌肢体，及破骨、堕胎者，无论手足、他物，皆限五十日。

复，而成残废、笃疾，及辜限满日不平复（而死）者，各依律全科。（全科所殴伤残废、笃疾之罪，虽死亦同伤论。）○20.265.3 手足及以他物殴伤人者，（其伤轻。）限二十日。（平复。）○20.265.4 以刃及汤火伤人者，限三十日。○20.265.5 折跌肢体，及破骨、堕胎，并刃伤筋断者，无论手足、他物，皆限五十日。

现行刑律案语

原律（略）

臣等谨按：此仍《明律》，原有小注，顺治三年〔1646〕修改。惟查康熙五十七年〔1718〕以后续定有因风身死专例，则第一节"皆须因伤死"，及第二节"别因他故死者"句下小注，均同赘设，应并节删。其"各减二等"句下，《明律》小注有"堕胎子死者不减"一层较为周密，应仍查照修复。至刃伤人筋断，嘉庆六年〔1801〕定有照破骨伤保辜之例，应即并入律内，以符类聚之义。谨将修改律文、律注，开列于后。

○修改（略）

条例·修改

大清律例

6.20.303.(1)〔违例抬验斗殴伤重不能动履之人〕

一、凡京城内外及各省州县，遇有斗殴伤重不能动履之人，或具控到官，或经拿获，及巡役、地保人等指报，该管官即行带领仵作，亲往验看，讯取确供，定限保辜，不许扛抬赴验。如有违例抬验者，将违例抬验之亲属，与不行阻止之地保，各照违令律笞五十。因抬验而致伤生者，各照不应重律杖八十。倘内外该管衙门，遇有伤重不能动履之人，仍令扛抬听候验看者，各该上司察实指参，交部议处。

现行刑律

20.265.(1)〔违例抬验斗殴伤重不能动履之人〕

一、凡京城内外及各省州县，遇有斗殴伤重不能动履之人，或具控到官，或经拿获，及巡役、地保人等指报，该管官即行带领刑仵，亲往验看，讯取确供，定限保辜，拨医调治，不准扛抬赴验。如有违例抬验者，将违例抬验之亲属，与不行阻止之地保，各照违令律治罪。因抬验而致伤生者，各照不应重律治罪。倘内外该管衙门，遇有伤重不能动履之人，仍令扛抬听候验看者，各该上司察实指参，交部议处。

现行刑律案语

原例(略)

臣等谨按:此条系乾隆五年〔1740〕刑部议准定例,三十五年〔1770〕复将违例抬验之亲属,与不行阻止之地保,分拟笞、杖,增入例内。惟例既叙明,照违令及不应重各律,则笞、杖即包于律文之内,应均改为"治罪",以示浑括。谨将修改例文,开列于后。

〇修改(略)

大清律例

6.20.303.(3)〔斗殴伤人辜限外余限内因本伤身死者〕

一、斗殴伤人,辜限内不平复,延至限外,若手足、他物、金刃及汤火伤,限外十日之内,折跌肢体及破骨、堕胎,限外二十日之内,果因本伤身死,情正事实者,方拟死罪,奏请定夺。此外不许一概滥拟渎奏。

现行刑律

20.265.(2)〔斗殴伤人辜限外余限内因本伤身死者〕

一、斗殴伤人,辜限内不平复,延至限外,若手足、他物、金刃及汤火伤,限外十日之内,折跌肢体及破骨、堕胎、筋断,限外二十日之内,果因本伤身死,情正事实者,拟流三千里。

现行刑律案语

原例(略)

臣等谨按:此条系前明《问刑条例》,例内曰"果因本伤身死",曰"情正事实",无非申明不许滥拟之意,然拟死罪而仍奏请减流,似不若径拟流罪较为直截。至"刃伤筋断"已修并于"破骨"律下,应于例内一并修入。谨将修改例文,开列于后。

〇修改(略)

大清律例

6.20.303.(7)〔殴伤因风身死视伤轻重及是否致命限内限外分别绞抵流徒〕

一、凡斗殴之案,如原殴并非致命之处,又非极重之伤,越五日,因风身死者,将殴打之人免其抵偿,杖一百、流三千里;若死在五日以内,仍依本律拟绞监候。如当致命之处而伤轻,或伤重而非致命之处,因风身死者,必死在十日

现行刑律

20.265.(3)〔殴伤因风身死视伤轻重及是否致命限内限外分别绞抵流徒〕

一、凡斗殴之案,如原殴并非致命之处,又非极重之伤,越五日,因风身死者,将殴打之人免其抵偿,流三千里;若死在五日以内,仍依本律拟绞监候。如当致命之处而伤轻,或伤重而非致命之处,因风身死者,必死在十日以外,方准

以外，方准声请改流。其致命伤重，及虽非致命，伤至骨损、骨断，即因风身死，在十日以外，仍依律拟以绞抵。若已逾破骨伤保辜五十日正限，尚在余限二十日之内，及手足、他物、金刃伤，正限外余限内，因风身死者，俱照殴人至废疾律杖一百、徒三年。至正限后余限外，因风身死者，止科伤罪。其因患他病身死，与本伤无涉者，虽在辜限之内，仍依律从本殴伤法。

声请改流。其致命伤重，及虽非致命，伤至骨损、骨断，即因风身死，在十日以外，仍依律拟以绞抵。若已逾破骨伤保辜五十日正限，尚在余限二十日之内，及手足、他物、金刃、汤火伤，正限外余限内，因风身死者，俱徒三年。至余限外，因风身死者，止科伤罪。

现行刑律案语

原例（略）

臣等谨按：此例原系三条。一系康熙五十七年〔1718〕刑部会同吏部议定，乾隆五年〔1740〕修改；一系乾隆六年〔1741〕及四十八年〔1783〕刑部奏准定例，五十三年〔1788〕并辑为一，嘉庆六年〔1801〕修并，十四年〔1809〕改定。例内正限外、余限内因风身死，只载手足、他物、金刃而无汤火，与律未符，应查照增入。至"照殴人至废疾律"一句，原系比照定拟，非真殴至废疾也，废疾并非轻伤，自不若删去此句，以免误会。若余限以外，必在正限之后，则"正限后"三字可节，其限内患他病而死者，本有律文可援，例末一段并应节去。徒、流附杖照章亦应节删。谨将修改例文，开列于后。

〇修改（略）

条例·删除

大清律例

6.20.303.(2)〔斗殴伤重之人验看保辜〕

一、凡斗殴伤重之人，除附近城郭以及事简州县，照例正印官亲诣验看外，其离城窎远之区及繁冗州县，委系不能逐起验看者，许委佐贰、巡捕等官代往据实验报，仍听州县官定限保辜。倘佐贰、巡捕等官验报不实，照例议处。如州县官怠弛推诿，概委佐贰、巡捕等官代验，致滋扰累、捏饰等弊，仍照定例议处。

现行刑律案语

〇删除

原例（略）

臣等谨按：此条系乾隆元年〔1736〕刑部议复江西按察使凌燽条奏定例。原为繁冗州县而设，惟与定例相验责成印官之意不符，恐转开州县怠弛推诿之弊，查“检验尸伤不以实”门，于委官相验之事分晰甚详，足资遵守。此例拟请删除。

大清律例

6.20.303.(4)〔州县承审斗殴受伤及自戕案件起限之日〕

一、州县承审斗殴受伤，及畏罪自戕案件，一面拨医调治速痊，一面讯取确供，提集案犯，即行审理完结，不得以伤痊之日起限。如有借词扣展，致有迟延拖累者，照例查参议处。

现行刑律案语

○删除

原例(略)

臣等谨按：此条系乾隆二十六年〔1761〕吏部议复河南按察使蒋嘉年条奏定例。惟“鞫狱停囚待对”门载“在京衙门承审事件，其斗殴杀伤之犯到案后，以伤经平复及因伤身死之日为始”，与此不符，且各省审办斗殴受伤之案，伤轻者随时讯结，伤重者必须立限保辜，势难遽行定断，其畏罪自戕者，亦须将伤医痊，始可质讯。此例似属窒碍难行，应即删除。

大清律例

6.20.303.(5)〔僧人逞凶毙命虽辜限外不得宽减〕

一、凡僧人逞凶毙命，死由致命重伤者，虽在保辜限外十日之内，不得轻议宽减。

删除律例

○删除

大清律例

6.20.303.(6)〔刃伤人至筋断辜限〕

一、刃伤人至筋断者，照破骨伤保辜五十日。

现行刑律案语

○删除

原例(略)

臣等谨按：此条系嘉庆六年〔1801〕定例，已修并于保辜律内。此例拟请删除。

6.20.304宫内忿争 / 20.266宫内忿争

律文·修改

大清律例	现行刑律
6.20.304.1 凡于宫内忿争者,笞五十;忿争之声彻于御在所,及相殴者,杖一百;折伤以上,加凡斗伤二等;若于临朝之殿内,又递加一等。递加者,如于殿内忿争者,加一等,杖六十;其声彻于御在之所,及殿内相殴者,加一等,杖六十、徒一年。至于折伤以上,加宫内折伤之罪一等,又加凡斗伤罪二等,共加三等。虽至笃疾,并罪止杖一百、流三千里。至死者,依常律断。被殴之人,虽至残废、笃疾,仍拟杖一百,收赎。笃疾之人与有罪焉,故不断财产养赡。	20.266.0 凡于宫内忿争者,处五等罚;忿争之声彻于御在所,及相殴者,处十等罚;折伤以上,加凡斗伤二等;若于临朝之殿内,又递加一等。递加者,如于殿内忿争者,加一等,处六等罚;其声彻于御在之所,及殿内相殴者,加一等,徒一年。至于折伤以上,加宫内折伤之罪一等,又加凡斗伤罪二等,共加三等。虽至笃疾,并罪止流三千里。至死者,依常律断。被殴之人,虽至残废、笃疾,仍处十等罚,折半收赎。

现行刑律案语

原律(略)

臣等谨按:此仍《明律》,顺治三年〔1646〕添入小注,雍正三年〔1725〕删改。笞、杖罪名照章罚金,自应依数分等处罚。徒、流附杖并应节删,注内“收赎”银数,现已定为“折半”,应添入律后小注。“断产”一层应节删。谨将修改律文、律注,开列于后。

〇修改(略)

条例·修改

大清律例	现行刑律
6.20.304.(1)〔太监皇城及禁城内金刃自伤〕 一、凡太监在紫禁城内持金刃自伤者,斩立决;在紫禁城外皇城内持金刃自伤者,斩监候。	20.266.(1)〔太监皇城及禁城内金刃自伤〕 一、凡太监在紫禁城内持金刃自伤者,绞立决;在紫禁城外皇城内持金刃自伤者,绞监候。

现行刑律案语

原例(略)

臣等谨按:此条系康熙二十四年〔1685〕刑部遵议定例。斩决照章应改绞决,斩候应改绞候。谨将修改例文,开列于后。

〇修改(略)

大清律例

6.20.304.(2)〔行营地方管辖声音帐房及卡门以内谋故斗殴杀伤人〕

一、行营地方,管辖声音账房以内,谋、故杀人,及斗殴金刃杀人者,拟斩立决;谋杀人伤而不死,及斗殴手足、他物杀人者,拟绞立决;金刃伤人者,发伊犁给驻防官兵为奴;金刃自伤,及手足、他物伤人者,杖一百、流三千里。若在管辖声音账房以外、卡门以内,谋、故杀人,及斗殴金刃杀人者,亦拟斩立决;谋杀人伤而不死,及斗殴手足、他物杀人者,拟绞监候,入于情实;金刃伤人者,杖一百、流三千里;金刃自伤,及手足、他物伤人者,杖一百、徒三年。以上除死罪外,犯该遣罪以下者,俱先行插箭随营示众。其在卡门以外,谋、故、斗殴杀伤人及自伤者,均照常律办理。

现行刑律

20.266.(2)〔行营地方管辖声音帐房及卡门以内谋故斗殴杀伤人〕

一、行营地方,管辖声音帐房以内,谋、故杀人,及斗殴金刃杀人者,拟绞立决;谋杀人伤而不死,及斗殴手足、他物杀人者,拟绞监候,入于秋审情实;金刃伤人者,发极边足四千里安置;金刃自伤,及手足、他物伤人者,各于本律上加三等。若在管辖声音帐房以外、卡门以内,谋、故杀人,及斗殴金刃杀人者,亦拟绞立决;谋杀人伤而不死,及斗殴手足、他物杀人者,拟绞监候;金刃伤人者,流三千里;金刃自伤,及手足、他物伤人者,亦各于本律上加三等。其在卡门以外,谋、故、斗殴杀伤人及自伤者,均照常律办理。

现行刑律案语

原例(略)

臣等谨按:此条系乾隆四十六年〔1781〕行在刑部因案遵纂定例,嘉庆十四年〔1809〕改定。新章斩决应改绞决,绞决应改"绞候,入于秋审情实"。"发伊犁为奴照名例太监"一项,本应改发黑龙江,惟该处轮轨交通,转较内地为近,似不如略依寻常遣犯,例发极边足四千里充军,并照章改军罪为安置,流罪附杖应节删。至"金刃自伤,及手足他物伤人",按本律不过杖、笞之罪,遽拟流、徒,似嫌过重,应改为"各于本律上加三等",以昭平允。再,帐房外、卡门内手足、他物杀人,"拟绞入实"与上层绞决应改"绞候入实"相同,拟将此四字节去。至"插箭随营示众",颇近肉刑,现陆军部新章已废除不用,则"除死罪"数语亦应节删。谨将修改例文,开列于后。

○修改(略)

大清律例

6.20.304.(3)〔各项人役工匠等在紫禁城及圆明园各门内外谋故斗殴杀伤人〕

一、除太监在紫禁城内外持金刃自伤,分别斩决、监候,仍照旧例办理外,如常人在各处当差,及各官跟役,并内务府各项人役、苑户、钦工匠役等,在紫禁城内,暨圆明园大宫门、大东、大西、大北等门,及西厂等处地方,并各处内围墙以内,谋、故杀人,及斗殴金刃杀人者,拟斩立决;谋杀人伤而不死,及斗殴手足、他物杀人者,拟绞立决;金刃伤人者,发伊犁给驻防官兵为奴;金刃自伤,及手足、他物伤人者,杖一百、流三千里。若在紫禁城午门以外、大清门以内,暨圆明园大宫门、大东、大西、大北等门以外、鹿角木以内,谋、故杀人,及斗殴金刃杀人者,拟斩立决;谋杀人伤而不死,及斗殴手足、他物杀人者,拟绞监候,入于情实;金刃伤人者,杖一百、流三千里;金刃自伤,及手足、他物伤人者,杖一百、徒三年。以上除死罪外,犯该遣罪以下者,俱枷号三个月,再行发配。其东安、西安、地安等门以内,及圆明园鹿角木并各内围墙以外,谋、故、斗殴杀伤人及自伤者,均照常律办理,不得滥引此例。

现行刑律

20.266.(3)〔各项人役工匠等在紫禁城及圆明园颐和园各门内外谋故斗殴杀伤人〕

一、常人在各处当差,及各官跟役,并内务府各项人役、苑户、钦工匠役等,在紫禁城内,暨圆明园大宫门、大东、大西、大北等门,及西厂等处地方,并颐和园南宫门、东宫门、西宫门、北宫门,及各处内围墙以内,谋、故杀人,及斗殴金刃杀人者,拟绞立决;谋杀人伤而不死,及斗殴手足、他物杀人者,拟绞监候,入于秋审情实;金刃伤人者,发极边足四千里安置;金刃自伤,及手足、他物伤人者,各于本律上加三等。若在紫禁城午门以外、大清门以内,暨圆明园、颐和园宫门以外、鹿角木以内,谋、故杀人,及斗殴金刃杀人者,拟绞立决;谋杀人伤而不死,及斗殴手足、他物杀人者,拟绞监候;金刃伤人者,流三千里;金刃自伤,及手足、他物伤人者,亦各于本律上加三等。其东安、西安、地安等门以内,及圆明园、颐和园鹿角木并各内围墙以外,谋、故、斗殴杀伤人及自伤者,均照常律办理,不得滥引此例。

现行刑律案语

原例(略)

臣等谨按:此条系嘉庆十四年〔1809〕定例,因太监而推及当差役匠,系为整肃禁地而设。例首"太监持金刃自伤"一层,本有专例,系属重复,似可节去。至颐和园地方,如御驾驻跸,则与宫禁无异,自应增入例内,以昭严肃。新章斩决应改绞决,绞决应改"绞候,入于秋审情实","发伊犁为奴"照《名例》应改"发极边足四千里",充军

自应照改,并遵章改军罪为安置。此例本已加重,枷号可以宽免,所有例末除笔应即节删。至"金刃自伤及手足、他物伤人",按本律不过杖、笞之罪,遽拟流、徒,似嫌过重,业于上条声明,应改为"各于本律上加三等",以昭平允。再,宫门外、鹿角木内谋杀人伤而不死,及手足他物杀人,"拟绞入实",与上绞决应改"绞候入实"相同,拟将此四字节去。流罪附杖照章应删。谨将修改例文,开列于后。

〇修改(略)

6.20.305宗室觉罗以上亲被殴/20.267宗室觉罗以上亲被殴

律文·修改

大清律例

6.20.305.1 凡宗室、觉罗而殴之者,虽无伤,杖六十、徒一年;伤者,杖八十、徒二年;折伤以上,本罪有重于杖八十、徒二年者,加凡斗二等。止杖一百、徒三年。缌麻以上,兼殴、伤言。各递加一等。止杖一百、流三千里,不得加入于死。笃疾者,绞;监候。死者,斩。监候。

现行刑律

20.267.0 凡宗室、觉罗而殴之者,虽无伤,徒一年;伤者,徒二年;折伤以上,本罪有重于徒二年者,加凡斗二等。止徒三年。缌麻以上,兼殴、伤言。各递加一等。止流三千里,不得加入于死。笃疾者,绞;监候。死者,亦绞。监候。

现行刑律案语

原律(略)

臣等谨按:此仍《明律》,应仍其旧。惟新章斩候已改绞候,应于律末"死者"下添一"亦"字,以免重复。徒流附杖应节删。谨将修改律文、律注,开列于后。

〇修改(略)

条例·修并

大清律例

6.20.305.(1)〔宗室觉罗在街市与人争殴〕

一、凡宗室、觉罗在家安分,或有不法之徒借端寻衅者,仍照律治罪外,若甘自菲薄,在街市与人争殴,如宗室、觉罗罪止折罚钱粮,其相殴者亦系现食钱粮之人,一体折罚定拟,毋庸加等。若

现行刑律

20.267.(1)〔宗室觉罗街市茶坊酒肆滋事争殴〕

一、凡宗室、觉罗在家安分,或有不法之徒借端寻衅者,仍照律治罪外,若甘自菲薄,在街市与人争殴,如宗室、觉罗罪止折罚钱粮,其相殴者亦系现食钱粮之人,一体折罚定拟,毋庸加等。若

无钱粮可罚,即照凡斗办理。

6.20.305.(2)〔宗室觉罗茶坊酒肆滋事及先动手殴人〕

一、凡宗室、觉罗与人争殴之案,除审明宗室、觉罗并未与人争较,而常人寻衅擅殴者,仍照例治罪外,如轻入茶坊酒肆,滋事召侮,或与人斗殴,先行动手殴人者,不论曾否腰系黄、红带子,其相殴之人,即照寻常斗殴一体定拟。其宗室、觉罗应得罪名,刑部按例定拟。犯该军、流、徒罪者,照例锁禁拘禁;犯该笞、杖,应否折罚钱粮之处,交宗人府酌量犯案情节,如情罪可恶者,在宗人府实行责打,不准折罚。

无钱粮可罚,即照凡斗办理。至宗室、觉罗擅入茶坊酒肆,滋事召侮,先行动手殴人者,不论曾否腰系黄、红带子,其相殴之人,即照寻常斗殴科断。其宗室、觉罗应得罪名,大理院、高等审判厅分别按例定拟;犯该徒罪以上者,照例锁禁、拘禁。犯该罚金者,应否折罚钱粮之处,交宗人府酌量犯案情节办理。

现行刑律案语

原例

6.20.305.(1)〔宗室觉罗在街市与人争殴〕(略)

6.20.305.(2)〔宗室觉罗茶坊酒肆滋事及先动手殴人〕(略)

臣等谨案:此二条系乾隆四十二年〔1777〕、四十三年〔1778〕刑部因案纂定,皆为警戒宗室、觉罗而设。下条例首三行,即属上条例意,似应节并为一。至宗室现审事件已改隶大理院,例内“刑部”二字应改为“大理院”,附近近边、边远军罪现已奏准删除,极边烟瘴改为安置,例内“犯该军流徒罪”句应改为“徒罪以上”,较为赅括。笞、杖已改罚金,亦应照改,并应将例末“实行责打”一层删去。谨将修并例文,开列于后。

〇修并

一、凡宗室、觉罗在家安分,或有不法之徒借端寻衅者,仍照律治罪外,若甘自菲薄,在街市与人争殴,如宗室、觉罗罪止折罚钱粮,其相殴者亦系现食钱粮之人,一体折罚定拟,毋庸加等。若无钱粮可罚,即照凡斗办理。至宗室、觉罗擅入茶坊酒肆,滋事召侮,先行动手殴人者,不论曾否腰系黄、红带子,其相殴之人,即照寻常斗殴科断。其宗室、觉罗应得罪名,大理院按例定拟。犯该徒罪以上者,照例锁禁拘禁;犯该罚金者,应否折罚钱粮之处,交宗人府酌量犯案情节办理。

会奏修改各条

原修并例文(略)

谨按:新章宗室、觉罗有犯,归大理院、高等审判厅审理。本条“大理院”下应增

入"京师高等审判厅",以符定制。谨将修改例文,开列于后。

○修改(略)

6.20.306殴制使及本管长官/20.268殴制使及本管长官

律文·修改

大清律例

6.20.306.1凡朝臣奉制命出使,而所在官吏殴之,及部民殴本属知府、知州、知县,军士殴本管官,若吏卒殴本部五品以上长官,杖一百、徒三年;伤者,杖一百、流二千里;折伤者,绞。监候。不言笃疾者,亦止于绞。若吏卒殴六品以下长官,各兼殴与伤及折伤而言。减五品以上罪三等;军、民、吏卒殴佐贰官、首领官,又各递减一等。佐贰官减长官一等,首领减佐贰一等,如军、民、吏卒减三等。各罪轻于凡斗,及与凡斗相等,皆谓之减罪轻者,加凡斗兼殴与伤及折伤。一等。笃疾者,绞;监候。死者,不同制使、长官、佐贰、首领,并斩。监候。若流外杂职官,及军、民、吏卒,殴非本管三品以上官者,杖八十、徒二年;伤者,杖一百、徒三年;折伤者,杖一百、流二千里。殴伤非本管五品以上官者,减三品以上罪二等。若减罪轻于凡斗伤及殴伤九品以上至六品官者,各加凡斗伤二等。不言折伤、笃疾、至死者,皆以凡斗论。○6.20.306.2其公使人在外殴打所在有司官者,罪亦如之,亦照殴非本管官之品级科罪。从被殴所属上司拘问。如统属州县官殴知府,固依殴长官本条,减吏卒二等。若上司官小,则依下条上司官与统属官相殴科之。首领殴衙门长官,固依殴长官本条减吏卒二等。若殴本衙门佐贰官,两人品级与下条九品以上官同,则依下条科之;若品级不与下条同,则止依凡斗。如佐贰、首领自相殴,亦同凡斗论罪。

现行刑律

20.268.1凡朝臣奉制命出使,而所在官吏殴之,及部民殴本属知府、知州、知县,军士殴本管官,若吏卒殴本部五品以上长官,徒三年;伤者,流二千里;折伤者,绞。监候。不言笃疾者,亦止于绞。若吏卒殴六品以下长官,各兼殴与伤及折伤而言。减五品以上罪三等;军、民、吏卒殴佐贰官、首领官,又各递减一等。佐贰官减长官一等,首领减佐贰一等,如军、民、吏卒减三等。各罪轻于凡斗,及与凡斗相等,皆谓之减罪轻者,加凡斗兼殴与伤及折伤。一等;笃疾者,绞;监候。死者不同制使、长官、佐贰、首领,并绞。监候。若流外杂职官,及军、民、吏卒,殴非本管三品以上官者,徒二年;伤者,徒三年;折伤者,流二千里;殴伤非本管五品以上官者,减三品以上罪二等。若减罪轻,于凡斗伤及殴伤九品以上至六品官者,各加凡斗伤二等。不言折伤、笃疾、至死者,皆以凡斗论。○20.268.2其公使人在外殴打所在有司官者,罪亦如之,亦照殴非本管官之品级科罪。从被殴所属上司拘问。如统属州县官殴知府,固依殴长官本条,减吏卒二等。若上司官小,则依下条上司官与统属官相殴科之。首领殴衙门长官,固依殴长官本条减吏卒二等。若殴本衙门佐贰官,两人品级与下条九品以上官同,则依下条科之;若品级不与下条同,则止依凡斗。如佐贰、首领自相殴,亦同凡斗论罪。

现行刑律案语

原律(略)

臣等谨按:此仍《明律》,雍正三年〔1725〕修改。律内徒、流附加杖罪照章应删,斩候应改绞候。谨将修改律文,开列于后。

〇修改(略)

条例·修改

大清律例	现行刑律
6.20.306.(1)〔军民殴死及谋死在京见任官员〕	20.268.(1)〔军民殴死及谋死在京见任官员〕
一、凡军民人等，殴死在京现任官员，照殴死本管官律拟斩监候。若谋死者，拟斩立决。	一、凡军民人等，殴死在京现任官员，照殴死本管官律拟绞监候。若谋死者，拟绞立决。

现行刑律案语

原例(略)

臣等谨按：此条系康熙五十三年〔1714〕刑部议准定例。新章斩候应改绞候，斩决应改绞决。谨将修改例文，开例于后。

〇修改(略)

大清律例	现行刑律
6.20.306.(3)〔军民吏卒闹堂逞凶杀害本官〕	20.268.(2)〔军民吏卒闹堂逞凶杀害本官〕
一、部民、军士、吏卒犯罪在官，如有不服拘拿，不遵审断，或怀挟私仇，及假地方公事，挺身闹堂逞凶，杀害本官者，拿获之日，无论本官品级及有无谋故，已杀者，不分首从，皆斩立决；已伤者，为首照光棍例斩决，为从下手者绞候。其聚众四五十人者，仍照定例科罪。其于非本属、本管、本部各官有犯，或该管官任意凌虐，及不守官箴自取侮辱者，各按其情罪轻重，临时酌量，比引办理。	一、部民、军士、吏卒犯罪在官，如有不服拘拿，不遵审断，或怀挟私仇，及假地方公事，挺身闹堂逞凶，杀害本官者，无论本官品级及有无谋故，已杀者，不分首从，皆绞立决；已伤者，为首照光棍例绞决，为从下手者绞候。其聚众四五十人者，仍照刁徒聚众殴官例分别治罪。其于非本属、本管、本部各官有犯，或该管官任意凌虐，及不守官箴自取侮辱者，俱依凡人定拟。

现行刑律案语

原例(略)

臣等谨按：此条系乾隆二十三年〔1758〕湖北巡抚庄有恭条奏定例，专为六品以下官而设。例内“拿获之日”四字系属衍文，可节。斩决照章应改绞决。至聚众四五十人

之多,必有同谋及转相纠约之犯,即其余听从,并被胁各犯,罪名自有等差,例但称"仍照定例科罪",殊觉含混,应改为"仍照刁徒聚众殴官例,分别治罪"。例末"临时酌量比引"一层,易启畸轻畸重之弊。按,与非本属、本管、本部各官有犯,"谋杀制使及本管官"律注本有"各依凡人谋杀论"之语,则"该管官任意凌虐,及不守官箴自取侮辱",其应同凡论可知,拟改为"俱依凡人定拟",免滋出入。谨将修改例文,开列于后。

○修改(略)

大清律例

6.20.306.(5)〔兵丁谋故杀本管官之案〕

一、凡兵丁谋、故杀本管官之案,若兵丁系犯罪之人,而本管官亦系同犯罪者,将该兵丁照例拟斩监候,请旨即行正法;斗殴杀者,仍拟绞监候。如本管官与兵丁一同犯罪,致将兵丁杀死者,仍按凡人谋、故、斗杀各本律科断。

现行刑律

20.268.(3)〔兵丁谋故殴杀本管官〕

一、凡兵丁谋、故、殴杀本管官之案,若兵丁系犯罪之人,而本管官亦同犯罪者,将该兵丁照凡人谋、故、斗杀各本律治罪。如本管官将兵丁杀死,亦依凡人论。

现行刑律案语

原例(略)

臣等谨按:此条系嘉庆十六年〔1811〕定例,为严惩兵丁谋、故杀犯罪之本管官而设。惟查军士谋杀本管官之律,已杀者皆斩,本指斩决而言,若本管官一同犯罪,而仍将兵丁拟斩,即行正法,实与循分供职之本管官被杀者毫无区别,似不足以警官邪。且本管官与军民人等赌博、宿娼,例尚照凡斗定拟,则与一同犯罪之本管官有犯,其应同凡论可知,拟请将"拟斩,正法"并"斗杀,拟绞"各层节删,改为"照凡人谋、故、斗杀各本律治罪"。仍于例首添一"殴"字。例末本管官将兵丁杀死,改为"亦依凡人论",以省繁冗,而示赅括。谨将修改例文,开列于后。

○修改(略)

条例 · 删除

大清律例

6.20.306.(2)〔八旗兵丁及闲散护军披甲将本该管官杀伤及致死者〕

一、八旗兵丁,并无私仇别故,因管教将本管官戳死者,本犯即行正法,妻、子发遣黑龙江,领催、族长各鞭一百。若闲散及护军、披甲人记仇,将该管官动兵刃致伤者,本犯即行正法,妻、子免发遣,领催、族长各鞭五十。若杀死者,领催、族长各鞭八十,系官,交部议处。其平日不能管教之该管各官,交部分别议处。

满汉通行刑律

〇删除

谨按：此条系旗兵杀伤本管官加重治罪专例。同一杀伤本管官，不应于旗兵办理独严，如有此等案件，自有本律可以援引。且缘坐业已革除，例文亦属虚设。似应删除。

大清律例

6.20.306.(4)〔军民人等殴伤本管官及非本管官〕

一、军民人等殴伤本管官及非本管官，如系邂逅干犯，照律问拟流、徒。或本管官与军民人等饮酒、赌博、宿娼，自取凌辱者，俱照凡斗定拟。其有衅起索欠等事，本非理曲，因而有犯者，各照殴伤应得流、徒原律，酌减二等问罪。其自行取辱及负欠之职官，交部议处。

现行刑律案语

〇删除

原例(略)

臣等谨按：例首"问拟流、徒"一层，已有本律，系属赘文，"自取凌辱"即前条之"自取侮辱"，现在彼条既改依凡人定拟，则此层亦在可删之列。至索欠等事，乃系私人之交涉，虽照原律酌减二等，尚较凡斗为重，以私人之事，不宜仍视本人之阶级区别重轻。此条拟即删除。

6.20.307 佐职统属殴长官 / 20.269 佐职统属殴长官

律文·修改

大清律例	现行刑律
6.20.307.1 凡本衙门首领官及所统属官，殴伤长官者，各减吏卒殴伤长官二等；不言折伤者，若折伤不至笃疾，止以伤论。佐贰官殴长官者，不言伤者，即伤而不至笃疾，止以殴论。又各减首领官之罪二等。若减二等之罪，有轻于凡斗，或与凡斗相等，而减罪轻者，加凡斗一等。谓其有统属相临之义。笃疾者，绞；监候。死者，斩。监候。	20.269.0 凡本衙门首领官及所统属官，殴伤长官者，各减吏卒殴伤长官二等；不言折伤者，若折伤不至笃疾，止以伤论。佐贰官殴长官者，不言伤者，即伤而不至笃疾，止以殴论。又各减首领官之罪二等。若减二等之罪，有轻于凡斗，或与凡斗相等，而减罪轻者，加凡斗一等。谓其有统属相临之义。笃疾者，绞；监候。死者，亦绞。监候。

现行刑律案语

原律（略）

臣等谨按：此仍明律，顺治三年〔1646〕添入小注。律内斩候照章应改绞候，应于“死者”下添入“亦绞监候”，以资援引。谨将修改律文、律注，开列于后。

〇修改（略）

6.20.308 上司官与统属官相殴 / 20.270 上司官与统属官相殴

律文・仍旧

大清律例	现行刑律
6.20.308.1 凡监临上司之佐贰、首领官，与所统属之下司官品级高者，及与部民有高官，而相殴者，并同凡斗论。一以监临之重，一以品级之崇，则不得以下司、部民拘之。若非相统属，官品级同，自相殴者，亦同凡斗论。	20.270.0 凡监临上司之佐贰、首领官，与所统属之下司官品级高者，及与部民有高官，而相殴者，并同凡斗论。一以监临之重，一以品级之崇，则不得以下司、部民拘之。若非相统属，官品级同，自相殴者，亦同凡斗论。

现行刑律案语

原律（略）

〇仍旧

臣等谨按：此律应仍其旧，理合陈明。

6.20.309 九品以上官殴长官 / 20.271 九品以上官殴长官

律文・修改

大清律例	现行刑律
6.20.309.1 凡流内九品以上官，殴非本管三品以上之尊官者，不同长官、佐贰，杖六十、徒一年；但殴即坐，虽成伤至内损吐血亦同。折伤以上，及殴伤非本管五品以上，若五品以上殴伤非本管三品以上官者，各加凡斗伤二等。不得加至于死。盖官品相悬，则其罪重，名位相次，则其罪轻，所以辨贵贱也。	20.271.0 凡流内九品以上官，殴非本管三品以上官者，不同长官、佐贰，徒一年；但殴即坐，虽成伤至内损吐血亦同。折伤以上，及殴伤非本管五品以上，若五品以上殴伤非本管三品以上官者，各加凡斗伤二等。不得加至于死。盖官品相悬，则其罪重，名位相次，则其罪轻，所以辨贵贱也。

现行刑律案语

原律(略)

臣等谨按:此仍《明律》,顺治三年〔1646〕添入小注。律首"殴非本管三品以上官者"句内注有"之尊"二字,无关引用,似可节去。徒罪附杖照章应删。谨将修改律文,开列于后。

○修改(略)

6.20.310 拒殴追摄人 / 20.272 拒殴追摄人

律文 · 修改

大清律例	现行刑律
6.20.310.1 凡官司差人(下所属)追征钱粮、勾摄公事,而(纳户及应办公事人)抗拒不服,及殴所差人者,杖八十;若伤重至内损吐血以上,及(所殴差人,或系职官,或系亲属尊长。)本犯(殴罪)重(于凡人斗殴)者,各(于本犯应得重罪上仍,)加二等,罪止杖一百、流三千里。至笃疾者,绞;(监候。)死者,斩。(监候。此为纳户及应办公事之人本非有罪,而恃强违命者而言。若税粮违限、公事违错,则系有罪之人,自有罪人拒捕条。)	20.272.0 凡官司差人(下所属)追征钱粮、勾摄公事,而(纳户及应办公事人)抗拒不服,及殴所差人者,处八等罚;若伤重至内损吐血以上,及(所殴差人,或系职官,或系亲属尊长。)本犯(殴罪)重(于凡人斗殴)者,各(于本犯应得重罪上仍,)加二等,罪止流三千里。至笃疾者,绞;(监候。)死者,亦绞。(监候。此为纳户及应办公事之人本非有罪,而恃强违命者而言。若税粮违限、公事违错,则系有罪之人,自有罪人拒捕条。)

现行刑律案语

原律(略)

臣等谨按:此仍《明律》,顺治三年〔1646〕添入小注。律内"杖八十"照章罚金,应改为"处八等罚"。流罪附杖应节删。斩候应改绞候,拟于"死者"下添入"亦绞监候",以资援引。谨将修改律文,开列于后。

○修改(略)

6.20.311 殴受业师 / 20.273 殴受业师

律文 · 修改

大清律例	现行刑律
6.20.311.1 凡殴受业师者,加凡人二等;死者,斩。(凡者,非徒指儒言,百工技艺亦在内。儒师终身如一。其余学未成或易别业,	20.273.0 凡殴受业师者,加凡人二等;死者,绞。(凡者,非徒指儒言,百工技艺亦在内。儒师终身如一。其余学未成或易别业,则不坐;如学业

大清律例	现行刑律
则不坐;如学业已成,罪亦与儒并科。	已成,罪亦与儒同科。

现行刑律案语

原律(略)

臣等谨按:此仍《明律》,顺治三年〔1646〕添入小注。律内"斩"字照章改"绞"。谨将修改律文,开列于后。

〇修改(略)

条例·修改

大清律例	现行刑律
6.20.311.(1)〔谋故殴杀伤受业师及故殴杀伤弟子〕 一、凡谋、故、殴杀及殴伤受业师者,业儒弟子,照谋、故、殴杀及殴伤期亲尊长律;僧、尼、道士、喇嘛、女冠及匠艺人等,照谋、故、殴杀及殴伤大功尊长律,分别治罪。如因弟子违犯教令,以理殴责致死者,儒师照殴死期亲卑幼律,杖一百、徒三年;僧、尼、道士、喇嘛、女冠及匠艺人等照尊长殴死大功卑幼律,拟绞监候。如殴伤弟子,各按殴伤期亲卑幼、大功卑幼本律问拟。若因奸盗别情谋杀弟子者,无论已伤未伤、已杀未杀,悉照凡人分别定拟。其有挟嫌逞凶,故杀弟子,及殴杀内执持金刃凶器,非理扎殴致死者,亦同凡论。	20.273.(1)〔受业师谋故殴杀伤弟子〕 一、凡受业师殴弟子者,减凡人二等;至死不减。若因奸、盗别情,或挟嫌逞凶,谋、故杀弟子者,无论已伤、未伤,悉同凡论。

现行刑律案语

原例(略)

臣等谨按:此例原系三条,一系康熙年间《现行例》,雍正三年〔1725〕修改;一系乾隆十三年〔1748〕刑部因案议定;一系十九年〔1754〕大学士忠勇公傅恒条奏定例,二十一年〔1756〕并纂为一,嘉庆六年〔1801〕增纂修并,十三年〔1808〕改定。例以儒师照期亲定拟,原系尊师重儒之意,第僧尼、道士其情谊亦不亚于儒师,按《名例》载道士、女冠、僧尼于其受业师,与伯叔父母同,其于弟子与兄弟之子同,《辑注》云"道

冠僧尼直同期亲尊长者”，盖教而兼养，终身不离衣钵相承，恩义并重也，是律明以期尊相视，而例忽改照大功，殊觉互相抵触，应将“僧、尼、道士、喇嘛、女冠”一层提出，移入上“业儒弟子”之下，并将第二节“弟子违犯教令，以理殴责致死儒师”下亦添入“统照期亲科罪”，方昭平允。至匠役等照尊长殴死大功卑幼拟绞，查大功卑幼除同堂弟妹外，余不多见，服图所载不过数条，均不拟绞，律所谓至死者绞，系统承上文功、缌而言，下即紧接殴死同堂大功弟妹、小功堂侄拟流之语，则大功卑幼之无绞罪，更属明显。溯查乾隆时旧例，本照殴杀堂侄律流三千里，嗣嘉庆年间改为拟绞，是本律原无死罪，而照本律科断者，反添一死罪名目，似属错误。应查照律文，改“卑幼”为“弟妹”二字，仍改“绞”为“流”，以符原律。徒罪附杖照章应删。谨将修改例文，开列于后。

〇修改

一、凡谋、故、殴杀及殴伤受业师者，业儒弟子并僧、尼、道士、喇嘛、女冠，照谋、故、殴杀及殴伤期亲尊长律；匠艺人等，照谋、故、殴杀及殴伤大功尊长律，分别治罪。如因弟子违犯教令，以理殴责致死者，儒师、僧、尼、道士、喇嘛、女冠照尊长殴死期亲卑幼律，徒三年；匠艺人等，照尊长殴死大功弟妹律，拟流三千里。如殴伤弟子，各按殴伤期亲卑幼、大功卑幼本律问拟。若因奸盗别情谋杀弟子者，无论已伤未伤、已杀未杀，悉照凡人分别定拟。其有挟嫌逞凶故杀弟子，及殴杀案内执持金刃凶器，非理扎殴致死者，亦同凡论。

核订现行刑律

原修改例文（略）

谨按：殴受业师律加凡人二等，例改为照殴期亲尊长治罪，则不止二等矣。僧尼、道士之于受业师，《名例》所以视同伯叔父母者，以教养兼备，侍奉终身，名为师徒，义则尊属，故特严其法，非谓凡儒生及百工技艺之受业师，皆应视同伯叔父母也。旧例于业儒弟子则照期亲，于僧尼人等则照大功，本属两失修改之例，僧尼人等改照期亲，自与律义吻合。惟《名例》既有道士、女冠、僧尼于受业师与伯叔父母同之文，则有犯谋故杀伤，其应照期亲尊长律治罪，本不待言。如僧尼人等殴杀弟子，亦可照殴死期亲卑幼律办理，比类参观，其义自见，似不必明定条文，致涉繁重。至儒师于受业弟子，《奏定学堂章程》并无许教习扑责学生之条，从前私塾教法现在正议整顿，则塾师殴责生徒，亦非善诱之道，第师生名分究与凡人不同，拟请凡殴受业师者，仍照律加凡人二等，如受业师殴弟子，即减凡人二等，以符律义。若殴弟子致死，则残忍惨刻，已无名分可言，应仍照凡斗殴办理。其有因奸、盗别情或挟嫌逞凶，谋、故杀弟子者，无论已伤、未伤，仍以凡论。例内“殴伤受业师，及受业师以理殴责致死”等项，拟请一并节删。喇嘛即系僧人，匠艺人等已包于律注“百工技艺”句内，均可毋庸声叙。谨将修改例文，开列于后。

〇修改（略）

6.20.312 威力制缚人／20.274 威力制缚人

律文·修改

大清律例

6.20.312.1 凡（两相）争论事理，（其曲直）听经官陈告。（裁决。）若（豪强之人）以威力（挟）制（捆）缚人，及于私家拷打、监禁者，（不问有伤、无伤，）并杖八十；伤重至内损吐血以上，各（验其伤，）加凡斗伤二等；因而致死者，绞。（监候。）若以威力主使（他）人殴打，而致死伤者，并以主使之人为首，下手之人为从论，减（主使）一等。

现行刑律

20.274.0 凡（两相）争论事理，（其曲直）听经官陈告。（裁决。）若（豪强之人）以威力（挟）制（捆）缚人，及于私家拷打、监禁者，（不问有伤、无伤，）并处八等罚；伤重至内损吐血以上，各（验其伤，）加凡斗伤二等；因而致死者，绞。（监候。）若以威力主使（他）人殴打，而致死伤者，并以主使之人为首，下手之人为从论，减（主使）一等。

现行刑律案语

原律（略）

臣等谨按：此仍《明律》，顺治三年〔1646〕添入小注。律内“杖八十”照章罚金，应改为“处八等罚”。谨将修改律文，开列于后。

〇修改（略）

条例·修改

大清律例

6.20.312.(4)〔主使两人或数人殴一人致死为从及余人〕

一、凡主使两人殴一人、数人殴一人，致死者，以下手伤重之人为从，其余皆为余人。若其人自尽，则不可以致死之罪加之，止照所伤拟罪。如有致死重伤，及成残废、笃疾者，依因事用强殴打例，发近边充军。

现行刑律

20.274.(1)〔主使两人或数人殴一人致死为从及余人〕

一、凡主使两人殴一人、数人殴一人，致死者，以下手伤重之人为从，其余皆为余人。若其人自尽，则不可以致死之罪加之，止照所伤拟罪。如有致死重伤，及成残废、笃疾者，依因事用强殴打例，发极边足四千里安置；下手伤重者，减一等，徒三年。

现行刑律案语

原例(略)

臣等谨按:此条系律后总注,乾隆五年〔1740〕续纂为例,以补律所未及。惟主使殴打致死,既以下手伤重之人为从,如殴至重伤及成残废、笃疾,亦应以下手伤重之人为从,方昭明晰。近边军罪照章应改"流二千五百里"。惟因事用强殴打,例已改为"发极边足四千里安置",此例应一并照改,其下手伤重仍应减一等。谨将修改例文,开列于后。

○修改(略)

大清律例

6.20.312.(3)〔乡绅私置板棍擅责佃户及奸占佃户妇女〕

一、凡地方乡绅,私置板棍,擅责佃户者,照违制律议处。衿监革去衣顶,杖八十,照例准其纳赎。如将佃户妇女强行奸占为婢妾者,绞监候;如无奸情,照略卖良人为妻妾律杖一百、徒三年,妇女给亲完聚。该地方官不预行严禁,及被害之人告理,而不即为查究者,照徇庇例议处。至有奸顽佃户,拖欠租课、欺慢田主者,杖八十。所欠之租,照数追给田主。

现行刑律

20.274.(2)〔乡绅私置板棍擅责佃户及奸占佃户妇女〕

一、凡地方乡绅,私置板棍,擅责佃户者,照违制律议处。衿监革去衣顶,处八等罚。如将佃户妇女强行奸占为婢妾者,绞监候;如无奸情,照略卖良人为妻妾律徒三年,妇女给亲完聚。该地方官不预行严禁,及被害之人告理,而不即为查究者,照徇庇例议处。至奸顽佃户,拖欠租课、欺慢田主者,处八等罚。所欠之租,照数追给田主。

现行刑律案语

原例(略)

臣等谨按:此条系雍正五年〔1727〕刑部遵议定例,乾隆五年〔1740〕、四十二年〔1777〕修改。例内"杖八十"照章罚金,应改为"处八等罚",至纳赎例银为数本少,且既责令呈缴罚金,则"照例准其纳赎"句,似可节去。徒罪附杖并应节删。谨将修改例文,开列于后。

○修改(略)

条例・删除

大清律例

6.20.312.(1)〔无藉之徒投托势要诱引生事〕

一、在京在外无藉之徒,投托势要,作为心腹,诱引生事,绑缚平民,在于私家拷打,

胁骗财物者,枷号一个月,发烟瘴地面充军,势要知情并坐。诱引依教诱,绑缚拷打依威力,胁骗财物依恐吓,从重科罪。须四事俱全,方引此例。

现行刑律案语

○删除

原例(略)

臣等谨按:此系前明《问刑条例》,惟投托势要诱引生事,乃尔时风气,按之今日情形,已不相同,且近来亦久无此等案件,此例无阙引用,似应删除。

大清律例

6.20.312.(2)〔旗下家人庄头等在外倚势害民〕

一、旗下家人、庄头等,有在外倚势害民,把持衙门,霸占子女,将良民无故拿至私家捆缚拷打致死者,除本犯照律例从重治罪外,若系内府之人,并将该管官交部议处;系王、贝勒、贝子、公家人,将管理家务官亦交该部议处;系民,公、侯、伯、大臣、官员家人,将各主交该部议处;系平人,鞭一百。

现行刑律案语

○删除

原例(略)

臣等谨按:此条系康熙年间《现行例》,雍正三年〔1725〕改定。惟《满汉刑律》现已遵议通行,如果旗下家人有犯把持衙门、霸占子女情事,自有霸占关津要地及强占良家妻女各律例可援,若将良民捆缚拷打致死,亦可照本律治罪,至该家主约束不严,尤可随案参办,毋庸定立专条。此例拟请删除。

6.20.313 良贱相殴

律文·删除

大清律例

6.20.313.1 凡奴婢殴良人或殴,或伤,或折伤。者,加凡人一等;至笃疾者,绞;监候。死者,斩。监候。其良人殴伤他人奴婢或殴,或伤,或折伤、笃疾。者,减凡人一等;若死及故杀者,绞。监候。若奴婢自相殴伤、杀者,各依凡斗伤、杀法。相侵财物者,如盗窃、强夺、诈欺诓骗、恐吓求索之类。不用此加减律。仍以各条凡殴伤、杀法坐之。○6.20.313.2 若殴内外缌麻、小功亲之奴婢,非折伤勿论。至折伤以上,至笃疾者,各减杀伤凡人奴婢罪二等,大功亲之奴婢减三等。至死者,不问缌麻、小功、大功,杖一百、徒三年。故杀者,绞。监候。过失杀者,各勿论。○6.20.313.3 若殴内外缌麻、小功亲之雇工人,非折伤勿论。至折伤以上,至笃疾者,各减

凡人罪一等，大功（亲之雇工人）减二等。至死及故杀者，（不问缌麻、大功、小功，）并绞。（监候。）过失杀者，各勿论。

雇倩佣工之人，与有罪缘坐为奴婢者不同。然而有主仆之分，故以家长之服属亲疏论。不言殴期亲雇工人者，下条有家长之期亲若外祖父母殴雇工人律也。若他人雇工者，当以凡论。

现行刑律案语

原律（略）

臣等谨按：此仍《明律》，顺治三年〔1646〕添入小注。新章斩候已改绞候，应于"死者"下添一"亦"字，以便与上文相应。徒罪附杖应删。律末小注仅指缘坐之奴婢，不言契买之奴婢，显见罣漏，应将"有罪缘坐"等字节去，"然而"二字应改为"然究"，庶文气较顺。谨将修改律文、律注开列于后。

〇修改

凡奴婢殴良人，（或殴，或伤，或折伤。）者，加凡人一等。至笃疾者，绞；（监候。）死者，亦绞。（监候。）其良人殴伤他人奴婢，（或殴，或伤，或折伤、笃疾。）者，减凡人一等；若死及故杀者，绞。（监候。）若奴婢自相殴伤、杀者，各依凡斗伤、杀法，相侵财物者，（如窃盗、强夺、诈欺诓骗、恐吓求索之类。）不用此（加减）律。（仍以各条凡殴伤、杀法坐之。）〇若殴（内外）缌麻、小功亲之奴婢，非折伤勿论。至折伤以上，（至笃疾者，）各减杀伤凡人奴婢罪二等，大功（亲之奴婢）减三等。至死者，（不问缌麻、小功、大功，）徒三年。故杀者，绞。（监候。）过失杀者，各勿论。〇若殴（内外）缌麻、小功亲之雇工人，非折伤勿论。至折伤以上，（至笃疾者，）各减凡人罪一等，大功（亲之雇工人）减二等。至死及故杀者，（不问缌麻、小功、大功，）并绞。（监候。）过失杀者，各勿论。（雇倩佣工之人，与奴婢不同。然究有主仆之分，故以家长之服属亲疏论。不言殴期亲雇工人者，下条有家长之期亲若外祖父母殴雇工人律也。若他人雇工者，当以凡论。）

核订现行刑律

〇删除

原修改律文（略）

谨按：此条律目现已奏准删去，自应删除第三节言家长之亲属殴雇工人之罪，乃"奴婢殴家长"门所未备，应即移入彼门，以免疏漏，合并声明。

条例·删除

大清律例

6.20.313.(1)〔奴仆殴辱职官〕

一、凡奴仆殴辱职官者，家长笞五十，系官交该部议处。

现行刑律案语

〇删除

原例（略）

臣等谨按：此条系康熙年间《现行例》，尔时八旗畜养奴仆者，往往出外滋事，故治家长以管束不严之罪，即所以严治奴仆也。近来八旗多系雇工，与从前情形迥异，且亦未见有因奴仆而治家长之事。此例应即删除。

6.20.314 奴婢殴家长／20.275 雇工人殴家长

律文·修改

大清律例

6.20.314.1 凡奴婢殴家长者，（有伤、无伤，预殴之奴婢，不分首从）皆斩；杀者，（故杀、殴杀，预殴之奴婢，不分首从）皆凌迟处死；过失杀者，绞；（监候。过失）伤者，杖一百、流三千里。（不收赎。）若奴婢殴家长之（尊、卑）期亲及外祖父母者，（即无伤，亦）绞；（监候。为从减一等。）伤者，（预殴之奴婢，不问首从、重轻，）皆斩；（监候。）过失杀者，减殴罪二等；（过失）伤者，又减一等；故杀者，（预殴之奴婢）皆凌迟处死。殴家长之缌麻亲，（兼内外、尊卑，但殴即坐。虽伤亦）杖六十、徒一年；小功，杖七十、徒一年半；大功，杖八十、徒二年。折伤以上，缌麻加殴良人罪一等，小功加二等，大功加三等；加者，加入于死。（但绞不斩。一殴一伤，各依本法。）死者，（预殴奴婢，）皆斩。（故杀亦皆斩监候。）○6.20.314.2 若雇工人殴家长，及家长期亲、若外祖父母者，（即无伤，亦）杖一百、徒三年；伤者，（不问重、轻，）杖一百、流三千里；折伤者，绞；（监候。）死者，斩；（殴家长，斩决；殴家长期亲、若外祖父母，斩监候。）故杀者，凌迟处死。过失杀伤者，各减本杀伤罪二等。殴家长之缌麻亲，杖八十；小功，杖九十；大功，杖一百。伤重至内损吐血以上，缌麻、小功，加凡人罪一等；大功，加二等。（罪止杖一百、流三千里。）死者，各斩。（监候。）○6.20.314.3 若奴婢有罪，（或奸或盗，凡违法罪过皆是。）其家长及家长之期亲，

现行刑律

20.275.1 凡雇工人殴家长，及家长之（尊、卑）期亲，若外祖父母者，（即无伤，亦）徒三年；伤者，（不问重轻。）流三千里；折伤者，绞；（监候。）死者，亦绞。（殴家长，绞决；殴家长期亲、若外祖父母，绞监候。）故杀者，斩；过失杀伤者，各减本杀伤罪二等。殴家长之缌麻亲，（兼内外、尊卑，但殴即坐，虽伤亦）处八等罚；小功，处九等罚；大功，处十等罚。伤重至内损吐血以上，缌麻、小功，加凡人罪一等；大功，加二等。（罪止流三千里。）死者，各绞。（监候。）○20.275.2 若家长，及家长之期亲，若外祖父母，殴雇工人，（不分有罪、无罪。）非折伤勿论；至折伤以上，减凡人（折伤）罪三等；因而致死者，徒三年。故杀者，绞；（监候。）过失杀者，勿论。○20.275.3 若家长之缌麻、小功亲，殴雇工人，非折伤勿论；至折伤以上，（至笃疾者，）各减凡人罪一等；大功，减二等；至死及故杀者，（不问缌麻、小功、大功，）并绞；（监候。）过失杀者，勿论。（雇倩佣工之人，有主仆之分，故以家长之服属亲疏论。若他人雇工，当以凡论。）

若外祖父母,不告官司而私自殴杀者,杖一百。无罪而殴杀或故杀者,杖六十、徒一年。当房人口,指奴婢之夫妇子女。悉放从良。奴婢有罪,不言折伤、笃疾者,非至死勿论也。○6.20.314.4若家长,及家长之期亲,若外祖父母,殴雇工人,不分有罪、无罪,非折伤勿论;至折伤以上,减凡人折伤罪三等;因而致死者,杖一百、徒三年;故杀者,绞。监候。○6.20.314.5若奴婢、雇工人违犯家长及期亲、外祖父母教令,而依法于臀、腿受杖去处决罚,邂逅致死,及过失杀者,各勿论。

现行刑律案语

原律(略)

臣等谨按:此仍《明律》,顺治三年〔1646〕添入小注,乾隆四十二年〔1777〕增修。律内凌迟照章应改斩决,斩罪亦应改绞,徒、流附杖应节删。惟斩既改绞,则加入于死,注内"但绞不斩"四字应一并节去。杖罪已改罚金,应依数分等处罚,律末"依法决罚"句小注有"于臀腿受杖去处"七字,并应酌删。谨将修改律文、律注,开列于后。

○修改

凡奴婢殴家长者,不论有伤、无伤,预殴之奴婢,不分首从皆绞;杀者,故杀、殴杀、预殴之奴婢,不分首从皆斩立决。过失杀者,绞;监候。过失伤者,流三千里。不收赎。若奴婢殴家长之尊、卑期亲及外祖父母者,即无伤,亦绞;监候。为从减一等。伤者,预殴之奴婢,不问首从、重轻,皆绞;监候。过失杀者,减殴罪二等;伤者,又减一等;故杀者,预殴之奴婢皆斩立决。殴家长之缌麻亲,兼内外、尊卑,但殴即坐。虽伤亦徒一年;小功,徒一年半;大功徒二年。折伤以上,缌麻加殴良人罪一等,小功加二等,大功加三等;加者,加入于死。一殴一伤,各依本法。死者,预殴奴婢,皆绞。故杀亦皆绞监候。○若雇工人殴家长,及家长期亲、若外祖父母者,即无伤,亦徒三年;伤者,不问重、轻,流三千里;折伤者,绞;监候。死者,亦绞;殴家长,绞决;殴家长期亲,若外祖父母,绞监候。故杀者,斩立决。过失杀伤者,各减本杀伤罪二等。殴家长之缌麻亲,处八等罚;小功,处九等罚;大功,处十等罚。伤重至内损吐血以上,缌麻、小功,加凡人罪一等;大功,加二等。罪止流三千里。死者,各绞。监候。○若奴婢有罪,或奸或盗。凡违法罪过皆是。其家长及家长之期亲,若外祖父母,不告官司而私自殴杀者,处十等罚。无罪而殴杀或故杀者,徒一年。当房人口,指奴婢之夫妇子女。悉放从良。奴婢有罪,不言折伤、笃疾者,非至死勿论也。○若家长,及家长之期亲,若外祖父母,殴雇工人,不分有罪、无罪,非折伤勿论;至折伤以上,减凡人折伤罪三等;因而致死者,徒三年;故杀者,绞。监候。○若奴婢、雇工人违犯家长及期亲、外祖父母教令,而依法决罚邂逅致死,及过失杀者,各勿论。

核订现行刑律

原修改律文(略)

谨按：宣统元年十二月二十一日〔1910年1月31日〕臣馆会同修订法律大臣奏称"律内奴婢干犯家长罪名綦重,今既禁买奴婢,改为雇工,自不便沿用旧法。查康熙年间原有旗人所买之人以雇工论之,例准此定拟,当非无所依据。拟请嗣后契雇贫民子女,及从前旧有之奴婢,均以雇工人论,有犯即按雇工人本律本例科断。其与家长之亲属有犯,亦照此办理"等因。奉旨允准,钦遵在案。查本律罪名本兼雇工人在内,本条律目拟即改为"雇工人殴家长",律文第一、第三两节,及第五节小注"奴婢"二字均请节删。其第一节小注"尊卑"二字,及"兼内外尊卑"以下十二字,系统贯本门各节而言,应仍查照添入第二节小注,以免罣漏。至末节"依法决罚邂逅致死"一层,现行章程苟犯非死罪,虽审判官不准决罚家长,于雇工人似无任意决杖之理,此层拟请删除。其"过失杀勿论"一层,应即移入第四节之末。又"良贱相殴"律,内有家长之功、缌服属殴雇工人罪名,本律但言期亲,不及功、缌,自系与彼律互文见义,现彼律已奏准删除,应将此节移入本门,并将小注"不言殴期亲雇工"等句节删。律文、律注文义,亦应改从一律。又律文体例凡斩、绞罪名小注"不加监候"字样者,即系"立决",本律"立决"二字,系属衍文,应即节去。谨将修改律目、律文、律注开列于后。

○修改

20.275 雇工人殴家长律文(略)

条例·修并、修改、仍旧

大清律例

6.20.314.(9)〔家奴子息俱系家奴及家奴不遵约束或背主逃匿〕

一、凡民人家生奴仆、印契所买奴仆,并雍正十三年(1735)以前白契所买,及投靠养育年久,或婢女招配生有子息者,俱系家奴,世世子孙,永远服役,婚配俱由家主,仍造册报官存案。其婢女招配,并投靠,及所买奴仆,俱写立文契,报明本地方官钤盖印信。如有干犯家长,及家长杀伤奴仆,验明官册、印契,照奴仆本律治罪。至奴仆不遵约束,傲慢顽梗,酗酒生事者,照满洲家人

现行刑律

20.275.(1)〔家长杀伤从前契买奴婢及受雇服役人等〕

一、从前契买奴婢,如有干犯家长,及被家长杀伤,不论红契、白契,俱照雇工人本律治罪。其一切车夫、厨役、水火夫、轿夫、打杂受雇服役人等,平日起居不敢与共,饮食不敢与同,并不敢尔我相称,素有主仆名分者,仍依雇工人论。若农民佃户、雇倩耕作之人,并店铺小郎之类,平日共坐共食,彼此平等相称,素无主仆名分者,各依凡人科断。至未经赎放之家人,不遵约束,傲慢顽

吃酒行凶例，面上刺字，流二千里，交与该地方官，令其永远当苦差。有背主逃匿者，照满洲家人逃走例，折责四十板，面上刺字，交与本主，仍行存案。容留窝藏者，照窝藏逃人例治罪。

6.20.314.(10)〔白契并典当家人隶身长随等杀伤家长及家长缌麻以上亲〕

一、白契所买奴婢，如有杀伤家长及杀伤家长缌麻以上亲者，无论年限及已未配有室家，均照奴婢杀伤家长，一体治罪。其家长杀伤白契所买恩养年久、配有室家者，以杀伤奴婢论。若甫经契买，未配室家者，以杀伤雇工人论。至典当家人、隶身长随，若恩养在三年以上，或未及三年配有妻室者，如有杀伤，各依奴婢本律论。倘甫经典买，或典买、隶身未及三年并未配有妻室，及一切车夫、厨役、水火夫、轿夫、打杂受雇服役人等，平日起居不敢与共，饮食不敢与同，并不敢尔我相称，素有主仆名分，并无典卖字据者，如有杀伤，各依雇工人本律论。若农民佃户、雇倩耕种工作之人，并店铺小郎之类，平日共坐共食，彼此平等相称，不为使唤服役，素无主仆名分者，如有杀伤，各依凡人科断。至典当雇工人等，议有年限，如限内逃匿者，责三十板，仍交与本主服役。

6.20.314.(3)〔契买婢女〕

一、契买婢女，务照价买家人例，旗人，将文契呈明该管佐领先用图记，自赴税课司验印；民人，将文契报明本地方官钤盖印信。至旗人契买民间婢女，在京具报五城、大宛两县，在外具报该地方官，用印立案。倘有情愿用白契价买者，仍从其便。但遇殴杀、故杀，问刑

梗，酗酒生事者，仍流二千里。

衙门须验红契、白契,分别科断。再旗、民所买婢女,已经配给红契家奴者,准照红契办理。

现行刑律案语

原例

6.20.314.(9)〔家奴子息俱系家奴及家奴不遵约束或背主逃匿〕(略)

6.20.314.(10)〔白契并典当家人隶身长随等杀伤家长及家长缌麻以上亲〕(略)

6.20.314.(3)〔契买婢女〕(略)

臣等谨按:此三条均系为置买奴婢,分别红契、白契及有犯杀伤而设。第一条专言民人奴仆,而不及旗人,自系照满洲例办理。惟查雍正十三年〔1735〕以前契买之人,此时岂能尚在,如谓统伊子孙在内,则上"家生奴仆"即属赘文,且既准作家奴,仍令报官印契,似无此理。至酗酒滋事,拟流当差,无论流犯并无应当之差,其办法亦似过重。现在"刺字"业已废止,满洲家人酗酒行凶,例亦于《遵议〈满汉通行刑律〉》内声请删除。而奴婢逃匿及窝藏罪名,亦有本律可引,似不如将各层全行删去,统以红契、白契为奴、雇之分,并将"酗酒拟流"一层移入例末,较为允当。第二条专言白契,而红契无文复于白契中,分别恩养是否年久、已未配有室家,既涉烦琐,而奴婢杀伤家长及家长缌麻以上亲者,又并不以此为凭,尤嫌未合。其所称"典当家人及雇工人,并隶身长随"等项,与第一条"投靠"一层,近今并无此风气,应一体节删。第三条专言契买婢女,而奴仆无文,惟既称照价买家人,自应改为奴婢通例,例内所叙红契、白契,极为分明,而于旗人、民人呈验文契各节,颇不画一,应删去繁冗字句,与第一、第二两条修并为一,以省缪葛,而资引用。谨将修并例文,开列于后。

〇修并

一、契买奴婢,务将文契呈报该管官钤盖印信。如有干犯家长,及家长杀伤奴婢,验明官册、印契,照奴婢本律治罪。其有用白契价买者,遇有杀伤,照雇工人本律治罪。其一切车夫、厨役、水火夫、轿夫、打杂、受雇服役人等,平日起居不敢与共饮食,不敢与同,并不敢尔我相称,素有主仆名分者,仍依雇工人论。若农民、佃户雇倩耕作之人,并店铺小郎之类,平日共坐共食,彼此平等相称,不为使唤服役,素无主仆名分者,各依凡人科断。至奴仆不遵约束,傲慢顽梗,酗酒生事者,流二千里。

核订现行刑律

原修并例文(略)

谨按:旗下家奴及从前旧有之奴婢,现经奏准俱以雇工人论,本条"契买奴婢,报官钤印"一层,应即节删。其"分两印契,白契治罪"一层,应改为"不论红契、白契,概照雇工人本律治罪"。例末"奴仆"二字,应改为"未经赎放之家人",以示区别。谨将修改例文,开列于后。

○修改(略)

大清律例

6.20.314.(14)〔殴故杀赎身及放出奴婢赎身及放出奴婢干犯家长并家长亲属〕

一、凡家长，及家长之期亲，若外祖父母，殴死赎身奴婢，及该奴婢之子女者，杖一百、徒三年；故杀者，拟绞监候。大功亲属，殴死赎身奴婢者，杖一百、流二千里；小功、缌麻，递加一等。故杀亦绞监候。殴死赎身奴婢之子女者，以良贱相殴论。若赎身奴婢，干犯家长并家长期服以下亲者，俱依雇工人律科断。赎身奴婢之子女，干犯家长及家长期亲、外祖父母，亦以雇工人论；干犯家长大功以下亲，以良贱相殴论。如家长或家长期服以下亲，殴、故杀放出奴婢，及放出奴婢，干犯家长并家长期服以下亲者，仍依奴婢本律定拟。殴、故杀放出奴婢之子女，或放出奴婢之子女干犯家长及家长期服以下亲者，各依雇工人律科断。其殴杀族中无服亲属之奴婢，及奴婢之子女者，杖一百、流三千里；故杀，亦绞监候。若已经赎身放出，如有杀伤、干犯，各依良贱相殴本律论；该奴婢之子女，俱以凡论。

现行刑律

20.275.(2)〔殴故杀赎身及放出奴婢并赎身及放出人干犯家长〕

一、从前奴婢业经赎身、放出，而家长殴之至死者，系放出之人，徒三年；系赎身之人，流二千里；故杀者，俱绞监候。放出之人干犯家长，依雇工人本律治罪；赎身者，减一等。其家长之期以下亲殴赎身、放出之人，及家长殴赎身、放出人之子女者，各以凡论。殴族中无服亲属之雇工，亦照凡人科断。

现行刑律案语

原例(略)

臣等谨按：此条系乾隆三十八年〔1773〕刑部因案议准定例，嘉庆六年〔1801〕、道光四年〔1824〕两经修改，十四年〔1834〕改定，应仍其旧。惟徒、流附杖照章应删。谨将修改例文，开列于后。

○修改

一、凡家长，及家长之期亲，若外祖父母，殴死赎身奴婢，及该奴婢之子女者，徒三年；故杀者，拟绞监候。大功亲属，殴死赎身奴婢者，流二千里；小功、缌麻，递加一

等。故杀者，亦绞监候。殴死赎身奴婢之子女者，以良贱相殴论。若赎身奴婢，干犯家长并家长期服以下亲者，俱依雇工人律科断。赎身奴婢之子女，干犯家长及家长期亲外祖父母，亦以雇工人论；干犯家长大功以下亲，以良贱相殴论。如家长或家长期服以下亲，殴、故杀放出奴婢，及放出奴婢，干犯家长并家长期服以下亲者，仍依奴婢本律定拟。殴、故杀放出奴婢之子女，或放出奴婢之子女干犯家长，及家长期服以下亲者，各依雇工人律科断。其殴杀族中无服亲属之奴婢，及奴婢之子女者，流三千里；故杀者，亦绞监候。若已经赎身放出，如有杀伤、干犯，各依良贱相殴本律论；该奴婢之子女，俱以凡论。

核订现行刑律

原修改例文（略）

谨按：此本乾隆三十八年〔1773〕定例，原例但言家长殴死赎身放出之奴婢及其子女，而不及家长之期以下亲，嘉庆六年〔1801〕始增入期亲以下殴死赎放奴婢，并赎放奴婢殴死期亲人等各层，揆之法理颇多不合。查期亲殴死赎身奴婢徒三年，故杀绞监候，系照殴故杀雇工问拟，而功、缌亲属殴死赎身奴婢，仅止分别拟流，已与殴死雇工拟绞之律不合。考之《唐律》殴旧部曲奴婢折伤以上，部曲减凡人二等，奴婢又减二等，而无旧主期以下亲殴伤部曲奴婢之文，《疏议答问》曰：奴婢、部曲，唯系于主，为经主放，顾有宿恩，其有殴、詈，所以加罪，非主之外虽是姻亲，所有相犯并依凡人之法。其诠释旧奴婢与家长亲属不论服制之故，至为精确。乾隆旧例既无家长期以下亲殴死赎放奴婢，及赎放奴婢干犯之文，似可参仿《唐律》分别删改。其族中无服亲属之奴婢家长既无服属，奴婢现改雇工，自应不论赎放与否，概以凡论。至赎身放出奴婢之子女，其父母既离奴籍，对于家长，亦非如其父母有恩义之可言，律载家长殴转卖之奴婢以凡人论，奴婢本身以转卖而同凡，则奴婢之子女自因赎放而义尽，拟将本例各节改为“家长之期以下亲，殴死赎身放出之奴婢，及家长殴死赎身放出奴婢之子女，各以凡论”。殴死族中无服亲属之雇工者，亦照凡人科断。例内依雇工人本律、奴婢本律，以良贱相殴论之处，概行删除。至赎身放出之奴婢，对于家长，一系缴还身价，一系出自主恩，原例以赎身当雇工，以放出视奴婢，义自允当，现拟办法奴婢以雇工人论，则放出奴婢应比雇工，而家长殴死赎身之奴婢，应照雇工加等，方为允洽，拟改为“家长殴死放出之奴婢，徒三年；殴死赎身之奴婢，流三千里；故杀者，俱绞监候”。此项奴婢干犯家长，亦照雇工人本律，分别本罪减等科断。惟奴婢名目现已废除，本例“奴婢”字样，指已经赎身者而言，即不得谓之奴婢，应改为“从前奴婢，业经赎身放出”字样，以示区别。谨将修改例文，开列于后。

○修改（略）

大清律例

6.20.314.(15)〔妾殴故杀奴婢〕

一、家长之妾，殴、故杀奴婢之案，除系生有子女者，即照家长之期亲殴、故杀奴婢本律分别定拟外，其未生子女之妾，殴死隶身服役之婢女者，杖一百、流三千里；故杀者，拟绞监候。若与家长之众奴婢有犯，并非隶身服役之人，俱以凡论。

现行刑律

20.275.(3)〔妾殴故杀雇工〕

一、家长之妾，殴、故杀雇工之案，除系生有子女者，即照家长之期亲殴、故杀雇工本律分别定拟外，其未生子女之妾，殴死隶身服役之使女者，流三千里；故杀者，拟绞监候。若并非隶身服役之人，俱以凡论。

现行刑律案语

原例(略)

臣等谨按：此条应仍其旧，惟流罪附杖照章节删。谨将修改例文，开列于后。

○修改

一、家长之妾，殴、故杀奴婢之案，除系生有子女者，即照家长之期亲殴故杀奴婢本律分别定拟外，其未生子女之妾，殴死隶身服役之婢女者，流三千里；故杀者，拟绞监候。若与家长之众奴婢有犯，并非隶身服役之人，俱以凡论。

核订现行刑律

原修改例文(略)

谨按：奴婢一项现以雇工人论，本条"奴婢"字样自应一律改正。其"隶身婢女"应改为"使女"，以示区分，与"众奴婢有犯"句，已包于并非隶身服役之中，应即节去。谨将修改例文，开列于后。

○修改(略)

大清律例

6.20.314.(16)〔雇工人干犯旧家长〕

现行刑律

20.275.(4)〔雇工人干犯旧家长〕

一、雇工人等，干犯旧家长之案，如系因求索不遂，辞出后复借端讹诈，或挟家长撵逐之嫌，寻衅报复，并一切理曲肇衅，在辞工以前者，均即照雇工人干犯家长各本律例分别定拟；其辞出之后，别因他故起衅者，仍以凡人论。

现行刑律案语

原例(略)

○仍旧

臣等谨按:此例应仍其旧,理合陈明。

条例·删除

大清律例

6.20.314.(1)〔奴婢殴死家长之期亲及外祖父母〕

一、奴婢殴家长之期亲及外祖父母至死者,皆拟斩立决。

现行刑律案语

原例(略)

臣等谨按:此条系乾隆三十年〔1765〕定例。斩决照章应改绞决。谨将修改例文,开列于后。

○修改

一、奴婢殴家长之期亲及外祖父母至死者,皆拟绞立决。

核订现行刑律

○删除

原修改例文(略)

谨按:奴婢现以雇工人论,则于家长之期亲人等有犯,应照雇工人问拟,本条例文即属虚设,且本条罪名核与"雇工殴家长期亲人等至死,拟绞立决"之律,亦属相符,应请删除。

大清律例

6.20.314.(2)〔奴婢过失杀家长〕

一、奴婢过失杀家长者,拟绞立决。

现行刑律案语

○删除

见6.19.292.(20)〔子孙及子孙妇过失杀祖父母父母〕条

大清律例

6.20.314.(4)〔家长期亲因奸致死白契所买婢女灭口〕

一、凡家长之期亲,因与人通奸,被白契所买婢女窥破,起意致死灭口之案,除婢女年在十五以上,仍照定例办理外,若将未至十五岁之婢女起意致死者,拟绞立决。

若系为从，各依本例科断。

现行刑律案语

○删除

原例(略)

臣等谨按：此条系为严惩致死年幼婢女而设。惟幼女年岁以十五为断，与他条不免参差，且近来并未见有此等案件，例文系属虚设，应即删除。

大清律例

6.20.314.(5)〔为奴遣犯所携妻子被主责打身死〕

一、凡发遣黑龙江等处为奴人犯，有自行携带之妻、子，跟随本犯在主家倚食服役，被主责打身死者，照殴死雇工人例，拟杖一百、徒三年。其妻、子自行谋生，不随本犯在主家倚食者，仍以凡论。

现行刑律案语

○删除

原例(略)

臣等谨按：此条系乾隆四十年〔1775〕刑部因案议准定例。惟黑龙江等处为奴，各例久已分别改发极边烟瘴，现在并无此等人犯，此例无关引用，应请删除。

大清律例

6.20.314.(6)〔家主因图奸占致死奴仆或其妻者〕

一、凡家主将红契所买奴婢，及白契典买恩养已久奴仆之妻，妄行占夺，或图奸不遂，因将奴仆毒殴致死，或将其妻致死，审明确有实据，及本主自认不讳者，即将伊主不分官员、平人，发黑龙江当差。若所杀奴婢，系白契所买，恩养未久者，应照故杀雇工人律拟绞监候。如伊主并无奸占情弊，而奴仆诬陷其主者，仍照干名犯义律治罪。

现行刑律案语

原例(略)

臣等谨按：此条系乾隆三年〔1725〕九卿议准定例，嘉庆六年〔1801〕改定。惟查自契典买恩养年久、未久分别治罪之例，业经议请节删，并声明仍以红契、白契为奴、雇之分等因。于彼例内，修改在案。所有例首“白契典买恩养已久”，及例末“恩养未久”字样，均应酌删，以归一律。黑龙江久经停遣，《名例》内“应发黑龙江”之十余

项,均改发四省烟瘴充军,此例漏未例入,亦应查照酌改为烟瘴地方,并照章改充军为安置。至“不分官员、平人”句,原以官员殴故杀奴婢,本较平人治罪为轻,今因衅起图奸故,与平人无甚区别,第官员杀死奴婢各例,已于光绪三十三年十二月〔1908年1-2月〕内《遵议〈满汉通行刑律〉》折内,奏准删除此句,系属赘设,似应节去。谨将修改例文,开列于后。

○修改

一、凡家主将红契所买奴婢,及奴仆之妻,妄行占夺,或图奸不遂,因将奴仆毒殴致死,或将其妻致死,审明确有实据,及本主自认不讳者,即将伊主发烟瘴地方安置。若所杀奴婢,系白契所买者,应照故杀雇工人律拟绞监候。如伊主并无奸占情弊,而奴仆诬陷其主者,仍照干名犯义律治罪。

核订现行刑律

○删除

原修改例文(略)

谨按:“家长故杀奴婢律,徒一年”本条,以其有奸占、毒殴情节,故罪至发遣。惟奴仆一项现以雇工人论,则故杀已拟绞候,本条罪名较故杀为轻,转不适用。如有图奸致死情事,自应照故杀雇工人本律酌量问拟。此条拟请删除。

大清律例

6.20.314.(7)〔开放责打及故杀身死奴婢之父母妻子〕

一、凡旗民、官员、平人,将奴婢责打身死及故杀者,除照例治罪外,其奴仆之父母妻子,悉行开放,系旗人,听其在旗投主;系民人,放出为民,不得追收身价。

现行刑律案语

○删除

原例(略)

臣等谨按:此条系雍正五年〔1727〕刑部因案议准定例,乾隆、嘉庆年间两经修改。惟家长殴死奴婢,律以有罪、无罪为衡,例则并无区别,已属含混。而开放其父母、妻子,系旗人听其在旗投主,系民人放出为民,不追身价,办法亦涉两歧,现在满汉不分畛域,有犯尽可照定律办理。此例应请删除。

大清律例

6.20.314.(8)〔奴婢背主投营挟制勒索〕

一、凡奴仆背主投营,挟制家主,勒索原契及妻子、财物,不分首从、得财与未得财,皆斩立决。若止背主投营,审无挟制勒索者,枷号四十日,杖一百,交还原主。该

营初虽不知，后知而不举发者，交该部议处。

现行刑律案语

〇删除

原例（略）

臣等谨按：此条系为奴仆背主投营而设，现在久无此等情事，应即删除。

大清律例

6.20.314.(11)〔和拐契买婢女及家奴并户下陈人将女私聘于人〕

一、契买婢女，伊父母兄弟私自拐逃者，照和诱知情发遣例减一等，杖一百、徒三年，其女给主领回。若契买家奴及户下陈人，将女私聘与人，未成婚者，给还本主；已成婚者，追身价银四十两。无力者，量追一半给主；其嫁女之人，杖一百、徒三年，满日给主管束。娶主知情与同罪，不知者不坐。

现行刑律案语

原例（略）

臣等谨按：此条系嘉庆六年〔1801〕刑部议准定例。查奴仆子女向由家主婚配，例有明文，今辄将女私聘与人，本有不合，但此等情节究不过嫁娶违律之事，乃不论已成、未成，概拟徒罪，殊嫌无所区别。至未成婚者固应给主，而已成婚即应免离，亦王道本乎人情之意。检查《户部则例》旗下家奴将女私聘与人，大致与此例尚合，惟于"无力，量追一半给主"之下叙有"免其离异"四字，较为明晰，此处亦应照添。其嫁女之人，并拟改为照嫁娶违律问拟，以昭赅备。徒罪附杖遵章应删。再寻绎例文，殊与斗殴无涉，应移入"典雇妻女"门内，以归一类。谨将移改例文，开列于后。

〇移改

婚姻·典雇妻女

一、契买婢女，伊父母兄弟私自拐逃者，照和诱知情发遣例减一等，徒三年，其女给主领回。若契买家奴及户下陈人，将女私聘与人，未成婚者，给还本主；已成婚者，追身价银四十两，无力者，量追一半给主，免其离异；其嫁女之人，照嫁娶违律问拟，给主管束。娶主知情与同罪，不知者不坐。

核订现行刑律

〇删除

原移改例文（略）

谨按：契买婢女，现改契雇限满听归主家，有虐待情事，并准本家缴还未满工值领回，以后当无私自拐逃之事，即有拐逃，亦可追缴未满工值，听其遣嫁，似不必另定

罪名。此条拟请删除。

大清律例

6.20.314.(12)〔官员及旗人责打奴雇身死并故杀刃杀及殴杀者〕

一、凡官员将奴婢责打身死者，罚俸二年；故杀者，降二级调用；刃伤者，革职，不准折赎，杖一百。若将族中奴婢殴打死者，降二级调用；故杀者，降三级调用；各追人一口给主；刃杀者，革职，不准折赎，杖一百。殴杀他人奴婢者，革职，追人一口给主；故杀者，依律绞候。旗人将奴婢责打身死者，枷号二十日；故杀者，枷号一个月；刃杀者，枷号两个月；各鞭一百。殴雇工人致死者，枷号四十日，鞭一百。殴族中奴婢致死者，枷号两个月，鞭一百；若将族中奴婢故杀者，枷号三个月，鞭一百；刃杀者，发黑龙江当差。仍各追人一口给主。其奴婢违犯教令，而依法决罚，邂逅致死者，仍依律勿论。

满汉通行刑律

〇删除

谨按：此条系殴故杀奴婢治罪之例，官员似兼指满、汉言，较律文为轻。而旗人之折枷，与律文又不尽符合。现在折枷律文已拟不用，旗人一节固属无用。即官员一节，亦有本律本例可以引用，不必另立专条。似应删除。

大清律例

6.20.314.(13)〔官员及旗人殴死故杀赎身及放出奴婢〕

一、官员殴死赎身及放出奴婢，并该奴婢之子女者，照殴死族中奴婢降二级调用例减一等，降一级调用；故杀者，照故杀族中奴婢例，降三级调用。旗人殴死赎身奴婢者，枷号四十日，鞭一百。

满汉通行刑律

〇删除

谨按：此条系官员及旗人殴故杀赎身及放出奴婢之例。奴婢赎身及放出者，与家主恩义未绝，有犯，仍应以主仆论，不应另立专条，致与律意不符。且官员与常人、旗人与平民，显示歧异，似应删除。

6.20.315妻妾殴夫／20.276妻妾殴夫

律文·修改

大清律例

6.20.315.1凡妻妾殴夫者，但殴即坐。杖一百，夫愿离者听。须夫自告乃坐。至折伤以上，各验其伤之轻重，加凡斗伤三等；至笃疾者，绞；决。死者，斩；决。故杀者，凌迟处死。兼魇魅蛊毒在内。〇6.20.315.2若妾殴夫及正妻者，又各加妻殴夫罪一等。加者，加入于死。但绞不斩。于家长则决，于妻则监候。若笃疾者、死者、故杀者，仍与妻殴夫罪同。〇6.20.315.3其夫殴妻，非折伤勿论。至折伤以上，减凡人二等。须妻自告乃坐。先行审问夫妇，如愿离异者，断罪、离异；不愿离异者，验所伤应坐之罪收赎。仍听完聚。至死者，绞。监候。故杀亦绞。殴伤妾至折伤以上，减殴伤妻二等；至死者，杖一百、徒三年。妻殴伤妾，与夫殴妻罪同。亦须妾自告乃坐。过失杀者，各勿论。盖谓其一则分尊可原，一则情亲当矜也。须得过失实情，不实仍各坐本律。〇夫过失杀其妻妾，及正妻过失杀其妾者，各勿论。若妻妾过失杀其夫、妾过失杀正妻，当用此律过失杀句，不可通承上二条言。〇6.20.315.4若殴妻之父母者，但殴即坐，杖六十、徒一年；折伤以上，各加凡斗伤罪二等；至笃疾者，绞；监候。死者，斩。监候。故杀者亦斩。

现行刑律

20.276.1凡妻殴夫者，但殴即坐。处十等罚，夫愿离者听。须夫自告乃坐。至折伤以上，各验其伤之重轻，加凡斗伤三等；至笃疾者，绞；候，入于秋审情实。死者，绞；故杀者，斩。兼魇魅蛊毒在内。〇20.276.2若妾殴夫及正妻者，又各加妻殴夫罪一等。加者，加入于死。但绞不斩。于家长则监候，入于秋密情实。于正妻仍照常监候。若笃疾者、死者、故杀者，仍与妻殴夫罪同。〇20.276.3其夫殴妻，非折伤勿论。至折伤以上，减凡人二等。须妻自告乃坐。先行审问夫妇，如愿离异者，断罪、离异；不愿离异者，验所伤应坐之罪收赎。仍听完聚。至死者，绞。监候。故杀亦绞。殴伤妾至折伤以上，减殴伤妻二等；至死者，徒三年。妻殴伤妾，与夫殴妻罪同。亦须妾自告乃坐。过失杀者，各勿论。盖谓其一则分尊可原，一则情亲当矜也。须得过失实情，不实仍各坐本律。〇夫过失杀其妻妾，及正妻过失杀其妾者，各勿论。若妻妾过失杀其夫、妾过失杀其妻，当比用殴期亲尊长律。过失杀句，不可通承上二条言。〇20.276.4若殴妻之父母者，但殴即坐。徒一年；折伤以上，各加凡斗伤罪二等；至笃疾者，绞；监候。死者，亦绞。监候。故杀者并绞。

现行刑律案语

原律（略）

臣等谨按：此仍明律原有小注，于顺治三年〔1646〕增改，雍正五年〔1727〕、乾隆五年〔1740〕增修，“杖一百”照章罚金，应改为“处十等罚”，凌迟、斩决绞决均照章修改。至妻妾过失杀其夫，妾过失杀正妻，律注止言当用比律解者，谓当照殴期亲尊长条内“过失杀伤，减本杀伤罪二等科断”，罪应满徒。考《唐律》“妻妾过失杀夫，得减二等，合徒三年”，妾于正妻有犯，与夫同核，与“过失杀伤期亲尊长，减本罪二等科

断"之意，亦属相符，准此为据，尤非无根，应于注内添入"当比用殴期亲尊长律"。再妾殴夫及正妻小注本有"于家长则决，于正妻则监候"两语，新章绞决既改绞候、入实，应改为"于家长则监候，入于秋审情实；于正妻仍照常监候"，以清眉目。徒罪附杖照章应删。斩候应改绞候。谨将修改律文、律注，开列于后。

○修改

凡妻殴夫者，（但殴即坐。）处十等罚，夫愿离者听；（须夫自告乃坐。）至折伤以上，各（验其伤之重轻，）加凡斗伤三等；至笃疾者，绞；（候，入于秋审情实。）死者，绞；（决。）故杀者，斩立决。（兼魇魅蛊毒在内。）○若妾殴夫及正妻者，又各加（妻殴夫罪）一等；加者，加入于死。（但绞不斩。于家长则监候，入于秋审情实；于正妻仍照常监候。若笃疾者、死者、故杀者，仍与妻殴夫罪同。）○其夫殴妻，非折伤勿论；至折伤以上，减凡人二等。须（妻自告乃坐。）先行审问夫妇，如愿离异者，断罪离异；不愿离异者，验（所伤应坐之）罪收赎。（仍听完聚。）至死者，绞。（监候。故杀亦绞。）殴伤妾至折伤以上，减殴伤妻二等；至死者，徒三年。妻殴伤妾，与夫殴妻罪同。（亦须妾自告乃坐。）过失杀者，各勿论。（盖谓其一则分尊可原，一则情亲当矜也。须得过失实情，不实仍各坐本律。）○（夫过失杀其妻妾，及正妻过失杀其妾者，各勿论。若妻妾过失杀其夫、妾过失杀其妻，当比用殴期亲尊长律过失杀句，不可通承上二条言。）○若殴妻之父母者，（但殴即坐。）徒一年；折伤以上，各加凡斗伤罪二等；至笃疾者，绞；（监候。）死者，亦绞。（监候。故杀者，并绞。）

核订现行刑律

原修改律文（略）

谨按：旧律斩、绞罪名，注无"监候"字样者，即系立决，本条小注"决"字及正文"立决"字样，应即删除。谨将修改律文，开外于后。

○修改（略）

条例·删除

大清律例

6.20.315.(1)〔妻殴夫夫不愿离及妻殴妾折伤概准纳赎〕

一、凡妻殴本夫，如本夫亲告，又复愿离，恩义已绝，应按律的决，不得勒追本夫银两，代妻纳赎。如本夫不愿离异，及正妻殴妾至折伤以上，仍依律科断，概准纳赎。至妾殴夫及正妻，依律分别定拟，杖罪的决，余罪收赎。

现行刑律案语

○删除

原例（略）

臣等谨按：此条系妻妾殴夫及正妻殴妾，分别的决，及应否纳赎、收赎而设。惟杖罪已改罚金，并不的决，而妇女收赎亦有定章可循，并不照此办理，例文系属虚设，应即删除。

大清律例

6.20.315.(2)〔妾过失杀正妻〕

一、妾过失杀正妻，比照过失杀期亲尊长律杖一百、徒三年，决杖一百，余罪收赎。

现行刑律案语

○删除

臣等谨按：此条系乾隆九年〔1744〕刑部因案附请定例。惟查本门律注妾过失杀正妻，业已叙明当比用殴期亲尊长律，有犯自可援引，至徒罪附杖照章已删，并无所谓的决，而妇女赎罪亦有新章可循，例文系属赘设，应即删除。

另见6.19.292.(20)〔子孙及子孙妇过失杀祖父母父母〕条。

大清律例

6.20.315.(3)〔妻过失杀夫〕

一、妻过失杀夫，妾过失杀家长者，俱拟绞立决。

现行刑律案语

○删除

见6.19.292.(20)〔子孙及子孙妇过失杀祖父母父母〕条

6.20.316同姓亲属相殴 / 20.277同姓亲属相殴

律文・修改

大清律例	现行刑律
6.20.316.1凡同姓亲属相殴，虽五服已尽，而尊卑名分犹存者，尊长（犯卑幼）减凡斗一等，卑幼（犯尊长）加一等。（不加至死。）至死者，（无论尊卑长幼，）并以凡人论。（斗杀者绞，故杀者斩。）	20.277.0凡同姓亲属相殴，虽五服已尽，而尊卑名分犹存者，尊长（犯卑幼）减凡斗一等，卑幼（犯尊长）加一等。（不加至死。）至死者，（无论尊卑长幼，）并以凡人论。（斗杀、故杀，皆绞监候。）

现行刑律案语

原律（略）

臣等谨按：此仍《明律》，顺治三年〔1646〕添入小注。惟新章斩已改绞，律末“斗

杀者绞,故杀者斩”,小注应改为“斗杀、故杀,皆绞监候”。谨将律文并修改、律注,开列于后。

〇修改(略)

6.20.317殴大功以下尊长/20.278殴大功以下尊长

律文·修改

大清律例

6.20.317.1凡卑幼殴本宗及外姻缌麻兄姊,但殴即坐。杖一百;小功兄姊,杖六十、徒一年;大功兄姊,杖七十、徒一年半。尊属又各加一等。折伤以上,各递加凡斗伤一等。罪止杖一百、流三千里。笃疾者,不问大功以下尊属,并绞;死者,斩。绞、斩,在本宗小功、大功兄姊及尊属则决,余俱监候。不言故杀者,亦止于斩也。若本宗及外姻尊长殴卑幼,非折伤勿论。至折伤以上,缌麻卑幼减凡人一等,小功卑幼减二等,大功卑幼减三等;至死者,绞。监候。不言故杀者,亦止于绞也。其殴杀同堂大功弟妹、小功堂侄及缌麻侄孙者,杖一百、流三千里。不言笃疾、至死者,罪止此。仍依律给付财产一半养赡。故杀者,绞。监候。不言过失杀者,盖各准本条论及卑幼赎之法。兄之妻及伯叔母、弟之妻律;侄与之妇,在殴夫亲属侄孙,在殴期亲律。

现行刑律

20.278.0凡卑幼殴本宗及外姻缌麻兄姊,但殴即坐。处十等罚;小功兄姊,徒一年;大功兄姊,徒一年半。尊属又各加一等。折伤以上,各递加凡斗伤一等。罪止流三千里。笃疾者,不问大功以下尊属,并绞;死者,亦绞。殴死本宗大功、小功兄姊及尊属,则决;殴本宗大功、小功兄姊及尊属至笃疾,则监候,入于秋审情实;殴本宗缌麻尊长、外姻功缌尊属至笃疾及死者,俱照常监候。不言故杀者,亦止于绞也。若本宗及外姻尊长殴卑幼,非折伤勿论。至折伤以上,缌麻卑幼减凡人一等,小功卑幼减二等,大功卑幼减三等;至死者,绞。监候。不言故杀者,亦止于绞也。其殴杀同堂大功弟妹、小功堂侄及缌麻侄孙者,流三千里。不言笃疾、至死者,罪止此。故杀者,绞。监候。不言过失杀二等论者,盖各准本条减亲属律;赎。兄弟之妻及卑幼之妇,在殴夫伯叔母及侄与侄孙,在殴期亲律。

现行刑律案语

原律(略)

臣等谨按:此仍明律,又“各加一等”句下原有小注,余系顺治三年〔1646〕添入,雍正三年〔1725〕删改。律内“杖一百”罪名照章罚金,应改为“处十等罚”。徒、流附杖应节删。斩决应改绞决,绞决应改“绞候,入于秋审情实”,仍照原注本意,分晰叙明。至“断产养赡”,现拟一律废除,自应将注内“给付财产”句节去,律末小注“伯叔母系在期亲律内”,应移入下层上“兄之妻及弟之妻”,应并作一层,以省繁冗。谨将修改律文、律注,开列于后。

〇修改

凡卑功殴本宗及外姻缌麻兄姊,但殴即坐。处十等罚;小功兄姊,徒一年;大功兄姊,徒

一年半。尊属又各加一等。折伤以上,各递加凡斗伤一等。罪止流三千里。笃疾者,不问大功以下尊属,并绞;死者,亦绞。殴死本宗大功、小功兄姊及尊属,则决;殴本宗大功、小功兄姊及尊属至笃疾,则监候,入于秋审情实;殴本宗缌麻尊长、外姻功缌尊属至笃疾及死者,俱照常监候。不言故杀者,亦止于绞也。若本宗及外姻尊长殴卑幼,非折伤勿论。至折伤以上,缌麻卑幼减凡人一等,小功卑幼减二等,大功卑幼减三等;至死者,绞。监候。不言故杀者,亦止于绞也。其殴杀同堂大功弟妹小功堂侄及缌麻侄孙者,流三千里。不言笃疾、至死者,罪止此。故杀者,绞。监候。不言过失杀者,盖各准本条论赎之法。兄弟之妻及卑幼之妇,在殴夫亲属律;伯叔母及侄与侄孙,在殴期亲律。

条例·修并、修改、续纂、仍旧

大清律例

6.20.317.(3)〔殴死本宗期功缌麻尊长罪干斩决若系情轻之案〕

一、凡殴死本宗期、功尊长,罪干斩决之案,若系情轻,如卑幼实系被殴,情急抵格,无心适伤致毙之类。该督抚按律例定拟,止于案内将并非有心干犯各情节,分晰叙明,不得两请。法司会同核复,亦照本条拟罪,核其所犯情节实可矜悯者,夹签声明,恭候钦定。若与尊长互斗,系有心干犯,殴打致毙者,亦于案内将有心干犯之处,详细叙明,即按律拟以斩决。其殴死本宗缌麻,及外姻小功、缌麻尊长者,照例拟斩监候,毋庸夹签声明。惟救父情切,及本夫杀奸殴死缌麻尊长,或殴伤缌麻尊长余限外身死之案,随本声请量减,不在此例。

6.20.317.(13)〔持械抵格情同互斗致死期功尊长尊属〕

一、致死期、功尊长尊属,除与他人斗殴,误伤致毙,或被尊长揪扭,刀械交加,身受多伤,无处躲避,实系徒手抵格适伤致毙,或死者罪犯应死,及淫恶蔑伦,并救亲情切各项情节,仍准夹签外,其余持械抵格,情同互斗,概从本律问拟斩决。不得以被殴抵格、夺刀自戳等词,曲为开脱,夹签声请。

现行刑律

20.278.(1)〔殴死本宗期功尊长罪干斩决若系情轻之案〕

一、凡致死本宗期、功尊长,罪干立决之案,若系情轻,如卑幼因捉奸、拒奸,或因尊长强奸、图奸而杀,又如卑幼实系被殴,情急,无处躲避,徒手抵格,适伤致毙,或与他人斗殴,误伤致死之类。承审官按律例定拟,于案内将死者淫恶蔑伦、罪犯应死,并徒手抵格,及误伤致死,并非有心干犯各情节,分叙明晰,大理院复判时,亦照本条拟罪,声明应否改为斩、绞监候,于折内双请,候旨定夺。其殴死本宗缌麻,及外姻小功、缌麻尊长者,照律拟绞监候,毋庸援例双请。

现行刑律案语

原例

[6.20.317.(3)]〔殴死本宗期功缌麻尊长罪干斩决若系情轻之案〕(略)

[6.20.317.(13)]〔持械抵格情同互斗致死期功尊长尊属〕(略)

臣等谨按：上条系乾隆十三年〔1748〕刑部奏准定例，嘉庆六年〔1801〕修改，下条系咸丰七年〔1857〕刑部议复御史王德固条奏定例。同为殴死期、功尊长夹签之例，自可修并为一。上条情轻，下本有小注，似可将下条"应行夹签"各节附入注内，且"杀死奸夫"门本夫及本夫、本妇有服亲属捉奸、杀死尊长，及有服尊长强奸卑幼之妇未成，被本夫、本妇及亲属忿激致毙各例，现拟归并本例"情轻"小注之内，业于彼门汇并声明在案，自应查照添入，以资引用。至夹签声请之例，光绪二十八年〔1902〕钦奉上谕："嗣后遇有此等案件，着刑部于议奏时，将该犯应行减拟罪名，于折内双请，候旨定夺等因。钦此。"复经刑部将"殴死期、功尊长，若系情轻，并非有心干犯"各条一律照改，奏准在案。所有例内法司会同核复夹签，均应修改，兹拟于"情轻"下添注"如卑幼因捉奸、拒奸，或因尊长强奸、图奸而杀，又如卑幼实系被殴，情急无处躲避，徒手抵格，适伤致毙，或与他人斗殴，误伤致死"之类，并将例文核其情节数句，改为"声明应否减为绞监候"，所有与尊长互斗至按律拟以斩决一段，无庸复叙，应于下条一并酌删，例末小注"本夫杀奸殴死尊长"一层，已并入前注。其救父情切，及殴伤缌尊余限外身死量减之案，本门已有专例，均应删除。谨将修并例文，开列于后。

○修并

一、凡致死本宗期、功尊长，罪干立决之案，若系情轻，如卑幼因捉奸、拒奸，或因尊长强奸、图奸而杀，又如卑幼实系被殴情急，无处躲避，徒手抵格，适伤致毙，或与他人斗殴，误伤致死之类。该督抚按律例定拟，于案内将死者淫恶蔑伦、罪犯应死，并徒手抵格，及误伤致死，并非有心干犯各情节，分叙明晰，法部核复时，亦照本条拟罪，声明应否改为斩、绞监候，于折内双请，候旨定夺。其殴死本宗缌麻及外姻小功、缌麻尊长者，照律拟绞监候，毋庸援例双请。

会奏修改各条

○原修改例文

[6.20.317.(3)]〔殴死本宗期功缌麻尊长罪干斩决若系情轻之案〕、[6.20.317.(13)]〔持械抵格情同互斗致死期功尊长尊属〕原修并例文(略)

[6.20.318.(9)]〔期亲弟妹殴死兄姊之案〕原修改例文(略)

[6.20.318.(13)]〔期亲尊长主使卑幼共殴以次尊长尊属致死之案〕原修改例文(略)

[6.20.319.(9)]〔子妇拒奸殴伤伊翁〕、[6.20.319.(12)]〔子妇拒奸殴毙伊翁〕原修并例文(略)

谨按：以上四条内"法部核复""核拟"等句，均应改为"大理院复判"，以符定制。谨将修改例文，开列于后。

○修改

20.278.(1)〔殴死本宗期功尊长罪干斩决若系情轻之案〕(略)

20.279.(2)〔期亲弟妹殴死兄姊〕(略)

20.279.(3)〔期亲卑幼听从尊长主使共殴以次尊长尊属致死〕(略)

20.280.(2)〔子妇拒奸殴伤殴毙伊翁〕(略)

大清律例

6.20.317.(8)〔殴伤功缌尊长尊属余限内外身死〕

一、卑幼殴伤缌麻尊长尊属,余限内,果因本伤身死,仍拟死罪,奏请定夺。如蒙宽减,减为杖一百,发边远充军。若在余限外身死,按其所殴伤,罪在徒、流以下者,于斩候本罪上减一等,杖一百、流三千里;其原殴伤重至笃疾者,拟绞监候。殴伤功服尊长尊属,正、余限内身死者,照旧办理。其在余限外身死之案,如殴大功、小功尊长尊属至笃疾者,仍依伤罪本律问拟绞决。讯非有心干犯,或系误伤,及情有可悯者,俱拟绞监候。若系折伤,并手足、他物殴伤,本罪止应徒、流者,既在余限之外因伤毙命,均拟绞监候,秋审时统归服制册内,拟入情实办理。

现行刑律

20.278.(2)〔殴伤功缌尊长尊属余限内外身死〕

一、卑幼殴伤缌麻尊长尊属,余限内,果因本伤身死,仍拟死罪,奏请定夺。如蒙宽减,减为极边足四千里安置。若在余限外身死,按其所殴伤,罪在徒、流以下者,于绞罪上减一等,流三千里;其原殴伤重至笃疾者,拟绞监候。殴伤功服尊长尊属,正、余限内身死者,照旧办理。其在余限外身死之案,如殴大功、小功尊长尊属至笃疾者,仍依伤罪本律问拟绞候。讯非有心干犯,或系误伤,及情有可悯者,统归服制册内分别声叙。若系折伤,并手足、他物殴伤,本罪止应徒、流者,各按伤罪科断。

现行刑律案语

原例(略)

臣等谨按:此例原分三条,一系乾隆二十三年〔1758〕刑部奏定;一系三十一年〔1766〕安徽巡抚冯钤因芮天明一案附请定例,原载“保辜”门,四十八年〔1783〕并为一条,入于此门;一系五十七年〔1792〕刑部因安徽李伦魁刃伤胞兄李登魁一案纂定,原载“殴期亲尊长”门,嘉庆六年〔1801〕、九年〔1804〕复合前例,修并为一,改列本门,咸丰二年〔1852〕将“期亲”一层摘出,移入“殴期亲尊长”门,始定此例。例首近边若照章改为满流,与平人余限内身死减流者无所区别,应酌改为“极边足四千里安置”,绞决本应照章改为绞候、入实,惟《秋审服制册》向俱入实,似可删去,此层改为“统归《服制册》内分别声叙”,较免窒碍。例末折伤,并手足、他物殴伤,既在余限外

身死,尽可仍按伤罪本律科断,盖伤罪止应徒、流,并无死法也。所有拟绞各节并应酌删。斩罪照章改绞。流罪附杖亦应节去。谨将修改例文,开列于后。

〇修改(略)

大清律例

6.20.317.(2)〔卑幼图奸亲属故杀有服尊长〕

一、凡卑幼图奸亲属起衅,故杀有服尊长之案,按其服属,罪应斩决、凌迟无可复加者,于援引服制本律之上,俱声叙"卑幼因奸故杀尊长"字样。其有图奸亲属,故杀本宗及外姻有服尊长,按律罪止斩候者,均拟斩立决。

现行刑律

20.278.(3)〔卑幼图奸亲属故杀有服尊长〕

一、凡卑幼图奸亲属起衅,故杀有服尊长之案,按其服属,罪应绞决、斩决无可复加者,于援引服制本律之上,俱声叙"卑幼因奸故杀尊长"字样。其有图奸亲属,故杀本宗及外姻有服尊长,按律罪止绞候者,均拟绞立决。

现行刑律案语

原例(略)

臣等谨按:此条系乾隆四十九年〔1784〕刑部因案纂辑为例。惟新章凌迟应改斩决,斩决应改绞决,斩候应改绞候,均应照章修改。谨将修改例文,开列于后。

〇修改(略)

大清律例

6.20.317.(7)〔听从尊长下手殴死本宗功缌尊长尊属〕

一、凡听从下手殴本宗小功、大功兄姊及尊属至死者,除主使之尊长,仍各按服制以为首科断外,下手之犯,审系迫于尊长威吓,勉从下手,邂逅至死者,照威力主使律为从减等拟流。若尊长仅令殴打,辄行叠殴多伤至死者,下手之犯拟斩监候。其听从殴死缌麻尊长尊属之案,依律减等拟流。

现行刑律

20.278.(4)〔听从尊长主使下手殴死功缌尊长尊属〕

一、凡听从尊长主使殴本宗小功、大功兄姊及尊属至死者,除主使之尊长,仍各按服制以为首科断外,下手之犯,讯系迫于尊长威吓,勉从下手,邂逅至死者,照威力主使律为从减等拟流。若尊长仅令殴打,而辄行叠殴多伤至死者,下手之犯拟绞监候。其听从殴死缌麻尊长尊属之案,依律减等拟流。

现行刑律案语

原例(略)

臣等谨按：此条系乾隆十一年〔1746〕大学士会同九卿议奏定例，嘉庆六年〔1801〕、九年〔1804〕两经修改，同治九年〔1870〕改定，专为听从尊长主使下手致死者而设。例意分“威吓勉从”“迭殴致死”两层定罪，原系权衡轻重，斟酌尽善。惟例首“听从下手”一句，似尚含混，应改为“听从尊长主使”，以醒眉目。斩候照章应改绞候。谨将修改例文，开列于后。

○修改(略)

大清律例

6.20.317.(14)〔致毙平人一命复致毙期功尊长尊属之案〕

一、致毙平人一命，复致毙期、功尊长尊属之案，除另毙之命，律不应抵，或例得随本减流，并误杀、擅杀、戏杀、殴死妻及卑幼，暨秋审应入可矜等项，及例内指明被杀之尊属尊长，罪犯应死，淫恶蔑伦，并救亲情切，听从尊长主使殴毙，仍按服制拟罪，准将可原情节夹签声请外，其余另犯谋、故、斗杀，复致毙期、功尊属尊长，虽系误杀情轻，亦不准夹签声请，以重伦常。

现行刑律

20.278.(5)〔致毙平人一命复致毙期功尊长尊属〕

一、致毙平人一命，复致毙期、功尊长尊属之案，除另毙之命，律不应抵，或例得随案减等，及例内指明被杀之尊属尊长，罪犯应死，淫恶蔑伦，并救亲情切，听从尊长主使殴毙，仍按服制拟罪，准将可原情节声明双请外，其余另犯谋、故、斗杀，复致毙期、功尊属尊长，虽系误杀情轻，亦不准援例双请。

现行刑律案语

原例(略)

臣等谨按：此条系咸丰八年〔1858〕刑部因案题准定例。惟查“戏、误、擅杀……及秋审应入可矜”各项，新章均应随案减等，似已包括于上句“例得随本减流”之内。此数语应删“夹签”一层，业已奏准改为“双请”，自应照改。谨将修改例文，开列于后。

○修改(略)

大清律例

6.20.317.(5)〔功服以下尊长因图财强盗图奸等案杀死卑幼〕

一、功服以下尊长杀死卑幼，如系图谋卑幼财产杀害卑幼之命，并强盗卑

现行刑律

20.278.(6)〔期功以下尊长因夺产袭职挟嫌图奸谋故杀卑幼〕

一、期、功以下尊长谋、故杀卑幼之案，如系因争夺财产，图袭官职，挟嫌惨

幼资财,放火杀人,及图奸谋杀等案,悉照平人谋、故杀律问拟斩候,不得复依服制宽减。其余寻常亲属相盗,及因图诈、图赖他人财物,谋、故杀死卑幼之案,仍依服制科断。

6.20.317.(6)〔功服以下尊长挟嫌杀死卑幼〕

一、功服以下尊长杀死卑幼,因其父兄伯叔素无资助及相待刻薄,挟有夙嫌,将其十岁以下幼小子女弟侄迁怒故行杀害,图泄私忿者,悉照凡人谋故杀本律拟斩监候,不得复依服制科断。其挟嫌谋杀卑幼年在十一岁以上,并其余谋故杀卑幼之案,仍照律拟绞监候。

*斗殴·殴期亲尊长

6.20.318.(8)〔期尊因争产夺职及挟仇隙执持凶器故杀弟侄〕(略)

现行刑律案语

原例

6.20.317.(5)〔功服以下尊长因图财强盗图奸等案杀死卑幼〕(略)

6.20.317.(6)〔功服以下尊长挟嫌杀死卑幼〕(略)

斗殴·殴期亲尊长

6.20.318.(8)〔期尊因争产夺职及挟仇隙执持凶器故杀弟侄〕(略)

臣等谨按:第一条系乾隆四十一年〔1776〕刑部奏准定例,五十三年〔1788〕修改。第二条系乾隆五十六年〔1791〕军机大臣会同刑部议准定例,嘉庆六年〔1801〕修改。第三条原系二条,一系前明《问刑条例》,康熙、雍正年间修改,一系乾隆五十六年〔1791〕刑部奏准定例,嘉庆六年〔1801〕修并。溯查前二条旧例,例首本有"有服尊长"四字,兼赅期、功,嘉庆六年〔1801〕因期服已有第三条明文,遂改从今例。细绎各条例意大致相同,惟功服多强盗放火、图奸两层,期服多争夺官职一层,除"强盗放火杀人"一项,此次修定之例,已于"亲属相盗"门改从亲属相殴、相盗并凡斗杀伤从重问拟,已毋庸赘入外,第一条之图奸,与第三条之争夺官职,均系本宗亲属常有之事,不宜各以期、功服制为限,致令彼此互见之案,转失依据,自应合并为一,荟列各项改为期、功通例,仍隶本门,以免参差。又第一条并未区别年龄,而第二、第三两条俱以十岁以下照凡人谋、故杀问拟斩绞,十一岁以上问拟绞候,盖以死太幼稚,故

分别年龄问拟斩、绞，虽稍涉两歧，究尚有轻重之差。惟新章斩候俱改绞候，治罪从同，且此项惨杀重情，秋审向俱入实，拟请改为“无论年岁，俱照凡人谋、故问拟”，以归画一。至“断给财产”，本非古法，现拟一律废止，自应节删。谨将修并例文，开列于后。

〇修并

一、期、功尊长谋、故杀卑幼之案，如系因争夺财产，图袭官职，挟嫌惨毙，及图奸等项者，不论年岁，俱照凡人谋、故杀问拟。其无前项重情，仍各依服制科断。

核订现行刑律

原修并例文（略）

谨按：此系将“功服以下尊长杀死卑幼”两条，“期亲尊长杀死卑幼”一条，修并为一条，赅括期亲及功服以下尊长而言，若无“以下”二字，则缌服尊长无可引用，应于“期、功”下增“以下”二字。谨将修改例文，开列于后。

〇修改（略）

现行刑律

20.278.(7)〔期功尊长听从外人图财谋杀十岁以下卑幼〕

一、功服以下尊长，如系听从外人，图财谋杀十岁以下卑幼，下手加功，即按平人谋杀加功律问拟绞候入实。如系期亲尊长图财，听从外人谋杀十岁以下卑幼，亦照此问拟绞候，惟服制较近，应俟秋审时斟酌办理。其不加功者，无论期、功，俱流三千里。

现行刑律案语

续纂（略）

臣等谨按：光绪五年〔1879〕十月内刑部奏《尊长图财谋害卑幼例无为从治罪明文，遵拟专条》一折，内称“窃维律重服制，故以尊杀卑每从末减，而例杜残杀，故以尊谋卑亦难概宽。况少小无知之卑幼，并无干犯可言，而为尊长者，乃因财产肆意残杀，其忍心蔑理，已属恩断义绝。故定例照平人谋故杀律问拟斩候，不得复依服制宽减，细绎例内‘斩候’二字，为首罪名既定，则为从即可类推。惟例内究未议及，与其就案斟酌临事，殊鲜把握，何如议定专条，随时便于引用。即如本年秋审河南李金木一起因图财谋杀年甫五岁小功服侄，下手加功，臣部以例无治罪明文从严问拟斩候，奉旨照平人谋杀加功律，改拟绞候，入于情实。臣等悚惶之余，弥深钦佩。该犯以图谋财物听旁观之指使，视骨肉如仇仇，如果该犯具有天良，死者谊属至亲，且年甫五龄，外人向敢以惨杀重情遽向启齿，衡情酌理，照平人拟绞实属罪所应得。议请嗣后功服以下尊长，如系听从外人，图财谋杀十岁以下卑幼，下手加功，即照此次钦奉谕

旨,按平人谋杀加功律问拟绞候入实。如系期亲尊长图财,听从外人谋杀十岁以下卑幼,亦照此问拟绞候,惟服制较近,应俟秋审时斟酌办理。其不加功者,无论期、功,俱杖一百、流三千里"等因。奉旨:"依议。钦此。"钦遵在案。自应恭纂入例,以便遵守。惟流罪附杖照章应删,理合陈明。

大清律例

6.20.317.(9)〔有服亲属同谋共殴致死之案〕

现行刑律

20.278.(8)〔有服亲属同谋共殴致死之案〕

一、凡有服亲属同谋共殴致死之案,除下手伤重之犯,及期服卑幼律应不分首从者,仍各依本律问拟外,其原谋如系缌麻尊长,减凡人一等;期、功尊长,各以次递减。若系缌麻卑幼,加凡人一等;大功、小功卑幼,各以次递加。

现行刑律案语

原例(略)

〇仍旧

臣等谨按:此例应仍其旧,理合陈明。

大清律例

6.20.317.(12)〔于亲母继母等项之父母及各项甥舅有犯〕

一、凡于亲母之父母有犯,仍照本律定拟外,其于在堂继母之父母,庶子嫡母在,为嫡母之父母,庶子为在堂继母之父母,庶子不为父后者,为已母之父母,若己母系由奴婢家生女收买为妾,及其父母系属贱族者,不在此例。为人后者,为所后母之父母,及本生母之父母,嫁母之父母等七项有犯,即照卑幼犯本宗小功尊属律,殴杀,谋、故杀,均拟斩立决;谋杀已行已伤,及斗殴伤,亦各照本宗服制本律分别定拟。至亲母、继母等各项甥舅等有犯,俱照外姻尊卑长幼本

现行刑律

20.278.(9)〔于亲母继母等项之父母及各项甥舅有犯〕

一、凡于亲母之父母有犯,仍照本律定拟外,其于母出为在堂继母之父母,庶子嫡母在,为嫡母之父母,庶子为在堂继母之父母,谓始生所遇嫡母之党,不及则服最后者之党。庶子不为父后者,为已母之父母,为人后者,为所后母之父母等五项有犯,即照卑幼犯本宗小功尊属律,殴杀,谋、故杀均拟绞立决;谋杀已行已伤,及斗殴伤,亦各照本宗服制本律分别定拟。至亲母、继母等各项甥舅等有犯,俱照外姻尊卑长幼本律治罪;其余均以凡论。如尊长于非

律治罪。与嫁母之弟兄有犯，以凡论。如尊长有于非所自出之外孙及甥等故加凌虐，或至于死，承审官临时权其曲直，按情治罪，不必以服制为限。

所出之外孙及甥等故加凌虐，或至于死，承审官权其曲直，按情治罪，不必以服制为限。

现行刑律案语

原例（略）

臣等谨按：此条系乾隆二十一年〔1756〕定例，四十二年〔1777〕增改，嘉庆六年〔1801〕、十七年〔1812〕改定。查母党礼应有服，而并服则古所未有，以古者为母党无两服故也，伏读《钦定三礼义疏》“案语”，“外祖父母有当服者六，子为因母之父母一也，母出为继母之父母二也，庶子君母在为君母之父母三也，庶子为继母之父母四也，庶子不为父后者为己母之父母五也，为人后者为所后之父母六也。其余皆所不服”等语，经义昭然，允宜奉为法守。例内首列之亲母，即因母之父母丧服，《传》曰：“何以小功也，以尊加也。”马融曰：本服缌以母所至尊，加服小功。故曰“以尊加其”说，自无以易。若“继母”一项，系对出母而言，母出而后有继母，故不为出母之党服，而为继母之党服，母死则否，今例改为在堂继母之父母，是既服亲母之党，又服继母之党矣。《礼·服问篇》：“母出，则为继母之党服。母死，则为其母之党服。为其母之党服，则不为继母之党服。”郑康成曰：虽外亲，亦无二统。诠释甚精，自应于例内添入“母出”二字，如谓近世出妻，继娶者少，妻亡，继娶者多，遂欲迁就以便俗，不知实于礼经无当也。且“婚姻”门明著有出妻之条，正可互资印证，岂得谓无其事者，遂可重服耶？礼，妾于嫡为女君，经言“君母”，例言“嫡母”，其义自一。庶子嫡母在，为嫡母之父母，明系统于所尊，若嫡母先亡，则为在堂继母之父母，亦同此意。徐干学《读礼通考》引晋徐藻之说：庶子若及先嫡母，则服其党，不及则服后嫡母之党。庾蔚之曰：外氏无二统。嫡母有三四不可悉，服宜以始生所遇嫡母之党，若已生悉不及，宜服最后者之党说，亦相同。今例仅叙“在堂继母”字样，而于嫡母之遇，及与否，未经发明，应采其说，附入小注，以免疑误。“庶子不为父后，若为己母之父母”“为人后者，为所后母之父母”，此两项均与礼相符，应仍其旧。至本生母之父母，与所后母之父母，本自不同，礼为人后者，于本宗之服均应降本服一等，则于本生之母党，其不得一体持服可知。乃恩以义揜尚杀于本宗，而义以情迁偏笃于外氏，似无此理。若嫁母之父母，与出母同丧服，《传》曰：出妻之子为母期，则为外祖父母无服。《传》曰：绝族，无施服亲者属。郑康成曰：在旁而及曰施亲者属，母子至亲无绝道。敖继公曰：绝族，谓父族与母族相绝而不为亲，无施服。言所以为外祖父母无服亲者属，言所以为出母期也。今律首“三父八母图”内，嫁母与出母并应服杖期，则其不得为外祖父母持服，自应一律。《通典》云：母嫁，则外祖父母无服，惟母之身有服。盖即本此。所有例内“本生母及嫁母之父母”两项，似均应删除。例末“嫁母之弟兄，同

凡”一层，亦可毋庸复叙，并应节去。再，前母之子与后母之党，后母之子与前母之党有犯，例无治罪明文，检查成案均系按凡人定拟，应于“治罪”下添入，其余均以凡论，以备援引，而免疏漏。斩决照章改为绞决。谨将修改例文，开列于后。

○修改

一、凡于亲母之父母有犯，仍照本律定拟外，其于母出为在堂继母之父母，庶子嫡母在，为嫡母之父母，庶子为在堂继母之父母，（谓始生所遇嫡母之党，不及则服最后者之党。）庶子不为父后者，为已母之父母，（若已母系由奴婢家生女收买为妾，及其父母系属贱族者，不在此例。）为人后者，为所后母之父母等五项有犯，即照卑幼犯本宗小功尊属律，殴杀，谋、故杀，均拟绞立决；谋杀已行、已伤，及斗殴伤，亦各照本宗服制本律分别定拟。至亲母、继母等各项甥舅等有犯，俱照外姻尊卑长幼本律治罪，其余均以凡论。如尊长于非所出之外孙及甥等故加凌虐，或至于死，承审官权其曲直，按情治罪，不必以服制为限。

条例·移并

大清律例

6.20.317.(15)〔卑幼殴死本宗功服尊长尊属〕

一、卑幼殴死本宗功服尊长尊属之案，于叙案后毋庸添入“诘非有心致死”句，专用“实属有心干犯”勘语，以免牵混。其例内载明情轻，如被殴抵格无心适伤之类，仍于勘语内声明“并非有心干犯”，以便分别夹签。

*断狱·断罪不当

6.28.422.(5)〔卑幼殴死期功尊长之案应将是否有心干犯声叙明确〕（略）

现行刑律

*断狱·断罪不当

28.376.(4)〔卑幼殴死期功尊长之案专用实属有心干犯勘语〕（略）

现行刑律案语

原例

6.20.317.(15)〔卑幼殴死本宗功服尊长尊属〕（略）

断狱·断罪不当

6.28.422.(5)〔卑幼殴死期功尊长之案应将是否有心干犯声叙明确〕（略）

臣等谨按：上条系咸丰九年〔1859〕定例，下条系道光十五年〔1835〕定例，均为叙案办法而设。上条“夹签”一层，照章应改“双请”，下条“刑部”应改“法部”，“具

题”应改“具奏”。上条言功服,而下条期、功并言,殊不画一,兹拟将两例修并为一,于上条例首补出“期”字,下条“声叙未确”各层,并移并“断罪不当”门,以归一类,而省繁冗。谨将移并例文,开列于后。

〇移并

断狱·断罪不当

28.376.(4)〔卑幼殴死期功尊长之案专用实属有心干犯勘语〕(略)

会奏修改各条

原修改例文

6.28.422.(2)〔凡斩绞案件倘刑部所见既确改拟题复不必辗转驳审〕原修改例文(略)

6.28.422.(6)〔部驳刑案督抚不得固执原题含糊了结〕原修改例文(略)

6.28.422.(4)〔外省题本案件遇有不引本律定拟妄行减等者〕原修改例文(略)

6.20.317.(15)〔卑幼殴死本宗功服尊长尊属〕、6.28.422.(5)〔卑幼殴死期功尊长之案应将是否有心干犯声叙明确〕原移并例文(略)

谨按:以上四条,凡“部院核议”“复核”“驳审”等字样,均应改为“大理院复判”。至议处督抚及承审官,应由大理院知会法部办理。至各省刑名事件,其应研讯确情,不独督抚为然,应改为“问刑衙门”,以昭浑括。谨将修改例文,分列于后。

〇修改

28.376.(1)〔斩绞案件大理院所见既确改拟奏复不必辗转驳审〕(略)

28.376.(2)〔大理院驳审之案各省问刑衙门毋得固执原奏含糊了结〕(略)

28.376.(3)〔各省审奏案件遇有不引本律本例定拟妄行减等者〕(略)

28.376.(4)〔卑幼殴死期功尊长之案专用实属有心干犯勘语〕(略)

条例·删除

大清律例

6.20.317.(1)〔殴功缌卑幼笃疾及死分别断产养赡〕

一、殴死同堂大功弟妹、小功堂侄及缌麻侄孙,除照律拟流外,仍断给财产一半养赡。其大功以下尊长殴卑幼至笃疾,均照律断给财产。惟殴尊长至笃疾罪应拟绞者,不在断给财产之内。

现行刑律案语

〇删除

原例(略)

臣等谨按:此条本为断产而设。现议将各条关于断产一项,均拟废止,此例拟请

一并删除。

大清律例

6.20.317.(4)〔卑幼共殴本宗外姻缌麻以上尊长尊属〕

一、卑幼共殴本宗、外姻缌麻以上尊长尊属,致成笃疾之案,除首犯依律分别绞决、绞候外,其听从帮殴之有服卑幼,如仅止手足、他物轻伤,不分服之亲疏,仍依为从减等律,问拟满流;若有折伤及刃伤者,发极边烟瘴充军。

现行刑律案语

〇删除

原例(略)

臣等谨按:此条系乾隆六十年〔1795〕刑部因案续纂之例,原为共殴内外缌尊致成笃疾而设。例内帮殴有伤之卑幼,既应分拟军、流,设遇有共殴致死者,又将如何加重?检查成案,凡帮殴致毙缌麻以上尊长,均系照服制本殴伤法治罪,与此例不无参差。窃谓本律折伤以上,既有递加凡斗伤一等之文,似亦足示惩创,无庸特设。专例应即删除。

大清律例

6.20.317.(10)〔殴伤卑幼因风身死〕

一、凡尊长殴伤卑幼因风身死之案,各按服制,依殴死卑幼本律本例定拟,仍查照凡人斗殴因风身死之例,分别正限、余限内外,递减科断。

6.20.317.(11)〔殴伤卑幼余限内身死〕

一、凡尊长殴伤卑幼,保辜正限外、余限内,果因本伤身死,各按服制,于殴死卑幼本律例减一等定拟。罪应拟绞者,奏请定夺。

现行刑律案语

〇删除

6.20.317.(10)〔殴伤卑幼因风身死〕(略)

6.20.317.(11)〔殴伤卑幼余限内身死〕(略)

臣等谨按:因风及辜限外身死之案,虽平人亦不应拟抵,则尊长殴毙有服卑幼,尤应照律递减,可知似毋庸定为专例。此二条均应删除。

6.20.318殴期亲尊长 / 20.279殴期亲尊长

律文·修改

大清律例	现行刑律
6.20.318.1 凡弟妹殴（同胞）兄姊者，杖九十、徒二年半；伤者，杖一百、徒三年；折伤者，杖一百、流三千里；刃伤，（不论轻重。）及折肢，若瞎其一目者，绞；（以上各依首从法。）死者，（不分首从）皆斩。若侄殴伯叔父母、姑，（是期亲尊属。）及外孙殴外祖父母，（服虽小功，其恩义与期亲并重。）各加（殴兄姊罪）一等；（加者，不至于绞。如刃伤、折肢、瞎目者，亦绞。至死者，亦皆斩。）其过失杀伤者，各减本杀伤（兄姊及伯叔父母、姑、外祖父母）罪二等；（不在收赎之限。）故杀者，皆（不分首从。）凌迟处死。（若卑幼与外人谋、故杀亲属者，外人造意、下手、从而加功、不加功，各依凡人本律科罪，不在皆斩、皆凌迟之限。）其（期亲）兄姊殴杀弟妹，及伯叔、姑殴杀侄并侄孙，若外祖父母殴杀外孙者，杖一百、徒三年；故杀者，杖一百、流二千里；（笃疾至折伤以下，俱勿论。）过失杀者，各勿论。	20.279.0 凡弟妹殴（同胞）兄姊者，徒二年半；伤者，徒三年；折伤者，流三千里；刃伤，（不论重轻。）及折肢，若瞎其一目者，绞；（监候，入于秋审情实。以上各依首从法。）死者，（不分首从）皆绞。若侄殴伯叔父母、姑，（是期亲尊属。）及外孙殴外祖父母，（服虽小功，其恩义与期亲并重。）各加（殴兄姊罪）一等；（加者，不至于绞。如刃伤、折肢、瞎目者，亦绞监候、入实；至死者，亦皆绞决。）其过失杀伤者，各减本杀伤（兄姊及伯叔父母、姑、外祖父母）罪二等；（不在收赎之限。）故杀者，皆（不分首从。）斩。（若卑幼与外人谋、故杀亲属者，外人造意、下手、从而加功、不加功，各依凡人本律科罪，不在皆绞、皆斩之限。）其（期亲）兄姊殴杀弟妹，及伯叔、姑殴杀侄并侄孙，若外祖父母殴杀外孙者，徒三年；故杀者，流二千里；（笃疾至折伤以下，俱勿论。）过失杀者，各勿论。

现行刑律案语

原律（略）

臣等谨按：此仍《明律》，原有小注，顺治三年〔1646〕增修，雍正三年〔1725〕，乾隆五年〔1740〕、三十二年〔1767〕修改。律内绞、斩原皆指立决而言，惟绞决照章应改"绞候，入于秋审情实"，斩决应改绞决，凌迟应改斩决，均应逐层添改。徒、流附杖应节删。谨将修改律文、律注，开列于后。

〇修改

凡弟妹殴（同胞）兄姊者，徒二年半；伤者，徒三年；折伤者，流三千里；刃伤，（不论重轻。）及折肢，若瞎其一目者，绞监候，入于秋审情实；（以上各依首从法。）死者，（不分首从）皆绞立决。若侄殴伯叔父母、姑，（是期亲尊属。）及外孙殴外祖父母，（服虽小功，其恩义与期亲并重。）各加（殴兄姊罪）一等；（加者，不至于绞。如刃伤、折肢、瞎目者，亦绞监候，入实。至死者，亦皆绞决。）其过失杀伤者，各减本杀伤（兄姊及伯叔父母、姑、外祖父母）罪二等；（不在收赎之限。）故杀者，皆（不分首从。）斩立决。（若卑幼与外人谋、故杀亲属者，外人造意、下手、从而加功、不加功，各依凡人本律科罪，不在皆绞、皆斩立决之限。）其（期亲）兄姊殴杀弟妹，及伯叔姑殴杀侄并侄孙，若外

祖父母殴杀外孙者,徒三年;故杀者,流二千里;笃疾至折伤以下,俱勿论。过失杀者,各勿论。

核订现行刑律

原修改律文(略)

谨按:旧律斩、绞罪名,小注不加"监候"字样者,即系立决,毋庸于正文载明,本条"立决"字样应请删除,其"监候,入于秋审情实"一项,应改作小注。谨将修改律文、律注,开列于后。

○修改(略)

条例・修改

大清律例	现行刑律
6.20.318.(5)〔期亲卑幼因救护父母殴伤伯叔等尊属〕 一、期亲卑幼殴伤伯叔等尊属,审系父母被伯叔父母、姑、外祖父母殴打,情切救护者,照律拟以杖一百、流二千里,刑部夹签声明量减一等,奏请定夺。	20.279.(1)〔期亲卑幼因救护父母殴伤伯叔等尊属〕 一、期亲卑幼殴伤伯叔等尊属,审系父母被伯叔父母、姑、外祖父母殴打,情切救护者,照本律流二千里罪上减一等,徒三年。

现行刑律案语

原例(略)

臣等谨按:此条系乾隆四十一年〔1776〕刑部因直隶于瑞一案纂定为例,嘉庆二年〔1797〕修改。惟检查原案于瑞之父于添金被其胞弟于添位殴死,是以例应具题,若殴伤期亲尊长尊属,罪止拟流,向归咨结无凭夹签声请,应将例末"夹签"等语删去,径改为"本律流二千里罪上减一等,徒三年",以昭核实。附加杖罪照章应删。谨将修改例文,开列于后。

○修改(略)

大清律例	现行刑律
6.20.318.(9)〔期亲弟妹殴死兄姊之案〕 一、期亲弟妹殴死兄姊之案,如死者淫恶蔑伦,复殴詈父母,经父母喝令殴毙者,定案时仍照律拟罪,法司核拟时,照王仲贵之案,随本改拟杖一百、流三千里,请旨定夺。其殴毙罪犯应死兄	20.279.(2)〔期亲弟妹殴死兄姊〕 一、期亲弟妹殴死兄姊之案,如死者淫恶蔑伦,复殴詈父母,经父母喝令殴毙者,定案时仍照律拟罪,大理院复判时,随本改拟流三千里,请旨定夺。其案内情节未符者,仍照殴死尊长情轻

姊，与王仲贵案内情节未符者，仍照殴死尊长情轻之例，照律拟罪，夹签声明，不得滥引此例。

之例，照律拟罪，于折内双请，不得滥引此例。

现行刑律案语

原例（略）

臣等谨按：此条系嘉庆六年〔1801〕刑部因直隶民人王仲贵殴死淫恶蔑伦之兄王仲香拟斩、改流，纂辑为例。惟既定为例文，似不应再援。本案盖既因案以定例，即可因例以办案也，例内“照王仲贵之案”句应删，下“殴毙罪犯应死兄姊”各层亦应节去。“法司”应改“法部”，“夹签”现改为“双请”，亦应照改。流罪附杖并应遵章酌删。谨将修改例文开列于后。

〇修改

一、期亲弟妹殴死兄姊之案，如死者淫恶蔑伦，复殴詈父母，经父母喝令殴毙者，定案时仍照律拟罪，法部核拟时，随本改拟流三千里，请旨定夺。其案内情节未符者，仍照殴死尊长情轻之例，照律拟罪，于折内双请，不得滥引此例。

会奏修改各条

〇修改（略）

见6.20.317.(3)〔殴死本宗期功缌麻尊长罪干斩决若系情轻之案〕条

大清律例

6.20.318.(13)〔期亲尊长主使卑幼共殴以次尊长尊属致死之案〕

一、期亲卑幼，听从尊长主使，共殴以次尊长尊属致死之案，讯系迫于尊长威吓，勉从下手，邂逅致死者，仍照本律问拟斩决，法司核议时夹签声请，恭候钦定。不得将下手伤轻之犯，止科伤罪。如尊长仅令殴打，辄行叠殴多伤至死者，即照本律问拟，不准声请。

现行刑律

20.279.(3)〔期亲卑幼听从尊长主使共殴以次尊长尊属致死〕

一、期亲卑幼，听从尊长主使，共殴以次尊长尊属致死之案，讯系迫于尊长威吓，勉从下手，邂逅致死者，仍照本律问拟绞决，大理院复判时，将应行减拟罪名，于折内双请，候旨定夺，不得将下手伤轻之犯，止科伤罪。如尊长仅令殴打，辄行叠殴多伤至死者，即照本律问拟，不准声请。

现行刑律案语

原例（略）

臣等谨按：此条系道光四年〔1824〕刑部因案奏请定例，十四年〔1834〕、同治九

年〔1870〕改定。例内“斩决”照章应改“绞决”，“夹签”应改为“双请”，均应添叙明晰。谨将修改例文，开列于后。

〇修改

一、期亲卑幼，听从尊长主使，共殴以次尊长尊属致死之案，讯系迫于尊长威吓，勉从下手，邂逅致死者，仍照本律问拟绞决，法部核拟时，将应行减拟罪名，于折内双请，候旨定夺，不得将下手伤轻之犯，止科伤罪。如尊长仅令殴打，辄行迭殴多伤至死者，即照本律问拟，不准声请。

会奏修改各条

〇修改（略）

见6.20.317.(3)〔殴死本宗期功缌麻尊长罪干斩决若系情轻之案〕条

大清律例

6.20.318.(12)〔殴伤期亲尊长尊属及外祖父母在余限外身亡之案〕

一、殴伤期亲尊长尊属及外祖父母，正、余限内身死者，照旧办理。其在余限外身死之案，如系金刃致伤，并以手足、他物殴至折肢瞎目者，仍依伤罪本律，问拟绞决。讯非有心干犯，或系误伤，及情有可悯者，俱拟绞监候。若系折伤，并手足、他物殴伤，本罪止应徒、流者，既在余限之外因伤毙命，均拟绞监候，秋审时，统归服制册内拟入情实。其刃伤并折肢瞎目、伤而未死之案，如衅起挟嫌，有心致伤者，依律问拟绞决。若讯非有心干犯，若系误伤，及情有可悯者，俱拟绞监候。均毋庸夹签声请。

现行刑律

20.279.(4)〔殴伤期亲尊长尊属及外祖父母在余限外身死〕

一、殴伤期亲尊长尊属及外祖父母，正、余限内身死者，照旧办理。其在余限外身死者，如系金刃致伤，并以手足、他物殴至折肢瞎目者，仍按伤罪本律，问拟绞候。讯非有心干犯，或系误伤，及情有可悯者，统归服制册内，分别声叙。其刃伤并折肢瞎目、伤而未死之案，亦同。若系折伤并手足、他物殴伤，仍各按伤罪科断。

现行刑律案语

原例（略）

臣等谨按：此条系咸丰二年〔1852〕由“殴大功尊长”门分出，另立专条。“绞决”一层，本应照章改为“绞候、入实”，惟与下并无干犯情事之应拟绞候者相同，究形窒碍。似应节去“入实”字样，将下“俱拟绞候”句改为“统归服制册内，分别声叙”。若

折伤并手足、他物殴伤，既在余限外毙命，尽可仍按伤罪科断，盖伤罪只应徒、流，并无死法也。所有拟绞及秋审入实各层，均应删去。例末"刃伤"一段，与余限外因伤身死者情罪略等，应于上"声叙"之下添入"其刃伤并折肢瞎目、伤而未死之案，亦同"，以省繁冗。谨将修改例文，开列于后。

○修改（略）

大清律例	现行刑律
6.20.318.(11)〔卑幼因斗施放枪铳致伤期亲尊长尊属及外祖父母〕 一、卑幼如因事争斗，有心施放鸟枪、竹铳，致伤期亲尊长尊属及外祖父母者，照刃伤例问拟绞决。若非有心干犯，或系误伤，及情有可悯者，拟绞监候。	20.279.(5)〔卑幼因斗施放枪铳火器致伤期亲尊长尊属及外祖父母〕 一、卑幼如因事争斗，有心施放洋枪、鸟枪、竹铳及一切火器，致伤期亲尊长尊属及外祖父母者，照刃伤律拟绞监候，入于秋审情实。若非有心干犯，或系误伤，及情有可悯者，拟绞监候。

现行刑律案语

原例（略）

臣等谨按：此条系道光二十四年〔1844〕刑部议复江苏巡抚孙宝善条奏定例，原以火器为害最烈，故于致伤期亲尊长尊属照刃伤另立专条，惟例内仅举鸟枪、竹铳，尚未赅备，应增入"洋枪及一切火器"等字，以资援引。刃伤期亲尊长尊属拟绞，系律非例，应查照改正。"绞决"照章应改"绞候，入于秋审情实"。谨将修改例文，开列于后。

○修改（略）

大清律例	现行刑律
6.20.318.(10)〔期亲以下有服尊长杀死有罪卑幼〕 一、期亲以下有服尊长，杀死有罪卑幼之案，如卑幼罪犯应死者，为首之尊长，俱照擅杀应死罪人律杖一百；听从下手之犯，勿论尊长、凡人，各杖九十。其罪不至死之卑幼，果系积惯匪徒，怙恶不悛，人所共知，确有证据，尊长因玷辱祖宗起见，忿激致毙者，无论	20.279.(6)〔期亲以下有服尊长杀死有罪卑幼〕 一、期亲以下有服尊长，杀死有罪卑幼之案，如卑幼罪犯应死，为首之尊长，俱照擅杀应死罪人律治罪；听从下手之犯，无论尊长、凡人，各减一等。其罪不至死之卑幼，果系积惯匪徒，怙恶不悛，人所共知，确有证据，尊长因玷辱祖宗起见，忿激致毙，无论谋、故，为首

谋、故,为首之尊长,悉按服制,于殴杀卑幼各本律本例上减一等;听从下手之犯,无论尊长、凡人,各依余人律杖一百。若卑幼并无为匪确证,尊长假托公忿,报复私仇,或一时一事,尚非怙恶不悛情节,惨忍致死,并本犯有至亲服属,并未起意致死,被疏远亲属起意致死者,如有祖父母、父母者,期亲以下亲属以疏远论;虽无祖父母、父母,尚有期亲服属者,功、缌以下以疏远论,余仿此。均照谋、故、殴杀卑幼各本律本例定拟,不得滥引此例。

之尊长,悉按服制,于殴杀卑幼本律上减一等;听从下手之犯,无论尊长、凡人,各依余人律治罪。若卑幼并无为匪确证,尊长假托公忿,报复私仇,或一时一事,尚非怙恶不悛情节,惨忍致死,并本犯有至亲服属,并未起意致死,被疏远亲属起意致死者,如有祖父母、父母者,期亲以下亲属以疏远论;虽无祖父母、父母,尚有期亲服属者,功、缌以下以疏远论,余仿此。均照谋、故、殴杀卑幼各本律定拟,不得滥引此例。

现行刑律案语

原例(略)

臣等谨按:此条系乾隆五十六年〔1791〕、五十八年〔1793〕刑部先后因案议准定例,嘉庆六年〔1801〕、十九年〔1814〕修改,专为尊长杀死有罪卑幼而设,以补律所未及。杖罪本应照章罚金,惟例内一称照擅杀应死罪人律,一称依余人律,是本律已包有满杖罪名,似可毋庸复叙,应均改为"治罪"。其上"听从下手之犯,无论尊长、凡人",即应改为各减一等,以示赅括。至殴杀期亲、卑幼拟流之例,本于律外加重,业于本条内声请删除,"本例"二字均应节去。谨将修改例文,开列于后。

〇修改(略)

大清律例

6.20.318.(6)〔僧尼干犯在家祖父母父母及杀伤内外有服尊长〕

一、凡僧尼干犯在家祖父母、父母,及杀伤本宗、外姻有服尊长,各按服制定拟。若杀伤本宗、外姻卑幼,无论斗殴、谋、故,俱以凡论。本宗、外姻尊长卑幼,杀伤出家之亲属,仍各依服制科断。道士、女冠、喇嘛有犯,一例办理。

现行刑律

20.279.(7)〔僧尼干犯在家祖父母父母及杀伤内外有服尊长〕

一、凡僧尼干犯在家祖父母、父母,及杀伤本宗、外姻有服尊长卑幼,各按服制定拟。若本宗、外姻尊长卑幼,杀伤出家之亲属,亦各依服制科断。道士、女冠、喇嘛有犯,一例办理。

现行刑律案语

原例(略)

臣等谨按:此条系乾隆四十一年〔1776〕刑部议准定例。惟尊卑服制,皆缘亲义

而定，虽僧尼亦不能别生他议，若干犯尊长以服制论，杀伤卑幼以凡人论，未免参差。况僧尼例准收徒而杀伤徒弟，系照功服卑幼定拟，是本外人也，而反目为亲属，本亲属也，而又等于凡人，于情法均嫌不顺。似应将例内“杀伤本宗外姻卑幼，俱以凡论”一节删去，于上层“杀伤本宗外姻有服尊长”之下，添入“卑幼”二字，以昭核实，而示持平。谨将修改例文，开列于后。

○修改（略）

条例·移并

大清律例

6.20.318.(8)〔期尊因争产夺职及挟仇隙执持凶器故杀弟侄〕

一、期亲尊长因争夺弟侄财产、官职，及平素仇隙不睦，有意执持凶器故杀弟侄者，如被杀弟侄年在十一岁以上，将故杀之尊长拟绞监候，仍断给财产一半与被杀之家养赡。若弟侄年在十岁以下，幼小无知，尊长因图占财产、官职，挟嫌惨杀毒毙者，悉依凡人谋故杀律，拟斩监候。如无争夺、挟仇情节，无论年岁，仍照本律例定拟。

*斗殴·殴大功以下尊长

6.20.317.(5)〔功服以下尊长因图财强盗图奸等案杀死卑幼〕（略）

*斗殴·殴大功以下尊长

6.20.317.(6)〔功服以下尊长挟嫌杀死卑幼〕（略）

现行刑律

*斗殴·殴大功以下尊长

20.278.(6)〔期功以下尊长因夺产袭职挟嫌图奸谋故杀卑幼〕（略）

现行刑律案语

原例

斗殴·殴大功以下尊长

6.20.317.(5)〔功服以下尊长因图财强盗图奸等案杀死卑幼〕（略）

6.20.317.(6)〔功服以下尊长挟嫌杀死卑幼〕（略）

斗殴·殴期亲尊长

6.20.318.(8)〔期尊因争产夺职及挟仇隙执持凶器故杀弟侄〕(略)

臣等谨按：第一条系乾隆四十一年〔1776〕刑部奏准定例，五十三年〔1788〕修改。第二条系乾隆五十六年〔1791〕军机大臣会同刑部议准定例，嘉庆六年〔1801〕修改。第三条原系二条，一系前明《问刑条例》，康熙、雍正年间修改，一系乾隆五十六年〔1791〕刑部奏准定例，嘉庆六年〔1801〕修并。溯查前二条旧例，例首本有"有服尊长"四字，兼赅期、功，嘉庆六年〔1801〕因期服已有第三条明文，遂改从今例。细绎各条例意大致相同，惟功服多强盗放火、图奸两层，期服多争夺官职一层，除"强盗放火杀人"一项，此次修定之例，已于"亲属相盗"门改从亲属相殴相盗并凡斗杀伤，从重问拟，已毋庸赘入外，第一条之图奸，与第三条之争夺官职，均系本宗亲属常有之事，不宜各以期、功服制为限，致令彼此互见之案，转失依据，自应合并为一，荟列各项改为期功通例，仍隶本门，以免参差。又，第一条并未区别年龄，而第二、第三两条俱以十岁以下照凡人谋故杀问拟斩绞，十一岁以上问拟绞候，盖以死太幼稚，故分别年龄问拟斩、绞，虽稍涉两歧，究尚有轻重之差。惟新章斩候俱改绞候，治罪从同，且此项惨杀重情，秋审向俱入实，拟请改为"无论年岁，俱照凡人谋故问拟"，以归画一。至"断给财产"，本非古法，现拟一律废止，自应节删。谨将修并例文，开列于后。

〇修并

一、期功尊长谋故杀卑幼之案，如系因争夺财产，图袭官职，挟嫌惨毙及图奸等项者，不论年岁，俱照凡人谋故杀问拟。其无前项重情，仍各依服制科断。

核订现行刑律

原修并例文(略)

谨按：此系将"功服以下尊长杀死卑幼"两条，"期亲尊长杀死卑幼"一条，修并为一条，赅括期亲及功服以下尊长而言，若无"以下"二字，则缌服尊长无可引用，应于"期功"下增"以下"二字。谨将修改例文，开列于后。

〇修改

斗殴·殴大功以下尊长

20.278.(6)〔期功以下尊长因夺产袭职挟嫌图奸谋故杀卑幼〕(略)

条例·删除

大清律例

6.20.318.(1)〔卑幼殴期尊执刃赶杀〕

一、凡卑幼殴期亲尊长，执有刀刃赶杀，情状凶恶者，虽未伤，依律发近边充军。

现行刑律案语

〇删除

原例(略)

臣等谨按：此条系前明《问刑条例》，原文"依律"下本有"问罪"二字，盖系问徒二年半之罪也。问罪而又充军，原系明法，例内删去此二字，而云"依律充军"，殊嫌未协。窃以为既有本律可引，似无庸特设专条，致形严厉，应即删除。

大清律例

6.20.318.(2)〔故杀及殴死期亲弟妹〕

一、凡故杀期亲弟妹，照故杀大功弟妹律，均拟绞监候。其殴期亲弟妹致死者，照本律满徒加一等，杖一百、流二千里。

现行刑律案语

〇删除

原例(略)

臣等谨按：此条系乾隆元年〔1736〕刑部议准定例。惟期亲与大功服差一等，治罪亦各不同，今殴死期亲弟妹照本律加等拟流，尚与殴死大功弟妹之应满流者有别，若故杀同拟绞候，并无等差可分，非惟与律意不符，亦似过于严厉，应即删除。

大清律例

6.20.318.(3)〔卑幼误伤尊长至死罪干斩决审非逞凶干犯〕

一、凡卑幼误伤尊长至死，罪干斩决，审非逞凶干犯，仍准叙明可原情节，夹签请旨。其有本犯父母因而自戕殒命者，俱改拟绞决，毋庸量请末减。

现行刑律案语

〇删除

原例(略)

臣等谨按：卑幼误伤尊长至死，殴大功尊长门情轻，例内分晰甚明，不难援引，其致伊父母自戕，系属不经见之案，有犯尽可酌量办理，无庸特设专条，应即删除。

大清律例

6.20.318.(4)〔卑幼争奸将尊长刃伤及折肢〕

一、期亲尊长与卑幼争奸互斗，卑幼将尊长刃伤及折肢，罪干立决者，除卑幼依

律问拟外,将争奸肇衅之尊长杖一百、流二千里。如非争奸,仍各依律例本条科断。

现行刑律案语

○删除

原例(略)

臣等谨按:此条系乾隆五十八年〔1973〕刑部因案纂定。惟此等大伤风化之案,向不多见,似无庸定为专条。且争奸肇衅之期尊拟流,原案系照期亲伯叔故杀侄律定拟,以妒奸被伤之尊长,竟与故杀期亲卑幼同科,亦甚牵强,此例应即删除。

大清律例

6.20.318.(7)〔内外有服尊长尊属挟嫌故残卑幼至笃疾〕

一、内外有服尊长尊属殴卑幼之案,如由卑幼触犯,依理训责,及因事互殴,邂逅致成笃疾者,期亲尊长尊属及外祖父母,照律勿论;大功以下尊长尊属,照律减科,仍断给财产一半养赡。若卑幼并无干犯,尊长挟有嫌隙,非理毒殴,故残卑幼至笃疾者,期亲兄姊及功服尊长尊属,俱杖一百、徒三年;期亲伯叔、姑、外祖父母,杖九十、徒二年半;缌麻尊长尊属,杖一百、流二千里;不准照律科断,仍均断给财产一半养赡。

现行刑律案语

○删除

原例(略)

臣等谨按:此条系为有服尊长尊属殴伤卑幼而设。惟殴伤之罪,期、功本有区分,今例以期亲尊属为一等,期亲尊长与功服又为一等,既涉参差,而缌麻、小功加本律一等,大功加本律二等,以本应照律递减之案,忽又照律递加,尤嫌未协。窃以此等案件,本门内既有各律可引,似毋庸再设专条,致形苛细,应即删除。

6.20.319 殴祖父母父母 / 20.280 殴祖父母父母

律文·修改

大清律例	现行刑律
6.20.319.1 凡子孙殴祖父母、父母,及妻妾殴夫之祖父母、父母者,皆斩;杀者,皆凌迟处死;其为从有服属不同者,自依各条服制科断。过失杀者,	20.280.1 凡子孙殴祖父母、父母,及妻妾殴夫之祖父母、父母者,皆绞;杀者,皆斩;其为从有服属不同者,自依各条服制科断。过失杀者,流三千

杖一百、流三千里；伤者，杖一百、徒三年。（俱不在收赎之例。）○6.20.319.2其子孙违犯教令，而祖父母、父母（不依法决罚，而横加殴打，）非理殴杀者，杖一百；故杀者，（无违犯教令之罪为故杀。）杖六十、徒一年。嫡、继、慈、养母杀者，（终与亲母有间。殴杀、故杀，）各加一等。致令绝嗣者，（殴杀、故杀，）绞。（监候。）若（祖父母、父母，嫡、继、慈、养母）非理殴子孙之妇（此妇字，乞养者同。）及乞养异姓子孙，（折伤以下勿论。）致令废疾者，杖八十；笃疾者，加一等。（子孙之妇，及乞养子孙）并令归宗。子孙之妇，（笃疾者。）追还（初归）嫁妆，仍给养赡银十两；乞养子孙，（笃疾者。）拨付合得（所分）财产养赡。（不在，给财产一半之限。如无财产，亦量照子孙之妇给银。）至死者，各杖一百、徒三年；故杀者，各杖一百、流二千里。（其非理殴子孙之）妾，各减（殴妇罪）二等。（不在归宗、追给嫁妆、赡银之限。）○6.20.319.3其子孙殴骂祖父母、父母，及妻妾殴骂夫之祖父母、父母，而（祖父母、父母，夫之祖父母、父母，因其有罪）殴杀之，若违犯教令，而依法决罚，邂逅致死，及过失杀者，各勿论。

里；伤者，徒三年。（俱不准收赎。）○20.280.2其子孙违犯教令，而祖父母、父母（不依法决罚，而横加殴打，）非理殴杀者，处十等罚；故杀者，（无违犯教令之罪为故杀。）徒一年。嫡、继、慈、养母杀者，（终与亲母有间。殴杀、故杀，）各加一等。致令绝嗣者，（殴杀、故杀，）绞。（监候。）若（祖父母、父母，嫡、继、慈、养母？）非理殴子孙之妇（此妇字，乞养者同。）及乞养异姓子孙，（折伤以下无论。）致令废疾者，处八等罚；笃疾者，加一等。（子孙之妇，及乞养子孙）并令归宗。子孙之妇，（笃疾者。）追还（初归）嫁妆；乞养子孙，（笃疾者。）拨付合得（所分）财产养赡。至死者，各徒三年；故杀者，流二千里。（其非理殴子孙之）妾，各减（殴妇罪）二等。（不在归宗、追给嫁妆之限。）○20.280.3其子孙殴骂祖父母、父母，及妻妾殴骂夫之祖父母、父母，而（祖父母、父母，夫之祖父母、父母，因其有罪）殴杀之，若违犯教令，而依法决罚，邂逅致死，及过失杀者，各勿论。

现行刑律案语

原律（略）

臣等谨按：此仍《明律》，顺治三年〔1646〕添入小注。惟新章斩应改绞，凌迟应改斩决。徒、流附杖应删。定案杖罪照章罚金，自应依数分等处罚。律内乞养子孙“不在，断给财产一半之限”小注上已叙明“拨付合得所分财产”，则此句系属赘文，似应节去。谨将修改律文、律注，开列于后。

○修改

凡子孙殴祖父母、父母及妻妾殴夫之祖父母、父母者，皆绞；杀者，皆斩立决；（其为从有服属不同者，自依各条服制科断。）过失杀者，流三千里；伤者，徒三年。（俱不准收赎。）○其子孙违犯教令，而祖父母、父母（不依法决罚，而横加殴打，）非理殴杀者，处十等罚；故杀者，（无违犯教令之罪为故杀。）徒一年。嫡、继、慈、养母杀者，（终与亲母有间。殴杀、故杀，）各加一等。致令绝嗣者，（殴杀、故杀，）绞。（监候。）若（祖父母、父母，嫡、继、慈、养母）非理殴子孙之妇，（此妇字，乞养者同。）及乞养异姓子孙，（折伤以下无论。）致令废疾者，处八等罚；笃疾者，加一等。（子孙之妇及乞养子孙）并令

归宗。子孙之妇,(笃疾者。)追还(初归)嫁妆,仍给养赡银一十两;乞养子孙,(笃疾者。)拨付合得(所分)财产养赡。(如无财产,亦量照子孙之妇给银。)至死者,各徒三年;故杀者,流二千里。(其非理殴子孙之)妾,各减(殴妇罪)二等。(不在归宗、追给嫁妆、赡银之限。)○其子孙殴骂祖父母、父母,及妻妾殴骂夫之祖父母、父母,而(祖父母、父母、夫之祖父母、父母,因其有罪)殴杀之,若违犯教令,而依法决罚,邂逅致死,及过失杀者,各勿论。

核订现行刑律

原修改律文(略)

谨按:律内"立决"二字毋庸载入,已于他条声明,此条亦应删除,以归一律。谨将修改律文,开列于后。

○修改(略)

条例·修改、仍旧

大清律例	现行刑律
6.20.319.(2)〔子孙误伤祖父母父母致死〕	20.280.(1)〔子孙误伤祖父母父母致死〕
一、子孙误伤祖父母、父母致死律应凌迟处死者,仍照本律定拟,援引白鹏鹤案内钦奉谕旨及陇阿候案内钦奉谕旨,恭候钦定。其误伤祖父母、父母,律应斩决者,仍照本律定拟,援引樊魁案内钦奉谕旨,恭候钦定。至误杀、误伤夫之祖父母、父母,亦照此例办理。	一、子孙误伤祖父母、父母致死律应斩决者,仍照本律定拟,将可否改为绞决之处,于折内双请,候旨定夺。其误伤祖父母、父母,律应绞决者,量减为绞监候,无庸援例声请。至误杀、误伤夫之祖父母、父母,亦照此例办理。

现行刑律案语

原例(略)

臣等谨按:此条系道光五年〔1825〕刑部奏准定例。凌迟照章改为斩决,斩决改为绞决。查白鹏鹤及陇阿候两案,系由凌迟改斩决,嗣于光绪三十四年〔1908〕二月法部议复东三省总督徐世昌等奏"民人张本胜误伤亲父张春合身死"一案,据奏事处口传《张本胜误伤亲父身死》一折,奉旨:"改为绞决等因。钦此。"复于是月经法部奏请通行在案。自应节删。原引两案,将新章补纂入例,声明将可否改为绞决之处,于折内双请,候旨定夺,以资引用。至误伤,究与误杀有间,拟即量减为监候,无庸援例声请。其"援引樊魁案内"等语,亦并节删。谨将修改例文,开列于后。

○修改(略)

大清律例

6.20.319.(9)〔子妇拒奸殴伤伊翁〕

一、子妇拒奸殴伤伊翁之案，审明实系猝遭强暴，情急势危，仓猝捍拒，或伊翁到官供认不讳，或亲串邻佑指出素日淫恶实迹，或同室之人确有见闻，证据毫无疑义者，仍依殴夫之父母本律定拟。刑部核复时，恭录邢杰案内谕旨，将应否免罪释放之处，奏情定夺。倘系有心干犯，事后装点捏饰，并无确切证据，或设计诱陷伊翁，因而致伤者，仍照本律定拟，不得滥引此例。

6.20.319.(12)〔子妇拒奸殴毙伊翁〕

一、子妇拒奸殴毙伊翁之案，如果实系猝遭强暴，情急势危，仓猝捍拒，确有证据，毫无疑义者，仍照殴夫之父母本律定拟，刑部核复时，援引林谢氏成案，将可否改为斩监候之处，奏请定夺。若系有心干犯，事后装点捏饰，并无确切证据，或设计诱陷伊翁，因而致死，及事后殴毙，并非仓猝捍拒致死者，仍照本律定拟，不得滥引此例。

现行刑律

20.280.(2)〔子妇拒奸殴伤殴毙伊翁〕

一、子妇拒奸之案，审明实系猝遭强暴，情急势危，仓猝捍拒，或伊翁到官供认不讳，或亲串邻佑指出素日淫恶实迹，或同室之人确有见闻，证据毫无疑义者，如殴伤伊翁，仍依殴夫之父母本律定拟。大理院复判时，将应否免罪之处，恭候钦定；如殴毙伊翁，亦依殴夫之父母本律定拟，大理院复判时，将可否改为绞监候之处，奏请定夺。倘系有心干犯，事后装点捏饰，并无确切证据，或设计诱陷伊翁，因而杀伤，及事后殴毙，并非仓猝捍拒致死者，仍照本律定拟，不得滥引此例。

现行刑律案语

原例

6.20.319.(9)〔子妇拒奸殴伤伊翁〕（略）

6.20.319.(12)〔子妇拒奸殴毙伊翁〕（略）

臣等谨按：上条系嘉庆十七年〔1812〕刑部奏准定例，下条系道光十年〔1830〕安徽巡抚邓廷桢奏准定例。虽分殴伤、殴毙两项，要皆为子妇拒奸而设，自应修并为一。例内援引邢杰及林谢氏成案之处，现既定为例文，即可援例以办案，应并节删。刑部应改为法部，此条斩候系凌迟量减，照章本不应再改绞罪，惟究系拒奸起衅，与寻常由凌迟应量减者不同，且本条拒伤之案，尚准免罪，则拒毙之案自应改为绞罪，以示区别，拟请将斩候仍改绞候。谨将修并例文，开列于后。

〇修并

一、子妇拒奸之案，审明实系猝遭强暴，情急势危，仓猝捍拒，或伊翁到官供认不讳，或亲串邻佑指出素日淫恶实迹，或同室之人确有见闻，证据毫无疑义者，如殴伤伊翁，仍依殴夫之父母本律定拟，法部核复时，将应否免罪之处，恭候钦定；如殴毙伊翁，亦依殴夫之父母本律定拟，法部核复时，将可否改为绞监候之处，奏请定夺。倘系有心干犯，事后装点捏饰，并无确切证据，或设计诱陷伊翁，因而杀伤，及事后殴毙，并非仓猝捍拒致死者，仍照本律定拟，不得滥引此例。

会奏修改各条

〇修改(略)

见6.20.317.(3)〔殴死本宗期功缌麻尊长罪干斩决若系情轻之案〕条

大清律例

6.20.319.(1)〔继母告子不孝及伯叔兄姊等奏告弟侄等打骂〕

现行刑律

20.280.(3)〔继母告子不孝及伯叔兄姊等奏告弟侄等打骂〕

一、继母告子不孝，及伯叔父母、兄姊，伯叔祖，同堂伯叔父母、兄姊，奏告弟侄人等打骂者，俱行拘四邻、亲族人等审勘是实，依律问断。若有诬枉，即与辩理。果有显迹伤痕，输情服罪者，不必行勘。

现行刑律案语

原例(略)

〇仍旧

臣等谨按：此例应仍其旧，理合陈明。

大清律例

6.20.319.(5)〔嫡继母殴故杀庶生及前妻之子〕

一、凡嫡母殴、故杀庶生之子，继母殴、故杀前妻之子，审系平日抚如已出，而其子不孝，经官讯验有据。即照父母殴、故杀子孙律，分别拟以杖、徒，不必援照嫡、继母加亲母一等之律。如伊子本无违犯教令，而嫡母、继母非理殴杀、故杀者，除其夫现有子嗣，仍依律加等定拟外，若现在并无子嗣，俱照律拟绞

现行刑律

20.280.(4)〔嫡继母殴故杀庶生及前妻之子〕

一、凡嫡母殴、故杀庶生之子，继母殴、故杀前妻之子，审系平日抚如已出，而其子不孝，经官讯验有据。即照父母殴、故杀子孙律，分别拟罪，不必援照嫡、继母加亲母一等之律。如伊子本无违犯教令，而嫡母、继母非理殴杀、故杀者，除其夫现有子嗣，仍照律加等定拟外，若现在并无子嗣，俱照律拟绞监候，

监候，听伊夫另行婚娶。系殴杀者，嫡母、继母俱拟缓决；如系故杀者，嫡母入于缓决，继母入于情实。至嫡母、继母为己子图占财产、官职，故杀庶生及前妻之子者，俱拟绞监候，嫡母入于缓决，继母入于情实。应入缓决者，永远监禁；应入情实者，如蒙恩免勾，仍行永远监禁，遇赦俱不准减等。

秋审入于缓决，听伊夫另行婚娶。至嫡母、继母为己子图占财产、官职，故杀庶生及前妻之子者，俱拟绞监候，秋审入于情实。应入缓决者，收所工作十五年；应入情实者，蒙恩免勾一次后，收所工作二十年；均于满日释放。

现行刑律案语

原例（略）

臣等谨按：此条系乾隆十四年〔1749〕纂定，三十二年〔1767〕、五十三年〔1788〕修改，嘉庆六年〔1801〕改定。查杀死子命致夫绝嗣拟绞之律，本为《唐律》所无，前明添入此层，原以逞一时之凶横，不顾其夫之嗣续，其心本属可诛，故特严其法。第嫡母、继母在律并无区别，而例忽以为实、缓之分，殊嫌未协。拟请均改缓决，以示持平。至"为己子图占财产、官职，故杀庶生及前妻之子"，此等阴谋毒手，情节极为凶残，似应概予入实。监禁一层，新章已改收所习艺，惟并未明定限期，兹拟将入缓者定为十五年，入实者定为二十年，均于满日释放。徒罪附杖已删，此处亦应节去。谨将修改例文，开列于后。

〇修改（略）

大清律例

6.20.319.(10)〔本宗为人后者之子孙于本生亲属有犯〕

现行刑律

20.280.(5)〔本宗为人后者之子孙于本生亲属有犯〕

一、凡本宗为人后者之子孙，于本生亲属孝服，只论所后宗支亲属服制。如于本生亲属有犯，俱照所后服制定拟。其异姓义子与伊所生子孙，为本生父母亲属孝服，亦俱不准降等，各项有犯，仍照本宗服制科断。

现行刑律案语

原例（略）

〇仍旧

臣等谨按：此例应仍其旧，理合陈明。

大清律例

6.20.319.(11)〔为人后及女出嫁者于本生祖父母父母伯叔兄姊有犯〕

现行刑律

20.280.(6)〔为人后及女出嫁者于本生祖父母父母伯叔兄姊有犯〕

一、为人后及女之出嫁者,如于本生祖父母、父母有犯,仍照殴祖父母父母律定罪。其伯叔、兄姊以下,均依律服图降一等科罪。尊长杀伤卑幼同。

现行刑律案语

原例(略)

○仍旧

臣等谨按:此例应仍其旧,理合陈明。

大清律例

6.20.319.(6)〔义子于义父母及义父之祖父母父母并期尊外祖父母有犯〕

现行刑律

20.280.(7)〔义子于义父母及义父之祖父母父母并期尊外祖父母有犯〕

一、凡义子过房在十五岁以下,恩养年久,或十六岁以上,曾分有财产,配有室家,若于义父母及义父之祖父母、父母,有犯殴骂、侵盗、恐吓诈欺、诬告等情,即同子孙取问如律。若义父母及义父之祖父母、父母,殴、故杀伤义子者,并以殴、故杀伤乞养异姓子孙论。若过房虽在十五以下,恩养未久,或在十六以上,不曾分有财产,配有室家,有违犯及杀伤者,并以雇工人论。义子之妇,亦依前拟岁数,照本例科断。○其义子后因本宗绝嗣,有故归宗,而义父母与义父之祖父母、父母,无义绝之状,原分家产、原配妻室不曾拘留,遇有违犯,仍以雇工人论。若犯义绝,及夺其财产、妻室,并同凡人论。义绝,如殴义子至笃疾,当令归宗;及有故归宗,而夺其财产、妻室,亦义绝也。○义父之期亲尊长并外祖

父母，如义子违犯，及杀伤义子者，不论过房年岁，并以雇工人论；义绝者，以凡论。其余亲属，不分义绝与否，并同凡人论。

现行刑律案语

原例（略）

〇仍旧

臣等谨按：此例应仍其旧，理合陈明。

条例 · 移并

大清律例

6.20.319.(7)〔因奸将子女及媳致死灭口〕

一、因奸将子女致死灭口者，无论是否起意，如系亲母，拟绞监候，不论现在有无子嗣，入于缓决，永远监禁。若系嫡母，拟绞监候；继母、嗣母，拟斩监候。查明其夫只此一子，致令绝嗣者，俱入于秋审情实；若未致绝嗣者，入于缓决，永远监禁。至姑因奸将媳致死灭口者，如系亲姑、嫡姑，拟绞监候；若系继姑，拟斩监候。均入于缓决，永远监禁。奸夫仍各分别造意、加功，照律治罪。

* 人命 · 谋杀祖父母父母

6.19.284.(2)〔抑媳同陷邪淫谋杀灭口〕（略）

现行刑律

* 人命 · 谋杀祖父母父母

19.246.(2)〔抑媳同陷邪淫谋杀灭口及因奸将子女媳致死灭口〕（略）

现行刑律案语

〇修并（略）

见 6.19.284.(2)〔抑媳同陷邪淫谋杀灭口〕条

条例 · 删除

大清律例

6.20.319.(3)〔过失杀祖父母父母〕

一、子孙过失杀祖父母、父母,及子孙之妇过失杀夫之祖父母、父母者,俱拟绞立决。

现行刑律案语

○删除

见6.19.292.(20)〔子孙及子孙妇过失杀祖父母父母〕条

大清律例

6.20.319.(4)〔子孙殴伤祖父母父母〕

一、凡子孙殴祖父母、父母案件,审无别情,无论伤之轻重,即行奏请斩决。如其祖父母、父母因伤身死,将该犯锉尸示众。

现行刑律案语

○删除

原例(略)

臣等谨按:此条系乾隆四十八年〔1783〕纂定。乃已决人犯事后锉尸之例,新章凌迟、戮尸均已奏准废除不用,此例无关援引,应即删除。

大清律例

6.20.319.(8)〔子妇殴毙翁姑犯夫匿报贿和〕

一、子妇殴毙翁姑之案,如犯夫有匿报、贿和情事,拟绞立决。其仅止不能管教其妻,实无别情者,将犯夫于犯妇凌迟处所,先重责四十板,看视伊妻受刑后,于犯事地方枷号一个月,满日仍重责四十板发落。

现行刑律案语

○删除

原例(略)

臣等谨按:子妇殴毙翁姑,犯夫贿和匿报,系属必无之事,即使有犯,尽可按照本律加等科断,似毋庸特设专条,且先责后枷,尤与定例不合,应即删除。

6.20.320妻妾与夫亲属相殴／20.281妻妾与夫亲属相殴

律文·修改

大清律例

6.20.320.1凡妻妾殴夫之期亲以下、缌麻以上本宗、外姻尊长，与夫殴同罪；或殴，或伤，或折伤，各以夫之服制科断。其有与夫同绞罪者，仍照依名例至死减一等，杖一百、流三千里。至死者，各斩。监候。缌麻亲兼妾殴妻之父母在内。此不言故杀者，其罪亦止于斩也。不言殴夫之同姓无服亲属者，以凡人论。○6.20.320.2若妻殴伤卑属，与夫殴同；各以夫殴服制科断。至死者，绞。监候。此夫之缌麻、小功、大功卑属也，虽夫之堂侄、侄孙及小功侄孙亦是。若殴杀夫之兄弟子，杖一百、流三千里；不得同夫拟徒。故杀者，绞。监候。不得同夫拟流。妾犯者，各从凡斗法。不言夫之自期以下弟妹者，殴夫之弟妹，但减凡一等，则此当以凡论。○6.20.320.3若期亲以下、缌麻以上尊长殴伤卑幼之妇，减凡人一等；妾，又减一等。至死者，不拘妻、妾，绞。监候。故杀亦绞。○6.20.320.4若弟妹殴兄之妻，加殴凡人一等。其不言妻殴夫兄之妻者，与夫殴同。○6.20.320.5若兄姊殴弟之妻，及妻殴夫之弟妹及夫弟之妻，各减凡人一等；若殴妾者，各又减殴妻一等。不言妻殴夫兄之妾者，亦与夫殴同。不言弟妹殴兄之妾，及殴大功以下兄弟妻妾者，皆以凡论。○6.20.320.6其殴姊妹之夫、妻之兄弟，及妻殴夫之姊妹夫者，有亲无服，皆为同辈。以凡斗论；若妾犯者，各加夫殴、妻殴一等。加不至于绞。○6.20.320.7若妾殴夫之妾子，减凡人二等；以其近于子也。殴妻之子，以凡人论。所以别妻之子于妾子也。若妻之子殴伤父妾，加凡人一等；所以尊父也。妾子殴伤父妾，又加二等。为其近于母也。共加凡人三等，不加至于绞。至死者，各依凡人论。此通承本节弟妹殴兄之妻以下而言也。死者绞，故杀者斩。

现行刑律

20.281.1凡妻妾殴夫之期亲以下、缌麻以上本宗、外姻尊长，与夫殴同罪；或殴，或伤，或折伤，各以夫之服制科断。其有与夫同绞罪者，仍依名例至死减一等，流三千里。至死者，各绞。监候。缌麻亲兼妾殴妻之父母在内。此不言故杀者，其罪亦止于绞也。不言殴夫之同姓无服亲属者，以凡人论。○20.281.2若妻殴伤卑属，与夫殴同；各以夫殴服制科断。至死者，绞。监候。此夫之缌麻、小功、大功卑属也，虽夫之堂侄、侄孙及小功侄孙亦是。若殴杀夫之兄弟子，流三千里；不得同夫拟徒。故杀者，绞。监候。不得同夫拟流。妾犯者，各从凡斗法。不言夫之自期以下弟妹者，殴夫之弟妹，但减凡一等，则此当以凡论。○20.281.3若期亲以下、缌麻以上尊长殴伤卑幼之妇，减凡人一等；妾，又减一等。至死者，不拘妻、妾，绞。监候。故杀亦绞。○20.281.4若弟妹殴兄之妻，加殴凡人一等。其不言妻殴夫兄之妻者，与夫殴同。○20.281.5若兄姊殴弟之妻，及妻殴夫之弟妹及夫弟之妻，各减凡人一等；若殴妾者，各又减殴妻一等。不言妻殴夫兄之妾者，亦与夫殴同。不言弟妹殴兄之妾，及殴大功以下兄弟妻妾者，皆以凡论。○20.281.6其殴姊妹之夫、妻之兄弟，及妻殴夫之姊妹夫者，有亲无服，皆为同辈。以凡斗论；若妾犯者，各加夫殴、妻殴一等。加不至于绞。○20.281.7若妾殴夫之妾子，减凡人二等；以其近于子也。殴妻之子，以凡人论。所以别妻之子于妾子也。若妻之子殴伤父妾，加凡人一等；所以尊父也。妾子殴伤父妾，又加二等。为其近于母也。共加凡人三等，不加至于绞。至死者，各依凡人论。此通承本节弟妹殴兄之妻以下而言也。死者绞，故杀亦绞。

现行刑律案语

原律(略)

臣等谨按:此仍《明律》,顺治三年〔1646〕添入小注。律内流罪附杖照章应删,斩候应改绞候。谨将修改律文、律注,开列于后。

○修改(略)

条例·修改

大清律例

6.20.320.(2)〔嫡孙众孙殴伤及谋故杀庶祖母〕

一、嫡孙、众孙殴伤庶祖母者,照殴伤庶母例减一等科断;至死者,拟绞监候;谋、故杀者,拟斩监候,秋审时酌量情节办理。若庶祖母殴杀嫡孙、众孙者,仍同凡论。

现行刑律

20.281.(1)〔嫡孙众孙殴伤祖妾并祖妾殴伤嫡孙众孙〕

一、嫡孙、众孙殴伤祖妾者,无论是否生有子女,均照妻妾之子殴伤父妾律,分别加等科断。其祖妾殴伤嫡孙、众孙者,亦同。至死者,各依凡人论。

现行刑律案语

原例(略)

臣等谨按:此条系乾隆三十九年〔1774〕礼部会同刑部议复江西按察使欧阳永　条奏定例。查《唐律》"家长之子孙俱不为祖父妾持服",即有干犯,亦不过略为区分办法,最为平允,嗣后将生有子女之父妾定为期服,生有子女之祖妾定为小功,于是遂以庶母、庶祖母尊之,而他妾若不得比数者,不知自子孙视之则为母,自祖父视之仍为妾,庶母、庶祖母实统括于父妾、祖妾之内,不容强为区别也。今例以殴伤庶祖母者,照殴伤庶母例减等科断,溯查殴伤庶母之例,原系照父妾律分别定拟,本无歧误,自改照殴兄姊律治罪,而窒碍诸多,业于彼条声明有本律可循,议请删除在案。第父妾虽有专律,祖妾究无明文,按子孙与父祖遇有杀伤,其科罪并无二致,则嫡孙、众孙与祖妾有犯,即可援照父妾定拟可知。如谓服别期、功,仍应原情量减,而分均妾、媵,何容强别尊卑,兹拟节去原文,改为"嫡孙、众孙殴伤祖妾者,无论是否生有子女,均照妻妾之子殴伤父妾律,分别加等科断。其祖妾殴伤嫡孙、众孙者,亦同"。并叙明"至死者,各依凡人论"。如此,既可补律文之阙,亦足示情法之平。谨将修改例文,开列于后。

○修改(略)

条例·删除

大清律例

6.20.320.(1)〔妻之子殴伤生有子女之庶母及妾之子殴伤庶母〕

一、妻之子殴伤生有子女之庶母者，照弟妹殴兄姊律杖九十、徒二年半。妾之子殴伤庶母者，加二等。如殴至死者，俱拟斩监候。其谋、故杀死，亦拟斩监候。于秋审时酌量情罪，分别定拟。

现行刑律案语

○删除

原例（略）

臣等谨按：查律载"妻之子殴伤父妾，加凡人一等；妾子殴伤父妾，加二等。至死者，依凡人论"等语，似不问有子、无子皆应照律定拟可知。观于《辑注》云：父妾之有子女者，称庶母，虽有期服，不在期亲尊长之例。故殴伤父妾止照凡人加等，其义自明。此条因系庶母酌照弟妹殴兄姊律治罪，不知殴兄姊之律，折伤者满流，刃伤及折肢、若瞎其一目即应拟绞，至死并有斩决、凌迟之分。今例既无折伤等罪名，而谋、故殴杀又同一斩候，殊与彼律不合，且律所云加一等、二等者，谓从凡斗议加也，此例于殴伤兄姊罪上加二等，以加罪不至死而论，是殴伤较兄姊为重，殴死又较兄姊从轻，尤嫌未尽妥协。窃以此等案件，既有本律直引，似毋庸泥定"庶母"二字，别立科条，致形窒碍，应即删除。

6.20.321殴妻前夫之子／20.282殴妻前夫之子

律文·修改

大清律例	现行刑律
6.20.321.1凡殴妻前夫之子者，谓先曾同居，今不同居者。其殴伤、折伤，减凡人一等；同居者，又减一等。至死者，绞。监候。○6.20.321.2若殴继父者，亦谓先曾同居，今不同居者。杖六十、徒一年；折伤以上，加凡斗伤一等。同居者，又加一等。至笃疾罪止杖一百、流三千里，不加于死，仍给财产一半养赡。至死者，斩。监候。○6.20.321.3其故杀，及自来不曾同居者，	20.282.1凡殴妻前夫之子者，谓先曾同居，今不同居者。其殴伤、折伤，减凡人一等；同居者，又减一等。至死者，绞。监候。○20.282.2若殴继父者，亦谓先曾同居，今不同居者。徒一年；折伤以上，加凡斗伤一等。同居者，又加一等。至笃疾罪止流三千里，不加于死。至死者，绞。监候。○20.282.3其故杀，及自来不曾同居者，不同父殴子、子殴父，各以凡

不同父殴子、子殴父，各以凡人论。	人论。

现行刑律案语

原律(略)

臣等谨按：此仍《明律》。“先曾同居，今不同居”两处小注，皆系《明律》之旧，余均顺治三年〔1646〕增入。徒、流附杖照章应删。斩候应改绞候。谨将修改律文，开列于后。

〇修改

凡殴妻前夫之子者，谓先曾同居，今不同居者，其殴伤、折伤，减凡人一等；同居者，又减一等。至死者，绞。监候。〇若殴继父者，亦谓先曾同居，今不同居者。徒一年；折伤以上，加凡斗伤一等。同居者，又加一等。至笃疾罪止流三千里，不加于死，仍给财产一半养赡。至死者，绞。监候。〇其故杀及自来不曾同居者，不同父殴子、子殴父，各以凡人论。

6.20.322 妻妾殴故夫父母 / 20.283 妻妾殴故夫父母

律文 · 修改

大清律例	现行刑律
6.20.322.1 凡妻妾夫亡改嫁，殴故夫之祖父母、父母者，并与殴舅姑罪同。其旧舅姑殴已故子孙改嫁妻妾者，亦与殴子孙妇同。妻妾被出，不用此律，义已绝也。〇6.20.322.2 若奴婢殴旧家长，及家长殴旧奴婢者，各以凡人论。此亦自转卖与人者言之。奴婢赎身，不用此律，义未绝也。	20.283.0 凡妻妾夫亡改嫁，殴故夫之祖父母、父母者，并与殴舅姑罪同。其旧舅姑殴已故子孙改嫁妻妾者，亦与殴子孙妇同。妻妾被出，不用此律，义已绝也。

现行刑律案语

原律(略)

〇仍旧

臣等谨按：此律应仍其旧，理合陈明。

核订现行刑律

原仍旧律文(略)

谨按：本条第二节系指转卖之奴婢而言，现在申明卖买人口之禁，以后自不容再有转卖之事。至小注“赎身奴婢”一层，“奴婢殴家长”门内自有本例可循，应请一并节删。谨将修改律文，开列于后。

〇修改(略)

6.20.323父祖被殴／20.284父祖被殴

律文·修改

大清律例	现行刑律
6.20.323.1凡祖父母、父母为人所殴，子孙即时（少迟，即以斗殴论。）救护而还殴，（行凶之人，）非折伤勿论。至折伤以上，减凡斗三等。（虽笃疾，亦得减流三千里为徒二年。）至死者，依常律。○6.20.323.2若祖父母、父母为人所杀，而子孙（不告官）擅杀行凶人者，杖六十。其即时杀死者勿论。（少迟，即以擅杀论。）○6.20.323.3若与祖父母、父母同谋共殴人，自依凡人首从法。又祖父母、父母被有服亲属殴打，止宜救解，不得还殴。若有还殴者，仍依服制科罪。○6.20.323.4父、祖外其余亲属人等被人杀，擅杀行凶人，审无别项情故，依罪人本犯应死而擅杀律，杖一百。	20.284.1凡祖父母、父母为人所殴，子孙即时（少迟，即以斗殴论。）救护而还殴，（行凶之人。）非折伤勿论。至折伤以上，减凡斗三等。（虽笃疾，亦得减流三千里为徒二年。）至死者，依常律。○20.284.2若祖父母、父母为人所杀，而子孙（不告官）擅杀行凶人者，处六等罚。其即时杀死者勿论。（少迟，即以擅杀论。）○20.284.3若与祖父母、父母同谋共殴人，自依凡人首从法。又祖父母、父母被有服亲属殴打，止宜救解，不得还殴。若有还殴者，仍依服制科罪。○20.284.4父、祖外其余亲属人等被人杀，而擅杀行凶人，审无别项情故，依罪人本犯应死而擅杀律治罪。

现行刑律案语

原律（略）

臣等谨按：此仍《明律》，顺治三年〔1646〕添入小注。"杖六十"照章罚金，应改为"处六等罚"。律末注内"杖一百"罪名，即包于"本犯应死而擅杀"律之内，应改为"治罪"，以示浑括。谨将修改律文、律注，开列于后。

○修改（略）

条例·修改

大清律例	现行刑律
6.20.323.(1)〔救亲及夫殴毙人命〕	20.284.(1)〔救祖父母父母及夫殴毙人命〕
一、人命案内，如有祖父母、父母及夫被人殴打，实系事在危急，其子孙及妻救护情切，因而殴死人者，于疏内声明，分别减等，援例两请，候旨定夺。其或祖父母、父母及夫与人口角，主令子孙及妻将人殴打致死，或祖父母、父母及夫先与人寻衅，其子孙及妻踵至助	一、人命案内，如有祖父母、父母被人殴打，实系事在危急，其子孙救护情切，因而殴死人者，于折内声明，分别减等，援例两请，候旨定夺。其或祖父母、父母与人口角，主令子孙将人殴打致死，或祖父母、父母先与人寻衅，其子孙

势,共殴毙命,俱仍照各本律科断,不得援危急救护之例,概拟减等。

踵至助势共殴,及理曲肇衅,累祖父母、父母被殴,已复逞凶致毙人命,俱仍照各本律科断,不得援危急救护之例,概拟减等。若妻救夫殴毙人命,亦照此例分别问拟。

现行刑律案语

原例(略)

臣等谨按:此条系雍正五年〔1727〕定例,乾隆年间叠经修改。惟下条尚有"理曲肇衅,累父母被殴"一层,应一并增入,至妻救夫与父祖并列,微嫌与律目不符,似应将例内"救夫"一层节去,于例未添入"若妻救夫殴毙人命,亦照此例分别定拟",较为分明。题本现既改奏,"疏"字亦应酌改"折"字。谨将修改例文,开列于后。

〇修改(略)

大清律例

6.20.323.(4)〔殴毙犯亲有服卑幼确系救亲情急且非理曲肇衅者〕

一、救亲殴毙人命之案,除听从父母主令将人殴死,或父母先与人寻衅,助势共殴,及理曲肇衅,累父母被殴,已复逞凶致毙人命者,虽死系犯亲卑幼,父母业经受伤,应仍将凶犯各照本律定拟,不准声请减等外,若无前项情节,确由救亲起衅,如死者系犯亲本宗、外姻有服卑幼,先将尊长殴伤,共子目击父母受伤,情急救护,将其致毙,不论是否实系事在危急,及有无互殴情形,定案时,仍照本律定拟,援引孟传冉案内钦奉谕旨,声明照例两请,候旨定夺。其并非犯亲卑幼,及父母并未受伤之案,应仍分别是否事在危急,照例定拟。如案系谋、故杀及火器杀人,并死系凶犯有服尊长,虽衅起救亲,均仍各照本律问拟,不得援例声请。

现行刑律

20.284.(2)〔确因救亲起衅情急殴毙犯亲有服卑幼〕

一、救亲殴毙人命之案,除听从祖父母、父母主令将人殴死,或祖父母、父母先与人寻衅,助势共殴,及理曲肇衅,累祖父母、父母被殴,已复逞凶致毙人命者,虽死系犯亲卑幼,父母业经受伤,应仍将凶犯各照本律定拟,不准声请减等外,若无前项情节,确因救亲起衅,如死者系犯亲本宗、外姻有服卑幼,先将尊长殴伤,其子孙目击祖父母、父母受伤,情急救护,将其致毙,不论是否实系事在危急,及有无互殴情形,定案时,仍照本律定拟,照例两请,候旨定夺。其并非犯亲卑幼,及父母并未受伤之案,应仍分别是否事在危急,照例定拟。如案系谋、故杀及火器杀人,并死系凶犯本宗期、功尊长,虽衅起救亲,均仍各照本律问拟,不得援例声请。

现行刑律案语

原例（略）

臣等谨按：此条系同治九年〔1870〕刑部奏准定例，专为救亲殴死犯亲卑幼而设。惟救亲致毙人命之例，皆以祖父母、父母对举为文，此例仅言父母，不及祖父母，自应一并增入。至救亲情切，殴死本宗缌麻、外姻功缌尊长，本有随本声请量减之文，例末“死系凶犯有服尊长”，似指本宗期、功而言，应于“尊长”上添入，以清界限。再既定为例文，即毋庸再援，本案所有“援引孟传冉成案”之处，应即节删。谨将修改例文，开列于后。

〇修改（略）

大清律例

6.20.323.(2)〔子孙复仇杀害在逃及释回之杀父凶犯〕

一、祖父母、父母为人所杀，凶犯当时脱逃，未经到官，后被死者子孙撞遇杀死者，照擅杀应死罪人律杖一百。其凶犯虽经到官拟抵，或于遇赦减等发配后，辄敢潜逃回籍，致被死者子孙擅杀者，杖一百、流三千里。若本犯拟抵后，援例减等问拟军、流，遇赦释回者，国法已伸，不当为仇。如有子孙仍敢复仇杀害者，仍照谋、故杀本律定拟，入于缓决，永远监禁。至释回之犯，复向死者子孙寻衅争闹，或用言讥诮，有心欺凌，确有实据者，即属怙恶不悛，死者子孙忿激难堪，因而起意复仇致毙者，仍于谋、故杀本律上减一等，拟以杖一百、流三千里。

现行刑律

20.284.(3)〔子孙复仇杀害在逃及释回之杀父祖凶犯〕

一、祖父母、父母为人所杀，凶犯当时脱逃，未经到官，后被死者子孙撞遇杀死者，照擅杀应死罪人律治罪。其凶犯虽经到官拟抵，或于遇赦减等后，私自脱逃，致被死者子孙擅杀者，流三千里。若本犯拟抵后，援例减等，遇赦释回者，国法已伸，不当为仇。如有子孙仍敢复仇杀害者，仍照谋、故杀本律定拟，入于缓决，收所工作十五年。至释回之犯，复向死者子孙寻衅争闹，或用言讥诮，有心欺凌，确有实据者，即属怙恶不悛，死者子孙忿激难堪，因而起意复仇致毙，并因他故起衅殴打致毙者，各于谋、故斗杀本律上减一等，拟以流三千里。

现行刑律案语

原例（略）

臣等谨按：此例原系二条，一系康熙二十七年〔1688〕御史赵廷珪条奏定例；一系乾隆五十八年〔1793〕刑部因陕西赵宗孔一案纂定，嘉庆六年〔1801〕修并，咸丰二年〔1852〕改定。例首“杖一百”罪名，已包于上“擅杀应死罪人”律之内，应改为“治

罪”,以示浑括。新章军、流人犯之应否发配,以常赦得原与否为凭命案,并不在发配之列,“减等发配”句,拟改为“减等”。后“私自脱逃又监禁”一层,新章已改收所习艺,兹拟定为十五年,以符今制。流罪附杖照章应删。军罪现已议改,则“问拟军、流”句亦应节删。再查光绪三十二年十二月〔1907 年 1－2 月〕内法部议复调任两江总督周馥咨《秋审可矜人犯援案分别减等》一折,内称“嗣后因他故起衅起意复仇,殴毙致死祖父母、父母,国法已伸正凶者,减为流三千里”等因。奏奉谕旨,允准在案。应于例未添入,以资援引。谨将修改例文,开列于后。

〇修改

一、祖父母、父母为人所杀,凶犯当时脱逃,未经到官,后被死者子孙擅遇杀死者,照擅杀应死罪人律治罪。其凶犯虽经到官拟抵,或于遇赦减等后,私自脱逃,致被死者子孙擅杀者,流三千里。若本犯拟抵后,援例减等,遇赦释回者,国法已伸,不当为仇。如有子孙仍敢复仇杀害者,仍照谋、故杀本律定拟,入于缓决,收所工作十五年。至释回之犯,复向死者子孙寻衅争闹,或用言讥诮,有心欺凌,确有实据者,即属怙恶不悛,死者子孙忿激难堪,因而起意复仇致毙,仍于谋、故斗杀本律上减一等,拟以流三千里。其因他故起衅,起意复仇殴毙者,亦照上减一等。

大清律例

6.20.323.(3)〔救亲殴死有服尊长卑幼〕

一、祖父母、父母被本宗缌麻尊长及外姻小功、缌麻尊长殴打,实系事在危急,卑幼情切救护,因而殴死尊长者,于疏内声明,减为杖一百,发边远充军,照例两请,候旨定夺。若并非事在危急,仍照律拟罪,秋审时核其情节,入于缓决。致父母被卑幼殴打,实系事在危急,救护情切,因而殴死卑幼,罪应绞候者,于疏内声明,减为杖一百、流三千里,候旨定夺。如殴杀卑幼,罪不应抵者,各于殴杀卑幼本律上减一等,仍断给财产一半养赡。若并非事在危急,仍照殴杀卑幼各本律问拟,均不得滥引此例。

现行刑律

20.284.(4)〔救亲殴死有服尊长卑幼〕

一、祖父母、父母被本宗缌麻尊长及外姻小功、缌麻尊长殴打,实系事在危急,卑幼情切救护,因而殴死尊长者,于折内声明,减为发极边足四千里安置,照例两请,候旨定夺。若并非事在危急,仍照律拟罪,秋审时核其情节,分别矜缓办理。至救亲殴死有服卑幼之案,不论是否事在危急,是否互斗,俱减为流三千里。如殴杀卑幼,罪不应抵者,各于殴杀卑幼本律上减一等。

现行刑律案语

原例(略)

臣等谨按：此条系嘉庆八年〔1803〕刑部奏准定例，道光三年〔1823〕增定。例内边远军照章应改满流，究与常人救亲毙命无所区别，案关致毙尊长，似应酌改"发极边足四千里安置"，以示持平。"救亲并非危急"一项，秋审仍有"备矜之案入于缓决"句，拟改为"分别矜缓办理"。至救亲殴死有服卑幼之案，无论是否互斗，秋审应入可矜。嗣于光绪三十二年十二月〔1907 年 1－2 月〕间法部将此项可矜人犯奏准，随案改流，则不论是否事在危急，均应照改。所有疏内声明各节，及例末"并非事在危急"数语，即应酌删。若卑幼既被殴死，仍行断给财产养赡，本非古法，应并删去。"疏"字应改"折"字。谨将修改例文，开列于后。

○修改(略)

6.21 骂詈 / 21 骂詈

6.21.324 骂人 / 21.285 骂人

律文 · 修改

大清律例	现行刑律
6.21.324.1 凡骂人者,笞一十。互相骂者,各笞一十。	21.285.0 凡骂人者,处一等罚。互相骂者,各处一等罚。

现行刑律案语

原律(略)

臣等谨按:此仍《明律》。惟"笞一十"照章罚金,应改为"处一等罚"。谨将修改律文,开列于后。

○修改(略)

6.21.325 骂制使及本管长官 / 21.286 骂制使及本管长官

律文 · 修改

大清律例	现行刑律
6.21.325.1 凡奉制命出使而官吏骂之者,及部民骂本属知府、知州、知县,军士骂本管官,若吏卒骂本部五品以上长官,杖一百。若吏卒骂六品以下长官,各(指六品至杂职。各于杖一百上)减三等;(军、民、吏卒)骂(本属、本管、本部之)佐贰官、首领官,又各递减一等。并亲闻乃坐。	21.286.0 凡奉制命出使而官吏骂之者,及部民骂本属知府、知州、知县,军士骂本管官,若吏卒骂本部五品以上长官,处十等罚。若吏卒骂六品以下长官,各(指六品至杂职。各于处十等罚上)减三等;(军、民、吏卒)骂(本属、本管、本部之)佐贰官、首领官,又各递减一等。并亲闻乃坐。

现行刑律案语

原律(略)

臣等谨按:此仍《明律》,顺治三年〔1646〕改律末"并亲闻乃坐"五字小注为律

文,并另添小注,雍正三年〔1725〕改定律内及小注。“杖一百”罪名照章罚金,应改为“处十等罚”。谨将修改律文、律注,开列于后。

○修改(略)

条例·修改

大清律例	现行刑律
6.21.325.(1)〔毁骂公侯驸马伯及京省文武职三二品以上官〕 一、凡毁骂公、侯、驸马、伯,及京省文职三品以上、武职二品以上官者,杖一百、枷号一个月发落。	21.286.(1)〔毁骂公侯驸马伯及京省文武职三二品以上官〕 一、凡毁骂公、侯、额驸、伯及京省文职三品以上、武职二品以上者,依骂制使及本属、本管律治罪。

现行刑律案语

原例(略)

臣等谨按:此条系前明《问刑条例》,顺治三年〔1646〕、雍正五年〔1727〕、乾隆五年〔1740〕三经修改,于本管官之外,又分出官品之最尊者,可补律所未及。惟查《比引律条》尚有“骂亲王比依骂祖父母律,立绞”一条,自应修入本条例首,兹拟节去“比依骂祖父母律”字样,并作专条。仍照新章改绞决为绞候,案系比附定拟,无庸声叙入实,以昭情法之平。原例内“驸马”二字,本系前明旧制,似应照现制改为“额驸”。至杖、枷均应照章罚金,究嫌涉于烦碎,应改为“依骂制使及本属本管官律治罪”。谨将修改例文,开列于后。

○修改

一、凡毁骂亲王者,拟绞监候。其毁骂公、侯、额驸、伯及京省文职三品以上、武职二品以上者,依骂制使及本属本管律治罪。

核订现行刑律

原修改例文(略)

谨按:例首“毁骂亲王”系据《比引律条》增入。查亲王阶级最尊,除本属外,向不许谒见通问,毁骂更为事理所必无。此项系属虚设,仍应节删。谨将修改例文,开列于后。

○修改(略)

条例·删除

大清律例

6.21.325.(2)〔妄叫冤枉辱骂原问官〕

一、凡在长安门外等处妄叫冤枉,辱骂原问官者,杖一百,用重枷号一个月发落。妇人有犯,罪坐夫男。若不知情,及无夫男者,止坐本妇,照常发落。

现行刑律案语

○删除

原例(略)

臣等谨按:此条系前明《问刑条例》,乾隆五年〔1740〕先经修改,嘉庆十九年〔1814〕始将原例"用一百斤重枷,枷号一个月",改为"重枷"。惟此等妄叫冤枉辱骂问官之事,近年亦属罕见,即使有犯,均有各本律例可资援引,无庸纂立专条,应即删除。

6.21.326 佐职统属骂长官/21.287 佐职统属骂长官

律文·修改

大清律例

6.21.326.1 凡首领官及统属官骂五品以上长官,杖八十;若骂六品以下长官,减三等。笞五十。佐贰官骂长官者,又各减二等。五品以上,杖六十;六品以下,笞三十。并亲闻乃坐。

现行刑律

21.287.0 凡首领官及统属官骂五品以上长官,处八等罚;若骂六品以下长官,减三等。处五等罚。佐贰官骂长官者,又各减二等。五品以上,处六等罚;六品以下,处三等罚。并亲闻乃坐。

现行刑律案语

原律(略)

臣等谨按:此仍《明律》,顺治三年〔1646〕改律末"并亲闻乃坐"五字小注为律文,并另添小注。惟笞、杖照章罚金,自应依数分等处罚。谨将修改律文、律注开列于后。

○修改(略)

6.21.327 奴婢骂家长 / 21.288 雇工人骂家长

律文 · 修改

大清律例

6.21.327.1 凡奴婢骂家长者，绞；监候。骂家长之期亲及外祖父母者，杖八十、徒二年；大功，杖八十；小功，杖七十；缌麻，杖六十。若雇工人骂家长者，杖八十、徒二年；骂家长期亲及外祖父母，杖一百；大功，杖六十；小功，笞五十；缌麻，笞四十。并亲告乃坐。以分相临，恐有谗间之言，故须亲闻。以情相与，或有容隐之意，故须亲告。

现行刑律

21.288.0 凡雇工人骂家长者，徒二年；骂家长期亲及外祖父母，处十等罚；大功，处六等罚；小功，处五等罚；缌麻，处四等罚。并亲告乃坐。以分相临，恐有谗间之言，故须亲闻。以情相与，或有容隐之意，故须亲告。

现行刑律案语

原律（略）

臣等谨按：此仍《明律》，顺治三年〔1646〕改律末"并须亲告乃坐"六字小注为律文，另添小注。惟查《比引律条》有"奴婢诽谤家长，比依骂家长律，绞"一条，自应修并入律，兹拟于律首"监候"下添注"诽谤者，罪同"五字，以省繁冗。笞、杖照章罚金，应依数分等处罚。徒罪附杖应节删。谨将修改律文、律注，开列于后。

〇修改

凡奴婢骂家长者，绞；监候。诽谤者，罪同。骂家长之期亲及外祖父母者，徒二年；大功，处八等罚；小功，处七等罚；缌麻，处六等罚。若雇工人骂家长者，徒二年；骂家长期亲及外祖父母，处十等罚；大功，处六等罚；小功，处五等罚；缌麻，处四等罚。并亲告乃坐。以分相临，恐有谗间之言，故须亲闻。以情相与，或有容隐之意，故须亲告。

核订现行刑律

原修改律文（略）

谨按：奴婢詈主，《唐律》处流，《明律》改绞，本非古法。至以诽谤而入死罪，尤为过于严厉，且奴婢罪名，现改照雇工人问拟，律文"奴婢"一节应即节删，本条律目应即改为"雇工人骂家长"，以归一律。谨将修改律目、律文，开列于后。

〇修改

21.288 雇工人骂家长律文（略）

6.21.328 骂尊长 / 21.289 骂尊长

律文·修改

大清律例	现行刑律
6.21.328.1 凡骂(内、外)缌麻兄姊,笞五十;小功兄姊,杖六十;大功兄姊,杖七十。尊属,(兼缌麻、小功、大功。)各加一等。若骂(期亲同胞)兄姊者,杖一百;伯叔父母、姑、外祖父母,各加(骂兄姊)一等。并须亲告乃坐。(弟骂兄妻,比照殴律,加凡人一等。)	21.289.0 凡骂(内、外)缌麻兄姊,处五等罚;小功兄姊,处六等罚;大功兄姊,处七等罚。尊属,(兼缌麻、小功、大功。)各加一等。若骂(期亲同胞)兄姊者,处十等罚;伯叔父母、姑、外祖父母,各加(骂兄姊)一等。并须亲告乃坐。(弟骂兄妻,比照殴律,加凡人一等。)

现行刑律案语

原律(略)

臣等谨按:此仍《明律》,顺治三年〔1646〕改律末"并须亲告乃坐"六字小注为律文,并另添小注,乾隆五年〔1740〕增定。惟笞、杖照章罚金,自应依数分等处罚。谨将修改律文,开列于后。

〇修改(略)

6.21.329 骂祖父母父母 / 21.290 骂祖父母父母

律文·修改

大清律例	现行刑律
6.21.329.1 凡骂祖父母、父母,及妻妾骂夫之祖父母、父母者,并绞。须亲告乃坐。	21.290.0 凡骂祖父母、父母,及妻妾骂夫之祖父母、父母者,并绞。(监候,入于秋审情实。)须亲告乃坐。(义子骂义父母,罪同。若既聘未娶子孙之妇骂舅姑,照子孙违犯教令律治罪。)

现行刑律案语

原律(略)

臣等谨按:此仍《明律》。惟查《比引律条》有"义子骂义父母者,比依子孙骂祖父母律立绞""既聘未娶子孙之妇骂舅姑者,比依子孙违犯教令律杖一百"两条,自应依类修入。兹拟于律末添注"义子骂义父母,罪同。若既聘未娶子孙之妇骂舅姑,照子孙违犯教令律治罪",以省繁冗。至律称"绞"者,皆指"立绞"而言,新章绞决已

改绞候、入实，亦应照章修改。谨将修改律文、律注，开列于后。

〇修改

凡骂祖父母、父母及妻妾骂夫之祖父母、父母者，并绞监候，入于秋审情实。须亲告乃坐。义子骂义父母，罪同。若既聘未娶子孙之妇骂舅姑，照子孙违犯教令律治罪。

核订现行刑律

原修改律文（略）

谨按：律内"监候，入于秋审情实"八字，应改小注，以符体例。谨将修改律文，开列于后。

〇修改（略）

条例·仍旧

大清律例	现行刑律
6.21.329.(1)〔毁骂祖父母父母等告息词者〕	21.290.(1)〔毁骂祖父母父母等告息词者〕 一、凡毁骂祖父母、父母，及夫之祖父母、父母，告息词者，奏请定夺。再犯者，虽有息词，不与准理。若祖父母、父母听信后妻、爱子蛊惑，谋袭官职、争夺财产等项，捏告打骂者，究问明白，不拘所犯次数，亦与辩理。

现行刑律案语

原例（略）

〇仍旧

臣等谨按：此例应仍其旧，理合陈明。

6.21.330 妻妾骂夫期亲尊长 / 21.291 妻妾骂夫期亲尊长

律文·修改

大清律例	现行刑律
6.21.330.1 凡妻妾骂夫之期亲以下、缌麻以上内、外尊长，与夫骂罪同。妾骂夫者，杖八十；妾骂妻者，罪亦如之；若骂	21.291.0 凡妻妾骂夫之期亲以下、缌麻以上内、外尊长，与夫骂罪同。妾骂夫者，处八等罚；妾骂妻者，罪亦如之；若骂妻

妻之父母者，杖六十。并须亲告乃坐。律无妻骂夫之条者，以闺门敌体之义恕之也。若犯，拟不应笞罪可也。	之父母者，处六等罚。并须亲告乃坐。律无妻骂夫之条者，以闺门敌体之义恕之也。若犯，拟不应轻罪可也。

现行刑律案语

原律（略）

臣等谨按：此仍《明律》，顺治三年〔1646〕改律末"并须亲告乃坐"六字小注为律文，并另添小注。惟杖罪照章罚金，应依数分等处罚。至"不应拟笞"，系属事理之轻者，应改"笞罪"为"轻罪"。谨将修改律文、律注，开列于后。

〇修改（略）

6.21.331 妻妾骂故夫父母 / 21.292 妻妾骂故夫父母

律文·修改

大清律例	现行刑律
6.21.331.1 凡妻妾夫亡改嫁，其义未绝。骂故夫之祖父母、父母者，并与骂舅姑罪同。按妻若夫在被出，与夫义绝，及姑、妇俱改嫁者，不用此律。又子孙之妇守志在室，而骂已改嫁之亲姑者，与骂夫期亲尊属同。若嫡、继、慈、养母已嫁，不在骂姑之例。〇6.21.331.2 若奴婢转卖与人，其义已绝。骂旧家长者，以凡人论。其赎身奴婢骂旧家长者，仍依骂家长本律论。	21.292.0 凡妻妾夫亡改嫁，其义未绝。骂故夫之祖父母、父母者，并与骂舅姑罪同。按妻若夫在被出，与夫义绝，及姑、妇俱改嫁者，不用此律。又子孙之妇守志在室，而骂已改嫁之亲姑者，与骂夫期亲尊属同。若嫡、继、慈、养母已嫁，不在骂姑之例。

现行刑律案语

原律（略）

〇仍旧

臣等谨按：此律应仍其旧，理合陈明。

核订现行刑律

原仍旧律文（略）

谨按：本律第二节系指转卖之奴婢而言，现申明卖买人口之禁，以后自不容再有转卖之事。至小注"赎身奴婢"一层，"奴婢殴家长"门内自有本例可循，应请一并节删。谨将修改律文，开列于后。

〇修改（略）

国家出版基金项目
NATIONAL PUBLICATION FOUNDATION

大清律例源流辑校

《大清律例》《大清现行刑律》合编

附《大清现行刑律案语》《核订现行刑律》

上册

陈颐 洪佳期 点校

法律出版社
LAW PRESS·CHINA
北京

图书在版编目(CIP)数据

《大清律例》《大清现行刑律》合编 : 附《大清现行刑律案语》《核订现行刑律》: 全三册 / 陈颐, 洪佳期点校. -- 北京 : 法律出版社, 2022

(大清律例源流辑校)

ISBN 978-7-5197-7097-6

Ⅰ. ①大… Ⅱ. ①陈… ②洪… Ⅲ. ①清律-汇编 Ⅳ. ①D929.49

中国版本图书馆 CIP 数据核字(2022)第 169907 号

《大清律例》《大清现行刑律》合编(附《大清现行刑律案语》《核订现行刑律》)(全三册)

《DAQING LÜLI》《DAQING XIANXING XINGLÜ》HEBIAN (FU《DAQING XIANXING XINGLÜ ANYU》《HEDING XIANXING XINGLÜ》)(QUAN SAN CE)

陈 颐
洪佳期 点校

责任编辑 张雪纯 张 岩
装帧设计 李 瞻

出版发行 法律出版社
编辑统筹 重大项目办公室
责任校对 晁明慧
责任印制 吕亚莉
经　　销 新华书店

开本 710 毫米×1000 毫米 1/16
印张 96.25 **字数** 1523 千
版本 2022 年 12 月第 1 版
印次 2022 年 12 月第 1 次印刷
印刷 北京虎彩文化传播有限公司

地址:北京市丰台区莲花池西里 7 号(100073)
网址:www.lawpress.com.cn
投稿邮箱:info@lawpress.com.cn
举报盗版邮箱:jbwq@lawpress.com.cn

销售电话:010-83938349
客服电话:010-83938350
咨询电话:010-63939796

书号:ISBN 978-7-5197-7097-6

定价:598.00 元(全三册)

凡购买本社图书,如有印装错误,我社负责退换。电话:010-83938349

整 理 说 明

清末修律，从《大清律例》中删改出了《钦定大清现行刑律》。从“律例”定名为“刑律”，与清末修律接受“分别民刑”的观念[①]密不可分，也由此可以将之作为清末修律中刑事立法的分支看待。清末修律的刑事立法，其最重要的成果当属《钦定大清现行刑律》（通称“现行刑律”）与《钦定大清刑律》（通称“新刑律”）。但就两部刑律的制定来看，“现行刑律”的制定似乎并不在修订法律馆最初的计划中，而是因为“新刑律”制定受挫、旧律已不能不改不得不改之时的“过渡之用”。只是因为历史的进程的加速，这一“过渡之用”的“现行刑律”的生效期不过八个月，实际使用可能仅有三个月，未能尽到“过渡之用”。[②]

对于旧律（《大清律例》）来说，“现行刑律”的制定作为同治九年（1870）年修例以来40年间唯一一次大规模修例活动，其“删约旧例”对于旧律无疑具有重要的贡献。从编定“现行刑律”的实际效果来看，条例数量由同治九年（1970）的1907条[③]减为939条，删去了968条，删除的条例占到了原例的50.7%；从律文附例情形看，同治九年《大清律例》285条律文有附例，附例律文占全部律文的65.4%，“现行刑律”减为210条，附例律文所占比重减为54%；从条例文字来看，修订后了条例文字亦清减不少。[④] 律文律注抵牾、律例扞格、规则繁复等情形大体上都得以清理。

以旧律学的视角来看，“现行刑律”之编定，可谓中国旧律最后之总成。以新法学的眼光开看，“现行刑律”也完整吸纳了此前刑制改革、司法制度与司法机构改革、官制改革、预备立宪的一些举措、废除奴婢制度、消除满汉畛域等一系列改革成果，大致可以示明旧律容纳新法、新时代的限度。本书将《大清律例》与《钦定大清现行刑律》对照合刊，附以历次删改案语，其意即在完整呈现“现行刑律”的这两个面向，

---

① 陈新宇：《“分别民刑”考——以〈大清现行刑律〉之编纂为中心》，载《法制史研究》第10期。

② 《钦定大清现行刑律（点校本）》，陈颐点校，北京大学出版社2017年版，“序”。

③ 《清史稿·刑法志》称同治九年《大清律例》共有条例1892条，沈家本为薛允升《读例存疑》所作序文亦称“同治九年修定之本凡条例一千八百九十二条”。而薛允升《读例存疑》实收条例1907条，整理者逐条点算《大清律例（同治九年）》，亦为1907条。分别参见赵尔巽等：《清史稿》第15册，中华书局1976年版，卷一百四十二·志一百十七·刑法一，第4186页；（清）薛允升：《读例存疑（重刊本）》第1册，黄静嘉编校，台北成文出版社有限公司1970年版，第4页、第60页；《大清律例（同治九年）》，陈颐点校，法律出版社2022年版，“点校说明”。

④ 比对《大清律例（同治九年）》与《钦定大清现行刑律》“名例”附例修改、修并前后情形（不含删除、续纂情形），原例109条12，235字，修改、修并后102条10，022字，字数删减了18.1%；修改、修并前条例平均每条112字，修改、修并后平均每条98字，平均每条长度删减了12.5%。

为更深入了理解近代中国法制转型提供重要的文献基础。

虽然"现行刑律"编定工作的正式启动,要晚至光绪三十四年(1908),[①]但《大清律例》的删改工作在光绪三十一年(1905)就开始了。光绪三十一年(1905)三月十三等日,修订法律大臣奏定删除律例,其中条例删除333条、比引律条删除10条,律文删除1条("军籍有犯"),合计删除344条;光绪三十三年(1907)十二月初七日,修订法律大臣奏定《满汉通行刑律》,其中律文删除1条("犯罪免发遣"),条例删除39条、移改1条、修改7条、修并1条,合计删除、移改、修改、修并共49条。

宣统元年(1909年)八月二十九日,修订法律大臣沈家本、俞廉三将修订后的《现行刑律》缮写黄册(《大清现行刑律案语》)上呈御览。此次修订删除律文27条,[②]条例仍旧208条,修改633条(原例629条)、修并86条(原例175条、比引律条15条)、移改46条(原例49条)、并入1条、移出13条、移并25条(原例34条,含督捕例14条),删除条例440条、比引律条5条、督捕例96条,续纂36条。

宣统元年十二月二十三日,核议勘正后的内容缮写黄册(《核订现行刑律》)上呈御览。此次核议勘正,律文删除19条、[③]修复1条("私役部民夫匠"),条例删除73条、修复2条、修并6条(原14条)、移改6条、修改88条(原87条)、续纂3条。

宣统二年(1910)四月初七日,编查馆、修订法律大臣呈进《现行刑律》黄册定本,该定本在《核订现行刑律》基础上,修改律文2条,删除条例10条,修改条例54条。[④]

在这一意义上,"现行刑律"的编定,或可视为与"新刑律"编纂同时交错展开的修律工作,[⑤]本书的整理,亦可供"新刑律"研究者对勘。[⑥]

---

① 光绪三十四年(1908)正月二十九日,修订法律大臣沈家本、俞廉三奏请编定《现行刑律》,确定了具体修订方式。光绪三十四年五月二十八日,编查馆会同法部奏准补充具体修订办法,《现行刑律》全面修订工作的正式启动。参见"修订法律大臣拟请拟请编定《现行刑律》以立推行新律基础折""奕劻等遵旨议奏沈家本等《奏请编定〈现行刑律〉》折",载本书附录三。

② 分别为流囚家属、流犯在道会赦、工乐户及妇人犯罪、充军地方、官员赴任过限、照刷文卷、磨勘卷宗、封掌印信、丁夫差遣不平、隐蔽差役、逃避差役、私役部民夫匠、监临势要中盐、阻坏盐法、私矾、舶商匿货、内府工作人匠替役、边境申索军需、公侯私役官军、递送逃军妻女出城、私出外境及违禁下海、公使人等索借马匹、起除刺字、军民约会词讼、诬告充军及迁徙、私受公侯财物、徒囚不应役诸条。

③ 分别为天文生有犯、大臣专擅选官、文官不许封公侯、无故不朝参公座、奸党、任所置买田宅、同姓为婚、良贱为婚姻、朝见留难、夜禁、私越冒度关津、诈冒给路引、私役弓兵、占宿驿舍上房、良贱相殴、良贱相奸、搬做杂剧、徒流人逃、有司官吏不住公廨诸条。

④ 参见本书附录八"《钦定大清现行刑律》历次修纂表"。

⑤ "新刑律"第一份草案通说认为完成于光绪三十一年(1905),参见黄源盛辑注:《晚清民国刑法史料辑注》(上),元照出版公司2010年版,第3~34页;赵秉志、陈志军编:《中国近代刑法立法文献汇编》,法律出版社2016年版,第3~22页。也有观点主张脱稿于光绪三十二年(1906),参见孙家红:《清末章董氏〈刑律草案〉稿本的发现和初步研究》,载《华中科技大学学报(社会科学版)》2010年第3期;陈新宇:《〈钦定大清刑律〉新研究》,载《法学研究》2011年第2期。

⑥ 关于新刑律立法史料,已有高汉成教授完整的汇录、整理。参见高汉成主编:《〈大清新刑律〉立法资料汇编》,社会科学文献出版社2013年版;《"大清新刑律"立法资料补编汇要》,中国社会科学出版社2016年版。

现就整理工作说明如下：

一、本书使用对照合刊形式，左栏为《大清律例》律例，右栏为《钦定大清现行刑律》律例。律文如“现行刑律”仍旧未改者，仍保留两栏对照。例文系“现行刑律”删除，或“现行刑律”续纂者，则通栏排版。例文未改（“仍旧”）者，亦以通栏排版，但同时列明相应《大清律例》《钦定大清现行刑律》编号、例目。各栏首行皆标注“大清律例”或“现行刑律”。所附《大清删除新律例》（本书简称“删除律例”）、《遵议满汉通行刑律》（本书简称“满汉通行刑律”）、《大清现行刑律案语》（本书简称“现行刑律案语”）、《核订现行刑律》、《编查馆会奏现行刑律修改各条清单》（本书简称“会奏修改各条”）各按语①皆通栏排版，各栏首行皆标明相应简称。

二、全书律例先依据《大清律例》律目顺序排列。律下附例，则先依据《钦定大清现行刑律》律下附例顺序排列，以清晰呈现条例修订情形；而后列入《大清律例》该律目下移改、移并、移隶他律目下的条例，其顺序依据《大清律例（同治九年）》本排列；最后则是该律目下删除的条例，其顺序仍依《大清律例（同治九年）》本排列。②

三、为避免烦冗，“删除律例”“满汉通行刑律”“现行刑律案语”“核订现行刑律”“会奏修改各条”所列《大清律例》原文皆略而不录，其修改、移改、移并等项，如修改、移改、移并之后的文字与《钦定大清现行刑律》相同，亦略而不录。③“现行刑律案语”“核订现行刑律”“会奏修改各条”的修订，通常抄录前一次（分别对应为“满汉通行刑律”“现行刑律案语”“核订现行刑律”）原修改律文，原修改、修并、移改、移并例文，因与前一次修订文字相同，同样略而不录。同一条案语涉及不同律文、条例的，则仅在该案语涉及的第 1 条《大清律例》律文或条例下附载案语全文，涉及的其他律文或条例下则以“见……条”的形式标明。

四、由于《大清律例》《钦定大清现行刑律》原本律例皆无编号，不便于本书律目下条例的排序，也不便于检索及参引，本书因此采用整理者点校出版的《大清律例（同治九年）》《钦定大清现行刑律（点校本）》的编号系统。

（一）《大清律例（同治九年）》编号规则如下：

1. 全部 7 编、30 门及 436 条律目均以阿拉伯数字连续编号。如$^{3.8.144}$，即表示第 3 编“户律”8 门“课程”第 144 条“私茶”。因“名例”编下无门，为编号统一，“名例”编编为$^{1.1}$，如$^{1.1.18}$，即表示“名例”编第 18 条“犯罪存留养亲”。

2. 条例随所附之律目序号编号，所附条例在圆括号内以阿拉伯数字连续编号。如$^{3.8.141.(15)}$，即第 3 编“户律”第 8 门“课程”第 141 条“盐法”所附第 15 条条例“盐商雇募巡役不许私带鸟枪”。

---

① 其中，《大清删除新律例》各版本皆未著录按语，本书从缺，仅注明“删除律例”“删除”字样。

② 为省烦冗，同一条删除的案语涉及多条条例时，同一律目下的条例虽原本序号不相连，仍对应案语集中排列。

③ 个别条例最后修改版本与《钦定大清现行刑律》文字有出入者，则仍予以保留。

3. 律文中如原分若干条或如原有分节者(原书以符号“○”间隔),则在律文编号后以阿拉伯数字连续编号。律文中原分若干条者,如第3编“户律”第8门“课程”第141条“盐法”原分11条,则各条依序从1~11编号,如[3.8.141.4],即第3编“户律”第8门“课程”第141条“盐法”原分第4条;律文原有分节者(原书以符号“○”间隔)者,如第3编“户律”第8门“课程”第148条“人户亏兑课程”原分3节,则各节依序从1~3编号,如[3.8.148.3],即第3编“户律”第8门“课程”第148条“人户亏兑课程”第3节。

律文小注中有分节者,如以单行大字符号“○”间隔者,视为分节,予以编号;如以双行小字符号“○”间隔者,则不予编号。前者如第1编“名例”第39条“称与同罪”第1节末小注“斩、绞”二字后以单行大字符号“○”间隔,则小注“斩、绞”二字之后的小注“凡称同罪者,至死减一等;称罪同者,至死不减等”视为新节,予以编号[1.1.39.2];后者如第2编“吏律”第3门“公式”第73条“漏使印信”第3节(编号为[2.3.73.3])小注以双行小字符号“○”间隔,即不予编号。

律文如不分条、分节,则仍以阿拉伯数字“1”表示,如前所举[3.8.144.1]表示第3编“户律”第8门“课程”第144条“私茶”律文之例。

律文原分若干条下如仍有分节者(原书以符号“○”间隔)者,不在编号之列,如第3编“户律”第8门“课程”第141条“盐法”原分第1条、第6条、第7条、第8条等即是。

条例中偶有分节者,亦不在编号之列,如第6编“刑律”第20门“斗殴”第319条“殴祖父母父母”所附第6条条例“义子于义父母及义父之祖父母父母并期尊外祖父母有犯”[编号为[6.20.319(6)]]等即是。

4.《比引律条》《督捕则例》编号首部分别冠以字母[B]、字母[D],其后以阿拉伯数字连续编号。如编号[B.4]为《比引律条》第4条“男女定婚未曾过门私下通奸”;编号[D.35]为《督捕则例》第35条“旗人契买民人”。①

(二)因《钦定大清现行刑律》删去“吏律”“户律”“礼律”“兵律”“刑律”“工律”六编名目,故编号规则上,《大清律例(同治九年)》为4段编码(编·门·律·律文/附例),《钦定大清现行刑律》则为3段编码(门·律·律文/附例),其余编号规则与《大清律例(同治九年)》相同。②

五、《大清律例》《钦定大清现行刑律》皆无例目,本书使用的例目皆为整理者自拟,与整理者点校出版的《大清律例(同治九年)》(法律出版社2022年版)、《钦定大清现行刑律(点校本)》(北京大学出版社2017年版)使用的例目相同。

---

① 《大清律例(同治九年)》,陈颐点校,法律出版社2022年版,“点校说明”。

② 整理者点校的《钦定大清现行刑律(点校本)》为区分律文与条例,在律目编号后以律文以阿拉伯数字0表示律文,较为烦琐,本书不采。参见《钦定大清现行刑律(点校本)》,陈颐点校,北京大学出版社2017年版,“点校说明”。

六、《大清律例(同治九年)》卷首所载服制图、服制,《钦定大清现行刑律》相沿未改。因历次修订未曾专门涉及,本书因此亦不载。

七、本书使用底本情况如下:

(一)本书使用的《大清律例》采用涵盖光绪末年变法修律前最后一次纂修条例内容的同治九年《大清律例》。同治九年武英殿刻本《大清律例》共39卷26册,含《大清律例》39卷附卷首1卷、《比引律条》1卷共18册,《督捕则例》2卷2册,《洗冤录》4卷附《验骨格》1卷共2册,《三流道里表》不分卷4册。该版系以道光二十七年(1847)《大清律例》武英殿递修本为底版,将咸丰二年(1852)、同治九年(1870)刑部刊刻的两版《大清律纂修条例》所载条例分门别类附刊于原本各条之后。整理者将咸丰二年、同治九年的所有修改、修并、续纂条例补入相应位置,删去原条例,条例次序仍一依原书,续纂条例按咸丰二年、同治九年原书次序附入相应律例之后,重新整理、点校,添注律例编号,酌拟例目,以《大清律例(同治九年)》为名由法律出版社于2022年出版,为本书使用的《大清律例》底本。

(二)《钦定大清现行刑律》系宣统二年(1910)七月由修订法律馆以仿武英殿聚珍版式样刊刻,经整理者点校,添注律例编号,酌拟例目,于2017年由北京大学出版社出版,为本书使用的"现行刑律"底本。

(三)《大清删除新律例》见于修订法律大臣奏《请先将例内应删各条分次开单进呈》折所附清单,载《大清光绪新法令》第15册(商务印书馆1910年版),即本书使用底本。① 另有京都撷华书局1905年铅印本(题为《删除律例》)、上海书局1906年石印本(题为《钦定删除大清新律例(后附大清商律)》)②,《沈家本全集》第1卷以"刑部奏删新律例"为题全文收录。③

(四)《遵议满汉通行刑律》有1907年修订法律馆铅印单行本,为本书底本。另见于修订法律大臣奏《遵议满汉通行刑律》折(附片二并清单)。④

(五)《大清现行刑律案语》有1909年修订法律馆铅印本39卷,为本书底本。⑤ 另有普政社1911年铅印本与民初的版本传世(出版者、出版时间、地点不详)。

(六)《核订现行刑律》有1909年修订法律馆铅印本6卷,为本书底本。⑥ 另有

---

① 点校本,参见上海商务印书馆编译所编纂:《大清新法令(1901—1911)点校本》第1卷,李秀清、孟祥沛、汪世荣点校,商务印书馆2010年版,第195~284页。

② 书名页题名为"大清删除新律例"。

③ 载徐世虹主编:《沈家本全集》第1卷,中国政法大学出版社2010年版,第3~69页。

④ 载《大清光绪新法令》第15册,商务印书馆1910年版。点校本参见上海商务印书馆编译所编纂:《大清新法令(1901—1911)点校本》第1卷,李秀清、孟祥沛、汪世荣点校,商务印书馆2010年版,第315~340页。

⑤ 《续修四库全书》第864册全文影印。

⑥ 《续修四库全书》第865册全文影印。另,《大清现行刑律案语》与《核订现行刑律》合称为《钦定大清现行新律例》,《续修四库全书》影印二书即使用这一题名。

清宣统年间铅印本4册,出版者不详,书名页、书口皆作“核订现行刑律”,封面题名则为《大清新法律》。

(七)《编查馆会奏现行刑律修改各条清单》连载于《政治官报》宣统二年四月十七日第922号至四月二十三日第928号,为本书底本。

八、原书为竖排,现改为简体横排;原书双行排印部分,仍保留双行排印格式。

九、原书中繁体字、异体字均改为现代汉语通用简化字。

十、原书偶有显系误字者,则在正文中径行校正。

十一、原书使用年号纪年的,在圆括号(　)内标明公元纪年。

总　目

上　册

中　册

下　　册

上册目录

1 名例律

2 吏　律

3 户　律

4 礼 律

1 名例律

1.1 名例 名者，五刑之罪名；例者，五刑之体例也。 / 1 名例 名者，五刑之罪名；例者，五刑之体例也。

1.1.1 五刑 / 1.1 五刑

律文·修改

大清律例	现行刑律
1.1.1.1 笞刑五：笞者，击也，又训为耻，用小竹板。	1.1.1 罚金刑十：
一十；折四板。	一等罚。银五钱。○收赎折半。下同。
二十；除零折五板。	二等罚。银一两。
三十；除零折一十板。	三等罚。银一两五钱。
四十；除零折一十五板。	四等罚。银二两。
五十；折二十板。	五等罚。银二两五钱。
1.1.1.2 杖刑五：杖重于笞，用大竹板。	六等罚。银五两。
六十；除零折二十板。	七等罚。银七两五钱。
七十；除零折二十五板。	八等罚。银十两。
八十；除零折三十板。	九等罚。银十二两五钱。
九十；除零折三十五板。	十等罚。银十五两。
一百。折四十板。	
1.1.1.3 徒刑五：徒者，奴也，盖奴辱之。	1.1.2 徒刑五：
一年、杖六十；	一年。依限工作。○收赎银十两。
一年半、杖七十；	一年半。依限工作。○收赎银十二两五钱。
二年、杖八十；	二年。依限工作。○收赎银十五两。
二年半、杖九十；	二年半。依限工作。○收赎银十七两五钱。
三年、杖一百。	三年。依限工作。○收赎银二十两。

1.1.1.4 流刑三：不忍刑杀，流之远方。

二千里、杖一百；

二千五百里、杖一百；

三千里、杖一百。

1.1.1.5 死刑二：

绞；

斩。内外死罪人犯，除应决不待时外，余俱监固，候秋审、朝审，分别情实、缓决、矜疑，奏请定夺。

1.1.3 流刑三：

二千里。工作六年。○收赎银二十五两。

二千五百里。工作八年。○收赎银三十两。

三千里。工作十年。○收赎银三十五两。

1.1.4 遣刑二：

极边足四千里及烟瘴地方安置。俱工作十二年。

新疆当差。工作十二年。○收赎银数俱与满流同。

1.1.5 死刑二：

绞。

斩。内外死罪人犯，除应决不待时外，余俱监固，候秋审分别情实、缓决、矜疑，奏请定夺。○收赎银四十两。

现行刑律案语

原律(略)

臣等谨按：五刑之名始见虞书，三代承之。自汉文帝除肉刑，改劓与斩左止并为笞，斩右止为弃市，由是五刑之法，不具其名，亦遂亡。魏晋以降，咸沿汉制。迨至北齐，其刑名为死刑、流刑、刑罪、鞭杖，始复分为五。北周改刑罪为徒刑。隋开皇复去鞭而加笞，以笞、杖、徒、流、死为五刑。自唐迄今，遵循勿替。此古今沿革之大略也。国朝因明之旧，流罪之上，增入军、遣，刑名之目，并不止五。且光绪二十九年〔1903〕经刑部奏请，删除充军名目，将附近、近边、边远并入三流，极边、极边、烟瘴改为安置，仍与当差并行。是年，复经刑部议复升任山西巡抚赵尔巽奏《通设罪犯习艺所》折，内声明“徒犯毋庸发配，概行收入习艺所，按照徒限工作。流罪各犯，如系常赦所不原者，照例发配、到配，一律收所习艺。流二千里者，限工作六年；二千五百里者，工作八年；三千里者，工作十年。若为常赦所得原者，毋庸发配，即在本省收所习艺工作，年限照前科算，限满释放。遣、军亦照满流科断”。又三十一年〔1905〕修订法律馆核议原任两江总督刘坤一、升任湖广总督张之洞会奏《恤刑狱》折，内“拟请笞杖等罪仿照外国罚金之法，凡律例内笞五十以下，改为罚银五钱以上、二两五钱以下；杖六十者，改为罚银五两；每一等加二两五钱，以次递加，至杖一百改为罚银十五两而止”。又刑部附片奏请将军流徒人犯应得加杖，概予宽免各等因。先后奉旨允准在案。盖笞、杖已全属换刑，徒、流亦经变通办理，是五刑之名虽仍其旧，其实自死刑以下办法，俱与本律不同，自应酌加厘正，以归画一。查旧律笞、杖本为二项，既改罚金，势难强为区判，拟即改为十等罚，列为一项；又安置与当差，俱属遣罪，不过内外之殊，拟即以遣罪列为一项，酌照原定年限增为工作十二年而以当差、安置，分别合之徒、流、死三项，仍符五刑之数。原律徒、流刑下小注，与现在办法不同，应行删去。至赎刑之制，其源甚古。明沿唐律，改铜斤为钱贯，酌定应赎数目，分注五刑条下，嗣以收赎、纳赎制度紊杂，另于律首辑为专图。国朝因之，而于五刑，本律遂不载应赎银数。现在纳赎之法久已不行，收赎则银数太微，与新定罚赎各章程轻重，颇为不类。今拟折中定制，凡律应收赎人犯，如犯该杖罪以下，拟照奏定笞、杖罚银数目减折一半；犯该徒罪以上，拟照奏定妇女罚赎数目减折一半。若死罪应赎之数，查《明律》斩、绞赎铜钱四十二贯，其时钞法一贯合银一两，计需四十二两；《现行例》死罪人犯应准留养者，枷号两个月，责四十板；斗杀等案，追银二十两，给死者家属养赡，照现章枷号不计月日，应罚银五两，四十板即律文之杖一百，应罚银十五两，合计须出银四十两。今于死罪条下，拟即按照《明律》及《现行留养条例》，定为赎银四十两，与满流银数尚不至两相参差，其各等应赎数目，亦附注于五刑本条，以便引用。谨将修改律文，开列于后。

〇修改

五刑

罚刑十：

一等罚。银五钱。〇收赎折半。下同。

二等罚。银一两。

三等罚。银一两五钱。

四等罚。银二两。

五等罚。银二两五钱。

六等罚。银五两。

七等罚。银七两五钱。

八等罚。银十两。

九等罚。银十二两五钱。

十等罚。银十五两。

徒刑五：

一年。依限工作。〇收赎银十两。

一年半。依限工作。〇收赎银十二两五钱。

二年。依限工作。〇收赎银十五两。

二年半。依限工作。〇收赎银十七两五钱。

三年。依限工作。〇收赎银二十两。

流刑三：

二千里。工作六年。〇收赎银二十五两。

二千五百里。工作八年。〇收赎银三十两。

三千里。工作十年。〇收赎银三十五两。

遣刑二:

极边足四千里及烟瘴地方安置。俱工作十二年。

新疆当差。工作十二年。〇收赎银数,俱与满流同。

死刑二:

绞。分别情实、缓决、矜疑,奏请定夺。〇收赎银四十两。

斩。内外死罪人犯,除应决不待时外,余俱监固,候秋审、朝审,分别情实、缓决、矜疑,奏请定夺。〇收赎银四十两。

核订现行刑律

原修改律文

罚刑十(略)

谨按:上例十等,即新章之"罚金"子目,改为罚刑,自系省文。惟罚金始于汉律,厥源已古,且五刑均备惩罚之用,节去"金"字,转涉混淆,仍应增入。谨将修改律文,开列于后。

〇修改

五刑

罚金刑十:

一等罚。银五钱。〇收赎折半。下同。

二等罚。银一两。

三等罚。银一两五钱。

四等罚。银二两。

五等罚。银二两五钱。

六等罚。银五两。

七等罚。银七两五钱。

八等罚。银十两。

九等罚。银十二两五钱。

十等罚。银十五两。

条例·续纂、修改、移改

现行刑律

1.1.(1)〔罚金刑无力完缴收所工作〕

一、凡处罚金刑,无力完缴者,收入习艺所工作。应罚一两,折工作四日,以次递加,限满开释。

现行刑律案语

〇续纂(略)

臣等谨按:光绪三十一年〔1905〕修订法律馆核议原任两江总督刘坤一、升任湖广总督张之洞会奏《恤刑狱》折,内"拟请嗣后笞杖等罪仿照外国改为罚金,如无力完纳者,折为作工,应罚一两,折作工四日,以次递加,至十五两折作工六十日而止。旗人有犯照民人一律科断"等因。奉旨:"依议。钦此。"钦遵通行在案。自应纂入例册,以资遵用。

现行刑律

1.1.(2)〔妇女犯该徒流遣论赎及无力完缴折工〕

一、凡妇女犯罚金罪名,依律处罚。其犯该徒流以上,除犯奸及例内载明应收所习艺者,一律按限工作,不准论赎外,其寻常各案,准其赎罪。徒一年,赎银二十两,每等加银五两,至徒三年,赎银四十两;流二千里,赎银五十两,每等加银十两,至流三千里,赎银七十两。应安置发遣者,照满流科断。如无力完缴,按银一两折工作四日。其未设有女犯习艺所地方,照工作时日改为监禁。俱限满释放。

现行刑律案语

〇续纂

一、凡妇女犯罚金罪名,依律处罚。其犯该徒流以上,除例内载明应收所习艺者,一律按限工作,不准论赎外,其寻常各案,准其赎罪。徒一年,赎银二十两,每等加银五两,至徒三年,赎银四十两;流二千里,赎银五十两,每等加银十两,至流三千里,赎银七十两。应安置发遣者,照满流科断。如无力完缴,按银一两折工作四日。其未设有女犯习艺所地方,照工作时日改为监禁。俱限满释放。

臣等谨按:光绪三十一年〔1905〕修订法律馆具奏《变通妇女犯罪收赎银数》一折,内称"妇女收赎之法,始见《明律》国朝,因之于权衡轻重之中,寓保全名节之意,洵系旷典。惟收赎诸图,泥于往古赎铜之制,其数甚微。现在笞杖改为罚金,满杖即应十五两,本属折中之数,而律图收赎满流仅四钱五分,即纳赎,亦不过一两三钱,相衡之下,轻重悬殊。议请嗣后妇女犯罪,除笞、杖照新章一律改为罚金外,如犯该遣、军、流、徒,系不孝及奸盗诈伪等项旧例,应实发者,改为留于本地习艺所一体工作,以十年为限;应监禁者,照原定年限亦收入本地习艺所工作。其寻常各案,准其赎罪,徒一年,折银二十两,每五两为一等,五徒准此递加,由徒入流,每一等加十两,三流准此递加,遣、军照满流科断。如无力完缴,将应罚之数,照新章按银数折算时日,改习工艺。其各省尚未设立女犯习艺所以前,即照应得工作期限,暂予监禁"等因。奉旨:"依议。钦此。"钦遵通行在案。自应辑为通例,惟"遣、军"二字应改为"安置、发遣",以便引用。

编查馆会奏修改各条

原续纂例文(略)

谨按:宣统元年十二月二十三日〔1910年2月2日〕编查馆进呈《核订现行刑律》,内称"有关十恶,既为常赦所不原,奸罪各条,尤系风化人心所系,仿照窃盗办法,增入应处罚金刑者改拟工作"一条,是奸罪之应处罚金者,尚不能与平人一例同科,则奸罪内之应处徒以上刑者,更无转拟赎锾之理。本条自应于除笔增入"犯奸"一项,以符核定之本意。谨将修改例文,开列于后。

○修改(略)

现行刑律

1.1.(3)〔关系十恶犯奸等项应处罚金改拟工作〕

一、凡关系十恶、犯奸等项应处罚金罪者,按应罚之数,以一两折算四日,改拟工作。

核订现行刑律

○续纂(略)

谨按:笞、杖改拟罚金,本采用各国刑律,以示启发羞恶之心。惟中外立法本原不尽从同,中律笞、杖各罪,在各国仍应科以监禁或徒役者,若不随时补救,恐轻重倒置,适贻削趾受屦之讥。从前该大臣奏请变通窃盗改拟工作办法,亦即此意。惟笞、杖中之情节较重者,不仅窃盗一项,其有关十恶者,既为常赦所不原,至奸罪各条,尤系风化人心所系,如概拟赎锾,似涉轻纵。拟请仿照窃盗办法照章,以银一两折算四日,改拟工作,庶顽嚣之徒籍资惩肃也。

大清律例

1.1.1.(1)〔笞杖用竹板及竹板尺寸〕

一、凡笞、杖罪名折责,概用竹板,长五尺五寸。小竹板大头阔一寸五分、小头阔一寸,重不过一斤半。大竹板大头阔二寸、小头阔一寸五分,重不过二斤。其强盗、人命事件,酌用夹棍。

现行刑律

1.1.(4)〔刑讯用竹板及竹板尺寸〕

一、凡罪犯应死,证据已确,不肯供认,应行刑讯者,概用竹板,长五尺五寸,大头阔一寸五分,小头阔一寸,重不过一斤。每次刑责,不得过三十板。至初次讯供时,及徒流以下罪名,概不准刑讯。如有违例用刑者,该管上司即行据实参处。

现行刑律案语

原例（略）

臣等谨按：此条定笞杖之制，笞杖本系二刑，故有大小之别。自光绪三十一年〔1905〕三月间，修订法律馆议覆原任两江总督刘坤一等会奏《恤刑狱》折，内声称“除罪犯应死证据已确而不肯供认者，准其刑讯外，凡初次讯供时及徒流以下罪名，概不准刑讯，其笞杖等罪仿照外国改为罚银”等因。奏准在案。是笞杖业经停止，若应死罪人虽准刑讯，留笞一项已足行用，例首“笞杖罪名折责”句，自应照新章改定，并将杖之尺寸节删。至“夹棍”一层，现经酌议废除，亦应删去，添入每次应责板数，庶免任情敲扑之弊。至初次讯供及徒流以下罪名，不准刑讯，如有违例用刑者，即令该管上司据实参处，亦应于例内添叙明晰，以资遵守。谨将修改例文，开列于后。

〇修改（略）

大清律例	现行刑律
＊断狱·故禁故勘平人 6.28.396.(6)〔任意私设非刑及滥拷无辜之人并凌虐人犯致毙〕（略）	1.1.(5)〔刑具不得任意私设〕 一、凡问刑各衙门，除例载刑具外，不得任意私设。违者，按违制律科断。

现行刑律案语

〇移改（略）

见6.28.396.(6)〔任意私设非刑及滥拷无辜之人并凌虐人犯致毙〕条

现行刑律

1.1.(6)〔职官军民犯徒流以上捐赎〕

一、凡京外职官，下及军民人等，犯徒流以上，除诈伪、犯奸、略诱、和诱及常赦所不原外，准其捐赎。徒一年，三品以上官捐银一千两，四品官捐银五百两，五、六品官捐银四百两，七品以下及进士举人捐银三百两，贡监生员捐银二百两，平民捐银一百两；每徒一等，三品以上官加银二百五十两，四品官加银一百二十五两，五、六品官加银一百两，七品以下及进士举人加银六十五两，贡监生员加银五十两，平民加银三十五两。由徒入流，三品以上官以五百两为一等，满流赎银三千五百两；四品官以二百两为一等，满流赎银一千六百两；五、六品官以一百五十两为一等，满流赎银一千二百五十两；七品以下及进士举人以八十两为一等，满流赎银八百两；贡监生员犯流二千里，赎银四百六十两，每等加银七十两；平民犯流二千里，赎银二百七十两，每等加银四十五两。遣、置各照满流捐赎。俟银数完缴，俱准免罪。若斩、绞缓决各犯，如遇恩赦查办减等后,有呈请赎罪者,法部核准奏明,各照所减罪名捐赎。

现行刑律案语

〇续纂

一、凡京外职官,下及军民人等,犯徒流以上,非常赦所不原者,准其捐赎。徒一年,三品以上官捐银一千两,四品官捐银五百两,五、六品官捐银四百两,七品以下及进士举人捐银三百两,贡监生员捐银二百两,平民捐银一百两;每徒一等,三品以上官加银二百五十两,四品官加银一百二十五两,五、六品官加银一百两,七品以下及进士举人加银六十五两,贡监生员加银五十两,平民加银三十五两。由徒入流,三品以上官以五百两为一等,满流赎银三千五百两;四品官以二百两为一等,满流赎银一千六百两;五、六品官以一百五十两为一等,满流赎银一千二百五十两;七品以下及进士举人以八十两为一等,满流赎银八百两;贡监生员犯流二千里,赎银四百六十两,每等加银七十两;平民犯流二千里赎银二百七十两,每等加银四十五两。遣、置各照满流捐赎。俟银数完缴,俱准免罪。若斩、绞缓决各犯,如遇恩赦查办减等后,有呈请赎罪者,法部核准奏明,各照所减罪名捐赎。

臣等谨按:雍正十二年〔1734〕,户部会同刑部奏准《预筹运粮事例》,不论旗民,罪应斩、绞,非常赦所不原者,三品以上官照西安驼捐例捐运粮银一万二千两,四品官照营田例捐运粮银五千两,五、六品官照营田例捐运粮银四千两,七品以下进士举人照营田例捐运粮银二千五百两,贡监生照营田例捐运粮银二千两,平人照营田例捐运粮银一千二百两。其军流罪犯各减十分之四,三品以上捐运粮银七千二百两,四品官三千两,五、六品官二千四百两,七品以下进士举人一千五百两,贡监生一千二百两,平人七百二十两。徒罪以下各减十分之六,三品以上官捐运粮银四千八百两,四品官二千两,五、六品官一千六百两,七品以下进士举人一千两,贡监生八百两,平人四百八十两。俱准其免罪。嗣于乾隆十七年〔1752〕,西安布政使张若震以贡监及平民犯笞杖俱照徒罪以下捐赎,未免太重,奏请分别酌减。经刑部覆准通行。迨二十三年〔1758〕钦奉谕旨:"着将斩、绞缓决各犯纳赎之例,永行停止。俟遇有恩赦减等时,其惮于远行者,再准收赎。著为令。钦此。"嗣后,遂无斩、绞赎罪之例,即军流以下等犯照运粮事例捐赎者,亦累年不获一见。至光绪二十九年〔1903〕,刑部议覆升任山西巡抚赵尔巽奏请《各省通设罪犯习艺所》折,内"拟请凡贡监及平人犯罪呈请捐赎者,即照运粮事例赎罪,银数减半科算,仍按笞、杖、徒、流罪名分别等数办理。如贡监犯徒罪定例,赎银八百两酌减为四百两,按徒五等,以二百两起,每一等加五十两。平人犯徒罪定例,赎银四百八十两酌减为二百四十两,按徒五等,以一百两起,每一等加三十五两,俱以次递加。贡监犯军流定例,赎银一千二百两酌减为六百两,按流三(千里)〔等〕,以四百六十两起,每一等加七十两,至流三千里赎银六百两。平人犯军流定例,赎银七百二十两酌减为三百六十两,按流三等,以二百七十两起，每一等加四十五两，至流三千里赎银三百六十两。军罪俱照满流银数捐赎，其缓决减等人犯仍照原议赎罪，准其一体减半科算”等因。奉旨允行在案。数年以来，京外徒流人犯颇有照章捐赎者，惟刑部覆奏时，声明官员赎罪银数毋庸议减，意以职官而犯至徒流，揆诸知法犯法之条，诚不可不严其罚。但查《捐赎事例》，官员之于平民，其银数等差相悬本巨，况贪赃枉法等项，既为例所不准赎，则此之得准捐赎者，系属常赦得原之犯，其情罪尚轻，其处罚自不得独重此，而必取盈巨款，似非所以持情法之平。今亦拟将官员捐赎银数酌量减轻，与《贡监平人赎罪章程》一并辑为专条，以资引用。再刑部原奏，尚有贡监及平人犯笞杖照乾隆十七年〔1752〕所定捐赎银数酌量减半办法，惟查平人犯笞杖已有罚金通例，贡监犯笞杖例得许其收赎，此二层已属具文，毋庸纂入。合并声明。

会奏修改各条

原续纂例文(略)

谨按：此条系照光绪二十九年〔1903〕刑部议复升任山西巡抚赵尔巽《条陈犯罪习艺》折，内附订捐赎新章，增纂入例。向章本以常赦为断，此次修订将大赦纂入，律文范围稍广。惟编查馆续纂之例，既将罚金内之情节较重者，改处工作，则情节相类之应处徒以上刑者，自难轻予捐赎，致涉抵牾。拟请将例首“非常赦所不原”句改为“除诈伪、犯奸、略诱、和诱及常赦所不原外”，以归一律。谨将修改例文，开列于后。

〇修改(略)

条例·移改、移并

大清律例	现行刑律
1.1.1.(5)〔正月六月停刑〕 一、每年正月、六月俱停刑，内外立决重犯俱监固，俟二月初及七月立秋之后正法。其五月内交六月节，及立秋在六月内者，亦停正法。	*断狱·死囚覆奏待报 28.375.(2)〔正月六月停刑〕(略)

现行刑律案语

原例(略)

臣等谨按：此条应仍其旧。惟系专言停刑期内立决重犯暂停正法之例，似应移隶“死囚覆奏待报”门内，以归一类。谨将移改例文，开列于后。

〇移改

断狱·死囚复奏待报

28.375.(2)〔正月六月停刑〕(略)

大清律例

1.1.1.(12)〔僧道官及僧道有犯〕

一、僧道官有犯,径自提问。及僧道有犯奸、盗、诈伪,并一应赃私罪名,责令还俗,仍依律例科断。其公事失误、因人连累,及过误致罪者,悉准纳赎,各还职为僧、为道。

现行刑律

*名例·职官有犯

1.6.(6)〔僧道官及僧道有犯〕(略)

现行刑律案语

原例(略)

臣等谨按:此条系前明《问刑条例》,本系由"职官有犯"门移此。现在赎刑之目,既拟删除,应仍移附彼门,并将例内"纳赎"二字改为"罚赎"。谨将移改例文,开列于后。

〇移改

名例·职官有犯

1.6.(6)〔僧道官及僧道有犯〕(略)

大清律例

1.1.1.(14)〔犯官革职后另犯〕

一、凡文武官犯罪,本案革职,其笞、杖轻罪,毋庸纳赎。若革职后,另犯笞、杖罪者,照律纳赎。徒、流、军、遣,依例发配。有呈请赎罪者,刑部核其情节,分别准赎、不准赎二项拟定,奏明请旨,不得以"可否"字样双请入奏。其贪赃官役,概不准纳赎。

现行刑律

*名例·职官有犯

1.6.(2)〔犯官革后另犯之罪〕(略)

现行刑律案语

原例(略)

臣等谨按:此条系康熙年间《现行例》,后经节次改定。现在赎刑之目,既拟删除,应移附"职官有犯"门内。原例内称"革职后另犯徒流杂犯死罪,俱照有力图内数目纳赎,若无力的决发落"等语,《则例》内所云"纳赎",本指赎图内折银折谷而言。今此制久已不行,而捐赎事例自康熙中叶以后历经沿用。现拟纂为专条,例内呈请"赎罪"一语应改为"捐赎",以清界限。笞杖现改罚金,例内"另犯笞杖"等语,应照章改定，至职官犯徒发往军台效力赎罪，犯军流发遣新疆，本历来相沿办法，律例并无明文，应修为定例，以资援引。刑部应改法部。谨将移改例文，开列于后。

〇移改

名例·职官有犯

1.6.(2)〔犯官革后另犯之罪〕（略）

大清律例

1.1.1.(15)〔生员好讼多事〕

一、生员不守学规，好讼多事者，俱斥革，按律发落，不准纳赎。

1.1.1.(18)〔进士举贡监生及一切有顶带官等有犯〕

一、凡进士、举人、贡监生员及一切有顶带官，有犯笞、杖轻罪，照例纳赎。罪止杖一百者，分别咨参除名，所得杖罪免其发落。徒、流以上，照例发配。至生监犯罪，除应杖一百，及徒、流以上，并速议速题案内，无论笞、杖，均于办结后知照礼部外，其寻常律应纳赎之生监，应否褫革开复，会同礼部办理。

现行刑律

＊名例·职官有犯

1.6.(4)〔进士举人并贡监生员及一切有顶带官等有犯〕（略）

现行刑律案语

原例

1.1.1.(15)〔生员好讼多事〕（略）

1.1.1.(18)〔进士举贡监生及一切有顶带官等有犯〕（略）

臣等谨按：前条系生员好讼多事，犯虽笞杖不准纳赎之例；后条系进士、举、贡生监犯该笞杖，准其纳赎之例。现在赎刑之目，既拟删除，应移附“职官有犯”门内。原例不守学规，仅举好讼一端，似未为赅备，且进士、举人亦有好讼多事者，应一例不准收赎。此二条拟修并为一。新章徒流罪犯无论发配与否，俱应收所工作。生监以上人等，曾经论秀书升，似应与寻常人犯稍示区别。至停止科举以后，进士、举人、五贡生员，有由学堂出身者，统归学部管理，自应添入学部，庶免室碍。谨将移并例文，开列于后。

〇移并

名例·职官有犯

1.6.(4)〔进士举人并贡监生员及一切有顶带官等有犯〕（略）

条例·删除

大清律例

1.1.1.(2)〔夹棍拶指尺寸〕

一、夹棍,中梃木长三尺四寸,两旁木各长三尺,上圆下方,圆头各阔一寸八分,方头各阔二寸,从下量至六寸处,凿成圆窝四个,面方各一寸六分,深各七分。拶指,以五根圆木为之,各长七寸,径圆各四分五厘。其应夹人犯,不得实供,方夹一次;再不实供,许再夹一次。用刑官有任意多用者,该管上司不时察参。倘有徇隐,事发,并交部议处。

1.1.1.(4)〔夹棍验烙〕

一、各省问刑衙门夹棍,州县呈明知府验烙,知府呈明按察司验烙,按察司呈明督抚验烙。其尺寸长短宽窄,俱刻于中挺之上。如有擅用未曾验烙夹棍者,以酷刑题参。

现行刑律案语

○删除

1.1.1.(2)〔夹棍拶指尺寸〕(略)

1.1.1.(4)〔夹棍验烙〕(略)

谨按:此二条俱系乾隆五年〔1740〕定例。查夹棍、拶指俱非正刑,明末厂卫创为此制。国朝留以待命盗重犯,然尺寸必遵部定,验烙必由上司,即应夹人犯,亦第许日夹二次,而断狱门内复有佐贰武弁,不准擅设夹棍、拶指,州县自理案件不得擅用夹讯。各条例意,亦极昭慎重。然自光绪三十一年〔1905〕钦奉上谕:停止刑讯。则军、流罪犯自无所用其夹、拶,即或命盗重案,身撄死罪,坚不承招者,酌用掌嘴、笞责、跪炼等刑,亦自无虞其刁狡。古称惟良折狱,并不在峻法严刑。况近来重法数端,节次删改,薄海内外,咸颂皇仁,则苟稍涉严酷,不合刑具之正者,自应酌量沙汰,以彰圣朝仁恕之治。此二条应即删除。

大清律例

1.1.1.(3)〔枷号尺寸〕

一、凡寻常枷号重二十五斤,重枷重三十五斤。枷面各长二尺五寸,阔二尺四寸。至监禁人犯,止用细链,不用长枷。

现行刑律案语

○删除

臣等谨按:枷号之制,兴自北齐,历代递相沿用。然初制,但以为羁系犯人之具,与桎梏等视。故唐律亦有应枷锁杻而不枷锁杻之文,迨后变本加厉,遂以枷号为定罪后之正刑。前明并有百余斤重枷,及连环枷等诸名目,其制乃日流于惨酷。此条为之程重轻、校尺寸,所以慎刑章而防流弊者,用意极为悱恻。惟五刑而外,别立枷号一刑,已乖画一之义。查光绪三十三年〔1907〕三月间,法部议复升任顺天府府尹孙宝琦奏请《将枷号人犯比照笞杖折罚》折,内"拟请嗣后罪应枷号人犯,除折枷律有正条,及例内载明调发改发,并一应情节较重者,仍照定律定例定章办理外,其由笞杖徒流军罪所附加之枷,及丁单留养拟枷各犯,俱比照《妇女罚赎章程》,不论月日多寡,各酌折罚银五两。如无力完缴者,仍折作工二十日"等因。奏奉俞允,通行在案。嗣于是年十二月间,经修订法律馆奏准,将旗人折枷各律例删除,是枷号一项所用,已属无几。现在修订刑律,议将军流调发、改发加枷各条,遵照二十九年〔1903〕《通设习艺所章程》,酌量变通办理。其旧例内附加之"枷号",一律改为"罚银五两",则枷号一项,嗣后并不实行此例,应即删除。

大清律例

1.1.1.(6)〔军流徒罪杖责〕

一、凡民人犯军、流、徒罪者,俱至配所,照应杖之数折责。惟缘坐流罪不加杖。

现行刑律案语

○删除

臣等谨按:光绪三十一年〔1905〕刑部附片奏称:"定律五徒、三流到配,俱应加杖,并总徒准从至配,亦有杖一百之文,现在笞杖改为罚金,此项人犯应得杖罪,未便议罚,且遣犯到配并不加杖,自应仿照办理。拟请将军、流、徒人犯应得加杖,概予宽免,到配毋庸决责议罚,以昭画一"等因。奉旨:"依议。钦此。"钦遵在案。现在修订刑律,徒、流正刑条下,业经遵旨删去加杖,此条系属废例,应即删除。

大清律例

1.1.1.(7)〔罪应杖笞人犯热审减免〕

一、每年于小满后十日起至立秋前一日止,如立秋在六月内,以七月初一日为止,内外问刑衙门,除窃盗及斗殴伤人罪应杖笞人犯不准减免,其余罪应杖责人犯,各减一等,递行八折发落,笞罪宽免。如犯案审题在热审之先,而发落在热审期内者,亦照前减免。倘审题虽在热审期内,而发落已逾热审者,概不准其减免。至热审期内监禁重犯,令管狱官量加宽恤。其枷号人犯,俱暂行保释,俟立秋后再行照例减等补枷,满日发落。

现行刑律案语

○删除

臣等谨按：新章笞杖枷号改为罚银，例内所云热审期内笞罪宽免、杖罪减等递行八折发落，及枷号人犯保释、秋后补枷，俱与今日办法不符。至“宽恤重囚”一层，大致不外凉浆、医药等类，“狱囚衣粮”条业经详载，已决、未决各犯，均可引用此条。拟即删除。

大清律例

1.1.1.(8)〔赎刑〕

赎刑：五刑中俱有应赎之款，附列于此，以便引用。

纳赎：无力依律决配；有力照律纳赎。

收赎：老幼、废疾、天文生及妇人折杖，照律收赎。

赎罪：官员正妻，及例难的决，并妇人有力者，照律赎罪。

现行刑律案语

○删除

臣等谨按：此条系乾隆五年〔1740〕定例。查赎刑之制，其来甚古。唐明各律，俱将应赎铜钱数目，分注五刑本条，而其得准收赎与否，则以律文所载为断。有明中叶，又定有赎罪事例，专为官员正妻及妇人有力者，赎应决之笞杖而设，维时通行钞币赎罪，与时为变通而收赎，第仍乎初制。迨后钞法益坏，乃以当时之钞价，改为折银，而赎罪与收赎，遂尔参差不齐，显分轻重。至纳赎之法，原本于罚役，始例以在京之做工，运囚粮、运灰、运砖、运水和炭五等，各定银数折赎。在外则分有力、稍有力。有力，视在京运囚粮；稍有力，视在京做工。而其制亦屡经变易。盖律赎，唯一收赎是也。例赎则有二，赎罪与纳赎是也。为法不同，不相统贯，而其数则分载于律首图内。国初沿用《明律》，五刑条下并不注收赎银数。迨雍正三年〔1725〕始将《纳赎诸例图》重修颁行。乾隆五年〔1740〕复查照律图，定为此例。然纳赎之法，久已不行。自光绪三十一年〔1905〕奏定笞杖改为罚金，妇女犯罪罚赎各章程，则“赎罪”一项亦属无关引用，即收赎本以济五刑之穷，其于老幼废疾及亲老留养等项，不得不稍示优恤。然为数过微，所犯至满流，仅赎银四钱五分，若与新章相衡，尚不及笞一十折罚之数，法而至于畸轻畸重，不得其平，亦自应变通办理。臣等前于修改五刑按语内，曾声明律应收赎人犯，如犯该杖罪以下，拟照笞杖罚银数目减折一半，犯该徒罪以上，拟照妇女罚赎数目减折一半，并拟将应赎细数分载“五刑”条下。此例即属赘文，似应删除。

大清律例

1.1.1.(9)〔律例未经开明准纳赎不准纳赎者〕

一、凡律例开明准纳赎、不准纳赎者，仍照旧遵行外，其律例内未经开载者，问刑官临时详审情罪，应准纳赎者，听其纳赎，不应准纳赎者，照律的决发落。如承问官滥准纳赎者，交该部议处。多取肥己者，计赃科罪。

现行刑律案语

○删除

臣等谨按：此条系康熙年间定例。所谓纳赎者，即律图内之有力、稍有力二项，恐不应纳赎之犯，因其有力，亦滥准纳赎，故特设此例。惟是纳赎之制，久已不行，并无承审官滥准纳赎，及多取肥己之事。现在"赎刑"一门，业经酌拟变通办理，此例即无关引用，应即删除。

大清律例

1.1.1.(10)〔奉祀祀丞等官并乐舞生有犯〕

一、各坛祠祭署奉祀祀丞，神乐观提点、协律郎、赞礼郎、司乐等官，并乐舞生，及养牲官军，有犯奸、盗、诈伪、失误供祀，并一应赃私罪名，官及乐舞生罢黜，军革役，仍照律发落。若讦告词讼，及因人连累，并一应公错、过误犯罪者，照律纳赎。

删除律例

○删除

大清律例

1.1.1.(11)〔太常寺厨役有犯〕

一、太常寺厨役，但系讦告词讼、过误犯罪及因人连累，问该笞、杖罪名者，纳赎，仍送本寺着役；徒罪以上，及奸、盗、诈伪并有误供祀等项，不分轻重，俱的决，改拨光禄寺应役。

删除律例

○删除

大清律例

1.1.1.(13)〔妇女犯奸分别的决收赎〕

一、妇女犯奸,杖罪的决,枷罪收赎。

现行刑律案语

○删除

臣等谨按:此条系为妇女犯杖枷分别的决、收赎而设。自光绪三十一年〔1905〕奏定《妇女罚赎章程》,如犯该杖罪,一律改为罚银,无所用其的决。至枷号赎罪银数,新章亦与旧例不同。此条无关引用,应即删除。

大清律例

1.1.1.(16)〔官员有参婪赃革职提问〕

一、凡官员有先参婪赃,革职提问者,如审无婪赃入己,止拟因公挪用、因公科敛及坐赃致罪,犯该杖一百者,革职;徒、流、军罪,依例决配。如罪在杖一百以下者,依文武官犯私罪律,交部议处,分别降罚。其先经革职之处,准予开复。

删除律例

○删除

大清律例

1.1.1.(17)〔妇女非犯奸盗不孝杖罪纳赎〕

一、妇人有犯奸、盗、不孝者,各依律决罚。其余有犯笞、杖,并徒、流、充军、杂犯死罪该决杖一百者,与命妇、官员正妻,俱准纳赎。

现行刑律案语

○删除

臣等谨按:此条系前明《问刑条例》。现在笞、杖改为罚金,妇人虽犯奸、盗、不孝,亦不实行决责。至徒、流加杖,前经刑部奏准删除。此例无关引用,应即删除。

1.1.2 十恶 / 1.2 十恶

律文·仍旧

大清律例	现行刑律
1.1.2.1 一曰谋反。谓谋危社稷。	1.2.1 一曰谋反。谓谋危社稷。
1.1.2.2 二曰谋大逆。谓谋毁宗庙、山陵及宫阙。	1.2.2 二曰谋大逆。谓谋毁宗庙、山陵及宫阙。
1.1.2.3 三曰谋叛。谓谋背本国,潜从他国。	1.2.3 三曰谋叛。谓谋背本国,潜从他国。
1.1.2.4 四曰恶逆。谓殴及谋杀祖父母、父母,夫之祖父母、父母;杀伯叔父母、姑、兄姊、外祖父母及夫者。	1.2.4 四曰恶逆。谓殴及谋杀祖父母、父母,夫之祖父母、父母;杀伯叔父母、姑、兄姊、外祖父母及夫者。
1.1.2.5 五曰不道。谓杀一家非死罪三人,及支解人,若采生折割,造畜蛊毒魇魅。	1.2.5 五曰不道。谓杀一家非死罪三人,及支解人,若采生折割,造畜蛊毒魇魅。
1.1.2.6 六曰大不敬。谓盗大祀神御之物、乘舆服御物,盗及伪造御宝,合和御药误不依本方及封题错误,若造御膳误犯食禁,御幸舟船误不坚固。	1.2.6 六曰大不敬。谓盗大祀神御之物、乘舆服御物,盗及伪造御宝,合和御药误不依本方及封题错误,若造御膳误犯食禁,御幸舟船误不坚固。
1.1.2.7 七曰不孝。谓告言、咒骂祖父母、父母,夫之祖父母、父母;及祖父母、父母在,别籍异财,若奉养有缺;居父母丧,身自嫁娶,若作乐,释服从吉;闻祖父母、父母丧,匿不举哀;诈称祖父母、父母死。	1.2.7 七曰不孝。谓告言、咒骂祖父母、父母,夫之祖父母、父母;及祖父母、父母在,别籍异财,若奉养有缺;居父母丧身自嫁娶,若作乐,释服从吉,闻祖父母、父母丧,匿不举哀;诈称祖父母、父母死。
1.1.2.8 八曰不睦。谓谋杀及卖缌麻以上亲,殴、告夫及大功以上尊长、小功尊属。	1.2.8 八曰不睦。谓谋杀及卖缌麻以上亲,殴、告夫及大功以上尊长、小功尊属。
1.1.2.9 九曰不义。谓部民杀本属知府、知州、知县,军士杀本管官,吏卒杀本部五品以上长官,若杀见受业师;及闻夫丧,匿不举哀,若作乐、释服从吉,及改嫁。	1.2.9 九曰不义。谓部民杀本属知府、知州、知县,军士杀本管官,吏卒杀本部五品以上长官,若杀见受业师;及闻夫丧匿不举哀,若作乐、释服从吉,及改嫁。
1.1.2.10 十曰内乱。谓奸小功以上亲、父祖妾,及与和者。	1.2.10 十曰内乱。谓奸小功以上亲、父祖妾,及与和者。

现行刑律案语

原律(略)

○仍旧

臣等谨按:此律应仍其旧,理合陈明。

1.1.3 八议 / 1.3 八议

律文·仍旧

大清律例	现行刑律
1.1.3.1 一曰议亲。谓皇家袒免以上亲,及太皇太后、皇太后缌麻以上亲,皇后小功以上亲,皇太子妃大功以上亲。	1.3.1 一曰议亲。谓皇家袒免以上亲,及太皇太后、皇太后缌麻以上亲,皇后小功以上亲,皇太子妃大功以上亲。

1.1.3.2 二曰议故。谓皇家故旧之人,素得侍见,特蒙恩待日久者。

1.1.3.3 三曰议功。谓能斩将夺旗,摧锋万里,或率众来归,安济一时,或开拓疆宇,有大勋劳,铭功太常者。

1.1.3.4 四曰议贤。谓有大德行之贤人君子,其言行可以为法则者。

1.1.3.5 五曰议能。谓有大才业,能整军旅,治政事,为帝王之良辅佐者。

1.1.3.6 六曰议勤。谓有大将吏,谨守官职,早夜奉公,或出使远方,经涉艰难,有大勤劳者。

1.1.3.7 七曰议贵。谓爵一品,及文武职事官三品以上、散官二品以上者。

1.1.3.8 八曰议宾。谓承先代之后,为国宾者。

1.3.2 二曰议故。谓皇家故旧之人,素得侍见,特蒙恩待日久者。

1.3.3 三曰议功。谓能斩将夺旗,摧锋万里,或率众来归,安济一时,或开拓疆宇,有大动劳,铭功太常者。

1.3.4 四曰议贤。谓有大德行之贤人君子,其言行可以为法则者。

1.3.5 五曰议能。谓有大才业,能整军旅,治政事,为帝王之良辅佐者。

1.3.6 六曰议勤。谓有大将吏,谨守官职,早夜奉公,或出使远方,经涉艰难,有大勤劳者。

1.3.7 七曰议贵。谓爵一品,及文武职事官三品以上、散官二品以上者。

1.3.8 八曰议宾。谓承先代之后,为国宾者。

现行刑律案语

原律(略)

○仍旧

臣等谨按:此律应仍其旧,理合陈明。

1.1.4 应议者犯罪 / 1.4 应议者犯罪

律文 · 仍旧

大清律例

1.1.4.1 凡八议者犯罪,开具所犯事情,实封奏闻取旨,不许擅自勾问。若奉旨推问者,开具所犯罪名及应议之状,先奏请议。议定,将议过缘由奏闻,取自上裁。○1.1.4.2 其犯十恶者,实封奏闻,依律议拟,不用此律。十恶或专主谋反、叛逆言,非也。盖十恶之人悖伦逆天,蔑礼贼义,乃王法所必诛。故特表之,以严其禁。

现行刑律

1.4.1 凡八议者犯罪,开具所犯事情,实封奏闻取旨,不许擅自勾问。若奉旨推问者,开具所犯罪名及应议之状,先奏请议,议定,将议过缘由奏闻,取自上裁。○1.4.2 其犯十恶者,实封奏闻,依律议拟,不用此律。十恶或专主谋反、叛逆言,非也。盖十恶之人悖伦逆天,蔑礼贼义,乃王法所必诛,故特表之,以严其禁。

现行刑律案语

原律(略)

○仍旧

臣等谨按:此律应仍其旧,理合陈明。

条例·修改、仍旧

大清律例

1.1.4.(4)〔宗室犯军流以上具奏〕

一、凡宗室犯案到官,该衙门先讯取大概情形,罪在军、流以上者,随时具奏。如在徒、杖以下,咨送宗人府,会同刑部审明,照例定拟。罪应拟徒者,归入刑部,按季汇题;罪应笞杖者,即照例完结,均毋庸具奏。若到官时未经具奏之案,审明后,罪在军、流以上者,仍奏明请旨。

现行刑律

1.4.(1)〔宗室觉罗犯案审理机构〕

一、凡宗室犯案到官,罪在流、遣以上者,交大理院审理;如在徒罪以下,及觉罗犯罪,交京师高等审判厅审理。至东三省移居宗室所犯案件,俱归各该省高等审判厅审理。

现行刑律案语

原例(略)

臣等谨按:此条系嘉庆十三年〔1808〕宗人府会同步军统领衙门奏准定例。查例内于宗室犯军、流以上,该衙门随时具奏后,如何办理完结,并未叙及;东三省亦有移居宗室,其地并无宗人府,遇有宗室案件,应归何衙门审讯,如何分别奏咨完案,定例亦无明文,俱应补入。至现在笞、杖改为罚金,充军改为安置,刑部改为法部,专任司法,所有审判事项,俱归大理院审理。例内"刑部"及"笞、杖"等字样,俱应酌改。谨将修改例文,开列于后。

〇修改

一、凡宗室犯案到官,该衙门先讯取大概情形,罪在流、遣以上者,随时奏交大理院,会同宗人府审明,专折奏结。如在徒罪以下,咨送宗人府,会同大理院讯明,照例定拟。罪应拟徒者,由大理院咨送法部,按季汇奏;罪止罚金者,照例完结,毋庸奏闻。若到官时未经具奏之案,审明后,罪在流、遣以上者,仍奏明请旨。至东三省移居宗室所犯案件,俱归各该省高等审判厅审理,仍依此例,按照罪名轻重,分别奏咨完结。

编查馆会奏现行刑律修改各条清单

〇原修改例文

1.1.4.(4)〔宗室犯军流以上具奏〕原修改例文(略)

1.1.4.(7)〔宗室觉罗二次犯流以上实发〕原修改例文(略)

1.1.4.(10)〔已革宗室觉罗有犯〕原修改例文(略)

谨按:宣统元年十二月二十八日〔1910年2月7日〕编查馆奏《核订〈法院编制

法〉》折,内声明“嗣后宗室有犯在流、遣以上,由大理院审理;徒罪以下及觉罗有犯,均由高等审判厅审理”等因在案。是会审之制已经废除,且系分别罪名,并不专属大理院审理。以上三条,自应查照更正,以昭画一。谨将修改例文,开列于后。

〇修改

1.4.(1)〔宗室觉罗犯案审理机构〕(略)

1.4.(2)〔宗室觉罗二次犯流〕(略)

1.4.(4)〔已革宗室觉罗有犯〕(略)

大清律例

1.1.4.(7)〔宗室觉罗二次犯流以上实发〕

一、凡宗室、觉罗,除犯笞、杖、枷,及初犯军、流、徒,或再犯徒罪,或先经犯徒后犯流罪,仍由宗人府照例分别折罚、责打、圈禁外,如有二次犯流,或一次犯徒、一次犯军,或三次犯徒者,均拟实发盛京;如二次犯徒、一次犯流,或一次犯流、一次犯军者,均拟实发吉林;如二次犯军,或三次犯流,或犯至遣戍之罪者,均拟实发黑龙江。若宗室酿成命案,按律应拟斩、绞监候者,宗人府会同刑部,先行革去宗室顶带,照平人一律问拟斩、绞,分别实、缓,仍由宗人府进呈黄册。

现行刑律

1.4.(2)〔宗室觉罗二次犯流〕

一、凡宗室、觉罗,除犯该罚金,及初犯徒、流、遣,或再犯徒罪,或先经犯徒后犯流罪,仍由宗人府分别折罚圈禁外,如有三次犯徒,或二次犯流,或一次犯徒、一次犯至安置者,均拟实发盛京;如二次犯徒、一次犯流,或一次犯流、一次犯至安置者,均拟实发吉林;如二次犯应安置,或三次犯流,或犯至外遣者,均拟实发黑龙江。若宗室酿成命案,按律应拟斩、绞监候者,大理院知照宗人府,先行革去宗室顶带,照平人一律问拟斩、绞。秋审时,法部分别实、缓,仍由宗人府进呈黄册。

现行刑律案语

原例(略)

臣等谨按:此条系道光四年〔1824〕定例。惟笞、杖、枷号现经改章,军罪现改为安置。所有例内“笞、杖”、“枷号”及“犯军责打”字样,均应照章删改。谨将修改例文,开列于后。

〇修改

一、凡宗室、觉罗,除犯该罚金及初犯徒、流、遣,或再犯徒罪,或先经犯徒后犯流罪,仍由宗人府分别折罚圈禁外,如有三次犯徒,或二次犯流,或一次犯徒、一次犯至极边或烟瘴安置者,均拟实发盛京;如二次犯徒、一次犯流,或一次犯流、一次犯至极边或烟瘴安置者,均拟实发吉林;如二次犯应安置,或三次犯流,或犯至外遣者,均拟实发黑龙江。若宗室酿成命案,按律应拟斩、绞监候者,宗人府会同大理院,先行革去宗室顶带,照平人一律问拟斩、绞,分别实、缓,仍由宗人府进呈黄册。

编查馆会奏现行刑律修改各条清单

〇修改(略)

见1.1.4.(4)〔宗室犯军流以上具奏〕条

大清律例

1.1.4.(9)〔宗室觉罗人等串结捏控〕

一、凡宗室、觉罗人等告讦之案,察其事不干己,显系诈骗不遂者,所控事件,立案不行,仍将该原告咨送宗人府,照违制律杖一百,实行重责四十板。如妄捏干己情由耸准,追提集人证质审,仍系讹诈不遂、串结捏控者,将该原告先行摘去顶带,严行审讯,并究追主使、教诱之犯。倘狡辩不承,先行板责讯问。审系控款虚诬,罪应斩、绞者,照例请旨办理。其余无论诈赃多寡、已未入手,但经商谋捏控,不分首从,俱实发吉林安置,到配重责四十板。主使、教诱及助势之犯,无论军民,不分首从,先行枷号三个月,满日俱发近边充军。旗人有犯,销除旗档,照民人一律办理。其或所控得实,但审因串诈不遂、捏情图准者,亦照此例定拟,不得以事出有因,量为援减。

现行刑律

1.4.(3)〔宗室觉罗人等串结捏控〕

一、凡宗室、觉罗人等告讦之案,察其事不干己,显系诈骗不遂者,所控事件,立案不行,仍将该原告咨送宗人府,照违制律治罪。如妄捏干己情由耸准,追提集人证质审,仍系讹诈不遂,串结捏控者,将该原告先行摘去顶带,严行审讯,并追究主使、教诱之犯。倘狡辩不承,先行掌责讯问,审系控款虚诬,罪应斩绞者,照例请旨办理。其余无论诈赃多寡、已未入手,但经商谋捏控,不分首从,俱实发吉林安置。主使、教诱及助势之犯,无论军民,不分首从,俱流二千五百里。旗人有犯,并销除旗档。其或所控得实,但审因串诈不遂,捏情图准者,亦照此例定拟,不准以事出有因,量为援减。

现行刑律案语

原例(略)

臣等谨按:此条系道光九年〔1829〕定例。现在笞、杖改为罚金,充军亦改为安置,枷号则酌拟删除。例内所云"重责四十板"、"枷号三个月"及"先行板责"之处,俱应酌改。近边军照章改为流二千五百里。谨将修改例文,开列于后。

〇修改(略)

大清律例	现行刑律
1.1.4.(10)〔已革宗室觉罗有犯〕 一、已革宗室之红带、已革觉罗之紫带,除有犯习教等重情,另行奏明办理外,其有犯寻常杖、枷、徒、流、军及斩、绞等罪,交刑部照旗人例一体科断。应销档者,免其销档,仍准系本身带子。	1.4.(4)〔已革宗室觉罗有犯〕 一、已革宗室之红带、已革觉罗之紫带,除有犯习教等重情,另行奏明办理外,其寻常各案,照例科断。应销档者,免其销档,仍准系本身带子。

现行刑律案语

原例(略)

臣等谨按:杖、枷之刑,新章既改为罚金,军罪亦奏准改为安置,刑部业改为法部,专任司法,其审判事项改归大理院办理,所有例内"杖、枷、军罪"及"刑部"字样,俱应酌改。谨将修改例文,开列于后。

○修改

一、已革宗室之红带、已革觉罗之紫带,除有犯习教等重情,另行奏明办理外,其犯寻常处罚,并徒流以上等罪,交大理院照例科断。应销档者,免其销档,仍准系本身带子。

编查馆会奏现行刑律修改各条清单

○修改(略)

见1.1.4.(4)〔宗室犯军流以上具奏〕条

大清律例	现行刑律
1.1.4.(2)〔系黄红带之宗室觉罗犯罪〕	1.4.(5)〔系黄红带之宗室觉罗犯罪〕 一、凡宗室、觉罗犯罪时系黄、红带者,依宗室觉罗例办理。若系蓝带及不系带者,即照常人例治罪。

大清律例	现行刑律
1.1.4.(5)〔宗室缘事发遣遇赦〕	1.4.(6)〔宗室缘事发遣遇赦〕 一、宗室缘事发遣,遇赦减释,如系由盛京释回者,即令回京;若由吉林、黑龙江释回者,即令其在盛京移居宗室公所,酌给房屋居住。

大清律例	现行刑律
1.1.4.(6)〔宗室犯事到官俱先摘去顶带〕	1.4.(7)〔宗室犯事到官俱先摘去顶带〕 一、宗室犯事到官,无论承审者何官,俱先将该宗室摘去顶带,与平民一体长跪听审。俟结案时,如实系无干,仍分别奏、咨,给还顶带。

大清律例	现行刑律
1.1.4.(8)〔宗室觉罗妇女出名具控〕	1.4.(8)〔宗室觉罗妇女呈控〕 一、凡宗室、觉罗妇女出名具控案件,除系呈送忤逆,照例讯办外,其余概不准理。如有擅受,照例参处。倘实有冤抑,许令成丁弟兄、子侄或母家至戚抱告;无亲丁者,令其家人抱告,官为审理。如审系虚诬,罪坐抱告之人。若妇女自行出名刁控,或令人抱告后,复自行赴案逞刁,及拟结后渎控者,无论所控曲直,均照违制律治罪。有夫男者,罪坐夫男;无夫男者,罪坐本身,折罚钱粮。

大清律例	现行刑律
1.1.4.(3)〔宗室犯圈禁之罪〕	1.4.(9)〔宗室犯圈禁之罪〕 一、凡宗室有犯圈禁之罪者,即行革去顶带。

现行刑律案语

原例(略)

○仍旧

臣等谨按:以上五例,应仍其旧,理合陈明。

条例·删除

大清律例

1.1.4.(1)〔三品以上大员革职拿问不用刑夹〕

一、三品以上大员革职拿问,不得遽用刑夹。有不得不刑讯之事,请旨遵行。

现行刑律案语

〇删除

臣等谨按:此条系大员革职拿问刑夹之例。定例本意以三品以上官秩较尊,虽经革讯,当与常犯稍示区别,故设为限制,以防司谳者之滥用刑夹。惟是刑不上大夫,礼有明训,文武职事官三品以上,已在议贵之条,倘获咎革职,仍用刑讯,在犯者固不足惜,而名器所关,实有伤于国体。且近来职官犯罪,刑讯之事亦属少见。此例拟请删除。

大清律例

1.1.4.(11)〔宗室觉罗王公吸食鸦片〕

一、宗室、觉罗及王公有吸食鸦片烟者,拟绞监候,由宗人府会同刑部进呈黄册。

删除律例

〇删除

1.1.5应议者之父祖有犯/1.5应议者之父祖有犯

律文·修改

大清律例

1.1.5.1凡应八议者之祖父母、父母、妻及子孙犯罪,实封奏闻取旨,不许擅自勾问。若奉旨推问者,开具所犯及应议之状,先奏请议。议定奏闻,取自上裁。〇1.1.5.2若皇亲国戚及功臣八议之中,亲与功为最重。之外祖父母、伯叔父母、姑、兄弟姊妹、女婿、兄弟之子,若四品、五品文武官之父母、妻未受封者。及应合袭荫子孙犯罪,从

现行刑律

1.5.1凡应八议者之祖父母、父母、妻及子孙犯罪,实封奏闻取旨,不许擅自勾问。若奉旨推问者,开具所犯及应议之状,先奏请议。议定奏闻,取自上裁。〇1.5.2若皇亲国戚及功臣八议之中亲与功为最重。之外祖父母、伯叔父母、姑、兄弟、姊妹、女婿、兄弟之子,若四品、五品文武官之父母、妻未受封者。及应合袭荫子孙犯罪,从有

有司依律追问，议拟奏闻，取自上裁。其始虽不必参提，其终亦不许擅决，犹有体恤之意焉。○1.1.5.3 其犯十恶、反逆缘坐，及奸、盗、杀人、受财枉法者，许径断，不用此取旨及奏裁之律。○1.1.5.4 其余亲属、奴仆、管庄佃甲，倚势虐害良民、凌犯官府者，事发听所在官司径自提问。加常人罪一等。非倚势而犯，不得概行加等。止坐犯人，不必追究其本主，不在上请之律。○1.1.5.5 若各衙门追问之际，占吝不发者，并听当该官司实封奏闻区处。谓有人于本管衙门告发，差人勾问，其皇亲国戚及功臣占吝不发出官者，并听当该官司实封奏闻区。

司依律追问，议拟奏闻，取自上裁。其始虽不必参提，其终亦不许擅决，犹有体恤之意焉。○1.5.3 其犯十恶及奸、盗、杀人、受财枉法者，许径断决，不用此取旨及奏裁之律。○1.5.4 其余亲属、家人、管庄佃甲，倚势虐害良民，陵犯官府者，事发听所在官司径自提问。加常人罪一等。非倚势而犯，不得概行加等。止坐犯人，不必追究其本主，不在上请之律。○1.5.5 若各衙门追问之际，占吝不发者，并听当该官司实封奏闻区处。谓有人于本管衙门告发，差人勾问，其皇亲国戚及功臣占吝不发出官者，并听当该官司官实封奏闻区处。

现行刑律案语

原律（略）

臣等谨按：此仍《明律》。现在缘坐重法，业经奏请删除，十恶已赅“反逆”律内，“反逆缘坐”句应行节删。谨将修改律文，开列于后。

○修改

凡应八议者之祖父母、父母、妻及子孙犯罪，实封奏闻取旨，不许擅自勾问。若奉旨推问者，开其所犯及应议之状，先奏请议。议定奏闻，取自上裁。○若皇亲国戚及功臣八议之中，亲与功为最重。之外祖父母、伯叔父母、姑兄弟姊妹、女婿兄弟之子，若四品、五品文武官之父母、妻未受封者。及应合袭荫子孙犯罪，从有司依律追问，议拟奏闻，取自上裁。其始虽不必参提，其终亦不许擅决，犹有体恤之意焉。○其犯十恶及奸、盗、杀人、受财枉法者，许径决断。不用此取旨及奏裁之律。○其余亲属、奴仆、管庄佃甲，倚势虐害良民、陵犯官府者，事发听所在官司径自提问。加常人罪一等。非倚势而犯，不得概行加等。止坐犯人，不必追究其本主，不在上请之律。○若各衙门追问之际，占吝不发者，并听当该官司实封奏闻区处。谓有人于本管衙门告发，差人勾问，其皇亲国戚及功臣占吝不发出官者，并听当该官司实封奏闻区处。

核订现行刑律

原修改律文（略）

谨按：各门条例，凡王公等府所有仆役，或称属下人，或称家人，自系赅括各项人等而言。本律“奴仆”字样，应即改为“家人”，以昭浑括。谨将修改律文，开列于后。

○修改（略）

条例·移改

大清律例

1.1.5.(1)〔阵亡者之父祖子孙有犯寻常斗殴杀等死罪〕

一、凡满洲、蒙古、汉军、绿营官员军民人等,有犯死罪,除十恶、侵盗钱粮、枉法不枉法赃、强盗、放火、发冢、诈伪、故出入人罪、谋故杀各项重罪外,其寻常斗殴,及非常赦所不原各项死罪,察有父、祖、子孙阵亡者,在内由刑部,在外由该督抚,于取供定罪后,即移咨八旗、兵部,查取确实简明事迹,声叙入本,于秋审时恭候钦定。倘蒙圣恩优免一人一次后,俱不准再行声请。

现行刑律

*断狱·有司决囚等第

28.366.(8)〔阵亡者之父祖子孙有犯寻常斗殴杀等死罪〕(略)

现行刑律案语

原例(略)

臣等谨按:此条系死罪人犯父、祖、子孙阵亡,查取事迹声叙入本之例。刑部应改为法部,并添入大理院,兵部应改为陆军部,以符今制。又查光绪十九年〔1893〕三月内,刑部奏《秋审、朝审内死罪人犯察有父、祖、子孙阵亡,分别轻重酌议章程》折,内称"近年各直省办理犯该斩、绞监候罪名,但供有父、祖、子孙阵亡,查明属实,无论所犯重轻,秋审一概声叙,不复区别。其中情实人犯有蒙恩免勾者,亦有仍予勾决者,虽权衡自得其平,办法究未画一;缓决人犯向无声叙成案,然其父、祖、子孙如有阵亡者,同属效命疆场,亦当一体矜恤。拟请嗣后秋审、朝审内斩、绞各犯,察有父、祖、子孙阵亡者,除例内载明十恶等项,及一切情节较重者,毋庸声叙外,如所犯系寻常斗杀,及非常赦所不原各项死罪,核其情节,应入情实者,俱准其声叙,入本办理。勾到时,于黄册内黏签声明,恭候钦定。其前项人犯,应入缓决者,准其缓决,一次后即予减等,仍照定例,一人优免一次后,不准再行声请"等因。具奏奉旨,允准在案。自应采辑入例,以资遵守,事关秋审,并应将此条移入"有司决囚等第"门,以归一类。谨将移改例文,开列于后。

○移改

断狱·有司决囚等第

一、凡内外问拟斩、绞各犯,察有父、祖、子孙阵亡者,除十恶、侵盗钱粮、枉法不枉法赃、强盗、放火、发冢、诈伪、故出入人罪、谋故杀各项重罪外，如所犯系寻常斗杀及非常赦所不原各项死罪，核其情节，应入情实者，在内由法部、大理院，在外由该督抚，于取供定罪后，即移咨八旗、陆军部查取确实简明事迹，声叙入本，俟秋审、朝审办理勾到时，法部于进呈黄册内，将本犯父祖子孙阵亡事迹黏签声叙，恭候钦定。其前项人犯应入缓决者，亦照前声叙，准其缓决一次后即予减等，一人优免一次后，不准再行声请。

编查馆会奏修改各条

○修改（略）

见28.366.(1)〔步军派员护送秋审人犯勾到给事中及法部侍郎监视行刑〕条

1.1.6职官有犯／1.6职官有犯

律文·仍旧

大清律例	现行刑律
1.1.6.1凡在京在外大小官员，有犯公私罪名，所司开具事由，实封奏闻请旨，不许擅自勾问。指所犯事重者言。若事轻传问，不在此限。若许准推问，依律议拟，奏闻区处。仍候复准，方许判决。○1.1.6.2若所属官被本管上司非理凌虐，亦听开具凌虐实迹，实封径自奏陈。其被参后将原参上司列款首告者，不准行，仍治罪。	1.6.1凡在京在外大小官员，有犯公私罪名，所司开具事由，实封奏闻请旨，不许擅自勾问。指所犯事重者言。若事轻传问，不在此限。若许准推问，依律议拟，奏闻区处，仍候复准，方许判决。○1.6.2若所属官被本管上司非理凌虐，亦听开具凌虐实迹，实封径自奏陈。其被参后将原参上司列款首告者，不准行，仍治罪。

现行刑律案语

原律（略）

○仍旧

臣等谨按：此律应仍其旧，理合陈明。

条例·修改、移改、移并

大清律例	现行刑律
1.1.6.(3)〔犯官题参提讯〕 一、文职道府以上、武职副将以上，有犯公私罪名，应审讯者，仍照例题参，	1.6.(1)〔犯官奏参提讯〕 一、文职道府以上、武职副将以上，有犯公私罪名，应审讯者，仍照例奏参，

奉到谕旨,再行提讯。其余文武各员,于题参之日,即将应质人犯,拘齐审究。如督抚同驻省份,一面具题,一面行知应承审衙门即行提讯。

奉到谕旨,再行提讯。其余文武各员,于奏参之日,即将应质人犯,拘齐审究。

现行刑律案语

原例(略)

臣等谨按:此条系乾隆年间定例。现在改题为奏,例内"题参"及"具题"等字,俱应修改。督抚同驻省分,现止奉天一省,该省已设立各级审判厅,办法与旧制不同,例内后一层,似应节删。谨将修改例文,开列于后。

○修改(略)

大清律例

＊名例·五刑

1.1.1.(14)〔犯官革职后另犯〕(略)

现行刑律

1.6.(2)〔犯官革后另犯之罪〕

一、凡文武官犯罪,本案革职,其罚金轻罪,免其罚赎。若革职后,另犯罚金罪名者,照律处罚。其犯徒罪者,依应徒年限,奏请发往军台效力赎罪,限满释放。应流遣者,奏请发往新疆效力赎罪。有呈请捐赎者,法部核其情节,分别准赎、不准赎二项拟定,奏明请旨,不得以"可否"字样双请入奏。其贪赃官役,概不准赎。

现行刑律案语

○移改(略)

见1.1.1.(14)〔犯官革职后另犯〕条

大清律例

1.1.6.(5)〔被参虚审开复〕

一、凡被参革职讯问之员,审系无辜,即以开复定拟,不得称已经革职无庸议题复。其原参重罪审虚,尚有轻罪应以降级、罚俸归结者,开复原职,再按

现行刑律

1.6.(3)〔被参审虚开复〕

一、凡被参革职讯问之员,审系无辜,即以开复定拟,不得称已经革职无庸议奏复。其原参重罪审虚,尚有轻罪应以降级、罚俸归结者,开复原职,再按

所犯分别降罚。

所犯分别降罚。

现行刑律案语

原例(略)

臣等谨按:此例应仍其旧,惟"题复"照章改为"奏复"。谨将修改例文,开列于后。

〇修改(略)

大清律例

＊名例・五刑

1.1.1.(15)〔生员好讼多事〕(略)

1.1.1.(18)〔进士举贡监生及一切有顶带官等有犯〕

现行刑律

1.6.(4)〔进士举人并贡监生员及一切有顶带官等有犯〕

一、凡进士、举人、贡监生员,及一切有顶带官,有犯罚金轻罪,照律处罚。如系寡廉鲜耻,不顾行止,及好讼多事,与罪至十等罚者,分别咨参除名。犯该徒、流以上应收所工作,饬令充当书识等项杂役,仍于办结后知照该部存案。其寻常例应罚赎之生监,应否褫革开复,会同礼部或学部办理。

现行刑律案语

〇移并(略)

见1.1.1.(15)〔生员好讼多事〕条

大清律例

1.1.6.(2)〔荫生文武生员有犯〕

一、荫生有犯,应题参处分者,听各衙门题参。其文武生员,犯该徒、流以上等罪,地方官一面详请斥革,一面即以到官之日扣限审讯,不必俟学政批回,始行究拟。其情节本轻,罪止戒饬者,审明移会该学教官照例发落,详报学政查核。贡、监生有犯同。

现行刑律

1.6.(5)〔文武生员贡监生有犯〕

一、文武生员,犯该徒、流以上等罪,地方官一面详请斥革,一面即以到官之日扣限审讯,不必俟奉批回,始行究拟。贡、监生有犯,同其情节本轻、罪止戒饬者,审明,生员移会该学教官照例发落,详报提学使查核。贡、监生由地方官照例发落。

现行刑律案语

○删除

臣等谨按：荫生犯罪之应参处，自不待言。至生员等犯罪，不必俟学政批回，因从前学政与督抚体制并尊，恐其批回稍缓，故定此例。今学政改为提学使，已列督抚属官，情形迥不相同，此条拟即删除。

核订现行刑律

原删除例文(略)

谨按：旧例生员犯该徒、流以上等罪，一面详请斥革，一面即以到官之日扣限审讯，不必俟学政批回始行究拟。系因生员非职官可比，无须题参办理，可以从速，免致久延拖累案证起见，并非系因学政与督抚体制并尊，恐其批回稍缓，始定此例。今虽学政改为提学使，似仍应照前办理，俾免拖累，此条未便从删。惟荫生犯罪应先参处，诚不待言，可以节去。谨将修复例文，开列于后。

○修复(略)

大清律例

＊名例·五刑

1.1.1.(12)〔僧道官及僧道有犯〕(略)

现行刑律

1.6.(6)〔僧道官及僧道有犯〕

一、僧道官有犯，径自提问。及僧道有犯奸盗、诈伪并一应赃私罪名，责令还俗，仍依律例科断。其公事失误、因人连累及过误致罪者，悉准罚赎，各还职为僧、为道。

现行刑律案语

○移改(略)

见1.1.1.(12)〔僧道官及僧道有犯〕条

大清律例

1.1.6.(1)〔大小土官有犯〕

一、各处大小土官，有犯徒、流以上，依律科断；其杖罪以下，交部议处。

现行刑律

1.6.(7)〔大小土官有犯〕

一、各处大小土官，有犯徒、流以上，依律科断；其罪应罚金者，交部议处。

现行刑律案语

原例(略)

臣等谨按：笞、杖既改罚金，例内“杖罪以下”应改为“罪应处罚”。谨将修改例文，开列于后。

○修改（略）

条例·删除

大清律例

1.1.6.(4)〔委审参案〕

一、凡参革发审之案，查明被参之人，如系同知、游击以下等官，遴委知府审理；系道府、副将等官，遴委道员审理。统令就近提齐款证，秉公确讯。其案内牵连、被害之人，无关轻重者，该道、府审明录供之后，即分别保释。止将重罪要犯带至省内，由司复勘，解院审拟完结。

现行刑律案语

原例（略）

臣等谨按：自官制改变，审判制度别具规程。其已立审判厅省分，遇有参革发审之案，若仍遴委道、府审理，则与改变审判之初意相背，似应将已设审判厅省分应行承审职官案件增入例内，以资遵守。其未立审判厅省分，则应仍其旧。谨将修改例文，开列于后。

○修改

一、凡参革发审之案，如已设立各级审判厅省分，统由高等审判厅审理。如须赴外府讯办，亦由高等审判厅派员。其未设审判厅省分，查明被参之人，若系同知、游击以下等官，遴委知府审理；系道、府副将等官，遴委道员审理，均令就近提齐款证，秉公确讯。其案内牵连、被害之人，无关轻重者，该承审官审明录供之后，即分别保释，止将重罪要犯带至省内，由司复核，解院审拟完结。

核订现行刑律

○删除

原修改例文（略）

谨按：参革发审之案，统由高等审判厅审理，系沿旧例。查明被参之人，分别委知府、道员之手，窃维朝廷设立各级审判，为司法独立起见，查立宪国制度，审判官所行审判，俱以君主之命行之以故，人之视审判官较行政官为尊严，虽立四级之分，乃区别上控之阶级，并非因被告人之官秩而分。此条与立宪之旨未符，拟请删除。

大清律例

1.1.6.(6)〔盛京居住满洲蒙古汉军文武官员有犯〕

一、盛京居住满洲、蒙古、汉军文武官员,除因公诖误获罪者,仍准本地方居住外,若犯系侵盗、亏欠钱粮,及奸贪、讹诈等事降革者,均连其家属拨发各省满洲驻防,交该管官严加管束。

现行刑律案语

○删除

臣等谨按:职官犯罪仅止降革,从无移居迁徙之事,不应于盛京居住之旗员而加严,且现在盛京地方情形与从前已不相同,从未照此办理。此条无关引用,似应删除。

1.1.7 文武官犯公罪 凡一应不系私己,而因公事得罪者,曰公罪。 / 1.7 文武官犯公罪 凡一应不系私己,而因公事得罪者,曰公罪。

律文·修改

大清律例

1.1.7.1 凡内外大小文武官犯公罪,该笞者,一十,罚俸一个月;二十、三十,各递加一月;二十,罚两月;三十,罚三月。四十、五十,各递加三月。四十,罚六月;五十,罚九月。该杖者,六十,罚俸一年;七十,降一级;八十,降二级;九十,降三级,俱留任;一百,降四级调用。如吏、兵二部《处分则例》应降级、革职戴罪留任者,仍照例留任。吏典犯者,笞、杖决讫,仍留役。

现行刑律

1.7.1 凡内外大小文武官犯公罪,该处一等罚者,罚俸一月;二等、三等罚,各递加一月;二等,罚两月;三等,罚三月。四等、五等罚,各递加三月。四等,罚六月;五等,罚九月。该处六等罚者,罚俸一年;七等罚;降一级,八等罚,降二级;九等罚,降三级,俱留任;十等罚,降四级调用。如吏部、陆军部《处分则例》应降级、革职戴罪留任者,仍照例留任。吏典犯者,罚金讫,仍留役。

现行刑律案语

原律(略)

臣等谨按:此言文武官因公犯笞、杖罪名分别议处之法。现在笞、杖均改罚金,此次修改律例,已将笞刑五、杖刑五并为十等罚金,纂入例册,此律笞、杖数目,自应依数分等改定。注内"兵部"亦应改为"陆军部"。谨将修改律文、律注,开列于后。

○修改(略)

条例·删除

大清律例

1.1.7.(1)〔休职病故旗员未完罚俸〕

一、休职病故旗员,未完罚俸银两,无俸可扣者,照外省官员之例,概予免追。如本身系世袭官职,及休职有俸者,仍照数扣抵。

现行刑律案语

○删除

臣等谨按:此条专为旗员未完罚俸银两分别扣抵而设,事归度支部办理,刑律无关引用,拟即删除。

1.1.8文武官犯私罪 凡不因公事,己所自犯,皆为私罪。/1.8文武官犯私罪 凡不因公事,己所自犯,皆为私罪。

律文·修改

大清律例

1.1.8.1凡内外大小文武官犯私罪,该笞者,一十,罚俸两个月;二十,罚俸三个月;三十、四十、五十,各递加三月。三十罚六月,四十罚九月,五十罚一年。该杖者,六十,降一级;七十,降二级;八十,降三级;九十,降四级,俱调用;一百,革职离任。犯赃者不在此限。吏典犯者,杖六十以上,罢役。

现行刑律

1.8.1凡内外大小文武官犯私罪,该处一等罚者,罚俸两个月;二等罚俸三个月;三等、四等、五等罚,各递加三月。三等罚六月,四等罚九月,五等罚一年。该处六等罚者,降一级;七等罚,降二级;八等罚,降三级;九等罚,降四级,俱调用;十等罚,革职离任。犯赃者不在此限。吏典犯者,六等罚以上,罢役。

现行刑律案语

原律(略)

臣等谨按:此言文武官犯私罪分别议处之法。律内笞、杖罪名,应照章改为罚金,均依数分等处罚。谨将修改律文、律注,开列于后。

○修改(略)

条例 · 删除

大清律例

1.1.8.(1)〔属员题参即摘印委署〕

一、凡外任各官,遇有钱粮、刑名事件,应行革职者,该督抚题参时,即行摘印,委员署理。俟奉旨之日,再行开缺。若有奉旨宽宥者,仍准复还原任。

现行刑律案语

原例(略)

臣等谨按:此例应仍其旧,惟"题参"二字照章改为"奏参"。谨将修改例文,开列于后。

○修改

一、凡外任各官,遇有钱粮、刑名事件,应行革职者,该督抚奏参时,即行摘印,委员署理。俟奉旨之日,再行开缺。若有奉旨宽宥者,仍准复还原任。

核订现行刑律

○删除

原修改例文(略)

谨按:应行革职者委员署理,宽宥仍准复任,乃当然之办法,刑律无须赘述。此条拟请删除。

1.1.9 犯罪免发遣

律文 · 删除

大清律例

1.1.9.1 凡旗人犯罪,笞、杖各照数鞭责,军、流、徒免发遣,分别枷号。徒一年者,枷号二十日,每等递加五日,总徒、准徒,亦递加五日。流二千里者,枷号五十日,每等亦递加五日。充军附近者,枷号七十日;近边者,七十五日;边远、沿海、边外者,八十日;极边、烟瘴者,九十日。

满汉通行刑律

○删除

谨按:此条系旗人犯罪折枷之例,仿照《明律》"军官、军人犯罪免徒、流"一条之意,纂为正律。现在枷号一项,既经奏准废除,旗人犯该徒、流、军、遣者,拟照民人一体发配。此律似应删除。

条例·移改

大清律例

1.1.9.(5)〔旗人犯窝窃等罪〕

一、凡旗人窝窃、窝娼、窝赌,及诬告讹诈,行同无赖,不顾行止,并棍徒扰害、教诱宗室为非、造卖赌具、代贼销赃、行使假银、捏造假契、描画钱票、一切诓骗诈欺取财、以窃盗论、准窃盗论;及犯诱拐、强奸、亲属相奸者,均销除本身旗档,各照民人一例办理。犯该徒、流、军、遣者,分别发配,不准折枷。至八旗满洲、蒙古奴仆有犯,罪应军、流者,依例发驻防为奴;徒罪以下,照民人问拟。徒满释回,仍交与伊主服役管束,毋庸销除册档。

现行刑律

*户役·人户以籍为定

4.61.(2)〔旗人犯窝窃等罪销除旗档〕

(略)

满汉通行刑律

原例(略)

谨按:此条系旗人犯罪销档之例。现在八旗兵制未改,犯罪后不准再行充兵,甚得尊重军人资格之意,应仍其旧,惟字句须加修改。今将修改例文,开列于后。再,此门律文已删,应将此条移入“人户以籍为定”门内,合并声明。

○移改

户役·人户以籍为定

4.61.(2)〔旗人犯窝窃等罪销除旗档〕(略)

条例·删除

大清律例

1.1.9.(1)〔盛京新满州等犯法〕

一、凡移来盛京、新满洲等,若有犯法,着该将军照新满州例办理。如过五年,仍照旧人治罪。

删除律例

〇删除

大清律例

1.1.9.(2)〔寡廉鲜耻有玷旗籍者实发寻常旗犯照例折枷〕

一、在京满洲、蒙古、汉军,及外省驻防,并盛京、吉林等处屯居之无差使旗人,如实系寡廉鲜耻、有玷旗籍者,均削去本身户籍,依律发遣,仍逐案声明请旨。如寻常犯该军、遣、流、徒、笞、杖等罪,仍照例折枷、鞭责发落。至内务府所属庄头、鹰户、海户人等,及附京住居庄屯旗人、王公各处庄头,有犯军、遣、流、徒等罪,俱照民人一例定拟。

1.1.9.(3)〔旗人殴死有服卑幼〕

一、凡旗人殴死有服卑幼,罪应杖、流折枷者,除依律定拟外,仍酌量情罪,请旨定夺,不得概入汇题。其有情节惨忍者,发往黑龙江三姓等处,不准枷责完结。旗员中如有诬告讹诈,行同无赖,不顾行止者,亦如之。

1.1.9.(4)〔旗下家奴犯军流等罪〕

一、凡八旗满洲、蒙古、汉军奴仆犯军、流等罪,除已经入籍为民者,照民人办理外,其现在旗下家奴犯军、流等罪,俱依例酌发驻防为奴,不准折枷。犯该徒罪者,汉军奴仆,照民人例问拟实徒,徒满之后,仍押解回旗,交与伊主服役管束;其满洲、蒙古奴仆,照旗下正身例,折枷、鞭责发落。至设法赎身,并未报明旗、部之人,无论伊主曾否收得身价,仍作为原主户下家奴,有犯军、流等罪,仍照例问发。

满汉通行刑律

〇删除

谨按:以上三条,均系旗人犯罪分别折枷、不折枷之例。现在旗人犯罪,拟请照民人划一办理。此三条即无关引用,似均应删除。

1.1.10 军籍有犯

律文·删除

大清律例

1.1.10.1 凡军籍人犯罪,该徒、流者,各依所犯杖数决讫,徒五等,依律发配,徒限满日,仍发回原卫所;并所隶州县。流三等,照依地里远近发直省卫所,并所隶州县附籍;犯该充军者,依律发遣。

删除律例

〇删除

1.1.11犯罪得累减 / 1.9犯罪得累减

律文·仍旧

大清律例

1.1.11.1凡一人犯罪,应减者,若为从,减,谓共犯罪以造意者为首,随从者减一等。自首减,谓犯法知人欲告而自首者,听减二等。故失减,谓吏典故出人罪,放而还获,止减一等;首领官不知情,以失论,失出减五等,比吏典又减一等,还获又减一等,通减七等。公罪递减之类,谓同僚犯公罪失于入者,吏典减三等,若未决放,又减一等,通减四等;首领官减五等,佐贰官减六等,长官减七等之类。并得累减而复减。如此之类,俱得累减科罪。

现行刑律

1.9.1凡一人犯罪,应减者,若为从,减,谓共犯罪以造意者为首,随从者减一等。自首减,谓犯法知人欲告而自首者,听减二等。故失减,谓吏典故出人罪,放而还获,止减一等;首领官不知情,以失论,失出减五等,比吏典又减一等,还获又减一等,通减七等。公罪递减之类,谓同僚犯公罪失于入者,吏典减三等,若未决放,又减一等,通减四等,首领官减五等,佐贰官减六等,长官减七等之类。并得累减而复减。如此之类,俱得累减科罪。

现行刑律案语

原律(略)

〇仍旧

臣等谨按:此律应仍其旧,理合陈明。

1.1.12以理去官以理,谓以正道理而去,非有别项事故者。/ 1.10以理去官以理,谓以正道理而去,非有别项事故者。

律文·仍旧

大清律例

1.1.12.1凡任满得代、改除、致仕等官,与见任同;谓不因犯罪而解任者,若沙汰冗员、裁革衙门之类。虽为事解任、降等,不追诰命者,并与见任同。封赠官,与其子孙正官同。其妇人犯夫及义绝不改嫁。者,亲子有官,一体封赠。得与其子之官品同。谓妇人虽与夫家义绝,及夫在被出,其子有官者,得与子之官品同,为母子无绝道故也。此等之人犯罪者,并依职官犯罪律拟断。应请旨者请旨,应径问者径问,一如职官之法。

现行刑律

1.10.1凡任满得代、改除、致仕等官,与见任同;谓不因犯罪而解任者,若沙汰冗员、裁革衙门之类。虽为事解任、降等,不追诰命者,并与见任同。封赠官,与其子孙正官同。其妇人犯夫及义绝不改嫁。者,亲子有官,一体封赠。得与其子之官品同。谓妇人虽与夫家义绝,及夫在被出,其子有官者,得与子之官品同,为母子无绝道故也。此等之人犯罪者,并依职官犯罪律拟断。应请旨者请旨,应径问者径问,一如职官之法。

现行刑律案语

原律(略)

〇仍旧

臣等谨按:此律应仍其旧,理合陈明。

条例·仍旧

大清律例

1.1.12.(1)〔致仕及封赠官〕

现行刑律

1.10.(1)〔致仕及封赠官〕

一、子孙缘事革职,其父、祖诰敕不追夺者,仍与正官同。若致仕及封赠官犯赃,与无禄人同科。

现行刑律案语

原例(略)

○仍旧

臣等谨按:此例应仍其旧,理合陈明。

1.1.13 无官犯罪 / 1.11 无官犯罪

律文·修改

大清律例

1.1.13.1 凡无官犯罪,有官事发,所犯公罪笞、杖以上,俱依律纳赎。○1.1.13.2 卑官犯罪,迁官事发,在任犯罪,去任考满、丁忧、致仕之类。事发,公罪笞、杖以下,依律降罚;杖一百以上,依律科断。本案黜革,笞、杖以上,折赎俱免。若事干埋没钱粮、遗失官物,虽系公罪,事须追究明白。应赔偿者赔偿,应还官者还官。但犯一应私罪,并论如律。其吏典有犯公私罪名,各依本律科断。

现行刑律

1.11.1 凡无官犯罪,有官事发,所犯公罪应罚金者,俱依律罚金。○1.11.2 卑官犯罪,迁官事发,在任犯罪,去任考满、丁忧、致仕之类。事发,公罪应降罚者,依律降罚;罪重于降罚者,依律科断。若事干埋没钱粮、遗失官物,虽系公罪,事须追究明白。应赔偿者赔偿,应还官者还官。但犯一应私罪,并论如律。其吏典有犯公私罪名,各依本律科断。

现行刑律案语

原律(略)

臣等谨按:笞刑五、杖刑五,现已照章并为十等罚金,律内所称"笞、杖纳赎、折赎"字样均应酌加修改,拟将第一节"笞、杖以上,俱依律纳赎"二语改为"应处罚者,依律处罚",第二节"笞、杖以下,依律降罚""杖一百以上,依律科断"等语,改为"应降罚者，依律降罚”“罪重于降罚者，依律科断”，至“本案黜革，笞、杖以上，折赎俱免”二语，与现在界限不符，应节删。谨将修改律文，开列于后。

○修改(略)

条例·仍旧

大清律例

1.1.13.(1)〔无官犯赃有官事发有官犯赃黜革事发〕

现行刑律

1.11.(1)〔无官犯赃有官事发有官犯赃黜革事发〕

一、无官犯赃，有官事发，照有官参提，以无禄人科断。有官时犯赃，黜革后事发，不必参提，以有禄人科断。

现行刑律案语

原例(略)

○仍旧

臣等谨按：此例应仍其旧，理合陈明。

1.1.14除名当差 / 1.12除名当差

律文·仍旧

大清律例

1.1.14.1凡职兼文武。官犯私罪，罢职不叙，应追夺、诰敕。除名削去仕籍。者，官阶、勋爵皆除。不该追夺诰敕者，不在此限。僧、道犯罪，曾经决罚者，追收度牒，并令还俗。职官、僧、道之原籍军、民、灶户，各从本色，发还原籍当差。

现行刑律

1.12.1凡职兼文武。官犯私罪，罢职不叙，应追夺、诰敕。除名削去仕籍。者，官阶、勋爵皆除。不该追夺诰敕者，不在此限。僧、道犯罪，曾经决罚者，追收度牒，并令还俗。职官、僧、道之原籍军、民、灶户，各从本色，发还原籍当差。

现行刑律案语

原律(略)

○仍旧

臣等谨按：此律应仍其旧，理合陈明。

条例·仍旧

大清律例	现行刑律
1.1.14.(1)〔革职各官封赠分别夺免〕	1.12.(1)〔革职各官封赠分别夺免〕 一、凡失陷城池,行间获罪,及贪赃革职各官,封赠俱行追夺。其别项革职者,免追。

现行刑律案语

原例(略)

○仍旧

臣等谨按:此例应仍其旧,理合陈明。

条例·删除

大清律例

1.1.14.(2)〔职官编俸应追应免〕

一、凡知县以上,及佐贰、杂职等官,因贪赃枉法革职者,任内有降罚案件,照例仍追编俸外,如佐、杂等官,实系因公挂误,毋论任内降罚案件多寡,所有食过编俸,一概免其追赔。

删除律例

○删除

1.1.15 流囚家属

律文·删除

大清律例

1.1.15.1 凡犯流者,妻妾从之,父、祖、子孙欲随者听。迁徙安置人(随行)家口,(妻妾、父、祖、子孙。)亦准此。若流徙人(正犯)身死,家口虽经附(人配所之)籍,愿还乡者放还。(军犯亦准此。)其谋反叛逆,及造畜蛊毒,若采生折割人、杀一家三人,会赦犹流者,家口不在听还之律。

现行刑律案语

○删除

臣等谨按：军、流佥妻之例，乾隆年间业经停止。律目"流囚家属"已非事实，至谋反叛逆，及造畜蛊毒，若采生折割人、杀一家三人，依现在办法，正犯则会赦不免，家口已宽免缘坐。此律无关引用，似应删除。

条例 · 删除

大清律例

1.1.15.(1)〔大逆缘坐与强盗免死减等为奴遣犯不准出户〕

一、凡实犯大逆之子孙缘坐发遣为奴者，虽系职官及举贡生监，应与强盗免死减等发遣为奴人犯，俱不准出户。倘逢恩赦，亦不得与寻常为奴遣犯一体办理。

现行刑律案语

〇删除

臣等谨按：实犯大逆之子孙，如系知情，罪犯应死；如不知情，新章概免缘坐，并无发遣为奴之犯。此条无关引用，应即删除。

大清律例

1.1.15.(2)〔发遣军流徒犯及军流犯愿随妻子开明年籍〕

一、凡军、流、徒犯，俱开明籍贯、年岁，行文配所。其军、流犯之妻及有子愿随者，亦开明年岁。若解部发遣人犯，造册送部。如系旗人，并开明旗色、佐领。

删除律例

〇删除

大清律例

1.1.15.(3)〔内地军流犯身故妻子听其回籍〕

一、内地军、流人犯身故，除妻子不愿回籍，并会赦不准放还外，其余令该地方官给咨回籍。若妇人无子及子幼者，咨明本省督抚，令本犯亲戚领回原籍，不准官为资送。

删除律例

〇删除

大清律例

1.1.15.(4)〔律应佥妻之遣犯〕

一、凡律应定拟佥遣之犯,承审官于审讯时,即讯取本犯确供,将伊妻姓氏、年貌,即于招详内声明。如无妻室,即取具邻族甘结,随招申送。若系隔属隔省,一面于招内申报,一面移查原籍取结。俟结到之日,即行具文申送,不得俟结案后再行查佥。如有因妻患病留养,将本犯先行发遣者,俟伊妻病痊补解时,令伊亲属随同差役解赴遣所,交与本犯收领。若伊妻年过六十以上,并原系有疾不能随行,及患病留养后成笃废,不能补解者,该地方官取具邻族甘结,申详各上司,行文本犯遣所,俾令知之。其有应行报部者,报部查核。倘有捏结情弊,将具结之邻族杖一百,犯妻立即补解。其不行详察之地方官,并转详之该上司,交部分别议处。

删除律例

○删除

大清律例

1.1.15.(5)〔军流遣犯配所生长之子女〕

一、军、流、发遣人犯,到配后生长子孙,本犯在日,其子孙如欲往他处耕种、贸易,呈明该管衙门,听其自便。至配所生长之女,本犯或许嫁他处,或寄养与人,亦听其自便。

现行刑律案语

○删除

臣等谨按:军、流人犯,从前有佥遣之例,故本犯在日,其子孙归遣所,该管官一例管束。自佥遣之例停,则本犯子孙或系随往,或系到配后所生,均可听其自便,毋庸再设专例,拟即删除。

大清律例

1.1.15.(6)〔赏旗为奴人犯之在籍子孙〕

一、赏旗为奴人犯之在籍子孙,有前往遣所省视及随往之子孙,原不在佥遣之内,欲行回归,即赴该管衙门报名,给与印票,准其回归。仍将随往子孙回归之处,照例报部。本犯之主,不得挟势羁留。倘有刁留计陷,不得回归者,将本主照存养良家男女为奴婢律治罪。该管官一并交部议处。

现行刑律案语

〇删除

臣等谨按：此条亦缘佥遣之例而设。从前为奴人犯之子孙，有在佥遣之内者，有不在佥遣之内者，故不能不明定条例，以防流弊。现在佥遣之例已停，则本犯之子孙去留，均听其自便，毋庸再行区别。此条拟即删除。

大清律例

1.1.15.(7)〔蒙古人犯例应佥遣之妻子〕

一、蒙古人犯例应佥遣之妻、子，其随从本夫者，照例交与河南、山东驿地当差。如本犯已经正法，其妻子单行发遣者，将该犯等酌发南省驻防兵丁为奴。至佥解递送之处，悉照应缘坐犯属之例办理。

现行刑律案语

〇删除

臣等谨按：蒙古人犯佥妻发遣，《理藩院则例》"偷窃"门尚存三条，"杂犯"门尚存一条，与本例不甚相符，有犯自可照彼例办理。至本犯正法妻、子单行发遣者，现在蒙古例并无此等明文。此例无关引用，似应删除。

大清律例

1.1.15.(8)〔发遣旗人随带妻子〕

一、满洲、蒙古、汉军发往新疆当差人犯，如有情愿随带妻室家口者，官为资送，到配后，不得同罪犯一例羁管。

满汉通行刑律

〇删除

谨按：此条系旗人遣罪佥妻之例。现在旗人并不发往新疆，已与此例不符。且民人犯罪，既已停止佥妻，不准官为资送。此例殊涉两歧，似应删除。

大清律例

1.1.15.(9)〔遣犯身故妻子携骸回籍〕

一、旗、民发遣人犯，系奉特旨着佥妻、子，及例应佥妻者，听遣所该管官同本犯一例管束。本犯身故后，有情愿携骸回归者，该将军等照例咨部，准其回旗、回籍。若非特旨佥遣及例应佥遣之家属，原系随往遣所，本非罪犯，各该衙门于起解文内，务将"随往"字样注明，遣所该管官记档安插，毋得概同本犯一例羁管。有愿回旗、籍,及本犯身故后,有情愿携骸回归者,即准回归,咨部存案。其力不能来者,系旗人,入于本处档内,令其披甲;系民人,安插为民。日后力能回归,仍听其便。倘该管各官故为留难刁蹬,不行咨报,及失于查察者,交部分别议处。

删除律例

○删除

大清律例

1.1.15.(10)〔军流遣犯属分别应否佥配〕

一、凡罪应缘坐,造畜蛊毒、采生折割人、杀一家非死罪三人等项犯属,仍照例佥发外,其余一应军、流、遣犯及应发乌鲁木齐等处人犯家属,均无庸佥配。如有情愿随带妻室子女者,听其自便,不得官为资送。

现行刑律案语

○删除

臣等谨按:此为分别发遣人犯应否佥配而设,现在佥遣之例业已停止,此条无关引用,应即删除。

大清律例

1.1.15.(11)〔遣犯之女分别择配〕

一、缘坐案内例应佥遣伊犁等处为奴人犯,在配所生之女,及妇女本身犯罪发遣为奴,单身到配者,俱准其各就该处择配。永远不准回籍之遣犯,仍令各将所配,自行报明该管官存案。其余寻常遣犯,在籍随往及在配所生之女,除力能回籍,各听其便外,或遇无力不能回籍,查明原依本主者,听本主择配,依本犯者,听本犯择配,亦令报明存案,不得官为经理。

现行刑律案语

○删除

臣等谨按:缘坐之法,业经宽免,此后自无佥遣为奴之犯。至妇女本身犯罪发遣为奴者,例内第存殴差哄堂等数条,新章俱收留本地习艺所一律工作,亦不发配。此例即属赘设,似应删除。

大清律例

1.1.15.(12)〔在途病故遣犯之妻子〕

一、发往乌鲁木齐等处人犯，未经到配，本犯中途病故，跟随妻、子，或因到配已近，不愿回籍，或子已年长，堪胜力作，情愿到配为民者，令地方官讯明，仍行发往，即入于各该处民籍，安插耕种，不必令其为奴。如有寡妻弱子，不任力作，或自愿回籍者，该地方官照例递回原籍。至已经到配入厂，年限未满以前，本犯身故者，其妻、子即照年限已满例，准入民籍，一体安插，不必复令为奴。

现行刑律案语

○删除

臣等谨按：此条系乾隆五十三年〔1788〕改定，维时乌鲁木齐佥遣之例尚未停止，故定为专条。现在一律停止佥发，亦无乌鲁木齐遣犯。此例系属赘文，应即删除。

大清律例

1.1.15.(13)〔酗酒行凶旗下家奴遣犯佥妻〕

一、旗下家奴酗酒行凶，经本主报明该旗送部发遣之犯，所有妻室、子女，俱一体发遣，赏给兵丁为奴。其有年老、残废，及子女幼小不能随带者，或令于亲属依栖，或听本妇另嫁，不准仍留原主处服役。

满汉通行刑律

○删除

谨按：此条系旗下家奴发遣佥妻之例，家属不准仍留主家服役，则遇有老幼残废，办理诸多窒碍，汉人奴仆既不照此办理，旗人未便两歧，似应删除。

1.1.16常赦所不原／1.13常赦所不原

律文·修改

大清律例

1.1.16.1凡犯十恶、杀人、盗系官财物，及强盗、窃盗、放火、发冢、受枉法不枉法赃、诈伪、犯奸、略人略卖、和诱人口，若奸党，及谗言左使杀人、故出入人罪，若知情故纵、听行藏匿引送、说事过钱

现行刑律

1.13.1凡犯谋反、叛逆、子孙谋杀祖父母、父母、内乱、妻妾杀夫、雇工人杀家长、杀一家非死罪三人、采生折割人、谋杀、故杀、蛊毒魇魅、毒药杀人、强盗、妖言、十恶等真正死罪，及侵贪入已、军务

之类,一应实犯,皆有心故犯。虽会赦,并不原宥。其过误犯罪,谓过失杀伤人、失火,及误毁、遗失官物之类。及因人连累致罪,谓因别人犯罪连累以得罪者,如人犯罪,失觉察,关防,钤束,及干连、听使之类。若官吏有犯公罪,谓官吏人等,因公事得罪,及失出入人罪,若文书迟错之罪,皆无心误犯。并从赦宥。谓会赦皆得免罪。其赦书临时钦定实犯等罪名特赐宥免谓赦书不言常赦所不原,临时定立罪名宽宥者,特从赦原。及虽不全免,减降、从轻者,谓降死从流、流从徒、徒从杖之类。不在此限。谓皆不在常赦所不原之限。获罪者,虽会赦并不原宥,其余咸得赦除。律未赅载者,一以现奉恩赦条款为断。○[1.13.2]若奉减等恩旨,则减死从流、流从徒、徒从罚金,亦准此查办。恩赦所不得免者,即恩旨所不得减。

现行刑律案语

原律(略)

臣等谨按:常赦不原之律,本于有唐。《唐律·断狱篇》:"诸闻知有恩赦而故犯及犯恶逆、若部曲奴婢殴及谋杀、若强奸主者,皆不得以赦原,即杀小功尊属、从父、兄、姊及谋反大逆者,身虽会赦,犹流二千里。"《贼盗篇》:"诸造畜蛊毒虽会赦,并同居家口及教令人,亦流三千里",又"诸杀人应死会赦免者,移乡千里外。"《名例篇》:"诸犯十恶、故杀人、反逆缘坐狱成者,会赦犹除名,即监临主守于所监守内犯奸、盗、略人、若受财而枉法者,亦除名,狱成会赦者,免所居官。"凡此诸条,即律所谓常赦不免者也。而常赦即大赦,初非有所区别,迨前明辑为定律,其载入条文者,视《唐律》倍严。然考之明史,谓明代有常赦、有特赦、有不赦十恶及故犯者不赦,而十恶中不睦又在会赦原宥之例,此则不赦者,亦得原若传旨肆赦不别定罪名者,则仍依常赦不原之律,乃知明时传旨肆赦者,即本律之常赦也。遇国家大庆典特下赦书,即本律之临时定罪名特免,史所谓特赦也。别常赦于大赦之外,为法不同,故取义亦异。国朝沿用《明律》,而赦法则代有变迁。其谓之恩赦者,诏书内开官吏兵民人等有犯,除谋反、叛逆、子孙谋杀祖父母父母、内乱、妻妾杀夫、奴婢杀家长、杀一家非死罪三人、采生折割人、谋杀故杀真正人命、蛊毒魇魅毒药杀人、强盗、妖言、十恶等真正死罪不赦外,军务获罪、隐匿逃人、及侵贪入己亦不赦外,其余已发觉、未发觉、已结未结者,咸赦除之。其谓之恩旨者,则军、流以下人犯,俱着减等发落。查阅刑部历次奏定恩赦条款,咸以诏书为依据,恩旨条款稍加严焉,大都恩赦之所不得免者,即恩旨之所不得减,其义一也。惟诏书俱系列圣所鉴定,其中如诈伪、犯奸、和诱人口,及知情故纵、听行藏匿引送、说事过钱之类,俱不在不准赦除之列。即斗杀、共殴等项,及窃盗罪不至军流,首节次条款所载,亦无不准。其援免赦款事,既与律文不符。而自光绪二十九年〔1903〕刑部奏定习艺章程,军、流发配与否,以常赦得原、不得原为断,若执本律以相绳,则发配者多殊,无裨于事实。故近年内外问刑衙门于军、流之是否发配,俱以恩赦条款为定夺。旧律既不适用,似应谨遵诏书条文修入律内,并添入律未赅载者,一以现奉恩赦条款为断,小注而律文与赦款不符者,则概从删削,庶不至有所窒碍。再诏书内"隐匿逃人"一项,因从前惩治逃人甚严,故隐匿者俱在不赦之列。现在《督捕则例》节次改轻,且并无此等案件,似毋庸将此层修入,以昭核实。谨将修改律文、律注,开列于后。

○修改

凡犯谋反、叛逆、子孙谋杀祖父母、父母、内乱、妻妾杀夫、奴婢杀家长、杀一家非死罪三人、采生折割人、谋杀、故杀、蛊毒魇魅毒药杀人、强盗、妖言、十恶等真正死罪,及侵贪入己、军务获罪者,虽会赦并不原宥,其余咸得赦除。律未赅载者,一以现奉恩赦条款为断。○若奉减等恩旨,则减死从流,流从徒,徒从罚,亦准此查办。恩赦所不得免者,即恩旨所不得减。

核订现行刑律

原修改律文(略)

谨按:宣统元年十二月二十一日〔1910 年 1 月 31 日〕,臣馆会同修订法律大臣奏《请禁革买卖人口》折,内称"嗣后无论满汉官员、军民人等不准以人互相买卖,从前原有之奴婢一律以雇工论,有犯案照雇工科断。律例内关涉奴婢诸条,悉予删除"等因。奉旨允准,钦遵在案。本律"奴婢"字样,自应改为"雇工",以符新章。

○修改(略)

条例 · 仍旧、修改、移改、续纂

大清律例	现行刑律
1.1.16.(4)〔关系军机兵饷〕	1.13.(1)〔关系军机兵饷〕 一、凡关系军机、兵饷事务,俱不准援赦宽免。关系行间、兵饷者乃坐。

现行刑律案语

原例

1.1.16.(4)〔关系军机兵饷〕/ 1.13.(1)〔关系军机兵饷〕(略)

1.1.16.(3)〔以赦前事告言人罪〕/ 1.13.(4)〔以赦前事告言人罪〕(略)

1.1.16.(8)〔文武官员等犯奸盗诈伪等罪〕/ 1.13.(5)〔文武官员等犯奸盗诈伪等罪〕(略)

○仍旧

臣等谨按:以上三例,应仍其旧,理合陈明。

大清律例	现行刑律
1.1.16.(9)〔侵盗钱粮拟斩监候之犯〕 一、凡侵盗仓库钱粮入己,数在一	1.13.(2)〔侵盗钱粮拟绞监候之犯〕 一、凡侵盗仓库钱粮入己,数在一

千两以上,拟斩监候之犯,遇赦准予援免。如数逾一万两以上者,不准援免。

千两以上,拟绞监候之犯,遇赦准予援免。如数逾一万两以上者,不准援免。

现行刑律案语

原例

臣等谨按:此条应仍其旧,惟斩候已照章改为绞候,例内“斩”字应改“绞”字。谨将修改例文,开列于后。

○修改(略)

大清律例

1.1.16.(7)〔诬告叛逆及捕役诬陷无辜〕

一、诬告叛逆未决,应拟斩候者,不准援赦。又捕役诬拿良民及曾经犯窃之人,威逼承认,除被诬罪名,遇赦尚准援免者,其反坐捕役,亦得援赦免罪外,若将平民及犯窃之轻罪人犯,逼认为谋杀、故杀、强盗者,将捕役照例充军,遇赦不准援免。

现行刑律

1.13.(3)〔诬告叛逆及捕役诬陷无辜〕

一、诬告叛逆未决,应拟斩候者,不准援赦。又捕役诬拿良民及曾经犯窃之人,威逼承认,除被诬罪名,遇赦尚准援免者,其反坐捕役,亦得援赦免罪外,若将平民及犯窃之轻罪人犯,逼认为谋杀、故杀、强盗者,不准援免。

现行刑律案语

原例

臣等谨按:此例应仍其旧,惟例末“将捕役照例充军”一语,应节删。谨将修改例文,开列于后。

○修改(略)

大清律例

1.1.16.(3)〔以赦前事告言人罪〕

现行刑律

1.13.(4)〔以赦前事告言人罪〕

一、以赦前事告言人罪者,以其罪罪之。若干系钱粮、婚姻、田土等项,罪虽遇赦宽免,事须究问明白。应追取者仍行追取,应改正者仍行改正。

现行刑律案语

○仍旧(略)

见1.1.16.(4)〔关系军机兵饷〕条

大清律例

1.1.16.(8)〔文武官员等犯奸盗诈伪等罪〕

现行刑律

1.13.(5)〔文武官员等犯奸盗诈伪等罪〕

一、文武官员、举人、监生、生员,及吏典、兵役,但有职役之人,犯奸、盗、诈伪,并一应赃私罪名,遇赦取问明白,罪虽宥免,仍革去职役。

现行刑律案语

○仍旧(略)

见1.1.16.(4)〔关系军机兵饷〕条

大清律例

＊名例·流犯在道会赦

1.1.17.(1)〔拟徒官犯及人命徒犯遇赦〕(略)

现行刑律

1.13.(6)〔拟徒官犯及人命徒犯遇赦〕

一、凡问拟徒罪,奏请发往军台效力官犯,不论已未发配,遇赦减免,令该都统及各督抚造册咨部,汇奏存案。其有关人命拟徒常犯,遇赦减等,另册报部核办,不得与寻常徒犯按季册报。

现行刑律案语

○移改(略)

见1.1.17.(1)〔拟徒官犯及人命徒犯遇赦〕条

大清律例

1.1.16.(10)〔触犯祖父母父母发遣之犯〕

一、凡触犯祖父母、父母发遣之犯,遇赦查询伊祖父母、父母愿令回家,如恩赦准其免罪者,即准释放。若只准减等者,仍行减徒。其所减徒罪,照亲老留养之例,枷号一个月,满日释放,毋庸充配。倘释回后再有触犯,复经祖父

现行刑律

1.13.(7)〔触犯祖父母父母发遣之犯〕

一、凡触犯祖父母、父母发遣之犯,遇赦查询伊祖父母、父母愿令回家,如恩赦准其免罪者,即准释放。若止准减等者,仍行减徒。其所减徒罪,照律收赎,追缴释放。倘放回后,复经祖父母、父母呈送者,发遣新疆当差。

母、父母呈送,民人发往新疆给官兵为奴,旗人枷号两个月,仍发黑龙江当差。

满汉通行刑律

○修改

谨按:此条系触犯发遣释回再有触犯之例。旗、民发遣地方不同,旗人又多枷号,应归一律。枷号已改罚金,俱应修改。今将修改例文,开列于后。

一、凡触犯祖父母、父母发遣之犯,遇赦查询伊祖父母、父母愿令回家,如恩赦准其免罪者,即准释放。若只准减等者,仍行减徒。其所减徒罪,照亲老留养之例,罚金五两,追缴释放。倘放回后再有触犯,复经祖父母、父母呈送,不论旗、民,发往新疆当差。

现行刑律案语

原修改例文(略)

臣等谨按:此条系触犯发遣释回再有触犯之例。原例民人发新疆给官兵为奴,旗人枷号两个月,发黑龙江当差。嗣于光绪三十三年〔1907〕,经臣馆遵议《满汉通行刑律》案,内以枷号已改罚金,且发遣地方不同,旗人又多枷号,应归一律,改从今制,应仍其旧。惟查"照亲老留养之例,罚金五两"二语,核与现修律例不甚吻合,应改为照律收赎,以免歧异,而便引用。例末"不论旗、民"句并行节删,"往"亦应改"遣"。谨将修改例文,开列于后。

○修改(略)

大清律例

1.1.16.(12)〔触犯祖父母父母发遣圈禁之犯遇亲病故〕

一、凡宗室、觉罗及旗人、民人,触犯祖父母、父母呈送发遣、圈禁之犯,除恭逢恩赦,仍遵定例查询办理外,若遇有犯亲病故,许令亲属呈报各该旗、籍,咨明宗人府,并行知配所督抚、将军,查核原案,只系一时偶有触犯,尚无怙终屡犯重情,并察看本犯果有闻丧哀痛迫切情状,如系宗室、觉罗,由宗人府奏请释放;如系旗人、民人,由各督抚、将军咨报刑部核明,奏请释放。如在逃被

现行刑律

1.13.(8)〔触犯祖父母父母发遣圈禁之犯遇亲病故〕

一、凡宗室、觉罗及旗人、民人,触犯祖父母、父母呈送圈禁、发遣之犯,除恭逢恩赦,仍遵定例查询办理外,若遇有犯亲病故,许令亲属呈报各该旗、籍,咨明宗人府,并行知配所督抚,查核原案,只系一时偶有触犯,尚无怙终屡犯重情,并察看本犯果有闻丧哀痛迫切情状,如系宗室、觉罗,由宗人府奏请释放;如系旗人、民人,由各督抚咨报法部核明,奏请释放。如在逃被获,讯明实

获，讯明实因思亲起见，又有闻丧哀痛情状者，即免其逃罪，仍发原配安置，不准释回。其逃回后自行投首，及亲属代首者，遇有犯亲病故，准其察看情形，如实系闻丧哀痛，免其发回原配，仍照不应重律杖八十。若本系桀骜性成，屡次触忤干犯，致被呈送发遣，情节较重之犯，俱不准释回。

因思亲起见，又有闻丧哀痛情状者，即免其逃罪，仍发原配安置，不准释回。其逃回后自行投首，及亲属代首者，遇有犯亲病故，准其察看情形，如实系闻丧哀痛，免其发回原配，仍照不应重律治罪。若本系桀骜性成，屡次触忤干犯，致被呈送者，不准释回。

现行刑律案语

原例（略）

臣等谨按：“诉讼”门呈送触犯之例，光绪三十三年〔1907〕臣等已奏准，不论旗、民改为极边足四千里安置，例内“将军”等字应行修改。至刑部现改为法部，杖罪亦改折罚金，俱应照现章酌改。谨将修改例文，开列于后。

○修改（略）

大清律例

1.1.16.(1)〔直省雨泽愆期清理刑狱〕

一、直省地方，偶值雨泽愆期，应请清理刑狱者，除徒流等罪外，其各案内牵连待质，及笞杖内情有可原者，该督抚一面酌量分别减免省释，一面奏闻。

现行刑律

1.13.(9)〔直省雨泽愆期清理刑狱〕

一、直省地方，偶值雨泽愆期，应请清理刑狱者，该督抚一面奏闻，一面饬令问刑衙门，将无关人命徒罪以下，及牵连待质人犯，酌量分别减免、省释，办结后，汇册咨部存查。

现行刑律案语

原例（略）

臣等谨按：此条系乾隆八年〔1743〕定例。查京师及畿辅地方，如值雨泽愆期，每有查办清刑恩旨，此例于直省地方清理刑狱，不得减及徒流，限制未免过严，应请嗣后直省雨泽愆期，奏请清理刑狱，其减免以徒罪以下为断，方不至歧异。至笞、杖人犯向归外结，尽可自行省释，毋庸定入条文，此例应行酌改。谨将修改例文，开列于后。

○修改（略）

现行刑律

1.13.(10)〔三流安置人犯遇有减等恩旨〕一、凡三流安置人犯,系属常赦所得原,毋庸发配者,如原犯系流二千里,在本地习艺所工作已过三年;原犯系流二千五百里,工作已过五年;原犯系满流工作,已过七年;原犯极边及烟瘴地方安置,工作已过八年,遇有减等恩旨,即照满徒人犯例减折罚金,追缴释放。

现行刑律案语

○续纂(略)

臣等谨按:光绪三十一年〔1905〕刑部复准《罪犯习艺章程》,"凡军、流人犯,系属常赦所得原者,留于本地习艺所工作。流二千里者,以六年为限;二千五百里者,以八年为限;满流及军罪以十年为限,限满俱释放"等语,嗣后此等人犯,如遇查办恩旨,若工作已离满限不远者,仍照向例一律减徒,则逢恩而反加年限办理,不无窒碍。拟请原犯流二千里者,工作已过三年;原犯流二千五百里者,工作已过五年;原犯满流者,工作已过六年;原犯极边及烟瘴地方安置者,工作已过八年,俱照满徒之例折罚金,以昭平允。并纂辑条例遵行,理合陈明。

大清律例

1.1.16.(11)〔在徒人犯遇赦减等〕

一、凡在京在外已徒而又犯徒、律应总徒四年,及原犯总徒四年、准徒五年者,若遇赦减等,俱减一年。其诬告平人死罪未决,应杖一百、流三千里加徒役三年者,如徒役未满,遇赦减等,减为总徒四年;若再遇赦,仍准再减一年。如已到流配,所加徒役已满者,即照寻常流犯减为徒三年。

现行刑律

1.13.(11)〔在徒人犯遇赦减等〕

一、凡在京在外已徒而又犯徒、律应总徒四年,及原犯总徒四年、准徒五年者,若遇赦减等,与寻常徒犯一律办理。其诬告人死罪未决,应流三千里加徒役三年者,遇赦减等,减为总徒四年。如所加徒役已满,照寻常流犯减为徒三年。

现行刑律案语

原例(略)

臣等谨按:此条系前明《问刑条例》,原载"徒流人又犯罪"门,后经历次修改,移附此律。查原例:一、在京在外问拟一应徒罪,俱免杖。其已徒而又犯徒,该决讫所犯杖数,总徒四年者,在京遇热审、在外遇五年审录,俱减一年。若诬告平人死罪未决杖一百、流三千里加役三年者,比照已徒而又犯徒,总徒四年,虽遇例不减。推原前明定例之意,缘尔时在京之热审、在外之审录,皆得酌量宽减,故有例减之目。而军、流不言者,以明时军罪借实边卫,向不查办流罪,则以《大诰》减尽,几无此等人犯。故第举徒罪而言,别为一代之制,本与赦法不相干涉。至本朝康熙中叶停止审录事例,热审虽相沿至今,亦并不减及徒罪。故雍正三年〔1725〕删去"热审"及"审录"二语,改为"遇例减等"。乾隆二十六年〔1761〕又将"遇例"改为"遇赦",辗转迁变,遂与初义全不相符。然即以赦法而论,军、流本视准徒、总徒为重,乃军、流一减可至徒三年,而准徒第减为总徒四年,总徒亦不过减至徒三年,揆之情法,未为平允,似应将"遇赦减等,减为一年"之处改为"与寻常徒犯一律办理",以免歧异。盖就年限而论,现在满流及军犯不发配者,俱折工作十年,彼既减至满徒,则由准徒、总徒减杖,亦不得议为过宽也。至流罪现不加杖,既得援赦,亦毋庸发配,由加役流减为总徒,如再遇赦,自可援原犯总徒之例一律减等,例内"应杖一百,及再赦,仍准再减一年,并已到流配"各语,均应节删。谨将修改例文,开列于后。

〇修改(略)

条例 · 删除

大清律例

1.1.16.(2)〔诱拐案内改发烟瘴少轻民人及旗下家人为奴遣犯〕

一、凡遇恩诏内开有军流俱免之条,其和同诱拐案内,系民人,改发烟瘴少轻地方者,既准宽免;系旗下家人,于诱拐案内发遣为奴人犯,亦许一体援免。

删除律例

〇删除

大清律例

1.1.16.(5)〔杀死本宗缌尊及外姻小功尊〕

一、凡杀死本宗缌麻以上尊长及外姻小功尊属者,俱不准援赦。

删除律例

〇删除

大清律例

1.1.16.(6)〔偷窃蒙古四项牲畜遣犯〕

一、凡察哈尔蒙古及扎萨克地方,偷窃四项牲畜,罪应发遣贼犯,遇赦俱不准减等。

删除律例

〇删除

大清律例

1.1.16.(13)〔传习邪教首从人犯〕

一、传习白阳、白莲、八卦、红阳等项邪教，为首之犯，无论罪名轻重，恭逢恩赦，不准查办，并逐案声明"遇赦不赦"字样。其为从之犯，亦俱不准援减。

删除律例

〇删除

1.1.17 流犯在道会赦

律文·删除

大清律例

1.1.17.1 凡流犯在道会赦，赦以奉旨之日为期，必于程限内未至配所会赦者，方准赦回。若虽未至配所，计行程过限者，不得以赦放。恐奸徒有意迁延。谓如流三千里，日行五十里，合该六十日程，未满六十日会赦，不问已行远近，并从赦放。若从起程日至奉旨日总计有违限者，不在赦限。若在道有故者，不用此律。有故谓如沿途患病，或阻风、被盗，有所在官司保勘文凭者，皆听除去事故日数，不入程限，故云不用此律。若于途中曾在逃，虽在程限内遇赦亦不放免。其逃者身死，所随家口愿还者听。迁徙安置人准此。军罪亦同。〇1.1.17.2 其流犯及迁徙安置人已至配所，及犯谋反、叛逆缘坐应流，若造畜蛊毒、采生折割人、杀一家三人会赦犹流者，并不在赦放之限。〇1.1.17.3 其徒犯在道会赦，及已至配所遇赦者，俱行放免。流犯加徒者，亦免加徒。

现行刑律案语

〇删除

臣等谨按：此仍《明律》，其原本于有唐。缘唐时流人已至配所役满后，即附籍为民，不复援赦，惟在道会赦者，以其尚未至配，得依狱成未决之例，量予赦免，故其律目曰"流配人在道"。明时徒罪亦发往铁冶盐场，其在道会赦者，一依流罪之制，故其律目曰"徒流人在道会赦"。国朝雍正三年〔1725〕以现行例徒犯已至配所者会赦，仍得放免，将律目并律文内"徒"字删去，是此律沿革之大凡也。查乾隆二年〔1737〕恩诏，军、流人犯在配已过三年，安静悔过、情愿回籍者，令该督抚查明奏请，准其回籍。此在配军、流已过三年准其查办之始。迨嘉庆二十五年〔1820〕恩诏，将到配未及三年人犯奏准一体查办，嗣后恭逢恩赦军、流人犯，无论到配久暂，均准查办，若缘坐应流及会赦犹流者，业经奏请宽免，嗣后自无此等人犯，徒犯则并不发配，遇赦一体援免。此律与现在办法不符,无关引用,应即删除。

条例・移改

大清律例	现行刑律
1.1.17.(1)〔拟徒官犯及人命徒犯遇赦〕 一、凡官员问拟徒罪,不论已未到配,遇赦减免,令各督抚造册咨部,汇题存案。其有关人命拟徒常犯,遇赦减等,另册报部核办,不得与寻常徒犯按季册报。	*名例・常赦所不原 1.13.(6)〔拟徒官犯及人命徒犯遇赦〕 (略)

现行刑律案语

原例(略)

臣等谨按:此条系乾隆四十一年〔1776〕定例。原隶"流犯在道会赦"门,现在此门拟请删除,自应移附"常赦所不原"门,借资遵守。惟官员犯徒,近均奏请发往军台效力赎罪,似应于例内添叙明晰,并于各督抚上加入"该都统"字样,以昭赅备。"汇题"应改为"汇奏"。谨将移改例文,开列于后。

○移改

名例・常赦所不原

1.13.(6)〔拟徒官犯及人命徒犯遇赦〕(略)

条例・删除

大清律例

1.1.17.(2)〔犯逃发遣黑龙江新疆当差旗人在途在配遇赦〕

一、凡在京八旗兵丁、闲散人等,因犯逃罪,及别项罪名,发遣黑龙江、新疆等处当差者,如在途在配遇赦回京,仍归入本旗档内严加管束,即准以步甲等差挑取。倘挑差后,怙恶不悛,仍复滋事,及脱逃被获者,即销除旗档,发遣烟瘴地方,照民人一例管束,不准释回。若未经挑差以前,复犯逃罪被获者,仍发黑龙江等处当差。若自行投回,毋论已未挑差,仍俱照旗人逃走自首例办理。其有犯别项罪名,各照本例科断。

满汉通行刑律

○删除

1.1.17.(2)〔犯逃发遣黑龙江新疆当差旗人在途在配遇赦〕(略)

1.1.21.(5)〔另户旗人犯逃人匪类等罪遣犯不行改过〕(略)

谨按:此条系旗人犯罪分别发遣之例。前一层系遣戍常犯,现既不分满汉,即毋庸另立专条;后一层系逃人匪类,本应销档,与民人一体办理。例文未经修改,即属无关引用,似应删除。

1.1.18犯罪存留养亲/1.14犯罪存留养亲

律文·修改

大清律例

1.1.18.1凡犯死罪非常赦不原者,而祖父母、高、曾同。父母老七十以上。疾笃、废。应侍,或老或疾。家无以次成丁十六以上。者,即与独子无异。有司推问明白。开具所犯罪名并应侍缘由奏闻,取自上裁。若犯徒、流而祖父母、父母老疾无人侍养者,止杖一百,余罪收赎,存留养亲。军犯准此。

现行刑律

1.14.1凡犯死罪非常赦不原者,而祖父母、高、曾同。父母老七十以上。疾笃、废。应侍,或老、或疾。家无以次成丁十六以上。者,即与独子无异,有司推问明白。开具所犯罪名并应侍缘由奏闻,俟取旨后,照律收赎。犯徒、流而祖父母、父母老疾,无人侍养者,亦照所犯收赎,存留养亲。遣罪人犯,准满流收赎。

现行刑律案语

原律(略)

臣等谨按:此仍《明律》。惟死罪人犯取自上裁之后如何办理,律无明文,现在五刑收赎,业经定拟银数,注入本门条下。其例准留养者,应与徒、流人犯,一律改为照律收赎,以昭平允。至徒、流加杖,业经奏请宽免。“军罪”名目亦经奏改“安置”,所有律文内“止杖一百”句应行节删,律注内“军犯”字样,应行照改。谨将修改律文、律注,开列于后。

○修改(略)

条例·修改、修并、仍旧

大清律例

1.1.18.(4)〔部内题结军流徒犯发配以前告称留养〕

一、凡部内题结军、流、徒犯,及免死流犯,未经发配以前,告称祖父母、父母老疾应侍,及其母系属孀妇,守节二

现行刑律

1.14.(1)〔遣流以下人犯告称留养〕

一、大理院及各级审判厅审结遣、流以下人犯,有告称祖父母、父母老疾应侍,及其母系属孀妇,守节二十年,家无以次成丁者,若例得准留养,如属大、

十年,家无以次成丁者,如属大、宛二县民人,该县查明,府尹确察报部;如属五城民人,兵马司掌印指挥查明,巡城御史确察报部;如属外省民人,州县官查明,督抚确察报部。军、流、徒犯,照数决杖,徒犯枷号一个月,军、流枷号四十日,免死流犯枷号两个月,俱准存留养亲。其各省人犯,该督抚照此确查办理。若在外人犯,咨解到部之后始告留养者,取具该犯确供,一面解配,一面行查原籍督抚;及人犯甫经到配,告称留养者,该配所一面收管,一面行查。如果例应留养,取结报部,将该犯解籍留养。原审官照军流等犯未经审出实情例议处。

宛二县民人,该县出结,府尹确查分报部、院;属内外巡警厅管辖地面居住者,该区官出结,巡警总厅厅丞确查分报部、院;如属外省民人,州县官出结,按察司或提法使确查分报部、院,俟收赎银两完缴,俱准存留养亲。其各省审结人犯,亦照此确查办理。

现行刑律案语

原例(略)

臣等谨按:此条系康熙时旧例,乾隆、嘉庆年间节次改定。例内所称"部内题结及确察报部",系指"刑部"而言。现在刑部改为法部,现审事件划归大理院及高等以下各级审判厅办理,所有留养各犯自应由大理院及高等以下各级审判厅行查。内外城改设巡警厅区,巡城御史及兵马司指挥业经裁撤,凡旧日五城地面居住之各户,如非属大、宛本籍,自应由厅区管辖。若军、流、徒加杖,则前经奏请删除,枷号亦拟变通办理。在外人犯解部发遣之例,自嘉庆六年〔1801〕停止,近来并无此等人犯,例内各节俱应酌改。至定案之初,不遵例取具有无祖父母、父母、兄弟、子孙及年岁若干确供者,承审之员照军、流等犯未经审出实情例议处,本门已另有条文,例末一层系属重复,应行节删。谨将修改例文,开列于后。

〇修改

一、大理院及各级审判厅审结遣、流以下人犯,有告称祖父母、父母老疾应侍,及其母系属孀妇,守节二十年,家无以次成丁者,若例得准留养,如属大、宛二县民人,该县出结,府尹确察报部、报院;属内外巡警厅管辖地而居住者,该区官出结,巡警总厅厅丞确察报部、报院;如属外省民人,州县官出结,督抚确察报部、报院。俟收赎银两完缴,俱准存留养亲。其各省审结人犯,该督抚照此确查办理。

大清律例

1.1.18.(5)〔捏报军流徒犯留养〕

一、军、流、徒犯，并非独子，地方官知情捏报，以故出论；如有受贿情弊，以枉法论。失察者，交部议处。其邻保、族长人等有假捏出结者，照证佐不言实情减本犯罪二等律治罪；受财者，以枉法从重论。若地方官查报后，复将假捏情弊自行查明，或上司复饬察出，及邻保人等自行首送者，除本犯仍行发配外，官员及邻保人等俱免议。至定案之初，不遵例取具有无祖父母、父母、兄弟、子孙及年岁若干确供者，承审之员，照军流等犯未经审出实情例议处。

1.1.18.(11)〔戏杀误杀等犯亲老丁单〕

一、凡人命案件，于相验时，即将凶犯之亲有无老疾，该犯是否独子，讯证明确，一并详报。定案时，系戏杀，及误杀秋审缓决一次例准减等之案，并擅杀、斗杀情轻，及救亲情切、伤止一二处各犯，核其情节，秋审时应入可矜者，如有祖父母、父母老疾应侍，及孀妇独子，伊母守节二十年者，或到案时非例应留养之人，迨成招时，其祖父母、父母已成老疾，兄弟子侄死亡者，该督抚查取各结，声明具题，法司随案核复，声请留养。其余各案，秋审并非应入可矜，并误杀缓决一次例不准减等者，该督抚于定案时，止将应侍缘由声明，不必分别“应准”“不应准”字样，统俟秋审时取结

现行刑律

1.14.(2)〔捏报死遣流徒各犯留养〕

一、死罪及遣、流、徒各犯，到案之初，该承审官务将该犯有无祖父母、父母、兄弟、子、侄，及年岁若干，是否孀妇之子，详悉取具确供。如漏未取供，交部照例分别议处。若祖父母、父母无存，或现存而未老疾，及伊母本非孀妇，或守节未至二十年，或该犯并非独子，或家有以次成丁之人，与留养之例不符，该地方官知情捏报者，以故出论；如有受贿情弊，以枉法论。失察者，亦交部议处。其邻保、族长人等有假捏出结者，照证佐不言实情减本犯罪二等律治罪。若地方官查报后，复将假捏情弊自行查明，或上司复饬察出，及邻保人等自行首送者，除本犯仍行按照律例拟罪外，官员及邻保人等俱免议。

1.14.(3)〔秋审矜缓旧事缓决声请留养〕

一、凡死罪案件，除谋、故杀及连毙二命，秋审时应入情实无疑之犯，虽亲老丁单，毋庸声请留养外，其余各案，核其情节，秋审时应入可矜者，如有祖父母、父母老疾应侍，及孀妇独子伊母守节二十年者，定案时查取各结，声明大理院随案核复，声请留养。其余秋审并非应入可矜之案，定案时止将应侍缘由声明，不必分别“应准”“不应准”字样，统俟秋审时法部核定后，先将此项人犯开单进呈，恭候钦定。俟奉有谕旨，法部行文各该督抚，将准、留各犯，饬令该管州县取具犯属、族邻人等甘结，加具印结详报，并追取收赎银四十两。如案

报部，刑部会同九卿核定，入于另册进呈，恭候钦定。其谋、故杀及连毙二命，秋审应入情实无疑之案，虽亲老丁单，毋庸声请留养。至夫致死妻，应行留养承祀之案，无论殴杀、故杀，如核其情节，秋审应入可矜者，亦准随案声请。其余统俟秋审时取结，分别情罪轻重办理。朝审案件，一体遵行。

1.1.18.(14)〔戏杀误杀等犯定案具题后核与留养之例相符〕

一、凡戏杀、误杀、擅杀、斗杀情轻，及救亲情切，伤止一二处各犯，如定案时犯亲年岁不符，原题内未经声明应侍，秋审后核其祖父母、父母现已老疾，孀妇守节年份均已符合，或成招时家有次丁，嗣经身故，及被杀之家，先有父母，嗣已物故，与留养之例相符，由各督抚查明，已入秋审缓决、可矜者，随时随案具题，刑部核明题复，准其留养。其未入秋审各案，如擅杀、斗杀应拟可矜，戏杀及误杀例准缓决一次减等者，亦准其随时查办。如误杀不准一次减等之案，及擅杀、斗杀应拟缓决者，照例俟秋审时取结报部办理。如系擅杀，仍照例毋庸查被杀之家有无父母。

1.1.18.(8)〔斗杀等案及殴妻致死之犯声请留养承祀〕

一、凡斗杀等案，及殴妻致死之犯，奉旨准其留养承祀者，将该犯枷号两个月，责四十板。斗杀等案，追银二十两，给死者家属养赡。至殴妻致死，原题时亲老丁单，声请留养，遇有父母先存后故，与承祀之例相符者，各督抚于秋审时查明取结，另行报部，九卿一体核拟具题。倘有假捏等弊，除本犯仍照原关人命，以一半给死者家属养赡，一半入官，将该犯保释，存留养亲。若定案时非例应留养之人，迨至本届秋审，或已经秋审一次，归入旧事缓决以后，核其祖父母、父母已成老疾，或伊母守节年分符合，以及成招时家有次丁嗣经身故，或被杀之人先有父母，后经物故，与留养之例相符者，亦准其随时随案奏请留养。京师秋审案件，一体遵行。至留养之后，复有不安分守法，别生事端，无论罪名轻重，即照现犯定拟，不准再行声请。

1.14.(4)〔殴妻致死之犯声请留养承祀〕

一、殴妻致死之案，除亲老丁单，或孀妇独子，应准查办留养外，如父母已故，别无兄弟子孙，定案时，将应行承祀缘由声明法部，俟秋审后，与寻常留养人犯一体开单进呈。其或定案时声请留养之犯，遇有父母先存后故，与承祀之例相符者，该省按察司或提法使于秋审时确查报部，统俟奉有谕旨，再行取拟,不准留养承祀外,查报之地方官,及捏结之邻保、族长等,俱照捏报军流留养例,分别议处、治罪。若留养承祀之后,如有不安分守法,别生事端,无论罪名轻重,即照现犯之罪按律定拟,不准复行声请。

结办理。惟所追赎银,尽数入官。

现行刑律案语

原例

1.1.18.(5)〔捏报军流徒犯留养〕(略)

1.1.18.(11)〔戏杀误杀等犯亲老丁单〕(略)

1.1.18.(14)〔戏杀误杀等犯定案具题后核与留养之例相符〕(略)

1.1.18.(8)〔斗杀等案及殴妻致死之犯声请留养承祀〕(略)

臣等谨按:以上四条,第一条系军流徒犯捏报独子之例,第二条系人命案件分别随案声请及秋审后查办留养之例,第三条系定案时犯亲年岁不符秋审后随时随案题请留养之例,第四条系留养承祀人犯作何发落并捏报承祀之例。惟各条内词繁意复,间有不甚贯串之处,似应将次条"相验时,讯证明确"数语,及末条"假捏出结"一段,俱并入首条之内;将第三条"定案时犯亲年岁不符"一节,及末条"留养后别生事端"一段,俱并入次条之内;"枷责追银"一层,亦应改照本律办法,一并修入;其殴妻致死人犯,如何方应承祀,承祀后如何办理,似应添叙明晰,另为一条,庶事以类从,不相混杂。至首条"照军、流等犯未经审出实情例议处"句,与《现行处分则例》不符;次条"秋审时取结报部"句,新章亦已变通办理。若戏杀、误杀秋审缓决一次后,例准减等,并擅杀、斗杀情轻及救亲情切,伤止一、二处各犯,与夫殴故杀妻,秋审应入可矜者,现章俱已随案分别减为徒、流。如有亲老丁单应行留养,自应归入徒、流条内,一律查办。二、三条内各层,均应节删。再,各例内"军"字、"具题"字及"刑部""九卿"等字,亦与新章及现行官制不符,俱应酌改。谨将修并例文,开列于后。

〇修并

一、死罪及遣、流、徒各犯,到案之初,该承审官务将该犯有无祖父母、父母、兄弟、子侄,及年岁若干,是否孀妇之子,详悉取具确供。如漏未取供,交部照例分别议处。若祖父母、父母无存,或现存而未老疾,及伊母本非孀妇,或守节未至二十年,或该犯并非独子,或家有以次成丁之人,与留养之例不符,该地方官知情捏报者,以故出论;如有受贿情弊,以枉法论。失察者,亦交部议处。其邻保、族长人等有假捏出结者,照证佐不言实情减本犯罪二等律治罪。若地方官查报后,复将假捏情弊自行查明,或上司复饬察出,及邻保人等自行首送者,除本犯仍行按照律例拟罪外,官员及邻保人等俱免议。

一、凡死罪案件，除谋、故杀及连毙二命，秋审时应入情实无疑之犯，虽亲老丁单，毋庸声请留养外，其余各案，核其情节，秋审时应入可矜者，如有祖父母、父母老疾应侍，及孀妇独子，伊母守节二十年者，该督抚查取各结声明具奏法部，随案核复，声请留养。其余秋审并非应入可矜之案，该督抚于定案时止将应侍缘由声明，不必分别“应准”“不应准”字样，统俟秋审时，法部会同各部院核定后，先将此项人犯开单进呈，恭候钦定。俟奉有谕旨，法部行文各该督抚，将准、留各犯，饬令该管州县取具犯属、族邻人等甘结，加具印结详报，并追取收赎银四十两。如案关人命，以一半给死者家属养赡，一半入官，将该犯保释，存留养亲。若定案时非例应留养之人，迨至本届秋审，或已经秋审一次，归入旧事缓决以后，核其祖父母、父母已成老疾，或伊母守节年分符合，以及成招时家有次丁嗣经身故，或被杀之人先有父母、后经物故，与留养之例相符者，亦准其随时随案奏请留养。朝审案件，一体遵行。至留养之后，复有不安分守法，别生事端，无论罪名轻重，即照现犯定拟，不准再行声请。

一、殴妻致死之案，除亲老丁单，或孀妇独子，应准查办留养外，如父母已故、别无兄弟子孙，该督抚于定案时，将应行承祀缘由声明法部，俟秋审后，与寻常留养人犯一体开单进呈。其或定案时声请留养之犯，遇有父母先存后故，与承祀之例相符者，该督抚亦于秋审时确查报部，统俟奉有谕旨，再行取结办理。惟所追赎银，尽数入官。

编查馆会奏现行刑律修改各条清单

原修改例文

1.1.18.(5)〔捏报军流徒犯留养〕、1.1.18.(11)〔戏杀误杀等犯亲老丁单〕、1.1.18.(14)〔戏杀误杀等犯定案具题后核与留养之例相符〕、1.1.18.(8)〔斗杀等案及殴妻致死之犯声请留养承祀〕原修并第二条例文(略)

1.1.18.(5)〔捏报军流徒犯留养〕、1.1.18.(11)〔戏杀误杀等犯亲老丁单〕、1.1.18.(14)〔戏杀误杀等犯定案具题后核与留养之例相符〕、1.1.18.(8)〔斗杀等案及殴妻致死之犯声请留养承祀〕原修并第三条例文(略)

1.1.18.(12)〔卑幼殴死有服尊长而亲老丁单〕原修改例文(略)

谨按：宣统二年三月十六日〔1910年4月15日〕编查馆奏《议复臣家本等请变通秋审复核旧制》折，内称“外省秋审由督抚、布政司会审，京师朝审派复核大臣及会同九卿审录之制，均即停止”等因。奉旨：“依议。钦此。”钦遵在案。以上第一条“法部会同各部院”句应节删，“朝审”应改为“京师秋审”。后二条“督抚”字样应改为“按察司或提法使”，以符定制。谨将修改例文，开列于后。

○修改

1.14.(3)〔秋审矜缓旧事缓决声请留养〕(略)

1.14.(4)〔殴妻致死之犯声请留养承祀〕(略)

1.14.(5)〔卑幼殴死有服尊长而亲老丁单者〕(略)

大清律例	现行刑律
1.1.18.(12)〔卑幼殴死有服尊长而亲老丁单〕 一、凡卑幼殴死本宗期、功尊长,定案时皆按律问拟,概不准声请留养。其有所犯情节,实可矜悯,奉旨改为斩监候者,统俟秋审情实二次蒙恩免勾,奏明改入缓决之后,由该督抚查明该犯应侍缘由,于秋审时,取结报部核办。至殴死本宗缌麻、外姻功缌尊长,如有亲老丁单应行留养,均俟秋审时,取结分别办理。	1.14.(5)〔卑幼殴死有服尊长而亲老丁单者〕 一、凡卑幼殴死本宗期、功尊长,定案时皆按律问拟,概不准声请留养。其有所犯情节实可矜悯,奉旨改为绞监候者,统俟秋审情实二次,蒙旨免勾,奏明改入缓决之后,由该省按察司或提法使查明该犯应侍缘由,于秋审时,报部核办。至殴死本宗缌麻、外姻功缌尊长,如有亲老丁单应行留养,均俟法部于秋审时,分别准留、不准留,开单奏明办理。

大清律例	现行刑律
1.1.18.(15)〔故杀卑幼之犯亲老丁单〕 一、尊长故杀卑幼之案,如有亲老丁单,定案时于疏内声明,俟秋审时取结报部,分别情罪轻重办理。	1.14.(6)〔故杀卑幼之犯亲老丁单〕 一、尊长故杀卑幼之案,如有亲老丁单,定案时于折内声明,仍俟秋审时,分别情罪轻重办理。

现行刑律案语

原例

1.1.18.(12)〔卑幼殴死有服尊长而亲老丁单〕(略)

1.1.18.(15)〔故杀卑幼之犯亲老丁单〕(略)

臣等谨案:上二条,系本宗卑幼殴死尊长及尊长故杀卑幼查办留养之例。惟新章留养承祀人犯,俱俟法部于秋审时奏明准留后,方行饬令该管州县就近取结。所有例内"秋审时取结报部"等语,俱与现行办法不符,至斩候已改为绞候,"疏题"亦改为"折奏",均应照章酌改。谨将修改例文,开列于后。

○修改

一、凡卑幼殴死本宗期、功尊长,定案时皆按律问拟,概不准声请留养。其有所犯情节,实可矜悯,奉旨改为绞监候者,统俟秋审情实二次,蒙旨免勾,奏明改入缓决之后,由该督抚查明,该犯应侍。缘由于秋审时,报部核办,至殴死本宗缌麻外姻功缌尊长,如有亲老丁单应行留养,均俟法部于秋审时,分别准留、不准留,开单奏明办理。

1.14.(6)〔故杀卑幼之犯亲老丁单〕(略)

编查馆会奏现行刑律修改各条清单

○修改(略)

见1.1.18.(5)〔捏报军流徒犯留养〕条

大清律例

1.1.18.(16)〔被杀之人亲老丁单凶犯不准留养〕

现行刑律

1.14.(7)〔被杀之人亲老丁单凶犯不准留养〕

一、杀人之犯,有秋审应入缓决应准存留养亲者,查明被杀之人有无父母、是否独子,于本内声明。如被杀之人亦系独子,但其亲尚在,无人奉侍,不论老疾与否,杀人之犯皆不准留养。若被杀之人,平日游荡离乡,弃亲不顾,或因不供养赡,不听教训,为父母所摈逐,及无姓名、籍贯可以关查者,仍准其声请留养。至擅杀罪人之案,与殴毙平人不同,如有亲老应侍,照例声请,毋庸查被杀之家有无父母、是否独子。

现行刑律案语

原例(略)

○仍旧

臣等谨案:此例应仍其旧,理合陈明。

大清律例

1.1.18.(1)〔兄弟共犯酌留养亲〕

现行刑律

1.14.(8)〔兄弟共犯酌留养亲〕

一、凡犯罪有兄弟俱拟正法者,存留一人养亲,仍照律奏闻,请旨定夺。

现行刑律案语

原例(略)

○仍旧

臣等谨案:此例应仍其旧,理合陈明。

大清律例

1.1.18.(6)〔忘亲不孝之人不准留养〕

一、凡曾经触犯父母犯案,并素习匪类,为父母所摈逐,及在他省获罪,审系游荡他乡,远离父母者,俱属忘亲不孝之人,概不准留养。若系官役奉差者,客商贸易,在外寄资养亲,确有实据者,及两省地界毗连,相距在数十里以内者,该督抚于定案时察核明确,按其情罪轻重,照例将应侍缘由,于题咨内声叙。

现行刑律

1.14.(9)〔忘亲不孝之人不准留养〕

一、凡曾经触犯祖父母、父母犯案,并素习匪类,为父母所摈逐,及在他省获罪,审系游荡他乡,远离父母者,俱属忘亲不孝之人,概不准留养。若系官役奉差,或客商贸易,在外寄资养亲,确有实据,及两省地界毗连,相距在数十里以内者,定案时察核明确,按其情罪轻重,照例将应侍缘由,于奏咨内声叙。

现行刑律案语

原例(略)

臣等谨案:此条系嘉庆元年〔1796〕改定。查呈告触犯尚有祖父母在内应行添入题本,现经改奏,亦应照改。谨将修改例文,开列于后。

〇修改

一、凡曾经触犯祖父母、父母犯案,并素习匪类,为父母所摈逐,及在他省获罪,审系游荡他乡,远离父母者,俱属忘亲不孝之人,概不准留养。若系官役奉差,或客商贸易,在外寄资养亲,确有实据,及两省地界毗连,相距在数十里以内者,该督抚于定案时察核明确,按其情罪轻重,照例将应侍缘由,于奏咨内声叙。

大清律例

1.1.18.(7)〔秋审缓决抢窃满贯拟绞等犯告称亲老应侍〕

一、抢、窃满贯拟绞,秋审缓决一次者;窃盗三犯,赃至五十两以上拟绞,秋审缓决一次者;三次犯窃,计赃五十两以下至三十两者,三十两以下至十两者;窃赃数多,罪应满流者;抢夺伤人,伤非金刃,伤轻平复者;窃盗临时拒捕,伤非金刃,伤轻平复者;发掘他人坟冢见棺椁为首,及开棺见尸为从者;内地

现行刑律

1.14.(10)〔赦款得原流遣人犯声请留养〕

一、流、遣人犯,核其罪名系常赦所不原者,毋庸声请留养。若赦款得原之犯,自定案时以至工作未满以前,遇有祖父母、父母老疾应侍,或孀妇独子,伊母守节已至二十年,与例相符者,随时咨部准其留养一次。各照所犯本罪,追取收赎银两入官。其人所工作有年者,得平均按限折减。若留养之后复犯流、遣等罪,概不准再行声请。

民人在新疆犯至军、流,互相调发者;调奸未成,和息后因人耻笑,复追悔抱忿自尽,致死二命者;行营金刃伤人者;川省匪徒在野拦抢,十人以上,被胁随行者;凶徒因事忿争,执持军器殴人至笃疾者;伙众抢去良人子弟,强行鸡奸之余犯,问拟充军者;并军、流、徒犯内,造卖贩卖赌具、诱拐,及各项情轻人犯,果于未经发配,及甫经到配以前,告称有祖父母、父母老疾应侍,与例相符,准其留养一次,照例枷责,分别刺字,详记档案。若留养之后,复犯军、遣、流、徒等罪,概不准再行留养。

1.1.18.(17)〔应发遣强盗窝主等犯不准声请留养〕

一、遣犯内,强盗窝主,造意不行又不分赃者;拿获逃人,不将实在窝留之人指出,再行妄扳者;发遣云贵两广烟瘴偷刨人参人犯,在配脱逃者;盛京旗下家奴为匪,逃走至二次者;派往各省驻防满洲兵丁,临行及中途脱逃者;用药迷人,甫经学习,即行败露者;用药迷人,已经得财为从者;用药迷人,被迷之人当时知觉,未经受累者;闽省不法棍徒,引诱偷渡之人,包揽过台,中途谋害人未死同谋者;应发极边烟瘴罪人,事发在逃,被获时有拒捕者;开窑诱取妇人子女勒卖为从者;永远枷号人犯,已逾十年,原拟死罪,应发遣充军者;大伙枭徒拒捕伤差案内之灶丁、窝家;及军营脱逃兵丁,在军务未竣以前投首者;军营脱逃余丁被获者;聚众夺犯杀差案内,随同拒捕,未经殴人成伤者;川省匪徒在野拦抢,四人至九人,未经伤人者;台湾无藉游民,凶恶不法,犯该徒罪以至徒罪,非有关十恶,俱得照例留养。

上情重者;贼犯犯罪事发,抗拒杀差案内为从在场助势者;罪囚越狱脱逃,三人以上,原犯徒罪为从,及杖、笞为首,并一二人,原犯军、流为从,及徒罪为首者;幕友、长随、书役等倚官妄为,累及本官,罪应军、流以上,与同罪者;新疆兵丁、跟役,如有酗酒滋事,互相调发者;行窃军犯,在配复行窃者;抢夺金刃伤人及折伤,下手为从者;积匪猾贼,及窝留者;回民犯窃,结伙三人以上,执持绳鞭器械者;开棺见尸二次为从者;引诱包揽偷渡过台,招集男妇至三十人以上者;蠹役诈赃十两以上者;积惯讼棍罪应拟军者;军、流、徒犯内强盗,并有关伦理,及凶徒扰害地方,罪应发遣者,俱不准声请留养。

现行刑律案语

原例

1.1.18.(7)〔秋审缓决抢窃满贯拟绞等犯告称亲老应侍〕(略)

1.1.18.(17)〔应发遣强盗窝主等犯不准声请留养〕(略)

臣等谨按:此二条,系遣、军、流、徒人犯分别准否声请留养之例,惟中间所列各条,有罪名业经改重者,有经前刑部奏请删除者,且军、遣人犯亦不止此二、三十项,势难一一胪列,转致罣漏。查本律死罪留养,以常赦得原为断,则查办流、遣以下人犯,似应一律办理,方免参差。拟将两条修并为一。除外遣罪名新例存留无多,俱系情节较重,毋庸查办留养外,其三流及内遣各犯,遇有亲老丁单,或孀妇独子,应否声请留养,俱查照恩赦条款,以得原、不得原为准留、不准留之界限,庶例义与律条隐相贯通,而亦不虞其阙漏。至流已配徒已役,向无查办留养明文,惟现在常赦得原之军、流,既留住本地习艺,遇有工作限内,父母已成老疾,或其母守节已至二十年,因限于例制,一概不与查办,似非所以体皇仁而广孝治,拟添入"工作未满以前,得准随时查办"一层,俾资遵守。若徒罪人犯原例有关伦纪者,不准声请留养,似应将"伦纪"改为"十恶",庶更为赅备。谨将修并例文,开列于后。

〇修并

1.14.(10)〔赦款得原流遣人犯声请留养〕(略)

条例 · 删除

大清律例

1.1.18.(2)〔诬告拟流之犯不准留养〕

一、凡因诬告拟流加徒之犯，除被诬罪名应准留养者，仍照定例遵行外，如诬告人谋故杀及为强盗等罪，以致被诬良民，久淹狱底，身受刑讯，荡产破家，迨审明，反坐者依律问发，不准留养。

大清律例

1.1.18.(13)〔差役罪犯亲老丁单〕

一、各衙门差役犯案，除因公致罪，及因人连累，或寻常过犯，并无倚势滋扰情事，遇有亲老丁单，仍准查办留养外，其余概不准声请留养。

现行刑律案语

○删除

臣等谨案：本门遣、军、流、徒人犯，分别准否声请留养之例。此次已经改并，概以赦款原、不原为准留、不准留之界限，则诬告及差役等犯，亦应一律办理，毋庸再事区别。此二例拟请删除。

大清律例

1.1.18.(3)〔旗人留养承祀〕

一、凡旗人犯斩、绞、外遣等罪，例合留养承祀者，照民人一体留养承祀。

删除律例

○删除

大清律例

1.1.18.(9)〔自首逃兵父兄阵亡亲老丁单〕

一、凡军务未竣以前自首逃兵内，如实系因病落后，并非无故脱逃，而其父兄曾经殁于王事，又亲老家无次丁者，准其留养。其无故脱逃，续经拿获者，虽有父兄殁于王事，仍不准其留养。

删除律例

○删除

大清律例

1.1.18.(10)〔死罪及军流遣犯有兄弟侄出继可以归宗者〕

一、凡死罪及军、流、遣犯独子留养之案,如该犯本有兄弟并侄出继,可以归宗者,及本犯身为人后,所后之家可以另继者,概不得以留养声请。若该犯之兄弟与侄出继所后之家,无可另继之人,不可归宗,及本犯所后之家无可另继者,仍准其声请留养。其徒罪人犯,兄弟并侄出继,毋庸令其归宗,及本犯身为人后,毋庸另继,概准声请留养。

现行刑律案语

○删除

臣等谨案:此条办法,近于烦琐,窒碍颇多。其可以另继者,不留;无可另继者,仍准留。既涉歧异,同为留养之犯,而徒罪与军、流、遣又不同,亦不画一,且恐滋吏役需索、房族争继之弊。近年亦绝少此等案件,此例几同虚设,似应删除。

1.1.19 天文生有犯

律文·删除

大清律例

1.1.19.1 凡钦天监天文生,习业已成,明于测验推步之法,能专其事者,犯军、流及徒,各决杖一百,余罪收赎。仍令在监习业。犯谋反、叛逆缘坐应流,及造畜蛊毒、采生折割人、杀一家三人家口会赦犹流,及犯斗殴伤人、监守常人盗、窃盗、掏摸、抢夺,编配、刺字,与常人一体科断,不在留监习业之限。

现行刑律案语

原律(略)

臣等谨按:此条原载"工乐户及妇人犯罪"门内,雍正三年〔1725〕分出,另立此目,小注亦彼时修定。惟军罪现已改章,流、徒加杖,现俱宽免,缘坐重法亦已删除,所有律内"决杖一百"及注内"缘坐应流"及"会赦犹流"各层,均应节删。谨将修改律文、律注,开列于后。

○修改

凡钦天监天文生习业,已成明于测验推步之法,能专其事者,犯遣、流以下收赎,仍令在监习业,犯斗殴伤人、监守常人盗、窃盗、掏摸、抢夺,与常人一体科断,不在留监习业之限。

核订现行刑律

○删除

原修改律文(略)

谨按:从前测验推步之法,几成绝学,故天文生犯军、流、徒等罪决杖收赎,现在已列专门。科学肄习者众,即有缺额,不患传补无人。此条今昔情形不同,拟请删除。

条例·删除

大清律例

1.1.19.(1)〔钦天监官为事请旨提问〕

一、凡钦天监官为事,请旨提问,与职官一例问断。该为民者,送监仍充天文生身役;该徒、流、充军者,备由奏请定夺。其有不由天文生出身者,悉照例革职发遣。

现行刑律案语

原例(略)

臣等谨按:此条系为钦天监官犯罪,查明是否由天文生出身分别治罪之例。惟例内"为民"应改"革职",充军应改安置,现在发遣为一种罪名,例末"发遣"字,亦应改为"治罪",似较浑括。谨将修改例文,开列于后。

○修改

一、凡钦天监官为事请旨提问,与职官一例问断。该革职者,送监仍充天文生身役。该徒、流、遣者,备由奏请定夺。其有不由天文生出身者,悉照例革职治罪。

核订现行刑律

○删除

原修改例文(略)

谨按:此条已革,钦天监官因系由天文生出身者,故仍予送监充役,亦即律文之本意。惟现拟删去律目,本条应一律删除。

大清律例

1.1.19.(2)〔养象军奴犯该杂犯死罪及徒流罪〕

一、养象军奴,犯该杂犯死罪,及徒、流罪,决杖一百,俱住支月粮,各照年限常川养象,满日仍旧食粮养象,笞、杖的决。

删除律例

○删除

1.1.20 工乐户及妇人犯罪

律文·删除

大清律例

1.1.20.1 凡工匠、乐户犯徒罪者，五徒并依杖数决讫，留住衙门照徒年限拘役。住支月粮。其斗殴伤人，及监守常人盗，窃盗、掏摸、抢夺，发配、刺字，与常人一体科断，不在留住拘役之限。其妇人犯罪应决杖者，奸罪去衣留裈受刑，余罪单衣决罚，皆免刺字；若犯徒、流者，决杖一百，余罪收赎。

现行刑律案语

○删除

臣等谨按：此仍《明律》。明代工匠、乐户有籍在官，故犯罪有留住拘役之法。今已无此在官之工、乐户此层，即无关引用。至“妇人犯罪”一层，均有奏定新章，此次修改律例，已于“五刑”及“断狱”门，妇人犯罪各条详加改定。此处亦无关引用，应即删除。

条例·移改

大清律例

1.1.20.(2)〔妇女有犯殴差哄堂之罪〕

一、妇女有犯殴差哄堂之案，罪至军、流以上者，实发驻防为奴。犯徒罪者，若与夫男同犯，一体随同实发，亦不准收赎。若妇女专犯徒罪者，仍照律收赎。

1.1.20.(4)〔京城奸媒有犯诱奸诱拐罪坐本妇之案〕

一、京城奸媒，有犯诱奸、诱拐罪坐本妇之案，如犯该军、流，俱实发各省驻防为奴；其罪止徒、杖者，准其收赎徒罪，所得杖罪，即照妇女犯奸之例，一体的决，不准收赎。

1.1.20.(5)〔妇女犯积匪并窝留盗犯等罪应军流者〕

一、妇女犯军、流等罪，除例载实发

现行刑律

＊断狱·妇人犯罪

28.374.(2)〔妇女有犯殴差哄堂积匪窝盗并京城奸媒诱奸诱拐罪坐本妇者〕

（略）

驻防为奴,及酌量监禁免其实发各条外,若系积匪,并窝留盗犯多名,及屡次行凶讹诈罪应外遣者,实发驻防给官兵为奴。罪应军、流者,准其收赎一次,仍详记档案。如不知悛改,复犯前罪,即行实发驻防,不准收赎。犯该徒罪以下者,仍准收赎,不得加重实发。

现行刑律案语

原例

1.1.20.(2)〔妇女有犯殴差哄堂之罪〕(略)

1.1.20.(4)〔京城奸媒有犯诱奸诱拐罪坐本妇之案〕(略)

1.1.20.(5)〔妇女犯积匪并窝留盗犯等罪应军流者〕(略)

臣等谨按:以上三条,俱系妇女犯罪实发驻防为奴之例。查光绪三十一年〔1905〕修订法律馆具奏《变通妇女犯罪收赎银数》折,内声请"嗣后妇女犯该遣、军、流、徒,系不孝及奸、盗、诈伪等项,应实发者,改为留于本地习艺所一体工作,以十年为限"等因。奉旨允准在案。是妇女有犯军、流以上,旧例实发驻防为奴者,俱应改折工作十年,拟将三条修并为一,所有例内实发各项,均一律改为工作,以符定章。至京城奸媒,有犯诱奸、诱拐之案,非实有可恶情节,向不照例实发,亦应于"诱奸、诱拐"句内添入"多次"二字,以示非此不得加严之意。其第一条与夫男同犯一层,第二条罪止杖徒一层,现在男子犯徒并不发配,妇女犯奸亦不的决,且徒罪附杖照章应行宽免,有犯自应准其一体罚赎,前两层均应节删。第三条分别外遣者、实发犯应军流者,准其收赎一次,例意系于严惩之中稍寓体恤,然既一概不行实发,似毋庸再加分别。至实发驻防为奴人犯,遇赦向不查办,今既改为工作,亦应添入"遇赦不赦"字样,以存旧制。再,本律现拟删除此条,应移附"断狱"门"妇人犯罪"律条之下。谨将移改例文,开列于后。

○移改

断狱·妇人犯罪

28.374.(2)〔妇女有犯殴差哄堂积匪窝盗并京城奸媒诱奸诱拐罪坐本妇者〕(略)

大清律例	现行刑律
1.1.20.(3)〔妇女翻控审虚罪应军流等犯均免实发〕	*断狱·妇人犯罪
一、各直省审理妇女翻控之案,实	28.374.(3)〔妇女翻控审虚罪在流置以上者〕(略)

系挟嫌挟忿,图诈图赖,或恃系妇女,自行翻控,审明实系虚诬,罪应军、流以上,及妇女犯盗,后经发觉,致纵容袒护之祖父母、父母,并夫之祖父母、父母畏罪自尽,例应问拟云贵两广极边烟瘴充军者,均免其实发驻防为奴,各监禁三年。限满,由有狱、管狱官察看情形,实知改悔,据实结报,即予释放。倘在监复行滋事,犯该笞、杖者,仍准收赎。犯该徒罪以上,加监禁半年;军、流以上,加监禁一年,再行释放。若官吏、狱卒故意凌虐者,照凌虐罪囚例加等治罪。其妇女翻控,讯明实因伊夫及尊长被害,并痛子情切,怀疑具控,及听从主使,出名诬控,到官后供出主使之人,俱准其收赎一次。如不将主使之人供明,仍照例监禁,俟三年限满,再行分别禁、释。

现行刑律案语

原例(略)

臣等谨按:此条系嘉庆二十三年〔1818〕定例,原因妇女翻控而加严,迨道光二年〔1822〕,刑部以此条及因盗致纵容袒护之祖父母、父母、舅姑自尽,均拟实发为奴,未免过重,奏请改为监禁三年,后遂将此例改定。查新章妇女犯奸、盗、诈伪等项,旧例应监禁者,照原定年限收入习艺所工作,自应将例内"监禁"一层改为"工作三年",以符定章。至因盗致纵容袒护之祖父母、父母等自尽,"诉讼"门业有专条,应于彼门内修改明晰,此处毋庸牵涉。若在所复行滋事,自可斟酌情形惩办,亦毋庸定入条文。陵虐罪囚自有本律,更未便因妇女而加等。此数层均应节删。再,本律现拟删除此条,应移附"断狱"门"妇人犯罪"律条之下。谨将移改例文,开列于后。

○移改

断狱·妇人犯罪

28.374.(3)〔妇女翻控审虚罪在流置以上者〕(略)

条例·删除

大清律例

1.1.20.(1)〔乐工托势挟制官俳〕

一、和声署官俳,精选乐工,演习听用。若乐工投托势要,挟制官俳,及抗拒不服拘唤者,听申礼部送问,就于本司门首枷号一个月发落。若官俳徇私听嘱,放富差贫,纵容四外逃躲者,参究治罪,革去职役。

删除律例

〇删除

1.1.21徒流人又犯罪／1.15徒流人又犯罪

律文·修并

大清律例

1.1.21.1凡犯罪已发未论决。又犯罪者,从重科断。已徒、已流而又犯罪者,依律再科后犯之罪。不在从重科断之限。其重犯流者,三流并决杖一百,于配所拘役四年。若徒而又犯徒者,依后所犯杖数、该徒年限议拟明白,照数决讫仍令应役,通前亦总不得过四年。谓先犯徒三年,已役一年,又犯徒三年者,止加杖一百、徒一年之类,则总徒不得过四年。三流虽并杖一百,俱役四年,若先犯徒,年未满者,亦止总役四年。其徒、流人又犯杖罪以下者亦各依后犯笞、杖数决之。充军又犯罪,亦准此。其应加杖者,亦如之。谓天文生及妇人犯者,亦依律科之。

现行刑律

1.15.1凡犯罪已发未论决,又犯罪者,从重科断。徒、流、遣已决而又犯,罪重于本罪者,亦同。安置复犯当差,仍以当差为重。其重犯遣者,加役五年;重犯流者,加役三年;重犯徒者,加役一年。若加役并原犯并计,不及后犯年限者,仍从重论,但总不得过四年。后犯之罪轻于本罪者,亦准此。例如遣罪犯流,加役三年;遣、流犯徒,加役一年之类。若犯罚金以下,仍各依数处罚。

现行刑律案语

原律

臣等谨按:此仍《明律》。现在流、徒附杖业经奏请宽免,杖罪亦已改折罚金,所有律内"重犯流者,决杖一百""犯徒者,依后所犯杖数决讫",并"杖罪以下亦各依数决之""其应加杖者,亦如之"各等语,均应删改。至"已流而又犯流,于配所拘役四年",意盖本之唐律。《唐律》即重犯流者依留住法决杖,于配所役三年,《疏议》谓:

通前犯流应役一年，总役四年。有明通常流罪并无一年之役，故此律定为拘役四年。然核之新近《习艺章程》，流罪无论发配与否，二千里者即应工作六年，三流以次递加，若以重犯流之故，再加四年，未免稍重，应仍照《唐律》，本文改为加役三年，以示矜恤。谨将修改律文，开列于后。

〇修改

凡犯罪已发（未论决）又犯罪者，从重科断，已徒、已流而又犯罪者，依律再科后犯之罪（不在从重科断之限）。其重犯流者，三流并加工作三年。若（徒而又）犯徒者，依后所犯应役（通前），总不得过四年，（谓先犯徒三年，已役一年，又犯徒三年者，止加徒一年之类，则总徒不得过四年。其徒、流人又犯）罚金以下，仍各依数处罚。

核订现行刑律

原修改律文(略)

原修改及修并例文

[1.1.21.(10)]〔军犯在配复犯徒流军罪〕原修改例文(略)

[1.1.21.(6)]〔新疆黑龙江为奴遣犯在配行窃〕、[1.1.21.(9)]〔免死发遣盗犯及平常遣犯在配杀人及犯他罪〕原修并例文(略)

谨按：以上律文一条，系徒、流复犯之法；例文二条，列举各项兼及遣罪，以补律所未备。查遣罪既列正刑，自以纂入律文为宜，例文推演虽详，大致不外重于本罪者从重论，相等及轻于本罪者递加应役年限。拟请将此二项办法节并律内，删除例文，以归简易。又安置与当差同为遣刑，例文第二条所加年限，一为六年，一为四年，颇为琐细。兹拟折中，改为遣犯复犯遣罪加役五年，庶与徒、流二等衔接，各以二年为率，轻重亦得其平。至当差人犯复犯死罪，入于情实，系沿用旧例，惟与流罪、安置二项互较，究嫌偏重，且与从重论之本义未符。方今改良刑律，凡此例外加重，均可不必，不如径行节删。谨将修并律文、例文，开列于后。

〇修并

[1.15]徒流人又犯罪律文(略)

条例・移并

大清律例

[1.1.21.(10)]〔军犯在配复犯徒流军罪〕

一、军犯在配复犯徒罪者，分别枷号。徒一年者，于配所枷号一个月，每等递加五日。复犯流罪，及复犯军罪，轻于原犯罪名，或与原犯罪名相等者，即照原犯罪名加等调发；若复犯军罪，

现行刑律

见[1.15]徒流人又犯罪律文(略)

重于原犯罪名者，即照复犯罪名加等调发，各枷号一个月。罪至极边烟瘴者，发遣新疆酌拨种地当差。

现行刑律案语

原例（略）

臣等谨按：此条系乾隆二十四年〔1759〕定例。查军、流调发本非古制，既累州县之解费，复虑罪囚之逃亡，且以离家远配之人，任令转徙靡常，亦非所以恤罪犯。《唐律》即重犯流者依留住法决杖，于配所役三年，若已至配所而更犯者，亦准此。《疏议》谓：前犯处近，后犯处远，即于前配所科决，不复更配远流。自系古律相传之良法。况现在流置人犯，俱收所习艺，如有复犯，自可量加工作年限，所有例内分别枷号及加等调发之处，均应酌改。至《罪犯习艺章程》，犯至军流者，系常赦所得原，留于本地工作；系常赦所不原，发至配所工作。如或前犯流、后犯军，或前后所犯有得原、不得原之异，此等作何办理，例章并无明文，有犯，碍难援引，拟将流置复犯应否发配及酌加工作年限，一并定拟办法，添入例内，庶司谳者不至无所适从。谨将修改例文，开列于后。

○修改

一、徒、流安置各犯，于工作限满释放后复行犯罪者，照所犯之罪依律全科。如工作未满，原犯系徒罪，复犯至流置者，仍视常赦得原与否，分别留籍发配，按照年限从新拘役。原犯系流罪，复犯徒，五徒并加工作一年；犯至安置者，如原犯未经发配后犯，系常赦所不原，即另行定地实发按限拘役，如原犯已经发配或后犯，毋庸实发，即在本所加役四年。原犯安置，复犯徒者，亦照流犯例，五徒并加工作一年；复犯流者，三流亦照律并加工作三年；复犯至安置者，如原犯未经发配后犯，虽系常赦所得原，亦即定地实发到配收所习艺，如原犯已经发配，即在配所加役五年。若徒、流安置人犯，复犯至遣罪者，俱照后犯罪名发遣；复犯至死罪者，依常律。

核订现行刑律

○修并（略）

见1.15徒流人又犯罪条律

大清律例	现行刑律
1.1.21.(6)〔新疆黑龙江为奴遣犯在配行窃〕 一、凡发遣新疆人犯，并黑龙江等处为奴人犯，在配行窃，初犯者，在配所	见1.15徒流人又犯罪律文（略）

枷号一年;再犯者,枷号二年;三犯者,枷号三年。至四犯者,即拟以永远枷号,遇赦不准援免。

大清律例

1.1.21.(9)〔免死发遣盗犯及平常遣犯在配杀人及犯他罪〕

一、免死减等发遣新疆、宁古塔、黑龙江等处盗犯,除脱逃被获,仍照定例斩决外,如在配所杀人,及犯别项无关人命罪应斩、绞监候者,该将军等奏咨到部,刑部查明原案,定拟斩决,分别题奏,行文该将军,于众人前即行正法。犯该徒罪以上者,拟斩监候;犯该笞、杖者,枷号三个月,鞭一百。至平常发遣人犯在配杀人,仍分别谋、故、斗殴,按律定拟。如犯该遣罪者,在配所枷号六个月;犯该军、流者,枷号三个月;犯该徒罪者,枷号两个月,俱鞭一百。犯该笞、杖者,各照应得之数,鞭责发落。

现行刑律案语

原例

1.1.21.(6)〔新疆黑龙江为奴遣犯在配行窃〕(略)

1.1.21.(9)〔免死发遣盗犯及平常遣犯在配杀人及犯他罪〕(略)

臣等谨按:以上二条,俱系发遣人犯在配复行犯罪之例。惟前一条系专指行窃言,后一条分别免死盗犯及寻常遣犯,而科罪则相去悬绝。溯查同治九年〔1870〕修例以后,免死盗犯不尽发遣。此次修订律例,酌留外遣罪名,亦不甚多,俱系情节较重之犯,似毋庸再行分别。行窃系犯法之一端,其中自有本罪,若如原例初犯,即加枷号一年,较之第二条平常遣犯在配复犯遣、军、流、徒者治罪为重,未为平允。至枷号、鞭责各刑,现在俱拟删除,亦应变通办理。查光绪二十九年〔1903〕刑部奏定《习艺章程》,本有军、流人犯复犯徒、流、军罪分别监禁年限明文。现因本律以加役为定刑,故于本门流置各犯复行犯罪者,酌照本律改为加役,而遣罪本系当差人犯,如在配复行犯罪,未便再加工作,自应查照监禁办法,以示惩创。今拟将两条修并为一,凡遣犯复行犯罪,除罪应斩、绞监候者俱入于秋审情实外,其余不论原犯是否免死,亦不论后犯是否行窃,俱照所犯罪名,酌加监禁,其监禁年限,则照本门加役限期酌量审定。至发遣人犯，现在第拟实发新疆，例内"宁古塔、黑龙江等处"，亦应节删。谨将修并例文，开列于后。

〇修并

一、发遣新疆当差人犯在配复行犯罪，应斩、绞监候者，俱入于秋审情实。应外遣者，即在配所监禁六年；应安置者，监禁四年；应流者，三流并监禁三年；应徒者，五徒并监禁一年。其复犯该罚金以下，即由该管官酌量惩罚。

核订现行刑律

〇修并（略）

见1.15徒流人又犯罪条律

条例・修改

大清律例

1.1.21.(4)〔发遣人犯辱官诈财生事不法〕

一、凡发遣人犯，于经过处所，辱官诈财、生事不法者，无论满汉军民，如系原拟斩罪免死减等人犯，该地方即行羁禁严审，通详该上司核明具题，将不法解犯，即于经过处所，照原犯斩罪正法示众。倘州县官隐匿不报，或该管上司不行转揭题参者，俱交部照例分别议处。如系平常发遣人犯，俱照徒流人又犯罪律分别治罪。

现行刑律

1.15.(1)〔流遣发配人犯滋生事端〕

一、凡流、遣应行发配人犯，于经过处所滋生事端者，核其所犯罪名，俱依已决又犯律分别治罪。

现行刑律案语

原例（略）

臣等谨按：此条系雍正七年〔1729〕定例，原为由京充发烟瘴之包衣旗人及太监而设。迨乾隆、嘉庆年间节次修改，则专为免死遣犯言之。查原拟斩罪免死减等人犯，近来第有强盗自首及投充眼线、指获同伴数项，而自同治初年，新疆道梗此等人犯，俱已改发极边烟瘴充军，既与本例不甚符合。且强盗免死各本条，亦有减发军、流者，专言发遣，亦未为赅备。至于经过处所辱官诈财、生事不法此等情节，即寻常军、流人犯，亦难保其必无，似应将此条改为流、遣人犯通例。无论原犯是否免死，但于经过处所滋生事端者，核其所犯罪名，俱照在配复犯例定拟，庶科罪不至失之过严，而援引亦无虞其罣漏。至"州县官隐匿不报"一节，原例系为重罪钦犯，恐外省不知其来历，认为朝廷得力之人，故防有地方官顾忌隐匿之事，若犹是寻常遣置罪囚，州县官何所畏忌，自不必为之隐匿，此层应行节删。谨将修改例文，开列于后。

〇修改

一、凡流、遣应行发配人犯，于经过处所滋生事端者，核其所犯罪名，俱照在配复犯例分别治罪。

编查馆会奏现行刑律修改各条清单

原修改例文(略)

谨按：流、遣在配复犯二条已经编查馆修并，本律例末“照在配复犯例”句应改为“依已决又犯律”，以免歧异。谨将修改例文，开列于后。

〇修改(略)

条例·删除

大清律例

1.1.21.(1)〔先犯杂犯死罪纳赎未完及徒限未满又犯罪者〕

一、先犯杂犯死罪，纳赎未完，及准徒年限未满，又犯杂犯死罪者，决杖一百。除杖过数目，准银七分五厘，再收赎银四钱五分。又犯徒、流、笞、杖罪者，决其应得杖数，五徒、三流，各依律收赎银数，仍照先拟发落。若三次俱犯杂犯死罪者，奏请定夺。

删除律例

〇删除

大清律例

1.1.21.(2)〔家主图占为奴遣犯妻女〕

一、发遣黑龙江等处为奴人犯，有被伊主图占其妻女，因而致毙者，将伊主照故杀奴婢例治罪。倘为奴人犯，有诬捏挟制伊主者，照诬告家长律治罪。

现行刑律案语

〇删除

臣等谨按：此条系乾隆元年〔1736〕定例。查发遣黑龙江等处之例，久已改发内地，并无此等人犯，现在修订刑律，第拟留“发遣新疆当差”一项，以后自无发遣黑龙江等处为奴之事。此例无关引用，应即删除。

大清律例

1.1.21.(3)〔闽省沿海金刃伤人拟徒之犯在配或回籍再犯〕

一、闽省沿海府属,如有金刃伤人问拟杖徒之犯,或在配所,或徒满回籍,仍执持金刃伤人者,俱发近边充军。

现行刑律案语

〇删除

臣等谨按:此条系乾隆三十六年〔1771〕定例。查已徒而又犯徒,无论在配、回籍,本律均有治罪明文。若谓因闽省沿海府属强悍好斗,故特行加重,然"斗殴"门内"沿江、滨海及南阳等处凶徒"各条例,现均一律芟去,未便独严于闽省。窃谓此等人有犯,俱可照律办理,毋庸一事一例,反涉纷繁。此条拟即删除。

大清律例

1.1.21.(5)〔另户旗人犯逃人匪类等罪遣犯不行改过〕

一、旗下另户人等,因犯逃人、匪类及别项罪名发遣黑龙江等处,并奉天、宁古塔、黑龙江等处旗人,发遣各处驻防当差者,三年后,果能悔罪改过,即入本地丁册,择其善者,挑选匠役、披甲,给与钱粮。三年内不行改过,及已过三年造入丁册后复行犯罪,即销除旗档,改发云贵两广,令地方官与民人一体严加管束。奉天、宁古塔、黑龙江等处人犯,解送刑部转发;其各省驻防人犯,就近移交该省督抚解往应发省份充配,该将军于汇题一年内收到人犯数目本内一并汇题。至奉旨发遣旗下另户内,如有行凶为匪者,该将军另行请旨办理。

满汉通行刑律

〇删除

见1.1.17.(2)〔犯逃发遣黑龙江新疆当差旗人在途在配遇赦〕条

大清律例

1.1.21.(7)〔免死盗犯在配偷窃官粮〕

一、发遣吉林、黑龙江等处免死盗犯,在配偷窃官粮,计赃八十两以上者,为首拟斩立决。其不及八十两,并为从之犯,仍各照本例问拟。

删除律例

〇删除

大清律例

1.1.21.(8)〔发遣行窃窝窃回犯在配在逃行窃〕

一、回民因行窃、窝窃发遣，复在配行窃，初犯枷号二年，再犯枷号三年，三犯即永远枷号。若在逃行窃被获，亦递回配所，照此例办理。倘计赃逾贯，及行窃时另犯应死罪名，仍各从其重者论，秋审概入情实。拟枷人犯，有年限者，满日俱鞭一百，遇赦俱不准援减。

现行刑律案语

〇删除

臣等谨按：此条系嘉庆二十年〔1815〕定例。查回民行窃、窝窃，《现行则例》俱改发充军，并不发遣，如有在配在逃复行犯罪，自有通例可循，不必因回民而加重。此条拟即删除。

大清律例

1.1.21.(11)〔烟瘴充军窃犯在配复行窃〕

一、改发极边烟瘴充军之窃盗，在配复犯行窃，计赃满贯者，仍照寻常窃盗问拟军流人犯复窃满贯例，拟绞监候。若在配复窃，赃未满贯，审系一时掏摸，计赃无几，及偷摘蔬果，罪止杖责者，即于配所枷号三个月。计赃复犯徒罪者，枷号一年；复犯流罪者，枷号二年；复犯军罪者，枷号三年。令地方官按月点卯验封，发市示众。若在逃复窃，赃未满贯，应仍依烟瘴人犯脱逃例，改发新疆酌拨种地当差。倘发遣后复犯行窃，即照军犯在配复窃例，分别办理。

1.1.21.(12)〔寻常窃盗问拟军流徒罪之犯在配在逃行窃〕

一、寻常窃盗问拟军、流、徒罪到配后，除犯非偷窃，及所犯罪重者，仍各照律例办理外，其有在配在逃行窃，审系一二次，赃未至满贯者，徒罪复犯，拟以满流；军、流复犯，俱改发云贵两广极边烟瘴充军。若犯至三次者，徒罪复犯，亦改发云贵两广极边烟瘴充军；军、流复犯，发遣新疆酌拨种地当差。计赃满贯者，仍照律拟绞监候。

现行刑律案语

〇删除

1.1.21.(12)〔寻常窃盗问拟军流徒罪之犯在配在逃行窃〕（略）

1.1.21.(11)〔烟瘴充军窃犯在配复行窃〕（略）

臣等谨按：此二条，系因窃问拟军、流、徒罪，及改发极边烟瘴充军之窃盗，在配在逃复行犯窃之例。查从前军、流发配，虽有管辖之州县、主守之乡保，大都视为具文，与一无约束者等，故窃盗在配复窃，屡犯不一，犯者有之。现在军、流俱应工作，昼则聚集于工场，夜则收宿于所舍，而且罪犯习艺之区，本应设置监狱以内，各直省改章伊始，或未能一律完备，然既以此羁禁罪犯，自必葺有狱舍，缭有垣墙，督率以役丁，守望以巡警，与从前之漫无稽查管束者，迥不相同。如果认真经理，以后自鲜在配复窃之事。即使有之，如系越所行窃，自有脱逃罪名，应行从重科断。如系在所行窃，即照流置人复行犯罪通例办理，亦自无处其轻纵。至例内所云在逃复窃，系属逃后复行犯罪，应于“徒流人逃”门辑为通例，亦毋庸因窃盗而加重。此二条应即删除。

大清律例

1.1.21.(13)〔乌鲁木齐遣犯在配滋事犯法及脱逃并逃后犯法〕

一、乌鲁木齐地方遣犯，如有在配滋事犯法，及乘间脱逃，并逃后另犯不法情事，除罪应斩、绞者，仍照例办理外，其因罪无可加，例止枷责之犯，核其所犯事由，如系军、流、徒罪，系带铁杆二年；如系笞、杖等罪，系带铁杆一年。果能安分，限满开释，仍令分别当差、为奴。倘释放后仍不悛改，再系一年。如有怙恶不悛，即令永远系带。地方官每办一案，报明将军、都统按季汇册咨部，开释时亦报部查核。如有挟嫌诬陷，及徇隐不报者，照例办理。

删除律例

○删除

1.1.22 老小废疾收赎 / 1.16 老小废疾收赎

律文·修改

大清律例

1.1.22.1 凡年七十以上，十五以下，及废疾，瞎一目、折一肢之类。犯流罪以下，收赎。其犯死罪，及犯谋反、叛逆缘坐应流，若造畜蛊毒、采生折割人、杀一家三人家口会赦犹流者，不用此律。其余侵损于人一应罪名，并听收赎。犯该充军者，亦照流罪收赎。八十以上，十岁以下，及笃疾，瞎两目、折两肢之类。犯杀人谋、故、斗殴。应死一应斩、绞。者，议拟奏闻，犯反逆者，不用此律。取自上裁；盗及伤人罪不至死者，亦收赎；谓既侵损于人，故不许全免，亦令其收赎。余皆勿论。谓除杀人应死者上请，盗及伤人者收赎之外，其余有犯，皆不坐罪。九十以上，七岁以下，虽有死罪不加刑。九十以上犯反逆者，不用此律。其有人

现行刑律

1.16.1 凡年七十以上，十五以下，及废疾，瞎一目、折一肢之类。犯流罪以下，收赎。犯死罪者，不用此律。其余侵损于人一应罪名，并听收赎。犯该遣罪者，亦照流罪收赎。八十以上，十岁以下，及笃疾，瞎两目、折两肢之类。犯杀人谋、故、斗殴。应死者，议拟奏闻，犯反逆者，不用此律。取自上裁；盗及伤人罪不至死者，亦收赎；谓既侵损于人，故不许全免，亦令其收赎。余皆勿论。谓除杀人应死者上请，盗及伤人者收赎之外，其余有犯，皆不坐罪。九十以上，七岁以下，虽有死罪不加刑。九十以上犯反逆者，不用此律。其有人教令，坐其教令者。若有赃应偿，受赃

教令,坐其教令者。若有赃应偿,受赃者偿之。谓九十以上、七岁以下之人,皆少智力。若有教令之者,罪坐教令之人。或盗财物,旁人受而将用,受用者偿之。若老小自用,还着老小之人追征。

者偿之。谓九十以上、七岁以下之人,皆少智力。若有教令之者,罪坐教令之人。或盗财物,旁人受而将用,受用者偿之。若老小自用,还着老小之人追征。

现行刑律案语

原律(略)

臣等谨按:此仍《明律》。惟缘坐重法已分别宽免,所有注内"犯谋反、叛逆缘坐应流以至会赦犹流"等语,应行节删。现在谋、故杀人罪均改绞,注内"一应斩、绞"句,亦应删。充军照章改为安置,系属内遣,应改为遣罪。谨将律文并修改律注,开列于后。

〇修改(略)

条例·修改、仍旧

大清律例

1.1.22.(4)〔七十以上十五以下人犯秋审可矜减流收赎〕

一、每年秋审人犯,其犯罪时年十五以下,及现在年逾七十,经九卿拟以可矜,蒙恩宥免减流者,俱准其收赎。朝审亦照此例行。

现行刑律

1.16.(1)〔年逾七十人犯秋审可矜减流收赎〕

一、每年秋审人犯,现在年逾七十,经复核拟以可矜,蒙恩宥免减流者,俱准其收赎。

现行刑律案语

原例(略)

臣等谨按:此条系乾隆五年〔1740〕定例。查光绪三十二年〔1906〕法部奏定《秋审应入可矜人犯酌拟随案减等章程》,十五岁以下幼孩毙命,有"分别减流"一项,老人毙命,亦有"衅起理直、殴情甚轻,减流"一项,则苟情有可矜,自应随案办理,毋庸俟至秋审时。所有例内"秋审人犯"暨"九卿拟以可矜"等语,俱应修改。惟老人毙命,容有定案时年岁不符,至秋审时方届七十者,此等人犯仍应备矜减流,似应添叙明晰,以资遵守。至"年十五以下幼孩"一层,已并入另条,毋庸复叙。谨将修改例文,开列于后。

〇修改

一、凡年七十以上杀人之案,如衅起理直、殴情甚轻者,一体随案减流。若定案时,未至七十,迨秋朝审时年岁已符,法部拟以可矜蒙恩宥免减流者,俱准其收赎。

核订现行刑律

原修改例文(略)

谨按:老幼犯罪,同沐宽典。盖承《周礼》三宥遗法,夫耄年精力虽衰,而阅历、智识究比幼年为完备,各国刑律于宥恕减轻之列,不列年老一项,不为无见。本律老人犯罪分七十、八十、九十为三期,已较各国为轻,然七十以上犯死罪,尚无减轻之文。嗣乾隆五年〔1740〕定例,秋审人犯年逾七十,经九卿定议拟矜,宥免减流,照律收赎,较律更轻,第犹在秋、朝审后行之,以实而论,尚有一年之监禁也。迨光绪三十二年〔1906〕法部奏定《可矜人犯随案减流章程》,推及老者改定之例,遽行援照增入,与定律之旨,失之愈远,且"衅起理直、殴情甚轻"二语,范围过宽,一则启承审官匿饰之阶,一则酿耄年狠斗之风,弊害何可胜言,似应节取旧例,仍以秋、朝审为断,较有限制。至增入之"定案时年未七十,秋、朝审年岁已符"一层,后条犯罪时未老疾,本律已有明文,果有此项情形,自可援照办理,此处可毋庸复叙。谨将修改例文,开列于后。

○修改

一、每年秋、朝审人犯,现在年逾七十,经复核拟以可矜,蒙恩宥免减流者,俱准其收赎。

会奏修改各条

原修改例文(略)

谨按:新章停止九卿审录之制,在京秋候人犯既无朝审,例内"朝"字应节删。谨将修改例文,开列于后。

○修改(略)

大清律例	现行刑律
1.1.22.(6)〔七十以上十五以下犯流以下收赎后再犯〕 一、凡年七十以上,十五以下,及废疾,犯流罪以下者,准其收赎一次,详记档案。若收赎之后,复行犯罪,除因人连累、过误入罪者,仍准其照例收赎外,如系有心再犯,即各照应得罪名,按律充配,不准再行收赎。	1.16.(2)〔七十以上十五以下废疾犯流以下收赎后再犯〕 一、凡年七十以上,十五以下,及废疾,犯流罪以下者,准其收赎一次,详记档案。若收赎之后,复行犯罪,除因人连累、过误入罪者,仍准其照例收赎外,如系有心再犯,即各照应得罪名,按律治罪,不准再行收赎。

现行刑律案语

原例(略)

臣等谨按:此条系乾隆二十四年〔1759〕定例。查光绪二十九年〔1903〕刑部奏定《罪犯习艺章程》,徒罪及军、流人犯,系属常赦所得原者,均毋庸发配,收入本地习艺所工作,则嗣后徒罪固不离本籍,流罪亦不尽发配,例内"按律充配"一语,应酌改为"按律治罪"。谨将修改例文,开列于后。

○修改(略)

大清律例

1.1.22.(5)〔瞎一目之人犯军流徒杖等罪〕

一、凡瞎一目之人,有犯军、流、徒、杖等罪,俱不得以废疾论赎。若殴人瞎一目者,仍照律科罪。

现行刑律

1.16.(3)〔瞎一目之人犯徒流遣等罪〕

一、凡瞎一目之人,有犯徒、流、遣等罪,俱不得以废疾论赎。若殴人瞎一目者,仍照律科罪。

现行刑律案语

原例(略)

臣等谨按:此条系乾隆十年〔1745〕定例,例内"军""杖"字应照章酌改。谨将修改例文,开列于后。

○修改(略)

大清律例

1.1.22.(7)〔秋审减流人犯笃疾收赎〕

一、凡笃疾犯一应死罪,俱各照本律本例问拟,毋庸随案声请,俱入于秋审,分别实缓办理。其缓决之犯,俟查办减等时,核其情节应减军、流者,再行依律收赎。

现行刑律

1.16.(4)〔笃疾杀人减流收赎〕一、凡笃疾杀人之案,如衅起理直、回殴适毙者,随案减为流三千里,收赎。若理曲肇衅,或伤痕较多,及其余犯一应死罪者,各照本律本例问拟,毋庸随案声请,俱入于秋审分别实、缓办理。其缓决之犯,俟查办减等时,核其情节应减流、置者,再行依律收赎。

现行刑律案语

原例(略)

臣等谨按:此条系乾隆三十九年〔1774〕定例,嘉庆年间改定。查光绪三十二年〔1767〕法部奏定《秋审应入可矜人犯酌拟随案减等章程》,内有"笃疾杀人之案,如衅起理直、回殴适毙者,减为流三千里。若理曲肇衅,或伤痕较多者,仍按律拟绞监候”等语。是笃疾犯死罪,新章有随案减流不入秋审者,似应将此层分别添入,以免疑误。军罪应照章改为安置。谨将修改例文,开列于后。

○修改(略)

大清律例

1.1.22.(8)〔十岁十五岁以下殴毙人命分别依死者年龄等情声请〕

一、七岁以下致毙人命之案,准其依律声请免罪。至十岁以下斗殴毙命之案,如死者长于凶犯四岁以上,准其依律声请;若所长止三岁以下,一例拟绞监候,不得概行双请。至十五岁以下,被长欺侮殴毙人命之案,确查死者年岁,亦系长于凶犯四岁以上,而又理曲逞凶,或无心戏杀者,方准援照丁乞三仔之例声请,恭候钦定。

现行刑律

1.16.(5)〔十五岁以下致毙人命分别死者年龄情伤减流拟绞〕

一、幼孩杀人之案,除七岁以下,十岁以下,仍依律分别办理外,至十五岁以下幼孩致毙人命,如死者年长四岁以上,恃长欺凌,力不能敌,回抵适伤者,随案减为流三千里;若死亦幼孩,及伤痕较多者,仍按律拟绞监候。如衅起护亲,不论是否互斗,及护伯叔父母、兄、姊,并无互斗情形者,亦减为流三千里。

现行刑律案语

原例(略)

臣等谨按:此条系乾隆四十四年〔1779〕定例,嘉庆年间修改。例内以七岁以下杀人,不论死者年岁,准其依律免罪,为一层;十岁以下杀人,必死者年长四岁以上,始准依律声请,为一层;十五岁以下杀人,必死者年长四岁以上,而又理曲逞凶,或无心戏杀,方准援案声请,为一层。查第一层,系属照律办理,既有律文可循,似可毋庸复衍;第二层,本律第云议拟奏闻,取自上裁,并不论死者年岁若干,而此必以年长四岁以上为断,未免参差,似不如照律办理,拟将此两层改为除笔列入例首。至“十五岁以下毙命”一层,奏定秋审可矜人犯随案减流,新章内称“如死者年长四岁以上,恃长欺凌,力不能敌,回抵适伤者,减为流三千里;若死亦幼孩,及伤痕较多者,仍按律拟绞。如衅起护亲,不论是否互斗,向俱入矜,若护伯叔父母、兄、姊,并无互斗情形者,亦有入矜成案,均应一体减流”等语,自应遵章修改入例,以昭画一。谨将修改例文,开列于后。

○修改(略)

大清律例	现行刑律
1.1.22.(3)〔教令七岁以下九十以上犯罪〕	1.16.(6)〔教令七岁以下九十以上犯罪〕 一、教令七岁小儿殴打父母者，坐教令者以殴凡人之罪。教令九十老人故杀子孙者，亦坐教令者以杀凡人之罪。

现行刑律案语

原例（略）

○仍旧

臣等谨按：此条应仍其旧，理合陈明。

条例·删除

大清律例

1.1.22.(1)〔老幼废疾犯罪收赎枷号亦免〕

一、凡老幼及废疾犯罪，律该收赎者，若例该枷号，一体放免，应得杖罪，仍令收赎。

现行刑律案语

○删除

臣等谨按：此条系前明《问刑条例》，现在枷号已经改章，此例即无关引用，应即删除。

大清律例

1.1.22.(2)〔内外现审各省审拟具题案内人犯及到部人犯老小废疾〕

一、内外现审人犯不应具题者，若有老小废疾，俱照律完结。其直隶各省审拟具题案内人犯，果有老小废疾者，该督抚察明，取具地方官印结具题，照律收赎。如实非老小废疾，徇情题免，事发者，将出结转详官并督抚交部议处。其到部人犯，有告称年老及在中途成废疾者，察明实系老疾，亦得收赎。

删除律例

○删除

大清律例

1.1.22.(9)〔年老废疾之人翻控审虚〕

一、各直省审理年老废疾翻控之案,实系挟嫌挟忿,图诈图赖,或恃系老疾,自行翻控,审明实系虚诬,罪应军、流以上者,即行实发,一概不准收赎。倘讯明实因尊长被害,并痛子情切,怀疑具控,及听从主使出名诬控,到官后供出主使之人,俱准其收赎一次。若不将主使之人供明,不准收赎。

现行刑律案语

○删除

臣等谨按:此条系嘉庆二十三年〔1818〕定例,原与"工乐户及妇人犯罪"门内"妇女翻控"一条,同出于御史之条奏。迨道光年间,将妇女之例改轻,而此条因仍未改。查老疾诬告反坐之案例,无不准收赎明文,乃翻控审虚者,即不准收赎,未免歧异,况新章遣、流罪名俱应收所工作,年老废疾有犯,碍难拘役。"诉讼"门条例"年老及笃疾之人,许令同居亲属代告。诬告者,罪坐代告之人",似应将彼例内"笃疾"改为"废疾",实行反坐代告之法,则审虚者,既有坐罪之人,其无代告者,即一概不与准理,以后自鲜老疾翻控之事。此条应即删除。

1.1.23犯罪时未老疾 / 1.17犯罪时未老疾

律文·修改

大清律例

1.1.23.1 凡犯罪时虽未老疾,而事发时老疾者,依老疾论。谓如六十九以下犯罪,年七十事发,或无疾时犯罪,有废疾后事发,得依老疾收赎。或七十九以下犯死罪,八十事发,或废疾时犯罪,笃疾时事发,得入上请。八十九犯死罪,九十事发,得入勿论之类。若在徒年限内老疾,亦如之。谓如六十九以下徒役三年,役限未满,年入七十,或入徒时无病,徒役年限内成废疾,并听准老疾收赎。以徒一年三百六十日为率,验该杖徒若干,应赎银若干,俱照例折役收赎。犯罪时幼小,事发时长大,依幼小论。谓如七岁犯死罪,八岁事发,勿论;十岁杀人,十一岁事发,仍得上请;十五岁时作贼,十六岁事发,仍以赎论。

现行刑律

1.17.1 凡犯罪时虽未老疾,而事发时老疾者,依老疾论。谓如六十九以下犯罪,年七十事发,或无疾时犯罪,有废疾后事发,得依老疾收赎。或七十九以下犯死罪,八十事发,或废疾时犯罪,笃疾时事发,得入上请。八十九犯死罪,九十事发,得入勿论之类。若在徒年限内老疾,亦如之。谓如六十九以下徒役三年,役限未满,年入七十,或入徒时无病,徒役年限内成废疾,并听准老疾收赎。以徒一年三百六十日为率,验该徒若干,应赎银若干,除去应役月日,余该银若干,照例收赎。犯罪时幼小,事发时长大,依幼小论。谓如七岁犯死罪,八岁事发,勿论;十岁杀人,十一岁事发,仍得上请;十五岁时作贼,十六岁事发,仍以赎论。

现行刑律案语

原律(略)

臣等谨按:此仍《明律》。惟注内"折役收赎"句,应修改明晰,"杖"字亦应节删。

谨将律文并修改律注,开列于后。

○修改(略)

附

现行刑律案语

○续纂

一、凡遣、流应行收所习艺之犯,如于工作限内已成老疾,得除役过月日,按限折银收赎。

臣等谨按:自光绪二十九年〔1903〕刑部奏定《罪犯习艺章程》,凡三流安置各犯,俱应收入习艺所,按限工作,则苟有工作限内已成老疾者,作何办理,例无明文,自应仿照徒限内老疾之例,定为专条,以资遵用,理合陈明。①

1.1.24 给没赃物 / 1.18 给没赃物

律文 · 修改

大清律例	现行刑律
1.1.24.1 凡彼此俱罪之赃,谓犯受财枉法、不枉法计赃,与、受同罪者。及犯禁之物,谓如应禁兵器及禁书之类。则入官。若取与不和,用强生事,逼取求索之赃,并还主。谓恐吓诈欺、强买卖有余利、科敛及求索之类。○1.1.24.2 其犯罪应合籍没财产,赦书到后,罪人虽在赦前决讫,而家产未曾抄札入官者,并从赦免。其已抄札入官守掌,及犯谋反、叛逆者,财产与缘坐家口,不分已未入官,并不放免。若除谋反、谋叛外。罪未处决,籍没之物虽已送官,但未经分配与人守掌者,犹为未入。其缘坐应流人及本犯家口,虽已入官,若罪人遇赦得免罪者,亦从免放。○1.1.24.3 若以赃入罪,正赃见在者,还官、主。谓官物还官,私物还主。又,若本赃是驴,转易得马,及马生驹、羊生羔,畜产蕃息,皆为见在。其赃已费用	1.18.1 凡彼此俱罪之赃,谓犯受财枉法、不枉法,计赃,与、受同罪者。及犯禁之物,谓如应禁兵器及禁书之类。则入官。若取与不和,用强生事,逼取求索之赃,并还主。谓恐吓诈欺、强买卖有余利、科敛及求索之类。○1.18.2 其犯罪应合籍没财产,赦书到后,罪人虽在赦前决讫,而家产未经抄札入官,或罪未处决,籍没之物虽已送官,但未经分配与人守掌者,并从赦免。其已抄札入官守掌,及犯谋反、叛逆者,财产不分已、未入官,并不准免。○1.18.3 若以赃入罪,正赃见在者,还官主。谓官物还官,私物还主。又若本赃是驴,转易得马,及马生驹、羊生羔,畜产蕃息,皆为见在。其赃已费用者,若犯人身死勿征。别犯身死者亦同。若不因赃罪而犯别罪,亦有应追财物,如埋葬银两之类。余皆征之。若计雇工赁钱私借官车船之类。为赃者,死亦

① 本条不见于《钦定大清现行刑律》。据《法部咨复吉林公署电询现行刑律是否以最后颁行定本为准文》(载吉林提法司署司法官报局编辑:《吉林司法官报》宣统辛亥年〔1911〕第1期),该条续纂条例后被删除,但删除之说未见于《核订现行刑律》及《编查馆会奏现行刑律修改各条清单》。

者，若犯人身死勿征。别犯身死者亦同。若不因赃罪而犯别罪，亦有应追财物，如埋葬银两之类。余皆征之。若计雇工赁钱私役弓兵、私借官车船之类。为赃者，死亦勿征。○1.1.24.4其估赃者，皆据犯处地方。当时犯时。中等物价，估计定罪。若计雇工钱者，一人一日，为银八分五厘五毫。其牛、马、驼、骡、驴、车、船、碾磨、店舍之类，照依犯时雇工赁值。计算定罪、追还。赁钱虽多，各不得过其本价。谓船价值银钱一十两，却不得追赁值一十一两之类。○1.1.24.5其赃罚金银，并照犯人原供成色，从实追征，入官、给主。若已费用不存者，追征足色。谓人原盗或取受正赃，金银使用不存者，并追足色。

勿征。○1.18.4其估赃者，皆据犯处地方。当时犯时。中等物价，估计定罪。若计雇工钱者，一人一日，为银一钱二分五厘。其牛、马、驼、骡、驴、车、船、碾磨、店舍之类，照依犯时雇工赁值。计算定罪、追还。赁钱虽多，各不得过其本价。谓船价值银一十两，却不得追赁值一十一两之类。○1.18.5其赃罚金银，并照犯人原供成色，从实追征入官、给主。若已费用不存者，追征足色。谓人原盗或取受正赃，金银使用不存者，并追足色。

现行刑律案语

原律(略)

臣等谨按：此仍《明律》。现在缘坐重法业经删除，律内"缘坐人家口"一层，应行节删。雇工钱一日为银八分五厘五毫，系属尔时价值，新章无力完缴罚金者，银一两折作工四日，则一人一日应值银二钱五分。若谓罪犯折工，系属从宽办理，则此雇工计银照章再折一半，尚属酌中之数，亦与时价不甚相远，似应酌量改定，以资遵守。谨将修改律文，开列于后。

○修改

凡彼此俱罪之赃，谓犯受财枉法、不枉法，计赃与受同罪者。及犯禁之物，谓如应禁兵器及禁书之类。则入官。若取与不和，用强生事，逼取求索之赃，并还主，谓恐吓诈欺、强买卖有余利、科敛及求索之类。○其犯罪应合籍没财产，赦书到后，罪人虽在赦前决讫，而家产未经抄札入官，或罪未处决籍没之物，虽已送官，但未经分配与人守掌者，并从赦免。其已抄札入官守掌及犯谋反、叛逆者，财产不分已未入官，并不准免。○若以赃入罪，正赃见在者，还官主。谓官物还官，私物还主。又若本赃是驴，转易得马，及马生驹、羊生羔，畜产蕃息，皆为见在。其赃已费用者，若犯人身死勿征，别犯身死者亦同。若不因赃罪，而犯别罪，亦有应追财物，如埋葬罪两之类。余皆征之。若计雇工赁钱私役弓兵、私借官车船之类为赃者，死亦勿征。○其估赃者，皆据犯处地方。当时犯时。中等物价，估计定罪，若计雇工钱者，一人一日，为银一钱二分五厘，其牛、马、驼、骡、驴、车、船、碾磨、店舍之类，照依犯时雇工赁值。计算定罪，追还赁钱虽多，各不得过其本价。谓船价值银钱一十两，却不得追赁值一十一两之类。○其赃罚金银，并照犯人原供成色从实追征入官、给主，若已费用不存者，追征足色。谓人原盗或取受正赃，金银使用不存者，并追足色。

核订现行刑律

原修改律文(略)

谨按:私役弓兵律文,现拟删除。本条第三节小注“私役弓兵”四字,亦应节去,以免抵触。谨将修改律注,开列于后。

○修改(略)

条例·修改、仍旧、移改、修并

大清律例

1.1.24.(2)〔隐漏赎锾罚款〕

一、凡州县自理赎锾,岁底造册申报按察司;布、按自理赎锾,岁底册报督抚;督抚岁底汇造清册,题报刑部察核。其承问各官,应开明罚赎人姓名及所罚数目,晓示各该地方。如有以多报少及隐漏者,督抚参奏,以贪赃治罪。

现行刑律

1.18.(1)〔隐瞒罚金赎银〕

一、凡问刑衙门自理罚金及收赎银两,岁底造册,申详上司报法部察核。并应开明罚、赎人姓名及数目,晓示各该地方。如有以多报少及隐漏者,督抚奏参,以贪赃治罪。

现行刑律案语

原例(略)

臣等谨按:此条系康熙年间《现行例》。查“布、按自理赎锾”,近年实属罕有之事,此层应行节删。现在改题为奏,各省所收罚赎银两,似应申详上司报部查核,毋庸具奏。至“州县”应改为“问刑衙门”,“刑部”应改为“法部”。谨将修改例文,开列于后。

○修改(略)

大清律例

1.1.24.(12)〔追罚变赃赎银两承追例限〕

一、刑部现审案内,凡行追赃罚、赃变、赃赎银两,承追各官,俱各定限一年追完。如逾限不行追交,该部即行查参,将承追各官照例议处。

现行刑律

1.18.(2)〔追罚变赃赎银两承追例限〕

一、京城现审案内,凡应追赃罚、赃变、赃赎银两,俱将该犯发交本旗籍该管官,定限一年追完。如逾限不行追交,法部即行查参,将承追各官照例议处。

现行刑律案语

原例(略)

臣等谨按:此条系乾隆十年〔1745〕定例。自光绪三十二年〔1906〕改刑部为法部，现审事项划归大理院及各级审判厅办理，例首"刑部"二字应改"京城"二字，"该部即行查参"应改为"法部、大理院即行查参"，行追赃罚等项银两，系发交该犯旗籍承追，并非原审司员，亦应添叙明晰，以免疑误。谨将修改例文，开列于后。

○修改

一、京城现审案内，凡应追赃罚、赃变、赃赎银两，俱将该犯发交本旗籍该管官，定限一年追完。如逾限不行追，交法部、大理院即行查参，将承追各官照例议处。

会奏修改各条

原修改例文

1.1.24.(12)〔追罚变赃赎银两承追例限〕原修改例文（略）

1.1.24.(20)〔无主及不应给主之窃盗赃〕原修改例文（略）

谨案：以上二条俱追交赃罚及分别变价之例。查参、奏参两节，均部、院会同，彼此权限似未分明，自应遵旨划归法部办理。所有"大理院"字样，均应节删。谨将修改例文，开列于后。

○修改

1.18.(2)〔追罚变赃赎银两承追例限〕（略）

1.18.(4)〔无主及不应给主之窃盗赃〕（略）

大清律例

1.1.24.(18)〔违例入官房屋〕

一、刑部现审案内，违例入官住房、铺面、各项房屋，于定案后径咨户部办理，刑部毋庸估变。

现行刑律

1.18.(3)〔违例入官房屋〕

一、大理院及京师各级审判厅现审案内，违例入官住房、铺面、各项房屋，于定案后，大理院则径咨民政部办理，各级审判厅则径咨内外城巡警总厅办理，毋庸原问衙门估变。

现行刑律案语

原例（略）

臣等谨按：此条系道光三年〔1823〕定例。自刑部改为法部，现审案件专归大理院及各级审判厅审理，例内"刑部"字应改为"大理院及各级审判厅"。户部改为度支部，京城地面事项，俱归民政部、内外巡警总厅专管，例内"户部"字应改"民政部"或"内外城巡警总厅"。谨将修改例文，开列于后。

○修改（略）

大清律例

1.1.24.(20)〔无主及不应给主之窃盗赃〕

一、窃盗案内无主赃物,及一切不应给主之赃,如系金珠、人参等物,交内务府;银钱及铜铁铅锡等项,有关鼓铸者,交户部;硫磺、焰硝及砖石、木植等项,有关营造者,交工部;洋药及盐、酒等项,有关税务者,交崇文门。其余器皿、衣饰及马骡牲畜,一应杂货,均行文都察院札行该城御史,督同司坊官当堂估值变价,交户部汇题,并将变价数目,报都察院及刑部查核。倘有弊混及变价不完,由该御史查参。

现行刑律

1.18.(4)〔无主及不应给主之窃盗赃〕

一、京城现审窃盗案内无主赃物,及一切不应给主之赃,如系金珠、人参等物,交内务府;银钱及铜铁铅锡等项,有关鼓铸者,交度支部;硫磺、焰硝及砖石、木植等项,有关营造者,交农工商部;洋药及盐、酒等项,有关税务者,交崇文门。其余器皿、衣饰及马骡牲畜,均行文民政部札行内外城巡警总厅,督同该区官当堂估值变价,交度支部汇奏,并将变价数目,报法部查核。倘有弊混及变价不完,由法部奏参。

现行刑律案语

原例(略)

臣等谨按:此条系同治九年〔1870〕定例。查户部现改为度支部,工部并为农工商部,刑部改为法部,现审案件划归大理院办理,巡城御史及司坊官则一并裁撤,地面事项专属民政部、内外城巡警总厅管辖,例内各衙门均应照改。再,此例系指京城现审而言,亦应于例内添入,以免疑误。谨将修改例文,开列于后。

○修改

一、京城现审窃盗案内无主赃物,及一切不应给主之赃,如系金珠、人参等物,交内务府;银钱及铜铁铅锡等项,有关鼓铸者,交度支部;硫磺、焰硝及砖石、木植等项,有关营造者,交农工商部;洋药及盐、酒等项,有关税务者,交崇文门。其余器皿、衣饰及马骡牲畜,均行文民政部札行内外城巡警总厅,督同该区官当堂估值变价,交度支部汇奏,并将变价数目,报法部及大理院查核。倘有弊混及变价不完,由法部及大理院奏参。

会奏修改各条

○修改(略)

见1.1.24.(12)〔追罚变赃赎银两承追例限〕条

大清律例	现行刑律
1.1.24.(8)〔入官什物之变卖〕	1.18.(5)〔入官什物之变卖〕 一、地方官吏有将入官田房私租于人者，除照数追赔外，仍照侵盗钱粮例治罪。其一应变卖什物，俱勒限一年，眼同本犯家属照数变卖。如逾限未变，器皿、衣服，仍于本地方勒变；一应金银珠玉等物，兑明分两、数目，造具清册，眼同本犯家属封固，取具并无更换甘结，具文解交藩库，遇有便员附搭解部，转交崇文门变价。若有窃换等弊，许家人及旁人首告，加倍追赔，仍照侵盗钱粮例治罪。

现行刑律案语

原例

1.1.24.(6)〔断付死者之财产〕(略)

1.1.24.(7)〔亏空贪赃官吏应追赔银两〕(略)

1.1.24.(8)〔入官什物之变卖〕(略)

1.1.24.(9)〔入官田房产业售买〕(略)

1.1.24.(11)〔缘事查抄而兄弟未经分产者〕(略)

○仍旧

臣等谨按：上五条，应仍其旧，理合陈明。

大清律例	现行刑律
1.1.24.(9)〔入官田房产业售买〕	1.18.(6)〔入官田房产业售买〕 一、田房产业，一经入官，即令本犯家属将契券呈堂出业，该管官眼同原主秉公估定，开明价值，出示速售。有愿买者，即给与印照，不许原主勒索找价，仍令买主出具并无假冒影射甘结存卷。如该管官纵容原主据占影射，将据占之家属、影射之父兄，俱照隐瞒入官财物

律,坐赃治罪;该管官并该上司,俱照例分别议处。如并无影射等弊,首告之人捏词陷害,按律反坐。至所典房地及质当物件,勒限令原主取赎,归还原本。如逾限不赎,即开明原本价值,出示招卖。

现行刑律案语

〇仍旧(略)

见1.18.(5)〔入官什物之变卖〕条

大清律例

1.1.24.(14)〔比追抢夺窃盗之赃〕

一、凡追赃人犯,除侵贪官吏,仍照例限监追外,其抢夺、窃盗之赃,着地方官于定案之日严行比追。如果力不能完,即将本犯治罪,随时取结详报,分别题咨豁免。

现行刑律

1.18.(7)〔比追抢夺窃盗之赃〕

一、凡追赃人犯,除侵贪官吏,仍照例限监追外,其抢夺、窃盗之赃,问刑衙门于定案之日严行着追。如果力不能完,即将本犯治罪,分别奏咨豁免。

现行刑律案语

原例(略)

臣等谨按:此条系乾隆二十年〔1755〕定例。查近来办理抢夺、窃盗之案,如果无力完赃,第声明赤贫免追并无结报之事,例内"随时取结详报"句,应行节删。现在问刑不专归地方官,笞、杖则仅用于死罪人犯,题本亦经一律删除,所有例内"地方官"应改为"问刑衙门","比追"应改为"着追","题"应改为"奏"。谨将修改例文,开列于后。

〇修改(略)

大清律例

1.1.24.(16)〔应追官员因公核减借欠等项〕

一、凡内外官员名下应追因公核减借欠等项,及该员本系分赔、代赔,经地方官查明结报家产尽绝无力完缴者,俱

现行刑律

1.18.(8)〔应追官员因公核减借欠等项〕

一、凡内外官员名下应追因公核减借欠等项,及该员本系分赔、代赔,经地方官查明结报家产尽绝无力完缴者,俱

大清律例	现行刑律
照例题豁,毋庸再于同案各员名下摊追。	照例奏豁,毋庸再于同案各员名下摊追。

现行刑律案语

原例(略)

臣等谨按:现在各项题本均经改奏,例内"题豁"应改为"奏豁"。谨将修改例文,开列于后。

〇修改(略)

大清律例	现行刑律
1.1.24.(7)〔亏空贪赃官吏应追赔银两〕	1.18.(9)〔亏空贪赃官吏应追赔银两〕 一、亏空、贪赃官吏,一应追赔银两,该督抚委清查官产之员会同地方官,令本犯家属,将田房、什物呈明时价,当堂公同确估,详登册记,申报上司,仍令本犯家属眼同售卖完项。如有侵渔、需索等弊,许该犯家属并买主首告,将侵渔、需索之官吏,照侵盗钱粮及受枉法赃律治罪。

现行刑律案语

〇仍旧(略)

见1.18.(5)〔入官什物之变卖〕条

大清律例	现行刑律
1.1.24.(11)〔缘事查抄而兄弟未经分产者〕	1.18.(10)〔缘事查抄而兄弟未经分产者〕 一、缘事获罪,应行查抄资产,而兄弟未经分产者,将所有产业查明,按其兄弟人数分股计算。如家产值银十万,兄弟五人,每股应得二万,只将本犯名下应得一股入官,其余兄弟名下应得者,概行给予。

现行刑律案语

〇仍旧(略)

见1.18.(5)〔入官什物之变卖〕条

大清律例

＊贼盗·监守自盗仓库钱粮

6.18.264.(4)〔侵贪本犯身故监追其子〕(略)

现行刑律

1.18.(11)〔侵贪本犯身故监追其子〕

一、凡侵贪之案,如该员身故,审明实系侵盗库帑、图饱私橐者,即将伊子监追。

现行刑律案语

〇移改(略)

见6.18.264.(4)〔侵贪本犯身故监追其子〕条

大清律例

＊贼盗·强盗

6.18.266.(29)〔现获强窃盗赃不足原失将盗犯家产变赔〕(略)

现行刑律

1.18.(12)〔现获强窃盗赃不足原失将盗犯家产变赔〕

一、强、窃盗贼现获之赃,各令事主认领外,如强、盗赃不足原失之数,将无主赃物赔补,余剩者入官;如仍不足,将盗犯家产变价赔偿。若诸色人典当、收买盗赃及窃赃,不知情者勿论,止追原赃,其价于犯人名下追征给主。

现行刑律案语

〇移改(略)

见6.18.266.(29)〔现获强窃盗赃不足原失将盗犯家产变赔〕条

大清律例

1.1.24.(1)〔命案内减等人犯应追埋葬银〕

一、命案内减等发落人犯,应追埋葬银两,勒限一个月追完。有物产可抵者,亦着于限内变交。如审系十分贫难

现行刑律

1.18.(13)〔命案内减等人犯应追埋葬银〕

一、应该偿命罪囚,遇蒙赦宥,应给被杀家属养赡银二十两,及命案内随案减等或罪应徒、流人犯应追埋葬银两,

者，量追一半，给付尸亲收领。若限满勘实力不能完，将该犯即行发配，一面取具地邻、亲族甘结，该地方官详请督抚核实咨请豁免。如有隐匿发觉者，地邻人等均照不应重律治罪，地方官照例议处。

＊人命·戏杀误杀过失杀伤人

6.19.292.(1)〔应偿命罪囚遇赦追银给被杀家属〕(略)

6.19.292.(6)〔追给各项埋葬银两〕(略)

6.19.292.(11)〔过失杀人应追银两力不能交〕(略)

并老小废疾收赎、过失杀伤收赎、留养收赎各银两，俱勒限一个月追完。有物产可抵者，亦着于限内变交。如审系十分贫难者，量追一半，分别给属、入官。若限满勘实力不能完，其由死罪减等及例应流、徒人犯，即行收所习艺，一面取具地邻、亲族甘结，详请督抚核实咨部豁免。如有隐匿发觉者，地邻人等照不应重治罪，承追官照例议处。其应行援免及收赎释放人犯，仍再限一月，将减半银两着落本犯或亲属完交，不得概行请豁。

现行刑律案语

原例

1.1.24.(1)〔命案内减等人犯应追埋葬银〕(略)

人命·戏杀误杀过失杀伤人

6.19.292.(1)〔应偿命罪囚遇赦追银给被杀家属〕(略)

6.19.292.(6)〔追给各项埋葬银两〕(略)

6.19.292.(11)〔过失杀人应追银两力不能交〕(略)

臣等谨按：以上四条，俱系人命案内应行追埋及给死者家属银两之例。后三条，载在“戏杀误杀过失杀伤人”门，惟同是应追银两各条，办法不无参差，似应修并为一，归入此门，并将各项分叙明晰，以免歧误。查第一条命案减等人犯，系指随案减流者而言，如殴伤人因风身死及死在正限外、余限内之类是也；第三条各项埋葬银两，系指命案内罪应满杖徒、流者而言，如威逼人致死及弓箭车马杀人之类是也；第二条系专指逢恩赦免者；第四条系专指收赎绞罪者。而第一条应追埋葬银两，勘实力不能完，可以咨请豁免；第四条虽可请豁，仍行杖责；第二、第三条则并无豁免明文。窃以为，命案内减等及罪应徒、流人犯，虽已免其抵偿，尚有应得之罪，此项埋葬银两，如实力不能完，尚可咨请豁免，若罪囚遇赦及过失杀收赎，除追给银两外，已无余罪，此等亦得全行准豁，未为平允。且现在杖责改为罚金，过失杀人之犯如力不能交，亦未便仍行折罚，至老小废疾收赎及留养案内养赡银两律例，亦无准豁之文，似应与遇赦援免及过失杀伤各项，一并定拟办法，修入例内，以资遵守。谨将修并例文，开列于后。

〇修并

1.18.(13)〔命案内减等人犯应追埋葬银〕(略)

大清律例	现行刑律
1.1.24.(6)〔断付死者之财产〕	1.18.(14)〔断付死者之财产〕 一、断付死者之财产,遇赦不得免追。

现行刑律案语

○仍旧(略)

见1.18.(5)〔入官什物之变卖〕条

条例·删除

大清律例

1.1.24.(3)〔八旗应入官之人〕

一、凡八旗应入官之人,令入各旗辛者库。其内务府佐领人送入官者,亦照此例入辛者库。辛者库人犯入官之罪者,照流罪折枷责结案。

删除律例

○删除

大清律例

1.1.24.(4)〔官役犯赃案内〕

一、凡官役犯赃案内,有亏短价值等项,追给原主。其诈骗、逼勒者,被害人自行首告,亦追给原主。督抚、科道参发者,概追入官。

删除律例

○删除

大清律例

1.1.24.(5)〔归旗人员内有应追赃者〕

一、归旗人员内有应追赃者,限五个月内,该督抚查明家产人口,造册并人解部,转交该旗追赃。其任所有无私置房产,再限地方官六个月察明结报。后有隐匿发觉者,交部议处。

删除律例

○删除

大清律例

1.1.24.(10)〔八旗催追侵贪银两〕

一、八旗催追侵贪银两，如逾限不完，将伊家产变价交官。若承变限满，尚无售主，照亏欠之数，将家产估价入官抵项。其家产不能抵完者，该参、佐领等据实呈报管旗都统等具奏，将本犯交部照原拟发落，现在家产尽行入官。

删除律例

○删除

大清律例

1.1.24.(13)〔州县被盗库项力难完缴〕

一、州县有盗劫库项，除失事之员照数补还者，无庸另议外，或本人身故产绝，力难完缴者，即照州县亏空之例，令该管各上司分赔。

删除律例

○删除

大清律例

1.1.24.(15)〔参革汉军官员应完款项〕

一、参革汉军官员，有应完款项，俱照定限着追。如为数多者，酌量展限完纳。如逾限不完，即将该员解旗治罪。

删除律例

○删除

大清律例

1.1.24.(17)〔盗赃未能起获着地方官罚赔〕

一、盗劫之案，查出盗犯名下资财什物，俱给事主收领。其有已经获犯，而原赃未能起获，数在一百两以内者，着落地方官罚赔；如数百两至千两以上者，令地方官罚赔十分之一二。寻常窃案，不在此例。

删除律例

○删除

大清律例

1.1.24.(19)〔监追还官入官给主赃物〕

一、在京在外应行追赃人犯,除监守盗及抢夺、窃盗之赃,并过失杀人应追埋葬银两,仍照各本例分别办理外,但有还官赃物值银十两以上,着监追半年。勘实力不能完者,开具本犯情罪轻重、监追年月久近、赃数多寡,按季汇题,请旨定夺。其入官赃二十两以上、给主赃三十两以上,亦着监追半年;不及前数,着监追三个月。勘实力不能完,俱免着追,一面取结请豁,一面定地解配发落,毋庸听候部复。其应监追半年者,除人犯先行发落外,在内由刑部,在外由该督抚,仍各于岁底汇题一次。

删除律例

〇删除

1.1.25 犯罪自首 / 1.19 犯罪自首

律文·修改

大清律例

1.1.25.1 凡犯罪未发而自首者,免其罪,若有赃者,其罪虽免,犹征正赃。谓如枉法、不枉法赃,征入官。用强生事,逼取、诈欺、科敛、求索之类,及强、窃盗赃,征给主。其轻罪虽发,因首重罪者,免其重罪。谓如窃盗事发,自首又曾私铸铜钱,得免铸钱之罪,止科窃盗罪。若因问被告之事而别言余罪者,亦如上科之。止科见问罪名,免其余罪。谓因犯私盐事发被问,不加拷讯,又自别言曾窃盗牛,又曾诈欺人财物,止科私盐之罪,余罪俱得免之类。〇1.1.25.2 其犯人虽不自首,遣人代首,若于法得相容隐者之亲属为之首,及彼此诘发,互相告言,各听如罪人身自首法。皆得免罪。其遣人代首者,谓如甲犯罪遣乙代首,不限亲疏,亦同自首免罪。若于法得相容隐者为首,谓同居及大功以上亲,若奴婢、雇工人为家长首,及相告言者,皆与罪人自首同得免罪。卑幼告言尊长,尊长依自首律免罪,卑幼依干犯名义律科断。若自首不实及不尽者,重情首作轻情,多赃首作少赃。以不实不尽之罪罪之。自首赃数不尽者,止计不尽之数科之。至死者,听减一等。其知人欲告及逃如逃避山泽之类。叛是叛去本国之类。而自首者,减罪二等坐之。其逃叛者,虽不自首,能还归本所者,减罪

现行刑律

1.19.1 凡犯罪未发而自首者,免其罪,若有赃者,其罪虽免,犹征正赃。谓如枉法、不枉法赃,征入官。用强生事,逼取、诈欺、科敛、求索之类,及强、窃盗赃,征给主。其轻罪虽发,因首重罪者,免其重罪。谓如窃盗事发,自首又曾私铸铜钱,得免铸钱之罪,止科窃盗罪。若因问被告之事而别言余罪者,亦如上科之。止科见问罪名,免其余罪。谓因犯私盐事发被问,不加拷讯,又自别言曾窃盗牛,又曾诈欺人财物,止科私盐之罪,余罪俱得免之类。〇1.19.2 其犯人虽不自首,遣人代首,若于法得相容隐者之亲属为之首,及彼此诘发,互相告言,各听如罪人身自首法。皆得免罪。其遣人代首者,谓如甲犯罪遣乙代首,不限亲疏,亦同自首免罪。若于法得相容隐者为首,谓同居及大功以上亲,若雇工人为家长首,及相告言者,皆与罪人自首同得免罪。卑幼告言尊长,尊长依自首律免罪,卑幼依干犯名义律科断。若自首不实及不尽者,重情首作轻情,多赃首作少赃。以不实、不尽之罪罪之。自首赃数不尽者,止计不尽之数科之。至死者,听减一等。其知人欲告及逃如逃避山泽之类。叛是叛去本国之类。而自首者,减罪二等坐之。其逃叛者,虽不自首,能还归本所者,减罪

二等。○1.1.25.3其损伤于人，因犯杀伤于人而自首者，得免所因之罪，仍从本杀伤法。本过失者，听从本法。损伤于物不可赔偿，谓如弃毁印信、官文书、应禁兵器及禁书之类。私家既不合有，是不可偿之物，不准首。若本物见在首者，听同首法免罪。事发在逃，已被囚禁越狱在逃者，虽不得首所犯之罪，但既出首，得减逃走之罪二等，正罪不减。若逃在未经到官之先者，本无加罪，仍得减本罪二等。若私越度关，及奸者，并不在自首之律。○1.1.25.4若强窃盗、诈欺取人财物，而于事主处首服，及受人枉法、不枉法赃，悔过回付还主者，与经官司自首同，皆得免罪。若知人欲告，而于财主处首还者，亦得减罪二等。其强、窃盗若能捕获同伴解官者，亦得免罪，又依常人一体给赏。强、窃盗自首免罪后，再犯者不准首。

二等。○1.19.3其损伤于人，因犯杀伤于人而自首者，得免所因之罪，仍从本杀伤法。本过失者，听从本法。损伤于物不可赔偿，谓如弃毁印信、官文书、应禁兵器及禁书之类。私家既不合有，是不可偿之物，不准首。若本物见在首者，听同首法免罪。事发在逃，已被囚禁越狱在逃者，虽不得首所犯之罪，但既出首，得减逃走之罪二等，正罪不减。若逃在未经到官之先者，本无加罪，仍得减本罪二等。若奸者，并不在自首之律。○1.19.4若强窃盗、诈欺取人财物，而于事主处首服，及受人枉法、不枉法赃，悔过回付还主者，与经官司自首同，皆得免罪。若知人欲告，而于财主处首还者，亦得减罪二等。其强、窃盗若能捕获同伴解官者，亦得免罪，又依常人一体给赏。强、窃盗自首免罪后再犯者，不准首。

现行刑律案语

原律（略）

○仍旧

臣等谨按：此律应仍其旧，理合陈明。

核订现行刑律

原仍旧律文（略）

谨按：私越度关律，现拟删除，本条“私越度关律”句应即节去。又奴婢一项，现以雇工人论，本条律注既有“雇工人为家长首”之文，则“奴婢”二字亦可删节。谨将修改律文、律注，开列于后。

○修改（略）

条例·移并、仍旧、修改、移改

大清律例

1.1.25.(1)〔亲属首告〕

一、小功、缌麻亲首告，得减罪三等；无服之亲，减一等。其谋反、叛逆未行，如亲属首告，或捕送到官者，正犯俱同自首律免罪；若已行者，正犯不免，其余缘坐人，亦同自首律免罪。

＊人命·采生折割人

现行刑律

1.19.(1)〔亲属首告〕

一、小功、缌麻亲首告，得减罪三等；无服之亲，减一等。其谋反、叛逆未行，如亲属首告，或捕送到官者，正犯俱同自首律免罪；若已行者，正犯不免。采生折割之案，亦照此办理。

6.19.288.(1)〔采生折割等人亲属首告〕

(略)

现行刑律案语

原例

1.1.25.(1)〔亲属首告〕(略)

人命·采生折割人

6.19.288.(1)〔采生折割等人亲属首告〕

臣等谨按:以上二例,系乾隆五年〔1740〕纂定,均言亲属首告分别免罪之法,应将下条"采生折割"一项移附上条之末,以归一类,列入本门。缘坐重法,现已删除,两例内"缘坐"等语,均应节去。谨将移并例文,开列于后。

〇移并

1.19.(1)〔亲属首告〕(略)

大清律例	现行刑律
1.1.25.(3)〔律得容隐亲属首告强盗〕	1.19.(2)〔律得容隐亲属首告强盗〕 一、凡遇强盗,系律得容隐之亲属首告到官,同自首法照例拟断。其亲属本身被劫,因而告诉到官者,依亲属相盗律科罪,不在此例。

现行刑律案语

原例(略)

〇仍旧

臣等谨按:此例应仍其旧,理合陈明。

大清律例	现行刑律
1.1.25.(6)〔强盗同居之父兄等人出首〕 一、强盗同居之父、兄、伯叔与弟,明知为匪,或分受赃物者,许其据实出首,均准免罪,本犯亦得照律减免发落。	1.19.(3)〔强盗同居父兄等人出首〕 一、强盗同居之父、兄、伯叔与弟,明知为匪,或分受赃物者,许其据实出首,均准免罪,本犯亦得照例减等问拟。

现行刑律案语

原例

臣等谨按:此条系雍正七年〔1729〕定例。例内所云"均准免罪",系指强盗同居之父、兄、伯叔与弟言,所云"本犯亦得照律减免",系指强盗本身言。惟自乾隆以后定有强盗自首专条,凡伤人首、伙各盗,事未发而自首者,发遣新疆为奴;未伤人首、伙各盗,事未发而自首者,杖一百流三千里。以强盗本身自首,既无照律免罪之事,则同居得相容隐之亲属出首,未便转视本犯自首为优。例内"照律减免"字应改为"照例减等",以免歧异。谨将修改例文,开列于后。

○修改(略)

大清律例

1.1.25.(2)〔被虏从贼乘间来归〕

一、被虏从贼,不忘故土,乘间来归者,俱着免罪。

现行刑律

1.19.(4)〔被虏从贼乘间来归〕

一、被虏从贼,不忘故土,乘间来归者,俱免其罪。

现行刑律案语

原例(略)

臣等谨按:此条系顺治十八年〔1661〕上谕,乾隆五年〔1740〕纂例。查"俱着免罪"句,系属上谕内语,既已纂例,似应改为"俱免其罪"。谨将修改例文,开列于后。

○修改(略)

大清律例

1.1.25.(9)〔因变逸出重囚自行投案〕

一、在监斩、绞重囚,及遣、军、流、徒人犯,如有因变逸出,自行投归者,除谋反、叛逆之犯,仍照原拟治罪,不准自首外,余俱照原犯罪名,各减一等发落。若被拿获者,仍照原犯罪名定拟。其自行越狱,及看守通同贿纵者,虽自行投首,仍照各本律例问拟。

现行刑律

1.19.(5)〔因变逸出重囚自行投归〕

一、在监斩、绞重囚,及遣、流、徒人犯,如有因变逸出,自行投归者,除谋反、叛逆之犯,仍照原拟治罪,不准自首外,余俱照原犯罪名各减一等治罪。若被拿获者,仍照原犯罪名定拟。

现行刑律案语

原例(略)

臣等谨按:此条系顺治十七年〔1660〕旧例,嘉庆六年〔1801〕改定。惟自行越狱人犯,本门已有半年内自行投首专条,有犯自应照彼例办理,例末一层应行节去。军罪既已改为安置,即属内遣,业于名例内声明,上层“遣”字似可赅括,此“军”字应删。谨将修改例文,开列于后。

○修改(略)

大清律例

1.1.25.(8)〔越狱限内投首〕

现行刑律

1.19.(6)〔越狱限内投首〕

一、一人越狱,半年内自行投首者,仍照原拟罪名完结。如同伙越狱多人,有一人于限内投首,供出同伙,于半年内尽行拿获者,将自行投首之犯,照原罪减一等发落。倘供出之同伙内,尚有一二人未获者,亦仍照原拟罪名完结。如系有服亲属拿首者,亦照本犯自首之例分别完结。

现行刑律案语

原例

1.1.25.(5)〔捕役带同强窃盗犯投首〕(略)

1.1.25.(7)〔闻拿投首〕(略)

1.1.25.(8)〔越狱限内投首〕(略)

臣等谨按:以上三条,应仍其旧,理合陈明。

大清律例

*贼盗·强盗

6.18.266.(31)〔强盗自首〕(略)

现行刑律

1.19.(7)〔强盗自首追赔〕

一、凡强盗,除杀死人命、奸人妻女、烧人房屋,罪犯深重,及殴事主至折伤以上,首、伙各犯俱不准自首外,其伤人首、伙各盗,伤轻平复,如事未发而自首,及强盗行劫数家,止首一家者,均发遣新疆当差;系闻拿投首者,拟绞监候。未伤人之首、伙各盗及窝家、盗线,事未发而自首者,流三千里;闻拿投首者,发烟瘴地方安置。以上各犯,如将所得之赃悉数投报,及到官后追赔给主者,方准以自首论；若赃未投报，亦未追赔给主，不得以自首论。

现行刑律案语

〇移改(略)

见6.18.266.(31)〔强盗自首〕条

大清律例

1.1.25.(11)〔诱拐之犯自首〕

一、凡诱拐不知情妇人子女首从各犯，除自为妻妾，或典卖与人，已被奸污者，不准自首外，其甫经诱拐，尚未奸污，亦未典卖与人，即经悔过自首，被诱之人，即时给亲完聚者，将自首之犯，照例减二等发落。若将被诱之人，典卖与人，现无下落，诱拐之犯自首者，仍各按例拟罪监禁。自投首到官之日起，三年限满，被诱之人仍无下落，或限内虽经查获，已被奸污者，即将原拟绞候之犯，入于秋审办理；原拟流罪之犯，即行定地发配。倘能限内查获，未被奸污，给亲完聚者，各于原犯罪名上减一等发落。

现行刑律

1.19.(8)〔诱拐之犯自首〕

一、凡诱拐不知情妇人子女首从各犯，除自为妻妾，或典卖与人，已被奸污者，不准自首外，其甫经诱拐，尚未奸污，亦未典卖与人，即经悔过自首，被诱之人，即时给亲完聚者，将自首之犯，照例减二等发落。若将被诱之人，典卖与人，现无下落，诱拐之犯自首者，仍各按例拟罪监禁。自投首到官之日起，三年限满，被诱之人仍无下落，或限内虽经查获，已被奸污者，即将原拟绞候之犯，入于秋审办理；原拟流罪之犯，即行照原罪发落。倘能限内查获，未被奸污，给亲完聚者，各于原犯罪名上减一等发落。

现行刑律案语

原例(略)

臣等谨按：自光绪二十九年〔1903〕奏定《罪犯习艺章程》，凡军、流人犯系属常赦所得原者，无庸发配，即在本省收所习艺，诱拐不知情为从之犯，不在恩赦条款，不准援免之列，例内"定地发配"句，应改为"照原罪发落"，以免参差。谨将修改例文，开列于后。

〇修改(略)

大清律例

1.1.25.(10)〔脱逃即应正法人犯投回及父兄代首〕

一、由死罪减为发遣盗犯，并用药

现行刑律

1.19.(9)〔脱逃遣流人犯投回〕

一、遣、流人犯在配、在所或中途脱逃，如有畏罪投回，并该犯得相容隐之迷窃案内发遣人犯,在配及中途脱逃被获,例应即行正法者,如有畏罪投回,并该犯之父兄赴官禀首拿获,俱准其从宽免死,仍发原配地方。若准免一次之后,复敢脱逃,虽自行投回,及父兄再为首告,俱不准宽免。

亲属赴官禀首拿获,俱准免其逃罪,从前役过月日,并得准理。若准免一次之后,复敢脱逃,虽自行投首,及亲属再为首告,俱不准宽免。

现行刑律案语

原例(略)

臣等谨按:此条系乾隆三十七年〔1772〕定例,嘉庆六年〔1801〕改定。查强盗免死及迷窃案内发遣人犯脱逃被获即行正法之例,此次业经酌拟删除,自后此等人犯脱逃被获,自有新例可援,此例即属无关引用。惟本律"事发在逃"句下注明"已被囚禁越狱在逃者,虽不得首所犯之罪,但既出首,得减逃走之罪二等,正罪不减"等语,而军、流人犯中途及在配、在所脱逃后,畏罪投回,或亲属禀首,如何办理,律无明文,似应推广律义,将此条改为通例,以资遵守。谨将修改例文,开列于后。

○修改(略)

大清律例

1.1.25.(7)〔闻拿投首〕

现行刑律

1.19.(10)〔闻拿投首〕

一、闻拿投首之犯,除律不准首,及强盗自首例有正条外,其余一切罪犯,俱于本罪上减一等科断。

现行刑律案语

○仍旧(略)

见1.1.25.(8)〔越狱限内投首〕条

大清律例

1.1.25.(5)〔捕役带同强窃盗犯投首〕

现行刑律

1.19.(11)〔强窃盗犯捕役带同投首〕

一、不论强、窃盗犯,有捕役带同投首者,除本犯不准宽减外,仍将捕役严行审究。倘有教令及贿求,故捏情弊,将捕役照受财故纵律治罪。

现行刑律案语

〇仍旧(略)

见1.1.25.(8)〔越狱限内投首〕条

条例 · 删除

大清律例

1.1.25.(4)〔窃盗自首免刺〕

一、窃盗自首不实不尽,及知人欲告,而于财主处首还,律该减等拟罪者,俱免刺。

现行刑律案语

〇删除

臣等谨按:刺字一项,业于光绪二十九年〔1903〕奉旨革除,以后自无刺字之事,此例无关引用,应即删除。

大清律例

1.1.25.(12)〔鸦片案内人犯自首〕

一、鸦片烟案内人犯,如有事未发而自首,及闻拿投首者,各照律例分别免罪、减等。首后复犯,加一等治罪,不准再首。

删除律例

〇删除

1.1.26二罪俱发以重论 / 1.20二罪俱发以重论

律文 · 修改

大清律例	现行刑律
1.1.26.1凡二罪以上俱发,以重者论。罪各等者,从一科断。若一罪先发,已经论决,余罪后发,其轻若等勿论,重者更论之,通计前所论决之罪,以充后发之数。	1.20.1凡二罪以上俱发,以重者论。罪各等者,从一科断。若一罪先发,已经论决,余罪后发,其轻若等勿论,重者更论之,通计前所论决之罪,以充后发之数。
谓如二次犯窃盗,一次先发,计赃一十两,已杖七十;一次后发,计赃四十两,该杖一百,合贴杖三十。如有禄人节次受人枉法赃四十两,	谓如二次犯窃盗,一次先发,计赃一十两,已工作四月;一次后发,计赃四十两,该工作十月,合贴工作六月。如有禄人节次受人枉法赃

内二十两先发,已杖六十、徒一年;二十两后发,合并取前赃通计四十两,更科全罪徒三年。不枉法赃及坐赃,不通计全科。其应赃入官、物赔偿、盗刺字、官罢职罪止者,罪虽勿论,或重科,或从一,仍各尽本法。谓一人犯数罪,如枉法、不枉法赃合入官,毁伤器物合赔偿,窃盗合刺字,职官私罪杖一百以上合罢职,无禄人不枉法赃一百二十两以上罪止杖一百、流三千里之类,各尽本法拟断。

四十两,内二十两先发,已徒一年;二十两后发,合并取前赃通计四十两,更科全罪徒三年。不枉法赃及坐赃,不通计全科。其应赃入官、物赔偿、官罢职罪止者,罪虽勿论,或重科,或从一,仍各尽本法。谓一人犯数罪,如枉法、不枉法赃合入官,毁弃器物合赔偿,职官私罪处十等罚以上合罢职,无禄人不枉法赃一百二十两以上罪止流三千里之类,各尽本法拟断。

现行刑律案语

原律(略)

臣等谨按:此仍《明律》,其小注系乾隆五年〔1740〕改定。惟自光绪三十一年〔1905〕以后,刺字一项,业经奏请删除,笞、杖等刑亦经改为罚金,流、徒附杖奏准宽免。窃盗罪应笞、杖者,则另有分别工作章程。所有律内“刺字”及注内“流、徒附杖”各节,均应节删。“窃盗杖七十、杖一百”等句,均应照改。谨将修改律文、律注,开列于后。

○修改(略)

条例·修改

大清律例

1.1.26.(1)〔律不应拟抵之人命案件其致死三命者〕

一、凡人命案件,按律不应拟抵,罪止军、流、徒人犯,如家长、有服亲属,强奸奴仆、雇工人妻女未成,致令羞忿自尽,罪应拟军;向有人居止宅舍放弹射箭,因而致死,罪应拟流;和奸之案,奸妇因奸情败露,羞愧自尽,及窝弓不立望竿,因而致死,并擅杀奸、盗罪人,罪应拟徒之类。除致死二命照律从一科断外,如至三命者,于应得军、流、徒本罪上各加一等;三命以上者,按照致死人数递加一等,罪止发遣新疆酌拨种地当差,不得加入于死。若致死三命以上,例有专条者,各照定例办理。如威逼人致死非一家至三命以上者,发近边充军之类。至过失杀人之案,仍照律收赎。杀至数命者,按死者名数,各追银十二两四钱二分,给各亲属收领,毋庸加等治罪。至此等案件,必须详细研鞫。若核其案情近于过失而情节较重,或耳目所可及、思虑所可到,并非初无害人之意者,应仍照例分别定拟,不得滥引过失杀律收赎。

现行刑律

1.20.(1)〔律不应拟抵之人命案件致死三命者〕

一、凡人命案件,按律不应拟抵,罪止流、徒人犯,除致死二命照律从一科断外,如至三命者,于本罪上各加一等;三命以上者,按照致死人数递加一等,罪止发遣新疆当差,不得加入于死。若致死三命以上,例有专条者,仍各照定例办理。至过失杀人至数命者,按死者名数,各追银二十两,给各亲属收领,毋庸加等治罪。此等案件,必须详细研鞫。若核其案情近于过失而情节较重,或耳目所可及、思虑所可到,并非初无害人之意者,应仍照例分别定拟,不得滥引过失杀律收赎。

现行刑律案语

原例(略)

臣等谨按：此条系嘉庆六年〔1801〕定例。查过失杀人绞罪，现已于律内改为“准斗殴伤罪减二等，依律收赎”，并于名例内注明“收赎银二十两”，例内“各追银十二两四钱二分，给各亲属收领”句，应行修改。近边充军罪名，此次修订律例俱酌量改为流罪。注内所列各条，与新例不甚相符，窃谓此条例文本明白显易，毋庸加注，所有前二段注语均应节删。谨将修改例文，开列于后。

○修改(略)

条例 · 删除

大清律例

1.1.26.(2)〔身犯两罪援引各律各例俱应斩决者〕

一、身犯两项罪名，援引各律各例俱应斩决者，加拟枭示。如一犯轮奸已成为首，一犯强盗入室搜赃，同时并发之类。若身犯二罪应拟斩决，系同一律例，并非两项罪名者，毋庸枭示。如强盗入室搜赃，又行劫已至数次，同时并发，仍拟斩决之类。

删除律例

○删除

大清律例

1.1.26.(3)〔两犯凌迟〕

一、凡两犯凌迟重罪者，于处决时加割刀数。

删除律例

○删除

1.1.27犯罪共逃 / 1.21犯罪共逃

律文 · 仍旧

大清律例

1.1.27.1凡犯罪共逃亡，其轻罪囚，能捕获重罪囚而首告，及轻重罪相等，但获一半以上首告者，皆免其罪。以上指自犯者言。谓同犯罪

现行刑律

1.21.1凡犯罪共逃亡，其轻罪囚，能捕获重罪囚而首告，及轻重罪相等，但获一半以上首告者，皆免其罪。以上指自犯者言。谓同犯罪事发，或

事发，或各犯罪事发而共逃者，若流罪囚能捕死罪囚、徒罪囚能捕流罪囚首告；又如五人共犯罪在逃，内一人能捕二人而首告之类，皆得免罪。若损伤人及奸者不免，仍依常法。其因他人犯罪连累致罪而正犯罪人自死者，连累人听减本罪二等。以下指因人连累而言。谓因别人犯罪，连累以得罪者。如藏匿、引送、资给罪人，及保勘、供证不实，或失觉察、关防、钤束、听使之类。其罪人非被刑杀而自死者，又听减罪二等。若罪人自首告，得免。及遇赦原免，或蒙特恩减罪、收赎者，连累人亦准罪人原免、减等、赎罪法。谓因罪人连累以得罪，若罪人在后自首告，或遇恩赦全免，或蒙特恩减一等、二等，或罚赎之类，被累人本罪，亦各依法全免、减等、收赎。

各犯罪事发而共逃者，若流罪囚能捕死罪囚、徒罪囚能捕流罪囚首告；又如五人共犯罪在逃，内一人能捕二人而首告之类，皆得免罪。若损伤人及奸者不免，仍依常法。其因他人犯罪连累致罪而正犯罪人自死者，连累人听减本罪二等。以下指因人连累而言。谓因别人犯罪，连累以得罪者。如藏匿、引送、资给罪人，及保勘、供证不实，或失觉察、关防、钤束、听使之类。其罪人非被刑杀而自死者，又听减罪二等。若罪人自首告，得免。及遇赦原免，或蒙特恩减罪、收赎者，连累人亦准罪人原免、减等、赎罪法。谓因罪人连累以得罪，若罪人在后自首告，或遇恩赦全免，或蒙特恩减一等、二等，或罚赎之类，被累人本罪，亦各依法全免、减等、收赎。

现行刑律案语

原律（略）

○仍旧

臣等谨按：此律应仍其旧，理合陈明。

1.1.28 同僚犯公罪 / 1.22 同僚犯公罪

律文·仍旧

大清律例

1.1.28.1 凡同僚犯公罪者，谓同僚官吏连署文案，判断公事差错而无私曲者。并以吏典为首，首领官减吏典一等，佐贰官减首领官一等，长官减佐贰官一等。官内如有缺员，亦依四等递减科罪。本衙门所设官吏无四等者，止准见设员数递减。若同僚官一人有私，自依故出入人罪私罪。论；其余不知情者，止依失出入人罪公罪。论。谓如同僚连署文案官吏五人，若一人有私，自依故出入人罪论；其余四人虽连署文案，不知有私者，止依失出入人罪论，仍依四等递减科罪。○1.1.28.2 若下司申上司，事有差误，上司不觉失错准行者，各递减下司官吏罪二等；谓如县申州、州申府、府申布政司之类。若上司行下，事有差误，而所属依错施行者，各递减上司官吏罪三等；谓如布政司行府、府行州、州行县之类。亦各以吏典为首。首领、佐贰、长官依上减之。

现行刑律

1.22.1 凡同僚犯公罪者，谓同僚官吏连署文案，判断公事差错而无私曲者。并以吏典为首，首领官减吏典一等，佐贰官减首领官一等，长官减佐贰官一等。官内如有缺员，亦依四等递减科罪。本衙门所设官吏无四等者，止准见设员数递减。若同僚官一人有私，自依故出入人罪私罪。论；其余不知情者，止依失出入人罪公罪。论。谓如同僚连署文案官吏五人，若一人有私，自依故出入人罪论；其余四人虽连署文案，不知有私者，止依失出入人罪论，仍依四等递减科罪。○1.22.2 若下司申上司，事有差误，上司不觉失错准行者，各递减下司官吏罪二等；谓如县申州、州申府、府申布政司之类。若上司行下，事有差误，而所属依错施行者，各递减上司官吏罪三等；谓如布政司行府、府行州、州行县之类。亦各以吏典为首。首领、佐贰、长官依上减之。

现行刑律案语

原律(略)

○仍旧

臣等谨按：此律应仍其旧，理合陈明。

1.1.29公事失错 / 1.23公事失错

律文 · 修改

大清律例

1.1.29.1凡官吏公事失错，自觉举者免罪。其同僚官吏同署文案，法应连坐者，一人自觉举，余人皆免罪。谓缘公事致罪而无私曲者，事若未发露，但同僚判署文案官吏一人能检举改正者，彼此俱无罪责。○1.1.29.2其断罪失错于人已行论决者，仍从失入人罪论，不用此律。谓死罪及笞、杖已决讫，流罪已至配所，徒罪已应役，此等并为已行论决，官司虽自检举，皆不免罪，各依失入人罪律减三等，及官吏等级递减科之，故云"不用此律"。其失出人罪，虽已决放，若未发露能自检举贴断者，皆得免其失错之罪。其官文书稽程官应连坐者，一人自觉举，余人亦免罪，承行主典之吏不免。谓文案小事五日程、中事十日程、大事二十日程，此外不了，是名稽程。官人自检举者，并得全免。惟当该吏典不免。若主典自举者，并减二等。谓当该吏典自检举者，皆得减罪二等。官全免。

现行刑律

1.23.1凡官吏公事失错，自觉举者免罪。其同僚官吏同署文案，法应连坐者，一人自觉举，余人皆免罪。谓缘公事致罪而无私曲者，事若未发露，但同僚判署文案官吏一人能检举改正者，彼此俱无罪责。○1.23.2其断罪失错于人已行论决者，仍从失入人罪论。不用此律。谓死罪已决，流、徒罪已收所工作，罚金已处罚讫，此等并为已行论决，官司虽自检举，皆不免罪，各依失入人罪律减三等，及官吏等级递减科之，故云"不用此律"。其失出人罪，虽已决放，若未发露能自检举贴断者，皆得免其失错之罪。其官文书稽程官应连坐者，一人自觉举，余人亦免罪，承行主典之吏不免。谓文案小事五日程、中事十日程、大事二十日程，此外不了，是名稽程。官人自检举者，并得全免。惟当该吏典不免。若主典自举者，并减二等。谓当该吏典自检举者，皆得减罪二等。官全免。

现行刑律案语

原律(略)

臣等谨按：此仍《明律》。其小注系国初及乾隆五年〔1740〕修定。惟现在笞、杖照章改为罚金，流罪亦不尽发配，注内"笞、杖已决讫""流罪已至配所"二语，应行酌改。谨将修改律注，开列于后。

○修改(略)

1.1.30共犯罪分首从/1.24共犯罪分首从

律文·修改

大清律例

1.1.30.1凡共犯罪者,以先造意一人为首,依律断拟,随从者减一等。○1.1.30.2若一家人共犯,止坐尊长。若尊长年八十以上及笃疾,归罪于共犯罪以次尊长。如无以次尊长,方坐卑幼。谓如尊长与卑幼共犯罪,不论造意,独坐尊长,卑幼无罪,以尊长有专制之义也。如尊长年八十以上及笃疾,于例不坐罪,即以共犯罪次长者当罪。又如妇人尊长与男夫卑幼同犯,虽妇人为首,仍独坐男夫。侵损于人者,以凡人首从论。造意为首,随从为从。侵,谓窃盗财物;损,谓斗殴杀伤之类。如父子合家同犯,并依凡人首从之法。为其侵损于人,是以不独坐尊长。若共犯罪而首从本罪各别者,各依本律首从论。仍以一人坐以首罪,余人坐以从罪。谓如甲引他人共殴亲兄,甲依弟殴兄杖九十、徒二年半,他人依凡人斗殴论笞二十;又如卑幼引外人盗已家财物一十两,卑幼以私擅用财加二等笞四十,外人依凡盗从论杖六十之类。○1.1.30.3若本条言"皆"者,罪无首从;不言"皆"者,依首从法。○1.1.30.4其同犯擅入皇城、宫殿等门,及同私越度关,若同避役在逃,及同犯奸者,律虽不言"皆",亦无首从。谓各自身犯,是以亦无首从,皆以正犯科罪。

现行刑律

1.24.1凡共犯罪者,以先造意一人为首,依律断拟,随从者减一等。○1.24.2若一家人共犯,止坐尊长。如僧道徒弟与师共犯,亦同。若尊长年八十以上及笃疾,归罪于共犯罪以次尊长。如无以次尊长,方坐卑幼。谓如尊长与卑幼共犯罪,不论造意,独坐尊长,卑幼无罪,以尊长有专制之义也。如尊长年八十以上及笃疾,于例不坐罪,即以共犯罪次长者当罪。又如妇人尊长与男夫卑幼同犯,虽妇人为首,仍独坐男夫。侵损于人者,以凡人首从论。造意为首,随从为从。侵,谓窃盗财如父子合家同犯,并依凡人首从之物;损,谓斗殴杀伤之类。不独坐法。为其侵损于人,是以尊长。若共犯罪而首从各别者,各依本律首从论。仍以一人坐以首罪,余人坐殴亲兄,甲依弟殴兄徒二年以从罪。谓如甲引他人共二等罚;又如卑幼引他人盗已家财物一十半,他人依凡人斗殴论,处擅用财加二等处四等罚,外人依凡盗论工两,卑幼以私作两月之类。○1.24.3若本条言"皆"者,罪无首从;不言"皆"者,依首从法。○1.24.4其同犯擅入紫禁城、宫殿等门,若同避役在逃,及同犯奸者,律虽不言"皆",亦无首从。谓各自身犯,是以亦无首从,皆以正犯科罪。

现行刑律案语

原律(略)

臣等谨按:此仍《明律》。其小注系国初及乾隆五年〔1740〕修改。惟查《比引律条》,有僧、道徒弟与师共犯罪,徒弟比依家人共犯律免科一条,似应于"一家人共犯,止坐尊长"之下,增入"如僧、道徒弟与师共犯,亦同"小注十一字,以资援引。笞、杖照章罚金,窃盗计赃应杖者,一律分别改折工作,流、徒附杖均应节删。谨将修改律注,开列于后。

○修改

凡共犯罪者,以先造意一人为首,依律断拟,随从者减一等。○若一家人共犯,止坐尊长。如僧、道徒弟与师共犯,亦同。若尊长年八十以上及笃疾,归罪于共犯罪以次尊长。如无以次尊长,方坐卑幼。谓如尊长与卑幼共犯罪,不论造意,独坐尊长,卑幼无罪,以尊长有专制之义也。如尊长年八十以上及笃疾,于例不坐罪,即以共犯罪次长者当罪。又如妇人尊长与男夫卑幼同犯,虽妇人为首,仍独坐男夫。侵损于人者,以凡人首从论。

造意为首,随从为从。侵,谓窃盗财物;损,谓斗殴杀伤之类。如父子合家同犯,并依凡人首从之法。为其侵损于人,是以不独坐尊长。若共犯罪而首从各别者,各依本律首从论。仍以一人坐以首罪,余人坐以从罪。谓如甲引他人共殴亲兄,甲依弟殴兄徒二年半,他人依凡人斗殴论处二等罚;又如卑幼引他人盗己家财物一十两,卑幼以私擅用财加二等处四等罚,外人依凡盗论工作两月之类。○若本条言“皆”者,罪无首从;不言“皆”者,依首从法。○其[同]犯擅入皇城、宫殿等门,及[同]私越度关,若[同]避役在逃,及[同]犯奸者,律虽不言“皆”,亦无首从。谓各自身犯,是以亦无首从,皆以正犯科罪。

核订现行刑律

原修改律文(略)

谨按:皇城之内,遍列市廛第宅,与从前情形迥异,此次修订各条,已改为紫禁城,本律末节“皇城”自应照改。又私越冒度关津,现拟议删,“及私越度关”五字并小注“同”字,亦应节删,以归一律。谨将修改律文,开列于后。

○修改(略)

条例 · 仍旧

大清律例

1.1.30.(1)〔父兄子弟共犯奸盗杀伤〕

现行刑律

1.24.(1)〔父兄子弟共犯奸盗杀伤〕

一、凡父兄子弟共犯奸、盗、杀伤等案,如子弟起意,父兄同行助势,除律应不分首从,及其父兄犯该斩、绞死罪者,仍按其所犯本罪定拟外,余俱视其本犯科条加一等治罪,概不得引用“为从”字样。

现行刑律案语

原例(略)

○仍旧

臣等谨按:此条应仍其旧,理合陈明。

1.1.31 犯罪事发在逃 / 1.25 犯罪事发在逃

律文 · 仍旧

大清律例

1.1.31.1 凡二人共犯罪而有一人在逃,现获者称逃者为首,更无[人]证佐,则

现行刑律

1.25.1 凡二人共犯罪而有一人在逃,现获者称逃者为首,更无[人]证佐,则

但据其所称决其从罪。后获逃者，称前获之人为首，鞫问是实，还将前人依首论，通计前决之罪，以充后问之数。○[1.1.31.2]若犯罪事发而在逃者，众证明白，或系为首，或系为从，即同狱成，将来照提到官，止以原招决之。不须对问。仍加逃罪二等。逃在未经到官之先者不坐。

但据其所称决其从罪。后获逃者，称前获之人为首，鞫问是实，还将前人依首论，通计前决之罪，以充后问之数。○[1.25.2]若犯罪事发而在逃者，众证明白，或系为首，或系为从，即同狱成，将来照提到官，止以原招决之。不须对问。仍加逃罪二等。逃在未经到官之先者不坐。

现行刑律案语

原律（略）

○仍旧

臣等谨按：此律应仍其旧，理合陈明。

条例·修并、修改、移并

大清律例

[1.1.31.(2)]〔人命抢窃等案正犯在逃其现获罪应斩绞监候从犯〕

一、凡人命、抢、窃等案正犯在逃未获，为从应斩、绞监候人犯，按例拟罪，入于秋审，分别情实、缓决办理，毋庸监候待质。应缓决者，俟查办减等时，如系应行减等人犯，即照所减之遣、军、流罪，按定例限监禁待质。十年限满，正犯无获，照例分别发配。或限内遇赦累减，再照所递减罪名按限查办。情实未勾者，亦俟改入缓决准减之后，一例办理。

[1.1.31.(7)]〔人命抢窃等案正犯在逃其现获罪应杖徒军遣从犯〕

一、人命、抢窃及拒捕、共殴等案，正犯在逃未获，案内牵连余犯，审系无干，即行省释，不准滥行监候待质。若现获之犯，称逃者为首，如现获多于逸犯，供证确凿，以及逸犯虽多，而现获之犯，系先后拿获，或虽同时并获，经隔别研讯，实系逃者为首，或事主、尸亲、旁

现行刑律

[1.25.(1)]〔人命强窃拒捕等案正犯在逃其现获称逃者为首〕

一、凡二人以上共犯罪，现获者称逃者为首，除首、从罪在遣、流、徒以下，仍应照律办理外，若人命、强窃盗及拒捕等案正犯在逃未获，为从罪应绞候者，按例定拟，入于秋审，分别情实、缓决办理。其拟入缓决之犯，遇有恩诏，查办所避罪名，应准减免者，一体减罪省释。如本罪应得援赦，所避系不准减免者，仍行监禁三年，倘正犯无获，再行收所工作，或取保释放。其为首罪应斩、绞，为从罪止遣、流、徒或罚金之案，现获者称逃者为首，如现获多于逸犯，供证确凿；以及逸犯虽多，而现获之犯系先后拿获；或虽同时并获，经隔别研讯，实系逃者为首；或事主、尸亲、旁人指证有据者，即依律拟罪。案内牵连无干之人，一概省释。缉获逸犯，不须对问。若案内人数众多，仅获一二名，无

人指证有据者，即依律先决从罪，毋庸监候待质。若案内人数众多，仅获一二名，无事主、尸亲、证佐指认者，将现获之犯，按例拟罪监禁，俟逸犯就获后，质讯明确，定地起解。倘正犯日久无获，为从监候待质人犯，除强盗案件不应宽释外，其余人命等案，如原拟遣、军、流罪已过十年，徒罪已过五年，杖罪已过三年，并未拟定罪名之人已过二年者，该督抚陆续查明咨部核复。应遣、军、流、徒者，照原拟罪名，即行发配；应杖罪，及并未拟定罪名之人，取具的保释放在外，俟缉获正犯之日，再行质审。倘释放后私自逃匿，保人各照不应轻律笞四十。本犯获日，杖罪人犯，照原拟杖罪加枷号一个月；并未拟定罪名之人，照不应重律杖八十。若监候年限内，恭遇恩赦，如在逃本犯拿获时例得减免者，待质之犯，准其即行查办省释。事主、尸亲、证佐指认者，俱照现供定罪。系强盗案件，仍令待质三年，限满视正犯有无弋获，再行发配。其余罪应流、徒者，分别发配、留籍，均收入习艺所按限工作。限满发配，人犯即交配所地方官管束，不准回籍。本地工作人犯与罪应罚金者，均取具的保释放。逸犯就获时，无论限内、限外，俱提回质讯。如原供属实，即照例完结；若实系前获之人为首，还依斩、绞罪名问拟。承审官如因定拟在先，有意回护者，以出入人罪论。

现行刑律案语

原例

1.1.31.(2)〔人命抢窃等案正犯在逃其现获罪应斩绞监候从犯〕(略)

1.1.31.(7)〔人命抢窃等案正犯在逃其现获罪应杖徒军遣从犯〕(略)

臣等谨按：上二条，俱系人命、抢窃等案内正犯在逃未获，将现犯分别监候待质之例。查唐明各律，并无待质之文。盖首、从俱系流罪以下人犯，现获者虽先决从罪，迨后鞫问得实，自有通计前罪以充后数之法。若首、从俱系应死人犯，现获者既已自认为从，则罪已至死，亦无再待逸犯质证之理。至首应死而从或仅止流、徒杖责者，虽使从罪先决，后获逃者称前人为首，仍可提回质讯，拟以死罪，而律不言者从，可知也。若如此二例，自死罪以至未定罪名各犯，俱定拟例限监候待质，使正犯永无弋获，或获后讯明前供属实，待质之犯仍应决配徒，多此十年、五年以及二、三年之监禁究之。以后获之犯质实前人为首者，百无一二，不惟为听讼者开方便之门，抑亦为犯罪者加累系之苦。且现在习艺新章，徒、流俱应按限工作，如于待质限满后，仍须收所多年，则人寿几何，不至老于囹圄，不止揆之情法，实属过当。今拟将两条修并为一，除首、从罪应流、徒以下，应即照律办理外，如首、从均系死罪人犯，现获者称逃者为首,亦应先决从罪,俟逢恩赦查办时,如所避之罪不准减免,即按照乾隆初年旧例定限,待质三年限满,分别减释;如首应死而从应流、徒以下者,仍行据供定罪,系强盗案件,亦酌量监禁三年,其余则分别收所习艺,俟工作限满;如本罪原属发配者,即责令配所地方官管束,不准回籍;如系在本地习艺及罪止罚金者,即取具的保释放。日后缉获逸犯,无论限内、限外,俱可提回质讯,若审系为首,仍可问拟死罪。似此变通办理,庶现犯不至久拘囹圄,即刁狡者亦不虞幸逃法网。至逸犯后获之案,容有承审官迴护前议,不愿究出实情,迁就定谳者,亦应酌拟罪名,以防冤抑。谨将修并例文,开列于后。

〇修并

1.25.(1)〔人命强窃拒捕等案正犯在逃其现获称逃者为首〕(略)

大清律例

1.1.31.(6)〔刁健不承之犯具众证情状奏咨之例〕

一、内外问刑衙门审办案件,除本犯事发在逃,众证明白,照律即同狱成外,如犯未逃走,鞫狱官详别讯问,务得输服供词,毋得节引众证明白即同狱成之律,遽请定案。其有实在刁健,坚不承招者,如犯该徒罪以上,仍具众证情状,奏请定夺,不得率行咨结。杖、笞以下,系本应具奏之案,照例奏请。其寻常咨行事件,如果讯无屈抑,经该督抚亲提审究,实系逞刁狡执,意存拖累者,即具众证情状,咨部完结。

现行刑律

1.25.(2)〔死罪输服供词遣流众证无疑定案〕

一、内外问刑衙门审办案件,除本犯事发在逃,众证明白,照律即同狱成外,如犯未逃走,鞫狱官详别讯问,系死罪人犯,务得输服供词,毋得节引众证明白即同狱成之律,遽请定案。若遣、流以下人犯,本犯狡供不认,果系众证确凿,复经层递亲提,研讯皆无疑义,即照例定拟。系本应具奏之案,照例奏请。其寻常咨行事件,即具众证情状,咨部复核完结。如再行控告,均不准理。

现行刑律案语

原例(略)

臣等谨按:此条系嘉庆十五年〔1810〕定例,道光十年〔1830〕改定,专为犯未逃走据证定案者而设。又光绪三十一年〔1905〕奏定新章,"嗣后断案除死罪必须取具输服供词外,其徒、流以下罪名,若本犯狡供不认者,果系罪证确凿,其证人皆系公正可信,上司层递亲提复讯,皆无疑义者,即按例定拟,奏咨立案,如再京控、上控,均不准理"等语,与此例微有不同,自应酌加修并,以利通行。查旧例以徒罪上下为奏请、咨结之分,新章云奏咨立案,自系承旧例而言。惟遣、流以下罪名情节并不一致,有本应具奏之案,有咨部复核之案,原以省繁重而昭限制。若徒罪以上概行奏请,核与寻常分别奏咨办理之法，殊不画一，亦应略为变通。拟请嗣后据证定罪者，系本应具奏之案，照例奏请，其寻常咨行事件，即具众证情状咨部复核完结，庶分别咨奏之法，不至两歧。再，新章内“上司层递亲提”一语，专指外省而言，应改为“复经层递亲提研鞫”，以昭赅括。谨将修改例文，开列于后。

〇修改(略)

大清律例

1.1.31.(5)〔现任文武职官负罪及无故潜逃〕

一、内外现任文武职官，除擅离职役，查明尚非实在脱逃者，仍照本律办理外，如负罪潜逃，一经拿获，罪应斩决、绞决者，毋庸另议；其犯该监候者，俱改为立决；犯该军、流以下者，无论本罪轻重，一经脱逃被获，俱改为拟绞监候，秋审时，将原犯情罪声明具奏。如无故私自逃走被获者，发往黑龙江当差。一年限内自行投回，减一等，杖一百、徒三年，加枷号两个月。逾限投回，不准减等。

现行刑律

1.25.(3)〔现任文武职官负罪潜逃〕

一、内外现任文武职官，除擅离职役，查明尚非实在脱逃者，仍照本律办理外，如负罪潜逃，一经拿获，本犯应死者，依常律；如该徒以上发，往新疆效力赎罪；仅处罚金者，仍照律加逃罪二等。

满汉通行刑律

原例

1.1.31.(5)〔现任文武职官负罪及无故潜逃〕(略)

督捕则例

D.1 另户旗人逃走(略)

谨按：以上二条均系官员逃走治罪之例。前条第一节系负罪潜逃，故治罪独重；第二节乃无故私逃，与后条之旗员逃走情事相等，而罪名轻重悬殊，未为平允，似应将后条删除，并入前条第二节内。今将修改例文，开列于后。

〇修并

一、内外现任文武职官，除擅离职役，查明尚非实在脱逃者，仍照本律办理外，如负罪潜逃，一经拿获，罪应斩决、绞决者，毋庸另议；其犯该监候者，俱改为立决；犯该军、流以下者，无论本罪轻重，一经脱逃被获，俱改为绞监候，秋审时，将原犯情罪声明具奏。如无故私自逃走被获者，不论满汉，俱革职，满员仍销除旗档。一年限内自行投回者，交部照擅离职役例议处。

现行刑律案语

原修并例文(略)

臣等谨按:此例原系二条,一载“犯罪事发在逃”门,一载《督捕则例》,光绪三十三年〔1907〕修并。查犯罪事发在逃,加罪二等,罪止流三千里,狱囚脱监应死者,亦依常律,盖加罪不得加入于死,若罪已至死,则更无可加,此古今相传之律义也。此条罪应监候者,改为立决;罪应军、流以下者,俱改为绞监候,虽为严惩职官起见,究嫌律外加重,应行酌改。至官员既有职役,万无无故逃走之理,若实系无故逃走,自应照擅离职役治罪,末层应行节删。谨将修改例文,开列于后。

○修改(略)

大清律例

*督捕则例

D.42八旗家人逃走分别次数治罪(略)

D.29呈报逃人(略)

D.5逃人自回自首(略)

D.6同逃先回(略)

D.8亲属首逃(略)

D.28投递逃牌(略)

D.31谎递逃牌(略)

D.33行提逃人带逃财物(略)

现行刑律

1.25.(4)〔旗下未经赎放家人逃走〕

一、旗下未经赎放之家人逃走,属实者,准赴该管衙门投递逃牌。逃走之人,不计次数,俱处十等罚,给主领回。年六十岁以上、十五岁以下,及自行投回者,俱免罪。如有不服传唤,抗拒、避匿,致伊主报逃者,照子孙违犯教令律治罪。其逃人带逃物件,载在原递册内者,准行提;如原册未载,虽告不准行;如所载审系虚开,免其行提,逃人仍治逃罪。庄头拖欠地租、偷典地亩,并带家业逃走者,将带逃家业分为三分,一分给出首之人,二分给主。

现行刑律案语

○移并(略)

见D.42八旗家人逃走分别次数治罪两款条、D.5逃人自回自首、D.28投递逃牌条

核订现行刑律

○修改(略)

见D.28投递逃牌条

条例·删除

大清律例

1.1.31.(1)〔缉拿逃人及遣犯并八旗家人逃走册报〕

一、各处将军，每年派官二员、骁骑校二员，带领领催、兵丁，专缉逃人。除明知故纵、受贿卖放者，交部治罪外，其不实力缉拿者，另委能员追缉。仍将发遣人犯，并八旗家人私自逃走者，每月造册报部。每年十月截数，将已获若干名、未获若干名，或并无脱逃，或脱逃后尽数全获，及应行议处、议叙之处，逐一分晰，咨报军机处、兵刑二部。均限于十二月初旬咨齐，以凭核复具题，恭候钦定。

删除律例

○删除

大清律例

1.1.31.(3)〔有关人命应拟斩绞各犯脱逃二三年后就获〕

一、凡有关人命应拟斩、绞各犯，脱逃二三年后就获，如谋杀、故杀及拒捕杀人等类情重之犯，幸稽显戮者，各依原犯科条，应监候者俱改为立决；寻常命案，仍照本律本例拟以监候。其无关人命应拟死罪各犯，俱随案酌核情节，分别定拟。其知情藏匿罪人者，照律治罪。知情之邻保、甲长，俱杖八十。该地方官稽查不力者，交部议处。若有属员藏匿罪人，该管上司不行纠参者，亦交部议处。

大清律例

1.1.31.(4)〔斩绞监候改立决条款〕

斩监候改立决条款：

谋杀人造意者；

故杀人者；

犯罪拒捕杀人者；

兴贩私盐拒捕杀人者；

军士殴本管官死者；

吏卒殴本部五六品长官及佐贰官、首领官死者；

所统属官殴长官死者；

军民人等殴死在京现任官者；

殴宗室、觉罗死者；

殴死内外缌麻尊长者；

殴外姻小功尊长死者;
听从下手殴本宗大功小功兄姊尊长,仅令殴打,辄叠殴多伤至死者;
妻妾殴夫之期亲尊长死者;
妻妾殴夫之大功小功尊长死者;
奴婢殴家长缌麻小功大功亲死者;
雇工人殴家长期亲,若外祖父母,及缌麻小功大功亲死者;
文武生员武断乡曲,欺压平民,其人不敢与争,旁人不敢劝阻,将人殴打死者;
与人斗殴后,迁怒于其父母,毒殴致毙者;
杀内外功服缌麻及族中奴仆一家三人者;
尊长率领家人打夺罪人,致家人杀人者;
官司差人追征钱粮,勾摄公事,而殴死差人者;
死囚令人自杀,子孙于祖父母、父母,及奴婢、雇工人于家长,听从下手者;
图财害命未得财杀人,为首者;
图财害命,不加功而得财者;
庸医因事故用药杀人者;
诬良为强窃盗,拷打致死者;
诬窃为盗,拷打致毙者;
番役诬陷无辜,妄用脑箍及竹签、烙铁等刑,致毙人命者;
捕役受贿将罪人致死,为首者;
狱卒受贿谋死本犯,为首者;
私放囚人逃走,因而杀人者;
诬告平民,拖累致死三人以上者;
诬告人斩罪,所诬之人已决者;
因奸、盗而威逼人致死者;
豪强凶恶之徒,因事威逼平民自尽一家三命以上者;
用威力强行绑去及设方略诱往四川贩卖,将被拐之人伤害致死,为从者;
略卖良人因而杀人者;
强夺良家妻女,已被奸污,妻女自尽者;
强奸既成,本妇羞忿自尽者;
强奸未遂,将本妇殴伤,越数日后因伤身死者;
强奸既成,其夫与父母、亲属羞忿自尽者;
强奸内外缌麻以上亲,及缌麻以上亲之妻,妻前夫之女,同母异父姊妹,未成,本妇羞忿自尽者;
纵容妻妾与人通奸,因别情将奸夫、奸妇一齐杀死者;
坐粮厅及各仓书役人等,向关米之人勒索,因而打死人命者;

出哨兵弁，见船覆溺，阻挠不救，致淹毙人命，为首阻救之人；

出哨兵弁，遇商船遭风覆溺，人尚未死，不速救护，止顾捞抢财物，以致商民淹毙，为从之兵丁，及在船将备，虽不同谋而分赃者；

黔楚红苗仇忿抢夺杀人，聚众不及五十人为首，及聚众至百人杀人为从下手者；

贵州地方，有外来流棍勾通本地棍徒，将荒村居住民苗人户杀害人命，掳其妇人子女计图贩卖，不论已卖未卖、曾否出境案内，有胁迫同行在场未经下手者；

发遣当差为奴之犯，杀死伊管主一家三人并三人以上，其不知情之子孙；

嗣母、继母因奸将子女致死灭口，致令伊夫绝嗣者。

绞监候改立决条款：

诬告人绞罪，所诬之人已决者；

诬窃为盗，吓诈逼认，因而致死二命者；

捏造奸赃款迹，写揭字帖，及编造歌谣，挟仇污蔑，致被诬之人忿激自尽者；

狱卒以金刃及他物与囚，致囚杀人者；

狱卒凌虐罪囚，克减衣粮，因而致死者；

狱卒受贿谋死本犯，为从加功者；

衙役恐吓索诈，致毙人命者；

捕役受人贿嘱，将罪人致死，从而加功者；

挟仇放火，因而杀人，及有焚压致死之为从，商谋下手燃火者；

斗殴连毙二命者；

好斗凶徒，见人斗殴，辄约伙寻衅，将人父母殴毙，为从者；

因事逼迫期亲尊长致死者；

军民人等因事逼迫本管官致死，为首者；

因事威逼平民自尽一家二命及三命而非一家者；

嫡母因奸将子女致死灭口，致令伊夫绝嗣者；

喇嘛、和尚等强奸致死人命，为从者；

兵民聚众十人以下兴贩私盐，拒捕杀人，为从下手者；

黔楚红苗仇忿抢夺，聚众至五十人，杀人为从下手者。

以上各项人犯，情罪较重，如事发在逃，二三年后被获，即改为立决。

现行刑律案语

〇删除

1.1.31.(3)〔有关人命应拟斩绞各犯脱逃二三年后就获〕(略)

1.1.31.(4)〔斩绞监候改立决条款〕(略)

臣等谨按：此例原系二条，乾隆五十三年〔1788〕删并，嘉庆六年〔1801〕改定。查逃在未经到官之前者，本无加罪，律内业经注明，即犯罪事发在逃，如已被囚禁越狱之类,律应加逃罪二等者,若罪已至死,亦法无可加,"狱囚脱监"条所云本犯应死者,依常律是也。盖好生而畏死者,人之常情,既已身负重罪,自无乐于就捕之理,故事未发而自首者,律得免罪,则事未发而逋逃者,律不容加罪,其义一也。此条脱逃二、三年后就获,系指逃在未经到官之先者而言,虽稽诛日久,不无可恶之情,而畏罪念深,亦有可悯之实,且各条所列多属情实应勾之犯,同是一死,即时至秋后,于成法亦无稍挠,似毋庸多此律外加重之条,转与各律互生歧异。此例并所列各条款,应即删除。

1.1.32 亲属相为容隐 / 1.26 亲属相为容隐

律文·修改

大清律例	现行刑律
1.1.32.1 凡同居,同谓同财共居亲属,不限籍之同异,虽无服者亦是。若大功以上亲,谓另居大功以上亲属,系服重。及外祖父母、外孙、妻之父母、女婿,若孙之妇、夫之兄弟,及兄弟妻,系恩重。有罪彼此得相为容隐。奴婢、雇工人义重。为家长隐者,皆勿论。家长不得为奴婢、雇工人隐者,义当治其罪也。○1.1.32.2 若漏泄其事,及通报消息,致令罪人隐匿逃避者,以其于法得相容隐,亦不坐。谓有得兼容隐之亲属犯罪,官司追捕,因而漏泄其事,及暗地通报消息与罪人,使令隐避逃走,故亦不坐。○1.1.32.3 其小功以下相容隐,及漏泄其事者,减凡人三等;无服之亲,减一等。谓另居小功以下亲属。○1.1.32.4 若犯谋叛以上者,不用此律。谓虽有服亲属犯谋反、谋大逆、谋叛,但容隐不首者,依律科罪,故云"不用此律"。	1.26.1 凡同居,同谓同财共居亲属,不限籍之同异,虽无服者亦是。若大功以上亲,谓另居大功以上亲属,系服重。及外祖父母、外孙、妻之父母、女婿,若孙之妇、夫之兄弟,及兄弟妻,系恩重。有罪彼此得相为容隐。雇工人义重。为家长隐者,皆勿论。家长不得为雇工人隐者,义当治其罪也。○1.26.2 若漏泄其事,及通报消息,致令罪人隐匿、逃避者,以其于法得相容隐,亦不坐。谓有得相容隐之亲属犯罪,官司追捕,因而漏泄其事,及暗地通报消息与罪人,使令隐避、逃走,故亦不坐。○1.26.3 其小功以下相容隐,及漏泄其事者,减凡人三等;无服之亲,减一等。谓另居小功以下亲属。○1.26.4 若犯谋叛以上者,不用此律。谓虽有服亲属犯谋反、谋大逆、谋叛,但容隐不首者,依律科罪,故云"不用此律"。

现行刑律案语

原律(略)

○仍旧

臣等谨按:此律应仍其旧,理合陈明。

核订现行刑律

原仍旧律文(略)

谨按:奴婢一项,以雇工人论。本条既有"雇工人为家长隐"之文,则"奴婢"二字自可节去。谨将修改律文、律注，开列于后。

〇修改(略)

条例·删除

大清律例

1.1.32.(1)〔父为母所杀或母为父所杀〕

一、父为母所杀，其子隐忍，于破案后始行供明者，照不应重律杖八十。如经官审讯，犹复隐忍不言者，照违制律杖一百。若母为父所杀，其子仍听依律容隐免科。

删除律例

〇删除

1.1.33处决叛军 / 1.27处决叛军

律文·仍旧

大清律例

1.1.33.1凡边境（重地）城池，若有军人谋叛，守御官捕获到官，显迹、证佐明白，鞫问招承，申报督抚、提镇审问无冤，随即依律处治，具由奏闻。如在军前（有谋叛，能）临阵擒杀者，（事既显明，机系呼吸。）不在此（委审、公审之）限。（事后亦须奏闻。）

现行刑律

1.27.1凡边境（重地）城池，若有军人谋叛，守御官捕获到官，显迹、证佐明白，鞫问招承，申报督抚、提镇审问无冤，随即依律处治，具由奏闻。如在军前（有谋叛，能）临阵擒杀者，（事既显明，机系呼吸。）不在此（委审、公审之）限。（事后亦须奏闻。）

现行刑律案语

原律(略)

〇仍旧

臣等谨按：此律应仍其旧，理合陈明。

1.1.34化外人有犯 / 1.28蒙古及入国籍人有犯

律文·修改

大清律例	现行刑律
1.1.34.1凡化外来降人犯罪者,并依律拟断。隶理藩院者,仍照原定蒙古例。	1.28.1凡蒙古人犯罪,照理藩部蒙古例定拟。其余藩属,并因归化入籍者,仍依律科断。

现行刑律案语

原律(略)

臣等谨按:此仍《明律》,国初及雍正三年〔1725〕增修,律内"理藩院"应照今制改为"理藩部"。谨将修改律文,开列于后。

〇修改

凡化外来降人犯罪者,并依律拟断。隶理藩部者,仍照原定蒙古例。

编查馆会奏修改各条

原修改律文(略)

谨案:此条沿用唐律,本指化外之人入中国籍者而设。宣统元年闰二月初七日〔1909年3月28日〕,经编查馆奏请颁行《国籍条例》,奉旨:"依议。钦此。"钦遵通行在案。凡外国侨居内地之人,既许其归附,自应删除化外人名目,以坚其内向之忱。所有律目、律文"化外人"应一律改为"入国籍人",以符定制。又蒙古各部属隶屏藩二百余年,与归化之人甫隶版图者不同,亦应移列于前,以示区别。谨将修改律文、律目,开列于后。

〇修改

蒙古及入国籍人有犯

律文(略)

条例·修改、仍旧、修并

大清律例	现行刑律
1.1.34.(1)〔蒙古案件及人犯之会审〕 一、蒙古案件有送部审理者,即移会理藩院衙门,将通晓蒙古言语司官派出一员,带领通事,赴刑部公同审理。	1.28.(1)〔内外蒙古死罪案件〕 一、凡内、外蒙古死罪案件,不论所引何律,概归理藩部主稿,咨送大理院复判,会同具奏。奉旨之后,系立决人

除内地八旗蒙古应依律定拟者，会审官不必列衔外，其隶在理藩院，应照蒙古例科断者，会审官一体列衔。朝审案内如遇有蒙古人犯，知会理藩院堂官到班会审，遇有照蒙古例治罪者，亦一体列衔。

犯，由理藩部行文该将军、都统处决；系监候人犯，由理藩部、大理院分咨法部，秋审时，由法部会同理藩部办理。其遣罪以下人犯，应发遣者，由理藩部咨送大理院复判；应改折者，由原审判衙门判结。其在京蒙古案件，咨交地方审判厅审理，仍由部派员翻译。

现行刑律案语

原例(略)

臣等谨按：此条系雍正十一年〔1733〕定例，乾隆五年〔1740〕增定。现在刑部改为法部，现审事项划归大理院办理，理藩院亦经正名为部，所有例内“刑部”应改为“大理院”，“理藩院”应改为“理藩部”。谨将修改例文，开列于后。

○修改

一、蒙古案件有奏送大理院审理者，即移咨理藩部，将通晓蒙古言语司员派出一员，带领通事，赴大理院公同审理。除内地八旗蒙古应依律定拟者，会审官不必列衔外，其隶在理藩部，应照蒙古例科断者，会审官一体列衔。朝审案内如遇有蒙古人犯，知会理藩部堂官到班会审，遇有照蒙古例治罪者，亦一体列衔。

会奏修改各条

原修改例文(略)

谨案：宣统二年二月二十九日〔1910年4月8日〕，编查馆奏称“嗣后凡内、外蒙古死罪案件，不论所行何律，概归理藩部主稿，咨送大理院复判，会同具奏。奉旨之后，如系立决人犯，即由部行文该将军、都统执行；监候人犯，由理藩部、大理院分咨法部，俟秋审时，由法部会同理藩部办理。遣罪以下人犯，应发遣者，由理藩部咨送大理院复判；应改折者，即由原审衙门判结。其在京蒙古案件，咨交京师地方审判厅审理，仍由部派通晓蒙古之语通事一员翻译”等因。奉旨：“依议。钦此。”钦遵在案。本条应查照新章更正。谨将修改例文，开列于后。

○修改(略)

大清律例

1.1.34.(2)〔青海蒙古人有犯死罪〕

一、青海蒙古人有犯死罪应正法者，照旧例在西宁监禁。其偷窃牲畜例应拟绞解京监候之犯，俟部复后，解赴

现行刑律

1.28.(2)〔青海蒙古人有犯死罪〕

一、青海蒙古人有犯死罪应正法者，照旧例在西宁监禁。其余一切应拟绞候之犯，俟部复后，解赴甘肃按察使

甘肃按察使衙门监禁,于秋审时将该犯情罪入于该省招册,咨送三法司查核。	衙门监禁,于秋审时将该犯情罪入于该省招册,咨送法部查核。

现行刑律案语

原例(略)

臣等谨按:此条系乾隆五年[1740]定例。查绞候人犯第言偷窃牲畜一项,未为周备,应改为"其余一切应拟绞候之犯",解京之例久已停止,应行节删。"三法司"系旧日名目,亦与现行官制不符,应改为"法部"。谨将修改例文,开列于后。

○修改(略)

大清律例	现行刑律
1.1.34.(3)[蒙古与民人交涉之案]	1.28.(3)[蒙古与民人交涉之案] 一、蒙古与民人交涉之案,凡遇斗殴、拒捕等事,该地方官与旗员会讯明确,如蒙古在内地犯事者,照刑律办理;如民人在蒙古地方犯事者,即照蒙古例办理。

大清律例	现行刑律
1.1.34.(4)[蒙古地方抢劫案件]	1.28.(4)[蒙古地方抢劫案件] 一、蒙古地方抢劫案件,如俱系蒙古人,专用蒙古例;俱系民人,专用刑律。如蒙古与民人伙同抢劫,核其罪名,蒙古例重于刑律者,蒙古与民人俱照蒙古例问拟;刑律重于蒙古例者,蒙古与民人俱照刑律问拟。

现行刑律案语

原例

1.1.34.(3)[蒙古与民人交涉之案](略)

1.1.34.(4)[蒙古地方抢劫案件](略)

○仍旧

臣等谨按:以上二例,应仍其旧,理合陈明。

大清律例	现行刑律
*贼盗·白昼抢夺 6.18.268.(2)〔黔楚两省相接红苗彼此仇忿聚众抢夺〕(略) 6.18.268.(3)〔苗人抢夺土官约束不严或教令通同〕(略) 6.18.268.(7)〔苗人聚众烧劫抢掳〕(略)	1.28.(5)〔苗蛮獞猺犯罪例无专条者〕 一、凡苗人、土蛮、獞、猺犯罪,例无专条者,无论罪名轻重,悉照民人一律问拟。

现行刑律案语

○移改(略)

见6.18.268.(2)〔黔楚两省相接红苗彼此仇忿聚众抢夺〕条

条例·删除

大清律例

1.1.34.(5)〔承德府属地方抢夺之案〕

一、热河承德府所属地方,遇有抢夺之案,如事主系蒙古人,不论贼犯是民人是蒙古,专用蒙古例;如事主系民人,不论贼犯是蒙古是民人,专用刑律。倘有同时并发之案,如事主一系蒙古、一系民人,即计所失之赃,如蒙古所失赃重,照蒙古例问拟;民人所失赃重,照刑律科断。

现行刑律案语

○删除

臣等谨按:此条系道光二十九年〔1849〕定例。查热河承德府已属内地,所有案件既归州县审理似宜,无论蒙古、民人俱照刑例定拟,较为简易。此条拟即删除。

1.1.35本条别有罪名 / 1.29本条别有罪名

律文·仍旧

大清律例	现行刑律
1.1.35.1凡本条自有罪名,与名例罪不同者,依本条科断。○1.1.35.2若本条虽有罪名,其心有所规避,罪重者,又不泥于本条。自	1.29.1凡本条自有罪名,与名例罪不同者,依本条科断。○1.29.2若本条虽有罪名,其心有所规避,罪重者,又不泥于本条。自

从所规避之重罪论。○1.1.35.3其本应罪重而犯时不知者，依凡人论；谓如叔、侄别处生长，素不相识，侄打叔伤，官司推问，始知是叔，止依凡人斗法。又如别处窃盗，偷得大祀神御之物，如此之类，并是犯时不知，止依凡论，同常盗之律。本应轻者，听从本法。谓如父不识子，殴打之后，方始得知，止依打子之法，不可以凡殴论。

从所规避之重罪论。○1.29.3其本应罪重而犯时不知者，依凡人论；谓如叔、侄别处生长，素不相识，侄打叔伤，官司推问，始知是叔，止依凡人斗法。又如别处窃盗，偷得大祀神御之物，如此之类，并是犯时不知，止依凡论，同常盗之律。本应轻者，听从本法。谓如父不识子，殴打之后，方始得知，止依打子之法，不可以凡殴论。

现行刑律案语

原律(略)

○仍旧

臣等谨按：此律应仍其旧，理合陈明。

1.1.36加减罪例／1.30加减罪例

律文·修改

大清律例

1.1.36.1凡称加者，就本罪上加重。谓如人犯笞四十，加一等，即坐笞五十；或犯杖一百，加一等，则加徒减杖，即坐杖六十、徒一年；或犯杖六十、徒一年，加一等，即坐杖七十、徒一年半；或犯杖一百、徒三年，加一等，即坐杖一百、流二千里；或犯杖一百、流二千里，加一等，即坐杖一百、流二千五百里之类。称减者，就本罪上减轻。谓如人犯笞五十，减一等，即坐笞四十；或犯杖六十、徒一年，减一等，即坐杖一百；或犯杖一百、徒三年，减一等，即坐杖九十、徒二年半之类。惟二死、三流，各同为一减。二死谓绞、斩，三流谓二千里、二千五百里、三千里，各同为一减。如犯死罪，减一等，即坐流三千里；减二等，即坐徒三年。犯流三千里者，减一等，亦坐徒三年。加者，数满乃坐。谓如赃加至四十两，纵至三十九两九钱九分，虽少一分，亦不得科四十两罪之类。又加罪止于杖一百、流三千里，不得加至于死。本条加入死者，依本条。加入绞者，不加至斩。

现行刑律

1.30.1凡称加者，就本罪上加重。谓如人犯处四等罚，加一等，即坐五等罚；或犯处十等罚，加一等，即坐徒一年；或犯徒一年，加一等，即坐徒一年半；或犯徒三年，加一等，即坐流二千里；或犯流二千里，加一等，即坐流二千五百里之类。称减者，就本罪上减轻。谓如人犯处五等罚，减一等，即坐四等罚；或犯徒一年，减一等，即坐十等罚；或犯徒三年，减一等，即坐徒二年半之类。惟二死、三流，各同为一减。二死谓绞、斩，三流谓二千里、二千五百里、三千里，各同为一减。如犯死罪，减一等，即坐流三千里；减二等，即坐徒三年；犯流三千里者，减一等，亦坐徒三年。加者，数满乃坐。谓如赃加至四十两，纵至三十九两九钱九分，虽少一分，亦不得科四十两罪之类。又加罪止于流三千里，不得加至于死。本条加入死者，依本条。加入绞者，不加至斩。

现行刑律案语

原律(略)

臣等谨按：此仍《明律》，其小注系顺治年间增修。惟现在笞、杖已改罚金，流、徒附杖亦经宽免，所有注内刑制不符之处，均应删改。谨将律文并修改律注，开列于后。

○修改(略)

条例·修改

大清律例	现行刑律
1.1.36.(2)〔审拟罪名不得擅拟加等及改发新疆等处〕 一、审拟罪名，除奉特旨发遣黑龙江、新疆等处外，其余罪应军、流、徒、杖人犯，悉照本条律例问拟，不得用"不足蔽辜""无以示惩""从重加等"及"加数"等字样，擅拟改发新疆等处，并不准用"虽""但"字样抑扬文法。其案情错出，律无正条，应折衷至当，援引他律他例比附酌核；或实在案情重大，罪浮于法，仍按本律例拟罪，均于疏内声明，恭候圣裁。至律例内如拒捕、脱逃等项，载明照本罪加等者，仍各遵照办理。	1.30.(1)〔流置以下人犯不得擅拟发往新疆〕 一、发遣新疆罪名，除官犯及例有正条，应照例办理外，其余三流、安置以下人犯，悉照本条律例问拟，不得用"不足蔽辜""无以示惩""从重加等"及"加数"等字样，擅拟发往新疆。其案情错出，律无正条，应折衷至当，援引他律、他例酌核；或实在案情重大，罪浮于法，仍按本律例拟罪，将应行加重发遣缘由，均于折内声明，恭候圣裁。如拒捕、脱逃等项，载明照本罪加等者，仍各遵照办理。

现行刑律案语

原例(略)

臣等谨按：此条系雍正八年〔1730〕定例，嘉庆十七年〔1812〕改定。查从前情罪较重之犯，均发往黑龙江、吉林等处，乾隆年间始有将军、流人犯改发新疆者，然尚未定有专条，故此例有不得"擅拟改发新疆"等语，后来发遣例文日益增多，遂与此例互相抵牾。现在修订刑律，外遣罪名第留新疆一项，并不发黑龙江，即应行实发新疆各犯，亦俱定有条文，苟例所不载，即不得加重改发，自应照现章修改明晰。谨将修改例文，开列于后。

○修改(略)

条例·删除

大清律例

1.1.36.(1)〔例应枷责之犯奉旨改为发遣者〕

一、凡例应枷责之犯，奉旨改为发遣者，俱免其枷责之罪。

删除律例

○删除

1.1.37称乘舆车驾 / 1.31称乘舆车驾

律文·修改

大清律例	现行刑律
1.1.37.1凡律中所称乘舆车驾及御者,如御物、御膳所、御在所之类,自天子言之。而太皇太后、皇太后、皇后并同。称制者,自圣旨言之。而太皇太后、皇太后、皇太子令并同。有犯毁失制书、盗及诈为制书、擅入宫殿门之类,皆当一体科罪。	1.31.1凡律中所称乘舆车驾及御者,如御物、御膳所、御在所之类,自天子言之。而太皇太后、皇太后、皇后并同。称制者,自圣旨言之。而太皇太后、皇太后懿旨并同。有犯毁失制书,盗及诈为制书,擅入宫殿门之类,皆当一体科罪。

现行刑律案语

原律(略)

〇仍旧

臣等谨按:此律应仍其旧,理合陈明。

核订现行刑律

原仍旧律文(略)

谨按:此沿《明律》,惟我朝家法并不建储,律内"皇太子"宜节删,"令"字应改为"懿旨",以符今制。谨将修改律文,开列于后。

〇修改(略)

1.1.38称期亲祖父母 / 1.32称期亲祖父母

律文·修改

大清律例	现行刑律
1.1.38.1凡律称期亲及称祖父母者,曾、高同。称孙者,曾、元同。嫡孙承祖,与父母同。缘坐者,各从祖孙本法。其嫡母、继母、慈母、养母,皆服三年丧,有犯与亲母律同。改嫁、义绝,及殴杀子孙,不与亲母同。称子者,男、女同。缘坐者,女不同。	1.32.1凡律称期亲及称祖父母者,曾、高同。称孙者,曾、元同。嫡孙承祖,与父母同。其嫡母、继母、慈母、养母,有犯与亲母律同。改嫁、义绝,及殴杀子孙,不与亲母同。称子者,男、女同。

现行刑律案语

原律(略)

臣等谨按：此仍《明律》，其小注系顺治三年〔1646〕及乾隆五年〔1740〕增修。查养母一项，道光五年〔1825〕经大学士九卿奏明，以抱养遗弃三岁以下小儿而不为人后者为断，改为持服一年，则养母之制，业与从前不同，注内“皆服三年丧”句应删。缘坐重法，自光绪三十一年〔1905〕奏请革除，注内缘坐两层，亦应删。谨将律文并修改律注，开列于后。

○修改(略)

1.1.39称与同罪／1.33称与同罪

律文·修改

大清律例

1.1.39.1凡律称与同罪者，谓被累人与正犯同罪，其情轻。止坐其罪；正犯至死者，同罪者减一等，罪止杖一百、流三千里，正犯应刺，同罪者免刺，故曰不在刺字、绞、斩之律。若受财故纵与同罪者，其情重。全科。至死者绞。其故纵谋反、叛逆者，皆依本律。斩、绞。○1.1.39.2凡称同罪者，至死减一等；称罪同者，至死不减等。○1.1.39.3称准枉法论、准盗论之类，事相类而情轻。但准其罪，亦罪止杖一百、流三千里，并免刺字。○1.1.39.4称以枉法论及以盗论之类，事相等而情并重。皆与正犯同；刺字、绞、斩，皆依本律科断。然所得同者律耳，若律外引例充军、为民等项，则又不得而同焉。

现行刑律

1.33.1凡律称与同罪者，谓被累人与正犯同罪，其情轻，止坐其罪；正犯至死者，同罪者减一等，罪止流三千里，不在绞、斩之律。若受财故纵与同罪者，其情重。全科。至死者，绞。其故纵谋反、叛逆者，皆依本律。绞。○1.33.2凡称同罪者，至死减一等；称罪同者，至死不减等。○1.33.3称准枉法论、准盗论之类，事相类而情轻。但准其罪，亦罪止流三千里。称以枉法论、以盗论之类，事相等而情并重。皆与正犯同；绞、斩，皆依本律科断。然所得同者律耳，若律外引例发遣等项，则又不得而同焉。

现行刑律案语

原律(略)

臣等谨按：此仍《明律》，其小注系顺治年间及雍正三年〔1725〕增修。惟自光绪三十一年〔1905〕奉旨将刺字革除，流罪附杖亦于是年奏请宽免。充军、为民等项，此次修定刑律，亦拟改变名目。所有律文及律注各节，有与现行刑制不符之处，均应分别删改。谨将修改律文及律注，开列于后。

○修改(略)

1.1.40 称监临主守 / 1.34 称监临主守

律文 · 修改

大清律例

1.1.40.1 凡[律]称监临者,内外诸司统摄所属,有文案相关涉,及别处驻扎衙门,带管兵粮、水利之类,虽非所管百姓,但有事在手者,即为监临。称主守者,内外各衙门该管文案吏典,专主掌其事;及守掌仓库、狱囚、杂物之类,官吏、库子、斗级、攒拦、禁子并为主守。○1.1.40.2 其职虽非统属,但临时差遣管领提调者,亦是监临主守。

现行刑律

1.34.1 凡[律]称监临者,内外诸司统摄所属,有文案相关涉,及别处驻扎衙门,带管兵粮、水利之类,虽非所管百姓,但有事在手者,即为监临。称主守者,内外各衙门该管文案吏典,专主掌其事;及守掌仓库、狱囚、杂物之类,官吏、库子、斗级、攒拦、禁子并为主守。○1.34.2 其职虽非统属,但临时差遣管领提调者,亦是监临主守。

现行刑律案语

原律(略)

○仍旧

臣等谨按:此律应仍其旧,理合陈明。

1.1.41 称日者以百刻今《时宪书》每日计九十六刻。 / 1.35 称日者以百刻今《时宪书》每日计九十六刻。

律文 · 修改

大清律例

1.1.41.1 凡[律]称一日者,以百刻。犯罪违律,计数满乃坐。计工者,从朝至暮。不以百刻为限。称一年者,以三百六十日。如秋粮违限,虽三百五十九日,亦不得为一年。称人年者,以籍为定。谓称人年纪,以附籍年甲为准。称众者,三人以上。称谋者,二人以上。谋状显迹明白者,虽一人,同二人之法。

现行刑律

1.35.1 凡[律]称一日者,以百刻。犯罪违律,计数满乃坐,仍遵照《时宪书》,每日计九十六刻。计工者,从朝至暮。不以百刻为限。称一年者,以三百六十日。如秋粮违限,虽三百五十九日,亦不得为一年。称人年者,以籍为定。谓称人年纪,以附籍年甲为准。称众者,三人以上。称谋者,二人以上。谋状显迹明白者,虽一人同二人之法。

现行刑律案语

原律(略)

臣等谨按:此仍《明律》,其小注系顺治年间增修。明代一日十二时,每时初正八刻，子午则十刻，故称日者以百刻。今《时宪书》子午亦八刻，每日计九十六刻，应于律内添注"仍遵照《时宪书》，每日计九十六刻"二语，以免疑误。谨将律文并修改律注，开列于后。

○修改（略）

1.1.42 称道士女冠 / 1.36 称道士女冠

律文·修改

大清律例	现行刑律
1.1.42.1 凡[律]称道士、女冠者，僧、尼同。如道士、女冠犯奸，加凡人罪二等，僧、尼亦然。若于其受业师，与伯叔父母同。如俗人骂伯叔父母，杖六十、徒一年，道、冠、僧、尼骂师罪同。受业师，谓于寺观之内亲承经教合为师主者。其于弟子，与兄弟之子同。如俗人殴杀兄弟之子，杖一百、徒三年，道、冠、僧、尼殴杀弟子同罪。	1.36.1 凡[律]称道士、女冠者，僧、尼同。如道士、女冠犯奸，加凡人罪二等，僧、尼亦然。若于其受业师，与伯叔父母同。如俗人骂伯叔父母徒一年，道、冠骂师罪同。受业师，谓于寺观之内亲承经教合为师主者。其于弟子，与兄弟之子同。如俗人殴杀兄弟之子，徒三年，道、冠、僧、尼殴杀弟子同罪。

现行刑律案语

原律（略）

臣等谨按：此仍《明律》，其小注系顺治年间增修。注内徒罪附杖应照章节删。谨将律文并修改律注，开列于后。

○修改（略）

1.1.43 断罪依新颁律 / 1.37 断罪依新颁律

律文·仍旧

大清律例	现行刑律
1.1.43.1 凡律自颁降日为始。若犯在已前者，并依新律拟断。如事犯在未经定例之先，仍依律及已行之例定拟。其定例内有限以年月者，俱以限定年月为断。若例应轻者，照新例遵行。	1.37.1 凡律自颁降日为始。若犯在已前者，并依新律拟断。如事犯在未经定例之先，仍依律及已行之例定拟。其定例内有限以年月者，俱以限定年月为断。若例应轻者，照新例遵行。

现行刑律案语

原律（略）

○仍旧

臣等谨按:此律应仍其旧,理合陈明。

条例·仍旧

大清律例

1.1.43.(1)〔问刑衙门引拟失当移情就例〕

现行刑律

1.37.(1)〔问刑衙门引拟失当移情就例〕

一、律例颁布之后,凡问刑衙门,敢有恣任喜怒,引拟失当,或移情就例,故入人罪,苛刻显著者,各依故失出入律坐罪。

现行刑律案语

原例(略)

○仍旧

臣等谨按:此例应仍其旧,理合陈明。

1.1.44断罪无正条/1.38断罪无正条

律文·仍旧

大清律例

1.1.44.1凡律令该载不尽事理,若断罪无正条者,(援)引(他)律比附,应加应减,定拟罪名,(申该上司)议定奏闻。若辄断决,致罪有出入,以故失论。

现行刑律

1.38.1凡律令该载不尽事理,若断罪无正条者,(援)引(他)律比附,应加应减,定拟罪名,(申该上司)议定奏闻。若辄断决,致罪有出入,以故失论。

现行刑律案语

原律(略)

○仍旧

臣等谨按:此律应仍其旧,理合陈明。

条例 · 修改

大清律例

1.1.44.(1)〔律例本有正条而任意删减〕

一、引用律例，如律内数事共一条，全引恐有不合者，许其止引所犯本罪。若一条止断一事，不得任意删减，以致罪有出入。其律例无可引用，援引别条比附者，刑部会同三法司，公同议定罪名，于疏内声明，律无正条，今比照某律某例科断，或比照某律某例加一等、减一等科断，详细奏明，恭候谕旨遵行。若律例本有正条，承审官任意删减，以致情罪不符，及故意出入人罪，不行引用正条，比照别条，以致可轻可重者，该堂官查出，即将承审之司员指名题参，书吏严拿究审，各按本律治罪。其应会三法司定拟者，若刑部引例不确，许院、寺自行查明律例改正。倘院、寺驳改犹未允协，三法司堂官会同妥议。如院、寺扶同朦混，或草率疏忽，别经发觉，将院、寺官员一并交部议处。

现行刑律

1.38.(1)〔律例本有正条而任意删减〕

一、引用律例，如律内数事共一条，全引恐有不合者，许其止引所犯本罪。若一条止断一事，不得任意删减，以致罪有出入。其律例无可引用，援引别条比附者，问刑衙门务宜详慎斟酌情节，声明律无正条，今比照某律某例科断，或比照某律某例加一等、减一等科断，案应具奏者，详细奏明，恭候谕旨遵行。若律例本有正条，承审官任意删减，以致情罪不符；及故意出入人罪，不行引用正条，比照别条，以致可轻可重者，该上司查出，或经大理院驳诘，将承审之员指名奏参，按律治罪。

现行刑律案语

原例（略）

臣等谨按：此条系雍正十一年〔1733〕定例，专为刑部现审而设。现在刑部改为法部，现审划归大理院，亦无三法司名目。例内前后各节，与近今办法不符，且例意重在比附加减，恐一有不慎，致滋流弊。自应改为内外问刑通例，将刑部会同议罪，并院、寺驳改各层，概行节删。谨将修改例文，开列于后。

○修改（略）

1.1.45 徒流迁徙地方 / 1.39 五徒三流二遣地方

律文 · 修改

大清律例

1.1.45.1 凡徒役,各照应徒年限,并以到配所之日为始,限满释放。流犯,照依本省地方,计所犯应流道里,定发各处荒芜及濒海州县安置。应迁徙者,迁离乡土一千里外。

1.1.45.2 徒五等:

发本省驿递。

1.1.45.3 流三等:

直隶布政司府分,流陕西;

江南布政司府分,流陕西;

安徽布政司府分,流山东;

山东布政司府分,流浙江;

山西布政司府分,流陕西;

河南布政司府分,流浙江;

陕西布政司府分,流山东;

甘肃布政司府分,流四川;

浙江布政司府分,流山东;

江西布政司府分,流广西;

湖北布政司府分,流山东;

湖南布政司府分,流四川;

福建布政司府分,流广东;

广东布政司府分,流福建;

广西布政司府分,流广东;

四川布政司府分,流广西;

贵州布政司府分,流四川;

云南布政司府分,流四川。

现行刑律

1.39.1 凡徒役,各照应徒年限,收入本地习艺所工作,限满释放。流犯,照依本省地方,计所犯应流道里定发。该内遣者,发往极边足四千里及烟瘴省分广东、广西、云南、贵州。安置。该外遣者,发往新疆,酌拨种地当差。

现行刑律案语

原律(略)

臣等谨案：此条律目仍明之旧，律文则系雍正三年〔1725〕改定。查一代刑名每相沿而成制，现行律例所载五刑而外，尚有充军及外遣名目，虽属闰刑，然五军系前明创设，原本实边之意，国朝裁撤军卫，而充军之名，犹复递相沿用，未之或改。发遣一项，国初于情罪较重者，第发尚阳堡、宁古塔或乌喇地方安插后，并发往齐齐哈尔、黑龙江等处为奴。乾隆年间，始有发遣新疆分别当差为奴者。同治以后，又复改发内地充军。其制屡经变易，名实早已不符。此次修订刑律，凡从前充军各项第拟留极边及烟瘴两项，并正其名曰"安置"，是为内遣；凡从前发遣名目第拟留新疆种地当差一项，是为外遣。至迁徙之制，则以久未实行，拟一律废除不用。此条律目，应请改为"五徒三流二遣地方"，并于律内添入安置、发遣办法，以资遵用。新章徒罪留于本地收所习艺，并不发配，现在三流应配者，其发往省分，按照道里表定地，亦与本律所载不符。所有律内以到配所之日为始，并应迁徙者，迁离乡土一千里外，及徒五等、流三等以下各条，均应节删。谨将修改律文，开载于后。

○修改(略)

条例 · 修改、修并、续纂、移改

大清律例

1.1.45.(2)〔流寓在外民人犯流徒以上〕

一、各省民人流寓在京在外，犯该军、流、徒罪，并免死减等之犯，其有应追银两，讯明本犯原籍有产可赔者，移查明确，将该犯解回原籍追银，完交后照应配地方发配，将所完银两移交犯事地方，分别给主。如无应追银两，或赃项已经追完，及移查原籍并无产业者，徒犯，即在犯事地方定地充徒；军、流人犯，于犯事地方按本犯原籍应配地方，起解发配。若计原籍应配之地，即系该犯流寓之所，令各该督抚按所犯应流、应充军道里远近，分别改发，仍回避原籍相近之地。

现行刑律

1.39.(1)〔流寓京外各省民人犯徒流安置〕

一、各省民人流寓在京在外，犯该徒、流、安置罪名，并免死减等之犯，其有应追银两，讯明本犯原籍有产可赔者，移查明确，将该犯解回原籍追银，完交后，徒犯即收入习艺所按限工作，流、置各犯无庸发配者，亦即收所工作，应行发配者，即由原籍督抚定地，将所完银两移交犯事地方分别给主。如无应追银两，或赃项已经追完，及移查原籍并无产业者，徒罪与毋庸发配之流、置人犯，均在犯事地方收所习艺；其流、置应行发配之犯，即于犯事地方按本犯原籍应配地方，起解发配。若计原籍应配地方，即系该犯流寓之所，令各该督抚按照所犯流、置道里远近，分别改发，仍回避原籍相近之地。

现行刑律案语

原例(略)

臣等谨按:此例原系四条,乾隆五十三年〔1788〕修并。查新章徒罪并不发配充军,改为安置,与三流人犯,俱以常赦得原与否,为发配、不发配之分。所有例内军、流、徒犯,照应配地方发配之处,俱应分叙明晰,以资引用。谨将修改例文,开列于后。

○修改(略)

大清律例

1.1.45.(1)〔各省佥发苗疆及别省军流人犯〕

一、各省佥发军、流人犯,除广西土司所属地方不得拨发安置,并广东琼、连二属,及四川、湖南有苗民州县,令解巡抚衙门,就地方情形通融派拨,不得与苗民聚处外,余俱按照《军流道里表》内应发省份,毋庸指定府州,悉听该省督抚按其所犯罪名,查照《军流道里表》,酌量州县大小远近、在配军、流多寡,均匀拨发。起解省份,预行咨明应发省份督抚,先期定地,饬知入境首站州县,随到随发。其解犯兵牌内,填明"解赴某省,入境首站某州县,遵照定地,转解配所投收申缴"字样。

现行刑律

1.39.(2)〔流置人犯发配〕

一、凡流、置人犯发配,查明道里表内应发省分,预行咨明配所,各督抚毋庸指定府、州。各督抚接咨后,除有土司及苗、猺、黎、獞等杂处地方不得派拨发往外,余俱视所犯罪名,按照各州县道里远近、在配人犯多寡,均匀定地,先期饬知首站州县,随到随发,不必解赴督抚衙门。其起解省分,并于解犯兵牌内填明"解往某省,入境首站州县,遵照定地,转解配所投收申缴"字样。

现行刑律案语

原例(略)

臣等谨按:此例原系五条,乾隆五十三年〔1788〕删并。查例内前后分作两层,前一层,系为广西、广东、四川、湖南等省,有土司及苗民地方不便安插军、流,故须先解巡抚衙门通融派拨,此四省所异者也;后一层,系无土司、苗民省分,由起解地方预行咨明配所,各督抚先期定地,饬知入境首站州县,随到随发,毋庸解赴,督抚衙门尽可转解配所,此各省所同者也。窃谓同是拨发军、流人犯,未便办理两歧。广西等四省,虽有土司、苗民,若起解省分,既不指定府州,则该省督抚自可于无土司及苗民州县,先行定地,所有解赴巡抚衙门一层,应行删节。至土司不仅广西所属,贵州亦有苗民,广东琼、连二府州则有黎、猺而无苗,俱应酌量修改,不必指定省分。若佥妻之例，久经停止，例首“佥发”字亦应酌改。谨将修改例文，开列于后。

〇修改(略)

大清律例

1.1.45.(13)〔新疆条款改发四省烟瘴地方〕

一、凡由新疆条款改发云贵两广烟瘴地方人犯，无论在四千里内外，均编发有烟瘴省份安置。其籍隶烟瘴之云南、贵州、广东、广西四省，应发烟瘴人犯，应于隔远烟瘴省份调发，广东省与云南省互调，广西省与贵州省互调。至不足四千里邻近烟瘴之湖南、福建、四川三省应发烟瘴人犯，湖南省发往云南，福建省发往贵州，四川省发往广东。其余各省，有距烟瘴省份较远者，如奉天府属应发烟瘴人犯，编发广西、贵州二省；甘肃之甘州、凉州、西宁、安西、宁夏等府及肃州各属应发烟瘴人犯，编发云南、贵州二省。均解交各该巡抚衙门，酌拨安置。

现行刑律

1.39.(3)〔各省应发烟瘴人犯〕

一、凡各省应发烟瘴人犯，无论在四千里内外，均编发有烟瘴省分安置。其籍隶烟瘴之云南、贵州、广东、广西四省，应发烟瘴人犯，应于隔远烟瘴省分调发，广东省与云南省互调，广西省与贵州省互调。至不足四千里邻近烟瘴之湖南、福建、四川三省应发烟瘴人犯，湖南省发往云南，福建省发往贵州，四川省发往广东。其余各省有距烟瘴省分较远者，如奉天、吉林、黑龙江应发烟瘴人犯，编发广西、贵州二省；甘肃之甘州、凉州、西宁、安西、宁夏、肃州等府州及新疆各属应发烟瘴人犯，编发云南、贵州二省。均预行咨明各该督抚，先期酌量定地，饬知入境首站州县径行解往，照例办理。

现行刑律案语

原例(略)

臣等谨按：此条系乾隆三十二年〔1767〕纂例，三十七年〔1772〕改定。查从前“由新疆条款改发云贵两广烟瘴地方人犯”，此次均于本例修改明晰，嗣后系属例发，并非改发，例首两语，应行节删。现在新疆及吉林、黑龙江均改设行省，与内地一律，应于“奉天府”下添入“吉林、黑龙江”，“肃州”下添入“新疆各属”，庶不至有所遗漏。谨将修改例文，开列于后。

〇修改(略)

大清律例

1.1.45.(22)〔军流遣犯盛暑严寒停遣〕

一、直省军、流、遣犯，及实发新疆，并由新疆条款改发内地人犯，未起解

现行刑律

1.39.(4)〔流遣人犯盛暑严寒停解〕

一、凡流、遣应行发配人犯，未起解者，十月至正月终，及六月，俱停其解

者,十月至正月终,及六月,俱停其发遣。若已至中途,初冬十月,经过州县照常接递,至十一月初一日,方准停遣,俟次年二月转解。如遇六月,照前停遣。倘抵配不远,并发往东南省份各项人犯,有情愿前进赴配者,取具本犯确供,一体起解,并将不行停遣缘由,移咨前途接递,仍报刑部。惟云南省并无盛暑严寒,各省解往军、流、遣犯,已入该省边境者,不必停遣;其起解之时,有情愿前进者,亦照解往东南省份之例办理。其军、流、遣犯在配脱逃,例应解回原配,及改调他省者,虽遇隆冬盛暑,不准停遣。其民人在外省犯徒,例应递回原籍发配之犯,若离籍在一千里外者,时遇隆冬盛暑,亦准停解。其起解及接递州县,如有将应行停解之犯而不停解,及将不应停解之犯擅行停解者,均交吏部照例议处。

发。若已至中途,初冬十月,经过州县照常接递,至十一月初一日,方准截止,俟次年二月转解。如遇六月,照前停留。倘抵配不远,并于未起解之先,本犯有情愿前进赴配者,取具该犯确供,一体起解,并将不行停解缘由移咨前途接递,仍报法部。惟云南省并无盛暑严寒,各省应配人犯,已入该省边境者,照常转解。至流、遣各犯脱逃被获,例应解回原配,虽遇隆冬盛暑,不准停止。其民人在外省犯罪,应行递回原籍发配者,若离籍在一千里以外,遇例应停解月分,亦准停解。其起解及接递州县,如有将应行停解之犯而不停解,及将不应停解之犯擅行停解者,均交吏部照例议处。

现行刑律案语

原例(略)

臣等谨按:此例原系五条,乾隆五十三年〔1740〕修并,嘉庆六年〔1801〕改定。查例内"情愿前进"一层第云东南省分,如发往西北各省,有情愿前进者,自系不在允准之列。然西北虽属严寒,究无盛暑,且本犯既已自愿,似应无分南北,一体准其起解。至由新疆改发内地,业于各例修明,作为本罪,以后自无此等款目。徒犯新章并不发配,军、流脱逃,现拟亦不改调他省。例内各节,俱应节删。谨将修改例文,开列于后。

○修改(略)

大清律例

1.1.45.(28)〔纠谋持械逞强回犯实发东南烟瘴〕

一、回民除犯该寻常军、流,尚无凶恶情状者,仍按表酌发外,如有结伙三人

现行刑律

1.39.(5)〔回民犯罪应发极边新疆者〕

一、回民犯罪应发极边安置者,毋庸编发甘肃等省回民聚集之处。其犯该发遣新疆者,亦不得发往回疆地方。

以上,执持凶器伤人,并抢夺数在三人以下,审有纠谋持械逞强情状者,俱实发云贵两广极边烟瘴充军。至籍隶烟瘴之云贵两广四省回民,如犯前项凶殴、纠抢等情,仍照定例于隔远烟瘴省份互相调发。俱不得编发甘肃等省回民聚集之地。

1.1.45.(39)〔内地回民犯罪应发回疆〕

一、凡内地回民犯罪应发回疆,及回民在新疆地方犯至军、流,例应调发回疆者,俱实发云贵两广极边烟瘴充军。

现行刑律案语

原例

1.1.45.(28)〔纠谋持械逞强回犯实发东南烟瘴〕(略)

1.1.45.(39)〔内地回民犯罪应发回疆〕(略)

臣等谨按:以上二条,系回民犯军、遣不准发往甘肃及回疆之例。查前条无凶恶情状者,按表酌发,其有凶恶情状者,第指明结伙三人以上,凶器伤人并抢夺数在三人以下两项,未为周备;后条新疆犯罪互相调发,系属嘉庆以前旧例,道光六年〔1826〕俱改为解回内地充军,亦与从前办法不符。惟回民素称凶悍,其犯应发遣者,回避回民聚集地方,系属预防滋事之意。今拟将两条修并为一,第声明回民犯至极边及新疆者,不得发往甘肃等省及回疆地方,毋庸指定罪名,似较赅备。谨将修并例文,开列于后。

〇修并(略)

现行刑律

1.39.(6)〔徒流安置人犯收所工作〕

一、凡犯总徒四年、准徒五年者,俱照应徒年限,收入本地习艺所工作,限满释放。其犯三流,及极边或烟瘴地方安置者,核其所犯罪名,如系常赦所不原,即按道里表定地发配,到配一律收所习艺。流二千里者,限工作六年;二千五百里者,限工作八年;三千里者,限工作十年;极边及烟瘴地方安置者,工作十二年;限满俱释放。有不愿回本籍者,并准在配所地方入籍为民。如系常赦所得原,无论流、置,俱毋庸发配,即在本籍或犯事地方收所习艺,工作年限照前科算,限满即行释放。犯至外遣者,到配工作十二年,限满仍令种地当差,不准回籍。

现行刑律案语

〇续纂(略)

臣等谨按:光绪二十九年〔1903〕四月,刑部议复升任山西巡抚赵尔巽奏《请各省通设罪犯习艺所》一折,内称"嗣后各省军、流罪犯为常赦所不原者,照定例发配到配,一律收所习艺,流二千里者,限工作六年;流二千五百里者,限工作八年;流三千里者,限工作十年;军犯即照满流年限科断。限满即行释放,听其自谋生计,并准其在配所地方入籍为民。若为常赦所得原者,其罪既有减免之时,即其人终有释回之日。无论军、流俱毋庸发配,即在本省收所习艺工作,年限亦照前科算,限满即行释放"等因。奉旨:"依议。钦此。"钦遵通行在案。自应纂辑为例,借资遵用。惟是新章沿用五军之旧,故工作年限军罪照满流科断,不复分别。此次修订刑律,曾经奏准将五军内附近、近边、边远三项,并入三流,仍留极边、烟瘴二项,为满流加等之用,其"充军"字样均改为"安置",则安置之与满流自不得不略分轻重。今拟将极边及烟瘴两项人犯,定为工作十二年,庶罪名既分等差,斯轻重不至无所区别。至徒罪按照应徒年限工作,业已定入律文。而总徒、准徒新章,并未议及外遣,本较充军为重,此次第留新疆当差一项,亦应与安置罪名稍示区别。拟于例首添叙总徒、准徒办法,并于例末添入外遣人犯工作十二年,限满不准释回一层,以昭赅备。合并声明。

现行刑律

1.39.(7)〔新疆民人犯遣改发〕

一、凡新疆民人犯该外遣者,改发广东、广西烟瘴地方,到配收入习艺所工作十二年,限满由该地方官酌量安插,不准回籍。

现行刑律案语

〇续纂(略)

臣等谨按:此次修订刑律外遣罪名第拟留新疆当差一项,并拟工作限满后不准释回,以示别于寻常流置罪犯之意。惟籍隶新疆民人犯至外遣,作何办理,例无明文,从前在新疆地方犯事,有南北调发之例,究属尔时办法。查籍隶烟瘴之云贵两广四省,应发烟瘴人犯,定例于隔远烟瘴省分调发,拟略仿其意。"凡新疆人民犯至外遣者,改发广东、广西烟瘴地方,到配收入习艺所工作十二年,限满由该地方官酌量安插,不准回籍",盖改发广东、广西,既与本犯烟瘴者有道里远近之差,而限满不准释回,亦与外遣本例不至两相窒碍。谨拟定入条文,借资引用,理合声明。

现行刑律

1.39.(8)〔强盗抢匪等项人犯流置外遣〕

一、凡三流、安置、外遣人犯，如犯系强、盗、抢夺、会匪、棍徒等项，到配收入习艺所，充当折磨苦工，工作年限俱照本例科算。限满，系外遣人犯，仍令种地当差；系三流、安置人犯，分拨配所各州县安插；令地方官严加管束，不准回籍。

现行刑律案语

○续纂(略)

臣等谨按：光绪二十九年〔1903〕四月，刑部议复升任山西巡抚赵尔巽奏《请各省通设罪犯习艺所》折，内声称"嗣后遣军、流罪各犯，如系强盗、抢夺、会匪、棍徒等项，仍照定例发配；罪应遣、军者，到配加监禁十年；罪应拟流者，到配加监禁五年，俟监禁限满，概行收入习艺所，皆令身带重镣，充当折磨苦工，遣军以二十年为限，流犯以十年为限，限满分拨各州县安置，听其各自谋生，仍令地方官按月点卯，严加管束"等因。奏准通行在案。查强盗、抢夺等项情节，虽视寻常罪犯为重，而一犯至遣军到配，既加监禁十年，复令充当折磨苦工二十年，前后统需三十年；所犯系流罪到配，既加监禁五年，复令充当折磨苦工十年，前后统需十五年，刑期未免过长，似应量加变通。拟酌留充当折磨苦工一层，年限则仍以本例为断，限满，系外遣人犯，仍令种地当差；系三流、安置人犯，分拨配所各州县安插，令地方官严加管束，以示别于寻常遣、流之犯。谨将酌量变通办法，纂辑为例，以资遵用。

大清律例

1.1.45.(7)〔土蛮猺獞苗人仇杀劫虏犯系军流及死罪〕

一、凡土蛮猺獞苗人仇杀劫掳，及聚众捉人靴禁者，所犯系死罪，将本犯正法，一应家口、父母、兄弟、子侄，俱令迁徙。如系军、流等罪，将本犯照例枷责，仍同家口、父母、兄弟、子侄一并迁徙。系流官所辖者，发六百里外之土司安插；系土司所辖者，发六百里外之营县安插。其凶恶未甚者，初犯照例枷责，姑免迁徙。若仍不改恶，将本人仍照原拟枷责，亲属、家口亦迁徙别地安

现行刑律

1.39.(9)〔苗蛮猺獞夷猓人等有犯流置〕

一、凡苗蛮猺獞及夷猓人等有犯流、置等罪，无论常赦是否得原，俱收入本地习艺所，按照例定年限工作，限满释放。本罪系外遣者，工作十二年后，察看情形，如尚知改悔，从宽开释；若仍怙恶不悛，再加工作五年，限满保释。

插。仍严饬文武官稽查约束,出具印结并年貌清册,于年底报部。如安插十年后,果能改恶迁善,有情愿回籍者,查明咨报,准予回籍。若本犯并各家口,仍在安插地方行凶生事,照已徒、已流而又犯罪律,再科后犯之罪。倘地方官不尽心约束,以致疏脱者,即将该管文武各官,照例参处。其本犯审无别情,照例治以逃罪。如有生事不法情由,照平常遣犯逃后为匪例,分别治罪。至蛮獞头目犯法,必根究勾引之人,审明确实,照诱人犯法律加等治罪,遇赦不宥。失察勾引之地方官,交部议处。

1.1.45.(8)〔云南贵州苗人犯该徒流军遣〕

一、云南、贵州苗人犯该徒、流、军、遣,仍照旧例枷责完结。其情节较重,或再犯不悛,将本犯照例折枷后,仍同家口,各就土、流所辖,一并迁徙安插。至苗人中有剃发衣冠,与民人无别者,犯罪到官,悉照民例治罪。

现行刑律案语

原例

1.1.45.(7)〔土蛮猺獞苗人仇杀劫虏犯系军流及死罪〕(略)

1.1.45.(8)〔云南贵州苗人犯该徒流军遣〕(略)

臣等谨按:以上二条,俱系苗蛮猺獞人等犯该军、流等罪,照例枷责,仍将家口一并迁徙之例。查苗蛮人等本身犯罪,固应尽法惩治,乃父母兄弟子侄一应家口,无论是否同谋,一并迁徙六百里以外安插,其与缘坐何异?现在删除重法,反逆之案不知情者,俱不缘坐。仇杀、劫掳等项情节,虽重究,与叛逆有异。且迁徙之制,此次亦拟废除不用。所有例内“迁徙”一层,应行节删。至苗蛮人等犯该徒、流、军、遣枷责完结,原以此等化外之人不便定地发配,故照旗人犯罪例改折枷杖,日久相沿,遂为定制。惟旗人犯罪免发遣之律,现经删除,且各省苗蛮猺獞久已効顺,其情形迥非昔比。有犯流罪以上,似应照民人,一律改折工作。惟此等人久处荒服,言语嗜欲,素与内地不同,犯虽常赦所不原,似应仍留本地习艺,毋庸发配,以示体恤。拟将两条修并为一。无论土流所辖,及是否薙髮衣冠,有犯流、置以上,一律收入本地习艺所,按限工作,限满释放;其犯至外遣者,按照民人本例,不准释回,苗蛮人等即在本地习艺十二年,限满,似应查看情形,如系怙恶不悛,酌量再加工作年限,方为平允。若脱逃被获及逃后为匪,并勾引犯法各节,俱有本律本例可援,此处亦概行芟削。谨将修并例文,开列于后。

○修并(略)

大清律例

1.1.45.(26)〔发遣伊犁乌鲁木齐等处人犯〕

一、发遣伊犁、乌鲁木齐,并吉林、黑龙江等处人犯,该将军、都统等,务酌量所属各地方大小,均匀派拨,分别安插。于每年十月截数,将该处一年内发到遣犯名数,同节年问发到配遣犯,现存共计若干名,并该处安插遣犯有无脱逃,及已未拿获各数目,详细声叙,咨报军机处、刑部。均限十二月初旬咨齐,照例汇奏。

现行刑律

1.39.(10)〔发遣新疆人犯〕

一、发遣新疆人犯到配后,该抚即将该犯收入习艺所工作十二年。限满酌量所属地方,派拨种地,责令当差。并于每年十二月初旬,将该处一年内发到遣犯名数,同节年问发到配遣犯,现存共计若干名,并该处安插遣犯有无脱逃、拿获,详细声叙,咨报法部,照例汇奏。

现行刑律案语

原例(略)

臣等谨按:此条系发遣人犯酌量安插,并令每年年终报部汇奏之例。查光绪三十一年〔1905〕刑部奏定《罪犯习艺章程》,三流、充军人犯,无论发配与否,俱有工作年限,遣犯除强盗、抢夺、会匪、棍徒外,其余并未议及。今拟发往新疆第留种地当差,并不为奴,此等遣犯如发配以后,仅照旧例分别安插,则视流、置罪犯到配应需工作者,轻重未免失伦。拟请嗣后发遣新疆当差人犯到配以后,收入习艺所工作十二年,限满,再由该抚派拨种地,责令当差,于例内添叙明晰,以资遵守。再,平民发遣罪名,近来并不发吉林、黑龙江,每年遣犯名数应咨由法部汇奏,亦毋庸分咨军机处,所有例首“吉林、黑龙江”等处,及例末“咨报军机处”等语,均应节删。谨将修改例文,开列于后。

○修改(略)

大清律例

1.1.45.(16)〔发往伊犁等处种地人犯不能耕种力作者〕

一、犯罪发往伊犁等处种地人犯,如年老力衰,不能耕种纳粮者,令该将军等酌量该犯年力应当差使,责令承充,官给与半份口粮,以资养赡,仍令该管处管束。

现行刑律

1.39.(11)〔发往新疆种地人犯不能耕种者〕

一、犯罪发往新疆种地人犯,如年老力衰不能耕种纳粮者,令该抚酌量该犯年力、应当差使,责令承充官给与半分口粮,以资养赡,仍令该管官管束。

现行刑律案语

原例(略)

臣等谨按:此条系乾隆四十二年〔1777〕定例。查新疆现在已设巡抚伊犁等处,统在新疆行省之内,所有遣犯应归新疆巡抚安插,例内“该将军”字应行酌改。谨将修改例文,开列于后。

〇修改(略)

大清律例

1.1.45.(12)〔犯徒官犯定驿发配〕

一、文武员弁犯徒,及总徒四年、准徒五年者,即在犯事地方定驿发配,俟年限满日,释放回籍。其有应折枷号、鞭责者,仍照例办理。

1.1.45.(42)〔军台效力废员三年期满无力完缴台费〕

一、凡发往军台效力废员,三年期满,台费全数缴完者,由军台都统抄录获罪原案,具奏请旨。如不能完缴台费者,文职州县以上、武职都司以上,均由兵部行文各旗、籍、任所。查明委系赤贫,具结到部,兵部知照军台都统。该都统即抄录获罪原案,并声明无力完缴台费,将该废员再行留台五年缘由,具奏请旨。如能于留台五年限内完缴者,

现行刑律

1.39.(12)〔军台效力文武员弁呈缴台费〕

一、凡文武员弁犯五徒,及总徒四年、准徒五年者,均发军台效力。其年限以应徒之年为断,限满即行释放,毋庸呈缴台费。如系侵贪之案,仍令完缴台费,限满后奏请释回。其无力完缴者,于应徒年限已满之后,奏明再行留台三年,限满即行释放,分咨法部、陆军部存查,不必再行奏请。

准该都统随时具奏,请旨释回。倘有隐匿、寄顿情弊,发往乌鲁木齐永远充当苦差。其文职佐杂、武职守备以下各员弁,不能完缴台费者,于期满之日,例应杖一百、徒三年,仍令该都统抄录获罪原案,声明不能完缴台费,例应改拟杖徒缘由,具奏请旨。此内有仰邀特恩释回者,兵部行文该都统,将其释回。其照例改为杖徒者,行文该都统,将旗员解交刑部,照例办理;汉员解交各该原籍督抚,定驿充徒。

满汉通行刑律

原例

1.1.45.(12)〔犯徒官犯定驿发配〕(略)

谨按:此官员犯徒发配之例。枷号、鞭责现俱删除,例末二句似应删去。今将修改例文,开列于后。

○修改

一、文武员弁犯徒,及总徒、准徒者,即在犯事地方定驿发配,年限满日,释放回籍。

现行刑律案语

原例

1.1.45.(42)〔军台效力废员三年期满无力完缴台费〕(略)

1.1.45.(12)〔犯徒官犯定驿发配〕原修改例文(略)

臣等谨按:以上二例,前条系嘉庆十二年〔1807〕纂例,道光八年〔1828〕改定;后条系乾隆十年〔1745〕定例,原有枷号、鞭责二语,嗣于光绪三十三年〔1907〕臣馆《遵议〈满汉通行刑律〉》折,内以枷号、鞭责现俱停止,将二语节删,改从今例。查官犯发往军台,始于乾隆六年〔1741〕尚书讷钦等钦遵谕旨奏准,原系指侵贪之案完赃后减为徒、流者而言。嗣后办理官犯案件,有奉特旨发往军台者,亦有从重拟发军台者,相沿日久,凡职官犯徒罪者,遂多发往军台,犹之官员犯军、流以上多发往新疆也。"完缴台费"一层,原以惩戒贪墨,是以有隐匿、寄顿之文。若因别事获罪,则坐台三年,期满即可抵应得徒罪,又令完缴台费,不几加倍示罚乎?至台费未能完缴,知县以上,复令留台五年,计前后应需八年,与新章流二千五百里工作年限无异;佐杂以下,复令充徒三年,前后应需六年,亦嫌与新章流二千里工作年限无异。且文武官犯徒罪者,亦定驿发配,例内自有专条,其发往军台者,并未纂为定例,原非不论情节,一概从重,若不量为区别,殊非所以持情法之平。惟新章徒罪皆收所习艺,并不发配文武官,若亦照新章办理,窒碍殊多,亟应将此二例修并,以资遵守。今拟凡文武员弁犯五徒,及总徒四年、准徒五年者,均发军台效力,其年限以应徒之年为断,限满即行释放,毋庸呈缴台费。如系侵贪之案,仍令完缴台费,限满后奏请释回,其无力完缴者,于应徒年限已满之后,奏明再行留台,三年限满即行释放,不必再行奏请。所有例内台费全数完缴,及不能完缴台费再行留台,并照例改为杖、徒定驿发配各层,均应节删。谨将修并例文,开列于后。

〇修并

1.39.(12)〔军台效力文武员弁呈缴台费〕(略)

大清律例

1.1.45.(32)〔发遣新疆废员派令管厂年满奏请〕

一、发遣新疆废员,派令管理铅、铁等厂,该将军、都统等详核案情轻重,摘叙原犯罪由,报部核复。情罪较重者,不准管理;其情节较轻之员,准其管理。俟两年期满,如果妥协,除原犯徒、杖例止三年奏请者,毋庸置议外,其原犯军、流例应十年奏请者,准其于十年之内,酌减三年,奏闻请旨。如蒙允准,即令各回旗、籍。

1.1.45.(37)〔发遣新疆等处效力官犯分别年限奏请释回〕

一、发遣新疆及黑龙江、吉林等处效力官犯,如从前所犯仅止革职,及由徒、杖等罪加重发遣者,到戍后已满三年,听该将军、都统及各该处办事大臣具奏。奉旨准其释回者,即令回旗、回籍。若原犯军、流,从前加重改发者,定限十年期满,该将军等遵例奏闻。如蒙允准,亦即令各回旗、籍,毋庸仍照原犯军、流再行发配。若三年、十年期满具奏,奉旨再留几年者,俟所留年限满日,

现行刑律

1.39.(13)〔发遣新疆效力废员〕

一、发遣新疆效力废员,由该省巡抚酌量差使,十年期满,原犯系流、置等罪加重改发者,该抚即奏请释回;如原犯已至外遣,由本罪发往者,再行留戍五年,限满仍具奏请旨。

即行照例释回，不必复奏。

现行刑律案语

原例

1.1.45.(37)〔发遣新疆等处效力官犯分别年限奏请释回〕(略)

1.1.45.(32)〔发遣新疆废员派令管厂年满奏请〕(略)

臣等谨按：以上二条，俱系发遣新疆等处效力废员分别三年、十年奏请释回之例。查从前发往新疆官犯，有由杖、徒加重发往者，有由军、流加重改发者，是以分别定限奏请释回。此次定例，官员犯系徒罪，奏请发往军台；犯至三流、安置，奏请发往新疆，此后新疆官犯自无由杖、徒加重发往之人，例内"到戍已满三年，请旨释回"一节，应行节删。至废员派令管理铅、铁等厂，系属效力中事，即使始终奋勉，亦属分所应为，若因此酌减年限，恐纷纷开脱适足以开方便之门，后条末层亦应删节。再，官员发遣新疆例，系指犯至流、置等罪而言，如本罪已至外遣，作何办理，例无明文，似应酌加年限，方不至无所区别。今拟将两条修并为一并，补入"本罪已至外遣，酌加效力年限"一层，庶司谳者有所遵守。谨将修并例文，开列于后。

○修并

一、发遣新疆效力废员，由该省巡抚酌量差使，或派令管理铅、铁等厂。十年期满，原犯系流、置等罪加重改发者，该抚即奏请释回；如原犯已至外遣，由本罪发往者，再行留戍五年，限满仍具奏请旨。

核订现行刑律

原修并例文

谨按：新疆铅、铁厂久废，例内"或派令管理铅、铁等厂"句，应节删。谨将修改例文，开列于后。

○修改

1.39.(13)〔发遣新疆效力废员〕(略)

大清律例	现行刑律
*公式・照刷文卷 2.3.68.(5)〔军流人犯专咨报部〕(略)	1.39.(14)〔遣流人犯发配到配专咨报部〕 一、各省遣、流人犯定地发配及到配安置，俱声明何司案呈，专咨报部。

现行刑律案语

○移改(略)

见2.3.68.(5)〔军流人犯专咨报部〕条

条例·移改

大清律例	现行刑律
1.1.45.(21)〔发遣人犯起解章程〕 一、凡发遣人犯,酌定名数,分起解送。如案内人犯众多,至五名以上者,每五名作一起,先后解送。至起解时,务必如法锁铐,将年貌、锁铐填注批内。接递官必按批验明锁铐完全,于批内注明"完全"字样,钤盖印信,转递前途。倘解役人等,有受贿开放者,计赃照枉法律治罪。若转解之该地方官,因前途未曾锁铐,不复行查,不补加锁铐,听其散行,将该地方官与前途未曾锁铐官,均按罪犯轻重,交部分别议处。	*捕亡·主守不觉失囚 27.347.(4)〔发遣人犯起解章程〕(略)

现行刑律案语

原例(略)

臣等谨按:此条系为发遣人犯起解时,应行锁铐而设。例内解役之治罪、地方官之议处,与此律不相符合,应移入"主守不觉失囚"门,以昭画一。从前发遣人犯,均系解送刑部转发,是以有酌定名数之法。现在系由各省自行发往,亦与昔日不同。例首"分起解送"以下数语,应行节删。谨将移改例文,开列于后。

○移改

捕亡·主守不觉失囚

27.347.(4)〔发遣人犯起解章程〕(略)

条例·删除

大清律例

1.1.45.(3)〔奉天民人犯军流徒罪不准折枷〕

一、奉天所属民人有犯军、流、徒罪者,俱照各省民人犯罪例一体问发,均不准折枷完结。

删除律例

○删除

大清律例

1.1.45.(4)〔各省迁徙土司本犯身故〕

一、各省迁徙土司，若本犯身故，该管地方，即行文原籍该督抚，将该犯家口应否回籍之处，酌量奏闻，请旨定夺。其本犯身故无子，及虽有子而幼小者，其妻、子并许回籍，不在此例。

删除律例

○删除

大清律例

1.1.45.(5)〔另户满洲及奴仆有犯枷责发遣〕

一、奉天、宁古塔、黑龙江等处，有犯枷责、发遣者，令该将军等查明，或系另户满洲，或系奴仆，逐一声明，送部照例枷责，满日咨送兵部，将另户满洲，发直隶、江宁、山西、山东、河南、甘肃、西安、宁夏、凉州、荆州、杭州、成都、福建、广东等处满洲驻防之省城当差；若奴仆，亦发直隶等省给满洲驻防之兵丁为奴。其同案之犯，不得共发一处。①

大清律例

1.1.45.(6)〔改土为流之土司犯斩绞及军流等罪〕

一、凡土司有犯徒罪以下者，仍照例遵行外，其改土为流之土司，本犯系斩、绞者，仍于各本省分别正法、监候。其家口应迁于远省者，系云南，迁往江宁；系贵州，迁往山东；系广西，迁往山西；系湖南，迁往陕西；系四川，迁往浙江，在于各该省城安插。如犯军、流罪者，其土司并家口应迁于近省安插。系云南、四川，迁往江西；系贵州、广西，迁往安庆；系湖南，迁往河南，在于省城及驻扎提督地方分发安插。该地方文武各官不时稽查，毋许生事扰民出境。如疏纵土司本犯及疏脱家口者，交部分别议处。其犯应迁之土司及伊家口，该督抚确查人数多寡，每亲丁十口，带奴婢四口，造具清册，一并移送安插之省，仍具册，并取该地方官并无隐漏印结，咨报刑部。其

---

① 本条不见于《钦定大清现行刑律》，查历次删改，皆未及于本条。《修订法律大臣奏遵议满汉通行刑律折附片二并清单》称"例文应删除者四十条"，但逐条点算只得39条，是否遗漏此条尚难确认。参见《修订法律大臣奏遵议满汉通行刑律折附片二并清单》，载《大清光绪新法令》第15册，商务印书馆1910年版。

安插地方,每十口拨给官房五间、官地五十亩,俾得存养获所,官地照例输课。于每年封印前,将安插人口,及所给房产数目,造册送户部查核。

删除律例

〇删除

大清律例

1.1.45.(9)〔在京旗人逃走后甘心下贱受雇佣工〕

一、在京满洲另户旗人,于逃走后,甘心下贱,受雇佣工,不顾颜面者,即销除旗档,发遣黑龙江等处严加管束,毋庸派拨当差,转令得食饷养赡。其逃后讯无受雇佣工、甘心下贱情事者,仍依本例办理。

删除律例

〇删除

大清律例

1.1.45.(10)〔各旗呈送吃酒行凶家奴发遣〕

一、各旗将家奴吃酒行凶送部发遣者,令该旗都统确查,用印文送部发遣。如将应行发遣之奴,该旗故为留难,不行送部者,许伊主赴部递呈。该部审明,应行发遣者发遣,将留难官员交部查议。至于行止不端之人,欲行占夺家人妻女,捏以吃酒行凶送部者,不准发遣,交与该佐领,将伊妻室子女转卖,身价给主。倘被卖之后,捏告原主,希图报复者,仍照诬告家长律治罪。其各省将军处有送家奴吃酒行凶发遣者,该将军审明,照此遵行。

满汉通行刑律

〇删除

谨按:此条系八旗家奴吃酒行凶发遣之例。此项人犯应发吉林、黑龙江等处,较之民人奴仆酗酒生事、拟流二千里者为重,未免两歧。近来此等案件亦不多见,如果有犯吃酒行凶者,自可照民人奴仆不遵约束酗酒生事之例问拟,以归划一。此条似应删除。

大清律例

1.1.45.(11)〔满洲蒙古汉军发往新疆人犯〕

一、满洲、蒙古、汉军发往新疆人犯,除罪犯寡廉鲜耻削去旗籍者,应照民人一体办理外,其余发往种地、当差之犯,系满洲、蒙古旗人,如原犯军、流者,定限三年,免死减等者，定限五年，果能改过安分，即交伊犁驻防处所，编入本地丁册，挑补驻防兵丁，食粮当差；系汉军人犯，照民人分定年限，入于彼处绿营食粮。

删除律例

〇删除

大清律例

1.1.45.(14)〔发往伊犁等处为奴人犯酌拨察哈尔及种地兵丁为奴〕

一、发往伊犁、乌鲁木齐等处为奴人犯，令该管大臣均匀酌拨，与察哈尔兵丁及种地兵丁为奴。如察哈尔兵丁系永远屯驻者，发给人犯，即永远为奴。其种地兵丁给与为奴人犯，如在乌鲁木齐以内者，听陕甘总督酌量分发；在乌鲁木齐以外者，听伊犁、乌鲁木齐大臣酌量分发。俱于派拨之时，令该管官将某犯给与某营兵丁之处，详记档案。至换班时，交代与接班兵丁为奴。或该兵丁等撤回内地，及调往他所，并无接班之人，亦令该管官将该犯等另行拨给附近种地兵丁，随同力作。

删除律例

〇删除

大清律例

1.1.45.(15)〔乌鲁木齐等处满汉屯兵脱逃〕

一、派往乌鲁木齐、伊犁等处换班种地满、汉屯兵，遇有脱逃，除依现行之例，按照初次、二次，投回、拿获，分别办理外，从新留屯五年，折磨差使。如果别无过犯，该处办事大臣查明，准其回籍。

删除律例

〇删除

大清律例

1.1.45.(17)〔伊犁等处遣犯拿获脱逃遣犯〕

一、发往伊犁、乌鲁木齐等处遣犯，如在配安分，复能将该处脱逃遣犯拿获者，除逃遣照例办理外，其获犯之遣犯，无论当差、为奴，不拘年限，准为彼处之民，不准回籍。若为民后，又能拿获逃人，即准其回籍。其在厂在配年满为民遣犯，有能拿获逃遣者，亦准回籍。倘逃犯力壮，一人不能缉拿者，止许添一人帮拿，概不得过二人。

现行刑律案语

○删除

臣等谨按:此条系乾隆五十二年〔1787〕定例。查从前新疆遣犯脱逃,一经拿获,例应即行正法,是以拿获此等人犯,即准为民。现在遣犯脱逃被获,并不正法,如有拿获逃遣者,尽可酌量给赏,毋庸定为专条。此例应即删除。

大清律例

1.1.45.(18)〔乌鲁木齐等处安插兵民及换班兵丁内地商民在新疆犯军流徒罪〕

一、乌鲁木齐等处安插兵民,犯军、流者,除照例折责外,仍留乌鲁木齐,照发往种地人犯,分给屯乡,与种地兵丁一体种地纳粮。倘复有滋事、脱逃等情,枷号两个月,改给乌鲁木齐兵丁为奴。犯该徒罪者,照犯罪免发遣折枷例,加一等折枷,免其充徒。系民,仍令种地;系兵,交地方官指给地亩,耕种纳粮。其换班绿、旗兵丁,及内地贸易商民,于新疆地方犯至军、流之罪者,俱解回内地,各按犯籍定地发配。若犯该徒罪者,系换班绿、旗兵丁,仍留该处,不给口粮,在种地处效力,照应徒年限扣算,满日再行发回;系内地民人,仍解回内地,照例办理。

现行刑律案语

○删除

臣等谨按:此例原系二条,乾隆五十三年〔1788〕修并,道光六年〔1826〕改定。查乌鲁木齐等处安插兵民,系指乾隆二十六年〔1761〕招来之垦户,及二十九年〔1764〕安西移驻之眷兵而言;其换班绿旗兵丁,系指乾隆二十三年〔1758〕驻兵屯田后,经改为五年一更换者而言。俱属尔时办法,迨后新疆改设行省,已无此等兵民,即犯罪免发遣之律,现在已废除不用。今昔情形不同,此条系属旧例,应即删除。

大清律例

1.1.45.(19)〔发往热河废员三年期满具奏〕

一、凡发往热河之员,于解到日,即由该都统奏明,派在何处当差。至三年期满,亦分别具奏请旨。若有事故者,随时附奏。

删除律例

○删除

大清律例

1.1.45.(20)〔为奴之额鲁特等酗酒生事犯该发遣〕

一、新疆及内地遇有为奴之额鲁特、土尔扈特、布鲁特回子等酗酒生事，犯该发遣者，俱发往烟瘴地方。如系新疆犯事，解交陕甘总督定地转发；若在内地有犯，即由该督抚定地解往。俱交与该营、镇、协，在兵丁内拣选力能管束之人，赏给为奴，严加管束。

删除律例

○删除

大清律例

1.1.45.(23)〔民人在京在外徒罪充配〕

一、民人在京犯该徒罪者，顺天府尹务于离京五百里州县定地充配。至外省徒罪人犯，该督抚于通省州县内，核计道里远近，酌量人数多寡，均匀酌派。俱不拘有无驿站，交各州县严行管束。俟徒限满日，释放回籍安插。

现行刑律案语

○删除

臣等谨按：自光绪二十九年〔1903〕刑部奏定《罪犯习艺章程》，凡徒犯俱不发配，留于本地习艺，所按限工作。例内所云，俱与现在办法不符，无关引用，应即删除。

大清律例

1.1.45.(24)〔奉天省应发黑龙江等处人犯〕

一、奉天省应发黑龙江等处人犯，即由盛京刑部、奉天府，按照人数多寡，定地刺字，径交盛京兵部发遣。至外省应发黑龙江等处人犯，该督抚饬属径行解往，均无庸解赴在京刑部转发。

删除律例

○删除

大清律例

1.1.45.(25)〔苗疆军流徒遣犯民人捏称土苗〕

一、凡苗疆地方，如军、流、徒、遣等犯内，民人有捏称土苗，希图折枷免徒者，事发之日,除按其本律治罪外,仍先于本地方枷号一个月,再行充发。其捏结之邻保人等,照证佐不言实情律,减囚罪二等科断;受贿重者,计赃以枉法论。如犯该斩、绞者,亦令承审官于定案时,查取保邻切实甘结存案。如有捏结,亦照例分别治罪。其失察官员,俱视本犯之罪分别察议。

现行刑律案语

○删除

臣等谨按:此例系为苗疆民人犯罪希图折枷免配、捏称土苗而设。现在土苗犯流、置等罪,既拟照民人收所习艺,并不折枷,以后自鲜捏称土苗之事,例同虚设,应即删除。

大清律例

1.1.45.(27)〔本例应发四省烟瘴地方充军人犯〕

一、凡新疆条款内改发云贵两广烟瘴地方人犯,仍照旧例实发烟瘴外,其本例应发四省烟瘴地方充军人犯,均以极边四千里为限,按照《五军道里表》内应发省份,解交巡抚衙门均匀酌发,充当苦差,照例分别刺字。如有脱逃,亦各照本例分别治罪。

现行刑律案语

○删除

臣等谨按:此条系为调剂烟瘴充军人犯而设。惟此次修订刑律,其问发极边及烟瘴地方安置人犯,均于本例修改明晰,并无由新疆改发名目。即罪应流、置人犯,定例按照《道里表》预行咨明应发省分,督抚先期定地,饬知入境首站州县,随到随发,亦不解交巡抚衙门。刺字,则业经奏请宽免。例内各层,俱与近今办法不符,无关引用,应即删除。

大清律例

1.1.45.(29)〔八旗正身吃酒行凶发遣吉林等处〕

一、八旗及各省驻防正身旗人,有犯吃酒行凶者,如系平日安分,偶尔醉闹,并无凶恶情状,该将军、都统按例自行责惩。若屡次酗酒行凶滋事,怙恶不悛,该管佐领呈报该将军、都统查明滋事实迹,送部审实,再行发遣吉林、黑龙江等处当差。如违例任意擅送,及借端陷害者,将呈送不实之该管各官,交部议处。

满汉通行刑律

○删除

谨按：此条系正身旗人吃酒行凶分别惩责发遣之例，民人并无此项名目，殊涉歧异。如有此等情事，自可分别情节，照例办理，毋庸另立专条，似应删除。

大清律例

1.1.45.(30)〔发遣黑龙江等处旗犯分别当差为奴〕

一、八旗另户、正身，及曾为职官，发遣黑龙江、吉林及乌鲁木齐等处者，俱当差；系家奴，发遣为奴。至八旗逃人、匪类，发遣黑龙江、吉林、宁古塔者，令该将军酌量各该处所属地方大小，分发安插，严行约束。如有不知改悔，即销除旗档，照例报部，改发云贵、两广等处，令地方官与民人一体严加管束。仍将每年有无改发之处，于年终咨报军机处、刑部，会核汇奏。①

大清律例

1.1.45.(31)〔发往伊犁等处为奴及当差遣犯种地及入厂效力〕

一、民人发往伊犁、乌鲁木齐等处为奴遣犯，如在配安分已逾十年者，止令永远种地，不准为民；若发往当差遣犯，果能悔过悛改，定限五年，编入该处民户册内，给地耕种纳粮，俱不准回籍。其有到配后呈请愿入铅、铁等厂效力捐资者，除奉特旨发遣为奴，及有关大逆缘坐发遣为奴，并叛案干连、邪教会匪，及台湾聚众抢夺杀人放火为从各项人犯，俱不准做工帮捐外，其余无论当差、为奴，罪由轻重，咨部记档，准其入厂。设日久怠惰滋事，随时惩治逐出。若果能始终实心悔过，入厂五年期满，俱准其为民，改入该处民户册内。查系当差人犯，再效力十年，准其回籍。为奴人犯，详核原犯罪由，罪重者不准留厂；罪轻者报部核复，再加十二年，如果始终效力奋勉，准其回籍。

1.1.45.(35)〔发往黑龙江及各省驻防为奴人犯分别赏给〕

一、赏给为奴人犯，除例应赏给功臣之人外，其发往黑龙江、吉林及各省驻防为奴者，先尽未有遣奴之官员分给，每员不得过二名；再尽未有遣奴之兵丁分给，每兵只给一名。其赏给将军、副都统之处，永行停止。

1.1.45.(36)〔曾为职官及举贡生监等犯该发遣〕

一、曾为职官，及进士、举贡生员、监生，并职官子弟，犯该发遣乌鲁木齐、黑龙江等处，如只系寻常过犯，不致行止败类者，发往当差；其应发驻防者，亦改发乌鲁木齐当差。若系党恶窝匪，卑污下贱者，俱照平人一例发遣为奴。

---

① 本条不见于《钦定大清现行刑律》，查历次删改，皆未及于本条。《修订法律大臣奏遵议满汉通行刑律折附片二并清单》称"例文应删除者四十条"，但逐条点算只得39条，是否遗漏此条尚难确认。参见《修订法律大臣奏遵议满汉通行刑律折附片二并清单》，载《大清光绪新法令》第15册，商务印书馆1910年版。

1.1.45.(43)〔发遣回城为奴人犯酌给章京等役使〕

一、发遣回城为奴人犯,先行酌给印房各章京、笔帖式等役使。该章京等于卸任时,列入交代,不准携回本旗。俟拨给章京等足敷役使,再分给大小伯克为奴。毋庸分给小回子,以免拖累。

现行刑律案语

○删除

1.1.45.(35)〔发往黑龙江及各省驻防为奴人犯分别赏给〕

1.1.45.(43)〔发遣回城为奴人犯酌给章京等役使〕

1.1.45.(36)〔曾为职官及举贡生监等犯该发遣〕

1.1.45.(31)〔发往伊犁等处为奴及当差遣犯种地及入厂效力〕

臣等谨按:以上四条,俱系发遣黑龙江、吉林及新疆、回城、伊犁、乌鲁木齐等处,并各省驻防官兵为奴之例。惟新疆等处为奴人犯,已于同治年间奏准,改发内地,行之将四十年,并无窒碍。即"驻防为奴"一项,此时亦拟停发,说详后条。此四例,俱已无关引用,应即删除。

大清律例

1.1.45.(33)〔下五旗呈送包衣人发遣〕

一、凡下五旗包衣人,经该王门上送部发遣者,由部核准,即咨送兵部转发打牲乌喇。其因公事犯罪应发遣者,仍酌发黑龙江等处。

满汉通行刑律

○删除

谨按:此条系下五旗包衣人发遣之例,打牲乌喇久经停止发遣,又与民人办法不同,似应删除。

大清律例

1.1.45.(34)〔发遣回疆各犯在配酗酒滋事〕

一、发遣回疆各犯,除仅止在配不服拘管者,即令该管大臣酌量惩治外,若实系在配酗酒滋事,怙恶不悛,难于约束者,改发巴里坤充当折磨差使。如改发之后复行滋事,初犯枷号三个月,再犯枷号一年,三犯永远枷号。

删除律例

○删除

大清律例

1.1.45.(38)〔各处永远枷号人犯枷示十年后酌量发遣〕

一、各处永远枷号人犯,于枷示已逾十年后,即咨明刑部汇题,分别发遣。若该犯原拟本系死罪,并应发新疆者,发往伊犁;如原拟系应发黑龙江等处者,发往乌鲁木齐;其原拟军、流以下者,旗人发往黑龙江等处当差,民人实发云贵两广极边烟瘴充军。如系新疆地方犯事者,即照新疆等处互相调发之例办理。俱令配所各官,严加管束。倘在配在途乘间脱逃,除发烟瘴人犯照例加等改发外,余俱用重枷枷号三个月、杖一百发落。若犯行凶扰害情事,仍按其所犯之罪,照例问拟。

删除律例

○删除

大清律例

1.1.45.(40)〔新疆各城驻扎官兵跟役及绿营兵丁酗酒滋事〕

一、新疆各城驻扎官员、兵丁之跟役,如有酗酒滋事,在乌鲁木齐一带者,发往伊犁等处;在伊犁一带者,发乌什、叶尔羌等处;在乌什各城者,发往伊犁等处,交与该将军等,在驻防官兵内拣选力能管束之人,赏给为奴。若发遣之后,仍不悛改,复行酗酒者,在配所用重枷枷号三个月、杖一百发落。至新疆等处绿营兵丁,有犯吃酒行凶,如平日安分,偶尔醉闹,尚无凶恶情状者,该将军、都统等自行责革。若屡次酗酒行凶,怙恶不悛者,审明属实,即照跟役酗酒滋事例拟发,视其情罪轻重,量为酌定,轻者当差,重者给官兵为奴。

现行刑律案语

○删除

臣等谨按:此条系乾隆二十八年〔1763〕纂例,经历次修改,至道光三年〔1823〕改定例,系为新疆滋事人犯不准解回内地而设。查民人奴仆有犯酗酒行凶例第流二千里,官员、兵丁跟役竟调发驻防官兵为奴,未免过重,且绿营兵丁有犯,亦与跟役一例,尤未平允。然自定例以后,罕见此等案件,现在为奴之法,亦拟永远停止。此例即属无关引用,应即删除。

大清律例

1.1.45.(41)〔停发新疆改发内地人犯〕

一、停发新疆改发内地人犯,如窃盗满贯拟绞,秋审缓决一次者;窃盗三犯,赃至五十两以上,秋审缓决一次者;行窃军犯,在配复行窃者;三次犯窃,计赃五十两以下至三十两,并三十两以下至十两者;窃赃数多,罪应满流者;积匪猾贼;窃盗临时拒捕,伤非金刃,伤轻平复者;抢夺伤人,伤非金刃,伤轻平复者;发掘他人坟冢,见棺椁为首,及开棺见尸为从者;回民行窃,结伙三人以上,执持绳鞭器械者;抢夺金刃伤人及折伤,下手为从者;子孙犯奸盗,致纵容之父母自尽者;察哈尔等处牧丁,偷卖牲畜,及宰食,并作为私产者;偷参为从人犯;诬扳良民为财主及头目者;发功臣家为奴人犯,伊主不能养赡者;杀一家三四命以上案内凶犯之子,年十六岁以上,实无同谋加功者;夺犯杀差案内,随同拒捕,未经殴人成伤者;贼犯杀死捕役案内,未经帮殴成伤者;调奸未成,和息后因人耻笑,其夫与父母、亲属及本妇,复追悔自尽,致死二命者;凶徒因事忿争,执持军器,殴人成笃疾者;强盗、窝主,造意不行,又不分赃者;杀一家三四命以上案内,凶犯之妻女,实无同谋加功,并被杀之家未至绝嗣,凶犯之子年在十五岁以下者;奸妇抑媳同陷邪淫,媳情急自尽者;盛京旗下家奴为匪,逃走至二次者;前项人犯,从前已照原例应配地方充发,在配为匪脱逃者,以上二十六项人犯,俱各照本例改定地方充发,面刺"改发"字样,应刺事由者,仍刺事由。如有在配、在途脱逃,照本例加二等调发。

删除律例

○删除

大清律例

1.1.45.(44)〔应发往乌鲁木齐伊犁等地为奴及充苦差各犯〕

一、逃人续供之窝家,提来审明,又属诬扳,如年力强壮者,改发乌鲁木齐等处分别种地、为奴。移住拉林闲散满洲,有犯二次逃走者,发往伊犁等处充当折磨差使。派往各省驻防满洲兵丁,临行及中途脱逃被获者,发往伊犁充当步甲苦差。俱照例面刺"外遣"字样,毋庸佥妻遣发。如有情愿携带者,不准官为资送。倘在配、在途脱逃,并不服拘管者,获日,在配所用重枷枷号三个月、杖一百,折责发落,毋庸即行正法。若越狱脱逃,仍照军、流越狱本例办理。

删除律例

○删除

大清律例

1.1.45.(45)〔新疆等处在配遣犯酌设散总遣头〕

一、新疆、乌鲁木齐等处在配遣犯,令该管官将每遣犯十名,酌设散遣头一名,每散遣头十名，酌设总遣头一名，即于在配各遣犯内选择充当，责令管束，并令各总遣头出具连环保结互保。遇有遣犯脱逃，除主守之兵丁，及专管之员弁，仍照例办理外，即将应管之散遣头，亦照主守之例，一体问拟，总遣头酌减一等治罪。如散遣头有脱逃情事，即将应管之总遣头，亦照主守例治罪。倘总遣头有脱逃情事，即将互保之总遣头，亦各照主守例治罪。如其所管遣犯，三年内并无一名脱逃滋事者，散遣头准在该处为民；如散遣头三年内并无一名脱逃滋事者，总遣头准在该处为民。总遣头或有事故，即在散遣头内挑充。该遣头等如有故意凌虐情事，即严行惩治。并将总、散遣头及所管遣犯，俱造具花名清册，报明将军、都统，并送部备核。

现行刑律案语

〇删除

臣等谨按：此条系咸丰二年〔1852〕定例，维时新疆、乌鲁木齐等处遣犯过多，脱逃者众，故设此约束之法。自同治七、八年〔1868、1869〕以后，新疆道路梗塞，发遣罪名节经改发驻防为奴，及内地充军，四十年来未经发往，此等遣犯已属寥寥。此次修订刑律，虽拟留新疆当差一项，条例所存亦属无几，且新例发遣人犯俱应收所工作，即限满酌拨种地，亦可分拨各州县，不必聚集一隅。例内各节，似与目前情事不合，毋庸赘设，应即删除。

大清律例

1.1.45.(46)〔应发各省驻防给官兵为奴之犯〕

一、应发各省驻防给官员兵丁为奴之犯，仍由兵部核计该犯原籍及犯事地方道里，俱在四千里以外，均匀酌发。

现行刑律案语

〇删除

1.1.45.(46)〔应发各省驻防给官兵为奴之犯〕

1.1.45.(48)〔应发新疆为奴人犯改发驻防之例〕

臣等谨按：以上二条，前条系咸丰三年〔1853〕续纂，后条系同治九年〔1870〕定例。查发往驻防给兵丁为奴之例，本为宁古塔、黑龙江等处旗下奴仆有犯发遣者而设，因其人原系奴仆，故仍改发为奴，他犯初无此例。迨嘉庆、道光年间，调剂黑龙江等处遣犯，酌量改发驻防，由是此项人犯渐多于昔，惟驻防兵丁穷苦较甚于前，大都无力养赡。故同治八年〔1869〕成都将军奏请改发，两广总督奏请停发，是此项人犯发往驻防者，尔时亦多窒碍。现在驻防营制正值筹议通变之时，若再将此等人犯发往，更难安插。此次修订刑律已于各门条例内，酌量变通办理，此二例均无关引用，应即删除。

大清律例

1.1.45.(47)〔应发黑龙江改发四省烟瘴之例〕

一、应行发遣黑龙江、吉林等处人犯,除宗室、觉罗、太监,并八旗另户、正身,各省驻防正身旗人,及民人曾为职官,暨举贡生员、监生,或职官子弟等项,仍照原例发往,其前项内应发新疆、乌鲁木齐等处者,亦改发黑龙江、吉林等处,分别当差、为奴,交该将军均匀酌拨安插。其余应发黑龙江为奴条例内,如闽省不法棍徒,私充客头包揽过台,引诱偷渡之人,中途谋害未死,为从同谋者;伙众将良人子弟抢去强行鸡奸余犯,拟遣者;开窑诱取妇人子女勒卖为从者;伙众强抢犯奸妇女已成为首者;强奸犯奸妇女已成,致本妇羞愧自尽者;轮奸良人妇女已成案内余犯,同谋未经同奸者;因而杀死本妇,同谋并未下手又未同奸者;致本妇自尽,同谋未经同奸者;轮奸良人妇女未成为首者;因而杀死本妇,为从未经下手者;致本妇自尽为从者;轮奸犯奸妇女已成为首者;因而杀死本妇,同奸并未下手者;致本妇自尽,为从同奸者;轮奸犯奸妇女未成,因而杀死本妇,系殴杀帮同下手者;致本妇自尽为首者;强奸十二岁以下幼女、幼童未成者;奴及雇工人调奸家长之母与妻女未成者,共十八条,俱改为实发云贵两广极边烟瘴充军,无庸以足四千里为限,面刺"改发"二字。如在配脱逃被获,用重枷枷号三个月。倘在配滋事,及逃后行凶为匪,并拿获时有拒捕者,俱照平常遣犯治罪。

现行刑律案语

〇删除

臣等谨按:此条系同治九年〔1870〕定例。查此次修订刑律,八旗另户正身及各省驻防旗人,并民人曾为职官等项,均不实发黑龙江、吉林等处为奴,即由黑龙江等处改发之十八项,有业经删除者,有酌量改轻者,俱于本条修改明晰。此例即属赘设,应请删除。

大清律例

1.1.45.(48)〔应发新疆为奴人犯改发驻防之例〕

一、应发驻防为奴人犯,除例内载明各条外,其随征兵丁,在军营私自潜逃,分别军务已未告竣投首,及患病、受伤,迷失路径,查非有心脱逃,在军务告成后拿获者;随征跟随余丁,偷盗马匹、军器及衣服、银两潜逃投首,照兵丁投首按军务已未告竣分别问拟者;触犯祖父母、父母发遣,免罪释回后再有触犯,复经呈送者;反逆案内,其子孙无论已未成丁,实系不知谋情者;其余律应缘坐男犯,并非逆犯子孙,年在十六岁以上者;私铸铜钱十千以上,或不及十千而私铸不止一次为从,及知情买使者;私铸铜钱不及十千匠人及为首者;熔化些须铅斤,铸钱不及十千匠人及为首者,共八条，俱改发驻防给官兵为奴，面刺“改发”二字。如有不服伊主管束，及脱逃滋事，仍按遣犯本例问拟。

现行刑律案语

○删除

见1.1.45.(46)〔应发各省驻防给官兵为奴之犯〕条

大清律例

1.1.45.(49)〔应发新疆改发极边足四千里分别锁带杆礅及枷号之例〕

一、应发新疆及回城、乌鲁木齐等处条例内，如一切左道异端、煽惑人民为从者；传习白阳、白莲、八卦等邪教案内为从，年未逾六十，及年逾六十而有传徒情事者；造谶纬妖书妖言传用惑人，不及众者；用药迷人，甫经学习，虽已合药，即行败露，或被迷人知觉未受累者；各项教会名目，并无传习咒语，但供有飘高老祖及拜师授徒者；用药迷人已经得财，其余为从者；老瓜贼内传授技艺，跟随学习之人未同行者；用药及一切邪术，迷拐幼小子女为从者，共八条，均暂行监禁，俟新疆道路疏通，再行照例发往。其强盗及响马强盗伤人未得财，为从者；未得财又未伤人，为首者；强盗伤人，伤轻平复，事未发自首，及行劫数家止首一家者；洋盗案内投回自首，照强盗自首问拟发遣者；拿获盗犯之眼线，曾为伙盗悔罪，五日内指获同伴者；船户、店家，图财害命，同谋不行，事后分赃者；聚众不及十人，数在三人以上，持械抢夺为从者；纠众发冢起棺索财取赎，跟随同行在场瞭望，及未得财为从者；共谋为盗，因患病及别故不行，事后分赃者；强盗窝主，造意不行，又不分赃，及存留二人者；窝线不上盗又未得财，但为贼探听事主消息，通线引路者，共十一条，俱改发极边烟瘴充军，仍以足四千里为限，到配后锁带铁杆、石礅二年。四川等省匪徒，在场市人烟辏集之所横行抢劫，纠伙不及五人者；在野拦抢，四人以上至九人者；粮船水手抢夺案内，杀人未经帮殴成伤，及聚众互殴，藏有火枪、抬枪者；山东省匪犯聚众持械，结捻、结幅，抢夺得赃，数至四十人以上，被胁同行，及四十人以下十人以上为从，并聚众抢夺未得财者；捉人勒赎，将被捉之人拒杀、殴杀，为从帮殴，伤非金刃又非折伤者；将被捉之人帮同凌虐，及虽无凌虐而助势逼勒，致令自尽者；聚众拒杀兵役为从，伤非金刃又非折伤者；伤人未死为从，刃伤及折伤以上者；审无凌虐重情，止图利关禁勒赎为首者；洋盗案内，知情接买盗赃三次以上者；豫省并安徽等处凶徒结伙，聚众十人以上，执持器械，无论曾否伤人者；聚众十人以上抢夺，被协同行者；广东省匪徒，捏造图记、纸单名色，伙众三人以上，带有鸟枪、刀械，未得财为首，并未带鸟枪、刀械，亦未恃强掳掠，但系吓诈得财为首，及为从二次，并二次以上者；广东、广西二省奸徒，窝藏匪类，关禁勒赎者，共十四条，亦照前改发。到配后锁带铁杆、石礅一年。如有在配滋事犯法，及乘间脱逃，在逃后另犯不法情事，除强盗等项例应正法，及另犯事应斩、绞者，照例办理外,其因罪无可加、例止枷责之犯,即照乌鲁木齐地方遣犯例,核其所犯事由,如系军、流、徒罪,锁带铁杆、石礅二年;如系笞、杖等罪,锁带铁杆、石礅一年。果能安分,限满开释,交地方官严加管束。释放后仍不悛改,再锁带一年。倘仍怙恶不悛,即令永远锁带。此外例内载明应发新疆、乌鲁木齐等处者,俱改发极边足四千里充军。系酌拨种地当差人犯,到配后加枷号三个月;系为奴人犯,到配后加枷号六个月。其原例应加枷号者,仍递加枷号。如在配脱逃被获,为奴人犯,用重枷枷号三个月;当差人犯,亦加枷号三个月。倘在配滋事,及逃后行凶为匪,并拿获时有拒捕者,俱照平常遣犯治罪。以上各犯,应刺字者,如系强盗等项脱逃例应正法者,面刺"改遣"二字,余俱刺"改发"二字。俟新疆道路疏通,再行查明,分别核办。

现行刑律案语

○删除

臣等谨按:此条系同治九年〔1870〕定例。系因新疆道路未通,故应发人犯分别暂行监禁,及改发极边烟瘴充军,加拟锁带杆、礅年限。惟现在新疆平靖多年,业已改设行省,外遣人犯尽可如常发往。至例内所列各条,有节次奏准删除者,有此次酌拟改变罪名者,即仍照旧例科拟之犯,亦均于本条修改明晰,毋庸另设条文。若在配滋事,或脱逃被获,以及枷号、刺字等项,亦俱与现在办法不符。此例无关引用,应即删除。

1.1.46 充军地方

律文·删除

大清律例

1.1.46.1 凡问该充军者,附近发二千里,近边发二千五百里,边远发三千里,极边、烟瘴俱发四千里。定地发遣充军,人犯在京,兵部定地;在外,巡抚定地,仍抄招知会兵部。

直隶布政司府,分发山东、附近。山西、附近、近边。江南、附近、近边、边远。湖广、附近、近边、边远。陕西、附近、近边、边远、极边。浙江、近边、边远、极边。江西、极边。广东烟瘴。地方。

江南布政司府,分发湖广、附近。山东、附近、近边。浙江、附近、近边。陕西、附近、近边、边远、极边。直隶、附近、近边、边远。山西、近边、极边。广东边远、极边、烟瘴。地方。

山东布政司府,分发登州府、附近。直隶、附近、近边。江南、附近、近边、边远。山西、附近、近边、边远。浙江、附近、近边、边远、极边。陕西、近边、边远、极边。广东烟瘴。地方。

山西布政司府,分发山东、附近、近边。江南、附近、近边、边远。陕西、附近、近边、边远、极边。湖广、附近、近边、边远、极边。浙江、边远、极边。江西、边远。广东极边、烟瘴。地方。

河南布政司府，分发山东、附近。山西、附近、近边。湖广、附近、近边。直隶、附近。江南、附近、近边、边远、极边。陕西、附近、近边、边远、极边。浙江、附近、近边、边远、极边。广东边远、极边、烟瘴。地方。

陕西布政司府，分发宁夏卫、河州卫、附近。直隶、附近。山西、附近。本都行都司、附近、近边、边远。山东、附近、近边、边远、极边。湖广、附近、近边、边远、极边。江南、近边、边远、极边。广东边远、极边、烟瘴。地方。

浙江布政司府，分发江南、附近、近边、边远。山东、附近、近边、边远。湖广、附近、近边、边远。直隶、近边、边远、极边。山西、极边。陕西、极边。广东烟瘴。地方。

江西布政司府，分发山东、附近。浙江、附近。湖广、附近、近边。广东、附近、近边、边远。直隶、近边、边远、极边。山西、极边。陕西、极边。四川极边。地方。

湖广布政司府，分发襄阳府、附近。江西、附近、近边。浙江、附近、近边、边远。四川、附近、边远。江南、附近、近边、边远、极边。山西、附近、近边、边远、极边。陕西、附近、近边、边远、极边。直隶、近边、边远。广东附近、近边、边远、极边、烟瘴。地方。

福建布政司府，分发浙江、附近。江西、附近。江南、附近、近边、边远。广东、附近、近边、边远。湖广、附近、极边。山东、近边、边远、极边。直隶、边远、极边。四川极边。地方。

广东布政司府，分发潮州府、附近。湖广、附近、近边、边远、极边。山西、极边。四川、极边。山东极边。地方。

广西布政司府，分发江西、附近、近边、边远。湖广、附近、近边、边远。四川、近边、边远、极边。山西、极边。陕西、极边。浙江、极边。广东附近、近边、边远、极边、烟瘴。地方。

四川布政司府，分发越巂卫、附近。陕西、附近、近边、边远、极边。湖广、附近、近边、边远、极边。江南、近边、边远、极边。山西、极边。浙江、极边。广东近边、边远、极边、烟瘴。地方。

贵州布政司府，分发四川、附近。江西、附近、近边。湖广、附近、近边。陕西、附近、近边、边远、极边。江南、近边、边远、极边。浙江、近边、边远、极边。山西、极边。广东附近、近边、边远、极边、烟瘴。地方。

云南布政司府，分发广东、附近、近边、边远、极边、烟瘴。湖广、近边、边远。陕西、边远、极边。江西极边。地方。

现行刑律案语

○删除

原律文（略）

臣等谨案：此仍《明律》。查光绪二十九年〔1903〕刑部具奏《修改则例办法》一折，声称"现行例内名实不符，辗转纠缠，引用易涉错误者，莫如五军，拟将附近、近边、边远三军并入三流，仍留极边、烟瘴两项，为满流加等之用，其'充军'字样均改为'安置'"等因。奉旨允准在案。此次修订刑律，业经查照前奏，将附近、近边、边远三军删除，所有极边、烟瘴两项，均正名为"安置"，并修入上条律文，定其目，曰"五徒三流二遣地方"，一切安置办法，均于彼门律例内斟酌修定。其极边及烟瘴应发省分,另有《五军道里表》尽可备查,所有此条律文与附列各布政司府分应发地方,俱属旧制,与现在办法不尽符合,应即删除。

条例·删除

大清律例

1.1.46.(1)〔各省充军人犯由府州县统辖专管〕

一、凡各省充军人犯,该州县仍注军籍当差,以该州县为专管,该府为统辖。如有脱逃疏纵,将该府、州县职名题参。

现行刑律案语

○删除

臣等谨按:新章军罪人犯,无论发配与否,俱应收入习艺所工作,以责成而论,自应以办理习艺所人员为专管,州县为兼辖。惟改章伊始,各省尚未一律奏报到部,应俟日后定议。此条系属旧例,与现在办法不合,应即删除。

大清律例

1.1.46.(2)〔应发奉天直隶等处军流永行停止〕

一、奉天、直隶,不便安插军、流罪犯。嗣后各省军、流,均按照《五军道里表》及《三流道里表》,分别等次,改发别省。其应发奉天、直隶府州等处,永行停止。

现行刑律案语

○删除

臣等谨按:此条系乾隆十六年〔1751〕及十九年〔1754〕奏准定例。查奉天、直隶不便安插军、流,自系尊崇根本之意。从前定拟条例,亦以直隶地方律文列入应发省分,故为此以示区别。迨后三流、五军各编有道里表,奉天、直隶俱注明停止编发,则按表定地,自不至有编发奉天、直隶之事。此例几同赘设,应即删除。

2 吏 律

2.2 职制 / 2 职制

2.2.47 官员袭荫 / 2.40 官员袭荫

律文 · 修改

大清律例	现行刑律
2.2.47.1 凡文武官员应合袭荫者，并令嫡长子孙袭荫。如嫡长子孙有故，或有亡殁、疾病、奸盗之类。嫡次子孙袭荫。若无嫡次子孙，方许庶长子孙袭荫。如无庶出子孙，许令弟侄应合承继者袭荫。若庶出子孙及弟侄，不依次序，搀越袭荫者，杖一百、徒三年。仍依次袭荫。○2.2.47.2 其子孙应承袭者，本宗及本部各官保勘明白，移文该部奏请承袭、支俸。如所袭子孙年幼，候年一十八岁，方预朝参、公役。如委绝嗣，无可承袭者，准令本人妻小，依例关请俸给，养赡终身。若将异姓外人乞养为子，瞒昧官府，诈冒承袭者，乞养子杖一百，发边远充军，本家所关俸给，事发截日住罢。他人教令搀越、诈冒者，并与犯人同罪。○2.2.47.3 若当该官司知其搀越、诈冒而听行，与同罪。不知者不坐。若受财扶同保勘，以枉法从重论。	2.40.1 凡文武官员应合袭荫者，并令嫡长子孙袭荫。如嫡长子孙有故，或有亡殁、疾病、奸盗之类。嫡次子孙袭荫。若无嫡次子孙，方许庶长子孙袭荫。若无庶出子孙，许令弟侄应合承继者袭荫。若庶出子孙及弟侄，不依次序，搀越袭荫者，徒一年。仍依次袭荫。○2.40.2 其子孙应承袭者，本宗及本管衙门保勘明白，移文该部奏请承袭、支俸。如所袭子孙年幼，候年一十八岁，方预朝参、公役。如委绝嗣，无可承袭者，准令本人妻小，依例关请俸给，养赡终身。若将异姓外人乞养为子，瞒昧官府，诈冒承袭者，乞养子流二千里，本家所关俸给，事发截日住罢。他人教令搀越、诈冒者，并与犯人同罪。○2.40.3 若当该官司知其搀越、诈冒而听行，与同罪。不知者不坐。若受财扶同保勘，以枉法从重论。

现行刑律案语

原律(略)

臣等谨按：此仍《明律》。第一节系言文武官员袭荫之序，并庶出子孙及弟侄搀越之罪,第二节系言请袭之法,并乞养子诈冒承袭之罪。惟搀越袭荫情节,究较诈冒为轻,遽拟满徒,微嫌过重,似应酌量宽减,方为得平。此律原系专为军官而设。第二节"子孙"上从前有"军官"字样,军官向免徒、流,拟以军戍,故乞养子发边远充军,重军职,斯罪亦加重也。嗣乾隆五年〔1740〕将"军官"二字节去,与当日情形既不相同,似边远罪名,亦应酌改。拟请将庶出子孙及弟侄搀越袭荫者,酌改为徒一年;乞养子诈冒承袭者,酌改为流二千里。律内"杖一百"系满徒附加之罪,应节删。至注内"本部各官"四字,旧例系本管衙门,义较赅括,应仍改复。谨将修改律文,开列于后。

○修改(略)

条例·修并、修改

大清律例

2.2.47.(2)〔武职守城失机及犯不孝致典刑者〕

一、武职守城失机,贻患边方,及临阵退怯者,俱不准袭。有犯不孝致典刑者,取祖父次子孙袭职,本犯子孙不许。

2.2.47.(3)〔世职实犯死罪及免死充军〕

一、世职有犯人命、失机、强盗,实犯死罪及免死充军,不分已决、已遣、监故,并脱逃、自尽,本犯子孙俱不准承袭。

2.2.47.(6)〔世袭官员因罪革退〕

一、凡世袭官员,如有因罪革退,例不准本犯子孙承袭者,其世职与亲兄弟承袭;若无亲兄弟,即袭与兄弟之子孙。若无亲兄弟及兄弟之子孙,竟至除革者,无论官之大小,俱将原立勋绩之处与被罪缘由,及原立官之子孙,一并查明,请旨定夺。

现行刑律

2.40.(1)〔世职犯十恶军机死罪免死安置枉法侵盗等案〕

一、凡世职犯十恶关系军机,或因人命、强盗,实犯死罪及免死安置,并枉法赃、侵盗钱粮、以财行求等案者,本犯之子孙俱不准袭,应以亲兄弟承袭;无亲兄弟,以亲兄弟之子孙或亲伯叔之子孙承袭;如均无人,按得爵人之谱牒,择宗支相近者承袭。若遇恩诏,所获罪与应免之条相符,或奉旨宥免,复加录用者,其子孙仍照常开列。

现行刑律案语

原例

2.2.47.(2)〔武职守城失机及犯不孝致典刑者〕(略)

2.2.47.(3)〔世职实犯死罪及免死充军〕(略)

臣等谨按：以上两条，事本相类，应修并为一条，以省繁冗。“充军”二字应照章改为“安置”。谨将修并例文，开列于后。

○修并

一、世职守城失机，贻患边方，及临阵退怯者，俱不准袭。若犯不孝致典刑，或犯人命、强盗，实犯死罪及免死安置，不分已决、已遣、监故并脱逃、自尽，本犯子孙俱不准袭取，祖父次子孙袭职。

现行刑律案语

原例

2.2.47.(6)〔世袭官员因罪革退〕(略)

臣等谨按：此例言亲兄弟及兄弟之子孙，则同祖之兄弟，即不能赅括，与上条“取祖父次子孙承袭”句，未免参差，应加修改。谨将修改例文，开列于后。

○修改

一、凡世职官有因罪革退，例不准本犯子孙承袭者，其世职给本犯亲兄弟及亲兄弟之子孙承袭；若无亲兄弟及亲兄弟之子孙，即取祖父次子孙承袭。若祖父无次子孙，竟至除革者，无论官之大小，俱将原立勋绩之处与被罪缘由，及原立官之子孙，一并查明，请旨定夺。

核订现行刑律

2.2.47.(2)〔武职守城失机及犯不孝致典刑者〕、2.2.47.(3)〔世职实犯死罪及免死充军〕原修并例文(略)

2.2.47.(6)〔世袭官员因罪革退〕原修改例文(略)

谨案：前条原系二条，系明正统、嘉靖等年定例，次条系雍正二年〔1724〕定例，均为本人犯罪子孙不准承袭而设，自应修并为一。查世职袭爵次数不同，且有世袭罔替者，两例仅推及祖父之子孙，与《会典》不符，应查照更正。又，失机退怯，即《会典》之军机获罪，惟《会典》尚有十恶暨枉法赃、侵盗钱粮、以财行求等项，亦应查照增入，并纂补“获罪应免，仍予开列”一层，以昭简赅。谨将修并例文，开列于后。

○修并(略)

大清律例	现行刑律
2.2.47.(15)〔以乞养子等冒袭及用财买嘱冒袭〕	2.40.(2)〔以乞养子等冒袭及用财买嘱冒袭〕
一、凡世职将乞养异姓与抱养族属疏远之人，诈冒承袭，或用财买嘱冒袭，及受财卖与冒袭，已经到官袭过者，将朦混继立之世职，与以子与世职为嗣之	一、凡世职将乞养异姓与抱养族属疏远之人，诈冒承袭，或用财买嘱冒袭，及受财卖与冒袭，已经到官袭过者，将朦混继立之世职，与以子与世职为嗣之

人,并其知情之义子,俱照乞养子冒袭律发边远充军,保勘之官罢职,其世职永不得袭。保勘官,以首先出与保结者为坐。连名保结者,俱依律减等科断。有赃者,并以枉法论。若朦胧保送违碍子孙弟侄者,俱照律发落。

人,并其知情之义子,俱照乞养子冒袭律流二千里,保勘之官罢职,其世职永不得袭。保勘官,以首先出与保结者为坐。连名保结者,俱依律减等科断。有赃者,并以枉法论。若朦胧保送违碍子孙弟侄者,俱照律发落。

现行刑律案语

原例(略)

臣等谨按:此例定冒袭、买袭及保勘之罪,惟"乞养子冒袭"律既改为流二千里,此例亦应照改。谨将修改例文,开列于后。

○修改(略)

大清律例

2.2.47.(8)〔诈称父亡冒袭官职〕

一、应袭之人,若父见在诈称死亡,冒袭官职者,发近边充军。候父故之日,许令以次儿男承袭。如无以次儿男,令次房子孙承袭。

现行刑律

2.40.(3)〔诈称父亡冒袭官职〕

一、应袭之人,若父见在诈称死亡,冒袭官职者,徒三年。候父故之日,许令以次儿男承袭。如无以次儿男,令次房子孙承袭。

现行刑律案语

原例(略)

臣等谨按:无丧诈称有丧,律止满杖,此系因冒袭而加重,惟加至近边充军,未免太重,律既将"边远充军"酌改为"流二千里",此亦应酌改为"徒三年"。谨将修改例文,开列于后。

○修改(略)

大清律例

2.2.47.(9)〔通事及色目人等拨置不该承袭之人争袭土官〕

一、各处土官袭替,其通事及诸凡色目人等,有拨置土官亲族不该承袭之人,争袭劫夺仇杀者,俱发极边烟瘴地面充军。

现行刑律

2.40.(4)〔通事及色目人等拨置不该承袭之人争袭土官〕

一、各处土官袭替,其通事及诸凡色目人等,有拨置土官亲族不该承袭之人,争袭劫夺仇杀者,俱发烟瘴地方安置。

现行刑律案语

原例(略)

臣等谨按：此条应仍其旧，惟“充军”名目应照章改为“安置”。谨将修改例文，开列于后。

〇修改(略)

大清律例

2.2.47.(14)〔銮仪卫及养象校尉出缺替补〕

一、銮仪卫校尉缺出，于见役校尉亲生儿男弟侄内，选择堪用者替补。如校尉子弟不足，移文五城，将身家殷实民人保送选补。其养象校尉缺出，即以所生儿男替补。有朦胧冒替者，俱以违制论。

现行刑律

2.40.(5)〔銮仪卫校尉缺出替补〕

一、銮舆卫校尉缺出，于见役校尉亲生儿男弟侄内，选择堪用者替补。如校尉子弟不足，移文民政部，将身家殷实民人保送。有朦胧冒替者，以违制论。

现行刑律案语

原例(略)

臣等谨按：此条系前明《问刑条例》，雍正三年〔1725〕改定。惟例内所称“五城”，现已裁撤，应改归民政部办理，“养象校尉”亦系旧制，现在无此名目，应将此层节删。谨将修改例文，开列于后。

〇修改(略)

条例 · 删除

大清律例

2.2.47.(1)〔武臣受伤阵亡赏恤〕

一、武臣出征受伤，分别等第给赏；阵亡者，按品予恤，并给世职。

删除律例

〇删除

大清律例

2.2.47.(4)〔世职官亡故户无承袭〕

一、世职官亡故，户无承袭，其父、母(继母、生母。)在者，给半俸终身。

2.2.47.(5)〔世职官物故无人承袭〕

一、凡世职官物故,无应袭之人,官册注销者,如无父母,其妻亦给半俸终身。无妻者,查原立职之官,有亲生母,亦给半俸。

2.2.47.(7)〔世职年老户无承袭及袭职之员年幼者〕

一、凡世职年老,户无承袭者,支全俸优给。袭职之员未及年岁者,支给半俸。

现行刑律案语

○删除

2.2.47.(4)〔世职官亡故户无承袭〕

2.2.47.(5)〔世职官物故无人承袭〕

2.2.47.(7)〔世职年老户无承袭及袭职之员年幼者〕

臣等谨按:以上三条,均系言世职给俸之例,惟给俸向归吏、兵两部,查照则例办理,于法律无关引用,此三条均拟删除。

大清律例

2.2.47.(10)〔土官袭职及应袭之人未满岁〕

一、凡土官袭职,由司、府、州、邻具印、甘各结,并土司亲供宗图,及原领号纸,详送督抚具题袭替。若应袭之人未满十五岁者,许令本族土舍护理印务,俟岁满日具题承袭。如有事故迟误,年久方告袭者,宗图、号纸有据,亦准袭替。

删除律例

○删除

大清律例

2.2.47.(11)〔土官故绝无子及弟〕

一、凡土官故绝无子,许弟承袭。如无子弟,而其妻或婿为其下信服者,许令一人袭替。

删除律例

○删除

大清律例

2.2.47.(12)〔土舍嫡妻护印〕

一、凡土舍、嫡妻护印,止令地方官查明,出具合例印结咨部,准其护印。

删除律例

○删除

大清律例

2.2.47.(13)〔土官病故查明应袭之人承袭及支庶子弟酌给头衔〕

一、凡土官病故,该督抚于题报之时,即查明应袭之人,取具宗图册结、邻封甘结,并原领号纸,限六个月内具题承袭。其未经具题之先,亦即令应袭之人,照署事官例用印管事。地方官如有勒揹、沉搁、留难者,将该管上司均交部议处。其支庶子弟中有驯谨能办事者,俱许本土官详报督抚具题请旨,酌量给与职衔,令其分管地方事务。其所授职衔,视本土官降二等。文职,如本土官系知府,则所分者给与通判衔;系通判,则所分者给与县丞衔。武职,如本土官系指挥使,则所分者给与指挥佥事衔;系指挥佥事,则所分者给与正千户衔。照土官承袭之例,一体颁给敕印、号纸。其所管地方,视本土官多不过三分之一、少则五分之一。此后再有子孙可分者,亦再许其详报督抚具题请旨,照例分管地方,再降一等给与职衔、印信、号纸。

现行刑律案语

○删除

臣等谨按:此例专言土官承袭之事,有议处而无罪名,刑律无关引用,似应删除。

2.2.48 大臣专擅选官

律文·删除

大清律例

2.2.48.1 凡除授官员,兼文武应选者。须从朝廷选用。若大臣专擅选用者,斩。监候。○2.2.48.2 若大臣亲戚,非科贡应选等项,系不应选者。非奉特旨,不许除授官职。违者,罪亦如之。受选除者,俱免坐。○2.2.48.3 其见任在朝官员,面谕差遣及改除,外职。不问远近,托故不行者,并杖一百,罢职不叙。

现行刑律案语

原律(略)

臣等谨按：此律应仍其旧，惟斩候应照章改为绞候，官员既罢职不叙，则“杖一百”三字应删。谨将修改律文，开列于后。

○修改

凡除授官员，兼文武应选者。须从朝廷选用。若大臣专擅选用者，绞。监候。○若大臣亲戚，非科贡应选等项，系不应选者。非奉特旨，不许除授官职。违者，罪亦如之。受选除者俱免坐。○其见任在朝官员，面谕差遣及改除，外职。不问远近，托故不行者，并罢职不叙。

核订现行刑律

○删除

原修改律文(略)

谨按：此系《明律》。我朝任官分特简、请简、奏补、咨补四项，其应奏补、咨补者，仍须由吏部或陆军部查核，从无大臣专擅选用，及除授亲戚之弊，与前明情形迥不相同。至差遣、改除、托故不行，《吏部处分则例》俱有明文，刑律无关引用，拟请删除。

条例 · 删除

大清律例

2.2.48.(1)〔不由铨选推举朦胧奏请希求进用〕

一、文武职官人等，不由铨选推举，径自朦胧奏请，希求进用者，依假以上书希求进用律，杖一百。如夤缘奔竞，阻坏选法者，有财，依以财行求，计赃治罪；无财，依违制律，杖一百。

现行刑律案语

○删除

原例(略)

臣等谨按：此条系前明旧例，专指军官言，在“选用军职”门“跟随内臣将官头目”一条之内，雍正年间删节，移入此门。惟查寻常职官希求进用及以财行求各节，均有本律可循，此例殊属赘设，似应删除。

2.2.49 文官不许封公侯

律文 · 删除

大清律例

2.2.49.1 凡文官，非有大功勋于国家，而所司朦胧奏请，辄封公侯爵者，当该官吏及受封之人皆斩。监候。其生前出将入相，能除大患，尽忠报国者，同开国功勋一体封侯、谥公,不用此律。生受爵禄曰封,死赐褒赠曰谥。

现行刑律案语

原律(略)

臣等谨按:此仍《明律》,惟斩候应照章改为绞候。谨将修改律文,开列于后。

○修改

凡文官,非有大功勋于国家,而所司朦胧奏请,辄封公侯爵者,当该官吏及受封之人,皆绞。监候。其生前出将入相,能除大患,尽忠报国者,同开国功勋一体封侯、谥公,不用此律。生受爵禄曰封,死赐褒赠曰谥。

核订现行刑律

○删除

原修改律文(略)

谨按:此系《明律》。考明制文官不封公侯,公侯亦不得为文官,是以王越封威宁伯,愿改西班。终明之世,公侯除加公、孤诸衔外,亦无任文官者。我朝满汉列爵向皆出特旨予封,不由臣下奏请,更无所司辄请之事。又,封侯、谥公亦系明制,明功臣始封之公赠王、始封之侯赠公,均与今制不合。此条无关引用,拟请删除。

2.2.50滥设官吏 / 2.41滥设官吏

律文 · 修改

大清律例

2.2.50.1凡内外各衙门,官有额定员数,而多添设者,当该官吏,指典选者。一人,杖一百;每三人,加一等,罪止杖一百、徒三年。若受赃,计赃以枉法从重论。○2.2.50.2若吏典、知印及承差、祗候、禁子、弓兵人等,额外滥充者,杖一百,迁徙。比流减半,准徒二年。容留一人,正官笞二十,首领笞三十,吏笞四十;每三人,各加一等,并罪止杖一百;罪坐所由。容留之人不坐。○2.2.50.3其罢闲官吏,在外干预官事,结揽写发文案,把持官府,蠹政害民者,并杖八十。于犯人名下追银二

现行刑律

2.41.1凡内外各衙门,有于额定员数,外多添设者,当该官吏,指典选者。一人,处十等罚;每三人,加一等,罪止徒三年。若受赃,计赃,以枉法从重论。○2.41.2若吏典、书役人等,额外滥充者,徒二年。容留一人,正官处二等罚,首领及吏递加一等;每三人,各加一等,并罪止十等罚;罪坐所由。○2.41.3其罢闲官吏,在外干预官事,结揽写发文案,把持官府,蠹政害民者,并处八等罚。再于犯人名下追银二十两,付告人充赏。有所规避者,从重论。○2.41.4若官府税粮由帖、户口籍册雇募

十两,付告人充赏。有所规避者,从重论。○2.2.50.4若官府税粮由帖、户口籍册雇募攒写者,勿论。

攒写者,勿论。

现行刑律案语

原律(略)

臣等谨按:此律系沿前明旧制。其中若吏典、知印及祇候等名目,或昔有今无,或名同实异,或昔简今增,参差罣漏,难资援引,应改为"吏典、书役人等",较为赅括。至迁徙之法,近已罕有,律注既有"比流减半,准徒二年"之文,似不如删去,"迁徙"名目径改为"徒二年",以省繁冗。又,注内"容留之人不坐"一语,本有脱简,拟将此注一并节去,免滋疑惑。笞、杖照章罚金,应依数分等处罚。谨将修改律文,开列于后。

○修改(略)

条例·删除

大清律例

2.2.50.(1)〔旧吏索顶头钱〕

一、内外大小衙门,考取吏典,照缺补用。若旧吏索顶头钱者,事发计赃准不枉法论,革役为民。

现行刑律案语

○删除

原例(略)

臣等谨按:从前各衙门考取吏典,故有旧吏索顶头钱之弊。现在各衙门,或改用录事,或改用书手,并不考取吏典,此条无关引用,似应删除。

大清律例

2.2.50.(2)〔八行运役仓役以一身而充两三役及保送旗人〕

一、坐粮厅所属八行运役及仓役名缺,责令通州知州佥选诚实良民应役。如保送旗人,及民人以一身而充两三役者,仓场侍郎、巡仓御史察出题参,知州交部议处,该役及保结之人杖八十、徒二年。

删除律例

○删除

大清律例

2.2.50.(3)〔书吏悬挂空名〕

一、各直省大小衙门经制书吏，即在现充书识内，择勤慎办事之人，核实取结承充。倘有悬挂空名，并不亲身着役，将本人照吏典人等额外滥充律治罪，该本管官照例议处。

删除律例

〇删除

2.2.51信牌／2.42信牌

律文·修改

大清律例

2.2.51.1凡府、州、县，置立信牌，拘提人犯，催督公事，量地远近，定立程限，随事销缴。违者，指差人违牌限。一日笞一十，每一日加一等，罪止笞四十。〇2.2.51.2若府、州、县官遇有催办事务，不行依律发遣信牌，辄亲下所属坐守催并者，杖一百。所属指州、县、乡村言。其点视桥梁圩岸、驿传递铺、踏勘灾伤、检尸、捕贼、抄札之类，不在此限。

现行刑律

2.42.1凡府、州、县，置立信牌，拘提人犯，催督公事，量地远近，定立程限，随事销缴。违者，指差人违牌限。一日处一等罚，每一日加一等，罪止四等罚。〇2.42.2若府、州、县官遇有催办事务，不行依律发遣信牌，辄亲下所属坐守催并者，处十等罚。所属指州、县、乡村言。其点视桥梁圩岸、驿传递铺、踏勘灾伤、检尸、捕贼、抄札之类，不在此限。

现行刑律案语

原律(略)

臣等谨按：此律应仍其旧，惟笞、杖照章罚金，应依数分等处罚。谨将修改律文，开列于后。

〇修改(略)

条例·修改

大清律例

2.2.51.(2)〔差票须随时缴销〕

一、州县大小案件，凡有差票，务须

现行刑律

2.42.(1)〔差票务须随时缴销〕

一、内外问刑衙门大小案件，凡有

随时缴销。如遇封印而案未完结,于封印时将票暂行缴销,俟开印差拘,另行给票。违者,将州县官分别议处。

差票,务须随时缴销。如遇封印时而案未完结,将票暂行缴销,俟开印,另行给票。违者,分别议处。

现行刑律案语

原例(略)

臣等谨案:现今京外添设各级审判厅,皆得给发拘传、搜查各票,应将此条改为通例,以便引用。谨将修改例文,开列于后。

○修改(略)

条例·删除

大清律例

2.2.51.(1)〔违例差遣人役〕

一、道府以上官员,凡关系叛逆、军需、驿递公文等紧要重大事情,照例差人外,其余细事,止许行牌催提。如违例差遣人役者,督抚指名题参。徇情不参者,事发一并议处。其督抚于平常细事,差役害民者,亦交部议处。

现行刑律案语

○删除

原例(略)

臣等谨按:道府之于州县公事往来,皆关紧要,并无所谓细事,且例内参处各层,尤与刑律无涉。此例无关引用,似应删除。

2.2.52贡举非其人/2.43贡举非其人

律文·修改

大清律例

2.2.52.1凡贡举非其人,及才堪时用,应贡举而不贡举者,计其妄举与不举人数,一人杖八十,每二人加一等,罪止杖一百。所举之人知情,与同罪。不知者不坐。○2.2.52.2若主司考试艺业技能,而故不以实者,可取者置之下等,不可取者反置之上等。减二等。○2.2.52.3若贡举、考试失

现行刑律

2.43.1凡贡举非其人,及才堪时用,应贡举而不贡举者,计其妄举与不举人数,一人处八等罚,每二人加一等,罪止十等罚。所举之人知情,与同罪。不知者不坐。○2.43.2若主司考试艺业技能,而故不以实者,可取者置之下等,不可取者反置之上等。减二等。○2.43.3若贡举、考试失

者，各减三等。受赃，俱以枉法从重论。

者，各减三等。受赃，俱以枉法从重论。

现行刑律案语

原律（略）

臣等谨按：此律应仍其旧，惟杖罪照章罚金，应依数分等处罚。谨将修改律文，开列于后。

○修改（略）

条例·删除

大清律例

2.2.52.(1)〔乡会试考官及举子通同作弊〕

一、乡、会试考试官、同考官及应试举子，有交通嘱托、贿买关节等弊，问实斩决。

2.2.52.(3)〔举监生儒应试夹带夫匠人役通同作弊〕

一、应试举监生儒及官吏人等，但有怀挟文字、银两，当场搜出者，枷号一个月，满日杖一百，革去职役。其越舍与人换写文字，或临时换卷，并用财雇倩夹带传递，与夫匠、军役人等受财代替夹带传递，及知情不举察捉拿者，俱发近边充军。若计赃重于本罪者，从重科断。官纵容者，交部议处，受财者以枉法论。其武场有犯怀挟等弊，俱照此例拟断。

2.2.52.(4)〔学臣及提调官考试舞弊〕

一、凡学臣考试，如提调官通同作弊，及引诱为非者，同学臣一并革职提问。其学臣暗通关节，私鬻名器，提调官虽无通同、引诱情弊，而防范不严者，交部议处。学臣应用员役，倘有招摇撞骗及受贿传递等弊，提调官不行访拿究治者，亦交部议处。若学臣操守清廉，杜绝情弊，而提调官不得遂其引诱，反行挟制把持者，该学臣即行指参，审实，将提调官照贪官例治罪。

2.2.52.(5)〔下第诸生逞忿混闹〕

一、凡考试官毫无情弊，下第诸生不安义命，逞忿混行搅闹者，发附近充军。

2.2.52.(8)〔乡会试考官及举子通同作弊〕

一、乡、会试考试官、同考官及应试举子，有交通嘱托、贿买关节等弊，问实，无论曾否取中，援引咸丰九年(1859)顺天乡试科场案内钦奉谕旨，俱照本例问拟，仍恭候钦定。

现行刑律案语

○删除

2.2.52.(1)〔乡会试考官及举子通同作弊〕（略）

2.2.52.(8)〔乡会试考官及举子通同作弊〕(略)

2.2.52.(3)〔举监生儒应试夹带夫匠人役通同作弊〕(略)

2.2.52.(4)〔学臣及提调官考试舞弊〕(略)

2.2.52.(5)〔下第诸生逞忿混闹〕(略)

臣等谨按:以上五条,均系科举未停时,严防考试情弊之例。现在科举既停,所有各项考试章程,与从前迥异,自应另立专条,以资遵守。此五例无关引用,应即删除。

大清律例

2.2.52.(2)〔有司朦胧送补岁贡生员〕

一、岁贡生员册报到部,遇有事故,不许补贡。其未经报部,遇有事故者,勘明,准令次考补贡。若丁忧及患病,勘明,仍补该年之贡。如托故延至三年之外者,亦不准收。有司朦胧送补者,各杖一百;受赃者,俱以枉法从其重者论。

删除律例

○删除

大清律例

2.2.52.(6)〔学政滥行录送文理荒谬官卷〕

一、官生录科,该学政瞻徇情面,滥行录送,如官卷内有文理荒谬,幸邀科第者,发觉之日,将送考官一并严加议处。

删除律例

○删除

大清律例

2.2.52.(7)〔考职贡监生作弊治罪及身故缴照〕

一、考职贡监生,如有包揽代作等弊,察出提究。若监试御史隐匿瞻徇,照例议处。其假冒顶替者,本犯照诈假官律治罪;互结监生,照知情诈假官律治罪;出结之官,照例议处。若身故未经缴照者,限四个月,准家属自首。如逾限不首,查出审有转卖顶替别情,照诈假官律治罪,计赃重者,以枉法论。若审系偶尔遗忘,并无别故,当官销毁,免其治罪。该地方官于已革、已故未经缴照之人,徇隐故纵,不严行追缴,致滋事故者,事发之日,照例议处。

删除律例

○删除

2.2.53举用有过官吏 / 2.44举用有过官吏

律文·修改

大清律例	现行刑律
2.2.53.1凡官吏曾经断罪，罢职役不叙者，诸衙门不许朦胧保举。违者，举官及匿过之人，各杖一百，罢职役不叙。受赃，俱以枉法从重论。若将帅异才，不系贪污、规避而罢闲者，有司保勘明白，亦得举用。	2.44.1凡官吏曾经断罪，罢职役不叙者，诸衙门不许朦胧保举。违者，举官及匿过之人，各处十等罚，举官仍罢职不叙。受赃，俱以枉法从重论。若将帅异才，不系贪污、规避而罢闲者，有司保勘明白，亦得举用。

现行刑律案语

原律(略)

臣等谨按：举官既罢职不叙，则“杖一百”之文可删；至匿过者，本系不叙之人所得，“杖一百”照章罚金，应改为“处十等罚”。谨将修改律文，开列于后。

○修改

凡官吏曾经断罪，罢职役不叙者，诸衙门不许朦胧保举。违者，举官罢职不叙，匿过之人处十等罚。受赃，俱以枉法从重论。若将帅异才，不系贪污、规避而罢闲者，有司保勘明白，亦得举用。

核订现行刑律

原修改律文(略)

谨按：罢职不叙与杖一百，系属二事，观于“匿父母丧”条“杖八十、罢职”，其理益明，本条举官罪名，仍应修复旧律，照章改为“处十等罚”。谨将修改律文，开列于后。

○修改(略)

条例·修改

大清律例	现行刑律
2.2.53.(8)〔不准保升捐复并永不叙用文武各员等改名弊混以图选用〕 一、奉旨不准保升，及曾经获咎不准捐复，并奉特旨永不叙用之文武各员，暨举贡监生，并吏员、承差人等，曾	2.44.(1)〔不准保升捐复并永不叙用文武各员等改名弊混以图选用〕 一、奉旨不准保升，及曾经获咎不准捐复，并奉特旨永不叙用之文武各员，暨举贡、吏员、承差人等，曾经考察

经考察论劾罢黜,及为事问革,例不入选者,倘敢改名弊混,若买求官吏,改洗文卷,隐匿公私过名,或诈作丁忧起复,以图选用,事发问罪,吏部门首枷号一个月,已除授者发近边,未除授者发附近,各充军。如系止图顶带荣身,无关铨选,即照违制律杖一百,系官革职。其起送官吏,不分军卫、有司,但知情受贿者,亦发附近充军;赃重者,从重论。若原不知情,止是失于觉察者,照常处分发落。

论劾罢黜,及为事问革,例不入选者,倘敢改名弊混,若买求官吏,改洗文卷,隐匿公私过名,或诈作丁忧起复,以图选用,事发问罪,已除授者流二千五百里,未除授者徒三年。如系止图顶带荣身,无关铨选,即照违制律治罪,系官革职。其起送官吏,但知情受贿者,流二千里;赃重者,从重论。若原不知情,止是失于觉察者,照常处分发落。

现行刑律案语

原例(略)

臣等谨按:此系前明《问刑条例》,雍正三年〔1725〕、乾隆五年〔1740〕、嘉庆二十二年〔1817〕迭经修改。查现在监生并无入选之例,例首"监生"二字应去,枷罪亦应节删,近边军应改为流二千五百里。惟未除授者亦拟附近军,殊嫌过重,应量减为徒三年,"杖一百"三字改为"治罪"。至起送官吏所赅甚广,"不分军卫、有司"六字亦应节删,官吏知情受贿"发附近充军",应改为"流二千里"。谨将修改例文,开列于后。

〇修改(略)

大清律例

2.2.53.(7)〔革监易名复捐〕

一、斥革监生,有易名复捐者,除将复捐监生革退,追缴执照外,仍照违制律治罪。伊等犯事到官,一面追照缴销,一面即行审拟。

现行刑律

2.44.(2)〔被革官吏贡监易名复捐〕

一、被革官吏、贡监,有易名复捐贡监、职衔者,除将复捐贡监、职衔革退,勒缴执照外,仍照违制律治罪。伊等犯事到官,一面追照缴销,一面即行审拟。

现行刑律案语

原例(略)

臣等谨按:此例专言监生,未能赅括,应加修改。谨将修改例文,开列于后。

〇修改(略)

大清律例	现行刑律
2.2.53.(1)〔犯侵盗钱粮等罪衙役复入应役〕 一、凡衙役犯侵盗钱粮、婪赃等罪，遇赦豁免后，复入原衙门及别衙门应役者，杖一百、徒三年。该管官知情故纵，及督抚不即纠参者，俱交该部议处。	2.44.(3)〔犯侵盗钱粮等罪衙役复入应役〕 一、凡衙役犯侵盗钱粮、婪赃等罪，遇赦豁免后，复入原衙门及别衙门应役者，徒三年。该管官知情故纵，及督抚不即纠参者，俱交该部议处。

现行刑律案语

原例(略)

臣等谨按：此例应仍其旧，惟徒罪附杖应照章宽免。谨将修改例文，开列于后。

○修改(略)

条例・删除

大清律例

2.2.53.(2)〔退役部院书办更名重役〕

一、凡部院衙门书办，或因有疾，或因不谙文移，退役之后，倘有更名重役者，杖一百，革退。

删除律例

○删除

大清律例

2.2.53.(3)〔在外各衙门书役役满不退〕

一、凡在外各衙门书役投充，务查该役的名，取具并无重役、冒充亲供互结，行查本籍地方，该地方官加具印结申送，方准着役。倘有役满不退者，杖一百，革役。本管官不行查出，交部议处。

删除律例

○删除

大清律例

2.2.53.(4)〔大宛两县人不准充当在京衙门书吏〕

一、凡在京各衙门书吏缺出,应募投充者,取具同乡书吏保结,该衙门于十日内照保结所开籍贯、住址、三代姓氏咨行吏部,转行各省,取具印、甘各结。顺天限四十日,直隶、山东、河南、山西、奉天限三个月,江苏、安徽、陕甘、湖南、湖北、浙江、江西限四个月,云、贵、川、广、福建限六个月,咨送到部,准其着役。该地方官吏有勒索、迟延等弊,分别处分治罪。其籍隶大、宛二县民人,俱不准投充。如本系大、宛籍贯,捏称他省土著之民,该管官滥准充当,地方官朦胧出结,该吏及滥行保结之书吏,并承行吏典,分别斥革治罪;该管及地方各官,一并交部议处。

删除律例

〇删除

大清律例

2.2.53.(5)〔稽查役满书役回籍章程〕

一、凡各部院衙门书吏,籍隶大、宛二县,有本籍可归,及籍隶各直省者,役满后,限一个月领照,一个月回籍。仍行知原籍地方官,将该吏到籍日期申详督抚,咨报都察院查核。如有逾限不即起程,及出京后半年不呈报到籍者,该司坊官及原籍地方官分别具详咨报吏部、都察院,将该吏职衔斥革。倘潜留京师,获日,俱杖一百,递回原籍。如有包揽、招摇等弊,按律治罪。若从前未经犯案,役满回籍后,复潜行来京者,获日,斥革职衔,枷号一个月,责四十板,递回原籍,交保管束。如从前犯有事故,押逐回籍后,复私自来京者,虽未犯案,照前犯加一等治罪。其有来京犯案,罪止杖笞者,仍从重照例枷责;所犯重于枷责者,照本犯应得之罪,加一等治罪,仍递回原籍,交地方官严行管束。司坊官失于觉察,或知情容留,查出交部议处;疏纵之原籍地方官,一并参处。至无业游民,曾经犯罪,亦令京城文武地方各官实力稽查,押逐回籍,交与该地方官严行管束。

删除律例

〇删除

大清律例

2.2.53.(6)〔除名贴写捏报诡名〕

一、各部院衙门经承书吏所雇贴写,该管司官开明伊等姓名、年貌、籍贯,取具该经承保结，移付司务厅注册。倘遇驱逐、辞去，即移付司务厅除名。如有捏报诡名，经承扶同保结，察出照重役例治罪。其有负罪潜逃者，着落保结之经承，立限捕获，亦照律治罪。

删除律例

○删除

2.2.54擅离职役 / 2.45擅离职役

律文 · 修改

大清律例

2.2.54.1 凡官内外文武。吏典吏。无患病、公差之故擅离职役者，笞四十。各留职役。若避难如避难解之钱贼粮、难捕之盗系有干者。因而在逃者，杖一百，罢职役不叙。所避事重者，各从重论。如文官随军供给粮饷，避难在逃，以致临敌缺乏；武官已承调遣，避难在逃，以致失误军机。若无所避而弃印在逃，则止罢职。○2.2.54.2 其在官如巡风官吏、火夫之类。应值不值，应宿不宿，各笞二十。若主守常川看守。仓库、务场、狱囚、杂物之类，应值不值，应宿不宿者，各笞四十。俱就无失事者言耳。若仓吏不值宿而失火，库子不值宿而失盗，禁子不值宿而失囚之类，自有本律科罪。

现行刑律

2.45.1 凡官内外文武。吏典吏。无患病、公差之故擅离职役者，处四等罚。各留职役。若避难如避难解之盗钱粮、难捕之贼有干系者。因而在逃者，处十等罚，罢职役不叙。所避事重者，各从重论。如文官随军供给粮饷，避难在逃，以致临敌缺乏；武官已承调遣，避难在逃，以致失误军机。若无所避而弃印在逃，则止罢职。○2.45.2 其在官如巡风官吏、火夫之类。应值不值，应宿不宿，各处二等罚。若主守常川看守。仓库、务场、狱囚、杂物之类，应值不值，应宿不宿，各处四等罚。俱就无失事者言耳。若仓吏不值宿而失火，库子不值宿而失盗，禁子不值宿而失囚之类，自有本律科罪。

现行刑律案语

原律（略）

臣等谨按：此仍《明律》，顺治三年〔1646〕添入小注。惟官之“罢职”即是“杖一百”罪名，吏之“杖一百”照章罚金，应改为“处十等罚”。律内“罢职役不叙”一语，拟改“系官，罢职不叙；吏，处十等罚；仍罢役”。至原定笞罪亦应照章罚金，均依数分等处罚。谨将修改例文，开列于后。

○修改

凡官内外文武。吏典吏。无患病公差之故擅离职役者，处四等罚。各留职役。若避难如避难解之钱粮、难捕之盗贼有干系者。因而在逃者，系官，罢职不叙；吏，处十等罚；仍罢役。所避事重者，各从重论。如文官随军供给粮饷避难在逃，以致临军缺乏；武官已承调遣，避难在逃，以致失误军机。若无所避而弃印在逃，则止罢职。○其在官如巡风官吏、火夫之类。应直不直，应宿不宿，各处二等罚。若主守常川看守。仓库、务场、狱囚、杂物之类，应直不直，应宿不宿，各处四等罚。俱就无失事者言耳，若仓吏不值宿而失火，库

子不值宿而失盗,禁子不值宿
而失囚之类,自有本律科罪。

核订现行刑律

原修改律文(略)

谨按:第一节“系官,罢职不叙”句,旧律尚有杖一百罪名,应修复以归画一。谨将修改律文,开列于后。

○修改(略)

条例·删除

大清律例

2.2.54.(1)〔肄业监生及承差官吏倩人代替〕

一、监生在监肄业,及各衙门办事官吏承差,皆不许倩人代替,违者俱杖一百,黜革。代替者别有职役,一体问革。

现行刑律案语

○删除

原例(略)

臣等谨按:此条系前明《问刑条例》,乾隆五年〔1740〕、嘉庆六年〔1801〕两次修改。惟现在监生肄业章程已经更变,办事官系前明名目,大半以监生为之,与今日情形亦复不同。且各衙门有事人役令人代替,各门尚有专条,即本门内亦有“应直不直,应宿不宿”各律,足资引用。此例似应删除。

大清律例

2.2.54.(2)〔归旗外任旗员子弟因事告假〕

一、外任旗员子弟,归旗后有因事告假,与例相符者,该旗酌量给假,仍分别省份远近定限,给以执照,令其依限回旗,并咨部行文该省,按限催令归旗。如有借端逗遛,照违制律治罪。

满汉通行刑律

○删除

谨按:此条系旗员子弟告假出京之例。从前约束旗人甚严,故子弟不准私自出京,即有故出京,亦不许借端逗留。现既化除满汉畛域,此例即成虚设,似应删除。

2.2.55 官员赴任过限

律文·删除

大清律例

2.2.55.1 凡已除官员,在京者以除授日为始,在外者以领(该部所给)文凭限票日为始,各依已定程限赴任。若无故过限者,一日笞一十,每十日加一等,罪止杖八十,并留任。○2.2.55.2 若代官已到,旧官各照已定限期,交割户口、钱粮、刑名等项,及应有卷宗、籍册完备,无故十日之外不离任所者,依赴任过限论,减二等。(亦留任。)○2.2.55.3 其中途阻风、被盗、患病、丧事,不能前进者,听于所在官司(告明)给(印信结)状,以备(后日违限,将结状送官)照勘。若有规避,诈冒不实者,从重论。当该官司扶同保勘者,罪同。

现行刑律案语

○删除

原律(略)

臣等谨按:此条律文,系为官员赴任离任迟延而设。惟程限处分向归吏、兵两部,并不照刑律办理,且本门条例业已全删此律,几同虚设,应请一并删除。

条例·删除

大清律例

2.2.55.(1)〔升除出外文职无故迁延赴任〕

一、升除出外文职,已经领敕、领凭,若无故迁延至半年之上,不辞朝出城者,参提,依违制律问罪。若已辞出城,复入城潜住者,交部议处。

删除律例

○删除

大清律例

2.2.55.(2)〔外任汉军归旗人员定限催令回籍〕

一、外任汉军官员,有升转来京,及年老有病、降级革职归旗者,务于定限之内起程。令该督抚、提镇,照依各省远近,大路有驿站者,日行一站,僻路无驿站者,日行五十里,酌定到京期限,咨报该部、该旗。其中途阻风、被盗、患病、丧事不能前进,仍照律听其于所在官司给状,以备照勘外,如有无故不速起程,或已起程,中途逗遛,或在别处居住,或本身进京,而令家口在别处居住者,督抚、提镇题参,交部均照违制律治罪。地方官不行详报,督抚、提镇不行题参,交部议处。或已经起程,地方官不行申报,督抚、提镇不行咨明该部、该旗,以致沿途逗遛生事者,亦交部议处。其革职免罪人员别无未清事件,亦遵照此例,给咨催令回旗,免其沿途押解。

删除律例

○删除

大清律例

2.2.55.(3)〔汉官革职离任按限起程〕

一、汉官革职离任,交代完日,即令起程,不得过五个月之限。该督抚将起程日期报部,并知会原籍地方官。倘违限不即起程,一月以上,照旧官十日之外不离任所律治罪。该管及地方官不行查出,交部议处。革职免罪人员,亦令按限起程,免其请咨押解。其有冤抑欲赴都察院具呈申理者,地方官给咨来京。事竣之日,发回原籍。如借端留滞,照例治罪。五城司坊官徇情容留,交部议处。

删除律例

○删除

大清律例

2.2.55.(4)〔问有罪名革职京官按限起程〕

一、京官革职,曾经问有罪名者,限一个月内起程。五城司坊官,将起程日期报部,并知会原籍地方官。倘违限不即起程,一月以上,照例治罪。五城司坊官及地方官不行查出,亦交部议处。

删除律例

○删除

2.2.56 无故不朝参公座

律文·删除

大清律例

2.2.56.1 凡大小官员,无故在内不朝参,在内不言公座署事,重朝参也,并论。在外不公座署事,及官吏给假限满，无故不还职役者，一日笞一十，每三日加一等，各罪止杖八十，并留职役。

现行刑律案语

原律（略）

臣等谨按：此律应仍其旧。惟笞、杖照章改为罚金，应依数分等处罚。谨将修改律文，开列于后。

○修改

凡大小官员无故，在内不朝参，在内不言公座署事，重朝参也，并论。在外不公座署事，及官吏给假限满，无故不还职役者，一日处一等罚，每三日加一等，各罪止八等罚，并留职役。

核订现行刑律

○删除

原修改律文（略）

谨按：此条已详见《处分则例》，刑律无关引用，拟请删除。

2.2.57擅勾属官 / 2.46擅勾属官

律文 · 修改

大清律例

2.2.57.1凡上司催会公事，立文案定期限，或遣牌，或差人，行移所属衙门督并。完报。如有迟错，依律论其稽迟、违错之罪。若擅勾属官，拘唤吏典听事，及差占司狱、各州县首领官，因而妨废公务者，上司官吏笞四十。若属官承顺逢迎，及差拨吏典赴上司听事者，罪亦如之。其有必合追对刑名、查勘钱粮、监督造作重事，方许勾问，事毕随即发落。无故稽留三日者，笞二十，每三日加一等，罪止笞五十。勾问，谓勾问其事情，非勾拘问罪也。若问罪，则名例明开上司不许径自勾问矣。

现行刑律

2.46.1凡上司催会公事，立文案定期限，或遣牌，或差人，行移所属衙门督并。完报。如有迟错，依律论其稽迟、违错之罪。若擅勾属官，拘唤吏典听事，及差占司狱、各州县首领官，因而妨废公务者，上司官吏处四等罚。若属官承顺逢迎，及差拨吏典赴上司听事者，罪亦如之。其有必合追对刑名、查勘钱粮、监督造作重事，方许勾问，事毕随即发落。无故稽留三日者，处二等罚，每三日加一等，罪止五等罚。勾问，谓勾问其事情，非勾拘问罪也。若问罪，则名例明开上司不许径自勾问矣。

现行刑律案语

原律（略）

臣等谨按：此律应仍其旧。惟笞、杖照章改为罚金，应依数分等处罚。谨将修改律文,开列于后。

○修改(略)

2.2.58 奸党

律文·删除

大清律例

2.2.58.1 凡奸邪将不该死之人进谗言左使杀人不由正理,借引别事,以激怒人主,杀其人以快己意。者,斩。监候。○2.2.58.2 若犯罪律该处死,其大臣小官,巧言谏免,暗邀市恩,以结人心者,亦斩。监候。○2.2.58.3 若在朝官员,交结朋党,紊乱朝政者,凡朋党官员皆斩,监候。妻子为奴,财产入官。○2.2.58.4 若刑部及大小各衙门官吏,不执法律,听从上司指奸臣。主使,出入已决放。人罪者,罪亦如之。若有不避权势,明具实迹,亲赴御前,执法陈诉者,罪坐奸臣,言告之人虽业已听从,致罪有出入,亦得与免本罪,仍将犯人财产,均给若止一人陈奏,全给。充赏,有官者升二等,无官者量与一官,或不愿官者。赏银二千两。

现行刑律案语

原律(略)

臣等谨按:律内斩候罪名应改绞候。缘坐之法,新章已分别宽免,则律内"妻子为奴,财产入官""仍将犯人财产均给充赏",并小注"若止一人陈奏,全给"等语,均应节删。刑部应改为法部。谨将修改律文,开列于后。

○修改

凡奸邪将不该死之人进谗言左使杀人不由正理,借引别事以激怒人主,杀其人以快己意。者,绞。监候。○若犯罪律该处死,其大臣小官,巧言谏免,暗邀市恩,以结人心者,亦绞。监候。○若在朝官员,交结朋党,紊乱朝政者,凡朋党官员皆绞。监候。○若法部及大小各衙门官吏,不执法律,听从上司指奸臣。主使,出入已决放。人罪者,罪亦如之。若有不避权势,明具实迹,亲赴御前,执法陈诉者,问实罪,坐奸臣。言告之人虽业已听从,致罪有出入,亦得与免本罪,有官者升二等,无官者量与一官,或不愿官者。赏银二千两。

核订现行刑律

○删除

原修改律文(略)

谨按:此系《明律》,为唐宋以来刑律所无。前山东兖沂曹道孙星衍尝谓明设"奸党"一章,专陷正士。详绎《明实录》诸书,洪武、永乐注重此条,系为胡惟庸、蓝玉、方孝孺、黄子澄诸人钩党而设。自胡惟庸外,明人已谓蓝玉为冤,方、黄更为百世所枉，痛不独我朝二百年来尠所比拟？即明自宣德以后，历治刘瑾、魏忠贤诸大狱，亦无用之者，方今时局变迁，就中外政界情形参证，但患臣工之无群，不患臣工之有党也。第四节听从上司出入人罪，自有出入人罪本律，足资引用。若其男有冤抑，科道本有纠弹之责，即被害之人亦许令赴步军统领衙门及都察院控告，如系事不干己，方且坐以讦告之罪，从无听令亲赴御前陈诉之事。此条今昔情形不符，无关引用，拟请删除。

2.2.59交结近侍官员 / 2.47交结近侍官员

律文 · 修改

大清律例	现行刑律
2.2.59.1 凡诸衙门官吏，若与内官及近侍人员，互相交结，漏泄机密事情，夤缘作弊，内外交通、泄漏事情。而扶同奏启以图乘机迎合者，皆斩，监候。妻、子流二千里安置。此亦奸党一节，但漏泄较紊乱少轻，故止流而安置其妻、子，不籍没其家产。若止以亲故往来，无夤缘等弊，不用此律。	2.47.1 凡诸衙门官吏，若与内官及近侍人员，互相交结，漏泄机密事情，夤缘作弊，内外交通，泄漏事情。而扶同奏启以图乘机迎合者，皆绞。监候。若止以亲故往来，无夤缘等弊，不用此律。

现行刑律案语

原律（略）

臣等谨按：此律应仍其旧。惟斩候应照章改为绞候，缘坐之法已分别宽免，律内“妻、子流二千里安置”八字，及律注“此亦奸党一节，但漏泄较紊乱少轻，故止流而安置其妻、子，不籍没其家产”二十九字，均应节删。谨将修改律文，开列于后。

〇修改（略）

条例 · 修改

大清律例	现行刑律
2.2.59.(1)〔罢闲官吏擅入禁门交结〕 一、罢闲官吏，在京潜住，有擅出入禁门交结者，各门盘诘，拿送法司问实，发烟瘴地面充军。	2.47.(1)〔罢闲官吏擅入禁门交结〕 一、罢闲官吏，在京潜住，有擅出入禁门交结者，各门盘诘，拿送法司问实，发烟瘴地方安置。

现行刑律案语

原例（略）

臣等谨按:例内“地面充军”四字,应改为“地方安置”。谨将修改例文,开列于后。

〇修改(略)

大清律例

2.2.59.(2)〔现居外任各旗王公所属不许私谒邸第〕

一、各旗王公所属人员,除服官在京者,如遇年节生辰,仍准其向各府往来外,其现居外任,因事来京者,概不许于本管王公处谒见通问,违者杖一百发落。如有夤缘馈送等弊,计赃从其重者论。该管王公容令谒见者,交宗人府照违制律议处。若私通书信,有所求索借贷,及先自馈遗,希图厚报者,交宗人府计赃治罪。

现行刑律

2.47.(2)〔现居外任各旗王公所属不许私谒通问〕

一、各旗王公所属人员,除服官在京者,如遇年节生辰,仍准其向各府往来外,其现居外任,因事来京者,概不许于本管王公处谒见通问,违者处十等罚。如有夤缘馈送等弊,计赃从其重者论。该管王公容令谒见者,交宗人府照违制律议处。若私通书信,有所求索借贷,及先自馈遗,希图厚报者,交该审判衙门计赃治罪。

现行刑律案语

原例(略)

臣等谨按:此例应仍其旧。惟“杖一百”罪名照章罚金,应改为“处十等罚”。谨将修改例文,开列于后。

〇修改

一、各旗王公所属人员,除服官在京者,如遇年节生辰,仍准其向各府往来外,其现居外任,因事来京者,概不许于本管王公处谒见通问,违者处十等罚。如有夤缘馈送等弊,计赃从其重者论。该管王公容令谒见者,交宗人府照违制律议处。若私通书信,有所求索借贷,及先自馈遗,希图厚报者,交宗人府计赃治罪。

会奏修改各条

原修改例文(略)

谨按:新章宗室有犯,应分别罪名轻重,由大理院或高等审判厅审理。本条“交宗人府计赃治罪”句应改为“交该审判衙门”,以符定制。谨将修改例文,开列于后。

〇修改(略)

2.2.60上言大臣德政/2.48上言大臣德政

律文·修改

大清律例	现行刑律
2.2.60.1凡诸衙门官吏及士庶人等,若有上言宰执执政。大臣美政才德者,非图引用,便系报私。即是奸党,务要鞫问,穷究所以阿附大臣来历明白,犯人连名上言,止坐为首者。处斩,监候。妻、子为奴,财产入官。若宰执大臣知情,与同罪。不知者不坐。大臣知情与同罪,亦依名例至死减一等法,杖一百、流三千里,不追及妻子、财产。	2.48.1凡诸衙门官吏及士庶人等,若有上言宰执执政。大臣美政才德者,非图引用,便系报私。务要鞫问,穷究所以阿附大臣来历明白,犯人连名上言,止坐为首者。绞。监候。若宰执大臣知情,与同罪。不知者不坐。大臣知情与同罪,亦依名例至死减一等法,流三千里。

现行刑律案语

原律(略)

臣等谨按:此律应仍其旧。惟斩候应照章改为绞候,缘坐之法已分别宽免,律内"妻、子为奴,财产入官"八字及小注内"杖一百,不追及妻子、财产"等语,亦应节删。谨将修改律文,开列于后。

〇修改

凡诸衙门官吏及士庶人等,若有上言宰执执政。大臣美政才德者,非图引用,便系报私。即是奸党,务要鞫问,穷究所以阿附大臣来历明白,犯人连名上言,止坐为首者。绞。监候。若宰执大臣知情,与同罪。不知者不坐。大臣知情与同罪,亦依名例至死减一等法,流三千里。

核订现行刑律

原修改律文(略)

谨按:"奸党"条现拟删除,律内"即是奸党"四字拟节删。谨将修改律文,开列于后。

〇修改(略)

条例·修并

大清律例	现行刑律
2.2.60.(1)〔百姓保留督抚及督抚等官授意保留〕 一、督抚等官,或升任、更调、降谪、	2.48.(1)〔百姓保留督抚及督抚等官授意保留〕 一、督抚等官,或升任、更调、降谪、

丁忧离任,而地方百姓赴京保留控告者,不准行,将来告之人,交与该部治罪。若下属交结上官,派敛资斧,驱民献媚,或本官留恋地方,授之意指,借公行私,事发得实,亦交该部从重治罪。

＊杂犯·嘱托公事

6.26.380.(1)〔民人结党妄预官府之事〕(略)

丁忧离任,而地方百姓赴京保留控告者,不准行,将来告之人,审实治罪。若下属交结上官,派敛资斧,驱民献媚,或本官留恋地方,授之意指,借公行私,审实,从重治罪。其有贿嘱百姓保留者,审实,将与受官民俱照枉法赃治罪。至民人附合结党,妄预官府之事者,处十等罚。

现行刑律案语

原例

2.2.60.(1)〔百姓保留督抚及督抚等官授意保留〕(略)

杂犯·嘱托公事

6.26.380.(1)〔民人结党妄预官府之事〕(略)

臣等谨按:前一条系言督抚等官升任、离任,百姓保留控告之事,载在本门。后一条系言降调黜革之员,贿嘱保留之事,载在“嘱托公事”门。两例事体相类似,应归入本门,修并为一。今拟于上条例前添入“贿嘱保留”一层,而将后条例首“民人附合结党”各情移置于下。杖一百罪名照章罚金,应改为“处十等罚”。谨将修并例文,开列于后。

○修并

一、督抚等官,或升任、更调、降谪、丁忧离任,而地方百姓赴京保留控告者,不准行,将来告之人,交与该部治罪。若下属交结上官,派敛资斧,驱民献媚,或本官留恋地方,授之意指,借公行私,事发得实,亦交部从重治罪。其有贿嘱百姓保留者,审实,将与受官民俱照枉法赃治罪。至民人附合结党,妄预官府之事者,处十等罚。

会奏修改各条

原修并例文(略)

谨按:京师审判事务,现俱归审判各衙门审理,本条“交部治罪”等句,应查照新章更正。谨将修改例文,开列于后。

○修改(略)

2.3 公式 / 3 公式

2.3.61 讲读律令 / 3.49 讲读律令

律文·修改

大清律例

[2.3.61.1]凡国家律令，参酌事情轻重，定立罪名，颁行天下，永为遵守。百司官吏，务要熟读，讲明律意，剖决事务。每遇年终，在内在外，各从上司官考校。若有不能讲解、不晓律意者，官罚俸一月，吏笞四十。○[2.3.61.2]其百工技艺诸色人等，有能熟读讲解，通晓律意者，若犯过失，及因人连累致罪，不问轻重，并免一次。其事干谋反、叛逆，不用此律。○[2.3.61.3]若官吏人等挟诈欺公，妄生异议，擅为更改，变乱成法（即律令。）者，斩。（监候。）

现行刑律

[3.49.1]凡国家律令，颁行天下，永为遵守。百司官吏，务要熟读，讲明律意，剖决事务。每遇年终，在内在外，各从上司官考校。若有不能讲解、不晓律意者，官罚俸一月，吏处四等罚。○[3.49.2]其百工技艺诸色人等，有能熟读讲解，通晓律意者，若犯过失，及因人连累致罪，不问轻重，并免一次；其事干谋反、叛逆，不用此律。○[3.49.3]若官吏人等挟诈欺公，妄生异议，擅为更改，变乱成法（即律令。）者，绞。（监候。）

现行刑律案语

原律（略）

臣等谨按：此仍《明律》。律首“律令”二字所赅极广，不止“刑律”一门，拟将“参酌事情轻重，定立罪名”等字删去，更为赅括。“笞四十”照章罚金，应改为“处四等罚”，“斩”应改“绞”。谨将修改律文，开列于后。

○修改（略）

2.3.62 制书有违 天子之言曰"制",书则载其言者,如诏、赦、谕、敕之类。若奏准施行者,不在此内。 / 3.50 制书有违 天子之言曰"制",书则载其言者,如诏、赦、谕、敕之类。若奏准施行者,不在此内。

律文·修改

大清律例	现行刑律
2.3.62.1 凡奉制书有所施行,而(故)违(不行)者,杖一百。违皇太子令旨者,同罪。失错旨意者,各减三等。○2.3.62.2 其稽缓制书及皇太子令旨者,一日笞五十,每一日加一等,罪止杖一百。	3.50.1 凡奉制书有所施行,而(故)违(不行)者,处十等罚。失错旨意者,减三等。○3.50.2 其稽缓制书者,一日处五等罚,每一日加一等,罪止十等罚。

现行刑律案语

原律(略)

臣等谨按:此系《明律》,应仍其旧。笞、杖照章罚金,均依数分等处罚。谨将修改律文,开列于后。

○修改

凡奉制书有所施行,而(故)违(不行)者,处十等罚。违皇太子令旨者,同罪。失错旨意者,各减三等。○其稽缓制书及皇太子令旨者,一日处五等罚,每一日加一等,罪止十等罚。

核订现行刑律

原修改律文(略)

谨按:我朝家法向不建储,业于"称乘舆车驾"条声明在案。此条"违皇太子令旨"一层,应即节删。谨将修改律文,开列于后。

○修改(略)

2.3.63 弃毁制书印信 / 3.51 弃毁制书印信

律文·修改

大清律例	现行刑律
2.3.63.1 凡(故意)弃毁制书,及各衙门印信者,斩。(监候。)若弃毁官文书者,杖一百。有所规避者,从重论。事干军机、钱粮者,	3.51.1 凡故弃毁制书,及各衙门印信者,绞。(监候。)若弃毁官文书者,处十等罚。有所规避者,从重论。事干军机、钱粮

绞。监候。事干军机，恐致失误，故虽无钱粮亦绞。若侵欺钱粮，弃毁欲图规避，以致临敌告乏，故罪亦同科。当该官吏知而不举，与犯人同罪。至死减一等。不知者不坐。误毁者，各减三等。其因水火、盗贼毁失有显迹者，不坐。○[2.3.63.2]若遗失制书、圣旨、印信者，杖九十、徒二年半。若官文书，杖七十；事干军机、钱粮者，杖九十、徒二年半。俱停俸责寻，三十日得见者免罪。限外不获，依上科罪。○[2.3.63.3]若主守官物，遗失簿书，以致钱粮数目错乱者，杖八十。亦住俸责寻，限内得见者，亦免罪。○[2.3.63.4]其各衙门吏典役满替代者，明立案验，将原管文卷，交付接管之人。违而不立案交付者，杖旧吏八十。首领官吏，不候吏典交割，扶同给照起送离役者，罪亦如之。

者，亦绞。监候。事干军机，恐致失误，故虽无钱粮亦绞。若侵欺钱粮，弃毁欲图规避，以致临敌告乏，故罪亦同科。当该官吏知而不举，与犯人同罪。至死减一等。不知者不坐。误毁者，各减三等。其因水火、盗贼毁失有显迹者，不坐。○[3.51.2]若遗失制书、圣旨、印信者，徒二年半。俱停俸责寻，三十日得见者免罪。限外不获，依上科罪。○[3.51.3]若主守官物，遗失簿书，以致钱粮数目错乱者，处八等罚。亦住俸责寻。限内得见者，亦免罪。○[3.51.4]其各衙门吏典役满替代者，明立案验，将原管文卷，交付接管之人。违而不立案交付者，旧吏处八等罚。首领官吏，不候吏典交割，扶同给照起送离役者，罪亦如之。

现行刑律案语

原律（略）

臣等谨按：此仍《明律》。律内斩候应照章改为绞候，徒罪附杖应节删。原定杖罪照章罚金，均应依数分等处罚。再查《比引律条》载“打破信牌，比依毁官文书律，杖一百”等语，即系照此律定拟，应于“弃毁官文书”罪名下，添注“打破信牌者，罪同”。谨将修改律文、律注，开列于后。

○修改

凡故弃毁制书，及各衙门印信者，绞。监候。若弃毁官文书者，处十等罚。打毁信牌者，罪同。有所规避者，从重论。事干军机、钱粮者，亦绞。监候。○事干军机，恐致失误，故虽无钱粮亦绞。若侵欺钱粮，弃毁欲图规避，以致临敌告乏，故罪亦同科。当该官吏知而不举，与犯人同罪。至死减一等。不知者不坐。误毁者，各减三等。其因水火、盗贼毁失有显迹者，不坐。○若遗失制书、圣旨、印信者，徒二年半。俱停俸责寻，三十日得见者免罪。限外不获，依上科罪。○若主守官物，遗失簿书，以致钱粮数目错乱者，处八等罚。亦住俸责寻。限内得见者，亦免罪。○其各衙门吏典役满替代者，明立案验，将原管文卷，交付接管之人。违而不立案交付者，旧吏处八等罚。首领官吏，不候吏典交割，扶同给照起送离役者，罪亦如之。

核订现行刑律

原修改律文（略）

谨按：第一节“弃毁官文书，处十等罚”下“打毁信牌者，罪同”七字小注，系凭

《比引律条》增入。查信牌系府、州、县拘提人犯、催督公事之用,其应以官文书论,自不待言,增注转涉繁复,仍应节删。谨将修改律文,开列于后。

○修改(略)

条例·修改、仍旧

大清律例

2.3.63.(1)〔府州县官交代遗漏隐匿案卷〕

一、凡直省州县,无论正、署,俱于离任时,将任内自行审理户婚、田土、钱债等项,一切已结卷宗,及犯证、呈状、供词,均于接缝处钤印,照依年月,编号登记,注明经承姓名,造册交代。并将历任递交之案,一并检齐,加具并无藏匿抽改甘结,交代接任之员,报明上司查核。其未结各案,分别内结、外结,及上司批审、邻省咨查,并自理各项,俱开注事由、月日,造册交代。接任官限一个月按册查核。如并无隐匿、遗漏,即出具印结,照造款册,由知府、直隶州知州核明加结,详赍巡道、臬司存核查催。臬司查明,仍将印结移送蕃司,入于交代案内汇详。知府、直隶州知州交代,亦照此办理。倘有不肖胥吏,不行查明交代者,杖八十。其有乘机隐匿、添改、作弊等情,各按其所作之弊,悉照本条治罪,受财者以枉法从重论。其州县官失察,及造册迟延、遗漏、隐匿,并希图省事,或卷不黏连,或黏连不用印,以致胥吏乘机舞弊者,该管上司查参,照例分别议处。

现行刑律

3.51.(1)〔府州县官交代遗漏隐匿案卷〕

一、凡直省州县,无论正、署,俱于离任时,将任内自行审理户婚、田土、钱债等项,一切已结卷宗,及犯证、呈状、供词,均于接缝处钤印,照依年月,编号登记,注明经承姓名,造册交代。并将历任递交之案,一并检齐,加具并无藏匿抽改甘结,交代接任之员,报明上司查核。其未结各案,分别内结、外结,及上司批审、邻省咨查,并自理各项,俱开注事由、月日,造册交代。接任官限一个月按册查核。如并无隐匿、遗漏,即出具印结,照造款册,由知府、直隶州知州核明加结,详赍巡道、臬司存核查催,臬司查明,仍将印结移送藩司,入于交代案内汇详。知府、直隶州交代,亦照此办理。倘有不肖胥吏不行查明交代者,处八等罚。其有乘机隐匿、添改作弊等情,各按其所作之弊,悉照本条治罪,受财者以枉法从重论。其州县官失察,及造册迟延、遗漏、隐匿,并希图省事,或卷不黏连,或黏连不用印,以致胥吏乘机舞弊者,该管上司查参,照例分别议处。

现行刑律案语

原例(略)

臣等谨按：例内“杖八十”罪名照章罚金，应改为“处八等罚”。谨将修改例文，开列于后。

○修改（略）

大清律例	现行刑律
2.3.63.(3)〔奉行条例汇齐造册〕	3.51.(2)〔奉行条例汇齐造册〕 一、大小衙门，将奉行条例，汇齐造册，于新旧交盘之时，一体交盘。如有遗漏，将吏典照遗失官文书律治罪，该管官交部议处。

大清律例	现行刑律
2.3.63.(5)〔臬司卷宗词讼造册钤印移交〕	3.51.(3)〔臬司卷宗词讼造册钤印移交〕 一、各省臬司交代，无论正署，离任时，将一应卷宗，及自理词讼，毋论已结未结，俱造册、钤印、封固，一体移交。其接任臬司，将交代清楚情由，自行陈奏，一面具结详明督抚报部。并将在班书吏，加紧防闲，不许借端出署。如有迟延朦混，即行严究。如因离任事故不及亲办者，责成首领官关防造册封卷呈办。其道、府、厅员一切卷宗，各照州县钤印造册交代例，报明上司存案。

现行刑律案语

原例

2.3.63.(3)〔奉行条例汇齐造册〕（略）

2.3.63.(5)〔臬司卷宗词讼造册钤印移交〕（略）

○仍旧

臣等谨按：此二例应仍其旧，理合陈明。

条例·删除

大清律例

2.3.63.(2)〔隐匿收存朱批奏折〕

一、缘事降调及病故之员,凡有从前未缴朱批奏折,令本身及家属呈明本省督抚、本旗都统代缴。倘有隐匿收存者,一经发觉,降调之本身,交部议处;故员之家属,照违制律杖一百,系官亦交部议处,仍令呈缴。

现行刑律案语

○删除

原例(略)

臣等谨按:此例为降调及病故人员未缴朱批奏折而设。惟近年此等事件,均系交吏部议处,并不引用刑律。此条拟即删除。

大清律例

2.3.63.(4)〔售卖诰命旧轴〕

一、凡将诰命旧轴售卖及转卖者,照违制律治罪。

现行刑律案语

○删除

原例(略)

臣等谨按:诰命旧轴,俱填写姓名,即使售卖,当无承买之人。近来尚无此等情弊。此例无关引用,拟即删除。

2.3.64 上书奏事犯讳/3.52 上书奏事犯讳

律文·修改

大清律例

2.3.64.1 凡上书若奏事,误犯御名及庙讳者,杖八十。余文书误犯者,笞四十。若为名字触犯者,误非一时,且为人唤。杖一百。其所犯御名及庙讳声音相似,字样各别,及有二字止犯一字者,皆不坐罪。○2.3.64.2 若

现行刑律

3.52.1 凡上书若奏事,误犯御名及庙讳者,处八等罚。余文书误犯者,处四等罚。若为名字触犯者,误非一时,且为人唤。处十等罚。其所犯御名及庙讳声音相似,字样各别,及有二字止犯一字者,皆不坐罪。

上书及奏事错误，当言原免而言不免、相反之甚。当言千石而言十石相悬之甚。之类，有害于事者，杖六十。申六部错误有害于事者，笞四十。其余衙门文书错误者，笞二十。若所申虽有错误，而文案可行，不害于事者，勿论。

〇[3.52.2]若上书及奏事错误，当言原免而言不免、相反之甚。当言千石而言十石相悬之甚。之类，有害于事者，处六等罚。申各部错误有害于事者，处四等罚。其余衙门文书错误者，处二等罚。若所申虽有错误，而文案可行，不害于事者，勿论。

现行刑律案语

原律（略）

臣等谨按：此仍《明律》。律内笞、杖照章罚金，应依数分等处罚。现在添设各部，应将“六部”二字改为“各部”。谨将修改律文，开列于后。

〇修改（略）

[2.3.65]事应奏而不奏 / [3.53]事应奏不奏

律文 · 修改

大清律例

[2.3.65.1]凡应议之人有犯，应请旨而不请旨，及应论功上议而不上议，即便拿问发落者，当该官吏照杂犯律处绞。〇[2.3.65.2]若文武职官有犯，应奏请而不奏请者，杖一百。有所规避，如怀挟故勘、出入人罪之类。从重论。〇[2.3.65.3]若军务、钱粮、选法、制度、刑名、死罪、灾异，及事应奏而不奏者，杖八十；应申上而不申上者，笞四十。〇[2.3.65.4]若应议之人，及文武官犯罪，并军务等事，已奏已申，不待回报而辄施行者，并同不奏不申之罪。至死减一等。〇[2.3.65.5]其各衙门合奏公事，须要依律定拟，罪名。具写奏本。其奏事及当该官吏佥书姓名，现今奏本，吏不佥名。明白奏闻。若官吏有规避，将所奏内增减紧关情节，朦胧奏准未行者，以奏事不实论。施行以后，因事发露，虽经年远，鞫问明白，斩。监候。非军务、钱粮，酌情减等。

现行刑律

[3.53.1]凡军务、钱粮、选法、制度、刑名、死罪、灾异，及事应奏而不奏者，处八等罚；应申上而不申上者，处四等罚。〇[3.53.2]若已奏已申，不待回报而辄施行者，并同不奏不申之罪。〇[3.53.3]其各衙门合奏公事，须要依律定拟，明白奏闻。若官吏有规避，将所奏内增减紧关情节，朦胧奏准未行者，以奏事不实论。施行以后，因事发露，虽经年远，鞫问明白，绞。监候。非军务、钱粮，酌情减等。

○[2.3.65.6]若于亲临上司官处禀议公事,必先随事详陈可否,定拟禀说。若准拟者,方行上司置立印署文簿,附写所议之事略节缘由,令首领官吏书名画字,以凭稽考。若将不合行事务,不曾禀上司,妄作禀准,及窥伺上司公务冗并,乘时朦胧禀说致官不及详察,误准施行者,依诈传各衙门官员言语律科罪。有所规避者,从重论。诈传官员言语本罪,详见诈伪律。

现行刑律案语

原律(略)

臣等谨按:此仍《明律》。惟杂犯并非实绞,应将"处"字删去,将"照杂犯律"四字移注"绞"下,并添"准徒五年"较为明晰。至各衙门奏事,现在吏典并不佥名,应将律文内"其奏事及当该官吏佥书姓名"等字及注内"现今奏本,吏不佥名"等字删去。笞、杖照章罚金,应依数分等处罚。斩候照章改为绞候。谨将修改律文,开列于后。

○修改

凡应议之人有犯,应请旨而不请旨,及应论功上议而不上议,即便拿问发落者,当该官吏绞。照杂犯律,准徒五年。○若文武职官有犯,应奏请而不奏请者,处十等罚。有所规避,如怀挟故勘、出入人罪之类。从重论。○若军务、钱粮、选法、制度、刑名、死罪、灾异,及事应奏而不奏者,处八等罚;应申上而不申上者,处四等罚。○若应议之人,及文武官犯罪,并军务等事,已奏已申,不待回报而辄施行者,并同不奏不申之罪。至死减一等。○其各衙门合奏公事,须要依律定拟,罪名。具写奏本,明白奏闻。若官吏有规避,将所奏内增减紧关情节,朦胧奏准未行者,以奏事不实论。施行以后,因事发露,虽经年远,鞫问明白,绞。监候。非军务、钱粮,酌情减等。○若于亲临上司官处禀议公事,必先随事详陈可否,定拟禀说。若准拟者,方行上司置立印署文簿,附写所议之事略节缘由,令首领官吏书名画字,以凭稽考。若将不合行事务,不曾禀上司,妄作禀准,及窥伺上司公务冗并,乘时朦胧禀说致官不及详察,误准施行者,依诈传各衙门官员言语律科罪。有所规避者,从重论。诈传官员言语本罪,详见诈伪律。

核订现行刑律

原修改律文(略)

谨按:职官有犯向系奏参,奉到谕旨,再行审讯,无从擅自勾问。应议之人,自有应议者犯罪本律可引。至属官于上司处禀议公事,向皆具文候批,即同城官属,亦无置立印署文簿、书名画押之事。本律第一、第二、第六,三节久成具文,应请一并节删。第三节“具写奏本”四字系属赘文。第四节律注系兼承第一、第二节言，亦应节去。至第四节“依律定拟”并非止言刑名，凡事关各部，应依律处断者皆是，小注“罪名”二字，非定律之本意，亦应节删。谨将修改律文，开列于后。

〇修改（略）

条例·修改、续纂、移改、仍旧

大清律例

2.3.65.(3)〔各省京控分别情节轻重奏咨〕

一、都察院、步兵统领衙门，遇有各省呈控之案，俱不准驳斥。先向原告详讯，其实系冤抑难伸，情词真切，及地方官审断不公，草率办结，并官吏营私骫法，确凿有据，又案情较重者，即行具奏。如讯供与原呈迥异，或系包揽代诉，被人挑唆，情节显有不实，及原告未经在本省赴案成招，挟嫌倾陷，借端拖累，应咨回本省审办之案，亦于一月或两月，视控案之多寡，汇奏一次，并将各案情节，于折内分晰注明。如距京较近省份，将原告暂交刑部散禁，提取本省全案卷宗，细加查核，再行分别酌办。倘有案情较重，不即具奏，仅咨回本省办理者，各堂官交部严加议处。

现行刑律

3.53.(1)〔京控之案核审咨奏〕

一、大理院遇有京控之案，先由总检察厅详核原呈，分别准、驳。如实系冤抑，或案情较重者，即交本院分庭审明，咨回本省再审。于一月或两月，视控案之多寡，汇奏一次，各案情节，于折内分晰注明。如距京较近省分，将原告暂行散禁，提取本省全案卷宗，细加查核，再行分别酌办。其关系行政事务，如官吏营私骫法，及被参冤抑之类，仍于都察院呈控。

现行刑律案语

原例（略）

臣等谨按：此例应仍其旧，惟例内“刑部”应改“法部”。谨将修改例文，开列于后。

〇修改

一、都察院、步兵统领衙门，遇有各省呈控之案，俱不准驳斥。先向原告详讯，其实系冤抑难伸，情词真切，及地方官审断不公，草率办结，并官吏营私骫法，确凿有据，又案情较重者，即行具奏。如讯供与原呈迥异，或系包揽代诉，被人挑唆，情节显有不实，及原告未经在本省赴案成招，挟嫌倾陷，借端拖累，应咨回本省审办之案，亦于一月或两月,视控案之多寡,汇奏一次,并将各案情节,于折内分晰注明。如距京较近省分,将原告暂交法部散禁,提取本省全案卷宗,细加查核,再行分别酌办。倘有案情较重,不即具奏,仅咨回本省办理者,各堂官交部严加议处。

核订现行刑律

原修改例文(略)

谨按:旧例,距京较近暂交刑部散禁,提取本省卷宗,细加查核,是仍应审判之意。修改之例,将刑部改为法部,微嫌侵害审判独立,应改为大理院,以符定制。谨将修改例文,开列于后。

○修改

一、都察院、步兵统领衙门,遇有各省呈控之案,俱不准驳斥。先向原告详讯,其实系冤抑难伸,情词真切,及地方官审断不公,草率办结,并官吏营私骫法,确凿有据,又案情较重者,即行具奏。如讯供与原呈迥异,或系包揽代诉,被人挑唆,情节显有不实,及原告未经在本省赴案成招,挟嫌倾陷,借端拖累,应咨回本省审办之案,亦于一月或两月,视控案之多寡,汇奏一次,并将各案情节,于折内分晰注明。如距京较近省分,将原告暂交大理院散禁,提取本省全案卷宗,细加查核,再行分别酌办。倘有案情较重,不即具奏,仅咨回本省办理者,各堂官交部严加议处。

会奏修改各条

○原修改例文(略)

谨案:自《法院编制法》颁行,京控事件专属大理院,本条自应查照更正,以植独立之基础。惟都察院职司纠弹,与步军统领衙门专掌捕逮者不同,揆诸各国新制,雅与行政审判为近。现在行政审判未立,未可遽撤藩篱。凡官吏营私执法及被参冤抑之类,俱属行政事项,仍应归该院呈控。拟请于例内修订明确,以明责守而饬官常。谨将修改例文,开列于后。

○修改(略)

现行刑律

3.53.(2)〔各省寻常命盗死罪案件汇案具奏〕

一、各省具奏案件,除例内载明应奏各案,或事关重大,或驳令复审,或由死罪减等例内载明请旨定夺,及声明援例两请者,仍专折具奏外,其余寻常命盗死罪案件,一律改为汇案具奏,分罪应斩、绞立决者为一项,罪应监候者为一项,每折酌量多寡,至多以八案为率,奏交大理院复判。仍另录供招,先行咨院,以备详核奏复。其由死罪径行减拟遣、流人犯,并正犯病故案内余犯应拟遣、流人犯,以及寻常遣、流人犯,与徒罪有关人命等项,均详叙案情,专案咨交大理院核定。仍按季咨报法部,列入司法汇报。

现行刑律案语

〇续纂

一、各省具奏案件，除例内载明应奏各案，或事关重大，或驳令复审，或由死罪减等例内载明请旨定夺，及声明援例两请者，仍专折具奏外，其余寻常命盗死罪案件，一律改为汇案具奏，分罪应斩、绞立决者为一项，罪应监候者为一项，每折酌量多寡，至多以八案为率，并备录供招，先行分咨法部、大理院，逐案详核奏复。其由死罪径行减拟遣、流人犯，并正犯病故案内余犯应拟遣、流人犯，以及寻常遣、流人犯，与徒罪有关人命等项，均详叙案情，专案咨部。

臣等谨按：光绪二十七年八月十五日〔1901 年 9 月 27 日〕奉上谕："嗣后除贺本仍照常恭进外，所有向来专疏具题之件，均着改题为奏等因。钦此。"又，是年十二月间刑部片奏，"嗣后外省命盗案件，除例内载明专折具奏不计外，其余无论凌迟、斩绞立决、监候，旧例应会题者，改为专折具奏。其由死罪减等，例内载明请旨定夺，及声明援例两请，旧例应专本具题者，改为随时汇奏。若由死罪径行减拟发遣、军、流，并正犯病故案内余犯罪应军、流，及军、流折枷等项，俱改为专案咨部。至寻常遣、军、流罪人犯及徒罪有关人命等项，亦一并改为专案咨部"等因。十二日奉旨："依议。钦此。"又，二十九年〔1903〕六月间，刑部奏请"嗣后汇案具奏案件分为两项，如罪应凌迟、斩绞立决者为一项，罪应斩、绞监候者为一项，每次随时酌量多寡，至多以十案为率。其由死罪减等，例内载明请旨定夺，及声明援例两请者，应令随时专折奏明请旨，不得仍前汇奏。以上汇奏、专奏各案，并令备录供招，先行咨部查核"等因。初六日，奉旨："依议。钦此。"嗣于三十三年〔1907〕十二月内，法部会奏《变通秋审缓决人犯》一折，声明"寻常命盗汇奏之案，前经奏定分别立决、监候两项，以十案为率，现在缓案既须同时核定，自应以类相从，至多不得过八起"等因。二十四日，奉旨："依议。钦此。"先后钦遵在案。伏查各项题本均经改奏，则律例内载明"具题""会题""汇题"之处，均应照章删改，以归画一。条例既经改明，则此项章程自毋庸纂入例册。至"专折具奏""汇案具奏"及"专案咨部"等项，自应裒辑先后章程，定为通例，以资遵守。惟刑部现改法部，并添设大理院，凡命盗死罪案件均归两衙门会核具奏，亦应于例内添纂明晰。原定章程有凌迟、折枷、拟军等项，均照章删改，理合陈明。

会奏修改各条

原续纂例文（略）

谨案：编查馆奏定《法院编制法》，"凡外省未设审判厅地方，一应汇奏、专奏死罪案件，暂行由该院照章复判具奏，咨报法部施行"；又本年二月二十九日〔1910 年 4 月 8 日〕奏定《核议死罪施行详细办法》，"凡外省未设审判厅地方，所有遣、流以下案件，例应咨候部复者，仍由各督抚照例咨报，大理院核定咨部，由部转咨施行"各等因，先后奏蒙俞允，钦遵在案。本条"分咨法部"及"专案咨部"等语，均应查照更正，以符定制。谨将修改例文，开列于后。

○修改(略)

大清律例

＊贼盗·强盗

6.18.266.(18)〔审题盗窃等案一犯应拟斩绞两案罪名相同者〕(略)

现行刑律

3.53.(3)〔例应从一科断命盗等案归一具奏〕

一、凡审奏命、盗等案,如另案内尚有别犯应拟斩、绞重罪者,仍照例分案具奏外,如止一犯应拟斩、绞,两案罪名相同,例应从一科断者,归于一案内声叙明晰具奏,其另案即咨院完结。如有余犯问拟安置、流罪者,亦随咨案办结。

现行刑律案语

○移改(略)

见6.18.266.(18)〔审题盗窃等案一犯应拟斩绞两案罪名相同者〕条

大清律例

2.3.65.(4)〔职官自尽专折奏闻〕

现行刑律

3.53.(4)〔职官自尽专折奏闻〕

一、文自知县以上、武自守备以上,如有自尽之案,该督抚专折奏闻。

现行刑律案语

原例(略)

○仍旧

臣等谨按:此例应仍其旧,理合陈明。

大清律例

2.3.65.(1)〔州县官不详报小民疾苦〕

一、凡州县官将小民疾苦之情,不行详报上司,使民无可控诉者,革职,永不叙用。若已经详报,而上司不接准题达者,革职。

现行刑律

3.53.(5)〔州县官不行详报小民疾苦〕

一、凡州县官将小民疾苦之情,不行详报上司,使民无可控诉者,革职,永不叙用。若已经详报,而上司不接准奏闻者,革职。

现行刑律案语

原例(略)

臣等谨按：现在改题为奏，例内“题达”二字亦应酌改。谨将修改例文，开列于后。

○修改(略)

条例·删除

大清律例

2.3.65.(2)〔各省学臣发审事件〕

一、各省学臣发审事件，一面发提调官讯问，一面咨明督抚稽查，提调等官仍具文通报。除例应枷责完结者，听提调官随时发落，报明学臣、督抚、藩臬销案外，其枷责以上罪名，俱照例拟议，报明学臣，详解藩臬核转，由督抚分别批结咨题。如提调等官奉到学臣批檄，不行通报，即罪无出入，亦交部议处。

现行刑律案语

○删除

原例(略)

臣等谨按：各省学臣改为提学使，已无“提调官”名目。此例无关引用，拟即删除。

2.3.66出使不复命／3.54出使不复命

律文·修改

大清律例

2.3.66.1凡奉制敕出使，使事已完，不复命，干预他事者，与使事绝无关涉。杖一百。各衙门出使，题奏精微批文及札付者。使事已完，不复命，干预他事者，所干预系常事，杖七十；军情重事，杖一百。若使事未完，越理理不当为。犯分，分不得为。侵人职掌行事者，笞五十。○2.3.66.2若回还后三日不缴纳圣旨制、敕。者，杖六十，每二日加一等，罪止杖一百；不缴纳符验者，笞四十，每三

现行刑律

3.54.1凡奉制敕出使，使事已完，不复命，干预他事者，与使事绝无关涉。处十等罚。各衙门出使，使事已完。不复命，干预他事者，所干预系常事，处七等罚；军情重事，处十等罚。若使事未完，越理理不当为。犯分，分不得为。侵人职掌行事者，处五等罚。○3.54.2若回还后三日不缴纳圣旨制、敕。者，处六等罚，每二日加一等，罪止十等罚；不缴纳符验者，处四等罚，每三

日加一等,罪止杖八十。○2.3.66.3若或使事有乖,或圣旨、符验有损失之类,有所规避不复命、不缴纳者,各从重论。

日加一等,罪止八等罚。○3.54.3若或使事有乖,或圣旨、制敕、符验有损失之类。有所规避不复命、不缴纳者,各从重论。

现行刑律案语

原律(略)

臣等谨按:此仍《明律》,顺治初年添入小注。按"出使不复命,干预他事",此中关系甚大,而科罪仅止满杖,未免情重法轻,应将此项罪名改为"罢职不叙"。注内"题奉精微批文及札付"等字,亦前明旧法,今并无此体制,应节删。并于小注"圣旨"下添入"制、敕"二字,义更赅括。其余笞、杖照章罚金,应依数分等处罚。谨将修改律文、律注,开列于后。

○修改

凡奉制敕出使,使事已完,不复命,干预他事者,与使事绝无关涉。罢职不叙。各衙门出使,使事已完不复命,干预他事者,所干预系常事,处七等罚;军情重事,处十等罚。若使事未完,越理理不当为。犯分,分不得为。侵人职掌行事者,处五等罚。○若回还后三日不缴纳圣旨制、敕。者,处六等罚,每二日加一等罪,止十等罚;不缴纳符验者,处四等罚,每三日加一等,罪止八等罚。○若或使事有乖,或圣旨、制敕、符验有损失之类,有所规避不复命、不缴纳者,各从重论。

核订现行刑律

原修改律文(略)

○修改(略)

2.3.67官文书稽程/3.55官文书稽程

律文·修改

大清律例

2.3.67.1凡官文书稽程者,一日,吏典笞一十,三日加一等,罪止笞四十;首领官各减一等。首领官,吏典之头目。凡言首领,正官、佐贰不坐。○2.3.67.2若各衙门上司遇有所属申禀公事,随即详议可否,明白定夺批示回报。若当该上司官吏不与果决,含糊行移,上下互相推调,以致耽误公事者,上司官吏杖八十。其所属下司将可

现行刑律

3.55.1凡官文书稽程者,一日,吏典处一等罚,三日加一等,罪止四等罚;首领官各减一等。首领官,吏典之头目。凡言首领,正官、佐贰不坐。○3.55.2若各衙门上司遇有所属申禀公事,随即详议可否,明白定夺批示回报。若当该上司官吏不与果决,含糊行移,上下互相推调,以致耽误公事者,上司官吏处八等罚。其所属下司

行事件，不行区处，无疑而作疑申禀者，下司官吏罪亦如之。

将可行事件，不行区处，无疑而作疑申禀者，下司官吏罪亦如之。

现行刑律案语

原律（略）

臣等谨按：此仍《明律》。律内笞、杖罪名照章罚金，应依数分等处罚。谨将修改律文，开列于后。

○修改（略）

条例・仍旧、修改

大清律例

2.3.67.(1)〔内外衙门公事程限〕

现行刑律

3.55.(1)〔内外衙门公事程限〕

一、内外衙门公事，小事五日程，中事十日程，大事二十日程，并要限内完结。若事干外郡官司关追、会审，或踏勘田土者，不拘常限。

现行刑律案语

原例（略）

○仍旧

臣等谨按：此例应仍其旧，理合陈明。

大清律例

2.3.67.(2)〔部院衙门一切应行事件〕

一、部院衙门一切应行事件，俱于到司五日之内行文。其有讹误舛错之处，将专管值日之满汉司官，交部议处。如遗漏未行，或迟延日久，将满汉司官，交部分别议处。

现行刑律

3.55.(2)〔部院应行事件批行〕

一、各部院衙门一切应行事件，俱于堂官批行后五日内行文。其有讹误舛错之处，将承行之员，交部议处。如遗漏未行，或迟延日久，将管理之员，交部分别议处。

现行刑律案语

原例（略）

臣等谨按：此系各部院衙门行文之通例。但各部院所属分司、分庭、分厅、分处不等，仅言"到司"及称"司官"，尚不赅括，应即酌改。谨将修改例文，开列于后。

○修改(略)

大清律例

2.3.67.(5)〔刑部行查外省案件〕

一、凡刑部衙门寻常移咨外省案件,如行查家产、关提人犯,俱以文到之日为始,依限查复。于复文内将何日接到部咨、有无逾限之处,随案声明。倘一时未得清晰,必须辗转咨查,不能依限查复者,亦即声请展限。如逾限不完,又不声明缘由,经部行催之后,即行查参,将承办之州县,及各该上司,俱交部议处。

现行刑律

3.55.(3)〔大理院寻常移咨外省案件依限查复〕

一、大理院寻常移咨外省案件,如行查家产、关提人犯,俱以文到之日为始,依限查复。于复文内将何日接到该院咨文、有无逾限之处,随案声明。倘一时未得清晰,必须辗转咨查,不能依限查复者,亦即声请展限。如逾限不完,又不声明缘由,仍由该院行催,并知照法部查参,将承办之州县,及各该上司,俱交部议处。

现行刑律案语

原例(略)

臣等谨按:此条专指刑部移咨外省行查家产、关提人犯等件而言。今大理院亦有移咨外省行查家产、关提人犯之事,应将"刑部"改为"法部",并添"大理院"三字。谨将修改例文,开列于后。

○修改

一、法部、大理院寻常移咨外省案件,如行查家产、关提人犯,俱以文到之日为始,依限查复。于复文内将何日接到部院咨文、有无逾限之处,随案声明。倘一时未得清晰,必须辗转咨查,不能依限查复者,亦即声请展限。如逾限不完,又不声明缘由,经部院行催后,即行查参,将承办之州县,及各该上司,俱交部议处。

会奏修改各条

原修改例文(略)

谨按:新章大理院现审案件毋庸咨送法部复核,其司法行政各项统由法部主持,例首"法部"应节删,"部院"应改为"该院"。至查参一层,应由大理院知照法部办理。谨将修改例文,开列于后。

○修改(略)

大清律例

2.3.67.(8)〔报部难结事件通缉已届四十年〕

一、凡各省报部难结事件，如通缉已届四十年者，即行查销，毋庸列入汇奏。倘后经缉获，仍行质明办理。

现行刑律

3.55.(4)〔报部难结事件通缉已届三十年〕

一、凡各省报部难结事件，如通缉已届三十年者，即行查销，毋庸列入汇奏。倘后经缉获，仍行质明办理。

现行刑律案语

原例(略)

○仍旧

臣等谨按：此条应仍其旧，理合陈明。①

大清律例

2.3.67.(4)〔州县承审案件犯证患病扣限〕

现行刑律

3.55.(5)〔州县承审案件犯证患病扣限〕

一、州县官承审案件，或正犯或紧要证佐患病，除轻病旬日即痊者，毋庸扣展外，如遇病果沉重，州县将起病、病痊月日，及医生、医方，先后具文通报，成招时出具甘结附送，令该管府州于审转时查察，加结转送。如府、州、司、道审转之时，或遇犯证患病，亦准报明扣除。但病限毋论司、府、州、县，止准其扣展一月。若带病起解，以致中途病毙，照解犯中途患病不行留养例议处。倘系州县捏报，假病借延，立即揭参。府州扶同加结，院、司察出，将府州一并开参。如审转之府、州、司、道，无故迟延，捏报患病，希图扣限，及上司徇隐，并交部议处。

① 查销报部难结事件通缉届期时间两条条例并不相同，未见相关修改说明。

大清律例

2.3.67.(6)〔州县承审命案详请检验驳查扣限〕

现行刑律

3.55.(6)〔州县承审命案详情检验驳查扣限〕

一、凡州县承审命案,详请检验,上司并未批驳者,仍按限审解外,其有屡次驳查,后经批准,迟延有因之案,该督抚据实声明报部,准其另行扣限。如有捏饰,照例严参。

现行刑律案语

原例

2.3.67.(4)〔州县承审案件犯证患病扣限〕(略)

2.3.67.(6)〔州县承审命案详请检验驳查扣限〕(略)

〇仍旧

臣等谨按:此例应仍其旧,理合陈明。

条例·删除

大清律例

2.3.67.(3)〔刑部应会三法司书题事件〕

一、刑部应会三法司书题事件,将稿面钤盖司印,注明缘由,付督催所汇齐,转交大值日司分用印文,移送法司衙门书题,限八日内亦用印文送回。如稿内有酌议改易之处,即将应酌议改易之处,用印文声明缘由,亦于八日内送回刑部查核定议。刑部仍用印文,将应否改易之处声明,再行会送法司衙门。

现行刑律案语

〇删除

原例(略)

臣等谨按:刑事应奏案件,现已改为法部、大理院会奏,此条系刑部会三法司书题之例,无关引用,应即删除。

大清律例

2.3.67.(7)〔各部事件题结及行查会稿〕

一、凡各部事件,在本部题结者,吏、礼、兵、工等部及各衙门,俱定限二十日;户、刑二部,定限三十日。行查会稿,系吏、礼、兵、工及各衙门主稿者,定限四十日;户、刑二部,定限五十日。内所会各衙门,各定限五日;户、刑二部,各定限十日。逾限即行参处。

2.3.67.(9)〔刑部议复斩绞监候立决本章〕

一、刑部议复斩、绞监候本章,于科抄到部之日为始,仍照定例限八十日内具题。其立决本,限七十日内具题。有行查会议事故,亦仍照例扣限。每日进呈决本,不得过八件,务须按日均匀搭配。如遇实在科抄到部拥挤之时,临时奏明,酌量加增。其科抄到部月日,并是否依限具题,统于本尾逐一声明。倘有逾限,随本附参。

现行刑律案语

○删除

2.3.67.(7)〔各部事件题结及行查会稿〕(略)

2.3.67.(9)〔刑部议复斩绞监候立决本章〕(略)

臣等谨按:以上二条系言题结会稿及科抄题复之限。今六科裁撤,并已改题为奏,刑部议复立决、监候案件,亦已改为汇奏,立决应速议者,限五日;监候应议奏者,限十日。是现时办法既与下条限八十日、七十日具题之例不符,即上条三十日、五十日例文,与下条亦不画一。且近复添设各部,已不止吏、户、礼、兵、刑、工名目,情形迥不相同,自应由各部院酌定限期办理。此二条拟即删除。

大清律例

2.3.67.(10)〔各处专咨报部由刑部改题之案〕

一、各处专咨报部,由刑部改题之案,如系汉字咨文到部者,以文到之日为始,斩、绞监候案件,限九十日具题;立决案件,限八十日具题。系清文咨部者,监候案件,加译汉限期二十日;立决案件,加译汉限期十日。有行查会议事故,亦照科抄本章之例扣限。仍将咨文到部月日,及是否依限具题,统于本尾逐一声明。倘有逾限,随本附参。

现行刑律案语

○删除

原例(略)

臣等谨按:此专指各处将军、都统咨部,由部改题之件而言。今已改题为奏,此例无关引用,应即删除。

2.3.68 照刷文卷

律文·删除

大清律例

2.3.68.1 凡照刷有司有印信衙门文卷,可完不完,迟一宗二宗,吏典笞一十;三宗至五宗,笞二十;每五宗加一等,罪止笞四十。府州县首领官,及仓库、务场、局所、河泊等官,非吏典之比。各减一等。○2.3.68.2 失错漏使印信、不佥姓名之类。及漏报,卷宗本多而不送照刷。一宗,吏典笞二十;二宗三宗,笞三十;每三宗加一等,罪止笞五十。府州县首领官,及仓库、务场、局所、河泊等官,各减一等。其府州县正官、巡检,非首领官之比。一宗至五宗,罚俸一月;每五宗加一等,罚止三月。○2.3.68.3 若文卷刷出,钱粮埋没、刑名违枉等事,有所规避者,各从重论。

现行刑律案语

○删除

原律(略)

臣等谨按:此仍《明律》,言照刷文卷稽迟、错漏、规避之罪。惟查稽迟,则有官文书稽程律;错失,则有上书错误、申六部文错误、其余各衙门文书错误律;遗漏,则有应申不申之律。至钱粮埋没、刑名违枉等事,有所规避,均各有本律、本例可循。此律早成赘设,拟即删除。

条例·移改

大清律例	现行刑律
2.3.68.(5)〔军流人犯专咨报部〕 一、各省军、流人犯,定地发配,及到配安置,俱声明何司案呈,专咨报部。	*名例·五徒三流二遣地方 1.39.(14)〔遣流人犯发配到配专咨报部〕(略)

现行刑律案语

原例(略)

臣等谨按:本门律文现拟删除,应将此条移入"五徒三流二遣地方"门,以归一类。"充军"名目已改为"安置",应将例文"军、流人犯"改为"遣、流人犯"。谨将移改例文,开列于后。

○移改

名例·五徒三流二遣地方

1.39.(14)〔遣流人犯发配到配专咨报部〕(略)

条例 · 删除

大清律例

2.3.68.(1)〔各部院衙门科抄并见理事件〕

一、各部院衙门,每月将已结未结科抄事件,造册分送六科。科抄并见理事件,造册分送各道,勘对限期。其各部注销会稿事件,即于注销册内,将会稿衙门定议日期,逐一详开,移会科道查核。倘有迟延违误者,察参。

2.3.68.(2)〔在京衙门钱粮刑名案件〕

一、在京各衙门,凡关钱粮、刑名案件,每年八月内汇造印册,送京畿道刷卷。有迟错者,察参。

2.3.68.(3)〔各省汇题事件〕

一、各省汇题事件,统限开印后两月具题。如有迟延,刑部随本查参,交部议处。

2.3.68.(4)〔各省汇奏事件〕

一、各省汇奏事件,该督抚于每年十月截数,咨报各部及军机处,均限十二月初间咨齐,即由军机大臣会同该部汇开清单,于年底先行具奏。仍交部分别核议,照例具题。如该督抚等逾限不报,交部察议。

现行刑律案语

○删除

2.3.68.(1)〔各部院衙门科抄并见理事件〕(略)

2.3.68.(2)〔在京衙门钱粮刑名案件〕(略)

2.3.68.(3)〔各省汇题事件〕(略)

2.3.68.(4)〔各省汇奏事件〕(略)

臣等谨按:以上四例,系言科钞、造册、刷卷、汇题、具题迟错之法,或早成具文,或另改新章,现均无关引用,拟即删除。

2.3.69 磨勘卷宗

律文 · 删除

大清律例

2.3.69.1 凡(照磨所官)磨勘出各衙门未完文卷,曾经布政司、按察司照刷驳问迟错,经隔一季之后,钱粮不行追征足备者,提调(掌印)官吏,以未足之数十分为率,一分笞五十,每一分加一等，罪止杖一百；刑名、造作等事，可完而不完，应改正而不改正者，过一季，笞四十，一季后，每一月加一等，罪止杖八十。受财者，计赃以枉法从重论。○[2.3.69.2]若有隐漏已照刷过卷宗。不报磨勘者，一宗笞四十，每一宗加一等，罪止杖八十。事干钱粮者，一宗杖八十，每一宗加一等，罪止杖一百。有所规避者，从重论。○[2.3.69.3]若官吏文书内或有稽迟未行，或有差错未改。闻知事发，将吊查，旋补文案，未完捏作已完，未改正捏作已改正。以避迟错者，钱粮计所增数，以虚出通关论；刑名等事，以增减官文书论。同僚若本管上司，知而不举，及扶同旋补作弊者，同罪。不知情，及不同署文案者，不坐。

现行刑律案语

○删除

原律（略）

臣等谨按：此仍《明律》，与前照刷文卷律情事相因，惟彼律早成赘设，现拟删除，此律更无关引用，拟一并删除。

[2.3.70]同僚代判署文案／[3.56]同僚代判署文案

律文·修改

大清律例

[2.3.70.1]凡应行上下官文书，而同僚官代判判日。署书名画押。者，杖八十。若因遗失同僚经手文案，而代为判署，以补卷宗者，加一等。若于内事情有增减出入罪重者，从重论。

现行刑律

[3.56.1]凡应行上下官文书，而同僚官代判判日。署书名画押。者，处八等罚。若因遗失同僚经手文案，而代为判署，以补卷宗者，加一等。若于内事情有增减出入罪重者，从重论。

现行刑律案语

原律（略）

臣等谨按：此仍明律。律内“杖八十”罪名照章罚金，应改为“处八等罚”。谨将修改律文，开列于后。

○修改（略）

条例·修改

大清律例	现行刑律
2.3.70.(1)〔各部司员诿不画押及堂官逼勒〕	3.56.(1)〔部院司员诿不画押及堂官逼勒〕
一、各部司员,有偷安偏执,故意推诿不行画押者,该堂官即指名题参。其实有患病、事故告假者,免其议处。若堂官徇情枉法,逼勒画押,该司员密揭都察院,将该堂官指名题参。如有挟嫌诬告情弊,将该司员照例治罪。	一、各部院衙门司员,有偷安偏执,故意推诿不行画押者,该堂官即指名奏参。其实有患病、事故告假者,免其议处。若堂官徇情枉法,逼勒画押,该司员密揭都察院,将该堂官指名奏参。如有挟嫌诬告情弊,将该司员照例治罪。

现行刑律案语

原例(略)

臣等谨按:各部院衙门稿件,均应画押。应将例首"各部"二字改为"各部院衙门",以作通例。"题参"应改为"奏参"。谨将修改例文,开列于后。

〇修改(略)

条例·删除

大清律例

2.3.70.(2)〔院寺堂官推故不到刑部会审者〕

一、刑部遇有三法司会勘案件,即知会都察院、大理寺堂官,带同属员,至刑部衙门秉公会审,定案画题。倘饰词推故,竟无堂官到部者,即将该院、寺堂官交部议处。

现行刑律案语

〇删除

原例(略)

臣等谨按:会勘案件,新章已改归法部、大理院会奏。此例无关引用,应即删除。

大清律例

2.3.70.(3)〔藩臬两司审勘参案罪有出入〕

一、各省承审参案,无论侵贪挪移,以及滥刑枉法等项,俱由臬司主稿,会同藩司审勘,招解督抚衙门复审。倘藩司以事非己责,并不实心会鞫,或臬司因主稿在己,偏执自是,以致罪有出入者,该督抚即行查参,交部分别议处。

现行刑律案语

原例(略)

〇仍旧

臣等谨按:此例应仍其旧,理合陈明。

核订现行刑律

〇删除

原仍旧例文(略)

谨按此条:系乾隆二十九年〔1764〕定例。《处分则例》本无明文,现在审判另设专官,《法院编制法》不久颁行,虽系参案,不应仍存藩司会审之制。此条拟请删除。

2.3.71增减官文书/3.57增减官文书

律文·修改

大清律例

2.3.71.1凡增减官文书内情节字样者,杖六十。若有所规避,而增减者,杖罪以上,至流、徒,各加规避本罪二等,罪止杖一百、流三千里。未施行者,于加罪上各减一等。规避死罪者,依常律。其当该官吏,自有所避,之罪,增减原定文案者,罪与规避同。若增减以避迟错者,笞四十。〇2.3.71.2若行移文书,误将军马、钱粮、刑名重事紧关字样,传写失错,而洗补改正者,吏典笞三十。首领官失于对同,减一等。若洗改而有干碍调拨军马,及供给边方军需钱粮数目者,首领官、吏典皆杖八十。若有规避故改补者,以增减官文书论。各加本罪二等。未施行者,各于规避加罪上减一等。若因改补而官司涉疑,有碍应付,或至调拨军马不敷、供给钱粮不足,因而失误军机者,无问故、失,并斩。监候。以该吏为首。若首领及承发吏,杖一百、流三千里。若

现行刑律

3.57.1凡增减官文书内情节字样者,处六等罚。若有所规避,而增减者,流罪以下,各加规避本罪二等,罪止流三千里。未施行者,于加罪上各减一等。规避死罪者,依常律。其当该官吏,自有所避,之罪,增减原定文案者,罪与规避同。若增减以避迟错者,处四等罚。〇3.57.2若行移文书,误将军马、钱粮、刑名重事紧关字样,译写失错,而洗补更正者,译写之人处三等罚。首领官员失于对同,减一等。若洗改更正而有干碍调拨军马,及供给边方军需钱粮数目者,首领官员及译写之人皆处八等罚。若有规避故改补者,以增减官文书论。各加本罪二等。未施行者,各于规避加罪上减一等。若因改补而官司涉疑,有碍应付,或至调拨军马不敷、供给钱粮不足,因而失误军机者,无问故、失,并绞。监候。罪坐所由,仍分首、从。若

非军马、钱粮、刑名等事文书，而无规避，及常行字样偶然误写者，皆勿论。

非军马、钱粮、刑名等事文书，而无规避，及常行字样偶然误写者，皆勿论。

现行刑律案语

原律（略）

臣等谨按：此仍《明律》，所以严增减文书之罪。但从前官文书只有缮写者，今遍设电线，则官电亦当作官文书论，应改"传写"为"译写"，此项人非皆吏典，应改"吏典"为"译写之人"，并改小注"以该吏为首。若首领及承发吏，杖一百、流三千里"等语为"罪坐所由，仍分首、从"八字，以便引用。笞、杖等罪照章罚金，应依数分等处罚，律文"杖罪以上"四字并小注"至流、徒"三字，均应删去，改为"流罪以下"四字。流罪附杖应节删。斩候应改为绞候。谨将修改律文、律注，开列于后。

○修改（略）

2.3.72 封掌印信

律文 · 删除

大清律例

2.3.72.1 凡内外各衙门印信，长官收掌，同僚佐贰官，用纸于印面上封记，俱各画字。若同僚佐贰官公差事故，许首领官封印。违者，杖一百。

现行刑律案语

○删除

原律（略）

臣等谨按：此仍《明律》，与现在京外各衙门封掌印信之制均不符合，留之无关引用，拟即删除。

2.3.73 漏使印信／3.58 漏使印信

律文 · 修改

大清律例

2.3.73.1 凡各衙门行移出外文书，漏使印信者，当该吏典、对同首领官并承发，各杖六十。○2.3.73.2 全不用印者，各杖八

现行刑律

3.58.1 凡各衙门行移出外文书，漏使印信者，当该吏典、对同首领官并承发，各处六等罚。○3.58.2 全不用印者，各处

十。○2.3.73.3若漏印及全不用印之公文干碍调拨军马、供给边方军需钱粮者，各杖一百。因其漏使、不用，所司疑虑，不即调拨供给而失误军机者，斩。监候。亦以当该吏为首。经管首领官并承发，止坐杖一百、流三千里。○若倒用印信者，照漏用律杖六十。

八等罚。○3.58.3若漏印及全不用印之公文关系调拨军马、供给边方军需钱粮者，各处十等罚。因其漏使、不用，所司疑虑，不即调拨、供给而失误军机者，绞。监候。亦以当该吏为首，经管首领官并承发止流三千里。○若倒用印信者，照漏用律处六等罚。

现行刑律案语

原律(略)

臣等谨按：此系《明律》，应仍其旧。惟律文“干碍”二字，拟改为“关系”，更昭慎重。杖罪照章罚金，应依数分等处罚。斩候改为绞候。小注流罪附杖应节删。谨将修改律文、律注，开列于后。

○修改(略)

条例·修改、仍旧

大清律例

2.3.73.(1)〔添改稿案俱钤印〕

一、各部院稿案，有应行添改之处，俱用印钤盖。如有疏忽，照例参处。

现行刑律

3.58.(1)〔添改稿案俱钤印〕

一、各部院稿案，有将紧要数目字样添改之处，俱用印钤盖。如有疏忽，照例参处。

现行刑律案语

原例(略)

臣等谨按：各部院稿案，如所添改系常行字样、不害于事者，可勿论。若军马、钱粮、刑名重事，诸紧要数目字样，则不可稍涉疏忽，应于例内添改明晰。谨将修改例文，开列于后。

○修改(略)

大清律例

2.3.73.(2)〔奏销册内漏印及洗补添注〕

现行刑律

3.58.(2)〔奏销册内漏印及洗补添注〕

一、奏销册内钱粮总数，遗漏印信，及有洗补、添注字样，造册之员交部议处，缮书册吏按律治罪。

现行刑律案语

原例（略）

○仍旧

臣等谨按：此条应仍其旧，理合陈明。

条例·删除

大清律例

2.3.73.(3)〔陵寝采办祭品及钱粮行文出境等事〕

一、陵寝重地，采办祭品，及一切有关钱粮行文出境等事，俱具稿呈堂，钤盖堂印咨行。

现行刑律案语

原例（略）

臣等谨按：此例专指一事而言。惟类于此事者尚多，应加修改，以为各衙门之通例。谨将修改例文，开列于后。

○修改

一、在京各衙门，遇有重要事件、行文出境者，俱具稿呈堂，钤盖堂印咨行，违者议处。

核订现行刑律

○删除

原修改例文（略）

谨按：在京各衙门咨行外省文件，向俱钤盖堂印，从未有用司印者，此条系属虚设，拟请删除。

2.3.74擅用调兵印信／3.59擅用调兵印信

律文·修改

大清律例

2.3.74.1凡统兵将军，及各处提督、总兵官印信，除调度军马，办集军务，行移公文用使外，若擅出批帖，假公营私，及为凭照防送物货图免税者，首领官、吏，各杖一

现行刑律

3.59.1凡统兵将军，及各处提督、总兵官印信，除调度军马，办集军务，行移公文用使外，若擅出批帖，假公营私，及为凭照防送物货图免税者，首领官、吏，各处十等

百,罢职役不叙,罪其不能禀阻。正官奏闻区处。

罚,罢职役不叙,罪其不能禀阻。正官奏闻区处。

现行刑律案语

原律(略)

臣等谨按:此仍《明律》。新章杖罪改为罚金,律内首领官罪名拟径改为"罢职不叙",免其杖罪;吏改为"处十等罚,罢役"。谨将修改律文,开列于后。

○修改

凡统兵将军及各处提督总兵官印信,除调度军马、办集军务,行移公文用使外,若擅出批帖,假公营私,及为凭照防送物货图免税者,首领官罢职不叙,吏处十等罚,罢役,罪其不能禀阻。正官奏闻区处。

核订现行刑律

原修改律文(略)

谨按:律内"罢职不叙",旧律尚有"杖一百"罪名,应修复照章改为"各处十等罚,罢职役不叙",以昭一律。谨将修改律文,开列于后。

○修改(略)

条例·仍旧

大清律例

2.3.74.(1)〔以官印用于私书〕

现行刑律

3.59.(1)〔以官印用于私书〕

一、凡各省文武大小官员,有以官印用于私书者,照违制律治罪。有所求为,从重论。

现行刑律案语

原例(略)

○仍旧

臣等谨按:此条应仍其旧,理合陈明。

3 户　律

3.4 户役 / 4 户役

3.4.75 脱漏户口 / 4.60 脱漏户口

律文·修改

大清律例

3.4.75.1 凡一家口户,全不附籍,若有田应出赋役者,家长杖一百;若系无田不应出赋役者,杖八十,准附籍有赋照赋,无赋照丁。当差。○3.4.75.2 若将他家人隐蔽在户不另报,立籍。及相冒合户附籍,他户。有赋役者,本户家长亦杖一百;无赋役者,亦杖八十。若将内外另居亲属隐蔽在户不报,及相冒合户附籍者,各减二等。所隐之人,并与同罪,改正立户,别籍当差。其同宗伯叔、弟侄及婿,自来不曾分居者,不在此断罪、改正之限。○3.4.75.3 其见在官役使办事者,虽脱户,然有役在身、有名在官,止依漏口法。○3.4.75.4 若曾立有户,隐漏自己成丁十六岁以上。人口不附籍,及增减年状、妄作老幼废疾,以免差役者,一口至三口,家长杖六十,每三口加一等,罪止杖一百;不成丁,三口至五口,笞四十,每五口加一等,罪止杖七十。所隐人口入籍、成丁者当差。○3.4.75.5 若隐蔽他人丁口不附籍者,罪亦如之。所隐之人与同罪,发还本户,附籍、当差。○3.4.75.6 若里长失

现行刑律

4.60.1 凡一家口户,全不附籍,若有田应出赋役者,家长处十等罚;若系无田不应出赋役者,处八等罚,准附籍有赋照赋,无赋照丁。当差。○4.60.2 若将他家人隐蔽在户不另报,立籍。及相冒合户附籍,他户。有赋役者,本户家长亦处十等罚;无赋役者,亦处八等罚。若将内外另居亲属隐蔽在户不报,及相冒合户附籍者,各减二等。所隐之人,并与同罪,改正立户,别籍当差。其同宗伯叔、弟侄及婿,自来不曾分居者,不在此断罪、改正之限。○4.60.3 其见在官役使办事者,虽脱户,然有役在身、有名在官。止依漏口法。○4.60.4 若曾立有户,隐漏自己成丁十六岁以上。人口不附籍,及增减年状、妄作老幼废疾,以免差役者,一口至三口,家长处六等罚,每三口加一等,罪止十等罚;不成丁,三口至五口,处四等罚,每五口加一等,罪止七等罚。所隐人口入籍、成丁者当差。○4.60.5 若隐蔽他人丁口不附籍者,罪亦如之。所隐之人与同罪,发还本户,附籍、当差。○4.60.6 若长

于取勘,致有脱户者,一户至五户,笞五十,每五户加一等,罪止杖一百;漏口者,一口至十口,笞三十,每十口加一等,罪止笞五十。本县提调正官、首领官吏失于取勘,致有脱户者,十户笞四十,每十户加一等,罪止杖八十;漏口者,十口笞二十,每三十口加一等,罪止笞四十。知情者,并与犯人同罪。受财者,计赃以枉法从重论。若官吏曾经三次立案取勘,已责里长文状,叮咛省谕者,事发罪坐里长。如里长、官吏,知其脱漏之情,而故纵不问者,则里长、官吏与脱漏户口之人同罪。若有受财者,并计赃以枉法从重论。

里失于取勘,致有脱户者,一户至五户,处五等罚,每五户加一等,罪止十等罚;漏口者,一口至十口,处三等罚,每十口加一等,罪止五等罚。本县提调正官、首领官吏失于取勘,致有脱户者,十户处四等罚,每十户加一等,罪止八等罚;漏口者,十口处二等罚,每三十口加一等,罪止四等罚。知情者,并与犯人同罪。受财者,计赃以枉法从重论。若官吏曾经三次立案取勘,已责里长文状,叮咛省谕者,事发罪坐里长。如里长、官吏,知其脱漏之情,而故纵不问者,则里长、官吏与脱漏户口之人同罪。若有受财者,并计赃以枉法从重论。

现行刑律案语

原律(略)

臣等谨按:此条沿用《明律》,系编审户口之法。前代定制,有田则有赋,有丁则有役,户口为赋役所自出,户口一有脱漏,赋役之弊丛生,故严立脱漏之防,三年一编审,时有因革损益,而法立弊生,莫衷一是。国朝顺治十三年〔1674〕,改为五年一编审。雍正、乾隆以来,丁归地粮,于是丁徭与地赋合,民纳地丁之外,别无徭役,官家兴作,悉凭雇募,编审一律停止。盖赋役之制,既与昔殊,斯编审之法,无妨从略也。然编审虽停,而律文如故。从前奏定《编查保甲条例》,有"违者照脱户律治罪"之文,虽百余年来未经引用,而清厘户口为全国政治根本。上年〔1908〕民政部奏定《清查户口章程》,极为详晰,以后一切办法,或有须将本律比附增减之处,揆时度势,此律应仍其旧,以资遵守。惟笞、杖照章罚金,应依数分等处罚。谨将修改律文,开列于后。

〇修改(略)

条例·修改

大清律例

3.4.75.(1)〔直隶各省编审〕

一、直隶各省编审,察出增益人丁实数,缮册奏闻,名为《盛世滋生户口册》。其征收钱粮,但据康熙五十年

现行刑律

4.60.(1)〔直隶各省编审〕

一、直隶各省编审,察出增益人丁实数,缮册奏闻,名为《盛世滋生户口册》。其征收钱粮,但据康熙五十年

(1711)丁册,定为常额。续生人丁,永不加赋。如额征丁粮数内有开除者,即将各该省新增人丁补足额数。至新增人丁,倘不据实开报,或有私派钱粮,及造册之时,借端需索,该督抚严查题参。

(1711 年)丁册,定为常额。续生人丁,永不加赋。如额征丁粮数内,有开除者,即将各该省新增人丁补足额数。至新增人丁,倘不据实开报,或有私派钱粮,及造册之时,借端需索,该督抚严查奏参。

现行刑律案语

原例(略)

臣等谨按:此例应仍其旧。惟"题参"照章改为"奏参"。谨将修改例文,开列于后。

○修改(略)

条例 · 删除

大清律例

3.4.75.(2)〔八旗比丁之年〕

一、八旗凡遇比丁之年,各该旗务将所有丁册,逐一严查。如有漏隐,即据实报出,补行造册送部。如该旗不行详查,经部察出,即交部查议。

删除律例

○删除

3.4.76 人户以籍为定 / 4.61 人户以籍为定

律文 · 修改

大清律例

3.4.76.1 凡军、民、驿、灶、医、卜、工、乐诸色人户,并以原报册籍为定。若诈军作民。冒民脱匠免,避己重就人轻者,杖八十。其官司妄准脱免,及变乱改军为民、改民为匠。版籍者,罪同。军民人等,各改正、当差。○3.4.76.2 若诈称各卫军人,不当军民差役者,杖一百,发边远充军。

现行刑律

4.61.1 凡人户,并以原报册籍为定。若诈冒脱免,避己重就人轻者,处八等罚。其官司妄准脱免,及变乱版籍者,罪同。

现行刑律案语

原律(略)

臣等谨按:此仍《明律》。律首"军、民、驿、灶、医、卜、工、乐诸色"等字,与现在编隶户籍之法不合,应请节删。"杖八十"罪名照章罚金,应改为"处八等罚"。律内小注均系承律首一语而言,应一并删除。律末"诈称各卫军人"等语,亦前明始有此弊,现在并无其事,均应节删。谨将修改律文,开列于后。

○修改(略)

条例·仍旧、移改、修并、修改

大清律例

3.4.76.(17)〔宛大两县人员出仕同乡京官出结〕(略)

现行刑律

4.61.(1)〔宛大两县人员出仕同乡京官出结〕

一、凡籍隶顺天府宛、大两县人员,出仕时,取具同乡京官印结者,各宜细心察核。如有混冒出结,除照例议罪外,遇有承追无着之项,即于定例后出结官名下追赔。

现行刑律案语

原例(略)

○仍旧

臣等谨按:此例应仍其旧,理合陈明。

大清律例

*名例·犯罪免发遣

1.1.9.(5)〔旗人犯窝窃等罪〕(略)

现行刑律

4.61.(2)〔旗人犯窝窃等罪销除旗档〕

一、凡旗人窝窃、窝娼、窝赌,及诬告讹诈,行同无赖,不顾行止;并棍徒扰害、教诱宗室为非、造卖赌具、代贼销赃、行使假银、捏造假契、描画钱票、一切诓骗诈欺取财,以窃盗论、准窃盗论;及犯诱拐、强奸、亲属相奸者,均销除本身旗档。

现行刑律案语

〇移改(略)

见1.1.9.(5)〔旗人犯窝窃等罪〕条

核订现行刑律

〇修改(略)

见1.1.9.(5)〔旗人犯窝窃等罪〕条

大清律例

3.4.76.(7)〔数辈出力家奴伊主听其赎身〕

一、旗下奴仆,若果系数辈出力之人,伊主念其勤劳,情愿听其赎身为民,本旗、户部有档案可稽,州县地方有册籍可据,为民者仍归民籍,旧主子孙不得借端控告。其有投充之本身,私自为民,别经发觉,将伊家同族之良民,诬指为同祖,希图陷害者,或本主因家奴之同族,少有产业,诬告投充之子孙者,审明将诬扳、诬告之人,照冒认良人为奴婢律治罪。

3.4.76.(21)〔放出家奴应试出仕〕

一、乾隆元年(1736)以后,白契所买之人,未入丁册者,准照例赎身为民。其乾隆元年(1736)以前,白契所买之人,既准作为印契,仍照例在本主户下,挑取步甲等缺,俟三辈后著有劳绩,本主情愿放出为民者,旗人则取具本主甘结,加具参、佐领图结,由旗咨部存案;汉人则取具本主甘结,报明本籍地方官,咨部存案。俟部核复,准入民籍。此等旗、民放出家奴,只许耕作营生,不许考试、出仕。其放出入籍三代后所生之子孙,准其与平民一例应试、出仕,京官不得至京堂,外官不得至三品。其虽经放出,未经呈报者,应自报官存案之日起限。

现行刑律

4.61.(3)〔旗下家奴概听赎身为民〕

一、凡旗下从前家奴,不论系赏给、投充,及红契、白契所买,是否数辈出力,概听赎身,放出为民,报明地方官,编入民籍,毋庸稽查旧档及取结咨部核复。所生子孙,准与平人一体应试、出仕。其未经放出及无力赎身者,概以雇工人论。

现行刑律案语

原例

3.4.76.(7)〔数辈出力家奴伊主听其赎身〕(略)

臣等谨按：此例应仍其旧。惟户部现经改名，例内"本旗、户部有档案可稽，州县地方有册籍可据"二语，应改为"在内有档案可稽，在外有册籍可据"。谨将修改例文，开列于后。

○修改

一、旗下奴仆，若果系数辈出力之人，伊主念其勤劳，情愿听其赎身为民，在内有档案可稽，在外有册籍可据，为民者仍归民籍。旧主子孙不得借端控告。其有投充之本身，私自为民，别经发觉，将伊家同族之良民，诬指为同祖，希图陷害者，或本主因家奴之同族，少有产业，诬告投充之子孙者，审明将诬扳、诬告之人，照冒认良人为奴婢律治罪。

原例

3.4.76.(21)〔放出家奴应试出仕〕(略)

臣等谨按：此条系乾隆三年〔1738〕定例，五十三年〔1788〕修改，嘉庆十一年〔1806〕改定。惟所称"乾隆元年〔1736〕以后"及"乾隆元年〔1736〕以前"等语，自系仅据当时情事而言，留入例中，颇嫌未洽，似应全行删去；并将下层"白契所买……准作为印契"一句，径改为"印契所买之人"，较为分晰。谨将修改例文，开列于后。

○修改

一、凡白契所买之人，未入丁册者，准赎身为民。其印契所买之人，仍在本主户下，挑取步甲等缺，俟三辈后著有劳绩，本主情愿放出为民者，旗人则取具本主甘结，加具参、佐领图结，由旗咨部存案；汉人则取具本主甘结，报明本籍地方官，咨部存案。俟部核复，准入民籍。此等旗、民放出家奴，只许耕作营生，不许考试、出仕。其放出入籍三代后所生之子孙，准其与平民一例应试、出仕，京官不得至京堂，外官不得至三品。其虽经放出，未经呈报者，应自报官存案之日起限。

核订现行刑律

原修改例文

3.4.76.(7)〔数辈出力家奴伊主听其赎身〕原修改例文(略)

3.4.76.(21)〔放出家奴应试出仕〕原修改例文(略)

谨按：宣统元年十二月二十一日〔1910年1月31日〕，臣馆会同修订法律大臣奏《请禁革买卖人口》折，内称"查八旗家奴，有赏给者，有投充者，有契买者，拟请概以雇工人论。伊主情愿赎放者，听"等因。奉旨允准，钦遵在案。以上二条，本系旗下家奴赎身放出之例，自应照改以符新章。至第一条"在内有档案可稽""在外有册籍可据"二语，尚系从前情形，现在档案、册籍未必完全，如必俟查明旧案，方准列入民籍;或照第二条办法"加结咨送,俟部复核准,方许入籍",恐转辗稽延,徒启需索抑勒之弊。其第二条"印契""白契"之分,旧例本以乾隆元年〔1736〕为断,迄今百有余年,历世已不止三代,业经放出,许其为民,即与平人无异。若应试、出仕,犹限其辈数、官阶,与许放为民之本旨未符。况各府包衣,亦家奴之一种,初未因系厮养阻其登进,际兹提倡选举之时,民权尤宜保护,似不宜复分轩轾。拟请嗣后凡赎身放出之家奴,即报明该管地方官,编入民籍,毋庸稽查档案取结,咨部核复;其所生之子孙,准与平人一体应试、出仕;其未经放出及无力赎身者,概照新章,以雇工人论。以上二条,应即修并为一,以省繁冗。谨将修并例文,开列于后。

〇修并

4.61.(3)〔旗下家奴概听赎身为民〕(略)

大清律例

3.4.76.(16)〔娼优隶卒子孙不准入考捐监〕

一、娼、优、隶、卒,及其子孙,概不准入考、捐监。如有变易姓名,朦混应试、报捐者,除斥革外,照违制律杖一百。若将良民诬指为娼、优、隶、卒,希图倾陷拖累者,各按诬告律治罪。

现行刑律

4.61.(4)〔营业不正身家不清白不准入考捐监〕

一、营业不正及身家不清白者,概不准入考、捐监。如有变易姓名,朦混应试、报捐者,除斥革外,照违制律治罪。若将良民诬指,希图倾陷拖累者,按诬告律治罪。

现行刑律案语

原例(略)

臣等谨按:违制律应满杖,例内"杖一百"三字应改为"治罪"二字。谨将修改例文,开列于后。

〇修改

一、娼、优、隶、卒,及其子孙,概不准入考、捐监。如有变易姓名,朦混应试、报捐者,除斥革外,照违制律治罪。若将良民诬指为娼、优、隶、卒,希图倾陷拖累者,各按诬告律治罪。

核订现行刑律

原修改例文(略)

谨按:本条所谓"娼、优",即《谘议局章程》第六条第三款之"不正营业","隶、卒"即第七款之"身家不清白"。此等名色,颇难枚举,如仅指定"娼、优、隶、卒"四项,范围转隘,自宜查照定章更正。方今改良刑律,罪不及孥,凡律内缘坐各条,业奉特旨豁免,娼、优、隶、卒,究非死罪可比,乃因托业卑贱而并夺其子孙之人格,似非朝廷筹备立宪、保护人权之至意。况古来人杰,起于奴隶厮养者,史不绝书,正宜宏造就之方,以坚齐民争自淬厉之志。例首"及其子孙"四字,拟请节删。谨将修改例文,开列于后。

〇修改(略)

条例·删除

大清律例

3.4.76.(1)〔应试童生诈冒〕

一、应试童生,如诡捏数名,或顶名入场,希图幸进者,照诈冒律杖八十。保结之廪生知情者,同罪。

现行刑律案语

〇删除

原例(略)

臣等谨按:此条系乾隆八年〔1743〕定例。惟现今科岁试既停,各学堂考试另有奏定章程可守,且并无保结之廪生,此例无关引用,拟请删除。

大清律例

3.4.76.(2)〔各旗白契家奴分别准否赎身〕

一、雍正十三年(1735)以前,各旗白契所买之人,俱不准赎身。若有逃走者,准递逃牌。乾隆元年(1736)以后,白契所买单身及带有妻室子女之人,俱准赎身。若买主配给妻室者,不准赎身。未经卖身之先,或已定亲未娶,问女家情愿,方许配合,不情愿者听。

删除律例

〇删除

大清律例

3.4.76.(3)〔捏称乾隆元年前放出家奴营求入于民籍〕

一、乾隆元年(1736)以后放出,捏称元年以前,私自营求,入于民籍者,察出,将该户交刑部照例治罪,仍令归旗,作为本主户下家人。其不行详查之参、佐领,及朦混收入民籍之地方官,一并交部议处。

删除律例

〇删除

大清律例

3.4.76.(4)〔承领官地庄头归入汉军或民籍考试〕

一、内务府承领官地庄头,及王公户下由内府拨出之庄头,旗档有名者,归入汉军考试;旗档无名者,归入民籍考试。其八旗户下带地投充庄头,毋论旗档有名无名,均不准应试出仕。

现行刑律案语

〇删除

原例(略)

臣等谨按:此例为庄头人等分别准考、不准考而设,现在科举既停,此例即无关引用,拟请删除。

大清律例

3.4.76.(5)〔民间世仆放出三代后子孙始得报捐考试〕

一、安徽省徽州、宁国、池州三府,民间世仆,如现在主家服役者,应俟放出三代后,所生子孙,方准报捐、考试。若早经放出,并非现在服役豢养,及现不与奴仆为婚者,虽曾葬田主之山、佃田主之田,均一体开豁为良。已历三代者,即准其报捐、考试。

现行刑律案语

〇删除

原例(略)

臣等谨按:安徽省徽、宁、池三府,从前民间世仆,现在悉豁为良,并无此等仆役,应即删除。

大清律例

3.4.76.(8)〔累代出力家奴本主呈明出户〕

一、八旗家奴,如系累代出力,经本主呈明令其出户,应准放入民籍。其由本主得银放出,潜入民籍,或抱养子弟,指称归宗,私入民籍者,仍治以不行呈明之罪,令其各归民籍。至指借他人名色,代为认买,私自出旗;或带地投充之人,将子孙改姓,潜入民籍者,照例治罪,仍断还原主。若有钻营势力,欺压孤幼,赎身为民者,倍追身价,给还原主,将人口赏给外省驻防兵丁为奴。

现行刑律案语

○删除

原例(略)

臣等谨按:此条系乾隆二十四年〔1759〕定例,五十三年〔1788〕修改。例内“得银放出”,即系赎身;“抱养子弟归宗”,即系不准紊乱旗籍。乃既准其各归民籍,仍治以不行呈明之罪,究竟应治何罪,并未叙明,有犯殊难援引。现值化除满汉之际,此等处尽可从宽。至“指借……认买,私自出旗”各层,系属旧时情形,久无此等案件,例文尤系虚设,应即删除。

大清律例

3.4.76.(9)〔乐籍堕民丐户皆令削籍改业为良〕

一、各省乐籍,并浙省堕民、丐户,皆令确查削籍,改业为良。若土豪地棍,仍前逼勒凌辱,及自甘污贱者,依律治罪。其地方官奉行不力者,该督抚查参,照例议处。

现行刑律案语

原例(略)

○仍旧

臣等谨按:此例应仍其旧,理合陈明。

核订现行刑律

○删除

原例(略)

谨按:此条系雍正元年〔1723〕定例。乐籍系沿明旧,至堕民、丐户令其削籍为良,悬为定例,迄今百数十年,在朝廷既宽予自新之路,在若曹岂竟无羞恶之心?况阅时已久,子孙亦断无永远自甘污贱之理。惟此项名色,永存于例内,乡党之中,仍不能无歧视之见,不如并其名而去之,反得泯然无迹也。此条拟请删除。

大清律例

3.4.76.(10)〔远年契买家奴实系民人有籍可查者〕

一、远年印契所买奴仆之中,如内有实系民人印契卖与旗人,契内尚有籍贯可查,照乾隆元年(1736)以前白契所买家人之例,三辈后准其为民。仍将伊等祖父姓名、籍贯,一体造册,咨送户部查核。

删除律例

〇删除

大清律例

3.4.76.(6)〔八旗契买家奴本主愿令其赎身者〕

一、凡八旗白契所买家奴，如本主不能养赡，或念有微劳，情愿令其赎身者，仍准赎身外，如本主不愿，概不准赎。其有酗酒、干犯、拐带、逃走等情，俱照红契家人，一例治罪。如有钻营势力、倚强赎身者，仍照定例办理。

3.4.76.(11)〔家奴不堪驱使本主准其赎身〕

一、驻防旗人，置买本地家奴，本主因其不堪驱使，情愿准其赎身者，亦准放出为民。

现行刑律案语

〇删除

原例

3.4.76.(11)〔家奴不堪驱使本主准其赎身〕（略）

3.4.76.(6)〔八旗契买家奴本主愿令其赎身者〕（略）

臣等谨按：上条系驻防旗人置买家奴之例，下条系八旗契买家奴之例。惟家奴之赎身，应视本主之是否情愿，与本门例载"白契所买之人，准予赎身为民"者不符。现拟将彼条改以白契、红契为断，并将"奴婢殴家长"例内，亦照此叙明，则下条白契家奴照红契治罪各层，均属无关引用，此二例应即删除。

大清律例

3.4.76.(12)〔八旗绝户家奴无族人可归者〕

一、凡八旗绝户家奴，如无族人可归者，无论家下陈人、契买奴仆，俱令本佐领造入原主户下，责令看守伊主坟墓。其中如果有年力精壮，尚可当差者，在于本佐领下披步甲当差。如内有乾隆元年（1736）以后白契所买奴仆，情愿赎身为民者，照例赎身。其身价银两，照绝户财产入官例办理。

删除律例

〇删除

大清律例

3.4.76.(13)〔给与旗下家人为嗣民人〕

一、凡民人之子,既经给与旗下家人为嗣,即与家人无异,应造入伊主户下,以备稽查。

现行刑律案语

○删除

原例(略)

臣等谨按:此条系乾隆五年〔1740〕户部议准定例。惟从前旗人可以异姓为子,故家人以民人之子为嗣,亦应造入伊主户下。后定有紊乱旗籍之例,则异姓不得乱宗,即家人亦应照此办理。此例尚系旧日情形,与后来例意不合,应即删除。

大清律例

3.4.76.(14)〔投充及契买家奴查明原系灶户准其放归〕

一、八旗从前投充,及乾隆元年(1736)以前契买家奴,果原系灶户,祖父姓名、籍贯,确有证据,令该大使查明,出具印、甘各结,详报该管上司核明,行文该处查提,准其放出归灶。仍将卖身之人枷号三个月,引进保人枷号两个月,各责四十板,追取原价给主。其并非灶丁,指称灶丁,抗违家主者,杖一百,仍行给主。

删除律例

○删除

大清律例

3.4.76.(15)〔顺天府考试究出冒籍情弊〕

一、顺天府考试审音之时,究出冒籍情弊,将本生及廪保,俱照变乱版籍律杖八十,廪保仍革去衣顶。知县、教官,如审音不实,滥行申送,俱照徇庇例,交部议处;受财者,计赃从重论。

现行刑律案语

○删除

原例(略)

臣等谨按:此条系顺天府考试审音专例。惟现今科举既停,俱在学堂考试,与从前情形不同,拟请删除。

大清律例

3.4.76.(18)〔随配所入籍之军流人犯子孙不准复回原籍考试〕

一、军、流人犯之子孙，系本籍所生，随往配所者，该地方官查明年岁，填注文批，递交配所验明立案。倘在籍并无亲子，或有继嗣，准将继子随配。若到配后复生有亲子，即将其所继之子，查明原籍，确有亲属可倚，勒令归宗。如并无亲属，始准与到配后所生之子，一体入于军籍。至本犯原籍子嗣数人，不愿俱赴配所，分别去留。已留本籍者，不得复于配所入籍应试；已随配所入籍者，不准复回原籍考试。其军、流随配入籍之子孙，统俟十年限满后，由配所督抚将入籍原由，报部查核。如有捏混及跨考两籍者，本犯及子孙按律治罪，府、州、县交部议处。

现行刑律案语

○删除

原例(略)

臣等谨按：此条为严防军、流人犯之子孙跨考两籍而设。现在科岁试已停，仅有投考学堂一途，并毋庸防其跨考，此条应即删除。

大清律例

3.4.76.(19)〔织造税务监督等衙门收用长随〕

一、凡织造、税务监督等衙门收用长随，倘有心存怨望，有意陷主于过者，该监督即就近交地方官衙门，严加惩治。其才具庸劣，不堪驱使者，止准该管官驱逐。如长随等任意去留，无故潜投他处者，即照旗下逃奴之例办理。

删除律例

○删除

大清律例

3.4.76.(20)〔卫所官军人等置买民田一体坐派粮差〕

一、各处卫所官军人等及灶户置买民田，一体坐派粮差。若不纳粮当差，致累里长包赔者，查系欺隐田亩，及典买不过割者，各按本律定拟，其田入官。若无欺隐等情，止系不纳粮当差，照收粮违限律治罪。

删除律例

○删除

大清律例

3.4.76.(22)〔私行典卖及放赎为奴遣犯〕

一、发遣赏给黑龙江、新疆等处及各省驻防官员、兵丁为奴人犯，并无应卖事故，辄私行典卖，及得财放赎者，系官革职，兵丁枷号两个月、鞭一百，追价入官，专管各官交部议处。其用财赎身之遣犯，枷号一年、鞭一百，仍交原主管束。若实有应卖事故，欲行典卖者，报明该管官，酌量准其典卖与本处旗人为奴。如遇有逃走、为匪等事，即将典买之人照例治罪，原主不坐。如卖与民人，并别境旗人为奴者，原主杖一百，亦追价入官，其人犯令该将军、都统另行赏给本处官兵为奴，不准给原主领回。

现行刑律案语

○删除

原例（略）

臣等谨按：黑龙江等处为奴之例，自咸丰年间改发内地，已阅五十余年，现在并无此项为奴人犯。至驻防为奴一项，现值变通驻防营制之时，此例亦应变通办理。此条无关引用，拟请删除。

大清律例

3.4.76.(23)〔愿在外省居住八旗汉军人等有犯〕

一、凡八旗汉军人等，愿在外省居住者，报明该旗，并呈明督抚，不拘远近，任其随便散处。即令所隶州县，与民人一体编查保甲，所在督抚，咨明该旗，每年汇奏一次，以便稽查。务令安静营生，不得强横生事。其有作奸犯科，及一切户婚、田土、命盗案件，俱归所隶州县审办。遇有失察之案，将该州县一例参处。各州县与理事同知、通判，同驻一城者，令其会同审理。如驻非同城，即责令该州县自行审办。罪止杖、枷、笞责者，详报该管上司批结，照民人一体杖责发落，毋庸仍解理事同知、通判鞭责；犯该徒罪以上者，详解该管上司，分别题咨报部，均移咨该旗都统查照。其住居附京之满洲、蒙古旗人有犯，仍照旗人犯罪各本律例办理。

满汉通行刑律

○删除

谨按：此系汉军旗人住居外省犯罪审理专例，与民人不同，亦与满蒙八旗人有异，似应删除。

大清律例

3.4.76.(24)〔习教人犯子孙三世后始准考试报捐〕

一、先经习教人犯，除自行呈首免罪，及坐功运气、茹素讽经，尚非实犯邪教外，其实因习教犯案，罪在徒、流以上者，查明其子孙，实未入教，即以本犯之子为始，三辈后，所生之子孙，始准考试、报捐。其应行入考、报捐之人，先行呈明地方官，取具邻族甘结，详报督抚，咨部查核。倘有朦混应考、报捐者，以违制论。至习教复又从逆各犯子孙，永远不准考试、报捐。

现行刑律案语

○删除

原例（略）

臣等谨按：此条系嘉庆二十二年〔1817〕定例，原为习教人犯罪在徒、流以上者而设。惟自犯案至今，计已百有余载，本犯所生之子孙，似当不止三辈。例文无关引用，应即删除。

大清律例

3.4.76.(25)〔闲散旗人告假出外营生或年久愿入民籍〕

一、凡八旗满州、蒙古闲散旗人告假，无论前往何处，俱令报明佐领，告知参领注册，由该佐领给与图记，即准出外营生。或因年久愿入民籍者，呈明该地方官，准其改入民籍。若有作奸犯科，悉照民人例问拟。

满汉通行刑律

○删除

谨按：此条系旗人准改民籍之例。现既不分满汉，即毋庸设立专条，似应删除。

3.4.77私创庵院及私度僧道 / 4.62私创庵院及私度僧道

律文·修改

大清律例	现行刑律
3.4.77.1凡寺、观、庵、院，除现在处所先年额设。外，不许私自创建、增置，违者杖一百；僧、道还俗，发边远充军；尼僧、女	4.62.1凡寺、观、庵、院，除现在处所先年额设。外，不许私自创建、增置，违者处十等罚；僧、道、尼僧、女冠还俗，地基、材料入官。若

冠,入官为奴。地基、材料入官。○3.4.77.2若僧道不给度牒,私自簪剃者,杖八十。若由家长,家长当罪。寺观住持及受业师私度者,与同罪,并还俗。入籍、当差。

僧道不给度牒,私自簪剃者,处八等罚。若由家长,家长当罪。寺观住持及受业师私度者,与同罪,并还俗。

现行刑律案语

原律(略)

臣等谨按:此仍《明律》。私自创建寺、观、庵、院,僧、道发边远充军,尼僧、女冠入官为奴,亦明代严峻之法。自雍正十三年〔1735〕定例,凡民间擅行兴造寺、观、神祠者,依违制律论,最为平允。律内"充军""为奴"两项,应即节删,"杖一百"罪名应改为"以违制论"。至僧道颁给度牒,乾隆年间已经停止,此层本可删除。惟日久弊生,僧道之数,遂漫无稽考,方今整顿庶务,凡清查户口之法,不厌详求,此等旧法,似可存之以备参考。惟"杖八十"罪名照章罚金,应改为"处八等罚"。谨将修改律文,开列于后。

○修改

凡寺、观、庵、院,除现在处所先年额设。外,不许私自创建、增置,违者以违制论,僧、道、尼僧、女冠还俗,地基、材料入官。若僧、道不给度牒,私自簪剃者,处八等罚。若由家长,家长当罪。寺、观住持及受业师私度者,与同罪,并还俗。

核订现行刑律

原修改律文(略)

谨按:"以违制论"句,本"杖一百"所改。查律文除"以窃盗论""准窃盗论"之外,俱明定其刑。盖律文有独立之旨,不似例文,由后人纂定,必须依附他条也。此句与体裁未合,拟请仍照章改为"处十等罚"。谨将修改律文,开列于后。

○修改(略)

条例·修改

大清律例

3.4.77.(2)〔户内不及三丁或十六以上出家〕

一、民间子弟,户内不及三丁,或在十六以上而出家者,俱枷号一个月,并罪坐所由。僧道官及住持,知而不举者,各罢职、还俗。

现行刑律

4.62.(1)〔户内不及三丁或十六以上出家〕

一、民间子弟,户内不及三丁,或在十六以上而出家者,俱照不应重律治罪,并罪坐所由。僧道官及住持,知而不举者,各罢职、还俗。

现行刑律案语

原例

3.4.77.(2)〔户内不及三丁或十六以上出家〕(略)

3.4.77.(3)〔僧道犯罪还俗原籍安插〕(略)

臣等谨按：以上二例，应仍其旧。惟枷号现经改章，此等情罪，均应酌改为"照不应重律治罪"。谨将修改例文二条，分列于后。

○修改

4.62.(1)〔户内不及三丁或十六以上出家〕(略)

4.62.(3)〔僧道犯罪还俗原籍安插〕(略)

大清律例

3.4.77.(4)〔应付火居等项僧道滥受生徒〕

一、现在应付、火居等项僧、道，不准滥受生徒。其年逾四十者，方准招徒一人。若所招之人，无罪犯而病故者，准其另招一人为徒。如有年未四十，即行招受，及招受不止一人者，照违令律笞五十。若招受之人，身犯奸、盗重罪，伊师亦不准再行续招。其有复行续招者，亦照违令律治罪。僧道官容隐者，罪同。地方官不行查明，交部照例议处。所招生徒，俱勒令还俗。

现行刑律

4.62.(2)〔僧道招徒〕

一、僧、道招徒，除应付、火居等项，不准滥行收受外，其非应付、火居，而为例应招徒之僧、道，亦须年逾四十，方准招徒一人。若所招之人，无罪犯而病故者，准其另招一人为徒。如有年未四十，即行招受，及招受不止一人者，照违令律治罪。若招受之人，身犯奸、盗重罪，伊师亦不准再行续招。其有复行续招者，亦照违令律治罪。僧道官容隐者，罪同。地方官不行查明，交部照例议处。所招生徒，俱勒令还俗。

现行刑律案语

原例(略)

臣等谨按：此例原系二条，一系乾隆三年〔1738〕礼部议准定例、四十二年〔1777〕修改，一系乾隆三年〔1738〕定例、五十三年〔1788〕修并。查有眷属之僧曰"应付"，有眷属之道士曰"火居"，皆僧、道之最下者，是以不准招受生徒。原例内尚有"例应招徒之僧、道"一语，修并时删去，此语似系专指应付、火居等项而言，殊非例意，应查照添入，并拟于例首标明"僧、道招徒"，将"应付、火居等项，不准滥行收受"作为除笔，下即紧接"其非应付、火居，而为例准招徒之僧、道，亦须年逾四十"各层，庶文义较为明晰。"笞五十"即包于"违令律"之中，似毋庸复叙，应改为"治罪"，以便与下文一律。谨将修改例文，开列于后。

○修改(略)

大清律例

3.4.77.(3)〔僧道犯罪还俗原籍安插〕

一、僧道犯罪,该还俗者,查发各原籍安插。若仍于原寺观庵院,或他寺观庵院潜住者,并枷号一个月,照旧还俗。其僧道官及住持,知而不举者,照违令律治罪。

现行刑律

4.62.(3)〔僧道犯罪还俗原籍安插〕

一、僧道犯罪,该还俗者,查发各原籍安插。若仍于原寺观庵院,或他寺观庵院潜住者,并照不应重律治罪,照旧还俗。其僧道官及住持,知而不举者,照违令律治罪。

现行刑律案语

○修改(略)

见3.4.77.(2)〔户内不及三丁或十六以上出家〕条

大清律例

3.4.77.(5)〔僧道为匪不法〕

一、僧道如有为匪不法等事,责令僧纲、道纪等司,随时举报。倘瞻徇故纵,别经发觉,犯系逆案者,将该管僧纲、道纪,照知情故纵逆犯本律,分别已行、未行定罪。若止失于觉察者,照不应重律杖八十。

现行刑律

4.62.(4)〔僧纲道纪举报僧道为匪不法〕

一、僧道如有为匪不法等事,责令僧纲、道纪等司,随时举报。倘瞻徇故纵,别经发觉,犯系逆案者,将该管僧纲、道纪,照知情故纵逆犯本律,分别已行、未行定罪。若止失于觉察者,照不应重律治罪。

现行刑律案语

原例(略)

臣等谨按:此例应仍其旧。惟杖罪现经改章,例内"杖八十"三字应改为"治罪"二字。谨将修改例文,开列于后。

○修改(略)

条例·删除

大清律例

3.4.77.(1)〔擅行兴造寺观神祠〕

一、民间有愿创造寺观、神祠者,呈明该督抚具题奉旨,方许营建。若不俟题请,擅行兴造者,依违制律论。

现行刑律案语

原例(略)

臣等谨按：此例应仍其旧。惟"具题"应改"具奏","题请"应改"奏请"。谨将修改例文,开例于后。

○修改

一、民间有愿创造寺观、神祠者,呈明该督抚具奏奉旨,方许营建。若不俟奏请,擅行兴造者,依违制律论。

核订现行刑律

○删除

原修改例文(略)

谨案：私创寺观庵院,律有明禁,本条忽增入"奉旨,方许营建",虽仍示制限,已有认许之意。民间淫祀,最为风俗人心之害,行之今日,尤非所宜。此例与律意相背,拟请删除。

大清律例

3.4.77.(6)〔僧道停发度牒〕

一、凡僧、道停止给发度牒。其从前领过牒、照各僧、道,遇有事故,仍将原领牒、照追出,于岁底汇缴。至选充僧纲、道纪,令地方官查明僧、道中之实在焚修戒法严明者,具结呈报上司,咨部给照充补。如僧道官犯事,将结送官交部察议。

现行刑律案语

○删除

原例(略)

臣等谨按：僧、道度牒,久经停给。僧纲、道纪,系由礼部颁给札付;其因事察议,亦事隶吏部,均与刑律无涉。拟请删除。

3.4.78立嫡子违法 / 4.63立嫡子违法

律文·修改

大清律例

3.4.78.1凡立嫡子违法者,杖八十。其嫡妻年五十以上无子者,得立庶长子。不立长子者,罪亦同。俱改正。○3.4.78.2若养同

现行刑律

4.63.1凡立嫡子违法者,处八等罚。其嫡妻年五十以上无子者,得立庶长子。不立长子者,罪亦同。俱改正。○4.63.2若

宗之人为子,所养父母无子所生父母有子。而舍去者,杖一百,发付所养父母收管。若所养父母有亲生子,及本生父母无子,欲还者听。○3.4.78.3其乞养异姓义子,以乱宗族者,杖六十。若以子与异姓人为嗣者,罪同,其子归宗。○3.4.78.4其遗弃小儿,年三岁以下,虽异姓,仍听收养,即从其姓。但不得以无子遂立为嗣。○3.4.78.5若立嗣虽系同宗,而尊卑失序者,罪亦如之,其子亦归宗,改立应继之人。○3.4.78.6若庶民之家,存养良家男女为奴婢者,杖一百,即放从良。

养同宗之人为子,所养父母无子所生父母有子。而舍去者,处十等罚,发付所养父母收管。若所养父母有亲生子,及本生父母无子,欲还者听。○4.63.3其乞养异姓义子,以乱宗族者,处六等罚。若以子与异姓人为嗣者,罪同。其子归宗。○4.63.4其遗弃小儿,年三岁以下,虽异姓,仍听收养,即从其姓。但不得以无子遂立为嗣。○4.63.5若立嗣虽系同宗,而尊卑失序者,罪亦如之。其子亦归宗,改立应继之人。○4.63.6若庶民之家,存养良家男女为奴婢者,处十等罚,即放从良。

现行刑律案语

原律(略)

臣等谨按:此律应仍其旧。惟杖罪照章改为罚金,应依数分等处罚。谨将修改律文,开列于后。

○修改(略)

条例·仍旧

大清律例

3.4.78.(1)〔无子立嗣及立嗣后生子〕(略)

现行刑律

4.63.(1)〔无子立嗣及立嗣后生子〕

一、无子者,许令同宗昭穆相当之侄承继。先尽同父周亲,次及大功、小功、缌麻。如俱无,方许择立远房及同姓为嗣。若立嗣之后却生子,其家产与原立子均分。

大清律例

3.4.78.(3)〔嗣子不得于亲听其告官别立〕(略)

现行刑律

4.63.(2)〔嗣子不得于亲听其告官别立〕

一、无子立嗣,除依律外,若继子不得于所后之亲,听其告官别立。其或择立贤能，及所亲爱者，若于昭穆伦序不失，不许宗族指以次序告争，并官司受理。若义男、女婿，为所后之亲喜悦者，听其相为依倚，不许继子并本生父母用计逼逐，仍酌分给财产。若无子之人家贫，听其卖产自赡。

大清律例

3.4.78.(7)〔应继之人有嫌及应为其子立后者〕（略）

现行刑律

4.63.(3)〔应继之人有嫌及应为其子立后者〕

一、无子立嗣，若应继之人，平日先有嫌隙，则于昭穆相当亲族内择贤择爱，听从其便。如族中希图财产，勒令承继，或怂恿择继，以致涉讼者，地方官立即惩治，仍将所择贤爱之人，断令立继。其有子婚而故，妇能孀守；已聘未娶，媳能以女身守志；及已婚而故，妇虽未能孀守，但所故之人，业已成立；或子虽未娶，而因出兵阵亡者，俱应为其子立后。若支属内实无昭穆相当可为其子立后之人，而其父又无别子者，应为其父立继，待生孙以嗣应为立后之子。其寻常夭亡未婚之人，不得概为立后。若独子夭亡，而族中实无昭穆相当可为其父立继者，亦准为未婚之子立继。如可继之人，亦系独子，而情属同父周亲，两相情愿者，取具阖族甘结，亦准其承继两房宗祧。

大清律例

3.4.78.(2)〔无子守志合承夫分凭族长择继〕（略）

现行刑律

4.63.(4)〔无子守志合承夫分凭族长择继〕

一、妇人夫亡无子守志者，合承夫分，须凭族长择昭穆相当之人继嗣。其改嫁者，夫家财产，及原有妆奁，并听前夫之家为主。

大清律例

3.4.78.(4)〔乞养异姓义子情愿归宗〕(略)

现行刑律

4.63.(5)〔乞养异姓义子情愿归宗〕

一、凡乞养异姓义子,有情愿归宗者,不许将分得财产,携回本宗。其收养三岁以下遗弃之小儿,仍依律即从其姓,但不得以无子遂立为嗣。仍酌分给财产,俱不必勒令归宗。如有希图资财,冒认归宗者,照律治罪。

大清律例

3.4.78.(5)〔争继酿成命案争继房分不准继嗣〕(略)

现行刑律

4.63.(6)〔争继酿成命案争继房分不准继嗣〕

一、因争继酿成人命者,凡争产谋继,及扶同争继之房分,均不准其继嗣,应听户族另行公议承立。

现行刑律案语

原例

3.4.78.(1)〔无子立嗣及立嗣后生子〕(略)

3.4.78.(3)〔嗣子不得于亲听其告官别立〕(略)

3.4.78.(7)〔应继之人有嫌及应为其子立后者〕(略)

3.4.78.(2)〔无子守志合承夫分凭族长择继〕(略)

3.4.78.(4)〔乞养异姓义子情愿归宗〕(略)

3.4.78.(5)〔争继酿成命案争继房分不准继嗣〕(略)

○仍旧

臣等谨按:以上六例,均仍其旧,理合陈明。

条例·删除

大清律例

3.4.78.(6)〔朦混抱养继立紊乱旗籍〕

一、旗人除乞养异姓为子,诈冒荫袭,承受世职者,仍照本例拟发边远充军外,其虽无世职,而诈冒抱养民间子弟、户下家奴子孙为嗣,紊乱旗籍者,将朦混抱养继立之旗人,及以子与旗人为嗣之人,并知情之义子,俱比照乞养义子诈冒袭荫充军例减一等,杖一百、徒三年。若有冒食钱粮情事,无论所继者系属异姓旗人、民间子弟、户下家奴,悉照冒支军粮入己,计所冒支之赃,准窃盗律从重科罪,分别旗、民办理。其先后领过银米,照数着追。倘本犯力不能完,该旗查明历任参、佐领,各按在任月日分赔,批解户部归款。失察各官,交部议处。

满汉通行刑律

〇删除

谨按:此条系旗人抱养汉人紊乱旗籍之例。现既不分满汉,如有诈冒荫袭、冒支官粮等事,自可照各本律例办理,不必另立专条,似应删除。

[3.4.79]收留迷失子女 / [4.64]收留迷失子女

律文·修改

大清律例

[3.4.79.1]凡收留（良）人家迷失（道路乡贯）子女,不送官司,而卖为奴婢者,杖一百、徒三年;为妻妾、子孙者,杖九十、徒二年半。若得迷失奴婢而卖者,各减良人罪一等。被卖之人不坐,给亲完聚。〇[3.4.79.2]若收留在逃子女,（不送官司,）而卖为奴婢者,杖九十、徒二年半;为妻妾、子孙者,杖八十、徒二年。若得在逃奴婢而卖者,各减良人罪一等。其被卖在逃之人,又各减一等。若在逃之罪重者,自从重论。〇[3.4.79.3]其自收留为奴婢、妻妾、子孙者,罪亦如之。（暂时）隐藏在家者,（不送官司。）并杖八十。〇[3.4.79.4]若买者及牙保知情,减犯人罪一等,追价入官。不知者俱不坐,追价还主。〇[3.4.79.5]若冒认良人为奴婢者,杖一百、徒三年;为妻妾、子孙者,杖九十、徒二年半。冒认他人奴婢者,杖一百。

现行刑律

[4.64.1]凡收留（良）人家迷失（道路乡贯）子女,不送官司,而卖为奴婢者,徒三年;为妻妾、子孙者,徒二年半。被卖之人不坐,给亲完聚。〇[4.64.2]若收留在逃子女,（不送官司,）而卖为奴婢者,徒二年半;为妻妾、子孙者,徒二年。被卖在逃之人,各减一等。若在逃之罪重者,自从重论。〇[4.64.3]其自收留为奴婢、妻妾、子孙者,罪亦如之。（暂时）隐藏在家者,（不送官司。）并处八等罚。〇[4.64.4]若买者及牙保知情,减犯人罪一等,追价入官。不知者俱处八等罚,追价还主。〇[4.64.5]若冒认良人为奴婢者,徒三年;为妻妾、子孙者,徒二年半。

现行刑律案语

原律(略)

臣等谨按:此律应仍其旧。惟杖罪照章改为罚金,应依数分等处罚;徒罪附杖应节删。谨将修改律文,开列于后。

○修改

凡收留良人家迷失道路乡贯子女,不送官司,而卖为奴婢者,徒三年;为妻妾、子孙者,徒二年半。若得迷失奴婢而卖者,各减良人罪一等。被卖之人不坐,给亲完聚。○若收留在逃子女,不送官司,而卖为奴婢者,徒二年半;为妻妾、子孙者,徒二年。若得在逃奴婢而卖者,各减良人罪一等。其被卖在逃之人,又各减一等。若在逃之罪重者,自从重论。○其自收留为奴婢、妻妾、子孙者,罪亦如之。暂时隐藏在家者,不送官司。并处八等罚。○若买者及牙保知情,减犯人罪一等,追价入官。不知者俱不坐,追价还主。○若冒认良人为奴婢者,徒三年;为妻妾、子孙者,徒二年半。冒认他人奴婢者,处十等罚。

核订现行刑律

原修改律文(略)

谨按:奴婢一项,现以雇工人论,则此后自无迷失及在逃之奴婢,亦必无冒认奴婢之事,律文第一节"得迷失奴婢"二句,第二节"得在逃奴婢"二句,第五节"冒认他人奴婢"二句,均应节删。至买者及牙保,虽不知收留迷失在逃之情,而买卖人口实非重视人类之义。"略人略卖人"律内,不知情之买主,已改为处八等罚,本律自应照改,以归一律。谨将修改律文,开列于后。

○修改(略)

条例·删除

大清律例

3.4.79.(1)〔八旗呈报迷失幼童幼女〕

一、八旗凡有呈报迷失幼童幼女者,该管官取具本人、族长等并无捏饰甘结,照例移咨兵部存案。如有隐匿、寄养情弊,将寄养、受寄之人,照隐漏丁口律治罪、改正;族长人等,照里长失于取勘律治罪。

满汉通行刑律

○删除

谨按:此条系旗人隐匿迷失幼童幼女之例。如有此等案件,自可按本律办理,不必另立专条,似应删除。

3.4.80 赋役不均 赋取于田产，役出于人丁。 / 4.65 赋役不均 赋取于田产，役出于人丁。

律文 · 修改

大清律例	现行刑律
3.4.80.1 凡有司科征税粮，及杂泛差役，各验籍内户口、田粮，定立上、中、下等第科差。若放富差贫，挪移等则作弊者，许被害贫民赴控该上司，自下而上陈告。当该官吏，各杖一百。改正。若上司不为受理者，杖八十。受财者，兼官吏、上司言。计赃以枉法从重论。	4.65.1 凡有司科征税粮，及杂泛差役，各验籍内户口、田粮，定立上、中、下等第科差。若放富差贫，挪移等则作弊者，许被害贫民赴控该上司，自下而上陈告。当该官吏，各处十等罚。改正。若上司不为受理者，处八等罚。受财者，兼官吏、上司言。计赃以枉法从重论。

现行刑律案语

原律(略)

臣等谨按：此律应仍其旧。惟杖罪照章罚金，应依数分等处罚。谨将修改律文，开列于后。

○修改(略)

条例 · 仍旧

大清律例	现行刑律
3.4.80.(4)〔绅衿齐民一体编次保甲〕(略)	4.65.(1)〔绅衿齐民一体编次保甲〕 一、凡绅衿之家，与齐民一体编次，听保、甲长稽查。违者，照脱户律治罪。地方官徇情不详报者，交部照例议处。至充保长、甲长，并轮值支更、看栅等役，绅衿免派。齐民内老疾寡妇之家，子孙尚未成丁者，亦俱免役。

现行刑律案语

原例(略)

○仍旧

臣等谨按：此例应仍其旧，理合陈明。

大清律例	现行刑律
3.4.80.(5)〔七十以上许一丁侍养〕	4.65.(2)〔七十以上许一丁侍养〕 一、军民年七十以上者,许一丁侍养,免其杂派差役。

现行刑律案语

原例(略)

〇仍旧

臣等谨按:此例应仍其旧,理合陈明。

条例·删除

大清律例

3.4.80.(1)〔岁额差役不许分外加增〕

一、督、抚、司、道,严督府州县掌印正官,审编均徭,从公查照岁额、差役。其丁粮有力之家,止编本等差役,不许分外加增。余剩银两,贫难下户,并逃亡之数,听其空闲,不许征银,及额外滥设听差等项名色扰累。违者,该督抚纠察,将有司官依违制律治罪。上司官容情不举,罪同。

现行刑律案语

〇删除

原例(略)

臣等谨按:徭役最为百姓之累。自康熙五十年〔1711〕以后,滋生人丁,永不加赋。雍正年间,又将丁银摊入地亩均征,丁、粮合而为一,即无所谓差徭。改制之始,不得不严立科条。今已无关引用,拟请删除。

大清律例

3.4.80.(2)〔本无部派物料捏称坐派〕

一、各省藩司并府州县,如遇各部派到物料,从公斟酌所属大小丰歉,坐派采买。若豪滑规利之徒,买嘱吏书妄禀,编派下属承揽害民者,发附近地方充军。印官听从者,参究治罪。若本无部派物料,而捏称坐派,及明知官收官解,借端生事,扰累地方者,亦照此例治罪。

删除律例

○删除

大清律例

3.4.80.(3)〔绅衿优免丁银而借名滥冒者〕

一、绅衿除优免本身丁银外，倘借名滥以子孙族户冒入者，该地方官查出，生监申革，职官题参，各杖一百，受财者从重论。如有私立宦儒图户名色包揽诡寄者，照脱漏版籍律治罪，诡寄与受寄者同论。

删除律例

○删除

3.4.81 丁夫差遣不平

律文・删除

大清律例

3.4.81.1 凡应差丁夫、杂（色在官工）匠，而差遣（劳佚）不均平者，一人笞二十，每五人加一等，罪止杖六十。○3.4.81.2 若丁夫、杂匠承差，而稽留不着役，及在役日满，而所司不放回者，一日笞一十，每三日加一等，罪止笞五十。

现行刑律案语

○删除

原律（略）

臣等谨按：此仍《明律》。惟乾隆以来，丁徭摊入地亩，差役悉凭雇募，从前所有杂色在官工匠，久经削籍。此律无关引用，拟请删除。

3.4.82 隐蔽差役

律文・删除

大清律例

3.4.82.1 凡豪民（有力之家，不资工食，）令子孙弟侄跟随官员，隐蔽差役者，家长杖一百。官员容隐者，与同罪；受财者，计赃以枉法从重论。跟随之人，免（杖）罪（附近）充军。○3.4.82.2 其功臣容隐者,照律拟罪,奏请定夺。

现行刑律案语

○删除

原律(略)

臣等谨按:此仍《明律》,雍正三年〔1725〕修改。前代徭役烦重,豪民多有令子孙、弟侄依附官员或功臣之家,巧避差役,而官员、功臣亦或有私相容隐者,故定律科罪綦严。乾隆以来,丁银摊入地亩,民无力役之征,此律系属虚设,拟即删除。

3.4.83 禁革主保里长/4.66 禁革主保里长

律文·修改

大清律例	现行刑律
3.4.83.1 凡各处人民,每一百户内,议设里长一名、甲首一十名,轮年应役,催办钱粮,勾摄公事。若有妄称主保、小里长、保长、主首主管甲首。等项名色,生事扰民者,杖一百,迁徙。比流减半准徒二年。若无生事扰民实迹,难议迁徙。○3.4.83.2 其合设耆老,须于本乡年高有德、众所推服人内选充,不许罢闲吏卒及有过之人充应,违者杖六十,革退。当该官吏笞四十。若受财,枉法从重论。	4.66.1 凡各处人民,每一百户内,议设里长一名、甲首一十名,轮年应役,催办钱粮,勾摄公事。若有妄称主保、小里长、保长、主首主管甲首。等项名色,生事扰民者,徒二年。○4.66.2 其合设耆老,须于本乡年高有德、众所推服人内选充,不许罢闲吏卒及有过之人充应,违者处六等罚,革退。当该官吏处四等罚。若受财,枉法从重论。

现行刑律案语

原律(略)

臣等谨按:此仍《明律》,雍正三年〔1725〕删定。惟查迁徙之法,近已罕有。律注既有“比流减半,准徒二年”之文,似不如删去,“迁徙”名目径改为“徒二年”,并将小注节去,以省繁冗。笞、杖照章罚金,应依数分等处罚。谨将修改律文、律注,开列于后。

○修改(略)

条例·删除

大清律例

3.4.83.(1)〔直省各府州县编赋役册〕

一、直省各府、州、县编《赋役册》，以一百一十户为里，推丁多者十人为长，余百户为十甲。甲凡十人，岁役里长一人，管摄一里之事。城中曰坊，近城曰厢，乡里曰里。凡十年一周，先后则各以丁数之多寡为次，每里编为一册，册首总为一图。其鳏寡孤独不任役者，则带管于百一十户之外，而列于图后，名曰"畸零"。册成，一本送户部，布政司及府、州、县各存一本。

现行刑律案语

○删除

原例（略）

臣等谨按：此系明洪武年间役民之法，现在情形不同，此例久成虚设，拟请删除。

3.4.84逃避差役

律文·删除

大清律例

3.4.84.1凡民户逃住邻境州县，躲避差役者，杖一百，发还原籍当差。其亲管里长、提调官吏故纵，及邻境人户隐蔽在己者，各与同罪。若邻境里长知而不逐遣，及原管官司不移文起取，若移文起取，而所在官司占吝不发者，各杖六十。○3.4.84.1若丁夫、杂匠在役，及工、乐、杂户谓驿、灶、医、卜等户。逃者，一日笞一十，每五日加一等，罪止笞五十。提调官吏故纵者，各与同罪；受财者，计赃以枉法从重论。不觉逃者，五人笞二十，每五人加一等，罪止笞四十，不及五名者免罪。上言躲避邻境，是全不当差役者，故其罪重。此言在役而逃，是犹当差役者，故其罪轻。

现行刑律案语

○删除

原律（略）

臣等谨按：此条系顺治三年〔1646〕就《明律》删定。乾隆五年〔1740〕以后，丁徭并入地赋，工、乐、杂户、杂匠之属，久经除籍，凡有差役，悉凭雇募。百余年来，此律虚设不用，拟请删除。

条例·删除

大清律例

3.4.84.(1)〔兵荒逃避之民附籍复业当差〕

一、因兵荒逃避之民,有司多方招抚,仍令附籍复业当差。或年久逃远,府、州、县造《逃户周知文册》,备开逃民乡里、姓名,男妇口数,军、民、匠、灶等籍,及遗下田地、税粮若干,原籍有无人丁应承粮差,送各处督抚督令复业。其已成家业愿入籍者,给与户由执照,附籍当差。如不自首,虽首而所报人口不尽,或辗转逃移,及窝家不举首者,各杖一百。

现行刑律案语

○删除

原例(略)

臣等谨按:此条系前明旧例,雍正三年〔1725〕改定。古时口赋丁役著在籍册,一有逃亡,则赋役无着,不免累及他人,故必督令复业。其有侨寄不复归者,令所在著籍,输赋当差。自丁徭附入地赋,人民或有流徙,田地必无迁移,赋役从田地起征,不从丁口起征,与从前情形迥异。此例无关引用,拟即删除。

大清律例

3.4.84.(2)〔挨勘流民名籍编排保甲〕

一、有司委官挨勘流民名籍、男妇大小丁口,排门粉壁,十家编为一甲,互相保识,分属当地里长带管。如或游荡作非,公举治罪。若团住山林湖泺,或投托官豪势要之家藏躲,抗拒官司,不服招抚者,正犯并里老、窝家知而不首及占吝不发者,各依律科。

删除律例

○删除

大清律例

3.4.84.(3)〔躲避差役潜逃夷峒海岛〕

一、沿边沿海地方军民人等,躲避差役,逃入土夷峒寨、海岛潜住,究问情实,俱发边远地方充军。本管里长、管军人知而不首者,各治以罪。有能擒拿送官者,不问汉土、军民,量加给赏。

删除律例

〇删除

3.4.85点差狱卒 / 4.67点差狱卒

律文·修改

大清律例	现行刑律
3.4.85.1凡各处狱卒，于相应惯熟人内，点差应役，令人代替者，笞四十。	4.67.1凡各处狱卒，于相应惯熟人内，点差应役，令人代替者，处四等罚。

现行刑律案语

原律(略)

臣等谨按：此律应仍其旧。惟“笞四十”罪名照章罚金，应改为“处四等罚”。谨将修改律文，开列于后。

〇修改(略)

3.4.86私役部民夫匠 / 4.68私役部民夫匠

律文·修改

大清律例	现行刑律
3.4.86.1凡有司官私役使部民，及监工官私役使夫匠，出百里之外，及久占在家使唤者，有司官使一名笞四十，每五名加一等，罪止杖八十。监工官照名各加二等。私役罪小，误工罪大。每名计一日，追给雇工银八分五厘五毫。若有吉凶，及在家借使杂役者勿论。监工官仍论。其所使人数，不得过五十名，每名不得使过三日，违者以私役论。	4.68.1凡有司官私役使部民，及监工官私役使夫匠，出百里之外，及久占在家使唤者，有司官使一名处四等罚，每五名加一等，罪止处八等罚。监工官照名各加二等。私役罪小，误工罪大。每名计一日，追给雇工银一钱二分五厘。若有吉凶，及在家借使杂役者勿论。监工官仍论。其所使人数，不得过五十名，每名不得使过三日，违者以私役论。

现行刑律案语

〇删除

原律(略)

臣等谨按：此条系《明律》，国初修改。前代民有力役之征，又有著籍工匠备公家役使,然只因公差遣,不许服役私门,其有司或监工官私役使者,有罪。自丁徭改附地亩以后,民之受役公家者,皆受雇值,地方官无从私役部民、工匠,与从前情形不同。此律无关引用,拟请删除。

核订现行刑律

原删除律文(略)

谨按:此条修订案语,以"丁徭改附地亩以后,民之受役公家者,皆受雇值,无从私役",遂拟删除。查丁徭虽并入地粮,而差徭尚列于奏案。况官吏私役部民之事,亦所恒有,初不因摊丁入地,此弊遂绝,自应将旧律修复。律内笞、杖各罪照章罚金,应依数分等处罚。又一日追给工价八分五厘五毫,为数过微,仍照修订各条改为(二)〔一〕钱(五)〔二〕分〔五厘〕,以归一律。谨将修复律文,开列于后。

○修复(略)

3.4.87 别籍异财 / 4.69 别籍异财

律文·修改

大清律例	现行刑律
3.4.87.1 凡祖父母、父母在,子孙别立户籍、分异财产者,杖一百。须祖父母、父母亲告乃坐。若居父母丧,而兄弟别立户籍、分异财产者,杖八十。须期亲以上尊长亲告乃坐。或奉遗命,不在此律。	4.69.1 凡祖父母、父母在,子孙别立户籍、分异财产者,处十等罚。须祖父母、父母亲告乃坐。若居父母丧,而兄弟别立户籍、分异财产者,处八等罚。须期亲以上尊长亲告乃坐。或奉遗命,不在此律。

现行刑律案语

原律(略)

臣等谨按:此仍《明律》,顺治三年〔1646〕增修,应仍其旧。惟杖罪照章改为罚金,应依数分等处罚。谨将修改律文,开列于后。

○修改(略)

条例·修改

大清律例	现行刑律
3.4.87.(1)〔父母许令分析〕	4.69.(1)〔父母许令分析〕
一、祖父母、父母在者,子孙不许分财异居。此谓分财异居,尚未别立户籍者,有犯亦坐满杖。其父母许令分	一、祖父母、父母在者,子孙不许分财异居。此谓分财异居,尚未别立户籍者,有犯亦处十等罚。其父母许令分

析者听。

析者听。

现行刑律案语

原例(略)

臣等谨按:此例应仍其旧。惟杖罪现改罚金,小注内"坐满杖"三字应改为"处十等罚"。谨将修改例文、例注,开列于后。

〇修改(略)

3.4.88卑幼私擅用财 / 4.70卑幼私擅用财

律文 · 修改

大清律例

3.4.88.1凡同居卑幼,不由尊长,私擅用本家财物者,十两笞二十,每十两加一等,罪止杖一百。若同居尊长,应分家财不均平者,罪亦如之。

现行刑律

4.70.1凡同居卑幼,不由尊长,私擅用本家财物者,十两处二等罚,每十两加一等,罪止十等罚。若同居尊长,应分财物不均平者,罪亦如之。

现行刑律案语

原律(略)

臣等谨按:此仍《明律》,顺治三年〔1646〕修改,应仍其旧。惟笞、杖照章改为罚金,应依数分等处罚。谨将修改律文,开列于后。

〇修改(略)

条例 · 修改、仍旧

大清律例

3.4.88.(1)〔分析家财以子数均分〕

一、嫡庶子男,除有官荫袭,先尽嫡长子孙,其分析家财田产,不问妻、妾、婢生,止以子数均分。奸生之子,依子量与半分。如别无子,立应继之人为嗣,与奸生子均分;无应继之人,方许承继全分。

现行刑律

4.70.(1)〔分析家财以子数均分〕

一、嫡庶子男,分析家财田产,不问妻、妾所生,止以子数均分。奸生之子,依子量与半分。如别无子,立应继之人为嗣,与奸生子均分;无应继之人,方许承继全分。

现行刑律案语

原例(略)

臣等谨按：此仍《明令》，系补律之未备。惟“有官荫袭，先尽嫡长子孙”已详具“职制”门，今拟删去，余仍其旧。谨将修改例文，开列于后。

○修改

一、嫡庶子男，分析家财田产，不问妻、妾、婢生，止以子数均分。奸生之子，依子量与半分。如别无子，立应继之人为嗣，与奸生子均分；无应继之人，方许承继全分。

核订现行刑律

原修改例文(略)

谨按：此条原例，系沿《明令》。婢非妻、妾之比，而所生之子与嫡子均分财产，于义未洽；且婢女现改雇工，妾、婢并称，尤觉不妥，本条“婢”字拟请删除。谨将修改例文，开列于后。

○修改(略)

大清律例

3.4.88.(2)〔户绝财产〕(略)

现行刑律

4.70.(2)〔户绝财产〕

一、户绝财产，果无同宗应继之人，所有亲女承受。无女者，听地方官详明上司，酌拨充公。

现行刑律案语

原例(略)

○仍旧

臣等谨按：此例应仍其旧，理合陈明。

3.4.89收养孤老／4.71收养孤老

律文·修改

大清律例

3.4.89.1凡鳏寡孤独，及笃废之人，贫穷无亲属依倚，不能自存，所在官司应收养而不收养者，杖六十。若应给衣粮，而官

现行刑律

4.71.1凡鳏寡孤独，及笃废之人，贫穷无亲属依倚，不能自存，所在官司应收养而不收养，处六等罚。若应给衣粮，而官

大清律例	现行刑律
吏克减者，以监守自盗论。凡系监守者，不分首从，并赃论。	吏克减者，以监守自盗论。凡系监守者，不分首从，并赃论。

现行刑律案语

原律（略）

臣等谨按：此沿《明律》，应仍其旧。惟"杖六十"照章罚金，应改为"处六等罚"。谨将修改律文，开列于后。

〇修改（略）

条例·仍旧

大清律例	现行刑律
3.4.89.(1)〔直省州县所属养济院收养孤贫〕（略）	4.71.(1)〔直省州县所属养济院收养孤贫〕 一、直省州县所属养济院，或应添造，或应修盖者，令地方官酌量修造，据实估计，报明督抚，在于司库公用银内拨给。仍不时查勘，遇有渗漏之处，即行粘补完固。倘有升迁事故，造入交代册内，取具印结送部。其正实孤贫，俱令居住院内，每名各给印烙年貌腰牌一面。该州县按季到院，亲身验明腰牌，逐名散给口粮。如至期印官公务无暇，遴委诚实佐贰官代散，加结申报上司，毋许有冒滥扣克情弊。若州县官不实力奉行者，该督抚即行查参，照例议处。

现行刑律案语

原例（略）

〇仍旧

臣等谨按：此例应仍其旧，理合陈明。

条例·删除

大清律例

3.4.89.(2)〔赈恤孤寡贫穷耆民〕

一、老人九十以上者,地方官不时存问。其或孤寡,及子孙贫不能养赡者,州县查明赈恤,详报督抚奏闻,动用钱粮,务令得沾实惠。

删除律例

○删除

大清律例

3.4.89.(3)〔军流人犯年逾六十笃疾及贫穷者〕

一、军、流等犯,除年逾六十,不能食力者,照例拨入养济院,按名给与孤贫口粮外,或年未六十而已成笃疾,不能谋生者,亦应一体拨给。其少壮军、流各犯,实系贫穷,又无手艺者,初到配所,按该犯本身及妻室子女,每名每日照孤贫给与口粮。自到配日起,以一年为止,于各州县存贮仓谷项下动用报销。各州县有驿递之处,一切应用人夫,酌派军、流少壮中,无资财、手艺之犯充当,给与应得工食。无驿递之州县,公用夫役,均令一体充当,逐日给与工价。仍令该督抚照各处现行章程,妥协办理。

现行刑律案语

○删除

原例(略)

臣等谨按:此条系乾隆二年〔1737〕安置军、流人犯定例,与现在情形不同,无关引用,拟请删除。

大清律例

3.4.89.(4)〔京师五城各设栖留所〕

一、京师五城各设栖流所一处,安顿贫病流民。其修理房屋工料,及衣食药饵之资,每年每城动支户部库银二百两备用。如有不敷,许其赴部具领。如或有余,留于下年备用。该城御史,督率司坊等官实心办理。如有虚冒、侵蚀等弊,照例交部治罪。

现行刑律案语

原例(略)

臣等谨按：五城御史、司坊官等，现均奉裁，例内“五城各设栖留所一处”及“该城御史”等语均应修改。谨将修改例文，开列于后。

○修改

一、京师地面所设栖留所，安顿贫病流民。其修理房屋工料，及衣食药饵之资，每年动支部库银二百两备用。如有不敷，许其赴部具领。如或有余，留于下年备用。如有虚冒、侵蚀等弊，照例交部治罪。

核订现行刑律

○删除

原修改例文(略)

谨按：此为京师栖留所每年动支部款而设，与刑律无涉。至虚冒、侵蚀照例治罪，自不待言，亦无须特设专例，致滋繁复。此条拟请删除。

大清律例

3.4.89.(5)〔各省流寓孤贫〕

一、各省流寓孤贫，如籍隶邻邑，仍照例移送收养外，其在原籍千里以外者，准其动支公项银两，一体收养，年底造册报销。

现行刑律案语

○删除

原例(略)

臣等谨按：此条系乾隆九年〔1744〕定例，刑律无关引用，拟请删除。

大清律例

3.4.89.(6)〔饥民外出求食〕

一、凡被灾最重地方，饥民外出求食，各督抚善为安辑。俟本地灾祲平复，然后送回。

现行刑律案语

○删除

原例(略)

臣等谨按：此条系乾隆十三年〔1748〕定例，诚属救荒善策。惟刑律无关引用，拟请删除。

3.5 田宅／5 田宅

3.5.90 欺隐田粮／5.72 欺隐田粮

律文·修改

大清律例

3.5.90.1 凡欺隐田粮，全不报户入册。脱漏版籍者，一应钱粮俱被埋没，故计所隐之田。一亩至五亩，笞四十；每五亩加一等，罪止杖一百。其脱漏之田入官，所隐税粮，依亩数、额数、年数，总约其数征纳。○3.5.90.2 若将版籍上自己田土，移丘方圆成丘。换段，丘中所分区段。挪移起科等则，以高作下，减瞒粮额，及诡寄田粮，诡寄，谓诡寄于役过年份，并应免人户册籍。影射脱免自己之差役，并受寄者，罪亦如之。如欺隐田粮之类。其减额、诡寄之田改正，丘、段收归本户起科当差。○3.5.90.3 里长知而不举，与犯人同罪。○3.5.90.4 其还乡复业人民，丁力少而旧田多者，听从尽力耕种，报官入籍，计田纳粮当差。若多余占田而荒芜者，三亩至十亩，笞三十；每十亩加一等，罪止杖八十；其田入官。若丁力多而旧田少者，告官于附近荒田内，验力拨付耕种。

现行刑律

5.72.1 凡欺隐田粮，全不报户入册。脱漏版籍者，一应钱粮俱被埋没，故计所隐之田。一亩至五亩，处四等罚；每五亩加一等，罪止十等罚。其脱漏之田入官，所隐税粮，依亩数、额数、年数，总约其数征纳。○5.72.2 若将版籍上自己田土，移丘方圆成丘。换段，丘中所分区段。挪移起科等则，以高作下，减瞒粮额，及诡寄田粮，诡寄，谓诡寄于役过年分，并应免人户册籍。影射脱免自己之差役，并受寄者，罪亦如之。如欺隐田粮之类。其减额、诡密之田改正，丘、段收归本户起科当差。○5.72.3 里长知而不举，与犯人同罪。○5.72.4 其还乡复业人民，丁力少而旧田多者，听从尽力耕种，报官入籍，计田纳粮当差。若多余占田而荒芜者，三亩至十亩，处三等罚；每十亩加一等，罪止八等罚；其田入官。若丁力多而旧田少者，告官于附近荒田内，验力拨付耕种。

现行刑律案语

○原律(略)

臣等谨按：此仍《明律》，顺治三年〔1646〕添入小注。笞、杖罪名照章罚金，均应依数分等处罚。谨将修改律文，开列于后。

○修改(略)

条例·仍旧、修改

大清律例

3.5.90.(1)〔宗室田产管庄人恃强不纳差粮〕(略)

现行刑律

5.72.(1)〔宗室田产管庄人恃强不纳差粮〕

一、凡宗室置买田产，管庄人恃强不纳差粮者，该管官察实，将管庄人等比依功臣欺隐田土律问罪；宗室知而纵容者，交该衙门察议；仍追征应纳差粮。若该管官阿纵不举者，听督抚参奏，交部议处。

现行刑律案语

原例(略)

臣等谨按：此例应仍其旧，理合陈明。

大清律例

3.5.90.(2)〔自己应纳钱粮洒派别户〕

一、将自己田地应纳钱粮，洒派别户者，按数计赃以枉法论，田地入官。其洒派钱粮，照年分、亩数追征。

现行刑律

5.72.(2)〔自己应纳钱粮洒派别户〕

一、将自己田地应纳钱粮，洒派别户者，按数计赃准枉法论。田地入官。其洒派钱粮，照年分、亩数追征，还给代纳之户。

现行刑律案语

原例(略)

臣等谨按：此条系前明《大诰》，雍正三年〔1725〕改定为例。惟“计赃以枉法论”，则数至八十两及一百二十两以上者，即应分别有禄、无禄，拟以实绞，似嫌过重。核其情节，惟“将自己田地应纳钱粮，洒派别户”，别户代纳钱粮，尚属正供无亏，罪在损人利己，应照其洒派钱粮之数，追征还给代纳之户，其应得之罪，改为“计赃准枉法论”，并将其粮地入官，已足示惩。今拟酌加修改，期臻允协。谨将修改例文，开列于后。

〇修改(略)

大清律例	现行刑律
3.5.90.(4)〔各乡里书飞洒诡寄税粮〕 一、各乡里书,飞洒、诡寄税粮二百石以上者,问近边充军。	5.72.(3)〔里书飞洒诡寄税粮〕 一、各乡里书,飞洒、诡寄税粮二百石以上者,问拟流二千五百里。

现行刑律案语

原例(略)

臣等谨按:此条系前明《问刑条例》,原载"吏律·滥设官吏门",乾隆五年〔1740〕移隶此门。例内"近边充军",照章应改"流二千五百里"。谨将修改例文,开列于后。

○修改(略)

大清律例	现行刑律
3.5.90.(5)〔州县征收粮米完纳给票〕 (略)	5.72.(4)〔州县征收粮米完纳给票〕 一、州县征收粮米之时,预将各里、各甲花户、额数的名,填定联三版串:一给纳户执照,一发经承销册,一存州县查对。按户征收,对册完纳,即行截给归农。其未经截给者,即系欠户,该印官查摘追比。若遇有粮无票、有票无粮等情,即系胥吏侵蚀,严比治罪。

现行刑律案语

原例(略)

○仍旧

臣等谨按:此例应仍其旧,理合陈明。

条例·删除

大清律例

3.5.90.(3)〔诡寄田地受寄之家首告〕

一、各处奸顽之徒将田地诡寄他人名下者,如受寄之家首告,准免罪。

删除律例

○删除

3.5.91检踏灾伤田粮 / 5.73检踏灾伤田粮

律文·修改

大清律例

3.5.91.1凡部内有水旱霜雹，及蝗蝻为害，一应灾伤应减免之田粮，有司官吏，应准告而不即受理，申报上司亲行检踏，及本管上司，不与委官复踏者，各杖八十。若初、复检踏，有司、承委官吏不行亲诣田所，及虽诣田所，不为用心从实检踏，止凭里长、甲首朦胧供报，中间以熟作荒、以荒作熟，增减分数，通同作弊，瞒官害民者，各杖一百，罢职役不叙。若致枉有所征免有灾伤当免而征曰枉征，无灾伤当征而免曰枉免。粮数，计赃重者坐赃论。枉有所征免粮数，自奏准后发觉谓之赃，故罪重于杖一百，并坐赃论。里长、甲首，各与同罪。受财官吏、里、甲受财检踏，开报不实，以致枉有征免。者，并计赃以枉法从重论。○3.5.91.2其检踏官吏，及里长、甲首原未受财，止失于关防，致使荒熟分数有不实者，计不实之田十亩以下免罪；十亩以上至二十亩，笞二十；每二十亩加一等，罪止杖八十。官吏系公罪，俱留职役。○3.5.91.3若人户将成熟田地，移丘换段，冒告灾伤者，计所冒之田一亩至五亩，笞四十；每五亩加一等，罪止杖一百。其冒免之田合纳税粮，依额数追征入官。

现行刑律

5.73.1凡部内有水旱霜雹，及蝗蝻为害，一应灾伤应减免之田粮，有司官吏，应准告而不即受理，申报上司亲行检踏，及本管上司，不与委官复踏者，各处八等罚。若初、复检踏，有司、承委官吏不行亲诣田所，及虽诣田所，不为用心从实检踏，止凭里长、甲首朦胧供报，中间以熟作荒、以荒作熟，增减分数，通同作弊，瞒官害民者，各处十等罚，罢职不叙。若致枉有所征免有灾伤当免而征曰枉征，无灾伤当征而免曰枉免。粮数，计赃重者坐赃论。枉有所征免粮数，自奏准后发觉谓之赃，故罪重于十等罚，并坐赃论。里长、甲首，各与同罪。受财官吏、里、甲受财检踏，开报不实，以致枉有征免者，并计赃以枉法从重论。○5.73.2其检踏官吏，及里长、甲首原未受财，止失于关防，致使荒熟分数有不实者，计不实之田十亩以下免罪；十亩以上至二十亩，处二等罚；每二十亩加一等，罪止八等罚。官吏系公罪，俱留职役。○5.73.3若人户将成熟田地，移丘换段，冒告灾伤者，计所冒之田一亩至五亩，处四等罚；每五亩加一等，罪止十等罚。其冒免之田合纳税粮，依额数追征入官。

现行刑律案语

原律（略）

臣等谨按：此仍《明律》，顺治三年〔1646〕添入小注。笞、杖罪名照章罚金，均应依数分等处罚。至职官犯杖一百，向系革职，律内“各杖一百，罢职役不叙”二语，拟改“系官罢职，吏处十等罚，仍罢役”。谨将修改律文、律注，开列于后。

○修改

凡部内有水旱霜雹，及蝗蝻为害，一应灾伤(应减免之)田粮，有司官吏应准告而不即受理，申报(上司亲行)检踏，及本管上司，不与委官复踏者，各处八等罚。若初、复检踏(有司、承委)官吏不行亲诣田所，及虽诣田所，不为用心从实检踏，止凭里长、甲首朦胧供报，中间以熟作荒、以荒作熟，增减分数，通同作弊，瞒官害民者，系官罢职，吏处十等罚，仍罢役。若致枉有所征免(有灾伤当免而征曰枉征，无灾伤当征而免曰枉免。)粮数，计赃重者坐赃论。(枉有所征免粮数，自奏准后发觉谓之赃，故罪重于十等罚，并坐赃论。)里长、甲首，各与同罪。受财(官吏、里、甲受财检踏，开报不实，以致枉有征免)者，并计赃以枉法从重论。○其检踏官吏，及里长、甲首(原未受财，止)失于关防，致(使荒熟分数)有不实者，计(不实之)田十亩以下免罪；十亩以上至二十亩，处二等罚；每二十亩加一等，罪止八等罚。(官吏系公罪，俱留职役。)○若人户将成熟田地，移丘换段，冒告灾伤者，(计所冒之田)一亩至五亩，处四等罚；每五亩加一等，罪止十等罚。(其冒免之田)合纳税粮，依(额)数追征入官。

核订现行刑律

原修改律文(略)

谨按：此条修订案语，以官犯杖一百向系革职，故将杖罪删去。惟按名例应行加减之时，殊觉漫无标准，应仍行增入，照章改为“处十等罚”。谨将修改律文，开列于后。

○修改(略)

条例·仍旧、修改

大清律例

3.5.91.(12)〔前往被灾地方售卖米船免其纳税〕(略)

现行刑律

5.73.(1)〔前往被灾地方售卖米船免其纳税〕

一、凡被灾地方，米船过关，果系前往售卖，免其纳税，给予印票。责令到境之日，呈送该地方官钤盖印信，回空查销。如有免税米船，偷运别省，并未到被灾地方，先行粜卖者，将宽免之税，加倍追出，仍照违制律治罪。

大清律例

3.5.91.(15)〔冲坍沙洲地亩以涨地拨补〕(略)

现行刑律

5.73.(2)〔冲坍沙洲地亩以涨地拨补〕

一、凡沿河沙洲地亩，被冲坍塌，即令业户报官，勘明注册。遇有淤涨，亦即报官查丈，照原报之数拨补。此外多余涨地，不许霸占。如从前未经报坍，不准拨给。至隔江远户，果系报坍有案，即将多余涨地，秉公拨补。若坍户数多，按照报坍先后，以次照拨。倘补足之外，尚有余地，许召无业穷民认垦，官给印照。仍令各属按数造报。统俟五年大丈，再行履勘，造册送部，以定升除。其报坍报涨，在两县接壤之处者，委员会同两邑地方官据实勘验，秉公拨补。如有私行霸占，将淤洲入官，该户照盗耕官田律治罪。地方官不查丈明确，以致拨补舛错，查出，照官吏不用心从实检踏律分别议处。

现行刑律案语

原例

3.5.91.(12)〔前往被灾地方售卖米船免其纳税〕(略)

3.5.91.(15)〔冲坍沙洲地亩以涨地拨补〕(略)

3.5.91.(1)〔有司救饥先发后奏〕(略)

3.5.91.(7)〔贫士贫民一体赈恤〕(略)

3.5.91.(8)〔漕项芦课学租杂税俱入钱粮豁免〕(略)

3.5.91.(9)〔凡有蠲免俱以奉旨之日为始〕(略)

3.5.91.(10)〔水旱田升科委员履勘〕(略)

3.5.91.(14)〔江海河湖居民猝被水灾酌量赈济〕(略)

○仍旧

臣等谨按：以上八条均应仍旧，理合陈明。

大清律例

3.5.91.(4)〔赈灾及蠲免钱粮州县官侵蚀肥己〕

一、赈济被灾饥民,以及蠲免钱粮,州县官有侵蚀肥己等弊,致民不沾实惠者,革职拿问,照侵盗钱粮例治罪。督、抚、布政使、道、府等官不行稽察者,俱革职。

现行刑律

5.73.(3)〔侵吞赈灾及蠲免钱粮〕

一、赈济被灾饥民,以及蠲免钱粮,如有官员侵吞入己,数在一千两以上者,照侵盗钱粮例,拟绞监候;其数逾巨万,实在情罪重大者,仍照例拟绞监候,该督抚临时酌量,具奏请旨定夺;其入己之数虽未至千两以上,而巧立名色、任意克扣,及有吏胥串弊、绅董分肥情事,即照侵盗钱粮例,加一等治罪。督、抚、司、道、府、州失于查察者,俱交部议处。

现行刑律案语

原例(略)

臣等谨按:此条系康熙十八年〔1679〕议准,乾隆五年〔1740〕纂为定例,嘉庆十四年〔1809〕改定。查光绪四年〔1878〕九月内刑部议复御史田翰墀奏《请将侵赈各员严定罪名》一折,内称"嗣后,如有官员借灾冒赈,侵吞入己,数在一千两以上者,仍照侵盗钱粮例,拟斩监候;其数逾巨万,实在情罪重大者,仍照定例拟斩监候,该督抚临时酌量,具奏请旨定夺;其入己之数虽未至千两以上,而巧立名色、任意克扣,及有吏胥串弊绅董分肥情事,即照侵盗钱粮例,计赃,于应得徒、流等罪上酌加一等办理。至失于觉察者,加等处分,应由吏部核办"等因。奏准在案。自应于例内添纂明晰,以资援引。惟斩候应照章改为绞候,例末"督、抚、布政司、道、府等官不行稽察者,俱革职",核与《处分则例》不合,应改为"督、抚、司、道、府、州失于查察者,俱交部议处"。谨将修改例文,开列于后。

○修改(略)

条例 · 删除

大清律例

3.5.91.(1)〔有司救饥先发后奏〕

一、天下有司,凡遇岁饥,先发仓廪赈贷,然后具奏,请旨宽恤。

大清律例

3.5.91.(7)〔贫士贫民一体赈恤〕

一、凡遇歉收之岁，贫士与贫民，一体赈恤。

大清律例

3.5.91.(8)〔漕项芦课学租杂税俱入钱粮豁免〕

一、遇有恩诏豁免钱粮，其漕项、芦课、学租、杂税各项，俱入豁免之内。地方官违者，以违制论。入己者，以侵盗论。

大清律例

3.5.91.(9)〔凡有蠲免俱以奉旨之日为始〕

一、凡有蠲免，俱以奉旨之日为始。其奉旨之后，部文未到之前，有已输在官者，准作次年正赋，永著为令。如官吏朦混隐匿，照侵盗钱粮律治罪。

大清律例

3.5.91.(10)〔水旱田升科委员履勘〕

一、凡开垦水田六年，旱田十年，将届升科之期，该督抚委员复加履亩丈勘。果有坍塌冲涨，或成硗确者，概免升科。违者，以官吏不用心从实检踏律治罪。

大清律例

3.5.91.(14)〔江海河湖居民猝被水灾酌量赈济〕

一、江海河湖居民，猝被水灾，该地方官一面通报各该管上司，一面赴被灾处所，验看明确，照例酌量赈济，不得濡迟时日。

现行刑律案语

〇仍旧(略)

见3.5.91.(12)〔前往被灾地方售卖米船免其纳税〕条

核订现行刑律

〇删除

原例

3.5.91.(1)〔有司救饥先发后奏〕(略)

3.5.91.(7)〔贫士贫民一体赈恤〕(略)

3.5.91.(8)〔漕项芦课学租杂税俱入钱粮豁免〕(略)

3.5.91.(9)〔凡有蠲免俱以奉旨之日为始〕(略)

3.5.91.(10)〔水旱田升科委员履勘〕(略)

3.5.91.(14)〔江海河湖居民猝被水灾酌量赈济〕(略)

谨按:以上六条,俱赈贷蠲免及验灾之办法,事隶度支、民政等部,与刑律无涉。第三至第五三条所附罪名,即无专条,亦有本罪可科,无须复载。拟请一并删除。

大清律例

3.5.91.(2)〔题报灾情期限〕

一、凡夏灾不出六月底,秋灾不出九月底,先以被灾情形题报。其被灾分数,按限勘明续报。逾限者,交该部议处。

大清律例

3.5.91.(3)〔州县查勘详报被灾分数期限〕

一、州县详报被灾情形,查勘分数,遵照题定四十日限期办理。其距省遥远地方,准照交代之例,扣算程途日期。如逾限,照例题参,交部议处。

现行刑律案语

原例(略)

臣等谨按:以上二条,前一条系顺治十一年〔1654〕奏准定例,原在吏部例内,雍正三年〔1725〕纂入,乾隆五年〔1740〕改定;后一条系雍正六年〔1728〕议准江西万载县知县许松佶条奏,并乾隆二年〔1737〕户部议复湖北布政使安图条奏定例,均为题报灾伤而设,似应修并为一。现在各项题本均经改奏,"题报"并应改为"奏报"。谨将修并例文,开列于后。

○修并

一、凡夏灾不出六月底,秋灾不出九月底,先以被灾情形奏报。其被灾分数,按限勘明续报。逾限者,交部议处。至州县详报被灾情形,查勘分数,遵照例定四十日限期办理。其距省遥远地方,准照交代之例,扣算程途日期。如逾限,照例参处。

核订现行刑律

○删除

原修改例文

3.5.91.(5)〔捕捉蝗蝻〕修改例文(略)

3.5.91.(11)〔被灾地方钱粮缓征带征〕修改例文(略)

3.5.91.(6)〔蠲免钱粮业七佃三〕修改例文(略)

原修并例文

3.5.91.(2)〔题报灾情期限〕3.5.91.(3)〔州县查勘详报被灾分数期限〕修并例文(略)

谨按：以上四条，第一条系捕捉蝗蝻，第二条系分别缓征，第三条系蠲免钱粮，第四条系报灾定限，事隶农工商及度支等部，与刑律无涉，拟请一并删除。

大清律例

3.5.91.(5)〔捕捉蝗蝻〕

一、凡有蝗蝻之处，文武大小官员，率领多人，公同及时捕捉，务期全净。其雇募人夫，每名计日酌给银数分，以为饭食之资，许其报明督抚，据实销算。果能立时扑灭，督抚具题，照例议叙。如延蔓为害，必根究蝗蝻起于何地，及所到之处，该管地方官玩忽从事者，交部照例治罪，并将该督抚一并议处。

现行刑律案语

原例

3.5.91.(5)〔捕捉蝗蝻〕(略)

3.5.91.(11)〔被灾地方钱粮缓征带征〕(略)

臣等谨按：以上二例，应仍其旧。惟"具题"改为"具奏"，"题请"改为"奏请"。谨将修改例文，开列于后。

○修改

一、凡有蝗蝻之处，文武大小官员，率领多人，公同及时捕捉，务期全净。其雇募人夫，每名计日酌给银数分，以为饭食之资，许其报明督抚，据实销算。果能立时扑灭，督抚具奏，照例议叙。如延蔓为害，必根究蝗蝻起于何地，及所到之处，该管地方官玩忽从事者，交部照例治罪，并将该督抚一并议处。

一、凡各省地方，被灾不及五分，有奉旨及督抚奏请缓征者，于次年麦熟后，只令催征旧欠。其本年钱粮，准于九月后催征。若深冬方得雨雪，及积水退者，缓至次年秋收催征。如被灾八分、九分、十分者，将该年缓征钱粮，俱分作三年带征；被灾五分、六分、七分者，分作二年带征，以纾民力。

核订现行刑律

○删除(略)

见3.5.91.(2)〔题报灾情期限〕条

大清律例

3.5.91.(6)〔蠲免钱粮业七佃三〕

一、凡遇蠲免钱粮之年，将所免钱粮分作十分，以七分免业户，三分免佃户。雍正十三年(1735)十二月内钦奉上谕："蠲免之典，业户邀恩者居多。彼无业贫民，终岁勤动，按产输粮，未被国家之恩泽。欲照所蠲之数，履亩除租，绳以官法，则势有不能。其令所在有司,善为劝谕各业户,酌量宽减佃户之租,不必限定分数,使耕作贫民,有余粮以赡妻子。若有素封业户,能善体此意,加惠佃户者,则酌量奖赏之。其不愿者听之,亦不得勉强从事。特谕。"

现行刑律案语

原例(略)

臣等谨按:此例前一段系康熙二十九年〔1690〕户部议复山东巡抚佛伦条奏定例,后一段则系恭录雍正十三年〔1735〕谕旨。一言分别蠲免钱粮之法,一言劝谕业户宽减佃租之制,均为嘉惠贫民而设。惟修订律例,凡系钦奉事件纂辑为例者,向来办法类皆增减字句、更易语气,以便援引。此处直书谕旨作为条例,不惟与全律不符,且按之体裁,亦多未协。查乾隆五年〔1740〕已将两事并作一条,载入《会典》,声明系遵旨定例,似可修入例册,庶文义紧相衔接,体裁亦昭划一。谨将修改例文,开列于后。

○修改

一、凡遇蠲免钱粮之年,将所免钱粮分作十分,以七分免业户,以三分免佃户。仍令所在有司,善为劝谕各业户,酌量宽减佃户之租,不必限定分数。若有素封业户,能加惠佃户者,酌量奖赏。其不愿者,听。

核订现行刑律

○删除(略)

见3.5.91.(2)〔题报灾情期限〕条

大清律例

3.5.91.(11)〔被灾地方钱粮缓征带征〕

一、凡各省地方,被灾不及五分,有奉旨及督抚题请缓征者,于次年麦熟后,只令催征旧欠。其本年钱粮,准于九月后催征。若深冬方得雨雪,及积水退者,缓至次年秋收催征。如被灾八分、九分、十分者,将该年缓征钱粮,俱分作三年带征;被灾五分、六分、七分者,分作二年带征,以纾民力。

现行刑律案语

○修改(略)

见3.5.91.(5)〔捕捉蝗蝻〕条

核订现行刑律

○删除(略)

见3.5.91.(2)〔题报灾情期限〕条

大清律例

3.5.91.(13)〔灾眚之年督抚奏请清理刑狱〕

一、各直省遇有灾眚之年，该督抚将清理刑狱之处，奏闻请旨。

现行刑律案语

〇删除

原例（略）

臣等谨按：此条系乾隆七年〔1742〕定例。查"名例·常赦所不原"律后载有"雨泽愆期清理刑狱"一条，例文似较明晰，此处无庸复见，应请删除。

3.5.92功臣田土／5.74功臣田土

律文·修改

大清律例	现行刑律
3.5.92.1凡功臣之家，除（朝廷）拨赐公田（免纳粮当差。）外，但有（自置）田土，从管庄人尽数报官入籍，（照额一体）纳粮当差。违者，（计所隐之田，）一亩至三亩，杖六十；每三亩加一等，罪止杖一百、徒三年；罪坐管庄之人。其田入官，（仍计递年）所隐粮税，依（亩数、年数、额）数征纳。若里长及有司官吏（阿附，）踏勘不实，及知而不举者，与（管庄人）同罪。不知者不坐。	5.74.1凡功臣之家，除（朝廷）拨赐公田（免纳粮当差。）外，但有（自置）田土，从管庄人尽数报官入籍，（照额一体）纳粮当差。违者，（计所隐之田，）一亩至三亩，处六等罚；每三亩加一等，罪止徒三年；罪坐管庄之人。其田入官，（仍计递年）所隐粮税，依（亩数、年数、额）数征纳。若里长及有司官吏（阿附，）踏勘不实，及知而不举者，与（管庄人）同罪。不知者不坐。

现行刑律案语

原律（略）

臣等谨按：此仍《明律》，顺治三年〔1646〕添入小注。"杖六十"罪名照章罚金，应改为"处六等罚"。徒罪附杖，亦应照章节删。谨将修改律文，开列于后。

〇修改（略）

3.5.93 盗卖田宅 / 5.75 盗卖田宅

律文 · 修改

大清律例

3.5.93.1 凡盗他人田宅卖、将己不堪田宅换易及冒认，他人田宅作自己者。若虚写价钱实立文契典买，及侵占他人田宅者，田一亩、屋一间以下，笞五十；每田五亩、屋三间加一等，罪止杖八十、徒二年。系官田宅者，各加二等。〇3.5.93.2 若强占官民山场湖泊、茶园芦荡，及金、银、铜、锡、铁冶者，不计亩数。杖一百、流三千里。〇3.5.93.3 若将互争不明及他人田产，妄作己业，朦胧投献官豪势要之人，与者、受者，各杖一百、徒三年。〇3.5.93.4 盗卖与投献等项田产及盗卖过田价，并各项田产中递年所得花利，各应还官者还官、应给主者给主。〇3.5.93.5 若功臣有犯者，照律拟罪，奏请定夺。

现行刑律

5.75.1 凡盗他人田宅卖、将己不堪田宅换易及冒认，他人田宅作自己者。若虚写价钱实立文契典买，及侵占他人田宅者，田一亩、屋一间以下，处五等罚；每田五亩、屋三间，加一等；罪止徒二年。系官田宅者，各加二等。〇5.75.2 若强占官民山场湖泊、茶园芦荡，及金、银、铜、锡、铁冶者，不计亩数。流三千里。〇5.75.3 若将互争不明及他人田产，妄作己业，朦胧投献官豪势要之人，与者、受者，各徒三年。〇5.75.4 盗卖与投献等项田产及盗卖过田价，并各项田产中递年所得花利，各应还官者还官、应给主者给主。〇5.75.5 若功臣有犯者，照律拟罪，奏请定夺。

现行刑律案语

原律（略）

臣等谨按：此仍《明律》，顺治三年〔1646〕添入小注，雍正三年〔1725〕修改。“笞五十”罪名照章罚金，应改为“处五等罚”。徒流附杖，均应照章节删。谨将修改律文，开列于后。

〇修改（略）

条例 · 仍旧、修改

大清律例

3.5.93.(3)〔丈量开垦永行停止〕（略）

现行刑律

5.75.(1)〔丈量开垦永行停止〕

一、各省丈量田亩，及抑勒首报垦田之事，永行停止。违者，以违制律论。

现行刑律案语

原例(略)

○仍旧

臣等谨按：此例应仍其旧，理合陈明。

大清律例

3.5.93.(6)〔告争坟山〕(略)

现行刑律

5.75.(2)〔告争坟山〕

一、凡民人告争坟山，近年者，以印契为凭。如系远年之业，须将山地字号、亩数，及库存鳞册，并完粮印串，逐一丈勘查对。果相符合，即断令管业。若查勘不符，又无完粮印串，其所执远年旧契及碑谱等项，均不得执为凭据。即将滥控侵占之人，按例治罪。

现行刑律案语

原例(略)

○仍旧

臣等谨按：此例应仍其旧，理合陈明。

大清律例

3.5.93.(1)〔投献捏卖田产及祖坟山地〕

一、军民人等，将争竞不明，并卖过及民间起科，僧道将寺观各田地，若子孙将公共祖坟山地，朦胧投献王府，及内外官豪势要之家，私捏文契典卖者，投献之人，问发边远充军，田地给还应得之人。其受投献家长，并管庄人，参究治罪。直隶各省空闲地土，俱听民尽力开种，照年限起科。若有占夺投献者，悉照前例问发。

现行刑律

5.75.(3)〔投献捏卖田产及祖坟山地〕

一、军民人等，将争竞不明，并卖过及民间起科，僧道将寺观各田地，若子孙将公共祖坟山地，朦胧投献王府，及内外官豪势要之家，私捏文契典卖者，投献之人，依律问拟。其受投献家长，并管庄人，参究治罪。直隶各省空闲地土，俱听民尽力开种，照年限起科。若有占夺投献者，亦照律治罪。

现行刑律案语

原例(略)

臣等谨按:此条系前明《问刑条例》,雍正三年〔1725〕修改,乾隆五年〔1740〕改定。惟朦胧投献田产,律问满徒,罪名已属不轻,例复加拟充军,殊嫌过重,拟仍改为依律治罪。至投献田地给还应得之人,自不待言,此句似可节删。谨将修改例文,开列于后。

〇修改(略)

大清律例

3.5.93.(4)〔子孙盗卖祖遗祀产义田宗祠〕

一、凡子孙盗卖祖遗祀产至五十亩者,照投献捏卖祖坟山地例发边远充军。不及前数,及盗卖义田,应照盗卖官田律治罪。其盗卖历久宗祠,一间以下杖七十,每三间加一等,罪止杖一百、徒三年。以上知情谋买之人,各与犯人同罪。房产收回,给族长收管,卖价入官。不知者不坐。其祀产、义田,令勒石报官,或族党自立议单公据,方准按例治罪。如无公私确据,借端生事者,照诬告律治罪。

现行刑律

5.75.(4)〔子孙盗卖祖遗祀产义田宗祠〕

一、凡子孙盗卖祖遗祀产,并义田,及历久宗祠者,俱照盗卖官田宅律定拟,罪止徒三年。知情谋买之人,各与犯人同罪。房产收回,给族长收管,卖价入官。不知者不坐。其祀产、义田,令勒石报官,或族长自立议单公据,方准按例治罪。如无公私确据,借端生事者,照诬告律治罪。

现行刑律案语

原例(略)

臣等谨按:此条系乾隆二十一年〔1756〕定例。盗卖田宅本律,"田一亩、屋一间以下,笞五十;每田五亩、屋三间,加一等;罪止徒二年。系官者,各加二等",罪名轻重,本极平允。此例盗卖祖遗祀产未至五十亩,及盗卖义田,均系照盗卖官田律治罪。即盗卖历久宗祠,其治罪亦与盗卖官宅等,虽较凡盗加重,仍罪止拟徒。惟盗卖祖遗祀产至五十亩,照"投献捏卖祖〔坟〕山地"例拟军,殊嫌过重。臣等此次修改例条,已将"投献祖坟山地"例改归投献本律,拟徒,则此处"边远充军"一层,亦应节删,拟改为"凡子孙盗卖祖遗祀产及义田,并盗卖历久宗祠者,俱照盗卖官宅律定拟,罪止徒三年"。谨将修改例文,开列于后。

〇修改(略)

大清律例	现行刑律
3.5.93.(5)〔盛京家奴盗卖伊主田产房屋〕 一、盛京家奴、庄头人等，如有因伊主远在京师，私自盗卖所遗田产至五十亩者，均依子孙盗卖祖遗祀产例发边远充军。不及前数者，照盗卖官田律治罪。盗卖房屋，亦照盗卖官宅律科断。谋买之人，与串通说合之中保，均与盗卖之人同罪。房产给还原主，卖价入官。其不知者不坐。倘不肖之徒，借端讹诈，照诬告律治罪。	5.75.(5)〔雇工庄头盗卖伊主田产房屋〕 一、凡雇工、庄头人等，因伊主外出，私自盗卖所遗田产至五十亩者，流三千里。不及前数者，照盗卖官田律治罪。盗卖房屋，亦照盗卖官宅律科断。谋买之人，与串通说合之中保，均与盗卖之人同罪。房产给还原主，卖价入官。其不知者不坐。倘不肖之徒，借端讹诈，照诬告律治罪。

现行刑律案语

原例(略)

臣等谨按：此条系乾隆三十年〔1765〕定例，专指八旗家奴人等在盛京地方而言。若京师附近地方有犯，难资援引，似应改为通例。至子孙盗卖祖遗祀产五十亩充军之例，现拟删改从轻。惟家奴等盗卖主产，较子孙盗卖情罪为重，未便一律减轻，拟将例内“依子孙盗卖例”一语删去。其“边远充军”罪名，即照章改为“流三千里”。谨将修改例文，开列于后。

○修改

一、凡家奴、庄头人等，因伊主外出，私自盗卖所遗田产至五十亩者，流三千里。不及前数者，照盗卖官田律治罪。盗卖房屋，亦照盗卖官宅律科断。谋买之人，与串通说合之中保，均与盗卖之人同罪。房产给还原主，卖价入官。其不知者不坐。倘不肖之徒，借端讹诈，照诬告律治罪。

核订现行刑律

原修改例文(略)

谨按：旗下家奴现以雇工人论，本条“家奴”二字应即改为“雇工”，以归一律。谨将修改例文，开列于后。

○修改(略)

大清律例

3.5.93.(8)〔强占典卖屯田五十亩以上不纳子粒者〕

一、用强占种屯田五十亩以上,不纳子粒者,照数追纳完日,发近边充军。其屯田人等,将屯田典卖与人,至五十亩以上,典主、买主,各不纳子粒者,俱照前问发。若数不满五十亩,及上纳子粒不缺,或因无人承种而侵占者,照侵占官田律治罪;典卖与人者,照盗卖官田律治罪。管屯等官不行用心清查者,参奏,依违制律杖一百。

现行刑律

5.75.(6)〔强占典卖屯田〕

一、用强占种屯田五十亩以上,不纳子粒者,照数追纳完日,照强占官民山场律,流三千里。其屯田人等,将屯田典卖与人,至五十亩以上,典主、买主,各不纳子粒者,俱照前问拟。若数不满五十亩,及上纳子粒不缺,或因无人承种而侵占者,照侵占官田律治罪;典卖与人者,照盗卖官田律治罪。管屯等官不行用心清查者,参奏,依违制律治罪。

现行刑律案语

原例(略)

臣等谨按:此条系前明《问刑条例》,雍正三年〔1725〕及乾隆三十六年〔1771〕修改,嘉庆六年〔1801〕改定。"近边充军"罪名,若照章改为"流二千五百里",转较"强占官民山场"本律为轻,拟即改为"照强占官民山场律,流三千里"。"问发"二字改为"问拟","杖一百"三字改为"治罪"。谨将修改例文,开列于后。

○修改(略)

大清律例

3.5.93.(10)〔将公共山场私召异籍之人搭棚开垦者〕

一、凡租种山地棚民,除同在本山有业之家,公同画押出租者,山主、棚民均免治罪外,若有将公共山场,一家私召异籍之人,搭棚开垦者,即照子孙盗卖祖遗祀产至五十亩例,发边远充军;不及五十亩者,减一等;租价入官。承租之人,不论山数多寡,照强占官民山场律杖一百、流三千里,为从并减一等。父兄子弟同犯,仍照律罪坐尊长。族

现行刑律

5.75.(7)〔将公共山场私召异籍之人搭棚开垦者〕

一、凡租种山地棚民,除同在本山有业之家,公同画押出租者,山主、棚民均免治罪外,若有将公共山场,一家私召异籍之人,搭棚开垦者,照盗卖官田宅律治罪,租价入官。承租之人,罪亦如之,为从并减一等。父兄子弟同犯,仍照律罪坐尊长。族长、祠长失于查察,照不应重律科罪。至因召租、承租,酿成事端,致有抢夺杀伤者,仍各从其

长、祠长失于查察，照不应重律科罪。 重者论。
至因召租、承租，酿成事端，致有抢夺杀
伤者，仍各从其重者论。

现行刑律案语

原例（略）

臣等谨按：此条系嘉庆十二年〔1815〕定例。详绎例意，因其混招异籍之人搭棚开垦，恐致外来匪徒聚集日多，扰害居民，是以特严其罪。然于公共画押出租者，概予免罪；而于一家私租，并未滋事者，即比例拟军，未免太重，似应改为"照盗卖官田宅律治罪""承租之人，罪亦如之"。谨将修改例文，开列于后。

○修改（略）

条例·删除

大清律例

3.5.93.(2)〔官豪之家在西山一带开窑凿山立厂〕

一、西山一带，密迩京师地方，如有官豪势要之家，私自开窑卖煤、凿山卖石、立厂烧灰者，枷号一个月，发近边充军。干碍内外官员，参奏提问。

删除律例

○删除

大清律例

3.5.93.(7)〔土目土民私相典卖土司田亩〕

一、土目土民，不许私相典买土司田亩。如有违禁不遵者，立即追价入官，田还原主。并将承买之人，比照盗卖他人田亩律，田一亩笞五十，每五亩加一等，罪止杖八十、徒二年。其违例典卖，并倚势抑勒之土司，失察之该管知府，均交部议处。

删除律例

○删除

大清律例

3.5.93.(9)〔偷伐近边应禁林木〕

一、近边分守武职，并府州县官员，禁约该管军民人等，不许擅自入山，将应禁林木砍伐贩卖。若砍伐已得者，问发云贵两广烟瘴稍轻地方充军；未得者，杖一百、徒三年。若前项官员有犯,俱革职。计赃重者,俱照监守盗律治罪。其经过关隘、河道,守把官军知情纵放者,依知罪人不捕律治罪。分守武职,并府州县官,交部分别议处。

删除律例

○删除

大清律例

3.5.93.(11)〔黔省汉民强占苗人田产〕

一、黔省汉民,如有强占苗人田产,致令失业酿命之案,俱照棍徒扰害例问拟。其未经酿命者,仍照常例科断。

现行刑律案语

○删除

原例(略)

臣等谨按:此条系道光十三年〔1833〕定例。专指黔省苗、汉而言,未免一事一例。近年尚无此等情形,即使有犯,依强占本律拟流,已无虞宽纵,似毋庸另定专例。拟请删除。

3.5.94 任所置买田宅

律文·删除

大清律例

3.5.94.1 凡有司官吏,不得于见任处所,置买田宅。违者笞五十,解任,田宅入官。

现行刑律案语

原律(略)

臣等谨按:此仍《明律》。"笞五十"罪名照章罚金,应改为"处五等罚"。谨将修改律文,开列于后。

○修改

凡有司官吏,不得于见任处所,置买田宅。违者处五等罚,解任,田宅入官。

核订现行刑律

○删除

原修改律文(略)

3.5.94.(2)〔提督总兵副将等官任所置产及入籍〕(略)

谨按:以上律文一条、例文一条,均为限制在任所置买田宅产业而设。揆诸今日情形,多不相符,拟请一并删除。

条例·删除

大清律例

3.5.94.(1)〔关差官员携眷买妾及任满擅买庄宅〕

一、各关出差官员,不许携带家眷,多随奴仆,及任所置优买妾。任满回部,未经考核,不许擅买田庄市宅,生息放债。如违,交与该部治罪。衙役人等,除解饷公事外,私自赴京长接,及以缺额借口题请展限者,亦交与该部治罪。

删除律例

○删除

大清律例

3.5.94.(2)〔提督总兵副将等官任所置产及入籍〕

一、提督、总兵、副将等官,不许在见任地方,置立产业。即丁忧、休致、解退,亦不许入籍居住。或任内置有产业,已经身故,及不能回籍者,该督抚具奏请旨定夺。至参将以下等官,任所置有产业,或本身休致、解退,或已经身故,子孙留住任所,欲入籍者,该地方官报明督抚,准其入籍。

现行刑律案语

原例(略)

○仍旧

臣等谨按:此条应仍其旧,理合陈明。

核订现行刑律

○删除(略)

见3.5.94任所置买田宅条律

3.5.95典买田宅/5.76典买田宅

律文·修改

大清律例

3.5.95.1凡典买田宅,不税契者,笞五十;仍追契内田宅价钱一半入官。不过割者,一亩至五亩,笞四十;每五亩加一等,罪止杖一百;其不过割之田入官。○3.5.95.2若将已典卖与人田宅,朦胧重复典卖者,以所得重典卖之价钱,计赃,准窃盗论,免刺,追价还后典买之主,田宅从原典买主为业。若重复典买之人及牙保知其重典卖之情者,与犯人同罪,追价入官。不知者不坐。○3.5.95.3其所典田宅、园林、碾磨等物,年限已满,业主备价取赎,若典主托故不肯放赎者,笞四十。限外递年所得多余花利,追征给主;仍听依原价取赎。其年限虽满,业主无力取赎者,不拘此律。

现行刑律

5.76.1凡典买田宅,不税契者,处五等罚,仍追契内田宅价钱一半入官。不过割者,一亩至五亩,处四等罚;每五亩加一等,罪止十等罚;其不过割之田入官。○5.76.2若将已典卖与人田宅,朦胧重复典卖者,以所得重典卖之价钱,计赃,准窃盗论,追价还后典买之主,田宅从原典买主为业。若重复典买之人及牙保知其重典卖之情者,与犯人同罪,追价入官。不知者不坐。○5.76.3其所典田宅、园林、碾磨等物,年限已满,业主备价取赎,若典主托故不肯放赎者,处四等罚。限外递年所得多余花利,追征给主;仍听依原价取赎。其年限虽满,业主无力取赎者,不拘此律。

现行刑律案语

原律(略)

臣等谨按:此仍《明律》,顺治三年〔1646〕添入小注。笞、杖罪名照章罚金,应依数分等处罚。“免刺”二字,亦照章节删。谨将修改律文,开列于后。

○修改(略)

条例·仍旧、修改

大清律例

3.5.95.(1)〔争财赎产以五年为限〕(略)

现行刑律

5.76.(1)〔争财赎产以五年为限〕

一、告争家财、田产,但系五年之上,并虽未及五年,验有亲族写立分书已定、出卖文约是实者,断令照旧管业,不许重分、再赎，告词立案不行。

现行刑律案语

原例（略）

○仍旧

臣等谨案：此例应仍其旧，理合陈明。

大清律例

3.5.95.(3)〔卖产立有绝卖文契不准找赎〕（略）

现行刑律

5.76.(2)〔卖产立有绝卖文契不准找赎〕

一、卖产立有绝卖文契，并未注有"找贴"字样者，概不准贴赎。如契未载"绝卖"字样，或注定年限回赎者，并听回赎。若卖主无力回赎，许凭中公估找贴一次，另立绝卖契纸。若买主不愿找贴，听其别卖，归还原价。倘已经卖绝，契载确凿，复行告找、告赎，及执产动归原先尽亲邻之说，借端指勒，希图短价，并典限未满，而业主强赎者，俱照不应重律治罪。

现行刑律案语

原例（略）

○仍旧

臣等谨按：此条应仍其旧，理合陈明。

大清律例

3.5.95.(7)〔典契卖契分别注明回赎及绝卖字样〕

一、嗣后民间置买产业，如系典契，务于契内注明"回赎"字样；如系卖契，亦于契内注明"绝卖、永不回赎"字样。其自乾隆十八年（1753）定例以前，典、卖契载不明之产，如在三十年以内，契无"绝卖"字样者，听其照例分别找赎；

现行刑律

5.76.(3)〔典契卖契分别注明回赎及绝卖字样〕

一、民间置买产业，如系典契，务于契内注明"回赎"字样；如系卖契，亦于契内注明"绝卖、永不回赎"字样。如有混行争告者，均照不应重律治罪。

若远在三十年以外,契内虽无"绝卖"字样,但未注明"回赎"者,即以绝产论,概不许找赎。如有混行争告者,均照不应重律治罪。

现行刑律案语

原例(略)

臣等谨按:此条系乾隆十八年〔1753〕定例,故中有"其自乾隆十八年〔1753〕定例以前""三十年内、外"等语。今此例遵用已百余年,早无从前契载不明之产,此层应即节删。例首"嗣后"二字,亦应删去。谨将修改例文,开列于后。

○修改(略)

大清律例

3.5.95.(8)〔州县官征收田房税契〕

一、凡州县官征收田房税契,照征收钱粮例,别设一柜,令业户亲自赍契投税,该州县即粘司印契尾,给发收执。若业户混交匪人代投,致被假印诓骗者,照不应重律杖八十,责令换契重税。倘州县官不粘司印契尾,侵税入己,照例参追。该管之道、府、直隶州知州,分别失察、徇隐,照例议处。

现行刑律

5.76.(4)〔州县官征收田房税契〕

一、凡州县官征收田房税契,照征收钱粮例,别设一柜,令业户亲自赍契投税,该州县即粘司印契尾,给发收执。若业户混交匪人代投,致被假印诓骗者,照不应重律治罪,责令换契重税。倘州县官不粘司印契尾,侵税入己,照例参追。该管之道、府、直隶州知州,分别失察、徇隐,照例议处。

现行刑律案语

原例(略)

臣等谨按:此例应仍其旧。惟"不应重律,杖八十",应改为"照不应重律治罪"。谨将修改例文,开列于后。

○修改(略)

条例·删除

大清律例

3.5.95.(2)〔旗人于各省违禁置产勒限变价归旗〕

一、凡八旗人员,置买产业于各省者,令该员据实首报,交与该督抚按其产业之多寡,勒限变价归旗。如有隐匿不首,及首报不实者,该督抚访查题参,将所置产业入官。其隐匿不首者，照侵占田宅律治罪；首报不实者，按不实之数，亦照侵占律治罪。如地方官扶同徇隐，别经发觉者，照例议处。其未经查出之知府并督、抚、司、道，均照例分别议处。至于查禁以后，仍有违禁置产，私相授受者，照将他人田产朦胧投献官豪势要律，与者、受者，各杖一百、徒三年，产业入官。其托民人出名，诡名寄户者，受托之民人，照里长知情隐瞒入官家产计所隐赃重者坐赃治罪；受财者，以枉法从重论。地方官失于查察者，照例议处。

大清律例

3.5.95.(11)〔旗地旗房不准民人典买〕

一、旗地、旗房，概不准民人典买。如有设法借名私行典买者，业主、售主，俱照违制律治罪，地亩、房间、价银，一并撤追入官。失察该管官，俱交部严加议处。至旗人典买有州县印契跟随之民地、民房，或辗转典卖与民人，仍从其便。

现行刑律案语

〇删除

原例

3.5.95.(2)〔旗人于各省违禁置产勒限变价归旗〕(略)

3.5.95.(11)〔旗地旗房不准民人典买〕(略)

臣等谨按：光绪三十三年〔1907〕十二月内，臣馆奏请变通旗民交产旧制，拟将上二例删除，经度支部核准复奏，奉旨允准在案，自应遵照删除。

大清律例

3.5.95.(4)〔八旗官兵承买入官人口房屋〕

一、八旗官兵人等，有将现银承买入官人口、房屋者，即将银两先行交部。俟收明银两，知照到旗之日，两翼给与印信执照，报部入册。如有将俸禄钱粮坐扣抵买者，一面咨部坐扣俸饷，一面将人口、房屋给认买人领去。俟俸饷坐扣完日，再行知会两翼，给与执照，报部入册。

删除律例

〇删除

大清律例

3.5.95.(5)〔旗丁私典运田于人〕

一、旗丁有将运田私典于人，及承典者，均照典买官田律计亩治罪，该丁革退，其田追出,交与接运新丁,典价入官。其旗丁出运之年,将运田租与民人,止许得当年租银。如有指称加租,立券预支者,将该丁与出银租田之人,均照典买官田律减二等治罪,租价入官。

删除律例

○删除

大清律例

3.5.95.(6)〔清厘回赎典卖与民卫所赡运屯田及侵占屯田〕

一、凡各省卫所赡运屯田,有典卖与民,许照清厘条议,备价回赎。如衙役书识人等,借称族丁管船,侵占屯田,不归船济运者,照侵盗官粮例治罪。若原系民田,与军无涉,该丁捏控者,将该丁责革另佥。该管官弁,不实力稽察,或承查迟延,或互相徇纵,查出,俱交部分别议处。

删除律例

○删除

大清律例

3.5.95.(9)〔活契典当免其纳税〕

一、凡民间活契典当田房,一概免其纳税。其一切卖契,无论是否杜绝,俱令纳税。其有先典后卖者,典契既不纳税,按照卖契银两实数纳税。如有隐漏者,照律治罪。

现行刑律案语

○删除

原例(略)

臣等谨按:此条系乾隆二十四年〔1759〕定例。民间活契典当田房,一概免其纳税,与度支部现行事例不符,此层已难援引。至隐漏不纳税,既系照律治罪,自有本律可引,亦毋庸复叙。此例拟请删除。

大清律例

3.5.95.(10)〔私顶军田匿不首报〕

一、民间私顶军田,匿不首报,一亩至五亩,笞四十,每五亩加一等,罪止杖一百。

删除律例

○删除

3.5.96盗耕种官民田／5.77盗耕种官民田

律文·修改

大清律例	现行刑律
3.5.96.1凡盗耕种他人田(园地土)者,(不告田主。)一亩以下笞三十,每五亩加一等,罪止杖八十。荒田,减一等。强者,(不由田主。)各(指熟田、荒田言。)加一等。系官者,各(通盗耕、强耕,荒、熟言。)又加二等。(仍追所得)花利(官田)归官、(民田)给主。	5.77.1凡盗耕种他人田(园土地)者,(不告田主。)一亩以下处三等罚,每五亩加一等,罪止八等罚。荒田,减一等。强者,(不由田主。)各(指熟田、荒田言。)加一等。系官者,各(通盗耕、强耕,荒、熟言。)又加二等。(仍追所得)花利(官田)归官、(民田)给主。

现行刑律案语

原律(略)

臣等谨按:此仍《明律》,顺治三年〔1646〕添入小注。笞、杖罪名照章罚金,应依数分等处罚。谨将修改律文,开列于后。

○修改(略)

条例·删除

大清律例

3.5.96.(1)〔盗耕近边草场及越出边墙种田〕

一、近边地土、各营堡草场,界限明白。敢有挪移条款,盗耕草场,及越出边墙界石种田者,依律问拟,追征花利。至报完之日,不分军民,俱发附近地方充军。若有毁坏边墙,私出境外者,枷号三个月发落。

删除律例

○删除

3.5.97 荒芜田地 / 5.78 荒芜田地

律文 · 修改

大清律例

3.5.97.1 凡里长部内已入籍纳粮当差田地,无水旱灾伤之故荒芜,及应课种桑麻之类而不种者,计荒芜不种之田地,俱以十分为率,一分笞二十,每一分加一等,罪止杖八十。县官各减里长罪二等。长官为首,一分减尽无科,二分方笞一十,加至杖六十罪止。佐职为从。又减长官一等。二分者减尽无科,三分者方笞一十,加至笞五十罪止。人户亦计荒芜田地及不种桑麻之类,就本户田地,以五分为率,一分笞二十,每一分加一等;追征合纳税粮还官。应课种桑枣、黄麻、苎麻、棉花、蓝靛、红花之类,各随乡土所宜种植。

现行刑律

5.78.1 凡里长部内已入籍纳粮当差田地,无水旱灾伤之故荒芜,及应课种桑麻之类而不种者,计荒芜不种之田地,俱以十分为率,一分处二等罚,每一分加一等,罪止八等罚。县官各减里长罪二等。长官为首,一分减尽无科,二分方处一等罚,加至六等罚罪止。佐职为从。又减长官一等。二分者减尽无科,三分者方处一等罚,加至五等罚罪止。人户亦计荒芜田地及不种桑麻之类,就本户田地,以五分为率,一分处二等罚,每一分加一等;追征合纳税粮还官。应课种桑枣、黄麻、苎麻、棉花、蓝靛、红花之类,各随乡土所宜种植。

现行刑律案语

原律(略)

臣等谨按:此仍《明律》,顺治三年〔1646〕增修。笞、杖罪名照章罚金,均应依数分等处罚。谨将修改律文、律注,开列于后。

〇修改(略)

条例 · 删除

大清律例

3.5.97.(1)〔盛京庄头率请更换额拨官地及民人呈垦马厂〕

一、盛京等处庄头,有将额拨官地率请更换,并民人呈请马厂垦种纳租等事者,照违制律治罪。

删除律例

〇删除

[3.5.98]弃毁器物稼穑等 / [5.79]弃毁器物稼穑等

律文 · 修改

大清律例

[3.5.98.1]凡故意弃毁人器物,及毁伐树木稼穑者,计所弃毁之物,即为赃准窃盗论,照窃盗定罪。免刺。罪止杖一百、流三千里。官物加准窃盗赃上二等。若遗失及误毁官物者,各于官物加二等上减三等。凡弃毁、遗失、误毁,并验数追偿。还官、给主。若遗失、误毁私物者,偿而不坐罪。○[3.5.98.2]若毁人坟茔内碑碣、石兽者,杖八十;毁人神主者,杖九十。若毁损人房屋、墙垣之类者,计合用修造雇工钱坐赃论。一两以下笞二十,罪止杖一百、徒三年。各令修立。官屋加二等。误毁者,但令修立,不坐罪。

现行刑律

[5.79.1]凡故意弃毁人器物,及毁伐树木稼穑者,计所弃毁之物,即为赃准窃盗论。照窃盗定罪。罪止流三千里。官物加准窃盗赃上二等。若遗失及误毁官物者,各于官物加二等上减三等。凡弃毁、遗失、误毁,并验数追偿。还官、给主。若遗失、误毁私物者,偿而不坐罪。○[5.79.2]若毁人坟茔内碑碣、石兽者,处八等罚;毁人神主者,处九等罚。若毁损人房屋、墙垣之类者,计合用修造雇工钱坐赃论。一两以下处二等罚,罪止徒三年。各令修立。官屋加二等。误毁者,但令修立,不坐罪。

现行刑律案语

原律(略)

臣等谨按:此仍《明律》,顺治三年〔1646〕添入小注。笞、杖罪名照章罚金,均应依数分等处罚。律内"免刺"二字,并小注内流、徒附杖,亦应照章节删。谨将修改律文、律注,开列于后。

○修改(略)

条例 · 删除

大清律例

[3.5.98.(1)]〔收麦踩曲大开烧锅〕

一、凡广收麦石,肆行踩曲,大开烧锅者,杖一百,枷号两个月。地方官员失察,交部分别处分。如官吏贿纵等弊,照枉法计赃论罪。

删除律例

○删除

3.5.99 擅食田园瓜果 / 5.80 擅食田园瓜果

律文·修改

大清律例	现行刑律
3.5.99.1 凡于他人田园擅食瓜果之类,坐赃论。计所食之物,价一两以下笞一十,二两笞二十,计两加等,罪止杖六十、徒一年。弃毁者,罪亦如之。其擅将挟去及食,之者,系官田园瓜果,若官造酒食者,加二等。照擅食他人罪加二等。主守之人给与,及知而不举者,与同罪。若主守私自将去者,并以监守自盗论。至四十两,问杂犯准徒五年。	5.80.1 凡于他人田园擅食瓜果之类,坐赃论。计所食之物,价一两以下处一等罚,二两处二等罚,计两加等,罪止徒一年。弃毁者,罪亦如之。其擅将挟去及食,之者。系官田园瓜果,若官造酒食者,加二等。照擅食他人罪加二等。主守之人给与,及知而不举者,与同罪。若主守私自将去者,并以监守自盗论。至四十两,问杂犯准徒五年。

现行刑律案语

原律(略)

臣等谨按:此仍《明律》,顺治三年〔1646〕添入小注,雍正三年〔1725〕删改。注内笞罪照章罚金,应依数分等处罚;徒罪附杖,并应照章节删。谨将律文并修改律注,开列于后。

○修改(略)

3.5.100 私借官车船 / 5.81 私借官车船

律文·修改

大清律例	现行刑律
3.5.100.1 凡监临主守,将系官车船、店舍、碾磨之类,私自借用,或转借与人,及借之者,各笞五十,验日追雇赁钱入官。不得过本价。若计雇赁钱重于笞五十者,各坐赃论,加一等。	5.81.1 凡监临主守,将系官车船、店舍、碾磨之类,私自借用,或转借与人,及借之者,各处五等罚,验日追雇赁钱入官。不得过本价。若计雇赁钱,重于五等罚者,各坐赃论,加一等。

现行刑律案语

原律(略)

臣等谨按:此仍《明律》,顺治三年〔1646〕添入小注,雍正三年〔1725〕删改。“笞五十”罪名应改为“处五等罚”。谨将修改律文、律注,开列于后。

〇修改(略)

[3.6] 婚姻／[6] 婚姻

[3.6.101] 男女婚姻／[6.82] 男女婚姻

律文·修改

大清律例

[3.6.101.1]凡男女定婚之初，若或有残废或疾、病、老幼、庶出、过房、同宗。乞养、异姓。者，务要两家明白通知，各从所愿，不愿即止，愿者同媒妁写立婚书，依礼聘嫁。若许嫁女已报婚书，及有私约，谓先已知夫身残疾、老幼、庶养之类。而辄悔者，女家主婚人笞五十。其女归本夫。虽无婚书，但曾受聘财者亦是。○[3.6.101.2]若再许他人，未成婚者，女家主婚人杖七十；已成婚者，杖八十。后定娶者男家知情，主婚人与女家同罪，财礼入官；不知者不坐，追还财礼。给后定娶之人。女归前夫。前夫不愿者，倍追财礼给还，其女仍从后夫。男家悔而再聘者，罪亦如之，仍令娶前女，后聘听其别嫁。不追财礼。○[3.6.101.3]其未成婚男女有犯奸盗者，男子有犯，听女别嫁；女子有犯，听男别娶。不用此律。○[3.6.101.4]若为婚而女家妄冒者，主婚人杖八十，谓如女有残疾，却令姊妹妄冒相见，后却以残疾女成婚之类。追还财礼。男家妄冒者，加一等，谓如与亲男定婚，却与义男成婚；又如男有残疾，却令弟兄妄冒相见，后却以残疾男成婚之类。不追财礼。未成婚者，仍依原定；所妄冒相见之无疾兄弟、姊妹及亲生之子为婚。如妄冒相见男女先已聘许他人、或已经配有室家者，不在仍依原定之限。已成婚者，离异。○[3.6.101.5]其应为婚者，虽已纳聘财，期约未至，而男家强娶，及期约已至，而女家故违期者，男、女主婚人，并笞

现行刑律

[6.82.1]凡男女定婚之初，若或有残废或疾、病、老幼、庶出、过房、同宗。乞养、异姓。者，务要两家明白通知，各从所愿，不愿即止，愿者同媒妁写立婚书，依礼聘嫁。若许嫁女已报婚书，及有私约，谓先已知夫身残疾、老幼、庶养之类。而辄悔者，女家主婚人处五等罚。其女归本夫。虽无婚书，但曾受聘财者亦是。○[6.82.2]若再许他人，未成婚者，女家主婚人处七等罚；已成婚者，处八等罚。后定娶者男家知情，主婚人与女家同罪，财礼入官；不知者不坐，追还财礼。给后定娶之人。女归前夫。前夫不愿者，倍追财礼给还，其女仍从后夫。男家悔而再聘者，罪亦如之，仍令娶前女，后聘听其别嫁。不追财礼。○[6.82.3]其未成婚男女有犯奸盗者，男子有犯，听女别嫁；女子有犯，听男别娶。如定婚，未曾过门，私下奸通，男、女各处十等罚，免其离异。不用此律。○[6.82.4]若为婚而女家妄冒者，主婚人处八等罚，谓如女有残疾，却令姊妹妄冒相见，后却以残疾女成婚之类。追还财礼。男家妄冒者，加一等，谓如与亲男定婚，却与义男成婚；又如男有残疾，却令弟兄妄冒相见，后却以残疾男成婚之类。不追财礼。未成婚者，仍依原定；所妄冒相见之无疾兄弟、姊妹及亲生之子为婚。如妄冒相见男女先已聘许他人、或已经配有室家者，不在仍依原定之限。已成婚者，离异。○[6.82.5]其应为婚者，虽已纳聘财，期约未至，而男家强娶，及期约已至，而

五十。○3.6.101.6若卑幼或仕宦或买卖在外，其祖父母、父母及伯叔父母、姑、兄姊，自卑幼出外之后为定婚，而卑幼不知。自娶妻，已成婚者，仍旧为婚；尊长所定之女，听其别嫁。未成婚者，从尊长所定，自定者，从其别嫁。违者杖八十。仍改正。

女家故违期者，男、女主婚人，并处五等罚。○6.82.6若卑幼或仕宦或买卖在外，其祖父母、父母及伯叔父母、姑、兄姊，自卑幼出外之后为定婚，而卑幼不知。自娶妻，已成婚者，仍旧为婚；尊长所定之女，听其别嫁。未成婚者，从尊长所定，自定者，从其别嫁。违者处八等罚。仍改正。

现行刑律案语

原律（略）

臣等谨按：此仍《明律》，其小注系顺治三年〔1646〕于原注之外续行增加，应仍其旧。惟查《比引律条》，有"男女定婚，未曾过门，私下奸通者，比依子孙违犯教令律，杖一百"一条，第"违犯教令"律内不及婚姻、奸通等事，似应于本律"未成婚男女，有犯奸盗者"注内，修增"如定婚，未曾过门，私下奸通，男、女各处十等罚，免其离异"小注二十二字，以资援引。笞、杖照章罚金，应依数分等处罚。谨将修改律文、律注，开列于后。

○修改（略）

条例·仍旧、修改

大清律例

3.6.101.(2)〔禁指腹割襟为婚〕（略）

现行刑律

6.82.(1)〔禁指腹割襟为婚〕

一、男女婚姻，各有其时。或有指腹、割衫襟为亲者，并行禁止。

现行刑律案语

原例（略）

○仍旧

臣等谨按：此例应仍其旧，理合陈明。

大清律例

3.6.101.(1)〔嫁娶皆由主婚及定婚未成亲而身故〕

现行刑律

6.82.(2)〔嫁娶皆由主婚及定婚未成亲而身故〕

一、嫁娶皆由祖父母、父母主婚。祖父母、父母俱无者，从余亲主婚。其夫亡携女适人者,其女从母主婚。若已定婚,未及成亲,而男女或有身故者,不追财礼。

大清律例	现行刑律
3.6.101.(3)〔招婿明立婚书并仍立继〕(略)	6.82.(3)〔招婿明立婚书并仍立继〕一、招婿须凭媒妁,明立婚书,开写养老或出舍年限。止有一子者,不许出赘。其招婿养老者,仍立同宗应继者一人,承奉祭祀,家产均分。如未立继身死,从族长依例议立。

现行刑律案语

原例

3.6.101.(1)〔嫁娶皆由主婚及定婚未成亲而身故〕(略)

3.6.101.(3)〔招婿明立婚书并仍立继〕(略)

○仍旧

臣等谨按:此二条应仍其旧,理合陈明。

大清律例	现行刑律
3.6.101.(4)〔女家悔婚男家强抢〕一、凡女家悔盟另许,男家不告官司强抢者,照强娶律减二等。其告官断归前夫,而女家与后夫夺回者,照抢夺律杖一百、徒三年。	6.82.(4)〔女家悔婚男家强抢〕一、凡女家悔盟另许,男家不告官司强抢者,照强娶律减二等。其告官断归前夫,而女家与后夫夺回者,照抢夺律徒三年。

现行刑律案语

原例(略)

臣等谨按:此条系乾隆五年〔1740〕湖广按察使阎尧熙条奏定例。例末徒罪附杖,照章应删。谨将修改例文,开列于后。

○修改(略)

3.6.102 典雇妻女 / 6.83 典雇妻女

律文·修改

大清律例

3.6.102.1 凡将妻妾受财立约出典、验日暂雇与人为妻妾者，本夫杖八十。典、雇女者，父杖六十。妇、女不坐。○3.6.102.2 若将妻妾妄作姊妹嫁人者，杖一百；妻妾杖八十。○3.6.102.3 知而典、娶者，各与同罪，并离异，女给亲，妻妾归宗。财礼入官。不知者不坐，追还财礼。仍离异。

现行刑律

6.83.1 凡将妻妾受财立约出典、验日暂雇与人为妻妾者，本夫处八等罚。典、雇女者，父处六等罚。妇、女不坐。○6.83.2 若将妻妾妄作姊妹嫁人者，处十等罚；妻妾处八等罚。○6.83.3 知而典、娶者，各与同罪，并离异，女给亲，妻妾归宗。财礼入官。不知者不坐，追还财礼。仍离异。

现行刑律案语

原律（略）

臣等谨按：此仍《明律》，顺治三年〔1646〕添入小注。杖罪照章罚金，应依数分等处罚。谨将修改律文，开列于后。

○修改（略）

条例·修改

大清律例

3.6.102.(1)〔将妻妾作姊妹及将亲女并姊妹嫁卖后托故领回及抢回〕

一、将妻妾作姊妹，及将亲女并姊妹嫁卖与人作妻妾、使女名色，骗财之后，设词托故，公然领去者，照诓骗例治罪。若瞰起程，中途聚众行凶，邀抢人财者，除实犯死罪外，余俱发近边充军。媒人同谋邀抢者，罪同。若仅止知情媒合，并未同谋邀抢，照将妻妾作姊妹嫁人律减一等，杖九十；不知者不坐。

现行刑律

6.83.(1)〔将妻女姊妹嫁卖后领回抢回〕

一、将妻妾作姊妹，及将亲女并姊妹嫁卖与人作妻妾、使女名色，骗财之后，设词托故，公然领去者，照本律加一等，徒一年，赃罪重者，仍从重论。若瞰起程，中途聚众行凶，邀抢人财者，除实犯死罪外，余俱流二千五百里。媒人同谋邀抢者，罪同。

现行刑律案语

原例(略)

臣等谨按:此条系前明《问刑条例》,乾隆五年〔1740〕、三十六年〔1771〕修改,嘉庆六年〔1801〕改定。惟将妻妾等作为姊妹价卖与人,骗财后,公然领出,迹近行强,今例仅照诓骗治罪,设所得价银不及五十两,转较本律满杖为轻,自应改"照本律加一等,徒一年",并添入"赃罪重者,仍从重论",较为平允。至"仅止知情媒合""嫁娶违律"条本有减一等之文,似可查照办理,此数语应删。近边军照章应改"流二千五百里"。谨将修改例文,开列于后。

〇修改(略)

3.6.103 妻妾失序 / 6.84 妻妾失序

律文·修改

大清律例

3.6.103.1 凡以妻为妾者,杖一百。妻在,以妾为妻者,杖九十。并改正。〇3.6.103.2 若有妻更娶妻者,亦杖九十,后娶之妻离异。归宗。

现行刑律

6.84.1 凡以妻为妾者,处十等罚。妻在,以妾为妻者,处九等罚,并改正。〇6.84.2 若有妻更娶妻者,亦处九等罚,后娶之妻离异。归宗。

现行刑律案语

原律(略)

臣等谨按:此仍《明律》,顺治三年〔1646〕添入小注,乾隆五年〔1740〕删定。律内杖罪照章罚金,应依数分等处罚。谨将修改律文,开列于后。

〇修改(略)

3.6.104 逐婿嫁女 / 6.85 逐婿嫁女

律文·修改

大清律例

3.6.104.1 凡逐已入赘之婿嫁女,或再招婿者,杖一百,其女不坐。如招赘之女通同父母逐婿改嫁者,亦坐杖一百。后婚男家知而娶或后赘者同罪。未成婚者,各减五等,财礼入官。不知

现行刑律

6.85.1 凡逐已入赘之婿嫁女,或再招婿者,处十等罚,其女不坐。如招赘之女,通同父母,逐婿改嫁者,亦处十等罚。后婚男家知而娶或后赘者,同罪。未成婚者,各减五等,财礼入官。不

者亦不坐。其女断付前夫,出居完聚。

知者亦不坐。其女断付前夫,出居完聚。

现行刑律案语

原律(略)

臣等谨按:此仍《明律》,顺治三年〔1646〕添入小注,乾隆五年〔1740〕改定。律内“杖一百”照章罚金,应改为“处十等罚”。谨将修改律文、律注,开列于后。

○修改(略)

3.6.105居丧嫁娶/6.86居丧嫁娶

律文·修改

大清律例

3.6.105.1凡男女居父母及妻、妾居夫丧,而身自主婚嫁娶者,杖一百。若男子居父母丧而娶妾,妻、居夫丧。女居父母丧,而嫁人为妾者,各减二等。若命妇夫亡虽服满。再嫁者,罪亦如之,亦如凡妇居丧嫁人者拟断。追夺,敕诰。并离异。知系居丧及命妇而共为婚姻者,主婚人各减五等。财礼入官。不知者不坐。仍离异,追财礼。若居祖父母、伯叔父母、姑、兄姊丧除承重孙外。而嫁娶者,杖八十。不离异。妾不坐。○3.6.105.2若居父母、舅姑及夫丧,而与应嫁娶人主婚者,杖八十。○3.6.105.3其夫丧服满,妻妾果愿守志,而女之祖父母、父母,及夫家之祖父母、父母强嫁之者,杖八十。期亲加一等,大功以下又加一等。妇人及娶者俱不坐。未成婚者,追归前夫之家,听从守志,追还财礼。已成婚者,给与完聚,财礼入官。

现行刑律

6.86.1凡男女居父母及妻、妾居夫丧,而身自主婚嫁娶者,处十等罚。若男子居父母丧而娶妾,妻、居夫丧。女居父母丧,而嫁人为妾者,各减二等。若命妇夫亡虽服满。再嫁者,罪亦如之,亦如凡妇居丧嫁人者拟断。追夺,敕诰。并离异。知系居丧及命妇而共为婚姻者,主婚人各减五等。财礼入官。不知者,不坐。仍离异,追财礼。若居祖父母、伯叔父母、姑、兄姊丧除承重孙外。而嫁娶者,处八等罚。不离异。妾不坐。○6.86.2若居父母、舅姑及夫丧,而与应嫁娶人主婚者,处八等罚。○6.86.3其夫丧服满,妻妾果愿守志,而女之祖父母、父母,及夫家之祖父母、父母强嫁之者,处八等罚。期亲加一等,大功以下又加一等。妇人及娶者俱不坐。未成婚者,追归前夫之家,听从守志,追还财礼。已成婚者,给与完聚,财礼入官。

现行刑律案语

原律(略)

臣等谨按:此仍《明律》,顺治三年〔1646〕添入小注,雍正三年〔1725〕删改。律内杖罪照章罚金,应依数分等处罚。谨将修改律文,开列于后。

〇修改(略)

条例·修改

大清律例

3.6.105.(1)〔孀妇自愿改嫁或守志母家夫家强抢或强嫁〕

一、孀妇自愿改嫁,翁姑人等主婚受财,而母家统众抢夺,杖八十。夫家并无例应主婚之人,母家主婚改嫁,而夫家疏远亲属强抢者,罪亦如之。其孀妇自愿守志,母家、夫家抢夺强嫁,以致被污者,祖父母、父母,及夫之祖父母、父母,杖八十;期亲尊属尊长,杖七十、徒一年半;大功以下尊属尊长,杖八十、徒二年;期亲卑幼,杖一百、徒三年;大功以下卑幼,杖九十、徒二年半。娶主不知情不坐。知情同抢,照强娶笞五十律加三等,杖八十。未致被污者,父母、翁姑、亲属、娶主,各减一等。妇女均听回守志。如妇女自愿完聚者,照律听其完聚,财礼入官,亲属照律分别拟杖。若孀妇不甘失节,因而自尽者,不论已、未被污,祖父母、父母,夫之祖父母、父母,杖一百、徒三年;期亲尊属尊长,杖一百、流二千里;功服,杖一百、流二千五百里;缌麻,杖一百、流三千里;缌麻卑幼,发边远充军;功服,发极边充军;期亲,拟绞监候。娶主知情同抢,致令自尽者,以为从论,各减亲属罪一等。若妇女自愿完聚,复因他故自尽者,仍按服制照律科以强嫁之罪,不在此例。若妇人情愿守志,别无主婚之人,如有用强求娶,逼受聘财,因而致令自尽者,发近边充军,仍追埋葬银两。其有因抢夺而取去财物,

现行刑律

6.86.(1)〔孀妇守志卑幼尊长强卖强嫁〕

一、孀妇自愿守志,其期亲以下卑幼,谋占资财,贪图聘礼,用强抢卖尊属、尊长,已成婚者,均拟绞监候。以本妇服制为断。非孀妇亦同。如系祖父母、父母,夫之祖父母、父母,图财抢嫁,照强嫁本律加一等定拟;有服尊属、尊长,照强嫁本律加二等定拟。未成婚者,各减已成婚一等。若中途夺回,及娶主自行送回,未被奸污者,均以未成婚论。如并非为图财、图产起见,但因家贫不能养赡,或虑不能终守,辄行强嫁者,祖父母、父母,夫之祖父母、父母,及亲属人等,仍照强嫁本律治罪。倘妇女不甘失节,因而自尽者,不论已、未被污,系图财案内,期亲以下卑幼,均仍拟绞监候;系强嫁案内,缌麻卑幼,流三千里;小功卑幼,发极边足四千里安置;大功卑幼,发烟瘴地方安置;期亲卑幼,拟绞监候;祖父母、父母,夫之祖父母、父母,照强嫁本律加二等问拟;有服尊属、尊长,照强嫁本律加三等问拟。娶主知情同抢者,减正犯罪一等;不知者,不坐。若亲属别无主令改嫁之人,而用强求娶,逼受聘财,致令自尽者,流二千五百里,仍追埋葬银两。其因强抢而取去财物,及杀伤人者,各照本律例,从其重者论。

6.86.(2)〔孀妇改嫁主婚〕

一、孀妇自愿改嫁,由夫家祖父母、

及杀伤人者，各照本律，从其重者论。

＊婚姻·强占良家妻女

3.6.112.(3)〔卑幼图财强卖尊长及尊长图财强卖卑幼〕（略）

父母主婚；如夫家无祖父母、父母，但有余亲，即由母家祖父母、父母主婚；如母家亦无祖父母、父母，仍由夫家余亲主婚。倘夫家主婚受财，而母家统众强夺；及夫家并无例应主婚之人，母家主婚改嫁，而夫家疏远亲属强夺者，均处八等罚。

现行刑律案语

原例

3.6.105.(1)〔孀妇自愿改嫁或守志母家夫家强抢或强嫁〕（略）

3.6.112.(3)〔卑幼图财强卖尊长及尊长图财强卖卑幼〕（略）

臣等谨按：上条原分两例，一系湖广按察使阎尧熙奏定，乾隆五年〔1740〕修改；一系前明旧例，原载“威逼人致死”门内，嘉庆六年〔1801〕修并。下条系乾隆六年〔1741〕，安徽巡抚陈大受因案附请定例，嘉庆六年〔1801〕修改。惟查上条有“祖父母”等字样，而下条无文，意盖谓祖父母等决不至谋占资财，也不至图产。虽为事所必无，图财究亦情所常有，应一律增入。上条之“抢夺”，即系律内“强”字之义，与下条之“图财强抢”不同。例将祖父母等仍行拟杖，尚为得平；期服以下亲属，加等拟徒，颇嫌未协，应将下条例末注语移入，改为“祖父母、父母，夫之祖父母、父母，及亲属人等，仍照强嫁本律治罪”，较免窒碍。上条“孀妇不甘失节，因而自尽”，祖父母等均拟满徒，期服以下尊长递加流罪，下条缌尊期、功并有拟绞、拟军之分，均未免过重。按强嫁本律，祖父母、父母，夫之祖父母、父母，及有服亲属，只有杖八十、九十及满杖罪名。今即因自尽而从严，酌将祖父母、父母，夫之祖父母、父母，照本律加二等；有服尊长、尊属，照本律加三等，似亦足示惩创。至卑幼究非尊长可比，应略仿威逼之律，将缌、功分为三等，并将缌麻原拟边远军罪照章改为满流，小功改为极边，大功改为烟瘴地方，分别安置，庶得情法之平。上条例首“杖八十”，似系照不应重律条，应将此句并下“罪亦如之”句节去，改为“均照不应重律治罪”，仍于上层添一“及”字，以省繁冗。下条例首斩候既应照章改绞，则期、功与缌麻卑幼厥罪，维均应改为“期亲以下卑幼”。其所称“伯叔〔母〕、姑”等项，是否无论出嫁、在室，尚未分明；且兄妻以尊长论，则弟妻自在卑幼之列，殊与斗殴门“殴兄弟妻至死，均以凡论”律文不符，应全行删去，仍添注“以本妇服制为断”，俾免误会。若疏远无服亲族，以凡论，自不待言，此层尤应节删。至祖父母等及尊属、尊长图财抢嫁，与因抢嫁而致自尽情形，似觉较轻，彼处既拟分别改为“照本律加二等”“三等”，此处似应照本律酌加一等、二等，以示区别。兹拟删去冗句，将两例修并为一。先叙孀妇自愿守志，卑幼及祖父母等图财强卖之罪，并注明“非孀妇亦同”；次叙并非图财、图产，但因家贫不能养赡,或虑不能终守,祖父母等仍照强嫁本律之罪;再次叙妇女自尽,分别图财与否科断之罪,而例文之应存者,并择要附入。至孀妇自愿改嫁,例止有"翁姑人等主婚"及"夫家无例应主婚之人,母家主婚"等语,究竟夫家翁姑之外,何者为应主婚之人,何者为不应主婚之人,例无明文,引断殊鲜依据,似应按照服制亲疏,明定两家主婚之权限。如夫家有祖父母、父母,由夫家主婚;如夫家无祖父母、父母,但有余亲,即由母家祖父母、父母主婚;如母家亦无祖父母、父母,仍由夫家余亲主婚。应添叙明晰,仍析出,另为一条,列入本门,以资援引,而昭赅备。近边军照章应改"流二千五百里"。谨将修并、修改例文,开列于后。

〇修并

6.86.(1)〔孀妇守志卑幼尊长强卖强嫁〕(略)

〇修改

一、孀妇自愿改嫁,由夫家祖父母、父母主婚;如夫家无祖父母、父母,但有余亲,即由母家祖父母、父母主婚;如母家亦无祖父母、父母,仍由夫家余亲主婚。倘夫家主婚受财,而母家统众强夺;及夫家并无例应主婚之人,母家主婚改嫁,而夫家疏远亲属强夺者,均照不应重律治罪。

核订现行刑律

原修改例文(略)

谨按:不应重罪,旧例本系"杖八十",应照章改为"处八等罚",无须依附他条。谨将修改例文,开列于后。

〇修改

6.86.(2)〔孀妇改嫁主婚〕(略)

3.6.106 父母囚禁嫁娶 / 6.87 父母囚禁嫁娶

律文·修改

大清律例	现行刑律
3.6.106.1 凡祖父母、父母犯死罪被囚禁,而子孙自嫁娶者,杖八十。若男娶妾、女嫁人为妾者,减二等。其奉囚禁祖父母、父母命,而嫁女、娶妻者,不坐。亦不得筵宴。违者,依父母囚禁筵宴律杖八十。	6.87.1 凡祖父母、父母犯死罪被囚禁,而子孙自嫁娶者,处八等罚。若男娶妾、女嫁人为妾者,减二等。其奉囚禁祖父母、父母命,而嫁女、娶妻者,不坐。亦不得筵宴。违者,依父母囚禁筵宴律处八等罚。

现行刑律案语

原律(略)

臣等谨按：此仍《明律》，顺治三年〔1646〕添入小注，乾隆五年〔1740〕删改。“杖八十”罪名照章罚金，应改为“处八等罚”。谨将修改律文、律注，开列于后。

○修改(略)

3.6.107 同姓为婚 为婚兼妻、妾言。礼不娶同姓，所以厚别也。

律文·删除

大清律例

3.6.107.1 凡同姓为婚者，主婚与男女各杖六十，离异。妇女归宗，财礼入官。

现行刑律案语

原律(略)

臣等谨案：此仍《明律》，其律目、律文、小注均系顺治三年〔1646〕添入，乾隆五年〔1740〕删改。律注“主婚与男女”五字一似男女同罪，按《明律纂注》云，“‘各’字指男、女两家言，或坐主婚，或坐男、女”，诠释甚精，自应查照改正。“杖六十”罪名照章罚金，应改为“处六等罚”。谨将修改律文、律注，开列于后。

○修改

凡同姓为婚者，或坐主婚，或坐男女。处六等罚，离异。妇女归宗，财礼入官。

核订现行刑律

○删除

原修改律文(略)

谨按：古者族系掌之于官，故《周礼》“小史定世系，辨昭穆”。自汉高帝以娄敬请都关中，赐姓刘氏，遂为后世赐姓之始。厥后有因避讳、避祸而改姓者；有以部落、色目冒袭汉姓者。若畜养义子之风，于五季为尤甚。虽谱牒之书，代有纂述，而探源析本，罕能推详。如因同姓之故，不许共为婚媾，殊不知受姓命氏孰非？上绍炎黄，以异姓而同源者，已难缕计；至同姓不宗，更无庸深论矣。此条于事实不合，拟请删除。

3.6.108 尊卑为婚 / 6.88 尊卑为婚

律文 · 修改

大清律例	现行刑律
3.6.108.1 凡外姻有服或尊属或卑幼,共为婚姻,及娶同母异父姊妹,若妻前夫之女者,各以亲属相奸论。○3.6.108.2 其父母之姑舅两姨姊妹及姨,若堂姨、母之姑、堂姑、己之堂姨,及再从姨、己之堂外甥女,若女婿之姊妹及子孙妇之姊妹,虽无服,并不得为婚姻。违者,男、女各杖一百。○3.6.108.3 若娶己之姑舅两姨姊妹者,虽无尊卑之分,尚有缌麻之服。杖八十。○3.6.108.4 并离异。妇女归宗,财礼入官。	6.88.1 凡外姻有服或尊属或卑幼,共为婚姻,及娶同母异父姊妹,若妻前夫之女者,各以亲属相奸论。○6.88.2 其父母之姑舅两姨姊妹及姨,若堂姨、母之姑、堂姑、己之堂姨,及再从姨、己之堂外甥女,若女婿及子孙妇之姊妹,虽无服,并不得为婚姻。违者,男、女各处十等罚,并离异。妇女归宗、财礼入官。

现行刑律案语

原律(略)

臣等谨按:此仍《明律》,顺治三年〔1646〕添入小注,乾隆五年〔1740〕删定。惟第二节"若女婿及子孙妇之姊妹"一句,"姊妹"二字本承上二项而言,则"女婿"下"之姊妹"三字小注,似可节去。至"姑舅两姨姊妹"为婚,前明洪武时从翰林待诏朱善言已弛其禁,特未纂为专条;雍正八年〔1730〕又定有"听从民便"之例,此层即同虚设,亦应节删。"杖一百"罪名照章罚金,应改为"处十等罚"。谨将修改律文、律注,开列于后。

○修改(略)

条例 · 修改

大清律例	现行刑律
3.6.108.(2)〔尊卑为婚其间情犯稍有可疑者及中表为婚〕 一、男女亲属尊卑相犯重情,或干有律应离异之人,俱照亲属已定名分,各从本律科断,不得妄生异议,致罪有	6.88.(1)〔男女尊卑相犯情犯稍有可疑〕 一、男女亲属尊卑相犯重情,或干有律应离异之人,俱照亲属已定名分,各从本律科断,不得妄生异议,致罪有

出入。其间情犯,稍有可疑,揆于法制,似为太重,或于名分不甚有碍者,听各该原问衙门临时斟酌拟奏。其姑舅两姨姊妹为婚者,听从民便。

出入。其情犯,稍有可疑,揆于法制,似为太重,或于名分不甚有碍者,听各该原问衙门临时斟酌拟奏。

现行刑律案语

原例(略)

臣等谨按:此条系前明《问刑条例》。例末"姑舅两姨姊妹为婚者,听从民便"两语,本系雍正八年〔1730〕纂定,乾隆五十三年〔1788〕并入此例。现拟将律文"娶姑舅两姨姊妹"一层删去,则例末两语似亦可删。谨将修改例文,开列于后。

○修改(略)

条例·删除

大清律例

3.6.108.(1)〔前后夫子女苟合成婚〕

一、前夫子女,与后夫子女苟合成婚者,以娶同母异父姊妹律条科断。

现行刑律案语

原例(略)

○仍旧

臣等谨按:此例应仍其旧,理合陈明。

核订现行刑律

○删除

原例(略)

谨按:前夫子女与后夫子女成婚,究与同母异父有间,且并无服制,雍正八年〔1730〕既有"姑舅两姨姊妹,听从民便"之例,自应一律弛禁。此条拟请删除。

3.6.109 娶亲属妻妾 / 6.89 娶亲属妻妾

律文·修改

大清律例

3.6.109.1 凡娶同宗无服姑、侄、姊妹。之亲,及无服亲之妻者,男、女各杖一百。若娶同宗缌

现行刑律

6.89.1 凡娶同宗无服姑、侄、姊妹。之亲,同宗,谓同宗共姓,不论支派之远近、籍贯之同异皆是。及无服亲之妻者,男、女各处十

麻亲之妻,及舅甥妻,各杖六十、徒一年;小功以上,之妻。各以奸论。自徒三年至绞、斩。其亲之妻曾被出,及已改嫁,而娶为妻、妾者,无服之亲不与。各杖八十。○3.6.109.2 若收父、祖妾,及伯叔母者,不问被出、改嫁。各斩。若兄亡收嫂、弟亡收弟妇者,不问被出、改嫁,俱坐。各绞。○3.6.109.3 妾,父、祖妾不与。各减妻二等。被出、改嫁者,递减之。若原系妻而娶为妾,当从妻论;原系妾而娶为妻,仍从妾减科。○3.6.109.4 若娶同宗缌麻以上姑、侄、姊妹者,亦各以奸论。○3.6.109.5 除应死外,并离异。

等罚。若娶同宗缌麻亲之妻,及舅甥妻,各徒一年;小功以上,之妻。及收父、祖妾者,各以奸论。自徒三年至绞。其亲之妻曾被出,及已改嫁,而娶为妻、妾者,无服之亲及伯叔母、兄弟妻不与。各处八等罚。○6.89.2 妾父、祖妾不与。各减妻二等。被出、改嫁者,递减之。若原系妻而娶为妾,当从妻论;原系妾而娶为妻,仍从妾减科。○6.89.3 若娶同宗缌麻以上姑、侄、姊妹者,亦各以奸论。○6.89.4 除应死外,并离异。

现行刑律案语

原律(略)

臣等谨按:此仍《明律》,顺治三年〔1646〕添入小注,乾隆五年〔1740〕增修。惟杖罪照章罚金,均应依数分等处罚;徒罪附杖,应删。新章斩已改绞,则首节"各以奸论"小注内"斩"字,自应删去。律称"各斩""各绞"者,皆指立决而言。斩决应改绞决,绞决应改绞候、入于秋审情实。谨将修改律文、律注,开列于后。

○修改

凡娶同宗无服姑、侄、姊妹。之亲,及无服亲之妻者,男、女各处十等罚。若娶同宗缌麻亲之妻,及舅甥妻,各徒一年;小功以上,之妻。各以奸论。自徒三年至绞。其亲之妻曾被出,及已改嫁,而娶为妻、妾者,无服之亲不与。各处八等罚。○若收父、祖妾,及伯叔母者,不问被出、改嫁。各绞立决。若兄亡收嫂,弟亡收弟妇者,不问被出、改嫁,俱坐。各绞监候,入于秋审情实。○妾父、祖妾不与。各减妻二等。被出、改嫁者,递减之。若原系妻而娶为妾,当从妻论;原系妾而娶为妻,仍从妾减科。○若娶同宗缌麻以上姑、侄、姊妹者,亦各以奸论。○除应死外。并离异。

核订现行刑律

原修改律文(略)

谨按:收伯叔母及兄弟妻,《唐律》包入小功以上亲之妻之列,《明律》于小功以上亲妻之外,特提出伯叔母、兄弟妻诸项,盖因名分而从严,第惩处之法,仍与奸伯叔母及兄弟妻无异。质言之,即以奸论也。窃维本门专为婚姻而设,若在婚姻范围之外,自有奸罪可科,如胪举无遗,非惟渎伦伤化之事,为文告所不忍言,即罪名亦属重出,拟请将此数项节删。而将"收父、祖妾"移入"小功以上之妻"之下,并于"被出、改嫁"之小注内,于"无服之亲"下增入"伯叔母、兄弟妻"六字,文虽省略,而办法仍从同也。谨将修改律文，开列于后。

○修改

凡娶同宗无服姑、侄、姊妹。之亲，及无服亲之妻者，男、女各处十等罚。若娶同宗缌麻亲之妻，及舅甥妻，各徒一年；小功以上，之妻，各以奸论。自徒三年至绞。其亲之妻曾被出，及已改嫁，而娶为妻、妾者，无服之亲不与。各处八等罚。○妾父、祖妾不与。各减妻二等。被出、改嫁者，递减之。若原系妻而娶为妾，当从妻论；原系妾而娶为妻，仍从妾减科。○若娶同宗缌麻以上姑、侄、姊妹者，亦各以奸论。○除应死外，并离异。

会奏修改各条

原修改律文（略）

谨按：宣统二年二月二十八日〔1910年4月7日〕修订法律馆议复御史崇芳奏《同姓为婚未可驰禁》一折，"拟请于'娶亲属妻妾'律文'同宗无服之亲'句下增注'同宗，谓同宗共姓，不论支派之远近、籍贯之同异皆是'二十一字"等因。奉旨："依议。钦此。"钦遵在案。自应纂入小注，以资遵守。谨将修改律文，开列于后。

○修改（略）

条例·删除

大清律例

3.6.109.(1)〔收伯叔兄弟妾〕

一、凡收伯叔、兄弟妾者，即照奸伯叔、兄弟妾律，减妻一等，杖一百、流三千里。

现行刑律案语

○删除

原例（略）

臣等谨按：此条系乾隆三十四年〔1769〕刑部议复御史德成条奏定例。检查原奏，谓"律内奸伯叔、兄弟妾者，止减妻一等；而收为妾者，得减罪二等，情罪未协，是以改为减一等，定拟满流"。第娶与奸事固有异，而妾与妻分亦不同。查"亲属相奸"律内，奸缌麻亲之妻，应拟满徒，而本律娶缌麻亲之妻，止徒一年。如谓伯叔、兄弟，服属期亲，理应加重，而奸兄弟妻者，律应绞决；兄亡收嫂、弟亡收弟妇，若非先奸后娶，例亦拟以绞候。此娶轻于奸之明证也。即征诸《唐律》"娶缌麻亲妻，徒一年；小功以上，以奸论；妾，各减二等"，则小功以上亲属，不止伯叔、兄弟等项，皆以奸论，与今律同。而妾仍得各减二等，此妾轻于妻之明证也。以古今律文相衡，则收伯叔、兄弟妾，自与奸伯叔、兄弟妾有别，无庸故为加重，致与律意不符。此例应即删除。

大清律例

3.6.109.(2)〔乡愚不知例禁曾向亲族地保告知成婚〕

一、凡嫁娶违律,罪不至死者,仍依旧律定拟。至兄亡收嫂、弟亡收弟妇,罪犯应死之案,除男女私自配合,及先有奸情,后复婚配者,仍照律各拟绞决外,其实系乡愚不知例禁,曾向亲族、地保告知成婚者,男、女各拟绞监候,秋审入于情实。知情不阻之亲族、地保,照不应重律杖八十。如由父母主令婚配,男、女仍拟绞监候,秋审时,核其情罪,另行定拟。

现行刑律案语

原例(略)

臣等谨按:此条系乾隆四十九年〔1784〕刑部因案纂辑为例,嘉庆十九年〔1814〕改定。惟例首"旧律"二字,殊未融贯,应改为"各本律例"四字。绞决照章应改绞候、入实,应于除笔内叙明。其告知亲族、地保成婚之案,究因乡愚不知律例所致,一并入实,未免与先奸后配者,漫无区别,应与例末"父母主婚"一层,移并于一,统俟秋审时,酌量情节办理。拟将"父母主婚"句移于"告知亲族、地保"之上,并将"秋审情实"及"秋审时,核其情罪"等句,均行节删,以归简易。"杖八十"罪名,已包于"不应重律"之内,似应改为"治罪",以示浑括。谨将修改例文,开列于后。

○修改

一、凡嫁娶违律,罪不至死者,仍依各本律例定拟。至兄亡收嫂,弟亡收弟妇,罪犯应死之案,除男女私自配合,及先有奸情,后复婚配者,仍照律拟绞入实外,其实系乡愚不知例禁,或由父母主令婚配,或向亲族、地保告知成婚者,男、女各拟绞监候。知情不阻之亲族、地保,均照不应重律治罪。

核订现行刑律

○删除

原修改例文(略)

谨按:此条专为兄亡收嫂、弟亡收弟妇,系由父母主婚,或告亲族、地保者而设。惟本律现拟节并"以奸论"之列,则此项情形,应于《秋审条款》内"奸兄弟妻"条增纂明晰,以为实、缓之准绳,无须特设专例。此条拟请删除。

3.6.110 娶部民妇女为妻妾 / 6.90 娶部民妇女为妻妾

律文·修改

大清律例

3.6.110.1 凡府、州、县亲民官任内娶部民妇、女为妻、妾者，杖八十。若监临内外上司官娶见问为事人妻、妾及女为妻、妾者，杖一百。女家主婚人并同罪。妻、妾仍两离之，女给亲，两离者，不许给与后娶者，亦不给还前夫，令归宗。其女以父母为亲，当归宗。或已有夫，又以夫为亲，当给夫完聚。财礼入官。恃势强娶者，各加二等；女家不坐，妇还前夫，女给亲。不追财礼。若为子孙、弟侄、家人娶者，或和或强，罪亦如之，男、女不坐。若娶为事人妇、女，而于事有所枉者，仍以枉法从重论。

现行刑律

6.90.1 凡府、州、县亲民官任内娶部民妇、女为妻、妾者，处八等罚。若监临内外上司官娶见问为事人妻、妾及女为妻、妾者，处十等罚。女家主婚人并同罪。妻、妾仍两离之，女给亲，两离者，不许给与后娶者，亦不给还前夫，令归宗。其女以父母为亲，当归宗。或已有夫，又以夫为亲，当给夫完聚。财礼入官。恃势强娶者，各加二等；女家不坐，妇还前夫，女给亲。不追财礼。若为子孙、弟侄、家人娶者，或和或强，罪亦如之，男、女不坐。若娶为事人妇、女，而于事有所枉者，仍以枉法从重论。

现行刑律案语

原律（略）

臣等谨按：此仍《明律》，顺治三年〔1646〕添入小注。惟杖罪照章罚金，应依数分等处罚。谨将修改律文，开列于后。

○修改（略）

3.6.111 娶逃走妇女 / 6.91 娶逃走妇女

律文·仍旧

大清律例

3.6.111.1 凡娶自己犯罪已发在官，而逃走在外之妇女为妻、妾，知逃走之情者，与同其所犯之本罪，妇人加逃罪二等，其娶者不加罪。至死者减一等，离异。不知者不坐。若无夫，又会赦免罪者，不离。一有不合，仍离。

现行刑律

6.91.1 凡娶自己犯罪已发在官，而逃走在外之妇女为妻、妾，知逃走之情者，与同其所犯之本罪，妇人加逃罪二等，其娶者不加罪。至死者减一等，离异。不知者不坐。若无夫，又会赦免罪者，不离。一有不合，仍离。

现行刑律案语

原律（略）

○仍旧

臣等谨按：此律应仍其旧，理合陈明。

3.6.112 强占良家妻女 / 6.92 强占良家妻女

律文 · 仍旧

大清律例

3.6.112.1 凡豪（强）势（力）之人，强夺良家妻女，奸占为妻妾者，绞；（监候。）妇、女给亲；（妇归夫，女归亲。）配与子孙、弟侄、家人者，罪（归所主。）亦如之；（所配）男、女不坐。（仍离异、给亲。）

现行刑律

6.92.1 凡豪（强）势（力）之人，强夺良家妻女，奸占为妻妾者，绞；（监候。）妇、女给亲；（妇归夫，女归亲。）配与子孙、弟侄、家人者，罪（归所主。）亦如之；（所配）男、女不坐。（仍离异、给亲。）

现行刑律案语

原律（略）

○仍旧

臣等谨按：此律应仍其旧，理合陈明。

条例 · 修改、仍旧

大清律例

3.6.112.(2)〔强夺良家妻女奸占为从〕

一、强夺良家妻女，奸占为从之犯，应照为首绞罪减一等，杖一百、流三千里。如被逼诱随行，止于帮同扛抬，照未成婚减绞罪五等，杖七十、徒一年半。其中途夺回，及尚未奸污为从者，审系助势济恶，减为首流罪一等，杖一百、徒三年。如被逼诱随行，止于帮同扛抬，各照不应重律杖八十。

现行刑律

6.92.(1)〔强夺良家妻女奸占为从〕

一、强夺良家妻女，奸占为从之犯，应照为首绞罪减一等，流三千里。如被逼诱随行，止于帮同扛抬，照未成婚减绞罪五等，徒一年半。其中途夺回，及尚未奸污为从者，审系助势济恶，减为首流罪一等，徒三年。如被逼诱随行，止于帮同扛抬，各照不应重律治罪。

现行刑律案语

原例（略）

臣等谨按：此条系乾隆六年〔1741〕刑部议复四川按察使李如兰条奏定例，可补律所未及。流、徒附杖，照章应删。“杖八十”罪名已包于“不应重律”之内，应改为“治罪”，以示浑括。谨将修改例文，开列于后。

○修改（略）

大清律例

3.6.112.(4)〔强夺良家妻女中途夺回及妇女并亲属羞忿自尽〕

一、强夺良家妻女，中途夺回，及尚未奸污者，照已被奸占律减一等定拟。若已被奸污，而妇女自尽者，照强奸已成本妇羞忿自尽例拟斩监候。未被奸污而自尽者，照强奸未成本妇羞忿自尽例拟绞监候。若强夺良家妻女，其夫或父母、亲属，羞忿自尽者，亦分别已成、未成，照本妇自尽之例问拟。

现行刑律

6.92.(2)〔强夺良家妻女中途夺回及妇女并亲属羞忿自尽〕

一、强夺良家妻女，中途夺回，及尚未奸污者，照已被奸占律减一等定拟。若本妇羞忿自尽，不论已、未被污，均拟绞监候。若强夺良家妻女，其夫或父母，羞忿自尽者，流三千里；致亲属自尽者，徒三年。

现行刑律案语

原例（略）

臣等谨按：此条系乾隆五年〔1740〕刑部议复甘肃按察使赵城条奏定例，八年〔1743〕及嘉庆十四年〔1809〕改定。惟新章斩候既改绞候，则不论已、未被污，均应拟绞，所有“照强奸已成、未成定拟”之处，并应节删。至夫与父母羞忿自尽，究较本妇不同，亲属尤应有间，业于“威逼”门内改为分别拟流、徒，此处亦应照改。谨将修改例文，开列于后。

○修改（略）

大清律例

3.6.112.(1)〔强夺良人妻女转卖投献〕

现行刑律

6.92.(3)〔强夺良人妻女转卖投献〕

一、强夺良人妻女，卖与他人为妻妾，及投献王府，并勋戚势豪之家者，俱拟绞监候。

现行刑律案语

原例（略）

〇仍旧

臣等谨按：此例应仍其旧，理合陈明。

大清律例

3.6.112.(5)〔聚众伙谋抢夺妇女〕

一、凡聚众伙谋抢夺路行妇女，或卖，或自为妻妾、奴婢，及被奸污者；并聚众伙谋，于素无瓜葛之家，入室抢夺妇女，无论曾否媒说。一经抢获出门，即属已成，审实，不分得财与未得财，为首者斩立决，为从者皆绞监候。知情故买者，减正犯罪一等。不知者不坐。如图抢入室，未将妇女抢获者，首犯拟绞监候，为从实发极边烟瘴充军。至因伙众抢夺妇女，拒捕杀人者，无论已成、未成，下手杀人之犯，斩决、枭示；帮殴成伤从犯，不论手足、他物、金刃，均拟绞监候；其并未帮殴首、从各犯，仍分别已、未抢获妇女本例问拟。家奴抢夺，伊主知情不首者，照知情故买治罪。该管官员不行严禁查拿者，交部议处；领催、总甲杖八十。其有并非伙众，但强卖与人为妻妾者，拟绞监候。若于素有瓜葛之家，必实有戚谊者，方以瓜葛论。先经媒说未允，因而纠众强抢者，仍按强夺奸占已未成本律例科断。如有拒捕杀伤人者，照抢夺杀伤人例办理。

现行刑律

6.92.(4)〔聚众伙谋抢夺妇女〕

一、凡聚众伙谋抢夺路行妇女，或卖，或自为妻妾、使女，及被奸污者；并聚众伙谋，入室抢夺妇女，一经抢获出门，即属已成，审实，不分得财与未得财，为首绞立决；为从在场帮抢者，皆绞监候，并未帮抢者，发烟瘴地方安置。知情故买者，减正犯罪一等。不知情者处八等罚。如图抢入室，尚未抢获，首犯发新疆当差，为从流三千里。至因伙众抢夺妇女，拒捕杀人者，无论已成、未成，下手杀人之犯，斩立决；帮殴成伤从犯，不论手足、他物、金刃，均拟绞监候；其并未帮殴首、从各犯，仍分别已、未抢获妇女本例问拟。其有并非伙众，但强卖与人为妻妾者，拟绞监候。如有拒捕杀伤人者，照抢夺杀伤人例办理。

现行刑律案语

原例(略)

臣等谨按：此例原系两条，一乾隆六年〔1741〕定例，一康熙年间定例，原载"白昼抢夺"门，嘉庆六年〔1801〕移列本门，始将两例修并为一。惟例文以有、无瓜葛，分别定拟，本为乾隆以前旧例所不载，嘉庆九年〔1804〕始经添入，殊嫌节外生枝，似应照旧删去。至"为从皆绞"一层，按结伙三人以上持械抢夺之例，以在场动手与否为生死之分，今例并无区别，似觉过重，应请以“在场动手帮抢者，拟绞；并未帮同架抢者，改发烟瘴地方安置”，较为持平。其图抢入室未将妇女抢获，与强盗未得财情事何殊，而科罪反较强盗为重，亦嫌未协，应查照彼例，将首犯改为发新疆当差，从犯改为流三千里，以免歧异。家奴抢夺妇女，近年本属罕见；新章已免缘坐，而家奴有犯，罪及伊主，并将领催、总甲一并治罪，似属不伦，应全行删去。例末“媒说未允，即纠众强抢”，尤为非理，在抢夺路行及在家妇女，主家不知姓名，或可幸免弋获，若曾经媒说，尽可指名控拿，乃竟敢纠众前往，其愍不畏法之情，似难较彼反从宽典。应将此段及例首小注，均行节删。斩枭照章改为斩决，斩决应改绞决。谨将修改例文，开列于后。

〇修改

一、凡聚众伙谋抢夺路行妇女，或卖，或自为妻妾、奴婢，及被奸污者；并聚众伙谋，入室抢夺妇女，一经抢获出门，即属已成；审实，不分得财与未得财，为首者，绞立决；为从在场动手帮抢者，皆绞监候；其并未帮同架抢者，发烟瘴地方安置。知情故买者，减正犯罪一等。不知者不坐。如图抢入室，未将妇女抢获者，首犯发新疆当差，为从流三千里。至因伙众抢夺妇女，拒捕杀人者，无论已成、未成，下手杀人之犯，斩立决；帮殴成伤从犯，不论手足、他物、金刃，均拟绞监候；其并未帮殴首、从各犯，仍分别已、未抢获妇女本例问拟。其有并非伙众，但强卖与人为妻妾者，拟绞监候。如有拒捕杀伤人者，照抢夺杀伤人例办理。

核订现行刑律

原修改例文（略）

谨按：此系聚众抢夺妇女之例。所抢既系妇女，自不能以之为奴，例文“奴”字应即节删。“婢”字应改“使女”。至“不知情不坐”句，系指买妇女之人而言，“略人略卖人”律内不知情之买主改处八等罚，此处自应照改，以归一律。谨将修改例文，开列于后。

〇修改（略）

大清律例

3.6.112.(7)〔聚众伙谋抢夺兴贩妇女〕

一、凡聚众伙谋抢夺兴贩妇女，已成者，为首拟绞监候，为从实发云贵两广极边烟瘴充军，同谋未经同抢之犯杖一百、流二千里。如图抢未成，为首实发云贵两广极边烟瘴充军，为从杖一百、流三千里，同谋未经同抢之犯杖一

现行刑律

6.92.(5)〔聚众伙谋抢夺兴贩妇女〕

一、凡聚众伙谋抢夺兴贩妇女，已成者，为首拟绞监候，为从发烟瘴地方安置，同谋未经同抢之犯流二千里。如图抢未成，为首发烟瘴地方安置，为从流三千里，同谋未经同抢之犯徒三年。其有并非聚众，但将兴贩妇女抢夺，已

百、徒三年。其有并非聚众,但将兴贩妇女抢夺,已成者,为首发极边足四千里充军,为从杖一百、徒三年,同谋未经同抢之犯杖九十、徒二年半。若图抢未成,为首杖一百、徒三年,为从杖九十、徒二年半,同谋未经同抢之犯杖八十、徒二年。如拒捕杀伤兴贩之犯,以凡论。若系本妇及本妇之有服亲属,均依罪人拒捕律科断。

成者,为首发极边足四千里安置,为从徒三年,同谋未经同抢之犯徒二年半。若图抢未成,为首徒三年,为从徒二年半,同谋未经同抢之犯徒二年。如拒捕杀伤兴贩之犯,以凡论。若系本妇及本妇之有服亲属,均依罪人拒捕律科断。

现行刑律案语

原例(略)

臣等谨按:此条系道光四年〔1824〕刑部议复山东巡抚琦善咨请定例。例内流、徒附杖,照章应删,"充军"应改"安置","云贵两广"酌改为"烟瘴地方"。谨将修改例文,开列于后。

○修改(略)

大清律例

3.6.112.(6)〔聚众伙谋抢夺曾经犯奸妇女〕

一、凡聚众伙谋抢夺曾经犯奸妇女已成,无论在途、在室,首犯发黑龙江给披甲人为奴,为从帮抢者杖一百、流三千里,同谋未经同抢之犯杖一百、徒三年。如图抢未成,首犯杖一百、流三千里,为从帮抢者杖一百、徒三年,同谋未经同抢之犯杖九十、徒二年半。如妇女犯奸后,已经悔过自新,确有证据者,仍以良人妇女论。

现行刑律

6.92.(6)〔聚众伙谋抢夺曾经犯奸妇女〕

一、凡聚众伙谋抢夺曾经犯奸妇女已成,无论在途、在室,首犯发遣新疆当差,为从帮抢者流三千里,同谋未经同抢之犯徒三年。如图抢未成,首犯流三千里,为从帮抢者徒三年,同谋未经同抢之犯徒二年半。其有并非聚众,但将犯奸妇女抢夺已成者,为首流三千里,为从徒三年,同谋未经同抢之犯徒二年半;若图抢未成,为首徒三年,为从徒二年半,同谋未经同抢之犯徒二年。如妇女犯奸后,已经悔过自新,确有证据者,仍以良人妇女论。

现行刑律案语

原例(略)

臣等谨按：此条系嘉庆十年〔1805〕，刑部因山东巡抚铁保咨请“以伙抢犯奸妇女，应照轮奸、犯奸妇女分别定拟”等因，纂辑为例。惟查黑龙江为奴人犯，本照名例改为“极边烟瘴”，现议仍留遣罪，自应发遣新疆当差。徒、流附杖，照章节删。再，查抢夺良家妇女、兴贩妇女各例，皆有“并非聚众”一层，此例似应添入，罪名亦应以次递减，借示持平。谨将修改例文，开列于后。

○修改(略)

条例·移改

大清律例	现行刑律
3.6.112.(3)〔卑幼图财强卖尊长及尊长图财强卖卑幼〕 一、凡谋占资财，贪图聘礼，期功卑幼用强抢卖伯叔母、姑等尊属者，拟斩监候。期功卑幼抢卖兄妻、胞姊，及缌麻卑幼抢卖尊属尊长，并疏远无服亲族抢卖尊长、卑幼者，均拟绞监候。如尊属尊长，图财强卖卑幼，系期功，杖一百、流三千里；系缌麻，发附近充军。未成婚者，各减已成婚一等。若中途夺回，及娶主自行送回，未被奸污者，均以未成婚论。如妇女不甘失节，因而自尽者，期功以下卑幼，及疏远亲族，仍照本例分别斩、绞监候；缌麻尊属尊长亦拟绞监候；期功尊属尊长，发近边充军。若已成婚，而妇女因他故自尽者，仍依图财强嫁问拟，不在此例。娶主知情同抢，及用财谋买者，各减正犯罪一等。不知者不坐。如因家贫不能养赡，或虑不能终守，劝令改嫁，并非为图财图产起见，均仍照强嫁例定拟，不得滥引此例。	*婚姻·居丧嫁娶 6.86.(1)〔孀妇守志卑幼尊长强卖强嫁〕(略)
*婚姻·居丧嫁娶 3.6.105.(1)〔孀妇自愿改嫁或守志母家夫家强抢或强嫁〕(略)	6.86.(2)〔孀妇改嫁主婚〕(略)

现行刑律案语

○修并(略)

○修改(略)

见3.6.105.(1)〔孀妇自愿改嫁或守志母家夫家强抢或强嫁〕条

核订现行刑律

○修改(略)

见3.6.105.(1)〔孀妇自愿改嫁或守志母家夫家强抢或强嫁〕条

3.6.113娶乐人为妻妾/6.93娶娼妓为妻

律文·修改

大清律例	现行刑律
3.6.113.1凡文武官并吏娶乐人妓者。为妻妾者,杖六十,并离异。归宗,不还乐工。财礼入官。若官员子孙应袭荫者。娶者,罪亦如之。注册候荫袭之日,照应袭本职上,降一等叙用。	6.93.1凡文武官并吏娶娼妓为妻者,处六等罚,并离异。归宗,财礼入官。若官员子孙应袭荫者。娶者,罪亦如之。注册候荫袭之日,照应袭本职上,降一等叙用。

现行刑律案语

原律(略)

臣等谨按:此律系顺治三年〔1646〕就《明律》改定,并添入小注;雍正三年〔1725〕修改;乾隆五年〔1740〕复将小注删定。律内"杖六十"照章罚金,应改为"处六等罚"。谨将修改律文,开列于后。

○修改

凡文武官并吏娶乐人妓者。为妻妾者,处六等罚,并离异。归宗,不还乐工。财礼入官。若官员子孙应袭荫者。娶者,罪亦如之。注册候荫袭之日,照应袭本职上,降一等叙用。

核订现行刑律

原修改律文(略)

谨按:"乐人"二字系沿《明律》,现在并无乐籍,应将本条律目改为"娶娼妓为妻",律文"乐人"暨"妾"字,及律注"不还乐工"四字,应一并节去。小注"妓者"二字应改"娼妓",列入正文。谨将修改律目、律文,开列于后。

○修改

娶娼妓为妻

修改律文(略)

3.6.114僧道娶妻 / 6.94僧道娶妻

律文·修改

大清律例

3.6.114.1凡僧道娶妻妾者，杖八十，还俗。女家主婚人同罪，离异。财礼入官。寺观住持知情，与同罪。以因人连累，不在还俗之限。不知者不坐。○3.6.114.2若僧道假托亲属或僮仆为名求娶，而僧道自占者，以奸论。以僧道犯奸加凡人和奸罪二等论。妇女还亲，财礼入官。系强者，以强奸论。

现行刑律

6.94.1凡僧道娶妻妾者，处八等罚，还俗。女家主婚人同罪，离异。财礼入官。寺观住持知情，与同罪。以因人连累，不在还俗之限。不知者不坐。○6.94.2若僧道假托亲属或僮仆为名求娶，而僧道自占者，以奸论。以僧道犯奸加凡人和奸罪二等论。妇女还亲，财礼入官。系强者，以强奸论。

现行刑律案语

原律（略）

臣等谨按：此仍《明律》，顺治三年〔1646〕添入小注。“杖八十”罪名照章罚金，应改为“处八等罚”。谨将修改律文，开列于后。

○修改（略）

3.6.115良贱为婚姻

律文·删除

大清律例

3.6.115.1凡家长与奴娶良人女为妻者，杖八十。女家主婚人减一等，不知者不坐。其奴自娶者，罪亦如之。家长知情者，减二等。因而入籍指家长言。为婢者，杖一百。若妄以奴婢为良人，而与良人为夫妻者，杖九十。妄冒由家长，坐家长；由奴婢，坐奴婢。各离异、改正。谓入籍为婢之女，改正复良。

现行刑律案语

原律（略）

臣等谨按：此仍《明律》，顺治三年〔1646〕添入小注。杖罪照章罚金，均应依数分等处罚。谨将修改律文，开列于后。

○修改

凡家长与奴娶良人女为妻者，处八等罚。女家主婚人减一等，不知者不坐。其奴自娶者,罪亦如之。家长知情者,减二等。因而入籍指家长言。为婢者,处十等罚。若妄以奴婢为良人,而与良人为夫妻者,处九等罚。妄冒由家长,坐家长;由奴婢,坐奴婢。各离异、改正。谓入籍为婢之女,改正复良。

核订现行刑律

〇删除

原修改律文(略)

谨按:此条律文现已奏准删去,自应删除。

3.6.116出妻 / 6.95出妻

律文·修改

大清律例

3.6.116.1凡妻于七出无应出之条及于夫无义绝之状,而擅出之者,杖八十。虽犯七出,无子、淫佚、不事舅姑、多言、盗窃、妒忌、恶疾。有三不去,与更三年丧、前贫贱后富贵、有所娶无所归。而出之者,减二等。追还完聚。〇3.6.116.2若犯义绝,应离而不离者,亦杖八十。若夫妻不相和谐,而两愿离者,不坐。情既已离,难强其合。〇3.6.116.3若夫无愿离之情,妻辄背夫在逃者,杖一百,从夫嫁卖。其妻因逃而辄自改嫁者,绞。监候。其因夫弃妻逃亡,三年之内,不告官司而逃去者,杖八十;擅自改嫁者,杖一百。妾各减二等。有主婚、媒人,有财礼,乃坐。无主婚人,不成婚礼者,以和奸、刁奸论,其妻妾仍从夫嫁卖。〇3.6.116.4若婢背家长在逃者,杖八十;因而改嫁者,杖一百;给还家长。〇3.6.116.5窝主及知情娶者,各与妻妾、奴婢同罪,至死者减一等。财礼入官。不知者,主娶者言。俱不坐。财礼给还。〇3.6.116.6若由妇女之期亲以上尊长主婚改嫁者,罪坐主婚,妻妾止得在逃之罪。余亲主婚者,余亲谓期亲卑幼,及大功以下尊长、卑幼主婚改嫁者。事由主婚,主婚为首,男女为从;事由男女,男女为首,主婚为

现行刑律

6.95.1凡妻于七出无应出之条及于夫无义绝之状,而擅出之者,处八等罚。虽犯七出,无子、淫佚、不事舅姑、多言、盗窃、妒忌、恶疾。有三不去,与更三年丧、前贫贱后富贵、有所娶无所归。而出之者,减二等。追还完聚。〇6.95.2若犯义绝,应离而不离者,亦处八等罚。若夫妻不相和谐,而两愿离者,不坐。情既已离,难强其合。〇6.95.3若夫无愿离之情,妻辄背夫在逃者,徒二年,听其离异。其妻因逃而辄自改嫁者,加二等。其因夫弃妻逃亡,三年之内,不告官司而逃去者,处八等罚;擅自改嫁者,处十等罚。妾各减二等。有主婚、媒人,有财礼,乃坐。无主婚人,不成婚礼者,以和奸、刁奸论。〇6.95.4若立契议雇之使女背家长在逃者,处八等罚,给还家长;因而嫁人者,处十等罚。追缴未满工值,免其离异。〇6.95.5窝主及知情娶者,各与妻妾、使女同罪。财礼入官。不知情者,主娶者言。俱不坐。财礼给还。〇6.95.6若由妇女之期亲以上尊长主婚改嫁者,罪坐主婚;妻妾止得在逃之罪。余亲主婚者,余亲谓期亲卑幼,及大功以下尊长、卑幼主婚改嫁者。事由主婚,主婚为首,男女为从;事由男女,男女为

从。至死者，主婚人并减一等。不论期亲以上及余亲，系主婚人，皆杖一百、流三千里。 首，主婚为从。

现行刑律案语

原律（略）

臣等谨按：此仍《明律》，其小注系顺治三年〔1646〕增修，雍正三年〔1725〕删改，乾隆五年〔1740〕改定。杖罪照章罚金，均应依数分等处罚；流罪附杖应删。谨将修改律文、律注，开列于后。

〇修改

凡妻于七出无应出之条及于夫无义绝之状，而擅出之者，处八等罚。虽犯七出，无子、淫佚、不事舅姑、多言、盗窃、妒忌、恶疾。有三不去，与更三年丧、前贫贱后富贵、有所娶无所归。而出之者，减二等。追还完聚。〇若犯义绝，应离而不离者，亦处八等罚。若夫妻不相和谐，而两愿离者，不坐。情既已离，难强其合。〇若夫无愿离之情，妻辄背夫在逃者，处十等罚，从夫嫁卖。其妻因逃而辄自改嫁者，绞。监候。其因夫弃妻。逃亡，三年之内，不告官司而逃去者，处八等罚；擅自改嫁者，处十等罚。妾各减二等。有主婚、媒人，有财礼，乃坐。无主婚人，不成婚礼者，以和奸、刁奸论，其妻妾仍从夫嫁卖。〇若婢背家长在逃者，处八等罚；因而改嫁者，处十等罚；给还家长。〇窝主及知情娶者，各与妻妾、奴婢同罪，至死者减一等。财礼入官。不知者，主娶者言。俱不坐。财礼给还。〇若由妇女之期亲以上尊长主婚改嫁者，罪坐主婚；妻妾止得在逃之罪。余亲主婚者，余亲谓期亲卑幼，及大功以下尊长、卑幼主婚改嫁者。事由主婚，主婚为首，男女为从；事由男女，男女为首，主婚为从。至死者，主婚人并减一等。不论期亲以上及余亲，系主婚人，皆流三千里。

核订现行刑律

原修改律文（略）

谨按："妻"之为言"齐"也。夫妇之道，人伦之始。若因犯罪之故，而从夫嫁卖，直与奴隶何殊！既无益于惩肃，且有戾于伦常。第三节"从夫嫁卖"句拟改为"听其离异"，并将律注"其妻妾仍从嫁卖"一语节去。又背夫在逃，仅处十等罚，似嫌过轻；因逃改嫁，遽拟死罪，又未免过重。考《唐律》"妻妾擅去者，徒二年；因而改嫁者，加二等"，较为平允，拟请查照更正。并将第五、第六两节"至死减等"一层，均节删。再，婢女现已改为雇工，立契议值，则背主在逃，自与从前鬻身奴婢不同，改嫁以后犹须给主，似近于刻；且婢系未嫁之身，律称"改嫁"，于义未洽，拟改为"使女背主在逃，处八等罚，给还家长；因而嫁人者，处十等罚"，并于"使女"上增注"立契议雇"字样，于"十等罚"下增注"追缴未满工值，免其离异"字样，以与此次修改之例一贯。第五节小注"奴婢"二字应改"使女"，以昭核实。谨将修改律文、律注，开列于后。

〇修改（略）

条例 · 仍旧

大清律例

3.6.116.(1)〔妻犯七出有三不去之理〕

现行刑律

6.95.(1)〔妻犯七出有三不去之理〕

一、妻犯七出之状,有三不去之理,不得辄绝。犯奸者不在此限。

大清律例

3.6.116.(2)〔期约五年无过不娶及夫逃亡三年不还〕

现行刑律

6.95.(2)〔期约五年无过不娶及夫逃亡三年不还〕

一、期约已至五年,无过不娶,及夫逃亡三年不还者,并听经官告给执照,别行改嫁,亦不追财礼。

现行刑律案语

原例

3.6.116.(1)〔妻犯七出有三不去之理〕(略)

3.6.116.(2)〔期约五年无过不娶及夫逃亡三年不还〕(略)

○仍旧

臣等谨按:此两例应均仍其旧,理合陈明。

3.6.117 嫁娶违律主婚媒人罪 / 6.96 嫁娶违律主婚媒人罪

律文 · 修改

大清律例

3.6.117.1 凡嫁娶违律,若由男女之祖父母、父母、伯叔父母、姑、兄姊及外祖父母主婚者,违律之罪独坐主婚。男女不坐。余亲主婚者,余亲谓期亲卑幼,及大功以下尊长、卑幼主婚者。事由主婚,主婚为首,男女为从;得减一等。事由男女,男女为首,主婚为从。得减一等。至死者,除事由男女,自当依律论死。其由主婚人并减一等。主婚人虽系为首,罪不入于死,故并减一等。男女已科从罪,至死亦是满

现行刑律

6.96.1 凡嫁娶违律,若由男女之祖父母、父母、伯叔父母、姑、兄姊及外祖父母主婚者,违律之罪独坐主婚。男女不坐。余亲主婚者,余亲谓期亲卑幼,及大功以下尊长、卑幼主婚者。事由主婚,主婚为首,男女为从。得减一等。其以奸论至死者,除事由男女,自当依律论死。其由主婚人并减一等。主婚人虽系为首,罪不入于死,故并减一等。男女已科从罪,至死亦是满流,不得于主婚已流罪上再减。○6.96.2 其男女被主婚人威逼,事不

流，不得于主婚人流罪上再减。○[3.6.117.2]其男女被主婚人威逼，事不由己，若男年二十岁以下，及在室之女，虽非威逼，亦独坐主婚，男女俱不坐。不得以首、从科之。○[3.6.117.3]未成婚者，各减已成婚罪五等。如绞罪减五等，杖七十、徒一年半。余类推减。○[3.6.117.4]若媒人知情者，各减男、女主婚犯人罪一等。不知者不坐。○[3.6.117.5]其违律为婚各条，称“离异、改正”者，虽会赦，但得免罪，犹离异、改正。离异者，妇女并归宗。○[3.6.117.6]财礼，若娶者知情，则不论已、未成婚，俱追入官；不知者，则追还主。

由已，若男年二十岁以下，及在室之女，虽非威逼，亦独坐主婚，男女俱不坐。不得以首、从科之。○[6.96.3]未成婚者，各减已成婚罪五等。如绞罪减五等，徒一年半。余类推减。○[6.96.4]若媒人知情者，各减男、女主婚犯人罪一等。不知者，不坐。○[6.96.5]其违律为婚各条，称“离异、改正”者，虽会赦，但得免罪，犹离异、改正。离异者，妇女并归宗。○[6.96.6]财礼，若娶者知情，则不论已、未成婚，俱追入官；不知者，则追还主。

现行刑律案语

原律(略)

臣等谨按：此仍《明律》，其小注系顺治三年〔1646〕增修，乾隆五年〔1740〕据《广汇全书》改定。徒罪附杖，照章应删。谨将修改律文、律注，开列于后。

○修改

凡嫁娶违律，若由男女之祖父母、父母、伯叔父母、姑、兄姊及外祖父母主婚者，违律之罪独坐主婚。男女不坐。余亲主婚者，余亲谓期亲卑幼，及大功以下尊长、卑幼主婚者。事由主婚，主婚为首，男女为从；得减一等。事由男女，男女为首，主婚为从。得减一等。至死者，除事由男女，自当依律论死。其由主婚人并减一等。主婚人虽系为首，罪不入于死，故并减一等。男女已科从罪，至死亦是满流，不得于主婚人流罪上再减。○其男女被主婚人威逼，事不由己，若男年二十岁以下，及在室之女，虽非威逼。亦独坐主婚，男女俱不坐。不得以首、从科之。○未成婚者，各减已成婚罪五等。如绞罪减五等，徒一年半。余类推减。○若媒人知情者，各减男、女主婚犯人罪一等。不知者不坐。○其违律为婚各条，称“离异、改正”者，虽会赦，但得免罪，犹离异、改正。离异者，妇女并归宗。○财礼，若娶者知情，则不论已、未成婚，俱追入官；不知者，则追还主。

核订现行刑律

原修改律文(略)

谨按：第一节“至死者”系指“娶亲属妻妾”条内“罪应死者”而言，现拟将“收祖、父妾，伯叔母，并兄弟妻”各项节删，则嫁娶违律并无应死之条，惟“以奸论”之内，尚有应科死罪者，应于“至死者”上加小注“其以奸论”四字，以清眉目。谨将修改律文，开列于后。

○修改(略)

条例・修改

大清律例	现行刑律
3.6.117.(1)〔婢女不令婚配致令孤寡〕 一、凡绅衿庶民之家,如有将婢女不行婚配,致令孤寡者,照不应重律杖八十。系民的决,绅衿依律纳赎,令其择配。	6.96.(1)〔使女年至二十五不行婚配〕 一、凡绅衿庶民之家,如将使女年至二十五岁不行婚配者,照不应重律治罪,即令择配。

现行刑律案语

原例(略)

臣等谨按:此条系雍正十三年〔1735〕刑部因云南巡抚奏请议准定例。惟检查原奏"以二十五岁为断"似尚得平,部议改为"不行婚配,致令孤寡",则并无年限矣,应查照更正。"杖八十"罪名,已包于"不应重律"之内,应改为"治罪",以示浑括。至"民的决,绅衿依律纳赎"二语,现在已改罚金,自可删去。谨将修改例文,开列于后。

○修改(略)

大清律例	现行刑律
3.6.117.(4)〔嫁娶违律应行离异者与其夫及夫之亲属有犯〕 一、凡嫁娶违律,应行离异者,与其夫及夫之亲属有犯,如系先奸后娶,或私自苟合,或知情买休,虽有媒妁、婚书,均依凡人科断。若止系同姓及尊卑良贱为婚,或居丧嫁娶,或有妻更娶,或将妻嫁卖,娶者果不知情,实系明媒正娶者,虽律应离异,有犯仍按服制定拟。	6.96.(2)〔嫁娶违律应行离异者与其夫及夫之亲属有犯〕 一、凡嫁娶违律,应行离异者,与其夫及夫之亲属有犯,如系先奸后娶,或私自苟合,或知情买休,虽有媒妁、婚书,均依凡人科断。若止系居丧嫁娶,或有妻更娶,或将妻嫁卖,娶者果不知情,实系明媒正娶者,虽律应离异,有犯仍按服制定拟。

现行刑律案语

原例(略)

臣等谨按:此条系嘉庆十四年〔1809〕刑部因四川彭韦氏一案奏准定例。惟尊卑为婚,系名分之大不正者,与同姓等项不同,是以律定专条,例又于同姓亲属尊卑相犯重情,声明"各从本律科断,不得另生异议",《唐律疏议》亦详言之。今例内搀入"尊卑"二字,殊觉未妥,应即删去。谨将修改例文,开列于后。

〇修改

一、凡嫁娶违律，应行离异者，与其夫及夫之亲属有犯，如系先奸后娶，或私自苟合，或知情买休，虽有媒妁、婚书，均依凡人科断。若止系同姓及良贱为婚，或居丧嫁娶，或有妻更娶，或将妻嫁卖，娶者果不知情，实系明媒正娶者，虽律应离异，有犯仍按服制定拟。

核订现行刑律

原修改例文（略）

谨按：同姓及良贱为婚，现议删除，律内“同姓”及“良贱”二层，应一体节删。谨将修改例文，开列于后。

〇修改（略）

大清律例	现行刑律
3.6.117.(5)〔以已未挑选旗女许字民人〕	6.96.(3)〔未经挑选旗女私行许聘〕
一、八旗、内务府三旗人，如将未经挑选之女，许字民人者，将主婚之人，照违制律杖一百。若将已挑选及例不入选之女，许字民人者，照违令律笞五十。其聘娶之民人，亦一体治罪。	一、八旗、内务府三旗人，如将未经挑选之女，私行许聘者，将主婚之人，照违制律治罪。

满汉通行刑律

〇修改

谨按：此条系旗人不准许字民人之例。现在满汉既许通婚，此例即应修改。今将修改例文，开列于后。

一、八旗、内务府三旗人，如将未经挑选之女私行许聘者，将主婚之人照违制律治罪。

现行刑律案语

原修改例文（略）

〇仍旧

臣等谨按：此条系道光十六年〔1836〕，刑部审奏“镶白旗汉军马甲德恒之母陈陈氏将次女许配民人高祥保为妻”一案，经户部奏准定例。嗣光绪三十三年〔1907〕十二月内，臣馆《遵议〈满汉通行刑律〉》折内声明，“此系旗人不准许字民人之例，现在满汉既许通婚，即应修改等因，当于例内将‘许民人’句改为‘私行许聘’，并将例末‘照违令律治罪’一段节删”。奏准在案。此次应仍其旧，理合陈明。

条例 · 删除

大清律例

3.6.117.(2)〔福建台湾民人与番人结亲〕

一、福建台湾地方民人,不得与番人结亲。违者离异,民人照违制律杖一百,土官、通事减一等,各杖九十。该地方官如有知情故纵,题参交部议处。其从前已娶、生有子嗣者,即安置本地为民,不许往来番社。违者,照不应重律杖八十。

删除律例

〇删除

大清律例

3.6.117.(3)〔湖南民苗结亲〕

一、湖南省所属未剃发之苗人,与民人结亲,俱照民俗,以礼婚配。须凭媒妁,写立婚书,仍报明地方官立案稽查。如有奸拐贩卖、嫁妻逐婿等事,悉照民例治罪。其商贾客民,未经入籍苗疆,踪迹无定者,概不许与苗民结亲。如有私相连结滋事者,按例治罪。失察之地方官,照例议处。至溪峒深居苗猺,有愿与民人结亲者,亦听其自便,悉照前例办理。

现行刑律案语

〇删除

原例(略)

臣等谨按:此条系乾隆二十九年〔1764〕吏部尚书陈宏谋条奏定例。例内"商贾客民,未经入籍"者"不许与苗民结亲",原防勾结滋事起见。惟现在商、民与外国人结亲,所在多有,如果有犯,尽可照民例科罪,似毋庸另立专条。应即删除。

3.7 仓库 收米谷曰仓，收财帛曰库。 / 7 仓库 收米谷曰仓，收财帛曰库。

3.7.118 钱法 / 7.97 钱法

律文 · 修改

大清律例	现行刑律
3.7.118.1 凡钱法，设立宝源、宝泉等局，鼓铸制钱，内外俱要遵照户部议定数目，一体通行。其民间金银、米麦、布帛诸物价钱，并依时值，听从民便。使用。若阻滞不即行使者，杖六十。○3.7.118.2 其军民之家，私蓄铜器，除镜子、军器，及寺观庵院钟、磬、铙、钹外，其余应有废铜，并听赴官卖。每斤官给银七分，增减随时。若私相买卖，及收匿在家不赴官者，笞四十。	7.97.1 凡钱法，设立宝源、宝泉等局，鼓铸制钱，内外俱要遵照度支部议定数目，一体通行。其民间金银、米麦、布帛诸物价钱，并依时值，听从民便。使用。若阻滞不即行使者，处六等罚。

现行刑律案语

原律（略）

臣等谨按：此条系顺治三年〔1646〕就《明律》删定，并添入小注，雍正三年〔1725〕重经删改。惟禁用黄铜之令，已于乾隆二年〔1737〕奏准停止，是以乾隆五年〔1740〕将"旧定制造黄铜新器出卖，及一品官员器皿许用黄铜，其余概行禁止"各例删除，即同治九年〔1870〕续纂京城铜铺私造五斤以上铜器售卖之例，亦于光绪三十一年〔1905〕奏准删除。则本律第二节已成虚设，似可删去。"户部"字样应照现在官制，改为"度支部"。"杖六十"罪名照章罚金，应改为"处六等罚"。谨将修改律文，开列于后。

○修改（略）

条例·移改

大清律例	现行刑律
*诈伪·私铸铜钱 6.24.359.(10)〔私铸当十铜大钱及经纪牙行铺户人等折减拒收〕(略)	7.97.(1)〔行用铜圆任意折减及抗不收使〕 一、各省行用铜圆,如经纪、牙行人等,于交易时不照钱面数目字样,任意折减,及与铺户人等通同舞弊,减成定价,甚至造言煽诱,抗不收使,将为首阻挠者,徒二年;随同附和者,徒一年。

现行刑律案语

○修改(略)

见6.24.359.(10)〔私铸当十铜大钱及经纪牙行铺户人等折减拒收〕条

核订现行刑律

○移入(略)

见6.24.359.(10)〔私铸当十铜大钱及经纪牙行铺户人等折减拒收〕条

条例·删除

大清律例

3.7.118.(1)〔各省开采铜铅〕

一、各省开采铜铅,令道员总理,府佐官分理,州县官专管其事。凡产铜铅之处,听民采取,税其二分,造册季报。所剩八分,任民照时价发卖。有坟墓处所,不许采取。如有不得铜铅及不便采取之处,该督抚题明,停其采取。其各州县产铜铅之山,令地主报明采取。地主无力开采,听本州县报名采取。州县无匠役,许于邻近州县雇募,该州县自行稽察。如有别州县民人伙众越境采取,聚至三十人以上,为首者发近边充军,为从枷号三个月、杖一百;不及三十名者,为首枷号三个月、杖一百,为从满杖。衙役恣意搅扰,致人裹足者,为首枷号两个月,发附近充军,为从减一等。

删除律例

○删除

大清律例

3.7.118.(2)〔承办铜商逾限舞弊及办员侵欺〕

一、承办铜商逾限并无货物出口,或非采易铜斤之货,严拿究处,着落追赔。其进口之时,或非原出口地方,该汛地方官立速查报,并知照原出口之该汛官弁,勒催起解。倘有侵挪、隐匿之弊,将该商从重治罪。倘办员侵欺扣克,串通朦混,以致奸商挪新掩旧,督抚据实题参治罪。上司徇隐,一并交部议处。

删除律例

〇删除

大清律例

3.7.118.(3)〔云南铜厂经放预给工本银两舞弊〕

一、云南等省铜厂,经放预给工本银两,如课长、炉户有克扣分肥、侵吞入己情弊,审究确实,即照常人盗仓库钱粮例计赃科罪,将家产查封,变估抵补。仍责成该管之员,实力稽查。倘该管各员徇隐不究,察出即行指名题参。

现行刑律案语

〇删除

原例(略)

臣等谨按:此条系乾隆三十七年〔1772〕,户部议复云南巡抚李湖条奏定例,专为铜厂放给工本银两,有克扣、侵吞情弊而设。惟查云南铜厂,现已改归官商合办,与当日情形迥不相同,如有各项情弊,自应查照现行厂章,分别常人监守盗,援引通律定拟。此例已成赘设,拟即删除。

大清律例

3.7.118.(4)〔私造铜器售卖及私藏铜器〕

一、京城铜铺,私造五斤以上铜器售卖者,照收匿废铜不赴官律笞四十。官民人等,除鼎彝、乐器等件外,如私藏五斤以上铜器者,系民,与私造同罪;系官,交部照例议处,铜器俱入官。其官员铜器在三斤以上,民人铜器在一斤以上,查出一并入官,免其治罪、议处。倘胥役借端讹诈,照蠹役诈赃例治罪。

删除律例

〇删除

3.7.119收粮违限 / 7.98收粮违限

律文・修改

大清律例

3.7.119.1 凡收夏税，所收小麦于五月十五日开仓，七月终齐足。秋粮，所收粮米十月初一日开仓，十二月终齐足。如早收去处预先收受者，不拘此律。若夏税违限至八月终、秋粮违限至次年正月终不足者，其提调部粮官、吏典分催里长。欠粮人户，各以税粮十分为率，一分不足者，杖六十。每一分加一等，罪止杖一百。官吏、里长受财而容拖欠者，计所受赃以枉法从重论。分别受赃、违限轻重。若违限一年之上不足者，人户、里长，杖一百，提调部粮官、吏典，照例拟断。

现行刑律

7.98.1 凡收夏税，所收小麦于五月十五日开仓，七月终齐足。秋粮，所收粮米十月初一日开仓，十二月终齐足。如早收去处预先收受者，不拘此律。若夏税违限至八月终、秋粮违限至次年正月终不足者，其提调部粮官、吏典分催里长。欠粮人户，各以税粮十分为率，一分不足者，处六等罚，每一分加一等，罪止十等罚。官吏、里长受财而容拖欠者，计所受赃以枉法从重论。分别受赃、违限轻重。若违限一年之上不足者，人户、里长处十等罚，提调部粮官、吏典照例拟断。

现行刑律案语

原律(略)

臣等谨按：此条系顺治三年〔1646〕就《明律》修改，并添入小注。杖罪照章罚金，均应依数分等处罚，余则悉仍其旧。谨将修改律文，开列于后。

〇修改(略)

条例・修并、仍旧

大清律例

3.7.119.(1)〔举贡生监文武进士及在籍有顶带人员欠纳钱粮〕

一、应纳钱粮，以十分为率，欠至四分以下者，举人问革为民；贡监生员并黜革，杖六十。欠至七分以下者，举人问革为民，杖八十；贡监生员黜革，枷号一个月，杖一百。欠至十分以下者，举

现行刑律

7.98.(1)〔文武乡绅进士举生贡监及有顶带人员欠纳钱粮〕

一、凡文武、乡绅、进士、举人、生员、贡监及有顶带人员应纳钱粮，以十分为率，如有欠数，各州县逐户开出另册详报。欠至四分以下者，问革为民，处六等罚；欠至七分以下者，问革为民，

人问革为民,杖一百;贡监生员俱黜革,枷号两个月,杖一百。以上俱以次年四月奏销以前为限,不足分数者,照例治罪,仍严催未完钱粮。其文武进士及在籍有顶带人员,并与举人同。

3.7.119.(6)〔绅衿欠粮州县册报题参〕

一、凡绅衿所欠分数,各州县逐户开出,另册详报,指名题参。无论文武、乡绅、进士、举人、生员并贡监,及有顶带人员,已任、未任,俱按未完分数,已任者革职,未任者革去顶带衣衿,按例枷责治罪。如州县不行另册详报,别经发觉,交部议处。

处八等罚;欠至十分以下者,问革为民,处十等罚。俱以次年奏销以前为限,不足分数者,照例治罪,仍严催未完钱粮。如革后全完者,仍准开复。倘州县并不另册详报,别经发觉,交部议处。

现行刑律案语

原例

3.7.119.(1)〔举贡生监文武进士及在籍有顶带人员欠纳钱粮〕(略)

3.7.119.(6)〔绅衿欠粮州县册报题参〕(略)

臣等谨按:上条系康熙年间定例,雍正三年〔1725〕修改,乾隆五年〔1740〕改定。下条系雍正六年〔1728〕户部议复奉天府尹王朝恩条奏定例。同为绅衿欠粮之例,自应修并为一。枷杖罪名,现均改章。例内以枷、杖分差等之处,应酌量减并,以省烦项,至地丁奏销各省限期,四月、五月、六月不等,例内"四月"二字应节去。总以次年奏销,以前为限,免与各省参差。其革后全完者,似应仍准开复,以昭惩劝。谨将修并例文,开列于后。

〇修并(略)

大清律例

3.7.119.(5)〔兵役上司书役抗粮不纳〕

现行刑律

7.98.(2)〔兵役上司书役抗粮不纳〕

一、凡兵役有应输之粮,抗玩不纳者,该州县即将未完钱粮数目开明,移令所辖衙门,着本管官弁照数追完,移交州县。如不实力催追完解,即照州县催征钱粮未完分数律议处。其上司书役有抗粮不纳者,该州县一面详报上司,一面严行拘拿,革役追比。如上司有阿庇袒护,州县有瞻徇等弊,均照例议处。

现行刑律案语

原例(略)

○仍旧

臣等谨按:此例应仍其旧,理合陈明。

条例·删除

大清律例

3.7.119.(2)〔挂欠漕粮弁丁依所欠分数治罪〕

一、运弁以通帮粮米计算,但有挂欠,即革职责惩,发南追比,不完者分别治罪。如欠不及一分,笞五十,追完还职,不完满杖;欠至一分,杖六十,追完免罪,不完徒一年;欠至二分,杖七十,追完免罪,不完徒二年;欠至三分,杖八十,追完免罪,不完徒三年;欠至四分,杖九十,追完仍满杖,不完发附近充军;欠至五分,杖一百,追完徒一年,不完者发边远充军;欠至六分者绞,六分以上者斩,俱监候,照例以其家产抵偿。如仍不足,令原佥衙门各官代赔。旗丁以一船粮米计算,但有挂欠,即革运责惩,拿交运官发南追完,不完治罪。其按照分数定罪之处,并与运弁同,承追官严加议处。如家产抵偿不足,令佥丁卫所、粮道各官代赔。至粮船起交足额外,原有余米,听回空时沿途粜卖。

删除律例

○删除

大清律例

3.7.119.(3)〔分赔漕粮弁丁挂欠〕

一、挂欠漕粮弁丁,照例分别治罪外,所欠粮数,作十分分赔。总漕半分,粮道一分,监兑官半分,押运官半分,运官一分半,佥丁卫所官半分,旗丁五分半。总漕等官如限内不完,交部议处。弁丁于限内全完,分别应治罪者治罪、应免议者免议;如不完,照例治罪。将不能赔偿米石,仍着总漕等官赔偿。十分全完,照例议叙。

删除律例

○删除

大清律例

3.7.119.(4)〔同搬运丁混行互结赤贫无赖之丁以致挂欠者〕

一、同帮运丁，将赤贫无赖之丁混行互结，以致挂欠者，将本丁应赔五分半之内，互结各丁摊赔一分，其余令本丁赔补。

删除律例

○删除

3.7.120 多收税粮斛面 / 7.99 多收税粮斛面

律文 · 修改

大清律例

3.7.120.1 凡各仓主守官役收受税粮，听令纳户亲自行概，平斛交收，作正数即以平收者作正数。支销，依例准除折耗。若仓官、斗级不令纳户行概，踢斛淋尖，多收斛面在仓者，杖六十。若以所多收之附余粮数总计赃重于杖六十者，坐赃论，罪止杖一百。此皆就在仓者言。如入己，以监守自盗论。提调官吏知而不举，与同罪。多粮给主。不知者不坐。

现行刑律

7.99.1 凡各仓主守官役收受税粮，听令纳户亲自行概，平斛交收，作正数即以平收者作正数。支销，依例准除折耗。若仓官、斗级不令纳户行概，踢斛淋尖，多收斛面在仓者，处六等罚。若以所多收之附余粮数总计赃重于六等罚者，坐赃论，罪止十等罚。此皆就在仓者言。如入己，以监守自盗论。提调官吏知而不举，与同罪。多粮给主。不知者不坐。

现行刑律案语

原律（略）

臣等谨按：此仍《明律》，顺治三年〔1646〕添入小注，雍正三年〔1725〕删定。杖罪照章罚金，均应依数分等处罚。谨将修改律文、律注，开列于后。

○修改（略）

条例 · 修改

大清律例

3.7.120.(5)〔职官子弟及积匪人等打搅仓场或挟制运纳军民财物〕

现行刑律

7.99.(1)〔匪徒盘踞打搅仓场〕

一、凡收放粮草去处，如有匪徒借

一、在京、在外并各边一应收放粮草去处,若职官子弟、积年匪徒、跟子、买头小脚、歇家、跟官伴当人等,三五成群,抢夺筹斛,占堆行概等项,打搅仓场,及欺凌官攒,或挟诈运纳军民财物者,杖罪以下,于本处仓场门首枷号一个月发落;徒罪以上,与再犯杖罪以下,免其枷号,发附近充军。干系内外官员,题参交部议处。如本犯罪止枷杖者,不行禀举之花户,杖八十;犯该军罪者,花户亦杖八十,在该仓门首加枷号一个月,均革役。

端滋事,盘踞把持,挟诈分肥,打搅仓场者,各于所犯本罪上加一等定拟。各仓管事之人不行禀举者,照不应为律治罪。

现行刑律案语

原例(略)

臣等谨按:此条系前明旧例,乾隆五年〔1740〕、嘉庆十九年〔1814〕两经修改,咸丰二年〔1852〕改定,专为打搅仓场者而设。查仓场积弊,迭经整顿,与曩日情形迥不相同,不独职官子弟,无从向仓场打搅,即跟子、买头小脚、歇家、伴当人等,早已无此名目;至抢夺筹斛、占堆行槩、欺凌官攒等项,均属技无可施,此例本在可删之列。惟匪徒借端滋事,无地无之,其把持盘踞,挟诈分肥;或与例内所指各节,名异而实同;或日久玩生此惩而彼逞,似应将此条改为匪徒打搅仓场之通例,以归简备。其枷、杖、充军罪名均与新章不同,应酌量变通。花户即各仓管事之人,此项名目现已裁革,亦应酌量改订。谨将修改例文,开列于后。

○修改(略)

条例·移改

大清律例

3.7.120.(6)〔已革花户及筲头夫役等人勒索与现充花户容隐分赃〕

一、各仓花户,已经斥革,复在现充花户身后影射把持,向关米之人,勒索得财,计赃一两以下,杖一百,枷号两个月;一两至五两,杖一百、徒三年;六两至十两,发边远充军;十两以上,实发云

现行刑律

*仓库·收支留难

7.113.(2)〔各仓书役等勒索得财及已革书役影射把持〕(略)

贵、两广极边烟瘴充军；赃至一百二十两以上，照指称掣批名色勒索例，拟绞监候。为从各减一等。如计赃重于从罪者，仍各从其重者论。亲老丁单，不准留养。若甫经影射办事，尚未得赃，即在该仓门首枷号一个月，杖一百。现充花户，有心容隐，朋比为奸者，均革役，与首犯同罪，其箔头、夫役及不应入仓人等，称为花户身后办事，勒索得财者，均照前例问拟。如随同花户及身后办事之人，知情分赃者，亦以为从论。至积年匪徒，在仓滋事，仍照打搅仓场本例惩办。

现行刑律案语

原例（略）

臣等谨按：此条系嘉庆十九年〔1814〕刑部奏准定例，二十五年〔1820〕修改，咸丰二年〔1852〕改定。查从前各仓花户，弊窦滋多，故有身后影射勒索之事。现在花户虽经裁革，而书手、夫役头目人等亦不能不严防影射，应将“花户”二字改为“书役头目人等”，以昭核实影射者必严惩。则书役本身有犯，自应一例办理，应于例首，添叙明晰。例内计赃科罪之法较枉法为重，较蠹役诈赃例虽不甚悬绝，而前后轻重微有参差，殊失整齐法律之义，似不如改为“照蠹役诈赃例治罪”，以免繁杂。留养一层，应查核犯罪存留养亲通例办理，无庸于本条搀入。其甫经影射，尚未得赃者，例系满杖加枷号一月，现枷、杖均经改章，“满杖”应改为“处十等罚”，枷号拟从宽免。至“箔头、夫役及不应入仓人等，称为花户身后办事，勒索得财”，已统于例首。书役人等之内，随同分赃，以为从论。本系通例，似毋庸赘述。匪徒在仓滋事，自有打搅仓场本例在，均应节删。例因向关米之人勒索而设，与本门律意不甚相符，应移入“收支留难”门，以归一类。谨将移改例文，开列于后。

○移改

仓库・收支留难

7.113.(2)〔各仓书役等勒索得财及已革书役影射把持〕（略）

条例 · 删除

大清律例

3.7.120.(1)〔各处仓粮每石收耗米三升〕

一、各处仓粮,每石收耗米三升。查盘之时,计守支年分,每年每石准开耗一升。若三年之外,原收耗粮已减尽,照例于正粮内递开一升,准作耗粮。此外若有侵盗者,方照律例问罪。

3.7.120.(2)〔社仓捐谷听民自便〕

一、社仓捐谷,听民自便,不得绳以官法。违者,以违制论。

3.7.120.(3)〔借社仓谷石取息免息〕

一、凡社仓谷石,不遇荒歉,借领者每石收息谷一斗还仓;小歉借动者,免取其息。

现行刑律案语

原例

3.7.120.(1)〔各处仓粮每石收耗米三升〕(略)

3.7.120.(2)〔社仓捐谷听民自便〕(略)

3.7.120.(3)〔借社仓谷石取息免息〕(略)

○仍旧

臣等谨按:以上三例,均应仍其旧,理合陈明。

核订现行刑律

○删除

3.7.120.(1)〔各处仓粮每石收耗米三升〕(略)

3.7.120.(2)〔社仓捐谷听民自便〕(略)

3.7.120.(3)〔借社仓谷石取息免息〕(略)

谨按:以上三条,一系仓粮递准开耗,一系社仓听民捐谷,一系借领社仓谷石分别收息、免息,均与刑律无涉。至第一条之侵盗、第二条之违制,俱有本条足资引用,无须特设专例。拟请一并删除。

大清律例

3.7.120.(4)〔贡监生员分别贫生富生定限全完〕

一、凡贡监生员中富生上户,定限五月完半,十月全完。如届期不清,再展二月,以岁底全完为率。中下贫生,定限八月完半,岁底全完。如届期不清,中等以开岁二月为率,下等以开岁四月为率,务须全完。如逾限不完,即行详革。革后全完,仍准开复。若委系赤贫无力,而尾欠仅属分厘者,详查明确,暂免详革,准于秋收并入限年完半数内,带征完足。

删除律例

○删除

3.7.121隐匿费用税粮课物/7.100隐匿费用税粮课物

律文·修改

大清律例	现行刑律
3.7.121.1凡(本户自运)送本户应纳税粮课物,(如蚕丝、铜铁之类。)及应(追)入官之物,(已给文送运。)而隐匿(私自肥己,)费用不纳,或诈作(水火、盗贼)损失,欺罔(经收)官司者,并计所亏欠物数,(为赃,)准窃盗论,(罪止杖一百、流三千里。)免刺。其部运官吏知(隐匿、诈妄之)情与同罪,不知者不坐。(此系公罪,各留职役。若受财故纵,以枉法从重论。小户附搭侵匿者,仍依此律准窃盗。)	7.100.1凡运送本户应纳税粮课物,(如蚕丝、铜铁之类。)及应(追)入官之物,(已给文送运。)而隐匿(私自肥己,)费用不纳,或诈作(水火、盗贼)损失,欺罔(经收)官司者,并计所亏欠物数,准窃盗论。(罪止流三千里。)其部运官吏知(隐匿、诈妄之)情与同罪,不知者不坐。(此系公罪,各留职役。若受财故纵,以枉法从重论。小户附搭侵匿者,仍依此律准窃盗。)

现行刑律案语

原律(略)

臣等谨按:此仍《明律》,顺治三年〔1646〕添入小注,雍正三年〔1725〕改定。律首加一"运"字,则"本户自运"四字小注可节去。"计所亏欠物数,准窃盗论",则中间"为赃"二字小注,似亦可删。流罪附杖及"免刺"二字,均应节去。谨将修改律文、律注,开列于后。

○修改(略)

条例·删除

大清律例

3.7.121.(1)〔剥船回空查其有无匿米分别责令赔补掣欠〕

一、石坝、大通桥,设立经纪剥船,转运京仓粮米,仓场及坐粮厅各差妥役沿闸稽查。如剥船回空,搜查无米藏匿者,其掣欠仍责经纪赔补。若船底搜出有米藏匿,即将掣欠之米,令船户代役照数摊赔,枷责、革役。其失察之经纪,一并责惩。

删除律例

○删除

3.7.122 揽纳税粮／7.101 揽纳税粮

律文·修改

大清律例

3.7.122.1 凡揽纳他人税粮者,杖六十,着落本犯赴仓照所揽数纳足,再于犯人名下照所纳数追罚一半入官。○3.7.122.2 若监临主守官役挟势揽纳者,加罪二等。仍追罚一半入官。○3.7.122.3 其小户畸残田。零零丁不足以成一户。米麦,因便凑数于本里纳粮人户处附纳者,勿论。包揽侵费正数及多科费用,以诓骗论;若侵欺,以监守自盗论。包与者,不应杖罪。

现行刑律

7.101.1 凡揽纳他人税粮者,处六等罚,着落本犯赴仓照所揽数纳足,再于犯人名下照所纳数追罚一半入官。○7.101.2 若监临主守官役挟势揽纳者,加罪二等。仍追罚一半入官。○7.101.3 其小户畸残田。零零丁不足以成一户。米麦,因便凑数于本里纳粮人户处附纳者,勿论。包揽侵费正数及多科费用,以诓骗论;若侵欺,以监守自盗论。包与者,照不应重律治罪。

现行刑律案语

原律(略)

臣等谨按:此仍《明律》,顺治三年〔1646〕添入小注。"杖六十"罪名照章罚金,应改为"处六等罚",小注内"不应杖罪"句,应改为"照不应重律治罪"。谨将修改律文、律注,开列于后。

○修改(略)

条例·删除

大清律例

3.7.122.(1)〔包揽诓骗钱粮军需等项不行完纳〕

一、凡内府钱粮,及内外仓场粮草、各处军需等项,不拘起运存留,但有包揽诓骗,银一百两、粮二百石以上不行完纳,事发,责限三个月以内完纳者,照常发落。过期不完者,尽其财产赔纳,发近边充军。各边武职,主使家人、伴当、跟随交结人员,挟势揽纳作弊者,参问究拟;听使之人,仍照前例问拟。

现行刑律案语

○删除

原例(略)

臣等谨按:此条系前明《问刑条例》,雍正三年〔1725〕删改,乾隆五年〔1740〕改定。惟以"银一百两""粮二百石"相提并论,在当时粮价平减,自无轩轾,核之现在粮价,则相去悬殊,此例已难资引用。且近边军罪照章应改为流二千五百里,诓骗银至一百两、粮至二百石,即照律注以诓骗论,亦罪应拟流,并无虞轻纵。至各边武职挟势揽纳,亦系尔日情形,现在尚无此项情弊。此例无关引用,拟即删除。

大清律例

3.7.122.(2)〔揽纳草束强以劣草充数〕

一、内外各处收受草束,若兜揽之徒恃强,将不堪水湿小草充数,嘱托监收官员收受者,拿送问罪,枷在本处仓场门首三个月发落。

现行刑律案语

〇删除

原例(略)

臣等谨按:此条本系前明《问刑条例》,原为京通马房仓场收受草束而设,雍正年间改为"内外各处",始定此例。惟新章既免枷号,各处所收草束,尽可由监收之员认真查验,如果实系水湿,自应责令退换,若竟照章改为赎枷银五两,亦似涉于琐碎。此例拟请删除。

3.7.123 虚出通关朱抄 凡钱粮通完,出给印信长单,为通关。仓库截收,则暂给红批照票,为朱抄。/ 7.102 虚出通关朱抄 凡钱粮通完,出给印信长单,为通关。仓库截收,则暂给红批照票,为朱抄。

律文·修改

大清律例

3.7.123.1 凡仓库收受一应系官钱粮等物原数本不足,而监临主守,通同有司提调官吏,虚出通关给发者,计所虚出之数,并赃,不分摊各犯。皆以监守自盗论。〇3.7.123.2 若委官盘点钱粮,数本不足,扶同监临、提调官申报足备者,罪亦如之。亦计不足数,以监守自盗论,并赃。受财者,计入己赃以枉法从重论。〇3.7.123.3 其

现行刑律

7.102.1 凡仓库收受一应系官钱粮等物原数本不足,而监临主守,通同有司提调官吏,虚出通关给发者,计所虚出之数,并赃,不分摊各犯。皆以监守自盗论。〇7.102.2 若委官盘点钱粮,数本不足,扶同监临、提调官申报足备者,罪亦如之。亦计不足数,以监守自盗论,并赃。受财者,计入己赃以枉法从重论。〇7.102.3 其监守

监守不收本色,诈言奉文折收财物,虚出朱抄者,亦以监守自盗论。纳户知情,减二等,免刺,原与之赃入官;不知者不坐,其赃还主。○3.7.123.4通上。同僚知而不举者,与犯人同罪。至死减等。不知及不同署文案者不坐。以失觉察论。

不收本色,诈言奉文折收财物,虚出朱抄者,亦以监守自盗论。纳户知情,减二等,原与之赃入官;不知者不坐,其赃还主。○7.102.4通上。同僚知而不举者,与犯人同罪。至死减等。不知及不同署文案者不坐。以失觉察论。

现行刑律案语

原律(略)

臣等谨按:此仍《明律》,顺治三年〔1646〕添入小注。"免刺"二字照章节删。谨将修改律文,开列于后。

○修改(略)

条例·修并

大清律例

3.7.123.(3)〔新旧交代米谷官物霉变短少〕

一、凡新旧交代,如果米谷收存不慎、官物遗失不全,立即揭报题参,于旧官名下着追。如已经后官接受出结,米谷霉变,官物短少,着落接任出结之官,按数赔补。

*仓库·挪移出纳

3.7.127.(5)〔州县交代将侵蚀亏空已征钱粮捏称民欠令后官接受〕(略)

现行刑律

7.102.(1)〔州县交代钱粮亏空米谷霉变及抑勒交盘〕

一、州县交代,如将已征钱粮侵蚀亏空,捏称民欠,令后官接受,或仓储米谷收存不慎,库储官物遗失不全,接任官立即揭报该管上司奏参,于前官名下着追。如该管上司护庇离任之员,及该管道府州畏虑分赔,因而抑勒交盘者,许被勒之员直揭部院代为陈奏。其所揭抑勒之司道府州等官,该督抚据实确审定拟。如有干连督抚,将具揭及亏空之员押赴来京,奏交大理院确审,将抑勒之督抚一并从重议处。或系诬捏枉揭,照例治罪。倘前官亏空以及米谷霉变、官物短少,后官容隐不报,出结接受,至本身离任,始诿诸前任者,应将欠项及米谷、官物照数追赔,仍治以瞻徇接受之罪。其揭报之员,准赴部呈请于别省调补。倘调补省分该管上司因前揭报之故，多方搜求，借端诬陷者，并许该员于都察院呈辩，果系冤抑，将该管上司交部议处；如系该员借名诬辩，从重治罪。

现行刑律案语

原例

3.7.123.(3)〔新旧交代米谷官物霉变短少〕（略）

3.7.127.(5)〔州县交代将侵蚀亏空已征钱粮捏称民欠令后官接受〕（略）

臣等谨按：上条系乾隆二年〔1737〕，户部会同刑部议准定例。下条系康熙年间定例，乾隆五年〔1740〕改定。惟下条明言，侵蚀亏空则非挪移可知，不应列于挪移门内，且与上条同为州县交代之例，自应将两例修并为一，列于本门下条。例内"揭部科"应改为"揭部院"，"交都察院确审"一层照现行事例，应改为"奏交大理院确审"，即诬捏枉揭之员，亦可由大理院照例治罪，不必再交法部。其"揭报之员"句下，原例系"照例赴部，于别省调补"，似未明晰，自应改为"准赴部呈请，于别省调补"。以下仍循原文之旧。谨将修改例文，开列于后。

○修并

7.102.(1)〔州县交代钱粮亏空米谷霉变及抑勒交盘〕（略）

条例・删除

大清律例

3.7.123.(1)〔司道府州仓库其上司盘查如有不实及扶同徇隐〕

一、各府仓库钱粮，于每年奏销时，责成各该道盘查；直隶州钱粮，责成分巡道盘查；粮驿道钱粮，责成布政使盘查；藩库钱粮，该省有总督者，督、抚会同盘查，无总督者，巡抚盘查。其总督有管辖两三省者，或隔二三年，或隔三四年，于题明巡查地方事情之便，会同盘查，出具印结，于奏销本内一并保题。倘有扶同徇隐，及盘查不实，不行揭报，俱照州县仓库例行。如有抑勒、挪借、滥动，以致亏空者，许据实通详，揭送各部院奏闻，严加议处，责令赔补。

3.7.123.(5)〔奏销钱粮上司盘查清查〕

一、凡该年奏销钱粮，各上司照例盘查出结外，再将各属现年已征一切正耗、杂项钱粮、谷价等银，一体清查。如无缺少，一并出具结状，申送督抚查核。如有挪移抵饰，据实揭参。该管上司扶同徇隐，照例参处。其知府有经征之项，盘查道员，亦照守牧盘察州县之例，一体查办。各省督抚于奏销钱粮清查司库时，将本年新收各项钱粮，一并盘查，声明并无挪新补旧情弊，出结保题。

3.7.123.(6)〔挪移及谷变等项不必概令上司摊赔〕

一、凡各省亏空案件,审系侵贪入己者,本犯无力完交,令该上司等分赔。其挪移及仓谷浥变等项,只将该员拟罪着追,不必概令上司摊赔。

3.7.123.(8)〔州县挪移亏空不行揭报之府州分赔之项及限内全完开复〕

一、凡州县挪移亏空,审明系知府、直隶州知州不行揭报,应着落分赔之项,将知府、直隶州知州革职。其亏空银米,仍依挪移亏空年限,先于本犯名下尽数着落严追。一年限内全完,将本犯及不行揭报之知府、直隶州知州,俱照例准其开复。二限、三限补完,本犯照例分别发落。若三年限满不能完足,本犯仍照原拟治罪。查实果系家产全无,无力完帑,将未完银米等项,无论侵、挪,着落不行揭报之知府、直隶州知州分赔五成;其余五成,着落失察道员分赔二成、藩司分赔二成、巡抚分赔一成。其知府、直隶州知州分赔银两,勒限一年完补。限内全完,准其开复。不完,再限一年补完。若能于二限内全完者,准其开复,于补官日罚俸一年;如二限内完不足数,再限一年完补。若能于三限内全完者,照伊原职降一级调用。如三次限满不完,不准开复,未完银两,仍着落追赔。至巡抚、司、道分赔银两,均照代赔例限,按银数多寡,分年完缴。倘有两案着赔,准将前案银两依限缴完,再行续接追缴。

3.7.123.(9)〔州县亏空仓库钱粮知府直隶州失察或徇隐〕

一、凡州县仓库钱粮,责成知府、直隶州知州严行盘查,于每年奏销时,出具所管州县仓库实贮无亏印结,造册申详保题。仍令不时盘查,一有亏空,无论几时察出,立即列揭请参,免其治罪、分赔。如知府、直隶州知州通同徇隐,别经发觉,将知府、直隶州知州革职离任,先于本犯名下着追。勒限三年,如果家产全无,无力完帑,将未完银米等项,无论侵、挪,俱着落知府、直隶州知州独赔。如止盘查不实,不行揭报,审系州县侵欺,将知府、直隶州知州照失察侵盗本例议处,免其分赔。审系州县挪移,亦先于本犯名下着追。勒限三年,如果家产全无,无力完帑,将未完银米等项,责令知府、直隶州知州分赔一半。如知府、直隶州知州查出亏空,揭报司、道,司、道不即转揭,及司、道已经转揭,督、抚不即题参,许知府、直隶州知州竟揭部院,将不转不参之督、抚、司、道议处,着令分赔。如督、抚、司、道明知州县亏空,不即报参,反为设法弥补,于本犯勒追限满之日,着落督、抚、司、道分赔,仍交部照例议处。

3.7.123.(10)〔州县侵那亏空徇隐之府州独赔之项限内补完开复〕

一、凡州县侵挪亏空,审明确系知府、直隶州知州徇隐,应着落独赔之项,将徇隐之知府、直隶州知州,革职离任。其州县亏空银米,仍依侵、挪等赃年限,先于本犯名下尽数着落严追。一年限内全完,除侵盗之案,照监守自盗本例,分别年限、完缴数目办理外,若系挪移之项,至二万两以上者,本犯照例释免;未至二万两者,本犯照例准其开复。其徇隐之知府、直隶州知州,亦一体准其开复。如二限、三限补完者,本犯照例分别减等发落。若三年限满不能完足,本犯照现在未完之数治罪。查实果系家产全无,无力完帑,将未完银米等项,着落徇隐之知府、直隶州知州独赔,勒限一年完补。若能于限内全完，准其开复；限满不完，再限一年完补。若能于二限内赔补全完，照伊原职降一级调用；如二限内完不足数，再限一年完补。若能于三限内全完，照伊原职降二级调用。三限既满之后，虽照数赔补全完，亦不准其开复。

现行刑律案语

○删除

3.7.123.(9)〔州县亏空仓库钱粮知府直隶州失察或徇隐〕(略)

3.7.123.(10)〔州县侵那亏空徇隐之府州独赔之项限内补完开复〕(略)

3.7.123.(8)〔州县挪移亏空不行揭报之府州分赔之项及限内全完开复〕(略)

3.7.123.(1)〔司道府州仓库其上司盘查如有不实及扶同徇隐〕(略)

3.7.123.(6)〔挪移及谷变等项不必概令上司摊赔〕(略)

3.7.123.(5)〔奏销钱粮上司盘查清查〕(略)

臣等谨按：以上六条，均言盘查仓库钱粮亏空，责成上司独赔、分赔，并勒限追缴，处分轻重，及分别免赔之法。此等事件悉隶度支部，向由该部查照则例办理，列入刑律转有参差罣漏之处，拟请一并删除。

大清律例

3.7.123.(2)〔属官亏空徇隐之上司分赔〕

一、各省属官亏空，上司明知故纵者，令徇隐之上司，各赔一分。

删除律例

○删除

大清律例

3.7.123.(4)〔顺天府属钱粮府尹会同直督具题〕

一、凡顺天府所属二十五州、县、卫钱粮事件，俱令该府尹稽察。仍于报销时，直督会同府尹，互相查核，列衔具题。其督征完欠分数考成，与直督一例办理。

现行刑律案语

原例(略)

臣等谨按：此条系乾隆十三年〔1748〕定例。惟卫粮已归州县征收，应改为"所属州县"。现制改题为奏，例内"题"字应改"奏"字。谨将修改例文，开列于后。

○修改

一、凡顺天府所属州、县钱粮事件，俱令该府尹稽察。仍于报销时，督会同府尹，互相查核,列衔具奏。其督征完欠分数考成,与督一例办理。

核订现行刑律

删除

原修改例文(略)

谨按:此条系报销顺天府所属州县钱粮事件之例,事隶度支部,与刑律无涉,拟请删除。

大清律例

3.7.123.(7)〔督抚年终通察属员有无亏空〕

一、各省督抚,每于年终,将所辖属员内通行查察有无亏空之处,据实汇奏。

现行刑律案语

○删除

原例(略)

臣等谨按:此言督抚汇奏属员有无亏空之法,与刑律无关引用,应请删除。

大清律例

3.7.123.(11)〔州县侵欺亏空徇隐之府州代赔之项限满未完治罪〕

一、凡知府、直隶州知州失察属员亏空,及本犯实系因公挪移者,仍照原例办理外,其知府、直隶州知州通同徇隐,州县侵欺仓库钱粮,着落代赔之项,若三限已满,尚未赔完,该督抚取具家产全无印、甘各结保题,即将革职代赔之知府、直隶州知州,按其已未完交分数治罪。以十分为率,如未完之数在五分以内者,杖一百;至六分者,杖六十、徒一年;每一分加一等;十分无完者,杖一百、徒三年,均不准纳赎。如能依限赔完,仍照例准其分别开复、降调。

删除律例

○删除

3.7.124附余钱粮私下补数 / 7.103附余钱粮私下补数

律文·修改

大清律例	现行刑律
3.7.124.1凡各衙门及仓库,但有附余	7.103.1凡各衙门及仓库,但有附余钱

钱粮，须要尽实报官，明白（立案，于）正收（簿内，另）作数。（支销。）若监临主守，将增出钱粮私下销补别项事故亏折之数，瞒官作弊者，（不分首从，）并计赃，以监守自盗论。（其亏折追赔还官。）○3.7.124.2若内库收受金帛，当日交割未完者，（不许带出，）许令附簿寄库。若有余剩之物，本库明白立案正收，开申户部作数。若（解户）朦胧擅将金帛等物出外者，（不分多少，）斩。（杂犯，准徒五年。）守门官失于盘获搜检者，杖一百。（金帛等物追还官。）

粮，须要尽实报官，明白（立案，于）正收（簿内，另）作数。（支销。）若监临主守，将增出钱粮私下销补别项事故亏折之数，瞒官作弊者，（不分首从，）并计赃，以监守自盗论。（其亏折追赔还官。）○7.103.2若内库收受金帛，当日交割未完者，（不许带出，）许令附簿寄库。若有余剩之物，本库明白立案正收，开申度支部作数。若（解户）朦胧擅将金帛等物出外者，（不分多少，）绞。（杂犯，准徒五年。）守门官失于盘获搜检者，处十等罚。（金帛等物追还官。）

现行刑律案语

原律（略）

臣等谨按：此仍《明律》，顺治三年〔1646〕添入小注，雍正三年〔1725〕、乾隆五年〔1740〕两经修改，惟户部现已改度支部，“斩”罪照章应改“绞”，罪“杖一百”应改“处十等罚”。谨将修改律文，开列于后。

○修改（略）

3.7.125私借钱粮／7.104私借钱粮

律文·仍旧

大清律例

3.7.125.1凡监临主守，将系官钱粮等物，（乃金帛之类，非下条衣服之属。）私自借用，或转借与人者，虽有文字，（文字兼文约、票批、簿籍。）并计（所借之）赃以监守自盗论。其非监守之人借者，以常人盗仓库钱粮论。（监守坐以自盗，非监守止以常人盗，追出原物还官。）○3.7.125.2若将自己物件抵换官物者，罪亦如之。（自己物件入官。）

现行刑律

7.104.1凡监临主守，将系官钱粮等物，（乃金帛之类，非下条衣服之属。）私自借用，或转借与人者，虽有文字，（文字兼文约、票批、簿籍。）并计（所借之）赃以监守自盗论。其非监守之人借者，以常人盗仓库钱粮论。（监守坐以自盗，非监守止以常人盗，追出原物还官。）○7.104.2若将自己物件抵换官物者，罪亦如之。（自己物件入官。）

现行刑律案语

原律（略）

○仍旧

臣等谨按:此律应仍其旧,理合陈明。

条例·修改、仍旧、修并

大清律例

3.7.125.(3)〔绅衿牙行人等捏领仓谷入己〕

一、府、州、县春间借出仓谷,秋收后勒限征比,务于十月中全完,造具册收,送户部查核。如有绅衿及牙行、蠹役,将家人、佃户姓名影射,零星领出,入己积至二三十石者,绅衿斥革,牙行、蠹役枷号一个月、责四十板,俱照追入仓。其代为造册之乡保、地方,有无受赃,分别治罪。该管上司不行揭参,交部议处。

现行刑律

7.104.(1)〔绅衿牙行人等捏领仓谷入己〕

一、府、州、县春间借出仓谷,秋收后勒限追征,务于十月中全完,造具册收,详请该管上司加结申报督抚,咨送度支部查核。如有绅衿及牙行、蠹役,将家人、佃户姓名影射,零星领出,入己积至二三十石者,绅衿斥革,牙行、蠹役处十等罚,俱照追入仓。其代为造册之乡保、地方,有无受赃,分别治罪。该管上司不行揭参,交部议处。

现行刑律案语

原例(略)

臣等谨按:此条系雍正五年〔1727〕户部议复河南总督田文镜奏准定例,乾隆五年〔1740〕修改。惟府、州、县造具册收,不能径送部、院,自应详请该管上司加结申报督、抚咨送,应于例内修改明晰。户部已改度支部,亦应照改。至牙行、蠹役影射借领,例系"枷号一个月,责四十板",现在枷、杖均经改章,应酌照满杖〔改〕罚金,改为"处十等罚"。谨将修改例文,开列于后。

○修改(略)

大清律例

3.7.125.(5)〔地方荒歉出借米谷籽种等项人亡产绝题请豁免〕

一、凡遇地方荒歉,借给贫民米石谷麦,或开垦田土,借给牛具籽种,以及一切吏役、兵丁人等办公银两,原系题明咨部,行令出借,倘遇人亡产绝,确查出结,题请豁免。如有捏饰侵渔,以及

现行刑律

7.104.(2)〔地方荒歉出借米谷籽种等项人亡产绝奏请豁免〕

一、凡遇地方荒歉,借给贫民米石谷麦,或开垦田土,借给牛具籽种,以及一切吏役、兵丁人等办公银两,原系奏明咨部,行令出借,倘遇人亡产绝,确查出结,奏请豁免。如有捏饰侵渔,以及

大清律例	现行刑律
未经报明私行借动者，即行题参，按律治罪。	未经报明私行借动者，即行奏参，按律治罪。

现行刑律案语

原例（略）

臣等谨按：此条系乾隆元年〔1736〕户部会同刑部议准定例。例内“题”字均应照章改为“奏”字。谨将修改例文，开列于后。

〇修改（略）

大清律例	现行刑律
3.7.125.(6)〔违例开销款额上司抑勒摊派〕	7.104.(3)〔违例开销款额上司抑勒摊派〕 一、凡支销钱粮，均有一定款项、额数。如有违例开销，着落擅动滥给之员赔补。倘上司官因为数繁多，一人不能归结，派令属员公捐还项，或逼令接任官按股分赔，将抑勒之上司官照例治罪。

现行刑律案语

原例（略）

〇仍旧

臣等谨按：此例应仍其旧，理合陈明。

大清律例	现行刑律
3.7.125.(2)〔州县卫所亏空钱粮其民欠等项限内官员代完复职〕 一、凡州县、卫所亏空钱粮，如果民欠未完捏报全完，或私自借给百姓仓粮，其私借钱粮之员及捏报官员，应照虚出通关朱抄律，计所虚出之数并赃，皆以监守自盗论。其实在民欠民借，仍着落原借欠之人完纳。其挪移钱粮有项可抵者，即令接任官催征补项。若捏报私借挪移之项，该员情愿一年内代民	7.104.(4)〔州县亏空钱粮其民欠等项限内官员代完复职〕 一、凡州县亏空钱粮，如果民欠未完捏报全完，或私自借给百姓仓粮，其私借钱粮之员及捏报官员，应照虚出通关朱钞律，计所虚出之数并赃，皆以监守自盗论。其实在民欠民借，仍着落原借欠之人完纳。其挪移钱粮有项可抵者，即令接任官催征补项。若捏报私借挪移之项，该员情愿一年内代民全完

全完者,准其复还原职。

者,准其复还原职。

现行刑律案语

原例(略)

臣等谨按:此条系康熙五十六年〔1717〕户部议准定例。惟各省卫所钱粮,现已归并州县征收,例内"卫所"二字应删。谨将修改例文,开列于后。

○修改(略)

大清律例

3.7.125.(4)〔亏空人员开抵欠项分别公私以定准否〕

一、亏空人员,除查明家产尽数追赔外,如有属员借支、借领,及同官挪借,出有印领者,将所有借欠之项,责令追还,以抵该员亏空,仍分别议处。至平日债负,或帮助亲友,及同官私借,虽有文约、书札、记簿,并无印领,止许自行取讨。若混请开抵亏空者,无论远近年分,概不准行,仍将本人照图赖、诬扳治罪。地方有司听从开抵,妄拿无辜追比者,照故勘平人律治罪。受贿得赃者,计赃以枉法从重论。其因规避处分,指引开欠者,承追官照借端将亲族滥行着落追赔例问拟。该管上司官,交部分别议处。

*仓库·隐瞒入官家产

3.7.140.(1)〔罪犯入官财产止应着追正犯〕(略)

现行刑律

7.104.(5)〔亏空人员欠项以有印领者开抵〕

一、亏空人员,除查明正犯家产尽数追赔外,如有属员借支、借领,及同官挪借,出有印领者,将所有借欠之项,责令追还,以抵该员亏空,仍分别议处。至平日债负,或帮助亲友,及同官私借,虽有文约、书札、记簿,并无印领,止许自行取讨。若混请开抵亏空者,无论远近年分,概不准行,如将无干之人肆行诬赖,将正犯照图赖诬攀治罪。承追各官徇庇正犯,听从开抵,妄拿无辜追比者,照故勘平人律治罪。受贿得赃者,计赃以枉法从重论。其因规避处分,指引开欠者,承追官照将亲族滥行着落追赔例革职,该管上司官,交部分别议处。

现行刑律案语

原例

3.7.125.(4)〔亏空人员开抵欠项分别公私以定准否〕(略)

3.7.140.(1)〔罪犯入官财产止应着追正犯〕(略)

臣等谨按:上条系乾隆元年〔1736〕刑部议复御史福德条奏定例,五年〔1740〕复经修改。下条系康熙五十七年〔1718〕刑部议复两江总督常鼐因俞文言一案,经九卿议准定例。惟下条例文所叙“正犯将无干之人肆行诬赖者，从重治罪”，究竟应治何罪，并未叙明。寻绎例意，“肆行诬赖”实与上条“混请开抵亏空”相类，而上条“地方有司听从开抵，妄拿无辜追比”，即下条“徇庇正犯”之注脚，似应将下条以“无干之人肆行诬赖”一层，修并于上条“无论远近年分，概不准行”之下，并将“徇庇正犯”四字，修并于“听从开抵”之上。则两例即合而为一，仍列本门，以免重复。至滥行着落亲族追赔例应革职，彼例并无“借端”字样，应将“问拟”二字改为“革职”二字，并节去“借端”二字，以昭明晰。谨将修并例文，开列于后。

○修并

7.104.(5)〔亏空人员欠项以有印领者开抵〕（略）

条例・删除

大清律例

3.7.125.(1)〔管民地方官员私借官银勒限还完〕

一、凡管民地方官员，借用官银，初次逾限不能完者，即令离任，限一年还完开复。若限内不完，革职，着落家产还完。旗员交与该旗催追，汉官交与该督抚催追。

现行刑律案语

○删除

原例（略）

臣等谨按：私借官钱粮，本律已有治罪明文，此例专为一年还完准予开复，不完着落催追而设，均应归吏部、度支部办理，例内既别无科罪之处，似毋庸列入刑律，拟即删除。

3.7.126私借官物／7.105私借官物

律文・修改

大清律例

3.7.126.1凡监临主守，将系官什物、衣服、毡褥、器玩之类，私自借用，或转借与人，及借之者，各笞五十；过十日，各（计借物）坐赃论，减二等。（罪止杖八十、徒二年。各追所借还官。）若有损失者，依毁失官物律坐罪、追赔。（有心致损，依弃毁官物，计赃准窃盗论加二等，罪止杖一百、流三千里；误毁及遗失者，减弃毁之罪三等，杖八十、徒二年，并追赔。）

现行刑律

7.105.1凡监临主守，将系官什物、衣服、毡褥、器玩之类，私自借用，或转借与人，及借之者，各处五等罚；过十日，各（计借物）坐赃论，减二等。（罪止徒二年。各追所借还官。）若有损失者，依毁失官物律坐罪、追赔。（有心致损，依弃毁官物，计赃准窃盗论加二等，罪止流三千里；误毁及遗失者，减弃毁之罪三等，徒二年；并追赔。）

现行刑律案语

原律(略)

臣等谨按:此仍《明律》,顺治三年〔1646〕添入小注,乾隆五年〔1740〕修改。惟笞罪已改罚金,"笞五十"应改"处五等罚"。流、徒附杖,照章应删。谨将修改律文、律注,开列于后。

○修改(略)

3.7.127 挪移出纳 / 7.106 挪移出纳

律文·修改

大清律例	现行刑律
3.7.127.1 凡各衙门收支钱粮等物,已有文案、以备照。勘合,以行移典守者,自合依奉出纳,若监临主守不正收正支,如不依文案、勘合,挪移出纳,还充官用者,并计所挪移之赃,准监守自盗论,罪止杖一百、流三千里。系公罪,免刺。○3.7.127.2 若各衙门不给半印勘合,擅出权宜票帖,关支,或给勘合不立文案放支,及仓库但据权帖不候勘合,或已奉勘合,不附簿放支者,罪亦如之。各衙门及典守者,并计支放之赃,准监守自盗论。○3.7.127.3 其出征镇守军马经过去处,合付行粮草料,明立文案,即时应付,具数开申合干上司准除,不在擅支之限。违而不即应付者,杖六十。	7.106.1 凡各衙门收支钱粮等物,已有文案、以备照。勘合,以行移典守者,自合依奉出纳。若监临主守不正收正支,如不依文案、勘合。挪移出纳,还充官用者,并计所挪移之赃,准监守自盗论。系公罪。○7.106.2 若各衙门不给半印勘合,擅出权宜票帖,关支,或给勘合不立文案放支,及仓库但据权帖不候勘合,或已奉勘合,不附簿放支者,罪亦如之。各衙门及典守者,并计支放之赃,准监守自盗论。○7.106.3 其出征镇守军马经过去处,合付行粮草料,明立文案,即时应付,具数开申合干上司准除,不在擅支之限。违而不即应付者,处六等罚。

现行刑律案语

原律(略)

臣等谨按:此仍《明律》,顺治三年〔1646〕添入小注。惟挪移计赃准监守自盗论,而条例以二万两拟军,二万两以上拟斩,则罪不止满流矣。"名例·称与同罪"门,律文本有称"准盗论,但准其罪,罪止杖一百,流三千里,并免刺字"等语,则"罪止杖一百,流三千里"一语已包在准监守自盗论之内,似可删去。新章既免刺字,"免刺"二字并可节删,"杖六十"照章罚金,应改为"处六等罚"。谨将修改律文,开列于后。

○修改(略)

条例·修改、修并、仍旧

大清律例

3.7.127.(4)〔州县垫办军需公务完后申报过限及不实〕

一、凡地方有军需公务，督抚不及咨题者，行令该州县垫办，或挪库项，或垫己资，先行详明督抚。办完十日内，即照实价申详。该督抚照时价核实，于文到半月内题报。户部亦于科抄到日，半月内核定议复，行文该布政司，不论库项、己资，即令给发。倘州县申报过限，或督抚题报后期，俱交吏部议处。若该州县报价不实，及督抚不核实题报，希图冒销者，户部即行题参，州县照侵欺例治罪，督抚、司道等官，照徇庇例议处。

现行刑律

7.106.(1)〔州县垫办军需公务完后申报〕

一、凡地方有军需公务，督抚不及咨奏者，行令该州县垫办，或挪库项，或垫己资，先行详明督抚。办完十日内，即照实价申详。该督抚照时价核实，于文到半月内奏报。度支部亦于文到日，半月内核定议复，行文该布政司，不论库项、己资，即令给发。倘州县申报过限，或督抚奏报后期，俱交吏部议处。若该州县报价不实，及督抚不核实奏报，希图冒销者，度支部即行奏参，州县照侵欺例治罪，督抚、司道等官，照徇庇例议处。

现行刑律案语

原例(略)

臣等谨按：此条系雍正五年〔1727〕定例，乾隆五年〔1740〕改定。惟户部已改度支部，并改题为奏，自应照现行事例修改。谨将修改例文，开列于后。

○修改(略)

大清律例

3.7.127.(6)〔各省仓谷减价平粜后买补迟延及遇州县交代〕

一、各省仓谷，减价平粜，其价值解存司库，或就近之道、府库，至秋收务依原粜之数领价买补。其买补仓谷时价不敷，于本邑粜卖盈余银两内动支。倘谷价昂贵，不能于次年买补，声明报部展限。若故意迟延不行买补，以玩视仓储题参。倘遇州县交代，未及秋收买补

现行刑律

7.106.(2)〔各省仓谷减价平粜后买补及遇州县交代〕

一、各省仓谷，减价平粜，其价值解存司库，或就近之道、府库。至秋收务依原粜之数领价买补。其买补仓谷时价不敷，于本邑粜卖盈余银两内动支。倘谷价昂贵，不能于次年买补，声明报部展限。若故意迟延不行买补，以玩视仓储奏参。倘遇州县交代，未及秋收买

之期,所存价值无亏,即令新任领买,不得措勒推诿。违者,将该员及该管各官分别议处。

补之期,所存价值无亏,即令新任领买,不得措勒推诿。违者,将该员及该管各官分别议处。

现行刑律案语

原例(略)

臣等谨按:此例原系两条,一系雍正年间定例,一系户部议准定例,乾隆五年〔1740〕修并为一。惟现制改题为奏,例内"题"字应改"奏"字,余悉仍旧。谨将修改例文,开列于后。

○修改(略)

大清律例

3.7.127.(11)〔州县私粜及亏缺存仓米谷折银交代题参〕

一、凡州县官交代,其存仓米谷,除实应出粜存价未买之银,照例准其接收外,如有私行出粜,及仓粮亏缺折银交代者,照例题参,仍留任所按数买补。并令接任之员查明,出具并无粜多报少、粜少报多、折银抵交确实印结申报。违者,一并题参究追。该管上司不能查出,照徇庇例议处。

现行刑律

7.106.(3)〔前任官私粜亏缺仓粮折银交代奏参〕

一、凡州县官交代,其存仓米谷,除实应出粜存价未买之银,照例准其接收外,如前任官私行出粜,及仓粮亏缺折银交代者,照例奏参,仍留任所按数买补。并令接任之员查明,出具并无粜多报少、粜少报多、折银抵交确实印结申报。违者,一并奏参究追。该管上司不能查出,照徇庇例议处。

现行刑律案语

原例(略)

臣等谨按:此条系乾隆十二年〔1747〕户部议复江西布政使彭家屏条奏定例。惟现制改题为奏,例内"题"字均应改"奏"字。且私行出粜,系前任事,似应于"私行出粜"以上加"前任官"三字,以醒眉目。谨将修改例文,开列于后。

○修改(略)

大清律例

3.7.127.(1)〔上司逼勒所属挪移库银〕

一、上司逼勒所属,挪移库银,本官自行首告者,审实,上司照贪官例治罪,

现行刑律

7.106.(4)〔上司逼勒所属挪移库银首告赴控〕

一、上司逼勒所属,挪移库银,本官

下属免议。逼勒至死者，家属赴控上司，如不行准理，许赴通政司鼓厅衙门具告。审实，以逼勒至死之上司抵罪，不行准理之上司革职。

自行首告者，审实，上司照贪官例治罪，下属免议。逼勒至死者，家属赴控上司，如不行准理，许赴都察院、大理院具告。审实，以逼勒至死之上司抵罪，不行准理之上司革职。

现行刑律案语

原例(略)

臣等谨按：此条系雍正三年〔1725〕以吏部例内有"上司逼勒所属挪移库银"一条，遂增为条例。惟通政司衙门现已裁撤，吏部例内则言"在京衙门"，并无"通政司"字样，似应改为"许赴都察院、大理院具告"，方与现行事例符合。谨将修改例文，开列于后。

〇修改(略)

大清律例

3.7.127.(2)〔挪移库银依银数治罪及限内全完免减〕

一、凡挪移库银五千两以下者，仍照律拟杂犯流总徒四年；其挪移五千两以上至一万两者，拟实犯杖一百、流三千里，不准折赎；若挪移一万两以上至二万两者，发近边充军。二万两以上者，虽属挪移，亦照侵盗钱粮例拟斩监候。统限一年，果能尽数全完，俱免罪；其未至二万两者，仍照例准其开复。若不完，再限一年，追完，减二等发落。二年限满不完，再限一年，追完，减一等发落。若三年限满，不能全完者，除完过若干之外，照见在未完之数治罪。

现行刑律

7.106.(5)〔挪移库银依银数治罪及限内全完免减〕

一、凡挪移库银五千两以下者，仍照律拟杂犯流总徒四年；其挪移五千两以上至一万两者，拟实犯流三千里；若挪移一万两以上至二万两者，发极边足四千里安置。二万两以上者，虽属挪移，亦照侵盗钱粮例拟绞监候。统限一年，果能尽数全完，俱免罪；其未至二万两者，仍照例准其开复。若不完，再限一年，追完，减二等发落。二年限满不完，再限一年，追完，减一等发落。若三年限满，不能全完者，除完过若干之外，照现在未完之数治罪。

现行刑律案语

原例(略)

臣等谨按：此条系雍正五年〔1727〕刑部议准定例，乾隆五年〔1740〕改定。惟流罪附杖照章应删，"不准折赎"与下文免罪之意相抵触，亦应节删。新章近边军罪已纳入三流极边军罪，已改安置，则"挪移至一万两以上至二万两者"，应照"挪移至一万两,流三千里"例上加一等,改为"发极边足四千里安置"。斩候亦照章应改绞候。谨将修改例文,开列于后。

〇修改(略)

大清律例

3.7.127.(3)〔州县亏空行查原籍家产以备变完〕

一、州县亏空题参时,一面于任所严追,一面行文原籍,将伊家产严查存案。如任所无完,即变价补完。若承追地方官不行查出,交部照例议处。

＊仓库 · 隐瞒入官家产

3.7.140.(6)〔承追案件行查欠员历过任所〕(略)

现行刑律

7.106.(6)〔州县亏空行查原籍任所家产以备变完〕

一、州县亏空钱粮仓谷,该督抚立即奏参,一面于任所严追,一面行查原籍并该员历过任所有无隐寄,将其家产悉数查封,如任所无完,即变价补完。若承追地方官不行查明,致有漏报,及徇情隐匿者,均交部议处。迟延至三月以上,照钦部事件迟延例议处。

现行刑律案语

原例

3.7.127.(3)〔州县亏空行查原籍家产以备变完〕(略)

3.7.140.(6)〔承追案件行查欠员历过任所〕(略)

臣等谨按:上条系雍正元年〔1723〕户部议准定例,乾隆五年〔1740〕改定。下条系乾隆三十七年〔1772〕户部议复安徽巡抚裴宗锡条奏知照刑部纂为定例。同为州县亏空之例,似可修并为一。惟原例例首但言"州县亏空,似应将仓库钱粮点清,则眉目方醒",至下条"行查历过任所有无隐寄"一层,可并于上条"行查原籍"之下。若承追之地方官不行,查出致有漏报及徇情隐匿者,《处分则例》本属分明,原例殊嫌含混,似应查照处分例修改。所有迟延之咎,应照下条所叙"立限三月,如有逾违议处"之例,改为"迟延至三月以上,照钦部事件迟延例议处",并入上条例末。其下条例末数语,嘉庆七年〔1802〕户部修改例文时,已经节删,而刑例尚仍乾隆年间纂定之旧,显属参差,自应查照户例节删。谨将修并例文,开列于后。

〇修并

7.106.(6)〔州县亏空行查原籍任所家产以备变完〕(略)

大清律例

3.7.127.(12)〔州县仓谷霉变及亏空治罪并勒追赔补〕

一、凡州县亏空仓谷,以谷一石,照银五钱定罪。麦、豆、膏粱、青稞等杂粮并同。系侵蚀入己者,照侵欺钱粮例拟断;系挪移者,照挪移库银例拟断。其仓谷,令接任官于秋成谷贱时,申详督抚、藩司,酌动何项钱粮,照时价先行买补,该州县出具仓收,道、府、直隶州知州加结报部。于亏空人员及妻子名下勒限一年,将动用银两,照数追补还项。如逾限不完,亦照勒追库银例分别治罪。其有仓廒州县,倘因循怠玩,于渗漏处既不黏补,应盖造处又不详请,以致米谷霉烂者,革职。动帑买补,勒限一年,照数追赔。一年限内全完,免罪开复原官;一年以外赔完,免其治罪,不准开复;二年之内不完,即照损坏仓库财物律治罪,仍着落家属赔缴。若有将仓谷侵盗入己,捏称霉烂亏空者,仍照侵蚀例治罪。

＊仓库・损坏仓库财物

3.7.136.(1)〔州县仓廒新旧交代若有毁烂倾圮〕(略)

现行刑律

7.106.(7)〔府州县亏空仓谷治罪并勒追赔补〕

一、凡各府、州、县亏空仓谷,以谷一石,照银五钱定罪。麦、豆、膏粱、青稞等杂粮并同。系侵蚀入己者,照侵欺钱粮例拟断;系挪移者,照挪移库银例拟断。其仓谷,令接任官于秋成谷贱时,申详督抚、藩司,酌动何项钱粮,照时价先行买补,该府、州、县出具仓收,道、府、直隶州知州加结报部。于亏空人员及妻子名下勒限一年,将动用银两,照数追补还项。如逾限不完,亦照勒追库银例分别治罪。若有将仓谷侵盗入己,捏称霉烂亏空者,仍照侵欺钱粮例治罪。

＊仓库・损坏仓库财物

7.115.(1)〔州县米谷霉烂勒限赔补及交代仓廒毁烂倾圮〕(略)

现行刑律案语

原例

3.7.127.(12)〔州县仓谷霉变及亏空治罪并勒追赔补〕(略)

3.7.136.(1)〔州县仓廒新旧交代若有毁烂倾圮〕(略)

臣等谨按：上条系雍正年间定例,乾隆五年〔1740〕、道光六年〔1826〕修改,咸丰二年〔1852〕改定。下条系雍正六年〔1728〕定例。惟上条例文,本分两截,前截系侵那仓谷之例,后截系米谷霉变之例,然霉变与侵挪情事不同,且仓廒渗漏、损坏仓库财物门内,本有专例,似应将上条后截例文,移并仓廒渗漏例内,庶符以类相聚之义。至下条原例所叙“原任官、接任官议处”之处,均未及赔修;又未将“原任官霉烂米谷,勒限赔补”,声叙例内,自应查照户部则例,明晰修改,以资援引。若将“仓谷侵盗入已,捏称霉烂亏空,则事系侵欺”,仍应附于上条例末。再,“各省知府亦有经管仓谷”之处,应于例首增入。谨将修改例文,分条开列于后。

〇修改

7.106.(7)〔府州县亏空仓谷治罪并勒追赔补〕(略)

7.115.(1)〔州县米谷霉烂勒限赔补及交代仓廒毁烂倾圮〕(略)

大清律例

3.7.127.(8)〔亏空之案审出民欠挪垫〕

现行刑律

7.106.(8)〔亏空之案审出民欠挪垫〕

一、凡亏空之案,审出民欠挪垫是实,除将本犯照例议罪外,另限四个月,委员彻底清查,出具并无假捏影射印结,再令接任官出具认征印结,仍向欠户催征。如限满不完,将接征官照例参处。倘本无实欠,接任官通同捏结,察出,照捏欠之数,与本犯同罪,仍令分赔。

现行刑律案语

原例(略)

〇仍旧

臣等谨按:此例应仍其旧,理合陈明。

大清律例

3.7.127.(7)〔追赔还官银两浮多给还〕

现行刑律

7.106.(9)〔追赔还官银两浮多给还〕

凡追赔还官各项银两,有较原参之数浮多者,仍给还本人。

现行刑律案语

原例(略)

〇仍旧

臣等谨按:此例应仍其旧,理合陈明。

条例·删除

大清律例

3.7.127.(9)〔接任官承查交代咨揭亏空辗转延挨〕

一、接任官承查交代,如有亏空,即于具题之日扣限。倘有续揭,亦以出咨之日扣限。倘有甘受违限处分,摘款先揭,预为三参、五参地步,辗转延挨者,即将该员着落赔补。

删除律例

○删除

大清律例

3.7.127.(10)〔审拟挪移之案以未完之数完拟〕

一、凡审拟挪移之案,于定案日查明参后完过若干,准予开除,以现在未完之数定拟。

删除律例

○删除

大清律例

3.7.127.(13)〔追赔拖欠银两定限完缴〕

一、除侵盗亏空仍照定例办理,并户属工程项下应追各款,户部、工部定有专条者,应听各照本例办理外,其追赔拖欠各项银两,如数在三百两以下者,限半年完缴;三百两以上者,限一年完缴;如数在一千两至五千两者,定限四年;五千两以上者,定限五年。均按所定年限,陆续完缴,毋庸拘定每年应完若干。如统限已满,无力完缴,请豁银数在一千两以上者,核计已未完数目,即照工程核减银两未完例,交刑部分别治罪;如数不及一千两者,照例请豁,免其治罪。若本身已故,而子孙无力完缴者,亦照例请豁,毋庸治罪。

删除律例

○删除

3.7.128 库秤雇役侵欺 / 7.107 库秤雇役侵欺

律文·修改

大清律例	现行刑律
3.7.128.1 凡仓库、务场、局院库秤、斗级，若雇役之人受雇之人即是主守。或侵欺、或借贷、或移易，二字即抵换也。系官钱粮，并以监守自盗论。若雇主同情分受赃物者，罪亦如之。其知情不曾分赃，而扶同雇役者，以所盗物，捏作见在，申报瞒官，及不首告者，减自盗一等，罪止杖一百。不知者不坐。	7.107.1 凡仓库、务场、局院库秤、斗级，若雇役之人受雇之人即是主守。或侵欺、或借贷、或移易，二字即抵换也。系官钱粮，并以监守自盗论。若雇主同情分受赃物者，罪亦如之。其知情不曾分赃，而扶同雇役者，以所盗物，捏作见在，申报瞒官，及不首告者，减自盗一等，罪止十等罚。不知者不坐。

现行刑律案语

原律(略)

臣等谨按：此仍《明律》，顺治三年〔1646〕添入小注。“杖一百”罪名照章罚金，应改为“十等罚”。谨将修改律文，开列于后。

〇修改(略)

条例·修改

大清律例	现行刑律
3.7.128.(1)〔侵蚀经征漕粮及粮户私相折银〕 一、凡粮重仓多州县，印官不能兼顾，遴点老成书吏收粮。如有佥派匪人，侵蚀漕粮者，书吏照监守自盗律治罪，州县官交部议处，侵蚀米石，即着该役名下严行追补。如粮户私相折银，访获，除银入官充饷，追交应完米石外，量其多寡，分别责惩。收银书吏计赃治罪。	7.107.(1)〔书吏侵蚀漕粮米石〕 一、凡粮重仓多州县，印官不能兼顾，遴点老成书吏收粮。如有佥派匪人，侵蚀漕粮者，书吏照监守自盗律例计赃治罪，侵蚀米石，即着该吏名下严行追补。州县官交部议处。

现行刑律案语

原例(略)

臣等谨按：此条系雍正三年〔1725〕定例，乾隆五年〔1740〕删定。查旧例首句本系苏松州县当时删定，因浙江之嘉湖、江南之常州各属漕粮亦重，是以删去"苏松"两字，将旧例"粮重仓多"四字，移于"州县"之上，始定此例。惟现在江浙等省，征收漕粮业已听从民便，本折兼收，所有例内"粮户私相折银、访获充饷、追交米石"各节，均与现行事例不合，应请删去。侵蚀漕粮，既照监守盗治罪，自应于"治罪"上加"计赃"二字。下即紧接"侵蚀米石，即着该吏名下严行追补"并将"州县〔官〕交部议处"，则眉目较为明晰。谨将修改例文，开列于后。

〇修改（略）

3.7.129冒支官粮／7.108冒支官粮

律文·修改

大清律例	现行刑律
3.7.129.1凡管军官吏，冒支军粮入己者，计所冒支之赃，准窃盗论，取之于军，非取之于官也，故止准窃盗论。若军已逃、故，不行扣除而入己者，以常人盗官粮论。若承委放支而冒支者，以监守自盗论。免刺。	7.108.1凡管军官吏，冒支军粮入己者，计所冒支之赃，准窃盗论。取之于军，非取之于官也，故止准窃盗论。若军已逃、故，不行扣除而入己者，以常人盗官粮论。若承委放支而冒支者，以监守自盗论。

现行刑律案语

原律（略）

臣等谨按：此仍《明律》，顺治三年〔1646〕添入小注。新章既免刺字，"免刺"二字应删。谨将修改律文，开列于后。

〇修改（略）

3.7.130钱粮互相觉察／7.109钱粮互相觉察

律文·修改

大清律例	现行刑律
3.7.130.1凡仓库、务场官吏、攒拦、库子、斗级，皆得互相觉察。若知侵欺、盗用、借贷系官钱粮，已出仓库，匿而不举，及故纵者，并与犯人同罪。至死减一等。失觉察者，减三等，罪止杖一百。〇3.7.130.2若官吏虚立文案，挪移出纳，及虚出通关，	7.109.1凡仓库、务场官吏、攒拦、库子、斗级，皆得互相觉察。若知侵欺、盗用、借贷系官钱粮，已出仓库，匿而不举，及故纵者，并与犯人同罪。至死减一等。失觉察者，减三等，罪止十等罚。〇7.109.2若官吏虚立文案，挪移出纳，及虚出通关，

另有本律。其斗级、库子、拦头不知者不坐。

另有本律。其斗级、库子、拦头不知者不坐。

现行刑律案语

原律(略)

臣等谨按:此仍《明律》,顺治三年〔1646〕添入小注。"杖一百"罪名照章罚金,应改为"十等罚"。谨将修改律文,开列于后。

○修改(略)

条例·修改

大清律例

3.7.130.(1)〔侵盗钱粮案内隐匿故纵各犯决配及以正犯完赃减免〕

一、凡侵盗钱粮案内,隐匿、故纵之官吏、攒拦、库子、斗级,于定案时先行决配。如正犯限内完赃,例得减免者,隐匿、故纵各犯,亦于应得本罪上,分别减免。

现行刑律

7.109.(1)〔侵盗钱粮案内隐匿故纵各犯正犯完赃减免〕

一、凡侵盗钱粮案内,隐匿、故纵之官吏、攒拦、库子、斗级,如正犯限内完赃,例得减免者,亦各于应得本罪上,分别减免。

现行刑律案语(略)

臣等谨按:此条系嘉庆七年〔1802〕刑部议复云南按察使杨长桂条奏定例。查侵盗案内,隐匿、故纵各犯,本系因人连累,正犯既有限内完赃减免之法,则当赃限未满之时,即未便将连累人先行治罪。例内"于定案时先行发配"一语,应节删。谨将修改例文,开列于后。

○修改(略)

3.7.131 仓库不觉被盗/7.110 仓库不觉被盗

律文·修改

大清律例

3.7.131.1 凡有人非监守。从仓库中出,守把之人不搜检者,笞二十。因不搜检,以致盗物出仓库而不觉者,减盗罪二等。若夜值更之人不觉盗者,减三等。

现行刑律

7.110.1 凡有人非监守。从仓库中出,守把之人不搜检者,处二等罚。因不搜检,以至盗物出仓库而不觉者,减盗罪二等。若夜值更之人不觉盗者,减三等。

仓库值宿官攒、斗级、库子非正值本更。不觉盗者，减五等，并罪止杖一百。故纵者，各与盗同罪。至死减一等。若被强盗者勿论。互相觉察，与此不觉被盗，官吏皆系公罪，仍留职役；隐匿不举，与此故纵，皆系私罪，各罢职役。

仓库值宿官攒、斗级、库子非正值本更。不觉盗者，减五等，并罪止十等罚。故纵者，各与盗同罪。至死减一等。若被强盗者勿论。互相觉察，与此不觉被盗，官吏皆系公罪，仍留职役；隐匿不举，与此故纵，皆系私罪，各罢职役。

现行刑律案语

原律（略）

臣等谨按：此仍《明律》，顺治三年〔1646〕添入小注，雍正三年〔1725〕改定。笞、杖照章罚金，均应依数分等处罚。谨将修改律文，开列于后。

〇修改（略）

条例 · 删除

大清律例

3.7.131.(1)〔内外官库被窃盗银一千两以上〕

一、内外官库，被窃盗银一千两以上，一个月不获，经管该弁并巡捕官，俱各住俸，半年不获，题参议处。被盗二、三次者，奏请降调。其该道分巡、分守官，参奏议处。不及前数者，俱照常发落。库子尽其财产，均追赔偿，候正赃获日，照数给还。若各官妄拿平人逼认盗贼追赔者，亦依例问罪。此指被窃盗言，故照数追赔。若强盗，自有勿论律。

现行刑律案语

〇删除

原例（略）

臣等谨按：此条系前明《问刑条例》，顺治三年〔1646〕添入小注，雍正三年〔1725〕改定。惟官库被窃失事，承缉各员勒限、住俸、参处，均应归度支部查照则例办理，列入刑律，转涉参差。至追赔之法，现亦责成本官，与此例不合。若妄拿平人逼认窃盗，自有诬良为盗本例在，尤毋庸赘述。此条拟即删除。

大清律例

3.7.131.(2)〔拦路戳袋挖越仓墙及裤袄细袋装米盗贼〕

一、将进仓漕粮拦路戳袋、挖越仓墙进仓偷米之盗，听刑部查审照律治罪。不至死罪者，系旗下奴仆，发驻防给官员兵丁为奴；系民人，发往云贵两广烟瘴少轻地方，严行管束。至裤袄细袋装米偷盗等小贼，拿获，该监督呈报仓场侍郎，即于仓门首枷号四十日，杖一百。旗人有犯，销除旗档，与民人一体问拟。

现行刑律案语

○删除

原例（略）

臣等谨按：此条系康熙年间定例，乾隆五年〔1740〕、四十七年〔1782〕两经修改，嘉庆十八年〔1813〕改定。查“常人盗”门内“穿穴壁封，窃盗仓储漕粮”，本有专例，例内所叙“挖越仓墙”与“穿穴壁封”何异？有犯自可援引，即“拦路戳袋”者，亦可比照定拟。至《满汉刑律》，现已遵议通行，更不必分别旗、民。若拿获裤袄细袋装米小贼，尽可酌量惩治，均无庸另设专例。此条拟请删除。

3.7.132 守支钱粮及擅开官封／7.111 守支钱粮及擅开官封

律文·修改

大清律例

3.7.132.1 凡仓库官、攒、斗级、库子役满得代，不得离去所收钱粮、官物，并令守候支放尽绝。若无短少，方许官、攒各离职役。斗、库还家。其有应合相沿交割之物，听提调官吏监临盘点现数，不得指廒、指库交割，违者各杖一百。○3.7.132.2 若仓库所收官物有印封记，其主典不请原封官司阅视而擅开者，杖六十。其守支、盘点及擅开各有侵盗等弊者，俱从重论，追赔入官。

现行刑律

7.111.1 凡仓库官、攒、斗级、库子役满得代，不得离去所收钱粮、官物，并令守候支放尽绝。若无短少，方许官、攒各离职役。斗、库还家。其有应合相沿交割之物，听提调官吏监临盘点现数，不得指廒、指库交割。违者各处十等罚。○7.111.2 若仓库所收官物有印封记，其主典不请原封官司阅视而擅开者，处六等罚。其守支、盘点及擅开各有侵盗等弊者，俱从重论，追赔入官。

现行刑律案语

原律（略）

臣等谨按：此仍《明律》，顺治三年〔1646〕添入小注，雍正三年〔1725〕修改。杖罪照章罚金，均应依数分等处罚。谨将修改律文，开列于后。

○修改（略）

3.7.133 出纳官物有违 / 7.112 出纳官物有违

律文·修改

大清律例	现行刑律
3.7.133.1 凡仓库出纳官物，当出陈物而出新物、则价有多余。应受上物而受下物则价有亏欠。之类，及有司以公用和雇和买，不即给价，若给价有增减不如价值之实者，计通上言。所亏欠当受上物而受下物，及雇、买不即给价，即给价减不以实，各有亏欠之利。及多余当出陈物而出新物，及雇、买给价增不以实，各有多余之利。之价，并计所亏欠、所多余坐赃论。以钱粮不系入己，雇、买非充私用，故罪止杖一百、徒三年，赃分还官、给主。○3.7.133.2 若应给俸禄，未及期而预给者，罪亦如之。○3.7.133.3 其监临官吏统上论。知而不举，与同罪。不知者不坐。	7.112.1 凡仓库出纳官物，当出陈物而出新物、则价有多余。应受上物而受下物则价有亏欠。之类，及有司以公用和雇和买，不即给价，若给价有增减不如价值之实者，计通上言。所亏欠当受上物而受下物，及雇、买不即给价，即给价减不以实，各有亏欠之利。及多余当出陈物而出新物，及雇、买给价增不以实，各有多余之利。之价，并计所亏欠、所多余坐赃论。以钱粮不系入己，雇、买非充私用，故罪止徒三年。赃分还官、给主。○7.112.2 若应给俸禄，未及期而预给者，罪亦如之。○7.112.3 其监临官吏统上论。知而不举，与同罪。不知者不坐。

现行刑律案语

原律（略）

臣等谨按：此仍《明律》，顺治三年〔1646〕添入小注，雍正三年〔1725〕改定。注内徒罪附杖照章应删。谨将原律及修改律注，开列于后。

○修改（略）

条例·仍旧

大清律例	现行刑律
3.7.133.(1)〔采买仓粮及驿需草豆不得派发里递〕	7.112.(1)〔采买仓粮及驿需草豆不得派发里递〕 一、各省采买一应仓粮谷石，务令州县等官平价采买运仓，不许转发里递派买。至驿递所需草豆，令有驿各官平价采买，亦不得派发里递，苦累小民。应需运价，准令开销。敢有私派勒买，及短给价值，强派强拿民力运送者，坐赃治罪。

现行刑律案语

原例(略)

○仍旧

臣等谨按:此例应仍其旧,理合陈明。

条例·删除

大清律例

3.7.133.(2)〔兵丁生息营运银两占百姓行业或重利放债〕

一、凡兵丁生息营运银两,或占百姓行业,或重利放债以为生息者,出纳官吏,照骚扰地方,索借部民财物,计赃科罪。上司失察,交部议处。

删除律例

○删除

3.7.134收支留难/7.113收支留难

律文·修改

大清律例

3.7.134.1凡收受、支给官物,其当该官吏,无故二字重看。留难刁蹬,不即收支者,一日笞五十,每三日加一等,罪止杖六十、徒一年。○3.7.134.2守门人留难者,不放人,计日论。罪亦如之。○3.7.134.3若领物、纳物之人到有先后,主司不依原到次序收支者,笞四十。

现行刑律

7.113.1凡收受、支给官物,其当该官吏,无故二字重看。留难刁蹬,不即收支者,一日处五等罚,每三日加一等,罪止徒一年。○7.113.2守门人留难者,不放人,计日论。罪亦如之。○7.113.3若领物、纳物之人到有先后,主司不依原到次序收支者,处四等罚。

现行刑律案语

原律(略)

臣等谨按:此仍《明律》,顺治三年〔1646〕添入小注。笞罪照章罚金,均应依数分等处罚。徒罪附杖照章节删。谨将修改律文,开列于后。

○修改(略)

条例·修改、移改

大清律例

3.7.134.(2)〔解部钱粮物料当该官吏不给批书及书役索诈〕

一、凡钱粮物料等项解送到部,当该官吏,限文到三日内,即行查收,掣给批回。如无故不收完给批者,照律计日治罪。至书役人等,指称估验、掣批、挂号等项费用名色,借端包揽索诈者,许解官、解役,即于该衙门首告,交送刑部治罪。一两以下,杖一百;一两至五两,杖一百,枷号一个月;六两至十两,杖一百、徒三年;十两以上,发近边充军;至一百二十两者,拟绞监候。为从分赃,并减一等。系官革职问罪。该管官失察者,交部议处。如解官预先嘱托,和同行贿,听其包揽者,与受财人一体治罪。

现行刑律

7.113.(1)〔解部钱粮物料当该官吏不即掣批及书役索诈〕

一、凡钱粮物料等项解送到部,当该官吏,限文到三日内,即行查收,掣给批回。如无故不收完给批者,照律计日治罪。至书役人等,指称估验、掣批、挂号等项费用名色,借端包揽索诈者,许解官、解役,即于该部首告,交送地方审判厅,照蠹役诈赃例治罪,系官革职问罪。该管官失察者,交部议处。

现行刑律案语

原例(略)

臣等谨按:此条系康熙二十八年〔1689〕刑部议准定例,雍正三年〔1725〕、乾隆五年〔1740〕、三十二年〔1767〕屡经修改,嘉庆十九年〔1814〕改定。惟审判已归大理院,应将例内"刑部"二字改为"大理院"。罪名差等,核与蠹役诈索同,应改为"照蠹役诈赃例治罪",以省繁冗。至解官嘱托行贿,听其包揽,无非畏其挑剔,受其勒掯,岂有甘心为此者,一体治罪,实为冤屈,自此例行,而书役人等益肆行无忌,更无有敢于举发者矣,此层拟请节删。谨将修改例文,开列于后。

○修改

一、凡钱粮物料等项解送到部,当该官吏,限文到三日内即行查收,掣给批回。如无故不收完给批者,照律计日治罪。至书役人等,指称估验、掣批、挂号等项费用名色,借端包揽索诈者,许解官、解役,即于该衙门首告,交送大理院,照蠹役诈赃例治罪,系官革职问罪。该管官失察者,交部议处。

会奏修改各条

原修改例文(略)

谨按：新章大理院特别权限，仅宗室犯罪在流、遣以上，及犯谋反、谋叛、谋大逆各罪，与特旨交审重要官犯，暨未设审判厅地方京控案件四项。本条“交送大理院”一项，系指索诈之书役而言，并不属大理院管辖之内，应改为“送交地方审判厅”，以符定制。谨将修改例文，开列于后。

○修改(略)

大清律例

＊仓库・多收税粮斛面

3.7.120.(6)〔已革花户及笸头夫役等人勒索与现充花户容隐分赃〕(略)

现行刑律

7.113.(2)〔各仓书役等勒索得财及已革书役影射把持〕

一、各仓书役、头目人等，向关米之人勒索得财者，照蠹役诈赃例治罪。其已经斥革书役，复在现充书役、头目身后影射把持勒索者，亦照此办理。若甫经影射办事，尚未得赃者，处十等罚。书役、头目有心容隐，朋比为奸者，均革役，与首犯同罪。

现行刑律案语

○移改

见7.113.(2)〔各仓书役等勒索得财及已革书役影射把持〕条

条例・删除

大清律例

3.7.134.(1)〔入仓监督收纳仓谷违期及运役擅于中途寄放〕

一、大通桥监督将运进仓内米数，预期行文八仓监督早开仓门，务要本日照数收完。如有至晚收纳不及者，该仓监督亲身查照登簿贮仓，次日抽掣收受，违者交该部议处。如运役擅于中途寄放者，照偷盗议罪。

删除律例

○删除

大清律例

3.7.134.(3)〔粮船抵坝起米违限及掯勒需索及支放米石搀沙舞弊等犯〕

一、凡粮船运抵石坝、土坝,限十日内将米起完。如起米违限,以致回空船只守冻者,坐粮厅监督革职。若受财,并衙役人等交刑部计赃依枉法律治罪。其漕粮运至京、通各仓,若米到不即令过坝过闸,掯勒不令入仓者,许运丁首告,将衙役人等交刑部。审系无故留难,依律科断;有赃者,计赃以枉法从其重者论。如坐粮厅及各仓书役人等,向运官、运丁指称掣批等项名色勒索者,一两以下,杖一百;一两至五两,杖一百,枷号一个月;六两至十两,杖一百、徒三年;十两以上,发近边充军;至一百二十两者,拟绞监候。为从分赃,并减一等。若支放米石搀和沙土者,亦交刑部,照监守自盗律计赃治罪。有向关米之人勒索得财者,照指称掣批等项名色计赃论罪。因而打死人命者,拟斩监候。关米人等,米色不堪,不行首告,或私给钱者,与、受同科。以上各项,监督失察者,交部严加议处;知情故纵者,革职交部治罪。失察之仓场侍郎,亦交部分别议处。

删除律例

○删除

3.7.135 起解金银足色 / 7.114 起解金银足色

律文 · 修改

大清律例

3.7.135.1 凡收受(纳官)诸色课程变卖货物,起解金银,须要足色。如成色不及分数,提调官吏、(及估计、煎销)人匠,各笞四十,着落均赔还官。(官有侵欺,问监守盗。知情通同,故收不足色,坐赃论。)

现行刑律

7.114.1 凡收受(纳官)诸色课程变卖货物,起解金银,须要足色。如成色不及分数,提调官吏、(及估计、煎销)人匠,各处四等罚,着落均赔还官。(官有侵欺,问监守盗。知情通同,故不收足色,坐赃论。)

现行刑律案语

原律(略)

臣等谨按:此仍《明律》,顺治三年〔1646〕添入小注,乾隆五年〔1740〕改定。"笞四十"罪名照章罚金,应改为"处四等罚"。谨将修改律文,开列于后。

○修改(略)

3.7.136 损坏仓库财物 / 7.115 损坏仓库财物

律文 · 修改

大清律例

3.7.136.1 凡仓库及积聚财物,主守之人,安置不如法,晒晾不以时,致有损坏者,计所损坏之物价坐赃论,罪止杖一百、徒三年。着落均赔还官。○3.7.136.2 若猝遇雨水冲激,失火延烧,若仓库内失火,自依本律杖八十、徒二年。盗贼分强、窃。劫夺,事出不测而有损失者,委官保勘复实,显迹明白,免罪不赔。其监临主守官吏若将欺侵、借贷、挪移之数,乘其水火、盗贼虚捏文案,及扣换交单籍册,申报瞒官希图幸免本罪者,并计赃以监守自盗论。同僚知而不举者,与同罪;不知者不坐。

现行刑律

7.115.1 凡仓库及积聚财物,主守之人,安置不如法,晒晾不以时,致有损坏者,计所损坏之物价坐赃论,罪止徒三年。着落均赔还官。○7.115.2 若猝遇雨水冲激,失火延烧,若仓库内失火,自依本律徒二年。盗贼分强、窃。劫夺,事出不测而有损失者,委官保勘复实,显迹明白,免罪不赔。其监临主守官吏若将侵欺、借贷、挪移之数,乘其水火、盗贼虚捏文案,及扣换交单籍册,申报瞒官希图幸免本罪者,并计赃以监守自盗论。同僚知而不举者,与同罪;不知者不坐。

现行刑律案语

原律(略)

臣等谨按:此仍《明律》,顺治三年〔1646〕添入小注。注内徒罪附杖,均照章节删。谨将原律及修改律注,开列于后。

○修改(略)

条例 · 修改

大清律例

3.7.136.(1)〔州县仓廒新旧交代若有毁烂倾圮〕

一、凡各府、州、县仓廒,俱造入交盘项内。新旧交代,若有木植毁烂,倾圮渗漏,即行揭报,将原任官交部议处。徇情滥受,接任官亦交部议处。其霉烂、亏空谷石,着接任官勒限赔补,不完治罪。

现行刑律

7.115.(1)〔州县米谷霉烂勒限赔补及交代仓廒毁烂倾圮〕

一、凡各府、州、县仓廒,倘于渗漏处既不黏补、应盖造处又不详请,以致米谷霉变者,革职。动帑买补,勒限一年,照数追赔。一年限内全完,免罪,开复原官;一年以外赔完,免其治罪,不准开复。二年之内不完,即照律治罪,仍着落家属赔缴。如遇交代,应将仓廒造入交代册内,责成接任官切实查验。若有木植毁烂,倾圮渗漏,即行揭报,将原任官交部议处赔修,霉烂米谷勒限赔补。接任官徇情滥受,别经查出,亦交部议处赔修,霉烂米谷并即勒限赔补。限内不完,均照律治罪。

＊仓库·挪移出纳

3.7.127.(12)〔州县仓谷霉变及亏空治罪并勒追赔补〕(略)

＊仓库·挪移出纳

7.106.(7)〔府州县亏空仓谷治罪并勒追赔补〕(略)

现行刑律案语

○修改(略)

见3.7.127.(12)〔州县仓谷霉变及亏空治罪并勒追赔补〕条

3.7.137转解官物/7.116转解官物

律文·修改

大清律例

3.7.137.1凡各处征收钱帛、买办军需、成造军器等物,所在州县交收,差有职役人员,陆续类解本府。若本府不即交收,差人转解,勒令州县人户就解布政司者,当该提调正官、首领官、吏典,各杖八十。公罪。若布政司不即交收,勒令各府就解部者,提调正官、首领官、吏典,罪亦如之。若原行金定长解,不用此律。其起运前项官物,长押官及解物人,安置不如法,致有损失者,计所损失之物坐赃论,着落均赔还官。若船行猝遇风浪,及外人失火延烧,或盗贼劫夺,事出不测而有损失者,申告所在官司,委官保勘复实,显迹明白,免罪不赔。若有侵欺者,不论有无损失事故,计赃以监守

现行刑律

7.116.1凡各处征收钱帛、买办军需、成造军器等物解部,其起运长押官及解物人,安置不如法,致有损失者,计所损失之物坐赃论,着落均赔还官。若船行猝遇风浪,及外人失火延烧,或盗贼劫夺,事出不测而有损失者,申告所在官司,委官保勘复实,显迹明白,免罪不赔。若有侵欺者,计赃以监守自盗论。○7.116.2若起运官物不运原本色,而辄赍财货于所纳去处收买纳官者,亦计所买余利为赃以监守自盗论。

自盗论。○3.7.137.2若起运官物,不运原本色,而辄赍财货于所纳去处收买纳官者,亦计所买余利为赃以监守自盗论。

现行刑律案语

原律(略)

臣等谨按:此仍《明律》,顺治三年〔1646〕添入小注。首节言征收官物转交解部之法,次节言运解官物致有损失之法。现在各处官物解部,均佥派长解官,并无由州县类解本府、由本府转解布政司之事,首节应即节删。惟留"各处征收钱帛、买办军需、成造军器等物解部"一语,并入次节,以昭核实。侵欺官物,应按入己赃数多寡科罪,小注"不论有无损失事故"八字,系属赘文,亦应节删。谨将修改律文、律注,开列于后。

○修改(略)

条例·修改

大清律例

3.7.137.(4)〔解饷到汛少拨护兵或护兵私回〕

一、凡运解饷鞘到汛,不照拨定兵丁名数护送,或兵丁有于中途私回者,解官即报明该督抚题参,将该汛专、兼将弁照少拨解役例议处,中途私回之兵丁责革名粮。

现行刑律

7.116.(1)〔解饷兵役中途私回〕

一、凡运解饷鞘,数系一万两者,拨防护兵二名、防护役四名;二万两以上,酌量加派。倘兵役有于中途私回者,解官即报明该督抚奏参,将该管文武照少拨解役例议处,中途私回之兵役斥革名粮。

现行刑律案语

原例(略)

臣等谨按:此条系雍正五年〔1727〕定例。惟防护饷鞘,吏、户两例均系载明派拨兵役,原例仅言兵丁,并无护役,自应查照吏、户两例修改。谨将修改例文,开列于后。

○修改(略)

大清律例

3.7.137.(9)〔解饷失鞘文员分赔〕

一、解饷失鞘,地方文员分赔一半,差委不慎之大员分赔三分,解员赔二

现行刑律

7.116.(2)〔解饷失鞘文员分赔〕

一、护解饷鞘,务须申请兵役防护,按站行走。若管解官不申请防护,不经

分。如解员不能赔补，亦着差委之大员赔补。武员照例处分，免其分赔。

由大路，以致有失者，着落管解官全赔。若管解官已请防护，又系经由大路，而饷鞘被失者，该管地方文员分赔一半，差委不慎之大员分赔三分，解员赔二分。如解员不能赔补，亦着差委之大员赔补。武员照例处分，免其分赔。

现行刑律案语

原例（略）

臣等谨按：此条系雍正七年〔1729〕定例。惟查户部则例，护解饷鞘应申请防护，按站行走，若不请防护，不由大路，以致有失者，应着落解官全赔；其如法护解而被失者，则分成赔补，自应查照户部则例修改。谨将修改例文，开列于后。

○修改（略）

大清律例

3.7.137.(14)〔押鞘兵役失事分别治罪〕

一、管押饷鞘失事之兵役，如有知情同盗，仍照旧例分别首从定拟外，其违例雇替，托故潜回，无故先后散行者，减首犯罪一等。其依法管解，偶致疏失，审有确据者，减二等治罪。

现行刑律

7.116.(3)〔押鞘失事兵役分别治罪〕

一、管押饷鞘失事之兵役，如有知情同盗，仍照常人盗仓库钱粮例，分别首从定拟外，其违例雇替，托故潜回，无故先后散行者，减首犯罪一等。其依法管解，偶致疏失，审有确据者，减二等治罪。若系勾通强劫，照盗劫官帑例治罪。

现行刑律案语

原例（略）

臣等谨按：此条系乾隆三十四年〔1769〕定例。惟例内“知情同盗……分别首从”，系指窃盗而言，自应将照常人盗仓库钱粮例叙明，以资援引。若系强劫，则强盗例内本有盗劫官帑之例，亦应于例末增入。谨将修改例文，开列于后。

○修改（略）

大清律例

3.7.137.(13)〔解役潜行小路不请拨护〕

一、州县起解银两，解役潜行小路，不请拨护者，即未被失，亦照不应重律杖八十。

现行刑律

7.116.(4)〔解役潜行小路不请拨护〕

一、州县起解地丁等项银两，管解丁役潜行小路，沿途不请拨护，即未被失，亦照不应重律治罪。

现行刑律案语

原例(略)

臣等谨按:此条系乾隆二十五年〔1760〕定例。查州县起解银两,无非地丁等项,其管解者,皆由州县佥派丁役,应将家丁添入,州县本境自必派拨护送。若经过各处,该丁役希图省事,并不请护,亦恐不免应于"不请拨护"之上,加"沿途"二字,以醒眉目。例末"杖八十",即系不应重罪名,亦应改为"治罪"。谨将修改例文,开列于后。

○修改(略)

大清律例

3.7.137.(7)〔委解铜斤颜料违不按运更换及收铜舞弊〕

一、委解铜斤,照解饷之例按运更换。如有递年长令管解者,将原委之上司交部议处。倘局内书役、炉头人等,于收铜之时任意轻重,及勒索情弊,查明按律治罪。失察之该管官,交部严加议处。其各省委解颜料等项,亦照此例按批更换。

现行刑律

7.116.(5)〔委解铜斤颜料违不按运更换及收铜舞弊〕

一、委解铜斤,照解饷之例按运更换。如有递年长令管解者,将原委之上司交部议处。倘局内书役、炉头人等,于收铜之时任意轻重,照收支留难律治罪;查有勒索情弊,照诈欺取财律,计赃,准窃盗论。失察之该管官,交部严加议处。其各省委解颜料等项,亦照此例按批更换。

现行刑律案语

原例(略)

臣等谨按:此条系雍正十二年〔1734〕定例,乾隆五年〔1740〕删定。惟例内所叙之"任意轻重"及"勒索情弊"本分两事,而"查明按律治罪"一句,则并两事为一事。且应治何罪,又未叙明,然既从收铜时声说,则任意轻重,似应照收支留难之律;若有勒索,则情节较重,似应"照诈欺取财律,计赃准窃盗论",庶界限可期划清矣。谨将修改例文,开列于后。

○修改(略)

大清律例

3.7.137.(17)〔解运铜斤因循怠惰〕

一、承办铜斤之厂员、运员,不以公

现行刑律

7.116.(6)〔解运铜斤因循怠惰〕

一、承办铜斤之厂员、运员,不以公

事为心,因循怠惰,以致厂铜缺额、运泸逾限者,均革职,发往新疆效力。数年后厂铜日旺,渐有积余,泸店底铜亦日增充裕,遇有天时之不齐,物力之偶绌,间有缺额迟运,为数无几者,户部再行核酌情形,请旨办理。	事为心,因循怠惰,以致厂铜缺额、运泸逾限者,均革职,发往新疆效力。数年后厂铜日旺,渐有积余,泸店底铜亦日增充裕,遇有天时之不齐,物力之偶绌,间有缺额迟运,为数无几者,度支部再行核酌情形,请旨办理。

现行刑律案语

原例(略)

臣等谨按:此例应仍其旧,惟"户部"应改为"度支部"。谨将修改例文,开列于后。

〇修改(略)

条例・删除

大清律例

3.7.137.(1)〔侵盗船粮捏报漂没〕

一、漂没船粮,着落沿途催、攒各官,及汛地文武官员,亲临勘实,各出保结,取具运官结状,该督抚确察具题豁免。若漕运官军水次折乾,沿途盗卖,自度粮米短少,故将船放失漂流,及虽系漂流,损失不多,乘机侵匿,捏作全数,贿嘱有司官吏扶同奏勘者,前后帮船及地方居民,有能觉察告首,督运官司察实,给赏轻赍银十两。官军侵盗至六百石者,拟斩;不及六百石者,发边远充军。沿途催、攒,及汛地文武各官,不亲临确勘的实,遽出保结者,革职;督抚不严察确实,遽行题豁,事发交部议处。所亏米数,仍行原卫所将故失、侵捏之人家产变卖抵偿,不许轻扣别军月粮。前后帮船知而不举,一体连坐。仍于正犯所欠钱粮内,责令帮赔十分之三。

删除律例

〇删除

大清律例

3.7.137.(2)〔运粮官员旗军人等犯该命盗重罪〕

一、运粮官员、旗、军人等,犯该人命、强盗等项重罪者,官拘系奏提;旗、军人等即便提问。其余一切小事,候交粮毕日审结。

删除律例

〇删除

大清律例

3.7.137.(3)〔空重漕船沿途州县卫所违限出境〕

一、空重漕船,沿途州县、卫所,照定限时日,驱令出境。如有违限,将专催、督催、押运、领运官,俱交该部照例分别议处。随帮百总、旗头,违限一次笞五十,二次杖六十,三次杖七十,每一次加一等,罪止杖一百、徒三年。督抚不行查参,照隐匿不参催粮官例议处。设有非常风阻、冰冻浅滞,俱令查实报明,免其议处。

删除律例

〇删除

大清律例

3.7.137.(5)〔粮船到淮米色霉变分别着落赔补〕

一、粮船到淮,米色霉变,运弁出有米色结状者,亏折之米,着落该帮旗丁赔补。运弁未经出有结状者,着落县、帮各半均赔。

删除律例

〇删除

大清律例

3.7.137.(6)〔稽查头船水手及在途生事惩治并徇纵各官议处〕

一、卫所运弁正丁,雇觅头船、水手,俱开明姓名、籍贯,各给腰牌。令前后十船,互相稽查,取具正丁甘结,十船连环保结。如一船生事,十船连坐。押运、粮道等官在途稽查。倘有生事者,会同地方官审讯惩治,仍将生事情由,报明总漕。其未经开兑之先,责成本省巡抚及粮道等官;开运出境之后,责成漕运总督及沿途该管文武等官;到津以后,责成仓场侍郎、坐粮厅,并天津总兵、通州副将,天津、通州府县,各按该管地方,严行稽查。一经事犯,协同押运官立即擒拿,按律惩治。倘押运官弁或有徇纵,地方官不行查拿,该督抚即行题参。除徇纵之押运官照例革职外,其该管道员,及沿途之该管文武官弁,并各处之该管上司,俱分别议处。若申报而各处该管上司不行题参者,照例议处。

删除律例

〇删除

大清律例

3.7.137.(8)〔起解京协及盐课银两潜行小路疏失着解官赔补〕

一、盐课银两，起解京协各饷，所需水脚，向系商人自备应用，并不按站给与夫马供应。每逢起解之期，该管官预先移会前途督抚拨兵护送，务由大路按站而行。夜宿州县，照例拨给人夫巡守。如有疏虞，经过之地方文武各官，照例分赔。如该管官不移会督抚，解官不知会地方官，潜行小路，致有疏失，着落解官名下追赔。解官不能完项，即着差委之上司赔补。

现行刑律案语

〇删除

原例（略）

臣等谨按：此条系雍正六年〔1728〕定例，道光十四年〔1834〕改定，专为水脚系商人自备并不按站给与夫马而设。现行事例皆由官解送，则此例无关引用。且饷鞘被失，武员则照例处分，免其分赔，例内文武各官照例分赔之处，亦与下条"护解饷鞘"之通例不符。此例拟请删除。

大清律例

3.7.137.(10)〔刨取及买卖白土搀和漕粮〕

一、蓟运回空，有在该地方刨取白土装带，及沿河市镇铺户，有将白土卖与粮船者，如尚无搀和情弊，将铺户、丁舵均枷号一个月，杖一百。其已经搀和者，将丁舵杖一百、徒三年。若搀入漕粮至一百石以上者，丁舵发极边足四千里充军。其运弁与押空千总，及不行查禁之蓟州文武官弁，交该部分别议处。

删除律例

〇删除

大清律例

3.7.137.(11)〔粮船被窃及被盗〕

一、粮船被窃，该旗丁呈报本帮运弁，移知该地方官，缉贼追赃。被窃之船，即随帮前行，不必守候。至强劫重案，必须等候待验。该领运官具报，立即会勘，州县立给印票,催趱前行,并将被盗守候缘由,报明漕督及该管官查核。倘有不肖兵役,勒指需索,照在官人役取受有事人财,计赃以枉法科罪。其经过地方,如有强劫之案,该地方文武官弁,俱照城内失事例议处。水手行窃,及帮船被盗,将领运员弁,分别强、窃及抑勒、隐讳,计案分别议处。

删除律例

○删除

大清律例

3.7.137.(12)〔舵工侵米五石以上〕

一、粮船舵工,有侵米至五石以上,累丁代完者,审实,发极边足四千里充军。

删除律例

○删除

大清律例

3.7.137.(15)〔朝鲜贡使护送约束及所携银物商运损赔〕

一、朝鲜国进贡使臣,一抵凤凰城,责令城守尉查明人数,并将携带货物、银两数目注载册档,听其自择素日信识之商人雇车载运,取具交领呈状备查。仍分晰造具细册,呈报将军及该管衙门。沿途派官一员、兵二十名,所至州县,酌派妥役二三十名,护送照料,遇晚巡逻。驿丞按站预报地方旗、民各官,至连界交接,将交接月日,呈报将军等衙门备查。如不行预报,及交接贻误者,均查参分别议处。若朝鲜人众,有不安本分滋生事端者,着落迎送官、通官严加约束,有犯申报查办。如迎送官、通官约束不严,许地方旗、民各官呈报该将军严参议处。朝鲜来使携带银物,交商转运,倘有损伤,着落原商赔还,仍照弃毁官物律治罪。

删除律例

○删除

大清律例

3.7.137.(16)〔粮船在内河失风至三只以上及捏报失风〕

一、凡粮船在内河失风至三只以上者,运弁、厅员交部分别议处,旗丁各杖一百,枷号一个月。如有捏报失风,审实从重定拟。至盛夏之时,倘遇雨水骤发,冲坏数只者,该督抚查明实在情形,奏明分别办理。

删除律例

○删除

大清律例

3.7.137.(18)〔各省起解各部院饭银等项〕

一、各省应解各部院饭银等项，一面委妥员搭解，亲赴各衙门交纳，一面将银数及解员姓名、起解日期，先行咨部。如限满不接批回，即咨请行查，仍于年终汇咨各部院查核。

现行刑律案语

原例（略）

○仍旧

臣等谨按：此例应仍其旧，理合陈明。

核订现行刑律

○删除

原仍旧例文（略）

谨按：此条系搭解部院饭银之办法，并无罪名，刑律无关引用。拟请删除。

大清律例

3.7.137.(19)〔正项亏短买米回漕运粮旗丁及卖米之人分别治罪〕

一、运粮旗丁，除所运正项粮米，或因遭风沉失报案有据，或因折耗过多亏短有因，例准挂欠搭解，仍照例办理，及正项漕米交足之后，买米食用，并非回漕者，毋庸治罪外，其实因正项亏短，但经买米回漕，计其所买米数，不及六十石者，杖一百、徒三年；六十石以上者，发边远充军；数满六百石者，拟斩监候。卖米之人，计其所卖之米与同罪，至死者减发极边烟瘴充军。除旗丁所买回漕之米石及卖米之人所得米价照追入官外，仍计买米卖米石数，照监守盗本例勒限严追，分别办理。

删除律例

○删除

大清律例

3.7.137.(20)〔粮船水手隐匿腰牌为匪及匪徒冒充水手滋事〕

一、粮船水手，隐匿腰牌，游荡为匪，及随帮匪徒，伪造腰牌，冒充水手，沿途滋事者,各于应得本罪上加一等定拟。其未经滋事为匪,仅止隐匿及伪造腰牌者,均照违制律杖一百,加枷号一个月。

删除律例

〇删除

大清律例

3.7.137.(21)〔丁舵人等用药用水灌涨漕米〕

一、经纪、丁舵人等,将漕米用药灌涨,冀图偷窃,计灌涨之米,不及六十石,杖一百,发附近充军;六十石以上至一百石,实发云贵两广极边烟瘴充军;一百石以上,发新疆给官兵为奴。如将漕米用水灌涨,不及一百石,杖一百、流三千里;一百石以上,实发云贵两广极边烟瘴充军。为从,均减一等。其用水灌涨之米,除尚堪食用外,所短之米,勒限四个月追赔。限内全完,减等发落;不完,加等治罪。

删除律例

〇删除

大清律例

3.7.137.(22)〔转运漕粮掣欠逾额〕

一、转运漕粮经纪、车户、剥船、驾掌及各项代役,每米百石,掣欠逾额不及五斗,免其责惩外,如逾额至五斗,杖一百,枷号一个月;一石至二石,杖六十、徒一年;三石至四石,杖七十、徒一年半;五石至六石,杖八十、徒二年;七石至八石,杖九十、徒二年半;九石至十石以上,杖一百、徒三年。如经纪等运米千石内,逾额至十石以上,亦杖一百、徒三年;三十石以上,杖一百、流二千里;五十石以上,杖一百、流二千五百里;七十石以上,杖一百、流三千里;九十石至一百石以上,发附近充军。一万石内,逾额至百石以上,亦发附近充军;三百石以上,发近边;五百石以上,发边远;七百石以上,发极边足四千里;九百石以上,发云贵两广极边烟瘴地方,各充军;一千石以上,发往新疆酌拔种地当差。仍先行照数追赔。全完免罪。不完,枷、杖人犯,照拟发落;徒罪以上,照挪移库银例办理。每米一石,作银一两计算。倘有偷窃、盗卖情事,仍从其重者论。

删除律例

〇删除

大清律例

3.7.137.(23)〔漕粮起剥转运匪徒滋扰及把持吃食分肥〕

一、漕粮起剥转运,如有匪徒沿途滋扰,借端讹索,并在京、通各仓,结党盘踞把持,积年吃仓分肥者,照打扰仓场例加一等定拟;得赃者,照蠹役诈赃例分别治罪。为从各减一等。计赃重者,仍各从其重者论。

删除律例

○删除

3.7.138 拟断赃罚不当 / 7.117 拟断赃罚不当

律文·修改

大清律例	现行刑律
3.7.138.1 凡拟断赃罚财物,应入官而给主,及应给主而入官者,坐赃论,罪止杖一百。	7.117.1 凡拟断赃罚财物,应入官而给主,及应给主而入官者,坐赃论,罪止十等罚。

现行刑律案语

原律(略)

臣等谨按:此仍《明律》,"杖一百"罪照章罚金,应改为"十等罚"。谨将修改律文,开列于后。

○修改(略)

条例·仍旧、移改

大清律例	现行刑律
3.7.138.(1)〔查估追变之员勘报不实瞻徇延缓〕	7.117.(1)〔查估追变之员勘报不实瞻徇延缓〕 一、凡查估追变之员,勘报不实,瞻徇延缓,以致帑项悬缺者,着令代赔。若查勘本无不实,催追本无徇纵,只因变抵不敷,以致公帑悬缺,仍在本人名下归结,不得向查估追变之人勒令代

赔。违者,以违制论。

现行刑律案语

原例(略)

○仍旧

臣等谨按:此例应仍其旧,理合陈明。

大清律例

*贼盗・监守自盗仓库钱粮

6.18.264.(3)〔侵盗应追之赃承追及全无家产力不能完申报豁免〕(略)

现行刑律

7.117.(2)〔侵盗赃着落犯妻及未分家之子名下追赔〕

一、凡侵盗应追之赃,着落犯人妻及未分家之子名下追赔。如果家产全无,不能赔补,在旗参佐领、骁骑校,在外地方官,取具甘结,申报都统、督抚,奏明豁免结案。倘结案后,别有田产发觉,尽行入官,承追、申报各官革职,所欠赃银米谷着落赔补。督催等官,照例议处。内外承追、督催武职,俱照文职例议处。

现行刑律案语

○移改(略)

见6.18.264.(3)〔侵盗应追之赃承追及全无家产力不能完申报豁免〕条

核订现行刑律

○修改(略)

见6.18.264.(3)〔侵盗应追之赃承追及全无家产力不能完申报豁免〕条

条例・删除

大清律例

3.7.138.(2)〔承追赃罚银两本犯身死勿征〕

一、凡承追各款赃罚银两,着落本犯勒追完结。其有律应身死勿征者,仍照定例免征。至年远赃私,必确查实据,方可着追。不得于本犯之外,混追赔补。违者,以违制论。

现行刑律案语

〇删除

原例(略)

臣等谨按:此条系乾隆元年〔1736〕定例。惟查"给没赃物"律内载明以赃入罪,正赃已费用者,犯人身死勿征,则原例所叙"律应身死勿征者,仍照定例免征"等语,本属冗复,至"应追赃银不得休连亲族,倘滥行追赔者,将承追官革职",亦载在"监守自盗"门例内,有犯,足资援引。此例拟请删除。

3.7.139守掌在官财物 / 7.118守掌在官财物

律文·仍旧

大清律例	现行刑律
3.7.139.1 凡官物当应给付与人,已出仓库而未给付,若私物当供官用,已送在官而未入仓库,均为官物。但有人守掌在官,官司委佥守掌之人,若有侵欺、借贷者,并计入己赃以监守自盗论。若非守掌之人侵欺者,依常人盗仓库律论。其有未纳而侵用者,经催里、纳、保、歇,各照隐匿包揽欺官取财科断,不得概用此律。	7.118.1 凡官物当应给付与人,已出仓库而未给付,若私物当供官用,已送在官而未入仓库,均为官物。但有人守掌在官,官司委佥守掌之人,若有侵欺、借贷者,并计入己赃以监守自盗论。若非守掌之人侵欺者,依常人盗仓库律论。其有未纳而侵用者,经催里、纳、保、歇,各照隐匿包揽欺官取财科断,不得概用此律。

现行刑律案语

原律(略)

〇仍旧

臣等谨按:此律应仍其旧,理合陈明。

条例·删除

大清律例

3.7.139.(1)〔旗员侵蚀收贮钱粮〕

一、凡八旗参领、佐领、骁骑校、领催等,将一切收贮公所干系钱粮并交库银两侵蚀者,照监守自盗律例分别问拟。一万两以内,遇赦准其援免。有逾此数,不准宽免。

删除律例

○删除

3.7.140隐瞒入官家产/7.119隐瞒入官家产

律文·修改

大清律例

3.7.140.1凡抄没人口、财产,除谋反、谋叛及奸党系在十恶,依律抄没,其余有犯律不该载者,妻子、财产,不在抄没入官之限。违者,依故入人流罪论。抄没尚未入官,作未入官,各减一等。○3.7.140.2若抄札入官家产,而隐瞒人口不报者,计口以隐瞒丁口论;若隐瞒田土者,计田以欺隐田粮论;若隐瞒财物、房屋、孳畜者,坐赃论,各罪止杖一百,所隐人口、财产并入官。罪坐供报之人。所隐之人口不坐。不加重者,以自己之丁口、财产也。○3.7.140.3若里长同情隐瞒,及当该官吏知情者,并与同罪。计所隐赃重于杖一百者,坐赃论,全科。○3.7.140.4受财者,计赃以枉法各从重论。以枉法之重罪论,分有禄、无禄。失觉举者,减供报人三等,罪止笞五十。

现行刑律

7.119.1凡抄没财产,除谋反、谋叛依律酌量抄没,其余有犯律不该载者,财产不在抄没入官之限。违者,依故入人流罪论。抄没尚未入官,作未入官,各减一等。○7.119.2若抄札入官家产,而隐瞒田土者,计田以欺隐田粮论;若隐瞒财物、房屋、孳畜者,坐赃论,各罪止十等罚,所隐财产并入官。罪坐供报之人。○7.119.3若里长同情隐瞒,及当该官吏知情者,并与同罪。计所隐赃重于十等罚者,坐赃论,全科。○7.119.4受财者,计赃以枉法各从重论。以枉法之重罪论,分有禄、无禄。失觉举者,减供报人三等,罪止五等罚。

现行刑律案语

原律(略)

臣等谨按:此仍《明律》,顺治三年〔1646〕添入小注。抄没人口入官皆缘坐之法,自光绪三十一年〔1903〕奏准删除重法,宽免缘坐,则人口已无抄没入官之事。律内"人口入官"及小注"所隐之人口不坐"等语,均应节删。笞、杖照章罚金,均应依数分等处罚。谨将修改律文、律注,开列于后。

○修改

凡抄没财产,除谋反、谋叛及奸党系在十恶,依律抄没,其余有犯律不该载者,财产不在抄没入官之限。违者,依故入人流罪论。抄没尚未入官,作未入官,各减一等。○若抄札入官家产,而隐瞒田土者,计田以欺隐田粮论;若隐瞒财物、房屋、孳畜者,坐赃论,各罪止十等罚,所隐财产并入官。罪坐供报之人。〇若里长同情隐瞒,及当该官吏知情者,并与同罪。计所隐赃重(于十等罚)者,坐赃论,全科。〇受财者,计赃以枉法各从重论。(以枉法之重罪论,分有禄、无禄。)失觉举者,减(供报人)三等,罪止五等罚。

核订现行刑律

原修改律文(略)

谨按:此次修定各条,因新章宽免缘坐,将财产入官各例,量与节删。虽仍留谋反、谋叛二条,系改为一半充赏、一半入官,或仍给家属,已与从前稍异。律首仍依旧律胪举,系属疏漏,应将除笔内"及奸党系在十恶"七字节去,并于"依律"下增注"酌量"二字,以昭划一。谨将修改律文,开列于后。

〇修改(略)

条例·修改、仍旧

大清律例	现行刑律
3.7.140.(5)〔隐匿侵盗案内家产计值定罪〕 一、除隐匿挪移案内之家产,仍照隐匿本律治罪外,如隐匿侵盗案内之家产,不论原案未完之数,计所隐家产价值之多寡,照坐赃律分别定拟。十两以下笞二十,每十两加一等;一百两杖六十、徒一年,每一百两加一等;五百两至一千两,满徒;一千两以上,罪止杖一百、流三千里。系旗人,折枷号、鞭责。俱罪坐隐瞒之人。所隐财产,俱行入官。保题各官,照例治罪、追赔。	7.119.(1)〔隐匿侵盗案内入官财产计值坐赃〕 一、凡一切应追入官财产,如已经豁免后查出隐匿,除挪移案内隐匿者仍照隐匿本律治罪外,如侵盗案内隐匿者,不论原案未完之数,计所隐财产价值之多寡,照坐赃律治罪。

现行刑律案语

原例(略)

臣等谨按:此条系乾隆三年〔1738〕,刑部奏准定例。惟检查原奏系指已经豁免后查出隐匿者而言,故治罪从严,似应于例首点明。本律隐瞒丁口、土田、财物,罪止满杖,例照坐赃律定拟,已照本律加重。且坐赃律五百两以上罪止满徒,此例则于一千两以上加至满流,殊与"照坐赃律分别定拟"一语不合,拟将例内"十两以下至流三千里"等语删去,即以"照坐赃律治罪"一语括之,以符定例之本意。再,《满汉刑律》已议通行,旗人亦无折枷鞭责之法,至保题各官,应分别知情、失察,似可仍依本律科断。此两层均拟节删。谨将修改例文,开列于后。

○修改(略)

大清律例

3.7.140.(7)〔官员赃赔各项无产可追者由原籍题豁〕

一、凡应追官员赃赔各项银两,若原籍、任所,查明财产尽绝,实在无可着追者,任所官出具切实印结,由原籍加结题请豁免。旗员亦照此由本旗具结,咨部办理。如旗、籍、任所,或有隐匿、寄顿,一经发觉,除财产入官外,出结各员,照例议处、分赔,隐寄家属,照律治罪。

现行刑律

7.119.(2)〔官员赃赔各项无产可追由原籍奏豁〕

一、凡应追官员赃赔各项银两,若原籍、任所,查明财产尽绝,实在无可着追者,任所官出具切实印结,由原籍加结奏请豁免。旗员由本旗查明具结,咨部办理。

现行刑律案语

原例(略)

臣等谨按:此例系乾隆十九年〔1754〕刑部议复江苏巡抚庄有恭条奏续纂,嘉庆七年〔1802〕改定。惟现制改题为奏,例内“题”字应改“奏”字。至原籍、任所如有隐匿、寄顿一层,则本门一切应追入官财产之例,以及“挪移出纳”门一切承追案件之例,均已赅备。原例后半截殊嫌冗复,应请节删。谨将修改例文,开列于后。

○修改(略)

大清律例

3.7.140.(3)〔欠帑人员力不能完不得株连分居亲族人等〕

现行刑律

7.119.(3)〔欠帑人员力不能完不得株连分居亲族人等〕

一、凡欠帑人员,或因独力难赔,或因产尽无着,遂将分居别业之弟兄亲族,并不知情之亲友旁人,巧借认帮名目,转辗株连,勒令赔补者,将承审、承追各官,均照违制律治罪。

现行刑律案语

原例(略)

〇仍旧

臣等谨按：此例应仍其旧，理合陈明。

大清律例	现行刑律
3.7.140.(4)〔坟地祭产免予亏空入官〕	7.119.(4)〔坟地祭产免予亏空入官〕 一、凡亏空入官房地内，如有坟地及坟园内房屋、看坟人口、祭祀田产，俱给还本人，免其入官变价。

现行刑律案语

原例(略)

〇仍旧

臣等谨按：此例应仍其旧，理合陈明。

条例·移并

大清律例	现行刑律
3.7.140.(1)〔罪犯入官财产止应着追正犯〕 一、凡罪犯入官财产，止应着落正犯追取。倘正犯将无干之人肆行诬赖者，从重治罪，仍着落伊身追取。承审、察追各官，如徇庇正犯，拖累无干之人，亦交与该部严加议处。 ＊仓库·私借钱粮 3.7.125.(4)〔亏空人员开抵欠项分别公私以定准否〕(略)	7.104.(5)〔亏空人员欠项以有印领者开抵〕(略)

现行刑律案语

〇修并(略)

见3.7.125.(4)〔亏空人员开抵欠项分别公私以定准否〕条

大清律例

3.7.140.(6)〔承追案件行查欠员历过任所〕

一、凡一切承追案件，该督抚一面督属严追，一面行查该员历过任所，有无隐寄，毋庸俟本籍无追，始行咨查。其任所地方官，自文到日起，勒限三个月，据实查明，申详督抚，咨明原籍办理，并令该督抚严加督催。如有逾违，照钦部事件迟延例议处。其欠帑官员离任者，或有托故逗溜，即押令回籍着追。

＊仓库・挪移出纳

3.7.127.(3)〔州县亏空行查原籍家产以备变完〕（略）

现行刑律

7.106.(6)〔州县亏空行查原籍任所家产以备变完〕（略）

现行刑律案语

○修并（略）

见3.7.127.(3)〔州县亏空行查原籍家产以备变完〕条

条例・删除

大清律例

3.7.140.(2)〔欠帑入官地亩不准本人认买〕

一、凡欠帑人员，将地亩入官之后，其本人及本人之子孙，概不准其认买。倘有混行承买，将官兵人等，分别议处、治罪。准其承买之该管各官，交部照例议处。

删除律例

○删除

3.8 课程 课者税物之钱，程者谓物有贵贱，课有多寡，如地利之有程限也。 / 8 课程 课者税物之钱，程者谓物有贵贱，课有多寡，如地利之有程限也。

3.8.141 盐法 / 8.120 盐法

律文·修改

大清律例	现行刑律
3.8.141.1〔犯私盐者〕凡犯无引私盐凡有确货即是，不必赃之多少。者，杖一百、徒三年。若带有军器者，加一等。流二千里。盐徒诬指平人者，加三等。流三千里。拒捕者，斩。监候。盐货、车船、头匹并入官。道途引领、秤手、牙人及窝藏、盐犯、寄顿盐货者，杖九十、徒二年半。受雇挑担驮载者，与例所谓肩挑背负者不同。杖八十、徒二年。非应捕人告获者，就将所获私盐给付告人充赏。同贩中有一人能自首者，免罪，一体给赏。若一人自犯而自首，止免罪，不赏，仍追原赃。○若私盐事发，止理见获人、盐。如获盐不获人者不追，获人不获盐者不坐。当该官司不许听其辗转攀指，违者，官吏以故入人罪论。谓如人盐同获，止理见发。有确货无犯人者，其盐没官，不须追究。	8.120.1 凡犯无引私盐凡有确货即是，不必赃之多少。者，徒三年。若带有军器者，加一等。流二千里。盐徒诬指平人者，加三等。流三千里。拒捕者，绞。监候。盐货、车船、头匹并入官。道途引领、秤手、牙人及窝藏、盐犯、寄顿盐货者，徒二年半。受雇挑担驮载者，与例所谓肩挑背负者不同。徒二年。非应捕人告获者，就将所获私盐给付告人充赏。同贩中有一人能自首者，免罪，一体给赏。若一人自犯而自首，止免罪，不赏，仍追原赃。○若私盐事发，止理见获人、盐。如获盐不获人者不追，获人不获盐者不坐。当该官司不许听其辗转攀指，违者，官吏以故入人罪论。谓如人盐同获，止理见发。有确货无犯人者，其盐没官，不须追究。
3.8.141.2〔灶丁夹带及私煎卖〕凡盐场灶丁人等，除岁办正额盐外，夹带余盐出场，及私煎盐货卖者，同私盐法。该管总催知情故纵，及通同货卖者，与犯人同罪。	8.120.2 凡盐场灶丁人等，除岁办正额盐外，夹带余盐出场，及私煎盐货卖者，同私盐法。该管总催知情故纵，及通同货卖者，与犯人同罪。
3.8.141.3〔妇女有犯私盐〕凡妇人有犯私盐，若夫在家，或子知情，罪坐夫、男。其虽有夫而远出，或有子幼弱，罪坐本妇。决杖一百，余罪收赎。	8.120.3 凡妇人有犯私盐，若夫在家，或子知情，罪坐夫、男。其虽有夫而远出，或有子幼弱，罪坐本妇。
3.8.141.4〔买食私盐及货卖〕凡买食私	8.120.4 凡买食私盐者，处十等罚。因

盐者，杖一百。因而货卖者，杖一百、徒三年。

3.8.141.5〔巡获私盐〕凡管理盐务，及有巡辑私盐之责文武各衙门，巡获私盐，即发有司归勘，原获各衙门不许擅问。若有司官吏通同原获各衙门脱放者，与犯人同罪。受财者，计赃以枉法从其罪之重论。

3.8.141.6〔巡禁私盐〕凡管理盐务，及有巡辑私盐之责文武各衙门，设法差人于该管地面，并附场紧关去处，常川巡禁私盐。若有透漏者，关津把截官及所委巡盐人员，初犯笞四十，再犯笞五十，三犯杖六十，公罪。并留职役。若知情故纵，及容令军兵随同贩卖者，与犯人同罪。私罪。受财者，计赃以枉法从重论。〇其巡获私盐入己不解官者，杖一百、徒三年。若装诬平人者，加三等。杖一百、流三千里。

3.8.141.7.1〔起运官盐〕凡起运官盐，每引照额定斤数为一袋，并带额定耗盐。经过批验所，依引目数掣挚秤盘。随手取袋，挚其轻重。但有夹带余盐者，同私盐法。〇3.8.141.7.2若客盐越过批验所，不经掣挚、及引上不使关防者，杖九十，押回逐一盘验。尽盘盐而验之，有余盐，以夹带论罪。

3.8.141.8.1〔贩卖官盐〕凡客商贩卖有引官盐，当照引发盐，不许盐与引相离，违者同私盐法。〇3.8.141.8.2其卖盐了毕，十日之内不缴退引者，笞四十。〇3.8.141.8.3若将旧引不缴影射盐货者，同私盐法。

3.8.141.9〔不以官船起运及将带军器〕凡起运官盐，并灶户运盐上仓，将带军器，及不用官船起运者，同私盐法。

3.8.141.10〔官盐和土货卖〕凡客商将

而货卖者，徒三年。

8.120.5凡管理盐务，及有巡缉私盐之责文武各衙门，巡获私盐，即发有司归勘，原获各衙门不许擅问。若有司官吏通同原获各衙门脱放者，与犯人同罪。受财者，计赃以枉法从其罪之重论。

8.120.6凡管理盐务，及有巡缉私盐之责文武各衙门，设法差人于该管地面，并附场紧关去处，常川巡禁私盐。若有透漏者，关津把截官及所委巡盐人员，初犯处四等罚，再犯、三犯递加一等，公罪。并留职役。若知情故纵，及容令兵役随同贩卖者，与犯人同罪。私罪。受财者，计赃以枉法从重论。〇其巡获私盐入己不解官者，徒三年。若装诬平人者，加三等。流三千里。

8.120.7凡起运官盐，每引照额定斤数为一袋，并带额定耗盐。经过批验所，依引目数掣挚秤盘。随手取袋，挚其轻重。但有夹带余盐者，同私盐法。〇若客盐越过批验所，不经掣挚、及引上不使关防者，处九等罚，押回逐一盘验。尽盘盐而验之，有余盐，以夹带论罪。

8.120.8凡客商贩卖有引官盐，当照引发盐，不许盐与引相离，违者同私盐法。〇其卖盐了毕，十日之内不缴退引者，处四等罚。〇若将旧引不缴影射盐货者，同私盐法。

8.120.9凡起运官盐，并灶户运盐上仓，将带军器，及不用官船起运者，同私盐法。

8.120.10凡客商将验过有引官盐，搀和沙土验过有引官盐,搀和沙土货卖者,杖八十。

3.8.141.11〔官盐犯界买卖〕凡将有引官盐,不于拘定应该行盐地面发卖,转于别境犯界货卖者,杖一百。知而买食者,杖六十,不知者不坐,其盐入官。

货卖者,处八等罚。

8.120.11凡将有引官盐,不于拘定应该行盐地面发卖,转于别境犯界货卖者,处十等罚。知而买食者,处六等罚,不知者不坐,其盐入官。

现行刑律案语

原律(略)

臣等谨按:此仍《明律》,各条罪名均应照章分别修改。第三条"妇人有犯……罪坐本妇"小注"决杖一百,余罪收赎"与现章不符,应节删。谨将修改律文、律注,开列于后。

○修改(略)

条例·修改、修并、仍旧

大清律例

3.8.141.(1)〔越境兴贩官司引盐〕

一、越境如淮盐越过浙盐地方之类。兴贩官司引盐至三千斤以上者,问发附近地方充军。其客商收买余盐,买求掣挚,至三千斤以上者,亦照前例发遣。掣验官吏受财,及经过官司纵放,并地方甲邻里老知而不举,各治以罪。掣验官吏受财,依枉法;经过官司、里老、地方、火甲,依知罪人不捕;邻佑,依违制。巡捕官员乘机兴贩至三千斤以上,亦照前例问发。须至三千斤,不及三千斤,在本行盐地方,虽越府省,依仍本律。

现行刑律

8.120.(1)〔越境兴贩官司引盐〕

一、越境如淮盐越过浙盐地方之类。兴贩官司引盐至三千斤以上者,流二千里。其客商收买余盐,买求掣挚,至三千斤以上者,亦照前例问发。掣验官吏受财,及经过官司纵放,并地方甲邻里老知而不举,各治以罪。掣验官吏受财,依枉法;经过官司、里老、地方、火甲,依知罪人不捕;邻佑,依违制。巡捕官员乘机兴贩至三千斤以上,亦照前例问拟。须至三千斤,不及三千斤,在本行盐地方,虽越府省,仍依本律。

现行刑律案语

原例(略)

臣等谨按:此沿前明《问刑条例》。附近充军照章应改"流二千里","发遣"字样,应改为"问发"。谨将修改例文,开列于后。

○修改(略)

大清律例

3.8.141.(4)〔豪强盐徒聚众十人以上驾船持械拒敌官兵杀人及伤〕

一、凡豪强盐徒,聚众至十人以上,撑驾大船,张挂旗号,擅用兵仗、响器,拒敌官兵,若杀人及伤三人以上者,比照强盗已行得财律皆斩,为首者仍枭首示众;伤二人者,为首斩决,为从绞监候;伤一人者,为首斩监候,为从实发云贵两广极边烟瘴充军。凡得赃包庇之兵役,俱拟斩监候。私售之灶丁,及窝顿之匪犯,俱发伊犁、乌鲁木齐等处为奴。其虽拒敌,不曾杀伤人,为首绞监候,为从流三千里。若贫难军民将私盐肩挑背负易米度日者,不必禁捕。

3.8.141.(2)〔兵民聚众十人以上持械兴贩私盐拒捕杀人及伤〕

一、凡兵民聚众十人以上,带有军器,兴贩私盐,拒捕杀人,及伤三人以上之案,为首并杀人之犯斩决,伤人之犯斩监候,未曾下手杀伤人者发近边充军;伤二人者,为首斩,下手者绞,俱监候;伤一人者,为首绞监候,下手者实发云贵两广极边烟瘴充军,为从俱满流。若拒捕不曾伤人者,为首实发云贵两广极边烟瘴充军,为从满流。其虽带有军器,不曾拒捕者,为首发近边充军,为从流二千里。若十人以下拒捕杀人,不论有无军器,为首者斩,下手者绞,俱监候,不曾下手者发近边充军;伤至二人以上者,为首斩监候,下手之人绞监候;伤止一人者,为首绞监候,下手之犯杖一百、流三千里;其不曾下手者,俱仍照私盐律杖一百、徒三年。若拒捕不曾伤

现行刑律

8.120.(2)〔聚众十人以上持械兴贩私盐杀伤人〕

一、凡聚众十人以上,兴贩私盐,带有军器,杀人者,为首并杀人之犯,拟绞立决,未下手之犯发极边足四千里安置;伤人者,为首依律拟绞监候,下手之犯发烟瘴地方安置,未下手之犯流三千里。虽带军器,不曾拒捕者,为首发极边足四千里安置,为从流二千里。

人者，为首杖一百、流三千里，为从照私盐本律拟徒。其不带军器，不曾拒捕，不分十人上下，仍照私盐律杖一百、徒三年。若十人以下，带有军器，不曾拒捕者，为首照私盐拟徒本罪加一等律杖一百、流二千里，为从杖一百、徒三年。其失察文武各官，交部议处。有拿获大伙私贩者，交部议叙。

现行刑律案语

原例

3.8.141.(4)〔豪强盐徒聚众十人以上驾船持械拒敌官兵杀人及伤〕

3.8.141.(2)〔兵民聚众十人以上持械兴贩私盐拒捕杀人及伤〕

臣等谨按：以上二条，前条沿明《问刑条例》，后条系康熙年间增定。前条指水路而言，后条似指陆路而言。其实水、陆盐徒并无区别，且后条较前条为详。水、路盐枭不及十人，仍须照后条办理，自应合并为一。查前条照强盗问拟，系明例原文，治罪不无过重，应请照后条科断，以归一律。拒捕伤人通例，向以金刃、他物、手足分别罪名，此处独论人数，系属变例。夫就人数而论，则二人下手各伤一人，与一人下手独伤一人，其罪相等。乃后条于下手之犯，伤二人者绞候，伤一人者充军，于理未洽。又后条聚众十人以上，拒伤三人与二人有别；而十人以下拒伤之案，并无三人、二人之分，亦觉歧异。查聚众十人以上拒伤二人为首，例拟斩候，照章改绞，已与伤一人为首无别，其下手之犯，若仍绞候之旧，未免首从不分，拟请改照伤一人下手之犯办理。聚众不及十人一项，原例“伤二人以上”句，拟改为“二人以下”，其办法一准上项，仍添“伤三人以上”一层，俾与上项一贯。又聚众十人以上，必带有军器者，方依例问拟，而十人以下，则不论有无军器，一律严惩，殊觉无所区别，应请将“不论有无军器”句改为“带有军器”，以昭画一。综观前后两条，除杀人、伤三人以上外，罪名均尚相等，惟前条伤二人者，为首斩决，后条斩监候；前条拒捕不曾伤人者，为首绞候，后条发烟瘴充军，稍有轻重之别。现值轻减刑章之际，此项罪名自以改照后条为当，此外各罪，均应照章改正。其“近边充军”一项，情罪重于满流，应改为“极边足四千里安置”。前条之私售窝顿各犯，旧例本指在大伙枭徒拒捕伤差案内者而言，惟枭徒人数多寡，及有无拒捕伤差等情，均非灶丁人等所能逆料，若以临时拒捕之故，严治私售窝顿之人，论法似嫌太重。查灶丁私卖及窝藏寄顿之犯，律内本有罪名，本例“发遣为奴”之处，拟请节去。其得赃、包庇之兵役，拟添入下文“严究来历”条内，以清眉目。前条“贫难军民”数语，乾隆年间已定专例，应请节删。再，近年江浙等省枭匪横行，前条所称“撑驾大船，张挂旗号，擅用兵仗、响器，拒敌官兵”等语，确有此等情事,其首要枭匪及在场拒敌者,各该省拿获以后,因其形同土匪,均于讯明后就地正法,应于例末添入"由该督抚体察情形,从严惩办",并将"响器"改为"火器",以便引用。谨将修并例文,开列于后。

〇修并

一、凡聚众十人以上,兴贩私盐,带有军器,若杀人及伤三人以上者,为首并杀人之犯绞立决,伤人之犯绞监候,不曾下手者发极边足四千里安置;伤二人以下者,为首绞监候,下手之人发烟瘴地方安置,不曾下手者流三千里。若拒捕不曾伤人者,为首发烟瘴地方安置,为从流三千里。虽带军器,不曾拒捕者,为首发极边足四千里安置,为从流二千里。若十人以下,带有军器,拒捕杀人及伤三人以上者,为首及下手之人,俱绞监候,不曾下手者,发极边足四千里安置;伤二人以下者,为首绞监候;下手之人,流三千里;不曾下手者,仍照私盐律徒三年。若拒捕不曾伤人者,为首流三千里,为从照私盐本律拟徒。其虽带有军器,不曾拒捕者,为首照私盐拟徒本罪加一等律流二千里,为从徒三年。如不带军器,不曾拒捕,不分十人上下,仍照私盐律徒三年。至豪强枭徒撑驾大船,张挂旗号,擅用兵仗、火器,拒敌官兵,形同土匪者,由该督抚体察情形,从严惩办。失察文武各官,交部议处。有拿获大伙私贩者,交部议叙。

核订现行刑律

原修并例文(略)

谨按:此条系聚众十人兴贩私盐从严治罪之例。"伤人"一层,以三人以上、二人以下,为分别轻重之差等,盖由杀一家三人推衍而及,揆诸法理,似伤苛细。又律称"拒捕者绞",是但拒捕即坐,初不必计其为杀人、为伤人、为未伤也,例内"十人以上未伤人,并十人以下"一节,胪列虽详,科罪反轻于本律,拟请与下文"不带军器,不曾拒捕"一节一并节去,以归简易。枭徒聚众,予以绞决,已不为轻。例末因豪强私贩,许令督抚从严惩办,并未明定其刑,细绎其旨,是无非就地正法而已。查立宪国通例,刑法以外不能科人以刑,《就地正法章程》乃军务之际,一时权宜之办法,如永著为例,恐启疆吏生杀自擅之弊,尤非筹备立宪之时所应有。至议处、议叙事隶《处分则例》,刑律无关引用,此节拟请节删。谨将修改例文,开列于后。

〇修改(略)

大清律例

3.8.141.(10)〔贩私盐徒装点客商被格伤后挟制控告〕

一、凡贩私盐徒,如有略置货物,装点客商,被官兵格伤后,挟制控告者,除

现行刑律

8.120.(3)〔贩私盐徒装点客商被格伤后挟制控告〕

一、凡贩私盐徒,如有略置货物,装点客商,被官兵格伤后,挟制控告者,除

聚众贩私杀人，罪犯应死，无可复加外，余于巡获私盐装诬平人满流律上加一等，发附近充军。若兴贩本罪已至充军，复行挟制控告者，于犯事地方加枷号一个月，满日发配。

聚众贩私杀人，罪犯应死，无可复加外，余于巡获私盐装诬平人满流律上加一等，发极边足四千里安置。

现行刑律案语

原例（略）

臣等谨按：此条系道光二年〔1822〕定例。附近充军照章应改流二千里，惟情罪重于满流，应改为“发极边足四千里安置”。“兴贩本罪”数句，原例既经改轻，毋庸声叙，应请节删。谨将修改例文，开列于后。

○修改（略）

大清律例

3.8.141.(14)〔收买肩贩官盐越境货卖拒捕杀伤〕

一、凡收买肩贩官盐，越境货卖，审明实非私枭者，除无拒捕情形，仍照律例问拟外，其拒捕者，照罪人拒捕律加罪二等。如兴贩本罪应问充军者，仍从重论。倘拒捕殴人至折伤以上者绞，杀人者斩，俱监候；为从各减一等。

现行刑律

8.120.(4)〔收买肩贩官盐越境货卖拒捕杀伤〕

一、凡收买肩贩官盐，越境货卖，审明实非私枭者，除无拒捕情形，仍照律例问拟外，其拒捕者，照罪人拒捕律加罪二等。倘拒捕殴人至折伤以上者绞监候，杀人者亦绞监候；为从各减一等。下手帮殴之人，以为从论。

现行刑律案语

原例（略）

臣等谨按：此条系乾隆七年〔1742〕刑部议复浙江巡抚常安题奏定例。“兴贩本罪，应问充军”指“越境兴贩，应发附近充军者”而言，从重论者，别于罪止流三千里也。新章改附近军为“流二千里”，则加等满流，与罪止流三千里相符，例内毋庸声叙。应将“兴贩本罪”三句节去。杀人者斩候既应照章改绞，应于上“绞”下添入“监候”，“杀人者”句下添入“亦绞监候”，以资援引。再，前条聚众拒捕，下手与为从有别，自系为严惩枭贩起见，本条情节稍轻，原奏亦言“下手帮殴之人，以为从论”，应于例末添注，以免援引错误。谨将修改例文及增辑例注，开列于后。

○修改（略）

大清律例

3.8.141.(12)〔贫难小民老幼残疾及无依老妇买盐挑卖〕

一、除行盐地方大伙私贩严加缉究外,其贫难小民,年六十岁以上,十五岁以下,及年虽少壮,身有残疾,并妇女年老孤独无依者,于本州县报明,验实注册,每日赴盐场买盐四十斤挑卖。只许陆路,不许船装,并越境至别处地方,及一日数次出入。如有违犯,仍分别治罪。

现行刑律

8.120.(5)〔贫难小民等买盐挑卖〕

一、除行盐地方大伙私贩严加缉究外,其贫难小民及妇女、孤独无依者,许于本州县报明,验实注册,每日赴场买盐四十斤挑卖。只许陆路,不许船装,并越境至别处地方,及一日数次出入。如有违犯,仍分别治罪。

现行刑律案语

原例(略)

臣等谨按:此条系乾隆年间定例。既系贫难小民,似可不必限定年岁,此数语拟请节删。谨将修改例文,开列于后。

○修改(略)

大清律例

3.8.141.(13)〔巡盐兵捕夹带私贩〕

现行刑律

8.120.(6)〔巡盐兵捕夹带私贩〕

一、巡盐兵捕自行夹带私贩,及通同他人运贩者,照私盐加一等治罪。

现行刑律案语

原例(略)

○仍旧

臣等谨按:此例应仍其旧,理合陈明。

大清律例

3.8.141.(8)〔拿获贩私盐犯〕

一、拿获贩私盐犯,承审官务须先将买自何人何地以及买盐月日、数目究明,提集犯证,并密提灶户、煎盐、火伙、

现行刑律

8.120.(7)〔贩私盐犯拒不实供买自何人何地〕

一、拿获贩私盐犯,务须先将买自何人何地以及买盐日月、数目究明,提

簿扇，查审确实，将卖盐及窝顿之人，均与本犯按照律例一体治罪。若查审无据，即属虚诬，将本犯依律加三等治罪。如承审官不能审出诬扳者，交部分别议处。若审出买自场灶，即将该管盐场大使，并沿途失察各官，题参议处。其不行首报之灶丁，均照贩私例治罪。

3.8.141.(18)〔私贩拒不实供买自何处加等定拟〕

一、贩卖私盐数至三百斤以上，及盘获粮船夹带，讯系大伙兴贩，均即究明买自何处，按律治罪。如不将卖盐人姓名据实供出者，即将该犯于应得本罪上加一等定拟。若向老幼孤独零星收买，数至三百斤以下，实不能供出卖盐人姓名者，仍以本罪科断。如承审各员有心庇纵，含混完结，该管上司不行详揭，一并题参议处。

3.8.141.(19)〔拿获私盐曲为开脱〕

一、拿获船载、车装、马驮私盐，该地方官如不按律治罪，曲为开脱者，该管上司察出，即照故出人罪律，从重参处。

集犯证，并密提灶户、煎盐、火伏、簿扇，查审确实，如系大伙兴贩，将本犯并卖盐及窝顿之人照律治罪。本犯不据实供出，于应得本罪上加一等。如审系诬攀，依律加三等。若向老幼孤独零星收买，实不能供出姓名者，仍以本罪科断。承审官曲为开脱，照故出人罪律从重参处；不能审出诬攀者，交部议处。若审出买自场灶，将该管盐场大使，并沿途失察各官奏参议处。其得赃包庇之兵役，从重治罪。

现行刑律案语

原例

3.8.141.(8)〔拿获贩私盐犯〕

3.8.141.(18)〔私贩拒不实供买自何处加等定拟〕

3.8.141.(19)〔拿获私盐曲为开脱〕

臣等谨按：以上三条，第一条系雍正年间定例，第二条系乾隆年间定例，均为严究来历而设，第三条亦系乾隆年间定例，言官员开脱之罪，即第二条之"有心庇纵"，应合并为一，以归简易。查盐场私盐有火伏之法，明时以自子至亥为一火伏，雍正五年〔1727〕巡盐御史噶尔泰题请"举行火伏之法，以煎烧一昼夜为一火伏"等因，今第一条例内有"火仗"字样，系"火伏"之讹，应更正。灶丁不首照贩私例治罪之处，即律文灶丁货卖同私盐法之意，毋庸于例内声明。又私卖窝顿罪名，律有明文，若与本犯一体治罪,则本犯有杀、伤、首、从之分,转难比附,拟改为“按律治罪”。第二条既有大伙兴贩及零星收买之别,则“三百斤上、下”语句,徒涉繁项;粮船夹带之例,光绪三十一年〔1905〕已奏准删除,第二条“粮船夹带”字样,亦属衍文,应请一并节去。其余繁冗字句,均应删节。谨将修并例文,开列于后。

○修并(略)

大清律例

3.8.141.(22)〔拿获私盐车船马牛等物分别给赏充公〕

一、拿获私盐,限四个月完结。如人、盐并获者,将所获盐货、车船、头匹等项,全行赏给。如获盐而不获人,确查盐犯实系脱逃者,以一半赏给,一半充公。倘有故纵情事,无论巡役、兵丁,受贿者计赃以枉法从重论,未受贿者杖一百、革退。所获盐货等项,一概充公,不准给赏。私盐交与本处盐商,照官盐价值,立即变价;骡马牛驴,如延挨不变,以致倒毙,着落该州县官照中等价值赔补;车船等物,亦照依时价据实变价报部查核。倘有侵渔、捏报情弊,并逾限不行完结,及不即变价报解者,将该州县分别议处治罪。

现行刑律

8.120.(8)〔拿获私盐车船头匹等项分别给赏充公〕

一、拿获私盐,限四个月完结。人、盐并获者,所获盐货、车船、头匹等项,全行赏给。如获盐而不获人,确查盐犯实系脱逃者,以一半赏给,一半充公。倘有故纵情事,无论巡役、兵丁,受贿者计赃以枉法从重论,未受贿者处十等罚、革退。所获盐货等项,一概充公。

现行刑律案语

原例(略)

臣等谨按:此条可分两节:一充赏,一变价。“充赏”一节应仍其旧,惟“杖一百”照章罚金,应改为“处十等罚”。“变价”一节,私盐、官盐成色不同,交商变价,难限日售尽,既照官盐价值,且须立刻变卖,未免重为商累;马牛车船等物,乃案内证据,不待案结而变价,又定为倒毙赔补之法,则官亦必有受其累者。办一案而官商俱累,其弊必至于讳饰不报,拟请删除,以昭宽简。谨将修改例文,开列于后。

○修改(略)

大清律例

3.8.141.(16)〔运盐船户盗卖商盐及押运之人通同盗卖〕

一、凡运盐船户,偷窃商盐,整包售卖者,照船户行窃商民例,分别首从,计赃科罪,各加枷号两个月,仍尽本法刺字。所卖之赃,照追给主。如追不足数,将船变抵。其押运商厮,起意通同盗卖者,依奴仆勾引外人同盗家长财物,计赃递加窃盗一等例治罪。如非起意,止通同偷卖分赃者,依奴仆盗家长财物照窃盗例计赃科断。若商厮稽察不到,被船户乘机盗卖者,照不应重律杖八十。如押运之人,或系该商亲族,仍分别有服、无服,照亲属相盗律例科断。

现行刑律

8.120.(9)〔运盐船户盗卖商盐及押运商厮通同盗卖〕

一、凡运盐船户,偷窃商盐,整包售卖者,分别首从,计赃科罪。所卖之赃,照追给主。如追不足数,将船变抵。其押运商厮,起意通同盗卖者,依雇工人勾引外人同盗家长财物例治罪。如非起意,止通同偷卖分赃者,依雇工人盗家长财物科断。若商厮稽察不到,被船户乘机盗卖者,照不应重律治罪。如押运之人,或系该商亲族,仍分别有服、无服,照亲属相盗律例科断。

现行刑律案语

原例(略)

3.8.141.(16)〔运盐船户盗卖商盐及押运之人通同盗卖〕(略)

3.8.141.(17)〔船户行窃引盐保雇不实及朦揽之埠头分别治罪〕(略)

臣等谨按:以上二条,均系乾隆十六年〔1751〕定例。刺字、枷号,船户行窃及扰累商民原例,现已声请删改,此处应请一并节删。"照不应重律杖八十"应改为"照不应重律治罪"。谨将修改例文,分别开列于后。

○修改

一、凡运盐船户,偷窃商盐,整包售卖者,分别首从,计赃科罪。所卖之赃,照追给主。如追不足数,将船变抵。其押运商厮,起意通同盗卖者,依奴仆勾引外人同盗家长财物例治罪。如非起意,止通同偷卖分赃者,依奴仆盗家长财物科断。若商厮稽察不到,被船户乘机盗卖者,照不应重律治罪。如押运之人,或系该商亲族,仍分别有服、无服,照亲属相盗律例科断。

8.120.(10)〔埠头朦揽扣克致船户盗卖商盐〕(略)

核订现行刑律

原修改例文

3.8.141.(16)〔运盐船户盗卖商盐及押运之人通同盗卖〕修改例文(略)

谨按:“奴仆勾引外人同盗家长财物”及“奴仆盗家长财物”各本律例,均改“奴仆”为“雇工人”,本条自应照改,以免参差。谨将修改例文,开列于后。

〇修改(略)

大清律例

3.8.141.(17)〔船户行窃引盐保雇不实及朦揽之埠头分别治罪〕

一、埠头明知船户不良,朦混揽装,及任意扣克水脚,致船户途间乏用,盗卖商盐者,照写船保载等行恃强代揽勒索使用扰害客商例治罪外,加枷号一个月。船户变赔不足之赃,并令代补。如无前项情弊,止于保雇不实者,照不应重律杖八十。

现行刑律

8.120.(10)〔埠头朦揽扣克致船户盗卖商盐〕

一、埠头明知船户不良,朦混揽装,及任意扣克水脚,致船户途间乏用,盗卖商盐者,照写船保载等行恃强代揽勒索使用扰害客商例治罪。船户变赔不足之赃,并令代补。如无前项情弊,止于保雇不实者,照不应重律治罪。

现行刑律案语

〇修改(略)

见3.8.141.(16)〔运盐船户盗卖商盐及押运之人通同盗卖〕条

大清律例

3.8.141.(23)〔江西等地缉私兵役准携鸟枪抵御拒捕枭匪〕

一、江西省行销淮盐各州县,并山西省河东盐池地方,除商雇巡役仍各照例办理,不得擅带鸟枪外,其各派出缉私员弁兵役,准其携带鸟枪,编列字号,官为给发。遇有大伙私枭,抢窃贼匪,持械拒捕者,许令施放鸟枪抵御。登时格杀者,照罪人持仗拒捕登时格杀律勿论。若非格杀,或遇零星小贩,及虽属大伙而非持械拒捕,或缉私兵役所带鸟枪并无官编字号,实系抵御聚众私枭,辄行放枪,致有杀伤者,各依罪人不拒捕而擅杀伤律分别科断。至准带鸟枪

现行刑律

8.120.(11)〔缉私弁兵准携枪支抵御拒捕枭匪〕

一、凡商雇巡役仍照例办理,不得擅带枪支外,其各省派出缉私员弁兵役,准其携带枪支,编列字号。遇有大伙私枭,抢窃贼匪,持械拒捕者,许放枪抵御,登时格杀者勿论。若非格杀,或遇零星小贩,及虽属大伙而非持械拒捕,或缉私兵役所带枪支并无官编字号,实系抵御聚众私枭,辄行放枪,致有杀伤者,各依罪人不拒捕而擅杀伤律分别科断。至准带枪支之处,一俟枭贩稍戢,即行停止。倘准带枪支缉私大员,仍以力不能擒借口,即以故纵私盐律从

之处，一俟枭贩稍戢，即行停止。倘准带鸟枪缉私大员，仍有以力不能擒借口者，即以故纵私盐律从重惩究。其江西省各州县每月应销引盐若干，均分作十分，责令该管道、府，将盐快兵丁，按月提比。如月内缉私快兵能拿获大伙私枭两起，及引盐畅销十分以上者，酌量优赏；销至八九分者，免其责罚。如止七分者，笞四十；六分者，笞五十；五分者，杖六十，枷号一个月；四分者，杖七十，枷号四十五日；三分者，杖八十，枷号两个月；二分者，杖九十，枷号七十五日；满日折责，仍留役。如止销至一分者，杖一百，枷号三个月，满日折责，革役。各该员弁随时稽查约束。如有任听兵役得贿包庇者，即照故纵衙役犯赃例参处。

重惩究。

现行刑律案语

原例（略）

臣等谨按：各省缉私弁兵，皆准携带军器，而江西、山西二省独有专例者，以该二省于嘉庆、道光年间先后奏明之故，他省办法不应歧异，应请改为通例。惟缉私分数各省情形不同，应由该督抚自行酌定，奏明办理。江西一省专章，毋庸纂入通行例内，原例“江西各州县”一段，拟请删除。再，从前只有鸟枪一种，今洋枪名目繁多，应改为“枪枝”字样，以昭赅备。谨将修改例文，开列于后。

〇修改（略）

大清律例

3.8.141.(24)〔商雇巡役缉私杀伤依其是否报部分别科断〕

一、凡盐商雇募巡役，令将姓名报明运司造册送部。如因缉私被盐匪杀伤，或杀伤盐匪者，依贩私拒捕杀伤及擅杀伤罪人各本律例，分别科断。若仅

现行刑律

8.120.(12)〔商雇巡役报院有名缉私杀伤〕

一、凡盐商雇募巡役，由州县详明运司转报盐院有名者，如因缉拿盐匪致被杀伤，或杀伤盐匪者，各照贩私拒捕杀伤并擅杀伤罪人本律例科断。若仅

止报县有名,并未详司造册报部者,各以凡斗杀伤及兴贩私盐本律例,从其重者论。

3.8.141.(25)〔直隶山东报院有名之商雇巡役缉私杀伤〕

一、直隶、山东两省盐商雇募巡役,由州县详明运司转报盐院有名者,如因缉拿盐匪致被杀伤,或杀伤盐匪者,各照贩私拒捕杀伤并擅杀伤罪人本律例科断。若仅报州县有名,并未详司报院者,仍各以凡斗杀伤及兴贩私盐本律例,从其重者论。俟数年后枭匪稍戢,仍复旧例办理。

报州县有名,并未详司报院者,仍各以凡斗杀伤及兴贩私盐本律例,从其重者论。

现行刑律案语

原例

3.8.141.(24)〔商雇巡役缉私杀伤依其是否报部分别科断〕

3.8.141.(25)〔直隶山东报院有名之商雇巡役缉私杀伤〕

臣等谨按:以上二条,前条系道光四年〔1824〕定例,后条系同治六年〔1867〕定例。办法相同,惟有报院、报部之别,窃谓部务繁多,与其转辗行查、致稽时日,不如概以报院,有案为断,并将二条修并,以归简易。谨将修并例文,开列于后。

○修并

一、凡盐商雇募巡役,由州县详明运司转报盐院有名者,如因缉拿盐匪致被杀伤,或杀伤盐匪者,各照贩私拒捕杀伤并擅杀伤罪人本律例科断。若仅报州县有名,并未详司报院者,仍各以凡斗杀伤及兴贩私盐本律例,从其重者论。俟数年后枭匪稍戢,仍复旧例办理。

核订现行刑律

原修并例文(略)

谨按:本律经此次修定之后,在颁行限期内,即应作为定例。例末"俟数年后枭匪稍戢,仍复旧例办理"数语,有类暂行章程,拟请节删。谨将修改例文,开列于后。

○修改(略)

大清律例	现行刑律
3.8.141.(15)〔盐商雇募巡役不许私带鸟枪〕 一、盐商雇募巡役，如遇私枭大贩，即飞报营汛协同擒拿。其雇募巡役，不许私带鸟枪，违者照私藏军器律治罪。失察之地方官，交部照例议处。	8.120.(13)〔盐商雇募巡役不许私带枪支〕 一、盐商雇募巡役，如遇私枭大贩，即飞报营汛协同擒拿。其雇募巡役，不许私带枪支，违者照私藏军器律治罪。失察之地方官，交部照例议处。

现行刑律案语

原例(略)

臣等谨按：此例应仍其旧，惟“鸟枪”字样应改为“枪枝”，以昭赅备。谨将修改例文，开列于后。

○修改(略)

大清律例	现行刑律
3.8.141.(11)〔盐船大江失风失水〕	8.120.(14)〔盐船大江失风失水〕 一、盐船在大江失风、失水者，查明准其装盐复运。倘有假捏情弊，以贩私律治罪。

现行刑律案语

原例(略)

臣等谨按：此例应仍其旧，理合陈明。

大清律例	现行刑律
3.8.141.(20)〔引盐淹消报勘核补及捏报勒索〕 一、引盐淹消，具报到官，该地方州县官即会同营员查勘确实，限一月内通详盐道。该道于详到之日起，限半月内核转，以凭饬商补运，限三月内过所运口岸。该盐政仍将淹消补运盐斤数目报部，其沿途督抚及该管盐道、知府随	8.120.(15)〔引盐淹消报勘核补及捏报勒索〕 一、引盐淹消，具报到官，该地方州县官即会同营员查勘确实，限一月内通详盐道。该道于详到之日起，限半月内核转，以凭饬商补运，限三月内过所运口岸。该盐政仍将淹消补运盐斤数目报部，其沿途督抚及该管盐道、知府随

时查察。如有州县、营员扶同商人捏报,及勒索捺搁情弊,即行指名题参,商人照例治罪。

时查察。如有州县、营员扶同商人捏报,及勒索捺搁情弊,即行指名奏参,商人照例治罪。

现行刑律案语

原例(略)

臣等谨按:此条系乾隆三十二年〔1767〕定例,应仍其旧,惟“题参”二字应改为“奏参”。谨将修改例文,开列于后。

○修改(略)

条例·删除

大清律例

3.8.141.(3)〔回空粮船夹带私盐闯闸闯关聚众持械拒捕杀伤人〕

一、凡回空粮船,如有夹带私盐,闯闸闯关,不服盘查,聚至十人以上持械拒捕杀伤人,及拒捕不曾杀伤人,并聚众十人以下拒捕杀伤人,及不曾杀伤人者,俱照兵民聚众十人上下例分别治罪。头船、旗丁、头舵人等,虽无夹带私盐,但闯闸闯关者,枷号两个月,发近边充军;随同之旗丁、头舵,照为从例,枷号一个月,杖一百、徒三年,不知情不坐。卖私之人及灶丁将盐私卖与粮船者,各杖一百、流二千里。窝藏、寄顿者,杖一百、徒三年。其虽不闯闸闯关,但夹带私盐,亦照贩私加一等,流二千里。兵役受贿纵放者,计赃以枉法从重论。未受贿者,杖一百,革退。贩私地方之专管官、兼辖官及押运官,并交部议处;随帮革退。其虽无夹带私盐,倚恃粮船闯闸闯关者,押运等官革职,随帮责三十板、革退。不服盘查,持械伤人者,押运等官革职;随帮责四十板、革退。倘关闸各官勒索留难,运官呈明督抚参处。

删除律例

○删除

大清律例

3.8.141.(5)〔伪造盐引印信转卖骗财〕

一、凡伪造盐引、印信,贿嘱运司、吏书人等,将已故并远年商人名籍、中盐来历填写在引,转卖诓骗财物,为首者依律处斩外,其为从并经纪、牙行、店户,运司、吏书,一应知情人等,但计赃满数应流者,不拘曾否支盐出场,俱发近边充军。

现行刑律案语

○删除

原例(略)

臣等谨按:此沿前明《问刑条例》,伪造盐引见"伪造印信"例,此例重在填写中盐来历,故特定专条。今无中盐之制,例文久同虚设。至为从人等,于首犯死罪上减等满流,本系通例,此例加重充军,照新章修改,不过"流二千里"转较"应减满流"通例反轻。此例拟请删除。

大清律例

3.8.141.(6)〔盐课不曾完纳总催买嘱官吏指仓指囤扶同作弊〕

一、各盐运司总催名下该管盐课,纳完者方许照名填给通关。若(不曾纳课,)总催买嘱官吏,并复盘委官,(假)指(课已上)仓、指(上)囤,扶同作弊者,俱问发近边充军。

现行刑律案语

○删除

原例(略)

臣等谨按:此言总催作弊之罪,系前明《问刑条例》。今盐商完课办法与此不同,应请删除。

大清律例

3.8.141.(7)〔灶丁贩私大使失察〕

一、凡灶丁贩卖私盐,大使失察者革职,知情者枷号一个月发落,不准折赎。该管上司官,俱交该部议处。

现行刑律案语

○删除

原例(略)

臣等谨按:此条系康熙四十四年〔1705〕定例。灶丁贩卖私盐,大使失察,《处分则例》载有专条,极为详晰。且枷号不准折赎,亦与新章不符。如有知情,尽可照总催知情与犯人同罪律问拟。本例无关引用,拟请删除。

大清律例

3.8.141.(9)〔盐场无藉之徒把持官府诈害客商〕

一、各处盐场无藉之徒,号称长布衫、赶船虎、好汉等项名色,把持官府,诈害客商,犯该徒罪以上,及再犯杖罪以下者,俱发近边充军。

现行刑律案语

○删除

原例(略)

臣等谨按:此沿前明《问刑条例》,今无“长布衫、赶船虎”等名色,应请删除。

大清律例

3.8.141.(21)〔大伙兴贩聚众拒捕及枭徒持械杀伤巡役脱逃〕

一、凡大伙兴贩,聚众拒捕,及执持器械,杀伤巡役人等脱逃之枭徒,照强盗例勒缉。地方文武各官疏纵,及上司容隐不参,交部议处。

删除律例

○删除

3.8.142 监临势要中盐

律文·删除

大清律例

3.8.142.1 凡监临(盐法)官吏诡(立伪)名,及(内外)权势之人中纳钱粮,(于各仓库)请买盐引、勘合,(支领官盐货卖,)侵夺民利者,杖一百、徒三年,盐货入官。(盐引、勘合追缴。)

现行刑律案语

○删除

原律(略)

臣等谨按:中盐之法,始于北宋,明修其制,以实边屯。又虑监临势要之人,因缘为利,故著罪名于律令。自孝宗时,罢中本色,令商纳银于运库,于是开中之例名存实亡。国初鉴明积弊,革而新之,不但无中盐之名,并无就中盐本律比附援引之案。近年盐法改章,更与明制大异。此律无关引用,应请删除。

3.8.143 阻坏盐法

律文 · 删除

大清律例

3.8.143.1 凡客商（赴官）中买盐引、勘合，不亲赴场支盐，中途增价转卖，（以致转卖日多，中买日少，且诡冒易滋，因而）阻坏盐法者，买主、卖主各杖八十，牙保减一等，（买主转支之）盐货、（卖主转卖之）价钱并入官。其（各行盐地方）铺户转买（本主之盐而）拆卖者，不用此律。

现行刑律案语

○删除

【原律文】(略)

臣等谨按：此仍《明律》，亦为防中盐弊端而设。与上条律文同一无关引用，应请删除。

3.8.144 私茶 / 8.121 私茶

律文 · 仍旧

大清律例	现行刑律
3.8.144.1 凡犯私茶者，同私盐法论罪。如将已批验截角退引，入山影射照（出支）茶者，以私茶论。（截角，凡经过官司一处验过，将引纸截去一角，革重冒之弊也。）	8.121.1 凡犯私茶者，同私盐法论罪。如将已批验截角退引，入山影射照（出支）茶者，以私茶论。（截角，凡经过官司一处验过，将引纸截去一角，革重冒之弊也。）

现行刑律案语

原律(略)

○仍旧

臣等谨按：此律应仍其旧，理合陈明。

条例 · 修改

大清律例	现行刑律
3.8.144.(4)〔做造假茶及店户窝顿〕一、做造假茶五百斤以上者，本商	8.121.(1)〔做造假茶及店户窝顿〕一、做造假茶五百斤以上者，本商

并转卖之人,俱问发附近地方充军。若店户窝顿一千斤以上者,亦照例发遣。不及前数者问罪,照常发落。

并转卖之人,俱徒三年。若店户窝顿,在一千斤以上,徒二年半。

现行刑律案语

原例(略)

臣等谨按:此沿前明《问刑条例》。现在华茶出洋,每有杂假茶之弊,自应禁止。惟罪至充军,似嫌过重,拟请于附近充军罪上减一等,徒三年,以符与私盐同罪之意。窝顿之店户,拟照窝顿私盐徒二年半律问拟。谨将修改例文,开列于后。

○修改(略)

大清律例

3.8.144.(5)〔茶商赴楚买茶部引之外搭行印票及多带私茶者〕

一、凡茶商赴楚买茶,应照《会典》每茶一千斤,准带附茶一百四十斤,令产茶地方官给发船票,开明该商引目、茶数,不得另给印票收茶。其应行盘察之地方官,悉照引目及正、附茶斤验放,不许措勒留难。如于部引之外,有搭行印票,及附茶不依所定斤数,多带私茶者,即行查拿,照私盐律治罪。查验地方官故纵、失察者,照失察私盐例处分。至五司变卖茶斤,如有地僻引多,壅滞不能行销者,各商具呈该司,详报甘督,行令往卖司分,照数盘查,听其发卖、办课。

现行刑律

8.121.(2)〔甘肃茶商赴楚买茶搭行印票及多带私茶〕

一、甘肃茶商赴楚买茶,每茶一千斤,准带附茶一百四十斤,令产茶地方官给发船票,开明该商引目、茶数,不得另给印票收茶。其应行盘查之地方官,悉照引目及正、附茶斤验放,不许措勒留难。如于部引之外,有搭行印票,及附茶不依所定斤数,多带私茶者,即行查拿,照私盐律治罪。查验地方官故纵、失察者,照失察私盐例处分。至五司变卖茶斤,如有地僻引多,壅滞不能营销者,各商具呈该司,详报甘督,行令往卖司分,照数盘查,听其发卖、办课。

现行刑律案语

原例(略)

臣等谨按:此条系雍正七年〔1729〕定例,为稽查甘肃茶商赴楚买茶而设。应添"甘肃"二字于例首,俾与出洋茶商有别,"应照《会典》"四字,拟请节删。谨将修改例文,开列于后。

○修改(略)

条例 · 删除

大清律例

3.8.144.(1)〔商人买茶必具数报官纳引方许出境货卖〕

一、官给茶引，付产茶府州县。凡商人买茶，具数赴官纳银给引，方许出境货卖。每引照茶一百斤。茶不及引者，谓之畸零，别置由帖付之。量地远近，定以程限，于经过地方执照。若茶无由、引，及茶、引相离者，听人告捕。其有茶、引不相当，或有余茶者，并听拿问。卖茶毕，即以原给由、引赴住卖官司告缴。该府、州、县俱各委官一员专理。

现行刑律案语

〇删除

原例（略）

臣等谨按：此沿前《明会典》文类志书，且并无罪名，明时本不列入《问刑条例》，现在情形更自不同，应请删除。

大清律例

3.8.144.(2)〔兴贩私茶五百斤充军〕

一、私茶有兴贩夹带五百斤者，照见行私盐例，押发充军。

现行刑律案语

〇删除

原例（略）

臣等谨按：此沿前明例私茶律，以私盐论罪，已觉过重。若兴贩五百斤，遽拟充军，则较私盐三千斤充军之例，尤为严峻。历来此等案件，从未办过。本例应请删除。

大清律例

3.8.144.(3)〔兴贩私茶通番〕

一、凡兴贩私茶，潜住边境，与外国交易，及在腹里，贩卖与来京回还外国人者，不拘斤数，连知情歇家、牙保，发烟瘴地面充军。其在西宁，甘肃河州、洮州，四川雅州贩卖者，虽不入番，一百斤以上发附近，三百斤以上发近边，各充军；不及前数者，依律拟断，仍枷号两个月。文武官员纵容弟男子侄、家人军伴人等兴贩，及守备、把关、巡捕等官知情故纵者，各降一级调用；失觉察者，照常发落。若守备、把关、巡捕等官，自行兴贩私茶通番者，发近边；在西宁，甘肃河、洮，雅州，贩卖至三百斤以上者,发附近,各充军。

删除律例

○删除

3.8.145私矾

律文·删除

大清律例

3.8.145.1 凡私煎矾货卖者,同私盐法论罪。凡产矾之所,额设矾课,系官主典,给有文凭、执照,然后许卖。

现行刑律案语

○删除

原律(略)

臣等谨按:此仍《明律》,据《明会典》,洪武三年〔1370〕令庐州府黄墩、昆山,安庆府桐城县,岁办矾课,官给工本,有私煎者,论如私盐法,是为明代禁私矾之始。又按《续文献通考》,宣德元年〔1426〕弛私矾之禁,听民自采,盖自是以后,已无所谓私矾。本条律文不过暂用于明初数十年,及庐州、安庆数处而已。国朝山泽之利,与民共之。恭查《会典事例》,并无私矾之禁,亦无矾课之额,近年拟订矿务章程,矾石为矿质之一,尤其明证。本律无关引用,应请删除。

3.8.146匿税/8.122匿税

律文·修改

大清律例	现行刑律
3.8.146.1 凡客商匿税,不纳课程者,笞五十,物货一半入官。于入官物内,以十分为率,三分付告人充赏。务官、攒拦自获者,不赏。入门不吊引,同匿税法。商匠人关门,必先取官置号单,备开货物,凭其吊引,照货起税。○3.8.146.2 若买头匹不税契者,罪亦如之,仍于买主名下,追征价钱一半入官。	8.122.1 凡客商匿税,不纳课程者,处五等罚,物货一半入官。于入官物内,以十分为率,三分付告人充赏。务官、攒拦自获者,不赏。入门不吊引,同匿税法。商匠人关门,必先取官置号单,备开货物,凭其吊引,照货起税。○8.122.2 若买头匹不税契者,罪亦如之,仍于买主名下,追征价钱一半入官。

现行刑律案语

原律(略)

臣等谨按:此仍《明律》。"笞五十"罪名照章罚金,应改为"处五等罚"。谨将修改律文,开列于后。

〇修改(略)

条例·修改、仍旧

大清律例

3.8.146.(1)〔权豪把持拦截搅扰商税〕

一、京师及在外税课司局、批验茶引所,但系纳税去处,皆令客商自纳。若权豪无藉之徒,结党把持,拦截生事,搅扰商税者,徒罪以上,枷号两个月,发附近地方充军;杖罪以下,照前枷号发落。

现行刑律

8.122.(1)〔权豪把持搅扰商税〕

一、京师及在外税课司局、批验茶引所,但系纳税去处,皆令客商自纳。若权豪无藉之徒,结党把持,拦截生事,搅扰商税者,徒罪以上,加一等治罪。

现行刑律案语

原例(略)

臣等谨按:此沿前明《问刑条例》。附近充军照章应改为"流二千里",拟即改为"徒罪以上,加一等治罪"。附加枷号照章折罚,为数无多,酌从宽免,"杖罪以下"二句并行节删。谨将修改例文,开列于后。

〇修改(略)

大清律例

3.8.146.(3)〔奉天军民兴贩私酒进边〕

一、奉天省军民人等,潜赴边外蒙古地方,兴贩私酒进边,不及百斤,杖九十;一百斤以上,杖一百,枷号一个月;二百斤以上,杖六十、徒一年;每百斤加一等,罪止杖一百、流三千里。至沿边三十里以内贫民,肩挑背负,进边售卖,或易钱换物,及自用者,不在禁限,每人仍不得过五十斤。如至五十斤以上,照兴贩例治罪,酒俱变价入官。

现行刑律

8.122.(2)〔奉天军民兴贩私酒进边〕

一、奉天省军民人等,潜赴边外蒙古地方,兴贩私酒进边,不及百斤,处九等罚;一百斤以上,处十等罚;二百斤以上,徒一年;每百斤加一等,罪止流三千里。至沿边三十里以内贫民,肩挑背负,进边售卖,或易钱换物,及自用者,不在禁限,每人仍不得过五十斤。如至五十斤以上,照兴贩例治罪,酒俱变价入官。

现行刑律案语

原例(略)

臣等谨按:此条系咸丰五年〔1855〕定例。杖罪照章罚金,应依数分等处罚。徒、流附杖应节删。附加枷号若仍遵章并罚,未免涉于繁苛,拟请节去。谨将修改例文,开列于后。

〇修改(略)

大清律例

3.8.146.(5)〔奉天省烧锅协查兴贩私酒〕

一、奉天省各处烧锅,轮流值年,准其协同该地方差役,在边内盘查兴贩私酒之人,送官究治。失察旗、民地方官,照失察私入围场例议处。仍究明兴贩之犯,由何边门经过,由何边栅偷越,将该边章京,照军需铁货私出外境货卖。守把之人知而故纵者,与犯同罪。失于觉察者,官减三等,罪止杖一百;军兵又减一等,罪坐值日者。如该烧锅人并兵役等受贿故纵,及妄拿借端讹诈,计赃以枉法从重论。

现行刑律

8.122.(3)〔奉天烧锅协查兴贩私酒〕

一、奉天省各处烧锅,轮流值年,准其协同该地方差役,在边内盘查兴贩私酒之人,送官究治。失察旗、民地方官,照失察私入围场例议处。兴贩之犯由何边门经过,由何边栅偷越,该边门章京知而故纵者,与犯同罪。失于觉察者,官减三等,罪止十等罚;军兵又减一等,罪坐值日者。如该烧锅人并兵役等受贿故纵,及妄拿借端讹诈,计赃以枉法从重论。

现行刑律案语

原例(略)

臣等谨按:私出外境律文,此次拟请删除。例内"照军需铁货"等句,应节去。"杖一百"罪名照章罚金,应改为"处十等罚"。谨将修改例文,开列于后。

〇修改(略)

大清律例

3.8.146.(6)〔奉天烧锅高价卖酒及偷运边酒〕

现行刑律

8.122.(4)〔奉天烧锅高价卖酒及偷运边酒〕

一、奉天省边内烧锅,开写发票卖酒,随粮价高低定值,不准任意增至倍蓰。违者,照违制律治罪。如偷运边酒,影射渔利，照兴贩私酒例加一等治罪。

大清律例	现行刑律
3.8.146.(4)〔奉天沿边店铺收买零酒〕	8.122.(5)〔奉天沿边店铺收买零酒〕 一、奉天省沿边以内店铺，收买零酒，不得过五百斤。倘寄顿至五百斤以上，开给发票，出境渔利者，将店铺照兴贩私酒按斤治罪。

现行刑律案语

原例

3.8.146.(6)〔奉天烧锅高价卖酒及偷运边酒〕

3.8.146.(4)〔奉天沿边店铺收买零酒〕

○仍旧

臣等谨按：以上二例，应仍其旧，理合陈明。

条例·删除

大清律例

3.8.146.(2)〔私自买卖马匹不上税〕

一、屯庄居住旗人卖马者，俱令在屯庄所隶之州县上税，方准发卖。其民间马匹，或卖与旗人，或卖与驿站，或兵民互相买卖，俱报明地方官上税存案。如不上税、不存案，而私自买卖者，依律治罪，追价一半入官。

删除律例

○删除

大清律例

3.8.146.(7)〔置办洋药有心偷漏影射走私〕

一、商贩置办洋药，有心偷漏，影射走私，照违制律杖一百。巡役及各门书役，通同营私卖放者，与同罪；赃重者，计赃以枉法从重论。失察之海巡，照不应重律杖八十。该书役并海巡、巡役，起意诈财纵放，计赃以蠹役恐吓索诈论。如有土棍包揽护送，照搅扰商税例分别治罪。其洋药商人到务报税，如该巡皂有刁难需索情事，照支收官物留难刁蹬律治罪。得赃者，照指称掣批索诈例计赃科罪。

现行刑律案语

○删除

原例（略）

臣等谨按：此例系咸丰九年〔1859〕督理崇文门商税事务衙门奏定本，非直省通例。查洋药进口，一切稽查惩罚之法，条约、章程均有专款。至京城办法，现在民政部稽查烟膏、烟土，亦有新章。如商税衙门查有偷漏走私等情弊，似应照各项货物之例，一律罚办，无庸特设专例。应即删除。

3.8.147 船商匿货

律文·删除

大清律例

3.8.147.1 凡泛海客商舶大船。船到岸，即将货物尽实报官抽分。若停塌沿港土商、牙侩之家不报者，杖一百；虽供报而不尽实，罪亦如之。不报与报不尽之物货并入官。停藏之人同罪。告获者，官给赏银二十两。

现行刑律案语

○删除

原律（略）

臣等谨按：此仍《明律》，惟现在立约通商，已无海舶抽分之法。洋货进口，以单照为凭，隐匿不报，按约章罚办。皆与旧律情形大异，此条无关引用，应即删除。

3.8.148 人户亏兑课程／8.123 人户亏兑课程

律文·修改

大清律例

3.8.148.1 凡民间周岁额办茶盐商税诸色课程，年终不纳齐足者，计不足之数，以十分为率，一分笞四十，每一分加一等，罪止杖八十，追课纳官。○3.8.148.2 若茶盐运司、盐场茶局，及税务、河泊所等官，不行用心催办课，程，年终比附上年课额亏欠兑缺者，亦以十分论，一分笞

现行刑律

8.123.1 凡民间周岁额办茶盐商税诸色课程，年终不纳齐足者，计不足之数，以十分为率，一分处四等罚，每一分加一等，罪止八等罚，追课纳官。○8.123.2 若盐运司、盐场茶局，及税务、河泊所等官，不行用心催办课，程，年终比附上年课额亏欠兑缺者，亦以十分论，一分处

五十，每一分加一等，罪止杖一百。所亏课程，着落追补还官。○3.8.148.3 若人户已纳，而官吏、人役有隐瞒，不附簿，因而侵欺借用者，并计赃，以监守自盗论。

五等罚，每一分加一等，罪止十等罚。所亏课程，着落追补还官。○8.123.3 若人户已纳，而官吏、人役有隐瞒，不附簿，因而侵欺借用者，并计赃，以监守自盗论。

现行刑律案语

原律(略)

臣等谨按：此仍《明律》，茶运司系明初名目，今无其官，应请节去。笞、杖罪名照章罚金，应依数分等处罚。谨将修改律文，开列于后。

○修改(略)

条例 · 修改

大清律例

3.8.148.(3)〔京员子弟执持父兄名帖讨关希图免税及奸牙地棍假称者〕

一、在京在外官员眷口船只过关，除无货物照常验放，胥吏人等，毋得任意需索外，如有奸牙地棍，假称京员科道名帖，或京员子弟，执持父兄名帖讨关，夹带货物，希图免税者，该管关员即行查拿究治。如该管关员不行详查，及明知瞻徇，照例议处。

现行刑律

8.123.(1)〔奸牙地棍假称京员名帖或京员子弟执持父兄名贴讨关〕

一、在京在外官员眷口船只过关，除无货物照常验放，胥吏人等，毋得任意需索外，如有奸牙地棍，假称京员名帖，或京员子弟，执持父兄名贴讨关，夹带货物，希图免税者，该管关员即行查拿究治。如该管关员不行详查，及明知瞻徇，照例议处。

现行刑律案语

原例(略)

臣等谨按：此条系乾隆五年〔1740〕定例。科道亦系京员，毋庸标明，应请将“科道”二字节去。谨将修改例文，开列于后。

○修改(略)

条例 · 删除

大清律例

3.8.148.(1)〔盐商欠完盐课扣限限满不完按所欠分数治罪〕

一、盐课钱粮不完者，将经督各官，照分数议处外，其各商名下应完盐课，作为十分。欠不及一分者,责二十板;欠一分者,枷号一个月,责二十板;欠二分者,枷号一个月半,责二十五板;欠三分者,枷号两个月,责三十板;欠四分者,枷号两个月半,责三十五板;欠五分者,枷号三个月,责四十板。以上欠课各商,题参之日,扣限一个月,全完者免处。如逾限不完,照此例枷责。如于枷限内照数全完者,释放免责。如枷限满日,仍全不完纳,除杖责外,将该商咨参革退,并带征等项,俱以引窝变抵。欠六分者,将该商杖六十、徒一年,所欠课项,限四个月全完;欠七分者,杖七十、徒一年半,限六月全完;欠八分者,杖八十、徒二年,限八个月全完;欠九分者,杖九十、徒二年半,限十个月全完;欠十分者,杖一百、徒三年,限一年全完。以上自六分至十分,将该商锁禁,严查家产。如限内全完,革退商人,免其杖、徒。倘逾限不完,即将该商发配。所欠新课、带征等项,着落引窝家产变抵。

现行刑律案语

○删除

原例(略)

臣等谨按:亏兑盐课,律有明文。雍正初年严惩亏空,故此等条例均属从严。乾隆以后,钱粮缓欠之罪,颇有改从轻减者。近年盐纲积滞,成本日重,且盐课以外,尚有盐厘盐斤加价、盐捕缉私经费等名目,若概照本例问拟,势必畏累隐避,而盐法愈坏,似应仍照律文科断,以恤商累。此例拟请删除。

大清律例

3.8.148.(2)〔隐匿管收税课加倍着追〕

一、管收税课钱粮,倘有隐匿,加倍着追。如接收官不行清查,上司不行转报题参,俱着落分赔。

删除律例

○删除

[3.9] 钱债 / [9] 钱债

[3.9.149]违禁取利 / [9.124]违禁取利

律文 · 修改

大清律例

[3.9.149.1]凡私放钱债，及典当财物，每月取利，并不得过三分，年月虽多，不过一本一利，违者笞四十。以余利计赃重于笞四十者，坐赃论，罪止杖一百。○[3.9.149.2]若监临官吏于所部内举放钱债、典当财物者，不必多取余利，有犯即杖八十。违禁取利，以余利计赃重于杖八十者，依不枉法论。各主者通算折半科罪。有禄人三十两，无禄人四十两，并杖九十；每十两加一等，罪止杖一百、流三千里。并追余利给主。兼庶民、官吏言。其负欠私债违约不还者，五两以上，违三月笞一十，每一月加一等，罪止笞四十；五十两以上，违三月笞二十，每一月加一等，罪止笞五十；百两以上，违三月笞三十，每一月加一等，罪止杖六十。并追本、利给主。○[3.9.149.3]若豪势之人，于违约负债者，不告官司，以私债强夺去人孳畜产业者，杖八十。无多取余利，听赎不追。若估所夺畜产之价过本、利者，计多余之物罪有重于杖八十者，坐赃论，罪止杖一百、徒三年。依多余之数追还。主。○[3.9.149.4]若准折人妻妾、子女者，杖一百；奸占加一等论。强夺者，加二等；杖七十、徒一年半。因强夺而奸占妇女者，绞。监候。所准折、强夺之人口给亲，私债免追。

现行刑律

[9.124.1]凡私放钱债，及典当财物，每月取利，并不得过三分，年月虽多，不过一本一利，违者处四等罚。以余利计赃重于四等罚者，罪止十等罚。○[9.124.2]若监临官吏于所部内举放钱债、典当财物者，不必多取余利，有犯即处八等罚。违禁取利，以余利计赃重于八等罚者，准不枉法论。并追余利给主。兼庶民、官吏言。其负欠私债违约不还者，五两以上，违三月处一等罚，每一月加一等，罪止四等罚；五十两以上，违三月处二等罚，每一月加一等，罪止五等罚；百两以上，违三月处三等罚，每一月加一等，罪止六等罚。并追本、利给主。○[9.124.3]若豪势之人，于违约负债者，不告官司，以私债强夺去人孳畜产业者，处八等罚。无多取余利，听赎不追。若估所夺畜产之价过本、利者，计多余之物罪有重于八等罚者，坐赃论，罪止徒三年。依多余之数追还。主。○[9.124.4]若准折人妻妾、子女者，处十等罚；奸占加一等论。强夺者，加二等；徒一年半。因强夺而奸占妇女者，绞。监候。所准折、强夺之人口给亲，私债免追。

现行刑律案语

原律(略)

臣等谨按:此仍《明律》。惟监临官吏于所部内违禁取利,与"刑律·受赃"门内监临官吏将自己物货散与部民、多取价利者,情事相等,而彼条"计赃,准不枉法论",此条"计赃,依不枉法论",《明律》纂注、笺释诸家谓"依"即"以"字之义,与真犯同,则是情事等而罪名显分轻重,殊未平允。故顺治初年增入小注,罪止满流,仍是用"准"字之义。雍正三年〔1725〕虽曾删去小注,乾隆五年〔1740〕复行增入,盖为此也。今拟改"依"字为"准"字,以昭划一。律文既经改定,小注即为赘设,应从节删。笞、杖照章罚金,应依数分等处罚。徒罪附杖,亦应节删。谨将修改律文、律注,开列于后。

○修改(略)

条例·仍旧、修改

大清律例	现行刑律
3.9.149.(4)〔监临官吏于部内举放钱债典当财物〕	9.124.(1)〔监临官吏于部内举放钱债典当财物〕 一、监临官吏,于所部内举放钱债、典当财物者,即非禁外多取余利,亦按其所得月息,照将自己货物散与部民多取价利计赃准不枉法论、强者准枉法论、不枉法各主者折半科罪律减一等问罪,所得利银,照追入官。至违禁取利,以所得月息,全数科算,准不枉法论,强者准枉法论,并将所得利银追出,余利给主,其余入官。

现行刑律案语

原例(略)

○仍旧

臣等谨按:此例应仍其旧,理合陈明。

大清律例	现行刑律
3.9.149.(6)〔佐领等在管下及民人向八旗兵放印子钱而指扣钱粮〕 一、佐领、骁骑校、领催等,有在本	9.124.(2)〔佐领等在管下及民人向八旗兵放印子钱而指扣钱粮〕 一、佐领、骁骑校、领催等,有在本

佐领或弟兄佐领下，指扣兵丁钱粮放印子银者，系佐领、骁骑校，照流三千里之例，枷号六十日；系领催，照近边充军例，枷号七十五日；俱鞭一百。伙同放印子银者，照为从杖一百徒三年例，枷号四十日，鞭一百。如非在本佐领下举放重债勒取兵丁钱粮，及民人违禁向八旗兵丁放转子、印子、长短钱扣取钱粮者，照诈欺官私取财律，计所得余利准窃盗论，利银均勒追入官。佐领、骁骑校、领催等代属下兵丁指扣钱粮保借者，佐领、骁骑校革职，领催鞭一百，其指米借债之人照违制律鞭一百。自行首出者，免其治罪，所欠债目，并免着追。失察之该管文武各官，俱交部分别议处。八旗佐领，每月仍将有无放债之人，出具印结，呈报该参领，按季加结，呈报都统查核。

佐领或弟兄佐领下，指扣兵丁钱粮放印子银者，照官吏于所部内举放钱债违禁取利律，加一等治罪。伙同放印子银者，以为从论，减一等。如非在本佐领下举放重债勒取兵丁钱粮，及民人违禁向八旗兵丁放转子、印子、长短钱扣取钱粮者，照私放钱债本律，加一等治罪，利银均勒追入官。佐领、骁骑校、领催等代属下兵丁指扣钱粮保借者，照不应重律治罪，其指米借债之人照不应为律科断。自行首出者，免其治罪，所欠债目，并免着追。失察之该管文武各官，俱交部分别议处。八旗佐领，每月仍将有无放债之人，出具印结，呈报该参领，按季加结，呈报都统查核。

现行刑律案语

原例（略）

臣等谨按：指扣兵丁钱粮举放重债，亦违禁取利之一端，而罪名有问拟军、流者，缘从前旗人军、流罪，均折枷发落，故不觉其重。现在旗人，概不折枷，若仍问拟军、流，立法未免过峻。如径改“依本律”，则此项情罪关系兵丁钱粮，与寻常债项不同，自应酌量变通办理。拟改为：“凡佐领、骁骑校、领催等，有在本佐领或弟兄佐领下，指扣属下兵丁钱粮放印子银者，照官吏于所部内举放钱债律，加一等治罪。伙同放印子银者，以为从论，减一等。如非在本佐领下举放重债勒取兵丁钱粮，及民人违禁向八旗兵丁放转子、印子、长短钱扣取钱粮者，照私放钱债本律，加一等治罪，余利均勒追入官。”至佐领、骁骑校、领催等代属下保借，及指米借债之人，罪名亦应量予轻减，拟改为“代属下兵丁指扣钱粮保借者，俱照不应重律科断。指米借债之人，照不应为律治罪”，庶轻重各得其平。谨将修改例文，开列于后。

○修改（略）

大清律例

3.9.149.(1)〔赴铨守候京债〕

一、听选官吏、监生人等借债,与债主及保人同赴任所取偿,至五十两以上,借者革职,债主及保人各枷号一个月发落,债追入官。

现行刑律

9.124.(3)〔听选官吏人等与债主保人同赴任所取偿〕

一、听选官吏人等借债,与债主及保人同赴任所取偿,至五十两以上,借者革职,债主及保人照不应重律治罪,债追入官。

现行刑律案语

原例(略)

臣等谨按:此条系前明《问刑条例》。惟前明监生坐监读书,满日考职,是以有借债赴任之事,与现在情形不同,应将"监生"二字节去。原例将"债主及保人各加枷号一月",照章罚金数仅五两,似应将债主及保人改为"照不应重律治罪",以示惩儆。谨将修改例文,开列于后。

〇修改(略)

大清律例

3.9.149.(3)〔短票扣折巧取重利〕

现行刑律

9.124.(4)〔短票扣折巧取重利〕

一、放债之徒,用短票扣折,违例巧取重利者,严拿治罪,其银照例入官。受害之人,许其自首免罪,并免追息。

现行刑律案语

原例(略)

〇仍旧

臣等谨按:此例应仍其旧,理合陈明。

条例·删除

大清律例

3.9.149.(2)〔越诉负欠私债〕

一、凡负欠私债,在京不赴五城及步军统领衙门而赴部院,在外不赴军卫有司而越赴巡抚、司、道官处告理,及辄具本状奏诉者,俱问罪,依越诉论。立案不行,私债不追。

现行刑律案语

〇删除

原例(略)

臣等谨按：此条系前明旧例，意在越诉立案不行。惟越诉各条，已详见“诉讼”门，此条殊嫌重复。拟请删除。

大清律例

3.9.149.(5)〔内地民人与土司交往借债〕

一、内地民人概不许与土司等交往借债。如有违犯，将放债之民人，照偷越番境例加等问拟。其借债之土苗，即与同罪。

3.9.149.(7)〔潜入黎境放债盘剥〕

一、凡内地汉奸，潜入粤东黎境放债盘剥者，无论多寡，即照私通土苗例，除实犯死罪外，俱问发边远充军。所放之债，不必追偿。

现行刑律案语

〇删除

3.9.149.(5)〔内地民人与土司交往借债〕(略)

3.9.149.(7)〔潜入黎境放债盘剥〕(略)

臣等谨按：以上二条，一系乾隆四十六年〔1781〕定例，一系嘉庆九年〔1804〕定例。查近今五洲交通，我民以工商业往来洋海，无间远迩，即外人游历内地者，亦无境不到，何尝执闭关锁港时成例刻以相绳？况土司、土苗皆属赤子，有犯均可照律办理，似不必另立专条。此二例拟请删除。

3.9.150 费用受寄财产 / 9.125 费用受寄财产

律文·修改

大清律例

3.9.150.1 凡受寄他人财物、畜产而辄费用者，坐赃论，以坐赃致罪律减一等；罪止杖九十、徒二年半。诈言死、失者，准窃盗论，减一等，罪止杖一百、徒三年，免刺。并追物还主。其被水火、盗贼费失，及畜产病死有显迹者勿论。若受寄财畜而隐匿不认，依诓骗律。如以产业转寄他人户下，而为所卖失，自有诡寄盗卖本条。

现行刑律

9.125.1 凡受寄他人财物、畜产而辄费用者，坐赃论，以坐赃致罪律，减一等；罪止徒二年半。诈言死、失者，准窃盗论，减一等，罪止徒三年。并追物还主。其被水火、盗贼费失，及畜产病死有显迹者勿论。若受寄财物而隐匿不认，依诓骗律。如以产业转寄他人户下，而为所卖失，自有诡寄盗卖本条。

现行刑律案语

原律(略)

臣等谨按:此律应仍其旧。惟小注内附加杖罪及“免刺”字样,应照章删除。谨将修改律文、律注,开列于后。

○修改(略)

条例·仍旧

大清律例

3.9.150.(2)〔典当及染铺自行失火及邻火延烧分别照成赔偿〕

现行刑律

9.125.(1)〔典当及染铺自行失火及邻火延烧分别照成赔偿〕

一、凡典商收当货物,自行失火烧毁者,以值十当五,照原典价值计算,作为准数。邻火延烧者,酌减十分之二,按月扣除利息,照数赔偿。其米麦、豆石、棉花等粗重之物,典当一年为满者,统以贯三计算,照原典价值,给还十分之三。邻火延烧者,减去原典价值二分,以减剩八分之数,给还十分之三。均不扣除利息。至染铺被焚,即着开单呈报地方官,逐一估计。如系自行失火者,饬令照估赔还十分之五;邻火延烧者,饬赔十分之三。均于一月内给主具领。其未被焚烧及搬出各物,仍听当主、染主照号取赎。倘奸商、店伙人等,于失火时有贪利隐匿、乘机盗卖等弊,即照所隐之物,按所值银数,计赃准窃盗论,追出原物给主。若只以自己失火为邻火延烧,希图短赔价值者,即计其短赔之值为赃,准窃盗为从论,分别治罪。如典商、染铺及店伙人等,图盗货物,或先有亏短因而放火故烧者,即照放火故烧自己房屋盗取财物及凶徒图财放火故烧人房屋各本律例,从重问拟。

大清律例

3.9.150.(3)〔典铺染铺被窃被劫分别照成再赔及酌赔〕

现行刑律

9.125.(2)〔典铺染铺被窃被劫分别照成再赔及酌赔〕

一、典铺被窃，无论衣服、米豆、丝棉、木器、书画，以及金银珠玉、铜铁铅锡各货，概照当本银一两，再赔一两；如系被劫，照当本银一两，再赔五钱，均扣除失事日以前应得利息。如赔还之后，起获原赃，即给与典主领回变卖，不准原主再行取赎。染铺被窃，照地方官估报赃数，酌赔十分之五；如系被劫，酌赔十分之三，均令于一月内给主收领。如赔赃之后，起获原赃，给与该铺具领，由地方官出示晓谕，令原主归还所得赔赃之资，将原物领回。仍查明已染、未染，分别付给染价。倘奸商、店伙人等，于失事后有贪利隐匿、乘机盗卖等弊，即照所隐之物，按所值银数，计赃准窃盗论。若只以窃报强，希图短赔价值者，即计其短赔之值为赃，准窃盗为从论，分别治罪。

现行刑律案语

原例

3.9.150.(2)〔典当及染铺自行失火及邻火延烧分别照成赔偿〕(略)

3.9.150.(3)〔典铺染铺被窃被劫分别照成再赔及酌赔〕(略)

○仍旧

臣等谨按：以上二条应仍其旧，理合陈明。

条例 · 删除

大清律例

3.9.150.(1)〔亲属费用受寄财物〕

一、亲属费用受寄财物，大功以上及外祖父母，得相容隐之亲属，追物给主，不坐罪；小功减三等，缌麻减二等，无服之亲减一等，俱追物还主。

现行刑律案语

○删除

原例(略)

臣等谨按：此条系前明《问刑条例》，原与凡人一体科罪，雍正三年〔1725〕改为照服制递减，则自有亲属相盗本律可循，似毋庸另立专例。应即删除。

[3.9.151]得遗失物／[9.126]得遗失物

律文·修改

大清律例	现行刑律
[3.9.151.1]凡得遗失之物，限五日内送官。官物尽数还官，私物召人识认。于内一半给与得物人充赏，一半给还失物人。如三十日内无人识认者，全给。五日限外不送官者，官物，坐赃论；罪止杖一百、徒三年，追物还官。私物减坐赃二等，其物一半入官，一半给主。若无主，全入官。○[3.9.151.2]若于官、私地内掘得埋藏无主之物者，并听收用。若有古器、钟鼎、符印、异常之物，非民间所宜有者。限三十日内送官。违者杖八十，其物入官。	[9.126.1]凡得遗失之物，限五日内送官。官物尽数还官，私物召人识认。于内一半给与得物人充赏，一半给还失物人。如三十日内无人识认者，全给。五日限外不送官者，官物，坐赃论；罪止徒三年，追物还官。私物减坐赃二等，其物一半入官，一半给主。若无主，全入官。○[9.126.2]若于官、私地内掘得埋藏无主之物者，并听收用。若有古器、钟鼎、符印、异常之物，非民间所宜有者。限三十日内送官。违者处八等罚，其物入官。

现行刑律案语

原律(略)

臣等谨按：此仍《明律》，顺治三年〔1646〕添入小注。律内“杖八十”罪名照章罚金，应改为“处八等罚”；小注内徒罪附杖应节删。谨将修改律文、律注，开列于后。

○修改(略)

3.10 市廛 / 10 市廛

3.10.152 私充牙行埠头 / 10.127 私充牙行埠头

律文・修改

大清律例

3.10.152.1 凡城市乡村诸色牙行，及船之埠头，并选有抵业人户充应，官给印信文簿，附写逐月所至客商、船户住贯、姓名、路引字号、物货数目，每月赴官查照。其来历、引货。若不由官选私充者，杖六十，所得牙钱入官。官牙、埠头容隐者，笞五十，各革去。

现行刑律

10.127.1 凡城市乡村诸色牙行，及船之埠头，并选有抵业人户充应，官给印信文簿，附写逐月所至客商、船户籍贯、姓名、路引字号、货物数目，每月赴官查照。其来历、引货。若不由官选，私充者，处六等罚，所得牙钱入官。官牙、埠头容隐者，处五等罚，各革去。

现行刑律案语

原律(略)

臣等谨按：此条应仍其旧。惟杖、笞照章罚金，应依数等处罚。谨将修改律文，开列于后。

○修改(略)

条例・修改

大清律例

3.10.152.(3)〔棍徒顶冒朋充霸开总行久占累商〕

一、凡在京各牙行领帖开张，照五年编审例，清查换帖。若有棍徒顶冒朋充，巧立名色，霸开总行，逼勒商人不许别投，拖欠客本，久占累商者，问罪，枷号一个月，发附近充军。地方官通同徇

现行刑律

10.127.(1)〔棍徒顶冒朋充霸开总行久占累商〕

一、凡在京各牙行领帖开张，应按五年清查换帖一次。若有棍徒顶冒朋充，巧立名色，霸开总行，逼勒商人不许别投，拖欠客本，久占累商者，流二千里。地方官通同徇纵者，一并参处。

纵者,一并参处。

现行刑律案语

原例(略)

臣等谨按:此条系康熙四十五年〔1706〕定例,咸丰二年〔1852〕改定编审,系康熙时清查户口之例。乾隆以来,久经停止,应将“照编审例”四字删去,改为“应按五年清查换帖一次”。附近军照章改“流二千里”,附加枷号应酌删。谨将修改例文,开列于后。

〇修改(略)

大清律例	现行刑律
3.10.152.(4)〔无帖铺户私分地界违禁把持〕 一、京城一切无贴铺户,如有私分地界,不令旁人附近开张,及将地界议价若干,方许承顶,至发卖酒斤等项货物,车户设立名牌独自霸揽,不令他人揽运,违禁把持者,枷号两个月,杖一百。	10.127.(2)〔无帖铺户私分地界违禁把持〕 一、京城一切无帖铺户,如有私分地界,不令旁人附近开张,及将地界议价若干,方许承顶,至发卖酒斤等项货物,车户设立名牌独自霸揽,不令他人揽运,违禁把持者,处十等罚。

现行刑律案语

原例(略)

臣等谨按:此例应仍其旧。惟枷号照章罚金,为数无多,拟请宽免。“杖一百”罪名,应改为“处十等罚”。谨将修改例文,开列于后。

〇修改(略)

大清律例	现行刑律
3.10.152.(5)〔土棍人等开立写船保载等行恃强揽载〕 一、各处关口地方,有土棍人等开立写船保载等行,合伙朋充,盘踞上下,遇有重载雇觅小船起剥,辄敢恃强代揽,勒索使用,以致扰累客商者,该管地方官查拿,照牙行及无藉之徒用强邀截客货例,枷号一个月,杖八十。	10.127.(3)〔土棍人等开立写船保载等行恃强揽载〕 一、各处关口地方,有土棍人等开立写船保载等行,合伙朋充,盘踞上下,遇有重载雇觅小船起剥,辄敢恃强代揽,勒索使用,以致扰累客商者,该管地方官查拿,照牙行及无藉之徒用强邀截客货例,处八等罚。

现行刑律案语

原例（略）

臣等谨按：此例应仍其旧。惟枷号照章罚金，为数无多，拟请宽免。"杖八十"罪名应改为"处八等罚"。谨将修改例文，开列于后。

〇修改（略）

大清律例

3.10.152.(6)〔胥役更名捏姓兼充牙行〕

一、各衙门胥役，有更名捏姓兼充牙行者，照更名重役例杖一百，革退。如有诓骗客货，累商久候，照棍徒顶冒朋充霸开总行例，枷号一个月，发附近充军。若该地方官失于觉察，及有意徇纵，交部分别议处；受财故纵，以枉法从重论。

现行刑律

10.127.(4)〔胥役更名捏姓兼充牙行〕

一、各衙门胥役，有更名捏姓兼充牙行者，照更名重役例处十等罚，革退。如有诓骗客货，累商久候，照棍徒顶冒朋充霸开总行例，流二千里。若该地方官失于觉察，及有意徇纵，交部分别议处；受财故纵，以枉法从重论。

现行刑律案语

原例（略）

臣等谨按：此例应仍其旧，惟"杖一百"罪名照章罚金，应改为"处十等罚"。至顶冒朋充之例，已将"枷号"删去，并遵章改"附近"为"流二千里"，此处亦应照改。谨将修改例文，开列于后。

〇修改（略）

条例·删除

大清律例

3.10.152.(1)〔客店写置店簿及客商病死遗物招认〕

一、凡客店，每月置店簿一本，在内赴兵马司、在外赴有司署押讫，逐日附写到店客商姓名、人数、起程月日，各赴所司查照。如有客商病死，所遗财物，别无家人亲属者，官为见数，移招召其父兄子弟或已故之人嫡妻，识认给还。一年后无识认者入官。

现行刑律案语

原例（略）

臣等谨按：此条系明令雍正三年〔1725〕改定为例。惟兵马司现经裁撤，改归巡警厅办理,自应照改。谨将修改例文,开列于后。

〇修改

一、凡客店,每月置店簿一本,在内赴巡警厅、在外赴有司署押讫,逐日附写到店客商姓名、人数、起程月日,各赴所司查照。如有客商病死,所遗财物,别无家人亲属者,官为见数,移招召其父兄子弟或已故之人嫡妻,识认给还。一年后无识认者入官。

核订现行刑律

〇删除

原修改例文(略)

谨按:此条系客店月置店簿之例,乃巡警厅之专责,刑律无关引用,拟请删除。

大清律例

3.10.152.(2)〔仵作私分地界霸占丧葬扛抬〕

一、旗民遇有丧葬,听凭本家之便,雇人抬送。不许仵作私分地界,霸占扛抬,分外多取雇值。如有恃强搀夺,不容本家雇人者,立拿枷号两个月,杖一百。

现行刑律案语

〇删除

原例(略)

臣等谨按:此系康熙年间《现行例》,乾隆五年〔1740〕删改,现在并无此等情事。此条无关引用,拟即删除。

3.10.153 市司评物价 / 10.128 市司评物价

律文·修改

大清律例

3.10.153.1 凡诸物,牙行人评估物价,或以贵为贱,或以贱为贵,令价不平者,计所增减之价坐赃论。一两以下笞二十,罪止杖一百、徒三年。入己者,准窃盗论,查律坐罪。免刺。〇3.10.153.2 其为以赃入罪之罪人估赃增减不实,致罪有轻重者,以故出入人罪论。若未决放,减一等。受财受赃犯之财,估价轻;受事主之财,估价重。

现行刑律

10.128.1 凡诸物,牙行人评估物价,或以贵为贱,或以贱为贵,令价不平者,计所增减之价坐赃论。一两以下处二等罚,罪止徒三年。入己者,准窃盗论。查律坐罪。〇10.128.2 其为以赃入罪之罪人估赃增减不实,致罪有轻重者,以故出入人罪论。若未决放,减一等。受财受赃犯之财,估价轻;受事主之财,估价重。者,计赃以枉

者，计赃以枉法从重论。无禄人查律坐罪。	法从重论。无禄人查律坐罪。

现行刑律案语

原律（略）

臣等谨按：此仍《明律》，顺治三年〔1646〕添入小注。律内"免刺"二字应节去；注内"笞二十"罪名照章罚金，应改为"处二等罚"；徒罪附杖，并应节删。谨将修改律文、律注，开列于后。

○修改（略）

条例·修改

大清律例	现行刑律
3.10.153.(1)〔五城平粜时贩卖收买官米及铺户囤积居奇〕 一、五城平粜米石时，如有贩卖收买官米十石以下者，将贩卖之人，在于该厂地方枷号一个月，杖一百，收买铺户，照不应重律杖八十，米石仍交该厂另行粜卖。至十石以上者，贩卖之人枷号两个月，杖一百，铺户杖九十。如所得余利，计赃重于本罪者，计赃治罪。各铺户所存米麦杂粮等项，每种不过一百六十石。逾数囤积居奇者，照违制律治罪。若非囤积居奇，系流通粜卖者，无论米石多寡，俱听其自便，不在定限一百六十石之例。其收买各仓土米、黑豆，不在此例。	10.128.(1)〔京城平粜时贩卖收买官米及铺户囤积居奇〕 一、京城平粜米石时，如有贩卖收买官米十石以下者，照不应重律治罪，米石仍交该厂另行粜卖。至十石以上，各处十等罚。如所得余利，计赃重于本罪者，计赃治罪。各铺户所存米麦杂粮等项，每种不得过一百六十石。逾数囤积居奇者，照违制律治罪。若非囤积居奇，系流通粜卖者，无论米石多寡，俱听其自便，不在定限一百六十石之例。其收买各仓土米、黑豆，不在此例。

现行刑律案语

原例（略）

臣等谨按：枷、杖现经改章，例内枷、杖并科之处，应酌量修改，以分差等。查贩卖、收买官米在十石以下，情罪尚轻，拟均照不应重治罪；十石以上，均依杖一百定拟，仍照章罚金，改为"处十等罚"。枷号概从宽免。至例首"五城"亦应改为"京城"，以符今制。谨将修改例文，开列于后。

○修改（略）

条例·删除

大清律例

3.10.153.(2)〔违例贩私运京粗米出城〕

一、京城粗米,概不准贩运出城。如有违例私运出城者,除讯有回漕情事,即照回漕定例办理外,若讯无回漕情事,实系仅图买回食用,或转卖渔利者,一石以内,即照违制律杖一百;一石以上,杖一百,枷号一个月;十石以上,杖一百,枷号两个月;二十石以上,杖六十、徒一年;三十石以上,杖七十、徒一年半;四十石以上,杖八十、徒二年;五十石以上,杖九十、徒二年半;六十石以上,杖一百、徒三年;一百石以上,发附近充军;五百石以上,枷号两个月,发边远充军;一千石以上,枷号三个月,发极边足四千里充军。至乡民有进城买细米食用者,一石以内,准其出城;一石以上,即行严禁。如有逾额贩运,照违制律杖一百。若一年之内,偷运细米出城,至一百石以上者,加枷号两个月;五百石以上者,枷号两个月,发近边充军;一千石以上者,枷号三个月,发边远充军。米石变价入官。各门兵丁失于觉察者,如运米本犯罪止徒、杖,兵丁笞五十;运米本犯罪应拟军,兵丁杖一百。失察之官弁,交部分别议处。知情故纵者,与同罪;受财者,计赃以枉法从重论。

删除律例

○删除

大清律例

3.10.153.(3)〔滨临水次铺户违禁存储粗米分别有无回漕定拟〕

一、滨临水次各铺户,向粮船承买余米时,由该管官出示晓谕,无论米数多寡,均饬令于次年南粮未经北上三个月以前,一律碾细,不准借词延宕。届期,仍由该管上司密派员役,分赴各处确查。倘仍有收存粗米,讯明业经旗丁买米回漕者,即照回漕例分别定拟。如尚未售卖,存米不及六十石者,照回漕例减一等,杖九十、徒二年半;六十石以上者,杖一百、徒三年;至六百石者,发边远充军,仍均起米入官。

删除律例

○删除

3.10.154把持行市／10.129把持行市

律文·修改

大清律例

3.10.154.1凡买卖诸物，两不和同，而把持行市，专取其利，及贩鬻之徒，通同牙行，共为奸计，卖己之物以贱为贵、买人之物以贵为贱者，杖八十。○3.10.154.2若见人有所买卖，在旁混以己物高下比价，以相惑乱而取利者，虽情非把持，笞四十。○3.10.154.3若已得利物，计赃重于杖八十、笞四十者，准窃盗论，免刺。赃轻者，仍以本罪科之。

现行刑律

10.129.1凡买卖诸物，两不和同，而把持行市，专取其利；及贩鬻之徒，通同牙行，共为奸计，卖己之物以贱为贵、买人之物以贵为贱者，处八等罚。○10.129.2若见人有所买卖，在旁混以己物高下比价，以相惑乱而取利者，虽情非把持。处四等罚。○10.129.3若已得利物，计赃重于八等罚、四等罚者，准窃盗论。赃轻者，仍以本罪科之。

现行刑律案语

原律（略）

臣等谨按：律内笞、杖罪名，照章改为罚金，均应依数分等处罚。“免刺”二字，并照章节删。谨将修改律文、律注，开列于后。

○修改（略）

条例·修改·仍旧

大清律例

3.10.154.(3)〔牙行及无藉之徒用强邀截客货〕

一、各处客商辐辏去处，若牙行及无藉之徒用强邀截客货者，不论有无诓赊货物，问罪，俱枷号一个月。如有诓赊货物，仍追比完足发落。若追比年久，无从赔还，累死客商者，发附近充军。

现行刑律

10.129.(1)〔牙行及无藉之徒用强邀截客货〕

一、各处客商辐辏去处，若牙行及无藉之徒用强邀截客货者，不论有无诓赊货物，依本律处八等罚。如有诓赊货物，仍勒追完足发落。若勒追年久，无从赔还，累死客商者，流二千里。

现行刑律案语

原例（略）

臣等谨按：此条系前明《问刑条例》，雍正三年〔1725〕改定。牙行及无藉之徒用强邀截客货,即系把持行市。例内“问罪”二字系接本律杖八十治罪,应改为“依本律处八等罚”。“枷号一月”若照章罚金,颇涉烦琐,应从宽免。附近充军照章改为“流二千里”。谨将修改例文,开列于后。

○修改

一、各处客商辐辏去处,若牙行及无藉之徒用强邀截客货者,不论有无诓赊货物,依本律处八等罚。如有诓赊货物,仍追比完足发落。若追比年久,无从赔还,累死客商者,流二千里。

大清律例

3.10.154.(1)〔控追牙行侵欠依其有无中饱分别治罪勒追〕

一、牙行侵欠控追之案,审系设计诓骗,侵吞入己者,照诓骗本律计赃治罪,一百二十两以上,问拟满流,追赃给主。若系分散客店,牙行并无中饱者,一千两以下,照例勒追,一年不完,依负欠私债律治罪;一千两以上,监禁严追,一年不完,于负欠私债律上加三等,杖九十。所欠之银,仍追给主。承追之员,按月册报巡道稽查。逾限不给者,巡道按册提比。如怠忽从事,拖延累商者,该巡道据实揭参,照事件迟延例议处;有意徇纵者,照徇情例降二级调用;如有受财故纵者,计赃从重以枉法论。

现行刑律

10.129.(2)〔控追牙行侵欠依其有无中饱分别治罪勒追〕

一、牙行侵欠控追之案,审系设计诓骗,侵吞入己者,照诓骗本律计赃治罪,一百二十两以上,问拟满流,追赃给主。若系分散客店,牙行并无中饱者,一千两以下,照例勒追,一年不完,依负欠私债律治罪;一千两以上,监禁严追,一年不完,于负欠私债律上加三等治罪。所欠之银,仍追给主。承追之员,按月册报该管上司稽查。逾限不给者,该管上司按册提比。如怠忽从事,拖延累商者,该管上司据实揭参,照事件迟延例议处;有意徇纵者,照徇情例降二级调用;如有受财故纵者,计赃从重以枉法论。

现行刑律案语

原例(略)

臣等谨按:此例应仍其旧。惟杖罪现经改章,例内“杖九十”三字应改为“治罪”二字。巡道现议裁改,例内“巡道”字样应改为“该管上司”。谨将修改例文,开列于后。

○修改(略)

大清律例

3.10.154.(8)〔把持京城官地井水〕

现行刑律

10.129.(3)〔把持京城官地井水〕

一、京城官地井水，不许挑水之人把持多家，任意争长价值，及作为世业，私相售卖。违者，许该户呈首，将把持挑水之人，照把持行市律治罪。

现行刑律案语

原例（略）

〇仍旧

臣等谨按：此例应仍其旧，理合陈明。

大清律例

3.10.154.(4)〔内附人员及大臣官员家人霸占要津倚势欺凌及干预词讼肆行非法〕

一、凡内府人员家人，及王、贝勒、贝子、公、大臣、官员家人，领本生理，霸占要地关津，倚势欺凌，不令商民贸易者，事发，将倚势欺凌之人拟斩监候。如民人借贷王以下大臣官员银两，指名贸易，霸占要地关津，恃强贻累地方者，亦照此例治罪。又内府人员家人，及王以下大臣官员家人，指名倚势，网收市利，挟制有司，干预词讼，肆行非法，该主遣去者，本犯枷号三个月，鞭一百；本犯私去者，照光棍例治罪。王、贝勒、贝子、公失察者，俱交与该衙门照例议处，管理家务官革职；大臣、官员失察者，亦俱革职。不行察拿之该地方文武官，交该部议处。

现行刑律

10.129.(4)〔内府人员及大臣官员家人霸占要津倚势欺凌及干预词讼肆行非法〕

一、凡内府人员家人，及王、贝勒、贝子、公、大臣、官员家人，领本生理，霸占要地关津，倚势欺凌，不令商民贸易者，事发，将倚势欺凌之人拟绞监候。如民人借贷王以下大臣官员银两，指名贸易，霸占要地关津，恃强贻累地方者，亦照此例治罪。又内府人员家人，及王以下大臣官员家人，指名倚势，网收市利，挟制有司，干预词讼，肆行非法，该主遣去者，本犯发烟瘴地方安置；本犯私去者，照光棍例治罪。王、贝勒、贝子、公失察者，俱交与该衙门照例议处，管理家务官革职；大臣、官员失察者，亦俱革职。不行察拿之该地方文武官，交该部议处。

现行刑律案语

原例(略)

臣等谨按:此条系康熙六年〔1667〕定例,雍正三年〔1725〕修改,乾隆五年〔1740〕改定。例内"家人指名倚势,肆行非法,情节极重,该主遣去者,本犯止枷号三个月,鞭一百",系照旗人烟瘴军折枷发落之法。现在鞭责已经改章,折枷之法亦奏准废除,此项罪名,拟即改为"发烟瘴地方安置",以示惩儆。斩候照章改为绞候。谨将修改例文,开列于后。

〇修改(略)

大清律例

3.10.154.(5)〔衙门公私所需货物不得充用牙行纵役私取〕

一、大小衙门公私所需货物,务照市价公平交易,不得充用牙行,纵役私取。即有差办,必须秉公提取,毋许借端需索。如有纵役失察,交部分别议处。其衙役照牙行及无藉之徒用强邀截客货者不论有无诓赊货物例,枷号一个月,杖八十。如赃至三十五两者,照枉法赃问拟。所得赃私货物,分别给主、入官。

现行刑律

10.129.(5)〔衙门公私所需货物不得充用牙行纵役私取〕

一、大小衙门公私所需货物,务照市价公平交易,不得充用牙行,纵役私取。即有差办,必须秉公提取,毋许借端需索。如有纵役失察,交部分别议处。其衙役照牙行及无藉之徒用强邀截客货者不论有无诓赊货物例治罪。如赃至三十五两者,照枉法赃问拟。所得赃私货物,分别给主、入官。

现行刑律案语

原例(略)

臣等谨按:此条系乾隆元年〔1736〕定例。惟查牙行及无藉之徒用强邀截客货不论有无诓赊,本例业改为"依本律处八等罚"。此处枷、杖一层,应改照彼例治罪,以示浑括。谨将修改例文,开列于后。

〇修改(略)

条例 · 删除

大清律例

3.10.154.(2)〔甘肃西宁等处势豪之家包收番货逼令贱售及勒索〕

一、甘肃西宁等处,遇有番夷到来,所在该管官司委官关防督查,听与军民人等两平交易。若势豪之家,主使弟男子侄家人等,将远人好马奇货包收,逼令减价,以贱易贵，及将一切货物、头畜拘收，取觅用钱，方许买卖者，主使之人问发附近地方充军，听使之人减主使一等。委官知而不举，通同分利者，参问治罪。

删除律例

○删除

大清律例

3.10.154.(6)〔赊买番货及故意拖延骗勒远人〕

一、凡外国人朝贡到京，会同馆开市五日，各铺行人等，将不系应禁之物入馆，两平交易。染作、布绢等项，立限交还。如赊买及故意拖延骗勒远人，至起程日不能清还者，照诓骗律治罪，仍于馆门首枷号一个月。若不依期日，及诱引远人潜入人家，私相交易者，私货各入官，铺行人等以违制论，照前枷号。

删除律例

○删除

大清律例

3.10.154.(7)〔粮船雇觅短纤棍徒勒价聚殴〕

一、粮船雇觅短纤，如有棍徒勒价、聚众攒殴等事，押运员弁，拿交地方官审实，将为首及下手伤人之犯俱问发近边充军，余俱杖一百、枷号两个月，于河岸示众。

删除律例

○删除

3.10.155私造斛斗秤尺／10.130私造斛斗秤尺

律文·修改

大清律例

3.10.155.1凡私造斛、斗、秤、尺不平，在市行使，及将官降斛、斗、秤、尺作弊增减者，杖六十，工匠同罪。○3.10.155.2若官降不如法者，官吏、工匠杖七十。提调官失于较勘者，减原置官吏工匠罪一等；知情，与同罪。

现行刑律

10.130.1凡私造斛、斗、秤、尺不平，在市行使，及将官颁斛、斗、秤、尺作弊增减者，处六等罚，工匠同罪。○10.130.2若官颁不如法者，官吏、工匠处七等罚。提调官失于较勘者，减原置官吏、工匠罪一等；知情，与同

○[3.10.155.3]其在市行使斛、斗、秤、尺虽平,而不经官司较勘、印烙者,即系私造。笞四十。○[3.10.155.4]若仓库官吏,私自增减官降斛、斗、秤、尺,收支官物而不平纳以所增,出以所减。者,杖一百。以所增减物计赃重于杖一百者,坐赃论。因而得所增减之物入己者,以监守自盗论。并赃,不分首从,查律科断。工匠杖八十。监临官知而不举者,与犯人同罪;失觉察,减三等,罪止杖一百。

罪。○[10.130.3]其在市行使斛、斗、秤、尺虽平,而不经官司较勘、印烙者,即系私造。处四等罚。○[10.130.4]若仓库官吏,私自增减官颁斛、斗、秤、尺,收支官物而不平纳以所增,出以所减。者,处十等罚。以所增减物计赃重于十等罚者,坐赃论。因而得所增减之物入己者,以监守自盗论。并赃,不分首从,查律科断。工匠处八等罚。监临官知而不举者,与犯人同罪;失觉察,减三等,罪止十等罚。

现行刑律案语

原律(略)

臣等谨按:此律应仍其旧。惟笞、杖照章改为罚金,均应依数分等处罚。谨将修改律文、律注,开列于后。

○修改(略)

[3.10.156]器用布绢不如法/[10.131]器用布绢不如法

律文·修改

大清律例

[3.10.156.1]凡民间造器用之物,不牢固正实,及绢布之属,纰薄短狭而卖者,各笞五十。

现行刑律

[10.131.1]凡民间造器用之物,不牢固正实,及绢布之属,纰薄短狭而卖者,各处五等罚。

现行刑律案语

原律(略)

臣等谨按:此律应仍其旧。惟"笞五十"罪名照章罚金,应改为"处五等罚"。谨将修改律文,开列于后。

○修改(略)

4 礼　律

4.11 祭祀／11 祭祀

4.11.157 祭享／11.132 祭享

律文·修改

大清律例

[4.11.157.1]凡天、地、社、稷大祀及庙享，所司太常寺将祭则先致斋，将斋则先誓戒，将戒则先告示。不将祭祀日期预先告示诸衙门知会者，笞五十。因不告示而失误行事者，杖一百。其已承告示而失误者，罪坐先误之人。亦杖一百。○[4.11.157.2]若传制与百官斋戒，百官已受誓戒，而吊丧问疾、判署刑杀文书，及预筵宴者，皆罚俸一月。其所司知百官有缌麻以上丧，或曾经杖罪，遣充执事，及令陪祀者，罪同。不知者不坐。若有丧、有过不自言者，罪亦如之。其已受誓戒人员，散斋于外不宿净室，致斋于内不宿本司者，并罚俸一月。○[4.11.157.3]若大祀牲牢、玉帛、黍稷之属不如法者，笞五十。一事缺少者，杖八十；一座全缺者，杖一百。○[4.11.157.4]若奉大祀在涤之牺牲，主司牺牲所官。喂养不如法，致有瘦损者，一牲笞四十，每一牲加一等，罪止杖八十。因而致死者，加一等。○[4.11.157.5]中祀有犯者罪同。余条准此。

现行刑律

[11.132.1]凡天、地、社、稷大祀及庙享所司，礼部太常司将祭则先致斋，将斋则先誓戒，将戒则先告示。不将祭祀日期预先告示诸衙门知会者，处五等罚。因不告示而失误行事者，处十等罚。其已承告示而失误者，罪坐失误之人。亦处十等罚。○[11.132.2]若传制与百官斋戒，百官已受誓戒，而吊丧问疾、判署刑杀文书，及预筵宴者，皆罚俸一月。其所司知百官有缌麻以上丧，遣充执事，及令陪祀者，罪同。不知者不坐。若有丧不自言者，罪亦如之。其已受誓戒人员，散斋于外不宿净室，致斋于内不宿本司者，并罚俸一月。○[11.132.3]若大祀牲牢、玉帛、黍稷之属不如法者，处五等罚。一事缺少者，处八等罚；一座全缺者，处十等罚。○[11.132.4]若奉大祀在涤之牺牲，主司牺牲所官。喂养不如法，致有瘦损者，一牲处四等罚，每一牲加一等，罪止八等罚。因而致死者，加一等。○[11.132.5]中祀有犯者罪同。余条准此。

现行刑律案语

原律(略)

臣等谨按:此仍《明律》。现在太常寺已归并礼部,应将小注"太常寺"改为"礼部太常司"。所有笞、杖罪名照章罚金,均依数分等处罚。"曾经杖罪"及"有过"一层,应节删。谨将修改律文、律注,开列于后。

○修改(略)

条例·删除

大清律例

4.11.157.(1)〔郊祀致斋三日〕

一、凡郊祀,斋戒前二日,太常寺官宿于本司,次日具本奏闻,致斋三日。次日进铜人,传制谕文武官斋戒,不饮酒,不食葱韭薤蒜,不问病,不吊丧,不听乐,不理刑,不与妻妾同处。定斋戒日期,文武百官先沐浴更衣,本衙门宿歇,次日听誓戒毕,致斋三日。宗庙社稷,亦致斋三日,惟不誓戒。

删除律例

○删除

大清律例

4.11.157.(2)〔大祀中祀小祀涤治牺牲之期〕

一、大祀前三月,以牺牲付牺牲所涤治如法;中祀,前三十日涤之;小祀,前十日涤之。大祀,祭天、地、太社、太稷也;庙享,祭太庙、山陵也;中祀,如朝日夕月、风云雷雨、岳镇海渎,及历代帝王、先师、先农、旗纛等神;小祀,谓凡载在祀典诸神。惟帝王陵寝及孔子庙,则传制特遣。

删除律例

○删除

4.11.158毁大祀丘坛/11.133毁大祀丘坛

律文·修改

大清律例	现行刑律
4.11.158.1凡大祀丘坛而毁损者,不论故、误,	11.133.1凡大祀丘坛而毁损者,不论故、误,流

杖一百、流二千里。壝门，减二等。杖九十、徒二年半。○4.11.158.2若弃毁大祀神御兼太庙之物者，杖一百、徒三年。虽轻必坐。遗失及误毁者，各减三等。杖七十、徒一年半。如价值重者，以毁弃官物科。

二千里。壝门，减二等。徒二年半。○11.133.2若弃毁大祀神御兼太庙之物者，徒三年。虽轻必坐。遗失及误毁者，各减三等。徒一年半。如价值重者，以毁弃官物科。

现行刑律案语

原律（略）

臣等谨按：此仍《明律》。流、徒附杖应照章节删。谨将修改律文、律注，开列于后。

○修改（略）

条例・修并

大清律例

4.11.158.(1)〔天地等坛内纵畜作践及私种〕

一、天、地等坛内，纵放牲畜作践，及私种耤田外余地，并夺取耤田禾稭者，俱问违制，杖一百，牲畜入官，犯人枷号一个月发落。

4.11.158.(2)〔天坛放鹰打枪成群饮酒游戏〕

一、八旗大臣，将本旗官员职名，书写传牌，挨次递交。每十日，责成一人会同太常寺官，前往天坛严查。有放鹰打枪、成群饮酒游戏者，即行严拿交部，照违制律治罪。

现行刑律

11.133.(1)〔天地等坛内纵畜作践及私种〕

一、天、地等坛内有纵放牲畜作践，或放鹰打枪，成群饮酒游戏，及私种耤田外余地，并夺取耤田禾稭者，俱照违制律治罪，畜物入官。

现行刑律案语

原例

4.11.158.(1)〔天地等坛内纵畜作践及私种〕（略）

4.11.158.(2)〔天坛放鹰打枪成群饮酒游戏〕（略）

臣等谨按：以上两例，前条为在各坛内有犯而设，纵牲作践等罪问拟满杖，已不为轻，枷号现经改章，似可宽免；私种耤田外，余地所出之物，亦应入官，应改“牲畜”二字为“畜物”。后条为天坛内有犯而设，惟放鹰打枪、成群饮酒游戏等项，与前条纵牲作践情事相类,且罪名同一满杖,自可修并为一。至八旗会同太常寺查坛,本系旧制,现太常寺已经归并礼部,则查坛事宜应由该衙门查照办理。刑律并无关引用,拟即节删。谨将修并例文,开列于后。

〇修并(略)

4.11.159 致祭祀典神祇 / 11.134 致祭祀典神祇

律文·修改

大清律例	现行刑律
4.11.159.1 凡各府、州、县社稷、山川、风云雷雨等神,及境内先代圣帝明王、忠臣烈士,载在祀典,应合致祭神祇,所在有司,置立牌面,开写神号、祭祀日期,于洁净处常川悬挂,依时致祭。至期失误祭祀者,所司官吏杖一百。其不当奉祀之神非祀典所载。而致祭者,杖八十。	11.134.1 凡各府、州、县社稷、山川、风云雷雨等神,及境内先代圣帝明王、忠臣烈士,载在祀典,应合致祭神祇,所在有司,置立牌面,开写神号、祭祀日期,于洁净处常川悬挂,依时致祭。至期失误祭祀者,所司官吏处十等罚。其不当奉祀之神非祀典所载。而致祭者,处八等罚。

现行刑律案语

原律(略)

臣等谨按:此仍《明律》。杖罪照章罚金,应依数分等处罚。谨将修改律文,开列于后。

〇修改(略)

4.11.160 历代帝王陵寝 / 11.135 历代帝王陵寝

律文·修改

大清律例	现行刑律
4.11.160.1 凡历代帝王陵寝,及先圣先贤、忠臣烈士坟墓,所在有司,当加护守。不许于上樵采耕种及牧放牛羊等畜,违者杖八十。	11.135.1 凡历代帝王陵寝,及先圣先贤、忠臣烈士坟墓,所在有司,当加护守。不许于上樵采耕种及牧放牛羊等畜,违者处八等罚。

现行刑律案语

原律(略)

臣等谨按：此仍《明律》。"杖八十"罪名照章罚金，应改为"处八等罚"。谨将修改律文，开列于后。

○修改(略)

4.11.161 亵渎神明 / 11.136 亵渎神明

律文·修改

大清律例

4.11.161.1 凡私家告天拜斗，焚烧夜香，燃点天灯、告天。七灯，拜斗。亵渎神明者，杖八十。妇女有犯，罪坐家长。若僧道修斋设醮而拜奏青词表文，及祈禳火灾者，同罪，还俗。重在拜奏。若止修斋祈禳，而不拜奏青词表文者，不禁。○4.11.161.2 若有官及军民之家，纵令妻女于寺观神庙烧香者，笞四十。罪坐夫男。无夫男者，罪坐本妇。其寺观神庙住持及守门之人，不为禁止者，与同罪。

现行刑律

11.136.1 凡私家告天拜斗，焚烧夜香，燃点天灯、告天。七灯，拜斗。亵渎神明者，处八等罚。妇女有犯，罪坐家长。若僧道修斋设醮及祈禳火灾，而拜奏青词表文者，同罪，还俗。重在拜奏。若止修斋祈禳，而不拜奏青词表文者，不禁。○11.136.2 若有官及军民之家，纵令妻女于寺观神庙烧香者，处四等罚。罪坐夫男。无夫男者，罪坐本妇。其寺观神庙住持及守门之人，不为禁止者，与同罪。

现行刑律案语

原律(略)

臣等谨案：此仍《明律》。拜奏青词表文，乃修斋祈禳内之事，原文系属倒置，应行修改。笞、杖照章罚金，均依数分等处罚。谨将修改律文，开列于后。

○修改(略)

条例·删除

大清律例

4.11.161.(1)〔僧道军民刁奸妇女诱逃并诓骗财物〕

一、凡僧道、军民人等，于各寺观庵院神庙刁奸妇女，除将妇女引诱逃走，仍按照和诱、知情，分别首从，拟以军、徒外，其因刁奸而又诓骗财物者，不计赃数多寡，为首之奸夫发边远充军，为从者减等满徒。俱仍尽犯奸本法，先于寺观庵院庙门首分别枷号，满日，照拟发配。财物照追给主。犯奸之妇女，仍依本例科罪。若军民人等，纵令妇女于寺观神庙与人通奸，杖九十，枷号一个月发落。

现行刑律案语

○删除

原例文(略)

臣等谨案:僧道、军民人等,犯奸及纵容妇女通奸,律例俱有明文。此例于刁奸妇女引诱逃走,仍按和诱知情问拟,并未加重,而独于诓骗财物,不计赃数多寡,拟以军戍,显与寻常因奸诓骗之案,办理两歧。如谓因寺观神庙而加严,则诓骗财物与亵渎神明之义何涉?有犯,似应仍依诓骗本律,计赃准窃盗论,方为平允,毋庸特立专例。此条拟即删除。

[4.11.162]禁止师巫邪术/[11.137]禁止师巫邪术

律文·修改

大清律例

[4.11.162.1]凡师巫假降邪神,书符咒水,扶鸾祷圣,自号端公、太保、师婆,名色。及妄称弥勒佛、白莲社、明尊教、白云宗等会,一应左道异端之术,或隐藏图像,烧香集众,夜聚晓散,佯修善事,煽惑人民,为首者绞,监候。为从者各杖一百、流三千里。○[4.11.162.2]若军民装扮神像,鸣锣击鼓,迎神赛会者,杖一百,罪坐为首之人。○[4.11.162.3]里长知而不首者,各笞四十。其民间春秋义社,以行祈报者,不在此限。

现行刑律

[11.137.1]凡师巫假降邪神,书符咒水,扶鸾祷圣,假托名号,妄设教会,一应左道异端之术,或隐藏图像,烧香集众,夜聚晓散,佯修善事,煽惑人民者,绞,监候。为从者各流三千里。○[11.137.2]若军民装扮神像,鸣锣击鼓,迎神赛会者,处十等罚,罪坐为首之人。○[11.137.3]里长知而不首者,各处四等罚。其民间春秋义社,以行祈报者,不在此限。

现行刑律案语

原律(略)

臣等谨案:此条系严异端之禁,当日因有端公、太保、师婆名色,故著之律文。其后有白阳、白莲、八卦等教,飘高老祖等名目,又著为专例。惟邪教名目不胜枚举,后者未必袭前,似应赅括言之,以便引用,毋庸胪列其名色称号,转嫌罣漏,拟将"自号端公等"一层删去,改为"假托名号,妄设教会"。至流罪附杖照章节删;笞、杖等罪应改罚金,均依数分等处罚。谨将修改律文,开列于后。

○修改(略)

条例·修并、修改

大清律例

4.11.162.(1)〔邪教惑众地方不行严禁〕

一、邪教惑众，照律治罪外，如该地方官不行严禁，在京五城御史、在外督抚，徇庇不行纠参，一并交与该部议处。旁人出首者，于各犯名下，并追银二十两充赏。如系应捕之人，拿获者，追银十两充赏。

4.11.162.(4)〔邪教事件州县讳匿辄自完结从严惩处〕

一、各省遇有兴立邪教、哄诱愚民事件，该州县立赴搜讯，据实通禀，听院司按核情罪轻重，分别办理。倘有讳匿，辄自完结，别经发觉，除有化大为小、曲法轻纵别情，严参惩治外，即罪止枷责，案无出入，亦照讳窃例从重加等议处。

现行刑律

11.137.(1)〔邪教事件讳匿完结从严惩处〕

一、京外地方遇有兴立邪教、哄诱愚民事件，该地方官一有见闻，立赴搜讯，据实详报，听该管上司按核情罪轻重，分别办理。倘有讳匿，辄自完结，别经发觉，除有化大为小、曲法轻纵别情，严参惩治外，即案无出入，亦照讳窃例交部从重加等议处。该管上司徇庇不行纠参，一并议处。旁人出首者，于各犯名下，并追银二十两充赏；如系应捕人拿获者，追银十两充赏。

现行刑律案语

原例

4.11.162.(1)〔邪教惑众地方不行严禁〕(略)

4.11.162.(4)〔邪教事件州县讳匿辄自完结从严惩处〕(略)

臣等谨按：上条系康熙年间定例，雍正三年〔1725〕删改；下条系乾隆四十六年〔1707〕定例，均为责成地方官严禁邪教而设，情事相同，自应修并为一。查邪教惑众，律应治罪自不待言，地方官不行严禁，已赅入下条“讳匿”“曲纵”之内，似可毋庸复叙。五城御史现已奉裁，至邪教案犯，并无应拟枷责罪名，拟将上条“邪教惑众”至“五城御史”数语，下条“即罪止枷责”句，均行节删。而将上条“徇庇”“充赏”二层，移入下条“加等议处”之后，俾文义紧相衔接。“各省”应改为“京外地方”，“该州县”应改为“该地方官”，并添入“一有见闻”四字；“在外督抚”及“院司”，亦应改为“该管上司”，以便引用。谨将修并例文，开列于后。

○修并(略)

大清律例

4.11.162.(5)〔左道异端煽惑人民〕

一、各处官吏、军民、僧道人等，妄称谙晓扶鸾祷圣、书符咒水，或烧香集徒、夜聚晓散，并捏造经咒邪术，传徒敛钱，一切左道异端，煽惑人民，为从者，改发回城，给大小伯克及力能管束之回子为奴。其称为善友，求讨布施，至十人以上者，或称烧炼丹药，出入内外官家，或擅入皇城，夤缘作弊，希求进用者，并军民人等、寺观住持，不问来历，窝藏接引，容留披剃冠簪，至十人以上者，俱发近边充军。若不及十人，容留潜住，荐举引用，及邻甲知情不举，并皇城各门守卫官军不行关防搜拿者，各照违制律治罪。如事关重大，临时酌量办理。至守业良民，讽念佛经，茹素邀福，并无学习邪教，捏造经咒，传徒敛钱惑众者，不得滥用此例。

现行刑律

11.137.(2)〔求讨布施烧炼丹药夤缘作弊并窝留披剃冠簪〕

一、凡称为善友，求讨布施，至十人以上者，或称烧炼丹药，出入内外官家，或擅入禁城，夤缘作弊，希求进用者，并军民人等、寺观住持，不问来历，窝藏接引，容留披剃冠簪，至十人以上者，俱流二千五百里。若不及十人，容留潜住，荐举引用，及邻甲知情不举，并禁城各门守卫官军不行关防搜拿者，各照违制律治罪。如事关重大，临时酌量办理。至守业良民，讽念佛经，茹素邀福，并无学习邪教，捏造经咒，传徒敛钱惑众者，不得滥用此例。

现行刑律案语

原例(略)

臣等谨按：异端邪术，煽惑人民，为首拟绞，为从拟流，律有明文。此例将从犯改发回城为奴，自系从严惩禁。惟此等从犯，究与入会从匪谋为叛逆者不同，即依律拟流，亦无虞轻纵，拟请将例首一节删去。其“称为善友”等项发近边充军，照章改为“流二千五百里”。至皇城内情形，今昔迥异，拟将“擅入皇城”改为“擅入禁城”。谨将修改例文，开列于后。

○修改(略)

大清律例

4.11.162.(2)〔邪术避刑及相传授〕

一、凡有奸匪之徒，将各种避刑邪术私相传习者，为首教授之人拟绞监

现行刑律

11.137.(3)〔私相传习避刑邪术及代人架刑〕

一、奸匪之徒，将各种避刑邪术私

候,为从学习之人杖一百、流三千里。若事犯到官,本犯以邪术架刑者,照规避本罪律递加二等,罪止杖一百、流三千里;其犯该绞、斩者,仍照本罪科断。至事犯到官,本犯雇人作法架刑者,亦照以邪术架刑例治罪,并究出代为架刑之人,照诈教诱人犯法与犯人同罪律,至死减一等;得赃,照枉法从重论。保甲、邻里知而容隐不首者,照知而不首本律笞四十。地方官不行查拿者,照例议处。

相传习,为首教授之人拟绞监候,为从学习之人,流三千里。代人作法架刑者,减本犯罪一等;得赃,照枉法从重论。保甲、邻里知而容隐不首者,处四等罚。地方官不行查,拿照例议处。

现行刑律案语

原例(略)

臣等谨按:此条言邪术避刑,加重罪名之办法。近年刑讯改章,流罪以下概不准用刑讯,则事犯到官,自无以邪术架刑之事。若罪犯应死,雇人作法,则本犯已拟死罪,被雇之人自应减等问拟,亦毋庸声明"与犯人同罪,至死减等"字样。例内"事犯到官"以下,应酌删。流罪附杖照章删除。"笞四十"罪名照章罚金,应改为"处四等罚"。谨将修改例文,开列于后。

○修改(略)

条例・删除

大清律例

4.11.162.(3)〔私刻地亩经及占验推测之书〕

一、私刻《地亩经》及占验推测妄诞不经之书,售卖图利,及将旧有书板藏匿,不行销毁者,俱照违制律治罪。

删除律例

○删除

大清律例

4.11.162.(6)〔传习白阳等邪教习念荒诞不经咒语拜师传徒惑众〕

一、凡传习白阳、白莲、八卦等邪教,习念荒诞不经咒语,拜师传徒惑众者,为首拟绞立决;为从年未逾六十,及虽逾六十而有传徒情事,俱改发回城,给大小伯克及力能管束之回子为奴。如被诱学习,尚未传徒,而又年逾六十以上者,改发云贵两广烟瘴地方充军。旗人销除旗档,与民人一律办理。至红阳教及各项教会名目,并无传习咒语,但供有飘高老祖及拜师授徒者,发往乌鲁木齐,分别旗、民,当差、为奴。其虽未传徒,或曾供奉飘高老祖及收藏经卷者,俱发边远充军。坐功运气者,杖八十。如有具结改悔赴官投首者,准其免罪,地方官开造名册,申送臬司衙门存案。倘再有传习邪教情事,即按例加一等治罪。若拿获到案,始行改悔者,各照所犯之罪问拟,不准宽免。如讯明实止茹素烧香,讽念佛经,止图邀福,并未拜师传徒,亦不知邪教名目者,免议。

现行刑律案语

〇删除

原例(略)

臣等谨按:此条系嘉庆年间定例,较本律治罪加严。惟查白阳、白莲、八卦等教名号虽殊,而其为邪教则一。如果案情重大,显有勾结为匪、阴谋叛逆情事,自有“谋叛”门各律例可引。若止念习荒诞不经咒语,传徒拜师,即依律分别首从定拟,已无虞轻纵,似毋庸再分差等,致滋繁琐,亦不必分别名目,转滋罣漏。至“坐功运气,拟杖八十”,例意不过科以不应重罪名,然必列入各项邪教条例内,亦觉不伦。例末“悔过投首”一层,有自首本律例可引。“茹素烧香,讽念佛经”一层,本门条例内已经载明,更毋庸重复。此条拟即删除。

大清律例

4.11.162.(7)〔邪教案内发遣回城情节较重之犯〕

一、各项邪教案内,应行发遣回城人犯有情节较重者,发往配所永远枷号。

删除律例

〇删除

大清律例

4.11.162.(8)〔奉天主教之人免查禁〕

一、凡奉天主教之人,其会同礼拜诵经等事,概听其便,皆免查禁。所有从前或刻或写奉禁天主教各明文,概行删除。

删除律例

〇删除

4.12 仪制 / 12 礼制

4.12.163 合和御药 / 12.138 合和御药

律文 · 修改

大清律例

4.12.163.1 凡合和御药，误不依对症本方，及封题错误，经手医人杖一百。料理拣择误不精者，杖六十。若造御膳，误犯食禁，厨子杖一百。若饮食之物不洁净者，杖八十。拣择误不精者，杖六十。御药、御膳不品尝者，笞五十。监临提调官，各减医人、厨子罪二等。○4.12.163.2 若监临提调官及厨子人等，误将杂药至造御膳处所者，杖一百。所将杂药，就令自吃。御膳所厨子人等有犯，监临提调官知而不奏者，门官及守卫官失于搜捡者，与犯人同罪，并临时奏闻区处。

现行刑律

12.138.1 凡合和御药，误不依对证本方，及封题错误，经手医人处十等罚。料理拣择误不精者，处六等罚。若造御膳，误犯食禁，厨子处十等罚。若饮食之物不洁净者，处八等罚。拣择误不精者，处六等罚。御药、御膳不品尝者，处五等罚。监临提调官，各减医人、厨子罪二等。○12.138.2 若监临提调官及厨子人等，误将杂药至造御膳处所者，处十等罚。将杂药，就令自吃。御膳所厨子人等有犯，监临提调官知而不奏者，门官及守卫官失于搜检者，与犯人同罪，并临时奏闻区处。

现行刑律案语

原律（略）

臣等谨按：此仍《明律》。律内笞、杖罪名照章罚金，均应依数分等处罚。谨将修改律文，开列于后。

○修改（略）

条例 · 删除

大清律例

4.12.163.(1)〔煎调御药〕

一、医官就内局修制药饵，本院官诊视，调服御药，参看校同，会近臣就内局合药，将药贴连名封记，具本开写本方药性、治证之法，于日月之下，医官、近臣书名以进。置簿书，进药奏本既具，随即附簿年月下书名，近臣收掌，以凭稽考。煎调御药，本院官与近臣监视，二服合为一服。俟熟分为二器，其一器御医先尝，次院判，次近臣；其一器进御。

现行刑律案语

○删除

原例（略）

臣等谨按：此条系言医官制药开方之法，现在并不照此办理，且例内亦无治罪明文，刑律无关引用，应请删除。

4.12.164 乘舆服御物／12.139 乘舆服御物

律文·修改

大清律例

4.12.164.1 凡乘舆服御物，主守之人收藏、修整不如法者，杖六十。进御差失者，进所不当进。笞四十。其车马之属不调习，驾驭之具不坚完者，杖八十。○4.12.164.2 若主守之人，将乘舆服御物私自借用，或转借与人，及借之者，各杖一百、徒三年。若弃毁者，罪亦如之。平时怠玩，不行看守，遗失及误毁者，各减三等。○4.12.164.3 若御幸舟船误不坚固者，工匠杖一百；若不整顿修饰，及在船篙棹之属缺少者，杖六十；并罪坐所由。经手造作之人并主守之人。监临提调官，各减工匠罪二等，并临时奏闻区处。

现行刑律

12.139.1 凡乘舆服御物，主守之人收藏、修整不如法者，处六等罚。进御差失者，进所不当进。处四等罚。其车马之属不调习、驾驭之具不坚完者，处八等罚。○12.139.2 若主守之人，将乘舆服御物私自借用，或转借与人，及借之者，各徒三年。若弃毁者，罪亦如之。平时怠玩，不行看守，遗失及误毁者，各减三等。○12.139.3 若御幸舟船误不坚固者，工匠处十等罚；若不整顿修饰，及在船篙棹之属缺少者，处六等罚；并罪坐所由。经手造作之人并主守之人。监临提调官，各减工匠罪二等，并临时奏闻区处。

现行刑律案语

原律（略）

臣等谨按：此仍《明律》。律内笞、杖罪名照章罚金，均应依数分等处罚。徒罪附杖应即节删。谨将修改律文，开列于后。

○修改（略）

4.12.165收藏禁书／12.140收藏禁书

律文·修改

大清律例

4.12.165凡私家收藏天象器物、如璇玑、玉衡、浑天仪之类。图谶、图象谶纬之书推治乱。应禁之书及绘画历代帝王图像、金玉符玺等物不首官者，杖一百，并于犯人名下追银一十两，给付告人充赏。器物等项并追入官。

现行刑律

12.140.1凡私家收藏图谶、图象谶纬之书推治乱。应禁之书及绘画历代帝王图像、金玉符玺等物不首官者，处十等罚，并于犯人名下追银一十两，给付告人充赏。图谶等项并追入官。

现行刑律案语

原律（略）

臣等谨按：《奏定学堂章程》天文星学列入科目，凡历象标本，皆所以供测绘之用。律首“天象器物”四字并原有小注，均应节删。律末小注“器物”改为“图谶”，以昭画一。“杖一百”罪名照章罚金，应改为“处十等罚”。谨将修改律文、律注，开列于后。

○修改（略）

4.12.166御赐衣物／12.141御赐衣物

律文·修改

大清律例

4.12.166.1凡御赐百官衣物，使臣不行亲送，转附他人给与者，杖一百，罢职不叙。

现行刑律

12.141.1凡御赐百官衣物，使臣不行亲送，转付他人给与者，处十等罚，罢职不叙。

现行刑律案语

原律（略）

臣等谨按：此仍《明律》。“杖一百”照章罚金，应改为“处十等罚”。谨将修改律文，开列于后。

○修改（略）

4.12.167 失误朝贺 / 12.142 失误朝贺

律文 · 修改

大清律例

4.12.167.1 凡朝贺及迎接诏书,所司不预先告示者,笞四十。其已承告示而失误者,罪亦如之。

现行刑律

12.142.1 凡朝贺及迎接诏书,所司不预先告示者,处四等罚。其已承告示而失误者,罪亦如之。

现行刑律案语

原律(略)

臣等谨按:律内“笞四十”罪名照章罚金,应改为“处四等罚”。谨将修改律文,开列于后。

○修改(略)

4.12.168 失仪 / 12.143 失礼

律文 · 仍旧

大清律例

4.12.168.1 凡陪助祭祀及谒拜园陵,若朝会,行礼差错及失仪者,罚俸一月。其纠仪官应纠举而不纠者,罪同。

现行刑律

12.143.1 凡陪助祭祀及谒拜园陵,若朝会,行礼差错及失仪者,罚俸一月。其纠仪官应纠举而不纠者,罪同。

现行刑律案语

原律(略)

臣等谨按:此律应仍其旧,理合陈明。

条例 · 修改

大清律例

4.12.168.(2)〔圣驾出入〕

一、凡坛庙祭祀,及圣驾出入,并升殿之日,派委司官及步军校严加巡察。

现行刑律

12.143.(1)〔坛庙祭祀圣驾出入升殿朝会断役喊叫拥挤〕

一、凡坛庙祭祀,及圣驾出入,并升

有厮役肆行喊叫、冲突拥挤者，拿送该部杖一百，其主笞五十。寻常朝会日，犯者杖六十，其主笞三十，系官俱交该部议处。若在内执事人并大臣侍卫、跟役犯者，交与该管大臣衙门治罪。

殿之日，派委司官及步军校严加巡察。有厮役肆行喊叫，将聚集官员冲突拥挤者，处十等罚，其主处五等罚。寻常朝会日犯者，处六等罚，其主处三等罚，系官俱交该部议处。若在内执事人并大臣侍卫、跟役犯者，交与该管大臣衙门治罪。

现行刑律案语

原例（略）

臣等谨按：例内"冲突拥挤"四字易滋含混，原例有"将聚集官员"等字，应仍添入；"拿送该部"四字，应节删。笞、杖罪名照章罚金，均应依数分等处罚。谨将修改例文，开列于后。

○修改（略）

条例·删除

大清律例

4.12.168.(1)〔朝参近侍〕

一、朝参近侍病嗽者，许即退班。或一时眩晕，及感疾不能侍立者，许同列官掖出。

现行刑律案语

原例（略）

○仍旧

臣等谨按：此例应仍其旧，理合陈明。

核订现行刑律

○删除

原仍旧例文（略）

谨按：此条系近侍病嗽感疾、准其退出之例，与刑律无涉，拟请删除。

4.12.169 奏对失序 / 12.144 奏对失序

律文·仍旧

大清律例	现行刑律
4.12.169.1 凡在朝侍从官员,特承顾问,官高者先行回奏,卑者以次进对。若先后失序者,各罚俸一月。	12.144.1 凡在朝侍从官员,特承顾问,官高者先行回奏,卑者以次进对。若先后失序者,各罚俸一月。

现行刑律案语

原律(略)

○仍旧

臣等谨按:此律应仍其旧,理合陈明。

4.12.170 朝见留难

律文·删除

大清律例

4.12.170.1 凡司仪礼官,将应朝见官员人等,托故留难阻当,不即引见者,(审实留难之故,得情方)斩。(监候。)大臣知而不问,与同罪,不知者不坐。

现行刑律案语

原律(略)

臣等谨按:此仍《明律》。律内所称"司仪礼官",即从前之鸿胪寺,现在该寺业已裁撤,且并不带引,应将此四字节删,较为浑括。斩候亦应照章改绞。谨将修改律文,开列于后。

○修改

凡将应朝见官员人等,托故留难阻当,不即引见者,(审实留难之故,得情方)绞。(监候。)大臣知而不问,与同罪,不知者不坐。

核订现行刑律

○删除

原修改律文(略)

谨按:此条旧律专为鸿胪寺而设。考《明史·职官志》,外吏朝觐、诸蕃入贡,与夫百官使臣之复命、谢恩，若见、若辞者，并鸿胪引奏。我朝制度，引见之事，文职归吏部，武职归陆军部，其隶各部、院者，由本衙门自行带引，至觐见，则分属于外务、理藩等部，法良意美，从未闻有留难之事，与《明志》迥不相符。且该寺业经裁撤，此条无关引用。拟请删除。

4.12.171上书陈言／12.145上书陈言

律文·修改

大清律例	现行刑律
4.12.171.1凡国家政令得失，军民利病，一切兴利除害之事，并从六部官面奏区处。及科道、督抚各陈所见，直言无隐。○4.12.171.2若内外大小官员，但有本衙门不便事件，许令明白条陈，合题奏之本管官，实封进呈，取自上裁。若知而不言，苟延岁月者，在内从科道、在外从督抚纠察。犯者，以事应奏不奏论。○4.12.171.3其陈言事理，并要直言简易，每事各开前件，不许虚饰繁文。○4.12.171.4若纵横之徒，假以上书，巧言令色，希求进用者，杖一百。○4.12.171.5若称诉冤枉，于军民官司借用印信封皮入递者，及借与者，皆斩。杂犯。	12.145.1凡国家政令得失，军民利病，一切兴利除害之事，并从各部院官奏闻区处。及给事中各道、督抚各陈所见，直言无隐。○12.145.2若内外大小官员，但有本衙门不便事件，许令明白条陈，合奏事之本管官，实封进呈，取自上裁。若知而不言，苟延岁月者，在内从给事中各道、在外从督抚纠察。犯者，以事应奏不奏论。○12.145.3其陈言事理，并要直言简易，每事各开前件，不许虚饰繁文。○12.145.4若纵横之徒，假以上书，巧言令色，希求进用者，处十等罚。

现行刑律案语

原律（略）

臣等谨按：此仍《明律》。改定官制，各部业经增併，并删除各科之名，已非六官旧称。律内“六部”应改为“各部院”，“科道”应改为“给事中各道”。又，“面奏”应改“奏闻”，“题奏”应改为“奏事”。“杖一百”罪名照章罚金，应改为“处十等罚”。至“称诉冤枉，借用军民官司印信封皮”一节，查军民官司系属明制，其借用封皮入递称诉，亦系尔时情形，现在并无此项案件，此节无关引用，应即节删。谨将修改律文，开列于后。

○修改（略）

条例·修改

大清律例

4.12.171.(1)〔台省及督抚挟私及纠言不实〕

一、内外大小衙门官员,但有不公不法等事,在内从台省、在外从督抚纠举。须要明著年月,指陈实迹,明白具奏。若系机密重事,实封御前开拆。并不许虚文泛言。若挟私搜求细事,及纠言不实者,抵罪。惟生员不许一言建白,违者革黜,以违制论。

现行刑律

12.145.(1)〔台省督抚纠举内外官员〕

一、内外大小衙门官员,但有不公不法等事,在内从台省、在外从督抚纠举。须要明著年月,指陈实迹,明白具奏。若系机密重事,实封御前开拆。并不许虚文泛言。若挟私搜求细事,及纠言不实者,抵罪。

现行刑律案语

原例(略)

臣等谨按:此仍明例。现值广开言路之时,凡条陈事宜、有裨民生国计者,均准具呈代奏,似不必过加限制。例末"生员不许建白",拟即节删。谨将修改例文,开列于后。

○修改(略)

4.12.172 见任官辄自立碑 / 12.146 见任官辄自立碑

律文·修改

大清律例

4.12.172.1 凡见任官实无政绩,于所部内辄自立碑建祠者,杖一百。若遣人妄称己善,申请于上而为之立碑建祠者,杖八十。受遣之人,各减一等。碑祠拆毁。

现行刑律

12.146.1 凡见任官实无政债,于所部内辄自立碑建祠,并他人迎合故为建立者,均处十等罚。若遣人妄称己善,申请于上而为之立碑建祠者,处八等罚。受遣之人,各减一等。碑祠拆毁。

现行刑律案语

原律(略)

臣等谨按:见任官实无政债,自行立碑建祠,固应惩禁,然亦有他人迎合见任官之意，故为建立者，此等陋习，亦应严禁。拟即将此层添入律内，以资援引。杖罪照章罚金，应依数分等处罚。谨将修改律文，开列于后。

〇修改（略）

4.12.173禁止迎送／12.147禁止迎送

律文・修改

大清律例	现行刑律
4.12.173.1 凡上司官及奉朝命使客经过，而所在各衙门官吏出郭迎送者，杖九十。其容令迎送不举问者，罪亦如之。	12.147.1 凡上司官及奉朝命使客经过，而所在各衙门官吏出郭迎送者，处九等罚。其容令迎送不举问者，罪亦如之。

现行刑律案语

原律（略）

臣等谨按：此律应仍其旧，惟“杖九十”罪名照章罚金，应改为“处九等罚”。谨将修改律文，开列于后。

〇修改（略）

条例・仍旧、修改

大清律例	现行刑律
4.12.173.(1)〔上司入城过境属员交界迎送〕	12.147.(1)〔上司入城过境属员交界迎送〕 一、上司入城，凡文武属员，止许出城三里迎送。如不入城，在境内经过处所迎送。倘迎送必至交界，或因事营求，或乘便贿赂，将属员革职拿问。如止出界迎送，无营求、贿赂等情，照擅离职役律议处。若上司有必欲迎送，致属员畏其威势，至交界迎送者，倘有勒索情弊，将上司革职提问。如止令迎送，无勒索情弊，照例议处。地方官俱免议。

大清律例

4.12.173.(2)〔提镇等官赴任属员越境远送〕

现行刑律

12.147.(2)〔提镇等官赴任属员越境远送〕

一、凡提镇赴任,所属将弁,于是日迎接,除跟役外,其司事兵丁不得过十名,出城不得过五里。其副、参、游击等官赴任,本标员弁,于是日迎接,除跟役外,司事兵丁不得过五名,出城不得过三里。从境内经过者,止许在本营汛地经过处所迎送。如属员多带兵丁,越境远迎,及上司容令远迎,并不行揭报者,俱交部照律议处。

现行刑律案语

原例

4.12.173.(1)〔上司入城过境属员交界迎送〕(略)

4.12.173.(2)〔提镇等官赴任属员越境远送〕(略)

4.12.173.(3)〔文武官员出入开道〕(略)

○仍旧

臣等谨按:以上三条,均应仍其旧,理合陈明。

大清律例

4.12.173.(5)〔书役迎接新官〕

一、凡书役迎接新官,在交界处所等候,呈送须知册籍,其余书役概令随印交代。并将头接、二接、三接陋习,严行禁止。如有约结多人,执批远迎者,照律治罪。

现行刑律

12.147.(3)〔书役迎接新官〕

一、凡新官到任,旧任官于书役内酌拨数人,在交界处所等候,呈送须知册籍,其余书役概令随印交代。并将头接、二接、三接陋习,严行禁止。如有约结多人,执批远迎者,照律治罪。

现行刑律案语

原例(略)

臣等谨按:《吏部处分则例》载"新官到任,旧任官于书役内酌拨数人,在交界处等候"等语,语意本极分明。此例将"旧任官于书役内酌拨数人"句删去,则下文"其余书役"一语殊无根据,似应于例首添叙明晰,以免疑误。谨将修改例,文开列于后。

〇修改(略)

大清律例	现行刑律
4.12.173.(6)〔属员与上司亲属子侄交通贿嘱〕	12.147.(4)〔属员与上司亲属子侄交通贿嘱〕
一、属员与上司亲戚子侄,有乘便夤缘、因事贿嘱者,按律分别革职、治罪。上司之子侄亲戚有官职者,经过属员境内,拜候往来,属员供应馈送,均照不应重律降三级调用;无官职者,照不应重律杖八十。该上司自行查出参处者,免议;漫无觉察者,照约束不严例降一级调用;知而不举,照徇庇例降三级调用。如有夤缘贿嘱等事通同徇纵者,一并分别革职、治罪。	一、属员与上司亲戚子侄,有乘便夤缘、因事贿嘱者,按律分别革职、治罪。上司之子侄亲戚有官职者,经过属员境内,拜候往来,属员供应馈送,均照不应重律降三级调用;无官职者,照不应重律处八等罚。该上司自行查出参处者,免议;漫无觉察者,照约束不严例降一级调用;知而不举,照徇庇例降三级调用。如有夤缘贿嘱等事通同徇纵者,一并分别革职、治罪。

现行刑律案语

原例(略)

臣等谨按:例内"杖八十"罪名照章罚金,应改为"处八等罚"。谨将修改例文,开列于后。

〇修改(略)

条例 · 删除

大清律例

4.12.173.(3)〔文武官员出入开道〕

一、文武官员出入,应合开道而自不开道,致令应避官员不曾回避者,不问。若因而生事者,止问上官。

现行刑律案语

〇仍旧(略)

见4.12.173.(1)〔上司入城过境属员交界迎送〕条

核订现行刑律

〇删除

4.12.173.(3)〔文武官员出入开道〕(略)

谨按:官员开道,系沿明制,揆之今日,本不相宜。至应否避道,事详会典,刑律无关引用。拟请删除。

大清律例

4.12.173.(4)〔官员引导过市〕

一、军民人等,于街市遇见官员引导经过,即须下马躲避,不许冲突,违者笞五十。

现行刑律案语

〇删除

原例(略)

臣等谨按:此条系前明旧例。现值国家撙节物力,崇实黜浮,直省官员自必能力屏虚文,为民表率。且立宪之国,官民相亲,似不必仍沿旧例。此条拟请删除。

4.12.174 公差人员欺凌长官/12.148 公差人员欺凌长官

律文·修改

大清律例	现行刑律
4.12.174.1 凡公差人员,在外不循礼法,言语傲慢,欺凌守御官及知府、知州、知县者,杖六十。若校尉有犯,杖七十。祗候、禁子有犯,杖八十。	12.148.1 凡公差人员,在外不循礼法,言语傲慢,欺凌地方文武各官者,处六等罚。

现行刑律案语

原律(略)

臣等谨按:此仍《明律》。律首"公差人员"似已赅括一切,律末将"校尉"及"祗候、禁子"罪名略为加重,亦因当时公差中有此情事。惟仅举此三项殊形罣漏,且与今日情形不相符合,拟即节删。"杖六十"罪名照章罚金,应改为"处六等罚"。"守御官及知府、知州、知县"应改为"地方文武各官",较为浑括。谨将修改律文,开列于后。

〇修改(略)

条例 · 修改

大清律例

4.12.174.(1)〔越礼犯分擅入公堂正门〕

一、公堂乃系民人瞻仰之所。如奴仆、皂隶人等,入正门、驰当道、坐公座者,杖七十、徒一年半,吏员、承差人等加一等。若六部、都察院、在京各衙门人役,接奉批差,敢有似前越礼犯分者,许所在官长实封参奏,照例治罪。

现行刑律

12.148.(1)〔越礼犯分擅入公堂正门〕

一、公堂乃民人瞻仰之所。如家丁、皂隶人等,入正门、驰当道、坐公座者,徒一年半,吏员、承差人等加一等。若各部、都察院、在京各衙门人役,接奉批差,敢有似前越礼犯分者,许所在官长奏参,照例治罪。

现行刑律案语

原例(略)

臣等谨按:例内"六部"应改为"各部",徒罪附杖照章节删。谨将修改例文,开列于后。

○修改

一、公堂乃民人瞻仰之所。如奴仆、皂隶人等入正门、驰当道、坐公座者,徒一年半,吏员、承差人等加一等。若各部、都察院、在京各衙门人役,接奉批差,敢有似前越礼犯分者,许所在官长实封参奏,照例治罪。

核订现行刑律

原修改例文(略)

谨按:本例"奴仆"二字系指官员家丁而言,应即改为"家丁",以昭核实。谨将修改例文,开列于后。

○修改(略)

4.12.175服舍违式 / 12.149服舍违式

律文 · 修改

大清律例

4.12.175.1凡官民房舍、车服、器物之类,各有等第。若违式僭用,有官者杖一百,罢职不叙;无官者,笞五十,罪坐家长;工匠并笞五十。违式之物,责令改正。工匠自首免罪,不给赏。

现行刑律

12.149.1凡官民房舍、车服、器物之类,各有等第。若违式僭用,有官者处十等罚,罢职不叙;无官者,处五等罚;罪坐家长;工匠并处五等罚。违式之物,责令改正。工匠自首免罪,不给赏。

○[4.12.175.2]若僭用违禁龙凤纹者,官、民各杖一百、徒三年,官罢职不叙。工匠杖一百,违禁之物并入官。○[4.12.175.3]首告者,官给赏银五十两。○[4.12.175.4]若工匠能自首者免罪,一体给赏。

○[12.149.2]若僭用违禁龙凤纹者,官、民各徒三年,未用者处三等罚。工匠处十等罚,违禁之物并入官。○[12.149.3]首告者,官给赏银五十两。○[12.149.4]若工匠能自首者免罪,一体给赏。

现行刑律案语

原律(略)

臣等谨按:此仍《明律》。第二节“僭用龙凤纹拟徒”,按“织造违禁龙凤纹段匹”律注“买而僭用者,杖一百,徒三年;未用者,笞三十”等语,“僭用”一层与此律重复,应将彼注节去;其“未用”一层,应移注于此律,以归一律。而将“官罢职不叙”五字删除,盖官既坐徒三年,则罢职不叙,自不待言。徒罪附杖照章节删。律内笞、杖及移注之“笞”罪照章罚金,均应依数分等处罚。谨将修改律文、律注,开列于后。

○修改(略)

条例·删除

大清律例

[4.12.175.(1)]〔公侯文武各官及生儒服式僭越及民间违禁擅用〕

一、公侯、文武各官,应用帽顶束带,及生儒衣帽,照品级次第,不许僭越。官员越品僭用,及民间违禁擅用者,照律治罪。凡应用东珠,重不得过三分,如用三分以上,即同违式。公、侯、伯,起花金帽顶,上衔红宝石一大颗,公中嵌东珠四颗,侯中嵌东珠三颗,伯中嵌东珠二颗;带俱用圆玉版四块,四围金镶,公中嵌猫睛一颗,侯中嵌绿松子石一颗,伯中嵌红宝石一颗;俱四爪蟒补服。一品,起花金帽顶,上衔红宝石一大颗,中嵌东珠一颗;带用方玉版四块,四围金镶,中嵌红宝石一颗;文职仙鹤补服,武职麒麟补服。二品,起花金帽顶,上衔起花珊瑚一大颗,中嵌小红宝石一颗;带用起花金圆版四块,中嵌红宝石一颗;文职锦鸡补服,武职狮子补服。三品,起花金帽顶,上衔蓝宝石一大颗,中嵌小红宝石一颗;带用起花金圆版四块;文职孔雀补服,武职豹补服。四品,起花金帽顶,上衔青金石一大颗,中嵌小蓝宝石一颗;带用起花金圆版四块,银镶边;文职云雁补服,武职虎补服。五品,起花金帽顶,上衔水晶一大颗,中嵌小蓝宝石一颗;带用素金圆版四块,银镶边;文职白鹇补服,武职熊补服。六品,起花金帽顶,上衔砗磲一大颗,中嵌小蓝宝石一颗;带用玳瑁圆版四块,银镶边;文职鹭鸶补服,武职彪补服。七品,上衔素金顶,中嵌小水晶一颗;带用素银圆版四块;文职鸂鶒补服,武职补服与六品同。八品,起花金帽顶;带用明羊角圆版四块,银镶边;文职鹌鹑补服,武职犀牛补服。九品及杂职,起花银帽顶;带用乌角圆版四块,银镶边;文职练雀补服,武职海马补服。在京都察院、在外按察使等官,俱獬豸补服;其朝服披肩接袖,俱用妆缎、蟒缎。都察院都事、经历、笔帖式,按察司经历、照磨等官,补服各照本身品级,不得滥用獬豸。举人、官生、贡监生,金雀顶,高二寸;带同八品;青袍蓝边,披领同。生员,银雀顶,高二寸;带同九品;兰袍青边,披领同。外郎,锡葫芦顶,衣及披领皆纯青。耆老,用锡顶,不用披领,余与外郎同。

现行刑律案语

原例(略)

臣等谨按:例内“生儒”二字系明代名称,应改为“生监”。各省按察使有已改提法使者,应于例内添注“提法使同”四字。按察司经历、照磨等官,应改为“按察司属员”,亦注明“提法司同”。谨将修改例文,开列于后。

〇修改

一、公侯、文武各官,应用帽顶束带,及生监衣帽,照品级次第,不许僭越。官员越品僭用,及民间违禁擅用者,照律治罪。凡应用东珠,重不得过三分,如用三分以上,即同违式。公、侯、伯,起花金帽顶,上衔红宝石一大颗,公中嵌东珠四颗,侯中嵌东珠三颗,伯中嵌东珠二颗;带俱用圆玉版四块,四围金镶,公中嵌猫睛一颗,侯中嵌绿松子石一颗,伯中嵌红宝石一颗;俱四爪蟒补服。一品,起花金帽顶,上衔红宝石一大颗,中嵌东珠一颗;带用方玉版四块,四围金镶,中嵌红宝石一颗;文职仙鹤补服,武职麒麟补服。二品,起花金帽顶,上衔起花珊瑚一大颗,中嵌小红宝石一颗;带用起花金圆版四块,中嵌红宝石一颗;文职锦鸡补服,武职狮子补服。三品,起花金帽顶,上衔蓝宝石一大颗,中嵌小红宝石一颗;带用起花金圆版四块;文职孔雀补服,武职豹补服。四品,起花金帽顶,上衔青金石一大颗,中嵌小蓝宝石一颗;带用起花金圆版四块,银镶边;文职云雁补服,武职虎补服。五品,起花金帽顶,上衔水晶一大颗,中嵌小蓝宝石一颗;带用素金圆版四块,银镶边;文职白鹇补服,武职熊补服。六品,起花金帽顶,上衔砗磲一大颗,中嵌小蓝宝石一颗;带用玳瑁圆版四块,银镶边;文职鹭鸶补服,武职彪补服。七品,上衔素金顶,中嵌小水晶一颗,带用素银圆版四块;文职鸂鶒补服,武职补服与六品同。八品,起花金帽顶,带用明羊角圆版四块,银镶边;文职鹌鹑补服,武职犀牛补服。九品及杂职,起花银帽顶,带用乌角圆版四块,银镶边;文职练雀补服,武职海马补服。在京都察院御史以上、在外按察使提法使同,俱獬豸补服;其朝服披肩接袖,俱用妆段、蟒段。都察院都事、经历、笔帖式,按察司属员、提法司同,补服各照本身品级,不得滥用獬豸。举人、贡监生,金雀顶,高二寸;带同八品;青袍蓝边,披领同。生员,银雀顶,高二寸;带同九品;蓝袍青边,披领同。外郎,锡葫芦顶,衣及披领皆纯青。耆老,用锡顶,不用披领,余与外郎同。

核订现行刑律

〇删除

4.12.175.(1)〔公侯文武各官及生儒服式僭越及民间违禁擅用〕修改例文(略)

4.12.175.(2)〔曾经断罪之父祖车马衣物子孙概不得用〕(略)

4.12.175.(3)〔房屋不得施用重拱重檐〕(略)

4.12.175.(4)〔庶民男女衣服〕(略)

4.12.175.(5)〔帐幔〕(略)

4.12.175.(6)〔伞盖〕(略)

4.12.175.(9)〔坟茔〕(略)

4.12.175.(10)〔私制品官服色鞍辔等物〕(略)

4.12.175.(11)〔军民僧道人等服饰器用〕(略)

4.12.175.(12)〔官吏军民人等僭用服饰器皿〕(略)

4.12.175.(13)〔官民人等用线缨〕修改例文(略)

4.12.175.(14)〔官员军民人等违例滥用五爪龙缎〕修改例文(略)

4.12.175.(15)〔公侯文武各官暖帽凉帽顶带〕(略)

4.12.175.(16)〔文武官员雨帽〕(略)

谨按:以上十四条,皆言车服、房舍、器物之制,已散见《会典》《礼部则例》等书。如有违式僭用,自应依律治罪。本律既撮举大网,已资赅备,如逐条详列,反形罣漏。拟请一并删除。

大清律例

4.12.175.(2)〔曾经断罪之父祖车马衣物子孙概不得用〕

一、房舍、车马、衣服等物,贵贱各有等第。上可以兼下,下不可以僭上。其父祖有官身殁,曾经断罪者,除房舍仍许子孙居住,其余车马、衣服等物,父祖既与无罪者有别,则子孙概不得用。

4.12.175.(3)〔房屋不得施用重拱重檐〕

一、房舍并不得施用重拱、重檐,楼房不在重檐之限。职官一品、二品,厅房七间九架,屋脊许用花样兽吻,梁栋、斗拱、檐桷,彩色绘饰,正门三间五架,门用绿油、兽面铜环。三品至五品,厅房五间七架,许用兽吻,梁栋、斗拱、檐桷,青碧绘饰,正门三间三架,门用黑油、兽面摆锡环。六品至九品,厅房三间七架,梁栋止用土黄刷饰,正门一间三架,门用黑油、铁环。庶民所居堂舍,不过三间五架,不用斗拱彩色雕饰。

4.12.175.(4)〔庶民男女衣服〕

一、庶民男女衣服,并不得僭用金绣,许用苎丝、绫罗、绸绢、素纱。妇人金首饰一件,金耳环一对。余止用银翠,不得制造花样金线妆饰。

4.12.175.(5)〔帐幔〕

一、帐幔并不许用赭黄龙凤纹。职官一品至三品,许用金花刺绣纱罗;四品、五品,刺绣纱罗;六品以下,许用素纱罗。庶民用纱绢。

4.12.175.(6)〔伞盖〕

一、伞盖，职官一品、二品银葫芦，杏黄罗表红里；三品、四品，红葫芦，杏黄罗表红里，以上皆三檐。五品，红葫芦，蓝罗表红里；六品以下、八品以上，惟用蓝绢，皆重檐。雨伞通油绢。庶民不得用罗绢凉伞，许用油纸雨伞。

4.12.175.(9)〔坟茔〕

一、坟茔石兽，职官一品，茔地九十步，坟高一丈八尺；二品，茔地八十步，坟高一丈四尺；三品，茔地七十步，坟高一丈二尺，以上石兽并六。四品，茔地六十步；五品，茔地五十步，坟高八尺，以上石兽并四。六品，茔地四十步；七品以下二十步，坟高六尺。以上发步皆从茔心各数至边。五品以上，许用碑，龟趺螭首；六品以下，许用碣，方趺圆首。庶人茔地九步，穿心一十八步，止用矿志。

4.12.175.(10)〔私制品官服色鞍辔等物〕

一、品官服色、鞍辔等物，除官府、应用之家，许令织造外，其私下与不应用之家制造者，工匠依律治罪。

4.12.175.(11)〔军民僧道人等服饰器用〕

一、军民僧道人等，服饰器用，俱有定制。若常服（言常服，则大服不禁。）僭用锦绮、苎丝、绫罗、彩绣，器物用戗金、描金，酒器全用（言全用，若止用一件，不禁。）金银，及将大红销金制为帐幔、被褥之类，妇女僭用金绣闪色衣服、金宝首饰镯钏（言金宝，则止用金饰无珠宝不禁。）及用珍珠缘缀衣履，并结成补子、盖额、缨络等件，事发，俱照律治罪，服饰、器用等物并追入官。（妇女罪坐家长。）奴仆、优伶、皂隶，准用绵绸、茧绸、毛褐、葛苎、梭布、貉皮、羊皮。其纺丝、绢绸、缎纱、绫罗及各样细皮，俱不许用。长随亦照奴仆服式。违者照律治罪。

4.12.175.(12)〔官吏军民人等僭用服饰器皿〕

一、官吏军民人等，但有服饰僭用黄、紫二色，及蟒龙、飞鱼、斗牛，器皿僭用朱、红、黄颜色，及亲王法物者，俱比照僭用龙凤纹律拟断，服饰、器皿追收入官。

现行刑律案语

原例

4.12.175.(2)〔曾经断罪之父祖车马衣物子孙概不得用〕(略)

4.12.175.(3)〔房屋不得施用重拱重檐〕(略)

4.12.175.(4)〔庶民男女衣服〕(略)

4.12.175.(5)〔帐幔〕(略)

4.12.175.(6)〔伞盖〕(略)

4.12.175.(9)〔坟茔〕(略)

4.12.175.(10)〔私制品官服色鞍辔等物〕(略)

4.12.175.(11)〔军民僧道人等服饰器用〕(略)

4.12.175.(12)〔官吏军民人等僭用服饰器皿〕(略)

臣等谨按:以上九条,均仍其旧,理合陈明。

核订现行刑律

○删除(略)

见4.12.175.(1)〔公侯文武各官及生儒服式僭越及民间违禁擅用〕条

大清律例

4.12.175.(7)〔鞍辔〕

一、鞍辔并不许雕饰龙凤纹。

4.12.175.(8)〔器皿〕

一、器皿不许造龙凤纹。

现行刑律案语

○删除

4.12.175.(7)〔鞍辔〕(略)

4.12.175.(8)〔器皿〕(略)

臣等谨按:僭用龙凤纹律文,本赅车服器物之类而言。此二例,一言鞍辔不许用龙凤纹,一言器皿不许用龙凤纹,均与律文重复。拟即删除。

大清律例

4.12.175.(13)〔官民人等用线缨〕

一、凡官民人等用线缨者,笞五十。

现行刑律案语

原例(略)

臣等谨按:例内"笞五十"罪名照章罚金,应改为"处五等罚"。谨将修改例文,开列于后。

○修改

一、官民人等用线缨者,处五等罚。

核订现行刑律

○删除(略)

见4.12.175.(1)〔公侯文武各官及生儒服式僭越及民间违禁擅用〕条

大清律例

4.12.175.(14)〔官员军民人等违例滥用五爪龙缎〕

一、黄色、秋香色、五爪龙缎、立龙段团补服,及四爪暗蟒之四团补、八团补段纱,官民不许穿用。其大臣官员,有特赐五爪龙衣服及段匹,无论色样,俱许穿用。若颁赐五爪龙段,挑去一爪穿用。若官员军民人等违例滥用者,系官革职。平人枷号一个月,杖一百。失察官交部议处。衣服入官。

现行刑律案语

原例(略)

臣等谨按:此项罪名与违式僭用律相等。惟官仅革职,而平人满杖加枷,未免太重,似应一律改为"照违制律治罪"。谨将修改例文,开列于后。

○修改

一、黄色、秋香色、五爪龙段、立龙段团补服,及四爪暗蟒之四团补、八团补段纱,官民不许穿用。其大臣官员,有特赐五爪龙衣服及段匹,无论色样,俱许穿用。若颁赐五爪龙段、立龙段,挑去一爪穿用。若官员军民人等违例滥用者,俱按违制律治罪。衣服入官。

核订现行刑律

○删除(略)

见4.12.175.(1)〔公侯文武各官及生儒服式僭越及民间违禁擅用〕条

大清律例

4.12.175.(15)〔公侯文武各官暖帽凉帽顶带〕

一、凡平时所戴暖帽、凉帽,亲王世子、郡王长子、贝勒、贝子、入八分公,俱用红宝石顶;未入八分公、固伦额驸、和硕公主额驸、民公侯伯、镇国将军、和硕额驸及一品大臣,俱用珊瑚顶;辅国将军及二品官,俱用起花珊瑚顶;奉国将军及三品官,俱用蓝宝石顶及蓝色明玻璃;奉恩将军及四品官,俱用青金石顶及蓝色涅玻璃;五品官,用水晶顶及白色明玻璃;六品官,用砗磲顶及白色涅玻璃;七品官,用素金顶;八品官,用起花金顶;九品官,用起花银顶。未入流,与九品同。候补、候,与现任同。凡九品之读祝、赞礼、鸣赞、序班,俱用八品起花金顶。进士、举人、贡生,俱用金顶;生员、监生,俱用银顶。

4.12.175.(16)〔文武官员雨帽〕

一、文武官员应用雨帽、雨衣,除二品以上,仍照旧例戴用大红,三品亦准用大红雨帽。四品、五品、六品,用红顶黑镶边雨帽;七品、八品、九品,及有顶带人员,俱用黑顶红镶边雨帽。其内廷行走之员，仍照旧不论品级，雨帽俱戴大红。无论油帽、毡帽，一色服用。僭用者，照违制论。

现行刑律案语

原例

4.12.175.(15)〔公侯文武各官暖帽凉帽顶带〕(略)

4.12.175.(16)〔文武官员雨帽〕(略)

○仍旧

臣等谨按：以上二条，均应仍其旧，理合陈明。

核订现行刑律

○删除(略)

见4.12.175.(1)〔公侯文武各官及生儒服式僭越及民间违禁擅用〕条

大清律例

4.12.175.(17)〔在籍候选吏员僭穿补服〕

一、在籍候选吏员，有僭穿补服干谒地方官者，照违制律治罪。

删除律例

○删除

4.12.176 僧道拜父母 / 12.150 僧道拜父母

律文 · 修改

大清律例

4.12.176.1 凡僧、尼、道士、女冠，并令拜父母、祭祀祖先。本宗亲属在内。丧服等第，谓斩衰、期功、缌麻之类。皆与常人同。违者杖一百，还俗。○4.12.176.2 若僧道衣服，止许用绸绢布匹，不得用纻丝绫罗。违者笞五十，还俗，衣服入官。其袈裟、道服，不在禁限。

现行刑律

12.150.1 凡僧、尼、道士、女冠，并令拜父母，祭祀祖先。本宗亲属在内。丧服等第，谓斩衰、期功、缌麻之类。皆与常人同。违者处十等罚，还俗。○12.150.2 若僧道衣服，止许用绸绢布匹，不得用纻丝绫罗。违者处五等罚，还俗，衣服入官。其袈裟、道服，不在禁限。

现行刑律案语

原律(略)

臣等谨按:律内笞、杖罪名照章罚金,均应依数分等处罚。谨将修改律文,开列于后。

○修改(略)

4.12.177 失占天象 / 12.151 失占天象

律文·修改

大清律例	现行刑律
4.12.177.1 凡天文如日月、五纬、二十八宿之属。垂象,如日重轮,及日月珥蚀、景星、彗孛之类。钦天监官失于占候奏闻者,杖六十。	12.151.1 凡天文,如日月、五纬、二十八宿之属。垂象,如日重轮,及日月珥蚀、景星、彗孛之类。钦天监官失于占候奏闻者,处六等罚。

现行刑律案语

原律(略)

臣等谨按:律内"杖六十"罪名照章罚金,应改为"处六等罚"。谨将修改律文,开列于后。

○修改(略)

条例·删除

大清律例

4.12.177.(1)〔揭奏天象变异〕

一、占候天象,钦天监设观星台,令天文生分班昼夜观望。或有变异,开具揭帖呈堂上官。当奏闻者,随即具奏。

删除律例

○删除

4.12.178术士妄言祸福 / 12.152术士妄言祸福

律文·修改

大清律例	现行刑律
4.12.178.1凡阴阳术士,不许于大小文武官员之家妄言国家祸福,违者杖一百。其依经推算星命卜课,不在禁限。	12.152.1凡阴阳术士,不许于大小文武官员之家妄言国家祸福,违者处十等罚。其依经推算星命卜课,不在禁限。

现行刑律案语

原律(略)

臣等谨案:律内"杖一百"罪名照章罚金,应改为"处十等罚"。谨将修改律文,开列于后。

○修改(略)

条例·删除

大清律例

4.12.178.(1)〔习天文者妄言祸福〕

一、习天文之人,若妄言祸福,煽惑人民者,照律治罪。

删除律例

○删除

4.12.179匿父母夫丧 / 12.153匿父母夫丧

律文·修改

大清律例	现行刑律
4.12.179.1凡闻父母若嫡孙承重,与父母同。及夫之丧,匿不举哀者,杖六十、徒一年。若丧制未终,释服从吉,忘哀作乐及参预筵宴者,杖八十。若闻期亲尊长丧,匿不举哀者,亦杖八十。若丧制未终,释服	12.153.1凡闻父母若嫡孙承重,与父母同。及夫之丧,匿不举哀者,徒一年。若丧制未终,释服从吉,忘哀作乐及参预筵宴者,处八等罚。若闻期亲尊长丧,匿不举哀者,亦处八等罚。若丧制未终,释服从吉

从吉者，杖六十。〇4.12.179.2若官吏父母死应丁忧，诈称祖父母、伯叔、姑、兄姊之丧不丁忧者，杖一百，罢职役不叙。若父母见在，无丧诈称有丧，或父母已殁，旧丧诈称新丧者，与不丁忧罪同。有规避者，从其重者论。〇4.12.179.3若丧制未终，冒哀从仕者，杖八十。亦罢职。〇4.12.179.4其当该官司知而听行，各与同罪。不知者不坐。〇4.12.179.5其仕宦远方丁忧者，以闻丧月日为始。夺情起复者，不拘此律。

者，处六等罚。〇12.153.2若官吏父母死应丁忧，诈称祖父母、伯叔、姑、兄姊之丧不丁忧者，处十等罚，罢职役不叙。若父母见在，无丧诈称有丧，或父母已殁，旧丧诈称新丧者，与不丁忧罪同。有规避者，从其重者论。〇12.153.3若丧制未终，冒哀从仕者，处八等罚。亦罢职。〇12.153.4其当该官司知而听行，各与同罪。不知者不坐。〇12.153.5其仕宦远方丁忧者，以闻丧月日为始。夺情起复者，不拘此律。

现行刑律案语

原律（略）

臣等谨按：律内徒罪附杖应照章节删。杖罪〔改〕罚金，均应依数分等处罚。谨将修改律文，开列于后。

〇修改（略）

条例・仍旧、修改

大清律例

4.12.179.(2)〔官吏丁忧勾问赃罪〕

现行刑律

12.153.(1)〔官吏丁忧勾问赃罪〕

一、官吏丁忧，除公罪不问外，其犯赃罪及系官钱粮，依例勾问。

现行刑律案语

原例（略）

〇仍旧

臣等谨按：此例应仍其旧，理合陈明。

大清律例

4.12.179.(3)〔官员匿丧恋职预为出继归宗〕

一、凡官员出继为人后者，于起文赴部选补之时，即将本生三代姓氏、存

现行刑律

12.153.(2)〔官员匿丧恋职预为出继归宗〕

一、凡官员出继为人后者，于起文赴部选补之时，即将本生三代姓氏、存

殁,一并开列。选补之后,即行知照该省。如有出仕之后,始行出继、归宗者,即着该员取具本旗、原籍印结,详报咨部,改正三代。倘有临时先谋出继、归宗,预为匿丧恋职地步者,一经发觉,将本官照匿丧例革职,不准原赦。扶同出结之旗、籍各官,俱交该部照例议处。其扶同具结之邻族,照不应重律杖八十。

殁,一并开列。选补之后,即行知照该省。如有出仕之后,始行出继、归宗者,即着该员取具本旗、原籍印结,详报咨部,改正三代。倘有临时先谋出继、归宗,预为匿丧恋职地步者,一经发觉,将本官照匿丧例革职,不准原赦。扶同出结之旗、籍各官,俱交该部照例议处。其扶同具结之邻族,照不应重律治罪。

现行刑律案语

原例(略)

臣等谨按:笞、杖现经改章,例内"照不应重律,杖八十"应改为"照不应重律治罪"。谨将修改例文,开列于后。

○修改(略)

大清律例

4.12.179.(4)〔官员及生儒为生祖母及本生父母之丧〕

一、凡内外大小官员,遇父之生母病故,父已先故,又无父之同母伯叔,及父同母伯父之子,准其回籍治丧。其本身出继为人后者,遇本生父母之丧,令其回籍守制。除路程外,俱定限一年,限满咨部赴补。其匿丧不报,及无丧诈称有丧、旧丧诈称新丧规避者,革职。若文武生童及举贡监生,遇生祖母并本生父母之丧,例应治丧及守制者,期年内俱不许应试。有隐匿不报,朦混干进者,事发,照匿丧律治罪。其月课等试,无关功名弃取者,不在此例。

现行刑律

12.153.(3)〔官员生员为生祖母及本生父母之丧〕

一、凡内外大小官员,遇父之生母病故,父已先故,又无父之同母伯叔,及父同母伯父之子,准其回籍治丧。其本身出继为人后者,遇本生父母之丧,令其回籍守制。除路程外,俱定限一年,限满咨部赴补。其匿丧不报,及无丧诈称有丧、旧丧诈称新丧规避者,革职。若举贡生员,遇生祖母并本生父母之丧,例应治丧及守制者,期年内俱不许应试。有隐匿不报,朦混干进者,事发,照匿丧例治罪。

现行刑律案语

原例(略)

臣等谨按:此条系雍正三年〔1725〕定例,嘉庆六年〔1801〕改定。现在乡、会试已停,举、贡生员分别考职及考优拔贡,武生并不在内,岁科考亦一并停止,已无文、武童名目,月课等试,久不举行,例内"文武生童"四字暨"及"字,例末"其月课等试"三句,均应节删,"监生"应改为"生员",以便引用。谨将修改例文,开列于后。

○修改(略)

条例·删除

大清律例

4.12.179.(1)〔内外官员例合守制者〕

一、内外官员例,合守制者,在内经由该部具题,关给执照,在外经由该抚照例题咨,回籍守制。京官取具同乡官印结,外官取具原籍地方官印甘各结,将承重祖父母,及嫡亲父母,与为所后父母,例应守制,开明呈报。如有诈冒,照律例治罪。俱以闻丧月日为始,不计闰,二十七个月,服满起复。若服满果无事故,在家迁延者,交该部照例议处。

现行刑律案语

○删除

原例(略)

臣等谨按:内外官员呈报守制及服满,事隶吏部。至有犯诈冒情弊,律文已足资引用。此例拟即删除。

4.12.180弃亲之任 / 12.154弃亲之任

律文·修改

大清律例	现行刑律
4.12.180.1凡祖父母、父母年八十以上,及笃疾,别无以次侍丁,而弃亲之任,及妄称祖父母、父母老疾,求归入侍者,并杖八十。弃亲者,令归养,候亲终服阕降用。求归者,照旧供职。若祖父母、父母及夫犯死罪,现被囚禁,而筵宴作乐者,罪亦如之。筵宴不必本家,并他家在内。	12.154.1凡祖父母、父母年八十以上,及笃疾,别无以次侍丁,而弃亲之任,及妄称祖父母、父母老疾,求归入侍者,并处八等罚。若祖父母、父母及夫犯死罪,现被囚禁,而筵宴作乐者,罪亦如之。筵宴不必本家,并他家在内。

现行刑律案语

原律(略)

臣等谨按:律内"杖八十"罪名照章罚金,应改为"处八等罚"。至小注内"弃亲者,令归养,候亲终服阕降用。求归者,照旧供职”等语,与《吏部现行则例》不符,应即节删。谨将修改律文,开列于后。

○修改(略)

条例·删除

大清律例

4.12.180.(1)〔现任官员及应补应选人员亲老情愿终养者〕

一、凡应补、应选人员,有亲老情愿终养者,于本省起文时,即具呈该地方官,转详咨部,在籍终养。若现任官员,祖父母、父母年七十以上,家无次丁者,或有兄弟而笃疾不能侍养,及母老虽有兄弟而同父异母者,其父母年至八十以上,虽家有次丁,愿请终养者,或出仕后兄弟忽遭事故,无人奉事者,或继父母已故,其本生父母老病,愿请终养者,均不拘历俸三年之限,该督抚查明该员仓谷钱粮并无亏空,任内并无诖误,取具印结具题,俱准其回籍终养。俟亲终服满之日,该督抚给咨赴部铨补。如有捏报借名诡避者,发觉之日,将呈请终养之员,按律究拟,并将出结各官,一并参处。

现行刑律案语

○删除

原例(略)

臣等谨按:呈请终养核准与否,事隶吏部。至如有捏报等情,律文已足资引用,此例应请删除。

4.12.181 丧葬 职官庶民,三月而葬。/ **12.155 丧葬** 职官庶民,三月而葬。

律文·修改

大清律例

4.12.181.1 凡有尊卑丧之家,必须依礼定限安葬。若惑于风水,及托故停柩在家,经年暴露不葬者,杖八十。若弃毁死尸,又有本律。其从尊长遗言,将尸烧化,及弃置水中者,杖一百。从卑幼,并减二等。若亡殁远方,子孙不能归葬而烧化者,听从其便。○4.12.181.2 其居丧之家,修斋设醮,若男女

现行刑律

12.155.1 凡有尊卑丧之家,必须依礼定限安葬。若惑于风水,及托故停柩在家,经年暴露不葬者,处八等罚。若弃毁死尸,又有本律。其从尊长遗言,将尸烧化,及弃置水中者,处十等罚。从卑幼,并减二等。若亡殁远方,尊长卑幼不能归葬而烧化者,听从其便。○12.155.2 其居丧之家,修斋设醮,若男女

混杂，所重在此。饮酒食肉者，家长杖八十。僧、道同罪，还俗。

混杂，所重在此。饮酒食肉者，家长处八等罚。僧、道同罪，还俗。

现行刑律案语

原律（略）

臣等谨按：律内杖罪照章罚金，均应依数分等处罚。“亡殁远方，不能归葬而烧化者”一层，止言“子孙”，似未赅括，应将“子孙”二字删去，添注“尊长卑幼”四字。谨将修改律文，开列于后。

○修改（略）

条例·修改、仍旧

大清律例

4.12.181.(1)〔丧葬不许火化〕

一、旗、民丧葬，概不许火化。除远乡贫人，不能扶柩归里，不得已携骨归葬者，姑听不禁外，其余有犯，照违制律治罪。族长及佐领等隐匿不报，照不应轻律，分别鞭责、议处。

现行刑律

12.155.(1)〔丧葬不许火化〕

一、旗、民丧葬，不许火化。除远乡贫人，不能扶柩归里，不得已携归骨葬者，姑听不禁外，其余有犯，照违制律治罪。佐领及族长隐匿不报，照不应轻律科断。

现行刑律案语

原例（略）

臣等谨案：“不应轻律，笞四十”，已照章改为罚金。例内“照不应轻律分别鞭责”句，系兼指旗人有犯而言，现在满汉刑律已改从同，自应节改为“科断”二字，以昭画一。谨将修改例文，开列于后。

○修改（略）

大清律例

4.12.181.(2)〔丧葬严禁演戏〕

现行刑律

12.155.(2)〔丧葬严禁演戏〕

一、民间丧葬之事，凡有聚集演戏，及扮演杂剧等类，或用丝竹管弦演唱佛戏者，该地方官严行禁止，违者照违制律治罪。

现行刑律案语

原例(略)

○仍旧

臣等谨按:此例应仍其旧,理合陈明。

4.12.182 乡饮酒礼 / 12.156 乡饮酒礼

律文·修改

大清律例	现行刑律
4.12.182.1 凡乡党叙齿,及乡饮酒礼,已有定式,违者笞五十。乡党叙齿,自平时行坐而言;乡饮酒礼,自会饮礼节而言。	12.156.1 凡乡党叙齿,及乡饮酒礼,已有定式,违者处五等罚。乡党叙齿,自平时行坐而言;乡饮酒礼,自会饮礼节而言。

现行刑律案语

原律(略)

臣等谨按:律内"笞五十"罪名照章罚金,应改为"处五等罚"。谨将修改律文,开列于后。

○修改(略)

条例·仍旧

大清律例	现行刑律
4.12.182.(1)〔乡党叙齿〕	12.156.(1)〔乡党叙齿〕 一、乡党叙齿。士、农、工、商人等,平居相见,及岁时宴会,揖拜之礼,幼者先施;坐次之列,长者居上。如佃户见田主,不论齿叙,并行以少事长之礼。若亲属,不拘主佃,止行亲属礼。

大清律例	现行刑律
4.12.182.(2)〔乡饮坐叙〕	12.156.(2)〔乡饮坐叙〕 一、乡饮坐叙,高年有德者居于上,高年淳笃者并之,以次序齿而列。其有曾违条犯法之人,列于外坐,不许紊越正席,违者以违制论。主席者若不分

别，致使良莠混淆，或察知，或坐中人发觉，依律科罪。

现行刑律案语

原例

4.12.182.(1)［乡党叙齿］（略）

4.12.182.(2)［乡饮坐叙］（略）

○仍旧

臣等谨按：以上二例，均应仍其旧，理合陈明。

国家出版基金项目
NATIONAL PUBLICATION FOUNDATION

大清律例源流辑校

《大清律例》《大清现行刑律》合编

附《大清现行刑律案语》《核订现行刑律》

下册

陈颐 洪佳期 点校

法律出版社
LAW PRESS·CHINA
北京

总　　目

上　　册

中　　册

下 册

下册目录

[7]工 律

附 录

6.22 诉讼 / 22 诉讼

6.22.332 越诉 / 22.293 越诉

律文 · 修改

大清律例

6.22.332.1 凡军民词讼,皆须自下而上陈告。若越本管官司,辄赴上司称诉者,即实亦笞五十。须本管官司不受理,或受理而亏枉者,方赴上司陈告。○6.22.332.2 若迎车驾及击登闻鼓申诉而不实者,杖一百;所诬不实之事重于杖一百者,从诬告重罪论。得实者免罪。若冲突仪仗,自有本律。

现行刑律

22.293.1 凡军民词讼,皆须自下而上陈告。若越本管官司,辄赴上司称诉者,即实亦处五等罚。须本管官司不受理,或受理而亏枉者,方赴上司陈告。○22.293.2 若迎车驾及击登闻鼓申诉而不实者,处十等罚;所诬不实之事重于十等罚者,从诬告重罪论。得实者免罪。若冲突仗卫,自有本律。

现行刑律案语

原律(略)

臣等谨按:律内笞、杖罪名照章改为罚金,均应依数分等处罚。谨将修改律文、律注,开列于后。

○修改(略)

条例 · 修改、仍旧、修并

大清律例

6.22.332.(16)〔遇有冤抑之事来京呈控〕

一、军民人等,遇有冤抑之事,应先赴州县衙门具控。如审断不公,再赴该管上司呈明。若再有屈抑,方准来京呈诉。如未经在本籍地方及该上司先行具控,或现在审办未经结案,遽行来京控告者,交刑部讯明,先治以越诉之罪。

现行刑律

22.293.(1)〔遇有冤抑之事来京呈控〕

一、军民人等,遇有冤抑之事,应先赴州县或审判厅具控。如审断不公,再自下而上呈明。若再有屈抑,方准来京呈诉。如未经在本籍地方及该上司先行具控,或现在审办未经结案,遽行来京控告者,先治以越诉之罪。

现行刑律案语

原例(略)

臣等谨按:例内“州县衙门”,应改为“州县或审判厅”,例末“交刑部讯明”句,亦与新定官制不合,应将“刑部”二字节删。谨将修改例文,开列于后。

○修改(略)

大清律例

6.22.332.(10)〔户婚等细事不得于原告所住州县告理〕

一、户婚、田土、钱债、斗殴、赌博等细事,即于事犯地方告理,不得于原告所住之州县呈告。原籍之官,亦不得滥准行关;彼处之官,亦不得据关拘发,违者分别议处。其于事犯地方官处告准,关提质审,而彼处地方官匿犯不解者,照例参处。

现行刑律

22.293.(2)〔控诉案件于事犯地方告理〕

一、凡控诉案件,即于事犯地方告理,不得于原告所住之州县及审判厅呈告。原籍之官,亦不得滥准行关;彼处之官,亦不得据关拘发,违者分别议处。其于犯事地方衙门告准,关提质审,而彼处之官匿犯不解者,照例参处。

现行刑律案语

原例(略)

臣等谨按:此条系定控诉事件,须由犯事地方告理之例,惟例首胪列各项命盗等案,反无明文,殊涉罪漏,拟将首句改为“控诉案件”,以资赅备。又新定官制,审判已设专官,虽尚未一律举行,而奉天等省业经试办,“州县”下拟增“及审判厅”四字。谨将修改例文,开列于后。

○修改(略)

大清律例

6.22.332.(6)〔干己词讼故令老幼残疾等抱赍奏诉〕

现行刑律

22.293.(3)〔干己词讼故令老幼残疾等抱赍奏诉〕

一、军民人等干己词讼,若无故不行亲赍,并隐下壮丁,故令老幼残疾、妇女家人抱赍奏诉者,俱各立案不行,仍提本身或壮丁问罪。

现行刑律案语

原例(略)

〇仍旧

臣等谨按:此例应仍其旧,理合陈明。

大清律例

6.22.332.(14)〔民人京控依曾否于本省历控及翻控情节轻重分别办理〕

一、外省民人赴京控诉,究问曾否在本省各衙门呈告有案,令其出结。如未经控理,将该犯解回本省,令督抚等秉公审拟题报。其先经历控本省各衙门,已据审结题咨到部,复又来京翻控者,即交刑部将现控呈词核对原案。如所控情事与原案只小有不符,无关罪名轻重者,毋庸再为审理,即将翻控之犯照律治罪。若核与达部案情迥不相符,而又事关重大者,或曾在本省历控,尚未审结报部,虚实难以悬定者,将该犯交刑部暂行监禁,提取该省案卷来京核对质讯,或交该省督抚审办,或请钦派大臣前往,临时酌量请旨查办。如本省未经呈告,捏称已告者,照诬告加等律再加一等治罪。

6.22.332.(23)〔外省民人赴京翻控审虚视所诬轻重分别治罪〕

一、外省民人赴京控诉之案,已据本省审结题咨到部,复又来京翻控,除所控情事,核对原案相符,或字句小有增减,无关罪名轻重,照例毋庸再为审理,将翻控之犯,仍照原拟治罪外,如案外添捏情节,核与原案不符,仍分别奏咨,发交外省审办。讯明并无屈抑,翻控之犯,如后犯所诬之罪重于原犯者,

现行刑律

22.293.(4)〔外省人民上控各案由大理院酌量情形办理〕

一、外省人民上控已结、未结各案,由大理院酌量情形,调取卷宗核对。若原审各员果有未允及他项情弊,即将该案发交本省遴员复鞫;如所控不实,即予驳斥,仍照原拟定案。倘上控之人于案外添砌情节,希图翻案,审系在本省各衙门历控者,照诬告律加一等治罪;捏称已控者,再加一等;本罪重者,仍从重论。知情受雇扛帮者,各减一等。

无论已未决配,悉照后犯罪名,军、流递加一等调发;若后犯轻于原犯之罪,即于原犯罪上加一等;如后犯并原犯罪名,已至遣罪,无可复加,在配所用重枷枷号三个月。倘另犯应死罪名,仍各从其重者论。知情受雇来京呈递,审系无干扛帮者,减囚罪一等。

现行刑律案语

原例

6.22.332.(14)〔民人京控依曾否于本省历控及翻控情节轻重分别办理〕(略)

6.22.332.(23)〔外省民人赴京翻控审虚视所诬轻重分别治罪〕(略)

臣等谨按:以上二条,一系究问曾否历控分别审理之例,一系案外添砌情节治罪之例,词意大致相同。查光绪三十二年〔1767〕厘定官制,京师设大理院,专掌审判,为全国审判最高官署;另设高等以下各级审判厅,凡不服高等审判厅判决,及不服高等决定及命令,许其上控者,俱归大理院审理,一切诉讼办法,与从前微有不同,似宜改从今制,以免歧误。谨将修并例文,开列于后。

〇修并(略)

大清律例

6.22.332.(9)〔在外州县事款干碍本官不便控告〕

现行刑律

22.293.(5)〔在外州县事款干碍本官不便控告〕

一、凡在外州县有事款干碍本官,不便控告,或有冤抑审断不公,须于状内将控过衙门审过情节开载明白,上司官方许受理。若未告州县,及已告州县不候审断越诉者,治罪。上司官违例受理者,亦议处。

现行刑律案语

原例(略)

〇仍旧

臣等谨按:此条应仍其旧,理合陈明。

大清律例

6.22.332.(17)〔挟忿摭拾不干己之赃私奏告察核官员〕

现行刑律

22.293.(6)〔挟忿摭拾不干己之赃私奏告察核官员〕

一、曾经考察、考核、被劾人员，若怀挟私忿，摭拾察核官员别项赃私，不干己事，奏告以图报复者，不分见任、去任，文武官俱革职为民，已革者问罪。奏告情词，不问虚实，立案不行。

现行刑律案语

原例(略)

〇仍旧

臣等谨按：此例应仍其旧，理合陈明。

大清律例

6.22.332.(8)〔刁徒身背黄袱口称奏诉直入衙门挟制官吏〕

一、在外刁徒，身背黄袱，头插黄旗，口称奏诉，直入衙门挟制官吏者，所在官司就拿送问。若系干己事情，及有冤枉者，照例审断，仍治以不应重罪。其不系干己事情，别无冤枉，并究追主使之人，一体问罪，俱发近边充军。

现行刑律

22.293.(7)〔刁徒直入衙门口称奏诉挟制官吏〕

一、在外刁徒，直入衙门，口称奏诉挟制官吏者，所在官司就拿送问。若系干己事情，及有冤枉者，照例审断，仍治以不应重罪。其不系干己事情，别无冤枉，并究明主使之人，一体问罪，俱流二千五百里。

现行刑律案语

原例(略)

臣等谨按：此系前明《问刑条例》，因尔时有刁徒身背黄袱，头插黄旗，口称奏诉者，故定此例，现在并无此等情事，应将"背袱插旗"等语删去，并将"口称奏诉"一语移入"直入衙门"下，以为刁徒挟制官长之通例。近边充军照章改为"流二千五百里"。谨将修改例文，开列于后。

〇修改(略)

大清律例

6.22.332.(5)〔假以建言为由挟制官府并以奸赃污人及意图翻异聚众击鼓自刎自尽〕

一、凡假以建言为由,挟制官府,及将暧昧不明奸赃事情,污人名节,报复私仇者,文武官俱革职,军民人等皆发附近充军。其有曾经法司、督抚等衙门问断明白,意图翻异,辄于登闻鼓下及长安左右门等处自刎、自缢,撒泼喧呼者,或因小事纠集多人,越墙进院,突入鼓厅,妄行击鼓谎告者,拿送法司,追究主使教唆之人,与首犯俱杖一百、徒三年,余人各减一等。如有捏开大款,欲思报复,并将已经法司、督抚衙门断明事件,意图翻异,聚众击鼓者,将首犯照擅入午门长安等门叫诉冤枉例,发边远地方充军,余人亦各减一等发落。如究出教令主使之人,身虽不行,亦照首犯治罪。至各省军民人等赴京控诉事件,如有在刑部、都察院、步军统领各衙门前,故自伤残者,拿获严追主使教唆之人,与自伤未死之本犯,均照于登闻鼓下及长安左右门自刎、自缢例,减一等,杖九十、徒二年半,余人再减一等。如自戕之犯身死,亦究明主使教唆及预谋各犯,分别治罪。倘诬告之罪有重于本罪者,仍各从其重者论。

现行刑律

22.293.(8)〔假以建言为由挟制官府并将奸赃污人〕

一、凡假以建言为由,挟制官府,及将暧昧不明奸赃情事,污人名节,报复私仇者,文武官俱革职,军民人等徒三年。

现行刑律

22.293.(9)〔意图翻异于长安左右门并受理词讼各衙门自戕自残聚众呼冤〕

一、军民人等控诉事件,其有曾经内外问刑各衙门问断明白,意图翻异,辄于长安左右门等处自刎、自缢,撒泼喧呼,或因小事纠聚多人,妄行谎告,及捏开大款,欲思报复,聚众呼冤者,追究主使之人,与首犯俱徒三年,余人各减一等。有在受理词讼各衙门前,故自伤残者,严追主使教唆之人,与自伤未死之犯俱徒二年半,余人亦各减一等。如自戕之犯身死,亦究明主使教唆及预谋各犯,分别治罪。倘诬告罪重者,仍各从重论。

现行刑律案语

原例(略)

臣等谨按:此系前明《问刑条例》,雍正三年〔1725〕、乾隆五年〔1740〕、嘉庆六年〔1801〕、道光二年〔1822〕迭经修改。其中意义复杂,应逐层厘剔,以便援引。拟将假以建言为由等情报复私仇者另为一条,将自刎、自缢与故自伤残者为一条。例内罪名有应行酌改之处，如报复私仇，文武官仅革职，军民则拟充军，轻重未免悬绝，似应将军民减为徒三年，小事谎告与捏开大款情事相等，而一拟徒，一拟军，殊未平允，拟并改为徒三年。其语句有应行删改者，如"登闻鼓"，虽系旧制，现在并无其事例，内"击鼓谎告"及"越墙进院，突入鼓厅"等语，均应节删。官制现经改易，受理词讼之法与前亦异，例内所称法司、督抚等衙门，及刑部、都察院、步军统领各衙门，尚难赅括，拟改称"内外问刑各衙门"及"受理词讼各衙门"，以免罣漏。徒罪附杖照章节删。其余复文冗语，均酌量删剔。谨将修改例文二条，开列于后。

〇修改(略)

22.293.(8)〔假以建言为由挟制官府并将奸赃污人〕(略)

22.293.(9)〔意图翻异于长安左右门并受理词讼各衙门自戕自残聚众呼冤〕(略)

大清律例

6.22.332.(2)〔擅入禁门诉冤〕

一、擅入午门、长安等门内叫诉冤枉，奉旨勘问，得实者，枷号一个月，满日杖一百。若涉虚者，杖一百，发边远地方充军。其临时奉旨止拿犯人治罪者，所诉情词，不分虚实，立案不行，仍将本犯枷号一个月发落。

6.22.332.(3)〔跪午门长安等门及打石狮鸣冤〕

一、凡跪午门、长安等门及打长安门内石狮鸣冤者，俱照擅入禁门诉冤例治罪。若打正阳门外石狮者，照损坏御桥例治罪。

现行刑律

22.293.(10)〔擅入午门长安等门诉冤〕

一、凡擅入午门、长安等门叫诉冤枉，奉旨勘问，得实者，照擅入禁门律治罪；涉虚者，流三千里。其奉旨止拿犯人治罪者，所诉情词，不分虚实，立案不行，仍将本犯照擅入禁门律治罪。

现行刑律案语

原例

6.22.332.(2)〔擅入禁门诉冤〕(略)

6.22.332.(3)〔跪午门长安等门及打石狮鸣冤〕(略)

臣等谨按：以上二例，前条言擅入午门长安等门叫冤，后条言跪午门长安等门鸣冤，情罪相等，自可修并为一。其奉旨勘问得实者，例系满杖，加枷号一月，现在枷、杖均经改章，若并行折罚，则罚章转形破碎，拟即改为"照擅入禁门律治罪"。涉虚者，杖一百，发边远充军，应照章改为流三千里。其奉旨止拿犯人治罪，例系枷号一月，若照章折罚，转轻于擅入禁门本罪，拟改为"仍照擅入禁门律治罪"。至打狮鸣冤,现在并无此等情事,应即节删。谨将修并例文,开列于后。

〇修并(略)

大清律例

6.22.332.(4)〔身藏金刃欲行叩阍擅入禁门及违禁入堂子跪告〕

一、凡奸徒身藏金刃,欲行叩阍,擅入午门、长安等门者,不问所告虚实,立案不行,仍杖一百,发近边充军。若违禁入堂子跪告者,杖一百。

现行刑律

22.293.(11)〔身藏金刃欲行叩阍擅入午门长安等门〕

一、凡奸徒身藏金刃,欲行叩阍,擅入午门、长安等门者,不问所告虚实,立案不行,仍照持刃入禁门律治罪。

现行刑律案语

原例(略)

臣等谨按:宫殿门擅入律,若不系宿卫应直、合带兵仗之人,但持寸刃入禁门者,杖一百,发边远充军,照章修改,系流三千里。此例身藏金刃擅入午门、长安等门,欲行叩阍,仅止发近边充军,照章修改,系流二千五百里,是较彼律本罪转轻,应即改照彼律治罪,以免参差。至"入堂子跪告"一层,现在并无此项情事,应即节删。谨将修改例文,开列于后。

〇修改(略)

条例 · 删除

大清律例

6.22.332.(1)〔车驾行幸有申诉者〕

一、凡车驾行幸瀛台等处,有申诉者,照迎车驾申诉律拟断。车驾出郊行幸,有申诉者,照冲突仪仗律拟断。

现行刑律案语

〇删除

原例(略)

臣等谨按:瀛台等处,现在禁地之内,与从前情形不同,自非人民所能擅入。例末一层尤与冲突仗卫门圣驾出郊,妄行奏诉条重复,均属无关引用。拟即删除。

大清律例

6.22.332.(7)〔奏告机密重事不实及全诬十人以上〕

一、凡蓦越赴京及赴督抚、按察司官处,各奏告机密重事不实,并全诬十人以上者，发边远充军。如有干系重大事情，临时酌量办理。

现行刑律案语

〇删除

原例（略）

臣等谨按：此系前明《问刑条例》，“奏告”下原有“叛逆等项”四字，雍正三年〔1725〕删去。则所谓“奏告机密重事不实”，亦与诬告人重罪何异，有犯自可依诬告本律定拟，此例似嫌赘设，拟即删除。

大清律例

6.22.332.(11)〔旗军挟告诈财〕

一、旗军有欲陈告运官不法事情者，许候粮运过淮，并完粮回南之日，赴漕司告理。如赴别衙门挟告诈财者，听该管官即拿送问。犯该徒罪以上，调发近边充军。

删除律例

〇删除

大清律例

6.22.332.(12)〔词讼未经该管衙门辄赴控院司道府〕

一、词讼未经该管衙门控告，辄赴控院、司、道、府，如院、司、道、府滥行准理，照例议处。其业经在该管衙门控理，复行上控，先将原告穷诘，果情理近实，始行准理。如审理属虚，除照诬告加等律治罪外，先将该犯枷号一个月示众。

现行刑律案语

〇删除

原例（略）

臣等谨按：在外州县控告不候审断越诉者治罪，上司官违例受理者议处，本门已有专条，控告审虚加等治罪，亦自有诬告本律可引。此例所称“院、司、道、府滥行准理，照例议处”，及“审理属虚，加等治罪”等语，均嫌重复，至例末“加枷号”一层，尤与“诬告”门通例不合，近来并不引用，拟即删除。

大清律例

6.22.332.(13)〔八旗人等违例在地方官滥行呈递〕

一、八旗人等，如有应告地亩，在该旗佐领处呈递。如该佐领不为查办，许其赴部及步军统领衙门呈递。其有关涉民人事件,即行文严查办理。若违例在地方官滥行呈递者,照违制律从重治罪。该管官员,俱各严行议处。

满汉通行刑律

○删除

谨按:此条系旗人不许在地方官处告状之例,专指在京旗人言,恐其出外生事,故约束甚严。现在化除满汉畛域,即应一体办理,此例即属无用,似应删除。

大清律例

6.22.332.(15)〔被告事发赴别衙门朦胧告理或赴京奏诉并牵扯别事希图延宕拖累〕

一、为事官吏、生监、军民人等,赴京奏诉一应事情,审系被人奏告,曾经督抚或在京法司见问未结者,仍行原问各该衙门并问归结。若曾被人在督抚或在京法司具告事发,却又朦胧赴别衙门告理,或未经督抚审结,赴京奏诉,希图延宕,或隐下被人奏告缘由,牵扯别事,希图拖累,赴京奏诉请行别衙门勘问者,查审明白,将奏告情词,及审出诬控缘由,连犯人转发原问衙门收问归结,仍治以诬告之罪。若已经督抚或在京法司问结发落人犯,赴京奏诉冤枉者,方许改调无碍衙门勘问办理。

现行刑律案语

○删除

原例(略)

臣等谨按:此系前明《问刑条例》,因尔时有生监、军民人等,赴京奏诉请行别衙门勘问者,有改调无碍衙门勘问者,故定此例。现在奏诉之法,与明时迥不相同,京控叩阍事件,或立案不行,或分别奏咨,发交原省审问,或提取案件来京,或钦派大臣查办,向不援照此例办理。至被人具告,又朦胧赴别衙门告理等情,一经讯出,或系越诉,或系诬告,或应归案审结,均有一定办法,更毋庸赘述。此条拟即删除。

大清律例

6.22.332.(18)〔各处买卖负欠钱债事情蓦越赴京奏告〕

一、直省客商,在于各处买卖生理,若有负欠钱债等项事情,止许于所在官司陈告,提问发落。若有蓦越赴京奏告者,问罪递回。奏告情词,不问虚实,立案不行。

现行刑律案语

○删除

原例(略)

臣等谨按：此系前明《问刑条例》，现在并无客商奏告之事，即有蓦越来京控告者，自有军民越诉通例可引，毋庸特立专例，拟即删除。

大清律例

6.22.332.(19)〔一切并无原案词讼不准由刑部接收呈词〕

一、刑部除呈请赎罪、留养外省题咨到部，及现审在部有案者，俱据呈办理外，其余一切并无原案词讼，均应由都察院、五城、步军统领衙门、顺天府及各旗营接收，分别奏、咨，送部审办，概不准由刑部接收呈词。至钱债细事、争控地亩，并无罪名可拟各案，仍照例听城坊及地方有司自行审断，毋得概行送部。

现行刑律案语

○删除

原例（略）

臣等谨按：此条系旧日刑部审判之权限，自改官制，刑部改为法部，专司司法行政，另设大理院及各级以下审判厅，专司审判，而诉讼事件复分为民、刑二项，今昔情形迥不相同。况各级审判事例至繁，初非一、二条所能赅载，伏查《钦定宪政筹备事宜》，本年《修正法院编制法》颁行，则审判制度已有专书，足资引用，此条拟即删除。

大清律例

6.22.332.(20)〔军民呈递封章控诉事件〕

一、军民人等控诉事件，俱令向该管官露呈投递。倘敢呈递封章，挟制入奏，无论本人及受雇代递者，接收官员，一面将原封进呈，一面将该犯锁交刑部收禁。如所告得实，本犯系平民，照冲突仪仗妄行奏诉例加一等，发边远充军。若所控虚诬，核其诬告本罪仅止笞、杖、徒者，仍发边远充军，笞、杖罪名到配枷号一个月，徒罪枷号两个月；如诬告罪应拟流者，发极边足四千里充军；应拟附近、近边、边远、极边充军者，实发云贵两广极边烟瘴地方充军；应拟极边烟瘴充军者，改发新疆充当苦差。如因呈递封章，另犯应死罪名，仍各从其重者论。其受雇代递者，俱照受财雇寄例，发近边充军；赃重者，以枉法从重论。

删除律例

○删除

大清律例

6.22.332.(21)〔已革兵丁挟嫌京控本管官〕

一、已革兵丁,挟嫌蓦越赴京控告本管官,审系全虚者,枷号三个月,杖一百,发烟瘴充军,仍依名例以足四千里为限。

删除律例

○删除

大清律例

6.22.332.(22)〔负罪人犯呈递封章奏告人罪〕

一、负罪人犯,呈递封章奏告人罪,无论自行投递、遣人投递,及所控是否得实,并将呈词封固投递,挟制入奏者,原犯系应拟笞、杖、枷号、徒罪尚未发落,或徒罪业已发配、役限未满者,俱发极边足四千里充军;原犯军、遣、流罪,无论已未到配,三流俱改发云贵两广极边烟瘴充军,仍照名例以极边四千里为限,军罪实发云贵两广极边烟瘴充军,遣罪在配用重枷枷号一年;原犯斩、绞监候,秋审应入缓决者,改为情实,应入情实者,改为立决;如原犯已至立决,无可复加,仍从原犯罪名科断。倘本案实有屈抑,不赴内外风宪衙门申诉,辄违例递折,除本案准予审理更正外,仍将该犯照冲突仪仗妄行奏诉例,发近边充军。若本案更正之罪,重于近边充军者,加本罪一等调发。如因呈递封章,另犯应死罪名,仍各从其重者论。其受雇代递者,俱照受财雇寄例,发近边充军;赃重者,以枉法从重论。

删除律例

○删除

大清律例

6.22.332.(24)〔私逃遣徒及递籍各犯妄行控诉〕

一、凡遣、军、流犯,及徒罪未满年限,并递籍人犯,私自逃回,如有妄行控诉者,视其应得诬告、翻控各本律例,与脱逃应行加等之罪相比,从其重者论,仍各照原例再加一等。加至遣罪,无可复加,原例重枷枷号三个月者,再加枷号三个月,共用重枷枷号六个月。如另犯应死罪名者,仍各照本律本例科断。

现行刑律案语

○删除

原例(略)

臣等谨按:此条系嘉庆二十年〔1815〕定例,因当时有此等情事,故治罪加严。惟查遣、军、流、徒及递籍人犯逃回,妄行诬告,均系逃后复犯,其应加等治罪,即照"诬告"门及"徒流人逃徒"、"流人又犯罪"各门条例办理,亦足示儆,似不必为此项特设专例,拟即删除。

大清律例

6.22.332.(25)〔递籍犯脱逃呈递封章控诉〕

一、凡呈递封章,系平民仍照原例办理外,如问拟笞、杖、枷责,业已发落递籍,及原犯并无罪名递籍管束之犯,复又脱逃呈递封章者,视其所控虚实,照平民呈递封章例递加一等。原例边远充军者,改发极边足四千里充军;原例极边足四千里充军者,改发极边烟瘴充军;原例极边烟瘴充军者,改发新疆分别当差、为奴;原例遣罪者,在配用重枷枷号三个月;本例有枷号一个月、两个月者,各再递加一个月。倘另犯应死罪名者,仍各从其重者论。

删除律例

○删除

大清律例

6.22.332.(26)〔遣军以下人犯配所潜逃呈递封章控诉事件〕

一、凡遣、军以下人犯,除在配人犯呈递封章,仍照原例办理外,如由配所潜逃,呈递封章控诉事件,并无屈抑者,照在配呈递封章例,递加一等治罪。原例应发极边足四千里者,改发极边烟瘴充军。遣罪人犯,无可复加,原例在配用重枷枷号一年者,加为枷号一年六个月。如本案实有屈抑,原例应发近边充军者,改发边远充军;原例应加本罪一等者,再递加一等;如已至斩、绞罪名,秋审应缓决者,入于情实;应情实者,改为立决;犯至立决,无可复加,仍照原例科断。倘另犯应死罪名,仍各从其重者论。

删除律例

○删除

大清律例

6.22.332.(27)〔控诉事件口称必须面见皇上申诉者〕

一、凡控诉事件,口称必须面见皇上始行申诉,虽未递有封章,即照呈递封章挟制入奏之例,分别平民,及递籍人犯脱逃,暨负罪遣、军以下人犯在配在逃,于呈递封章本例上,各加一等科断。罪应边远充军者,改发极边足四千里充军;罪应极边足四千里充军者,改发极边烟瘴充军;罪应极边烟瘴充军者,旗人改发黑龙江当差,民人改发新疆给官兵为奴。其本罪已至发遣,无可复加,应在遣配用重枷枷号三个月者,再加枷号三个月;应枷号一年,暨一年六个月者,各再加枷号六个月;如本例有枷号一个月、两个月、三个月者,亦各递加一个月。原犯斩、绞监候,改为立决。本罪已至立决,无可复加,仍照本例科断。若呈递封章,口称必须面见皇上始行申诉者,又各递加一等。如诬告叛逆,及干名犯义,罪应死者,仍从重论。

删除律例

〇删除

6.22.333 投匿名文书告人罪 / 22.294 投匿名文书告人罪

律文·修改

大清律例

6.22.333.1 凡投贴隐匿自己姓名文书告言人罪者,绞。监候。虽实亦坐。见者,即便烧毁。若不烧毁,将送入官司者,杖八十。官司受而为理者,杖一百。被告言者,虽有指实,不坐。若于方投时能连人与文书捉获解官者,官给银一十两充赏。指告者勿论。若诡写他人姓名词帖,讦人阴私陷人,或空纸用印,虚捏他人文书,买嘱铺兵递送;诈以他人姓名,注附木牌,进入内府,不销名字,陷人得罪者,皆依此律绞。其或系泛常骂詈之语,及虽有匿名文书,尚无投官确据者,皆不坐此律。

现行刑律

22.294.1 凡投隐匿自己姓名文书告言人罪者,绞。监候。虽实亦坐。见者,即便烧毁。若不烧毁,将送入官司者,处八等罚。官司受而为理者,处十等罚。被告言者,虽有指实,不坐。若于方投时能连人与文书捉获解官者,官给银一十两充赏。指告者勿论。若诡写他人姓名词帖,讦人阴私陷人,或空纸用印,虚捏他人文书,买嘱铺兵递送,陷人得罪者,皆依此律绞。其或系泛常骂詈之语,及虽有匿名文书,尚无投官确据者,皆不坐此律。

现行刑律案语

原律(略)

臣等谨按:此仍《明律》,顺治三年〔1646〕添入小注。律意重在告言人罪,故有送入官司及官司受理两层,若仅止粘贴墙壁,并未送入官司,即与告言无涉,是以《唐律》《明律》"投"字下均无"贴"字,后经注入,便与全律语气不贯。至注内"注附木牌,进入内府"一节,系属尔时情形,现在并无此事,均应节删。律内杖罪照章改为罚金,均应依数分等处罚。谨将修改律文、律注,开列于后。

〇修改(略)

条例·修改、仍旧

大清律例	现行刑律
6.22.333.(2)〔布散匿名揭帖及投递部院衙门〕 一、凡布散匿名揭帖，及投递部院衙门者，俱不准行。仍将投递之人，拿送刑部，照例治罪。不行拿送者，交该部议处。接受揭帖具题及审理者，革职。若不肖官员，唆使恶棍粘贴揭帖，或令布散投递者，与犯人罪同。如该管官不严加查拿，别有发觉者，将司坊官、专汛把总、步军校及巡城御史、兼辖营官、步军副尉、总尉、统领，俱交该部分别议处。步军、营兵及司坊衙役，并枷号三个月，杖一百。	22.294.(1)〔布散匿名揭帖及投递内外各衙门〕 一、凡布散匿名揭帖，及投递内外各衙门者，俱不准行。拿获，照律治罪。如不行严拿者，交部议处。接受揭帖具奏及审理者，革职。若不肖官员，唆使恶棍黏贴揭帖，或令布散投递者，与犯人罪同。如该管文武官弁不严加查拿，别经发觉，将该管官弁及失察之上司，俱交部分别议处。

现行刑律案语

原例(略)

臣等谨按：此例系专指京城而言，《处分则例》系属不分内外，拟请改为通例，以便引用。例内“仍将投递之人，拿送刑部治罪”等语，应改为“拿获，照律治罪”，“具题”应改“具奏”，至巡城御史及司坊官，现均奉裁，所有“司坊官、专汛把总”一层，应改为“该管文武官弁及失察之上司”，似较赅括。例末“兵役”一层，为《处分则例》所不及，亦拟枷、杖，徵嫌于滥，应行节删。谨将修改例文，开列于后。

○修改(略)

大清律例	现行刑律
6.22.333.(5)〔拾获关系国家大事匿名揭帖〕	22.294.(2)〔拾获关系国家大事匿名揭帖〕 一、凡有拾获匿名揭帖者，即将原帖销毁，不准具奏。惟关系国家重大事务者，密行奏闻，候旨密办。

现行刑律案语

原例(略)

〇仍旧

臣等谨按:此例应仍其旧,理合陈明。

条例·删除

大清律例

6.22.333.(1)〔捏造悖谬言词投贴匿名揭帖〕

一、凡凶恶之徒,不知国家事务,捏造悖谬言词,投贴匿名揭帖者,将投帖之人拟绞立决。知而不首者,杖一百、流三千里。旁人出首者授以官职,奴仆出首者开户。捏造寻常谬妄言词,无关国家事务者,依律绞候。

现行刑律案语

〇删除

原例(略)

臣等谨按:律目本旨重在匿名告人罪,故隶诸"诉讼"门内,若关系国家事务,捏造悖谬言词,即"造妖书妖言"门之妄布邪言,彼条分别斩决、斩候,此条问拟绞决治罪,既涉两歧,且一事分载二门,转令治狱者无所适从,此条拟即删除。

大清律例

6.22.333.(3)〔驻防旗人交结民人捏写匿名揭帖倾陷平人〕

一、驻防旗人,与民人奸匪交结,起意捏写匿名揭帖,倾陷平人者,拟绞立决;为从民人,杖一百、流三千里。如民人起意为首,仍照律拟绞监候;为从旗人,发遣黑龙江等处当差。

删除律例

〇删除

大清律例

6.22.333.(4)〔胥役匿名揭告本管官〕

一、胥役匿名揭告本管官,如所告得实,仍照律拟绞监候;若系诬告,拟绞立决。

现行刑律案语

〇删除

原例（略）

臣等谨按：此条系胥役匿名揭告之例，第匿名揭帖不准受理，既无虚实之可分，即无从知其为诬告，本属赘设。且得实依律问拟绞候，诬告拟以绞决，照章仍改“绞候，秋审入实”，二者不过实、缓之分，与平人治罪无甚悬殊。窃谓此项情形，秋审本可因系胥役而加严，似无须特设专例，此条拟即删除。

6.22.334告状不受理／22.295告状不受理

律文·修改

大清律例

[6.22.334.1]凡告谋反、叛逆，官司不即受理差人掩捕者，虽不失事，杖一百、徒三年。因不受理掩捕以致聚众作乱，或攻陷城池，及劫掠人民者，官坐斩。监候。若告恶逆，如子孙谋杀祖父母、父母之类。不受理者，杖一百。告杀人及强盗，不受理者，杖八十。斗殴、婚姻、田宅等事不受理者，各减犯人罪二等，并罪止杖八十。受被告之财者，计赃以枉法罪与不受理罪从重论。○[6.22.334.2]若词讼原告、被论即被告。在两处州县者，听原告就被论本管官司告理归结。其各该官司，自分彼此，或受人财推故不受理者，罪亦如之。如上所告事情轻重，及受财枉法从重论。○[6.22.334.3]若各部、院、督抚、监察御史、按察使及分司巡历去处，应有词讼，未经本管官司陈告，及虽陈告而本宗公事未结绝者，并听部、院等官置簿立限，发当该官司追问，取具归结缘由勾销。若有迟错，而部、院等官不即举行改正者，与当该官吏同罪。轻者，依官文书稽程十日以上吏典笞四十；重者，依不与果决以致耽误公事者杖八十。○[6.22.334.4]其已经本管官司陈告，不为受理，及本宗公事已绝，理断不当，称诉冤枉者，各部、院等衙门即便勾问。若推故不受理，及转委有司，或仍发原问官司收问

现行刑律

[22.295.1]凡告谋反、叛逆，官司不即受理差人掩捕者，虽不失事，徒三年。因不受理掩捕以致聚众作乱，或攻陷城池，及劫掠人民者，官坐绞。监候。若告恶逆，如子孙谋杀祖父母、父母之类。不受理者，处十等罚。告杀人及强盗，不受理者，处八等罚。斗殴、婚姻、田宅等事不受理者，各减凡人罪二等，并罪止八等罚。受被告之财者，计赃以枉法罪与不受理罪从重论。○[22.295.2]若词讼原告、被论即被告。在两处州县者，听原告就被论本管官司告理归结。其各该官司，自分彼此，或受人财推故不受理者，罪亦如之。如上所告事情轻重，及受财枉法从重论。○[22.295.3]若督抚、按察使提法使同。巡历去处，如有词讼，未经本管官司陈告，及虽陈告而本宗公事未结绝者，并听督抚等官置簿立限，发当该官司追问，取具归结缘由勾销。若有迟错，而督抚等官不即举行改正者，与当该官吏同罪。轻者，依官文书稽程十日以上吏典处四等罚；重者，依不与果决以致耽误公事者，处八等罚。○[22.295.4]其已经本管官司陈告，不为受理，及本宗公事已绝，理断不当，称诉冤枉者，各督抚等衙门即便勾问。若推故不受理，及转委有司，或仍发原问官司收

者,依告状不受理律论罪。○6.22.334.5若本管衙门追问词讼,及大小公事,自行受理,并上司批发。须要就本衙门归结,不得转行批委。致有冤枉、扰害。违者,随所告事理轻重以坐其罪。如所告公事合得杖罪,坐以杖罪;合得笞罪,坐以笞罪;死罪,已决放者同罪,未决放减等;徒、流罪,抵徒、流。

问者,依告状不受理律论罪。○22.295.5若本管衙门追问词讼,及大小公事,自行受理并上司批发。须要就本衙门归结,不得转行批委。致有冤枉、扰害。违者,随所告事理轻重以坐其罪。如所告公事合得罚罪,坐以罚罪;死罪已决放者,同罪;未决放,减等。徒、流罪,抵徒、流。

现行刑律案语

原律(略)

臣等谨按:此仍《明律》,顺治三年〔1646〕修改,增入小注,雍正三年〔1725〕改定。第三节"各部、院"句原系都督府各部所改,然部、院及御史巡历并不经见,且分司久改为巡道,今亦议裁,自应节留督、抚、按察使三项,于"按察使"下添注"提法使同",并将各节小注照改,以符今制。斩候应照章改为绞候。杖罪改为罚金,应依数分等处罚。谨将修改律文、律注,开列于后。

○修改(略)

条例·修并、修改

大清律例

6.22.334.(1)〔户婚田土细事农忙不准受理〕

一、每年自四月初一日至七月三十日,时正农忙,一切民词,除谋反、叛逆、盗贼、人命,及贪赃坏法等重情,并奸牙铺户骗劫客货,查有确据者,俱照常受理外,其一应户婚、田土等细事,一概不准受理,自八月初一日以后,方许听断。若农忙期内受理细事者,该督抚指名题参。

6.22.334.(7)〔州县审理农民词讼视其有无妨农分别展限速断〕

一、州县审理词讼,遇有两造俱属农民,关系丈量踏勘有妨耕作者,如在农忙期内,准其详明上司照例展限,至八月再行审断。若查勘水利、界址等

现行刑律

22.295.(1)〔户婚田土细事农忙不准受理并应行展限速断词讼〕

一、每年自四月初一日至七月三十日,时正农忙,民间词讼,除谋反、叛逆、盗贼、人命,及贪赃坏法,并一切呈诉无妨农业之事者,俱照常受理外,其一应户婚、田土等细事,如两造均系农民,一概不准受理,自八月初一日以后,方许听断。若田土等案,呈告虽在四月以前,如须丈量、踏勘已至农忙期内,有妨耕作者,准其详明上司,照例展限。至查勘水利、界址等事,清理稍迟,必致有妨农务者,即由该管官亲往审断速结,不得票拘至城,或致守候病农。若农忙期内受理细事病农者,该上司衙门指名参处。如各该衙门将应行审结之事,借

事,现涉争讼,清理稍迟,必致有妨农务者,即令该州县亲赴该处审断速结,总不得票拘至城,或致守候病农。其余一切呈诉无妨农业之事,照常办理,不得停止。仍令该管巡道严加督察,查核申报。如州县将应行审结之事,借称停讼稽延者,照例据实参处。经管道府如不实力查报,该督抚一并严参议处。

称停讼稽延者,亦照例据实参处。

现行刑律案语

原例

6.22.334.(1)〔户婚田土细事农忙不准受理〕(略)

6.22.334.(7)〔州县审理农民词讼视其有无妨农分别展限速断〕(略)

臣等谨按:上二条皆言农忙期内词讼准理、不准理之例,似应修并为一。后条"一切呈诉无妨农业之事",宜归并前条,除笔内至奸牙铺户骗劫客货等项,已包入"无妨农业之事"句内,无须缕述,拟节删。后条关系丈量踏勘者,必呈告在农忙前期展限方有根由,似应添出。"题参"应改为"参处","督抚、道、府"应改为"该上司衙门"。谨将修并例文,开列于后。

〇修并(略)

大清律例

6.22.334.(6)〔隆冬岁暮州县词讼随时审理〕

一、州县词讼,凡遇隆冬岁暮,俱随时审理,不得照农忙之例停讼展限。该管巡道严加查核,违者照例揭参。

现行刑律

22.295.(2)〔隆冬岁暮州县及审判厅随时审理词讼〕

一、州县及审判厅所有词讼,凡遇隆冬岁暮,俱随时审理,不得照农忙之例停讼展限。该管官严加察核,违者照例揭参。

现行刑律案语

原例(略)

臣等谨按:例首"州县"下拟增"审判厅","该管巡道"应改为"该管官"。谨将修改例文,开列于后。

〇修改(略)

大清律例

6.22.334.(2)〔地方官自理词讼任意拖延〕

一、各省州县及有刑名之厅卫等官,将每月自理事件,作何审断,与准理、拘提、完结之月日,逐件登记,按月造册,申送该府、道、司、抚、督查考。其有隐漏装饰,按其干犯,别其轻重,轻则记过,重则题参。如该地方官自理词讼,有任意拖延,使民朝夕听候,以致废时失业,牵连无辜,小事累及妇女,甚至卖妻鬻子者,该管上司即行题参。若上司徇庇不参,或被人首告,或被科道纠参,将该管各上司,一并交与该部从重议处。

6.22.334.(4)〔州县自理户婚田土按月填簿注销〕

一、州县自行审理一切户婚、田土等项,照在京衙门按月注销之例,设立循环簿,将一月内事件填注簿内,开明已、未结缘由,其有应行展限及复审者,亦即于册内注明,于每月底送该管知府、直隶州知州查核,循环轮流注销。其有迟延不结,朦混遗漏者,详报督抚咨参,各照例分别议处。

现行刑律

22.295.(3)〔州县及审判厅自理词讼按月登簿申送〕

一、各省州县及审判厅并有刑名之责等官,每月自理词讼,设立号簿,将到案月日、审讯情形及已结、未结详细登记,按月申送各该上司,以备查考。如有遗漏或开载不明及隐匿装饰,该管上司即行奏参。若上司徇庇,一经首告,或被给事中各道纠参,将该管上司,一并交部从重议处。

现行刑律案语

原例

6.22.334.(2)〔地方官自理词讼任意拖延〕(略)

6.22.334.(4)〔州县自理户婚田土按月填簿注销〕(略)

臣等谨按:前条为按月申送之例,后条为设立循环簿之例,系属一事,应修并为一。现在审判厅依次设立,问刑衙门不止州县,拟于前条首句增入“审判厅并有刑名之责等官”,以昭赅备,“科道”并应改为“给事中各道”。谨将修并例文,开列于后。

〇修并(略)

条例·○移改

大清律例	现行刑律
	＊断狱·鞫狱停囚待对
6.22.334.(3)〔审理徒流笞杖人犯遵限完结〕 一、各府州县，审理徒、流、笞、杖人犯，除应行关提质讯者，务申详该上司批准照例展限外，如无关提应质人犯，该州县俱遵照定限完结。倘敢阳奉阴违，或经发觉，或经该上司指参，将承问官交部照例分别议处。	28.360.(5)〔府州县及审判厅审理徒流以下人犯定限完结〕(略)

现行刑律案语

原例(略)

臣等谨按：此条关系审限，应移入"鞫狱停囚待对"门，"府州县"下拟增入"审判厅"。笞、杖既已停止，应节删。谨将移改例文，开列于后。

○移改

断狱·鞫狱停囚待对

28.360.(5)〔府州县及审判厅审理徒流以下人犯定限完结〕(略)

条例·删除

大清律例

6.22.334.(5)〔巡道巡历提核州县户婚田土词讼号簿〕

一、州县自行审理及一切户婚、田土事件，责成该管巡道巡历所至，即提该州县词讼号簿，逐一稽核。如有未完，勒限催审，一面开单移司报院，仍令该州县将某人告某人某事、于某日审结，造册报销。如有迟延，即行揭参。其有关系积贼、刁棍、衙蠹及胥役弊匿等情，即令巡道亲提究治。知府、直隶州自理词讼，亦如之。如巡道奉行不力，或任意操纵，颠倒是非者，该督抚亦即据实察参，分别议处。

6.22.334.(9)〔巡道查核州县词讼号簿如有隐匿及迁延不结者〕

一、巡道查核州县词讼号簿，如有告到未完之案，号簿未经造入，即系州县匿不造入，任意迁延不结，先提书吏责处，并将州县揭报，督抚分别严参。其有事虽审结，所告断理不公，该道核其情节可疑者，立提案卷查核改正。如审断已属公平，刁民诬捏反告者，亦即量予究惩。

现行刑律案语

○删除

6.22.334.(5)〔巡道巡历提核州县户婚田土词讼号簿〕(略)

6.22.334.(9)〔巡道查核州县词讼号簿如有隐匿及迁延不结者〕(略)

臣等谨按:以上二条,皆巡道巡历之事,向来本不照此办理,久同虚设,且现在巡道已议裁改,二条无关引用,均拟删除。

大清律例

6.22.334.(8)〔民间词讼细事州县不经亲审批结〕

一、民间词讼细事,如田亩之界址沟洫、亲属之远近亲疏,许令乡保查明呈报,该州县官务即亲加剖断,不得批令乡地处理完结。如有不经亲审,批发结案者,该管上司即行查参,照例议处。

现行刑律案语

○删除

原例(略)

臣等谨按:此条列举各项皆词讼细事,与命盗等案不同,果有公正绅耆,不妨令其调处,如必责令有司事事躬亲剖断,恐起健讼之风,反滋拖累。况将来诉讼法颁行,此等案件均在准其和息之列。此条应即删除。

6.22.335听讼回避 / 22.296听讼回避

律文 · 修改

大清律例	现行刑律
6.22.335.1凡官吏于诉讼人内,关有服亲及婚姻之家,若受业师,或旧为上司与本籍官长有司,及素有仇隙之人,并听移文回避,违者虽罪无增减笞四十。若罪有增减者,以故出入人罪论。	22.296.1凡官吏于诉讼人内,关有服亲及婚姻之家,若受业师,或旧为上司与本籍官长有司,及素有仇隙之人,并听移文回避,违者虽罪无增减处四等罚。罪有增减者,以故出入人罪论。

现行刑律案语

原律(略)

臣等谨按:律内笞罪照章改为罚金,应依数分等处罚。谨将修改律文,开列于后。

〇修改(略)

条例·删除

大清律例

6.22.335.(1)〔巡城满汉御史回避同旗同籍之人〕

一、在京巡城满、汉御史承审案件,遇有同旗、同籍之人,满御史应行回避者,会同他城满御史办理;汉御史应行回避者,会同他城汉御史办理。如满、汉御史均应回避,将原案移交他城办理。

现行刑律案语

〇删除

原例(略)

臣等谨按:巡城御史现已裁撤,此例无关引用,似应删除。

6.22.336诬告 / 22.297诬告

律文·修改

大清律例

6.22.336.1凡诬告人笞罪者,加所诬罪二等;流、徒、杖罪,不论已决配、未决配,加所诬罪三等,各罪止杖一百、流三千里。不加入于绞。若所诬徒罪人已役、流罪人已配,虽经改正放回,须验其被逮发回之日,于犯人名下追征用过路费给还。被诬之人。若曾经典卖田宅者,着落犯人备价取赎。因而致死随行有服亲属一人者,绞,监候。除偿费、赎产外,仍将犯人财产一半断付被诬之人。至死罪所诬之人,已决者,依本绞、斩反坐诬告人以死。虽坐死罪,仍令备偿、取赎断付养赡。未决者,杖一百、流三千里,就于配所加徒役三年。〇6.22.336.2其犯人如果贫乏,无可备偿路费、取赎田宅,亦无财产断付者,止科其罪。〇6.22.336.3其被诬之人诈冒不

现行刑律

22.297.1凡诬告人罚金罪者,加所诬罪二等;流、徒罪,不论已决配、未决配,加所诬罪三等,各罪止流三千里。不加入于绞。遣罪,即反坐以遣罪。若所诬徒罪人已役,流、遣罪人已配,虽经改正放回,须验其被逮发回之日,于犯人名下追征用过路费给还。被诬之人。若曾经典卖田宅者,着落犯人备价取赎。因而致死随行有服亲属一人者,绞。监候。至死罪而所诬之人,已决者,依本绞、斩反坐诬告人以死。虽坐死罪,仍令备偿、取赎。未决者,流三千里,就于配所加徒役三年。〇22.297.2其犯人如果贫乏,无可备偿路费、取赎田宅者,止科其罪。〇22.297.3其被诬之人诈冒不实,反诬犯人者,亦抵所诬之罪,犯人止反坐本

实,反诬犯人者,亦抵所诬之罪,犯人止反坐本罪。谓被诬之人本不曾致死亲属,诈作致死,或将他人死尸冒作亲属,诬赖犯人者,亦抵绞罪,犯人止反坐诬告本罪,不在加等、备偿路费、取赎田宅、断付财产一半之限。○6.22.336.4若告二事以上,重事告实,轻事招虚,及数事不一,凡所犯罪同等,但一事告实者,皆免罪。名例律罪各等者从一科断,非逐事坐罪也。故告者一事实,即免罪。○6.22.336.5若告二事以上,轻事告实,重事招虚,或告一事诬轻为重者,除被诬之人应得罪名外,皆为剩罪。皆反坐以所剩。不实之罪。若已论决,不问笞、杖、徒、流,全抵剩罪;未论决,所诬笞、杖收赎,徒、流止杖一百,余罪亦听收赎。谓诬轻为重至徒、流罪者,每徒一等,折杖二十。若从徒入流者,三流并准徒四年,皆以一年为所剩罪,折杖四十。若从近流入至远流者,每流一等,准徒半年为所剩罪,亦各折杖二十。收赎者,谓如告一人二事,一事该笞五十是虚,一事该笞三十是实,即于笞五十上,准告实笞三十外,该剩下告虚笞二十,赎银一分五厘;或告一人一事该杖一百是虚,一事该杖六十是实,即于杖一百上,准告实杖六十外,该剩下告虚杖四十,赎银三分;及告一人一事该杖一百、徒三年是虚,一事该杖八十是实,即于杖一百、徒三年上,准告实杖八十外,该剩下告虚杖二十、徒三年之罪,徒五等该折杖一百,通计杖一百二十,反坐原告人杖一百,余剩杖二十,赎银一分五厘;又如告一人一事该杖一百、流三千里,于内问得止招该杖一百,三流并准徒四年,通计折杖二百四十,准告实杖一百外,反坐原告人杖一百,余剩杖四十,赎银三分之类。若已论决,并以剩罪全科,不在收赎之限。至死罪而所诬之人已决者,反坐以死;未决者,止杖一百、流三千里。不加役。○6.22.336.6若律该罪止者,诬告虽多不反坐。谓如告人不枉法赃二百两,一百三十两是实,七十两是虚,依律不枉法赃一百二十两之上罪应监候绞,即免其罪。○6.22.336.7其告二人以上,但有一人不实者,罪虽轻,犹以诬告论。谓如有人告三人,二人徒罪是实,一人笞罪是虚,仍以一人笞罪上加二等反坐原告之类。○6.22.336.8若各衙门官进呈实封诬告人,及风宪官挟私弹事有不实者,罪亦如告人笞、杖、徒、流、死全诬者,坐之。若诬重反坐及全诬加罪轻不及杖一百、徒三年。者,从上书诈不实论。以杖一百、徒三年科之。○6.22.336.9若狱囚已招伏罪,本无冤枉,而囚之亲属妄诉者,减囚罪三等,罪止杖一百。若囚已招伏,笞、杖已决、徒、流已配,而自妄诉冤枉,摭拾原问官吏过失而告之者,加所诬罪三

罪。谓被诬之人本不曾致死亲属,诈作致死,或将他人死尸冒作亲属,诬赖犯人者,亦抵绞罪,犯人止反坐诬告本罪,不在加等、备偿路费、取赎田宅之限。○22.297.4若告二事以上,重事告实,轻事招虚,及数事不一,凡所犯罪同等,但一事告实者,皆免罪。名例罪各等者从一科断,非逐事坐罪也。故告者一事实,即免罪。○22.297.5若告二事以上,轻事告实,重事招虚,或告一事诬轻为重者,除被诬之人应得罪名外,皆为剩罪。皆反坐以所剩。不实之罪。若已论决,不问罚金、徒、流、遣,全抵剩罪。刑名不同者,从徒入流遣,亦以所剩论,流遣同比徒一年为剩;从近流入远流,每等比徒半年为剩;遣罪同远流;从内遣入外遣,同比徒半年为剩。从十等罚以下入徒、流、遣,从徒、流、遣入死罪,亦以全罪论;未论决,十等罚以下及死罪各减一等,徒以上仍罚赎。谓徒一年折银二十两,每一等加五两,五徒准此递加;由徒入流,一等加十两,三流准此递加;遣罪仍照满流科断。○22.297.6若律该罪止者,诬告虽多,不反坐。谓如告人不枉法赃二百两,一百三十两是实,七十两是虚,依律不枉法赃一百二十两之上罪应监候绞,即免其罪。○22.297.7其告二人以上,但有一人不实者,罪虽轻,犹以诬告论。谓如有人告三人,二人徒罪是实,一人五等罚罪是虚,仍以一人五等罚罪上加二等反坐原告之类。○22.297.8若各衙门官进呈实封诬告人,及风宪官挟私弹事有不实者,罪亦如告人罚金、徒、流、遣、死全诬者坐之。若诬重反坐及全诬加罪轻不及徒三年。者,从上书诈不实论。以徒三年科之。○22.297.9若狱囚以招伏罪,本无冤枉,而囚之亲属妄诉者,减囚罪三等,罪止处十等罚。若囚已决,而自妄诉冤枉,摭拾原问官吏过失而告之者,加所诬罪三等,罪止流三千里。若在役限内妄诉,当从已徒而又犯徒律。

等，罪止杖一百、流三千里。若在役限内妄诉，当从已徒而又犯徒律。

现行刑律案语

原律(略)

臣等谨按：此仍《明律》，原有小注，顺治三年〔1646〕及雍正三年〔1725〕修改，乾隆五年〔1740〕改定。从前笞、杖本系二刑，故第一节诬告加等之法，笞与杖殊，新章统改罚金，名例已并为一，律首自应赅入，加二等之内，无须分列。又，后条诬告充军及迁徙律文，第一节系诬告充军治罪明文，所以补本条之未备，惟军罪名目已奏准删除，所留极边、烟瘴二项，与新疆同定为遣罪，拟改充军为遣罪，并以类相从移并本节之内，俾免歧出。本条第五节系轻事告实，重事告虚，及诬轻为重之例，已论决，全抵剩罪；未论决，分别收赎。全抵剩罪即小注之折杖，现在笞、杖既废，办法迥不相同，兹拟采《唐律》三流比徒一年，流罪每等比徒半年之法，并将遣罪赅入，增作小注，若由罚金入徒、流、遣折抵，较难宜同，死罪以全罪论。至未论决一层，依律图收赎，其数过微，且与罚金轻重倒置，拟改为罚金与死罪俱减一等，徒以上罪名依《妇女罚赎章程》办理，并将银数分注于下，似此量为变通，亦属简明易行。第九节"狱囚已决配"句，原文小注"决以指笞、杖，配以指徒、流"，惟新章徒罪收所习艺，流罪不尽发配，且决字本可兼包各罪，拟"配"字及原注删去，以与本条论决之义相符。再，全律"笞""杖"等字均照章改正。断产并非古法，原律及小注关于"断产"一项，一律节删。谨将修改律文，开列于后。

〇修改

凡诬告人罚罪者，加所诬罪二等；流、徒罪，不论已决配、未决配，加所诬罪三等，各罪止流三千里，不加入于绞。遣罪，即反坐以遣罪。若所诬徒罪人已役，流、遣罪人已配，虽经改正放回，须验其被逮发回之日，于犯人名下追征用过路费给还。被诬之人。若曾经典卖田宅者，着落犯人备价取赎。因而致死随行有服亲属一人者，绞。监候。至死罪而所诬之人，已决者，依本绞、斩反坐诬告人以死。虽坐死罪，仍令备偿取赎。未决者，流三千里，就于配所加徒役三年。〇其犯人如果贫乏，无可备偿路费、取赎田宅者，止科其罪。〇其被诬之人诈冒不实，反诬犯人者，亦抵所诬之罪，犯人止反坐本罪。谓被诬之人本不曾致死亲属，诈作致死，或将他人死尸冒作亲属，诬赖犯人者，亦抵绞罪，犯人止反坐诬告本罪，不在加等、备偿路费、取赎田宅之限。〇若告二事以上，重事告实，轻事招虚，及数事不一，凡所犯罪同等，但一事告实者，皆免罪。名例律罪各等者从一科断，非逐事坐罪也。故告者一事实，即免罪。〇若告二事以上，轻事告实，重事招虚，或告一事诬轻为重者，除被诬之人应得罪名外，皆为剩罪。皆反坐以所剩。不实之罪。若已论决，不问罚金、徒、流、遣全抵剩罪。刑名不同者，从徒入流遣，亦以所剩论，流遣同比徒一年为剩；从近流入远流，每等比徒半年为剩；遣罪同远流；从内遣入外遣，同比徒半年。从十等罚以下入徒、流、遣，从徒、流、遣入死罪，亦以全罪论；未论决，十等罚以下及死罪各减一等，徒以上仍罚赎。谓徒一年折银二十两，每一等加五两，五徒准此递加；由徒入流，一等加十两，三流准此递加；遣罪仍照满流科断。〇若律该罪止者，诬告虽多，不反坐。谓如告人不枉法赃二百两，一百三十两是实，七十两是虚，依律不枉法赃一百二十两之上罪应监候绞，即免其罪。〇其告二人以上,但有一人不实者,罪虽轻,犹以诬告论。谓如有人告三人,二人徒罪是实,一人五等罚罪是虚,仍以一人五等罚罪上加二等反坐原告之类。○若各衙门官进呈实封诬告人,及风宪官挟私弹事,有不实者,罪亦如告人罚金、徒、流、遣、死全诬者坐之。若诬重反坐及全诬加罪轻不及徒三年。者,从上书诈不实论。以徒三年科之。○若狱囚已招伏罪,本无冤枉,而囚之亲属妄诉者,减囚罪三等,罪止处十等罚。若囚已决,而自妄诉冤枉,摭拾原问官吏过失而告之者,加所诬罪三等,罪止流三千里。若在役限内妄诉,当从已徒而又犯徒律。

条例·移改、修改、仍旧、修并

大清律例	现行刑律
6.22.336.(1)〔词状止许一告一诉告不许波及无辜〕 一、凡词状,止许一告一诉告,实犯实证,不许波及无辜,及陆续投词,牵连原状内无名之人。如有牵连妇女,另具投词。倘波及无辜者,一概不准,仍从重治罪。承审官于听断时,如供证已确,纵有一、二人不到,非系紧要犯证,即据现在人犯成招,不得借端稽延,违者议处。	22.297.(1)〔词状止许一告一诉不许牵连并陆续投词攀引〕 一、凡词状,止许一告一诉告,实犯实证,不许牵连妇女,波及无辜,亦不许陆续投词,攀引原状内无名之人。违者,概不准理,仍照违令律治罪。 ＊断狱·鞫狱停囚待对 28.360.(6)〔听断词讼供证已确据现在人犯成招〕(略)

现行刑律案语

原例(略)

臣等谨按:"从重治罪"句未指明何罪,如照诬告加等律,则投词既不准理,碍难究坐。查"违令"律注云:"故违奏准事例,坐违令",此等另具投词波及无辜,实属故违事例,似宜照违令律治罪,应添纂明晰,以资引用。末段"承审官"一层,与本门不甚恰合,似应提出,改为内外问刑衙门通例,移附于"鞫狱停囚待对"门内。谨将修改例文,开列于后。

○修改

22.297.(1)〔词状止许一告一诉不许牵连并陆续投词攀引〕(略)

○移改

断狱·鞫狱停囚待对

28.360.(6)〔听断词讼供证已确据现在人犯成招〕(略)

大清律例

6.22.336.(4)〔原告不到案听审及脱逃〕

一、赴各衙门告言人罪，一经批准，即令原告到案投审。若不即赴审，辄行脱逃，及并无疾病、事故，两月不到案听审者，即将被诬及证佐俱行释放，其所告之事，不与审理。拿获原告，专治以诬告之罪。其情虚逃匿，经差缉始行获案者，再加逃罪二等。

现行刑律

22.297.(2)〔原告不到案听审及脱逃〕

一、赴各衙门告言人罪，一经批准，即令原告到案投审。若不即赴审，辄行脱逃，及并非因疾病、事故，亦非程途辽远，一月不到案听审者，即将被告及证佐俱行释放，其所告之事，不与审理。拿获原告，仍治以诬告之罪。

现行刑律案语

原例(略)

臣等谨按：此条系言原告投审之例，原告两月不到案，始将被、证释放，则被、证之受累已多，似应改为一月，惟外省州县距省较远，略有迁延者，拟于"疾病、事故"之次增"程途辽远"，以示区别。末一段差缉原告，徒滋纷扰，且加原告以逃罪亦罕见，此等办法，嘉庆二十年〔1815〕以前旧例本无此文，自应节删，以符旧制。谨将修改例文，开列于后。

○修改(略)

大清律例

6.22.336.(19)〔佐证不言实情及实非佐证挺身硬证〕

一、词内干证，令与两造同具甘结。审系虚诬，将不言实情之证佐按律治罪。若非实系证佐之人，挺身硬证者，与诬告人一体治罪，受赃者计赃以枉法从重论。地方官故行开脱者，该督抚题参，交部严加议处。

现行刑律

22.297.(3)〔证佐不言实情及实非证佐挺身硬证〕

一、词内干证，令与两造同具甘结，审系虚诬，将不言实情之证佐按律治罪。若非实系证佐之人，挺身硬证者，与诬告人一体治罪，受赃者计赃以枉法从重论。承审官故行开脱者，该管上司奏参，严加议处。

现行刑律案语

原例(略)

臣等谨按：例内"地方官"应改为"承审官"，"题参"改为"奏参"。谨将修改例文，开列于后。

〇修改

一、词内干证,令与两造同具甘结。审系虚诬,将不言实情之证佐按律治罪。若非实系证佐之人,挺身硬证者,与诬告人一体治罪,受赃者计赃以枉法从重论。承审官故行开脱者,该督抚奏参,严加议处。

大清律例

6.22.336.(2)〔挟仇捏名妄控非系公同陈告之事〕

现行刑律

22.297.(4)〔挟仇捏名妄控非系公同陈告之事〕

一、凡实系切己之事,方许陈告。若将弁克饷,务须营伍管队等头目率领兵丁公同陈告;州县征派,务须里长率领众民公同陈告,方准受理。如违禁将非系公同陈告之事,怀挟私仇,改捏姓名,砌款粘单,牵连罗织,希图准行妄控者,除所告不准外,照律治以诬告之罪。

现行刑律案语

原例(略)

〇仍旧

臣等谨按:此条应仍其旧,理合陈明。

大清律例

6.22.336.(23)〔官民人等告讦之案事不干己及妄捏干己情事审虚〕

一、凡官、民人等告讦之案,察其事不干己,显系诈骗不遂,或因怀挟私仇,以图报复者,内外问刑衙门,不问虚实,俱立案不行。若呈内胪列多款,或涉讼后复告举他事,但择其切己者,准为审理;其不系干己事情,亦俱立案不行。仍各将该原告照违制律杖一百,再加枷号一个月,系官革职,已革者与民人一例办理。如敢妄捏干己情事耸准,及至提集人证审办,仍系不干己事者,除诬

现行刑律

22.297.(5)〔官民人等告讦之案事不干己及妄捏干己情事〕

一、凡官、民人等告讦之案,察其事不干己,显系诈骗不遂,或因怀挟私仇,以图报复者,内外问刑衙门,不问虚实,俱立案不行。若呈内胪列多款,或涉讼后复告举他事,但择其切己者,准为审理;其不系干己事情,亦俱立案不行。仍各将该原告照违制律治罪,系官革职,已革者与民人一例办理。如敢妄捏干己情事耸准,及至提集人证审办,仍系不干己事者,除诬告反坐,罪重者仍

告反坐，罪重者仍从重定拟外，其余无论所告虚实、诈赃多寡、已未入手，俱不分首从，先在犯事地方，枷号三个月，满日发近边充军。旗人有犯，销除旗档，一例问发。

从重定拟外，其余无论所告虚实、诈赃多寡、已未入手，俱不分首从，流二千五百里。

现行刑律案语

原例（略）

臣等谨按：讦告之案，事不干己，立案不行，既将该犯照违制律治罪，已足示警。枷号现经改章，拟即宽免。近边充军照章应改为流二千五百里，附加枷号亦拟宽免。刑律现议满汉通行，例末“旗人……一例问发”一层，即属赘语，应节删。谨将修改例文，开列于后。

○修改（略）

大清律例

6.22.336.(21)〔胥役控告本管官〕

现行刑律

22.297.(6)〔胥役控告本管官〕

一、胥役控告本管官，除实有切己冤抑，及本官有不法等情，既经承行俱被干连者，仍照例办理外，若一经审系诬告，应于常人诬告加等律上再加一等治罪。

现行刑律案语

原例（略）

○仍旧

臣等谨按：此例应仍其旧，理合陈明。

大清律例

6.22.336.(22)〔直省上司恃势抑勒及被参属员捏词诬揭〕

一、直省各上司，有恃势抑勒者，许属员详报督抚题参。若督抚徇庇不参，或自行抑勒者，准其直揭部科，奏请定夺。审实，将该上司分别议处。若属员

现行刑律

22.297.(7)〔直省上司恃势抑勒及被参属员捏词诬揭〕

一、直省各上司，有恃势抑勒者，许属员详报督抚奏参。若督抚徇庇不参，或自行抑勒者，准其直揭各部、都察院，奏请定夺。审实，将该上司分别议处。

已知上司访揭题参,即摭砌款迹,捏词诬揭部科者,该部科查参,将该员解任,令该督抚确审,系诬揭者革职。一事审虚,即行反坐,于诬告加等例上,再加一等治罪。如被参本罪重于诬告罪者,亦于被参本罪上加一等治罪。武职悉照文职例行。

若属员已知上司访揭奏参,即摭砌款迹,捏词诬揭部院者,由部院查参,将该员解任,令该督抚确审,系诬揭者革职。一事审虚,即行反坐,于诬告加等律上,再加一等治罪。如被参本罪重于诬告罪者,亦于被参本罪上加一等治罪。武职悉照文职例行。

现行刑律案语

原例(略)

臣等谨按:现在各项题本均经改奏,现行官制已无六科之名,例内"题参"应改"奏参","部科"应改为"各部都察院",以便引用。谨将修改例文,开列于后。

○修改(略)

大清律例

6.22.336.(5)〔捏写本词声言奏告恐吓诈赃〕

一、无藉棍徒,私自串结,将不干己事捏写本词,声言奏告,诈赃满数者,准窃盗论。赃至一百二十两以上者为满数。不分首从,俱发近边充军。若妄指宫禁亲藩,诬害平人者,俱枷号三个月,照前发遣。

现行刑律

22.297.(8)〔捏写本词声言奏告诈赃〕

一、无藉棍徒,私自串结,将不干己事捏写本词,声言奏告,诈赃满数者,准窃盗论。赃至一百二十两以上者为满数。不分首从,俱流三千里。若妄指宫禁亲藩,诬害平人者,俱发极边足四千里安置。

现行刑律案语

原例(略)

臣等谨按:近边军照章应改流二千五百里。惟诈赃满数,本罪已至满流,自应仍科满流,以免轻重倒置。至"妄指宫禁亲藩,诬害平人",附加枷号,自系从严治罪,现在枷号停止,拟请量改为"极边足四千里安置",以资惩创。谨将修改例文,开列于后。

○修改(略)

大清律例

6.22.336.(7)〔奸徒诈称官司察访挟制陷害诈骗报复〕

一、奸徒串结衙门人役,假以上司

现行刑律

22.297.(9)〔奸徒假以察访为由挟制陷害诈骗报复〕

一、奸徒串结衙门人役,假以上司

察访为由，纂集事件，挟制官府，陷害良善，或诈骗财物，或报复私仇，名为窝访者，审实依律问罪，用重枷枷号两个月发落；该徒、流者，发近边充军。若计赃逾贯，及虽未逾贯，而被诈之人因而自尽者，均拟绞监候。如系拷打致死者，拟斩监候。为从均各减一等。

察访为由，纂集事件，挟制官府，（无赃问违制。）陷害良善，（问诬告。）或诈骗财物，（奸徒依诈欺，衙门人役依枉法。）或报复私仇（以所纂集事件坐诬。）者，审实，各依律于本罪上加一等治罪；为从各减一等。

现行刑律案语

原例（略）

臣等谨按：此条系前明《问刑条例》，"窝访"系尔时名目，应删。"依律问罪"句未指明何罪，易涉牵混，《笺释》谓"挟制官府，无赃问违制；陷害良善，问诬告；诈骗财物，奸徒依诈欺，衙门人役依枉法；买访所仇之人，以所纂事件应得罪名，依诬告反坐"等语，似应分别添入小注，以资引用。枷号现经改章，与罚刑无异。近边军照章应改为流二千五百里。如本罪已至满流，则科罪转形窒碍，均应酌量变通办理。拟将例内"用重枷枷号"及"发近边充军"等语删去，改为"审实，各依律于本罪上加一等定拟"，较为简括。其"计赃逾贯"以下数语，嘉庆六年〔1801〕增入，按语系援照蠹役诈赃例，自系以枉法计赃一百二十两实绞，然例内诈骗财物，奸徒问诈欺准窃盗论，逾贯罪止满流；衙役问枉法，而以奸徒串结之故，则衙役自是为从，虽逾贯亦罪止满流，二者均无死法，即下条无借棍徒诈赃满数，按原例亦第拟近边军，自未便以逾贯而拟死罪，致与原定此例之意不符，缘蠹役诈赃例文亦系后来添纂，援彼续此，遂致互相抵牾。至"被诈之人因而自尽"及"拷打致死"两项，俱见"恐吓取财"门刁徒平空讹诈条，有犯自可援引，拟将后半段节删，以复原例。谨将修改例文，开列于后。

〇修改（略）

大清律例

6.22.336.(6)〔举首诗文书札悖逆〕

一、有举首诗文书札悖逆者，除显有逆迹，仍照律拟罪外，若只是字句失检，涉于疑似，并无确实悖逆形迹者，将举首之人，即以所诬之罪依律反坐。至死罪者，分别已决未决，照例办理。承审官不行详察，辄波累株连者，该督抚、科道察出题参，将承审官照故入人罪

现行刑律

22.297.(10)〔举首诗文书札悖逆〕

一、有举首诗文书札悖逆者，除显有逆迹，仍照律拟罪外，若止是字句失检，涉于疑似，并无确实悖逆形迹者，将举首之人，即以所诬之罪依律反坐。至死罪者，分别已决未决办理。承审官不行详察，辄波累株连者，该管上司及给事中各道察出奏参，将承审官照故入人

律,交部议处。

罪律,交部议处。

现行刑律案语

原例(略)

臣等谨按:诬告分已决、未决,本系律文,例内照例应节删。又"科道"应改为"给事中各道","题参"应改"奏参"。谨将修改例文,开列于后。

〇修改

一、有举首诗文书札悖逆者,除显有逆迹,仍照律拟罪外,若只是字句失检,涉于疑似,并无确实悖逆形迹者,将举首之人,即以所诬之罪依律反坐。至死罪者,分别已决未决办理。承审官不行详察,辄波累株连者,该督抚及给事中各道察出奏参,将承审官照故入人罪律,交部议处。

大清律例

6.22.336.(9)〔妄控人命自愿认罪递词求息〕

一、控告人命,如有诬告情弊,即照诬告人死罪未决律治罪,不得听其自行拦息。其间或有误听人言,情急妄告,于未经验尸之先,尽吐实情,自愿认罪,递词求息者,讯明该犯果无贿和等情,照不应重律治罪完结。如有教唆情弊,将教唆之人仍照律治罪。该地方官如有徇私贿纵者,指名题参,照例分别议处。

现行刑律

22.297.(11)〔妄控人命自愿认罪递词求息〕

一、控告人命,如有诬告情弊,即照诬告人死罪未决律治罪,不得听其自行拦息。其间或有误听人言,情急妄告,于未经验尸之先,尽吐实情,自愿认罪,递词求息者,讯明果无贿和等情,照不应重律治罪完结。如有教唆情弊,将教唆之人仍照律治罪。该承审官如有准其拦息不究,或徇私贿纵者,指名奏参,照例分别议处。

现行刑律案语

原例(略)

臣等谨按:此条系指借尸妄控而言,《处分则例》尚有"准其拦息不究"一层,似应添入。"地方官"应改为"承审官","题参"亦应改为"奏参"。谨将修改例文,开列于后。

〇修改(略)

大清律例

6.22.336.(17)〔捏造奸赃款迹挟仇污蔑致被诬之人自尽〕

现行刑律

22.297.(12)〔捏造奸赃款迹挟仇污蔑致被诬之人自尽〕

一、凡捏造奸赃款迹,写揭字帖,及

编造歌谣，挟仇污蔑，以致被诬之人忿激自尽者，照诬告致死例拟绞监候。其乡曲愚民，因事争角，随口斥辱，并无字迹，及并未编造歌谣者，各依应得罪名科断。

现行刑律案语

原例（略）

○仍旧

臣等谨按：此条应仍其旧，理合陈明。

大清律例

6.22.336.(16)〔诬良为强窃盗拷诈搜夺财物及淫辱妇女〕

一、凡将良民诬指为窃，称系寄卖贼赃，将良民捉拿拷打，吓诈财物，或以起赃为由，沿房搜检，抢夺财物，淫辱妇女，除实犯死罪外，其余不分首从，俱发边远充军。若诬指良民为强盗者，亦发边远充军。其有前项拷、诈等情，俱发极边烟瘴充军。诬指送官，依诬告论；淫辱妇女，以强奸论。

现行刑律

22.297.(13)〔诬良为强窃盗拷诈搜夺财物及淫辱妇女〕

一、凡将良民诬指为窃，及寄买贼赃，将良民捉拿拷打，吓诈财物，或以起赃为由，沿房搜检，抢夺财物，淫辱妇女，除实犯死罪外，其余不分首从，俱发极边足四千里安置。若诬指良民为强盗者，亦发极边足四千里安置。其有前项拷、诈等情，俱发烟瘴地方安置。诬指送官，依诬告论；淫辱妇女，以强奸论。

现行刑律案语

原例（略）

臣等谨按：此例原系二条，一系前明《问刑条例》，一系乾隆三十五年〔1770〕定例，五十三年〔1788〕改并。原文“寄卖”作“寄买”，乾隆三十七年〔1772〕修改，误作“寄卖”。查盗贼窝主律有故买与寄藏，并无寄卖之文，又“称系”二字原文，本是“及”字，盖窃与寄买本系二事，若作“称系”则并而为一，似均应更正，以免歧误。边远军照章应改流三千里，惟所犯情节较重，拟改为“极边足四千里安置”。烟瘴充军照章亦改安置。谨将修改例文，开列于后。

○修改（略）

大清律例

6.22.336.(24)〔诬良及疑良为窃捆缚吓逼及拷打致死及致自尽者〕

一、凡诬良为窃之案,如拷打致死者,拟斩监候。若诬告到官,或捆缚吓诈逼认,致令自尽者,俱拟绞监候。其止空言捏指,并未诬告到官,亦无捆缚吓诈逼认情事,死由自尽者,杖一百、流三千里。至疑贼致毙人命之案,讯系因伤身死,仍悉照谋、故、斗杀,共殴及威力制缚主使各本律例定拟。其捆缚拷打致令自尽者,杖一百、流三千里。如殴有致命重伤,及成残废、笃疾,虽有自尽实迹,应于因事用强殴打威逼人致死果有致命重伤及成残废笃疾发近边充军例上,加一等发边远充军。若止空言查问,死由自尽者,杖一百、徒三年。

现行刑律

22.297.(14)〔诬良及疑良为窃捆缚吓逼及拷打致死及致自尽者〕

一、凡诬良为窃之案,如拷打致死,及诬告到官,或捆缚吓诈逼认,致令自尽者,俱拟绞监候。其止空言捏指,并未诬告到官,亦无捆缚吓诈逼认情事,死由自尽者,流三千里。至疑贼毙命之案,讯系因伤身死,仍悉照谋、故、斗杀,共殴及威力制缚主使各本律例定拟。

现行刑律案语

原例(略)

臣等谨按:例首"拷打致死,拟斩"照章应改绞候,与"诬告到官,捆缚吓诈致令自尽者"治罪无异,应以绞候统之。"疑贼毙命"一节,捆缚、拷打致令自尽拟流,已包入威力制缚主使各本律例定拟之内,系属赘设。至因伤致令自尽,独于军罪加等,徒以下无文,彼此互勘,转多抵牾,且例末"空言查问",其为未殴伤可知,遽科满徒,亦嫌过重,均应节删,以昭平允。流、徒附加杖罪,亦照章节删。谨将修改例文,开列于后。

○修改(略)

大清律例

6.22.336.(18)〔诬告叛逆被诬之人已决未决〕

一、诬告叛逆,被诬之人已决者,诬告之人拟斩立决;未决者,拟斩监候,俱

现行刑律

22.297.(15)〔诬告叛逆被诬之人已决未决〕

一、诬告叛逆,被诬之人已决者,诬告之人拟绞立决;未决者,拟绞监候。

不及妻子家产。

现行刑律案语

原例(略)

臣等谨按:例内斩决照章应改为绞决,斩候应改为绞候。至缘坐一层,业已宽免,例末"俱不及妻子家产"句,即属赘文,应即节去。谨将修改例文,开列于后。

○修改(略)

大清律例

6.22.336.(13)〔诬告人因而致死〕

一、诬告人因而致死,被诬之人委系平人,及因拷禁身死者,拟绞监候。或将案外之人拖累拷禁致死一、二人者,亦拟绞监候。致死三人以上者,依故杀律拟斩监候。若诬轻为重,及虽全诬平人,却系患病在外身死者,止拟应得罪名发落。

现行刑律

22.297.(16)〔诬告人因而致死〕

一、诬告人因而致死,被诬之人委系平人,及因拷禁身死者,拟绞监候。其将案外之人拖累拷禁致死者,亦拟绞监候。若诬轻为重,及虽全诬平人,却系患病在外身死者,止拟应得罪名发落。

现行刑律案语

原例(略)

臣等谨按:例内以"一、二人"及"三人以上",为斩、绞之分。新章改斩为绞,则三人以上科罪仍与一、二人无殊,自应删去此层,并节删"一、二人"三字,以归一律。谨将修改例文,开列于后。

○修改(略)

大清律例

6.22.336.(8)〔诬告致尸遭蒸检〕

一、挟仇诬告人谋死人命,致尸遭蒸检,为首者绞候,为从杖一百、流三千里。其有审无挟仇,止以误执伤痕诬告蒸检者,为首发近边充军,为从满徒。其官司刑逼招认妄供者,革职;审出实情者,交部议叙。

现行刑律

22.297.(17)〔诬告致尸遭蒸检〕

一、挟仇诬告人谋死人命,致尸遭蒸检者,不论平人、尊长之尸,为首者绞监候,为从流三千里。其官司刑逼妄供者,革职;审出实情者,交部议叙。

6.22.336.(11)〔诬告致祖父母父母及有服尊长卑幼尸遭蒸检〕

一、凡子孙将祖父母、父母死尸，挟仇诬告他人谋害，致尸遭蒸检者，比照毁弃祖父母、父母尸律拟斩监候。其有并非挟仇，止以误执伤痕告官蒸检者，照诬告人死罪未决律，杖一百、流三千里，加徒役三年。若期亲以上尊长，按律不应抵命者，诬告人谋死人命，致蒸检卑幼身尸，仍照诬告人死罪未决律治罪。其余亲属、尊长律有应抵之条者，如挟仇诬告人谋死人命，致蒸检卑幼之尸，及卑幼诬告，致蒸检尊长之尸，俱拟绞监候。若并非挟仇，止以误执伤痕告官蒸检者，亦照诬告人死罪未决律定拟。

现行刑律案语

原例

6.22.336.(8)〔诬告致尸遭蒸检〕（略）

6.22.336.(11)〔诬告致祖父母父母及有服尊长卑幼尸遭蒸检〕（略）

臣等谨按：此二条均系挟仇诬告及误执伤痕致尸遭蒸检治罪之例。前条为平人，后条为子孙及亲属。查《秋审条款》挟仇诬告致尸遭蒸检，无论平人、尊长，俱入情实。次条子孙诬告致祖父母、父母尸遭蒸检，依毁弃死尸本律拟斩，照章仍改绞候，则治罪从同，自应修并为一。期亲以上尊长，以应抵、不应抵，为绞与流之分，本系由祖父母、父母推阐及之，第子孙有犯依毁弃治罪，尊长则略毁弃而入以重罪，相冲之下，似觉失平；至误执伤痕，大半怀疑所致，分别拟以军、流，未免过重，且定谳全凭尸伤，而尸伤全凭检验，如以误执之故予以重惩，势必有隐忍不言转致沈冤莫雪者，此二层均拟节删。前条流罪附杖，照章宽免。谨将修并例文，开列于后。

〇修并（略）

大清律例

6.22.336.(15)〔捕役人等奉差缉贼诬良为盗拷诈逼认及教供诬扳〕

一、凡捕役人等奉差缉贼，审非本案

现行刑律

22.297.(18)〔捕役人等奉差缉贼诬良为盗拷诈逼认及教供诬攀〕

一、凡捕役人等奉差缉贼，审非本

正盗,若其人素行不端,或曾经犯窃有案者,将捕役照诬良为盗例减一等,杖一百、徒三年。至其人本系良民,捏称踪迹可疑、素行不轨,妄行拿获,及虽犯窃有案,已改恶为善,确有实据,仍复妄拿,并所获之人,不论平人、窃盗,私行拷打,吓诈财物,逼勒认盗,及所缉盗案已获有正贼,因伙盗未获,将犯有窃案之人,教供诬扳、滥拿充数等弊,俱照诬良为盗例,分别强、窃治罪。

案正盗,若其人素行不端,或曾经犯窃有案者,将捕役照诬良为盗例减一等,徒三年。至其人虽犯窃有案,已改恶为善,确有实据,仍复妄拿,并所获窃盗,私行拷打,吓诈财物,逼勒认盗,及所缉盗案,已获有正贼,因伙盗未获,将犯有窃案之人,教供诬攀,滥拿充数等弊,俱照诬良为盗例分别强、窃治罪。

现行刑律案语

原例(略)

臣等谨按:例内徒罪附杖应照章节删。"本系良民"一层,及"所获之人,不论平人"句,后条诬良为窃,已有治罪明文,足资引用,此条羼入,殊嫌复杂,自应节去。谨将修改例文,开列于后。

○修改(略)

大清律例

6.22.336.(14)〔捕役诬窃为盗〕

一、凡捕役诬窃为盗,拿到案日,该地方官验明并无拷逼情事,或该犯自行诬服,并有别故,例应收禁,因而监毙者,将诬拿之捕役杖一百、流三千里。其吓诈逼认,因而致死,及致死二命者,俱照诬告致死律拟绞监候。拷打致死者,照故杀律拟斩监候。

现行刑律

22.297.(19)〔捕役诬窃为盗〕

一、凡捕役诬窃为盗,拿到案日,该地方官验明并无拷逼情事,或该犯自行诬服,并有别故,例应收禁,因而监毙者,将诬拿之捕役流三千里。其吓诈逼认,因而致死,及致死二命者,俱照诬告致死律拟绞监候。拷打致死者,照故杀律拟绞监候。

现行刑律案语

原例(略)

臣等谨按:例内流罪附杖应照章节删,斩候亦应照章改为绞候。谨将修改例文,开列于后。

○修改(略)

大清律例	现行刑律
6.22.336.(12)〔番役妄用脑箍致毙无辜〕 一、番役诬陷无辜,妄用脑箍及竹签、烙铁等刑致毙人命者,以故杀人论。	22.297.(20)〔番役妄用脑箍等刑致无辜毙命及伤〕 一、番捕等役诬陷无辜,妄用脑箍及竹签、烙铁等刑致毙人命者,以故杀人论;伤者,照凡斗伤加二等。

现行刑律案语

原例(略)

臣等谨按:例内仅言番役,而未及捕役,应将“番役”字改为“番捕等役”。伤而未死作何科罪,例未议及,似应添入“伤者,加凡斗伤二等”,俾资引用。谨将修改例文,开列于后。

〇修改(略)

条例·删除

大清律例

6.22.336.(3)〔偷参为从人犯诬扳良民为财主〕

一、偷参为从人犯,诬扳良民为财主及率领头目者,不论旗、民,枷号两个月,改发云贵两广极边烟瘴充军,旗人仍销除旗档。

删除律例

〇删除

大清律例

6.22.336.(10)〔生员代人扛帮作证审属虚诬〕

一、生员代人扛帮作证,审属虚诬,该地方官立行详请褫革衣顶,照教唆词讼本罪上各加一等治罪。如计赃重于本罪者,以枉法从重论。其讯明事属有因,并非捏词妄证者,亦将该生严加戒饬。倘罔知悛改,复蹈前辙,该教官查明再犯案据,开报劣行,申详学政黜革。

现行刑律案语

〇删除

原例(略)

臣等谨按：此条系生员扛帮词讼从严治罪之例。查教唆词讼与犯人同罪，已不为轻，本无须于例外加重，且科举已停，学政亦改为提学司，凡贡选之法出于学堂，今昔情形迥不相同，此条无关引用，拟请删除。

大清律例

6.22.336.(20)〔八旗原主子孙混告养子及分户年久之人〕

一、八旗有将伊祖父时，或系养子，或系分户年久之人，子孙复行混告者，该部题参，系官革职，系平人枷号两个月、鞭一百。如有讹诈、逼勒等情，被害人告发审实者，照吓诈律治罪。

满汉通行刑律

○删除

6.22.336.(20)〔八旗原主子孙混告养子及分户年久之人〕(略)

诉讼·干名犯义

6.22.337.(1)〔八旗将家人为养子年久欺压原主子孙〕(略)

谨按：以上二条均系旗人与养子人等互相控告之例。年久混告、图产争告，如所告不实，自可按律坐诬。鞭责、枷号，与民人办法不同，似应删除。

大清律例

6.22.336.(25)〔所诬之罪例应加枷者〕

一、诬告之案，如有所诬之罪，按例应加枷号者，即将诬告之人，照律按其所诬之笞、杖、徒、流、充军各本罪，分别加等定拟，俱毋庸加以枷号。

现行刑律案语

○删除

原例(略)

臣等谨按：枷号既拟停止，此条无关引用，拟即删除。

大清律例

6.22.336.(26)〔兵役及冒充兵役假拿查鸦片烟为由抢夺栽诬〕

一、凡鸦片烟案件，拿获见发有据者方坐，不许妄扳拖累。如兵役人等，并地方棍徒冒充兵役，假以查拿鸦片烟为由，肆行抢夺，并怀挟仇恨，或希图讹诈，栽赃诬赖，审实，不分首从，俱发边远充军。赃至一百二十两以上者，为首拟绞监候。失察各官，交部议处。

删除律例

〇删除

大清律例

6.22.336.(27)〔吸食鸦片烟案止准官弁拿办〕

一、吸食鸦片烟之案,止准地方官弁访拿究办,不许旁人讦告。有讦告者,均不准审理。倘系干犯名义,仍照本律治罪。

删除律例

〇删除

6.22.337 干名犯义 / 22.298 干名犯义

律文 · 修改

大清律例

6.22.337.1 凡子孙告祖父母、父母,妻妾告夫,及告夫之祖父母、父母者,虽得实,亦杖一百、徒三年;祖父母等,同自首者免罪。但诬告者,不必全诬,但一事诬,即绞。若告期亲尊长、外祖父母,及妾告妻者,虽得实,杖一百;告大功,得实,亦杖九十;告小功,得实,亦杖八十;告缌麻,得实,亦杖七十。其被告期亲、大功尊长,及外祖父母,若妻之父母,及夫之正妻,并同自首免罪;小功、缌麻尊长,得减本罪三等。若诬告罪重于干犯本罪者,各加所诬罪三等。谓止依凡人诬告律加三等,便不失于轻矣。〇加罪不入于绞。若徒、流已未决,偿费、赎产、断付,加役,并依诬告本律。若被告无服尊长,减一等,依名例律。

〇6.22.337.2 其告尊长谋反、大逆、谋叛、窝藏奸细,及嫡母、继母、慈母、所生母杀其父,若所养父母杀其所生父母,及被期亲以下尊长侵夺财产,或殴伤其身,据实应自理诉者,并听卑幼陈告,不在干名犯义之限。其被告之事,各依本律科断,不在干名犯义之限,并同自首免罪之律。被告卑幼同此。又犯奸,及越关,损伤于人

现行刑律

22.298.1 凡子孙告祖父母、父母,妻妾告夫,及告夫之祖父母、父母者,虽得实,亦徒三年;祖父母等,同自首者免罪。但诬告者,不必全诬,但一事诬,即绞。若告期亲尊长、外祖父母,及妾告妻者,虽得实,处十等罚;告大功,得实,亦处九等罚;告小功,得实,亦处八等罚;告缌麻,得实,亦处七等罚。其被告期亲、大功尊长,及外祖父母,若妻之父母,及夫之正妻,并同自首免罪;小功、缌麻尊长,得减本罪三等。若诬告罪重于干犯本罪者,各加所诬罪三等。谓止依凡人诬告律加三等,便不失于轻矣。〇加罪不入于绞。若徒、流已未决,偿费、赎产断付,加役,并依诬告本律。若被告无服尊长,减一等,依名例。

〇22.298.2 其告尊长谋反、大逆、谋叛、窝藏奸细,及嫡母、继母、慈母、所生母杀其父,若所养父母杀其所生父母,及被期亲以下尊长侵夺财产,或殴伤其身,据实应自理诉者,并听卑幼陈告,不在干名犯义之限。其被告之事,各依本律科断,不在干名犯义之限,并同自首免罪之律。被告卑幼同此。又犯奸,及损伤于人于物不可赔偿者,亦同。

于物不可赔偿者，亦同。○6.22.337.3若告卑幼得实，期亲、大功及女婿，亦同自首免罪；小功、缌麻，亦得减本罪三等。诬告者，期亲减所诬罪三等，大功减二等，小功、缌麻减一等。若夫诬告妻，及妻诬告妾，亦减所诬罪三等。被告子孙、妻妾、外孙及无服之亲，依名例律。○若诬卑幼死未决，仍依律减等，不作诬轻为重。○6.22.337.4若奴婢告家长，及家长缌麻以上亲者，与子孙、卑幼罪同；若雇工人告家长及家长之亲者，各减奴婢罪一等。诬告者不减。又奴婢、雇工人被告得实，不得免罪，以名例不得为容隐故也。○6.22.337.5其祖父母、父母、外祖父母，诬告子孙、外孙、子孙之妇妾，及己之妾，若奴婢及雇工人者，各勿论。不言妻之父母诬女婿者，在缌麻亲中矣。○6.22.337.6若女婿与妻父母果有义绝之状，许相告言，各依常人论。义绝之状，谓如身在远方，妻父母将妻改嫁，或赶逐出外，重别招婿，及容止外人通奸；又如女婿殴妻至折伤，抑妻通奸，有妻诈称无妻，欺妄更娶妻，以妻为妾，受财将妻妾典雇，妄作姊妹嫁人之类。

○22.298.3若告卑幼得实，期亲、大功及女婿，亦同自首免罪；小功、缌麻，亦得减本罪三等。诬告者，期亲减所诬罪三等，大功减二等，小功、缌麻减一等。若夫诬告妻，及妻诬告妾，亦减所诬罪三等。被告子孙、妻妾、外孙及无服之亲，依名例。○若诬卑幼死未决，仍依律减等，不作诬轻为重。○22.298.4若雇工人告家长，及家长缌麻以上之亲者，各减子孙、卑幼罪一等。诬告者不减。又雇工人被告得实，不得免罪，以名例不得为容隐故也。○22.298.5其祖父母、父母、外祖父母，诬告子孙、外孙、子孙之妇妾，及己之妾，若雇工人者，各勿论。不言妻之父母诬女婿者，在缌麻亲中矣。○22.298.6若女婿与妻父母果有义绝之状，许相告言，各依常人论。义绝之状，谓如身在远方，妻父母将妻改嫁，或赶逐出外，重别招婿，及容止外人通奸；又如女婿殴妻至折伤，抑妻通奸，有妻诈称无妻，欺妄更娶妻，以妻为妾，受财将妻妾典雇，妄作姊妹嫁人之类。

现行刑律案语

原律（略）

臣等谨按：此仍《明律》，原有小注，顺治三年〔1646〕增改，雍正三年〔1725〕改定。律内徒罪附杖照章宽免。杖罪改为罚金，均应依数分等处罚。谨将修改律文，开列于后。

○修改

凡子孙告祖父母、父母，妻妾告夫，及告夫之祖父母、父母者，虽得实，亦徒三年；祖父母等，同自首者免罪。但诬告者，不必全诬，但一事诬，即绞。若告期亲尊长、外祖父母，及妾告妻者，虽得实，处十等罚；告大功，得实，亦处九等罚；告小功，得实，亦处八等罚；告缌麻，得实，亦处七等罚。其被告期亲、大功尊长，及外祖父母，若妻之父母，及夫之正妻，并同自首免罪；小功、缌麻尊长，得减本罪三等。若诬告罪重于干犯本罪者，各加所诬罪三等。谓止依凡人诬告律加三等，便不失于轻矣。加罪不入于绞。若徒、流已未决，偿费、赎产、断付、加役，并依诬告本律。若被告无服尊长，减一等，依名例律。○其告尊长谋反、大逆、谋叛、窝藏奸细，及嫡母、继母、慈母、所生母杀其父，若所养父母杀其所生父母，及被期亲以下尊长侵夺财产，或殴伤其身，据实应自理诉者，并听卑幼陈告，不在干名犯义之限。其被告之事，各依本律科断，不在干名犯义之限，并同自首免罪之律。被告卑幼同此。又犯奸，及损伤于人于物不可赔偿者，亦同。○若告卑幼得实，期亲、大功及女婿，亦同自首免罪；小功、缌麻，亦得减本罪三等。诬告者，期亲减所诬罪三等,大功减二等,小功、缌麻减一等。若夫诬告妻,及妻诬告妾,亦减所诬罪三等。被告子孙、妻妾、外孙及无服之亲,依名例。若诬卑幼死,未决,仍依律减等,不作诬轻为重。○若雇工人告家长,及家长缌麻以上之亲者,各减子孙、卑幼罪一等。诬告者不减。又雇工人被告得实,不得免罪,以名例不得为容隐故也。○其祖父母、父母、外祖父母,诬告子孙、外孙、子孙之妇妾,及己之妾,若雇工人者,各勿论。不言妻之父母诬女婿者,在缌麻亲中矣。○若女婿与妻父母果有义绝之状,许相告言,各依常人论。义绝之状,谓如身在远方,妻父母将妻改嫁,或赶逐出外,重别招婿,及容止外人通奸;又如女婿殴妻至折伤,抑妻通奸,有妻诈称无妻,欺妄更娶妻,以妻为妾,受财将妻妾典雇,妄作姊妹嫁人之类。

核订现行刑律

原修改律文(略)

谨按:奴婢现以雇工人论,本律既有雇工人告家长罪名,则"奴婢告家长"一层,应即节去,"各减奴婢罪一等"应改为"各减子孙卑幼罪一等",其律文、律注"奴婢"字样,亦应一并节删。又冒越私渡关津,现拟删除,律注"越关"二字,并应节去。谨将修改律文、律注,开列于后。

○修改(略)

条例·删除

大清律例

6.22.337.(1)〔八旗将家人为养子年久欺压原主子孙〕

一、八旗有将家人为养子分户、开户之人,年久值伊原主之子孙庸懦或至绝嗣,伊等自称原为养子,或谎称近族兄,反行欺压,希图占产争告者,审明系官革职,枷号一个月、鞭八十,平人枷号三个月、鞭一百,将养子分户、开户之档销毁,仍给与原主子孙为奴。

满汉通行刑律

○删除(略)

见6.22.336.(20)〔八旗原主子孙混告养子及分户年久之人〕条

大清律例

6.22.337.(2)〔奴仆首告家主〕

一、凡奴仆首告家主者,虽所告皆实,亦必将首告之奴仆,仍照律从重治罪。

删除律例

○删除

大清律例

6.22.337.(3)〔旗下家奴告主犯该徒罪者〕

一、凡旗下家奴告主犯该徒罪者，即于所犯附近地方充配，不准枷责完结。俟徒限满日，照例官卖，将身价给还原主。

满汉通行刑律

〇删除

谨按：此条系旗下家奴告主之例。奴仆告主虽得实，亦应满徒，律有明文。现拟删折枷之制，此例无关引用，似应删除。

6.22.338 子孙违犯教令／22.299 子孙违犯教令

律文·修改

大清律例

6.22.338.1 凡子孙违犯祖父母、父母教令，及奉养有缺者，杖一百。谓教令可从而故违，家道堪奉而故缺者。须祖父母、父母亲告乃坐。

现行刑律

22.299.1 凡子孙违犯祖父母、父母教令，及奉养有缺者，处十等罚。谓教令可从而故违，家道堪奉而故缺者。须祖父母、父母亲告乃坐。

现行刑律案语

原律（略）

臣等谨按：此仍《明律》。“杖一百”罪名照章罚金，应改为“处十等罚”。谨将修改律文，开列于后。

〇修改（略）

条例·修改

大清律例

6.22.338.(1)〔不能养赡致父母自缢死〕

一、子贫不能营生养赡父母，因致父母自缢死者，杖一百、流三千里。

现行刑律

22.299.(1)〔不能养赡致父母自尽〕

一、子游惰不能营生养赡父母，因致父母自尽者，流三千里。

现行刑律案语

原例（略）

臣等谨按:此条本明天顺诏语,后始入例。律只言奉养有缺,而无不能养赡致父母自尽之文,故立此条以补律之未备。窃谓贫者境之限于天,非尽由人力,因此而致父母自缢,其情大可怜悯,又从而治以重罪,揆诸情理,实未允协。考《集注》云:不能营生养赡父母,是惰其四支,不顾父母之养,与奉养有缺者悬殊,以致父母自尽,情罪甚重,是以拟流。其说最为切近,兹拟采用其说,改"贫"字为"游惰",并将"自缢(身)死"改为"自尽",以昭赅备,庶不孝之罪无可解说,而真正贫难者,不至饮泣于远戍之乡。至流罪附杖应照章宽免。谨将修改例文,开列于后。

○修改(略)

大清律例

6.22.338.(2)〔呈告恳求发遣子孙及屡次触犯之子孙发遣〕

一、凡呈告触犯之案,除子孙实犯殴、詈,罪干重辟,及仅止违犯教令者,仍各依律例分别办理外,其有祖父母、父母呈首子孙,恳求发遣,及屡次违犯、触犯者,即将被呈之子孙实发烟瘴地方充军,旗人发黑龙江当差。如有祖父母、父母将子孙及子孙之妇一并呈送者,将被呈之妇与其夫一并佥发安置。

现行刑律

22.299.(2)〔呈告恳求发遣子孙及屡次触犯之子孙发遣〕

一、凡呈告触犯之案,除子孙实犯殴、詈,罪干重辟,及仅止违犯教令者,仍各依律例分别办理外,其有祖父母、父母呈首子孙,恳求发遣,及屡次违犯、触犯者,即将被呈之子孙发极边足四千里安置。如将子孙之妇一并呈送者,即与其夫一并发遣。

满汉通行刑律

○修改

谨按:此条系子孙触犯呈送发遣之例。同一触犯,而发遣地方不同,殊不画一,似应修改一律。今将改定例文,开列于后。

一、凡呈告触犯之案,除子孙实犯殴、詈,罪干重辟,及仅止违犯教令者,仍各依律例分别办理外,其有祖父母、父母呈首子孙,恳求发遣,及屡次违犯、触犯者,即将被呈之子孙发极边足四千里安置。如将子孙之妇一并呈送,即与其夫一并佥发。

现行刑律案语

原修改例文(略)

○仍旧原修改例文

臣等谨按:原例民人实发烟瘴,旗人发黑龙江当差。嗣于光绪三十三年〔1907〕经臣馆于《遵议〈满汉通行刑律〉》案内,以发遣地方不同,殊不画一,改从今例,应仍其旧,理合陈明。

大清律例

6.22.338.(3)〔子孙犯奸盗等致祖父母父母自尽及被杀〕

一、凡子孙有犯奸、盗,祖父母、父母并未纵容,因伊子孙身犯邪淫,忧忿戕生,或被人殴死,及谋、故杀害者,均拟绞立决。如祖父母、父母纵容袒护,后经发觉,畏罪自尽者,将犯奸、盗之子孙改发云贵、两广极边烟瘴充军;被人殴死,或谋、故杀害者,将犯奸、盗之子孙拟绞监候。如祖父母、父母教令子孙犯奸、犯盗,后因发觉,畏罪自尽者,将犯奸、盗之子孙杖一百、徒三年;被人殴死,或谋、故杀害者,将犯奸、盗之子孙杖一百、流三千里。若子孙罪犯应死,及谋、故杀人事情败露,致祖父母、父母自尽者,即照各本犯罪名,拟以立决。子孙之妇有犯,悉与子孙同科。

现行刑律

22.299.(3)〔子孙犯奸盗等致祖父母父母自尽及被杀〕

一、凡子孙因奸、因盗,以致祖父母、父母忧忿戕生,并畏累自尽,或被人殴死,及谋、故杀害者,均拟绞监候。如祖父母、父母知子孙犯奸、盗,而纵容袒护,并教令子孙犯之者,子孙止科本罪。若因奸、盗罪犯应死,及谋、故杀人事情败露,致祖父母、父母自尽者,即照原犯罪名,拟以立决。子孙之妇有犯,悉与子孙同科。

现行刑律案语

原例(略)

臣等谨按:此条系乾隆三十四年〔1769〕定例,嘉庆五年〔1800〕修改,十四年〔1809〕改定。查子孙违犯教令致祖父母、父母自尽,例拟绞候,奸、盗情节虽重,究系违犯教令之一端,遽拟绞决,未免涉于严厉。检阅旧例因奸、盗致父母自尽,系照过失杀律治罪,过失杀父母,律止满流,是犯奸、盗情轻者,即不在绞决之列,自无疑义。惟径照旧律改流,则因身陷邪淫,致其亲之死,不得其正,亦嫌轻纵,权衡轻重之间,似以改拟绞候,较为平允。至犯奸、盗而纵容袒护,则祖父母、父母实自贻伊戚,不得专诿过于子孙,若夫教令则更为首祸之人,揆诸一家共犯罪坐尊长之义,亦当自任其咎,拟将例内充军、绞候、徒、流各节改为"如祖父母、父母知子孙犯奸、盗,而纵容袒护,并教令子孙犯之者,子孙止科本罪",以符定例之初意。例内"罪犯应死"句,本承奸、盗而言,亦应添叙明晰,以免疑误。谨将修改例文,开列于后。

○修改(略)

6.22.339 见禁囚不得告举他事 / 22.300 见禁囚不得告举他事

律文·修改

大清律例

6.22.339.1 凡被囚禁，不得告举他人之事。其为狱官、狱卒非理凌虐者，听告。若应囚禁被问，更首己之别事，有干连之人，亦合准首，依法推问科断。○6.22.339.2 其年八十以上、十岁以下，及笃疾者，若妇人，除谋反、叛逆、子孙不孝，或己身及同居之内为人盗、诈、侵夺财产，及杀伤之类听告，余并不得告。以其罪得收赎，恐故意诬告害人。官司受而为理者，笞五十。原词立案不行。

现行刑律

22.300.1 凡被囚禁，不得告举他人之事。其为狱官、狱卒非理凌虐者，听告。若应囚禁被问，更首己之别事，有干连之人，亦合准首，依法推问科断。○22.300.2 其年八十以上、十岁以下，及笃疾者，若妇人，除谋反、叛逆、子孙不孝，或己身及同居之内为人盗、诈、侵夺财产，及杀伤之类听告，余并不得告。以其罪得收赎，恐故意诬告害人。官司受而为理者，处五等罚。原词立案不行。

现行刑律案语

原律（略）

臣等谨按：此仍《明律》。“笞五十”罪名照章罚金，应改为“处五等罚”。谨将修改律文，开列于后。

○修改（略）

条例·修改

大清律例

6.22.339.(1)〔年老笃疾许人代告〕

一、年老及笃疾之人，除告谋反、叛逆及子孙不孝，听自赴官陈告外，其余公事，许令同居亲属通知所告事理的实之人代告。诬告者，罪坐代告之人。

现行刑律

22.300.(1)〔年老笃疾并妇人许人代告〕

一、年老及废疾之人并妇人，除告谋反、叛逆及子孙不孝，听自赴官陈告外，其余公事，许令同居亲属通知所告事理的实之人代告。诬告者，罪坐代告之人。若妇人夫亡无子，或身受损害，无人代告者，听许入官告诉。

现行刑律案语

原例(略)

臣等谨按：此仍明例。原系两条，一老疾，一妇人，嗣将“妇人”一条删去，第向来办法妇人仍责令遣抱，自应增入，以资引用。又年老以七十为断，查收赎律年七十以上，与废疾并举，例内“笃疾”应改为“废疾”。谨将修改例文，开列于后。

○修改(略)

6.22.340教唆词讼／22.301教唆词讼

律文·仍旧

大清律例	现行刑律
6.22.340.1凡教唆词讼，及为人作词状，增减情罪诬告人者，与犯人同罪。至死者减一等。若受雇诬告人者，与自诬告同。至死者，不减等。受财者，计赃以枉法从重论。其见人愚而不能伸冤，教令得实，及为人书写词状而罪无增减者，勿论。奸夫教令奸妇诬告其子不孝，依谋杀人造意律。	22.301.1凡教唆词讼，及为人作词状，增减情罪诬告人者，与犯人同罪。至死者减一等。若受雇诬告人者，与自诬告同。至死者，不减等。受财者，计赃以枉法从重论。其见人愚而不能伸冤，教令得实，及为人书写词状而罪无增减者，勿论。奸夫教令奸妇诬告其子不孝，依谋杀人造意律。

现行刑律案语

原律(略)

○仍旧

臣等谨按：此律应仍其旧，理合陈明。

条例·修并、仍旧、修改

大清律例	现行刑律
6.22.340.(4)〔考取代书〕 一、内外刑名衙门，务择里民中之诚实识字者，考取代书。凡有呈状，皆令其照本人情词据实誊写，呈后登记代书姓名，该衙门验明，方许收受。如无代书姓名，即严行查究。其有教唆、增减者，照律治罪。 6.22.340.(12)〔具控呈词不能自作者〕	22.301.(1)〔考取代书并代书誊写呈状〕 一、内外问刑衙门，务择里民中之诚实识字者，考取代书。凡有呈状，如本人不能自作者，令其照本人口诉情词，据实誊写，呈后登记代书姓名，该衙门验明，方准收受。如无代书姓名，即严行查究。其有教唆、增减者，照

一、凡有控告事件者,其呈词俱责令自作。不能自作者,准其口诉,令书吏及官代书,据其口诉之词,从质书写。如有增减情节者,将代书之人照例治罪。其唆讼棍徒,该管地方官实力查拿,从重究办。

律治罪。

现行刑律案语

原例

6.22.340.(4)〔考取代书〕(略)

6.22.340.(12)〔具控呈词不能自作者〕(略)

臣等谨按:此二条皆言代书、代写词状之例,似宜修并为一。次条"地方官查拿讼棍"一节,已具别条,毋庸复叙,应节删。谨将修并例文,开列于后。

○修并(略)

大清律例

6.22.340.(5)〔地方官不能查禁讼师扰害〕

一、讼师教唆词讼,为害扰民,该地方官不能查拿禁缉者,如止系失于觉察,照例严处;若明知不报,经上司访拿,将该地方官照奸棍不行查拿例,交部议处。

6.22.340.(8)〔积惯讼棍恐吓取财〕

一、审理词讼,究出主唆之人,除情重赃多实犯死罪,及偶为代作词状情节不实者,俱各照本律查办外,若系积惯讼棍,串通胥吏,播弄乡愚,恐吓诈财,一经审实,即依棍徒生事扰害例问发云贵、两广极边烟瘴充军。

现行刑律

22.301.(2)〔积惯讼棍恐吓取财〕

一、审理词讼,究出主唆之人,若系积惯讼棍,串通胥吏,播弄乡愚,恐吓诈财,一经审实,即依棍徒生事扰害例,问发极边足四千里安置。该地方官不能查拿禁缉,如止系失于觉察,照例议处;若明知不报,经上司访拿,将该地方官交部,照奸棍不行查拿例议处。

现行刑律案语

原例

6.22.340.(5)〔地方官不能查禁讼师扰害〕(略)

6.22.340.(8)〔积惯讼棍恐吓取财〕(略)

臣等谨按：前条为地方官不行查拿讼师之例，后条为严惩讼棍之例，二条系属一事，应修并为一。后条主唆即律之教唆罪，止满流，并无死罪，拟将除笔节删；至棍徒例系发极边足四千里安置，亦应改归一律。谨将修并例文，开列于后。

○修并（略）

大清律例

6.22.340.(11)〔诬控案件严究代作词状唆讼之人〕

现行刑律

22.301.(3)〔诬控案件严究代作词状唆讼之人〕

一、凡审理诬控案件，不得率听本犯捏称倩过路不识姓名人书写呈词，务须严究代作词状唆讼之人，指名查拿，依例治罪。

现行刑律案语

原例（略）

○仍旧

臣等谨按：此条应仍其旧，理合陈明。

大清律例

6.22.340.(10)〔教唆词讼诬告人以起意非起意分首从〕

一、教唆词讼诬告人之案，如原告之人并未起意诬告，系教唆之人起意主令者，以主唆之人为首，听从控告之人为从。如本人起意欲告，而教唆之人从旁怂恿者，依律与犯人同罪。有赃者，计赃以枉法从其重者论。若仅止从旁谈论是非，并非唆令控告者，科以不应重杖，不得以教唆论。

现行刑律

22.301.(4)〔教唆词讼诬告人以起意非起意分首从〕

一、教唆词讼诬告人之案，如原告之人并未起意诬告，系教唆之人起意主令者，以主唆之人为首，听从控告之人为从。如本人起意欲告，而教唆之人从旁怂恿者，依律与犯人同罪。有赃者，计赃以枉法从其重者论。若仅止从旁谈论是非，并非唆令控告者，科以不应重罪，不得以教唆论。

现行刑律案语

原例（略）

臣等谨按：此例应仍其旧。惟小注“杖”字应改“罪”字。谨将例文并修改例注，开列于后。

○修改（略）

大清律例

6.22.340.(2)〔将本状用财雇寄与人赴京奏诉〕

一、凡将本状用财雇寄与人赴京奏诉者,并受雇、受寄之人,俱发近边充军,赃重者从重论。

现行刑律

22.301.(5)〔将本状用财雇寄与人赴京奏诉〕

一、凡将本状用财雇寄与人赴京奏诉者,并受雇、受寄之人,俱流二千五百里,赃重者从重论。

现行刑律案语

原例(略)

臣等谨按:此例应仍其旧。例内近边军应照章改为流二千五百里。谨将修改例文,开列于后。

○修改(略)

大清律例

6.22.340.(7)〔违禁撰印贩卖及藏匿讼师秘本〕

一、坊肆所刊讼师秘本,如《惊天雷》《相角》《法家新书》《刑台秦镜》等,一切构讼之书,尽行查禁销毁,不许售卖。有仍行撰造刻印者,照淫词小说例,杖一百、流三千里。将旧书复行印刻及贩卖者,杖一百、徒三年。买者,杖一百。藏匿旧板不行销毁,减印刻一等治罪。藏匿其书,照违制律治罪。其该管失察各官,分别次数交部议处。

现行刑律

22.301.(6)〔违禁撰印贩卖及藏匿讼师秘本〕

一、坊肆所刊讼师秘本,如《惊天雷》《相角》《法家新书》《刑台秦镜》等,一切构讼之书,尽行查禁销毁,不许售卖。有仍行撰造刻印者,流三千里。将旧书复行印刻及贩卖者,徒三年。买者,处十等罚。藏匿旧板不行销毁,减印刻一等治罪。藏匿其书,照违制律治罪。其该管失察各官,分别次数交部议处。

现行刑律案语

原例(略)

臣等谨按:此条系乾隆七年〔1742〕定例。例内流、徒附杖应照章宽免。“杖一百”亦应照章罚金,应改为“处十等罚”。淫词小说例此次已经修改,本例内“照淫词小说例”六字,应节删。谨将修改例文,开列于后。

○修改(略)

大清律例	现行刑律
6.22.340.(9)〔钦差驰审重案虚诬根究唆帮讼师〕	22.301.(7)〔钦差驰审重案虚诬根究唆帮讼师〕 一、凡钦差驰审重案，如果审出虚诬，除赴京捏控之人，照诬告例治罪外，其有无讼师唆使扛帮情节，原审大臣即就案严行跟究，按例分别问拟。失察之地方官，从重议处。如无此种情弊，亦即随案声明。

现行刑律案语

原例(略)

○仍旧

臣等谨按：此条应仍其旧，理合陈明。

编查馆会奏修改各条

○删除

原例(略)

谨按：《法院编制法》大理院为最高终审衙门，以后自不宜沿用钦差驰审之制。即使偶有此事，亦系一时权宜办法。且本例只言根究有无讼师唆使扛帮情节，自有教唆各本律例可引，无须特设专例。此条拟请删除。①

条例·删除

大清律例

6.22.340.(1)〔教唆或扛帮奏告命盗重罪不实并全诬十人以上〕

一、代人捏写本状，教唆或扛帮赴京，及赴督抚并按察司官处，各奏告强盗、人命重罪不实，并全诬十人以上者，俱问发近边充军。

现行刑律案语

○删除

原例(略)

臣等谨按：此条系前明《问刑条例》，雍正三年〔1725〕删改。代人捏写本状，及

① 《钦定大清现行刑律》武英殿刊本并未删去此条。

教唆、扛帮、诬告重罪,情节可恶,故问发近边充军,以示严惩刁健之意。惟查教唆词讼及诬告命盗死罪、未决罪,均满流,近边军照章应改流二千五百里,是治罪反较满流为轻,殊与定例本意不合,且捏写、扛帮均系教唆中之事,有犯,各有本律、本例足资引用,似毋庸另立专条。此例拟请删除。

大清律例

6.22.340.(3)〔民人投旗卖身后代亲或以民籍旧事具控〕

一、凡民人投充旗下,及卖身后,或代伊亲属具控,或将民籍旧事具控者,概不准理。

满汉通行刑律

〇删除

谨按:此条系民人投充旗下之例,现在并无此项情事,无关引用,似应删除。

大清律例

6.22.340.(6)〔雇人诬告〕

一、凡雇人诬告者,除受雇之人仍照律治罪外,其雇人诬告之人,照设计教诱人犯法律,与犯法人同罪。

现行刑律案语

〇删除

原例(略)

臣等谨按:律言受雇诬告人者,与自诬告同。所谓自诬告,其为雇人诬告之人,不问可知。此条因律言受雇人之罪,并增雇人诬告之罪,系属误会,拟请删除。

6.22.341 军民约会词讼

律文·删除

大清律例

6.22.341.1 凡军人有犯人命,管军衙门约会有司检验归问。若奸盗、诈伪、户婚、田土、斗殴与民相干事务,必须一体约问。与民不相干者,从本管军职衙门自行追问。其有占吝不发,首领官吏以违令论,各笞五十。〇6.22.341.2 若管军官越分辄受民讼者,罪亦如之。

现行刑律案语

〇删除

原律(略)

臣等谨按:前明军归卫所,民归有司,故有一体约问之制。现在营兵犯事,皆归有司官审理,从无武官约问之事,此律与国朝制度不合,无关引用,拟即删除。

条例 · 〇移改

大清律例	**现行刑律**
6.22.341.(2)〔在京缉捕官役不许干预军民词讼〕 一、缉捕官役,惟于京城内外,察访不轨、妖言、人命、强盗重事,其余军民词讼,及在外事情,俱不许干预。	*捕亡 · 应捕人追捕罪人 27.343.(4)〔在京番捕等役惟于京城内外察访不轨妖言命盗重事〕(略)

现行刑律案语

原例(略)

臣等谨按:此条系言京城捕役不许干预词讼之例,似应移入"应捕人追捕罪人"门,"缉捕官役"拟改为"在京番捕等役"。谨将移改例文,开列于后。

〇移改

捕亡 · 应捕人追捕罪人

27.343.(4)〔在京番捕等役惟于京城内外察访不轨妖言命盗重事〕(略)

条例 · 删除

大清律例

6.22.341.(1)〔军卫有司非掌印官不许擅受词讼〕

一、在外军民词讼,除叛逆机密重事,许提镇、副参、游守等官接受,会同有司追问外,其余不许滥受。凡户婚、田土、斗殴、人命一应词讼,悉赴该管衙门告理。军卫有司,不系掌印官,不许接受词讼。

现行刑律案语

〇删除

原例(略)

臣等谨按:此条系言管军官于军民词讼,分别接受、不接受之例。惟现在卫已全裁,武职掌印亦不能接受词讼,此条与今制不符,拟即删除。

大清律例

6.22.341.(3)〔州县审办旗人案件分别会审不会审〕

一、凡旗人谋、故、斗杀等案,仍照例令地方官会同理事同知审拟外,其自尽人命等案,即令地方官审理。如果情罪已明,供证已确,免其解犯,仍由同知衙门核转。倘恃旗狡赖,不吐实供,将案内无辜牵连人等先行摘释,止将要犯解赴同知衙门审明。如该同知事外苛驳,借应质名色,滥差提扰,该上司立即题参。

6.22.341.(4)〔州县受理旗民田土户婚债负细事〕

一、凡各省理事厅员,除旗人犯命、盗重案,仍照例会同州县审理外,其一切田土、户婚、债负细事,赴本州县呈控审理。曲在民人,照常发落;曲在旗人,录供加看,将案内要犯审解该厅发落。至控告在官人犯,不论原、被,经州县两次拘传,别无他故,抗不到案者,将情虚逃避之犯,严拿治罪。

6.22.341.(5)〔各处理事同知审理逃人及旗民争角等事〕

一、各处理事同知,遇有逃人案件,并旗人与民人争角等事,俱行审理,不必与旗员会审。

现行刑律案语

○删除

6.22.341.(3)〔州县审办旗人案件分别会审不会审〕(略)

6.22.341.(4)〔州县受理旗民田土户婚债负细事〕(略)

6.22.341.(5)〔各处理事同知审理逃人及旗民争角等事〕(略)

臣等谨按:以上三条皆言旗人案件分别会审、不会审之例。查光绪三十三年十二月〔1908年1-2月〕内臣馆于《遵议〈满汉通行刑律〉》案内,附片奏请"嗣后旗人词讼案件,统归各级审判厅审理,其审判厅尚未设立省分,概归各州县审理,无庸再由理事同知通判等官会审"等因。奉旨:"依议。钦此。"钦遵在案。此三例均无关引用,应即一并删除。

大清律例

6.22.341.(6)〔泸州土流接壤地方词讼〕

一、川省泸州土流接壤地方,倘有词讼,照军民约会之例,令该州同与该土司公同核报。

现行刑律案语

○删除

原例(略)

臣等谨按：此条系雍正八年〔1730〕定例。查审理词讼本系地方官专责，不宜因土流接壤之故办法独异。现在各省筹设高等以下各审判厅，以为司法独立基础，凡属率土，允当一体遵行，以昭大同之治。且别省亦有土流接壤地方，即川省土流接壤者，并不止泸州一处，况各省审理土民词讼，向来皆有一定办法，此例专指一隅，殊嫌罣漏。拟请删除。

大清律例

6.22.341.(7)〔八旗案件俱交刑部办理〕

一、八旗案件，俱交刑部办理。该旗有应参奏者，仍行参奏。

满汉通行刑律

〇删除

谨按：此条系京旗案件交部办理之例。现在新改官制，京师地方设立各级审判厅，所有旗、民词讼均归审判厅审理，并不交部，此例似应删除。

6.22.342官吏词讼家人诉 / 22.302官吏词讼家人诉

律文 · 修改

大清律例	现行刑律
6.22.342.1凡官吏有争论婚姻、钱债、田土等事，听令家人告官对理，不许公文行移，违者笞四十。	22.302.1凡官吏有争论婚姻、钱债、田土等事，听令家人告官对理，不许公文行移，违者处四等罚。

现行刑律案语

原律(略)

臣等谨按：此仍《明律》。律内“笞四十”罪名照章罚金，应改为“处四等罚”。谨将修改律文，开列于后。

〇修改(略)

6.22.343 诬告充军及迁徙

律文·删除

大清律例

6.22.343.1 凡诬告充军者,照所诬地里远近,抵充军役。○6.22.343.2 若官吏故、失出入人军罪者,以故、失出入人流罪论。○6.22.343.3 若诬告人罪应迁徙者,于比流减半、准徒二年上,加所诬罪三等,并入所得杖罪通论。凡徒二年者,应杖八十,今加诬告罪三等,流二千里,应得杖一百之罪,并论决之。

现行刑律案语

○删除

原律(略)

臣等谨按:五军名目,附近、近边、边远三项,新章已归并三流,极边及烟瘴改为安置,《名例》列为遣罪之一,此次已将诬告遣罪纂入“诬告”门内,无须复载。第二节系官司出入人罪之事,应于彼条修改明晰。第三节迁徙罪名仅限于苗人等条,并不经见,现亦议删。此条无关引用,拟即删除。

6.23 受赃／23 受赃

6.23.344 官吏受财／23.303 官吏受财

律文·修改

大清律例

6.23.344.1 凡官吏因枉法、不枉法事受财者，计赃科断。无禄人各减一等。官追夺、除名，吏罢役，赃止一两，俱不叙用。○6.23.344.2 说事过钱者，有禄人减受钱人一等，无禄人减二等。如求索、科敛、吓诈等赃，及事后受财过付者，不用此律。罪止杖一百、徒二年。照迁徙比流减半科罪。有赃者，过钱而又受钱。计赃从重论。若赃重从本律。

有禄人：凡月俸一石以上者。

枉法赃各主者，通算全科。谓受有事人财，而曲法处断者。

受一人财固全科，如受十人财，一时事发，通算作一处，亦全科其罪。若犯二事以上，一主先发已经论决，其他后发，虽轻若等，亦并论之。

一两以下，杖七十。

一两至五两，杖八十。

一十两，杖九十。

一十五两，杖一百。

二十两，杖六十、徒一年。

二十五两，杖七十、徒一年半。

三十两，杖八十、徒二年。

三十五两，杖九十、徒二年半。

四十两，杖一百、徒三年。

四十五两，杖一百、流二千里。

五十两，杖一百、流二千五百里。

五十五两，杖一百、流三千里。

八十两，实绞。监候。

现行刑律

23.303.1 凡官吏因枉法、不枉法事受财者，计赃科断。无禄人各减一等。官追夺、除名，吏罢役，赃止一两，俱不叙用。○23.303.2 说事过钱者，有禄人减受钱人一等，无禄人减二等。如求索、科敛、吓诈等赃，及事后受财过付者，不用此律。罪止徒二年。有赃者，过钱而又受钱。计赃从重论。若赃重从本律。

有禄人：凡月俸一石以上者。

枉法赃各主者，通算全科。谓受有事人财，而曲法处断者。

受一人财固全科，如受十人财，一时事发，通算作一处，亦全科其罪。若犯二事以上，一主先发已经论决，其他后发，虽轻若等，亦并论之。

一两以下，处七等罚。

一两至五两，处八等罚。

一十两，处九等罚。

一十五两，处十等罚。

二十两，徒一年。

二十五两，徒一年半。

三十两，徒二年。

三十五两，徒二年半。

四十两，徒三年。

四十五两，流二千里。

五十两，流二千五百里。

五十五两，流三千里。

八十两，实绞。监候。

不枉法赃各主者，通算折半科罪。

不枉法赃各主者,通算折半科罪。

虽受有事人财,判断不为曲法者。如受十人财,一时事发,通算作一处,折半科罪;一主者,亦折半科罪。准半折者,皆依此。

一两以下,杖六十。

一两之上至一十两,杖七十。

二十两,杖八十。

三十两,杖九十。

四十两,杖一百。

五十两,杖六十、徒一年。

六十两,杖七十、徒一年半。

七十两,杖八十、徒二年。

八十两,杖九十、徒二年半。

九十两,杖一百、徒三年。

一百两,杖一百、流二千里。

一百一十两,杖一百、流二千五百里。

一百二十两,杖一百、流三千里。

一百二十两以上,实绞。监候。

无禄人:凡月俸不及一石者。

枉法,扶同听行及故纵之类。一百二十两,绞。监候。

不枉法,一百二十两以上,罪止杖一百、流三千里。

虽受有事人财,判断不为曲法者。如受十人财,一时事发,通算作一处,折半科罪;一主者,亦折半科罪。准半折者,皆依此。

一两以下,处六等罚。

一两之上至一十两,处七等罚。

二十两,处八等罚。

三十两,处九等罚。

四十两,处十等罚。

五十两,徒一年。

六十两,徒一年半。

七十两,徒二年。

八十两,徒二年半。

九十两,徒三年。

一百两,流二千里。

一百一十两,流二千五百里。

一百二十两,流三千里。

一百二十两以上,实绞。监候。

无禄人:凡月俸不及一石者。

枉法,扶同听行及故纵之类。一百二十两,绞。监候。

不枉法,一百二十两以上,罪止流三千里。

现行刑律案语

原律(略)

臣等谨按:此条系照《明律》修改。其小注内"照迁徙比流减半"一语,系申明所以徒二年之故,现在迁徙之法亦拟变通,此句应即节删。笞、杖已改罚金,应依数分等处罚。徒、流附加杖罪,照章应删。谨将修改律文,开列于后。

○修改(略)

条例·仍旧、修并、修改

大清律例

6.23.344.(2)〔在官人役取受有事人财枉法〕

现行刑律

23.303.(1)〔在官人役取受有事人财枉法〕

一、凡在官人役,取受有事人财,律

无正条者，果于法有枉纵，俱以枉法计赃科罪。若尸亲、邻证等项不系在官人役，取受有事人财，各依本等律条科断，不在枉法之律。

现行刑律案语

原例

6.23.344.(2)〔在官人役取受有事人财枉法〕（略）

6.23.344.(3)〔县总里书犯赃入己及保人歇家串通行贿〕（略）

○仍旧

臣等谨按：以上二例，应仍其旧，理合陈明。

大清律例

6.23.344.(7)〔上司经过属员呈送下程及供应军马〕

一、凡上司经过，属员呈送下程，及供应夫马车辆一切陋规，俱行革除。如属员仍有供应，上司仍有勒索者，俱革职提问。若督抚不行题参，照例议处。其上司随役、家人私自索取，本官不知情者，照例议处。如知情故纵，罪坐本官，照求索所部财物律治罪；其随役、家人，照在官求索无禄人减一等律治罪，并许被索之属员据实详揭。若属员因需索滥行供应，及上司因不迎送供应，别寻他事中伤属员者，将属员及各上司，照例分别议处。

＊受赃・在官求索借贷人财物

6.23.349.(5)〔巡察之员收受门包〕（略）

现行刑律

23.303.(2)〔上司及巡察之员经过收受属员地方官门包并下程供应〕

一、凡上司及出差巡察之员经过州县地方，收受属员及地方官门包，并下程供应，暨一切陋规，与者、受者均革职，严讯治罪。该督抚不行奏参，交部议处。若因勒索而与者，属员及地方官均照逼抑取受律不坐。其随役、家人私自索取，本官不知情者，照例议处。如知情故纵，罪坐本官，照在官求索人财物律治罪；其随役、家人，照在官求索无禄人减一等律治罪，并许被索之员据实详揭。若上司及出差巡察之员，因不迎送、不供应，别寻他事中伤属员、地方官者，照例分别议处。

现行刑律案语

原例

6.23.344.(7)〔上司经过属员呈送下程及供应军马〕（略）

受赃・在官求索借贷人财物

6.23.349.(5)〔巡察之员收受门包〕（略）

臣等谨按:上条系雍正七年〔1729〕定例,下条系八年〔1730〕定例,惟"门包"与"下程、供应"其事相类,自应将下条"收受门包"并于上条例首,以省烦冗。若夫马车辆势不能不由地方官预备,拟请将例内"夫马车辆"四字节去,至上条例末"属员滥行供应……议处"一层,本与例首"属员仍有供应……革职提问"之文显相参差。现仍循原文例意,改为"与者、受者均革职,严讯治罪"。惟属员等因需索而供应,系为权势所迫,不得已而与之,而亦一例科罪,未免屈抑,拟于例内添叙"因勒索而与者,照逼抑取受律不坐"二语,以昭平允。"上司寻别事中伤属员"一层,亦应将"出差巡察之员"添入。谨将修并例文,开列于后。

○修并

23.303.(2)〔上司及巡察之员经过收受属员地方官门包并下程供应〕(略)

大清律例	现行刑律
6.23.344.(11)〔官吏婪赃除枉法入已者外限内全完分别减免〕	23.303.(3)〔官吏婪赃除枉法入已者外限内全完分别减免〕 一、官吏婪赃,审系枉法入己者,虽于限内全完,不准减等。如审无入己各赃,并坐赃致罪者,果能于限内全完,仍照挪移亏空钱粮之犯,准其减免外,其因事受财入己,审明不枉法,及律载准枉法、不枉法论等赃,果于一年限内全完,死罪减二等发落,流、徒以下免罪。若不完,再限一年勒追。全完者,死罪及流、徒以下,各减一等发落;如不完,流、徒以下即行发配,死罪人犯监禁,均再限一年着追。三年限外不完,死罪人犯永远监禁;全完者,奏明请旨,均照二年全完减罪一等之例办理。

现行刑律案语

原例(略)

○仍旧

臣等谨按:此例应仍其旧,理合陈明。

大清律例

6.23.344.(14)〔书差舞弊知法犯法〕

现行刑律

23.303.(4)〔书差舞弊知法犯法〕

一、凡各衙门书吏、差役，如有舞文作弊、借案生事扰民者，系知法犯法，俱照平人加一等治罪。受财者，计赃从重论。

现行刑律案语

原例(略)

〇仍旧

臣等谨按：此例应仍其旧，理合陈明。

大清律例

6.23.344.(3)〔县总里书犯赃入己及保人歇家串通行贿〕

现行刑律

23.303.(5)〔县总里书犯赃入己及保人歇家串通行贿〕

一、县总、里书，如犯赃入己者，照衙役犯赃拟罪。保人、歇家，串通衙门行贿者，照不系在官人役取受有事人财科断。

现行刑律案语

〇仍旧(略)

见6.23.344.(2)〔在官人役取受有事人财枉法〕条

大清律例

6.23.344.(4)〔正身衙役违禁私带白役〕

一、凡正身衙役违禁私带白役者，并杖一百，革役。如白役犯赃，照衙役犯赃例治罪。正身衙役知情同行者，与同罪，不知情不同行者不坐。

现行刑律

23.303.(6)〔正身衙役违禁私带白役〕

一、凡正身衙役违禁私带白役者，并处十等罚，革役。如白役犯赃，照衙役犯赃例科罪。正身衙役知情同行者，与同罪，不知情不同行者不坐。

现行刑律案语

原例(略)

臣等谨按:例内"杖一百"罪名照章罚金,应改为"处十等罚"。谨将修改例文,开列于后。

○修改(略)

大清律例

6.23.344.(12)〔白役诈赃逼命之案〕

一、白役诈赃逼命之案,除将白役照例拟抵外,如正役知情同行,在场帮索,及正役虽未同行,而主使诈赃者,俱发极边足四千里充军;若正役仅止知情同行,并无吓逼情事者,仍照例杖一百、流三千里。其并未主使诈赃,亦未知情同行,但于事后分赃,即于白役死罪上减二等,杖一百、徒三年;赃多者,计赃从重论。若并未分赃,及白役诈赃并未致毙人命者,仍照私带白役例责革,加枷号两个月。

现行刑律

23.303.(7)〔白役诈赃逼命之案〕

一、白役诈赃逼命之案,如事由白役,应以白役照例拟抵,正役知情同行,发极边足四千里安置。如由正役主使诈赃,应以正役照例拟抵,白役吓逼帮索,亦发极边足四千里安置。若白役诈赃,正役并未主使,亦未知情同行,但于事后分赃,即于白役死罪上减二等,徒三年;赃多者,计赃从重论。若并未分赃,及白役诈赃并未致毙人命,仍照私带白役例处罚,革役。

现行刑律案语

原例(略)

臣等谨按:此条系乾隆四十三年〔1778〕刑部议复湖北按察使吴之黼条奏定例,嘉庆十七年〔1812〕改定。惟诈赃系由白役,固应以白役当其重罪,知情同行之正役既不阻止,即无吓逼情事,亦应免死发遣;若由正役主使,则白役系听命于正役,自应以主使之正役当其重罪,吓逼帮索之白役则处以免死发遣,轻重方得其平。原例正役知情同行并无吓逼拟流一层似可节去,附加之杖罪、枷号均照章应删。谨将修改例文,开列于后。

○修改(略)

大清律例

6.23.344.(13)〔衙役逼毙人命及索诈私押拷打人犯〕

一、各衙门差役逼毙人命之案,讯无诈赃情事,但经借差倚势,凌虐吓逼,致令忿迫轻生者,为首杖一百、流三千

现行刑律

23.303.(8)〔衙役逼毙人命及索诈私押拷虐人犯〕

一、各衙门差役逼毙人命之案,讯无诈赃情事,但经借差倚势,凌虐吓逼,致令忿迫轻生者,为首流三千里。其差

里。其差役子侄亲属，私代办公，逼毙人命，除讯系诈赃起衅，仍照蠹役诈赃毙命例一体问拟外，若非衅起诈赃，为首实发云贵两广极边烟瘴充军。至差役有因索诈不遂，将奉官传唤人犯，私行羁押，拷打凌虐者，为首枷号两个月，实发云贵两广极边烟瘴充军；其仅止私行羁押，并无拷打凌虐情事，为首杖一百、徒三年。为从，各减一等。

役子侄亲属，私代办公，逼毙人命，除讯系诈赃起衅，仍照蠹役诈赃毙命例一体问拟外，若非衅起诈赃，为首发烟瘴地方安置。至差役有因索诈不遂，将奉官传唤人犯，私行羁押，拷打凌虐者，为首亦发烟瘴地方安置；其仅止私行羁押，并无拷打凌虐情事，为首徒三年。为从，各减一等。

现行刑律案语

原例（略）

臣等谨按：此条系道光十四年〔1834〕定例，专为差役并未诈赃逼毙人命者而设。惟流、徒附加杖罪，新章均应删去。军罪应改安置，附加枷号照章应删。谨将修改例文，开列于后。

○修改（略）

大清律例

6.23.344.(10)〔蠹役吓诈贫民及吓诈毙命〕

一、内外大小衙门蠹役，恐吓索诈贫民者，计赃一两以下，杖一百；一两至五两，杖一百，加枷号一个月；六两至十两，杖一百、徒三年；十两以上，发近边充军；至一百二十两者，照枉法拟绞。为从分赃，并减一等。其因索诈，致令卖男鬻女者，十两以下，亦照例充发。计赃重于从罪，仍从重论。如吓诈致毙人命，不论赃数多寡、已未入手，拟绞立决；拷打致死，拟斩立决。若死系作奸犯科有干例议之人，系吓逼致自尽者，拟绞监候；拷打致死者，拟斩监候。为从并减一等。

现行刑律

23.303.(9)〔蠹役吓诈贫民及吓诈毙命〕

一、内外大小衙门蠹役，恐吓索诈贫民者，计赃一两以下，处十等罚；一两至五两，徒一年；六两至十两，徒三年；十两以上，流二千五百里。其因索诈，致令卖男鬻女者，十两以下，亦流二千五百里；至一百二十两者，绞监候。为从分赃，并减一等。计赃重于从罪，仍从重论。如吓诈致毙人命，不论赃数多寡、已未入手，拟绞监候，入于秋审情实；拷打致死，拟绞立决。若死系作奸犯科有干例议之人，如系吓逼致令自尽，或拷打致死者，均拟绞监候。为从并减一等。

现行刑律案语

原例(略)

臣等谨按:此例原系两条,一系康熙年间《现行例》,雍正三年〔1725〕、乾隆五年〔1740〕、三十二年〔1767〕修改;一系乾隆十七年〔1752〕刑部议复陕西按察使武忱条奏定例,原载"恐吓取财"门内;四十八年〔1783〕修并为一,移入本门。嘉庆六年〔1801〕、咸丰五年〔1855〕两经修改,同治九年〔1870〕改定,惟杖罪已改罚金。原例由杖至军共分四等,一两以下原拟满杖,应改处十等罚;一两至五两原拟满杖加枷,现枷号已经改章,若仅以满杖改处罚金,与一两以下者无所区别,应照一两以下加一等,改为徒一年;六两至十两徒三年,附加杖罪应删;十两以上原例发近边充军,照章应改为流二千五百里,其因索诈而致令卖男鬻女者,虽十两以下,亦照十两以上拟流。以上计赃科罪之法均较枉法赃加重,至一百二十两始称"照枉法拟绞",查枉法赃系各计入己之数,科罪并无首从可分,此例既云"照枉法拟绞",而下文又云"为从分赃,并减一等",又云"计赃重者,从重论",是参用枉法赃科罪之法,并非全以枉法赃为准。应将例内"照枉法"三字节删,作为严惩蠹役特别加重之例。"绞立决"照章应改为"绞监候,入于秋审情实"。斩决应改绞决,斩候应改绞候。谨将修改例文,开列于后。

○修改(略)

条例·删除

大清律例

6.23.344.(1)〔部门书办指称部费招摇撞骗〕

一、各部院衙门书办,有辄敢指称部费,招摇撞骗,干犯国宪,非寻常犯赃可比者,发觉审实,即行处斩。为从知情朋分银两之人,照例发往云贵两广烟瘴少轻地方,严行管束。

现行刑律案语

○删除

原例(略)

臣等谨按:此条系乾隆五年〔1740〕定例。因尔时书办权重弊深,故特严其法。现在各部院书办已经裁革,改用书手仅供贴写,与当日情形不同,有犯即照受赃门各律例科罪,已足示儆,此例拟即删除。

大清律例

6.23.344.(5)〔司道府州县等官察访衙蠹〕

一、司、道、府、州、县等官,不时察访衙蠹,申报该督抚究拟。若该管官员不行察报，经督抚上司访拿，或别经发觉者，照徇庇例交该部议处。如督抚不行访参者，亦交该部议处。其访拿衙蠹并赃私数目，仍应年底造册题报。

删除律例

〇删除

大清律例

6.23.344.(6)〔书役出缺顶买索租及假手书吏定稿〕

一、直省书役年满缺出，遵例召募。有暗行顶买，索取租银者，缺主照枉法受财律计赃定拟，至八十两者绞；顶缺之人照以财行求律，至五百两者，杖一百、徒三年；出结人等依不应重律，杖八十；该管官员交部议处。倘该督抚阳奉阴违，亦照例议处。其年满考职时，务令填写“并无假姓冒籍”字样，方准收考。若有冒籍、冒名等弊事发者，革去职衔，杖一百。不能稽查之该管等官，俱交部议处。至各衙门一切案件，若假手书吏，以致定稿时高下其手，驳诘不已，有赃者，照枉法受财律科罪；无赃者，依不应重律杖八十，革役；该管官员照例议处。如该督抚不行题参，亦交部议处。

现行刑律案语

〇删除

原例（略）

臣等谨按：此条系雍正五年〔1727〕定例，乾隆五年〔1740〕修改。惟各衙门书吏执法营私本属惯技，现在各部院、各督抚衙门已将书吏裁革，有改用书手、改用写生者，则省司、道府、州县各衙门自须一律裁革，改用书手，此后并无书役缺主名目，亦无年满考职之事，所有各衙门书手、写生仅供誊写，不令拟稿，则无从高下其手。此例即无关引用，拟请删除。

大清律例

6.23.344.(8)〔书吏舞弊经承贴写知情不举首及举首〕

一、书吏舞文作弊，其知情不首之经承、贴写，俱照本犯罪减一等发落。如有将书吏情弊查出，举首三次者，系书吏，不论已未期满，准其考职即用；如系贴写，准其与期满之书吏一体考职。倘有不肖之徒，希图考职，及怀挟私仇，妄行出首者，照诬告律从重治罪。

现行刑律案语

〇删除

原例(略)

臣等谨按：此条系雍正十一年〔1733〕定例。现在内外各衙门已将书吏裁革，改用书手，并无经承等项名目，亦无期满考职之事，此例无关引用，应请删除。

大清律例

6.23.344.(9)〔督抚司道各上司差役扰害乡民〕

一、督、抚、司、道各上司差役扰害乡民，许州县查拿，并许被害人呈告，将该役照例治罪。

删除律例

○删除

6.23.345 坐赃致罪 / 23.304 坐赃致罪

律文·修改

大清律例

6.23.345.1 凡官吏人等，非因枉法、不枉法之事而受人之财，坐赃致罪。各主者，通算折半科罪，与者，减五等。谓如被人盗财或殴伤，若赔偿及医药之外因而受财之类。各主者，并通算折半科罪，为两相和同取与，故出钱人减受钱人罪五等。又如擅科敛财物，或多收少征，如收钱粮税粮斛面，及检踏灾伤田粮，与私造斛斗秤尺各律所载，虽不入己，或造作虚费人工物料之类，凡罪由此赃者，皆名为坐赃致罪。○官吏坐赃，若不入己者，拟还职役。出钱人有规避事重者，从重论。

一两以下，笞二十。

一两之上至十两，笞三十。

二十两，笞四十。

三十两，笞五十。

四十两，杖六十。

五十两，杖七十。

六十两，杖八十。

七十两，杖九十。

八十两，杖一百。

一百两，杖六十、徒一年。

二百两，杖七十、徒一年半。

现行刑律

23.304.1 凡官吏人等，非因枉法、不枉法之事而受人之财，坐赃致罪。各主者，通算折半科罪，与者，减五等。谓如被人盗财或殴伤，若赔偿及医药之外因而受财之类。各主者，通算折半科罪；一主者，亦折半科罪。为两相和同取与，故出钱人减受钱人罪五等。又如擅科敛财物，或多收少征，如收钱粮税粮斛面，及检踏灾伤田粮，与私造斛斗秤尺各律所载，虽不入己，或造作虚费人工物料之类，凡罪由此赃者，皆名为坐赃致罪。○官吏坐赃，若不入己者，拟还职役。出钱人有规避事重者，从重论。

一两以下，处二等罚。

一两之上至十两，处三等罚。

二十两，处四等罚。

三十两，处五等罚。

四十两，处六等罚。

五十两，处七等罚。

六十两，处八等罚。

七十两，处九等罚。

八十两，处十等罚。

一百两，徒一年。

二百两，徒一年半。

三百两，杖八十、徒二年。

四百两，杖九十、徒二年半。

五百两，罪止杖一百、徒三年。以坐赃非实赃，故至五百两，罪止徒三年。

三百两，徒二年。

四百两，徒二年半。

五百两，罪止徒三年。以坐赃非实赃，故至五百两，罪止徒三年。

现行刑律案语

原律（略）

臣等谨按：此仍《明律》，其原有小注，则于顺治三年〔1646〕增修，为实非受赃而以赃科罪者而设。惟不枉法赃之一主者已于小注改为"折半科罪"，而坐赃致罪虽以满徒为止，其一主者并不折半，是实受之赃得折半，而虚坐之赃不得折半，揆之情理，似不相符。《辑注》云"六赃中，惟坐赃为最轻"，轻则无不轻，其一主者应折半科罪，历办成案，亦援《辑注》折算，应请于小注内"各主者，通算折半科罪"之下加"一主者亦折半科罪"八字，庶引用有所依据，办理不致偏重矣。笞、杖已改罚金，自应分等处罚。徒罪附杖应删。谨将修改律文律注，开列于后。

○修改（略）

6.23.346 事后受财 原在事后，故别于受财律。/ 23.305 事后受财 原在事后，故别于受财律。

律文・仍旧

大清律例

6.23.346.1 凡官吏有承行之事先不许财，事过之后而受财，事若枉断者，准枉法论；事不枉断者，准不枉法论。无禄人各减有禄人一等；风宪官吏仍加二等。若所枉重者，仍从重论。官吏俱照例为民，但不追夺诰敕。律不言出钱、过钱人之罪，问不应从重可也。

现行刑律

23.305.1 凡官吏有承行之事先不许财，事过之后而受财，事若枉断者，准枉法论；事不枉断者，准不枉法论。无禄人各减有禄人一等；风宪官吏仍加二等。若所枉重者，仍从重论。官吏俱照例为民，但不追夺诰敕。律不言出钱、过钱人之罪，问不应从重可也。

现行刑律案语

原律（略）

○仍旧

臣等谨按：此律应仍其旧，理合陈明。

6.23.347 官吏听许财物 原未接受,故别于事后受财律。/23.306 官吏听许财物 原未接受,故别于事后受财律。

律文·修改

大清律例

6.23.347.1 凡官吏听许财物,虽未接受,事若枉者,准枉法论;事不枉者,准不枉法论,各减受财一等。所枉重者,各从重论。必自其有显迹、有数目者方坐。○凡律称"准"者,至死减一等,虽满数,亦罪止杖一百、流三千里。此条既称准枉法论,又称减一等,假如听许准枉法赃满数至死减一等,杖一百、流三千里,又减一等,杖一百、徒三年,方合律。此正所谓犯罪得累减也。○此明言官吏,则其余虽在官之人,不用此律。

现行刑律

23.306.1 凡官吏听许财物,虽未接受,事若枉者,准枉法论;事不枉者,准不枉法论,各减受财一等。所枉重者,各从重论。必自其有显迹、有数目者方坐。○凡律称"准"者,至死减一等,虽满数,亦罪止流三千里。此条既称准枉法论,又称减一等,假如听许准枉法赃满数至死减一等,流三千里,又减一等,徒三年,方合律。此正所谓犯罪得累减也。○此明言官吏,则其余虽在官之人,不用此律。

现行刑律案语

原律(略)

臣等谨按:此仍《明律》,顺治三年〔1646〕添入小注。流、徒附加杖罪照章应删。谨将原律并修改律注,开列于后。

○修改(略)

条例·仍旧

大清律例

6.23.347.(1)〔听许财物已交未交分别着追〕

现行刑律

23.306.(1)〔听许财物已交未交分别着追〕

一、听许财物,若甫经口许,赃无确据,不得概行议追。如所许财物封贮他处,或写立议单、文券,或交与说事之人,应向许财之人追取入官。若本犯有应得之罪,仍照律科断;如所犯本轻,或本无罪,但许财营求者,止问不应重律。其许过若干、实交若干者,应分别已受、未受数目计赃,并所犯情罪,从重科断。已交之赃,在受财人名下着追;未交之财,仍向许财人名下着追。

现行刑律案语

原例(略)

○仍旧

臣等谨按：此例应仍其旧，理合陈明。

6.23.348有事以财请求 / 23.307有事以财请求

律文 · 修改

大清律例

6.23.348.1凡诸人有事，以财行求官吏，欲得枉法者，计所与财，坐赃论。若有避难就易，所枉法之罪重于与财者，从重论。其赃入官。其官吏刁蹬，用强生事，逼抑取受者，出钱人不坐。避难就易，谓避难当之重罪就易受之轻罪也。若他律避难，则指难解钱粮、难捕盗贼皆是。

现行刑律

23.307.1凡有事，以财行求官吏，欲得枉法者，计所与财，坐赃论。若有避难就易，所枉法之罪重于与财者，从重论。其赃入官。其官吏刁蹬，用强生事，逼抑取受者，出钱人不坐。避难就易，谓避难当之重罪就易受之轻罪也。若他律避难，则指难解钱粮、难捕盗贼皆是。

现行刑律案语

原律(略)

臣等谨按：此律应仍其旧。惟律首"诸"字系沿袭《唐律》名称，尔时律文发端语气皆系如此，"第"与"凡"字究涉重复，拟将"诸人"二字节删，以归一律。谨将修改律文，开列于后。

○修改(略)

条例 · 修改

大清律例

6.23.348.(1)〔以财行求及说事过财者与受财人同科〕

一、凡有以财行求及说事过钱者，审实，皆计所与之赃，与受财人同科。仍分有禄、无禄，有禄人概不减等，无禄人各减一等。其行求说事，过钱之人，如有首从者，为首照例科断；为从，有禄人听减一等，无禄人听减二等。如抑勒、诈索取财者，与财人及说事过钱人

现行刑律

23.307.(1)〔以财行求及说事过钱者与受财人同罪〕

一、凡有以财行求，得枉法者，与受财人同罪；不枉法，计所与财，减一等。说事过钱者，如得赃，亦与受财人同罪；不得赃，依律减等定拟。其行求及说事过钱为从者，递减一等。如抑勒、诈索取财者，与财人及说事过钱人俱不坐。至于别项馈送，不系行求，照坐赃拟罪。

俱不坐。至于别项馈送,不系行求,仍照律拟罪。

现行刑律案语

原例(略)

臣等谨按:有事以财行求律系坐赃论,说事过钱律系减受财人一等、二等,此例改为与受财人同科,殊非律意,似应略分差等,以昭平允。拟改为"以财行求得枉法者,与受财人同罪;不枉法,计所与财,减一等。说事过钱者,如得赃,亦与受财人同罪;不得赃,依律减等定拟。其行求及说事过钱为从者,递减一等"。至例末"别项馈送,不系行求"一层,律无明文笺释,于坐赃治罪条内,曾谓官吏人等无事受人馈送,皆为坐赃致罪,应将"仍照律拟罪"一语改为"照坐赃拟罪"。谨将修改例文,开列于后。

○修改(略)

大清律例

6.23.348.(2)〔受贿顶凶〕

一、奸徒得受正凶贿赂,挺身到官顶认,审系案外之人,在外省业已招解臬司,在京业经法司会审,已属成招定罪,几致正凶漏网者,俱照本犯徒、流、斩、绞之罪,一例全科。若正凶放而还获及逃囚自死者,顶凶之犯,照本罪减一等。其行贿本犯,除应立决者,毋庸另议外,原犯应入情实者,拟为立决;应入缓决者,秋审时拟入情实;原犯军、流等罪,照军流脱逃改调例,加等调发;徒、杖以下,按律各加一等。如尚未成招,罪未议定,旋即破案者,行贿凶犯,仍照原犯罪名问拟;受贿顶凶者,减正犯罪二等。至同案之犯,代认重伤,致脱本犯罪名,已招解者,减正犯罪一等;若原犯本罪,重于所减之罪或相等者,各加本罪一等。未招解者,仍照本罪科断。行贿凶犯,均各照原犯罪名定拟。教诱顶凶者,与犯人同

现行刑律

23.307.(2)〔受贿顶凶〕

一、奸徒得受正凶贿赂,挺身到官顶认,审系案外之人,业已成招定罪,几致正凶漏网者,俱照正凶罪名,一例全科。若正凶放而还获及逃囚自死者,顶凶之犯,照本罪减一等。其行贿本犯,除罪应立决及秋审应入情实者,毋庸另议外,原犯应入缓决者,秋审时拟入情实;原犯遣、流等罪,照遣流脱逃例治罪;徒罪以下,按律各加一等。如尚未成招,罪未拟定,旋即破案者,行贿凶犯,仍照原犯罪名问拟;受贿顶凶者,减正犯罪二等。至同案之犯,代认重伤,致脱本犯罪名,已招解者,减正犯罪一等;若原犯本罪,重于所减之罪或相等者,各加本罪一等。未招解者,仍照本罪科断。行贿凶犯,均各照原犯罪名定拟。教诱顶凶者,与犯人同罪。说合过钱者,各减顶凶之犯罪一等;受财重者,

罪。计赃重者，行贿、顶凶、教诱各犯，无论案内案外、已未成招，均以枉法赃从其重者论，照例与、受同科。说合过钱者，各减顶凶之犯罪一等；受财重者，准枉法赃从重论。如有子犯罪而父代认，其子除罪应立决者，毋庸另议外，如犯应斩、绞监候者，俱拟以立决；军、流、徒罪，各以次递加。

以枉法赃从重论。

现行刑律案语

原例（略）

臣等谨按：此例原系二条，一系乾隆二十七年〔1762〕福建按察使曹绳桂及二十九年〔1764〕刑部议复广东按察使赫升额奏准定例，本列《名例》“称与同罪”门内；一系嘉庆五年〔1800〕湖北巡抚高屺题准定例，十九年〔1814〕将前例移并为一，列在本门。惟审判法制京师业经改章，外省亦拟照章推广，例内“招解臬司”“法司会审”等语应即节删，以便一例通引。“照本犯徒、流、斩、绞之罪，全科”一句改为“俱照正凶罪名”，较为赅括。其行贿本犯，如本罪已至立决及秋审应入情实者，似可不再议加；其原犯应入缓决者，则加予情实，以昭惩警。新章军罪已改安置，军流脱逃改调之例，亦经改章，杖罪已改罚金，例内“原犯军、流等罪，照军流脱逃改调”等语，拟改为“原犯遣、流等罪，照遣流脱逃例治罪；徒罪以下，按律各加一等”。至顶凶行贿各犯应拟罪名，例内曾分别已、未成招，详晰叙明。其教诱顶凶者，亦明定与犯人同罪，则援引皆有依据。检查从前旧例，受贿顶凶本不计赃数多寡，原例“计赃重者，行贿、顶凶、教诱各犯……计赃以枉法从重论”一层，不特于本例原定各罪以外，又复加重，且嫌冗复，应请删去。若子犯罪而父代认，皆由于其父之溺爱，既非买求无干之人可比，亦与子犯奸盗致其父母自尽者不同，此等案情全在问官细心推鞫，自不致为所朦蔽，若因其父溺爱，将其子加拟立决，似嫌过重，拟请将例末数语一并节去。谨将修改例文，开列于后。

○修改（略）

6.23.349 在官求索借贷人财物／23.308 在官求索借贷人财物

律文·修改

大清律例

6.23.349.1 凡监临官吏挟势，及豪强之

现行刑律

23.308.1 凡监临官吏挟势，及豪强之

人,求索借贷所部内财物,并计索、借之赃,准不枉法论,强者准枉法论,财物给主。无禄人各减有禄人一等。○6.23.349.2若将自己物货散与部民,及低价买物多取价利者,并计余利,准不枉法论,强者准枉法论,物货、价钱并入官、给主。卖物则物入官,而原得价钱给主;买物则物给主,而所用之价入官。○此下四条,盖指监临官吏,而豪强亦包其中。○6.23.349.3若于所部内买物,不即支价,及借衣服、器玩之属,各经一月不还者,并坐赃论。仍追物还主。○6.23.349.4若私借用所部内马、牛、驼、骡、驴及车船、碾磨、店舍之类,各验日计雇赁钱,亦坐赃论,追钱给主。计其犯时雇工赁值,虽多不得过其本价。○6.23.349.5若接受所部内馈送土宜礼物,受者笞四十,与者减一等。若因事在官而受者,计赃以不枉法论。其经过去处供馈饮食,及亲故馈送者,不在此限。○6.23.349.6其出使人于所差去处,求索借贷,卖买多取价利,及受馈送者,并与监临官吏罪同。○6.23.349.7若去官而受旧部内财物,及求索借贷之属,各减在官时三等。

人,求索借贷所部内财物,并计索、借之赃,准不枉法论,强者准枉法论,财物给主。无禄人各减有禄人一等。○23.308.2若将自己物货散与部民,及低价买物多取价利者,并计余利,准不枉法论,强者准枉法论,物货、价钱并入官、给主。卖物则物入官,而原得价钱给主;买物则物给主,而所用之价入官。○此下四条,盖指监临官吏,而豪强亦包其中。○23.308.3若于所部内买物,不即支价,及借衣服、器玩之属,各经一月不还者,并坐赃论。仍追物还主。○23.308.4若私借用所部内马、牛、驼、骡、驴及车船、碾磨、店舍之类,各验日计雇赁钱,亦坐赃论,追钱给主。计其犯时雇工赁值,虽多不得过其本价。○23.308.5若接受所部内馈送土宜礼物,受者处四等罚,与者减一等。若因事在官而受者,计赃以不枉法论。其经过去处供馈饮食,及亲故馈送者,不在此限。○23.308.6其出使人于所差去处,求索借贷,卖买多取价利,及受馈送者,并与监临官吏罪同。○23.308.7若去官而受旧部内财物,及求索借贷之属,各减在官时三等。

现行刑律案语

原律(略)

臣等谨按:此仍《明律》,其小注则顺治三年〔1646〕添入,雍正三年〔1725〕删改,乾隆五年〔1740〕改定。惟笞罪已改罚金,"笞四十"应改为"处四等罚",余悉仍旧。谨将修改律文,开列于后。

○修改(略)

条例·修改、仍旧

大清律例

6.23.349.(8)〔上司勒荐长随幕宾及长随幕宾钻营引荐并舞弊诈财收受财物〕

一、各上司如有勒荐长随及幕宾

现行刑律

23.308.(1)〔上司勒荐长随幕宾及长随幕宾钻营引荐并舞弊诈财收受财物〕

一、各上司如有勒荐长随及幕宾

者，许属员揭报，将勒荐之上司照例革职。如长随钻营上司引荐，在各衙门招摇撞骗财物者，照衙门蠹役恐吓索诈十两以上例，计赃治罪。幕宾钻营引荐，事后收受为事人礼物，尚非舞弊诈财者，计赃以不枉法论，照衙门书吏加等例治罪。如倚仗声势，欺压本官，舞弊诈财者，亦照蠹役诈赃例，计赃治罪。如钻营引荐，别无情弊，但盘踞属员衙门者，幕宾照书役年满不退例杖一百，长随枷号一个月、杖一百，各递回原籍，分别发落。其属员徇隐不行揭报者，照例革职。若属员营求上司，因所荐幕宾、长随，有勾通行贿等弊，照例分别议处治罪。

者，许属员揭报，将该上司革职。如长随钻营上司引荐，在各衙门招摇撞骗财物者，照蠹役诈赃例计赃治罪。幕宾钻营引荐，事后收受为事人礼物，尚非舞弊诈财者，计赃以不枉法论，仍照衙门书役知法犯法加一等例治罪。如倚仗声势，欺压本官，舞弊诈财者，亦照蠹役诈赃例，计赃治罪。其不由上司引荐者，有犯，亦照此例定拟。如幕宾、长随钻营引荐，别无情弊，但盘踞属员衙门者，均处十等罚，各递回原籍，分别发落。若属员营求上司，因所荐幕宾、长随，有勾通行贿等弊，分别议处治罪。

现行刑律案语

原例（略）

臣等谨按：此条系雍正十二年〔1734〕定例，嘉庆六年〔1801〕改定。原例于上司勒荐属员徇隐，均云照例革职，惟既拟以革职，"照例"二字可节。例首既揭明"勒荐"字样，则"勒荐之上司"一句，应改为"该上司"，以省冗复。至蠹役诈赃十两以下，尚有拟徒之例，例内"十两以上"四字亦应删去。书吏舞文作弊，知法犯法，本照平人加一等，应将"知法犯法"并"等"字上"一"字，增修入例，以清眉目。其幕宾、长随如不由上司引荐而犯法者，原例并未议及，亦属疏漏，自应即照此例拟罪，增入例内，方昭赅备。杖罪已改罚金，附加枷号照章应免。如果幕宾、长随别无情弊，盘踞衙门，应各处十等罚，递籍发落。至上司勒荐属员徇隐不行揭报，似应专罪上司，属员为权势所迫，揭报恐非所敢为，徇隐亦出于不得已，遽予革职，未免过重，此层拟请节删。谨将修改例文，开列于后。

○修改（略）

大清律例

6.23.349.(1)〔外任旗员该旗各官于出结时勒索重贿〕

现行刑律

23.308.(2)〔外任旗员该旗各官于出结时勒索重贿〕

一、凡外任旗员，该旗都统、参领等

官,有于出结时勒索重贿,及得缺后要挟求助,或该旗本管王、贝勒及门上人等,有勒取求索等弊,许本官据实密详督抚转奏。倘督抚瞻顾容隐,许本官直揭都察院转为密奏。倘不为奏闻,许各御史据揭密奏。

现行刑律案语

原例(略)

○仍旧

臣等谨按:此例应仍其旧,理合陈明。

大清律例

6.23.349.(4)〔苗蛮等地逼勒骚扰激动番蛮〕

现行刑律

23.308.(3)〔苗蛮等地逼勒骚扰激动番蛮〕

一、苗、蛮、黎、獞等僻处外地之人,并改土归流地方,如该管官员有差遣兵役骚扰逼勒、科派供应等弊,因而激动番蛮者,照引惹边衅例从重治罪。

现行刑律案语

原例(略)

○仍旧

臣等谨按:此例应仍其旧,理合陈明。

条例·移并·移改

大清律例

6.23.349.(5)〔巡察之员收受门包〕

一、凡出差巡察之员,所到州县地方,如有收受门包,与者照钻营请托例治罪,受者照婪赃纳贿例治罪。该督抚不行查察,交部议处。

*受赃·官吏受财

6.23.344.(7)〔上司经过属员呈送下程

现行刑律

*受赃·官吏受财

23.303.(2)〔上司及巡察之员经过收受属员地方官门包并下程供应〕(略)

及供应军马〕(略)

现行刑律案语

〇修并(略)

见6.23.344.(7)〔上司经过属员呈送下程及供应军马〕条

大清律例

6.23.349.(6)〔长随求索吓诈及收用犯案刺字长随〕

一、长随求索吓诈得财舞弊者,照蠹役诈赃例治罪,并照窃盗例,初犯以"赃犯"二字刺臂,再犯刺面。其有索诈婪赃,托故先期预遁,及本官被参后闻风远扬者,拿获之日,照到官后脱逃例,各加二等治罪,仍追原赃。其各衙门现任大小官员,如有收用犯案刺字长随者,交部议处。

现行刑律

*受赃·家人求索

23.309.(2)〔长随索诈婪赃及预遁远扬〕(略)

现行刑律案语

原例(略)

臣等谨按:此条系乾隆二十四年〔1759〕刑部议复河南布政使苏崇阿奏准定例。惟新章刺字已免,窃盗刺字之例现已议删,例内照窃盗初犯、再犯刺字之处应请删去。且事系长随求索,与在官人役稍有区别,自应移于"家人求索"门内,则体例方合。谨将移改例文,开列于后。

〇移改

受赃·家人求索

23.309.(2)〔长随索诈婪赃及预遁远扬〕(略)

条例·删除

大清律例

6.23.349.(2)〔索取土官外国猺獞财物〕

一、文武职官,索取土官、外国、猺獞财物,犯该徒三年以上者,俱发近边充军。

删除律例

○删除

大清律例

6.23.349.(3)〔云贵等处流官擅自科敛土官财物〕

一、云贵、两广、四川、湖广等处流官,擅自科敛土官财物,佥取兵夫,征价入己,强将货物发卖,多取价利,赃至该徒三年以上者,俱发近边充军。若买卖不曾用强,及赃数未至满徒者,按律计赃治罪。其科敛财物,明白公用,佥取兵夫,不曾征价者,照常发落。

现行刑律案语

○删除

原例(略)

臣等谨按:此条系沿前明旧例,雍正三年〔1725〕修改,乾隆五年〔1740〕改定。因尔时苗疆等处易酿事变,故于流官时严其法。现在各处流官,亦并不闻有佥取兵夫、征价入己情事,即使有犯,擅自科敛多取价利者,亦可照通律办理,毋庸再设专例,此条拟请删除。

大清律例

6.23.349.(7)〔省府州县衙门需用布匹绸缎等物毋得于辖地赊买〕

一、各省府州县等衙门,除日用零星需用食物,准其于本地方照市价平买外,其余需用布匹绸缎一切货物等项,或由本籍携带,或在邻境买用,毋得于管辖地方滥行赊买。该管上司仍随时稽察。如有仍在本境赊欠等弊,即严参究治。

现行刑律案语

○删除

原例(略)

臣等谨按:此条系乾隆四十四年〔1779〕定例。惟查"把持行市"门内载明"大小衙门公私所需货物,务照市价公平交易",则布匹绸缎亦在货物之列,显与此例参差。且近来各省大小衙门所需货物,均系按照市价,即在属地购买,此例已成虚设,如果赊买不付原价,则本律于所部内买物不即支价,原以坐赃论罪,有犯自可援引,此例应请删除。

6.23.350 家人求索 / 23.309 家人求索

律文 · 修改

大清律例

6.23.350.1 凡监临官吏家人，兄弟、子侄、奴仆皆是。于所部内取受所求索借贷财物，依不枉法。及役使部民，若买卖多取价利之类，各减本官吏罪二等。分有禄、无禄。须确系求索借贷之项，方可依律减等。若因事受财，仍照官吏受财律定罪，不准减等。若本官吏知情，与同罪，不知者不坐。

现行刑律

23.309.1 凡监临官吏家人，兄弟、子侄、雇工皆是。于所部内取受所求索借贷财物，依不枉法。及役使部民，若买卖多取价利之类，各减本官吏罪二等。分有禄、无禄。须确系求索借贷之项，方可依律减等。若因事受财，仍照官吏受财律定罪，不准减等。若本官吏知情，与同罪，不知者不坐。

现行刑律案语

原律（略）

○仍旧

臣等谨按：此律应仍其旧，理合陈明。

核订现行刑律

原仍旧律文（略）

谨按：奴仆现改雇工，本条律注"奴仆"字样应即照改，以归一律。谨将修改律注，开列于后。

○修改（略）

条例 · 修改、移改

大清律例

6.23.350.(1)〔执事大臣家人私向所管人借贷〕

一、执事大臣，不行约束家人，致令私向所管人等往来交结借贷者，一经发觉，将伊主一并治罪。

现行刑律

23.309.(1)〔执事大臣家人私向所管人借贷〕

一、执事大臣，不行约束家人，致令私向所管人等往来交结借贷者，一经发觉，将伊主减五等治罪。

现行刑律案语

原例（略）

臣等谨按：此条系乾隆二十二年〔1757〕定例。惟本律明言知情者同罪、不知者不坐,即"风宪官吏犯赃"律注"本官不知情亦不坐",例又改为一并治罪,则不知者亦应坐罪矣。平心而论,不知不坐,似嫌其宽,一并治罪,亦嫌其严,查《唐律》不知情者减家人罪五等,应请查照《唐律》修改。谨将修改例文,开列于后。

○修改

一、执事大臣,不行约束家人,致令私向所管人等往来交结借贷者,一经发觉,将伊主减五等治罪。

大清律例

＊受赃·在官求索借贷人财物

6.23.349.(6)〔长随求索吓诈及收用犯案刺字长随〕(略)

现行刑律

23.309.(2)〔长随索诈婪赃及预遁远扬〕

一、长随求索吓诈得财舞弊者,照蠹役诈赃例治罪。其有索诈婪赃,托故先期预遁,及本官被参后闻风远扬者,拿获之日,照到官后脱逃例,各加二等治罪,仍追原赃。其各衙门现任大小官员,如有收用犯案长随者,交部议处。

现行刑律案语

○移改(略)

见6.23.349.(6)〔长随求索吓诈及收用犯案刺字长随〕条

6.23.351 风宪官吏犯赃／23.310 风宪官吏犯赃

律文·仍旧

大清律例

6.23.351.1 凡风宪官吏受财,及于所按治去处求索借贷人财物,若卖买多取价利,及受馈送之类,各加其余官吏受财以下各款罪二等。加罪不得加至于死。如枉法赃须至八十两方坐绞,不枉法赃须至一百二十两之上方坐绞。○风宪吏无禄者,亦就无禄枉法、不枉法本律断。○其家人如确系求索借贷,得减本官所加之罪二等。若因事受财,不准减等。本官知情与同罪,不知者不坐。

现行刑律

23.310.1 凡风宪官吏受财,及于所按治去处求索借贷人财物,若卖买多取价利,及受馈送之类,各加其余官吏受财以下各款罪二等。加罪不得加至于死。如枉法赃须至八十两方坐绞,不枉法赃须至一百二十两之上方坐绞。○风宪吏无禄者,亦就无禄枉法、不枉法本律断。○其家人如确系求索借贷,得减本官所加之罪二等。若因事受财,不准减等。本官知情与同罪,不知者不坐。

现行刑律案语

原律(略)

○仍旧

臣等谨按：此律应仍其旧，理合陈明。

6.23.352因公科敛／23.311因公科敛

律文·修改

大清律例	现行刑律
6.23.352.1凡有司官吏人等，非奉上司明文，因公擅自科敛所属财物，及管军官吏，科敛军人钱粮、赏赐者，虽不入己，杖六十，赃重者坐赃论；入己者，并计赃以枉法论。无禄人减有禄人之罪一等。至一百二十两，绞监候。○6.23.352.2其非因公务，科敛人财物入己者，计赃以不枉法论。无禄人罪止杖一百、流三千里。若馈送人者，虽不入已，罪亦如之。	23.311.1凡有司官吏人等，非奉上司明文，因公擅自科敛所属财物，及管军官吏科敛军人钱粮、赏赐者，虽不入己，处六等罚，赃重者，坐赃论；入已者，并计赃以枉法论。无禄人减有禄人之罪一等。至一百二十两，绞监候。○23.311.2其非因公务，科敛人财物入己者，计赃以不枉法论。无禄人罪止流三千里。若馈送人者，虽不入已，罪亦如之。

现行刑律案语

原律(略)

臣等谨按：此仍《明律》，其小注则顺治三年〔1646〕添入，雍正三年〔1725〕改定。杖罪已改罚金，"杖六十"应改为"处六等罚"。流罪附杖应删。谨将修改律文、律注，开列于后。

○修改(略)

条例·修改

大清律例	现行刑律
6.23.352.(1)〔违禁罚取纸札笔墨银朱器皿钱谷银两等项〕 一、凡京城及外省衙门，不许罚取纸札笔墨、银朱器皿、钱谷银两等项，违者计赃论罪。若有指称修理，不分有无罪犯，用强科罚，米谷至五十石，银至二	23.311.(1)〔违禁罚取纸札笔墨银朱器皿钱谷银两等项〕 一、凡京城及外省衙门，不许罚取纸札笔墨、银朱器皿、钱谷银两等项，违者计赃论罪。若有指称修理，将并无罪犯之人，用强科罚，米谷至二十石，银至

十两以上,绢帛贵细之物值银二十两以上者,事发交部照例议处。

二十两以上,绢帛贵细之物值银二十两以上者,事发交部照例议处。

现行刑律案语

原例(略)

臣等谨按:此条系前明《问刑条例》,雍正三年〔1725〕、乾隆五年〔1740〕两经修改。惟五罚之法见于《尚书》,由来旧矣,即今律"给没赃物"门内亦有"州县自理赎锾,岁底造册申报"之例,可见有罪罚赎不在禁令。若将无罪之人借事科罚,虽非入己,照律应以坐赃论罪,原例"不分有无罪犯"一句微嫌笼统,似应改为"将并无罪犯之人",则与因罪而罚者剔清矣。至谷米价值,前明及国初时尚属平减,是以米谷五十石与银二十两对举,现在价值较增,应请将"米谷五十石"之"五"字改为"二"字,则银两与米谷所罚数目,方不致大相轩轾。谨将修改例文,开列于后。

〇修改(略)

条例·删除

大清律例

6.23.352.(2)〔未经题请私行勒派商捐〕

一、江南、江西、湖广地方,及黄、运两河,遇有公事,该督抚查实,题请定夺,不许辄派商捐。倘地方官有私行勒派者,即行题参治罪。该督抚失于觉察,一并交部议处。

删除律例

〇删除

6.23.353 克留盗赃/23.312 克留盗赃

律文·修改

大清律例

6.23.353.1 凡巡捕官已获盗贼,克留赃物不解官者,笞四十;入己者,计赃以不枉法论,仍将其(所克之)赃并(解过赃通)论盗罪。若军人弓兵有犯者,计赃虽多,罪止杖八十。(仍并赃以论盗罪。)

现行刑律

23.312.1 凡巡捕官已获盗贼,克留赃物不解官者,处四等罚;入己者,计赃以不枉法论,仍将其(所克之)赃并(解过赃通)论盗罪。

现行刑律案语

原律(略)

臣等谨按:此仍《明律》,顺治三年〔1646〕添入小注。新章笞罪已改罚金,"笞四十"应改为"处四等罚"。律末"军人弓兵有犯者,计赃虽多,罪止杖八十",惟雍正五年〔1727〕"胥捕侵剥盗赃"已定有"计赃照不枉法律从重科断"之例,则律末数语已成虚设,应即节删。谨将修改律文,开列于后。

○修改(略)

条例·修改

大清律例	现行刑律
6.23.353.(1)〔胥捕侵剥盗赃〕 一、胥捕侵剥盗赃者,计赃照不枉法律从重科断。	23.312.(1)〔胥捕侵剥盗赃〕 一、胥捕侵剥盗赃者,计赃照不枉法律科断。

现行刑律案语

原例(略)

臣等谨按:此例应仍其旧。惟本律既将"军人弓兵有犯者,计赃虽多,罪止杖八十"等语删去,则例内"从重"二字即无着落,并应节删。谨将修改例文,开列于后。

○修改(略)

6.23.354私受公侯财物

律文·删除

大清律例

6.23.354.1凡内外武官,不得于私下或明白接受公、侯、伯所与金银、缎匹、衣服、粮米、钱物。若受者,杖一百,罢职,发边远充军。再犯处死。公侯与者,初犯、再犯免罪,三犯奏请区处。若奉命征讨,与者、受者,不在此限。或绞或斩,律无明文。但初犯充军,即流罪也,再犯加至监候绞,以其干系公、侯、伯,应请自上裁。

现行刑律案语

○删除

原律(略)

臣等谨按:此条系照《明律》修改,与今日情形不符,无关引用,拟请删除。

6.24 诈伪 / 24 诈伪

6.24.355 诈为制书 诈为，以造作之人为首从坐罪，转相誊写之人非是。/ 24.313 诈为制书 诈为，以造作之人为首从坐罪，转相誊写之人非是。

律文 · 修改

大清律例

6.24.355.1 凡诈为原无制书，及增减原有者，已施行，不分首从，皆斩；监候。未施行者，为首绞。监候。为从者减一等。传写失错者，为首杖一百。为从者减一等。○6.24.355.2 诈为六部、都察院、将军、督抚、提镇、守御紧要隘口衙门文书，套画押字，盗用印信，及将空纸用印者，必盗用印方坐。皆绞。监候。不分首从。未施行者，为首减一等，为从又减一等。○6.24.355.3 诈为察院、布政司、按察司、府、州、县衙门印信、文书者，为首杖一百、流三千里；诈为其余衙门印信、文书者，为首杖一百、徒三年。为从者减一等。未施行者，各分首从。减一等。若有规避事重于前事者，从重论。如诈为出脱人命，以规避抵偿，当从本律科断之类。○6.24.355.4 其诈为制书、文书已施行，及制书、文书所至之处，当该官司知而听行，各与同罪，至死减等。不知者不坐。○6.24.355.5 一将印信空纸，捏写他人文书，投递官司害人者，依投匿名文书告言人罪者律。○6.24.355.6 盗用钦给关防，与印信同，有例。

现行刑律

24.313.1 凡诈为原无制书，及增减原有者，已施行，不分首从，皆绞；监候。未施行者，为首流三千里。为从者减一等。传写失错者，为首处十等罚。为从者减一等。○24.313.2 诈为各部、都察院、大理院、将军、督抚、提镇、守御紧要隘口衙门文书，套画押字，盗用印信，及将空纸用印者，必盗用印，并事关军机、钱粮、刑名方坐。皆绞。监候。不分首从。未施行者，为首减一等；为从又减一等。其非关军机、钱粮、刑名者，各递减一等。○24.313.3 诈为布政司、按察司、提法司同。府、州、县衙门印信、文书者，为首流三千里；诈为其余衙门印信、文书者，为首徒三年。为从者减一等。未施行者，各分首从。减一等。若有规避，事重于前事者，从重论。如诈为出脱人命，以规避抵偿，当从本律科断之类。○24.313.4 其诈为制书、文书已施行，及制书、文书所至之处，当该官司知而听行，各与同罪，至死减等。不知者不坐。○24.313.5 一将印信空纸，捏写他人文书，投递官司害人者，依投匿名文书告言人罪者律。○24.313.6 盗用钦给关防，与印信同，有例。

现行刑律案语

原律（略）

臣等谨按：此仍《明律》。律首已、未施行以斩、绞监候分差等，按照新章斩候改为绞候，则罪名彼此如一，平情而论，未施行者似可量从末减，拟改为流三千里，以符通律。现在京外官制与律稍有异同，“六部”二字拟改为“各部”，大理院专司审判，应请增入，省无巡按御史，“察院”二字宜删。盗用印信拟绞，原以事关紧要，不得不从严治罪，惟各部公文亦有寻常事件，与军机、钱粮、刑名无干涉者一律拟绞，未免情轻法重，拟于小注“盗用印”下添注“并事关军机、钱粮、刑名”九字，于“为从又减一等”下添注“其非关军机、钱粮、刑名者，各递减一等”二语以示区别。新设提法司与按察司同，亦应添注。徒、流附杖照章应删。“杖一百”罪名照章罚金，应改为“处十等罚”。谨将修改律文、律注，开列于后。

○修改（略）

条例·修改

大清律例

6.24.355.(2)〔诈为文书盗用印信及止套画押字〕

一、凡诈为各衙门文书盗用印信者，不分有无押字，依律坐罪。若止套画押字，各就所犯事情轻重，查照本等律条科断。其诈为六部各司、军卫各所文书者，俱与其余衙门同科。

现行刑律

24.313.(1)〔诈为文书盗用印信及止套画押字〕

一、凡诈为各衙门文书盗用印信者，不分有无押字，依律坐罪。若止套画押字，各就所犯事情轻重，查照本等律条科断。其诈为部院各司文书者，俱与其余衙门同科。

现行刑律案语

原例（略）

臣等谨按：此沿明例。“六部”二字拟改为“部院”。军卫业已裁并，例内“军卫各所”四字应节删。谨将修改例文，开列于后。

○修改（略）

条例·删除

大清律例

6.24.355.(1)〔诈为衙门文书诓骗科敛财物〕

一、诈为六部等衙门文书，依律问断外，若诈为察院、布政司、按察司、府、州、县及其余衙门文书，诓骗科敛财物者，问发近边充军。

删除律例

○删除

大清律例

6.24.355.(3)〔诈为通政史三衙门文书〕

一、通政使司、大理寺、盐运司部属各管军所,仍照其余衙门拟断。若情犯深重者,听临时查照比依何衙门,具由奏请定夺。

现行刑律案语

○删除

原例(略)

臣等谨按:此沿明例。现在通政使司已裁,大理院职守重要,臣等已拟增入律内,盐运司专管盐务,应照其余衙门办理。此条拟请删除。

6.24.356 诈传诏旨 诈传,以传出之人为首从坐罪,转相传说之人非是。/ 24.314 诈传诏旨 诈传,以传出之人为首从坐罪,转相传说之人非是。

律文·修改

大清律例

6.24.356.1 凡诈传诏旨 自内而出 者,为首 斩。监候。为从者杖一百、流三千里。诈传 皇后懿旨、皇太子令旨者,为首 绞。监候。为从者杖一百、流三千里。○6.24.356.2 若诈传一品、二品衙门官言语,于各 属 衙门分付公事,自 有所规避者,为首 杖一百、徒三年;三品、四品衙门官言语 有所规避 者,为首 杖一百;五品以下衙门官言语者,杖八十,为从者各减一等。若得财 而诈传无碍于法 者,计赃以不枉法;因 得财诈传 而 变 动事 情,枉 曲法 度 者,以枉法,各 以枉法、不枉法赃罪与诈传规避本罪权之。从重论。○6.24.356.3 其 诈传诏旨、品官言语,所至之处,当该官司知而听行,各与同罪,至死减一等。不知者不坐。○6.24.356.4 若 内外 各衙门追究钱粮,鞫问刑名公事,当该官吏将奏准合行 免追免问 事理,妄称奉旨追问者,是亦诈传之罪。斩。监候。

现行刑律

24.314.1 凡诈传诏旨 自内而出 者,为首 绞。监候。为从者流三千里。○24.314.2 若诈传一品、二品衙门官言语,于各 属 衙门分付公事,自 有所规避者,为首 徒三年;三品、四品衙门官言语 有所规避 者,为首 处十等罚;五品以下衙门官言语者,处八等罚,为从者各减一等。若得财 而诈传无碍于法 者,计赃以不枉法;因 得财诈传 而 变 动事 情枉 曲法 度 者,以枉法,各 以枉法、不枉法赃罪与诈传规避本罪权之。从重论。○24.314.3 其 诈传诏旨、品官言语,所至之处 当该官司知而听行,各与同罪,至死减一等。不知者不坐。○24.314.4 若 内外 各衙门追究钱粮,鞫问刑名公事,当该官吏将奏准合行 免追免问 事理,妄称奉旨追问者,是亦诈传之罪。绞。监候。

现行刑律案语

原律(略)

臣等谨按：此仍《明律》。斩候照章应改绞候，徒、流附杖照章应删，杖罪照章罚金，应依数分等处罚。谨将修改律文、律注，开列于后。

○修改

凡诈传诏旨自内而出者，为首绞。监候。为从者流三千里。诈传皇后懿旨、皇太子令旨者，为首亦绞。监候。为从者流三千里。○若诈传一品、二品衙门官言语，于各属衙门分付公事，自有所规避者，为首徒三年；四品衙门官言语有所规避者，为首处十等罚；五品以下衙门官言语者，处八等罚，为从者各减一等。若得财而诈传无碍于法者，计赃以不枉法；因得财诈传而变动事情，枉曲法度者，以枉法，各以枉法、不枉法赃罪与诈传规避本罪权之。从重论。○其诈传诏旨、品官言语，所至之处，当该官司知而听行，各与同罪，至死减一等。不知者不坐。○若内外各衙门追究钱粮，鞫问刑名公事，当该官吏将奏准合行免追免问事理，妄称奉旨追问者，是亦诈传之罪。绞。监候。

核订现行刑律

原修改律文(略)

谨按：我朝宫禁森严，从无诈传皇后懿旨之事，至皇太子令旨，现议节删，本条第一节“诈传皇后懿旨、皇太子令旨”一层，应一律删去。谨将修改律文，开列于后。

○修改(略)

6.24.357 对制上书诈不以实 / 24.315 对制上书诈不以实

律文 · 修改

大清律例

6.24.357.1 凡对制敷陈及奏事、有职业该行而启奏者。与上书，不系本职，而条陈时务者。诈妄不以实者，杖一百、徒三年。其对、奏、上书，非密谓非谋反、大逆等项。而妄言有密者，加一等。○6.24.357.2 若奉制推按问事，转报上不以实者，杖八十、徒二年；若徇私曲法，而所报不实之事重于杖八十、徒二年者，以出入人罪论。

现行刑律

24.315.1 凡对制敷陈及奏事、有职业该行而启奏者。与上书，不系本职，而条陈时务者。诈妄不以实者，徒三年。其对、奏、上书，非密谓非谋反、大逆等项。而妄言有密者，加一等。○24.315.2 若奉制推按问事，转报上不以实者，徒二年；若徇私曲法，而所报不实之事重于徒二年者，以出入人罪论。

现行刑律案语

原律(略)

臣等谨按:此仍《明律》。徒罪附杖照章应删。谨将修改律文、律注,开列于后。

〇修改(略)

条例·删除

大清律例

6.24.357.(1)〔在配军流人犯遣人呈递封章〕

一、发遣、军、流人犯,在配所遣人呈递封章,条陈事务者,无论所言有无可采,原犯军、流,加一等调发;原犯极边烟瘴充军者,发新疆给官兵为奴;原犯遣罪,在配用重枷枷号六个月。如因呈递封章,另犯应死罪名,仍各从其重者论。其受雇代递之人,照为从律减本犯罪一等,拟杖一百、徒三年;计赃重者,准窃盗赃科断。

删除律例

〇删除

6.24.358 伪造印信时宪书等 / 24.316 伪造印信时宪书等

律文·修改

大清律例

6.24.358.1 凡伪造诸衙门印信及时宪书、(起船、起马)符验、茶盐引者,(为首雕刻)斩。(监候。为从者减一等,杖一百、流三千里。)有能告捕者,官给赏银五十两。伪造关防印记者,(为首)杖一百、徒三年。告捕者,官给赏银三十两。为从及知情行用者,各减一等。(各字承上二项而言。)若造而未成者,(首、从)各减一等。其当该官司知而听行,与同罪,不知者不坐。

〇6.24.358.2 印所重者文,若有篆文,虽非铜铸,亦可以假诈行事。故形质相肖,而篆文俱全者,谓之伪造。惟有其质而文不全者,方谓之造而未成。至于全无形质,而惟描之于纸者,乃谓之描摸也。

现行刑律

24.316.1 凡伪造诸衙门印信及时宪书、(起船、起马)符验、茶盐引者,(为首雕刻)绞。(监候。为从者减一等,流三千里。)有能告捕者,官给赏银五十两。伪造关防印记者,(为首)徒三年。告捕者,官给赏银三十两。为从及知情行用者,各减一等。(各字承上二项而言。)若造而未成者,(首、从)各又减一等。其当该官司知而听行,与同罪,不知者不坐。〇34.316.2 印所重者文,若有篆文,虽非铜铸,亦可以假诈行事。故形质相肖,而篆文俱全者,谓之伪造。惟有其质而文不全者,方谓之造而未成。至于全无形质,而惟描之于纸者,乃谓之描摹也。

现行刑律案语

原律(略)

臣等谨按:此仍《明律》,乾隆年间改定。斩候照章应改绞候,徒、流附杖亦应照章节删。谨将修改律文律注,开列于后。

○修改(略)

条例·修改、仍旧

大清律例	现行刑律
6.24.358.(4)〔伪造印信之案分别行用得财未行用及造而未成〕 一、伪造印信之案,如假印形质已具、篆文字体已成,仅止笔画少缺,但经行用得财,为数多者,分别首从,拟以斩候、满流。即为数无多,亦分别首、从,照例拟以流、徒。甫经雕刻,尚未行用者,各减得财一等。若篆文笔画,实未齐全,又未诓骗得财,方以造而未成科断。其伪造关防印记者,亦照此分别首从,各按本例办理。	24.316.(1)〔伪造印信之案分别行用得财未行用及造而未成〕 一、伪造印信之案,如假印形质已具、篆文字体已成,仅止笔画少缺,但经行用得财,为数多者,分别首从,拟以绞候、满流。即为数无多,亦分别首、从,照例拟以流、徒。甫经雕刻,尚未行用者,各减得财一等。若篆文笔画,实未齐全,又未诓骗得财,方以造而未成科断。其伪造关防印记者,亦照此分别首从,各按本例办理。

现行刑律案语

原例(略)

臣等谨按:此条系嘉庆二十二年〔1817〕定例。"斩候"二字应照章改为"绞候"。谨将修改例文,开列于后。

○修改(略)

大清律例	现行刑律
6.24.358.(3)〔伪造假印之案分别首从〕	24.316.(2)〔伪造假印之案分别首从〕 一、伪造假印之案,如起意者自行雕刻,或他人同谋分赃,代为雕刻者,将起意之人与雕刻之人并以为首论。案内为从者,减一等。若仅受些微价值,代为私雕,并无同谋、分赃情事者,以起意之人为首,雕刻之人为从,与案内为

从者并减首犯罪一等。

现行刑律案语

原例(略)

○仍旧

臣等谨按:此例应仍其旧,理合陈明。

大清律例

6.24.358.(2)〔盗用钦给关防〕

一、凡盗用总督、巡抚、提学、兵备、屯田、水利等官钦给关防,俱照各官本衙门印信拟罪。若盗及弃毁、伪造,悉与印信同科。

现行刑律

24.316.(3)〔盗用钦给关防〕

一、凡盗用总督、巡抚等官钦给关防,俱照各官本衙门印信拟罪。若盗及弃毁、伪造,悉与印信同科。

现行刑律案语

原例(略)

臣等谨按:此沿明例。明时提学、兵备、屯田、水利等官多以御史掌之,又或临时增设,无铸定印信,故随时颁给关防,与律所称"关防"本自不同。今制提学使、兵备道及同知、通判之管水利等事者,皆给印信,例内"提学、兵备、屯田、水利"八字拟请节去,以昭核实。谨将修改例文,开列于后。

○修改(略)

大清律例

6.24.358.(1)〔伪造关防印记事关军机钱粮假官及止诓骗财物〕

一、凡有伪造诸衙门印信及钦给关防,事关军机,冒支钱粮,假冒官职,大干法纪者,俱拟斩立决,为从者拟绞监候。若非关军机、钱粮、假官等弊,止图诓骗财物,为数多者,俱照律拟斩监候,为从者杖一百、流三千里。若诓骗财物,为数无多,银不及十两,钱不及十千者,为首雕刻者,杖一百、流三千里;为从及知情行用者,各减一等。其伪造关

现行刑律

24.316.(4)〔伪造关防印记事关军机钱粮假官及止诓骗财物〕

一、凡伪造诸衙门印信及钦给关防,事关军机,冒支钱粮,假冒官职,大干法纪者,俱拟绞立决,为从者拟绞监候。若非关军机、钱粮、假官等弊,止图诓骗财物,为数多者,俱照律拟绞监候,为从者流三千里。若诓骗财物,为数无多,银不及十两者,为首雕刻者,流三千里;为从及知情行用者,各减一等。其伪造关防印记,诓骗财物,为数多者,将

防印记,诓骗财物,为数多者,将为首雕刻之人,发云贵两广烟瘴少轻地方;若为数无多,为首者,仍照律徒三年;为从及知情行用者,各减一等。其造而未成者,又各减一等。若描摹印信行使,诓骗财物,犯该徒罪以上者,问发边远充军。其为数无多,犯该徒罪以下者,各计赃,以次递减。四十两,杖一百、徒三年;三十两,杖九十、徒二年半;二十两,杖八十、徒二年;一十两,杖七十、徒一年半;一两以下,杖六十、徒一年。不得财者,罪止杖一百。

为首雕刻之人,发极边足四千里安置;若为数无多,为首者,仍照律徒三年;为从及知情行用者,各减一等。其造而未成者,又各减一等。若描摹印信行使,诓骗财物,犯该徒罪以上者,流三千里。其为数无多,犯该徒罪以下者,各计赃,以次递减。四十两,徒三年;三十两,徒二年半;二十两,徒二年;一十两,徒一年半;一两以下,徒一年。不得财者,罪止十等罚。

现行刑律案语

原例(略)

臣等谨按:此例原系二条,一为前明《问刑条例》,言描摹印信之罪;一为雍正年间定例,言伪造印信之罪,嗣于修例时合并。查诓骗财物之数以钱十千与银十两并列,乃系旧时钱价,今制钱一千仅合银六钱,上下各衙门遇有此等案件,亦多按市价折算,若沿旧例,未免参差,拟请将例内"钱不及十千"句删去,凡诓骗钱文均照银价合算,以归画一。至各项罪名应分别照章修改,其"烟瘴少轻"一项,即系"极边足四千里充军",应照章改为"极边足四千里安置"。谨将修改例文、例注,开列于后。

○修改(略)

6.24.359私铸铜钱/24.317私铸铜钱

律文·修改

大清律例

6.24.359.1凡私铸铜钱者,绞;监候。匠人罪同。为从及知情买使者,各减一等。告捕者,官给赏银五十两。里长知而不首者,杖一百,不知者不坐。○6.24.359.2若将时用铜钱剪错薄小,取铜以求利者,杖一百。○6.24.359.3若以铜、铁、水银伪造金银者,杖一百、徒三年。为从及知情买使者,各减一等。金银成色不足,非系假造,不用此律。

现行刑律

24.317.1凡私铸铜钱者,绞;监候。匠人罪同。为从及知情买使者,各减一等。告捕者,官给赏银五十两。里长知而不首者,处十等罚,不知者不坐。○24.317.2若将时用铜钱剪错薄小,取铜以求利者,处十等罚。○24.317.3若以铜、铁、水银伪造金银者,徒三年。为从及知情买使者,各减一等。金银成色不足,非系假造,不用此律。

现行刑律案语

原律(略)

臣等谨按:此仍《明律》。徒罪附杖照章应删,“杖一百”罪名照章罚金,应改为“处十等罚”。谨将修改律文,开列于后。

○修改(略)

条例·修并、续纂、修改

大清律例

6.24.359.(1)〔私铸砂壳铜钱首从匠人及知情买使分别治罪并船户夹带私钱〕

一、凡各省拿获私铸之案,不论砂壳、铜钱,核其所铸钱数至十千以上,或虽不及十千,而私铸不止一次,后经发觉者,为首及匠人,俱拟以斩候;为从及知情买使者,俱发新疆给官兵为奴。如受些微雇值,挑水打炭,及停工散局之后,贪其价贱,偶为买使者,照为从遣罪上减一等,杖一百、徒三年。其铸钱不及十千者,首犯、匠人,俱发新疆给官兵为奴;为从及知情买使,并受雇之犯,各照铸钱十千以上从犯之罪,递减一等。其房主、邻佑、总甲、十家长,知而不拿获举首者,杖一百、徒三年;若并不知情,但失于查察者,杖一百。或有空房别舍,误借匪人,一有见闻,立即驱逐,未经首捕者,果未在场,亦未受贿纵容,俱以不知情科断。官船户夹带私钱者,杖一百、徒三年。同船之人知情不禀首,杖八十。若私铸未成,畏罪中止者,首犯与匠人俱改发足四千里充军。仍回避云、贵等省出产铜、铅地方。其雇令挑水、打炭、烧火之人,及房主、邻佑、十家长,知而不拿获举首者,俱杖八十、徒二年,不知情者不坐。方造器具,尚未铸钱,被获审实,将

现行刑律

24.317.(1)〔私铸砂壳铜钱以所铸钱数十千上下及首从匠人分别治罪〕

一、凡私铸,无论砂壳、铅钱,所铸钱数在十千以上,或虽不及十千,而私铸不止一次者,为首及匠人,俱拟绞监候;为从,发烟瘴地方安置;受些微雇值,挑水、打炭者,徒三年。其铸钱不及十千者,首犯、匠人俱发烟瘴地方安置;为从及受雇之犯,各照十千以上从犯受雇之罪递减一等。房主、邻佑、总甲、十家长,知而不首,以违制论,房屋入官;受贿纵容者,徒三年;不知情者不坐。若私铸未成,畏罪中止者,首犯与匠人俱流三千里;仍回避云、贵等省出产铜、铅地方。受雇之人徒二年。房主人等知而不首,照不应重律治罪;受贿纵容者,徒二年;不知情者不坐。失察之地方官,交部议处。

起意为首，并同伙商谋之人，均杖一百、流三千里；凑钱入伙者，照为从减一等律，杖一百、徒三年。凡失察之该地方官，及押船官，不实力访拿，别经发觉，交部照例分别议处。

6.24.359.(3)〔私铸铅钱以所铸钱数十千上下及首从匠人及知情买使分别治罪〕

一、凡私铸铅钱，如有伙党鸠工，大炉广铸，至十千文以上者，为首及匠人，俱拟绞监候；为从及知情买使者，各减一等，杖一百、流三千里；房主、邻佑、总甲、十家长等知而不首者，俱杖八十、徒二年。其熔化些须铅斤，铸钱不及十千者，为首及匠人，俱发新疆给官兵为奴；为从及知情买使，并房主人等知而不首，各依次递减。若房主人等，仅止失于查察者，俱杖八十。至私铸铅钱未成，将起意为首之犯杖一百、流三千里；为从及房主人等知而不首，仍各依次递减科断，不知情者不坐。

6.24.359.(12)〔私铸案知情租房之房主〕

一、私铸案内，知情租给房屋之房主，照例治罪，房屋入官。

现行刑律案语

原例

6.24.359.(1)〔私铸砂壳铜钱首从匠人及知情买使分别治罪并船户夹带私钱〕（略）

臣等谨按：此例原系八条，康熙、雍正乾隆年间先后议定，迭经修改删并，故例文极为错杂。查砂壳与铅钱相似，私铸铅钱既有专例，应请并入。知情买使即系收买私钱，船户夹带亦系收买之类，均应并入收买例内。至钱数分十千上下，系向来以钱一千折银一两之法，现在银贵钱贱，自未便拘泥定数，应请按照时价折算。至房主、邻佑人等知而不举例拟满徒，即不知情犹拟满杖，似嫌过重，拟改为“知而不举者，照违制律治罪，未成，照不应重律治罪；受贿纵容者，徒三年，未成徒二年；不知情者不坐”。例内既有私铸未成之法，则例末“方造器具尚未铸钱”一层可以修并。各项罪名均应照章分别修改,繁冗字句亦应删节。谨将修改例文,开列于后。

〇修改

一、凡私铸铜钱,计值银在十两以上,或虽不及十两而私铸不止一次者,为首及匠人,俱拟绞监候;为从,发烟瘴地方安置。受些微雇值,挑水、打炭者,徒三年。其值银不及十两者,首犯、匠人,俱发烟瘴地方安置;为从及受雇之犯,各照十两以上从犯受雇之罪,递减一等。房主、邻佑、总甲十家长,知而不首,以违制论;受贿纵容者,徒三年;不知情者不坐。若私铸未成,畏罪中止者,首犯与匠人俱流三千里,仍回避云、贵等省出产铜、铅地方。受雇之人徒二年。房主人等知而不首,照不应重律治罪;受贿纵容者,徒二年;不知情者不坐。失察之地方官,交部议处。

现行刑律案语

原例

6.24.359.(3)〔私铸铅钱以所铸钱数十千上下及首从匠人及知情买使分别治罪〕(略)

臣等谨按:此例原系三条,均定于乾隆年间,乾隆五十三年〔1788〕修并为一。查本条罪名均较私铸铜钱为轻,惟不及十千之首犯、匠人仍发新疆,则与彼例无别,拟请量减满流。私铸未成又减一等,拟以满徒。房主人等即照"私铸铜钱"例递减一等,受雇之人亦于例内添叙明晰,照此递减。至铸钱在十千上下,改照银价折算。知情收买并入他例,并于例首添入"砂壳"二字。徒、流附杖照章节删。谨将修改例文,开列于后。

〇修改

一、凡私铸砂壳、铅钱,如有伙党鸠工,大炉广铸,计值银在十两以上者,为首及匠人,俱拟绞监候;为从流三千里。其熔化些须铅斤,所铸值银不及十两者,为首及匠人,俱流三千里,为从徒三年。私铸未成者,首犯徒三年;受雇之人及房主人等各照私铸铜钱例,分别递减一等定拟。

现行刑律案语

原例

6.24.359.(12)〔私铸案知情租房之房主〕(略)

〇仍旧

臣等谨按:此例应仍其旧,理合陈明。

核订现行刑律

原修改例文

6.24.359.(1)〔私铸砂壳铜钱首从匠人及知情买使分别治罪并船户夹带私钱〕原修改例文(略)

6.24.359.(3)〔私铸铅钱以所铸钱数十千上下及首从匠人及知情买使分别治罪〕原修改例文(略)

原例

6.24.359.(12)〔私铸案知情租房之房主〕(略)

谨按：以上三条，第一条系私铸铜钱，第二条系私铸砂壳、铅钱，第三条系房主知情房屋入官。窃维私铸之有害圜法，扰乱市面，予以严惩，乃古今中外之通例，不应视物质分量分别重轻；况从来私铸之案，砂壳、铅钱为多，如以相等之物作伪，恐所获之利不敌所费之工，实为事理所必无，拟请将第一条"铜钱"二字改为"不论砂壳、铅钱"，并于"以违制论"下增入"房屋入官"四字，而将后二条删除，以归简易。又例内十两，旧例本系十千，修定案语"以银贵钱贱，未便拘泥，按照时价折算"，查银价涨落不齐，如据以为治罪之标准，易滋出入，私铸之物既已禁其流通，尤无从评定价值，自仍以改从十千为宜。谨将修改例文，开列于后。

○修改

24.317.(1)〔私铸砂壳铜钱以所铸钱数十千上下及首从匠人分别治罪〕(略)

现行刑律

24.317.(2)〔私铸银圆铜圆伪造纸币已成未成〕

一、凡私铸银圆、铜圆，伪造纸币，但经铸成、造就，无论银数、钱数、次数多寡，为首及铸造、雕刻之匠人，俱拟绞监候，入于秋审情实；为从，俱发烟瘴地方安置；受雇之犯，徒三年。私铸、伪造未成，畏罪中止者，为首及匠人俱发极边足四千里安置。

现行刑律案语

○续纂(略)

臣等谨按：光绪三十一年〔1905〕办理财政事宜，王大臣会同户部奏《请饬议私铸银铜圆伪造纸币》专条，嗣于是年九月初二日〔1905年9月30日〕刑部奏称"嗣后拿获私铸银铜圆、伪造纸币之犯，但经铸成造就，无论银数、钱数、次数多寡，为首及铸造雕刻之匠人，俱拟斩监候，照章改为绞监候，入于秋审情实，为从俱发新疆给官兵为奴。受雇之犯及知情买使行用者，俱照为从遣罪上减一等，杖一百徒三年。若私铸伪造未成，畏罪中止者，为首及匠人俱发极边足四千里充军"等因。本日奉旨："依议。钦此。"钦遵通行在案。自应纂入例册，以资遵守。惟"知情买使、行用"一项拟请并入"收买私钱"例内，以清眉目。至发遣新疆为奴，本系沿私铸铜钱旧例定拟，应照《名例》改为"烟瘴地方安置"。徒罪附杖及极边充军，亦应照章分别删改。合并陈明。

大清律例

6.24.359.(8)〔以铜铅等物搀入银内〕

一、凡将银挖孔，倾入铜、铅等物，

现行刑律

24.317.(3)〔以铜铅等物搀入与用铜铁锡铅药煮伪造假银并使用〕

及用铜、铅等物,倾成锭锞,外用银皮包好,并铜、铅等物,每两内搀实银二三四五钱不等,伪造银使用者,均照以铜铁水银伪造金银律,分别首从拟徒。

6.24.359.(7)〔用铜铁锡铅药煮伪造行使假银及知情买使〕

一、凡用铜、铁、锡、铅药煮伪造假银,或骗人行使发觉,为首者,枷号两个月,杖一百,发云贵两广烟瘴少轻地方;为从及知情买使者,枷号两个月,流三千里,至配所杖一百。

一、凡将银挖孔,倾入铜、铅等物,及用铜、铅等物,倾成锭锞,外用银皮包好,并铜、铅等物,每两内搀实银二三四五钱不等,伪造银使用者,均照伪造金银律,分别首从拟徒。其用铜、铁、锡、铅等质药煮伪造假银,骗人行使者,发极边足四千里安置;为从者流三千里。

现行刑律案语

原例

6.24.359.(8)〔以铜铅等物搀入银内〕(略)

6.24.359.(7)〔用铜铁锡铅药煮伪造行使假银及知情买使〕(略)

臣等谨按:以上二条,前一条言搀杂银色之罪,系雍正五年〔1727〕定例;后一条言伪造假银之罪,系就明例修改,应合并为一,以归简要。后一条仅言铜、铁、锡、铅,尚未赅备,近来化学日新,金类各质可用药伪造假银者甚多,应于“铅”字下加“等质”二字,以便援引。其“知情买使”一项,拟并入收买例内,以归一律。至各项罪名烟瘴少轻应改为极边足四千里安置。附加杖罪照章应删。枷号照章折罚,为数无多,拟请宽免。谨将修并例文,开列于后。

○修并(略)

大清律例

6.24.359.(2)〔销毁制钱及剪边图利之犯分别首从治罪〕

一、凡各省拿获销毁制钱,及将制钱剪边图利之犯,审实,将为首者拟以斩决,家产入官,为从者绞决。仍令地方官设法密拿。有能拿获者,地方官交部议叙。失察者,地方官及该管上司,交部分别议处。其房主、邻佑、总甲、十家长等,知情受贿,代为隐匿者,依为从

现行刑律

24.317.(4)〔销毁制钱及剪边图利之犯分别首从治罪〕

一、销毁制钱,照私铸铜钱例,分别首从治罪。房主人等知而不首,亦照私铸铜钱例分别定拟。将制钱剪边图利者,徒三年;为从减一等。地方官能设法拿获,交部议叙。失察者,地方官及该管上司交部分别议处。

例治罪;但知情不首告,并未分赃者,照为从例减一等,杖一百、流三千里;并未知情,止于失察者,俱杖一百。旁人首捕审实者,官给赏银五十两。至私铸之犯,容有即系私销私剪之人,承审官拿获案犯,必先严究有无销毁、剪边情事。倘有确据,即以私销私剪例从重治罪。

现行刑律案语

原例(略)

臣等谨按:此例旧合于私铸例中,后经析出。私销、私铸情事相连,故旧例罪名相等,自私铸减轻而本例未改,已失定例本意,且私销,旧例本以十千上下分别罪名,一律照私铸十千以上科断,亦未允洽。至剪边取利,律只满杖,例与私销同罪,谓私剪即系私销,殊不知私销则钱之形质俱无,私剪则钱之效用未失,核其情罪,正与搀和银色相同,拟请改为"私销制钱,照私铸铜钱例,分别首从治罪。其剪边图利之犯,照搀和银色以伪造金银律问拟,例分别首从拟徒"。至房主人等罪名,例拟绞决、满流,未免太峻,拟改为"照私铸例内房主人等治罪"。例末严究私铸一层既经修改,系属赘文,拟即删去。谨将修改例文,开列于后。

○修改(略)

大清律例

6.24.359.(5)〔收买私铸及剪边钱搀和行使并货卖〕

一、拿获收买私钱及剪边钱,搀和行使并货卖之案,如收买、搀和、货卖,均在十千以上者,发各省驻防给官员兵丁为奴;收买在十千以上,搀和、货卖不及十千者,于遣罪上减一等,杖一百、徒三年;收买在十千以上,尚未搀和、货卖者,再减一等,杖九十、徒二年半;收买及搀和、货卖均不及十千者,枷号一个月,杖一百;收买不及十千,尚未搀和、货卖者,照不应重律杖八十。

现行刑律

24.317.(5)〔收买私铸剪边钱及假银伪币搀和行使并货卖〕

一、收买私铸制钱、银圆、铜圆及伪造假银、纸币,搀和行使,或货卖与人者,不计银数、钱数、次数,俱徒三年。收买剪边钱者,徒二年。官船户夹带者,罪同。甫经收买,尚未搀和、货卖者,照不应重律治罪。

现行刑律案语

原例(略)

臣等谨按:此例原系二条,一康熙间例,一雍正间例,咸丰元年〔1851〕修并。以十千上下分别罪名,本易启狡展地步,例又就收买、搀和、货卖三项逐一分别,尤为繁琐。查收买私钱尚未搀和货卖,则无论为数多寡,其妨碍圜法之罪均属未成,律以不应已足蔽辜。若既已搀和行使,或已货卖与人,则钩稽确数,极为不易。查旧例,经纪铺户兴贩私钱罪与船户夹带私钱相等,今例官船户夹带私钱者徒三年,并不以十千上下分等,就本例酌中定罪,拟以满徒亦尚适当,拟即照此修改,将本例各项一律删除,其私铸例内夹带私钱之船户亦于本例添入,并添入"收买假银,伪造银元、铜元、纸币",以免罣漏。至买用剪边钱,究与私钱有间,前条案语业已声明,拟于买用私钱徒三年罪上减二等,徒二年,庶与前条一贯。谨将修改例文,开列于后。

○修改(略)

现行刑律

24.317.(6)〔伪造外国银圆纸币行使〕

一、凡伪造外国银圆、纸币行使,不论银数、次数多寡,为首及匠人俱流三千里;为从及铸造未成之犯,各减一等。

现行刑律案语

○续纂(略)

臣等谨按:光绪三十二年四月初二日〔1906年4月25日〕臣馆奏称"嗣后,凡伪造外国银元行使,无论赃数、次数多寡,为首及匠人均于《奏定私铸银币章程》绞罪上减一等,拟以流三千里。其为从及铸造未成之犯,各于流罪上减一等问拟"等因。本日奉旨:"依议。钦此。"钦遵通行在案。自应纂入例册,以资遵守。再外国纸币近来市面亦颇行用,应于"银元"之次增入"纸币"二字,以补原奏所未备。合并陈明。

大清律例

6.24.359.(6)〔地方文武各官严拿私铸〕

一、凡地方文武各官,严拿私铸,务于山陬水滨人迹罕到,及居民繁庶人烟稠密处所,并宜差委妥练员役,不时察访查拿。如遇有私铸之事,知情故纵者,应照例治罪外,其不知情者,从前虽漫无觉察,今但能拿获,不论年月远近,

现行刑律

24.317.(7)〔地方文武各官严拿私铸〕

一、凡地方文武各官,严拿私铸,务于山陬水滨人迹罕到,及居民繁庶人烟稠密处所,并宜差委妥练员役,不时察访查拿。如遇有私铸之事,知情故纵者,与犯同罪外,其不知情者,从前虽漫无觉察,今但能拿获,不论年月远近,俱

俱免其处分。文官拿获者，并免同城武职之处分；武弁拿获者，亦免同城文官之处分。交界之所，此县拿获，彼县亦免处分。至果能实心查拿者，不论本管地方及别州县，准以拿获之多寡，交部量予议叙。若该地方官不加意缉拿，或系上司查出，或被旁人告发，俱仍照例处分。	免其处分。文官拿获者，并免同城武职之处分；武弁拿获者，亦免同城文官之处分。交界之所，此县拿获，彼县亦免处分。至果能实心查拿者，不论本管地方及别州县，准以拿获之多寡，交部量予议叙。若该地方官不加意缉拿，或系上司查出，或被旁人告发，俱仍照例处分。

现行刑律案语

原例（略）

臣等谨按：此条系雍正四年〔1726〕定例。从前地方官故纵私铸罪至斩决，嗣改为斩候，例内照例治罪即指斩候而言。自斩候之例删除，本例已无根据，查各门知情故纵俱系与犯同罪，应将"照例治罪"句改为"与犯同罪"，以归一律。谨将修改例文，开列于后。

〇修改（略）

条例·〇移改

大清律例	现行刑律
6.24.359.(10)〔私铸当十铜大钱及经纪牙行铺户人等折减拒收〕 一、私铸当十铜大钱，照私铸铜钱例分别定拟。如经纪、牙行人等，于交易时，不照钱面数目字样，任意折减，及与铺户人等通同舞弊，减成定价，甚至造言煽诱，抗不收使，将为首阻挠者，杖八十、徒二年，加枷号两个月；随同附和者，杖六十、徒一年，加枷号一个月。均先于犯事地方枷号示众，满日起解。	*仓库·钱法 7.97.(1)〔行用铜圆任意折减及抗不收使〕（略）

现行刑律案语

原例（略）

臣等谨按：此条系同治九年〔1870〕定例。现在各省铸造当十铜元，与从前当十铜钱相等。光绪三十一年〔1905〕刑部已奏定私铸铜元治罪专条,有犯应照新章办理,除纂入例册外,应将本例"私铸当十铜大钱"一层删除,并于例首增入"各省行用铜元"六字以资援引。徒罪附杖照章应删。枷号照章折罚为数无多,拟请一并宽免。谨将修改例文,开列于后。

〇修改

一、各省行用铜元,如经纪、牙行人等,于交易时,不照钱面数目字样,任意折减,及与铺户人等通同舞弊,减成定价,甚至造言煽诱,抗不收使,将为首阻挠者,徒二年;随同附和者,徒一年。

核订现行刑律

原修改例文(略)

谨按:此条旧例系指当十大钱由私铸连类而及,修订之例改为铜圆,并将私铸节去,则与本门无涉,自应移隶"仓库·钱法"条内,以符名实。合并声明。

〇移入

仓库·钱法

7.97.(1)〔行用铜圆任意折减及抗不收使〕

条例·删除

大清律例

6.24.359.(4)〔私铸之犯同居父兄不能禁约及知情分利〕

一、拿获私铸,如本犯问拟斩、绞,其知情分利之同居父兄、叔伯与弟,减本犯罪一等,杖一百、流三千里。如本犯问拟发遣,亦减一等,杖一百、徒三年。虽经分利而实系并不知情者,照本犯之罪减二等发落。其父兄不能禁约者,杖一百。有能据实出首,准予免罪。本犯仍照律内得相容隐之亲属互相告言各听如罪人本身自首法科断。

现行刑律案语

〇删除

原例(略)

臣等谨按:此条系雍正十三年〔1735〕定例,亦即缘坐之法。惟事非叛逆而亦罪及父兄,于亲属得相容隐之义实有未符,拟请删除。

大清律例

6.24.359.(9)〔假借古钱名色私铸私贩〕

一、奸徒假借前代古钱名色,私铸私贩者,照私钱律一体分别治罪。

现行刑律案语

○删除

原例（略）

臣等谨按：钱币流通阛阓，为国家财政之本原，故一经私铸，分别钱数、次数，拟以安置、缳首。若前代古钱，亦犹夏商彝鼎，供人翫好之一端，即有赝造贩负，自有诈欺取财本律足资引用，无须特设严例，致与通行之币无所区别。此条拟即删除。

大清律例

6.24.359.(11)〔销毁钱文〕

一、凡销毁钱文之案，除当十铜钱，仍照销毁制钱例定拟外，如有存留各项停用当百、当五十、当五铜钱，当十铁钱，铅铁制钱，并不赴官售卖，辄自销毁者，于私销制钱为首斩决为从绞决例上酌减一等，为首发边远充军，为从杖一百、流三千里。

删除律例

○删除

6.24.360 诈假官 / 24.318 诈假官

律文·修改

大清律例

6.24.360.1 凡伪造凭札诈为假官，及为伪札，或将有故官员文凭而假与人官者，斩。监候。其知情受假官者，杖一百、流三千里，须有札付、文凭方坐。但凭、札皆系与者所造，故减等。不知者不坐。○6.24.360.2 若无官而不曾假造凭札，但诈称有官，有所求为，或诈称官司差遣而捕人，及诈冒现任官员姓名有所求为者，杖一百、徒三年。以上三项，总重有所求为。若诈称现任官子孙、弟侄、家人、总领，于按临部内有所求为者，杖一百。为从者，各减一等。若得财者，并计赃各主者，以一主为重。准窃盗免刺。从重论。赃轻，以诈科罪。○6.24.360.3 其当该官司知而听行，与同罪，不知者不坐。

现行刑律

24.318.1 凡伪造凭札诈为假官，及为伪札，或将有故官员文凭而假与人官者，绞。监候。其知情受假官者，流三千里，须有札付、文凭方坐。但凭、札皆系与者所造，故减等。不知者不坐。○24.318.2 若无官而不曾假造凭札，但诈称有官，有所求为，或诈称官司差遣而捕人，及诈冒现任官员姓名有所求为者，徒三年。以上三项，总重有所求为。若诈称现任官子孙、弟侄、家人、总领，于按临部内有所求为者，处十等罚。为从者，各减一等。若得财者，并计赃各主者，以一主为重。准窃盗，从重论。赃轻，以诈科罪。○24.318.3 其当该官司知而听行，与同罪，不知者不坐。

现行刑律案语

原律(略)

臣等谨按:此仍《明律》。斩候应改绞候。徒、流附杖及小注“免刺”二字照章应删。“杖一百”罪名照章罚金,应改为“处十等罚”。谨将修改律文、律注开列于后。

○修改(略)

条例·修并、修改、移改

大清律例

6.24.360.(2)〔假冒皇亲族属姻党家人侵渔民利〕

一、凡诈冒皇亲族属、姻党、家人,在京在外,巧立名色,挟骗财物,侵占地土,并有禁山场,拦当船只,指要银两,出入大小衙门,嘱托公事,贩卖制钱、私盐,包揽钱粮,假称织造,私开牙行,擅搭桥梁,侵渔民利者,除实犯死罪如诈冒假势凌虐、故杀、斗杀、私盐拒捕之类。外,徒罪以上,俱于所犯地方枷号一个月,发近边充军;杖罪以下,亦枷号一个月发落。若被害之人,赴所在官司告诉,不即受理,及虽受理,观望逢迎,不即问断举奏者,各治以罪。

6.24.360.(3)〔假充大臣及近侍官员家人豪横生事〕

一、假充大臣及近侍官员家人名目,豪横乡村,生事害民,强占田土房屋,招集流移住种者,许所在官司拿问。犯该徒罪以上者,发近边充军;杖罪以下,枷号一个月发落。

现行刑律

24.318.(1)〔诈冒假充皇亲族属姻党家人并大臣近侍家人挟骗侵占豪横生事〕

一、凡诈冒皇亲族属、姻党、家人,在京在外,巧立名色,挟骗财物,侵占地土,并有禁山场,拦当船只,指要银两,出入大小衙门,嘱托公事,贩卖制钱、私盐,包揽钱粮,假称织造,私开牙行,擅搭桥梁,侵渔民利,或假充大臣及近侍官员家人名目,豪横乡村,生事害民,强占田土、房屋,招集流移住种者,许所在官司拿问。除实犯死罪如诈冒假势凌虐、故杀、斗杀、私盐拒捕之类。外,徒罪以上,各于本罪上加一等定拟。若被害之人,赴所在官司告诉,不即受理,及虽受理,观望逢迎,不即问断举奏者,各治以罪。

现行刑律案语

原例

6.24.360.(2)〔假冒皇亲族属姻党家人侵渔民利〕(略)

6.24.360.(3)〔假充大臣及近侍官员家人豪横生事〕(略)

臣等谨按:以上二条俱沿前明《问刑条例》,情罪相类,应合并为一。徒罪以上例系发近边充军，若照章改为流二千五百里，与本罪已至满流者相抵触，应酌改为"于本罪上加一等定拟"。附加枷号照章折罚，为数无多，拟请一并宽免。谨将修并例文，开列于后。

○修并（略）

大清律例	现行刑律
6.24.360.(7)〔无官诈称有官及冒称见任官行骗并假冒顶带〕 一、凡无官而诈称有官，并冒称现任官员姓名，并未造有凭札，但系图骗一人、图行一事，犯该徒罪以下者，发近边充军；犯该军、流、遣罪者，拟绞监候。若假冒顶带，自称职官，止图乡里光荣，无所求为，亦无凭札者，杖六十、徒一年；假冒生监顶带者，杖一百。	24.318.(2)〔无官诈称有官及冒称见任官行骗并假冒顶带〕 一、凡无官而诈称有官，并冒称现任官员姓名，并未造有凭札，但系图骗一人、图行一事者，各于本律本例上加一等定拟。若假冒顶带，自称职官，止图乡里光荣，无所求为，亦无凭札者，徒一年；假冒生监顶带者，处十等罚。

现行刑律案语

原例（略）

臣等谨按：无官诈称有官，有所求为，不曾假造凭札，律系满徒。此例犯该徒罪以下，俱加拟近边充军，犯该遣、流竟加入于死，殊嫌过重，拟改为"各于本律本例上加一等定拟"，以持情法之平。徒罪附杖照章应删。"杖一百"罪名照章罚金，应改为"处十等罚"。谨将修改例文，开列于后。

○修改（略）

大清律例	现行刑律
6.24.360.(5)〔伪造凭札行使并买受故官凭札冒名赴任〕 一、伪造凭札自为假官者，伪造凭札，并将有故官员凭札卖与他人者，及买受凭札冒名赴任者，俱拟斩监候；知情说合者，杖一百、流三千里。	24.318.(3)〔伪造凭札行使并买受故官凭札冒名赴任〕 一、伪造凭札自为假官者，伪造凭札并将有故官员凭札卖与他人者，及买受凭札冒名赴任者，俱拟绞监候；知情说合者，流三千里。

现行刑律案语

原例（略）

臣等谨按:此条系乾隆二十四年〔1759〕定例。斩候应照章改为绞候。流罪附杖应删。谨将修改例文,开列于后。

○修改(略)

大清律例

＊诈伪·诈称内使等官

6.24.361.(2)〔假差占宿公馆妄拿吓诈扰害军民及致死伤人并自尽者〕(略)

现行刑律

24.318.(4)〔诈充假差妄拿吓诈扰害人民及致死伤人并自尽者〕

一、凡诈充各衙门差役,假以差遣、体访事情、缉捕盗贼为由,妄拿平人,搜查客船,吓取财物,扰害人民者,审系捏造签票,执持锁炼,恐吓诈财,照诈称官司差遣捕人律徒三年;所犯重于满徒者,各于本罪上加一等治罪;计赃重者,照蠹役诈赃例问拟。其未捏有签票,止系口称奉票吓唬者,于恐吓取财及各项本罪上加一等治罪。若计赃逾贯,及虽未逾贯,而被诈之人因而自尽者,均拟绞监候。拷打致死及吓诈、忿争殴故杀被诈之人者,均照罪人杀所捕人律,拟绞监候;为从各减一等。如假差遣,有伪造印信、批文,或以捕盗抢检伤人,按律应拟死罪者,仍各从其重者论。所在官司阿从故纵者,各治以罪。若被诈之人殴死假差者,照擅杀罪人律拟绞监候。至非被诈之人,有与假差谋、故、斗杀者,仍各按本律科断。

现行刑律案语

○移改(略)

见6.24.361.(2)〔假差占宿公馆妄拿吓诈扰害军民及致死伤人并自尽者〕条。

条例·删除

大清律例

6.24.360.(1)〔假冒杂职自首〕

一、凡杂职内有假冒顶替之人,自行出首者,革退回籍,免其治罪。

删除律例

○删除

大清律例

6.24.360.(4)〔营兵及假冒营兵合伙挟制官司扰害地方〕

一、凡各省各营食粮兵丁,并有不食钱粮,假冒营兵,生事扰民,及合伙挟制官司,扰害地方者,该地方官审明,分别首从,各照律例定拟。如该管文武各官不行稽查转报,督抚、提镇不题参,俱交该部照例分别议处。

删除律例

○删除

大清律例

6.24.360.(6)〔未经考职书吏冒戴顶帽〕

一、凡未经考职书吏冒戴顶帽者,照假冒职官例,杖六十、徒一年。其有把持公事别情,仍照本条按例从重究拟。本管官及地方官失于查察,或有意故纵,分别议处。

删除律例

○删除

6.24.361诈称内使等官官与事俱诈。/24.319诈称内使等官官与事俱诈。

律文·修改

大清律例

6.24.361.1凡凭空诈称内使、近臣。内阁、六

现行刑律

24.319.1凡凭空诈称内使、近臣。内阁、各

科、六部、都察院、监察御史、按察司官，在外体察事务，欺诈官府，煽惑人民者，虽无伪造札付，斩。监候。知情随行者，减一等。杖一百、流三千里。其当该官司知而听行，与同罪，罪止杖一百、流三千里。不知者不坐。○[6.24.361.2]若本无符验诈称使臣乘驿者，杖一百、流三千里，为从者减一等。驿官知而应付者，与同罪。不知情失盘诘者，笞五十。其有符验而应付者不坐。符验系伪造，有伪造符验律；系盗者，依盗符验律。

部、都察院给事中、监察御史、按察司官，在外体察事务，欺诈官府，煽惑人民者，虽无伪造札付，绞。监候。知情随行者，减一等，流三千里。其当该官司知而听行，与同罪。罪止流三千里。不知者不坐。○[24.319.2]若本无符验诈称使臣乘驿者，流三千里，为从者减一等。驿官知而应付者，与同罪。不知情失盘诘者，处五等罚。其有符验而应付者不坐。符验系伪造，有伪造符验律；系盗者，依盗符验律。

现行刑律案语

原律（略）

臣等谨按：此仍《明律》。现在不设六科，新增衙门亦不止于六部，律内"六科"二字应改为"给事中"，移于"都察院"之下；"六部"二字应改为"各部"。斩候应改为绞候。流罪附杖应删。"笞五十"罪名照章罚金，应改为"处五等罚"。谨将修改律文、律注，开列于后。

○修改（略）

条例·○移改

大清律例

[6.24.361.(2)]〔假差占宿公馆妄拿吓诈扰害军民及致死伤人并自尽者〕

一、凡诈充各衙门差役，假以差遣体访事情、缉捕盗贼为由，占宿公馆，妄拿平人，及搜查客船，吓取财物，扰害军民，犯该徒罪以上者，无论有无签票，枷号一个月，发近边充军。若审系捏造签票，执持锁链，所犯本罪未至拟徒，但经恐吓诈财者，即照蠹役诈赃一例问拟，仍各加枷号一个月。未捏有签票，止系口称奉差吓唬者，杖罪以下，亦枷号一个月发落。若计赃逾贯，及虽未逾贯，而被

现行刑律

＊诈伪·诈假官

[24.318.(4)]〔诈充假差妄拿吓诈扰害人民及致死伤人并自尽者〕（略）

诈之人因而自尽者,均拟绞监候;拷打致死,及吓诈忿争殴、故杀被诈之人者,均照罪人杀所捕人律,拟斩监候。为从各减一等。如假差遣有伪造印信批文,或以捕盗抢检伤人,按律应拟死罪者,仍各从其重者论。所在官司阿从故纵者,各治以罪。若被诈之人殴死假差者,照擅杀罪人律拟绞监候。至非被诈之人,有与假差谋、故、斗杀者,仍各按本律科断。

现行刑律案语

原例(略)

臣等谨按:此沿前明《问刑条例》,明例本专指诈充锦衣卫旗校而言,故有占宿公馆之事,雍正年间改为各衙门人役,后又改为各衙门差役,已非明例本意,应将例内"占宿公馆"四字节删。至蠹役诈赃,原例一两至五两拟枷、杖,六两至十两拟满徒,此例既称"未至拟徒",当是指诈赃未至六两者而言,惟例内又称"徒罪以上,无论有无签票"俱发近边充军,则捏造签票诈赃五两者仅拟枷、杖,未捏签票诈赃六两者便拟充军,轻重悬殊,似非例意。且"诈假官"律内凡诈称官司差遣捕人者徒三年,是不待计赃,本罪已至满徒,此例既称"诈充差遣,妄拿平人",又称"本罪未至拟徒",彼此殊形抵触,引用亦多歧异。拟将造有签票召者即改为"依诈充官司差遣捕人律徒三年,所犯重于满徒者,各于本罪上加一等治罪;计赃重者,照蠹役诈赃一例定拟",其未捏有签票者即"于恐吓取财及各项本罪上加一等治罪"。所有例内"无论有无签票"及"犯该徒罪未至拟徒"并"枷号发落"等语,概行节删。斩候照章改为绞候。例系诈充差役,即"诈假官"律所云"诈称差遣捕人",应移入彼门,俾律例以类相从。谨将移改例文,开列于后。

〇移改

诈伪·诈假官

24.318.(4)〔诈充假差妄拿吓诈扰害人民及致死伤人并自尽者〕(略)

条例·删除

大清律例

6.24.361.(1)〔诈冒内官亲属家人恐吓官司骗财〕

一、凡诈冒内官亲属、家人等项名色,恐吓官司,诓骗财物者,除实犯死罪外,其余枷号一个月,发近边充军。所在官司畏徇故纵,不行擒拿者,

(如盗或伪造符验,或因吓骗殴、故杀死之类。)

各治以罪。

现行刑律案语

○删除

原例(略)

臣等谨按:此沿前明《问刑条例》。恐吓官司、诓骗财物与"诈假官"门之豪横乡村,"多乘驿马"门之扰害衙门,索取财物,例意均属相同,罪名亦无甚出入,有犯,自可援引彼例问拟,本条系属赘文,拟请删除。

6.24.362 近侍诈称私行 官实而事诈。/ 24.320 近侍诈称私行 官实而事诈。

律文·修改

大清律例	现行刑律
6.24.362.1 凡近侍之人,在外诈称私行,体察事务,煽惑人民者,斩。监候。此诈称,系本官自诈称,非他人。	24.320.1 凡近侍之人,在外诈称私行,体察事务,煽惑人民者,绞。监候。此诈称,系本官自诈称,非他人。

现行刑律案语

原律(略)

臣等谨按:此仍《明律》。斩候照章应改绞候。谨将修改律文,开列于后。

○修改(略)

6.24.363 诈为瑞应 / 24.321 诈为瑞应

律文·修改

大清律例	现行刑律
6.24.363.1 凡诈为瑞应者,杖六十、徒一年。○6.24.363.2 若有灾祥之类,而钦天监官不以实对者,加二等。	24.321.1 凡诈为瑞应者,徒一年。○24.321.2 若有灾祥之类,而钦天监官不以实对者,加二等。

现行刑律案语

原律(略)

臣等谨按:此仍《明律》。徒罪附杖照章应删。谨将修改律文,开列于后。

○修改(略)

6.24.364诈病死伤避事／24.322诈病死伤避事

律文·修改

大清律例

6.24.364.1凡官吏人等，诈称疾病，临事避难如难解之钱粮、难捕之盗贼之类。者，笞四十；如所避之事重者，杖八十。○6.24.364.2若犯罪待对，故自伤残者，杖一百；诈死者，杖一百、徒三年。伤残以求免拷讯，诈死以求免出官。所避事重于杖一百及徒三年者，各从重论。如侵盗钱粮，仍从侵盗重者论。若无避罪之情，但以恐吓诈赖人，故自伤残者，杖八十。其受雇倩为人伤残者，与犯人同罪；因而致死者，减斗杀罪一等。○6.24.364.3若当该官司知而听行，谓知其诈病而准改差，知其自残避罪而准作残疾，知其诈死而准住提。与同罪，不知者不坐。

现行刑律

24.322.1凡官吏人等，诈称疾病，临事避难如难解之钱粮、难捕之盗贼之类。者，处四等罚；如所避之事重者，处八等罚。○24.322.2若犯罪待对，故自伤残者，处十等罚；诈死者，徒三年。伤残以求免拷讯，诈死以求免出官。所避事重于十等罚及徒三年者，各从重论。如侵盗钱粮，仍从侵盗重者论。若无避罪之情，但以恐吓、诈赖人，故自伤残者，处八等罚。其受雇倩为人伤残者，与犯人同罪；因而致死者，减斗杀罪一等。○24.322.3若当该官司知而听行，谓知其诈病而准改差，知其自残避罪而准作残疾，知其诈死而准住提。与同罪，不知者不坐。

现行刑律案语

原律（略）

臣等谨按：此仍《明律》。笞、杖照章罚金，应依数分等处罚。徒罪附杖照章应删。谨将修改律文、律注，开列于后。

○修改（略）

条例·仍旧

大清律例

6.24.364.(1)〔各省获罪之犯报称病故〕

现行刑律

24.322.(1)〔各省获罪之犯报称病故〕

一、各省获罪之犯，报称病故者，着该管官员出具印结，并行文原籍地方官稽查。倘有诈称病故者，分别从重治罪。

大清律例

6.24.364.(2)〔未经到案之犯报称病故〕

现行刑律

24.322.(2)〔未经到案之犯报称病故〕

一、凡未经到案之犯，报称病故，该

抚严饬地方官悉心确查,取具甘结报部。倘有捏报等情,日后发觉,将该地方官与该抚一并严加议处。

现行刑律案语

原例

6.24.364.(1)〔各省获罪之犯报称病故〕(略)

6.24.364.(2)〔未经到案之犯报称病故〕(略)

〇仍旧

臣等谨按:以上二例,应仍其旧,理合陈明。

6.24.365 诈教诱人犯法/24.323 诈教诱人犯法

律文·修改

大清律例	现行刑律
6.24.365.1 凡诸人设计用言,教诱人犯法,及和同共事,故诱令人犯法,却自行捕告,或令人捕告,欲求赏给,或欲陷害人得罪者,皆与犯法之人同罪。罪止杖流。"和同令人犯法",看"令"字,还是教诱人而又和同犯法也,若止和同犯法,则宜用自首律。	24.323.1 凡设计用言,教诱人犯法,及和同共事,故诱令人犯法,却自行捕告或令人捕告,欲求赏给,或欲陷害人得罪者,皆与犯法之人同罪。罪止满流。"和同令人犯法",看"令"字,还是教诱人而又和同犯法也,若止和同犯法,则宜用自首律。

现行刑律案语

原律(略)

臣等谨按:此沿《唐律》。律首"诸"字乃《唐律》文法,明加"凡"字于"诸"字之上,似嫌重复,拟将"诸人"二字节删。律注"杖流"字样应改为"满流"。谨将修改律文、律注,开列于后。

〇修改(略)

条例·修改

大清律例	现行刑律
6.24.365.(2)〔土幕教诱犯法〕 一、凡土官延幕,必将所延之姓名、年籍,通知专辖州县确加查验。人果端	24.323.(1)〔土官延幕私聘私就并土幕教诱犯法〕 一、凡土官延幕,必将所延之姓名、

谨,实非流棍,加结通报,方准延入。若知系犯罪之人,私聘入幕,并延请后纵令犯法者,照职官窝匿罪人例革职。如有私聘私就者,即令专辖州县,严加驱逐。若土幕教诱犯法,即视其所犯之轻重,俱照匪徒教诱犯法加等例治罪。败露潜逃,即行指拿重惩。私聘之文武土官,及失察之该管州县,交部分别议处。

年籍,通知专辖州县严加查验。人果端谨,实非流棍,加结通报,方准延入。若知系犯罪之人,私聘入幕,并延请后纵令犯法者,照职官窝匿罪人例革职。如有私聘私就者,即令专辖州县,严加驱逐。若土幕教诱犯法,即视其所犯之轻重,依律治罪。败露潜逃,即行指拿重惩。私聘之文武土官,及失察之该管州县,交部分别议处。

现行刑律案语

原例(略)

臣等谨按:此条系乾隆三十年〔1765〕定例,亦尔时严防土幕教诱犯法起见,现在并无此等情事,例内所称"照匪徒教诱加等治罪"之例已拟删除,此处应改为"依律治罪"。谨将修改例文,开列于后。

〇修改(略)

大清律例

6.24.365.(3)〔幕友长随书役等倚官滋事怂令妄为累及本官〕

一、凡地方官有被参降革治罪之案,严究幕友、长随、书役等。除犯诈赃、诬拿等项罪有正条者,仍照例办理外,其但系倚官滋事,怂令妄为,累及本官者,各按本官降革处分上加一等。如本官应降一级者,将该犯杖七十;降二级、三级者,以次递加;至革职者,杖六十、徒一年。本官罪应拟徒者,亦各以次递加一等,加至徒三年而止。至总徒、准徒、军、流以上者,均与同罪。徒罪以下,将该犯递回各原籍,分别充徒管束,永远不准复充。如有犯罪之后,仍潜身该地,欺瞒后任,改易姓名复充者,察实严加治罪。

现行刑律

24.323.(2)〔幕友长随书役等倚官滋事怂令妄为累及本官〕

一、凡地方官有被参降革治罪之案,严究幕友、长随、书役等。除犯诈赃、诬拿等项罪有正条者,仍照例办理外,其但系倚官滋事,怂令妄为,累及本官者,各按本官降革处分上加一等。如本官应降一级者,将该犯处七等罚;降二级、三级者,以次递加;至革职者,徒一年。本官罪应拟徒者,亦各以次递加一等,加至徒三年而止。至总徒、准徒、流罪以上者,均与同罪。徒罪以下,将该犯递回各原籍,分别充徒管束,永远不准复充。如有犯罪之后,仍潜身该地,欺瞒后任,改易姓名复充者,察实严加治罪。

现行刑律案语

原例(略)

臣等谨按:此条系乾隆五十五年〔1790〕定例。"杖七十"罪名照章罚金,应改为"处七等罚"。徒罪附杖照章应删。"军、流"字样应改为"流罪"。谨将修改例文,开列于后。

〇修改(略)

大清律例

6.24.365.(4)〔自称教师演弄拳棒游街射利惑民〕

一、游手好闲不务本业之流,自号教师,演弄拳棒教人,及投师学习,并轮叉舞棍,遍游街市,射利惑民者,严行禁止。如有不遵,一经拿获,将本犯杖一百、流三千里;随同学习者,杖一百、徒三年,限满递籍,严加管束。如坊店、寺院容留不报,地保人等不行查拿,均照不应重律,杖八十。地方文武各官失于觉察,照例议处。若讯明旧日曾学拳棒,迨奉禁以后,并未辗转教人,亦不游街射利者,免议。

现行刑律

24.323.(3)〔自称教师演弄拳棒游街射利惑民〕

一、游手好闲不务本业之流,自号教师,演弄拳棒教人,及投师学习,并轮叉舞棍,遍游街市,射利惑民者,严行禁止。如有不遵,一经拿获,本犯流三千里;随同学习者,徒三年,限满交地方官,严加管束。如坊店、寺院容留不报,地保人等不行查拿,均照不应重律治罪。地方文武各官失于觉察,照例议处。若曾学拳棒,并未辗转教人,亦不游街射利者,免议。

现行刑律案语

〇删除

原例(略)

臣等谨按:此条系雍正年间定例。拳棒之法即日本所谓柔术,列于军学之中。近年陆军各营亦有练习者,今昔情形不同,未便悬为厉禁,如有借演习拳棒为名,好勇斗狠、滋事不法者,自应按照各本律例办理,此条拟请删除。

核订现行刑律

原删除例文(略)

谨按:此条修订案语,因与日本柔术相类,议请删除。查柔术乃体操之一,军人及学堂本应练习,若例内列举演弄拳棒、轮叉、舞棍,乃江湖游荡卖艺糊口之徒,与柔术迥不相同。且庚子拳祸,创巨痛深,无非由此辈所肇,似仍应严禁。拟请修复旧例,将流、徒附杖照章宽免,例末"讯明旧日"及"迨奉禁令以后"数语,系为甫中禁令之时而设，若既垂为永例，自应节删。谨将修复例文，开列于后。

〇修复

一、游手好闲不务本业之流，自号教师，演弄拳棒教人，及投师学习，并轮叉舞棍，遍游街市，射利惑民者，严行禁止。如有不遵，一经拿获，本犯流三千里；随同学习者，徒三年，限满递籍，严加管束。如坊店、寺院容留不报，地保人等不行查拿，均照不应重律治罪。地方文武各官失于觉察，照例议处。若曾学拳棒，并未辗转教人，亦不游街射利者，免议。

条例 · 删除

大清律例

6.24.365.(1)〔教诱苗猺狑獞犯法〕

一、苗、猺、狑、獞所住地方，如有外来匪徒教诱犯法，即视所犯之人，如罪应拟杖者，将教诱之人加一等治罪；徒罪以上，教诱之人比照住居苗寨教诱为乱例，问发边远充军；犯该死罪者，教诱之人，与本犯一例拟以斩、绞，遇赦不宥。失察之地方官，照徇庇例议处；隐讳故纵者，照溺职例革职。

现行刑律案语

〇删除

原例(略)

臣等谨按：此条系乾隆二十五年〔1760〕定例，乃尔时情形，现在并无此等情事，即遇有教诱之案，亦可依通律定拟，毋庸再设专例，拟请删除。

6.25 犯奸／25 犯奸

6.25.366 犯奸／25.324 犯奸

律文·修改

大清律例	现行刑律
[6.25.366.1]凡和奸，杖八十；有夫者，杖九十。刁奸者，无夫、有夫，杖一百。○[6.25.366.2]强奸者，绞。监候。未成者，杖一百、流三千里。凡问强奸，须有强暴之状、妇人不能挣脱之情，亦须有人知闻，及损伤肤体、毁裂衣服之属，方坐绞罪。若以强合，以和成，犹非强也。如一人强捉，一人奸之，行奸人问绞，强捉问未成流罪。又如见妇人与人通奸，见者因而用强奸之，已系犯奸之妇，难以强论，依刁奸律。○[6.25.366.3]奸幼女十二岁以下者，虽和同强论。○[6.25.366.4]其和奸、刁奸者，男女同罪。奸生男女，责付奸夫收养。奸妇从夫嫁卖，其夫愿留者听。若嫁卖与奸夫者，奸夫、本夫各杖八十，妇人离异归宗，财物入官。○[6.25.366.5]强奸者，妇女不坐。○[6.25.366.6]若媒合容止人在家通奸者，各减犯人和、刁罪一等。○[6.25.366.7]如人犯奸已露，而代私和奸事者，各减和、刁、强二等。○[6.25.366.8]其非奸所捕获，及指奸者，勿论。若奸妇有孕，奸妇虽有据，而奸夫则无凭。罪坐本妇。	[25.324.1]凡和奸，处八等罚；有夫者，处九等罚。刁奸者，无夫、有夫，处十等罚。○[25.324.2]强奸者，绞。监候。未成者，流三千里。凡问强奸，须有强暴之状、妇人不能挣脱之情，亦须有人知闻，及损伤肤体、毁裂衣服之属，方坐绞罪。若以强合，以和成，犹非强也，酌减为徒二年；妇女不坐。如一人强捉，一人奸之，行奸人问绞，强捉问未成流罪。又如见妇人与人通奸，见者因而用强奸之，已系犯奸之妇，难以强论，依刁奸律。○[25.324.3]奸幼女十二岁以下者，虽和同强论。○[25.324.4]其和奸、刁奸者，男女同罪。奸生男女，责付奸夫收养。奸妇给付本夫，听其离异。若嫁与奸夫者，奸夫、主婚之人，各处八等罚，妇人仍离异，财物入官。○[25.324.5]强奸者，妇女不坐。○[25.324.6]若媒合容止人在家通奸者，各减犯人和、刁罪一等。○[25.324.7]如人犯奸已露，而代私和奸事者，各减和、刁、强二等。○[25.324.8]其非奸所捕获，及指奸者，勿论。若奸妇有孕，奸妇虽有据，而奸夫则无凭。罪坐本妇。

现行刑律案语

原律（略）

臣等谨按：此仍《明律》，顺治三年〔1646〕添入小注。惟律注“以强（始）〔合〕，以和成，犹非强也”数语，并未拟定罪名，若止拟以和奸之罪，殊未平允。查《唐律》“诸奸者徒一年半，强者加二等”，此项“以强（始）〔合〕，以和成”者似可参用此法，于注内添入“酌减为徒二年，妇女不坐”十字。流罪附杖应节删。杖罪照章罚金，应依数分等处罚。谨将修改律文、律注，开列于后。

○修改

凡和奸，处八等罚；有夫者，处九等罚。刁奸者，无夫、有夫，处十等罚。○强奸者，绞。监候。未成者，流三千里。凡问强奸，须有强暴之状、妇人不能挣脱之情，亦须有人知闻，及损伤肤体、毁裂衣服之属，方坐绞罪。若以强合，以和成，犹非强也，酌减为徒二年，妇女不坐。如一人强捉，一人奸之，行奸人问绞，强捉问未成流罪。又如见妇人与人通奸，见者因而用强奸之，已系犯奸之妇，难以强论，依刁奸律。○奸幼女十二岁以下者，虽和同强论。○其和奸、刁奸者，男女同罪。奸生男女，责付奸夫收养。奸妇从夫嫁卖，其夫愿留者听。若嫁卖与奸夫者，奸夫、本夫各处八等罚，妇人离异归宗，财物入官。○强奸者，妇女不坐。○若媒合容止人在家通奸者，各减犯人和刁罪一等。○如人犯奸已露，而代私和奸事者，各减和、刁、强二等。○其非奸所捕获，及指奸者，勿论。若奸妇有孕，奸妇虽有据，而奸夫则无凭。罪坐本妇。

核订现行刑律

原修改律文(略)

谨按："出妻"条"从夫嫁卖"句已改为"听其离异"，本律第四节应一律照改。嫁卖由于本夫是以嫁卖与奸夫，本夫亦予科罪。离异则归于本宗，另有主婚之人在，律内"本夫"应改为"主婚之人"。谨将修改律文，开列于后。

○修改(略)

条例·修改·修并

大清律例

6.25.366.(1)〔奸职官妻职官奸军民妻军民相奸奴婢相奸及军民与官员军民妾婢相奸〕

一、凡职官及军民奸职官妻者，奸夫、奸妇并绞监候。若职官奸军民妻者，革职，杖一百的决；奸妇枷号一个月，杖一百。其军民相奸者，奸夫、奸妇各枷号一个月，杖一百。其奴婢相奸，不分一主各主，及军民与官员军民之妾婢相奸者，奸夫、奸妇各杖一百。

现行刑律

25.324.(1)〔奸职官妻职官奸军民妻军民相奸雇工人相奸及军民与官员军民妾相奸〕

一、凡职官及军民奸职官妻者，奸夫、奸妇，并流三千里。若职官奸军民妻，及军民相奸者，奸夫、奸妇各处十等罚。其雇工人相奸，不分一主各主，及军民与官员军民之妾相奸者，罪同。如男子和同鸡奸者，亦照此例办理。

现行刑律案语

原例(略)

臣等谨按：此条系康熙年间《现行例》，原文有"在家军民与出征人妻通奸，男、妇俱拟绞候，俟伊夫回日处决。伊夫欲杀者，秋后处决。如伊夫有恳免者，奸夫、奸妇俱枷号两个月,鞭一百,其妇仍给本夫。如奸夫系官,奸妇之夫又恳处死伊妻者,奸妇处死,奸夫革职枷号三个月,鞭一百"等语,寻绎例意,原系专指出征人妻而言,必俟伊夫回日处决,实为伊夫恳免地步,如伊夫恳免,即可枷责完案,并非一概处决也。雍正三年〔1725〕将"出征"一段删去,按语云:本部遵行则例虽删,而办法仍在,为日寖久,并办法而亦亡之。于是奸职官妻者无不拟绞入实,殊非定例之意,且职官奸职官妻,男、女均拟死罪,而奸军民妻仅拟满杖,是严于责职官之妻,而轻于责职官,仍未平允。况杖罪即拟的决,究属徒法难行,似应将上层"绞候"减为"满流",下层"的决"节去,俾与平人一律。至枷、杖本应照章并罚,颇嫌涉于烦苛,拟将枷号宽免,仍与上"职官奸军民妻"统改为"处十等罚"。其"革职"一层即已包括在内,似可毋庸复叙。例末"奴婢相奸……及军民与官员军民之妾婢相奸者,奸夫、奸妇各杖一百",既与上罪名相等,应改为"罪同"。再,查本门恶徒伙众将良人子弟抢去强行鸡奸例内,载"如和同鸡奸者,照军民相奸例,枷号一个月,杖一百"等语,业于彼例声明,逐层剔出,分别归并等因,应于例末添入"如男子和同鸡奸者,亦照此例办理",以资援引,而昭赅备。谨将修改例文,开列于后。

○修改(略)

大清律例

6.25.366.(7)〔先经和奸后因别故拒绝致将被奸之人杀死〕

一、凡强奸杀死妇女及良家子弟,仍按例问拟斩决外,其有先经和奸,后因别故拒绝,致将被奸之人杀死者,俱仍照谋、故、斗殴本律定拟。

现行刑律

25.324.(2)〔妇女先经和奸后因别故拒绝致被杀死〕

一、凡妇女有先经和奸,后因别故拒绝,致将妇女杀死者,仍照谋、故、斗殴本律定拟。

现行刑律案语

原例(略)

臣等谨按:强奸杀死本妇例系分别已成、未成定拟,至强奸杀死良家子弟,本门虽有因奸杀死治罪之法,尚不如彼例赅备,拟将此例首层改为"凡强奸杀死良家子弟者,照强奸杀死妇女例定拟",至伤人未死及强奸未成并不伤人者,本门亦有治罪之条,核与强奸妇女轻重相等,应即归并于此,以省繁琐。谨将修改例文,开列于后。

○修改

一、凡强奸杀死良家子弟者,照强奸杀死妇女例问拟。其伤人未死及强奸未成,并未伤人者,亦照强奸妇女例治罪。若妇女及良家子弟有先经和奸,后因别故拒绝,致将被奸之人杀死者,俱仍照谋、故、斗殴本律定拟。

核订现行刑律

原修改例文

6.25.366.(2)〔强奸幼女致死及强和奸幼女〕、6.25.366.(11)〔强奸十二岁以下幼女幼童未成〕原修并例文(略)

6.25.366.(7)〔先经和奸后因别故拒绝致将被奸之人杀死〕原修改例文(略)

6.25.366.(12)〔轮奸良人妇女已成未成及杀死并致本妇自尽〕原修改例文(略)

谨按:《唐律》"奸罪"各条,皆指对于妇女言之,并未牵及男子,良以男子与妇女不同,不成为奸也。《明律》"犯奸"析为一门。国朝因之。益以见维持妇女之风纪,惟以上三例男女并列,似乖本旨。如谓淫恶之徒,每有攫取幼童,肆行背于人道之行为者,理宜重惩,不妨另纂一例,即以情节大致相类,非单纯数语所能赅载,以简驭繁,比依妇女,则可与妇女并举,则不可总之,科拟虽同名,义要自有别也。又第二、第三两条俱言良家子弟,子弟云者,乃有父兄者之统称,以此为治罪之准的,范围过广。查各国刑律,将幼童为猥亵行为俱以十二岁为断,略与第一条同,盖因过此年龄,虽未达成年体力渐壮,足以自行保卫,可免强暴之污辱,拟请将"良家子弟"改为"十二岁以下幼童",析出作为通例,则非幼童即不得援引,庶可杜诬陷之风。至第一条以十岁与十二岁分别轻重,窃维其间年龄相差无几,同属幼稚,实无必应区别之理。其"强奸"一层,旧例拟斩,新章改绞,仍与本律无殊,即虽和同强本律亦有明文,均属重出,拟请一并节删。谨将修改例文,开列于后。

○修改

25.324.(4)〔强奸十二岁以下幼女〕(略)

25.324.(2)〔妇女先经和奸后因别故拒绝致被杀死〕(略)

25.324.(7)〔轮奸良人妇女已成未成及杀死并致本妇自尽〕(略)

25.324.(9)〔鸡奸十二岁以下幼童〕(略)

大清律例

6.25.366.(8)〔因强奸及图奸调奸未成〕

一、强奸妇女,除并未伤人者,已成、未成,仍照本律定拟外,其因强奸执持金刃凶器戳伤本妇,及拒捕致伤其夫与父母并有服亲属,已成奸者,拟斩监候;未成奸者,拟绞监候。如伤非金刃凶器,已成奸者,拟绞监候;未成奸者,发边远充军,年在五十岁以上,发近边充军。其图奸、调奸妇女未成罪人拒伤

现行刑律

25.324.(3)〔因强奸及图奸调奸未成拒伤本妇本夫并父母有服亲属〕

一、强奸妇女,除并未伤人者,已成、未成,仍照本律定拟外,其因强奸执持金刃戳伤本妇,及拒捕致伤其夫与父母并有服亲属,或手足、他物,殴至折伤以上,无论已、未成奸,均拟绞监候。如伤非金刃,又非折伤,已成奸者,仍拟绞监候;未成奸者,发极边足四千里安置。

本妇，并其夫与父母及有服亲属，如至残废、笃疾罪在满徒以上者，无论金刃、手足、他物，俱照殴所捕人至折伤以上律拟绞监候；但系刃伤者，发极边足四千里安置；若伤非金刃，仍依罪人拒捕律，于本罪上加二等问拟。

其图奸、调奸妇女未成拒伤本妇，并其夫与父母及有服亲属，如至残废、笃疾罪在满徒以上，无论金刃、手足、他物，俱拟绞监候；但系刃伤者，发极边足四千里安置；若手足、他物，未至残废、笃疾者，仍依罪人拒捕律，于本罪上加二等问拟。

现行刑律案语

原例（略）

臣等谨按：此条系雍正十二年〔1734〕定例，嘉庆、道光年间迭次修改。查拒捕之案，均以刃伤、折伤分别轻重，此处忽添凶器而无折伤，殊与他条不归一律，应删去“凶器”，添入“折伤”一层。斩候既应照章改绞，与下未成奸者罪名相同，应改为“无论已、未成奸，均拟绞候”。充军改为安置。“年在五十以上”一层应节删。谨将修改例文，开列于后。

〇修改（略）

大清律例

6.25.366.(2)〔强奸幼女致死及强和奸幼女〕

一、强奸十二岁以下幼女，因而致死，及将未至十岁之幼女诱去，强行奸污者，照光棍例斩决。其强奸十二岁以下、十岁以上幼女者，拟斩监候；和奸者，仍照虽和同强论律，拟绞监候。

现行刑律

25.324.(4)〔强奸十二岁以下幼女〕

一、强奸十二岁以下幼女，因而致死者，绞立决。若强奸未成，审有确据者，发烟瘴地方安置。

现行刑律案语

原例

6.25.366.(2)〔强奸幼女致死及强和奸幼女〕（略）

6.25.366.(11)〔强奸十二岁以下幼女幼童未成〕（略）

臣等谨按：以上二例，前条专言强奸幼女，应添入“幼童”二字，以便通引，本门另有强奸幼童条例，即可删除。斩决、斩候均应照章修改。后条统言“强奸幼女幼童未成”自可并入前条之末。“黑龙江为奴”应改“发烟瘴地方安置”。谨将修并例文，开列于后。

〇修并

一、强奸十二岁以下幼女、幼童因而致死，及将未至十岁之幼女、幼童诱去，强行奸污者，绞决。其强奸十二岁以下、十岁以上幼女、幼童者，拟绞监候；和奸者，仍照虽和同强论律，亦拟绞监候。若强奸十二岁以下幼女、幼童未成，审有确据者，发烟瘴地方安置。

核订现行刑律

〇修改（略）

见6.25.366.(7)〔先经和奸后因别故拒绝致将被奸之人杀死〕条

大清律例

6.25.366.(9)〔妇女与人父子通奸致子因奸谋杀其父〕

一、凡妇女与人父子通奸，致其子因奸谋杀其父，酿成逆伦重案者，将犯奸之妇女，实发驻防给兵丁为奴。

现行刑律

25.324.(5)〔妇女与人父子通奸致子因奸杀父〕

一、凡妇女与人父子通奸，致其子因奸杀死其父，酿成逆伦重案者，将犯奸之妇女，监禁十年。

现行刑律案语

原例（略）

臣等谨按：此条系嘉庆十二年〔1807〕定例。惟例内专言谋杀，若案系殴毙，转难援引，拟改“谋杀”为“杀死其妇女”。“实发”现已停止，遵章改为“监禁”。谨将修改例文，开列于后。

〇修改（略）

大清律例

6.25.366.(4)〔奸夫拒伤应捉奸之人〕

一、凡奸夫拒捕，刃伤应捉奸之人，照窃盗拒捕殴所捕人至折伤以上者，拟绞监候。纵容、抑勒，不用此例。

现行刑律

25.324.(6)〔奸夫拒伤应捉奸之人〕

一、凡奸夫拒捕，刃伤应捉奸之人，或殴至折伤以上者，照窃盗拒捕殴所捕人至折伤以上者，拟绞监候。纵容、抑勒，不用此例。

现行刑律案语

原例（略）

臣等谨按：此条系乾隆十二年〔1747〕定例。“拒捕”门内奸夫刃伤应捉奸之人拟绞，兼言折伤在内，此处止言刃伤，似未赅备，应即添入。谨将修改例文，开列于后。

〇修改（略）

大清律例

6.25.366.(12)〔轮奸良人妇女已成未成及杀死并致本妇自尽〕

一、轮奸良人妇女已成之案，审实，照光棍例，为首拟斩立决；为从同奸者，拟绞监候；同谋未经同奸余犯，发黑龙江给披甲人为奴。因而杀死本妇者，首犯拟斩立决、枭示；为从同奸又帮同下手者，拟斩立决；同奸而未下手，及下手而未同奸者，均拟绞立决；其同谋而并未下手又未同奸者，发黑龙江给披甲人为奴。如致本妇自尽者，首犯拟斩立决；为从同奸之犯，均拟绞立决；同谋未经同奸余犯，发黑龙江给披甲人为奴。若伙谋轮奸未成，审有实据者，为首发黑龙江给披甲人为奴，为从杖一百、流三千里。因而杀死本妇者，首犯拟斩立决；为从帮同下手者，拟绞立决；未经下手者，发黑龙江给披甲人为奴。如致本妇自尽者，首犯拟斩监候。为从发黑龙江给披甲人为奴。

现行刑律

25.324.(7)〔轮奸良人妇女已成未成及杀死并致本妇自尽〕

一、轮奸良人妇女已成，为首拟绞立决；为从同奸者，拟绞监候；同谋未经同奸余犯，发烟瘴地方安置。因而杀死本妇者，首犯拟斩立决；为从同奸又帮同下手者，拟绞立决；同奸而未下手，及下手而未同奸者，均拟绞监候，入于秋审情实；其同谋而并未下手又未同奸者，发烟瘴地方安置。如致本妇自尽者，首犯拟绞立决；为从同奸之犯，均拟绞监候，入于秋审情实；同谋未经同奸余犯，发烟瘴地方安置。若伙谋轮奸未成，审有实据者，为首发烟瘴地方安置；为从流三千里。因而杀死本妇者，首犯拟绞立决；为从帮同下手者，拟绞监候，入于秋审情实；未经下手者，发烟瘴地方安置。如致本妇自尽者，首犯拟绞监候；为从发烟瘴地方安置。

现行刑律案语

原例（略）

臣等谨按：此例原系二条，一雍正五年〔1727〕定例，嘉庆年间两次修改；一嘉庆六年〔1801〕定例，十九年〔1814〕修并，咸丰二年〔1852〕改定。惟例首既称审实照光棍例，自应分别首从拟以斩、绞，今又于为从中分出遣罪，殊与彼例未符，应将“照光棍例”等字节去，较免窒碍。斩枭照章改为斩决，斩决改为绞决，绞决改为绞候、入实。至发黑龙江为奴，按《名例》系发四省烟瘴充军，应酌改为烟瘴地方，并遵章改充军为安置，流罪附杖应节删。再，本门内尚有“恶徒伙众将良人子弟抢去强行鸡奸”一条，其首段即系轮奸之意，而分析已成、未成及自尽各节并不如本例之详，业拟将彼条删除，声明归并在案，似应于例末添入“其有恶徒伙众将良人子弟抢去强行鸡奸者，亦照此例分别治罪”，以省繁复，而资援引。谨将修改例文，开列于后。

〇修改

一、轮奸良人妇女已成之案，为首拟绞立决；为从同奸者，拟绞监候；同谋未经同奸余犯，发烟瘴地方安置。因而杀死本妇者，首犯拟斩立决；为从同奸又帮同下手者，拟绞立决；同奸而未下手，及下手而未同奸者，均拟绞监候，入于秋审情实；其同谋而并未下手又未同奸者，发烟瘴地方安置。如致本妇自尽者，首犯拟绞立决；为从同奸之犯，均拟绞监候，入于秋审情实；同谋未经同奸余犯，发烟瘴地方安置。若伙谋轮奸未成，审有实据者，为首发烟瘴地方安置，为从流三千里。因而杀死本妇者，首犯拟绞立决；为从帮同下手者，拟绞监候，入于秋审情实；未经下手者，发烟瘴地方安置。如致本妇自尽者，首犯拟绞监候，为从发烟瘴地方安置。其有恶徒伙众将良人子弟抢去强行鸡奸者，亦照此例分别治罪。

核订现行刑律

〇修改(略)

见6.25.366.(7)〔先经和奸后因别故拒绝致将被奸之人杀死〕条

大清律例

6.25.366.(13)〔轮奸已经犯奸妇女及因而致死本妇或自尽〕

一、轮奸已经犯奸妇女已成者，为首发黑龙江给披甲人为奴；为从同奸者，杖一百、流三千里；同谋未经同奸余犯，杖一百、徒三年。因而杀死本妇者，首犯拟斩立决；下手为从同奸者，拟绞立决；未同奸者，绞监候；同奸而未下手者，发黑龙江给披甲人为奴；并未同奸，又未下手者，杖一百、流三千里。如致本妇自尽者，首犯拟绞监候；为从同奸者，发黑龙江给披甲人为奴；同谋未经同奸余犯，杖一百、流三千里。若轮奸未成，首犯杖一百、流三千里，为从杖一百、徒三年。因而杀死本妇者，首犯拟斩监候；为从除案系谋杀，仍照谋杀本律，分别曾否加功问拟外，如系殴杀，帮同下手者，发黑龙江给披甲人为奴；未经下手者，杖一百、徒三年。如致本妇

现行刑律

25.324.(8)〔轮奸已经犯奸妇女已成未成及杀死并致本妇自尽〕

一、轮奸已经犯奸妇女已成者，为首发烟瘴地方安置；为从同奸者，流三千里；同谋未经同奸余犯，徒三年。因而杀死本妇者，首犯拟绞立决；下手为从者，无论同奸、未同奸，均拟绞监候；同奸而未下手者，发烟瘴地方安置；并未同奸，又未下手者，流三千里。如致本妇自尽者，首犯拟绞监候；为从同奸者，发烟瘴地方安置；同谋未经同奸余犯，流三千里。若轮奸未成，首犯流三千里；为从徒三年。因而杀死本妇者，首犯拟绞监候；为从除案系谋杀，仍照谋杀本律，分别曾否加功问拟外，如系殴杀，帮同下手者，发烟瘴地方安置；未经下手者，徒三年。如致本妇自尽者，首犯发烟瘴地方安置，为从徒三年。如妇女犯奸后，已经悔过自新，审有确证

自尽者,首犯发黑龙江给披甲人为奴,为从杖一百、徒三年。如妇女犯奸后,已经悔过自新,审有确证者,仍以良人妇女论。

者,仍以良人妇女论。

现行刑律案语

原例(略)

臣等谨按:此条系嘉庆十九年〔1814〕定例,道光年间迭次修改。例内斩决照章改为绞决,绞决本应改为绞候,声叙入实,究与下未同奸者罪名相同,似应裁去。"入实"一层改为"下手为从者,无论同奸、未同奸,均拟绞监候",较省繁冗。斩候亦应改为绞候。发黑龙江为奴,照《名例》拨发四省烟瘴充军,应酌改为烟瘴地方,并遵章改充军为安置。徒、流附杖应节删。谨将修改例文,开列于后。

○修改(略)

大清律例

6.25.366.(11)〔强奸十二岁以下幼女幼童未成〕

一、凡强奸十二岁以下幼女、幼童未成,审有确据者,发黑龙江给披甲人为奴。

现行刑律

25.324.(9)〔鸡奸十二岁以下幼童〕

一、恶徒鸡奸十二岁以下幼童者,酌量情形,比依强奸幼女、轮奸妇女各本例,分别治罪。

现行刑律案语

○修并(略)

见6.25.366.(2)〔强奸幼女致死及强和奸幼女〕条

核订现行刑律

○修改(略)

见6.25.366.(7)〔先经和奸后因别故拒绝致将被奸之人杀死〕条

条例·删除

大清律例

6.25.366.(3)〔调奸图奸未成案乡保不即转报致本妇自尽〕

一、凡调奸、图奸未成者,经本妇告知亲族,乡保即时禀明该地方官,审讯如果有据,即酌其情罪之重轻,分别枷号、杖责,报明上司存案。如本家已经投明乡保,该乡保不即禀官,及禀官不即审理,致本妇怀忿自尽者,将乡保照甲长不行转报窃盗例杖八十，地方官照例议处。

现行刑律案语

○删除

原例（略）

臣等谨按：此条系乾隆十年〔1745〕定例，既曰酌量，即可不立专条，以免烦琐，拟请删除。

大清律例

6.25.366.(5)〔川省啯匪有犯轮奸〕

一、川省啯匪有犯轮奸之案，审实，照强盗律，不分首从皆斩；其同行未成奸者，仍依轮奸本例拟绞监候。如因轮奸而杀死人命者，无论成奸与否，俱照强盗杀人例，奏请斩决、枭示。

删除律例

○删除

大清律例

6.25.366.(6)〔喇嘛和尚强奸致死人命〕

一、凡喇嘛、和尚等，有强奸致死人命者，照光棍例分别首从定拟。

现行刑律案语

○删除

原例（略）

臣等谨按：此条系雍正二年〔1724〕定例，原在"威逼人致死"门，乾隆四十二年〔1777〕移改。例称"致死人命"，似系指强奸杀死人命者而言，若羞忿自尽，是否一例同科，未经叙明，碍难援引。且强奸致死人命，有犯各有本例可循，无虞轻纵，似不必因系喇嘛、和尚另立专条，拟请删除。

大清律例

6.25.366.(10)〔伙众强行及一人强行或和同鸡奸良人子弟幼童〕

一、恶徒伙众，将良人子弟抢去，强行鸡奸者，无论曾否杀人，仍照光棍例，为首者拟斩立决；为从若同奸者，俱拟绞监候；余犯发遣黑龙江给披甲人为奴。其虽未伙众，因奸将良人子弟杀死，及将未至十岁之幼童诱去，强行鸡奸者，亦照光棍为首例斩决。如强奸十二岁以下、十岁以上幼童者,拟斩监候;和奸者,照奸幼女虽和同强论律,拟绞监候。若止一人强行鸡奸,并未伤人,拟绞监候;如伤人未死,拟斩监候。其强奸未成,并未伤人者,拟杖一百、流三千里。如刃伤未死,拟绞监候。如和同鸡奸者,照军民相奸例,枷号一个月,杖一百。倘有指称鸡奸诬害等弊,审实,依所诬之罪反坐,至死减一等;罪至斩决者,照恶徒生事行凶例发极边足四千里充军。

现行刑律案语

○删除

原例(略)

臣等谨按:此条系康熙年间定例。前数层均言强行鸡奸及和同鸡奸之罪,此次修改本门例条,已将此条逐层剔出,分别归并,以省烦琐。至例末"指称鸡奸诬害"一层,亦自有诬告本律,均毋庸另设专例,拟即删除。

6.25.367 纵容妻妾犯奸 / 25.325 纵容妻妾犯奸

律文·修改

大清律例

6.25.367.1 凡纵容妻妾与人通奸,本夫、奸夫、奸妇各杖九十。抑勒妻妾及乞养女与人通奸者,本夫、义父各杖一百,奸夫杖八十,妇女不坐,并离异归宗。○6.25.367.2 若纵容抑勒亲女及子孙之妇妾与人通奸者,罪亦如之。○6.25.367.3 若用财买休卖休,因而和同娶人妻者,本夫、本妇及买休人各杖一百,妇人离异归宗,财礼入官。若买休人与妇人用计逼勒本夫休弃,其夫别无卖休之情者,不坐;买休人及本妇各杖六十、徒一年。妇人余罪收赎,给付本夫,从其嫁卖。妾减一等。媒合人各减犯人买休及逼勒卖休罪一等。其因奸不陈告而嫁卖与奸夫者,本夫杖一百,奸夫、奸妇各尽本法。

现行刑律

25.325.1 凡纵容妻妾与人通奸,本夫、奸夫、奸妇各处九等罚。抑勒妻妾及乞养女与人通奸者,本夫、义父各处十等罚,奸夫处八等罚,妇女不坐,并离异归宗。○25.325.2 若纵容抑勒亲女及子孙之妇妾与人通奸者,罪亦如之。○25.325.3 若用财买休卖休,因而和同娶人妻者,本夫、本妇及买休人各处十等罚,妇人离异归宗,财礼入官。若买休人与妇人用计逼勒本夫休弃,其夫别无卖休之情者,不坐;买休人及本妇各徒一年。妇人给付本夫,听其离异。妾减一等。媒合人各减犯人买休及逼勒卖休罪一等。其因奸不陈告而嫁卖与奸夫者,本夫处十等罚,奸夫、奸妇各尽本法。

现行刑律案语

原律(略)

臣等谨按：此仍《明律》，顺治三年〔1646〕添入小注。律内杖罪照章改为罚金，应依数分等处罚，徒罪附杖应节删。至“妇人余罪收赎”，与现章不符，此语亦应节去。谨将修改律文，开列于后。

〇修改

凡纵容妻妾与人通奸，本夫、奸夫、奸妇各处九等罚。抑勒妻妾及乞养女与人通奸者，本夫、义父各处十等罚，奸夫处八等罚，妇女不坐，并离异归宗。〇若纵容抑勒亲女及子孙之妇妾与人通奸者，罪亦如之。〇若用财买休卖休，因而和同娶人妻者，本夫、本妇及买休人各处十等罚，妇人离异归宗，财礼入官。若买休人与妇人用计逼勒本夫休弃，其夫别无卖休之情者，不坐；买休人及本妇各徒一年。妇人给付本夫，从其嫁卖。妾减一等。媒合人各减犯人买休及逼勒卖休罪一等。其因奸不陈告而嫁卖与奸夫者，本夫处十等罚，奸夫、奸妇各尽本法。

核订现行刑律

原修改律文（略）

谨按：此条第四节“从其嫁卖”句，应照“出妻”条改为“听其离异”，以归一律。谨将修改律文，开列于后。

〇修改（略）

6.25.368 亲属相奸 / 25.326 亲属相奸

律文 · 修改

大清律例

6.25.368.1 凡奸同宗无服之亲，及无服亲之妻者，各杖一百。强者，奸夫斩监候。〇6.25.368.2 奸内外缌麻以上亲，及缌麻以上亲之妻，若妻前夫之女，同母异父姊妹者，各杖一百、徒三年；强者，奸夫斩。监候。若奸从祖祖母、祖姑、从祖伯叔母、从祖伯叔姑、从父姊妹、母之姊妹，及兄弟妻、兄弟子妻者，奸夫、奸妇各决绞；惟出嫁祖姑、从祖伯叔姑，监候绞。强者，奸夫决斩。惟强奸小功再从姊妹、堂侄女、侄孙女出嫁降服者，监候斩。〇6.25.368.3 若奸妻之亲生母者，以缌麻亲论之太轻，还比依母之姊妹论。〇6.25.368.4 若奸父祖妾、伯叔母、姑、姊妹、子孙之妇、兄弟之女者，奸夫、奸妇各决斩。强者，奸夫决斩。〇6.25.368.5 凡奸前项亲属妻妾各减妻一等；强者，

现行刑律

25.326.1 凡奸同宗无服之亲，及无服亲之妻者，各处十等罚。强者，奸夫绞监候。〇25.326.2 奸内外缌麻以上亲，及缌麻以上亲之妻，若妻前夫之女，同母异父姊妹者，各徒三年；强者，奸夫绞。监候。奸义子妇、义女、义妹、乞养子妇，并同；仍断还本宗。若奸从祖祖母、祖姑、从祖伯叔母、从祖伯叔姑、从父姊妹、母之姊妹，及兄弟妻、兄弟子妻者，奸夫、奸妇各绞。监候。强者，奸夫决绞；惟强奸小功再从姊妹、堂侄女、侄孙女、出嫁降服者，监候绞。〇25.326.3 若奸妻之亲生母者，以缌麻亲论之太轻，还比依母之姊妹论。〇25.326.4 若奸父祖妾、伯叔母、姑、姊妹、子孙之妇、兄弟之女者，奸夫、奸妇各决绞。强者，奸夫决绞。〇25.326.5 凡奸前项亲属妾各减妻一等；强者，绞。监候。其妇女同坐、不同坐，及未成奸、媒合、纵容

绞。监候。其妇女同坐、不同坐，及未成奸、媒合、纵容等件，各详载犯奸律。惟同宗奸生男女，不得混入宗谱，听随便安插。

等件，各详载犯奸律。惟同宗奸生男女，不得混入宗谱，听随便安插。

现行刑律案语

原律（略）

臣等谨按：此仍《明律》，顺治三年〔1646〕增修，雍正三年〔1725〕修改，乾隆五年〔1740〕改定。惟查《比引律条》载奸义子妇比依奸缌麻以上亲之妻律，杖一百，徒三年，强者斩；又奸乞养子妇比依奸妻前夫之女律科断，其子与妇断还本宗，强者斩；又奸义女比依奸妻前夫之女律，杖一百，徒三年，强者斩；又奸义妹比依奸同母异父姊妹律，杖一百，徒三年，强者斩各等语，即系指本律各项而言，罪名既无甚区分，似不如并入本门，较便翻阅。兹拟于"奸缌麻以上亲之妻"下添注"义子妇同"，"若妻前夫之女"下添注"乞养子妇"，及"义女同同母异父姊妹"下添注"义妹同"，并于"徒三年"下注明"乞养子与妇仍断还本宗"，以省繁冗，而昭赅备。决斩照章改为决绞，决绞改为绞候、入实，斩候亦应改为绞候。"杖一百"遵章罚金，应改为"处十等罚"。徒罪附杖并节删。谨将修改律文、律注，开列于后。

○修改

凡奸同宗无服之亲，及无服亲之妻者，各处十等罚。强者，奸夫绞监候。○奸内外缌麻以上亲，及缌麻以上亲之妻，义子妇同。若妻前夫之女，乞养子妇及义女同。同母异父姊妹义妹同。者，各徒三年；乞养子与妇仍断还本宗，强者，奸夫绞。监候。若奸从祖祖母、祖姑、从祖伯叔母、从伯祖叔姑、从父姊妹、母之姊妹，及兄弟妻、兄弟子妻者，奸夫、奸妇各绞监候，入于秋审情实；惟出嫁祖姑、从祖伯叔、姑，监候绞。强者，奸夫决绞。惟强奸小功再从姊妹、堂侄女、侄县女出嫁降服者，监候绞。○若奸妻之亲生母者，以缌麻视论之太轻，还比依母之姊妹论。○若奸父祖妾、伯叔母、姑、姊妹子孙之妇、兄弟之女者，奸夫、奸妇各决绞。强者，奸夫决绞。○凡奸前项亲属妻妾各减妻一等；强者，绞。监候。其妇女同坐、不同坐，及未成奸、媒合、纵容等件，各详载犯奸律。惟同宗奸生男女，不得混入宗谱，听随便安插。

核订现行刑律

原修改律文（略）

谨按：第二节"缌麻亲之妻"各项下分疏《比引律条》，似涉烦碎，所谓同者，乃同其和奸满徒、强奸绞候之罪，不必同其各项之名义，也自应总注于监候之下，以符体例。又"奸从祖祖母"等项绞候、入实，本旧律"绞立决"所改，其下复注"惟出嫁祖姑、从祖伯叔姑，监候绞"一语，查此项罪名，秋审条款并无明文，第服制名分攸关，从无轻议缓决，如此处与情实封举转为缓案，似非定律本意，不如浑括其词，将正文"监候"改为小注"入于秋审情实"句，并本注一并节删，俟纂辑秋审条款，酌量情形，分别办理。谨将修改律文、律注，开列于后。

○修改（略）

条例 · 修改

大清律例	现行刑律
6.25.368.(3)〔亲属强奸调奸未成〕 一、凡亲属和奸律应死罪者，若强奸未成，发边远充军；调奸未成，杖一百、流三千里。其和奸罪不至死者，若强奸未成，发近边充军；调奸未成，杖一百、徒三年。	25.326.(1)〔亲属强奸未成〕 一、凡亲属和奸律应死罪者，若强奸未成，发极边足四千里安置。其和奸罪不至死者，若强奸未成，仍照律流三千里。

现行刑律案语

原例(略)

臣等谨按：此条系前明旧例，乾隆年间修改。凡人强奸未成问拟满流，亲属强奸未成，应较凡人为重，若将例内边远照章改作满流，殊嫌轻重不分，应酌量改为“极边足四千里安置”。其“和奸罪不至死”一项，仍照凡人改为满流。至亲属调奸未成，本律内所无，古人不立此等科条，非疏漏也，原以事无确据，窒碍滋多，嫌疑之际难分，诬捏之端易起，有犯尽可酌量办理，毋庸另立专条，此层应请节删。谨将修改例文，开列于后。

○修改(略)

条例 · 删除

大清律例

6.25.368.(1)〔奸缌麻以上亲及缌麻以上亲之妻并妻前夫女异父姊妹〕

一、凡奸内外缌麻以上亲，及缌麻以上亲之妻，若妻前夫之女、同母异父姊妹者，依律拟罪，奸夫发附近地方充军。

删除律例

○删除

大清律例

6.25.368.(2)〔奸同宗无服亲及无服亲之妻〕

一、凡奸同宗无服之亲，及无服亲之妻者，各枷号四十日，杖一百。

删除律例

○删除

6.25.369 诬执翁奸/25.327 诬执翁奸

律文·修改

大清律例

6.25.369.1 凡男妇诬执亲翁，及弟妇诬执夫兄欺奸者，斩。监候。○6.25.369.2 强奸子妇未成而妇自尽，照亲属强奸未成例科断。○6.25.369.3 义子诬执义父欺奸，依雇工人诬家长。○6.25.369.4 嫂诬执夫弟，及缌麻以上亲诬执者，俱依诬告。

现行刑律

25.327.1 凡男妇诬执亲翁，及弟妇诬执夫兄欺奸者，绞。监候。○25.327.2 强奸子妇未成而妇自尽，照亲属强奸未成例科断。○25.327.3 义子诬执义父欺奸，依雇工人诬家长。○25.327.4 嫂诬执夫弟，及缌麻以上亲诬执者，俱依诬告。

现行刑律案语

原律(略)

臣等谨按：此仍《明律》，顺治三年〔1646〕添入小注，雍正三年〔1725〕修改。律内斩候照章改为绞候。谨将修改律文，开列于后。

○修改(略)

6.25.370 奴及雇工人奸家长妻/25.328 雇工人奸家长妻

律文·修改

大清律例

6.25.370.1 凡奴及雇工人奸家长妻女者，各斩。决。○6.25.370.2 若奸家长之期亲，若期亲之妻者，绞。监候。妇女减一等。若奸家长之缌麻以上亲，及缌麻以上亲之妻者，各杖一百、流二千里。强者，斩。监候。○6.25.370.3 妾各减一等，强者亦斩。监候。军伴、弓兵、门皂、在官役使之人，俱作雇工人。

现行刑律

25.328.1 凡雇工人奸家长妻女者，各绞。○25.328.2 若奸家长之期亲，若期亲之妻者，绞。监候。妇女减一等。若奸家长之缌麻以上亲，及缌麻以上亲之妻者，各流二千里。强者，绞。监候。○25.328.3 妾各减一等，强者亦绞。监候。在官役使之人，俱作雇工人。

现行刑律案语

原律(略)

臣等谨按：此仍《明律》。斩决照章应改绞决，斩候应改绞候，流罪附杖应节删。惟查《比引律条》有"义子奸义母比依雇工人奸家长妻，立斩"一条，似应于本律首节下添注"义子奸义母罪同"七字，以省繁冗，而资援引。谨将修改律文、律注，开列于后。

〇修改

凡奴及雇工人奸家长妻女者，各绞。（决。义子奸义母罪同。）〇若奸家长之期亲，若期亲之妻者，绞。（监候。）妇女减一等。若奸家长之缌麻以上亲，及缌麻以上亲之妻者，各流二千里。强者，绞。（监候。）〇妾各减一等，强者亦绞。（监候。军伴、弓兵、门皂、在官役使之人，俱作雇工人。）

核订现行刑律

原修改律文

6.25.370 奴及雇工人奸家长妻原修改律文（略）

原修改例文

6.25.370.(2)〔家长亲属奸奴雇妻女未成致令自尽〕原修改例文（略）

6.25.370.(3)〔奴雇强奸家长母与妻女及调奸未成〕原修改例文（略）

谨按：律文第一节小注系从《比引律条》增入，此项罪名究有母子名分律例所不忍言，有犯自可酌量问拟，此节律注应请节删。奴仆现以雇工人论，律例内"奴仆"字样亦应节去，本条律目并应改为"雇工人奸家长妻"，以归一律。再，在官役使之人，不止军伴、弓兵、门皂三项，一一罗列，转易罣漏，律注"门皂"等六字应请一并节去。谨将修改律目、律文、例文，分列于后。

〇修改

25.328 雇工人奸家长妻条律文（略）

25.328.(1)〔家长亲属强奸雇工人妻女未成致令自尽〕（略）

25.328.(2)〔雇工人强奸家长母与妻女及调奸未成〕（略）

条例 · 修改

大清律例	现行刑律
6.25.370.(2)〔家长亲属奸奴雇妻女未成致令自尽〕 一、家长之有服亲属，强奸奴仆、雇工人妻女未成，致令羞忿自尽者，杖一百，发近边充军。	25.328.(1)〔家长亲属强奸雇工人妻女未成致令自尽〕 一、家长之有服亲属，强奸雇工人妻女未成，致令羞忿自尽者，流二千五百里。

现行刑律案语

原例

6.25.370.(2)〔家长亲属奸奴雇妻女未成致令自尽〕(略)

臣等谨按:此条系乾隆二十年〔1755〕定例。惟近边充军应照章改为流二千五百里。附杖并应节删。谨将修改例文,开列于后。

○修改

一、家长之有服亲属,强奸奴仆、雇工人妻女未成,致令羞忿自尽者,流二千五百里。

核订现行刑律

○修改(略)

见6.25.370奴及雇工人奸家长妻条律

大清律例

6.25.370.(3)〔奴雇强奸家长母与妻女及调奸未成〕

一、凡奴及雇工人强奸家长之母与妻女,审有损伤肤体,毁裂衣服,及邻证见闻确据者,无论已未成奸,将奴及雇工人拟斩立决。若调奸未成,发黑龙江给披甲人为奴。

现行刑律

25.328.(2)〔雇工人强奸家长母与妻女及调奸未成〕

一、凡雇工人强奸家长之母与妻女,审有损伤肤体,毁裂衣服,及邻证见闻确据者,无论已未成奸,均拟绞立决。若调奸未成,发烟瘴地方安置。

现行刑律案语

原例

6.25.370.(3)〔奴雇强奸家长母与妻女及调奸未成〕(略)

臣等谨按:此条系乾隆五十三年〔1788〕刑部因案定例,嘉庆、咸丰年间迭次修改,原系严惩悍奴之意。例内斩决照章改为绞决,发黑龙江为奴,按《名例》系发四省烟瘴充军,应酌改为烟瘴地方,并遵章改充军为安置。谨将修改例文,开列于后。

○修改

一、凡奴及雇工人强奸家长之母与妻女,审有损伤肤体,毁裂衣服,及邻证见闻确据者,无论已未成奸,均拟绞立决。若调奸未成,发烟瘴地方安置。

核订现行刑律

○修改(略)

见6.25.370奴及雇工人奸家长妻条律

条例·删除

大清律例

6.25.370.(1)〔奴奸家长妾及家长奸仆妇〕

一、凡奴奸家长之妾者，各绞监候。若家长奸家下人有夫之妇者，笞四十，系官交部议处。

现行刑律案语

○删除

原例（略）

臣等谨按：此条系康熙年间定例。上层和奸拟绞，似嫌过重，下层仅拟笞罪，又嫌过轻，此种事情恒有，而照例办理者百不一见，例文系属虚设，似可删除。

6.25.371 奸部民妻女／25.329 奸部民妻女

律文·修改

大清律例	现行刑律
6.25.371.1 凡军民本管官吏奸所部妻女者，加凡奸罪二等，各罢职役不叙，妇女以凡奸论。○6.25.371.2 若奸囚妇者，杖一百、徒三年，囚妇止坐原犯罪名。若保管在外，仍以奸所部坐之。强者俱绞。	25.329.1 凡军民本管官吏奸所部妻女者，加凡奸罪二等，各罢职役不叙，妇女以凡奸论。○25.329.2 若奸囚妇者，徒三年，囚妇止坐原犯罪名。若保管在外，仍以奸所部坐之。强者，俱绞。

现行刑律案语

原律（略）

臣等谨按：此仍《明律》，顺治三年〔1646〕添入小注，雍正三年〔1725〕改定。律内徒罪附杖应照章节删。谨将修改律文，开列于后。

○修改（略）

6.25.372 居丧及僧道犯奸 / 25.330 居丧及僧道犯奸

律文 · 仍旧

大清律例	现行刑律
6.25.372.1 凡居父母及夫丧,若僧、尼、道士、女冠,犯奸者,各加凡奸罪二等。相奸之人,以凡奸论。强者,奸夫绞监候,妇女不坐。	25.330.1 凡居父母及夫丧,若僧、尼、道士、女冠,犯奸者,各加凡奸罪二等。相奸之人,以凡奸论。强者,奸夫绞监候,妇女不坐。

现行刑律案语

原律(略)

○仍旧

臣等谨按:此律应仍其旧,理合陈明。

条例 · 删除

大清律例

6.25.372.(1)〔僧道官僧道挟妓饮酒〕

一、僧道官、僧人、道士,有犯挟妓饮酒者,俱杖一百,发原籍为民。

删除律例

○删除

大清律例

6.25.372.(2)〔僧道尼僧女冠犯奸〕

一、僧、道、尼僧、女冠有犯和奸者,于本寺观庵院门首枷号两个月,杖一百。其僧、道奸有夫之妇,及刁奸者,照律加二等,分别杖、徒治罪,仍于本寺观庵院门首,各加枷号两个月。

删除律例

○删除

6.25.373 良贱相奸

律文·删除

大清律例

6.25.373.1 凡奴奸良人妇女者,加凡奸罪一等。和、刁,有夫、无夫,俱同。强者,斩。良人奸他人婢者,男、妇各减凡奸一等。如强者,仍照凡论,拟绞监候。其强奸未成者,俱杖一百、流三千里。奴婢相奸者,以凡奸论。

现行刑律案语

原律(略)

臣等谨按:此仍《明律》,顺治三年〔1646〕添入小注,雍正三年〔1725〕修改,乾隆五年〔1740〕增定。注内“斩”应照章改“绞”。流罪附杖并节删。谨将律文并修改律注,开列于后。

〇修改

凡奴奸良人妇女者,加凡奸罪一等。和、刁、有夫、无夫俱同。如强者,绞。良人奸他人婢者,男妇各减凡奸一等。如强者,仍照凡论,拟绞监候。其强奸未成者,流三千里。奴婢相奸者,以凡奸论。

核订现行刑律

〇删除

原修改律文(略)

谨按:此条律文现已奏准删去,自应删除。

6.25.374 官吏宿娼 / 25.331 官吏宿娼

律文·修改

大清律例	现行刑律
6.25.374.1 凡文武官吏宿娼者,杖六十。挟妓饮酒,亦坐此律。媒合人,减一等。〇6.25.374.2 若官员子孙应袭荫宿娼者,罪亦如之。	25.331.1 凡文武官吏宿娼者,处六等罚。挟妓饮酒,亦坐此律。媒合人,减一等。〇25.331.2 若官员子孙应袭荫宿娼者,罪亦如之。

现行刑律案语

原律(略)

臣等谨按:此仍《明律》,顺治三年〔1646〕添入小注,雍正三年〔1725〕删改,乾隆五年〔1740〕改定。"杖六十"罪名照章罚金,应改为"处六等罚"。谨将修改律文,开列于后。

○修改(略)

条例·删除

大清律例

6.25.374.(1)〔生监不守监视挟妓赌博等项〕

一、监生、生员撒泼嗜酒,挟制师长,不守监规、学规,及挟妓、赌博,出入官府,起灭词讼,说事过钱,包揽物料等项者,问发为民,各治以应得之罪。得赃者,计赃从重论。

现行刑律案语

○删除

原例(略)

臣等谨按:此条系前明旧例,专为生监而设。惟例内所称"问发为民"即系褫革,"治以应得之罪"亦系按所犯情罪依例定拟,"计赃重者,从重论"亦有通律可循,均毋庸赘述。此条拟请删除。

6.25.375买良为娼/25.332买良为娼

律文·修改

大清律例	现行刑律
6.25.375.1凡娼优、乐人,买良人子女为娼优,及娶为妻妾,或乞养为子女者,杖一百。知情嫁卖者,同罪。媒合人减一等。财礼入官,子女归宗。	25.332.1凡娼优买良人子女为娼优,及娶为妻妾,或乞养为子女者,处十等罚。知情嫁卖者,同罪。媒合人减一等。财礼入官,子女归宗。

现行刑律案语

原律(略)

臣等谨按:此仍《明律》。惟"杖一百"罪名照章罚金,应改为"处十等罚"。谨将修改律文,开列于后。

○修改

凡娼优、乐人,买良人子女为娼优,及娶为妻妾,或乞养为子女者,处十等罚;知情嫁卖者同罪。媒合人减一等，财礼入官，子女归宗。

核订现行刑律

原修改律文（略）

谨按：乐人亦即乐户，国朝久已豁除此类名色，他条删节殆尽，本条自应一律节去。谨将修改律文，开列于后。

〇修改（略）

条例·修改

大清律例

6.25.375.(2)〔无籍之徒及生监窝顿及架护流娼〕

一、凡无籍之徒，及生监、衙役、兵丁，窝顿流娼土妓，引诱局骗，及得受窝顿娼妓之家财物，挺身架护者，照窝赌例治罪。如系偶然存留，为日无几，枷号三个月，杖一百。其窝顿月日经久者，杖一百、徒三年；再犯，杖一百、流三千里。得受娼妓家财物者，仍准枉法，计赃，从重论。邻保知情容隐者，杖八十；受财者，亦准枉法论，计赃从重科断。其失察之该地方官，交部照例议处。

现行刑律

25.332.(1)〔无藉之徒及生监兵役窝顿及架护流娼〕

一、凡无籍之徒，及生监、衙役、兵丁，私自窝顿流娼土妓，引诱局骗，及得受窝顿娼妓之家财物，挺身架护者，照窝赌例治罪。如系偶然存留，为日无几，徒一年。其窝顿月日经久者，徒三年；再犯，流三千里。得受娼妓家财物者，仍准枉法，计赃，从重论。邻保知情容隐者，处八等罚；受财者，亦准枉法论，计赃，从重科断。其失察之该地方官，交部照例议处。

现行刑律案语

原例（略）

臣等谨按：此条系乾隆年间定例。现在娼寮虽经上捐，而私自窝顿娼妓者仍应治罪。例内"杖八十"照章罚金，应改为"处八等罚"。至满枷加枷号三月罪名，若枷、杖并罚，颇涉苛细，应酌改为徒一年。徒、流附杖应节删。谨将修改例文，开列于后。

〇修改（略）

大清律例

6.25.375.(3)〔纵容抑勒妻女与人通奸及诱买良家子女为优娼〕

现行刑律

25.332.(2)〔诱买良家子女为优娼〕

一、私买良家之女为娼，及设计诱

一、凡纵容抑勒妻妾及亲女、义女、子孙之妇妾等项与人通奸者,除照纵容抑勒犯奸本律治罪外,仍将纵容抑勒之人,在本家门首枷号一个月发落,奸夫及妇女俱照律问拟,毋庸枷号。若有私买良家之女为娼,及设计诱买良家之子为优者,俱枷号三个月,杖一百、徒三年。知情卖者,与同罪。媒合人及串通说合之中保减一等。奸宿者,照抑勒妻女与人通奸奸夫杖八十律拟杖八十。子女不坐,并发归宗。若妇女、男子,自行起意为娼、为优卖奸者,照军民相奸例,枷号一个月,杖一百。宿娼狎优之人,亦照此例,同拟枷、杖。

买良家之子为优者,俱徒三年。知情卖者,与同罪。媒合人及串通说合之中保减一等。奸宿者,照抑勒妻女与人通奸奸夫律治罪。子女不坐,并发归宗。

现行刑律案语

原例(略)

臣等谨按:此条系前明《问刑条例》,乾隆、嘉庆、咸丰年间迭次修改。例首“纵容抑勒之人”既照本律治罪,复在门首加枷,殊嫌律外加重,且照新章枷、杖并罚,亦嫌涉于烦苛,似应将此段全行节去,第二层“枷号”亦应酌删。至抑勒妻女与人通奸案内之奸夫,及军民相奸,各本律例内均已着定罪名,此处似无庸复叙,应各改为“治罪”,以示赅括。其例末“宿娼狎优之人”亦照凡奸科断,殊嫌未平,盖娼优本下贱之流,即犯之者,宜有区别,况“官吏宿娼”律止杖六十,岂常人反应独严,似可仿照办理,仍遵章改为处六等罚。徒罪附杖应节删。谨将修改例文,开列于后。

○修改

一、私买良家之女为娼,及设计诱买良家之子为优者,俱徒三年。知情卖者,与同罪。媒合人及串通说合之中保减一等。奸宿者,照抑勒妻女与人通奸奸夫律治罪。子女不坐,并发归宗。若妇女、男子,自行起意为娼、为优卖奸者,照军民相奸例治罪。宿娼狎优之人,处六等罚。

核订现行刑律

原修改例文(略)

谨按:娼优业经弛禁,其“自行起意为娼、为优”一层出于本人之自愿,无须治罪,应请节删。谨将修改例文,开列于后。

○修改(略)

条例 · 删除

大清律例

6.25.375.(1)〔人牙领卖妇人逼勒卖奸及逾限不卖图利〕

一、凡借充人牙,将领卖妇人,逼勒卖奸图利者,枷号三个月,杖一百,发云贵、两广烟瘴少轻地方。如虽无局奸图骗情事,但非系当官交领,私具领状,将妇人久养在家,逾限不卖,希图重利者,杖一百。地方官不实力查拿,照例议处。

现行刑律案语

〇删除

原例(略)

臣等谨按:此条系雍正二年〔1724〕定例,乾隆五年〔1740〕改定。例内"领卖妇人"似指当官价卖而言,现在例应当官价卖者绝少,且民政部业已设立济良所,各省自应推广照办,即有此等妇女尽可交令择配,此例无关引用,应即删除。

大清律例

6.25.375.(4)〔知情租给房屋窝娼及开设软棚并邻保知情容留〕

一、京城内外,拿获窝娼并开设软棚月日经久之犯,除本犯照例治罪外,其租给房屋之房主,初犯杖八十、徒二年,再犯杖一百、徒三年。知情容留之邻保,杖八十。房屋入官。若甫经窝娼及开设软棚,即被拿获,知情租给之房主杖八十,知情容留之邻保笞四十。若房主、邻佑实不知情,不坐,房屋免其入官。如业主所置房屋,交家人经手,有赁给窝娼开设软棚,伊主实不知情者,罪坐经手之人。倘系官房,即将知情租给经手官房之人,亦照前例治罪。

现行刑律案语

〇删除

原例(略)

臣等谨按:此条系嘉庆十六年〔1811〕定例。现在京师娼寮均经上捐,此项租给房屋之家,业经奏准,免其治罪。此例应即删除。

6.26 杂犯／26 杂犯

6.26.376 拆毁申明亭／26.333 拆毁申明亭

律文 · 修改

大清律例	现行刑律
6.26.376.1 凡拆毁申明亭房屋，及毁亭中板榜者，杖一百、流三千里。仍各令修立。	26.333.1 凡拆毁申明亭房屋，及毁亭中板榜者，流三千里。仍各令修立。

现行刑律案语

原律（略）

臣等谨按：此仍《明律》。流罪附杖照章应删。谨将修改律文，开列于后。

〇修改（略）

条例 · 修改

大清律例	现行刑律
6.26.376.(1)〔缮刻晓谕教民敕谕条约〕 一、凡钦奉教民敕谕，该督抚督率属员缮写刊刻，敬谨悬挂于申明亭。并将旧有一切条约，悉行刊刻木榜晓谕。	26.333.(1)〔缮刻晓谕教民敕谕条约〕 一、凡钦奉教化民俗之敕谕，该督抚督率属员缮写刊刻，敬谨悬挂于申明亭。并将旧有一切教条规约，悉行刊刻木榜晓谕。

现行刑律案语

原例（略）

臣等谨按：此条系乾隆九年〔1744〕定例，应仍其旧。惟"教民"二字，恐乡愚不解，句读易致误会，应增修明晰。又"条约"二字，与国际交涉之条约字面无别，拟改为"教条规约"，以示区分。谨将修改例文，开列于后。

〇修改（略）

6.26.377夫匠军士病给医药／26.334夫匠军士病给医药

律文·修改

大清律例

6.26.377.1凡军士在镇守之处、丁夫杂匠在工役之所而有疾病，当该镇守、监督官司不为行移所司请给医药救疗者，笞四十；因而致死者，杖八十。若已行移所司，而不差拨良医，及不给对症药饵医治者，罪同。

现行刑律

26.334.1凡军士在镇守之处、丁夫杂匠在工役之所而有疾病，当该镇守、监督官司不为行移所司请给医药救疗者，处四等罚；因而致死者，处八等罚。若已行移所司，而不差拨良医，及不给对症药饵医治者，罪同。

现行刑律案语

原律(略)

臣等谨按：此仍《明律》。笞、杖罪名照章罚金，应依数分等处罚。谨将修改律文，开列于后。

〇修改(略)

6.26.378赌博／26.335赌博

律文·修改

大清律例

6.26.378.1凡赌博财物者，皆杖八十，所摊在场之财物入官。其开张赌坊之人，虽不与赌列，亦同罪。坊亦入官。止据见发为坐。职官加一等。〇6.26.378.2若赌饮食者，勿论。

现行刑律

26.335.1凡赌博财物者，皆处八等罚，所摊在场之财物入官。其开张赌坊之人，虽不与赌列，亦同罪。坊亦入官。止据见发为坐。职官加一等。〇26.335.2若赌饮食者，勿论。

现行刑律案语

原律(略)

臣等谨按：此仍《明律》。“杖八十”罪名照章罚金，应改为“处八等罚”。谨将修改律文，开列于后。

〇修改(略)

条例·修并、修改

大清律例

6.26.378.(2)〔兵民官员奴仆赌博〕

一、凡赌博,不分兵民,俱枷号两个月,杖一百。偶然会聚开场窝赌,及存留之人抽头无多者,各枷号三个月,杖一百。官员有犯,革职、枷责,不准折赎。奴仆犯者,家主系官,交与该部;系平人,责十板。该管各官不行严查缉拿,别经发觉者,交部议处;总甲笞五十。若旁人出首,或赌博中人出首者,自首人免罪,仍将在场财物一半给首人充赏,一半入官。凡以马吊、混江赌财物者,俱照此例治罪。赌饮食者,坐不应重律。以上俱拿获牌骰、见发有据者方坐,不许妄扳拖累。

6.26.378.(3)〔开场诱赌经旬累月存留赌博之人并官员聚赌〕

一、凡民人将自己银钱,开场诱引赌博,经旬累月,聚集无赖,放头抽头者,初犯杖一百、徒三年,再犯杖一百、流三千里。存留赌博之人,初犯杖八十、徒二年,再犯杖一百、徒三年。输钱者,据实出首免罪,仍追所输之线给还。若官员,无论赌钱、赌饮食等物,有打马吊、斗混江者,俱革职,满杖,枷号两个月。上司与属员斗牌、掷骰者,亦均革职,满杖,枷号三个月。俱永不叙用。如该管上司并督抚容隐属员赌博,及地方官弁疏纵赌博者,俱交部严加议处。稽查兵役,亦照例治罪。

6.26.378.(7)〔压宝诱赌及开鹌鹑圈赌斗者〕

一、凡压宝诱赌,以及开鹌鹑圈、斗

现行刑律

26.335.(1)〔寻常赌博并开场诱赌经旬累月容留赌博〕

一、凡赌博之人,各处十等罚。偶然会聚开场窝赌,及在家容留赌博,或将自己银钱放头、抽头无多者,各徒一年。以自己银钱开场诱赌,经旬累月,聚集无赖放头抽头者,初犯徒三年,再犯流三千里。在家容留赌博之人,初犯徒一年,再犯徒三年。若旁人出首,或赌博中人出首者,自首人免罪,仍将在场财物一半给首人充赏,一半入官。输钱者出首,除免罪外,仍追所输之钱给还。其打马、吊斗、混江赌财物,及压宝诱赌,或开鹌鹑圈、斗鸡坑、蟋蟀盆赌斗者,俱照此例治罪。该管各官失察,交部议处;总甲处五等罚。以上俱拿获赌具、见发有据者方坐,不许妄攀拖累。

鸡坑、蟋蟀盆赌斗者，将开场及同赌之人，俱照赌博例治罪。其失察之该管官，亦照赌博之该管官员例议处。

现行刑律案语

原例

6.26.378.(2)〔兵民官员奴仆赌博〕(略)

6.26.378.(3)〔开场诱赌经旬累月存留赌博之人并官员聚赌〕(略)

6.26.378.(7)〔压宝诱赌及开鹌鹑圈赌斗者〕(略)

臣等谨按：以上三条，第一条系顺治初年定例，经节次修改；第二条系雍正年间定例，因尔时赌风甚炽，特严其禁，并于第一条添“偶然会聚”四字，以别于本条之“经旬累月”；第三条本系三条，雍正、乾隆年间先后增定修，并为一。第一、第二两条系赌博通例，第三条亦系赌博，不过名目不同，应合并为一，以归简易，惟例文错杂，必须详晰修改。查第一条，罪名本以枷号为主，国初严禁赌博，旗人犯者枷号、鞭责，民人犯者照旗人例分别枷责，免其军、流，是枷号日数其罪，本与军、流相等，然原例但言开场窝赌，而不言偶然会聚，盖既开设赌场窝集多人，则必非偶然之事，例内虽无“经旬累月”之文，实包“经旬累月”之意，其后续定条例以时日之暂久，分罪名之轻重，且旗人窝赌均不折枷，而此例独仍其旧，则此条情节业已改轻。详译例意，非以枷号为军、流改折之罪，而视为寻常附加之罪，显然可见。若谓本条以罪应军、流而折枷，余条以罪止徒、流而实发，并非有附罪、主罪之别，似非画一之道。窃谓赌博之禁当严于诱引、容留，而宽于在场被诱。《唐律》赌博杖一百，《明律》赌博杖八十，皆无重罪。本例所称赌博，兵民均系被诱之人，处以满杖已较律文为重，似不必再加枷号，拟即照章罚金，改为处十等罚。其“偶然会聚开场窝赌”一项，即于赌博本罪上加一等，惟所称“存留之人抽头无多”，语意不甚明晰，拟改为“偶然会聚开场窝赌者，将开场之人，及在家容留赌博之人，并将自己银钱放头、抽头无多者，各徒一年”。“奴仆”一项，旧系旗人专例，现在情形不符，应节删。总甲应得笞罪，亦应依数改为处罚。至赌饮食者，律得勿论，诚以饮食之微无关风化，亦断无故设赌具开场引诱之理，例亦严申禁令，殊与律意不合，此层亦拟节删。第二条，例首言诱引、容留之罪，乃禁赌要义，应仍其旧，其徒、流附杖仍应照章删除。例末言官员赌博，则治罪本与平民不同，拟请将本条“官员赌博”各项与上条“官员有犯”一项一并提出，另立专条，以清眉目。第三条，压宝、赌斗之类为赌博之一端，既照赌博例治罪，自应并入，其繁冗字句并拟节去。谨将修并例文，开列于后。

○修并(略)

大清律例

6.26.378.(6)〔描画纸牌及造卖牌骰未成〕

一、凡描画纸牌，照印板造卖之犯减一等治罪。造卖牌骰未成，照造卖已成者减一等治罪。

6.26.378.(14)〔造卖纸牌骰子及藏匿造赌器具〕

一、凡民人造卖纸牌、骰子，为首者，发边远充军；为从及贩卖为首者，杖一百、流二千里；贩卖为从者，杖一百、徒三年。如藏匿造赌器具不行销毁者，照贩卖为从例治罪。若于未获之先，本犯自首，准其免罪，仍详记档案。倘免罪之后，又复造卖，发边远充军。如同居之父兄伯叔等据实出首，本犯亦准免罪。地方、保甲知造卖之人不首报者，杖一百；受财者，计赃准枉法从重论，罪止杖一百、流三千里。

现行刑律

26.335.(2)〔造卖赌具描画纸牌售卖并藏匿造赌器具〕

一、凡造卖赌具，为首者流三千里，为从者流二千里；未成，各减一等。贩卖者，为首流二千里，为从徒三年。其描画纸牌售卖者，照造卖赌具之犯减一等。如藏匿制造赌具之器不行销毁者，照贩卖为从例治罪。若于未获之先，本犯自首，准其免罪。倘免罪之后，又复造卖，流三千里。如同居之父兄、伯叔等据实出首，本犯亦准免罪。地方、保甲知造卖之人不首报者，处十等罚；受财者，计赃准枉法从重论，罪止流三千里。

现行刑律案语

原例

6.26.378.(14)〔造卖纸牌骰子及藏匿造赌器具〕（略）

6.26.378.(6)〔描画纸牌及造卖牌骰未成〕（略）

臣等谨按：以上二条均言造卖赌具之罪，应合并为一，以归简易。各项罪名亦应照章分别修改。前一条“民人”二字，本别于旗人而言，向来旗人赌博俱照民人一体治罪，例内“民人”二字应节删。又，问刑衙门审问案件本有档案，例内“仍详记档案”五字，亦应节去。谨将修并例文，开列于后。

〇修并

一、凡造卖纸牌、骰子，为首者流三千里，为从者，流二千里；未成，各减一等。贩卖者，为首流二千里，为从徒三年。其描画纸牌售卖者，照印板造卖之犯减一等。如藏匿造赌器具不行销毁者，照贩卖为从例治罪。若于未获之先，本犯自首，准其免罪。倘免罪之后，又复造卖，流三千里。如同居之父兄、伯叔等据实出首，本犯亦准免罪。地方、保甲知造卖之人不首报者，处十等罚；受财者，计赃准枉法从重论，罪止流三千里。

核订现行刑律

原修并例文(略)

谨按:纸牌、骰子乃赌具之一种,应改为“赌具”字样,以便赅括。又例内“造赌器具”系指造赌具之器具,如印牌之板之类,第语涉含混,应改为“制造赌具之器具”,以昭明晰。谨将修改例文,开列于后。

○修改(略)

大清律例

6.26.378.(11)〔现任职官屡次聚赌及经旬累月开场〕

一、凡现任职官,有犯屡次聚赌,及经旬累月开场者,发往乌鲁木齐等处效力赎罪。若偶然犯罪,及聚赌一、二次者,仍革职,照例枷责,不准折赎。

现行刑律

26.335.(3)〔现任职官有犯赌博并屡次聚赌及经旬累月开场〕

一、现任职官,有犯赌博者,革职;上司与属员斗牌、掷骰者,亦均革职;俱永不叙用。有犯屡次聚赌,及经旬累月开场者,发往新疆效力赎罪。该管上司并督抚容隐不举,交部严加议处。

现行刑律案语

原例(略)

臣等谨按:此条系乾隆四十年〔1775〕定例,嘉庆六年〔1801〕修改。官员犯赌治罪,与平民不同,应将上条原例①“官员犯赌”各项并入本例,并将本例小注删除。惟附加枷号,上条既拟宽免,本条未便独留。杖罪既改罚金,即系折赎之意,例文“满杖”及“不准折赎”字样应节删。至“经旬累月开场,发乌鲁木齐”一项,查乌鲁木齐等处本系新疆地方,应即改为“新疆”二字。谨将修并例文,开列于后。

○修并(略)

大清律例

6.26.378.(1)〔教诱宗室为非〕

一、凡军民人等,擅入宗室府内教诱为非,及赌博诓哄财物者,俱问发近边充军。

现行刑律

26.335.(4)〔教诱宗室为非〕

一、凡军民人等,擅入宗室府内教诱为非,及赌博诓哄财物者,俱流二千五百里。

---

① 此处“上条条例”“上条”指6.26.378.(3)〔开场诱赌经旬累月存留赌博之人并官员聚赌〕条。

现行刑律案语

原例(略)

臣等谨按:此系前明《问刑条例》,雍正三年〔1725〕节修,乾隆三十二年〔1767〕改定。例内"近边充军"罪名照章应改"流二千五百里"。谨将修改例文,开列于后。

○修改(略)

大清律例

6.26.378.(9)〔匪徒串党驾船设局诱赌〕

一、无赖匪徒串党驾船,设局揽载客商,勾诱赌博,折没货物,揹留行李者,初犯到案,审系仅止一、二次者,照开场诱赌例,杖一百、徒三年;三次以上,及再犯者,发云贵两广极边烟瘴充军,并将首犯先于拿获之沿河码头地方,加枷号一个月。其船户知情分赃者,初犯仍照为从论,再犯亦与犯人同罪,船价入官。

现行刑律

26.335.(5)〔匪徒串党驾船设局诱赌〕

一、无赖匪徒串党驾船,设局揽载客商,勾诱赌博,折没货物,揹留行李者,初犯到案,审系仅止一、二次者,照开场诱赌例,徒三年;赃重者,仍从重论;三次以上,及再犯者,发烟瘴地方安置。其船户知情分赃者,初犯仍照为从论,再犯亦与犯人同罪,船价入官。

现行刑律案语

原例(略)

臣等谨按:此条系乾隆二十九年〔1764〕定例。徒罪附杖照章应删。"云贵两广极边烟瘴充军"应改为"烟瘴地方安置"。附加枷号照章折罚,为数无多,拟请宽免。谨将修改例文,开列于后。

○修改

一、无赖匪徒串党驾船,设局揽载客商,勾诱赌博,折没货物,揹留行李者,初犯到案,审系仅止一、二次者,照开场诱赌例,徒三年;三次以上,及再犯者,发烟瘴地方安置。其船户知情分赃者,初犯仍照为从论,再犯亦与犯人同罪,船价入官。

核订现行刑律

原修改例文(略)

谨按:设局诱赌即属诓骗财物,准窃盗论罪已满流,本例一、二次拟以满徒,如遇赃重之案,反涉轻纵,应于"徒三年"下增"赃重者,仍从重论"七字,以昭允协。谨将修改例文,开列于后。

○修改(略)

大清律例

6.26.378.(13)〔闽省拿获花会首从各犯及贿庇知情容隐并失察〕

一、闽省拿获花会案犯,讯明起意为首者,照造卖赌具例发边远充军。其伙同开设、辗转纠人之犯,照贩卖赌具为首例,杖一百、流二千里。其在场帮收钱文等犯,均照为从例杖一百、徒三年。仍各尽赌博本法,于开设花会处先行枷号两个月,满日定地发配。其被诱入会之人,俱枷号三个月,杖一百。地保、汛兵若有贿庇情事,即照为首本犯一体问拟。如赃重于本罪者,仍计赃从重论。其知情容隐者,虽无受贿情事,亦科以为从之罪,杖一百、徒三年。若甫经开设,实系失于查察者,比照造卖牌骰之保甲知而不首例,杖一百,革役。失察之文武各官,俱照失察赌具例,交部议处。如匪徒另立名色,诱赌聚众,数在三十人以上,与花会名异而实同者,均照此例办理。

现行刑律

26.335.(6)〔闽省花会首从各犯及贿庇知情容隐并失察〕

一、闽省花会案犯,起意为首者,照造卖赌具例流三千里。其伙同开设、辗转纠人之犯,照贩卖赌具为首例流二千里。在场帮收钱文等犯,均照为从例徒三年。被诱入会之人,俱处十等罚。地保、汛兵有贿庇情事,照为首一体问拟。如赃重于本罪者,仍计赃从重论。其知情容隐者,虽无受贿情事,亦科以为从之罪,徒三年。若甫经开设,实系失于查察者,比照造卖赌具保甲知而不首例,处十等罚。失察之文武各官,俱照失察赌具例,交部议处。如匪徒另立名色,诱赌聚众,数在三十人以上,与花会名异而实同者,均照此例办理。

现行刑律案语

原例(略)

臣等谨按:此条系乾隆四十四年〔1779〕定例。现闻闽省地方此风未息,本例应仍其旧,惟例内“边远充军”照章应改“流三千里”,“杖一百”罪名照章罚金,应改为“处十等罚”。徒、流附杖照章应删。附加枷号,赌博本例内既拟删除,此处应请一并宽免。谨将修改例文,开列于后。

○修改

一、闽省花会案犯,起意为首者,照造卖赌具例流三千里。其伙同开设、辗转纠人之犯,照贩卖赌具为首例,流二千里。在场帮收钱文等犯,均照为从例徒三年。被诱入会之人,俱处十等罚。地保、汛兵有贿庇情事,照为首一体问拟。如赃重于本罪者,仍计赃,从重论。其知情容隐者,虽无受贿情事,亦科以为从之罪,徒三年。若甫经开设,实系失于查察者,比照造卖牌骰之保甲知而不首例,处十等罚。失察之文武各官,俱照失察赌具例,交部议处。如匪徒另立名色,诱赌聚众,数在三十人以上,与花会名异而实同者,均照此例办理。

大清律例

6.26.378.(4)〔拿获赌博穷究牌骰由来〕

一、八旗、直省拿获赌博,务必穷究牌骰之所由来。如不能究出,或被他处查出,将承审官交部议处。倘将无辜之人,混行入罪,照不能查出造卖牌骰例,加一等治罪。其究出造卖之地方官,交部议叙。或所属地方有造卖之家,未经发觉,能缉拿惩治,亦交部议叙。

6.26.378.(5)〔严追赌具来历〕

一、拿获赌博人犯到案,务向各犯严追赌具来历。如不将造卖之人据实供出,即将出有赌具之人,照贩卖为从例杖一百、徒三年。若已将造卖之人供出,该地方官规避失察,朦胧结案,或该犯狡词支饰,承审官不根究实情,后经查出,交部分别议处。

现行刑律

26.335.(7)〔拿获赌博严追赌具来历〕

一、拿获赌博人犯,务严追赌具来历。如不将造卖之人据实供出,即将出有赌具之人,照贩卖为从例徒三年。若已供出,该承审官规避失察,朦胧结案,或该犯狡词支饰,承审官不根究实情,后经查出,俱交部分别议处。倘将无辜之人混行入罪,以失入论。其究出造卖之承审官,交部议叙。或地方有造卖之家,未经发觉,能缉拿惩治,亦交部议叙。

现行刑律案语

原例

6.26.378.(4)〔拿获赌博穷究牌骰由来〕(略)

6.26.378.(5)〔严追赌具来历〕(略)

臣等谨按:以上二条俱为追究赌具来历而设,应修并为一。前一条"八旗、直省"四字系不分满汉之意,现在旗人有犯,均照民人一体问拟,此句系属赘文,应节删。不能查出造卖牌骰之例,系雍正七年〔1729〕所定,乾隆五年〔1740〕将原例删并,其如何治罪之处,例内并无明文。本条承审官将无辜入罪,照此项条例加等治罪办理,未免窒碍。查此节例意,本为慎防冤滥起见,核与断罪失入相同,拟请改照官司断罪失入律办理,以昭核实。后一条徒罪附杖照章应删。谨将修并例文,开列于后。

○修并(略)

大清律例

6.26.378.(10)〔容留制造赌具之房主〕

一、凡容留制造赌具之房主，如讯不知情，仍照不应重律治罪外，如审系贪得重租，知情包庇，但在一年以外者，将房主与造卖赌具为首之犯一例问拟，发边远充军。即在一年以内，亦将房主照制造为从，及贩卖为首例，杖一百、流二千里。若在半年以内，将房主照贩卖为从例杖一百、徒三年。倘地方官拿获造卖赌具之犯，不将窝留造卖月日研究明确，从重定拟者，将承审之员严行参处。

6.26.378.(15)〔奸民私造赌具及开场窝赌邻佑徇隐不首〕

一、奸民私造赌具，或经旬累月，开场窝赌，其左右紧邻，有能据实出首，照例给赏。如有通同徇隐，不即举首者，杖一百。若得财，准枉法从重论，罪止杖一百、徒三年。所得之赃，照追入官。

6.26.378.(16)〔京城内外存留赌博之人〕

一、京城内外拿获赌博，除讯系偶然聚赌窝赌，存留之人照例治罪，房屋免其入官外，如开场聚赌，经旬累月，其租给房屋、棚座之房主、铺户，均照容留旗民开场聚赌定例分别治罪，邻佑亦按例定拟，房屋、棚座概行入官。如业主所置房屋，交家人经手，有赁给聚赌，伊主实不知情者，罪坐经手之人。倘系官房，即将知情租给经手官房之人，亦照前例治罪。

现行刑律

26.335.(8)〔房主容留赌博及造卖赌具者〕

一、凡房主知情容留赌博，除照容留赌博例治罪外，讯系经旬累月者，房屋入官；偶然聚集者，免其入官。由人经手出租者，房主实不知情，罪坐经手之人。如系官房，即将知情租给之人照例治罪。其容留造卖赌具者，照贩卖为从例徒三年；不知情者，照不应重律治罪。其左右紧邻，能将开场窝赌及私造赌具据实出首者，照例给赏。通同徇隐者，处十等罚。若得财，准枉法赃从重论，罪止徒三年。所得之赃，照追入官。

现行刑律案语

原例

6.26.378.(16)〔京城内外存留赌博之人〕(略)

6.26.378.(10)〔容留制造赌具之房主〕(略)

6.26.378.(15)〔奸民私造赌具及开场窝赌邻佑徇隐不首〕(略)

臣等谨按:以上三条,第一条言京城房主容留赌博之罪,系嘉庆十六年〔1811〕定例,此等情形不第京师为然,自应改为通例;第二条言房主容留造卖赌具之罪,系乾隆三十四年〔1769〕定例,知情包庇遽与首犯同科,未免过重,拟请酌照为从例满徒,至承审官不从重定拟一节,"官司出入人罪"门有故出明文,此处应节删;第三条言左右聚邻徇隐之罪,系雍正九年〔1731〕定例,乾隆二十五年〔1760〕改定,例内附杖应照章删除,"杖一百"罪名照章罚金,应改为"处十等罚"。总核三条情事相类,自应修并为一,以归简易。又光绪八年〔1882〕刑部议复《步军统领衙门整顿地面》折内称"甫经窝赌,初犯,房屋宽免入官;再犯,不论久暂概行入官"等语,定章以后迄未引用,拟请毋庸纂入,合并声明。谨将修并例文,开列于后。

○修并(略)

条例·删除

大清律例

6.26.378.(8)〔在京轿夫借名依附潜匿别处开场诱赌〕

一、在京轿夫,有借名依附,潜匿别处开场诱赌,经旬累月者,将为首开场及放赌抽头之犯,均发边远充军;同赌之人,俱枷号三个月,杖一百,递回原籍拘束。其现用轿夫之王大臣,有轿夫在家赌博,不加约束,及任其居住遥远,开场放赌,将坐轿之本主照例议处。

现行刑律案语

○删除

原例(略)

臣等谨按:此条系乾隆二十二年〔1757〕定例,专指在京轿夫而言,例内罪名较常人为重,惟开场诱赌本罪已属从严,似毋庸为轿夫另设专例,拟请删除。

大清律例

6.26.378.(12)〔旗人邀集抓金钱会〕

一、凡旗人有邀集抓金钱会者,将起意邀约之人,照违制律杖一百;随同入会者,照为从律减一等，杖九十。失察之该管官，交部查议。

删除律例

○删除

大清律例

6.26.378.(17)〔奉吉二省设局开赌奸宄托迹致酿重案〕

一、奉天、吉林二省，如有设局放头、开场聚赌，经年累月，以致奸宄托迹，酿成重案，除实犯抢夺、杀人及窝藏强盗，各照本例治罪外，将设局开赌之犯，照棍徒扰害例科断。其寻常赌博，仍照旧例办理。

现行刑律案语

○删除

原例（略）

臣等谨按：此条系同治九年〔1870〕定例。惟开场聚赌，经旬累月，分别次数，罪名已在徒、流之间，似不必再因奉吉而加严，此例拟请删除。

6.26.379阉割火者／26.336阉割火者

律文·修改

大清律例	现行刑律
6.26.379.1凡官民之家，不得乞养他人之子阉割火者，惟王家用之。违者杖一百、流三千里，其子给亲。罪其僭分私割也。	26.336.1凡官民之家，不得乞养他人之子阉割火者，惟王家用之。违者，流三千里，其子给亲。罪其僭分私割也。

现行刑律案语

原律（略）

臣等谨按：此仍《明律》。流罪附杖照章应删。谨将修改律文，开列于后。

○修改（略）

条例·修改

大清律例	现行刑律
6.26.379.(3)〔放出为民之太监〕 一、内务府并诸王、贝勒等门上放出为民之太监,除效力年久,本管、本主保留外,不许仍留京师居住。违者,将容留之人从重治罪,将内务府总管、步军统领、巡城御史一并交部议处。如保留为民之太监有生事犯法者,将保留之人交部议处。	26.336.(1)〔放出为民之太监〕 一、内务府并诸王、贝勒等门上放出为民之太监,除效力年久,本管、本主保留外,不许仍留京师居住。违者,将容留之人从重治罪,内务府总管、步军统领、内外城巡警总厅丞一并交部议处。如保留为民之太监有生事犯法者,将保留之人交部议处。

现行刑律案语

原例(略)

臣等谨按:此条系雍正五年〔1727〕定例,应仍其旧。惟巡城御史业已奉裁,现在内外城地方均归巡警厅区管辖,例内"巡城御史"拟请改为"内外城巡警总厅丞",以便引用。谨将修改例文,开列于后。

○修改(略)

大清律例	现行刑律
6.26.379.(1)〔私自净身及代倩下手人犯〕 一、凡私自净身人犯,审明委系贫难度日,别无他故者,照例令其自投内务府验看,派拨当差。如有因伤致死者,将代倩下手之犯,照过失杀人律科断。若系畏罪情急,起意阉割,希图漏免者,除实犯死罪,及例应外遣,无可再加外,余俱按其原犯科条,各加一等定拟。其受雇代倩下手阉割之人,与犯人同罪;因而致死者,减斗杀罪一等。	26.336.(2)〔私自净身及代倩下手人犯〕 一、凡私自净身人犯,审明委系贫难度日,别无他故者,照故自伤残律处八等罚。若系畏罪情急,起意阉割,希图漏免者,除实犯死罪及例应外遣,无可再加外,余俱按其原犯科条,各加一等定拟。其受雇代倩下手阉割之人,皆与犯人同罪;因而致死者,减斗杀罪一等。

现行刑律案语

原例(略)

○仍旧

臣等谨按：此例应仍其旧，理合陈明。

核订现行刑律

原仍旧例文(略)

谨按：私自净身，旧例拟斩，罪名极重，乾隆年间因内监人少，删除此例，准令自投内务府当差。现在内监人数甚多，此项私自净身之人，内务府业已停收，例内"令其自投内务府验看，派拨当差"之语，自应删去。至此等人犯拟以斩罪，诚属过重，但究属毁伤体肤，不能无罪，律本有故自伤残者及受雇倩为人伤残者之罪，应比照科断。谨将修改例文，开列于后。

○修改(略)

条例·删除

大清律例

6.26.379.(2)〔诓骗强勒阉割〕

一、凡诓骗阉割之案，讯系和诱知情者，为首发近边充军。若系设计略诱，讯明被诱之人并不知情，致被强勒阉割者，即照诱拐子女被诱之人不知情例，将为首之犯拟绞监候，均将犯人财产一半断给被伤之人养赡。为从者，各减一等。如略诱阉割，因伤致死者，为首拟斩监候。其有用药饼，及一切邪术，迷拐阉割者，各依迷拐本例从重论。

现行刑律案语

○删除

原例(略)

臣等谨按：此条系康熙二十三年〔1684〕《现行例》，嗣后迭经修改。从前私自净身人犯定罪极严，故定有诓骗强勒阉割之例。乾隆年间除私自净身之禁，是净身本人已属无罪，诓骗、强勒阉割，尤为情理之所必无。若果有此等案件，亦可照毁败人阴阳律治罪，此例拟请删除。

大清律例

6.26.379.(4)〔投充太监报明有司阉割〕

一、投充太监，听其报明有司，阉割后，即令其自行投报总管内务府验明，送内当差，不必由该管州县造册送部。

删除律例

〇删除

大清律例

6.26.379.(5)〔新进太监率行分拨及换进太监疏忽弊混〕

一、新进太监，由内务府验明，年在十六岁以下，并未娶有妻室者，交地方、熟火两处首领太监管教。其应学艺者，交各该处首领太监，各派年陈老成之人，作为本管太监，照管衣食，查其行止。如堪供策使，告知总管太监等，分拨各处当差。有不安本分者，该本管太监告知总管太监等交出，与年十六岁以上净身投充之太监，均分给亲王、郡王府内，更换年十六岁以下者送进。该本管及首领太监，若不经心查看，率行分拨，经各该处查出该太监劣迹，将本管及首领太监等交内务府治罪。各该王交进太监时，详加审察，并着落同居之太监出具切实甘结，一并交送。倘换进太监，有疏忽弊混，将王府出结之太监治罪。

删除律例

〇删除

6.26.380嘱托公事／26.337嘱托公事

律文·修改

大清律例

6.26.380.1 凡官吏诸色人等，或为人、或为己。曲法嘱托公事者，笞五十，但嘱即坐。不分从不从。当该官吏听从而曲法者，与同罪，不从者不坐。若曲法事已施行者杖一百；其出入所枉之罪重于杖一百者，官吏以故出入人罪论。若为他人及亲属嘱托以致所枉之罪重于笞五十者，减官吏罪三等；自嘱托己事者，加所应坐本罪一等。〇6.26.380.2 若监临势要曲法为人嘱托者，杖一百；所枉重于杖一百者，与官吏同故出入人罪；至死者，减一等。〇6.26.380.3 若曲法受赃者，并计赃通算全科。以枉法论。通上官吏人等嘱托者，及当该官吏，并监临势

现行刑律

26.337.1 凡官吏诸色人等，或为人、或为己。曲法嘱托公事者，处五等罚，但嘱即坐。不分从不从。当该官吏听从而曲法者，与同罪，不从者不坐。若曲法事已施行者处十等罚；其出入所枉之罪重于十等罚者，官吏以故出入人罪论。若为他人及亲属嘱托以致所枉之罪重于五等罚者，减官吏罪三等；自嘱托己事者，加所应坐本罪一等。〇26.337.2 若监临势要曲法为人嘱托者，处十等罚。所枉重于十等罚者，与官吏同故出入人罪；至死者，减一等。〇26.337.3 若曲法受赃者，并计赃通算全科。以枉法论。通上官吏人等嘱托者，及当该官吏，并监临势

要言之。若不曲法而受赃者，只以不枉法赃论。不曲法又不受赃，则俱不坐。 ○6.26.380.4 若官吏不避监临势要，将嘱托公事实迹，赴上司首告者，升一等。吏候受官之日，亦升一等。

要言之。若不曲法而受赃者，止以不枉法赃论。不曲法又不受赃，则俱不坐。 ○26.337.4 若官吏不避监临势要，将嘱托公事实迹，赴上司首告者，升一等。吏候受官之日，亦升一等。

现行刑律案语

原律（略）

臣等谨按：此仍《明律》。笞、杖罪名照章罚金，应依数分等处罚。谨将修改律文、律注，开列于后。

○修改（略）

条例・移并

大清律例

6.26.380.(1)〔民人结党妄预官府之事〕

一、民人附合结党，妄预官府之事者，杖一百。如有降调黜革之员，贿嘱百姓保留者，审实，将与、受官民，俱照枉法赃治罪。

＊职制・上言大臣德政

2.2.60.(1)〔百姓保留督抚及督抚等官授意保留〕（略）

现行刑律

＊职制・上言大臣德政

2.48.(1)〔百姓保留督抚及督抚等官授意保留〕（略）

现行刑律案语

○移并

见2.2.60.(1)〔百姓保留督抚及督抚等官授意保留〕条。

6.26.381 私和公事 发觉在官。 / 26.338 私和公事 发觉在官。

律文・修改

大清律例

6.26.381.1 凡私和公事，各随所犯事情轻重，减犯人罪二等，罪止笞五十。若私和人命、奸情，各依本律，不在此止笞五十例。

现行刑律

26.338.1 凡私和公事，各随所犯事情轻重，减犯人罪二等，罪止五等罚。若私和人命、奸情，各依本律，不在此止五等罚例。

现行刑律案语

原律(略)

臣等谨按：此仍《明律》。笞罪照章罚金，应改为五等罚。谨将修改律文、律注，开列于后。

○修改(略)

[6.26.382]失火／[26.339]失火

律文·修改

大清律例

[6.26.382.1]凡失火烧自己房屋者，笞四十；延烧官民房屋者，笞五十；因而致伤人命者，不分亲属、凡人。杖一百，但伤人者，不坐致伤罪。其罪止坐所由失火之人。若延烧宗庙及宫阙者，绞。监候。○[6.26.382.2]社，减一等。皆以在外延烧言。○[6.26.382.3]若于山陵兆域内失火者，虽不延烧，杖八十、徒二年；仍延烧山陵兆域内林木者，杖一百、流二千里。若于官府公廨及仓库内失火者，亦杖八十、徒二年。主守仓库之人因而侵欺财物者，计赃以监守自盗论。不分首从。其在外失火而延烧者，各减三等。若主守人因而侵欺财物，不在减等之限。若常人因火而盗取，以常人盗论。如仓库内失火者，杖八十、徒二年，比仓库被窃盗库子尽其财产均追赔偿之例。○[6.26.382.4]若于库藏及仓廒内燃火者，虽不失火，杖八十。○[6.26.382.5]其守卫宫殿及仓库，若掌囚者，但见内外火起，皆不得离所守，违者杖一百。若点放火花爆仗，问违制。

现行刑律

[26.339.1]凡失火烧自己房屋者，处四等罚；延烧官民房屋者，处五等罚；因而致伤人命者，不分亲属、凡人。处十等罚，但伤人者，不坐致伤罪。其罪止坐所由失火之人。若延烧宗庙及宫阙者，绞。监候。○[26.339.2]社，减一等。皆以在外延烧言。○[26.339.3]若于山陵兆域内失火者，虽不延烧，徒二年；仍延烧山陵兆域内林木者，流二千里。若于官府公廨及仓库内失火者，亦徒二年。主守仓库之人，因而侵欺财物者，计赃以监守自盗论。不分首从。其在外失火而延烧者，各减三等。若主守人因而侵欺财物，不在减等之限。若常人因火而盗取，以常人盗论。如仓库内失火者，徒二年，比仓库被窃盗库子尽其财产均追赔偿之例。○[26.339.4]若于库藏及仓廒内燃火者，虽不失火，处八等罚。○[26.339.5]其守卫宫殿及仓库，若掌囚者，但见内外火起，皆不得离所守，违者处十等罚。若点放火花爆仗，问违制。

现行刑律案语

原律(略)

臣等谨按：此仍《明律》。笞、杖罪名照章罚金，应依数分等处罚。徒、流附杖照章应删。谨将修改律文、律注，开列于后。

○修改(略)

条例 · 删除

大清律例

6.26.382.(1)〔出征行猎处失火〕

一、凡出征行猎处失火者，杖一百。

现行刑律案语

○删除

原例（略）

臣等谨按：此条系康熙年间定例。现在陆军章程极为详密，如出征行猎时有失火情事，自应临时分别轻重，酌量惩办，此条无关引用，拟请删除。

大清律例

6.26.382.(2)〔失火延烧官民房屋公廨仓库分别加枷〕

一、失火延烧官民房屋，及官府公廨、仓库失火等案，各照本律笞、杖、充徒定拟，应否赔修，亦照律办理外，失火延烧官民房屋，如数至一百间者，加枷号一个月；至二百间者，加枷号两个月。若延烧官府公廨、仓库官物，及官民房屋至三百间以上者，加枷号三个月。均于失火处所枷示。

现行刑律案语

○删除

原例（略）

臣等谨按：例内"枷号"一项，系就本律笞、杖、徒各罪上附加，新章于附加枷号不论久暂，均改罚金，本例以枷号之月日定罪名之轻重，改归一律，转无区别。惟失火本出无心，枷号折罚，为数有限，拟请一并宽免。此例既免枷号，即属无关引用，拟请删除。

6.26.383放火故烧人房屋 / 26.340放火故烧人房屋

律文 · 修改

大清律例	现行刑律
6.26.383.1凡放火故烧自己房屋者，杖一百；若延烧官民房屋及积聚之物者，	26.340.1凡放火故烧自己房屋者，处十等罚；若延烧官民房屋及积聚之物者，

杖一百、徒三年；因而盗取财物者，斩；监候。杀伤人者，以故杀伤论。○[6.26.383.2]若放火故烧官民房屋，及公廨、仓库，系官积聚之物者，不分首从，皆斩。监候。须于放火处捕获，有显迹证验明白者乃坐。其故烧人空闲房屋，及田场积聚之物者，各减一等。○[6.26.383.3]并计所烧之物减价，尽犯人财产折锉赔偿，还官、给主。除烧残见在外，其已烧物，令犯人家产折为银数，系一主者，全偿；系众主者，计所故烧几处，将家产锉为几分而赔偿之。即官、民，亦品搭均偿。若家产罄尽者免追，赤贫者止科其罪。○若奴婢、雇工人犯者，以凡人论。

徒三年；因而盗取财物者，绞；监候。杀伤人者，以故杀伤论。○[26.340.2]若放火故烧官民房屋，及公廨、仓库，系官积聚之物者，不分首从，皆绞。监候。须于放火处捕获，有显迹证验明白者乃坐。其故烧人空闲房屋，及田场积聚之物者，各减一等。○[26.340.3]并计所烧之物减价，尽犯人财产折锉赔偿，还官、给主。除烧残见在外，其已烧物，令犯人家产折为银数，系一主者，全偿；系众主者，计所故烧几处，将家产锉为几分而赔偿之。即官、民，亦品搭均偿。若家产罄尽者免追，赤贫者止科其罪。○若雇工人犯者，以凡人论。

现行刑律案语

原律(略)

臣等谨按：此仍《明律》。“杖一百”照章罚金，应改为“处十等罚”。徒罪附杖应节删。斩候应改为绞候。谨将修改律文，开列于后。

○修改

凡放火故烧自己房屋者，处十等罚；若延烧官民房屋及积聚之物者，徒三年；因而盗取财物者，绞；监候。杀伤人者，以故杀伤论。○若放火故烧官民房屋，及公廨、仓库，系官积聚之物者，不分首从，皆绞。监候。须于放火处捕获，有显迹证验明白者，乃坐。其故烧人空闲房屋及田场积聚之物者，各减一等。○并计所烧之物减价，尽犯人财产折剉赔偿，还官、给主。除烧残见在外，其已烧物令犯人家产折为银数，系一主者，全偿；系众主者，计所故烧几处，将家产剉为几分而赔偿之。即官、民，亦品搭均偿。若家产罄尽者免追，赤贫者止科其罪。○若奴婢、雇工人犯者，以凡人论。

核订现行刑律

原修改律文(略)

谨按：奴婢一项，现以雇工人论。本条律注“奴婢”字样应即删除，以归一律。谨将修改律注，开列于后。

○修改(略)

条例·修改

大清律例

[6.26.383.(3)]〔棍徒纠谋图财或挟嫌放火故烧房屋公廨仓库及致死伤人〕

一、凶恶棍徒，纠众商谋，计图得财，放火故烧官民房屋，及公廨、仓库，

现行刑律

[26.340.(1)]〔棍徒纠谋图财或挟仇放火故烧房屋仓廨积聚之物及致死伤人〕

一、凶恶棍徒，纠众商谋，计图得财，放火故烧官民房屋，及公廨、仓库或

或官积聚之物，并街市镇店人居稠密之地，已经烧毁，抢夺财物者，均照强盗律，不分首从拟斩立决，杀伤人者枭示；有因焚压致死者，将为首之人枭示。仍照强盗例，将法所难宥、情有可原者，于疏内声明。若本非同伙，借名救火，乘机抢掠财物者，照抢夺律加一等，分别首从治罪。其恶徒谋财放火，有已经烧毁房屋，尚未抢掠财物，又未伤人者，为首拟斩监候；为从商谋下手燃火者，枷号两个月，发近边充军；诱胁同行者，杖一百、徒三年。如谋财放火，随即救熄，尚未烧毁，为首拟绞监候；为从商谋下手燃火者，杖一百、流三千里；诱胁同行者，枷号两个月，责四十板。若并非图财，而怀挟私仇，放火烧毁房屋，因而杀人及焚压人死者，为首拟斩立决，为从商谋下手燃火者拟绞监候。其未伤人及伤而不死者，为首拟斩监候，为从者，发近边充军，诱胁同行者并杖一百、徒三年。如挟仇放火，当被救熄，尚未烧毁，为首枷号两个月，发近边充军；为从者枷号两个月，杖一百、徒三年。若图财挟仇，故烧空地闲房，及场园堆积柴草等物者，首犯枷号两个月，杖一百、流三千里。如系孤村旷野内，并不毗民居闲房，及田场积聚之物者，杖一百、徒三年。为从各减一等。当被救熄，尚未烧毁者，又各减一等。地方文武官弁，遇有此等恶徒放火，不即赴援扑灭，协力擒拿，照例议处；地方、保甲人等，照不应重律治罪。

官积聚之物，并街市镇店人居稠密之地，已经烧毁，抢夺财物者，均照强盗律，不分首从拟绞立决，杀伤人者拟斩立决；有因焚压致死者，将为首之人拟斩立决。其情有可原者，仍照强盗例，发遣新疆当差。若本非同伙，借名救火，乘机抢掠财物者，照抢夺律加一等，分别首从治罪。其恶徒谋财放火，有已经烧毁房屋，尚未抢掠财物，又未伤人者，为首拟绞监候；为从商谋下手燃火者，发极边足四千里安置；诱胁同行者，徒三年。如谋财放火，随即救熄，尚未烧毁，为首发烟瘴地方安置；为从商谋下手燃火者，流三千里；诱胁同行者，处十等罚。若并非图财，而怀挟私仇，放火烧毁房屋，因而杀人及焚压人死者，为首拟绞立决，为从商谋下手燃火者拟绞监候。其未伤人及伤而不死者，为首拟绞监候，为从者，发极边足四千里安置，诱胁同行者并徒三年。如挟仇放火，当被救熄，尚未烧毁，为首流三千里；为从者徒三年。若图财挟仇，故烧空地闲房，及场园堆积柴草等物者，首犯流三千里。如系孤村旷野内，并不毗连民居闲房，及田场积聚之物者，徒三年。为从各减一等。当被救熄，尚未烧毁者，又各减一等。地方文武官弁，遇有此等恶徒放火，不即赴援扑灭，协力擒拿，照例议处；地方、保甲人等，照不应重律治罪。

现行刑律案语

原例(略)

臣等谨按：此条系雍正七年〔1729〕定例，嗣后迭经修改。新章改枭示为斩决，斩决为绞决,斩候为绞候,徒、流附杖概予删除,自应分别照改。例内所称"仍照强盗例,将法所难宥、情有可原者,于疏内声明"等语,本属旧例,惟查"情有可原"一项,现经会议政务处奏准规复,与从前办法微有不同,此次业于"强盗"门纂辑为例,应改为"其情有可原者,仍照强盗例免死减等,发遣新疆当差"。至谋财放火尚未烧毁,较已经烧毁情节为轻,同拟绞候,微嫌畸重,应酌改为发烟瘴地方安置,以昭平允。其诱胁同行责四十板之处,核与杖一百相等,为数无多,拟请宽免。至近边充军罪名,照章应改流二千五百里,惟按其情罪有重于流二千五百里者,应改为满流,有重于满流者应改为极边安置,以示区别。谨将修改例文,开列于后。

○修改(略)

大清律例

6.26.383.(2)〔仅图泄忿烧毁房屋致死一家二命及三命者〕

一、挟仇放火,除有心烧死一家三命,或一家二命者,仍各按律例拟以斩决、凌迟外,其止欲烧毁房屋柴草泄忿,并非有心杀人者,如致死一、二命,应照挟仇放火因而杀人及焚压人死例,首犯拟斩立决,为从商谋下手燃火者拟绞监候;若致死一家三命以上,首犯斩决、枭示,从犯拟绞立决。

现行刑律

26.340.(2)〔挟仇放火泄忿并非有心杀人致死一家三命以上〕

一、挟仇放火,止欲烧毁房屋柴草泄忿,并非有心杀人,因而致死一家三命以上者,首犯拟斩立决,从犯拟绞监候,入于秋审情实。

现行刑律案语

原例(略)

臣等谨按:此条系嘉庆十三年〔1808〕定例。例首除笔及例文中段,均系按上条例文治罪,似应节删,以省繁复。惟例末"致死一家三命"一层,专为"并非有心杀人,因而致死一家三命者"而设,应留之,以资援引。并照章将斩枭改为斩决,绞决改为绞候,入于秋审情实。谨将修改例文,开列于后。

○修改(略)

条例·删除

大清律例

6.26.383.(1)〔故烧系官钱粮草束〕

一、凡各边仓场,若有故烧系官钱粮草束者,拿问明白,将正犯枭首示众。烧毁之物，先尽犯人家产折锉赔偿。不敷之数，着落经收看守之人照数均赔。

现行刑律案语

○删除

原例（略）

臣等谨按：此仍明例，顺治三年〔1646〕删定。现在各边仓场与前代情形迥不相同，此条无关引用，拟即删除。

6.26.384 搬做杂剧

律文·删除

大清律例

6.26.384.1 凡乐人搬做杂剧戏文，不许装扮历代帝王后妃，及先圣先贤、忠臣烈士神像，违者杖一百。官民之家，容令装扮者，与同罪。其神仙道扮及义夫节妇、孝子顺孙劝人为善者，不在禁限。

现行刑律案语

原律（略）

臣等谨按：此仍《明律》。"杖一百"照章罚金，应改为"处十等罚"。谨将修改律文，开列于后。

○修改

凡乐人搬做杂剧戏文，不许妆扮历代帝王后妃，及先圣先贤、忠臣烈士神像，违者处十等罚。官民之家，容令妆扮者，与同罪。其神仙道扮及义夫节妇、孝子顺孙劝人为善者，不在禁限。

核订现行刑律

○删除

原修改律文（略）

谨按：此系《明律》。现在各处演戏，妆扮帝王、后妃、圣贤、忠烈者甚多，从未有按律禁止，此律久成具文，拟请删除。

条例·删除

大清律例

6.26.384.(1)〔唱演夜戏〕

一、城市乡村,如有当街搭台悬灯唱演夜戏者,将为首之人,照违制律杖一百,枷号一个月。不行查拿之地方、保甲,照不应重律杖八十;不实力奉行之文武各官,交部议处。若乡保人等有借端勒索者,照索诈例治罪。

现行刑律案语

○删除

原例(略)

臣等谨按:此条系为严禁城市乡村当街搭台唱演夜戏而设。惟《违警律》内有"违背章程开设戏园及各项游览处所"一条,业已包括在内,刑律似无庸赘设,应即删除。

大清律例

6.26.384.(2)〔旗员违禁赴戏院看戏〕

一、凡旗员赴戏园看戏者,照违制律杖一百。失察之该管上司,交部议处。如系闲散世职,将该管都统等交部议处。

删除律例

○删除

大清律例

6.26.384.(3)〔旗人因贫登台卖艺〕

一、凡旗人因贫糊口,登台卖艺,有玷旗籍者,连子孙一并销除旗档,毋庸治罪。该管参、佐领,限三个月内据实报出免议;逾限不报,照例分别议处。

满汉通行刑律

○删除

谨按:此条系旗人销档专例,在民人并不治罪,旗人事同一律,似应删除。

6.26.385 违令 / 26.341 违令

律文·修改

大清律例	现行刑律
6.26.385.1 凡违令者，笞五十。谓令有禁制而律无罪名者。如故违诏旨，坐违制；故违奏准事例，坐违令。	26.341.1 凡违令者，处五等罚。谓令有禁制而律无罪名者。如故违诏旨，坐违制；故违奏准事例，坐违令。

现行刑律案语

原律（略）

臣等谨按：此仍《唐律》。"笞五十"罪名照章罚金，应改为"处五等罚"。谨将修改律文，开列于后。

〇修改（略）

6.26.386 不应为 / 26.342 不应为

律文·修改

大清律例	现行刑律
6.26.386.1 凡不应得为而为之者，笞四十；事理重者，杖八十。律无罪名，所犯事有轻重，各量情而坐之。	26.342.1 凡不应得为而为之者，处四等罚；事理重者，处八等罚。律无罪名，所犯事有轻重，各量情而坐之。

现行刑律案语

原律（略）

臣等谨按：此仍《唐律》。笞、杖罪名照章罚金，应依数分等处罚。谨将修改律文，开列于后。

〇修改（略）

6.27 捕亡／27 捕亡

6.27.387 应捕人追捕罪人／27.343 应捕人追捕罪人

律文·仍旧

大清律例

6.27.387.1 凡在官应捕人承官差追捕罪人而推故不行，若知罪人所在而不即捕者，减罪人所犯罪一等。以最重之罪人为主减科之。仍戴罪，限三十日内，能自捕得一半以上，虽不及一半，但所获者最重，功足赎罪，皆免其罪。虽一人捕得，余人亦同。若于限内虽未及捕获，而罪人已死及自首各尽者，亦免罪。其罪人或死或首，犹有不尽者，止以不尽之人犯罪减等为坐。其非专充应捕人，临时差遣者，或推故不行，或知而不捕，各减应捕人罪一等。仍责限获免。其应捕人及非应捕人有受财故纵者，不给捕限，各与囚之最重者同罪；亦须犯有定案，可与同科。所受之赃重于囚罪者，计赃全科。以无禄人枉法从重论。

现行刑律

27.343.1 凡在官应捕人承官差追捕罪人而推故不行，若知罪人所在而不即捕者，减罪人所犯罪一等。以最重之罪人为主减科之。仍戴罪，限三十日内，能自捕得一半以上，虽不及一半，但所获者最重，功足赎罪，皆免其罪。虽一人捕得，余人亦同。若于限内虽未及捕获，而罪人已死及自首各尽者，亦免罪。其罪人或死或首，犹有不尽者，止以不尽之人犯罪减等为坐。其非专充应捕人，临时差遣者，或推故不行，或知而不捕，各减应捕人罪一等。仍责限获免。其应捕人及非应捕人有受财故纵者，不给捕限，各与囚之最重者同罪；亦须犯有定案，可与同科。所受之赃重于囚罪者，计赃全科。以无禄人枉法从重论。

现行刑律案语

原律（略）

○仍旧

臣等谨按：此律应仍其旧，理合陈明。

条例·修并、修改、移改、仍旧

大清律例

6.27.387.(2)〔番役缉拿人犯稽不送官及私拷勒索得财纵放〕

一、步军统领衙门番役,只许于京城内外五城所属地方缉拿人犯。既经拿获,属提督管辖者,限即日送该管营弁转送提督衙门;属五城管辖者,限即日送该管官转送御史衙门。如稽留数日,始行送官,将番役究明私拷勒索情弊,分别定拟。如有得财纵放,照衙役犯赃例治罪。其地属州县者,行文州县佥差擒捕。或有密拿要犯,州县不能擒捕,必须番役擒捕者,奏闻请旨后行。

6.27.387.(7)〔正身番役私用白役及番役缉拿提拿人犯预给印票〕

一、步军统领衙门正身番役,俱照各部院经承、贴写送查之例,将番役年貌、籍贯按季造册,并出具并无白役、圆扁子印结,移送河南道御史考核。倘番役私用白役,别经发觉,将番役及所用白役,照吏典人等额外滥充律治罪。该统领及不行详查之该御史,一并交部议处。至番役缉拿窃盗、斗殴之类,每名预给印票一张,开明款项,发交收执,并将预给印票款项,移明河南道查核。如系提拿审案人犯,务必给与印票,将应拿人犯姓名逐一开明。有应密者,给与密票,亦于票内开明人犯姓名。如无票私拿,即将该番役解送刑部究讯治罪。失察该管官,交部严加议处。

现行刑律

27.343.(1)〔正身番役私用白役及缉提人犯预给印票并稽留纵放无票私拿〕

一、步军统领衙门正身番役私用白役,别经发觉,照私带白役例治罪。该统领不行详查,交部议处。至番役,止许于京城内外地方缉拿人犯,如系窃盗、斗殴之类,每名预给印票一张,开明款项,发交收执。如系提拿审案人犯,务必给与印票,将应拿人犯姓名逐一开明。有应密者,给与密票,亦于票内开明人犯姓名。既经拿获,限即日送该管营弁转送提督衙门。如稽留数日,始行送官,将番役究明有无私拷勒索情弊,分别照例定拟。如有得财纵放,照律治罪。倘无票私拿,即将该番役解送问刑衙门究讯治罪。失察该管官,交部严加议处。

现行刑律案语

原例

6.27.387.(2)〔番役缉拿人犯稽不送官及私拷勒索得财纵放〕(略)

6.27.387.(7)〔正身番役私用白役及番役缉拿提拿人犯预给印票〕(略)

臣等谨按:以上两条俱言番役缉拿人犯之例,似应修并为一。前条五城御史现已裁撤,"五城"一段应节删,私拷、勒索分别定拟,应补出"照例"二字,受财故纵律系与囚同科,此照衙役犯赃,未免参差,拟改为"照律治罪";例末行文"州县佥差擒捕"与上"只许于京城内外擒拿"不合,且密拿尚须奏请,亦属窒碍难行,此段并应节去。后条"经承贴写"名目现已革除,"移送河南道"一层久无其事,至给票必须送核,尤多牵制,均应酌删。私用白役"照吏典人等额外滥充律治罪",与"官吏受财"门私带白役条仅科满杖,轻重悬殊,应改为"照私带白役例治罪"。"刑部"酌改为"问刑衙门"。兹拟将前条修入于后条之内,以省总冗。谨将修并例文,开列于后。

〇修并(略)

大清律例

6.27.387.(4)〔协缉逃逸命盗要犯〕

一、缉捕强盗、人命,或关系紧要案内人犯,如有逃逸,一面行文八旗并提督、五城协力缉捕,一面牌行直隶附近京城之涿州、良乡、通州、昌平、河间等处州县。部文到日,即行捕缉,再行补报督抚。

现行刑律

27.343.(2)〔协缉逃逸命盗要犯〕

一、京城缉捕强盗、人命,或关系紧要案内人犯,如有逃逸,该衙门一面行文八旗并提督衙门、民政部协力缉拿,一面牌行直隶附近京城之涿州、良乡、通州、昌平、河间等处州县,即行捕缉,再行补报直隶总督。

现行刑律案语

原例(略)

臣等谨按:此条系京城协缉要犯通例,应于例首添"京城"二字。五城现已裁撤,应删。巡警厅隶于民政部,并有缉匪之责,拟添入"部文到日"四字,并应酌删,以示浑括。谨将修改例文,开列于后。

〇修改

一、京城缉捕强盗、人命,或关系紧要案内人犯,如有逃逸,该衙门一面行文八旗并提督衙门、民政部协力缉拿,一面牌行直隶附近京城之涿州、良乡、通州、昌平、河间等处州县,即行捕缉,再行补报督抚。

大清律例

6.27.387.(6)〔五城司坊等官途次遇有凶徒不法拘执解讯〕

一、五城司坊等官，若于途次遇有凶徒不法等事，不论何城，并准当时拘执，录取口供，详解该城御史审讯，一面报明本城御史存案。其有暧昧隐避等事，亦许密详该城御史查拿，仍密详本城存案，造册送院注销。倘该役借端讹诈，驾词妄禀，及司坊官擅作威福，拘拿自审，或纵役滋扰，该御史题参，分别议处治罪。若押坊捕役，因非本管地方，明知故纵，及有受贿情弊，严加治罪。大、宛二县，亦不论五城及该县所属，遇有凶犯不法等事，亦一体缉拿。

现行刑律

27.343.(3)〔京城缉捕官途次遇有凶徒不法拘执解讯〕

一、京城缉捕官，若于途次遇有凶徒不法等事，不论内、外城，并准当时拘执，录送口供，详解该管衙门审讯。其有暧昧隐避等事，亦许密报该管衙门查拿。倘该巡役借端讹诈，驾词妄禀，及缉捕官擅作威福，拘拿自审，或纵令滋扰，该衙门详参，分别议处治罪。若该巡役因非本管地方，明知故纵，及有受贿情弊，分别照律例治罪。大、宛二县，亦不论京城及该县所属，遇有凶徒不法等事，亦一体缉拿。

现行刑律案语

原例（略）

臣等谨按：此条系雍正十二年〔1734〕定例，专为京城缉犯不分畛域而设。惟五城御史及司坊官现均裁撤，例内所称"详解该城御史审讯""密详该城御史查拿"及"押坊捕役"各节，均应照现行官制酌行删改，"严加治罪"拟改为"分别照律例治罪"。谨将修改例文，开列于后。

〇修改（略）

大清律例

＊诉讼·军民约会词讼

6.22.341.(2)〔在京缉捕官役不许干预军民词讼〕（略）

现行刑律

27.343.(4)〔在京番捕等役惟于京城内外察访不轨妖言命盗重事〕

一、在京番捕等役，惟于京城内外察访不轨、妖言、人命、强盗重事，其余军民词讼及在外事情，俱不许干预。

现行刑律案语

〇移改(略)

见6.22.341.(2)〔在京缉捕官役不许干预军民词讼〕条

大清律例

6.27.387.(5)〔协缉犯命盗重案脱逃之王公等之辛者库家人等〕

一、凡王公等之辛者库、家人等有犯命盗重案脱逃者,该衙门查拿之时,即行文知会伊主,协同捕缉。一年限满不获,将办理包衣事务官交部议处;其该管王、贝勒、贝子、公等,各罚俸一个月。未获逃犯,仍照案协同缉拿。

现行刑律

27.343.(5)〔协缉有犯命盗重案脱逃之王公等家人〕

一、凡王公等家人有犯命盗重案脱逃者,该衙门查拿之时,即行文知会伊主,协同捕缉。一年限满不获,将办理包衣事务官交部议处;其该管王、贝勒、贝子、公等,各罚俸一个月。未获逃犯,仍照案协同缉拿。

现行刑律案语

原例(略)

臣等谨按:此条系雍正七年〔1729〕定例,乾隆五年〔1740〕改定。犯罪入辛者库,系国初旧例,近来并无此项人犯,应节删。谨将修改例文,开列于后。

〇修改(略)

大清律例

6.27.387.(3)〔通缉脱逃要犯〕

一、脱逃要犯,务将该犯年貌、籍贯、有无须痣,详细开明,行文通缉。各州县于文到之日,差捕认缉,一面填写印票,分给各乡总甲,遍行察访。如果遍缉无踪,年底取具甘结,转详咨部。仍令接缉务获,知照销案。

*捕亡·盗贼捕限

6.27.394.(26)〔协缉在逃命盗重犯〕(略)

现行刑律

27.343.(6)〔通缉脱逃命盗要犯〕

一、凡命盗等案要犯脱逃,承缉官于事发之日,将该犯年貌、籍贯、事由详细开明,一面差役密拿,一面具详督抚通饬本省州县并径檄邻省接壤州县,一体实力协缉,仍移咨邻省督抚,彼此督缉。各该州县于文到之日,差捕认缉,并填写印票,分给各乡总甲遍行访察。如果遍缉无踪,年底取具甘结,转详咨部,仍令接缉务获,知照销案。倘接壤州县,以非本管地方,心存畛域,视为通缉具文,致犯藏境内,别经发觉,即听原行之督抚查参,交部照例议处。

现行刑律案语

原例

6.27.387.(3)〔通缉脱逃要犯〕(略)

捕亡·盗贼捕限

6.27.394.(26)〔协缉在逃命盗重犯〕(略)

臣等谨按:上条系各省通缉要犯之例,下条系邻省协缉通例,两条事例相同,似应修并为一,仍隶本门,以便援引。有无须、痣已包在"貌"字内,应删。谨将修并例文,开列于后。

○修并

27.343.(6)〔通缉脱逃命盗要犯〕(略)

大清律例	现行刑律
6.27.387.(10)〔州县广缉重犯滥给印票及差人雇倩代缉并借端勒索〕	27.343.(7)〔州县广缉重犯滥给印票及差人雇倩代缉并借端勒索〕 一、州县广缉重犯,不得滥给缉票。先将该犯年貌、案由,并差役年貌、籍贯,及所差名数,一面详明督抚,知照各该省,一面改用通关,给与差役携带在身,密行侦缉。如有踪迹,即将通关呈报该地方官,添差拿解。如缉无踪迹,仍投换回文以为凭验。倘有滥给印票,及差人雇倩白役代缉,以及借端勒索,除差人照例治罪外,仍将滥给印票,及佥差不慎之承缉官,照例严加议处。

现行刑律案语

原例(略)

○仍旧

臣等谨按:此条应仍其旧,理合陈明。

大清律例	现行刑律
6.27.387.(1)〔隔省地方官纵令劫夺盗犯及徇庇不解并捕役贿纵〕 一、隔属隔省密拿强盗及人命案内	27.343.(8)〔纵令劫夺及徇庇不解并捕役贿纵隔属隔省命盗重犯〕 一、隔属隔省密拿强盗及人命案内

应拟斩、绞重犯,有纵令劫夺,及徇庇不解,其该管官题参解任。如在隔省,移咨会参解任。俟获犯审明,具题开复。该管之乡地甲邻严拿究治。若本无抢犯徇庇等弊,而捕役贿纵,捏称被劫者,将捕役照诬告律治罪。原参之员,即行开复。误听捕役之员,交部议处。

应拟斩、绞重犯,有纵令劫夺,及徇庇不解,其该管官奏参解任。如在隔省,移咨会参解任。俟获犯审明,具奏开复。该管之乡地甲邻,照知有为盗瞻徇隐匿例治罪。若本无抢犯徇庇等弊,而捕役贿纵,捏称被劫者,将捕役照受财故纵律治罪。原参之员,即行开复。误听捕役之员,交部议处。

现行刑律案语

原例(略)

臣等谨按:此条系雍正六年〔1728〕定例,列入"劫囚"门,乾隆五年〔1740〕移入于此。惟乡甲地邻如何治罪,例无明文。查"强盗窝主"门保甲知有为盗瞻徇隐匿例系杖八十,拟改照彼例治罪。乡地等既系贿纵,则贿纵是其本罪,不必复问其为诬捏,拟改为"照受财故纵律治罪"。"题"字应改为"奏"。谨将修改例文,开列于后。

○修改(略)

条例 · 删除

大清律例

6.27.387.(8)〔官役潜通信息致罪人逃避〕

一、官役奉公缉捕罪人,除受财故纵,照律与囚同罪外,其未经得贿,潜通信息,致罪人逃避者,如所纵之囚,罪在军、流以下者,亦与囚同科,不准减等;若系斩、绞、外遣等罪,将该犯减发极边烟瘴充军。

现行刑律案语

○删除

原例(略)

臣等谨按:此条系乾隆五十八年〔1793〕刑部遵议定例,专为官役纵囚而设。惟受财者与囚同科,不受财即应减一等,方为平允。例独于军、流加重,与囚同罪斩、绞、外遣,又减军戍,办法殊觉两歧,似应仍照本律办理,方免窒碍。此条应即删除。

大清律例

6.27.387.(9)〔山东省兵役通盗及故纵〕

一、山东省地方,如有兵役通盗之案,除实犯死罪,无可再加,仍照旧办理外,其罪未至死，各于应得本罪上加一等定拟。若不分赃，不漏信，但知盗窝所在，纵不即捕者，讯出故纵情节，即照寻常强窃盗窝主之例，加一等分别治罪。俟该省盗风稍息，再奏明复归旧例。

删除律例

〇删除

大清律例

6.27.387.(11)〔各省团练私拿逃军逃流并一切寻常案犯〕

一、各省团练，除奸细、土匪并盗贼，及遇有要犯，经官札令协缉者，准其拿解外，其余逃军、逃流，并一切寻常案犯，仍责成地方官拿解。倘该团练私拿酿命，即照谋、故、斗杀各本律定拟。

现行刑律案语

〇删除

原例（略）

臣等谨按：此条系为严防团练私拿而设。惟必奉札始准拿解，则团练已无可拿之匪，即无应捕之责，如有酿命等事，自应照凡人办理，不必另立专条，应即删除。

6.27.388 罪人拒捕／27.344 罪人拒捕

律文·修改

大清律例

6.27.388.1 凡犯罪事发而逃走、及犯罪虽不逃走，官司差人追捕，有抗拒不服追捕者，各于本罪上加二等，罪止杖一百、流三千里。本应死者，无所加。殴所捕人至折伤以上者，绞；监候。杀所捕人者，斩。监候。为从者各减一等。〇6.27.388.2 若罪人持仗拒捕，其捕者格杀之，及在禁或押解已问结之囚逃走，捕者逐而杀之，若囚因追逐窘迫而自杀者，不分囚罪应死不应死，皆勿论。〇6.27.388.3 若囚虽逃走，已就拘执，及罪人虽逃走，不拒捕，而追捕之人恶其逃走，擅杀之或折

现行刑律

27.344.1 凡犯罪事发而逃走、及犯罪虽不逃走，官司差人追捕，有抗拒不服追捕者，各于本罪上加二等，罪止流三千里。本应死者，无所加。殴所捕人至折伤以上者，绞；监候。杀所捕人者，亦绞。监候。为从者各减一等。〇27.344.2 若罪人持仗拒捕，其捕者格杀之，及在禁或押解已问结之囚逃走，捕者逐而杀之，若囚因追逐窘迫而自杀者，不分囚罪应死不应死，皆勿论。〇27.344.3 若囚虽逃走，已就拘执，及罪人虽逃走，不拒捕，而追捕之人恶其逃走，擅杀之或折伤者，

伤者,此皆囚之不应死者。各以斗杀伤论。若罪人本犯应死之罪而擅杀者,杖一百。以捕亡一时忿激言。若有私谋,另议。

此皆囚之不应死者。各以斗杀伤论。若罪人本犯应死之罪而擅杀者,处十等罚。以捕亡一时忿激言。若有私谋,另议。

现行刑律案语

原律(略)

臣等谨按:此仍《明律》,顺治三年〔1646〕添入小注。律内流罪附杖照章应删。斩候应改绞候。"杖一百"照章罚金,应改为"处十等罚"。谨将修改律文,开列于后。

○修改(略)

条例·修改、续纂、移并、移改

大清律例

6.27.388.(5)〔事发已经到官之犯被获及被获时有拒伤者〕

一、罪人在逃,除逃在未经到官以前者,仍照律不加逃罪外,如事发已经到官脱逃之犯,被获时均照本律加逃罪二等。其犯该军、流者,亦递加二等问拟。至此等事发,在逃之犯被获时,有拒捕者,如本罪已至满流,而拒殴在折伤以上,或系刃伤及火器伤者,均拟绞监候;折伤以下者,改发近边充军。犯该充军者,各以次递加二等调发。若犯该极边烟瘴者,改发新疆给官兵为奴。其事发到官后在逃,原犯未至满流者,仍依拒捕律加罪二等。如拒殴在折伤以上,即照别项罪人拒捕例,分别拟罪。

现行刑律

27.344.(1)〔事发到官脱逃之犯被获及被获时有拒伤者〕

一、罪人在逃,除逃在未经到官以前者,仍照律不加逃罪外,如事发已经到官脱逃之犯,被获时,无论遣、流,均照本律加逃罪二等。有拒捕者,如本罪已至满流,而拒殴在折伤以上或系刃伤者,均拟绞监候;折伤以下者,仍于流罪上加二等问拟。其事发到官后在逃,原犯未至满流者,亦依拒捕律加罪二等。如拒殴在折伤以上,即照别项罪人拒捕例,分别治罪。

现行刑律案语

原例(略)

臣等谨按:此条系乾隆二十九年〔1764〕山东按察使富尼汉条奏定例,五十三年〔1788〕、嘉庆六年〔1801〕修改,道光六年〔1826〕改定。查本律载"犯罪事发而逃走拒捕,各于本罪上加二等,罪止杖一百,流三千里"等语,原以满流即属罪止,无可复加也,例将已、未至满流分别叙明,自系恐人拘定罪止之文,而谓满流以上仍可加等,本可补律之未备，惟犯该军、流，亦递加二等问拟，即系上“照本律加逃罪”之意，应于“被获时”添入“无论遣、流”，较省繁冗。下“此等事发，在逃之犯被获时”等语，上文亦已叙明，自应节去。至“火器伤”一层，本门例内有罪人事发在逃，犯该满流等犯，施放枪铳，拒伤捕人，按刃伤及折伤本例应拟死罪者，悉照例拟绞，有犯足资援引，此处应删。其折伤以下例发近边，而犯该充军及极边烟瘴者又有调发、改发之别，错杂纷纭，似求详而反失之辞费，窃以现章既有极边、烟瘴及当差三项为加等之用，但使加不至死，即不至与律意有违，拟改为“仍于流罪上加二等问拟”，较省繁复，而归画一。谨将修改例文，开列于后。

○修改(略)

大清律例

6.27.388.(1)〔捕役误毙已获罪犯〕

一、凡罪犯业经拿获，捕役借称设法制缚，误伤其命者，仍照已就拘执而杀之律，以斗杀论。倘捕役受人贿嘱，将罪人致死者，照谋杀人首从律治罪。

现行刑律

27.344.(2)〔捕役误毙已获罪犯〕

一、罪犯业经拿获，因其凶悍狡猾，设法制缚，误伤其命者，如实系罪犯应死之人，将误伤之捕役，照罪人应死而擅杀律治罪；如罪不应死之人，将误伤之捕役，照夜无故入人家已就拘执而擅杀拟徒律递减一等治罪。若非误伤，仍照本律科断。倘捕役受人贿嘱，将罪人致死者，无论罪人所犯轻重，悉照谋杀人首从律治罪。

现行刑律案语

原例(略)

臣等谨按：此条系雍正六年〔1728〕、九年〔1731〕遵议定例，乾隆五年〔1740〕改定。擅杀照章减流，例内所称“以斗杀论”，自应改为“流三千里”，惟拿贼误毙无干之人例只照过失收赎，此条误毙罪犯反照擅杀拟流，似嫌过重。查原例“如罪人应死，照擅杀律杖一百；如罪不应死，照夜无故入人家已就拘执而擅杀律杖一百，徒三年。若非误伤，仍照本律科断”，甚为平允。且例首有“因其凶悍狡猾”一语，而无“借称”二字，似应改从原例，并照章将擅杀徒罪递减一等。谨将修改例文，开列于后。

○修改(略)

大清律例

6.27.388.(4)〔奸盗罪人拒伤应捉奸人及事主并他项罪人拒伤所捕人〕

一、窃盗拒捕刃伤事主,奸夫拒捕刃伤应捉奸之人,及折伤以上,依例分别问拟斩、绞外,若伤非事主,并非例得捉奸之人,以及别项罪人拒捕,如殴所捕人至残废、笃疾,罪在满徒以上者,方依律拟以绞候。其但系刃伤、火器伤,及刃伤以下,仍各加本罪二等问拟。若本罪已至拟流,有拒捕者,即按五军外遣,以次递加二等,罪止发往新疆酌拨种地当差。

现行刑律

27.344.(3)〔奸盗罪人拒伤应捉奸人及事主并别项罪人拒伤所捕人〕

一、窃盗拒捕刃伤事主,奸夫拒捕刃伤应捉奸之人,及折伤以上,依例分别拟绞外,若伤非事主,并非例得捉奸之人,以及别项罪人拒捕,如殴所捕人至废疾、笃疾,罪在满徒以上者,方依律拟以绞候。其但系刃伤及刃伤以下,仍各加本罪二等问拟。若本罪已至拟流,有拒捕者,即按内外遣,以次递加二等,罪止发往新疆当差。

现行刑律案语

原例(略)

臣等谨按:此条系乾隆二十四年〔1759〕福建巡抚吴士功条奏定例,嘉庆六年〔1801〕修改,咸丰二年〔1852〕改定。例首除笔内斩候既应照章改绞,"斩"字应删。《唐令》有"残疾",今律但有"废疾、笃疾"之文,例内"残废"似应改为"废疾",以归一律。至"火器伤人"一层,本门例内有"奸匪抢窃,施放枪铳,拒伤捕人,按刃伤及折伤本例应拟死罪者,悉照刃伤及折伤以上例分别问拟绞候,犯非奸匪抢窃,仍照本例办理"一条,有犯足资援引,此三字〔火器伤〕亦应节去。五军现已奏准删除,仍留极边、烟瘴及当差三项为加等之用,似不如将五军改为内遣较为浑括,"酌拨种地"四字并酌删。谨将修改例文,开列于后。

○修改(略)

大清律例

6.27.388.(13)〔贼犯自割发辮襟带图脱误伤事主捕人〕

一、窃盗被追拒捕刃伤事主者,窃盗拒捕杀人案内为从帮殴刃伤者,窃盗临时拒捕杀人案内为从帮殴刃伤者,窃盗临时拒捕伤人未死为首刃伤者,奸夫

现行刑律

27.344.(4)〔贼犯自割发辮襟带图脱误伤事主捕人〕

一、窃盗被追拒捕刃伤事主者,窃盗拒捕杀人案内为从帮殴刃伤者,窃盗临时拒捕杀人案内为从帮殴刃伤者,窃盗临时拒捕伤人未死为首刃伤者,奸夫

拒捕刃伤应捉奸之人者，罪人事发在逃被获时拒捕本罪已至满流而拒殴在折伤以上者，抢夺杀人案内为从帮殴刃伤者，抢夺伤人未死刃伤为首者，以上各项，除审系有心逞凶拒捕刃伤，仍各照本例分别问拟斩、绞监候外，如实系被事主及应捕之人扭获，情急图脱，用刀自割发辫襟带，以致误伤事主、捕人者，各于死罪上减一等，应绞候者减为实发云贵两广极边烟瘴充军，应斩候者减发新疆给官兵为奴。

拒捕刃伤应捉奸之人者，罪人事发在逃被获时拒捕本罪已至满流而拒殴至折伤以上者，抢夺杀人案内为从帮殴刃伤者，抢夺伤人未死刃伤为首者，以上各项，除审系有心逞凶拒捕刃伤，仍各照本例问拟绞候外，如实系被事主及应捕之人扭获，情急图脱，用刀自割发辫襟带，以致误伤事主、捕人者，各于死罪上减一等，发烟瘴地方安置。

现行刑律案语

原例(略)

臣等谨按：此条系道光二年〔1822〕刑部因案定例，六年〔1826〕、二十五年〔1845〕修改，同治九年〔1870〕改定。四省军酌改为烟瘴地方，并照章改充军为安置，斩候应改绞候，除笔内"分别斩候"字样应节删。例末既叙明"于死罪上减一等"，则"应绞""应斩"两句均应删去，减发新疆为奴照《名例》系发烟瘴，亦可并作一层，以省繁冗。谨将修改例文，开列于后。

○修改(略)

大清律例

6.27.388.(15)〔奸匪抢窃等犯拒捕火器伤人〕

一、奸匪抢窃，并罪人事发在逃，犯该满流等犯，如拒捕时，有施放鸟枪、竹铳，拒伤捕人，按刃伤及折伤本例应拟死罪者，悉照刃伤及折伤以上例，分别问拟斩、绞监候。若犯非奸匪抢窃，并本罪未至满流，或执持系别项凶器者，仍各照本例办理。

现行刑律

27.344.(5)〔奸匪抢窃等犯拒捕火器伤人〕

一、奸匪抢窃，并罪人事发在逃，犯该满流等犯，如拒捕时，有施放鸟枪、竹铳、洋枪、洋炮及一应火器，拒伤捕人，按刃伤及折伤本例应拟死罪者，悉照刃伤及折伤以上例，分别问拟绞候。若犯非奸匪抢窃，并本罪未至满流，或执持别项凶器者，仍照本例办理。

现行刑律案语

原例(略)

臣等谨按：此条系道光二十五年〔1845〕刑部议复江苏巡抚孙宝善条奏定例。斩候既应照章改绞,则"斩"字自应节删。再现在火器盛行,洋枪、洋炮及别项火器随处皆有,用以拒捕,核与鸟枪、竹铳无异,亦应添入,以昭赅备。谨将修改例文,开列于后。

○修改(略)

大清律例

6.27.388.(8)〔罪人拒杀差役〕

一、凡一切犯罪事发,官司差人持票拘捕,及拘获后佥派看守、押解之犯,如有逞凶拒捕,杀死差役者,为首无论谋、故、殴杀,俱拟斩立决;为从谋杀加功,及殴杀下手伤重致死者,俱拟绞立决;其但系殴杀帮同下手者,不论手足、他物、金刃,拟绞监候;在场助势未经帮殴成伤者,改发极边足四千里充军。若案内因事牵连,奉票传唤之人,被追情急,拒毙差役,以及别项罪人拒捕,并聚众中途打夺,均仍照拒捕、追摄、打夺各本律本例科断。如差役非奉官票,或虽经奉票,而有借差吓诈、凌虐罪犯情事,致被殴死者,各照平人谋、故、斗杀本律定拟,均不得以拒捕杀人论。

现行刑律

27.344.(6)〔贼犯拒杀差役〕

一、凡贼犯事发,官司差人持票拘捕,及拘获后佥派看守、押解之犯,如有逞凶拒捕,杀死差役者,为首无论谋、故、殴杀,俱拟绞立决;为从谋杀加功,及殴杀下手伤重致死者,俱拟绞监候,入于秋审情实;其但系殴杀帮同下手者,不论手足、他物、金刃,拟绞监候;在场助势未经帮殴成伤者,发极边足四千里安置。若案内因事牵连,奉票传唤之人,被追情急,拒毙差役,以及别项罪人拒捕,并聚众中途打夺,均仍照拒捕、追摄、打夺各本律本例科断。如差役非奉官票,或虽经奉官票,而有借差吓诈、凌虐罪囚情事,致被殴死者,各照平人谋、故、斗杀本律定拟,均不得以拒捕杀人论。

现行刑律案语

原例(略)

臣等谨按:此例原系二条,一乾隆五十三年〔1788〕定例,五十五年〔1790〕、嘉庆十一年〔1806〕修改;一乾隆五十七年〔1792〕刑部因案议准定例,嘉庆二十二年〔1817〕修并。例内拒杀差役问拟斩决,原指贼犯而言,因贼拒犯杀事主有问拟斩决者,故拒杀差役亦照拟斩决,其余罪犯拒杀差役并不在立决之列,后将"贼犯"改为"一切犯罪",是不问原犯罪名轻重,概拟骈诛,与下文别项罪人拒捕仍照拒捕本律本例科断显相矛盾,拟仍照原例改为"贼犯事发",以昭平允。斩决照章应改绞决,绞决改为绞候、入实,充军改为安置。谨将修改例文,开列于后。

○修改(略)

大清律例

6.27.388.(14)〔直隶一省抢窃案犯拒杀差役之案〕

一、直隶一省抢窃案犯拒杀差役之案,除奉票指拿有名者,仍照定例,分别斩绞立决、监候外,其捕役奉票指案承缉抢窃各犯者,票内虽未指明姓名,而该犯确系本案正贼,及捕役奉票躧缉盗贼票内并未指明何案,及各犯姓名者,或遇贼犯正在抢窃,或经事主喊指捕拿,赃证确凿,虽未到官,实属事发;并贼犯先经捕役奉票拿获送官责释有案,并无吓诈凌虐,而该犯挟嫌报复,或纠伙凶殴者,亦属藐法有据,以上三项,凡有杀伤者,各照罪人拒捕本律定拟。若捕殴致死者,亦依本律分别擅杀、格杀科断。如伤未至死者,捕役殴伤贼匪,非折伤勿论,折伤以上减二等;贼匪拒伤捕役者,于本罪上加二等治罪。其非奉官票,及奉票而有吓诈凌虐情事者,各照平人谋、故、斗殴杀伤本律科断。俟该省盗风稍息,仍复旧例遵行。

现行刑律

27.344.(7)〔捕役奉票承缉遇贼抢窃报复凶殴捕殴致贼犯死伤及贼匪拒伤捕役〕

一、抢窃案犯拒杀差役之案,除奉票指拿有名者,仍照定例,分别绞决、绞候外,其捕役奉票指案承缉抢窃各犯者,票内虽未指明姓名,而该犯确系本案正贼,及捕役奉票躧缉盗贼,票内并未指明何案,及各犯姓名者,或遇贼犯正在抢窃,或经事主喊指捕拿,赃证确凿,虽未到官,实属事发;并贼犯先经捕役奉票拿获送官惩治有案,并无吓诈凌虐,而该犯挟嫌报复,或纠伙凶殴者,亦属藐法有据,以上三项,凡有杀伤者,各照罪人拒捕本律定拟。若捕殴致死者,亦依本律分别擅杀、格杀科断。如伤未至死者,捕役殴伤贼匪,非折伤勿论,折伤以上减二等;贼匪拒伤捕役者,于本罪上加二等治罪。其非奉官票,及虽奉官票而有吓诈凌虐情事者,各照平人谋、故、斗殴杀伤本律治罪。

现行刑律案语

原例(略)

臣等谨按:此条系直隶一省抢窃案犯拒杀差役之专例。惟此等案件各省皆有,似应改为通例,现在盗风既未稍息,例末二语应删。"斩绞立决、监候"照章应改为"绞决、绞候"。谨将修改例文,开列于后。

〇修改(略)

现行刑律

27.344.(8)〔图奸调奸未成杀死本妇及拒捕杀死其夫与父母并有服亲属〕

一、图奸、调奸未成,罪人杀死本妇,及拒捕杀死其夫与父母并有服亲属,无论立时及越数日,俱照犯罪拒捕杀所捕人律拟绞监候。

现行刑律案语

〇续纂(略)

臣等谨按:光绪七年〔1881〕五月内刑部奏《图奸拒捕杀人例无明文酌定专条》一折,声明"图奸杀人与强奸杀人,虽同一因奸毙命,惟图奸者轻止语言调戏,重亦不过手足勾引,视强奸者之悍然无忌、肆行淫暴情形既大不相侔,断罪即难归一致。应请嗣后图奸、调奸未成罪人,杀死本妇及拒捕杀死其夫与父母并有服亲属,无论立时及越数日,俱照犯罪拒捕杀所捕人律,拟斩监候"等因。奉旨:"依议。钦此。"钦遵在案,自应恭纂为例。惟斩候照章应改绞候。理合修改明晰,以便遵行。

现行刑律

27.344.(9)〔擅杀律应拟绞之犯情轻情重〕

一、擅杀律应拟绞之犯,情轻者,改为流三千里;如系谋、故、火器杀人,或连毙二命,及各毙各命人数在四名以上等项情重者,仍依律拟绞。

现行刑律案语

〇续纂(略)

臣等谨按:光绪三十二年〔1906〕闰四月内刑部会同都察院奏定新章,"凡擅杀拟绞,秋审例准缓决一次减等者,改为流三千里;其擅杀二命或各毙各命人数在四名以上,及谋、故火器杀人者情节较重,仍照向例办理"等因。奉旨允准在案。自应纂入例册,以资遵守。再章程内尚有"擅杀例不至死及擅伤别项罪人者,各于本罪上递减一等"等语,臣等此次修改例文已逐条酌减改定,毋庸再行纂入,理合陈明。

大清律例

6.27.388.(12)〔擅杀奸盗及别项罪人案内余人〕

一、凡擅杀奸盗及别项罪人案内余人,无论谋杀加功,及刃伤、折伤以上,并凶器伤人,悉照共殴余人律杖一百。正犯罪止拟徒者,余人杖八十。如有挟嫌、妒奸、谋故别情,乘机杀伤,图泄私忿者,仍照谋、故杀,及刃伤、折伤、凶器伤人各本律本例问拟。

现行刑律

27.344.(10)〔擅杀奸盗及别项罪人案内余人〕

一、凡擅杀奸盗及别项罪人案内余人,无论谋杀加功,及刃伤、折伤以上,并凶器伤人,悉照共殴余人律处十等罚。正犯罪止拟徒者,余人处八等罚。若正犯罪止罚金,余人于本罪上递减一等。如有挟嫌、妒奸、谋故别情,乘机杀伤,图泄私忿者,仍照谋、故杀,及刃伤、折伤、凶器伤人各本律本例科断。

现行刑律案语

原例(略)

臣等谨按：此条系乾隆四十五年〔1780〕刑部议准定例，原载“杀死奸夫”门内，道光八年〔1828〕改定移入此门。查光绪三十二年〔1906〕奏定《擅杀减流章程》内有“擅杀案内，余人各于本罪上递减一等”之语，系因擅杀之案正犯有罪，止拟杖者，则余人不能不递减一等，以示区别。若正犯已至徒罪，余人即照例杖一百、杖八十，亦无窒碍，拟即依数改为罚金，惟“将正犯罪止拟杖，余人于本罪上递减一等”一层添入。谨将修改例文，开列于后。

〇修改(略)

大清律例

6.27.388.(11)〔本夫本妇及有服亲属并事主殴伤奸盗放火等项罪人〕

一、本夫及本夫、本妇有服亲属，捉奸殴伤奸夫，或本妇及本夫、本妇有服亲属，殴伤图奸、强奸未成罪人，或男子拒奸殴伤奸匪，或事主殴伤贼犯，或被害之人殴伤挟仇放火凶徒及实在凶恶棍徒，至折伤以上者，无论登时、事后、概予勿论。期服以下尊长卑幼，因捉奸、拒奸，或因尊长卑幼强奸、图奸，殴伤尊长卑幼者，悉照此例勿论。此外不得滥引，仍按殴伤尊长卑幼各本律例问拟。其旷野白日盗田野谷麦者，以别项罪人论。其余擅杀伤别项罪人，除殴非折伤勿论外，如殴至折伤以上，按其擅杀之罪，应以斗杀拟绞者，仍以斗伤定拟。若擅杀之罪止应拟满徒者，亦减二等科断。

现行刑律

27.344.(11)〔本夫本妇及有服亲属并事主殴伤奸盗放火等项罪人〕

一、本夫及本夫、本妇有服亲属，捉奸殴伤奸夫，或本妇及本夫、本妇有服亲属，殴伤图奸、强奸未成罪人，或事主殴伤贼犯，或被害之人殴伤挟仇放火凶徒及实在凶恶棍徒，至折伤以上者，无论登时、事后，概予勿论。期服以下尊长，因捉奸、拒奸，或因卑幼强奸、图奸，殴伤卑幼者，悉照此例勿论。若卑幼殴尊长，非折伤勿论；至折伤以上，减本伤罪二等。此外不得滥引，仍按殴伤尊长卑幼各本律例问拟。其旷野白日盗田野谷麦者，以别项罪人论。其余擅伤别项罪人，除殴非折伤勿论外，如殴至折伤以上，按其擅杀之罪，应拟绞、拟流者，于斗伤本罪上减一等定拟。若擅杀之罪止应拟徒者，减二等科断。

现行刑律案语

原例(略)

臣等谨按：此条系嘉庆十一年〔1806〕纂定，道光四年〔1824〕修改。例内擅伤奸盗等项罪人，概从宽勿论，而擅伤别项罪人按其擅杀之罪应以斗杀拟绞者，仍以斗伤定拟，未免过严。新章本有“擅伤递减一等”之文，拟改为“擅杀之罪，应拟绞、拟流者，于斗伤本罪上减一等定拟。若擅杀之罪止应拟徒者，本例系减二等”，若照章再减一等,殊觉过轻,此层拟请仍旧。至例内小注“期服以下因捉奸、拒奸、图奸、强奸殴伤尊长卑幼,悉照此例勿论”等语,在尊长伤卑幼自可勿论,若卑幼伤尊长,如刃伤期亲,罪犯应死,擅伤虽未便依本伤法,然概予勿论,未免过轻,拟改为“卑幼殴尊长,非折伤勿论;折伤以上,减本伤罪二等”,应情法各得其平。谨将修改例文、例注,开列于后。

〇修改

一、本夫及本夫、本妇有服亲属,捉奸殴伤奸夫,或本妇及本夫、本妇有服亲属殴伤、图奸、强奸未成罪人,或男子拒奸殴伤奸匪,或事主殴伤贼犯,或被害之人殴伤挟仇放火凶徒及实在凶恶棍徒,至折伤以上者,无论登时、事后,概予勿论。期服以下尊长,因捉奸、拒奸或因卑幼强奸、图奸,殴伤卑幼者,悉照此例勿论。若卑幼殴尊长,非折伤勿论;至折伤以上,减本伤罪二等。此外不得滥引,仍按殴伤尊长卑幼各本律例问拟。其旷野白日盗田野谷麦者,以别项罪人论。其余擅伤别项罪人,除殴非折伤勿论外,如殴至折伤以上,按其擅杀之罪,应拟绞、拟流者,于斗伤本罪上减一等定拟。若擅杀之罪止应拟徒者,减二等科断。

核订现行刑律

原修改例文(略)

谨按:“杀死奸夫”门内男子拒奸杀人之例,现拟删除,以杜诬陷,本条“或男子拒奸殴伤奸匪”九字应一律节删,以免抵触。谨将修改例文,开列于后。

〇修改(略)

大清律例

6.27.388.(10)〔强奸未成罪人被本妇之子杀死〕

一、强奸未成罪人,被本妇之子登时杀死者,勿论。若杀非登时,杖一百、徒三年。图奸未成罪人,被本妇之子登时杀死者,杖一百、徒三年。非登时杀死者,杖一百、流三千里。

*人命·杀死奸夫

6.19.285.(2)〔本夫及有服亲擅杀图奸未成罪人〕

6.19.285.(36)〔本夫杀死强奸未成罪人分别治罪〕

现行刑律

27.344.(12)〔本夫及本妇之子杀死强奸图奸未成罪人〕

一、本夫及本妇之子杀死强奸未成罪人,如系登时忿激致毙者,勿论。非登时杀死者,依夜无故入人家已就拘执而擅杀拟徒律减一等,徒二年半。系事后寻殴致毙者,流三千里。其杀死图奸未成罪人,系登时杀死者,徒三年;非登时杀死者,流三千里。

27.344.(13)〔本夫本妇之有服亲属杀死强奸图奸未成罪人〕

一、本夫本妇之有服亲属杀死强奸未成罪人,系登时忿激致毙者,依夜无故入人家已就拘执而擅杀拟徒律减一等,徒二年半;其杀死图奸未成罪人,系登时忿激致毙者，徒三年。如杀非登时，无论所杀系强奸、图奸未成，各罪人俱流三千里。

现行刑律案语

○移并（略）

见[6.19.285.(2)]〔本夫及有服亲擅杀图奸未成罪人〕条

大清律例

＊人命·杀死奸夫

[6.19.285.(16)]〔卑幼图奸有服亲属被尊长杀死〕（略）

现行刑律

[27.344.(14)]〔尊长忿激致死图奸强奸有服亲属未成卑幼〕

一、凡卑幼图奸、强奸有服亲属未成，被尊长忿激致死之案，悉照本夫及亲属杀死图奸强奸未成罪人例减一等定拟。如减科仍与服制殴杀本罪相等者，应再减一等。至为从帮殴有伤之犯，除系死者有服卑幼，仍照殴、故杀尊长本律例定拟。大理院复判时，将应行减拟罪名于折内双请，候旨定夺外，其余无论凡人、尊长，概照斗杀余人律定拟。

现行刑律案语

○移改（略）

见[6.19.285.(16)]〔卑幼图奸有服亲属被尊长杀死〕条

会奏修改各条

○修改（略）

见[6.19.285.(16)]〔卑幼图奸有服亲属被尊长杀死〕条

大清律例

[6.27.388.(7)]〔杀死放火及无故扰害凶徒并强奸未成各罪人〕

一、凡凶徒挟仇放火，及实在凶恶

现行刑律

[27.344.(15)]〔被害之人致毙挟仇放火并行凶扰害凶徒〕

一、凡凶徒挟仇放火，及实在凶恶

棍徒,无故生事行凶扰害,并强奸未成各罪人,被害之人,及本妇有服亲属,登时忿激致死者,均杖一百、徒三年,余人杖八十。如杀非登时,仍照擅杀罪人律拟绞监候,余人杖一百。

棍徒,无故生事行凶扰害,被害之人,登时忿激致毙者,均拟徒二年半。如杀非登时,流三千里。

现行刑律案语

○修改(略)

见6.19.285.(2)〔本夫及有服亲擅杀图奸未成罪人〕条

条例・删除

大清律例

6.27.388.(2)〔强盗拒捕杀伤官兵在旁目睹虽非下手者〕

一、强盗拒捕杀伤官兵之案,除同伙伤人之时,该犯不在一处者,仍照例拟罪外,其同在一处,或三五成群,虽非下手之人,既在旁目睹,即系同恶共济,法所难宽,即行斩决。

删除律例

○删除

大清律例

6.27.388.(3)〔豫省南阳等属杀死捻匪及捻匪拒捕杀伤〕

一、豫省南阳、汝宁、陈州、光州四府州所属州县,及安徽省属,捻匪行凶扰害,被害之家,当场致伤及杀死捻匪者,无论是否登时,概予勿论。差役、地保杀死捻匪者,悉杖一百;伤者暨格杀,均勿论。如有挟嫌杀害,借端泄忿情事,仍照谋、故、斗殴各本律治罪。若差、保庇护捻匪,不行拘拿,照故纵律,与本犯同罪;受财者,以赃纵论。其捻匪拒捕杀死应捕之人者,依罪人拒捕杀人律,拟斩监候;伤者,但系刃伤及折伤以上,不论是否残废、笃疾,各依殴所捕人至折伤以上律,拟绞监候。俟数年后捻匪敛戢,仍各照旧办理。

删除律例

○删除

大清律例

6.27.388.(6)〔围场内偷打牲口及伐木人拒捕及杀伤〕

一、拿获围场内偷打牲口、砍伐木植人等,若缉拿时曾经拒捕,不肯就擒者,照拒捕律加本罪二等问拟。犯至发遣者,先枷号三个月,再行照例发遣。殴所捕人至折伤以上者,拟绞监候。杀人者,拟斩监候。

删除律例

○删除

大清律例

6.27.388.(9)〔卑幼因奸盗图脱拒杀尊长尊属〕

一、凡卑幼因奸因盗图脱,拒杀缌麻尊长尊属者,按律问拟斩候,仍请旨即行正法。

现行刑律案语

○删除

原例(略)

臣等谨按:此条系嘉庆八年〔1803〕刑部因杜老刁一案,及九年〔1804〕曹炳然一案并纂为例。惟斩候既应照章改绞,则绞候即行正法,仍系绞决罪名,若再改为绞候、入实,适与本罪相同,窃以此等因奸盗拒毙缌尊,秋审万无不实之理,例既照本律定拟,自无庸特设专条,应即删除。

大清律例

6.27.388.(16)〔山东省捻匪幅匪杀伤事主兵役及被事主兵役杀死〕

一、山东省捻匪、幅匪强劫、抢夺、讹索扰害,被害之人当场将其杀死者,无论是否登时,概予勿论。兵丁、差役、地保及邻佑应捕人等,杀死捻匪、幅匪者,各照擅杀应死罪人律杖一百;格杀及伤者,均勿论。如有挟嫌杀害,借端泄忿情事,仍依谋、故、斗杀各本律治罪。若兵役、地保徇庇不拿,与本犯同罪;受财者,以贿纵论。其捻匪、幅匪杀伤事主,除强劫、抢夺例有专条外,如讹索不遂,杀伤被害之人,即照抢夺杀伤事主例分别定拟。杀伤兵役人等,仍依罪人拒捕本律科断。倘数年后此风稍息,奏明仍照旧办理。

删除律例

○删除

6.27.389 狱囚脱监及反狱在逃／27.345 狱囚脱监及反狱在逃

律文·修改

大清律例

6.27.389.1 凡犯罪被囚禁而脱监，及解脱自带锁杻，越狱在逃者，如犯笞、杖、徒、流，各于本罪上加二等。如因自行脱越而窃放同禁他囚罪重者，与他囚罪重者同罪，并罪止杖一百、流三千里。本犯应死者，依常律。○6.27.389.2 若罪囚反狱在逃者，无论犯人原罪重轻，但谋助力者，皆斩。监候。同牢囚人不知反情者不坐。

现行刑律

27.345.1 凡已论决之囚即定拟遣、流、徒、习艺之犯。脱监及越狱在逃者，徒犯加徒役一年，流犯加徒役三年，遣犯加徒役五年；仍照应役年限，从新拘役。未论决之囚，各于本罪上加二等。如因自行脱越而窃放同禁他囚罪重者，与他囚罪重者同罪，并罪止流三千里。本犯应死者，依常律。○27.345.2 若罪囚反狱在逃者，不问已论决、未论决，但谋助力者，皆绞。监候。同监囚人不知反情者不坐。

现行刑律案语

原律(略)

臣等谨按：此仍《明律》。惟现在笞、杖已改罚金，流罪附杖亦经奏请宽免，斩候则俱改为绞候，均应照章酌改。谨将修改律文，开列于后。

○修改

凡犯罪被囚禁而脱监，及解脱自带锁杻，越狱在逃者，如犯流、徒以下，各于本罪上加二等。如因自行脱越而窃放同禁他囚罪重者，与他囚罪重者同罪，并罪止流三千里。本犯应死者，依常律。○若罪囚反狱在逃者，无论犯人原罪之重轻，但谋助力者，皆绞。监候。同牢囚人不知反情者不坐。

核订现行刑律

原修改律文(略)

谨按：从前监狱专羁禁未论决人犯，自光绪二十九年〔1903〕订定新章，徒、流、军、遣等犯改习工艺，并令各省设立模范监狱，是监狱兼收已论决之遣、流、徒各犯，本条律首自应增入"已论决"一层，其罪名参照徒流人又犯罪之意，分别徒、流、遣，酌加年限，并将第二节小注"无论犯人原罪之轻重"句改为"不问已论决、未论决"，以昭赅备，而资援引。至未决之囚，原犯轻重不一，仍应依旧律加二等治罪，无须变易，致涉纷更。谨将修改律文，开列于后。

○修改(略)

条例·修改、仍旧、移改、续纂、移入

大清律例

6.27.389.(5)〔在监斩绞人犯强横不法及赌博〕

一、在监斩、绞人犯，如有强横不法及赌博等事，杖一百，仍严加锁拷，俟秋审分别定拟。知情故纵之禁卒，照开局窝赌例杖一百、徒三年。提牢官失于觉察，狱官故为徇隐，交部分别议处。军、流等犯有犯，亦照此问拟。

现行刑律

27.345.(1)〔在监斩绞及遣流人犯赌博〕

一、在监斩、绞及遣、流人犯，如有赌博等事，责成禁卒及有狱、管狱各官严加锁铐。若禁卒知情故纵，照开局窝赌例治罪。有狱官失于觉察，管狱官故为徇隐，交部分别议处。

现行刑律案语

原例(略)

臣等谨按：此条系雍正十一年〔1733〕定例，乾隆五年〔1740〕增改。死罪人犯在监强横不法，其情形与下条所列“挟制同囚”等项不甚悬殊，彼拟立决，此科满杖，轻重悬绝，且禁卒止科纵赌罪名而未及别项，似此例系专指在监赌博一事而言，拟将“强横不法”一层剔归下条之内，赌博情节较轻，科以满杖，自无不合。惟杖罪照章应改作工，在监重囚既无苦工之可作，又无别刑之可科，即秋审核办实缓，亦不能因此而加重，此层直同虚设，拟即节删，改为“仍责成禁卒等严加锁铐，如有故纵徇隐等情，分别治罪议处”。徒罪附杖应节删，即改为“治罪”二字。军、流人犯拟改为遣、流人犯。“提牢官”“狱官”亦拟改为“有狱官”“管狱官”，以便通引。谨将修改例文，开列于后。

○修改(略)

大清律例

6.27.389.(6)〔斩绞重犯越狱脱逃管狱有狱官奏参〕

一、斩、绞重犯，如有越狱脱逃，将管狱官及有狱官即时题参，按例分别议处，不得同军、流等犯越狱，按照疏防例限扣参。

现行刑律

27.345.(2)〔斩绞重犯越狱脱逃管狱有狱官奏参〕

一、斩、绞重犯，如有越狱脱逃，将管狱官及有狱官即时奏参，按例分别议处，不得同遣、流等犯越狱，按照疏防例限扣参。

现行刑律案语

原例(略)

臣等谨按:此条系乾隆二十二年〔1757〕定例。惟“题参”应改“奏参”,“军、流”应改“遣、流”。谨将修改例文,开列于后。

○修改(略)

大清律例

6.27.389.(7)〔自号牢头凌虐同囚〕

一、斩、绞人犯,如有在监年久,自号牢头,串通禁卒、捕役,挟制同囚,吓诈财物,教供诬陷,少不遂欲,恣意凌虐,凶恶显著者,审实,即照死罪人犯在监行凶致死人命例,依原犯罪名拟以立决。其寻常过犯,酌量严惩示儆。

现行刑律

27.345.(3)〔自号牢头凌虐同囚〕

一、斩、绞人犯,如有在监年久,自号牢头,串通禁卒、捕役,挟制同囚,吓诈财物,教供诬陷,少不遂欲,恣意凌虐,以及强横不法,凶恶显著者,审实,即照死罪人犯在监行凶致死人命例,依原犯罪名拟以立决。其寻常过犯,酌量严惩示儆。

现行刑律案语

原例(略)

臣等谨按:此条系乾隆二十四年〔1759〕定例。上条“强横不法”一层与此条相类,拟添入。谨将修改例文,开列于后。

○修改(略)

大清律例

6.27.389.(8)〔罪囚结伙反狱持械杀伤及未伤人〕

现行刑律

27.345.(4)〔罪囚结伙反狱持械杀伤及未伤人〕

一、罪囚由监内结伙反狱,如有持械杀伤官弁役卒,及并未伤人首从各犯,不论原犯罪名轻重,悉照劫囚,分别杀伤,一例科罪。

现行刑律案语

原例(略)

○仍旧

臣等谨按:此条应仍其旧,理合陈明。

大清律例	现行刑律
*人命·斗殴及故杀人 6.19.290.(7)〔死罪监候人犯在监行凶致死人命〕(略)	27.345.(5)〔死罪监候人犯在监复行凶致死人命〕 一、凡犯死罪监候人犯，在监复行凶致死人命者，照前后所犯斩、绞罪名，从重拟以立决。

现行刑律案语

○移改(略)

见6.19.290.(7)〔死罪监候人犯在监行凶致死人命〕条

大清律例	现行刑律
6.27.389.(4)〔为越狱人犯通线剃头及毁字之人〕 一、拿获越狱人犯，务究通线与剃头，并代为销毁刺字情弊。通线之人，与囚同罪，至死者拟绞监候。其代为剃头，并销毁刺字之人，俱枷号两个月，责四十板。	27.345.(6)〔拿获越狱人犯务究通线剃头情弊〕 一、拿获越狱人犯，务究通线与剃头情弊，通线之人，分别有无受贿，照故纵律治罪。其代为剃头之人，处十等罚。

现行刑律案语

原例(略)

臣等谨按：此条系雍正七年〔1729〕定例，乾隆五年〔1740〕改定。刺字现已免除，例内"代为销毁"一层应节删。狱卒故纵罪囚脱逃律系与囚同罪，至死减一等，受财故纵者绞监候，通线之人即非狱卒，亦必能在狱内出入之人，乃不论有无受贿，通拟绞候，究嫌律外加重，拟改为"通线之人，分别有无受贿，照故纵律治罪，枷号两个月，责四十板"，罪名均应罚金，酌改为"处十等罚"。谨将修改例文，开列于后。

○修改(略)

现行刑律

27.345.(7)〔问拟工作及改折工作之犯脱逃被获〕

一、凡问拟工作，及罚金未能完纳改折工作之犯，如在所脱逃被获，照律加罪二等。倘逃后另犯不法别案,仍按后犯罪名与逃罪相比,从其重者论。

现行刑律案语

○续纂

捕亡·徒流人逃

一、窃盗问拟工作,及罚金未能完纳改折工作之犯,如在所脱逃被获,照律计日加役,罪止加役两个月。倘逃后另犯不法别案,仍按后犯罪名与逃罪相比,从其重者论。

臣等谨按:光绪三十一年〔1905〕修订法律馆议复原任两江总督刘坤一、升任湖广总督张之洞会奏《恤刑狱》一折,内称"嗣后律例内笞五十以下者,改为罚银五钱以上,二两五钱以下;杖六十者,改为罚五两;每一等加二两五钱,以次递加,至杖一百改为罚十五两而止。如无力完纳者,折为作工应罚一两,折作工四日,以次递加至十五两,折作工六十日而止。"又,是年《酌拟变通窃盗条款》折,内声称"嗣后凡窃盗应拟笞罪者,改拟工作一月;杖六十者,改拟工作两月;杖七十至杖一百,每等递加两月。此外以窃盗论、准窃盗论及各项因盗问拟笞、杖,并抢夺强盗案内拟杖者,俱准此"各等因。先后奏奉俞允,通行各省在案。现任修订刑律,业拟照章纂为律例,自后此等人犯如在所脱逃作何办理,亦应酌设专条,以资遵守。拟请窃盗问拟工作及罚金未能完纳改折工作之犯,如有脱逃被获,仍照律计日加役,过三十日以上,加至两月而止,以折工六十日原抵旧例之杖一百,未便再行加重也。其或另犯不法别案,则仍按后犯罪名与逃罪相比,从其重者论。如此明定条文,庶例义既相贯通,即司谳者亦不至穷于援引,理合声明。

核订现行刑律

原续纂例文(略)

谨按:本律目现议删除。此例应移隶"狱囚脱监及反狱在逃"条内,计日加役,虽本《唐律》,究嫌繁琐,例内"计日加役两个月"二语拟改为"加罪二等"。谨将移改例文,开列于后。

○移改

捕亡·狱囚脱监及反狱在逃

一、窃盗问拟工作及罚金未能完纳改折工作之犯,如在所脱逃被获,照律加罪二等。倘逃后另犯不法别案,仍按后犯罪名与逃罪相比,从其重者论。

大清律例

*捕亡·主守不觉失囚

6.27.392.(4)〔斩绞重犯解审中途脱逃〕

(略)

现行刑律

27.345.(8)〔解审罪囚中途脱逃被获〕

一、解审罪囚,中途脱逃被获,各加

本罪二等，罪止发遣新疆，酌拨种地当差。其罪无可加，及本犯系斩绞者，仍各依本律本例办理。

现行刑律案语

〇移改（略）

见6.27.392.(4)〔斩绞重犯解审中途脱逃〕条

大清律例

＊捕亡・徒流人逃

6.27.390.(8)〔遣犯脱逃分别有无不服管束行凶为匪拒捕治罪〕

现行刑律

27.345.(9)〔遣流徒并当差人犯脱逃〕

一、遣、流、徒人犯中途脱逃，以在监论。其当差人犯于工作期满后脱逃被获者，仍发原配，加监禁一年，限满仍旧当差。

现行刑律案语

〇修改（略）

见6.27.390.(8)〔遣犯脱逃分别有无不服管束行凶为匪拒捕治罪〕条

核订现行刑律

〇移改（略）

见6.27.390.(8)〔遣犯脱逃分别有无不服管束行凶为匪拒捕治罪〕条

大清律例

＊捕亡・徒流人逃

6.27.390.(17)〔年老遣犯脱逃逾限不获开除停缉〕

现行刑律

27.345.(10)〔年老遣犯脱逃以年逾七十为准勒限未获停缉〕

一、各省遣犯脱逃，内有年老者，以年逾七十为准，如在逃时年已六十，勒限十年；年已五十，勒限二十年；逾限未获，即于汇咨通缉案内开除停缉。倘后经缉获，仍照例质明办理。

现行刑律案语

○仍旧(略)

见6.27.390.(17)〔年老遣犯脱逃逾限不获开除停缉〕条

核订现行刑律

○移入(略)

见6.27.390.(17)〔年老遣犯脱逃逾限不获开除停缉〕条

条例·○移改

大清律例

6.27.389.(1)〔各处监狱俱分建内外两处〕

一、各处监狱俱分建内外两处,强盗并斩、绞重犯,俱禁内监;军、流以下俱禁外监。再另置一室,以禁女犯。

现行刑律

*断狱·囚应禁不禁

28.350.(1)〔监狱分建内外监并置女犯室〕(略)

现行刑律案语

原例(略)

臣等谨按:此条系监禁人犯之通例,雍正七年〔1729〕纂定。与"囚应禁不禁"门例文相类,似应移隶彼门。"军、流以下"拟改为"遣、流以下人犯"。谨将移改例文,开列于后。

○移改

断狱·囚应禁不禁

28.350.(1)〔监狱分建内外监并置女犯室〕(略)

大清律例

6.27.389.(2)〔搜检夹带金刃及严禁取入砖石树木铜铁等物〕

一、获犯到案,并解审发回之时,州县官当堂细加搜检,无有夹带金刃等物,方许进监。并严禁禁卒,不许将砖石树木、铜铁器皿之类,混行取入。如

现行刑律

*断狱·与囚金刃解脱

28.354.(1)〔搜检进监人犯严禁禁卒取入砖石等类并买酒入监〕(略)

有买酒入监者，将禁卒严行责治。

现行刑律案语

原例（略）

臣等谨按：此条系雍正七年〔1729〕定例。与“与囚金刃解脱”门律文情事相类，似应移隶彼门。“州县官”拟改为“该管官”，禁卒罪名例未指明，亦应添入。谨将移改例文，开列于后。

○移改

断狱·与囚金刃解脱

28.354.(1)〔搜检进监人犯严禁禁卒取入砖石等类并买酒入监〕（略）

条例·删除

大清律例

6.27.389.(3)〔原拟斩决斩枭及拟斩免死发遣盗犯越狱并在途脱逃〕

一、凡杀人盗犯，及未杀人之首盗，与伤人之伙盗，原拟斩枭及斩决，若越狱脱逃被获者，并于本地方斩决、枭示。其未杀伤人之伙盗，原系拟斩免死发遣之犯，如越狱脱逃被获者，于本地方拟斩立决。若因越狱杀伤兵役者，亦拟斩、枭示。其外省越狱及在途脱逃盗犯，被别省拿获，即令拿获之地方官审报该抚具题，刑部查明原卷奏闻，行令拿获之地方立决。其从部刺字发遣，在途用酒灌醉、用药迷倒解差，乘间远扬者，该地方官报部，亦行令拿获之地方拟斩立决。若因脱逃杀伤兵役者，斩决，枭示。其疏纵之该管官，照例议处。刑书、禁卒有无贿纵，与不严加肘锁，少差兵役，及差非正身，以致中途脱逃者，地方官及兵役照例议处治罪。

删除律例

○删除

大清律例

6.27.389.(9)〔狱囚纠伙三人以上及仅止一二人并无伙谋潜行越狱脱逃〕

一、犯罪囚禁在狱，私纠伙党三人以上，穿穴逾墙，乘禁卒人等一时疏懈，潜行越狱脱逃者，除原犯斩、绞立决，应即正法外，其原犯斩、绞监候人犯，无论首伙，俱改为立决；原犯军、流，律应加二等调发者，俱改为拟绞监候，秋审时，为首入于情实，为从入于缓决；原犯徒罪，律应加二等问拟者，为首改为拟绞监候，秋审时入于缓决，为从发往伊犁给兵丁为奴；原犯杖、笞，律应加二等问拟者，为首发往伊犁为奴，为从实发烟瘴充军。○若仅止一、二人犯，乘间穿穴逾墙，因而脱逃，并无预谋纠伙情事者，原犯斩、绞立决,即行正法;其原犯斩、绞监候,应入情实人犯,毋论首伙,俱改为立决,应入缓决者,入于秋审情实;原犯军、流,律应加等改发者,为首改为拟绞监候,入于缓决,为从发往伊犁给兵丁为奴;原犯徒罪,律应加等问拟者,为首发往伊犁给兵丁为奴,为从实发烟瘴充军;原犯杖、笞,律应加等问拟者,为首改为实发烟瘴充军,为从问拟满流。其盗犯潜行越狱脱逃,仍各按本例定拟。如有劫狱、反狱者,即照劫囚、反狱定例办理。

现行刑律案语

〇删除

原例(略)

臣等谨按:罪囚脱逃律系加二等治罪,本犯应死者,依常法是罪已至死,本无可复加,加等治罪者,并不加入于死,此例较律概行加重。在立决人犯即予正法,尚无轻重之分,若绞候及军、流人犯,原犯案情轻重不同,一则概拟立决,一则概拟绞候,分别首伙实缓已觉过严。至徒罪人犯,为首且拟绞候,杖、笞人犯,首伙且问拟军、流,尤觉太重,与本律相去悬绝。窃维罪囚乘间潜行越狱,虽有幸免之心,究无恃强之念,与反狱情形迥不相同,即依律加等治罪,已无虞宽纵,且此等条例本系一时从严整顿之法,若着为常例,似不应如是之严,应请嗣后此等案犯仍依律定拟。此条拟即删除。

大清律例

6.27.389.(10)〔疏脱在监凌迟斩绞重犯狱官革留协缉获非本案正犯〕

一、羁禁罪应凌迟、斩绞立决、监候重犯,越狱脱逃,将有狱、管狱各官革职,留于地方,照例限五年协缉。如于限内拿获他处案犯,并非本案正犯,仍按限协缉。限满无获,照例分别治罪。

6.27.389.(11)〔疏脱在监凌迟斩绞重犯狱官革留立限协缉无获分别治罪〕

一、羁禁罪应凌迟、斩绞立决、监候重犯,越狱脱逃,将管狱官革职拿问。除五日内拿获,革去顶带,改为革职留任,四年无过,题请开复;四个月限内拿获,即行革职,免其拿问外,如不能拿获,留于地方协缉。五年限满不获,审系禁役贿纵、故纵脱逃者,发往军台效力赎罪;若审明禁役并无贿纵、故纵情事,果系依法看守,偶致疏纵脱逃者,拟以杖一百、徒三年。有狱官暂行革职留任,俟四个月限满不获,仍留任一年督缉。如再不获,按其未获名数,议降、议革,留于该地方,协同接任官缉捕。五年限内拿获,题请开复。限满不获,查系禁役贿纵、故纵者,无论名数多寡,概行革职,发往军台效力赎罪。若并无贿纵情弊,系降调之员,仍照未获名数,分别降革完结;系革职之员,拟以杖一百、徒三年。至一案内只系一名脱逃者,有狱官革职留任。四个月限满不获,仍留任一年督缉。如再不获,即行革任,留于该地方协缉。五年限内拿获,题请开复。限满不获,审系依法看守,偶致疏纵者,仍以革职完结;系禁役贿纵、故纵者，拟以杖一百、徒三年。倘犯被他人捕获者，仍照例科罪。至军、流等犯越狱脱逃，及斩、绞人犯越狱拿获案内另有军、流人犯未获，其有狱、管狱各官，仍照旧例交部分别议处。

现行刑律案语

〇删除

原例

6.27.389.(11)〔疏脱在监凌迟斩绞重犯狱官革留立限协缉无获分别治罪〕(略)

6.27.389.(10)〔疏脱在监凌迟斩绞重犯狱官革留协缉获非本案正犯〕(略)

臣等谨按：上二条俱系斩、绞重犯越狱脱逃，将管狱、有狱各官按限留缉，限满无获分别治罪之例。查律载“狱卒不觉失囚，减囚罪二等，听给限一百日追捕，限内能自捕得及他人捕得，若囚已死及自首皆免罪；司狱官典减囚罪三等。其提牢官曾经躬亲逐一点视罪囚锁杻，俱已如法取责，狱官、狱卒牢固收禁文状者，不坐；若不曾点视以致失囚者，与狱官同罪。故纵者，不给捕限，各与囚同罪”等语，是斩、绞重犯越狱脱逃，管狱官及提牢官治罪之法，律已具有明文，系不觉失囚者坐以徒一年半，故纵者罪坐所由，余仍坐不觉失囚之律，立法甚为平允。此例于律限百日而外，必令协缉，至于五年已属不情，限满无获，分别发往军台效力或杖一百、徒三年，并有犯被他人捕获及拿获非本案正犯，仍照例科罪之文，尤属过当，盖以律法而论，事出于受贿徇情，系属自行犯法，绳之重罪，其又奚辞？若犹是一时失察，在管狱官职司其事，尚属责无可贷，然事非故犯犹可原情，州县则百端待理，徒以因人连累之故，竟至淹留多年，仍科以重罪，揆之情法，岂所能行？故自定有此例以来，鲜见照此办理者，亦以法令过严，则窒碍殊多也，窃谓苟有此等案件，纵不能照律定拟，亦自有《处分则例》可循。此二条徒悬严令，究属具文，似应一并删除。

6.27.390 徒流人逃

律文·删除

大清律例

6.27.390.1 凡徒、流、迁徙、充军囚人已到配所，于所役限内而逃者，一日笞五十，每三日加一等，罪止杖一百，仍发配所。其徒囚照依原犯该徒年分从新拘役，役过月日，并不准理。〇6.27.390.2 若官司起发已经断决徒、流、迁徙、充军囚徒，未到配所，中途在逃者，其计日论。罪亦如配所限内而逃者论之。〇6.27.390.3 配所主守及途中押解人不觉失囚者，一名杖六十，每一名加一等，罪止杖一百，皆听一百日内追捕。配所提调官及途中长押官，减主守及押解人罪三等。

限内能自捕得,或他人捕得,若囚已死及自首,皆免罪。故纵者,不分官、役,各与囚之徒、流、迁徙、充军同罪。受财者,计所受赃以枉法从重论。赃罪重,以枉法科之;纵罪重,仍以故纵科之。

现行刑律案语

原律(略)

臣等谨按:此仍《明律》。考徒、流人逃治罪之法,有明与《唐律》不同。《唐律》:“诸流徒囚,役限内而亡者,一日笞四十,三日加一等,过杖一百,五日加一等。注云:犯流、徒应配及移乡人,未到配所而亡者,亦同。疏议谓:三日加一等,十九日合杖一百。过杖一百,五日加一等,五十九日流三千里。”盖唐时寻常流囚俱应一年居作,故与徒犯役限内而亡者,俱计日论罪,如加至徒、流以上,所谓犯罪已配而更为罪,自依徒、流人又犯罪之条,立法甚为简当。明代流囚无一年之役,充军则别自为法,另有条例,迁徙准唐之移乡,亦不着役,故从新拘役者,仅专指徒囚言,其余第计日杖责,仍发原配而已,轻重之间,未为允惬。现在徒、流人犯照章俱应收所习艺,各有定限,笞、杖既改为罚金,此等罪囚脱逃,亦未便按日处罚。且罪犯习艺之区,自必粗具监狱规制,苟于此内脱逃,纵不能与脱监并论,亦应酌量情形,分别办理,以示持平。查光绪二十年〔1894〕刑部奏定《军流脱逃章程》,无论次数,军犯加监禁十年,流犯加监禁五年,本系一时从严,惩创未便,采为定律。今拟将徒、流脱逃情节详加区别,如于白昼在所乘间脱逃者,酌用计日加役之法,过百日以外,则用徒、流人又犯罪之法,以本律捕限本给百日也;若昏夜穿穴踰墙脱逃者,情与越狱无异,则用狱囚脱监之法,以加罪二等,本罪人事发在逃之通例也。迁徙久未实行,则拟一律芟去,充军改为安置,则拟纂入注文。至主守及解配人罪名,《唐律》本减囚罪三等,其不满半年徒者,始有“一人笞三十,三人加一等,罪止杖一百”之文;若徒满一年以上及流囚逃亡,自依减罪三等科之,非谓不论囚罪轻重,俱罪止满杖也。此律改为“一名杖六十,每一名加一等,罪止杖一百”,与“主守不觉失囚”内“押解罪囚”一层,科拟悬殊,亦未为平允。故光绪二十年章程将“押解兵役人等”改“依解审之例,于未犯罪名上减三等定拟”,自系查照《唐律》办理。今拟将此层移入“主守不觉失囚”门,与彼律押解罪囚人一律改为减囚罪三等,庶免参差,此处则应行删节。谨将修改律文、律注,开列于后。

〇修改

凡徒、流人役限内在工所白昼乘间脱逃者,一日,加役二日;过百日以上,徒犯加役一年,三流俱加役三年。役过月日,并得准理。若昏夜穿穴踰墙而逃者,各于本罪上加二等从新拘役。役过月日,不得准理。安置,准满流科断。〇若官司起发已经断决,罪囚中途在逃者,罪亦如之。在途乘间脱逃者,计日加役。寄监越狱脱逃者,加罪二等。

核订现行刑律

〇删除

原修改律文(略)

谨按:徒、流人犯之工所,即监狱之一种,现拟于“狱囚脱监及反狱在逃”条增入,此条应即删除。

条例·移并、移改、移隶

大清律例

6.27.390.(3)〔保甲疏脱在配军流罪犯逾限不获及贿纵〕

一、军、流罪犯在配所脱逃,一面移咨原籍地方勒限缉拿,一面令该管官悬立赏格,勒限一百日严缉。将该犯拿获到案,各照定例分别治罪外,其看守之保甲,革役免罪。如逾限不获一名者,杖八十,每一名加一等,罪止杖一百。受财故纵者,计赃以枉法论。失察之该管官并兼辖官,交部议处。

6.27.390.(9)〔军流人犯逃回原籍容留及知情不首〕

一、逃回原籍之军、流人犯,本籍地方官于咨缉文到,即传该犯亲属、邻保人等,逐一讯问根由下落。如果未逃回,即取确实供结,详请咨送刑部及配所省份存案。仍令保、邻不时侦缉,一经回籍,立即首报。倘容留不行举首,别经发觉,即将房主、邻保,照知情藏匿罪人减罪人一等律杖一百、徒三年。其虽不容留,但明知不首者,各杖一百。容留之亲属,除祖、父、子孙、夫妻、奴仆外,俱照不应重律杖八十,不得援亲属得相容隐之条。若逃往别处,其知情容留,及知而不首之人,罪亦如之。率混

现行刑律

*捕亡·主守不觉失囚

27.347.(5)〔严缉在途在配脱逃流遣罪犯〕(略)

详报之地方官,及逃往别处,不行查出之地方官,一并交部分别议处。

6.27.390.(12)〔严缉在配脱逃外遣及新疆改发重犯〕

一、外遣及新疆改发重犯,在配脱逃,一面行文报部,一面知会各该犯原籍地方,并将该犯犯事原案全行抄录,同年貌册一并分咨各直省督抚及盛京、黑龙江、吉林等处将军,各饬所属,一体严缉。获日,查照原案审明照例办理。

现行刑律案语

原例

6.27.390.(3)〔保甲疏脱在配军流罪犯逾限不获及贿纵〕(略)

6.27.390.(9)〔军流人犯逃回原籍容留及知情不首〕(略)

6.27.390.(12)〔严缉在配脱逃外遣及新疆改发重犯〕(略)

臣等谨按:以上三条,前二条系军、流配逃知会原籍地方官缉拿之例,后一条系外遣及新疆改发重犯配逃通行各省督抚饬属严缉之例,自应修并为一,以省繁复。其看守之保甲、容隐之亲属,俱应照本律办理,毋庸意为轻重,此二层应行节删。至遣、流脱逃人犯,容有在别省犯事,发配逃后由原籍地方官缉获者,作何办理,亦应添叙例内,以资遵守。刑部改为法部。"杖一百"照章罚金,应改为"处十等罚"。谨将修并例文,开列于后。

○修并

一、流、遣罪犯,在途、在配脱逃,沿途地方官及配所该管官详请。该省督抚一面行文报部,一面知会原籍及犯事省分,情重者,并抄录犯事原案,同年貌册一并分咨各直省督抚,一体缉拿。原籍地方官于咨缉文到后,即传该犯亲属、邻佑人等,逐一讯问根由下落,如果未逃回,即取确实供结,咨明法部及逃所存案,仍令保邻不时侦缉。一经回籍,立即首报。倘知情容留,别经发觉,即将房主、邻佑,照知情藏匿罪人律治罪。其虽不容留,但明知不首者,处十等罚。至缉获逃犯,如系在别省问发者,由拿获省分调取原案,查核相符,仍讯明有无另犯不法,照例办理。

核订现行刑律

原修并例文(略)

○移隶

谨按:本门律目现拟议删,此例应移隶"主守不觉失囚"门内,合并声明。

捕亡·主守不觉失囚

27.347.(5)〔严缉在途在配脱逃流遣罪犯〕(略)

大清律例

6.27.390.(5)〔解审重犯遣军流徒并递籍收管人犯漏批年貌及雇倩顶替〕

一、解审命、盗重犯，及军、流、徒、遣，并发回原籍收管、审讯等犯，务于批文内载叙事由，开明该犯年貌、疤痣、箕斗，令沿途地方查明转递。如有中途雇倩顶替情事，除本犯、解役人等照例究拟治罪外，将佥差不慎之员分别议处。如原文内未经开载，将遗漏开造之员照例议处。

现行刑律

＊捕亡·主守不觉失囚

27.347.(3)〔解审重犯流罪以上并递籍人犯漏批年貌及雇倩顶替〕(略)

现行刑律案语

原例(略)

臣等谨按：此条系乾隆二十四年〔1759〕定例，三十七年〔1772〕改定。查光绪二十九年〔1903〕刑部奏定《罪犯习艺章程》，徒犯毋庸发配，收入习艺所，按限工作，嗣后此等人犯在已定罪名之后既不发配，若于未定罪名之先，仍照旧例解审，适足以滋纷扰。此次修订刑律，拟将"徒犯解审"一项概行删除，庶与留籍习艺之意两相符合，所有例首解审项内之徒犯应行节删，《处分则例》尚有"原解地方官已经开载，仍有贿差顶替情事，将不行查出之添解官罚俸六个月"等语，应行添入。再此例系为开明年貌、箕斗，预防罪囚雇替而设，意重官员处分，不在逃犯罪名，并应移附"主守不觉失囚"门，以昭画一。谨将移改例文，开列于后。

○移改

捕亡·主守不觉失囚

27.347.(3)〔解审重犯流罪以上并递籍人犯漏批年貌及雇倩顶替〕(略)

大清律例

6.27.390.(8)〔遣犯脱逃分别有无不服管束行凶为匪拒捕治罪〕

一、秋审缓决人犯，遇赦免死减等发遣黑龙江等处者，如非不服伊主管

现行刑律

＊捕亡·狱囚脱监及反狱在逃

27.345.(9)〔遣流徒并当差人犯脱逃〕(略)

束,或因思家,或因力难受苦,乘间潜逃,并无行凶为匪、拒捕之处,被获者,五次以内,递回发遣处枷号三个月,投回者免罪;脱逃至五次以外,被获者枷号六个月,投回者枷号三个月;十次以外,被获者枷号九个月,投回者枷号六个月,俱鞭一百。若不服伊主管束,脱逃后复行凶为匪,及拿获时有拒捕者,照原犯死罪,即行正法。其非秋审案内免死减等,系平常发遣人犯,在配脱逃,并无行凶为匪,亦无拒捕情事,被获者,五次以内,递回发遣处枷号一个月,投回者免罪;脱逃至五次以外,被获者枷号三个月,投回者枷号一个月;十次以外,被获者枷号六个月,投回者枷号三个月,均鞭一百。如逃走后复行凶为匪,并拿获时拒捕者,即照现在所犯定拟。如犯该斩、绞监候罪名,应缓决者入于情实,应情实者改为立决;犯该军、流、发遣者,改为绞监候;犯该徒者,递回发遣处,枷号三个月;罪止笞、杖者,递回发遣处,枷号两个月,俱鞭一百。其例应立决者,拿获之日,令该地方官审明该犯原犯情罪、逃走年月,并分给为奴之旗分、佐领及伊主姓名,照例定拟,详报督抚具题。刑部逐一查核确实,会议题复,将该犯即在拿获地方正法,仍行文发遣处所出示晓谕。至军、流人犯脱逃后,行凶杀人为匪,犯该斩、绞者,仍按各本律定拟。应监候者监候,应立决者立决。

现行刑律案语

原例(略)

臣等谨按:此例原系二条,俱系康熙、雍正时旧例,乾隆五十三年〔1788〕修并,咸丰二年〔1852〕改定。查近年恩诏条款,查办秋审缓决人犯并无减发黑龙江等处为奴之事，现在修订刑律，发遣罪名第拟留新疆当差一项，亦不实发黑龙江等处为奴，此例即属无关引用。惟嗣后遣犯脱逃作何办理，律无明文，自应原本律义，将寻常遣犯脱逃改为通例，以资援引。谨将修改例文，开列于后。

〇修改

一、发遣新疆当差人犯，如有在途、在配乘间脱逃，一百日以内被获者，仍发原配，一日加役二日，过百日以上加监禁三年，限满仍令充当苦工役，过月日并得准理。若穿穴踰墙而逃者，获日解回原配，加监禁六年，从新拘役。如脱逃在酌拨种地以后者，拿获，亦解回原配监禁一年，仍旧当差。

核订现行刑律

原修改例文（略）

谨按：遣犯分安置、当差二项，均应发配，例首仅举当差，似涉疏漏，应改为"遣犯"，以资赅载。在配脱逃，其为由作工处所，自不待言，此项名目应删。在途脱逃，虽与在监不同，其情要无二致。各国刑法于脱逃一项，向不分别在途、在监，且此次改定在监脱逃罪名，已较旧例为轻，似不应复以在途区判轻重，应仍以在监论。例内计日及监禁三年、六年两节，概行删节，以归简易。再本门律目现议删除，应移隶"狱囚脱监及反狱在逃"条内。谨将移改例文，开列于后。

〇移改

捕亡·狱囚脱监及反狱在逃

27.345.(9)〔遣流徒并当差人犯脱逃〕（略）

大清律例

6.27.390.(17)〔年老遣犯脱逃逾限不获开除停缉〕

一、各省遣犯脱逃，内有年老者，以年逾七十为准，如在逃时，年已六十，勒限十年，年已五十，勒限二十年，逾限未获，即于汇咨通缉案内开除停缉。倘后经缉获，仍照例质明办理。

现行刑律

*捕亡·狱囚脱监及反狱在逃

27.345.(10)〔年老遣犯脱逃以年逾七十为准勒限未获停缉〕（略）

现行刑律案语

原例（略）

〇仍旧

臣等谨按：此例应仍其旧，理合陈明。

核订现行刑律

原仍旧例文(略)

〇移隶

谨按:本门律目现议删除,此条应移隶"狱囚脱监及反狱在逃"条内,理合陈明。

捕亡·狱囚脱监及反狱在逃

27.345.(10)〔年老遣犯脱逃以年逾七十为准勒限未获停缉〕(略)

条例·删除

大清律例

6.27.390.(1)〔刨参遣犯脱逃被获〕

一、发遣云贵两广极边烟瘴刨参人犯,脱逃被获,发往伊犁等处给兵丁为奴。

现行刑律案语

〇删除

原例(略)

臣等谨按:遣犯脱逃被获,既立有专例,刨参人犯自已统括于其中,有犯自可援照通例办理,毋庸一事一例,反涉纷繁。且嗣后遣犯亦并不发给兵丁为奴,此例即属无关引用,应即删除。

大清律例

6.27.390.(2)〔行凶发与披甲人为奴人犯永禁来京〕

一、凡行凶发与披甲人为奴之犯,伊主或给亲戚,或亲携来京,或差做买卖来京,永行禁止。若伊主搬移来京,亦留下另给披甲之人为奴。

现行刑律案语

〇删除

原例(略)

臣等谨按:此条系康熙四十六年〔1707〕定例。查"行凶给披甲人为奴"系属尔时办法,现在久无此等人犯,此例无关引用,应即删除。

大清律例

6.27.390.(4)〔在川流民犯罪递籍复逃入川及失察容隐分别治罪〕

一、在川流民犯罪递回原籍,复逃至川者,如无为匪,照逃人例杖一百,递回原籍。如有为匪,所犯在杖一百以下者,并杖六十、徒一年。如所犯在徒一年以上者，各照所犯之罪加一等问拟。其递回原籍之时，行文原籍地方官严行管束。如有复逃入川，及川省该地方官将逃回人犯失察容隐，俱按逃回名数，交部议处。其原籍地保人等，若于该犯出境之时，随即呈报，在一百日限内，或经该管官拿获，或经别处拿获，俱准免罪。逾限不获，将地保照因人连累致罪例，减罪人罪二等发落。倘有知情隐匿者，与犯人同罪，罪止杖一百。受财故纵者，以枉法计赃治罪。其川省之地保人等，如有知情、受贿等弊，亦照原籍地保分别治罪。

删除律例

○删除

大清律例

6.27.390.(6)〔徒犯中途脱逃被获〕

一、徒犯脱逃，如系在配脱逃被获，仍照律治罪外，其有中途脱逃被获者，各于本罪上递加一等。杖六十、徒一年者，加为杖七十、徒一年半，以次递加。至徒三年者，加为总徒四年；总徒四年者，加为准徒五年，各杖一百。准徒五年者，改为杖一百、流二千里。至免死及寻常遣、军、流犯，有尚未到配，中途脱逃者，均即照已经到配脱逃各本例，讯明有无另犯不法，分别办理。

6.27.390.(15)〔流罪人犯中途在配脱逃被获〕

一、凡流罪人犯，如有中途在配脱逃被获，原犯流二千里者，改为流二千五百里；原犯流二千五百里者，改为流三千里。俱从该犯原籍地方，计程发配。初次枷号一个月，二次枷号两个月，三次枷号三个月，照例改发。

6.27.390.(16)〔满流及免死减等流犯并军犯中途在配脱逃被获〕

一、凡免死减等流犯，中途在配脱逃被获者，改发近边充军，及原犯寻常案内流三千里人犯，中途在配脱逃被获者，改发附近充军，均就其现配地方，计程发配。若表内现配应发之地，与该犯原籍相近，而又地处边境，再无别处可以改发者，即照表内应发地方加一等改发。各按照脱逃次数，分别枷号。其原犯附近、近边、边远、极边、烟瘴各犯，仍各由原籍以次递加，照例调发。

6.27.390.(19)〔充军常犯责令当差及累次脱逃分别治罪〕

一、充军常犯，至配后责令照例当差，不得任其闲散。如有脱逃，系附近充军者，初次，枷号一个月，调发近边；二次，枷号两个月，调发边远；三次，枷号三个月，调发极边足四千里；四次，枷号四个月，改发极边烟瘴。其本犯近边、边远、极边足四千里者，各以次递加调发。至烟瘴少轻人犯在配脱逃者，枷号一个月，改发极边烟瘴；极边烟瘴脱逃者，改发新疆酌拨种地当差。即令拿获之州县，一面收禁，一面关查配所原案，究明有无行凶为匪及脱逃次数，将应行改调之处，申详督抚咨部核拟完结，毋庸递回原配审断。其尚未到配,中途脱逃者,亦照此例办理。

现行刑律案语

○删除

6.27.390.(6)〔徒犯中途脱逃被获〕(略)

6.27.390.(15)〔流罪人犯中途在配脱逃被获〕(略)

6.27.390.(16)〔满流及免死减等流犯并军犯中途在配脱逃被获〕(略)

6.27.390.(19)〔充军常犯责令当差及累次脱逃分别治罪〕(略)

臣等谨按:以上四条,系寻常徒、流、充军及免死减流人犯中途在配脱逃被获,分别加等治罪及调发之例。查军、流调发本非古制,新章此等人犯无论在籍、在配,俱应收所习艺,更不宜纷纷迁调,即徒罪中途脱逃,递加至总徒、准徒以及流二千里,与原律之在配脱逃者亦不画一。现在本律分别情节,改为加役及加罪之法,有犯自应查照律条办理。此四例俱无关引用,应即删除。

大清律例

6.27.390.(7)〔军流人犯脱逃被获遇赦分别情节准否援赦〕

一、军、流人犯脱逃被获遇赦,核其情节,准其援赦者,不分初犯、再犯、三犯,俱免枷号,仍发原配。如原犯情节较重,不准援赦者,按照逃走次数,照例枷号调发。

删除律例

○删除

大清律例

6.27.390.(10)〔黔省查拿游匪递籍充徒复潜入黔及窝留失察〕

一、黔省查拿游匪,除斩、绞、军、流,照例办理外,其犯该杖徒者,递回原籍充徒发落。并开明该犯姓名、年貌、籍贯,通饬各属备案,仍令各照定例办理。若本犯回籍之后,复敢潜入黔境,一经拿获,讯无为匪,照逃人例杖一百,递回原籍。如有为匪,犯在杖一百以下者,并杖六十、徒一年;犯在徒一年以上者,各照所犯之罪加一等。其窝留之人,照知人犯罪藏匿律减罪人一等问拟。失于查察之原籍及黔省地保人等,照川省之例,分别知情、受贿等弊,一例治罪。原籍失察脱逃,并黔省失察容留地方文武各官,均照例分别议处。

删除律例

○删除

大清律例

6.27.390.(11)〔疏脱军流徒犯主守押解人给限追捕〕

一、军、流、徒犯，在配及中途脱逃，主守、押解人等，审无知情、贿纵情弊，照律给限追捕。限内能自捕得，准其依律免罪。如系他人捕获，或囚已死及自首，均依失囚律治罪，不准宽免。

现行刑律案语

○删除

原例（略）

臣等谨按：此条系乾隆三十五年〔1770〕定例。查"主守不觉失囚"，如系他人捕获或囚已死及自首，律俱得准免罪。此条改为不准宽免，虽为严惩主守押解人等起见，究属律外加重，且与因人连累致罪之律彼此抵牾，应即删除。

大清律例

6.27.390.(13)〔在京拟徒人犯分别由顺天府发配及解回追银定地发配〕

一、凡在京问拟徒罪人犯，除顺天府所属民人，及各省民人无应追银两，毋庸递回原籍着追者，仍令府尹发配外，其余各省民人有应追之项，俱递回各该督抚着追完日，照伊原籍应发地方发配充徒。俟年限满日，交原籍地方官管束。若系强、窃盗，及光棍案内之犯，不许出境。倘有私自出境，依不应重律杖八十，加枷号一个月。其管束不严之原籍地方官，交部议处。仍令五城，大、宛二县，并巡捕营，严行查拿。倘有前项人犯，容留京城潜住，发觉者，将地方官交部议处；总甲、人役，并知情容留之房主，各依不应重律杖八十。如有旗人容留居住，将知情容留之房主，若系另户，并族长，若系家人，并伊主，及领催，各鞭八十；该佐领、骁骑校交部议处。

6.27.390.(23)〔由京递回复逃来京人犯及疏纵地方官治罪〕

一、在京问拟枷责、杖、笞递回原籍人犯，取具地方官收管，令该地方官造册，每月朔望点卯。如有私行脱逃来京者，该管官即申报上司及原犯事地方查拿，仍将疏纵之地方官照例议处。如隐匿不报，将地方官查明咨部议处。其逃犯被获，审有为匪不法者，从重归结。若但经复逃来京，不论次数，各按其原犯之罪，如由枷责递回者，即照违制律杖一百；由笞、杖递回者，照不应重律杖八十；其原犯并无罪名者，照不应轻律笞四十，各加枷号一个月。满日仍递回原籍，折责发落，严加管束。

现行刑律案语

○删除

6.27.390.(13)〔在京拟徒人犯分别由顺天府发配及解回追银定地发配〕（略）

6.27.390.(23)〔由京递回复逃来京人犯及疏纵地方官治罪〕(略)

臣等谨按：以上二条，前一条系在京问拟徒罪人犯递回原籍充徒不许私自出境之例，后一条系在京问拟枷杖人犯递回原籍收管不准私自来京之例。惟以寻常递籍人犯尽责成于州县，既属势所难行，而以一经枷、杖之人，即不准其赴别处谋生，亦属法所难禁。此二条俱涉繁苛，应请删除。

大清律例

6.27.390.(14)〔回民因行窃窝窃发遣脱逃被获〕

一、回民因行窃、窝窃发遣，脱逃被获，并无行凶为匪及拒捕情事者，初次，递回配所，用重枷枷号六个月，二次枷号九个月，三次及三次以外枷号一年。如逃走后复行凶为匪，并拿获时有拒捕者，除犯该斩、绞监候改为立决，犯该军、流、发遣改为绞候，仍照原例办理外，如犯该徒罪，递回配所，枷号一年；犯该笞、杖，递回配所，枷号九个月。满日俱鞭一百，遇赦俱不准援减。

现行刑律案语

〇删除

原例(略)

臣等谨按：此条系嘉庆二十年〔1815〕定例。查"回民行窃窝窃"本例业经删改，俱照民人一体办理。嗣后遇有发遣之回民脱逃被获，无论有无行凶为匪，俱有通例可援，不必因回民而加重。此条应即删除。

大清律例

6.27.390.(18)〔洋盗案内遣犯在配脱逃分别原犯情节及逃后有无行凶问拟〕

一、洋盗案内，被掳过船随，同上盗问，拟发遣之犯，在配脱逃被获者，查明发遣原案，除被掳后甘心从盗者，仍照免死盗犯例正法外，若并非甘心从盗，实系掳捉过船，逼令入伙上盗者，如脱逃后并无行凶为匪，即照平常发遣人犯脱逃被获例，递回原遣处，枷号一个月，鞭一百。如脱逃后行凶为匪，亦照平常发遣人犯逃后行凶为匪例，分别问拟。

6.27.390.(20)〔免死发遣新疆盗犯等项在配脱逃〕

一、免死减等发遣新疆盗犯，并由黑龙江、吉林减回内地充军拟流之盗犯，及未伤人之首盗闻拿投首，窝家、盗线闻拿投首，曾经伤人及行劫二次以上之伙盗闻拿投首，伙盗能将盗首逃匿地方供出一年限内拿获，四项改发云贵两广极边烟瘴充军之犯，如在配无故脱逃，已逾五日拿获者，无论有无行凶为匪，请旨即行正法。若于五日内拿获，该管将军、大臣、督抚严行确审。如系仅在附近处所，暂行躲避，并未远扬,或偶有事故,未向伊主及看役告知,实非逃走者,新疆遣犯,在配所用重枷枷号三个月,杖一百,责令伊主严加管束;由黑龙江、吉林减回内地充军拟流,并改发云贵两广充军四项人犯,俱调发新疆给官兵为奴,均毋庸具奏。如再脱逃拿获,奏请即行正法。

6.27.390.(27)〔免死发遣盗犯脱逃〕

一、发遣免死盗犯,如脱逃拿获,例应请旨正法者,于审明后即行正法,毋庸候部核复。

现行刑律案语

○删除

6.27.390.(20)〔免死发遣新疆盗犯等项在配脱逃〕(略)

6.27.390.(18)〔洋盗案内遣犯在配脱逃分别原犯情节及逃后有无行凶问拟〕(略)

6.27.390.(27)〔免死发遣盗犯脱逃〕(略)

臣等谨按:以上三条,前二条系强盗及洋盗案内发遣并改发军、流人犯脱逃被获分别正法枷号之例。查第一条所云,由黑龙江吉林减回内地充军拟流,系属嘉庆年间办法,以后并无此等人犯,即"曾经伤人及行劫二次以上之伙盗闻拿投首,伙盗能将盗首逃匿地方供出一年限内拿获"二项,亦与新例不符。第二条洋盗案内被掳过船随同上盗之例,亦经同治九年〔1870〕修改。第三条系为免死盗犯脱逃被获正法,毋庸听候部复而设。现在修订刑律,脱逃人犯俱以所犯本罪为断流、遣,均定有治罪明文,不论是否强盗、洋盗,从前脱逃被获正法之例,拟概从芟削,以广皇仁。此三条即属无关引用,均应删除。

大清律例

6.27.390.(21)〔原犯实犯死罪免死减军人犯在配脱逃并逃后复有行凶为匪〕

一、原犯实犯死罪免死减军人犯,在配脱逃,并无行凶为非者,初次枷号两个月,无论近边、边远,俱调发极边地方充军;二次枷号三个月,调发极边烟瘴充军;犯至三次者,改发新疆酌拨种地当差。如逃后复有行凶为匪,按其后犯情节,仅止枷、杖者,仍照脱逃本律加等调发,到配后科以后犯枷、杖之罪;若后犯情节,罪应徒、流以上者,即于逃罪加等调发本例上,再加一等改发。倘后犯之罪,重于改发罪名者,各从其重者论,仍分别次数加拟枷号。若后犯已至斩、绞监候罪名,应缓决者入于情实,应情实者加拟立决。至强盗自首免死减等充军人犯,在配脱逃,例应正法者,仍照定例办理。

6.27.390.(26)〔传习邪教人犯在配脱逃及逃后滋事或另犯重罪〕

一、传习邪教人犯,除拟发额鲁特为奴各犯,曾奉有谕旨,如在配脱逃被获,即行正法者,应钦遵办理外,其余问拟遣、军、流、徒人犯,若仅止脱逃,并未滋事者,于寻常遣、军、流、徒脱逃加等调发例上,各加一等治罪。如逃后滋事,或另犯重罪,及妄行控诉、呈递封章者,各视寻常逃犯所应得罪名,加一等定拟。其遣、军应加枷号者,按照寻常逃犯应得枷号月数,递加一等。如已至斩、绞罪名,应缓决者入于情实,应情实者加为立决。犯至立决无可复加者,仍照原例科断。倘另犯应死罪名,仍各从其重者论。其失察、容留之人,于常犯脱逃之失察容留例上,分别是否滋事,各加一等惩处。

现行刑律案语

原例

6.27.390.(21)〔原犯实犯死罪免死减军人犯在配脱逃并逃后复有行凶为匪〕(略)

6.27.390.(26)〔传习邪教人犯在配脱逃及逃后滋事或另犯重罪〕(略)

臣等谨按:以上二条,前一条系免死减军人犯在配脱逃,分别有无行凶为匪加等治罪之例,其源本于前明,经历次删并,至咸丰二年〔1852〕改定;后一条系传习邪教问拟遣、军、流、徒人犯在配脱逃,分别有无滋事加等治罪之例,嘉庆二十年〔1815〕纂定。查从前免死充军人犯,但经脱逃,不论有无行凶为匪即行正法,后经节次改轻,则此等人犯业与寻常军犯无甚歧异,如在所、在配或中途脱逃,自应仍照本律办理。传习邪教,系因尔时林清案内白阳教而设,现在并无此项人犯,两例俱无关引用。惟各条内所云"逃后复有行凶为匪,及逃后滋事"等语,俱指在逃复犯而言,似应将此意摘出,另拟办法,并为通例,其余则概行节删。谨将修并例文,开列于后。

〇修并

一、徒、流、遣犯在所、在途脱逃后滋生事端,或另犯行凶为匪者,如脱逃罪重,仍科以逃罪;如后犯罪重,即照徒流人又犯罪各律例办理。

核订现行刑律

〇删除

原修并例文(略)

谨按:此条即二罪从重之意,名例既有明文,无须复载,拟即删除。

大清律例

6.27.390.(22)〔蒙古发内地驿站当差人犯在配脱逃〕

一、蒙古发内地驿站当差人犯,在配脱逃,原发山东、河南者,初次,调发福建、湖广等省,加枷号一个月;二次,调发云贵、两广极边烟瘴,加枷号两个月;三次者,仍发回原调处所加枷号三个月,各责四十板。其原发福建、湖广等省者,以次调发极边烟瘴而止。如系免死减等人犯,在配脱逃,并无行凶为匪者,亦一体加调。若逃后复有行凶为匪,按其后犯情节,仅止枷、杖者,仍照脱逃本例加等调发,到配后科以后犯枷、杖之罪;若后犯情节,罪应徒、流以上者,即与逃罪加等调发本例上再加一等改发,仍照例至极边烟瘴而止,均各分次数枷责、刺字。倘罪无可加,每一等再加枷号两个月。如原犯免死减等之罪本应外遣,因系蒙古改发内地者,仍依免死遣犯逃回行凶为匪例,照原犯死罪,即行正法。

现行刑律案语

原例(略)

臣等谨按:此条系乾隆二十九年〔1764〕定例,嘉庆二十四年〔1819〕改定。查蒙古发内地驿站当差人犯,原系仿照民人充军办理,此次修订刑律,凡军犯脱逃拟查照“徒流人又犯罪”条,以加役为定刑,不用旧例加等调发及枷号鞭责之法。嗣后蒙古发驿人犯脱逃,自应原本律注准满流科断,方免参差。其调发及枷责、刺字各节,则概行节删。谨将修改例文,开列于后。

〇修改

一、蒙古发内地驿站当差人犯,在途、在配脱逃被获,分别有无另犯不法,照安置人犯脱逃各律例办理。

核订现行刑律

〇删除

原修改例文(略)

谨按:蒙古改发内地,仍应收所习艺。如有脱逃,自有“狱囚脱监及反狱在逃”可资引用,无须复载,拟即删除。

大清律例

6.27.390.(24)〔由京递籍人犯脱逃来京及滋事主守及容留人等分别治罪〕

一、由京递籍人犯,脱逃来京,主守之乡保等笞四十。逃后滋事者,乡保等杖六十,每一名加一等,罪止杖一百。知情容留之房主、邻保,亦照知情藏匿罪人律,减本犯一等治罪。其容留并未滋事之递籍逃犯,照容留滋事递籍逃犯例再减一等。知而不首者,又递减一等。受财者,各计赃以枉法从重论。其容留之亲属,除祖、父、子孙、夫妻、奴仆外,其余亲属人等照不应轻律笞四十。

删除律例

〇删除

大清律例

6.27.390.(25)〔主守乡保疏脱遣军流徒各犯及房主人等容隐〕

一、凡遣、军、流、徒各犯,仅止脱逃者,主守之乡保等,及容留军、流逃犯之房主、邻保，仍照各本例治罪外，如遣、军、流犯逃后滋事，主守之乡保等杖一百，每一名加一等，罪止杖一百、徒三年。知情容留之房主、邻保，照知情藏匿罪人减罪人一等律，再加一等治罪。知而不首者，仍杖一百。其徒犯逃后滋事，失察之乡保等杖八十，每一名加一等，罪止杖八十、徒二年。知情容留之房主、邻保，照知情藏匿罪人律减本犯罪一等治罪。容留并未滋事之逃徒，照容留滋事逃徒例再减一等。但知而不首者，各杖八十。受财者，各计赃以枉法从重论。其容留之亲属，除祖、父、子孙、夫妻、奴仆外，其余亲属人等，系容留徒罪人犯，照不应轻律笞四十；容留遣、军、流犯，俱照不应重律杖八十。

删除律例

○删除

6.27.391 稽留囚徒／27.346 稽留囚徒

律文 · 修改

大清律例

6.27.391.1 凡应徒、流、迁徙、充军囚徒，断决后，当该原问官司限一十日内，如原定法式锁杻，差人管押，牢固关防，发遣所拟地方交割。若限外无故稽留不送者，三日笞二十，每三日加一等，以吏为首科断。罪止杖六十。因稽留而在逃者，就将当该提调官住俸勒限严捕。吏，抵在逃犯人本罪发遣，候捕获犯人到官替役，以囚至配所之日疏放。○6.27.391.2 若邻境官司遇有囚递到，稽留不即递送者，罪亦如之。稽留者验日坐罪，致逃者抵罪发遣。○6.27.391.3 若发遣之时，提调官吏，不行如法锁杻，以致囚徒中途解脱，自带锁杻在逃者，与押解失囚之人同罪。分别官、吏，罪止杖一百，责限擒捕。○6.27.391.4 并罪坐所由。疏失之人。受财者，计赃以枉法从重论。统承上言。

现行刑律

27.346.1 凡应遣、流等项囚徒，断决后，当该原问官司限一十日内，如原定法式锁杻，差人管押，牢固关防，发往所拟地方交割。若限外无故稽留不送者，三日处二等罚，每三日加一等，以吏为首科断。罪止六等罚。因稽留而在逃者，就将当该提调官住俸勒限严捕。吏，抵在逃犯人本罪发往，候捕获犯人到官替役，以囚至配所、工所之日疏放。○27.346.2 若邻境官司遇有囚递到，稽留不即递送者，罪亦如之。稽留者验日坐罪，致逃者抵罪发往。○27.346.3 若发往之时，提调官吏，不行如法锁杻，以致囚徒中途解脱，自带锁杻在逃者，与押解失囚之人同罪。分别官、吏，罪止十等罚，责限擒捕。○27.346.4 并罪坐所由。疏失之人。受财者，计赃以枉法从重论。统承上言。

现行刑律案语

原律(略)

臣等谨按:此仍《明律》,雍正三年〔1725〕删定。原有小注,顺治三年〔1646〕修改。充军照章应改安置,系属内遣迁徙之法,亦拟变通,律首“徒、流、迁徙、充军”一语应改为“遣、流等项囚徒”,以昭赅括。遣罪现改为五刑之目,律内泛称“发遣”字样,应改为“发往”,以免淆混。笞、杖罪名照章罚金,均应依数分等处罚。徒罪现已改充工作,军、流人犯亦有收入本省习艺所工作,不尽解配者,注内拟添入“工所”二字。谨将修改律文、律注,开列于后。

○修改(略)

条例·修改、仍旧

大清律例

6.27.391.(1)〔外遣人犯患病留养及捏报失察〕

一、凡外遣人犯,务令依限解赴。如有患病应留养者,山海关以内州县,责成直隶总督查察,山海关以外州县,责成盛京将军及奉天府府尹查察。必验明患病确实,具结申请,方准照例留养。如有本系无病,及病已痊愈,率行捏结,及漫无觉察,任其迁延者,即将各该州县及该旗员等严查参处。并饬各属将每年有无患病留养人犯,及已未起解之处,按季报明该督、该府尹,造册报部查核。直省递解人犯,一体照此办理。

现行刑律

27.346.(1)〔递解人犯患病留养及捏结失察〕

一、直省递解人犯,务令依限解赴。如有患病应留养者,其经过所在之州县,即责成各该省督抚查察。必验明患病确实,具结申请,方准照例留养。如有本系无病,及病已痊愈,率行捏结,及漫无觉察,任其迁延者,即将各该州县严查参处。并饬各属将每年有无患病留养人犯,及已未起解之处,按季报明该督抚,造册报部查核。

现行刑律案语

原例(略)

臣等谨按:此条系乾隆二十四年〔1759〕定例,专指发往吉林、黑龙江等处遣犯而言,故仅有山海关内外查察之法,其时尚无新疆遣犯,故例内并未议及,惟例末既言“直省递解人犯,一体照此办理”,是本例并非专为发遣人犯而设,拟改为递解各项人犯通例,所有“山海关内外”等语应即节删。谨将修改例文,开列于后。

○修改(略)

大清律例

6.27.391.(2)〔隔省递籍人犯州县转递册报〕

现行刑律

27.346.(2)〔隔省递籍人犯州县转递册报〕

一、凡隔省递籍人犯,该州县一面发递,一面关会原籍,并知照经过地方官。无论长解、短解,务遵定例加差转递。各该州县仍于季底将有无递解过某省人犯若干名造册,由府汇详督抚,分咨各省,转行查核,照案咨复。其本省递解人犯,亦责成各州县,彼此关复查结。

现行刑律案语

原例(略)

○仍旧

臣等谨按:此例应仍其旧,理合陈明。

大清律例

6.27.391.(4)〔军流徒等犯假捏患病及逾限不行起解〕

一、外省发遣官常各犯,及发往军台效力赎罪废员,与军、流、徒罪人犯,于文到之日,均限一个月即行起解,勿得任其逗遛,各该督抚将各犯起解月日专咨报部。如有迟逾,即行指参。倘实因患病,逾限不能起解者,地方官验看属实,加具并无捏饰印甘各结,详明督抚起限,亦不得过两个月,该督抚亦即咨部查核。如有假捏,及逾限不行起解者,别经发觉,将该州县及失察之各上司,分别交部议处。

现行刑律

27.346.(3)〔军流徒等犯假捏患病及逾限不行起解〕

一、外省发遣官常各犯,及发往军台效力赎罪废员,与安置流罪人犯,于文到之日,均限一个月即行起解,勿得任其逗遛,各该督抚将各犯起解月日专咨报部,仍于年终汇造清册,报部备查。如有迟逾,即行指参。倘实因患病,逾限不能起解者,地方官验看属实,加具并无捏饰印甘各结,详明督抚起限,亦不得过两个月,该督抚亦即咨部查核。如有假捏,及逾限不行起解者,别经发觉,将该州县及失察之各上司,分别交部议处。

现行刑律案语

原例(略)

臣等谨按:此条系乾隆三十七年〔1772〕定例,嘉庆二十年〔1815〕、道光二年〔1822〕修改。军罪应照章改为安置。徒犯均应在本省收所习艺,毋庸起解,"徒"字应节删。又原例尚有"年终汇册报部备查"一语,后将此项册籍删除,各省每年遣解人犯为数多寡,无从统计,拟仍照原例添入。谨将修改例文,开列于后。

○修改(略)

大清律例

6.27.391.(5)〔递解人犯中途因事截留〕

现行刑律

27.346.(4)〔递解人犯中途因事截留〕

一、各省递解人犯,如遇前途水阻及另有事故,不能前进,即由附近州县详报该省督抚,查看情形属实,迅即飞咨邻省截留,不准州县擅自知会。仍饬令最近之州县,将接到人犯,分别监狱大小,酌留一二十名,再令各上站挨次留禁,由该州县开具犯名、事由,申报该省上司咨报查考。一俟前路疏通,即行起解。如有州县擅用公文私信知会上站截留,即由该督抚据实严参。

现行刑律案语

原例(略)

○仍旧

臣等谨按:此例应仍其旧,理合陈明。

大清律例

6.27.391.(6)〔距省窎远州县起解遣犯〕

一、凡各省距省窎远之各厅州县,问拟遣、军、流犯,各督抚于出咨后,即令造册先行定地,并发给咨牌。存俟奉到部复,即行佥差起解,不准稍有稽滞。仍将发给咨牌,并起解日期,报部查核。

现行刑律

27.346.(5)〔距省窎远厅州县起解遣流人犯〕

一、凡各省距省窎远之各厅州县,问拟遣、流人犯,各督抚于出咨后,即令造册先行定地,并发给咨牌。存俟奉到复文,即行佥差起解,不准稍有稽滞。仍将发给咨牌,并起解日期,报部查核。

现行刑律案语

原例(略)

臣等谨按:此条系道光二十九年〔1849〕定例,为防起解淹滞而设。军罪现改为内遣,应行节删。谨将修改例文,开列于后。

○修改

一、凡各省距省窎远之各厅州县,问拟遣、流人犯,各督抚于出咨后,即令造册先行定地,并发给咨牌。存俟奉到部复,即行佥差起解,不准稍有稽滞。仍将发给咨牌,并起解日期,报部查核。

会奏修改各条

原修改例文(略)

谨按:例内"部复"二字拟改"复文",以昭浑括。谨将修改例文,分列于后。

○修改(略)

条例·删除

大清律例

6.27.391.(3)〔军犯及在逃军犯起解程限〕

一、各处有司起解在逃军犯及充军人犯,量地远近,定立程限,责令管送。若长解纵容在家迁延,不即起程,违限一年之上者,解人发附近充军。受财者,计赃以枉法从其重者论。正犯原系附近,发近边;原系近边,发边远;原系边远,发极边地方,各充军。

删除律例

○删除

6.27.392 主守不觉失囚 / 27.347 主守不觉失囚

律文·修改

大清律例

6.27.392.1 凡狱卒不觉失囚者,减囚原犯之罪二等;以囚罪之最重者为坐。若囚自内反狱在逃,又减不觉罪二等,听给限一百日戴罪追捕。限

现行刑律

27.347.1 凡狱卒不觉失囚者,减囚原犯之罪二等;以囚罪之最重者为坐。若囚自内反狱在逃,又减不觉罪二等,听给限一百日戴罪追捕。限

内能自捕得，及他人捕得，若囚已死，及自首，狱卒皆免罪；司狱官典，减狱卒罪三等。其提牢官曾经躬亲逐一点视罪囚，锁杻俱已如法，取责狱官、狱卒牢固收禁文状者，不坐。若提牢官于该日不曾点视，以致失囚反逃者，与狱官同罪。若提牢官、狱卒、官典故纵者，不给捕限，官、役各与囚同罪。至死减等。罪虽坐定，若未断之间，能自捕得，及他人捕得，若囚已死，及自首，各减囚罪一等。受财故纵者，计赃以枉法从重论。○[6.27.392.2]若贼自外入狱劫囚，力不能敌者，官、役各免罪。○[6.27.392.3]若押解在狱罪囚中途不觉失囚者，罪亦如之。如狱卒减二等，仍责限捕获免罪；如有故纵及受财者，并与囚同罪；系劫者，免科。

内能自捕得，及他人捕得，若囚已死，及自首，狱卒皆免罪；管狱官典，减狱卒罪三等。其有狱官曾经躬亲逐一点视罪囚，锁杻俱已如法，取责狱官、狱卒牢固收禁文状者，不坐。若有狱官于该日不曾点视，以致失囚反逃者，与狱官同罪。若有狱官、狱卒、官典故纵者，不给捕限，官、役各与囚同罪。至死减等。罪虽坐定，若未断之间，能自捕得，及他人捕得，若囚已死，及自首，各减囚罪一等。受财故纵者，计赃以枉法从重论。○[27.347.2]若贼自外入狱劫囚，力不能敌者，官、役各免罪。○[27.347.3]若解审、递籍、关提之类，亦同。解配中途不觉失囚者，主守并押解兵役，各减囚本罪三等；提调、押解官，又各减三等。仍责捕限。限内捕获，及他人捕获，若囚已死及自首，俱得免罪；如有故纵及受财者，并与囚同罪；系劫者，免科。

现行刑律案语

原律（略）

臣等谨按：此仍《明律》，顺治三年〔1646〕添入小注。律内凡分两层，前层"狱卒不觉失囚"，系指狱囚脱监及越狱而言；后层"中途不觉失囚"，系指罪囚解赴别处，或尚候追赃，或停囚待对，或案候归结而言，与"徒流人逃"律内之主守押解人科罪不同。律意盖以罪犯之已、未断决，分主守押解人等罪名之重轻，故两律各自为法，不相统贯，然同是罪人，同是押解，何容强生分别？查《唐律》：流徒囚，役限内亡，主守减囚罪三等；犯流、徒应配及移乡人，未到配所而亡者，部领流移人，亦同；其被囚禁，主守不觉失囚者，减囚罪二等。意以犴狴严重，未容脱逃，而在配、在途容有疏失，以此略分轻重，最为允当。至押解在狱罪囚，律无明文，当依部领流移人之法。《明律》于"徒流人逃"条删去减囚罪三等之文，而于本门添入中途不觉失囚一层，科罪亦如狱卒，遂致互生歧异。本朝押解罪囚项囚尚有解审之制，无论斩、绞、遣、军、流、徒，俱应解往上司衙门，层递复审。本门所载各例，如系偶然疏脱者，长解减囚罪二等，短解减三等，亦系依附律文定拟，究之解审人犯，业经取具供状，定有罪名，与解配相去几何，而失囚则科拟悬殊，未为平允。故光绪二十年〔1755〕二月刑部《遵旨定拟军流脱逃加等治罪》一折，内称"嗣后如有军流中途脱逃，押解兵役如系依法管解，偶致疏脱，限满无获者，应请将押解兵役人等改依解审之例，于本犯罪名上减三等定拟"

等因。奉旨:"依议。钦此。"钦遵通行在案。是军、流中途脱逃,其押解人等治罪之法,业与《唐律》符合,自应遵章改定。至军、流到配以后,从前第责取乡保文状,主守徒有虚名,州县亦不过问,现在罪犯习艺新章,徒、流、遣犯俱应收所工作,则拘置既有一定之地管理,亦有额设之人,所殊于监狱规制者,惟锁杻、不锁杻而已。此项人犯脱逃,主守人等如仍照旧律计名定罪,罪止杖一百,未免轻纵,今亦拟规复《唐律》,与军、流中途脱逃者一律定拟,并移附本门律后,而律内"押解在狱罪囚"一层亦均减罪三等,庶解审、解配不至互有参差,即在狱、在途亦不至毫无区别。至律内之"司狱官""提牢官"并小注内之"提牢官"亦应改为"有狱官""管狱官",以便通引。谨将修改律文、律注,开列于后。

○修改

凡狱卒不觉失囚者,减囚原犯之罪二等;以囚罪之严重者为坐。若囚自内反狱在逃,又减不觉罪二等,听给限一百日戴罪追捕。限内能自捕得,及他人捕得,若囚已死,及自首,狱卒皆免罪;管狱官与减狱卒罪三等。其有狱官曾经躬亲逐一点视罪囚,锁杻俱已如法,取责狱官、狱卒牢固收禁文状者,不坐。若有狱官于该日不曾点视,以致失囚反逃者,与狱官同罪。若有狱官、狱卒、官典故纵者,不给捕限,官役各与囚同罪。至死减等。罪虽坐定,若未断之间,能自捕得,及他人捕得,若囚已死,及自首,各减囚罪一等。受财故纵者,计赃以枉法从重论。○若贼自外入狱劫囚,力不能敌者,官、役各免罪。○若工所不觉失囚及解审、递籍、关提之类,亦同。解配中途不觉失囚者,主守并押解兵役,各减囚本一罪三等。提调、押解官,又各减三等。仍责捕限。限内捕获,及他人捕获,若囚已死及自首,俱得免罪;如有故纵及受财者,并与囚同罪;系劫者免科。

核订现行刑律

原修改律文(略)

谨按:工所乃收容已论决囚人,亦监狱之一种,现虽倡言改良监狱,而艰于经费,未必同时并举,则一监之中收容已论决及未论决者,亦势所必有。在囚徒虽有已论决、未论决之分,而主守之责初无二致,似不宜稍分轻重。拟请将末节"工所"一层节删。谨将修改律文,开列于后。

○修改(略)

条例·修改、修并、移改、移并、仍旧

大清律例

6.27.392.(7)〔狱卒疏脱及贿纵监犯越狱〕

一、凡监犯越狱,如狱卒果系依法

现行刑律

27.347.(1)〔狱卒疏脱及贿纵监犯越狱〕

一、凡监犯脱监及越狱在逃,如狱

看守，一时疏忽，偶致脱逃，并无贿纵情弊，审有确据者，依律减囚罪二等治罪。仍给限一百日，限内能自捕得，准其依律免罪。如他人捕获，或囚已死，及自首，概不准免罪。其有将在监斩、绞重犯松放狱具，以致脱逃，将松放之该禁卒严行监禁。俟拿获逃犯之日，究明贿纵属实，即照所纵囚罪全科。本犯应入秋审情实者，亦入情实；应绞决者，亦拟绞决；应斩决以上者，亦即拟以斩决。如系徇情松放狱具，或托故擅离，或倩人代守，防范疏懈，乘间潜逃者，亦照故纵律与囚同罪，至死减一等，不准照旧例减囚罪二等问拟。

卒松放狱具，审明有无受贿故纵，照律分别治罪外，其有托故擅离或倩人代守，以致罪囚脱逃者，俱照囚犯本罪减一等定拟。

现行刑律案语

原例(略)

臣等谨按：此条系为狱卒松放狱具以致监犯脱逃而设。查受财故纵与囚同罪至死，律止绞候，此例改为绞决、斩决，殊嫌过重。至依法看守偶致脱逃，如他人捕获，或囚已死及自首，均不准免罪，亦未为平允，此二层均应节删。再，此例后半俱指斩、绞重犯而言，军、流人犯在监亦带有狱具，如或徇情松放以及托故擅离，或倩人代守致有脱逃，作何办理，并无明文，似应改为通例，以资引用。谨将修改例文，开列于后。

○修改(略)

大清律例

6.27.392.(10)〔解审斩绞重犯解役疏脱故纵及违例雇替等〕

一、解审斩、绞重犯，除解役受贿，徇情故纵，以致脱逃，本犯旋即就获，质审明确，分别依律定拟外，其在途开放锁镣，以致脱逃，本犯未获者，将解役究审，严行监禁。俟拿获正犯之日，究明贿纵属实，将解役照所纵囚罪全科。如

现行刑律

27.347.(2)〔解审斩绞重犯解役疏脱故纵及违例雇替〕

一、解审斩、绞重犯，无论案情是否已定，如押解兵役受贿故纵，以致脱逃，或本犯就获，质审明确，或犯虽未获，讯有确据，及自行供认不讳者，仍照受财故纵律治罪外，其在途开放锁镣，以致脱逃，严讯并无受贿实据，即照故纵与

无贿纵情弊,仍照故纵律与囚同罪,至死减一等发落。倘监禁已至十年,正犯尚未拿获,将解役照流犯监候待质十年限满之例先行发配。俟缉获正犯质明,分别办理。如十年限内,遇有恩旨,不准查办。其并未开放锁镣,但审有违例雇替,托故潜回,无故先后散行,止任一人押解,以致脱逃者,将违例雇替、潜回、散行之解役,即照故纵律与囚同罪,至死减一等发落,不准照旧例减囚罪二等问拟。果系依法管解,偶致疏脱,审有确据者,除短解兵役依律减二等治罪外,将长解二名暂行监禁。本官另选干役,押同原解之亲属,上紧躧缉,酌限一年。如能限内拿获,审无贿纵别情,仍将长解依律减二等拟徒。或限内无获,即照逃犯本罪减一等问拟满流。他人捕得,亦不准依律宽免。佥差不慎之地方官,视解役所得之罪,分别议处。

6.27.392.(3)〔解役疏脱应拟斩绞重犯疏脱之犯案情未定者〕

一、解役疏脱应拟斩、绞重犯,审有违例雇替、托故潜回情事,应照故纵律与囚同罪者,如疏脱之犯案情未定,将解役牢固监候,俟逃犯拿获定罪,再行照例办理。

囚同罪律至死减一等,拟以流三千里。若但系违例雇替,托故潜回,以致脱逃,即将起意雇替之兵役减囚罪二等,拟以徒三年;代替之人再减一等;同行不举首者,处十等罚。果系依法管解,偶致疏脱者,仍照本律科断。佥差不慎之官,视该兵役所得之罪,分别议处。

现行刑律案语

原例

6.27.392.(10)〔解审斩绞重犯解役疏脱故纵及违例雇替等〕(略)

6.27.392.(3)〔解役疏脱应拟斩绞重犯疏脱之犯案情未定者〕(略)

臣等谨按:以上二条,俱系疏脱解审斩、绞重犯,将解役分别治罪之例。前一条凡分三层,首层系开放锁镣以致脱逃,如正犯未获,将解役监禁十年,仍照故纵科罪;第二层即未开放锁镣,但系违例雇替、托故潜回,亦照故纵律至死减一等;第三层系依法管解,偶致疏脱,勒限一年躧缉,限满无获,仍将长解减囚罪一等问拟,不准照律减至二等。后一条系因前条第二层内或有案情未定之人，故特行补出，仍系监候待质之意。查狱卒不觉失囚本律第给捕限百日，逾限未获，照律科罪，审系故纵不给捕限，并无另行监禁明文。况现在徒、流人犯俱应收所工作，各有年限解审。斩、绞重囚脱逃，如系故纵，律应科以满流，照章工作十年；如系疏脱，律应科以徒二年半，照章按限工作在此十年，二年半之内正犯就获，尽可质明办理，似毋庸多此"监禁十年及勒限一年"之文。今拟将两条修并为一，第留"开放锁镣"及"违例雇替"两层，科罪俱视本律加重，亦借以补律文所未备，其余则概从节删。谨将修并例文，开列于后。

〇修并(略)

大清律例

＊捕亡 · 徒流人逃

6.27.390.(5)〔解审重犯遣军流徒并递籍收管人犯漏批年貌及雇倩顶替〕(略)

现行刑律

27.347.(3)〔解审重犯流罪以上并递籍人犯漏批年貌及雇倩顶替〕

一、解审命盗重犯及流罪以上，并发回原籍收管、审讯等犯，务于批文内载叙事由，开明该犯年貌、疤痣、箕斗，令沿途地方官查明转递。如有中途雇倩顶替情事，除本犯解役人等照例究拟治罪外，将佥差不慎之员及未行查出之添解官，交部分别议处。如原文内未经开载，将遗漏开造之员照例议处。

现行刑律案语

〇移改(略)

见6.27.390.(5)〔解审重犯遣军流徒并递籍收管人犯漏批年貌及雇倩顶替〕条

大清律例

＊名例 · 徒流迁徙地方

1.1.45.(21)〔发遣人犯起解章程〕

现行刑律

27.347.(4)〔发遣人犯起解章程〕

一、凡发遣人犯起解时，务必如法锁铐，并将年貌、锁铐填注批内，接递官必按批验明，于批内注入"锁铐完全"字样，钤盖印信，转递前途。倘解役人等有受贿开放者，计赃，照枉法律治罪。

若转解之地方官,因前途未曾锁铐,不复查明补加,听其散行,将该地方官与前途未曾锁铐官,均按罪犯轻重,交部分别议处。

现行刑律案语

〇移改(略)

见[1.1.45.(21)]〔发遣人犯起解章程〕条

大清律例

＊捕亡·徒流人逃

[6.27.390.(3)]〔保甲疏脱在配军流罪犯逾限不获及贿纵〕(略)

[6.27.390.(9)]〔军流人犯逃回原籍容留及知情不首〕(略)

[6.27.390.(12)]〔严缉在配脱逃外遣及新疆改发重犯〕(略)

现行刑律

[27.347.(5)]〔严缉在途在配脱逃流遣罪犯〕

一、流、遣罪犯在途、在配脱逃,沿途地方官及配所该管官详请该省督抚,一面行文报部,一面知会原籍及犯事省分;情重者,并抄录犯事原案,同年貌册一并分咨各直省督抚,一体缉拿。原籍地方官于咨缉文到后,即传该犯亲属、邻佑人等,逐一讯问根由下落,如果未逃回,即取确实供结,咨明法部及逃所存案,仍令保邻不时侦缉,一经回籍,立即首报。倘知情容留,别经发觉,即将房主、邻佑照知情藏匿罪人律治罪;其虽不容留,但明知不首者,处十等罚。至缉获逃犯,如系在别省问发者,由拿获省分调取原案,查核相符,仍讯明有无另犯不法,照例办理。

现行刑律案语

〇修并(略)

见[6.27.390.(3)]〔保甲疏脱在配军流罪犯逾限不获及贿纵〕条

核订现行刑律

〇移隶(略)

见6.27.390.(3)〔保甲疏脱在配军流罪犯逾限不获及贿纵〕条

大清律例

6.27.392.(8)〔解审军流徒犯役卒疏脱故纵及违例雇倩等〕

一、凡解审军、流、徒犯，中途脱逃，审系役卒受贿故纵，即以囚罪全科；赃多者，以枉法从其重者论。如系依法管解，偶致疏脱者，给限百日，能于限内捕得，均依律免罪。若限满无获，长解减囚罪二等，短解减三等。倘审有违例雇倩情弊，亦限百日，限内捕得，将起意违例雇倩之犯，减囚罪二等，余皆免罪。若限满无获，起意违例雇倩者，减囚罪一等，余皆减二等。

6.27.392.(9)〔兵役押解发遣新疆并寻常遣犯疏脱故纵及违例雇替等〕

一、押解发遣新疆人犯，中途脱逃，系免死减等例应正法之盗犯，除有心贿纵，仍照与囚同罪律定拟外，如审有违例雇替，托故潜回，或在途开放锁镣，止图便于行走，以致脱逃，并无故纵情弊者，将押解兵役，暂行监禁，另选干役，押同该兵役亲属躧缉。百日限内捕得，将起意违例雇替、托故潜回及开放锁镣之犯，减逃犯本罪一等拟徒；限满无获，杖一百、流二千里。其余兵役，及代替之人，限内拿获，各减逃犯本罪二等；限满无获，各减一等发落。如系依法管解，偶致疏脱，亦将该兵役等暂行监禁一年。限满捕得者，各减逃犯本罪二等；限满无获，各减一等发落。如系寻常遣犯脱逃，将押解人等杖八十，再加枷号一个月。故纵、贿纵者，仍照律与囚同罪。其由新

现行刑律

27.347.(6)〔兵役违例雇替潜回致流遣人犯中途脱逃〕

一、押解流、遣人犯，中途脱逃，无论赴审、赴配，押解兵役审无故纵情弊，但系违例雇替或托故潜回，以致疏失者，限满无获，将起意雇替及潜回之兵役，减囚罪二等治罪；代替之人，再减一等；同行不举首者，处八等罚。若依法管解，偶致疏脱，仍照本律定拟。

疆改发烟瘴及黑龙江等处人犯,中途脱逃者,亦照此分别办理。

6.27.392.(11)〔兵役疏脱贿纵押解军流罪犯〕

一、押解军、流罪犯,中途脱逃,押解兵役人等,除有受贿故纵情事,仍从重定拟外,如系依法管解,偶致疏脱者,将押解兵役人等,照配所看守保甲例拟杖八十;佥差不慎,及押解之员,交部议处。

现行刑律案语

原例

6.27.392.(8)〔解审军流徒犯役卒疏脱故纵及违例雇倩等〕(略)

6.27.392.(11)〔兵役疏脱贿纵押解军流罪犯〕(略)

6.27.392.(9)〔兵役押解发遣新疆并寻常遣犯疏脱故纵及违例雇替等〕(略)

臣等谨按:以上三条,前二条系军、流罪犯解审、解配中途脱逃,将役卒分别治罪之例;后一条系遣犯解配中途脱逃,将兵役分别治罪之例。查从前解配失囚用"徒流人逃"律,其罪轻,解审失囚用"押解在狱罪囚"律,其罪重,今拟上溯《唐律》,并查照光绪二十年〔1894〕章程,将中途不觉失囚一层,无论解审、解配,一律减囚罪三等定拟,其有故纵及受财者,并与囚同罪。业经定入律文,或分见律注,则嗣后如有受贿故纵及依法管解偶致疏脱者,俱有本律可援,自可毋庸复叙。惟各例内所云"违例雇替、托故潜回"一节,其情形比偶致疏脱者为重,解配兵役亦难保无此等情弊,自应将此意摘出,并为通例,以资引用。徒犯则拟毋庸解审,盗犯免死减等、脱逃正法之例,此次亦拟删除,以后俱照平常遣犯办理,此二层均应节删。谨将修并例文,开列于后。

○修并(略)

大清律例

6.27.392.(2)〔违例滥派押解要犯员弁〕

现行刑律

27.347.(7)〔违例滥派押解要犯员弁〕

一、直隶等省,如遇紧要官犯等类,务择现任文武员弁,派委押解。其试用效力未经历练者,概不得滥行派委。如有违例滥派,以致疏失者,除押解之员按照律例分别议罪外,仍将原委之文武各上司,分别有无误失,交部议处。

现行刑律案语

原例(略)

○仍旧

臣等谨按: 此例应仍其旧,理合陈明。

大清律例

6.27.392.(6)〔发遣黑龙江等处人犯沿途官员不亲押解〕

一、凡发遣黑龙江、宁古塔等处人犯,沿途官员,并不亲身押解,交与兵丁解送,或不谨慎看守,以致罪人脱逃者,官交部严加议处,将兵丁照徒流人逃本律治罪,再加枷号一个月。

现行刑律

27.347.(8)〔宗室觉罗发往盛京等处沿途官员不亲押解〕

一、凡宗室、觉罗发往盛京、吉林、黑龙江等处,沿途官员并不亲身押解,交与兵丁解送,或不谨慎看守,以致脱逃者,限满无获,官交部严加议处,兵丁照本律治罪。

现行刑律案语

原例(略)

臣等谨按: 此条系康熙四十一年〔1702〕定例,嘉庆十四年〔1809〕改定。查发遣黑龙江、吉林等处,现在第留宗室、觉罗一项,系属特别办法,此条应改为宗室、觉罗专例,并添入盛京一层,以昭赅备。例末"照徒流人逃本律治罪",与现在办法不符,亦应照律酌改。谨将修改例文,开列于后。

○修改(略)

条例 · ○移改

大清律例

6.27.392.(4)〔斩绞重犯解审中途脱逃〕

一、解审斩、绞重犯,中途脱逃,除原犯斩、绞立决者,即行正法外,其原犯斩、绞监候之犯,核其情节,如秋审时应入情实者,即改为立决,应入缓决者,即改入情实。

现行刑律

* 捕亡 · 狱囚脱监及反狱在逃

27.345.(8)〔解审罪囚中途脱逃被获〕

(略)

现行刑律案语

原例(略)

臣等谨按：此依系乾隆五十四年〔1789〕定例。查"狱囚脱监及反狱在逃"律云至犯者依常律,"罪人事发在逃"律注云本应死者无所加,自系古今相传之律法。后来条例于罪囚越狱脱逃有原犯斩、绞监候应情实者改为立决,应缓决者改入情实之文,实属律外加重。臣等业于彼门酌请删除,此条系属仿照彼例定拟,亦应一例芟去。惟流、遣人犯解审脱逃作何加重治罪,例无明文,向来俱系酌照徒流人逃加等调发,究之解审人犯,其罪名在已定、未定之间,现在徒、流人逃业经变通办理,不用加等调发之法,此等解审中途脱逃人犯,似应查照狱囚脱监及犯罪事发在逃律文,加本罪二等,庶不至有所窒碍。拟就此例酌加修改,并移入"狱囚脱监"门,以昭画一。谨将移改例文,开列于后。

〇移改

捕亡·狱囚脱监及反狱在逃

27.345.(8)〔解审罪囚中途脱逃被获〕(略)

条例·删除

大清律例

6.27.392.(1)〔看守人役疏脱枷号人犯〕

一、枷号人犯脱逃,看守人役,亦照律拟断。

现行刑律案语

〇删除

原例(略)

臣等谨按：枷号之制,现拟废除不用,此例即属无关援引,应即删除。

大清律例

6.27.392.(5)〔解役疏脱故纵斩绞重犯佥差护解各官分别治罪〕

一、解审罪应凌迟、斩绞立决、监候重犯,中途脱逃,佥差不慎之长解官,及拨兵添差护解之地方文武各官,俱照吏部定例,分别议以降留、降调、革职并革职留任,限一年缉拿。限内全获,题请开复。如限满不获,查系依法管解,偶致疏脱者,即照吏例以降革完结,毋庸治罪。若审系解役贿纵、故纵,概行革职,拟以杖一百、徒三年。倘犯被他人捕得者,仍照例科罪。至军、流等犯解审脱逃,及斩、绞人犯解审脱逃拿获案内另有军、流等犯未获,其佥差、护解各官,仍照旧例交部分别议处。

删除律例

〇删除

大清律例

6.27.392.(12)〔解审斩绞重犯解役违例雇替〕

一、解审斩、绞重犯，审有违例雇替等情，其例应与囚罪同至死减等发落之解役，仍于本罪上加一等定拟。

删除律例

〇删除

6.27.393知情藏匿罪人以非亲属及罪人未到官者言。/ 27.348知情藏匿罪人以非亲属及罪人未到官者言。

律文·仍旧

大清律例

6.27.393.1凡知他人犯罪事发，官司差人追唤，而将犯罪之人藏匿在家，不行捕告，及指引所逃道路，资给所逃衣粮，送令隐匿他所者，各减罪人所犯罪一等。“各”字指藏匿、指引、资给说。〇如犯数罪，藏匿人止知一罪，以所知罪减等罪之。若亲属纠合外人藏匿，亲属虽免罪、减等，外人仍科藏匿之罪。其事未发，非官司捕唤而藏匿，止问不应。其已逃他所，有辗转相送，而隐藏罪人，知情转送、隐藏者皆坐，减罪人一等。不知者勿论。〇6.27.393.2若知官司追捕罪人，而漏泄其事，致令罪人得以逃避者，减罪人所犯罪一等。亦不给捕限。未断之间，能自捕得者免漏泄之罪。若他人捕得，及罪人已死，若自首，又各减一等。“各”字指他人捕得及囚死、自首说。

现行刑律

27.348.1凡知他人犯罪事发，官司差人追唤，而将犯罪之人藏匿在家，不行捕告，及指引所逃道路，资给所逃衣粮，送令隐匿他所者，各减罪人所犯罪一等。“各”字指藏匿、指引、资给说。〇如犯数罪，藏匿人止知一罪，以所知罪减等罪之。若亲属纠合外人藏匿，亲属虽免罪、减等，外人仍科藏匿之罪。其事未发，非官司捕唤而藏匿，止问不应。其已逃他所，有辗转相送，而隐藏罪人，知情转送、隐藏者皆坐，减罪人一等。不知者勿论。〇27.348.2若知官司追捕罪人，而漏泄其事，致令罪人得以逃避者，减罪人所犯罪一等。亦不给捕限。未断之间，能自捕得者免漏泄之罪。若他人捕得，及罪人已死，若自首，又各减一等。“各”字指他人捕得及囚死、自首说。

现行刑律案语

原律(略)

〇仍旧

臣等谨按:此律应仍其旧,理合陈明。

条例·○移改

大清律例

6.27.393.(1)〔西山窑工犯窃赌开设锅伙毙命私埋及窑户匿纵并县丞失察故纵〕

一、宛平县属西山门头沟地方,开采煤窑,该县设立印簿,给发窑户,令将佣工人等姓名、籍贯、来去缘由,十日一报该县丞考查,并令西路同知就近稽查。如该窑户不将各项工人开报,照脱漏户口律治罪。若各项工人有犯窃犯赌,或聚众逞凶,致成人命,该窑户知情不行报究,发觉之日,除本犯按律治罪外,该窑户照总甲容留棍徒例杖八十。其有开设连夏锅伙,诓诱贫民,逼勒入窑,关禁不容脱身者,照凶恶棍徒例,分别首从科断。窑户知情纵容者,照知情藏匿罪人律治罪。各窑锅伙内,若将工作患病之人,忍心抬弃,及病故不即报官者,照夫匠在工役之所有病官司不给医药救疗,及地界内有死人不申报官司辄移他处律,分别治罪。其殴打致毙者,仍照谋、故、斗杀各本律问拟。该管县丞失察开设连夏锅伙,及致毙人命私埋匿报等案,分别加等议处;受财故纵者,按枉法赃及故出人罪各律,严参治罪;得受规礼者,计赃科断;失察病故之人私埋匿报者,照例议处。

现行刑律

* 贼盗·恐吓取财

18.236.(9)〔煤窑煤窿及各项矿产佣工人等〕(略)

现行刑律案语

原例(略)

臣等谨按：此条系乾隆七年〔1742〕定例，道光二年〔1822〕改定，专指西山一带煤窑而言。查光绪九年〔1883〕刑部奏准《湖南省耒阳县煤窿章程》，内有水承行设鼓及创立水虾、蓄养老米等名目，诓诱穷民作工，不加体恤，任意凌虐以致毙命者，照威力制缚因而致死律，拟绞监候；其有平空强捉客民关禁入窿，即照捉人勒赎例，分别首从科断。并声明"别省有似此情形者，亦查照办理"等语，较此例尤为严密，自应将例文节删，将前项章程修并入例，以资引用。至例内所称"开设连夏锅伙"，与章程内所称"设鼓及水虾、蓄养老米"等名目，无非诓诱勒逼穷民作工之法，名异实同，似可以"窑、窿各户附近奸民，及经管夫头人等，设计诓诱"统之。现在各处开采各项矿产，均难保无此等情弊，应于例首添载"各项矿产"以为通例。例内既有"照捉人勒赎例治罪"者，应移入"恐吓取财"门以归一类。"杖八十"照章罚金，应改为处"八等罚"。谨将移改例文，开列于后。

〇移改

贼盗·恐吓取财

18.236.(9)〔煤窑煤窿及各项矿产佣工人等〕(略)

6.27.394 盗贼捕限 / 27.349 盗贼捕限

律文·修改

大清律例	现行刑律
6.27.394.1 凡捕强、窃盗贼，以事发于官之日为始，限一月内捕获。当该捕役、汛兵一月不获强盗者，笞二十，两月笞三十，三月笞四十，捕盗官罚俸两个月；捕役、汛兵一月不获窃盗者，笞一十，两月笞二十，三月笞三十，捕盗官罚俸一个月。限内获贼及半者免罪。〇6.27.394.2 若被盗之人经隔二十日以上告官者，去事发日已远。不拘捕限。缉获。捕杀人贼，与捕强盗限同。凡官罚俸，必三月不获，然后行罚。	27.349.1 凡捕强、窃盗贼，以事发于官之日为始，限一月内捕获。当该捕役、汛兵一月不获强盗者，处二等罚，两月处三等罚，三月处四等罚，捕盗官罚俸两个月；捕役、汛兵一月不获窃盗者，处一等罚，两月处二等罚，三月处三等罚，捕盗官罚俸一个月。限内获贼及半者免罪。〇27.349.2 若被盗之人经隔二十日以上告官者，去事发日已远。不拘捕限。缉获。捕杀人贼，与捕强盗限同。凡官罚俸，必三月不获，然后行罚。

现行刑律案语

原律(略)

臣等谨按：此仍《明律》，顺治三年〔1646〕添入小注。律内笞罪照章罚金，均应依数分等处罚。谨将修改律文,开列于后。

〇修改(略)

条例 · 修改、修并、移改

大清律例	现行刑律
6.27.394.(22)〔京城命案凶犯勒限严缉〕 一、五城遇有承缉凶犯,选差干捕,勒限严缉。如一月不获,照例责比;三月至五月不获者,即将该捕役从重责革,枷号两个月示惩,另选干捕躧缉。如捕役果能实力拿获者,照拿获盗案之例,于赃罚银两内,令巡城科道酌量赏给。至巡捕五营所属地方,原与五城联络,遇有不知姓名之人被伤身死,据指挥相验的实,该汛武职,即行呈报步军统领衙门,照例勒限严缉正凶,仍于限内报明兵部。俟文职审明是仇是盗,将武职各官照例查议。其五营捕役,应照五城限缉之例,令该汛武弁选差干捕,报明注册,勒限严缉,按期责比。如逾限不获,即行枷号、责革,仍令另差干捕,实力缉拿。如该汛捕役,有能于限内缉获正凶者,量加奖赏,于步军统领衙门房租项下动支发给,汇入年终奏销。	27.349.(1)〔京城凶犯勒限严缉〕 一、京师内外城地方,遇有承缉凶犯,选差干捕,勒限严缉。如一月不获,照例提比;三月至五月不获者,即将该捕役斥革、处罚,另选干捕躧缉。如捕役果能实力拿获者,照拿获盗案之例,于赃罚银两内,令该管衙门酌量赏给。至巡捕五营所属地方,遇有不知姓名之人被伤身死,据检察官相验的实,该汛武职,即行呈报步军统领衙门,照例勒限严缉正凶,仍于限内报明陆军部。俟文职审明是仇是盗,将武职各官照例查议。其五营捕役,应令该汛武弁选差干捕,报明注册,勒限严缉,按期提比。如逾限不获,即行斥革、处罚,仍令另差干捕,实力缉拿。如该汛捕役,有能于限内缉获正凶者,量加奖赏,于步军统领衙门房租项下动支发给,汇入年终奏销。

现行刑律案语

原例(略)

臣等谨按:此条系乾隆二十九年〔1764〕定例,专为京城缉捕命案正凶而设。巡城科道并指挥等官现均奉裁,相验由各级检察官办理,例首“五城”二字应改为“京师内外城地方”,“巡城科道”应改为“该管衙门”,“指挥”应改为“检察官”。枷号酌从宽免。新章非死罪人犯不准刑讯,原例“照例责比”“从重责革”二语并应改为“照例提比斥革处罚”。“兵部”亦应改为“陆军部”。谨将修改例文,开列于后。

〇修改(略)

大清律例

6.27.394.(23)〔京城遇有仇盗未明之案〕

一、京城遇有仇、盗未明之案，巡捕五营武职等官，照文职缉凶之例，一体扣限查参。俟获犯之日，如审系盗案，仍照例将专辖、兼辖各官补参疏防。

现行刑律

27.349.(2)〔京城遇有杀伤人命仇盗未明之案〕

一、京师内外城地方遇有杀伤、人命、仇、盗未明之案，巡捕五营武职等官，照文职缉凶之例，一体扣限查参。俟获犯之日，如审系盗案，仍照例将专辖、兼辖各官补参疏防。

现行刑律案语

原例(略)

臣等谨按：此条系乾隆三十二年〔1767〕定例。例首"仇、盗未明"句上拟增入"杀伤、人命"四字，较为明晰。谨将修改例文，开列于后。

〇修改(略)

大清律例

6.27.394.(27)〔严缉供出伙盗〕

一、营弁拿获盗、劫重犯，立即解交该弁所驻之地方有司衙门，严行究诘。如供出首伙姓名，该地方官一面通报各上司，一面迅速移咨该处营弁，设法缉拿，毋许稍有迟延。至地方捕役拿获盗犯，该州县讯出伙党姓名，亦即移会地方武弁，一体协缉。其承缉、招解，该地方官仍依例限办理，毋庸营弁先行会同讯供。

现行刑律

27.349.(3)〔严缉讯出伙盗〕

一、营弁及捕役拿获盗、劫重犯，立即解赴该处承审衙门，严行究诘。如讯出首伙姓名，该承审官一面通报各上司，一面迅速移会该处营弁，设法缉拿，毋许稍有迟延。其承缉、招解，该承审官仍依例限办理，毋庸营弁先行会同讯供。

现行刑律案语

原例(略)

臣等谨按：此条系各省拿解盗犯通例。营弁、捕役分为两层，应修并为一，以归简易。"有司衙门"拟改为"承审衙门"，州县"地方官"拟改为"承审官"。谨将修改例文，开列于后。

〇修改(略)

大清律例

6.27.394.(9)〔交界地方失事及窃匪等项窜入邻境关会协缉〕

一、凡交界地方失事,探实赃、盗之处,无论隔县、隔府、隔省,一面差役执持印票即行密拿,一面移文关会。拿获之后,仍报明地方官添差移解。其一应窃匪、窝赌、窝娼等类,有窜入邻境者,亦照此例,一面差役往拿,一面关会协缉。倘有疏纵牵制,不行缉拿,交部分别议处。捕役借端骚扰,越境诬拿平民,照诬良为盗例治罪。

6.27.394.(11)〔隔省隔属关提人犯〕

一、凡隔省关提人犯,承问官一面详请督抚移咨,一面差人关会隔省该地方官添差协缉。如擅给批牌,竟行拘提,及隔省地方官徇庇不行协缉,均交部议处。至本省内隔属关提人犯,亦行令该地方官添差拘提。如违例擅自拘拿者,捕役照诬良为盗例治罪,原差地方官交部议处。关提人犯,谓关提寻常对质人犯。若盗贼匪人,不用此例。

现行刑律

27.349.(4)〔命盗窝娼窝赌等项窜入邻境关会协缉〕

一、凡命盗及窝娼、窝赌等项案犯窜入邻境,一面差役执持印票密拿,一面移文关会。拿获之后,仍报明地方官添差协解。其余寻常案犯,须俟关会后协缉,不得擅自拘提。倘有犯匿邻境,以非其管辖,不急往拿,及不应竟行拘提,擅给批牌,并邻境该管官不为协缉者,分别议处。捕役借端骚扰,越境诬拿平民,照诬告及诬良为盗各本律例治罪。

现行刑律案语

原例

6.27.394.(9)〔交界地方失事及窃匪等项窜入邻境关会协缉〕(略)

6.27.394.(11)〔隔省隔属关提人犯〕(略)

臣等谨按:前条系关拿盗贼及窝赌窝娼之例,后条系关提寻常人犯之例,二条情事相类,应修并为一。以案情之大小分别应否竟行拘提,洵系良法,惟列举各项独遗命案,查各门事例均系命盗并举,人命至重,其不在寻常对质之列,自不待言,似应于前条例首增入,以昭赅备。捕役借端骚扰,俱按诬良为盗例,未免漫无区别,应仍按被告罪名之重轻,为捕役科罪之准的,拟请于“诬良为盗”句增入“诬告”一层,庶足以剂情法之平。谨将修并例文,开列于后。

○修并(略)

大清律例

6.27.394.(12)〔承缉盗案地方官假借捏报及贿盗狡供并兵役获犯给赏〕

一、凡承缉各官，有假借别州县所获之盗，指为本案盗首，别州县亦扶同搪塞，或先报盗首脱逃，或捏报盗首病故，后经发觉者，将从前假借、扶同、隐匿、捏报之该地方文武各官，交部议处。其邻境他省之文武官，有能拿获别案内首盗、伙盗，质审明确者，该地方文武各官，交部分别议叙，兵役分别酌量给赏。若不在伙内之人，首出盗首，即行拿获者，地方官从优给赏。捕役拿获盗首者，亦从优给赏。若盗首不获，将承缉捕役家口监禁勒比。如获盗过半之外，又获盗者，地方官亦酌量给赏。若州县贿盗狡供，辗转行查，希图销案者，照易结不结例治罪。

现行刑律

27.349.(5)〔承缉盗案地方官假借捏报及贿盗狡供并兵役获犯给赏〕

一、凡承缉盗案各官，有假借别州县所获之盗，指为本案盗首，别州县亦扶同搪塞，或先报盗首脱逃后，仍在该地方隐匿，或捏报盗首病故后，于别案发觉者，将从前假借、扶同、隐匿、捏报之该地方文武各官，交部议处。其邻境他省之文武官，有能拿获别案内首盗、伙盗，质审明确者，该地方文武各官，交部分别议叙，兵役分别酌量给赏。若不在伙内之人，首出盗首，即行拿获者，地方官从优给赏。捕役拿获盗首者，亦从优给赏。若盗首不获，将承缉捕役家口监禁勒缉。如获盗过半之外，又获盗者，地方官亦酌量给赏。若州县贿盗狡供，辗转行查，希图销案者，照易结不结例治罪。

现行刑律案语

原例（略）

臣等谨按：此条系雍正元年〔1723〕定例，乾隆五年〔1740〕、三十二年〔1767〕修改。查旧例“先报盗首脱逃”下尚有“仍在该地方隐匿”一语，后经删去，似未明晰，拟请修复。谨将修改例文，开列于后。

○修改（略）

大清律例

6.27.394.(15)〔邻县关提人犯〕

一、邻县关提人犯，限文到二十日拿解。逾限不发，交部议处。听信地保、差役捏称并无其人，并久经外出，空文回复，掯不发人者，地方官议处外，其

现行刑律

27.349.(6)〔关提人犯〕

一、凡关提人犯，承审官务将紧要缘由、关提月日通报各上司。准关之州县，邻省限文到四个月拿解，邻县限文到二十日拿解。如逾限不发，及听信地

地保、差役照不应律治罪。受财者,以枉法从重论。藏匿要犯,按律究拟,本犯从重问断。

6.27.394.(19)〔隔省关提人犯〕

一、凡隔省关提人犯,承问官务将人犯紧要缘由及关提月日,通报各上司稽考。如准关之州县,迟延不即解送,及听信地保人等捏称并无其人,捎不发解者,该督抚立即严参。至审结题咨时,亦将关到日期,扣明程限,声明有无迟延,听候部议。如承审之州县,将并非紧要案犯,借称关提不到者,该督抚亦即查明,严参议处。

6.27.394.(21)〔盗案隔省关查口供展限〕

一、盗案如有隔省关查口供必需时日者,许申详督抚咨部,展限两个月。其通省行查之事,令督抚查明,将最后送到逾限之府州县职名附参,照钦部事件例,交部议处。

＊断狱・鞫狱停囚待对

6.28.405.(5)〔邻境关提人犯展限〕(略)

＊断狱・鞫狱停囚待对

6.28.405.(7)〔盗案隔省关查口供及审限〕(略)

保、差役人等捏词,用空文回复,该督抚立即严参,照例分别议处外,地保、差役人等讯明有无贿纵情形,各按本律本例问拟。审结之时,仍将关到日期,扣明程限,声叙明晰,听候部议。如承审官将并非紧要人犯,借称关提不到,该督抚亦即查明严参议处。关传口供,即照关提人犯办理。

现行刑律案语

原例

6.27.394.(21)〔盗案隔省关查口供展限〕(略)

6.27.394.(15)〔邻县关提人犯〕(略)

6.27.394.(19)〔隔省关提人犯〕(略)

断狱・鞫狱停囚待对

6.28.405.(5)〔邻境关提人犯展限〕(略)

6.28.405.(7)〔盗案隔省关查口供及审限〕(略)

臣等谨按:第一条系盗案关传口供展限之例,第二条系邻县关提人犯拿解之例,第三条系隔省关提人犯拿解之例,第四条系邻境关提人犯展限之例,第五条系盗案关取口供不准展限之例，五条情事大致相类，应修并为一，以省繁复。第一条及第四、第五两条之展限，本指承审此案而言，惟向来关提人犯、关查口供，应按实在往返月日扣算、展限两月之例，《处分则例》业已删除，刑律自应一并删改。第三条关提月日通报上司，并无定限，查《处分则例》邻省关提人犯限四个月拿解，应增纂入例，以资引用。事关捕限，应仍隶本门。谨将修并例文，开列于后。

○修并

27.349.(6)〔关提人犯〕(略)

大清律例

6.27.394.(17)〔司道府厅提比捕役〕

一、凡司道提比捕役，除积案久逃之犯，仍照旧例遵行，其新报之案，司、道不得即行提比，专令该管之府厅比缉。仍将比过各案，并捕役姓名，报明该道查核，按季汇报臬司，转申督抚查核。倘经年累月，总未获报，该府厅有徇隐之处，一并题参，交部议处。

现行刑律

27.349.(7)〔司道府厅提比捕役〕

一、凡司道提比捕役，除积案久逃之犯，仍照旧例遵行，其新报之案，司道不得即行提比，专令该管之府厅比缉。仍将比过各案并捕役姓名，报明该道查核，按季汇报臬司，转申督抚查核。倘经年累月，总未获报，该府厅有徇隐之处，一并奏参，交部议处。

现行刑律案语

原例(略)

臣等谨按：此条系乾隆十四年〔1749〕定例。现在各项题本均经改奏，例内“题参”应改“奏参”。谨将修改例文，开列于后。

○修改(略)

大清律例

6.27.394.(3)〔承审土苗案件定限及拿解承缉人犯〕

一、凡承审土苗案件，俱以获犯到官日为始，照内地限期审结。限满不结，照例咨参，接扣限期完结。如仍不审结，该督抚照例题参。若该犯居土官所辖地方，该土官准州县移会，徇庇不行拿解，经督抚核实题参，将土官革职，择伊子弟之贤者承袭。若该犯居隔属、

现行刑律

27.349.(8)〔审办土苗案件定限拿解承缉人犯〕

一、凡审办土苗案件，如该犯居土官所辖地方，该土官准州县移会，徇庇不行拿解，经督抚核实奏参，将土官革职，择伊子弟之贤者承袭。若该犯居隔属、隔省者，以文到日为始，限四个月拿解，如庇匿不解，交部议处。如果凶犯实系在逃，俱限六个月承缉。限满无

隔省者,以文到日为始,限四个月拿解。如庇匿不解,交部议处。如果凶犯实系在逃,俱限六个月承缉。限满无获,交部分别议处。

获,交部分别议处。

现行刑律案语

原例(略)

臣等谨按:此条系审办土苗案件之例。审限仍照内地办理,自有通例,足资引用,无须复载,以昭画一。所有例内"扣限开参"一层应即节删。"题"字并应改"奏"。谨将修改例文,开列于后。

〇修改(略)

大清律例

＊关津・私出外境及违禁下海

5.15.225.(35)〔洋面失事听事主赴进口所在文武衙门详报行查缉拿〕(略)

现行刑律

27.349.(9)〔洋面失事听事主赴进口所在文武衙门呈报行查缉拿〕

一、内洋失事,仍照例文武官带同事主会勘外,如外洋失事,听事主于随风飘泊进口处,带同舵水赴所在文武衙门呈报,该衙门接据报呈,以事主所指被劫地方为准;倘事主不能指实地名,即将洋图令其指认。如在本县该管洋面被劫者,即行差缉,一面移会交界县分一体缉拿;如所报系在邻县或邻省洋面被劫者,该县一面缉拿,一面将报呈飞移失事地方,并详报该督抚分别咨行,毋庸传同事主会勘。仍令该督抚严饬所属,不分畛域,实力奉行。至详报督抚衙门,无论内、外洋失事,以事主报到三日内出详驰递,以便据报行查海关各口,将税簿、赃单互相较,核有货物相符者,即将盗船伙党姓名呈报关拿。其稽查关口员役,如于未接文檄之先,能查出匪船,拿获禀报者,分别议叙;吏役酌量给赏。如奉到文檄，能按照单簿据实查出，飞移所在地方，将盗犯拿获者，免其处分。

现行刑律案语

○移改（略）

见5.15.225.(35)〔洋面失事听事主赴进口所在文武衙门详报行查缉拿〕条

大清律例

6.27.394.(14)〔捕役串通盗犯教供妄认〕

一、凡捕役串通盗犯，教供妄认别案盗犯，以图销案，州县官失于觉察，审出，交部议处；捕役照诬良为盗发边远充军例减一等，杖一百、徒三年。如有贿买情弊，以枉法从重论。

现行刑律

27.349.(10)〔捕役串通盗犯教供妄认〕

一、凡捕役串通盗犯，教供妄认别案盗犯，以图销案，承审官失于觉察，审出，交部议处；捕役照诬良为盗满流例减一等，徒三年。如有贿买情弊，以枉法从重论。

现行刑律案语

原例（略）

臣等谨按：此条系乾隆二年〔1737〕定例。边远充军照章应改满流，徒罪附杖亦应照章宽免。"州县官"拟改为"承审官"。谨将修改例文，开列于后。

○修改（略）

大清律例

6.27.394.(29)〔卑幼擅杀期功尊长等案审限〕

一、卑幼擅杀期功尊长，子孙违犯教令致祖父母、父母自尽，属下人殴伤本管官，并妻妾谋死本夫，奴婢殴故杀家长等案，承审官限一月内审解，府、司、督抚各限十日审转具题。如州县官于正限届满，尚未审结，即于限满之日，接扣二参限期，州县限二十日，府、司、督抚仍各限十日完结。如有迟延，分别初参、二参，照例议处。至杀死三命、四

现行刑律

27.349.(11)〔卑幼擅杀期功尊长等案审限〕

一、卑幼擅杀期功尊长，子孙违犯教令致祖父母、父母自尽，属下人殴伤本管官，并妻妾谋死本夫，雇工人殴故杀家长等案，承审官限一月内审解，府、司、督抚各限十日审转具奏。如州县官于正限届满，尚未审结，即于限满之日，接扣二参限期，州县限二十日，府、司、督抚仍各限十日完结。如有迟延，分别初参、二参，照例议处。至杀死三命、四

命之案,该督抚即提至省城,督同速审。其审解限期,悉照卑幼擅杀期功尊长之例办理。

命之案,该督抚即提至省城,督同速审。其审解限期,悉照卑幼擅杀期功尊长之例办理。

现行刑律案语

原例(略)

臣等谨按:此条系乾隆二十八年〔1763〕广东按察使赫升额,及三十年〔1765〕江苏巡抚明德条奏,并纂为例,道光十九年〔1837〕改定。例内"具题"应改为"具奏"。谨将修改例文,开列于后。

〇修改

一、卑幼擅杀期功尊长,子孙违犯教令致祖父母、父母自尽,属下人殴伤本管官,并妻妾谋死本夫,雇工人殴故杀家长等案,承审官限一月内审解,府、司、督抚各限十日审转具奏。如州县官于正限届满,尚未审结,即于限满之日,接扣二参限期,州县限二十日,府、司、督抚仍各限十日完结。如有迟延,分别初参、二参,照例议处。至杀死三命、四命之案,该督抚即提至省城,督同速审。其审解限期,悉照卑幼擅杀期功尊长之例办理。

核订现行刑律

原修改例文(略)

谨按:奴婢一项现以雇工人论。本条"奴婢殴故杀家长"句,应改为"雇工人殴故杀家长",以归一律。谨将修改例文,开列于后。

〇修改(略)

条例·移改、移并

大清律例

6.27.394.(1)〔直隶各省审案定限及迟延察参〕

一、直隶各省审理案件,寻常命案,限六个月;盗劫及情重命案,钦部事件,并抢夺、发掘坟墓,一切杂案,俱定限四个月。其限六个月者,州县三个月解府州,府州一个月解司,司一个月解督抚,督抚一个月咨题;限四个月者,州县两个月解府州,府州二十日解司,司二十

现行刑律

*断狱·鞫狱停囚待对

28.360.(7)〔直隶各省审解案件程限分限起限〕(略)

日解督抚，督抚二十日咨题。如案内正犯及要证未获，情事未得确实者，题明展限。按察司自理事件，限一个月完结；府州县自理事件，俱限二十日审结。上司批审事件，限一个月审报。若隔属提人及行查者，以人、文到日起限。如有迟延情弊，该督抚察参。若该督抚将迟延各官，徇情不行题参，察出一并交部议处。

现行刑律案语

原例(略)

臣等谨按：此条系承审命盗等案扣限通例，系属审限，应移隶“鞫狱停囚待对”门。查《处分则例》载“盗劫及斩、绞立决命案，并一切抢窃杂案，统限四个月完结”，俱以人犯到案之日起限，似应添入“俱以人犯到案之日起限”一语。又，现办奏咨案件，俱准扣除封印日期，及解府、解司、解院程限，亦应一体纂入，以免疏漏。新设提法司与按察司同，应注明。“题”字应改为“奏”。谨将移改例文，开列于后。

〇移改

断狱・鞫狱停囚待对

28.360.(7)〔直隶各省审解案件程限分限起限〕(略)

大清律例

6.27.394.(2)〔承审命盗及钦部案件二参限期及接审委审分限〕

一、凡承审命、盗及钦部事件，至限满不结，该督抚照例咨部，即于限满之日接算，再限二参四个月。仍令州县两个月解府州，府州、臬司、督抚各分限二十日。如逾限不结，该督抚将易结不结情由，详查注明题参，照例议处。至承审官内有升任、革职、降调，及因公他往，委员接审者，如前官承审未及一月者，准其按审过日期扣展；一月以上离

现行刑律

＊断狱・鞫狱停囚待对

28.360.(8)〔承审命盗及钦部事件再限二参分限并接审委审扣限〕(略)

任者,准其展限一个月。分限三个月、两个月事件,前官承审历限过半离任者,准其扣半加展。如前官于二参限内离任者,接任官准其以到任之日起,无论六个月、四个月事件,俱扣限四个月审结。至原问官审断未当,及犯供翻易情节,督抚另委贤员,或会同原问官审理,委审之员,扣限一个月,该管各上司,亦统限一个月核转具题,总以两个月完结。如官员承审案件,借端巧为掩饰,不行速结者,令该督抚题参,交与该部严加议处。上司徇庇不行题参,及下属已经解审,混行驳查,以致承审官违限,并知属官例限将满,借端故为派委,希图展限者,一并交部议处。督抚参迟延时,将何月日解审、驳查次数声明,听部查核。

现行刑律案语

原例(略)

臣等谨按:此条系雍正元年〔1723〕定例,原载"官文书稽程"门,乾隆五年〔1740〕移入于此,嘉庆六年〔1801〕改定。惟系属审限应移隶"鞫狱停囚待对"门。"承审官内有升、革、降调"一段,与《吏部则例》不甚符合,现在各省扣限事件,均照则例办理,并不援引此条,拟查照则例修改,并补入小注,俾资引用。"题"字一律应改为"奏"。谨将移改例文,开列于后。

○移改

断狱·鞫狱停囚待对

28.360.(8)〔承审命盗及钦部事件再限二参分限并接审委审扣限〕(略)

大清律例

6.27.394.(4)〔命盗杂案内行查展限及现获续获人犯分别扣限审结〕

一、官员审理命、盗、钦部事件及一

现行刑律

*断狱·鞫狱停囚待对

28.360.(9)〔盗劫命案钦部事件等审限及虚实未分展限〕(略)

切杂案内，有余犯到案，因正犯及要证未获，情词未得，或盘获贼犯，究出多案，事主未经认赃，必须等候方可审拟，或因隔省行查，限内实难完结者，承问官将此等情由，预行申详督抚，分别题咨展限。若正犯、要证，及盗窃案内首从人犯，已经到案，间有余犯未获者，即将现获之犯，据情研审，按限定结，不得借词展限，亦不得延至日久，应就现犯审结之日起限。若承审期内，遇有续获之犯，如到案在州县分限以内者，即行一并审拟，毋庸另展限期；如到案已在州县分限以外，不能并案审拟者，将续获人犯另行展案，扣限四个月完结。如间有获犯到案，时在州县分限将满者，亦不得逾违统限。如该上司不遵定例，严加查核。听其借端迟延，捏词扣展限期者，承审官及各上司俱交部分别议处。

6.27.394.(5)〔盗案审限及虚实未分展限〕

一、盗案获犯到官，无论首盗、伙盗，缉获几名，如供证确凿，赃迹显明者，一经获犯，限四个月完结。如果虚实情形未分，盗赃未确，限内不能完结者，承审官立即据实详报，逐细声明，该管上司核明，预行咨部，准其展限两个月完结。倘承审官有将易结之盗案，滥请展限，该督抚漫为咨部者，承审官革职，各该上司交部分别议处。

现行刑律案语

原例

6.27.394.(4)〔命盗杂案内行查展限及现获续获人犯分别扣限审结〕（略）

6.27.394.(5)〔盗案审限及虚实未分展限〕（略）

臣等谨按：前条系命盗及杂案内行查展限，及现获、续获人犯分别扣限审结之例，次条系盗案审限及虚实未分展限之例，两条情事相类，且均系统限四个月之案，拟修并为一，以省繁复，惟系属审限，应移隶“鞫狱停囚待对”门。前条分限将满一层，《处分则例》系准其扣满统限审解，拟即照改。“题咨”应改“奏咨”。谨将移并例文，开列于后。

〇移并

断狱・鞫狱停囚待对

28.360.(9)〔盗劫命案钦部事件等审限及虚实未分展限〕(略)

大清律例

6.27.394.(26)〔协缉在逃命盗重犯〕

一、凡命、盗等案要犯负罪在逃，承缉官于事发之日，开明年貌、事由，一面差役密拿，一面具详。该省督抚接据详文，即径檄邻省接壤之州县，一体实力协缉，仍移咨邻省督抚，彼此督缉。倘接壤州县接奉文檄，以非本管督抚，心存畛域之见，视为通缉具文，致犯藏境内，别经发觉，即听原行之督抚查参，交部照例议处。

*捕亡・应捕人追捕罪人

6.27.387.(3)〔通缉脱逃要犯〕(略)

现行刑律

*捕亡・应捕人追捕罪人

27.343.(6)〔通缉脱逃命盗要犯〕(略)

现行刑律案语

〇修并(略)

见6.27.387.(3)〔通缉脱逃要犯〕条

大清律例

6.27.394.(28)〔各省审办无关人命徒案逾限及册报〕

一、各省审办无关人命徒罪案件，即照承审一切杂案定限四个月之例，州

现行刑律

*断狱・鞫狱停囚待对

28.360.(10)〔无关人命徒罪案件扣限批结与人命徒罪案件扣限解审〕(略)

县两个月解府州，府州二十日详司，司二十日详督抚，督抚二十日批结。至批结之后，由该臬司按季汇齐，务于每季后二十日内，造册详报该督抚，该督抚务于十日内出咨报部，总不得过一月之限。其报部册内，务逐案详叙供招，并将人犯到案，及州县、府、司、督抚审转批结各日期，详细明注，听候查核。倘有审办迟逾分限，及造册报部迟延者，交部议处。

＊断狱·有司决囚等第

6.28.411.(33)〔外省有关人命徒犯均照军流人犯解司审转〕（略）

现行刑律案语

原例

6.27.394.(28)〔各省审办无关人命徒案逾限及册报〕（略）

断狱·有司决囚等第

6.28.411.(33)〔外省有关人命徒犯均照军流人犯解司审转〕（略）

臣等谨按：前条系审拟无关人命徒犯之例，次条系审拟有关人命徒犯之例，二条情事相类，不宜分别两门，应删并为一，移隶"鞫狱停囚待对"门内。无关人命徒犯，近来并不解审，自应照改，至有关人命扣限，例无明文，似涉疏漏，应仍照命案扣限之例办理。汇题现已改章，例内"仍令年终汇题"等语，应节删。谨将移并例文，开列于后。

〇移并

断狱·鞫狱停囚待对

一、各省审办无关人命徒罪案件，即照承审一切杂案扣限，依次上详，无须解审。俟督抚批结后，由该臬司按季汇齐，于每季后二十日内造册详报该督抚，该督抚于十日内出咨报部，总不得过一月之限。有关人命徒罪案件，仍照审理命案例扣限解审，由督抚专案咨部核复。如有审办逾限及造报迟延者，交部议处。

会奏修改各条

原移并例文（略）

谨按：例内"咨部核复"句拟改为"咨院复判"，以符定制。谨将修改例文，开列于后。

〇修改

28.360.(10)〔无关人命徒罪案件扣限批结与人命徒罪案件扣限解审〕(略)

条例·删除

大清律例

6.27.394.(6)〔黔省苗疆承审命盗案限〕

一、黔省苗疆地方承审命、盗案件,州县各照原定分限,寻常命案三个月,盗案及情重命案两个月,审理完结。其加展两月、三月之例,概行停止。

删除律例

〇删除

大清律例

6.27.394.(7)〔查办命盗重案以监候待质迁延时日〕

一、命、盗重案,内外问刑衙门,各宜迅速查办。应缉拿者,上紧缉拿,应定拟者,即行定拟。若承审官不能审出实情,以监候待质迁延时日者,该堂官、督抚查出,即严行参处。

现行刑律案语

〇删除

原例(略)

臣等谨按:此条系为禁止监候待质而设。从前秋审有可疑一项,监候待质即所谓可疑者是也。自此例行,而可疑之案遂缺,惟其后仍定有监候待质专例,即强盗亦有监候处决明文,此条实无关引用,拟请删除。

大清律例

6.27.394.(8)〔京城勒限缉拿要犯及寻常命盗并承追赃罚等项〕

一、刑部行文五城兵马司、大、宛二县查拿之案,如关系偷盗仓库钱粮,并隐匿要紧重犯,即于文内添注"要犯。勒限缉拿"字样,限满无获,照京城定例议处。其余寻常命、盗,如限满无获,照外省定例议处。倘该管官不行呈报题参,察出一并交部议处。其五城兵马司承追赃罚、变产等项,如限满不完,照大、宛二县承追杂项钱粮例议处。如该御史不行开送,察出,将该御史一并交与吏部议处。仍令该司坊官,将历年承追之项,造具清册三本,一送刑部,一送都察院,一送该城御史查核。

现行刑律案语

○删除

原例(略)

臣等谨按: 此条系雍正七年〔1729〕定例。缉捕要犯逾限议处,及承追赃罚事件,向来并不照此办理,定例久成虚设。且改定官制,审判案件悉归大理院及各级审判厅,凡缉捕事宜俱属司法警察,自应另定新章。此条与今制不符,拟请删除。

大清律例

6.27.394.(10)〔京城盗案勒限缉捕分别有无拿获议处〕

一、凡京城内有强盗劫财伤人者,该汛值宿领催、兵丁,俱枷号四十日,斥革发落;步军统领、总尉、副尉、步军校,俱交部分别降罚,贼犯限一年缉拿。获半者开复;如不获,又失事者,降调。若正阳、崇文、宣武三门关厢内失事者,该汛兼辖五营武职,及文职兵马司官,俱交各该部降罚;专汛千、把总及马步兵丁,各杖一百,贼犯限一年缉拿。全获者开复;缉拿一半者,免其议处;不及一半者,仍照定例议处;不获者,兼辖各官俱降调,千、把总俱革职,兵丁枷号四十日,斥革发落,贼犯交接管官缉拿。

删除律例

○删除

大清律例

6.27.394.(13)〔苗蛮地方失事缉凶〕

一、苗蛮地方,一有失事,该防汛官即带兵追捕,地方官即差役严拿,一面申报上司,并移会邻近营汛,协力穷追。如未能弋获,查明凶犯本名,确系何处贼蛮,会同该衙门添差缉获。如徇庇不发,并承审官不严行追究,及文武官弁明知案犯下落,不实力擒拿,以致逃匿者,并交部议处。若捕役搜捕案犯,牵累良民,照诬指良民为盗例,从重治罪。

删除律例

○删除

大清律例

6.27.394.(16)〔京城缉捕窃贼勒限〕

一、五城地方有失窃案件,该司坊官即申报该巡城御史及都察院山东道,于失事之日起,勒限四个月缉拿,山东道按限提比。如限内贼犯未获,及获不及半者,该城御史即行查参,交部议处。如承缉限满,该城不行报参,及山东道御史不实力稽察者,令都察院查参,一并议处。其五营所辖地方失窃,该营专汛武职,交步军统领,亦照司坊官一体参处。

现行刑律案语

原例(略)

臣等谨按:此条系乾隆八年〔1743〕定例。现在巡城御史并司坊官均经奉裁,山东道亦无按限提比之事,例内"都察院山东道"等语均应节删,并将"司坊官"分别改为"该管官"及"文职",以便引用,例首"五城"二字亦应改为"京师内外城地方"。谨将修改例文,开列于后。

○修改

一、京师内外城地方有失窃案件,该管官即申报该管上司,于失事之日起,勒限四个月缉拿。如限内贼犯未获,及获不及半者,该管上司即行查参,交部议处。如承缉限满,不行报参,将该管上司一并议处。其五营所辖地方失窃,该营专汛武职,交步军统领,亦照文职一体参处。

核订现行刑律

○删除

原修改例文

6.27.394.(16)〔京城缉捕窃贼勒限〕原修改例文(略)

6.27.394.(18)〔京城窃案坊官隐讳不报〕原修改例文(略)

6.27.394.(24)〔京城奴仆偷家长财物勒限比缉〕原修改例文(略)

谨按:以上三条,均京师内外城申报窃案之办法。事隶处分,刑律无关引用,且自设立巡警厅以来,一切缉捕另有专章,多与旧例不同,拟请一并删除。

6.27.394.(18)〔京城窃案坊官隐讳不报〕

一、凡五城地方事主报有失窃案件,该司坊官隐讳不报者,照步军校讳窃例议处。

现行刑律案语

原例(略)

臣等谨按:此条系乾隆十四年〔1749〕定例。"司坊官"应改为"该管官",并将"五城"二字改为"京师内外城",以归一律。谨将修改例文,开列于后。

○修改

一、凡京师内外城地方事主报有失窃案件，该管官隐讳不报者，照步军校讳窃例议处。

核订现行刑律

○删除（略）

见6.27.394.(16)〔京城缉捕窃贼勒限〕条

大清律例

6.27.394.(20)〔行文邻境缉拿强劫拒捕重犯〕

一、凡各省州县，遇有强劫、拒捕等重案，立即选差干捕擒拿，一面将失盗情形，申报所辖之府州，及关移接壤别属之州县。其专辖之知府、知州，立即通饬阖属，各选派干捕，悬立赏格，分路侦缉，无获则一体比追。其非本府州所属，而境地相接之州县，如遇移关一到，亦即照此协力差捕搜拿。

现行刑律案语

○删除

原例（略）

臣等谨按：此条系强劫、拒捕本省通缉之例，与本门命盗等案要犯负罪在逃条，大略相同，此次修订已将彼条旧例通饬本省州县协缉，修复移并“应捕人追捕罪人”门内，则强劫、拒捕等案似已浑括在内，此条系属重复，应即删除。

6.27.394.(24)〔京城奴仆偷家长财物勒限比缉〕

一、五城所辖地方，如有奴仆偷盗家长财物脱逃者，一经呈报，该坊官即照民人被窃之案，一体通报巡城御史及都察院山东道，照例比缉，勒限查参。倘隐匿不报，察出照讳窃例参处。其营汛武职，亦照司坊官一体参处。

现行刑律案语

原例（略）

臣等谨按：此条系乾隆三十七年〔1772〕定例。例内“该坊官”应改为“该管官”，“通报巡城御史”等语应改为“该管上司”。例末“司坊官”亦应改为“文职”，以便援引。并将例首“五城”句照改为“京师内外城地方”。谨将修改例文，开列于后。

○修改

一、京师内外城地方，如有家人偷盗家长财物脱逃者，一经呈报，该管官即照民人被窃之案，通报该管上司照例比缉，勒限查参。倘隐匿不报，察出照讳窃例参处。其营汛武职，亦照文职一体参处。

核订现行刑律

○删除(略)

见6.27.394.(16)〔京城缉捕窃贼勒限〕条

大清律例

6.27.394.(25)〔本身应缉及外省通缉遣犯册报及稽察〕

一、凡各本省应缉外遣逃犯,分晰年分、名数,登注事由及已未就获为一册;外省通缉者,于每年汇造寻常军流逃犯册内,划出另为一册,年终由臬司衙门汇册造报,督抚于开印后咨部查核。该督抚将本省及通缉各案,分折具奏。其通缉遣犯,各督抚于文到日,即饬属分差缉拿,将缉役姓名申报,责成该管道、府不时稽察。如有怠忽不实力奉行者,该道、府揭参,将该地方官议处。

删除律例

○删除

6.28 断狱 / 28 断狱

6.28.395 因应禁而不禁 / 28.350 因应禁而不禁

律文·修改

大清律例

6.28.395.1 凡鞠狱官于狱囚应禁而不收禁，徒犯以上、妇人犯奸收禁。官犯公私罪、军民轻罪、老幼废疾散禁。应锁杻而不用锁杻，及囚本有锁杻而为脱去者，各随囚重轻论之。若囚该杖罪，当该官司笞三十；徒罪，笞四十；流罪，笞五十；死罪，杖六十。若应杻而锁、应锁而杻者，各减不锁杻罪一等。○6.28.395.2 若囚自脱去，锁杻，及司狱官典、狱卒私与囚脱去锁杻者，罪亦如鞠狱官脱去之。罪。提牢官知自脱与脱之情而不举者，与官典、狱卒同罪，不知者不坐。○6.28.395.3 其鞠狱官于囚之不应禁而禁，及不应锁杻而锁杻者，倚法虐民，各杖六十。○6.28.395.4 若鞠狱、司狱、提牢官典、狱卒受财而故为操纵轻重者，并计赃以枉法从重论。有禄人八十两，律绞。

现行刑律

28.350.1 凡鞠狱官于狱囚应禁而不收禁，徒犯以上、妇人犯奸收禁。官犯公私罪、军民轻罪、老幼废疾散禁。应锁杻而不用锁杻，及囚本有锁杻而为脱去者，各随囚重轻论之。若囚该罚金，当该官司处三等罚；徒罪，处四等罚；流、遣罪，处五等罚；死罪，处六等罚。若应杻而锁、应锁而杻者，各减不锁杻罪一等。○28.350.2 若囚自脱去，锁杻，及管狱官典、狱卒私与囚脱去锁杻者，罪亦如鞠狱官脱去之。罪。有狱官知自脱与脱之情而不举者，与管狱官典、狱卒同罪，不知者不坐。○28.350.3 其鞠狱官于囚之不应禁而禁，及不应锁杻而锁杻者，倚法虐民，各处六等罚。○28.350.4 若鞠狱、管狱、有狱官典、狱卒受财而故为操纵轻重者，并计赃以枉法从重论。有禄人八十两，律绞。

现行刑律案语

原律（略）

臣等谨按：此律应仍其旧。惟遣罪已列正刑，“流罪”之次自应增入“遣罪”一项。笞、杖照章罚金，应依数分等处罚。“司狱官”“提牢官”应改为“管狱官”“有狱官”，以便引用。谨将修改律文，开列于后。

○修改（略）

条例·移改、修改、修并、仍旧

大清律例

＊捕亡·狱囚脱监及反狱在逃

6.27.389.(1)〔各处监狱俱分建内外两处〕(略)

现行刑律

28.350.(1)〔监狱分建内外监并置女犯室〕

一、各处监狱,俱分建内、外两处,强盗并斩、绞重犯,俱禁内监;遣流以下人犯,俱禁外监。再另置一室,以禁女犯。

现行刑律案语

○移改(略)

见6.27.389.(1)〔各处监狱俱分建内外两处〕条

大清律例

6.28.395.(2)〔侵挪钱粮分别散禁锁禁勒比监追及在监自尽〕

一、侵欺钱粮数至一千两以上,挪移钱粮数至五千两以上者,令该管官严行锁禁监追。其侵欺在一千两以下,挪移不及五千两者,散禁官房,严加看守,勒限一年催比。如逾限不完,即锁禁监追。若应行监禁之犯,不行监追,及失于防范,以至自尽者,将该管之州县官,均照溺职例革职。其该管之上司官,或徇隐,或失察,交部分别议处。

现行刑律

28.350.(2)〔侵挪钱粮分别散禁收禁勒限监追〕

一、侵欺钱粮数至一千两以上,挪移钱粮数至五千两以上者,令该管官严行收禁监追。其侵欺在一千两以下,挪移不及五千两者,散禁官房,严加看守,勒限一年催缴。如逾限不完,即收禁监追。

现行刑律案语

原例(略)

臣等谨按:应行监追之犯而不监追,及失于防范以致自尽,例系将该管州县官革职,与《处分则例》轻重不符,应改为"交部议处",以免歧异。又,《处分则例》有"脱逃"一层,拟即于例文"不行监追"下添入"以致脱逃"四字,较为详备。谨将修改例文,开列于后。

○修改

一、侵欺钱粮数至一千两以上，挪移钱粮数至五千两以上者，令该管官严行锁禁监追。其侵欺在一千两以下，挪移不及五千两者，散禁官房，严加看守，勒限一年催比。如逾限不完，即锁禁监追。若应行监禁之犯，不行监追，以致脱逃，及失于防范，致犯自尽者，将该管之州县官，及该管之上司官，或徇隐，或失察，交部分别议处。

核订现行刑律

原修改例文（略）

谨按：此项监追之犯多系官员，似不宜与平人一律锁禁，例内“锁禁”二字拟改“收禁”，以示矜恤。又侵挪皆有罪名，如有脱逃及自尽，自有疏防之例足资引用，无须因议处而特设专条，例末“议处”一层应节删。谨将修改例文，开列于后。

○修改（略）

大清律例

6.28.395.(4)〔解审军流以上人犯相距五十里外不及收监者〕

一、解审军、流以上人犯，令各州县酌量地方情形，如有相距在五十里以外，不及收监者，先期拨役前往，于寄宿处所，传齐地保人等，知会汛兵、支更巡逻，往回一体办理。倘有疏虞，地保、营汛俱照原解兵役治罪，地方官从重议处。

＊断狱·有司决囚等第

6.28.411.(46)〔解送秋审人犯州县相距七十里以外不及收禁者〕（略）

现行刑律

28.350.(3)〔招解流罪以上人犯相距五十里外不及收监者〕

一、各省招解流罪以上人犯，令各州县酌量地方情形，如有相距在五十里以外，不及收监者，先期拨役前往，于寄宿处所，传齐地保人等，知会营汛，会同原解兵役、支更巡逻防范，往回一体办理。倘有疏虞，地保、营汛俱照原解兵役治罪，地方官从重议处。

现行刑律案语

原例

6.28.395.(4)〔解审军流以上人犯相距五十里外不及收监者〕（略）

断狱·有司决囚等第

6.28.411.(46)〔解送秋审人犯州县相距七十里以外不及收禁者〕（略）

臣等谨按：此二条，均系人犯不及收禁中途寄宿之例，前条为未定罪之解审，次条为秋审起解，应修并为一。前条例首“军、流以上”应改为“流罪以上”，寄宿之处，一以五十里为断，一以七十里为断。查秋审人犯防范更宜严密，兹拟一律改从五十里,以免歧异。事关收禁,应仍隶本门。谨将修并例文,开列于后。

〇修并

一、各省招解流罪以上人犯及起解秋审人犯,令各州县酌量地方情形,如有相距在五十里以外,不及收监者,先期拨役前往,于寄宿处所,传齐地保人等,知会营汛,会同原解兵役、支更巡逻防范,往回一体办理。倘有疏虞,地保、营汛俱照原解兵役治罪,地方官从重议处。

会奏修改各条

原修改例文(略)

谨按:新章外省秋审人犯毋庸解省审勘,例内起解秋审人犯应即节删,以昭画一。谨将修改例文,开列于后。

〇修改

28.350.(3)〔招解流罪以上人犯相距五十里外不及收监者〕(略)

大清律例

6.28.395.(3)〔递籍人犯经过州县分别应否收监及不得先责后解〕

一、递回原籍人犯,如系奉特旨,及犯徒罪以上援免解交地方官管束之犯,经过州县仍照例收监。其犯笞、杖等轻罪,递回安插者,承审衙门于递解票内,注明"不应收监"字样,前途接递州县,即差役押交坊店歇宿,仍取具收管,毋得滥行监禁。至递解人犯,有应行责惩者,亦于文移内声明,令原籍地方官折责,毋得先责后解。违者,交部分别议处。

现行刑律

28.350.(4)〔递籍人犯经过州县分别应否收监〕

一、递回原籍人犯,如系奉特旨,及犯徒罪以上援免解交地方官管束之犯,经过州县仍照例收监。其犯罚金等轻罪,递回安插者,承审衙门于递解票内,注明"不应收监"字样,前途接递州县,即差役押交坊店歇宿,仍取具收管,毋得滥行监禁。

现行刑律案语

原例(略)

臣等谨按:流、徒附杖照章宽免,已无先责后解之事,例内所称"至递解人犯,有应行责惩"等语,无关引用,应即节删。谨将修改例文,开列于后。

〇修改(略)

大清律例

6.28.395.(6)〔直省无监狱地方遇有解犯到境〕

现行刑律

28.350.(5)〔直省无监狱地方遇有解犯到境〕

一、直省并无监狱地方,该管官遇有解犯到境,即行接收,多拨兵役,于店房内严加看守,毋致疏虞。如有借词推诿,不收人犯,仅令原解兵役看守,致犯脱逃者,该督抚即行严参,交部从重议处。

现行刑律案语

原例(略)

○仍旧

臣等谨按:此例应仍其旧,理合陈明。

大清律例

6.28.395.(5)〔关外解犯住居歇店领催乡约派夫帮同看守〕

一、山海关外,往来解送人犯,住居歇店,该店主即通知该屯领催、乡约,按户派夫,帮同押解兵丁,看守支更。如有疏脱,即将押解官兵、更夫、领催、乡约等,一并送交盛京刑部审讯,分别治罪。

现行刑律

28.350.(6)〔关外解犯住居歇店领催乡约派夫帮同看守〕

一、山海关外,往来解送人犯,住居歇店,该店主即通知该屯领催、乡约,按户派夫,帮同押解兵丁,看守支更。如有疏脱,即将押解官兵、更夫、领催、乡约等,一并送交该管地方官审讯,分别治罪。

现行刑律案语

原例(略)

臣等谨按:关外地方辽阔,州县较少,近虽改设行省,仍应照此办理。惟盛京刑部已裁,应改交该管地方官审讯,分别治罪。谨将修改例文,开列于后。

○修改(略)

大清律例	现行刑律
6.28.395.(7)〔札萨克蒙古徒罪以上人犯解送监禁〕 一、各扎萨克蒙古徒罪以上人犯,一面报部,一面委员解送应监禁之地方官监禁。	28.350.(7)〔札萨克蒙古徒罪以上人犯解送监禁〕 一、各扎萨克蒙古徒罪以上应发遣人犯,一面分报理藩部、大理院,一面委员解送应监禁之地方官监禁。

现行刑律案语

原例(略)

○仍旧

臣等谨按:此例应仍其旧,理合陈明。

会奏修改各条

原例(略)

谨按:新章蒙古案件遣罪以下人犯应发遣者,由理藩部咨送大理院复判,例内"报部"拟改为"分报理藩部、大理院",以符定制。谨将修改例文,开列于后。

○修改(略)

条例·删除

大清律例

6.28.395.(1)〔擅将轻罪人犯以大枷枷号及先责后枷并患病不保致毙〕

一、凡枷号人犯,除例有正条,及催征税粮,用小枷枷号、朝枷夜放外,敢有将轻罪人犯,用大枷枷号,及用连根带须竹板伤人者,交部议处。因而致死者,照非法殴打致死律杖一百、徒三年。应枷号者,定于满日责放,不许先责后枷。遇患病,即行保释医治,痊日补枷。若先责后枷,遇患病不即行保释医治,以致毙命者,交部严加议处。督抚不行察参,或经科道纠参,督抚、司道一并议处。

现行刑律案语

○删除

原例(略)

臣等谨按:奏定新章,除军、流改发并在配为匪各项情重加枷者,毋庸改为罚金外,其余附加枷号改为罚金,此例专指轻罪枷号而言,无关引用。且杖责已经改章,例内所称"竹板伤人"及"非法殴责"之法,亦已另申禁令,此条拟即删除。

6.28.396 故禁故勘平人 / 28.351 故禁故勘平人

律文·修改

大清律例

6.28.396.1 凡官吏怀挟私仇,故禁平人者,杖八十;平人系平空无事,与公事毫不相干,亦无名字在官者,与下文公事干连之平人不同。因而致死者,绞。监候。提牢官及司狱官典、狱卒知而不举首者,与同罪,至死者减一等。不知者不坐。若因该问公事干连平人在官,本无招罪而不行保管,误禁致死者,杖八十。如所干连事方讯鞫,有文案应禁者,虽致死勿论。○6.28.396.2 若官吏怀挟私仇故勘平人者,虽无伤,杖八十;折伤以上,依凡斗伤论;因而致死者,斩。监候。同僚官及狱卒知情而与之共勘者,与同罪,至死者减一等。不知情而共勘及虽共勘而但依法拷讯者,虽至死伤,不坐。若因公事干连平人在官,事须鞫问,及正犯罪人赃仗、证佐明白,而干连之人独为之相助匿非,不服招承,明立文案,依法拷讯,邂逅致死者,勿论。

现行刑律

28.351.1 凡官吏怀挟私仇,故禁平人者,处八等罚;平人系平空无事,与公事毫不相干,亦无名字在官者,与下文公事干连之平人不同。因而致死者,绞。监候。有狱官、管狱官典、狱卒知而不举首者,与同罪,至死者减一等。不知者不坐。若因该问公事干连平人在官,本无招罪而不行保管,误禁,致死者,处八等罚。如所干连事方讯鞫,有文案应禁者,虽致死勿论。○28.351.2 若官吏怀挟私仇故勘平人者,虽无伤,处八等罚;折伤以上,依凡斗伤论;因而致死者,绞。监候。同僚官及狱卒知情而与之共勘者,与同罪,至死者减一等。不知情不坐。

现行刑律案语

原律(略)

臣等谨按:例内“提牢〔官〕司狱〔官〕”应改为“有狱〔官〕管狱官”。“杖八十”罪名照章罚金,应改为“处八等罚”,斩候应改绞候。又奏定新章,除罪犯应死,证据已确,不肯供认者准其刑讯外,凡初次讯供时及流、徒以下罪名,概不准刑讯。是法得拷讯者,即不得称为平人、干连人,其得称为平人、干连人者,即不得拷讯。例内“依法拷讯”以下等语,均应节删。谨将修改律文,开列于后。

○修改(略)

条例·修并、修改

大清律例

6.28.396.(3)〔重犯监禁轻犯交保候审不准另设名目私禁轻犯〕

一、凡内外大小问刑衙门设有监狱,除监禁重犯外,其余干连,并一应轻罪人犯,即令地保保候审理。如有不肖官员,擅设仓铺、所店等名,私禁轻罪人犯,及致淹毙者,该督抚即行指参,照律拟断。

6.28.396.(7)〔轻罪及干连人证交保书差需索凌虐〕

一、直省审办案件,轻罪及干连人证,交保看管。倘该书差串通需索凌虐,于凌虐罪囚本律上加一等治罪,赃重者以枉法从重论。其押保店名目,严行禁革。

现行刑律

28.351.(1)〔干连并轻犯交保候审不准另设名目私禁轻犯及书差需索凌虐〕

一、凡内外问刑衙门设有监狱,除监禁重犯外,其余干连,并一应轻罪人犯,交保看管。如有不肖官员,影射待质公所名目,私立班馆,及擅设仓铺、所店等名,私禁轻罪人犯,及致淹毙者,即行指参,照律拟断。若该书差串通需索凌虐,于凌虐罪囚本律上加一等治罪,赃重者以枉法从重论。

现行刑律案语

原例

6.28.396.(3)〔重犯监禁轻犯交保候审不准另设名目私禁轻犯〕(略)

6.28.396.(7)〔轻罪及干连人证交保书差需索凌虐〕(略)

臣等谨按:以上两条,语多重复,应修并为一,以省繁冗。又查光绪二十一年八月十五日〔1895年10月3日〕奉上谕:“各州县影射待质公所名目,私立班馆,实属大干例禁。着各直省督抚、府尹通饬所属,一体严禁等因。钦此。”应并纂入。谨将修并例文,开列于后。

○修并

一、凡内外大小问刑衙门设有监狱,除监禁重犯外,其余干连,并一应轻罪人犯,交保看管。如有不肖官员,影射待质公所名目,私立班馆,及擅设仓铺、所店等名,私禁轻罪人犯,及致淹毙者,即行指参照律拟断。若该书差串通需索凌虐,于凌虐罪囚本律上加一等治罪,赃重者以枉法从重论。

大清律例

6.28.396.(4)〔拷讯人犯致死及勒诈并受嘱故拷讯平人致死〕

一、承审官吏，凡遇一切命案、盗案，将平空无事，并无名字在官之人，怀挟私仇，故行勘讯致死者，照律拟罪外，倘事实无干，或因其人家道殷实，勒诈不遂，暗行贿嘱罪人诬扳，刑讯致死者，亦照怀挟私仇故勘平人致死律，拟斩监候。如有将干连人犯，不应拷讯，误执己见，刑讯致毙者，依决人不如法因而致死律，杖一百。其有将干连人犯，不应拷讯，任意叠夹致毙者，照非法殴打致死律，杖一百、徒三年。如有将徒、流人犯，拷讯致毙二命者，照决人不如法加一等，杖六十、徒一年；三命以上，递加一等，罪止杖一百、徒三年。其有将笞、杖人犯，致毙二命者，照非法殴打致死律加一等，杖一百、流二千里；致毙三命以上者，递加一等，罪止杖一百、流三千里。若因公事干连人犯，依法拷讯，邂逅致死，或受刑之后，因他病而死者，均照邂逅致死律勿论。如有奸徒挟仇诬告平人，官吏知情，受其嘱托，因而拷讯致死者，本犯依诬告律拟抵，官吏照为从律满流。如有诬告平人，官吏不知情，依法拷讯致死者，将诬告之人拟抵，官吏交部议处。若被诬之人不肯招承，因而叠夹致毙，照非法殴打致死律定拟。均不得删改律文内"怀挟私仇"字样，混引故勘平人，概拟重辟。在外不按实具题，在内含糊照复，照官司出入人罪律，分别治罪。

现行刑律

28.351.(2)〔拷讯人犯致死及勒诈并受嘱故拷讯平人致死〕

一、承审官吏，凡遇一切命案、盗案，将平空无事，并无名字在官之人，怀挟私仇，故行勘讯致死者，照律拟罪外，倘事实无干，或因其人家道殷实，勒诈不遂，暗行贿嘱罪人诬攀，刑讯致死者，亦照怀挟私仇故勘平人致死律，拟绞监候。如有将不应刑讯之人，误执己见，刑讯致毙者，依非法殴打致死律减一等定拟；致毙二命者，流二千里；三命以上，递加一等；罪止流三千里。若因公事违例刑讯，而其人受刑后，因他病身死者，止科违例用刑之罪。如有奸徒挟仇诬告平人，官吏知情，受其嘱托，因而拷讯致死者，本犯依诬告律拟抵，官吏照为从律满流。如有诬告平人，官吏不知情，依法拷讯致死者，将诬告之人拟抵，官吏交部议处。若被诬之人不肯招承，因而非法殴打致毙者，照非法殴打致死律定拟。均不得删改律文内"怀挟私仇"字样，混引故勘平人，概拟重辟。在外不按实具奏，在内含糊照复，照官司出入人罪律，分别治罪。

现行刑律案语

原例(略)

臣等谨按：例首言承审官吏怀挟私仇故勘平人，及贿嘱罪人诬扳，刑讯毙命之法，应仍其旧。惟斩候照章改为绞候。至“干连人犯，不应拷讯”以下各层，在例准刑讯之时，自应将刑讯及徒、流、笞、杖等项人犯分别差等，以资援引。现在新章除死罪人犯外，概不准刑讯，则违例用刑之罪，自可从同，若再按徒、流、笞、杖人犯分别轻重，转启同罪异罚之嫌，拟改为“如有将不应刑讯之人，误执己见，刑讯致毙者，照非法殴打致死律减一等定拟；致毙二命者，流二千里；三命以上，递加一等；罪止流三千里”。至“依法殴打、邂逅致死，勿论”一层，与停止刑讯章程不合，应节删。其受刑后因他病身死者，虽未便以刑毙人命论，而违例用刑之咎，究无可辞，应改为“若违例刑讯，而其人受刑后，因他病身死者，止科违例刑讯之罪”，庶与新章符合。诬告各层均可仍旧，惟夹讯之例现拟删除，例内“叠夹致毙”二语，应改为“非法殴打致死者，依非法殴打致死律定拟”。例末“具题”二字应改“具奏”。谨将修改例文，开列于后。

〇修改(略)

条例·〇移改

大清律例

6.28.396.(6)〔任意私设非刑及滥拷无辜之人并凌虐人犯致毙〕

一、凡问刑各衙门一切刑具，除例载夹棍、拶指、枷号、竹板，遵照题定尺寸、式样，官为印烙颁发外，其拧耳、跪链、压膝、掌责等刑，准其照常行用。如有私自创设刑具，致有一、二、三号不等，及私造小夹棍、木棒棰、连根带须竹板，或擅用木架撑执、悬吊、敲踝、针刺手指，或数十斤大锁，并联枷，或用荆条互击其背，及例禁所不及赅载，一切任意私设者，均属非刑，仍即严参，照违制律杖一百。其有将无辜干连之人滥行拷讯，及将应行审讯之犯恣意凌虐，因而致毙人命者，照非法殴打致死律治罪。上司各官不即题参，照徇庇例

现行刑律

＊名例·五刑

1.1.(5)〔刑具不得任意私设〕(略)

议处。

现行刑律案语

原例（略）

臣等谨按：一切刑具载在《名例》，但非《名例》所载，俱为非刑，若逐一胪列，转易罣漏。其将无辜干连之人滥刑拷讯，及将应行审讯之犯恣意凌虐致毙者，本门条例及"决罚不如法"律已足赅括，毋庸复载，均应节删，并移隶《名例》"五刑"门，以归一类。谨将移改例文，开列于后。

○移改

名例·五刑

1.1.(5)〔刑具不得任意私设〕（略）

条例·删除

大清律例

6.28.396.(1)〔将不应夹讯之人滥用夹棍及应夹之人因夹致死〕

一、强窃盗、人命，及情罪重大案件正犯，及干连有罪人犯，或证据已明，再三详究，不吐实情，或先已招认明白，后竟改供者，准夹讯外，其别项小事，概不许滥用夹棍。若将案内不应夹讯之人滥用夹棍，及虽系应夹之人因夹致死，并恣意叠夹致死者，将问刑官题参治罪。若有别项情弊，从重论。

6.28.396.(2)〔佐贰武弁衙门擅设夹棍拶指及司官未经呈准擅用〕

一、内而法司，外而督抚、按察使、正印官，许酌用夹棍、拶指外，其余大小衙门，概不准擅用。若堂官发司审理事件，呈请批准，方许用夹棍、拶指。若不呈请而擅用，及佐贰并武弁衙门擅设夹棍、拶指等刑具者，该堂官及督抚题参，交部议处，正印官亦照失察例处分。

6.28.396.(5)〔直省州县自理之案不得擅用夹讯〕

一、直省州县自理之案，不得擅用夹讯。其申报事件，有曾经夹讯者，将夹讯几次，或未曾夹讯之处，于招册内据实声明，该管上司于解审时详加察验。如有朦胧隐匿情弊，即行题参。至佐贰奉上司批发审理事件，有应夹讯者，详明上司，改委印官审理；系印官批发者，呈明印官，掣回自行审理。如有违例用刑者，督抚题参，交部严加议处。

现行刑律案语

○删除

6.28.396.(1)〔将不应夹讯之人滥用夹棍及应夹之人因夹致死〕（略）

6.28.396.(2)〔佐贰武弁衙门擅设夹棍拶指及司官未经呈准擅用〕（略）

6.28.396.(5)〔直省州县自理之案不得擅用夹讯〕(略)

臣等谨按:以上三例,均言夹讯之法,系刑讯中之极重者。此次修改律例已拟将《名例》内"夹讯"一项删去,此三条应一并删除。

6.28.397 淹禁 / 28.352 淹禁

律文·修改

大清律例

6.28.397.1 凡狱囚情犯已完,在内经法司、在外经督抚审录无冤,别无追勘未尽事理,其所犯笞、杖、徒、流、死罪应断决者,限三日内断决;系徒、流应起发者,限一十日内起发。若限外不断决、不起发者,当该官吏,过三日笞二十,每三日加一等,罪止杖六十。因过限不断决、不起发而淹禁致死者,若囚该死罪,杖六十;流罪,杖八十;徒罪,杖一百;杖罪以下,杖六十、徒一年。惟重囚照例监候。

现行刑律

28.352.1 凡内外问刑衙门,于狱囚情犯已完,审录无冤,别无追勘未尽事理,其所犯罚金、徒、流、遣、死罪应断决者,限三日内断决;系徒、流、遣应起发者,限一十日内起发。若限内不断决、不起发者,当该官吏,过三日处二等罚,每三日加一等,罪止六等罚。因过限不断决、不起发而淹禁致死者,若囚该死罪,处六等罚;流、遣罪,处八等罚;徒罪,处十等罚;罚金以下,徒一年。惟重囚照例监候。

现行刑律案语

原律(略)

臣等谨按:此仍《明律》,顺治三年〔1646〕添入小注,雍正三年〔1725〕删定。审录之制,今昔微异,律文首句自应改"内外问刑衙门",小注及律文内"流罪"之次并增入"遣罪"一项,以免遗漏。笞、杖照章罚金,应依数分等处罚,并将小注"笞、杖"二字照章修改。徒罪附杖应宽免。谨将修改律文,开列于后。

○修改(略)

条例·修改

大清律例

6.28.397.(1)〔恩诏赦款内到后仍将应免人犯滥行监禁及有情罪可疑罪囚奏请违限〕

一、凡恩诏颁到赦款内,除已经刑

现行刑律

28.352.(1)〔恩诏赦款内到后仍将应免人犯滥行收禁及有情罪可疑罪囚奏请违限〕

一、凡遇恩赦,法部将各省死罪已

部法司复核明白，应免罪囚，逐一详查，登时释放，另行题明外，如有情罪可疑者，限赦到一月内即汇疏奏请。其未经法司核复明白者，俟法司核复文到之日，即时释放，毋得耽延时日。如赦到奏请违限，及将应免轻罪人犯，并无辜之人，仍滥行监禁者，交该部议处。

入秋审人犯，查核情节，分别减免，分单具奏；遣、流人犯，限赦到一月内，各省造册咨送法部，俟法部核定奏准，行文到日，即时释放；徒罪人犯，应准援免者，各省按照赦款，逐一详查，登时释放，另行册报法部查考。如有情罪可疑者，亦限一月内造册咨送法部，俟法部复核文到之日，即时释放，毋得耽延。如逾限未经册报，及将应免轻罪人犯并无辜之人仍滥行收禁者，交部议处。

现行刑律案语

原例（略）

臣等谨按：现在恩赦，查办罪囚，凡死罪已入秋审者，由部查核情节，分单具奏；军、流以下，仍由各省造册送部，须俟部文核准，到日方能释放。而各省办理稽延，往往有迟至一、二年后，始行册报者，致使轻罪人犯既邀旷典，仍久稽囹圄之中，殊不足示矜恤而广皇仁。拟将此例改为："凡遇恩赦，法部将各省死罪已入秋审人犯，查核情节，分别减免，分单具奏；遣、流人犯，限赦到一月内，各省造册咨送法部，俟法部核定奏准，行文到日，即时释放；徒罪人犯，应准援免者，各省按照赦款，逐一详查，登时释放，再行咨报法部查考。如有情罪可疑者，亦限一月内造册咨送法部，俟法部核复文到之日，即时释放。如逾限未经册报，及将应免人犯并无辜之人仍滥行收禁者，交该部议处。"谨将修改例文，开列于后。

○修改（略）

大清律例

6.28.397.(3)〔府厅州县册报在监人犯巡道查核有无淹禁滥禁〕

一、各直省府、厅、州、县，凡有监狱之责者，除照向例设立循环簿，填注每日出入监犯姓名，申送上司查阅外，并令与专管监狱之司狱、吏目、典史等官，各将监禁人犯，无论新收、旧管，逐名开载，填注犯案事由、监禁年月，及现在作何审断之处，造具清册，按月申送该管

现行刑律

28.352.(2)〔府厅州县册报在监人犯管道查核有无淹禁滥禁〕

一、各直省府、厅、州、县，凡有监狱之责者，除照向例设立循环簿，填注每日出入监犯姓名，申送上司查阅外，并令与管狱官，各将监禁人犯，无论新收、旧管，逐名开载，填注犯案事由、监禁年月，及现在作何审断之处，造具清册，按月申送该管道。该管道，认真查核。如

守巡道。该管守巡道,认真查核。如有滥禁、淹禁情弊,即将有狱官随时参处。仍令该道因公巡历至府、厅、州、县之便,亲提在监人犯,查照清册,逐名点验。其有填注隐漏者,将有狱官及管狱官一并参处。并令该道每季将府、厅、州、县所报监犯清册,汇送督抚、臬司查核。若府、厅、州、县有淹禁、滥禁情弊,该道未行揭报,经督抚查出,或别经发觉,即将该道一并交部议处。

有滥禁、淹禁情弊,即将有狱官随时参处。仍令该道因公巡历至府、厅、州、县之便,亲提在监人犯,查照清册,逐名点验。其有填注隐漏者,将有狱官及管狱官一并参处。并令该道每季将府、厅、州、县所报监犯清册,汇送督抚、臬司查核。若府、厅、州、县有淹禁、滥禁情弊,该道未行揭报,经督抚查出,或别经发觉,即将该道一并交部议处。

现行刑律案语

原例(略)

臣等谨按:此条系道光十三年〔1833〕定例。例内专管监狱之司狱、吏目、典史等官,拟改为"管狱官","该管守巡道"拟改为"该管道",以便通引。谨将修改例文,开列于后。

〇修改(略)

条例·删除

大清律例

6.28.397.(2)〔各省审结叛案内应解部流徙人口家产违限〕

一、各省审结叛案,凡有应解部流徙入官人口、家产,俱立限两个月,自该省起解。解送人役,仍定行程限期。违者题参。

现行刑律案语

〇删除

原例(略)

臣等谨按:此专指谋叛缘坐入官之人口家产而言。查新章缘坐各条,除知情者仍治罪外,余悉宽免。此例无关引用,拟即删除。

6.28.398 凌虐罪囚 / 28.353 凌虐罪囚

律文·修改

大清律例

6.28.398.1 凡狱卒纵肆非理在禁凌虐殴伤罪囚者,依凡斗伤论。验伤轻重定罪。克减官给罪囚之衣粮者,计克减之物为赃,以监守自盗论。因殴伤、克减而致死者,不论囚罪应死不应死,并绞。监候。司狱官典及提牢官知而不举者,与同罪,至死者减一等。有不知,坐以不应。

现行刑律

28.353.1 凡狱卒纵肆非理在禁凌虐殴伤罪囚者,依凡斗伤论。验伤轻重定罪。克减官给罪囚之衣粮者,计克减之物为赃,以监守自盗论。因殴伤、克减而致死者,不论罪囚应死不应死,并绞。监候。管狱官及有狱官知而不举者,与同罪,至死者减一等。有不知,坐以不应。其官典致死监候人犯,亦绞。监候。

现行刑律案语

原律(略)

臣等谨按:此仍《明律》,顺治三年〔1646〕添入小注,乾隆五年〔1740〕增修。例内"司狱〔官典及〕提牢〔官〕"应改为"管狱〔官及〕有狱官"。惟查《比引律条》,有"官吏打死监候人犯,比依狱卒非理凌虐罪囚致死律,各绞"一条,自应修入本门律末,以资援引。谨将修改律文,开列于后。

○修改(略)

条例·修并、修改

大清律例

6.28.398.(11)〔斩绞监候及军流人犯剃发〕

一、凡内外斩、绞监候之犯,每遇秋审时,责令狱官监看剃发一次;军、流人犯,每季剃发一次,仍令留顶心一片。

6.28.398.(12)〔秋审解省人犯剃发〕

一、秋审解省人犯,俟审毕发回后,方许剃发。

现行刑律

28.353.(1)〔死罪监候及遣流人犯剃发〕

一、凡内外问拟死罪监候之犯,每年责令狱官监看剃发一次;遣、流人犯,每月剃发一次,仍令留顶心一片。

现行刑律案语

原例

6.28.398.(11)〔斩绞监候及军流人犯剃发〕(略)

6.28.398.(12)〔秋审解省人犯剃发〕(略)

臣等谨按:以上二条,均系罪囚剃发之例,应修并为一。拟改为"凡内外问拟死罪监候之犯,每遇秋审事毕发回,责令狱官监看薙发一次。至军、流人犯,例准每季剃发一次",本与死罪囚有区别,惟既留顶心一片,则形迹显然,已不难于辨识,拟改为每月二次,以示体恤。"军、流"改为"遣、流",俾与新章符合。谨将修并例文,开列于后。

○修并

一、凡内外问拟死罪监候之犯,每遇秋审事毕发回,责令狱官监看剃发一次。遣、流人犯,每月剃发一次,仍令留顶心一片。

会奏修改各条

原修并例文(略)

谨按:新章外省秋审人犯毋庸解省审勘,例内"每遇秋审事毕发回"句拟改为"每年",以昭画一。谨将修改例文,开列于后。

○修改(略)

大清律例

6.28.398.(13)〔刑部监犯患病沉危查验有无凌虐情事〕

一、刑部监犯患病沉危,医生呈报救治后,提牢官回堂,移会满、汉查监御史,即日赴部查验。如有监毙人犯,无论因病、因刑,及猝患暴病身死,不及呈报救治者,均移会满、汉查监御史,率领指挥一员,限一日内赴部会同刑部司官相验。倘承审官有非法拷打,及将不应刑讯之人,滥刑致毙,并禁卒有凌虐罪囚各情事,即严参究办。至步军统领、都察院、顺天府、五城各衙门,并各省送部之案,务将人犯是否患病,及曾否刑讯受伤之处,于文内详晰声明。若送到人犯,受有刑伤,及病势沉重者,刑部立即移咨查监御史,亦于一日内赴部查验立案。

现行刑律

28.353.(2)〔监犯患病沉危呈报救治及病故相验〕

一、监犯不论已结、未结,如有患病沉危,先由医官呈报救治。倘病故及猝然暴病身死,不及呈报救治者,即日派检察官一员,会同有狱官相验殓埋,仍知照原审衙门存案备查。

现行刑律案语

原例(略)

臣等谨按：刑部已改法部，现审已改归大理院及各级审判厅相验，则新设检察官专司其事，五城地面官制亦早经裁改，例内所称“御史率领指挥查验”之法，均与现章不符，自应参酌变通，详加修改，以免窒碍。其大理院及各级审判厅，遇有押毙人命，亦应明定相验之法，添入例末，以资遵守。谨将修改例文，开列于后。

○修改

一、法部监犯患病沈危，医官呈报救治后，有狱官回堂，分别咨札大理院、审判厅，即日派承审之员会同总检察厅员赴部查验。如有监犯猝然暴病，身死不及呈报救治者，均分别咨札大理院、审判厅，派承审之员限一日内会同检察员相验。倘禁卒有凌虐罪囚情事，即严参究办。至在京各衙门，并各省送部之案，务将人犯是否患病，及曾否刑讯受伤之处，于文内详晰声明。若送到人犯，受有刑伤，及病势沉重者，法部立即派员查验立案。至大理院及各级审判厅，遇有押毙人犯，分别知会各检察厅派员相验，并将相验情形通报法部查核。

核订现行刑律

原修改例文(略)

谨按：此条系法部监犯病毙会验之例。现在各省监狱悉归法部监督，不应京外办法各殊，应节去。例首“法部”二字，并例末“大理院”数语，作为通例。监犯病毙，不论已结、未结，会同狱官相验，乃检察官之专责，无须再派承审之员会验，以省周折。其禁卒凌虐罪囚，已有本律可科，例内载入系属赘文。至后半“各衙门送部之案”一层，亦与审判独立之制不合，均应节删。谨将修改例文，开列于后。

○修改

一、监犯不论已结、未结，如有患病沈危，医官呈报救治。倘病故及猝然暴病身死，不及呈报救治者，即日派检察官一员，会同有狱官相验殓埋，仍知照原审衙门存案备查。

大清律例

6.28.398.(2)〔狱官禁卒将轻罪滥用重锁重罪私用轻锁〕

一、除强盗、十恶、谋故杀重犯，用铁锁、杻镣各三道，其余斗殴、人命等案罪犯，以及军、流、徒罪等犯，止用铁锁、杻镣各一道；笞、杖等犯，止用铁锁一道。如狱官、禁卒，将轻罪滥用重锁，重

现行刑律

28.353.(3)〔狱官禁卒任意轻重锁镣〕

一、强盗、十恶、谋故杀重犯，用铁锁、杻镣各三道，其余斗殴、人命等案正凶，以及遣、流、徒罪等犯，用铁锁、杻镣各一道；如狱官、禁卒任意轻重，将狱官奏参，禁卒革役，照律治罪；受贿者，照枉法从重论。有狱官失于觉察，交部

罪私用轻锁,及应三道而用九道,应九道而用三道,将狱官题参,禁卒革役;受贿者,照枉法从重论;任意轻重者,照不应锁杻而锁杻律治罪。提牢官失于觉察,交部议处。

议处。

现行刑律案语

原例(略)

臣等谨按:例内“罪犯”二字应改“正凶”,以免含混。“军、流”应改“遣、流”。笞、杖照章罚金,则“笞、杖等犯,止用铁锁一道”二语无关引用,即“轻罪滥用重锁”等语,亦嫌繁冗,均应节删。“题参”应改“奏参”,“提牢〔官〕”应改“有狱官”,以便通引。谨将修改例文,开列于后。

○修改(略)

大清律例

6.28.398.(9)〔徒罪以下人犯患病保外医治及捏病并保出故纵〕

一、徒罪以下人犯患病者,狱官报明承审官,即行赴监验看是实,行令该佐领、骁骑校、地方官,取具的保,保出调治,俟病痊即送监审结。其外解人犯,无人保出者,令其散处外监,加意调治。如狱官不即呈报,及承审官不即验看保释者,俱照淹禁律治罪。若本犯无病而串通狱官、医生,捏称有病者,该犯并狱官、医生,俱照诈病避事律治罪。或病已痊愈,而该佐领、骁骑校、地方官,不即送监审结者,将本犯及该佐领、骁骑校、地方官,亦俱照诈病避事律治罪。若保出故纵者,将保人治以本犯应得之罪;疏脱者,减二等。仍将取保不的之该佐领、骁骑校,该地方官,题参议处。若有受贿情弊,计赃以枉法从重论。至督抚题报监毙人犯,将本犯所犯罪名、所患病症,及

现行刑律

28.353.(4)〔徒罪以下人犯患病保外医治及捏病并保出故纵〕

一、徒罪以下人犯患病者,狱官报明承审官,即行赴监验看是实,行令该佐领、骁骑校、地方官,取具的保,保出调治,俟病痊即送监审结。其外解人犯,无人保出者,令其散处外监,加意调治。如狱官不即呈报,及承审官不即验看保释者,俱照淹禁律治罪。若本犯无病而串通狱官、医生,捏称有病,或病已痊愈,而该佐领、骁骑校、地方官,不即送监审结者,将本犯及狱官、医生、该佐领、骁骑校、地方官,俱照诈病避事律治罪。若保出故纵者,将保人治以本犯应得之罪;疏脱减二等。仍将取保不的之该佐领、骁骑校、该地方官,议处。若有受贿情弊,计赃以枉法从重论。至督抚具报监毙人犯,将本犯所犯罪名、所患病证,及有无凌虐、曾否保释,逐一声

有无凌虐、曾否保释,逐一声明。如有朦胧情弊,查出交部分别议处。

明。如有朦胧情弊,查出交部分别议处。

现行刑律案语

原例(略)

臣等谨按:此条系雍正五年〔1727〕定例,乾隆五年〔1740〕改定。惟“本犯无病”等语稍涉繁冗,应节删。“题参”二字应去,“题报”应改为“具报”。谨将修改例文,开列于后。

○修改(略)

大清律例

6.28.398.(4)〔官员擅取病呈致死监犯〕

一、凡官员擅取病呈,致死监犯者,依谋杀人造意律斩监候。狱官、禁卒人等,听从指使下手者,依从而加功律绞监候;未曾下手者,依不加功律杖一百、流三千里。

现行刑律

28.353.(5)〔官员擅取病呈致死监犯〕

一、凡官员擅取病呈,致死监犯者,依谋杀人造意律绞监候。狱官、禁卒人等,听从指使下手者,依从而加功律亦绞监候;未曾下手者,依不加功律流三千里。

现行刑律案语

原例(略)

臣等谨按:此例应仍其旧。惟斩候应照章改为绞候,流罪附杖照章节删。谨将修改例文,开列于后。

○修改(略)

大清律例

6.28.398.(10)〔番役私拷取供〕

一、番役将盗犯及死罪人犯,私拷取供者,枷号一个月,杖一百;将军、流以下等犯,私拷取供者,各递加一等治罪。如有逼索银钱,计赃以枉法从重论。该犯有诬指捏诳情弊,照诬告律治罪。该管官失察、故纵,交部分别议处。

现行刑律

28.353.(6)〔番役私拷取供〕

一、番役将盗犯及死罪人犯,私拷取供者,处十等罚;将遣、流人犯私拷取供者,加一等治罪;将徒罪以下人犯私拷取供者,递加一等。如有逼索银钱,计赃以枉法从重论。该犯有诬指捏诳情弊,照诬告律治罪。该管官失察、故纵,交部分别议处。

现行刑律案语

原例(略)

臣等谨按:例内“军、流以下……递加一等治罪”等语,既未赅括,亦欠明晰,应改为“将遣、流人犯私拷取供者,加一等治罪;将徒罪以下人犯私拷取供者,递加一等”。“杖一百”罪名照章罚金,应改为“处十等罚”。枷号酌从宽免。谨将修改例文,开列于后。

〇修改(略)

大清律例

6.28.398.(14)〔刑部监犯越狱并在狱滋事提牢官禁卒分别治罪〕

一、刑部监犯越狱,并在狱滋事之案,该禁卒等,分别有无受财故纵治罪,除至死无可加外,余各于本罪上加一等。流罪以上,先于刑部门口枷号两个月;徒罪以下,枷号一个月。如有挟嫌设法陷害本官情事,照恶棍设法诈官实在光棍拟斩例,分别首从严办。如该提牢官知情徇隐故纵,照私罪严参革职;若止疏于防范,失于觉察,照公罪交部议处。

现行刑律

28.353.(7)〔监犯越狱及在狱滋事禁卒有狱官分别治罪〕

一、监犯越狱及在狱滋事之案,如审有禁卒挟嫌设法陷害本官情事,照恶棍设法诈官实在光棍拟绞例,分别首从严办。如有狱官知情徇隐故纵,照私罪严参革职;若止疏于防范,失于觉察,照公罪交部议处。

现行刑律案语

原例(略)

臣等谨按:此例应仍其旧,惟“刑部”应改“法部”。加等治罪专指受财故纵而言,“分别有无受财故纵”一语,拟改为“如受财故纵”,较为明晰。流、徒附加枷号,现经改章应从宽免。“提牢官”应改为“有狱官”。“斩”应改“绞”。谨将修改例文,开列于后。

〇修改

一、法部监犯越狱,并在狱滋事之案,该禁卒等,如受财故纵,除至死无可加外,余各于本罪上加一等。如有挟嫌设法陷害本官情事,照恶棍设法诈官实在光棍拟绞例,分别首从严办。如有狱官知情徇隐故纵,照私罪严参革职;若止疏于防范,失于觉察,照公罪交部议处。

核订现行刑律

原修改例文(略)

谨按:法部官制,典狱特设专司,凡各省监狱均归管理。例首禁卒加等治罪,独于法部之监狱而加严，同在监督之下，罪名轻重不同，似未平允，拟请将例首数语节改为“监犯越狱，并在狱滋事之案，如审有禁卒挟嫌设法陷害本官”，作为通例，以资引用。谨将修改例文，开列于后。

〇修改(略)

大清律例

6.28.398.(8)〔犯人出监查问有无狱卒人等凌虐需索〕

一、凡犯人出监之日，提牢官、司狱细加查问。如有禁卒人等凌虐需索者，计赃治罪，仍追赃给还犯人。提牢官、司狱不行查问，事发之日，亦照失察例议处。

现行刑律

28.353.(8)〔犯人出监查问有无禁卒人等凌虐需索〕

一、凡犯人出监之日，有狱、管狱等官细加查问。如有禁卒人等凌虐需索者，计赃治罪，仍追赃给还犯人。有狱、管狱等官不行查问，事发之日，亦照失察例议处。

现行刑律案语

原例(略)

臣等谨按：此条系雍正五年〔1727〕定例。例内“提牢〔官〕、司狱”应改为“有狱、管狱等官”，以便引用。谨将修改例文，开列于后。

〇修改(略)

大清律例

6.28.398.(1)〔凌虐程递及递解在途罪囚及受财故纵或杀害者〕

一、在内法司问发程递人犯，在外问刑衙门程递来京及递解别省人犯，除原有杻镣照旧外，其押解人役，若擅加杻镣，非法乱打，搜检财物，剥脱衣服，逼致死伤，及受财故纵，并听凭狡猾之徒买求杀害者，除实犯死罪外，徒罪以上，俱枷号两个月，发烟瘴充军。

现行刑律

28.353.(9)〔解役凌虐程递人犯及受财故纵并听凭买求杀害〕

一、内外问刑衙门问发程递人犯，除原有杻镣照旧外，其押解人役，若擅加杻镣，非法乱打，搜检财物，剥脱衣服，逼致死伤，及受财故纵，并听凭狡猾之徒买求杀害者，除实犯死罪外，徒罪以上，俱发烟瘴地方安置。

现行刑律案语

原例(略)

臣等谨按：例首“在内法司〔问发〕程递人犯，在外问刑衙门程递……人犯”数语,应改为"内外问刑衙门〔问发〕程递人犯",以昭赅括。充军照章改为安置,附加枷罪应从宽免。谨将修改例文,开列于后。

〇修改(略)

大清律例

6.28.398.(3)〔解役在途教唆人犯抢夺及病犯不行留养致有病故〕

一、凡部发递解,及外省解部,并解别省军、流、徒罪发回安插人犯,佥差官员,务选有家业正役解送。如解役在途教唆人犯通同抢夺者,俱照白昼抢夺律例治罪。中途患病者,原解即报明所在官司,亲身验明,出具印结,即着该地方官留养医治。随行亲属病者,亦准存留,候病痊起解,仍将患病日期报部。如不行留养,致有病故,及受贿嘱托捏病迟延者,将该地方官交部议处。其取结后犯人身死者,官、役免议。若未取病结,在途身死者,佥差官员,交该部照例按名议处。一名,解役杖六十、徒一年;每一名加一等,罪止杖一百、徒三年。

现行刑律

28.353.(10)〔人犯中途患病不行留养致有病故并解役捏病迟延〕

一、凡内外问发程递人犯,佥差官员,务选有家业正役解送。如犯人中途患病,原解即报明所在官司,亲身验明,出具印结,即着该地方官留养医治,候病痊起解,仍将患病日期报部。如不行留养,致有病故,及受财嘱托捏病迟延者,将该地方官交部议处。其取结后犯人身死者,官、役免议。若未取病结,在途身死者,佥差官员,交该部照例按名议处。一名,解役徒一年;每一名加一等,罪止徒三年。

现行刑律案语

原例(略)

臣等谨按:例首"递发……安插人犯"等语,应改为"内外问发程递人犯",以昭赅备。解役通同解犯抢夺拟罪,既不加严,自有抢夺本律,足资引用,无须特设专例。况本条重在中途患病,羼入抢夺,尤属不伦。又随行亲属系指旧日佥发而言,近来犯人亲属并不佥发,此二层均应节删。徒罪附杖亦应照章宽免。谨将修改例文,开列于后。

〇修改(略)

条例·删除

大清律例

6.28.398.(5)〔狱内不许用匣床〕

一、凡问刑衙门，不许于狱内用匣床。违者，官革职，杖一百、流三千里；禁卒杖一百，革役。

现行刑律案语

○删除

原例（略）

臣等谨按：除例载刑具外，其余私设刑具皆为非刑，床亦非刑之一端，有犯可按滥用非刑办理。若逐一载入例内，转易罣漏。此条拟即删除。

大清律例

6.28.398.(6)〔押解兵役驿夫及押解官奸污犯人妻女〕

一、凡押解兵役、驿夫人等，敢于中途奸污犯人妻女者，依奸囚妇律杖一百、徒三年。押解官虽不知情，亦交该部严加议处。如押解官自犯奸污，及凌虐勒财者，交该部从重议罪。其被害犯人系流徙宁古塔等处者，许赴盛京户部控告；系解京及解各省者，许赴刑部并所在官司控告。

现行刑律案语

○删除

原例（略）

臣等谨按：从前发遣、军、流等犯有佥妻之例，故有中途奸污犯人妻女之事，自佥妻之例停止，此条早无关引用，拟即删除。

大清律例

6.28.398.(7)〔狱卒受贿嘱谋死本犯〕

一、凡狱卒有受罪人仇家贿嘱，谋死本犯者，依谋杀人首从律治罪。

现行刑律案语

○删除

原例（略）

臣等谨按：狱卒听从谋死本犯，仍按谋杀分别首从，自有本律，足资引用。此条系属赘设，应即删除。

6.28.399 与囚金刃解脱／28.354 与囚金刃解脱

律文·修改

大清律例

6.28.399.1 凡狱卒以金刃及他物如毒药之类。凡可以使人自杀，及解脱锁杻之具，而与囚者，杖一百。因而致囚在逃，及于狱中自伤，或伤人者，并杖六十、徒一年。若致囚狱中自杀者，杖八十、徒二年。致囚反狱而逃及在狱杀人者，绞。监候。其囚脱越反狱在逃，狱卒于未断罪之间，能自捕得，及他人捕得，若囚已死，及自首者，各减一等。○6.28.399.2 若常人非狱卒。以可解脱之物与囚人，及子孙与在狱之祖父母、父母，奴婢、雇工人与在狱之家长者，各减狱卒一等。○6.28.399.3 若司狱官典及提牢官知而不举者，与同罪，至死者减一等。○6.28.399.4 若狱卒、常人及提牢、司狱官典受财者，计赃以枉法从重论。赃重论赃，赃轻论本罪。○6.28.399.5 若狱囚失于检点防范致囚自尽原非纵与可杀之具。者，狱卒杖六十，司狱官典各笞五十，提牢官笞四十。

现行刑律

28.354.1 凡狱卒以金刃及他物，如鸦片、毒药之类。凡可以使人自杀，及解脱锁杻之具，而与囚者，处十等罚。因而致囚在逃，及于狱中自伤，或伤人者，并徒一年。若致囚狱中自杀者，徒二年。致囚反狱而逃及在狱杀人者，绞。监候。其囚脱越反狱在逃，狱卒于未断罪之间，能自捕得，及他人捕得，若囚已死，及自首者，各减一等。○28.354.2 若常人非狱卒。以可解脱之物与囚人，及子孙与在狱之祖父母、父母，雇工人与在狱之家长者，各减狱卒一等。○28.354.3 若管狱官典及有狱官知而不举者，与同罪，至死者减一等。○28.354.4 若狱卒、常人及有狱、管狱官典受财者，计赃以枉法从重论。赃重论赃，赃轻论本罪。若失于检点防范致囚自尽原非纵与可杀之具。者，狱卒处六等罚，管狱官典各处五等罚，有狱官处四等罚。

现行刑律案语

原律(略)

臣等谨按：此仍《明律》，顺治三年〔1646〕添入小注，雍正三年〔1725〕改定。律内笞、杖照章罚金，应依数分等处罚。徒罪附杖照章宽免。“提牢、司狱〔官〕”应改为“有狱、管狱官”，以便通引。并将“鸦片”一层添入律注，义更完密。谨将修改律文、律注，开列于后。

○修改

凡狱卒以金刃及他物如鸦片、毒药之类。凡可以使人自杀，及解脱锁杻之具，而与囚者，处十等罚。因而致囚在逃,及于狱中自伤,或伤人者,并徒一年。若致囚狱中自杀者,徒二年。致囚反狱而逃及在狱杀人者,绞。监候。其囚脱越反狱在逃,狱卒于未断罪之间,能自捕得,及他人捕得,若囚已死,及自首者,各减一等。○若常人非狱卒。以可解脱之物与囚人,及子孙与在狱之祖父母、父母、奴婢、雇工人与在狱之家长者,各减狱卒一等。○若管狱官典及有狱官知而不举者,与同罪,至死者减一等○若狱卒、常人及有狱、管狱官典受财者,计赃以枉法从重论。赃重论赃,赃轻论本罪。○若狱囚失于检点防范致囚自尽原非纵与可杀之具。者,狱卒处六等罚,狱官典各处五等罚,有狱官处四等罚。

核订现行刑律

原修改律文(略)

谨按:奴婢一项现以雇工人论,本条“奴婢”二字应即节删。末节“狱囚”二字系属衍文,亦应一并删节。谨将修改律文,开列于后。

○修改(略)

条例·○移改

大清律例

＊捕亡·狱囚脱监及反狱在逃

6.27.389.(2)〔搜检夹带金刃及严禁取入砖石树木铜铁等物〕(略)

现行刑律

28.354.(1)〔搜检进监人犯严禁禁卒取入砖石等类并买酒入监〕

一、获犯到案,并解审发回之时,该管官当堂细加搜检,如无夹带金刃等物,方许进监。并严禁禁卒,不许将砖石、树木、铜铁器皿之类混行取入,并不准买酒入监。违者,将禁卒照与囚金刃律治罪。

现行刑律案语

○移改(略)

见6.27.389.(2)〔搜检夹带金刃及严禁取入砖石树木铜铁等物〕条

6.28.400 主守教囚反异“反”训“翻”。/ 28.355 主守教囚反异“反”训“翻”。

律文 · 修改

大清律例

6.28.400.1 凡司狱官典、狱卒，教令罪囚反异，成案，变乱已经勘定之事情，及与通传言语，于外人，以致罪人扶同有所增入他人减去自己之罪者，以故出入人罪论。外人犯教令、通传有所增减者，减主守一等。○6.28.400.2 若狱官典、卒容纵外人入狱，及与囚通传言语走泄事情，于囚罪无增减者，笞五十。○6.28.400.3 若狱官典、卒、外人受财者，并计入己赃，以枉法从重论。

现行刑律

28.355.1 凡管狱官典、狱卒，教令罪囚反异，成案，变乱已经勘定之事情，及与通传言语，于外人，以致罪人扶同有所增入他人减去自己之罪者，以故出入人罪论。外人犯教令、通传有所增减者，减主守一等。○28.355.2 若狱官典、卒容纵外人入狱，及与囚通传言语走泄事情，于囚罪无增减者，处五等罚。外人罪同。○28.355.3 若狱官典、卒、外人受财者，并计入己赃，以枉法从重论。

现行刑律案语

原律(略)

臣等谨按：此律应仍其旧。惟“司狱官”应改为“管狱官”，“笞五十”罪名照章罚金应改为“处五等罚”，并添注“外人罪同”四字于下，以资援引。谨将修改律文、律注，开列于后。

○修改(略)

条例 · 删除

大清律例

6.28.400.(1)〔书办皂隶及官员家仆人等擅自出入监所〕

一、凡书办、皂隶及官员家仆人等，有擅自出入监所者，令提牢官、司狱、禁卒立拿回堂，将书、隶革役，责四十板，递回原籍；家人枷号一个月，责四十板，家人之主交部议处。若不行拘拿，被查出者，提牢官、司狱俱以失察例议处。

6.28.400.(2)〔访拿刑部衙门外探听之徒〕

一、步军统领，酌量派出番役，在刑部衙门外左近密行访拿。若有探听之徒，照私入刑部衙门例，枷号一个月、责三十板，系官交部议处。如有受贿通信教供情弊，察实，将书、役并行贿之人，均计赃从重治罪。

6.28.400.(3)〔擅入在京各问刑衙门〕

一、在京问刑各衙门，如有闲杂人等，擅自出入，及跟随听审人犯，私人窥探者，本犯及守门领催、兵皂俱责治，于衙门首枷号一个月，责三十板；官员犯者，交该部议处。如因出入窥探，而又另犯教供勾串等弊，仍按照律例从重治罪。

现行刑律案语

○删除

6.28.400.(1)〔书办皂隶及官员家仆人等擅自出入监所〕(略)

6.28.400.(2)〔访拿刑部衙门外探听之徒〕(略)

6.28.400.(3)〔擅入在京各问刑衙门〕(略)

臣等谨按：以上三例，第一条指书办、皂隶及官员家仆人等擅自出入监所而言，第二条指在刑部衙门探听及受贿通信教供者而言，第三条指闲杂人等擅自出入问刑衙门及另犯教供勾串者而言。查本门律内已有外人入狱通传言语，并教令罪囚反异，及受贿治罪之法，有犯即依律科罪，亦足示儆，似毋庸再分差等，致滋繁琐。此三条拟并删除。

6.28.401 狱囚衣粮/28.356 狱囚衣粮

律文·修改

大清律例

6.28.401.1 凡狱囚（无家属者）应请给衣粮、（有疾病者应请给）医药而不请给，患病（重者，除死罪不开锁杻外，其余）应脱去锁杻而不（请）脱去，（犯笞罪者，）应保管出外而不（请）保管，（及疾至危笃者，）应听家人入视而不（请）听，（以上虽非司狱官典、狱卒所主，是不申请上司，）司狱官典、狱卒笞五十。因而致死者，若囚该死罪，杖六十；流罪，杖八十；徒罪，杖一百；杖罪以下，杖六十、徒一年。提牢官知而不举者，与（狱官典、卒）同罪。○6.28.401.2 若（司狱官）已申禀上司，（而上司官吏）不即施行者，一日笞一十，每一日加一等，罪止笞四十。因而致死者，若囚该死罪，杖六十；流罪，杖八十；徒罪，杖一百；杖罪以下，杖六十、徒一年。

现行刑律

28.356.1 凡狱囚（无家属者）应请给衣粮、（有疾病者应请给）医药而不请给，患病（重者）应脱去锁杻而不（请）脱去，应保管出外而不（请）保管，（及疾至危笃者，）应听家人入视而不（请）听，（以上虽非管狱官典、狱卒所主，但不申请上司，）管狱官典、狱卒处五等罚。因而致死者，若囚该死罪，处六等罚；遣、流罪，处八等罚；徒罪，处十等罚；罚金以下，徒一年。有狱官知而不举者，与（狱官典、卒）同罪。○28.356.2 若（管狱官）已申禀上司，（而上司官吏）不即施行者，一日处一等罚，每一日加一等，罪止四等罚。因而致死者，若囚该死罪，处六等罚；遣、流罪，处八等罚；徒罪，处十等罚；罚金以下，徒一年。

现行刑律案语

原律(略)

臣等谨按:此仍《明律》,顺治三年〔1646〕添入小注。查锁杻为预防脱逃之用,既患重病已无脱逃之虞,小注"除死罪不开锁杻"等字应即节删。"犯笞罪者"四字亦应删去,并于"流罪"之上增入"遣罪"。"提牢〔官〕""司狱〔官〕"应改为"有狱〔官〕""管狱官",以便通引。笞、杖照章罚金,应依数分等处罚。徒罪附杖照章宽免。谨将修改律文、律注,开列于后。

○修改(略)

条例·修改

大清律例

6.28.401.(1)〔解部及递解外省犯人给与衣粮〕

一、凡解部及递解外省各项犯人,有司官照支给囚粮之例,按程给与口粮。如遇隆冬停遣,照重囚例,每名给与衣帽。倘有官侵吏蚀,照冒销钱粮律治罪。

现行刑律

28.356.(1)〔递解各项犯人给与衣粮〕

一、凡京、外递解各项人犯,有司官照支给囚粮之例,按程给与口粮。如遇隆冬停遣,照重囚例,每名给与衣帽。倘有官吏、兵役侵蚀,以监守自盗论。

现行刑律案语

原例(略)

臣等谨按:克减衣粮律系照监守自盗科罪。例内"照冒销钱粮律治罪"句,应改为"以监守自盗论",并将"官侵吏蚀"改为"官吏、兵役侵蚀",以昭赅备。至例首"解部及递解外省各项人犯"句,亦应改为"京、外递解各项人犯",以便通引。谨将修改例文,开列于后。

○修改(略)

大清律例

6.28.401.(3)〔牢狱禁系囚徒应须洗涤设备给养各事〕

一、凡牢狱禁系囚徒,年七十以上、十五以下、废疾散收,轻重不许混杂。锁杻常须洗涤,席荐常须铺置。冬设暖床,夏备凉浆。凡在禁囚犯,日给仓米

现行刑律

28.356.(2)〔牢狱禁系囚徒应须洗涤设备给养各事〕

一、凡牢狱禁系囚徒,年七十以上、十五以下、废疾散收,轻重不许混杂。锁杻常须洗涤,席荐常须铺置。冬设暖床,夏备凉浆。凡在禁囚犯,日给仓米

一升,冬给絮衣一件,病给医药。看犯支更禁卒,夜给灯油。并令于本处有司在官钱粮内支放,狱官预期申明关给,毋致缺误。有官者犯私罪,除死罪外,徒、流锁收,杖以下散禁;公罪,自流以下皆散收。

一升,冬给絮衣一件,病给医药。看犯支更禁卒,夜给灯油。并令于本处有司在官钱粮内支放,狱官预期申明关给,毋致缺误。有官者犯私罪,除死罪外,徒以上锁收;公罪,自流以下皆散收。

现行刑律案语

原例(略)

臣等谨按:例内"徒、流锁收"句应改为"徒以上",以昭赅备。杖罪向不收监,文武官犯私罪杖一百,亦止革职,自无收禁之理,"杖以下"句系属赘设,应节删。谨将修改例文,开列于后。

○修改(略)

大清律例

6.28.401.(8)〔斩绞及军流遣犯俱着赭衣〕

一、斩、绞重犯,及军、流、遣犯,在监及解审、发配,俱着赭衣。

现行刑律

28.356.(3)〔流罪以上人犯俱着赭衣〕

一、流罪以上人犯,在监及解审、发配,俱着赭衣。

现行刑律案语

原例(略)

臣等谨按:例内"斩、绞重犯,及军、流、遣犯"等字,应改为"流罪以上人犯"。谨将修改例文,开列于后。

○修改(略)

大清律例

6.28.401.(9)〔犯属入监探视〕

一、刑部在监现审人犯,除未结各案,及监禁待质官、常各犯,均不准亲属探视外,其已结各案,许令犯人祖父母、父母、伯叔、兄弟、妻妾、子孙,一月两次入视。其随从入视之使役人等,不越两名。提牢、司狱各官定立号簿,将某日

现行刑律

28.356.(4)〔犯属入监探视〕

一、内外监狱人犯,除未结各案,及监禁待质官、常各犯,均不准亲属探视外,其已结各案,许令犯人祖父母、父母、伯叔、兄弟、妻妾、子孙,一月两次入视。其随从入视之使役人等,不越两名。有狱、管狱官定立号簿,将某日某

某案某犯某亲属入监探视,逐一详讯登记。每日满、汉提牢司员,轮流一人在外厅值宿;司狱二员,在南、北两监内厅值宿,严行查察。如有捏称犯属,入监教供舞弊情事,一经察觉,严拿本犯究办。将未能查出之提牢、司狱各官,分别议处,自行查出免议。若有送饮食者,提牢官验明,禁子转送。至各直省司、府、州、县监狱,责成司狱吏目、典史专管。于未经结案,并待质监犯,严禁不许亲属探视。其已结各案犯属入监探视,亦逐一登记号簿,一体详密稽查。如有奸徒捏名入监舞弊,即据实分别拿究、参处。其盗犯妻子家口,均不许放入监门探视。违者,妻子家口枷号两个月、责四十板,妇女照例收赎;提牢、司狱等官吏参处。

案某犯某亲属入监探视,逐一详讯登记。如有捏称犯属,入监教供舞弊情事,一经察觉,严拿本犯究办。将未能查出之有狱、管狱各官,分别议处,自行查出免议。至犯人亲属有赍送饮食者,管狱官验明,禁子转送。其盗犯妻子家口,均不许放入监门探视。违者,将妻子家口照不应重律治罪;有狱、管狱官参处,禁卒人等究办。

现行刑律案语

原例(略)

臣等谨按:此言犯属入监看视之法。现在刑部已改法部,提牢厅改归典狱司,例语均应修改,以符新制。拟将例首即改称"内外监狱人犯",以便通引,其余繁文复语均节删。枷责罪名,酌改为"照不应重律科罪"。谨将修改例文,开列于后。

〇修改(略)

条例·〇移改

大清律例

6.28.401.(2)〔囚犯果有冤滥许管狱官据实申明〕

一、凡司狱吏目、典史,专管囚禁。如犯人果有冤滥,许管狱官据实申明。如府、州、县不准,许即直申宪司各衙门提讯。

现行刑律

＊断狱·辩明冤枉

28.365.(4)〔犯人果有冤滥许管狱官据实申明〕(略)

现行刑律案语

原例(略)

臣等谨按:例内"司狱吏目、典史"等字应改为"管狱官","府、州、县"等字应改为"有狱官宪司","各衙门"应改为"上司",以便通引。此例与狱囚衣粮无涉,应移入"辩明冤枉"门内。谨将移改例文,开列于后。

○移改

断狱·辩明冤枉

28.365.(4)〔犯人果有冤滥许管狱官据实申明〕(略)

条例·删除

大清律例

6.28.401.(4)〔刑狱选用医生年底稽考优劣〕

一、内外刑狱医治罪囚,各选用医生二名,每遇年底,稽考优劣。如医治痊愈者多,照例俟六年已满,在内咨授吏目,在外咨授典科、训科。不能医治,病死多者,即责革更换。

现行刑律案语

○删除

原例(略)

臣等谨按:法部现设典狱司,专管监狱事务,设监医正,以八九品官充之,皆为实缺,与现行办法不符,拟即删除。

大清律例

6.28.401.(5)〔私行扣克囚粮〕

一、刑部赴仓支领囚粮,每石给脚价银五分。倘狱卒人等私行扣克,照律严加治罪。狱官通同作弊,一体治罪。其失察之提牢官,交部议处。

现行刑律案语

○删除

原例(略)

臣等谨按:领粮脚价毋庸载入刑律。至"私行扣克"一层,"凌虐罪囚"律文已足赅括,狱官知而不举且与同罪,则通同作弊,一体治罪,更不待言。此条拟即删除。

大清律例

6.28.401.(6)〔刑部南北两监板棚禁卒等私相租赁〕

一、刑部南、北两监板棚,不许禁卒人等私相租赁。如有受贿顶租等弊,将狱卒人等从重治罪。

删除律例

○删除

大清律例

6.28.401.(7)〔赤贫并无家属送饭羁禁枷号及待质等犯日给老米一升〕

一、五城司坊羁禁人犯,及刑部等衙门发交各司坊枷号及看守牵连待质等犯,果系赤贫,并无家属送饭者,每人每日给老米一升,按季造报户部核销。

现行刑律案语

○删除

原例(略)

臣等谨按:京城各衙门看守待质人犯,其口粮向由部札仓支放,即各省自设候审公所及待质公所后,在所人犯口粮,亦由各省按名筹给。其僻小州县无公所地方,则由本人出钱买饭,从无报部核销之案。且原例专为报部核销而设,现在五城司坊已裁,枷号亦拟废止。此例拟请删除。

大清律例

6.28.401.(10)〔禁卒及解役人等私行传递或代买鸦片烟与犯人吸食者〕

一、内外问刑衙门收禁人犯,如有禁卒人等私行传递,或代买鸦片烟与犯人吸食者,发极边烟瘴充军。其奉官解递、看守之犯,解役、看役人等有犯前项情弊,发近边充军。赃重者,计赃以枉法从重论。失察之该管各官,交部议处。

现行刑律案语

○删除

原例(略)

臣等谨按:此条系严防禁卒以鸦片烟与犯人吸食之例。查"与囚金刃解脱"律载"凡狱卒以金刃及他物,如毒药之类可以使人自杀,而与囚者,杖一百;致囚狱中自杀者,徒二年",是监禁中严禁毒药,律内已有明文,鸦片烟亦毒药之属,有犯即依彼律治罪，已无虞疏纵，似毋庸另立专条，致罪名轻重不一。此例拟即删除。

6.28.402功臣应禁亲人入视／28.357功臣应禁亲人入视

律文·修改

大清律例

6.28.402.1凡功臣及五品以上文武官犯罪应禁者，许令服属亲人入视。犯徒、流应发配者，并听亲人随行。若在禁及徒、流已至配所，或中途病死者，在京原问官，在外随处官司，开具在禁、在配、在途致死缘由，差人引领其入视、随行之亲人诣阙，奏请发放。违者，杖六十。

现行刑律

28.357.1凡功臣及五品以上文武官犯罪应禁者，许令服属亲人入视。犯徒、流、遣应发配者，并听亲人随行。若在禁及徒、流、遣已至配所，或在中途病死者，在京原问官，在外随处官司，开具在禁、在配、在途致死缘由奏闻，一面将其入视、随行之亲人发放。违者，处六等罚。

现行刑律案语

原律(略)

臣等谨按：此仍《明律》。律文及小注，“流”罪之次应增“遣”罪。至入视随行之亲人本属无罪，本犯身故，即可一面发放，毋庸差人引领。“诣阙”应即节改。杖罪照章罚金，应改为“处六等罚”。谨将修改律文，开列于后。

○修改(略)

6.28.403死囚令人自杀／28.358死囚令人自杀

律文·修改

大清律例

6.28.403.1凡死罪囚已招服罪，而囚畏惧刑戮使令亲戚故旧自杀，或令亲故雇倩他人杀之者，亲故及雇倩下手之人，各依亲属、凡人斗殴本杀罪减二等。若囚虽已招服罪，不曾令亲故自杀，及虽曾令亲故自杀，而未招服罪其亲故辄自杀讫，或雇倩人杀之者，

现行刑律

28.358.1凡死罪囚已招服罪，而囚畏惧刑戮使令亲戚故旧自杀，或令亲故雇倩他人杀之者，亲故及雇倩下手之人，各依亲属、凡人斗殴本杀罪减二等。若囚虽已招服罪，不曾令亲故自杀，及虽曾令亲故自杀，而未招服罪其亲故辄自杀讫，或雇倩人杀之者，

不令自杀,已有幸生之心;未招服罪,或无可杀之罪。亲故及下手之人,各以亲属、凡人斗杀伤论。不减等。○6.28.403.2若死囚虽已招服罪,而囚之子孙为祖父母、父母,及奴婢、雇工人为家长听令自下手,或令雇倩他人杀之者,皆斩。监候。雇倩之人仍依本杀罪减二等。

不令自杀,已有幸生之心;未招服罪,或无可杀之罪。亲故及下手之人,各以亲属、凡人斗杀伤论。不减等。○28.358.2若死囚虽已招服罪,而囚之子孙为祖父母、父母,及雇工人为家长听令自下手,或令雇倩他人杀之者,皆绞。监候。受雇之人仍依本杀罪减二等。

现行刑律案语

原律(略)

臣等谨按:此律应仍其旧。惟斩候照章改为绞候。谨将修改律文,开列于后。

○修改

凡死罪囚已招服罪,而囚畏惧刑狱,使令亲戚故旧自杀,或令亲故雇倩他人杀之者,亲故及雇倩下手之人各依亲属、凡人斗殴本杀罪减二等。若囚虽已招服罪,不曾令亲故自杀,及虽曾令亲故自杀,而未招服罪其亲故辄自杀讫或雇倩人杀之者,不令自杀,已有幸生之心;未招服罪,或无可杀之罪。亲故及下手之人,各以亲属、凡人斗杀伤论。不减等。○若死囚虽已招服罪,而囚之子孙为祖父母、父母,及奴婢、雇工人为家长听令自下手,或令雇倩他人杀之者,皆绞。监候。受雇之人仍依本杀罪减二等。

核订现行刑律

原修改律文(略)

谨按:奴婢一项现以雇工人论,本条"奴婢"字样自应节删。谨将修改律文,开列于后。

○修改(略)

6.28.404老幼不拷讯/28.359老幼不拷讯

律文·修改

大清律例

6.28.404.1凡应八议之人,礼所当优。及年七十以上,老所当恤。十五以下,幼所当慈。若废疾疾所当矜。者,如有犯罪,官司并不合用刑拷讯,皆据众证定罪。违者,以故失入人罪论。故入抵全罪,失入减三等。其于律得相容隐之人,以其情亲有所讳。及年八十以上,十岁以下,若笃疾,以其免罪有所恃。皆不得令

现行刑律

28.359.1凡应八议之人,礼所当优。及年七十以上,老所当恤。十五以下,幼所当慈。若废疾疾所当矜。者,虽犯死罪,官司并不合用刑拷讯,皆据众证定罪。违者,以故失入人罪论。故入抵全罪,失入减三等。其于律得相容隐之人,以其情亲有所讳。及年八十以上,十岁以下,若笃疾,以其免罪有所恃。皆不得令

其为证。违者,笞五十。皆以吏为首,递减科罪。

其为证。违者,处五等罚。皆以吏为首,递减科罪。

现行刑律案语

原律(略)

臣等谨按:此律应仍其旧。惟新章罪犯应死证据已确而不肯供认者,方准刑讯,其非犯死罪不得刑讯,自不待言,此则虽犯死罪,亦当据众证定罪,不必用刑取供也。拟将小注“如有犯罪”句,改为“虽犯死罪”,以示区别。“笞五十”罪名照章罚金,应改为“处五等罚”。谨将修改律文,开列于后。

○修改(略)

6.28.405鞫狱停囚待对 / 28.360鞫狱停囚待对

律文·修改

大清律例

6.28.405.1凡鞫狱官推问当处罪囚,有同起内犯罪人伴现在他处官司,当处停囚专待其人对问者,虽彼此职分不相统摄,皆听直行文书勾取。他处官司于文书到后,限三日内即将所勾待问人犯发遣。违限不发者,一日笞二十,每一日加一等,罪止杖六十。当处鞫狱者,无以其不发而中止,仍行移他处本管上司,问违限之罪督令将所取犯人解发。○6.28.405.2若起内应合对问同伴罪囚,已在他处州县事发见问者,是彼此俱属应鞫。听轻囚移就重囚,若囚罪相等者,听少囚从多囚。若囚数相等者,以后发之囚送先发官司并问。若两县相去三百里之外者,往返移就,恐致疏虞。各从事发处归断。移文知会。如违轻不就重、少不从多、后不送先、远不各断者,笞五十。若违法反将重囚移就轻囚、多囚移就少囚者,当处官司,随即收问,不得互相推避。仍申达彼处所管上司,究问所属违法移囚笞五十之罪。若当处官司囚到不受者,一日笞二

现行刑律

28.360.1凡鞫狱官推问当处罪囚,有同起内犯罪人伴现在他处官司,当处停囚专待其人对问者,虽彼此职分不相统摄,皆听直行文书勾取。他处官司于文书到后,限三日内即将所勾待问人犯发遣。违限不发者,一日处二等罚,每一日加一等,罪止六等罚。当处鞫狱者,无以其不发而中止,仍行移他处本管上司,问违限之罪督令将所取犯人解发。○28.360.2若起内应合对问同伴罪囚,已在他处州县事发见问者,是彼此俱属应鞫。听轻囚移就重囚,若囚罪相等者,听少囚从多囚。若囚数相等者,以后发之囚送先发官司并问。若两县相去三百里之外者,往返移就,恐致疏虞。各从事发处归断。移文知会。如违轻不就重、少不从多、后不送先、远不各断者,处五等罚。若违法反将重囚移就轻囚、多囚移就少囚者,当处官司,随即收问,不得互相推避。仍申达彼处所管上司,究问所属违法移囚五等罚之罪。若当处官司囚到不受者,一日处二

十,每一日加一等,罪止杖六十。

等罚,每一日加一等,罪止六等罚。

现行刑律案语

原律(略)

臣等谨按:此律应仍其旧。惟笞、杖照章罚金,应依数分等处罚。谨将修改律文,开列于后。

○修改(略)

条例·修改、仍旧、移改、移并

大清律例

6.28.405.(9)〔刑部发城取保犯证〕

一、刑部发城取保犯证,如系五城送部之案,其案犯住址即在原城所管地方,仍发交原城司坊官取保。其余各衙门移送案内应行取保人证,俱按其居址坐落何城,发交该城司坊官就近取保。其由外省州县提到人证,即令本人自举亲识寓居所在,交城就近发保,仍将保人姓名报部查核。其并无亲识者,酌量交城看守。

现行刑律

28.360.(1)〔大理院及各级审判厅取保犯证〕

一、大理院及各级审判厅取保犯证,由检察厅知照警厅饬区就近取保。其由外省提到人证,即令本人自举亲识寓居所在,由检察厅知照警厅饬区就近发保,仍将保人姓名报案查核。如无保可取者,均暂行看守。

现行刑律案语

原例(略)

臣等谨按:京城现审已改归大理院及各级审判厅,五城司坊已裁,取保等事应由检察厅及原送警厅区办理。惟查法部等衙门奏定《司法警察职务章程》"取保"节内,于由外省提到人证如何发保一层,并未叙入,应参照现时办法,将此条修改。谨将修改例文,开列于后。

○修改(略)

大清律例

6.28.405.(10)〔在京衙门承审刑部现审事件及命盗应会三法司等案审限〕

一、凡在京衙门承审事件,限一个月完结。刑部现审事件,杖、笞等罪,限

现行刑律

28.360.(2)〔大理院及各级审判厅承审事件审限〕

一、大理院及各级审判厅承审事件,罚金等罪,限十日完结;遣、流、徒等

十日完结；遣、军、流、徒等罪，应入汇题者，限二十日完结；命、盗等案，应会三法司者，限一个月完结。其斗殴杀伤之犯到案后，以伤经平复，及因伤身死之日为始；内外移咨行察，及提质，并案犯患病，以查复及提到并病愈之日为始；接审者，以接审之日为始，仍将应行扣限，及三法司会审日期，并于科道衙门注销内声明。倘该司员任意因循，或三法司不即会审，以致逾限，书役得以乘机作弊者，将书役严加治罪，承审司员，及会审迟延之堂、司官，交部分别议处。若内外移咨行察，催文至三次无回文者，题参；行文八旗、内务府、五城、顺天府提人，于文到三日内无故不行送部者，亦照例参处。

罪，限二十日完结；命、盗等案，限一个月完结。其斗殴杀伤之犯到案后，以伤经平复，及因伤身死之日为始；内外移咨行察，及提质，并案犯患病，以查复及提到并病愈之日为始；接审者，以接审之日为始。倘承问官任意因循，致书役得乘机作弊者，将书役严加治罪，承问官交部分别议处。若内外移咨行察，催文至三次无回文者，奏参。

现行刑律案语

原例（略）

臣等谨按：例首"在京衙门"，应改为"大理院及各级审判厅"。刑部现审、三法司会审、行文、催文等件，均与现时办法不符，应即节删。谨将修改例文，开列于后。

○修改（略）

大清律例

6.28.405.(4)〔刑部行文八旗内务府五城顺天府提人限期查送〕

一、刑部行文八旗、内务府、五城、顺天府提人，限文到三日内，即行查送过部。或人犯有他故不到，即将情由报明。如违，将该管官参处。倘人犯已至，而胥役勒索，不行放入，经司务厅查出，照例严加治罪。如徇隐不究，察出，或被首告，将该司务一并参处。

现行刑律

28.360.(3)〔大理院及各级审判厅行文捕传犯证该管各衙门限期传获〕

一、大理院及各级审判厅，凡逮捕人犯及传集人证，行文该管各衙门，限文到三日内，传获送案。如违，将该管官参处。倘人犯已至，而胥役勒索，不行放入，查明照例严加治罪。如徇隐不究，察出，或被首告，将徇隐之员一并参处。

现行刑律案语

原例(略)

臣等谨按:自改官制,审判事宜析归大理院及各级审判厅,五城亦经奉裁。例内"行文""提人"各节,均应酌加修改,以便引用。"八旗、内务府、顺天府"应改为"该管各衙门",较为周密。谨将修改例文,开列于后。

○修改(略)

大清律例

6.28.405.(1)〔校尉等有犯应提拿者〕

现行刑律

28.360.(4)〔校尉等有犯应提拿者〕

一、凡校尉等有犯应提拿者,移咨銮舆卫提拿,不得差拘。

现行刑律案语

原例(略)

○仍旧

臣等谨按:此例应仍其旧,理合陈明。

大清律例

＊诉讼·告状不受理

6.22.334.(3)〔审理徒流笞杖人犯遵限完结〕(略)

现行刑律

28.360.(5)〔府州县及审判厅审理徒流以下人犯定限完结〕

一、各府州县及审判厅审理徒流以下人犯,除应行关提质讯者,务申详该上司批准,照例展限外,如无关提应质人犯,该承审官俱遵照定限完结。倘敢阳奉阴违,或经发觉,或经该上司指参,将承审官交部照例分别议处。

现行刑律案语

○移改(略)

见6.22.334.(3)〔审理徒流笞杖人犯遵限完结〕条

大清律例

＊诉讼・诬告

6.22.336.(1)〔词状止许一告一诉告不许波及无辜〕(略)

现行刑律

28.360.(6)〔听断词讼供证已确据现在人犯成招〕

一、内外问刑衙门于听断词讼时，如供证已确，案内纵有一、二人不到，非系紧要犯证，即据现在人犯成招，不得借端稽延，违者议处。

＊诉讼・诬告

22.297.(1)〔词状止许一告一诉不许牵连并陆续投词攀引〕(略)

现行刑律案语

〇移改(略)

见6.22.336.(1)〔词状止许一告一诉告不许波及无辜〕条

大清律例

＊捕亡・盗贼捕限

6.27.394.(1)〔直隶各省审案定限及迟延察参〕(略)

现行刑律

28.360.(7)〔直隶各省审解案件程限分限起限〕

一、直隶各省审理案件，寻常命案限六个月；盗劫及情重命案、钦部事件，并抢夺、发掘坟墓一切杂案，统定限四个月，俱以人犯到案之日起限。其限六个月者，州县三个月解府州，府州一个月解司，司一个月解督抚，督抚一个月奏咨；限四个月者，州县两个月解府州，府州二十日解司，司二十日解督抚，督抚二十日奏咨；仍准扣除封印日期及解府州、司、院程限。如案内正犯及要证未获，情事未得确实者，奏明展限。按察司提法司同。自理事件，限一个月完结；府、州、县自理事件，俱限二十日审结；上司批审事件,限一个月审报。若隔属提人及行查者,以人、文到日起限。如有迟延情弊,该督抚察参;若该督抚徇情不行奏参,察出,一并交部议处。

现行刑律案语

〇移改(略)

见6.27.394.(1)〔直隶各省审案定限及迟延察参〕条

大清律例

*捕亡·盗贼捕限

6.27.394.(2)〔承审命盗及钦部案件二参限期及接审委审分限〕(略)

现行刑律

28.360.(8)〔承审命盗及钦部事件再限二参分限并接审委审扣限〕

一、凡承审命盗及钦部事件,至限满不结,无论应限六个月、四个月事件,该督抚照例咨部,即于限满之日,接算再限二参四个月,仍令州县两个月解府州,府州、臬司、督抚各分限二十日。如逾限不结,该督抚将易结不结情由,详查注明奏参,照例议处。至承审官内有升任、革职、降调,及因公他往,委员接审者,如前官承审未及一月离任者,接审官准其另起审限;应分限两月者,仍另扣六十日;三月者,仍另扣九十日。一月以上离任者,准其扣限一个月;无论分限两个月、三个月,俱另扣审限三十日,并前官所剩分限日期,俱准其扣展。初参逾分限离任者,准其扣半加展;分限两个月者,准另扣三十日;三个月者准另扣四十五日。初参统限外离任者,无论应限六个月、四个月事件,俱另扣统限四个月审结。至原问官审断未当,及犯供翻易情节,督抚另委贤员,或会同原问官审理,委审之员扣限一个月,该管各上司亦统限一个月核转具奏,总以两个月完结。如官员承审案件,借端巧为掩饰,不行速结者,该督抚奏参,交部严加议处。上司徇庇不行奏参，及下属已经解审，混行驳查，以致承审官违限，并知属官例限将满，借端故为派委，希图展限者，一并交部议处。督抚参迟延时，将何月日解审、驳查次数声明，听部查核。

现行刑律案语

〇移改（略）

见6.27.394.(2)〔承审命盗及钦部案件二参限期及接审委审分限〕条

大清律例

＊捕亡·盗贼捕限

6.27.394.(4)〔命盗杂案内行查展限及现获续获人犯分别扣限审结〕（略）

6.27.394.(5)〔盗案审限及虚实未分展限〕（略）

现行刑律

28.360.(9)〔盗劫命案钦部事件等审限及虚实未分展限〕

一、审理盗劫及情重命案、钦部事件，并一切杂案，无论首犯、伙犯，缉获几名，如供证确凿，赃迹显明者，一经获犯，限四个月完结。如果虚实情形未分，盗赃未确，或获案止系余犯，因正犯及要证未获、情词未得，或盘获贼犯，究出多案事主，未经认赃，必须等候方可审拟，或因隔省行查，限内实难完结者，承审官立即据实申详督抚，分别奏咨，准其展限。若正犯、要证及案内首从人犯已经到案，间有余犯未获者，即将现获之犯，据情研审，按限完结，不得借词展限。若承审期内，遇有续获之犯，如到案在州县分限以内者，即行一并审拟，毋庸另展限期；如到案已在州县分限以外，不能并案审拟者，将续获之犯另行展案，扣限四个月完结；如间有获犯到案，时在州县分限将满，不能依限审拟者，准其扣满统限审解。倘承审官有将易结之案借端迟延，滥请扣展限期;该督抚不遵定例严加查核,漫为奏咨,俱交部分别议处。

现行刑律案语

○移并(略)

见6.27.394.(4)〔命盗杂案内行查展限及现获续获人犯分别扣限审结〕条

大清律例

＊捕亡·盗贼捕限

6.27.394.(28)〔各省审办无关人命徒案逾限及册报〕(略)

＊断狱·有司决囚等第

6.28.411.(33)〔外省有关人命徒犯均照军流人犯解司审转〕(略)

现行刑律

28.360.(10)〔无关人命徒罪案件扣限批结与人命徒罪案件扣限解审〕

一、各省审办无关人命徒罪案件,即照承审一切杂案扣限,依次上详,无须解审。俟督抚批结后,由该臬司按季汇齐,于每季后二十日内造册详报该督抚,该督抚于十日内出咨报部,总不得过一月之限。有关人命徒罪案件,仍照审理命案例扣限解审,由督抚专案咨院复判。如有审办逾限及造报迟延者,交部议处。

现行刑律案语

○移并(略)

见6.27.394.(28)〔各省审办无关人命徒案逾限及册报〕条

会奏修改各条

○修改(略)

见6.27.394.(28)〔各省审办无关人命徒案逾限及册报〕条

条例·移并

大清律例

6.28.405.(5)〔邻境关提人犯展限〕

一、邻境关提人犯,照各省关查口

现行刑律

＊捕亡·盗贼捕限

27.349.(6)〔关提人犯〕(略)

供之例，展限两个月。倘逾限不发，照例参处。

6.28.405.(7)〔盗案隔省关查口供及审限〕

一、盗犯已获，只须关取隔省人证等口供定案，无犯可审者，均照钦部事件例，州县分限两个月，府、司、督抚共限两个月，统扣四个月完结，不得照承审盗案全限例扣展。遇有迟延，照例参处。

＊捕亡·盗贼捕限

6.27.394.(21)〔盗案隔省关查口供展限〕（略）

6.27.394.(15)〔邻县关提人犯〕（略）

6.27.394.(19)〔隔省关提人犯〕（略）

现行刑律案语

○移并（略）

见6.27.394.(15)〔邻县关提人犯〕条

条例·删除

大清律例

6.28.405.(2)〔钦部事件限期具题〕

一、凡钦部等事件，直省督抚俱以文到日为始，限四个月具题。总督辖两省者，隔省事件，限六个月具题。两广总督、广东巡抚所属琼州，亦照隔省例，限六个月。福建台湾府，限十个月。其湖广衡州等府所属，有苗民二十六州县，及乾州、平溪等卫，距省穹远，凡命盗案件，俱于定限外，各展限两个月。

6.28.405.(3)〔新任及署印督抚钦部等事件限内难以完结准分别展限者〕

一、督、抚新任，及署理印务，如钦部等事件，原限内难于完结，准分别展限。原限四个月展两月，原限六个月展三月。遇公事出境，一切事件，准题请展限。若监临科场，准按日扣限；隔省提人，准到日扣限。

现行刑律案语

○删除

6.28.405.(2)〔钦部事件限期具题〕(略)

6.28.405.(3)〔新任及署印督抚钦部等事件限内难以完结准分别展限者〕(略)

臣等谨按:以上二条,系定督抚审理事件。具题之限期、违限,止交吏部议处,《吏部处分则例》业已详载,刑律无关引用,拟即删除。

大清律例

6.28.405.(6)〔参审提省审办限期具题〕

一、凡参审之案,督抚于具题后,即行提人犯、要证赴省。其无关紧要之证佐,及被害人等,止令州县录供保候。俟奉旨到日,率同在省司、道审理。其有应行委员查办之处,亦即就近酌委。以奉旨文到之日扣限起,旧限四个月者,限两个月具题;总督隔省,旧限六个月者,限四个月具题。如果案情繁重,实有不能依限完结者,督抚据实先期奏明,请旨展限。如在旧限四个月、六个月内完结者,宽其议处。若逾旧限不结,照例查参议处。

现行刑律案语

○删除

原例(略)

臣等谨按:此条定参案提省审办之限期。承审逾限,止有参处,而无罪名,既有《吏部处分则例》可援,毋庸载入刑律。且"职官有犯"门条例,于道府副将以上及其余文武官员办理大有区别,此例并未分别声明,未便引用,拟即删除。

大清律例

6.28.405.(8)〔各省军流等犯督抚查核复讯〕

一、各省军、流等犯,臬司审解之日,将人犯暂停发回,听候督抚查核。如有应行复讯者,即行提讯。其或情罪本轻,供证明确,毫无疑窦者,亦不必概行解送,致滋稽延拖累。

现行刑律案语

○删除

原例(略)

臣等谨按:向来各府州县承审案件,军、流等罪解司审理,如距省窎远府州所属之寻常遣、军、流犯,毋庸解省办理,并非一律,应将"有司决囚等第"门内添叙明晰。此例拟即删除。

6.28.406 依告状鞫狱 / 28.361 依告状鞫狱

律文·仍旧

大清律例

6.28.406.1 凡鞫狱，须依原告人所告本状推问。若于本状外别求他事，摭拾被告人罪者，以故入人罪论。或以全罪科，或以增轻作重科。同僚不署文案者不坐。○6.28.406.2 若因其所告本状，事情，或法应掩捕、搜检，因掩捕而检得被犯别罪，事合推理者，非状外摭拾者比。不在此故入同论之限。

现行刑律

28.361.1 凡鞫狱，须依原告人所告本状推问。若于本状外别求他事，摭拾被告人罪者，以故入人罪论。或以全罪科，或以增轻作重科。同僚不署文案者不坐。○28.361.2 若因其所告本状，事情或法应掩捕、搜检，因掩捕而检得被犯别罪，事合推理者，非状外摭拾者比。不在此故入同论之限。

现行刑律案语

原律（略）

○仍旧

臣等谨按：此律应仍其旧，理合陈明。

条例·删除

大清律例

6.28.406.(1)〔鞫狱止将状内有名人犯审拟〕

一、凡鞫狱，止将状内有名人犯审拟。如光棍案件，伙党人多，仍行严拿究审。无干牵连者，即行释放。

现行刑律案语

○删除

原例（略）

臣等谨按：此条恐无干牵连之人久受拖累而设。惟查“故禁故勘平人”及“原告人事举不放回”两门，条例内已详申禁令，此处系属重复，拟即删除。

6.28.407 原告人事毕不放回 / 28.362 原告人事毕不放回

律文 · 修改

大清律例

6.28.407.1 凡告词讼,对问得实,被告已招服罪,原告人别无待对事理,鞫狱官司当随即放回。若无待对事,故稽留三日不放者,笞二十,每三日加一等,罪止笞四十。

现行刑律

28.362.1 凡告词讼,对问得实,被告已招服罪,原告人别无待对事理,鞫狱官司当随即放回。若无待对事,故稽留三日不放者,处二等罚,每三日加一等,罪止四等罚。

现行刑律案语

原律(略)

臣等谨按:此律应仍其旧。惟笞罪照章罚金,应依数分等处罚。谨将修改律文,开列于后。

○修改(略)

条例 · 修改

大清律例

6.28.407.(1)〔督抚应题案件内有诬枉及轻罪牵连人犯分别释放交保〕

一、督抚应题案件,有牵连人犯情罪稍轻者,准取的保,俟具题发落。其重案内有挟仇扳害者,承问官申解督抚详审。果系诬枉,即行释放,不得令候结案。若承问官审系无辜牵连者,不必解审,即行释放,止录原供申报。

现行刑律

28.362.(1)〔各省应奏案件内有诬枉及轻罪牵连人犯分别释放交保〕

一、各省应奏案件,有牵连人犯情罪稍轻者,准取的保,俟审结日发落。其重案内有挟仇攀害者,承问官招解详审。果系诬枉,即行释放,不得令候结案。若承问官审系无辜牵连者,不必解审,即行释放,止录原供申报。

现行刑律案语

原例(略)

臣等谨按:例内"应题"案件应改为"应奏","具题发落"应改为"审结日发落"。谨将修改例文,开列于后。

○修改

一、督抚应奏案件,有牵连人犯情罪稍轻者,准取的保,俟审结日发落。其重案内有挟仇攀害者，承问官申解督抚详审。果系诬枉，即行释放，不得令候结案。若承问官审系无辜牵连者，不必解审，即行释放，止录原供申报。

大清律例

6.28.407.(2)〔题奏案内拟杖笞人犯先行责释〕

一、凡内外题奏案件，内有拟以杖、笞人犯，审结日即先行责释，仍于题奏之日声明。

现行刑律

28.362.(2)〔审奏案件拟以罚金人犯先行追取罚金释放〕

一、凡内外审奏案件，内有拟以罚金人犯，审结日即先行追取罚金释放，仍于具奏之日声明。

现行刑律案语

原例（略）

臣等谨按：例首“题奏案件”应改为“审奏案件”，“笞、杖人犯”应改为“罚金人犯”，“责释”应改为“追取罚金释放”。例末“题奏”亦应改为“具奏”。谨将修改例文，开列于后。

○修改（略）

6.28.408 狱囚诬指平人 / 28.363 狱囚诬指平人

律文·修改

大清律例

6.28.408.1 凡囚在禁诬指平人者，以诬告人加三等论。其本犯罪重于加诬之罪者，从原重者论。○6.28.408.2 若本囚无诬指平人之意，官吏鞫问狱囚，非法拷讯，故行教令诬指平人者，以故入人全罪论。○6.28.408.3 若官司追征逋欠钱粮，逼令欠户诬指平人代纳者，计所枉征财物坐赃论，罪止杖一百、徒三年，以赃不入己也。其物给代纳本主。○6.28.408.4 其被囚诬指之平人，无故稽留，三日不放回者，笞二十，每三日加一等，罪止杖六十。○6.28.408.5 若官司鞫囚，而证佐之人有所偏徇，不言实情，故行诬证，及

现行刑律

28.363.1 凡囚在禁诬指平人者，以诬告人加三等论。其本犯罪重于加诬之罪者，从原重者论。○28.363.2 若本囚无诬指平人之意，官吏鞫问狱囚，非法拷讯，故行教令诬指平人者，以故入人全罪论。○28.363.3 若官司追征逋欠钱粮，逼令欠户诬指平人代纳者，计所枉征财物坐赃论，罪止徒三年，以赃不入己也。其物给代纳本主。○28.363.4 其被囚诬指之平人，无故稽留，三日不放回者，处二等罚，每三日加一等，罪止六等罚。○28.363.5 若官司鞫囚，而证佐之人有所偏徇，不言实情，故行诬证，及通

化外人有罪,通事传译番语有所偏私,不以实对,致断罪有出入者,证佐人减罪人罪二等,证佐不说实情,出脱犯人全罪者,减犯人全罪二等。若增减其罪者,亦减犯人所得增减之罪二等之类。通事与同罪。谓化外人本有罪,通事扶同传说出脱全罪者,通事与犯人同得全罪。若将化外人罪名增减传说者,以所增减之罪坐通事。谓如化外人本招承杖六十,通事传译增作杖一百,即坐通事杖四十;又如化外人本招承杖一百,通事传译减作笞五十,即坐通事笞五十之类。

事传译犯人言语有所偏私,不以实对,致断罪有出入者,证佐人减罪人罪二等,证佐不说实情,出脱犯人全罪者,减犯人全罪二等。若增减其罪者,亦减犯人所得增减之罪二等之类。通事与同罪。谓犯人本有罪,通事扶同传说出脱全罪者,通事与犯人同得全罪。若将犯人罪名增减传说者,以所增减之罪坐通事。谓如犯人本招承六等罚,通事传译增作十等罚,即坐通事四等罚;又如犯人本招承十等罚,通事传译减作五等罚,即坐通事五等罚之类。

现行刑律案语

原律(略)

臣等谨按:此律应仍其旧。惟笞、杖照章罚金,均依数分等处罚,徒罪附杖照章宽免,所有律文、律注应一律更正,"化外人"及"番语"等字均酌加修改。谨将修改律文、律注,开列于后。

○修改(略)

6.28.409官司出入人罪/28.364官司出入人罪

律文·修改

大清律例

6.28.409.1凡官司故出入人罪,全出全入者,徒不折杖,流不折徒。以全罪论。谓官吏因受人财,及法外用刑,而故加以罪、故出脱之者,并坐官吏以全罪。○6.28.409.2若于罪不至全入,但增轻作重,于罪不至全出,但减重作轻,以所增减,致死者坐以死罪。若增轻作重,人至徒罪者,每徒一等,折杖二十;入至流罪者,每流一等,折徒半年;入至死罪已决者,坐以死罪。若减重作轻者,罪亦如之。○6.28.409.3若断罪失于入者,各减三等;失于出者,各减五等。并以吏典为首,首领官减吏典一等,佐贰官减首领官一等,长官减佐贰官一等科罪。坐以所减三等、五等。○6.28.409.4若因未决放,及放而还获,若因自死,故出入、失出入,各听减一等。其减一等,与上减三等、五等,并先减而后算,折其剩罪以坐。不然,则其失增失减、剩杖剩徒之罪,反有重于全出全入者矣。

凡故增笞从徒,如犯笞一十,故增作杖八十、徒二年,徒三等,折杖六十,

现行刑律

28.364.1凡官司故出入人罪,全出全入者,以全罪论。谓官吏因受人财,及法外用刑,而故加以罪、故出脱之者,并坐官吏以全罪。○28.364.2若于罪不至全入,但增轻作重,于罪不至全出,但减重作轻,以所增减论,至死者坐以死罪。刑名不同者,从徒入流、遣,流、遣同比徒一年;从近流入远流,每等比徒半年;遣罪以满流论;从内遣入外遣,同比徒半年;若从罚金入徒、流、遣,从徒、流、遣入死罪,仍以全罪论。减重作轻者,亦如之。○28.364.3若断罪失于入者,各减三等。失于出者,各减五等。并以吏典为首,首领官减吏典一等,佐贰官减首领官一等,长官减佐贰官一等科罪。坐以所减三等、五等。○28.364.4若因未决放,及放而还获,若因自死,故出入、失出入,各听减一等。

原包杖一百，通折杖一百六十，除犯该笞一十，合坐官吏剩杖一百五十。未决者，减一等，杖七十、徒一年半，折杖一百四十，除犯该笞一十，合坐剩杖一百三十，其剩罪俱全抵，不在收赎之限。

凡故增杖从徒，如犯杖八十，故增作杖六十、徒一年，通折杖一百二十，除犯该杖八十，合坐官吏剩笞四十。未决者减一等，杖一百，除犯该杖八十，合坐剩笞二十。

凡故增杖从流，如犯杖八十，故增作杖一百、流二千五百里，流二等折徒一年，三流原包五徒，折杖二百、徒一年，除犯该杖八十，合坐官吏剩杖一百二十、徒一年。未决者，减一等，杖一百、徒三年，通折杖二百，除犯该杖八十，合坐剩杖一百二十。

凡故增轻徒从重徒，如犯杖六十、徒一年，故增作杖九十、徒二年半，徒四等折杖八十，除犯该徒一年折杖二十，合坐官吏剩杖六十。以徒从徒，不必包杖一百算也，虽包算其罪亦同。未决者减一等，杖八十、徒二年，折杖六十，除犯该折杖二十，合坐剩笞四十。

凡故增徒从流，如犯杖七十、徒一年半，通折杖一百四十，故增作流二千里，折徒半年，三流原包五徒，折杖二百、徒半年，除犯该杖一百四十，合坐官吏剩杖六十、徒半年。未决者，减一等，杖一百、徒三年，折杖二百，除犯该杖一百四十，合坐剩杖六十。

凡增近流从远流。如犯杖一百、流二千里，折徒半年，故增作流三千里，折徒一年半，除犯该徒半年，合坐官吏剩徒一年。以流从流，不必包五徒折杖二百算。未决者,减尽无科。减远流从近流者仿此。

凡故增笞、杖、流、徒至死,如增至死罪,本无折法,已决者反坐以死,若未决及囚自死者,并听减等。流三千里,原包五徒,折杖二百、徒一年半,各随其本应得之罪除之,坐以剩罪。

凡故减徒从笞,如犯杖六十、徒一年,折杖一百二十,故减作笞五十,除已得笞五十,合坐官吏剩杖七十。未放者减一等,杖一百,除已得笞五十,合坐剩笞五十。

凡故减徒从杖,如犯杖九十、徒二年半,折杖一百八十,故减作杖一百,除已得杖一百,合坐官吏剩杖八十。未放者减一等,杖八十、徒二年,折杖一百六十,除已得杖一百,合坐剩杖六十。

凡故减重徒从轻徒,如犯杖一百、徒三年,折杖二百,故减作杖七十、徒一年半,折杖一百四十,除已得杖一百四十,合坐官吏剩杖六十。未放者减一等,杖九十、徒二年半,折杖一百八十,除已得杖一百四十,合坐剩笞四十。

凡故减流从笞,如犯杖一百、流二千里折徒半年,故减作笞四十,三流原包五徒,折杖二百、徒半年,除已得笞四十,合坐官吏剩杖一百六十、徒半年。未放者减一等,杖一百、徒三年,折杖二百,除已得笞四十,合坐剩杖一百六十。减流从杖仿此。

凡故减流从徒,如犯杖一百、流三千里,折徒一年半,故减作杖八十、徒二年,折杖一百六十,三流原包五徒,折杖二百、徒一年半,除已得杖一百六十,合坐官吏剩笞四十、徒一年半。未放者减一等，杖一百、徒三年，折杖一百六十，合坐剩笞四十。

凡故减死罪从笞、杖、徒、流，如死囚已放者，反坐以死。若未放及放而还获，若囚自死者，并听先减去一等，依律折除。

凡失增笞从杖，如犯笞三十，失增作杖一百，失入减三等，该杖七十，除犯该笞三十，吏典为首合坐剩笞四十。未决者又减一等，合坐吏典首罪笞三十。

凡失增笞从徒，如犯笞一十，失增作杖一百、徒三年，失入减三等，杖七十、徒一年半，折杖一百四十，除犯该笞一十，吏典为首合坐剩杖一百三十。未决者又减一等，杖六十、徒一年，折杖一百二十，除犯该笞一十，合坐吏典首罪杖一百一十。增杖从徒仿此。

凡失增杖从流，如犯杖一百，失增作杖一百、流三千里，失入减三等，杖八十、徒二年，折杖一百六十，除犯该杖一百，吏典为首合坐剩杖六十。未决者又减一等，杖七十、徒一年半，折杖一百四十，除犯该杖一百，合坐吏典首罪笞四十。

凡失增轻徒从重徒，如犯杖六十、徒一年折杖二十，失增作杖一百、徒三年，失入减三等，杖七十、徒一年半，徒二等折杖四十，除犯该杖二十，吏典为首，合坐剩笞二十，首领官减一等笞一十，佐贰官减尽无科。未决者又减一等，杖六十、徒一年，则与本该罪名同矣，虽吏典亦减尽无科。以徒从徒，及以徒从流，俱不包杖一百之数。

凡失增徒从流，如犯杖六十、徒一年折杖二十，失增作杖一百、流三千里，失入减三等,杖八十、徒二年折杖六十,除犯该杖二十,吏典为首合坐剩笞四十。未决者又减一等,杖七十、徒一年半折杖四十,除犯该杖二十,合坐吏典首罪笞二十。

凡失增笞、杖、徒、流入死,如死囚已决者,亦减三等。若未决及囚自死,又减一等。吏典为首。其减至徒罪,亦折杖除之。

凡失减杖从笞,如犯杖一百,失减作笞三十,失出减五等,笞五十,除已得笞三十,吏典为首合坐剩笞二十。未放者又减一等,笞四十,除已得笞三十,合坐吏典罪笞一十。

凡失减徒从笞,如犯杖七十、徒一年半,失减作笞二十,失出减五等,杖七十,除已得笞二十,吏典为首合坐剩笞五十。未放者又减一等,杖六十,除已得笞二十,合坐吏典首罪笞四十。减徒从杖仿此。

凡失减流从笞,如犯杖一百、流三千里,失减作笞一十,失出减五等,杖六十、徒一年折杖一百二十,除已得笞一十,吏典为首合坐剩杖一百一十。未放者又减一等,杖一百,除已得笞一十,合坐吏典首罪杖九十。

凡失减流从徒,如犯杖一百、流三千里,失减作杖六十、徒一年,失出减五等,杖六十、徒一年,吏典为首减尽无科。

凡失减死罪从流、徒、杖、笞,如死囚已放者,亦减五等。若未放及放而还获,或囚自死者,又减一等。其徒亦折杖除之。

按:故增笞从徒条内,官吏合坐剩杖一百三十,其剩罪俱全抵,不在收赎之限。所谓全抵者,非满杖以上,皆决杖也。凡增笞、杖从徒、减徒从笞、杖,及增减徒从徒者,每徒一等折杖二十。若所剩杖数至满杖以上,则减杖加徒。如剩杖一百一十,应作笞五十、徒一年;一百二十,应作杖六十、徒一年;一百三十,应作杖六十、徒一年半;一百四十,应作杖七十、徒年半之类。其增笞、杖、徒作流,减流作笞、杖、徒,及增减流、徒者,每流一等折徒半年。如犯笞一十,故增作流二千五百里,流二等折徒一年,三流原包五徒,除已得笞一十,合坐剩罪杖九十、徒四年;如犯流三千里,故减作笞二十,流三等折徒年半,三流原包五徒,除已得笞二十,合坐剩罪杖八十、徒四年半之类。故曰"全抵"剩罪,不在收赎之限。总之折徒不得至五年,而决杖不得过一百也。

现行刑律案语

原律

原律第一款(略)

臣等谨按:此官司出入人罪分别治罪之法。第二节及末节小注系指折杖而言,大致与诬告条诬轻为重之法相同,彼条既因杖罪改折罚金,不便折算,改从《唐律》,此条自应一律将旧注删去,酌用《唐律》。本条原注分疏于第二节之下,以归简易。谨将修改律文、律注,开列于后。

○修改

凡官司故出入人罪,全出全入者,以全罪论。谓官吏因受人财及法外用刑,而故加以罪、故出脱之者,并坐官吏以全罪。○若于罪不至全入,但增轻作重,于罪不至全出,但减重作轻,以所增减论,至死者,坐以死罪。刑名不同者,从徒入流、遣,流、遣同比徒一年;从近流入遣流,每等比徒半年;遣罪以满流论;从内遣入外遣,同比徒半年;若从罚金人徒、流、遣,从徒、流、遣入死罪,仍以全罪论。减重作轻者,亦如之。○若断罪失于入者,各减三等;失于出者,各减五等。并以吏典为首,首领官减吏典一等,佐贰官减首领官一等,长官减佐贰官一等科罪。坐以所减三等、五等。○若囚未决放,及放而还获,若囚自死,故出入、失出入,各听减一等。

○删除

原律第二款至末(略)

按:故增笞从徒条内,官吏合坐剩杖一百二十,其剩罪俱全抵,不在收赎之限。所谓全抵者,非满杖以上,皆决杖也。凡增笞、杖从徒,减徒从笞、杖,及增、减徒从徒者,每徒一等折杖二十;若所剩杖数至满杖以上,则减杖加徒;如剩杖一百一十,应作笞五十、徒一年;一百二十,应作杖六十、徒一年;一百三十,应作杖六十、徒一年半;一百四十,应作杖七十、徒年半之类。其增笞、杖、徒作流,减流作笞、杖、徒,及增、减流、徒者,每流一等折徒半年;如犯笞一十,故增作流二千五百里,流二等折徒一年,三流原包五徒,除已得笞一十,合坐剩罪杖九十、徒四年;如犯流三千里,故减作笞二十,流三等折徒年半,三流原包五徒,除已得笞二十,合坐剩罪杖八十、徒四年半之类。故曰"全抵"剩罪,不在收赎之限。总之折徒不得至五年,而决杖不得过一百也。

臣等谨按:以上二十四条,即律注内徒、流折杖之比例,今既采用《唐律》抵算之法,彼此互异,自应一律删除。

条例·修改

大清律例	现行刑律
6.28.409.(1)〔承审官改造口供故行出入及草率枉坐者〕	28.364.(1)〔承审官改造口供故行出入及草率枉坐〕
一、承审官改造口供,故行出入者,革职。故入死罪已决者,抵以死罪。其草率定案,证据无凭,枉坐人罪者,亦革职。	一、承审官改造口供,故行出入人罪者,革职。故入死罪已决者,抵以死罪。其草率定案,证据无凭,枉坐人罪者,究明有无威逼妄供,及枉坐罪名轻重,分别办理。

现行刑律案语

原例(略)

臣等谨按:此条系康熙十八年〔1679〕定例,例内"故行出入"下应加"人罪"二字。至草率定案、枉坐人罪者,应究明有无威逼妄供及枉坐罪名轻重,分别办理。谨将修改例文,开列于后。

〇修改(略)

大清律例	现行刑律
6.28.409.(2)〔承审官增减原供及按察使故为删改〕	28.364.(2)〔承审官增减原供及按察使故为删改〕
一、凡初次供招,不许擅自删改,俱应详载揭帖。若承问官增减原供,希图结案,按察使依样转详,该督抚严察题参。不行察参,将督抚交部一并议处。按察使亦不得借简招之名,故为删改。倘遇有意义不明,序次不顺,与情罪并无干碍,即就近核正申转,将改本备案,不得发换销毁。违者,依改造口供故行出入例议处。	一、凡初次供招,不许擅自删改,俱应备录上详。若承问官增减原供,希图结案,按察使(提法司同。)依样转详,该督抚严察奏参。不行察参,将该督抚交部一并议处。按察使亦不得借简招之名,故为删改。倘遇有意义不明,序次不顺,与情罪并无干碍,即就近核正申转,将改本备案,不得发换销毁。违者,依改造口供故行出入人罪例议处。

现行刑律案语

原例(略)

臣等谨按:此条系康熙三十六年〔1697〕刑部议准定例,乾隆五年〔1740〕改定。

惟"详载揭帖"应改为"备录上详"。新设提法司与按察使同,应于例内注明。"题参"应改"奏参"。"故行出入"下应添"人罪"二字。谨将修改例文、例注,开列于后。

〇修改(略)

大清律例

6.28.409.(3)〔审办谋反谋叛之罪捏诬陷害妄议株连及籍产者〕

一、凡谋反、谋叛之罪,照律连坐籍没,其余情罪详载律内,俱应照律拟议,不得存心陷害,借言情罪重大,诬指朋党,妄议株连父母、兄弟、妻子,籍没家产。若承审官于本罪外,捏造此等言语,株连父母、兄弟、妻子,籍没家产者,即照故入人死罪律治罪。

现行刑律

28.364.(3)〔审办谋反谋叛之案不得诬指朋党妄议株连〕

一、凡谋反、谋叛之案,承审官不得存心陷害,借言情罪重大,诬指朋党,妄议株连。若于本罪外捏造此等言语,株连父母、兄弟、妻子者,照故入人死罪律治罪。

现行刑律案语

原例(略)

臣等谨按:光绪三十一年三月二十日〔1905年4月24日〕奉上谕:"缘坐各条,除知情者仍治罪外,余着悉予宽免等因。钦此。"原缘坐之法,不论其曾否知情,今惟知情者治罪,是治其本罪,非缘坐也,例内"照律连坐籍没"等语,应节删。谨将修改例文,开列于后。

〇修改(略)

大清律例

6.28.409.(6)〔凡驳饬改正之案刑部检查府州县原详据实核办〕

一、凡驳饬改正之案,刑部即检查该府、州、县原详,据实核办。如原详本无错误,经上司饬驳,致错拟罪名者,将该上司议处;如原详未奉饬驳,该上司代为承当,除原拟之员,仍按例处分外,将该管上司,照徇庇例严议。

现行刑律

28.364.(4)〔驳饬改正之案大理院检查原详据实核办〕

一、凡驳饬改正之案,大理院即检查该府、州、县原详,据实核办。如原详本无错误,经上司饬驳致错者,知照法部,将上司议处;如原详未奉饬驳,该上司代为承当,除原拟之员,仍按例处分外,将该管上司,照徇庇例严议。

现行刑律案语

原例(略)

臣等谨按:此条系嘉庆五年〔1800〕定例。“刑部”应改为“法部”,以符今制。谨将修改例文,开列于后。

○修改

一、凡驳饬改正之案,法部即检查该府、州、县原详,据实核办。如原详本无错误,经上司饬驳,致错拟罪名者,将该上司议处;如原详未奉饬驳,该上司代为承当,除原拟之员,仍按例处分外,将该管上司,照徇庇例严议。

会奏修改各条

原修改例文

6.28.409.(6)〔凡驳饬改正之案刑部检查府州县原详据实核办〕原修改例文(略)

6.28.409.(5)〔知府直隶州讯出关系生死大案实情改拟得当〕原修改例文(略)

谨按:前条“法部”拟改“大理院”,“议处”句拟改为“知照法部办理”。后条“部议”拟改为“大理院核议”,以符定制。谨将修改例文,分列于后。

○修改

28.364.(4)〔驳饬改正之案大理院检查原详据实核办〕(略)

28.364.(5)〔知府直隶州究出关系生死大案实情改拟得当〕(略)

大清律例

6.28.409.(5)〔知府直隶州讯出关系生死大案实情改拟得当〕

一、知府、直隶州,有将各州县审拟错误、关系生死出入大案,虚公研鞫,究出实情,改拟得当,经上司核定题达,部议准行者,交与吏部查明,奏请送部引见。

现行刑律

28.364.(5)〔知府直隶州究出关系生死大案实情改拟得当〕

一、知府、直隶州,有将各州县审拟错误、关系生死出入大案,虚公研鞫,究出实情,改拟得当,经上司核定奏奉大理院核议准行者,交与吏部查明,奏请送部引见。

现行刑律案语

原例(略)

臣等谨按:此条系乾隆四十一年〔1776〕定例,内“题达”应改“奏奉”。谨将修改例文,开列于后。

○修改

一、知府、直隶州,有将各州县审拟错误、关系生死出入大案,虚公研鞫,究出实情,改拟得当,经上司核定奏奉部议准行者,交与吏部查明,奏请送部引见。

会奏修改各条

〇修改(略)

见6.28.409.(6)〔凡驳饬改正之案刑部检查府州县原详据实核办〕条

条例·删除

大清律例

6.28.409.(4)〔州县承审逆伦罪关凌迟重案有故入失入〕

一、州县承审逆伦罪关凌迟重案，如有故入、失入，除业经定罪招解者，分别已决、未决，按律定拟外，其虽未招解，业已定供通详，经上司提审平反，究明故入、失入，各照本律减一等问拟。其余寻常审案，仍照旧办理。

删除律例

〇删除

6.28.410辩明冤枉／28.365辩明冤枉

律文·修改

大清律例

6.28.410.1凡内外问刑衙门辩明冤枉，须要开具本囚所枉事迹，实封奏闻，委官追问其冤情得实，被诬之人，依律改正，所枉之罪坐原告、诬告。原问官吏。以故失入罪论。〇6.28.410.2若罪囚事本无冤枉，朦胧辩明者，杖一百、徒三年。既曰朦胧，则原告、原问官为其诬矣。若所诬罪重于杖一百、徒三年者，以故出入人罪论。所辩之罪人知情，与朦辩同罪，如原犯重，止从重论。不知者不坐。

现行刑律

28.365.1凡内外问刑衙门辩明冤枉，须要开具本囚所枉事迹，实封奏闻，委官追问其冤情得实，被诬之人，依律改正，所枉之罪坐原告、诬告。原问官吏。以故失入罪论。〇28.365.2若罪囚事本无冤枉，朦胧辩明者，徒三年。既曰朦胧，则原告、原问官为其诬矣。若所诬罪重于徒三年者，以故出入人罪论。所辩之罪人知情，与朦辩同罪，如原犯重，止从重论。不知者不坐。

现行刑律案语

原律(略)

臣等谨按：此仍《明律》，顺治三年〔1646〕添入小注，雍正三年〔1725〕改定。律文及小注徒罪附杖均应照章节删。谨将修改律文、律注，开列于后。

〇修改(略)

条例·仍旧、修改、移改

大清律例

6.28.410.(1)〔法司明知冤枉不与辩理〕

现行刑律

28.365.(1)〔法司明知冤枉不与辩理〕

一、法司凡遇一应称冤调问,及各衙门奏送人犯,如有冤枉,及情罪有可矜疑者,即与辩理,具奏发落,毋拘成案。若明知冤枉,不与辩理者,以故入人罪论。

现行刑律案语

原例(略)

○仍旧

臣等谨按:此例应仍其旧,理合陈明。

大清律例

6.28.410.(6)〔处决人犯临刑时呼冤〕

一、凡处决人犯,有临刑时呼冤者,奏闻复鞫。如审明实有冤抑,立为申雪,将原审官参奏,照例惩治。如系妄行翻异,冀延显戮,除原犯斩罪仍即处斩外,如原犯绞罪者,亦改为斩罪,即行正法。

现行刑律

28.365.(2)〔处决人犯临刑呼冤〕

一、凡处决人犯,有临刑时呼冤者,奏闻复鞫。如审明实有冤抑,立为申雪,将原审官参奏,照例惩治。如系妄行翻异,冀延显戮,仍按原犯罪名,即行正法。

现行刑律案语

原例(略)

臣等谨按:此条系嘉庆十二年〔1807〕定例。查本条斩罪并不加重,独将绞罪拟加,殊未画一,且新章斩、决各条俱改绞决,此复由绞改斩,尤觉未安,拟改为"仍按原犯罪名,即行正法"。谨将修改例文,开列于后。

○修改(略)

大清律例

6.28.410.(4)〔会审重案并事涉两邑之案及承审错误另行委审〕

现行刑律

28.365.(3)〔会审重案并事涉两邑之案及承审错误另行委审〕

一、凡审理事件，除事涉两邑，或案情重大，发审之初，即委员会审者，仍令会同审详外，其因承审错误，另委别官审理者，专责委员虚心质讯，毋庸原问官会审。至定案后，如原问官果有徇私枉断、故出故入情弊，仍照例参处。其或供情疏漏，或援引拘泥，误出无心，经委员改正者，照审处错误例议处。

现行刑律案语

原例（略）

○仍旧

臣等谨按：此例应仍其旧，理合陈明。

大清律例

＊断狱・狱囚衣粮

6.28.401.(2)〔囚犯果有冤滥许管狱官据实申明〕（略）

现行刑律

28.365.(4)〔犯人果有冤滥许管狱官据实申明〕

一、凡管狱官专管囚禁，如犯人果有冤滥，许管狱官据实申明。如有狱官不准许，即直申上司提讯。

现行刑律案语

○移改（略）

见6.28.401.(2)〔囚犯果有冤滥许管狱官据实申明〕条

大清律例

6.28.410.(7)〔在督抚司道及知府上控之件分别亲提及委审并刁徒捏款诬控等〕

现行刑律

28.365.(5)〔在督抚司道及知府上控之件分别亲提及委审并刁徒捏款诬控等〕

一、各省督抚，除事关重大，案涉疑

难,应行提审要件,或奉旨发交审办,以及民人控告官员营私枉法、滥刑毙命各案,俱令率同司、道等亲行研审,并司、道等官接受所属控词,遇有前项各情,或经上司批发之案,亦即亲提审办。间有户婚、田土案件,头绪纷繁,必须酌派妥员,代为查审者,于结案时,仍由该司、道等官复勘定拟具详,不得仅委属员承审外,其余上控之件,讯系原问各官,业经定案,或案虽未定,而有抑勒画供、滥行羁押,及延不讯结,并书役诈赃舞弊情事,如在督抚处具控,即发交司、道审办,或距省较远,即发交该管守巡道审办;如在司、道处具控,即分别发交本属知府或邻近府、州、县审办;如在府、州处具控,即由该府、州亲提审办,概不准复交原问官,并会同原问官办理。审明后,按其罪名系例应招解者,仍照旧招解;系例不招解者,即由委审之员详结。其有委审之后,复经上控者,即令各上司衙门亲提研鞫,不得复行委审。若命、盗等案尚未成招,寻常案件尚无堂断,而上控呈词内,又无抑勒画供、滥行羁押,及延不讯结,并书吏诈赃舞弊各等情,应即照本宗公事未结绝者发当该官司追问律,仍令原问官审理,该管上司,仍照律取具归结缘由勾销。倘有应亲提而委审,或应亲提、委审而发交原问衙门者,即令该督抚指名严参,交部照例议处。其所委之员若有瞻徇、听嘱等弊,亦即严参治罪。该督抚有违例委审者,亦照例议处。至于刁健之徒,本无冤抑,或因负罪受惩,掩饰己非,捏款诬控,或因斗殴、婚姻、田宅等事,不赴本管官控理,辄赴上司衙门架词妄控者,仍按律治罪。

现行刑律案语

原例(略)

○仍旧

臣等谨按：此例应仍其旧，理合陈明。

条例·删除

大清律例

6.28.410.(2)〔法司遇有重囚称冤许移三法司会问〕

一、法司遇有重囚称冤，原问官员辄难辨理者，许该衙门移文会同三法司堂上官辨理。果有冤枉，及情可矜疑者，奏请定夺。

现行刑律案语

○删除

原例(略)

臣等谨按：此条系前明《问刑条例》，顺治三年〔1646〕删改，雍正三年〔1725〕改定。惟京师审判权限现今更改，并无三法司会审之制，此例无关引用，应即删除。

大清律例

6.28.410.(3)〔在外审理案件应照案犯籍贯批委该地方官审理〕

一、凡在外审理事件，应照案内人犯籍贯，批委该管地方官审理明白，申详完结。既经批委，不得反复改批别属。如果情事未明，务须详细指驳。倘原问官仍复朦混申详，即题参议处，另委别官审理。若督抚等官将事理已明之案，故生枝节，屡行批驳，迟延不结者，亦交该部议处。

删除律例

○删除

大清律例

6.28.410.(5)〔命盗案件经该督抚臬司驳审者〕

一、命、盗案件，经该督抚、臬司驳审，除案情重大，须该知府赴省审理，或系委派会审，仍听该督抚随时酌量办理外，如果案情与原招并无出入，即由附省知府审转，仍许原审知府一体列衔申详。倘审理错谬关系重大者，即将承审之州县，及率转之知府，一并开参，照例分别议处。

现行刑律案语

○删除

原例(略)

臣等谨按：各省知府上详之案，如罪名错误或情节可疑，各督抚、臬司均系驳令再行复审，或委员会审。若解审人犯到省翻供，即发省城发审局讯办，统由首府申转，绝少各本府会同申转之案，因知府之事繁者，其驳审之案必多，势不能时常在省会同审讯，其距省道里窎远者，尤为不便，此条与现在情形不符，拟即删除。

6.28.411 有司决囚等第 / 28.366 有司决囚等第

律文 · 修改

大清律例

6.28.411.1 凡有司于狱囚始而鞫问明白，继而追勘完备，军、流、徒罪，各从府、州、县决配。至死罪者，在内法司定议，在外听督抚审录无冤，依律议拟，斩、绞情罪。法司复勘定议奏闻候有回报，应立决者，委官处决。故延不决者，杖六十。○6.28.411.2 其公同审录之际，若犯人自行反异，原招，或家属代诉称冤，审录官即便再与推鞫。事果违枉，即公同将原问、原审官吏，通问改正。同将原问、原审之官吏通行提问，改正其罪。○6.28.411.3 若囚犯明称冤抑，审录官不为申理改正者，以入人罪故，或受赃挟私。失或一时不及参究。论。

现行刑律

28.366.1 凡有司于狱囚始而鞫问明白，继而追勘完备，遣、流、徒罪，各从府、州、县决配。至死罪者，在内法司定议，在外听督抚审录无冤，依律议拟，斩、绞情罪。法司复勘定议奏闻候有回报，应立决者，委官处决。故延不决者，处六等罚。○28.366.2 其公同审录之际，若犯人自行反异，原招，或家属代诉称冤，审录官即便再与推鞫。事果违枉，即公同将原问、原审官吏，通问改正。同将原问、原审之官吏通行提问，改正其罪。○28.366.3 若囚犯明称冤抑，审录官不为申理改正者，以入人罪故，或受赃挟私。失或一时不及参究。论。

现行刑律案语

原律(略)

臣等谨按：此律应仍其旧。惟“军”字应改“遣”字，“杖六十”照章罚金，应改为“处六等罚”。谨将修改律文，开列于后。

○修改(略)

条例·修改、移改、续纂、仍旧、修并

大清律例	现行刑律
6.28.411.(27)〔勾决人犯绑出之日步军派员护送〕 一、每年朝审勾到,刑部将人犯绑出之日,步军统领衙门派步军翼尉一员护送。	28.366.(1)〔步军派员护送秋审人犯勾到给事中及法部侍郎监视行刑〕 一、法部秋审人犯勾到时,先期知照步军统领衙门,临时派步军翼尉一员护送。行刑时,着给事中及法部侍郎一人监视。

现行刑律案语

原例

6.28.411.(6)〔秋审勾到各省本章及朝审案件分由各道御史及京畿道承办〕(略)

6.28.411.(7)〔每年秋朝审御史与掌道与审〕(略)

6.28.411.(27)〔勾决人犯绑出之日步军派员护送〕(略)

臣等谨按:以上三例,第一条首层言秋、朝审本章归各道御史承办之法,与第二条上班、与审一事相因,应即修并为一。至行刑监视一层,与第三条绑送人犯相属,亦应修并为一。其"刑科""刑部"字样,均照章删改。谨将修并例文二条,开列于后。

〇修并

一、凡每年秋审,某省即令某道御史一体上班。朝审,令京畿道御史同掌道与审。秋审勾到时,遇某省本章,即着某道御史承办。朝审案件,令京畿道专办。

一、每年朝审勾到,法部将人犯绑出之日,步军统领衙门派步军翼尉一员护送。行刑时,着给事中及法部侍郎一人监视。

会奏修改各条

原修改例文

一、每年朝审勾到,法部将人犯绑出之日,步军统领衙门派步军翼尉一员护送。行刑时,着给事中及法部侍郎一人监视。

6.28.411.(25)〔秋审朝审勾决榜揭示众〕原修改例文(略)

6.28.411.(28)〔秋朝审情实官常犯十次未勾改入缓决〕《核订现行刑律》原修改例文(略)

6.28.411.(53)〔秋审官犯法部年终汇单具奏〕原修改例文(略)

6.28.411.(9)〔各省秋审本揭及九卿会审刑部招册〕原修改例文(略)

6.28.411.(1)〔秋审并行文及正法各限期〕原修改例文(略)

1.1.5.(1)〔阵亡者之父祖子孙有犯寻常斗殴杀等死罪〕原移改例文(略)

原续纂例文

一、各省应入秋审人犯,除例应情实,及实缓介在疑似,并矜留暂难确定各案,仍照旧一体归入秋审册内核办外,其应入缓决毫无疑义者,各该督抚定案具奏时,妥拟确实出语,随本声明酌入缓决。每年册送后尾时,将随本奏准拟缓各案,另分一册,法部汇齐此项人犯案由、罪名,再行缮单覆奏一次,即毋庸会画具题。

臣等谨按:以上八条,俱从前办理秋、朝审之例。惟新章九卿审录既停,在京审录与各省秋审办法并无歧异,凡各例内"朝审"字样分别节删,以昭画一。此外督抚会审及造送招册等项,亦应查照此次定章更正。谨将修改例文,开列于后。

○修改

28.366.(1)〔步军派员护送秋审人犯勾到给事中及法部侍郎监视行刑〕(略)

28.366.(2)〔秋审勾决榜揭示众〕(略)

28.366.(3)〔秋审情实人犯十次未勾服制人犯两次免勾改入缓决〕(略)

28.366.(4)〔秋审官犯法部年终汇单具奏〕(略)

28.366.(6)〔秋审新事人犯应归入秋审册内核办者〕(略)

28.366.(7)〔秋审并行文及正法各限期〕(略)

28.366.(8)〔阵亡者之父祖子孙有犯寻常斗殴杀等死罪〕(略)

28.366.(9)〔各省秋审随本奏准拟缓各案另册汇齐复奏〕(略)

大清律例

6.28.411.(25)〔秋审朝审勾决榜揭示众〕

一、每年秋审勾到后,大学士会同刑部,将已勾、未勾情节,摘叙简明事由奏闻,行知各督抚于处决时,揭示通衢晓谕。朝审,由刑部发交该城榜示。其各省官犯,俱俟朝审勾到后,奏闻颁发。

现行刑律

28.366.(2)〔秋审勾决榜揭示众〕

一、每年秋审勾到后,大学士会同法部,将已勾、未勾情节,摘叙简明事由奏闻,札行各省按察司或提法使于处决时,揭示通衢晓谕。京师秋审人犯,由法部榜示。

现行刑律案语

原例(略)

臣等谨按:此例应仍其旧,惟"刑部"应改"法部",五城已奉裁撤,应将"发交该城"等字节删。谨将修改例文,开列于后。

○修改

一、每年秋审勾到后,大学士会同法部,将已勾、未勾情节,摘叙简明事由奏闻,行知各督抚于处决时,揭示通衢晓谕。朝审由法部榜示。其各省官犯,俱俟朝审勾到后,奏闻颁发。

会奏修改各条

○修改(略)

见6.28.411.(27)〔勾决人犯绑出之日步军派员护送〕条

大清律例	现行刑律
6.28.411.(28)〔秋朝审情实官常犯十次未勾改入缓决〕 一、秋、朝审情实官、常犯，有经十次未勾者，刑部查明奏闻，下次改入缓决，不得擅改可矜。其官犯已改缓决后，如遇查办缓决三次以上时，不得与常犯一例减等。其中或有应行宽宥者，恭候谕旨办理。	28.366.(3)〔秋审情实人犯十次未勾服制人犯两次免勾改入缓决〕 一、秋审情实之犯，有经十次未勾者，法部查明奏闻，改入缓决，不得擅改可矜。其服制人犯，俟两次免勾之后，大学士会同法部堂官，将人犯招册复加详勘，其有实在情节可宽者，摘叙实情，确加看语，请旨改入缓决。

现行刑律案语

原例(略)

臣等谨按：此例应仍其旧，惟"刑部"应改"法部"。谨将修改例文，开列于后。

○修改

一、秋、朝审情实官、常犯，有经十次未勾者，法部查明奏闻，下次改入缓决，不得擅改可矜。其官犯已改缓决后，如遇查办缓决三次以上时，不得与常犯一例减等。其中或有应行宽宥者，恭候谕旨办理。

核订现行刑律

原修改例文

6.28.411.(28)〔秋朝审情实官常犯十次未勾改入缓决〕原修改例文(略)

6.28.411.(47)〔秋审情实罪干服制官犯常犯免勾后请旨缓决〕原修改例文(略)

谨按：以上二条，一为官、常犯十次未勾，改缓不改矜并官犯不得减等而设；一为官犯及服制免勾后，分别年限改缓而设。查向章官犯及常犯谋故杀情实，十次改缓；服制人犯情实，二次改缓，历经遵办在案，盖即根据于此。窃维秋、朝审之制乃我朝旷典，于应拟死罪之中仍寓停比之意，仁恩汪濊未便骤议废除。惟官犯一项，从前本与常犯分别实、缓，迨乾隆时始不论情节，概予入实，虽为整饬官、常起见，究与至死无可复加之旨未符。且服制罪干十恶，两次入实尚予改缓，官犯不过地位之不同，似不应重于服制。现在编辑秋审条款之时，拟请饬下修律大臣等将官犯一项分别情节，详定实、缓，藉昭公允而资遵守。至例内"官犯十次免勾"一层应行节删，并将二例酌量修辑，一作为分别年限改缓之例，一作为官犯及服制另册进呈之例，以清眉目。谨将修改例文,开列于后。

○修改

一、秋、朝审情实之犯,有经十次未勾者,法部查明奏闻,改入缓决,不得擅改可矜。其服制人犯,俟两次免勾之后,大学士会同法部堂官,将人犯招册复加详勘,其有实在情节可宽,摘叙实情,确加看语,请旨改入缓决。

28.366.(5)〔秋审官常犯罪干服制另册进呈〕(略)

会奏修改各条

○修改(略)

见6.28.411.(27)〔勾决人犯绑出之日步军派员护送〕条

大清律例

6.28.411.(53)〔秋审官犯法部年终汇单具奏〕

一、秋、朝审官犯,刑部于每年年终,汇开清单,具奏一次。单内将所犯事由、罪名,及监禁年分,并该犯年岁,详细注明。

现行刑律

28.366.(4)〔秋审官犯法部年终汇单具奏〕

一、秋审官犯,法部于每年年终,汇开清单,具奏一次。单内将所犯事由、罪名,及监禁年分,并该犯年岁,详细注明。

现行刑律案语

原例(略)

臣等谨按:此例应仍其旧,惟"刑部"应改"法部"。谨将修改例文,开列于后。

○修改

一、秋、朝审官犯,法部于每年年终汇开清单,具奏一次。单内将所犯事由、罪名,及监禁年分,并该犯年岁,详细注明。

会奏修改各条

○修改(略)

见6.28.411.(27)〔勾决人犯绑出之日步军派员护送〕条

大清律例

6.28.411.(47)〔秋审情实罪干服制官犯常犯免勾后请旨缓决〕

一、凡官犯,及常犯罪干服制,由立决改为监候者,又卑幼听从尊长主使殴

现行刑律

28.366.(5)〔秋审官常犯罪干服制另册进呈〕

一、凡官犯,及常犯罪干服制,法部于秋审时,俱各另缮一册,列于各省常

死本宗小功大功兄姊及尊属，例应斩候者，刑部于秋审时，俱列入情实，各另缮一册，列于各该省常犯情实黄册之前，进呈候勾。官犯俟十次免勾之后，服制常犯俟两次免勾之后，大学士会同刑部堂官，将人犯招册，复加详勘。其有实在情节可宽者，摘叙案情，确加看语，请旨改入缓决。

犯之前进呈。

现行刑律案语

原例（略）

臣等谨按：罪干服制，有由立决改为监候者，有例应监候者，此条仅举听从殴死功服尊长一项，未免罣漏，拟改为“由立决改为监候，及例应监候者”，较为赅括。“刑部”应改“法部”。谨将修改例文，开列于后。

〇修改

一、凡官犯，及常犯罪干服制，由立决改为监候，及例应监候者，法部于秋审时，俱列入情实，各另缮一册，列于各省常犯情实黄册之前，进呈候勾。官犯俟十次免勾之后，服制常犯俟两次免勾之后，大学士会同法部堂官，将人犯招册，复加详勘。其有实在情节可宽者，摘叙案情，确加看语，请旨改入缓决。

核订现行刑律

〇修改（略）

见6.28.411.(28)〔秋朝审情实官常犯十次未勾改入缓决〕条

大清律例

6.28.411.(9)〔各省秋审本揭及九卿会审刑部招册〕

一、各省秋审本揭，如系新事初次入秋审者，照旧备叙案由，确加看语，以凭会核。其旧事缓决人犯，摘叙简明略节，依次汇为一本具题。俱不必叙入问供，以省繁冗。至九卿会审时，刑部分送招册内，除情实未勾，及初次入秋审者，仍刷印招册分送详核外，其旧事已入缓决者，不必重复备册，分送会审，止

现行刑律

28.366.(6)〔秋审新事人犯应归入秋审册内核办者〕

一、每年秋审新事人犯，凡例应情实，及实、缓、矜、留未定，应归入秋审册内核办者，备叙案由，确加看语，以凭核办；并刊刷招册，暨旧事情实未勾人犯招册，分送给事中各道存查。至缓决人犯，除新事随本拟缓者，由法部缮单具奏外，其旧事人犯，亦由法部汇齐，摘叙简明节略，缮单具奏，毋须备册，以省

于会审时逐一唱名,进呈秋审本内,亦开列起数、名数具题。若旧事内有一、二案尚须商议,并该督抚前拟情实后改缓决、前拟缓决后改可矜之案,仍听刑部摘出,临期印册,分送九卿公同会议。朝审案犯,一体办理。

繁冗。

现行刑律案语

原例(略)

臣等谨按:此例应仍其旧,惟“本揭”“具题”及“九卿”“刑部”字样,均应查照现章删改。谨将修改例文,开列于后。

〇修改

一、各省秋审,如系新事初次入秋审者,照旧备叙案由,确加看语,以凭会核。其旧事缓决人犯,摘叙简明略节,依次汇为一本具奏。俱不必叙入问供,以省繁冗。至会审时,法部分送招册内,除情实未勾,及初次入秋审者,仍刷印招册分送详核外,其旧事已入缓决者,不必重复备册,分送会审,止于会审时逐一唱名,进呈秋审本内,亦开列起数、名数具题。若旧事内有一、二案尚须商议,并该督抚前拟情实后改缓决、前拟缓决后改可矜之案,仍听法部摘出,临期印册,分送部院公同会议。朝审案犯,一体办理。

会奏修改各条

〇修改(略)

见6.28.411.(27)〔勾决人犯绑出之日步军派员护送〕条

大清律例

6.28.411.(1)〔秋审并行文及正法各限期〕

一、秋审时,督抚将重犯审拟情实、缓决、可矜具题,限五月内到部。刑部将原案及法司看语并督抚看语,刊刷招册,送九卿、詹事、科道各一册。八月内,在金水桥西,会同详核情实、缓决、可矜,分拟具题,请旨定夺。其盛京等处案件,亦造入各省秋审案内具题。俟命下日,先后咨行直省,将情实人犯,于

现行刑律

28.366.(7)〔秋审并行文及正法各限期〕

一、各省秋审人犯,按察司或提法使定拟情实、缓决、可矜,造具秋审后尾,限五月内申送法部。法部就原案加具看语,刊刷招册,咨送给事中各道各一册,按勾到日期前五日,请旨定夺。俟命下日,先后咨行直省,将情实人犯,于霜降后冬至前正法。其咨文到地方限期,云南、贵州、四川、广西、广东、福

霜降后冬至前正法。其咨文到地方限期,云南、贵州、四川、广西、广东、福建限四十日,江西、浙江、湖南、甘肃限二十五日,江南、陕西、湖北限十八日,河南限十二日,山东、山西限九日,直隶限四日,盛京限十五日,宁古塔限一个月。限内迟延不到者,该督抚将迟延地方官察明指参。至于秋审具题后,如有新结重案,俱入次年秋审。

建限四十日,江西、浙江、湖南、甘肃限二十五日,江苏、安徽、陕西、湖北限十八日,河南限十二日,山东、山西限九日,直隶限四日,奉天限十五日,吉林、黑龙江限一个月。限内迟延不到者,该督抚将迟延地方官察明指参。其截止日期,云南、贵州、四川、广西、广东以年前封印日,福建以正月三十日,奉天、吉林、黑龙江、陕西、甘肃、湖北、湖南、浙江、江西、安徽、江苏以二月初十日,河南、山东、山西以三月初十日,直隶以三月三十日。如有新结重案,俱入次年秋审。

现行刑律案语

原例(略)

臣等谨按:此条系康熙年间《现行例》,乾隆三十二年〔1767〕改定。例内"刑部"应改"法部","九卿、詹事"等字亦应酌改,东三省既设行省,旗民一律办理。其盛京等处案件造入各省秋审案内具题,自不待言,并应节删。"宁古塔"应改"吉林","江南"应改"江苏、安徽"。至各省秋审皆有截止日期,并非以具题后为限,应将各省截止日期添入。谨将修改例文,开列于后。

〇修改

一、秋审时,督抚将重犯审拟情实、缓决、可矜具题,限五月内到部。法部将原案及法司看语并督抚看语,刊刷招册,送各部院、给事中、各道各一册。八月内,在金水桥西,会同详核情实、缓决、可矜,分拟具题,请旨定夺。俟命下日,先后咨行直省,将情实人犯,于霜降后冬至前正法。其咨文到地方限期,云南、贵州、四川、广西、广东、福建限四十日,江西、浙江、湖南、甘肃限二十五日,江苏、安徽、陕西、湖北限十八日,河南限十二日,山东、山西限九日,直隶限四日,奉天限十五日,吉林、黑龙江限一个月。限内迟延不到者,该督抚将迟延地方官察明指参。其截止日期,云南、贵州、四川、广西、广东以年前封印日,福建以正月三十日,奉天、吉林、黑龙江、陕西、甘肃、湖北、湖南、浙江、江西、安徽、江苏以二月初十日,河南、山东、山西以三月初十日,直隶以三月三十日。如有新结重案,俱入次年秋审。

会奏修改各条

〇修改(略)

见6.28.411.(27)〔勾决人犯绑出之日步军派员护送〕条

大清律例

＊名例・应议者之父祖有犯

1.1.5.(1)〔阵亡者之父祖子孙有犯寻常斗殴杀等死罪〕

现行刑律

28.366.(8)〔阵亡者之父祖子孙有犯寻常斗殴杀等死罪〕

一、凡内外问拟斩、绞各犯,察有父祖子孙阵亡者,除十恶、侵盗钱粮、枉法不枉法赃、强盗、放火、发冢、诈伪、故出入人罪、谋故杀各项重罪外,如所犯系寻常斗杀及非常赦所不原各项死罪,核其情节,应入情实者,在内由各审判衙门、在外由各省,于取供定罪后,即移咨八旗、陆军部查取确实简明事迹,声叙入本,俟秋审办理勾到时,法部于进呈黄册内,将本犯父祖子孙阵亡事迹黏签声叙,恭候钦定。其前项人犯,应入缓决者,亦照前声叙,准其缓决一次后即予减等,一人优免一次后,不准再行声请。

现行刑律案语

○移改(略)

见1.1.5.(1)〔阵亡者之父祖子孙有犯寻常斗殴杀等死罪〕条

会奏修改各条

○修改(略)

见6.28.411.(27)〔勾决人犯绑出之日步军派员护送〕条

现行刑律

28.366.(9)〔各省秋审随本奏准拟缓各案另册汇齐复奏〕

一、各省应入秋审人犯,除例应情实,及实缓介在疑似,并矜留暂难确定各案,仍照旧一体归入秋审册内核办外,其应入缓决毫无疑义者,于定案具奏时,妥拟确实出语,随本声明酌入缓决。按察司或提法使每年册送后尾时,将随本奏准拟缓各案另分一册,法部汇齐此项人犯案由、罪名,再行缮单复奏一次。

现行刑律案语

〇续纂

一、各省应入秋审人犯，除例应情实，及实缓介在疑似，并矜留暂难确定各案，仍照旧一体归入秋审册内核办外，其应入缓决毫无疑义者，各该督抚定案具奏时，妥拟确实出语，随本声明酌入缓决。每年册送后尾时，将随本奏准拟缓各案另分一册，法部汇齐此项人犯案由、罪名，再行缮单复奏一次，即毋庸会画具题。

臣等谨按：光绪三十三年十二月〔1908 年 1－2 月〕内法部等衙门奏《请变通秋审缓决人犯办法》一折，内称"各省应入秋审人犯，凡例应缓决者，均令各该督抚于定案具奏时妥拟确实出语，声明酌入缓决字样，分咨大理院复判，统由臣部详核复奏，仍俟秋审时汇齐此项人犯案由、罪名，缮单具奏一次，毋庸归入缓决本内具题。若系例应情实，及实缓介在疑似，并矜留暂难确定各案，应仍按照旧章一体归入秋审册内核办"，又酌议"章程清单内开各省每年册送后尾时，应将随本奏准拟缓各案另分一册"等因。具奏，奉旨允准在案。自应按照原奏章程撮要纂入例册，以资遵守。

会奏修改各条

〇修改(略)

见6.28.411.(27)〔勾决人犯绑出之日步军派员护送〕条

大清律例

6.28.411.(59)〔应拟斩绞人犯染患重病及监故督抚限期派验及题报〕

一、凡应拟斩、绞人犯，染患重病，该督抚接到州县通详，即先具文报部，仍责成该督抚详加查核。如有假捏情事，立将承审及核转各员，严行参处。倘督抚不行详察，经部核对原咨，查出弊窦，将该督抚一并严参。其前项人犯，遇有在监病故，无论曾否结案，及已未入秋审情实、缓决，该州县立时详报，该督抚据详，派员前往相验。若时逢盛暑，或离省窎远之各厅、州、县，该管道、府据报，即派邻近之员往验。如病故系新旧事情实人犯，该督抚于接到详文之日，先行题报，总不得过十日之限。其派员相验，及研讯刑禁人等有无凌虐情

现行刑律

28.366.(10)〔应拟斩绞人犯染患重病及监故督抚限期验报〕

一、凡应拟斩、绞人犯，染患重病，该督抚接到州县通详，即先具文报部，仍责成该督抚详加查核。如有假捏情事，立将承审及核转各员，严行参处。倘督抚不行详察，经院核对原咨，查出弊窦，知照法部，将该督抚一并严参。其前项人犯，遇有在监病故，无论曾否结案，及已未入秋审情实、缓决，该州县立时详报，该督抚据详，派员前往相验。若时逢盛暑，或离省窎远之各厅、州、县，该管道、府据报，即派邻近之员往验。如病故系新旧事情实人犯，该督抚于接到详文之日，先行咨部，于秋审册内扣除，总不得过十日之限。其派员相

弊,除去程限日期,以一月为限,具文报部。若系缓决,及应入次年秋审情实人犯,仍照向例办理。如验报迟逾,分别交部议处。

验,及研讯刑禁人等有无凌虐情弊,除去程限日期,以一月为限。若系缓决,及应入次年秋审情实人犯,仍照向例办理。如验报迟逾,分别交部议处。

现行刑律案语

原例(略)

臣等谨按:此条系乾隆四十四年〔1779〕定例,道光十八年〔1838〕改定。查各省例应具题之件,现已分别改为奏咨,应将例内"先行题报"四字改为"先行咨部,于秋审册内扣除","具文报部"四字应删。谨将修改例文,开列于后。

○修改

一、凡应拟斩、绞人犯,染患重病,该督抚接到州县通详,即先具文报部,仍责成该督抚详加查核。如有假捏情事,立将承审及核转各员,严行参处。倘督抚不行详察,经部核对原咨,查出弊窦,将该督抚一并严参。其前项人犯,遇有在监病故,无论曾否结案,及已未入秋审情实、缓决,该州县立时详报,该督抚据详,派员前往相验。若时逢盛暑,或离省穹远之各厅、州、县,该管道、府据报,即派邻近之员往验。如病故系新旧事情实人犯,该督抚于接到详文之日,先行咨部,于秋审册内扣除,总不得过十日之限。其派员相验,及研讯刑禁人等有无凌虐情弊,除去程限日期,以一月为限。若系缓决,及应入次年秋审情实人犯,仍照向例办理。如验报迟逾,分别交部议处。

会奏修改各条

原修改例文

6.28.411.(59)〔应拟斩绞人犯染患重病及监故督抚限期派验及题报〕原修改例文(略)

6.28.411.(10)〔刑部奉特交事件分别奏结会题专题汇题〕原修改例文(略)

6.28.411.(22)〔刑部核复各省审题案件〕原修改例文(略)

6.28.411.(23)〔祖父母父母因子孙触犯呈送发遣〕(略)

谨按:以上四条,凡法部、大理院会同核复之处,俱应改为"大理院复判",第一条"严参"一层拟改为"知照法部办理",第四条"俟部复准"句应改为"俟院复准",以符定制。谨将修改例文,开列于后。

○修改

28.366.(10)〔应拟斩绞人犯染患重病及监故督抚限期验报〕(略)

28.366.(13)〔大理院奉特交事件分别具结专奏汇奏〕(略)

28.366.(14)〔大理院复判各省审奏事件〕(略)

28.366.(22)〔祖父母父母因子孙触犯呈送发遣〕(略)

大清律例

6.28.411.(21)〔各省官犯定案收禁及勾到行刑〕

一、各省官犯于定案时,即在按察使衙门收禁。秋审勾本到省,照刑部决囚之例,将情实官犯,全行绑赴市曹,即令按察使监视行刑,奉到谕旨,当场开读,按照予勾之犯,验明处决。

现行刑律

28.366.(11)〔各省官犯定案收禁及勾到行刑〕

一、各省官犯于定案时,即在按察使提法司同。衙门收禁。秋审勾本到省,照法部决囚之例,将情实官犯,全行押赴行刑场,即令该司监视行刑,奉到谕旨,当场开读,按照予勾之犯,验明处决。

现行刑律案语

原例(略)

臣等谨按:此例应仍其旧,惟直省新设提法司与按察使同,应于例内注明。行刑向在市曹,现在改用密行之制,应即改为"行刑场"。"刑部"改为"法部"。谨将修改例文,开列于后。

○修改(略)

大清律例

6.28.411.(3)〔各省每年题结斩绞重案〕

一、各省每年题结斩、绞重案,刑部于次年开印后,分类摘叙简明事由,缮折奏闻。

现行刑律

28.366.(12)〔各省每年奏结斩绞重案〕

一、各省每年奏结斩、绞重案,法部于次年开印后,分类摘叙简明事由,缮折奏闻。

现行刑律案语

原例(略)

臣等谨按:此条系康熙七年〔1668〕定例,乾隆二十三年〔1758〕修改,嘉庆二十三年〔1818〕改定。例内"题结"应改"奏结","刑部"亦应改为"法部"。谨将修改例文,开列于后。

○修改(略)

大清律例

6.28.411.(10)〔刑部奉特交事件分别奏结会题专题汇题〕

一、刑部奉特交事件,即审明无罪

现行刑律

28.366.(13)〔大理院奉特交事件分别具结专奏汇奏〕

一、大理院奉特交事件,即审明无

可科,应具折复奏。如罪至斩、绞,仍会同三法司核拟,特题完结。其他案件,除杖、枷等罪竟行发落外,犯该遣、军、流、徒,及军、流、徒折枷等罪,倘非寻常经见之事,及畸重畸轻之案,并犯罪文自生监以上、武自骁骑校以上,或本身虽白丁,系现任大员子弟,犯该断决者,俱详叙供招,不拘件数、时日,随结随题。内有畸重畸轻案件,仍于改拟之处粘贴黄签,恭呈御览,俟奉旨之日发落。寻常徒、流、军、遣等罪,于审结之日,先行发落,按季汇题。

罪可科,应具折复奏。如罪至斩、绞,即由大理院核拟具奏。其他案件,犯该遣、流、徒等罪,倘非寻常经见之事,及畸重畸轻之案,并犯罪文自生监以上、武自骁骑校以上,或本身虽白丁,系现任大员子弟,犯该断决者,俱详叙供招,不拘件数、时日,随结随奏。内有畸重畸轻案件,仍于改拟之处粘贴黄签,恭呈御览,俟奉旨之日发落。寻常遣、流、徒等罪,于审结之日,先行发落,按季汇奏。

现行刑律案语

原例(略)

臣等谨按:现在特交事件照章归大理院办理,亦间有特交法部者,应改"刑部"为"法部","大理院、三法司"亦改"部院"。枷、杖已改罚金。例内军罪及"除枷、杖等罪竟行发落",并"军、流、徒折枷"等语,均应节删。"题"字一律改"奏"。谨将修改例文,开列于后。

○修改

一、法部、大理院奉特交事件,即审明无罪可科,应具折复奏。如罪至斩、绞,即由法部、大理院会同核拟具奏。其他案件,犯该遣、流、徒等罪,倘非寻常经见之事,及畸重畸轻之案,并犯罪文自生监以上、武自骁骑校以上,或本身虽白丁,系现任大员子弟,犯该断决者,俱详叙供招,不拘件数、时日,随结随奏。内有畸重畸轻案件,仍于改拟之处粘贴黄签,恭呈御览,俟奉旨之日发落。寻常遣、流、徒等罪,于审结之日,先行发落,按季汇奏。

会奏修改各条

○修改(略)

见28.366.(10)〔应拟斩绞人犯染患重病及监故督抚限期验报〕条

大清律例

6.28.411.(22)〔刑部核复各省审题案件〕

一、刑部核复各省审题事件,内有余犯拟罪未当,应驳令复审,而正犯应

现行刑律

28.366.(14)〔大理院复判各省审奏事件〕

一、大理院复判各省审奏事件,内

立正典刑,无庸质讯,其罪又无可加者,即先决正犯,不必一概驳令复审。

有余犯拟罪未当,应驳令复审,而正犯应立正典刑,无庸质讯,其罪又无可加者,即先决正犯,不必一概驳令复审。

现行刑律案语

原例(略)

臣等谨按:新章各省审奏事件皆分达法部、大理院复判,例内"刑部"应改为"法部",大理院"审题"应改"审奏"。谨将修改例文,开列于后。

○修改

一、法部、大理院核复各省审奏事件,内有余犯拟罪未当,应驳令复审,而正犯应立正典刑,无庸质讯,其罪又无可加者,即先决正犯,不必一概驳令复审。

会奏修改各条

○修改(略)

见28.366.(10)〔应拟斩绞人犯染患重病及监故督抚限期验报〕条

大清律例

6.28.411.(18)〔审办逆伦重案分别距省远近于犯地及省垣正法并枭示〕

一、凡审办逆伦重案,除子孙殴伤、误伤、误杀及过失杀祖父母、父母,仍各照定例办理外,其子孙殴杀祖父母、父母之案,无论是否因疯,悉照本律问拟。如距省在三百里以内,无江河阻隔者,均于审明后,即恭请王命,委员会同该地方官,押赴犯事地方,即行正法。若距省在三百里以外,即在省垣正法,仍将首级解回犯事地方枭示。

现行刑律

28.366.(15)〔逆伦重案审明即行正法〕

一、凡审办逆伦重案,除子孙殴伤、误伤、误杀祖父母、父母,仍各照本例办理外,其子孙殴杀祖父母、父母之案,无论是否因疯,悉照本律问拟。于审明后,恭请王命,即行正法。

现行刑律案语

原例(略)

臣等谨按:此条系不令逆伦重犯日久稽诛之意,故于审明后即行正法。至所称距省在三百里以内,押赴犯事地方正法,及在省垣正法,将首级解回犯事地方等语,原为枭首示案起见,惟现在刑杀已改密行之制,枭示一项业经奏准废止,此两层无关引用,应节删。例首除笔内过失杀祖父母、父母,原例现拟删除,业于彼条内声明在案,此处亦应节去。谨将修改例文,开列于后。

○修改(略)

大清律例

6.28.411.(24)〔云南处决重囚印官公出又无同城佐贰准由吏目等官监决〕

一、云南省处决重囚,部文到日,如州县无同城佐贰,印官公出,除公出报府有案,并县在附郭者,仍照定例由府委员监决外,其非附郭首县,如有猝奉调遣不及报府者,部文到日,即准令该吏目、典史,会同营员,代为监决。仍将印官因何公出,及代为监决缘由,具报上司查核,毋庸申请本府另行委员。

现行刑律

28.366.(16)〔边省处决重囚印官公出又无同城佐贰准令吏目等官监决〕

一、边省处决重囚,部文到日,如州县无同城佐贰,印官公出,除公出报府有案,并县在附郭者,仍照定例由府委员监决外,其非附郭首县,如有猝奉调遣不及报府者,部文到日,即准令该吏目、典史,会同营员,代为监决。仍将印官因何公出,及代为监决缘由,具报上司查核,毋庸申请本府另行委员。

现行刑律案语

原例(略)

臣等谨按:云南一省,除昆明、太和二县外,其余州县无同城佐贰官,因定此例。惟各直省州县无同城佐贰者尚多,应改为通例,以资遵守。谨将修改例文,开列于后。

○修改(略)

大清律例

6.28.411.(26)〔凶盗逆犯干涉军机应立决及刑鞫者〕

现行刑律

28.366.(17)〔凶盗逆犯干涉军机应立决及刑鞫者〕

一、凡凶盗逆犯,干涉军机,应行立决,及须刑鞫者,均即随时办理,声明咨部,毋庸拘泥停刑旧例。其寻常案件,仍照定例月日停刑。

现行刑律案语

原例(略)

○仍旧

臣等谨按:此例应仍其旧,理合陈明。

大清律例

6.28.411.(4)〔印官公出处决重囚〕

现行刑律

28.366.(18)〔印官公出处决重囚〕

一、凡立决之犯，部文到日，如正印官公出，令同城之州同、州判、县丞、主簿等官，会同本城武职，遵查不停刑日，代行监决。若该地方无佐贰官，令该知府于部文到时，即委府属之同知、通判、经历等官，速至该州县，会同武职，代行监决。该佐贰等官监斩后，将正印官因何事公出，并现委某官，于何年月日，会同武职某官，监决何犯，逐一详报各上司查核。

现行刑律案语

原例（略）

○仍旧

臣等谨按：此例应仍其旧，理合陈明。

大清律例

6.28.411.(43)〔招解逆匪凶盗罪应斩枭立决人犯到省留禁待决〕

一、凡各省州县招解逆匪凶盗罪应斩枭、立决人犯，该督抚于各州县解犯到省，审明题奏后，即留禁按察使监及首府、县监，牢固监禁，俟奉到逆匪凶盗案内部文，按察使会同督抚标中军，督率府县，亲提各犯验明，绑赴市曹，监视处决。应枭示者，仍传首犯事地方示众。

现行刑律

28.366.(19)〔招解逆匪凶盗罪应斩绞立决人犯解省留禁待决〕

一、凡各省州县招解逆匪凶盗罪应斩、绞立决人犯，该督抚于各州县解省，审明具奏后，即留禁省监。俟奉到部文，臬司会同督抚标中军，督率府县，亲提各犯，验明处决。

现行刑律案语

原例（略）

臣等谨按：此条系乾隆年间定例，嘉庆六年〔1801〕改定。现在斩枭罪名业已删除，应将“枭示”各语并繁冗字句，均行节删。谨将修改例文，开列于后。

○修改(略)

大清律例	现行刑律
6.28.411.(40)〔扈驾官员之跟随仆役在途殴毙人命等案〕	28.366.(20)〔扈驾官员之跟随仆役在途殴毙人命等案〕 一、凡扈从车驾官员之跟随、仆役,如有在途次殴毙人命等案,该督抚即行具奏,恭候钦派大臣,会同行在法司审明,迅速办理,不得拘泥寻常例限。其余日行事件,亦不得辗转稽迟。违者,将该督抚交部严加议处。

现行刑律案语

原例(略)

○仍旧

臣等谨按:此例应仍其旧,理合陈明。

大清律例	现行刑律
6.28.411.(39)〔绿营革兵有犯加等治罪〕 一、凡绿营兵丁,因事斥革后,即移明地方官,另记年貌册档,严加管束,按季点验稽查。若有作奸犯科,除实犯死罪外,犯军、流以下,俱照凡人加一等治罪。管束不严之本犯父兄,如犯在军、流以上,照不能禁约子弟为盗例杖一百;如在徒、杖以下,照不能禁约子弟为窃例笞四十。邻佑知情容隐者,即视其父兄应得罪名,减二等治罪。约束不严之地方官,交部议处。	28.366.(21)〔斥革兵丁有犯加等治罪〕 一、凡兵丁,因事斥革后,即移明地方官,另记年貌册档,严加管束,按季点验稽查。若有作奸犯科,除实犯死罪及罪至外遣,仍各照本律例定拟外,犯该安置、流、徒以下,俱照凡人加一等治罪。约束不严之地方官,交部议处。

现行刑律案语

原例(略)

臣等谨按:此为革兵有犯加等治罪之例。此次修订,遣罪列入正刑,为流罪加等之用,惟罪至外遣即不能加入于死,应于除笔内"死罪"之次增入"及罪至外遣,仍各照本律例定拟",以示限制。军罪照章应改安置。下"军流"句,拟改为"犯该安置流、徒以下”。又缘坐各条已分别宽免，此项罪及父兄、邻佑未免过重，应即节删。谨将修改例文，开列于后。

○修改

一、凡绿营兵丁，因事斥革后，即移明地方官，另记年貌册档，严加管束，按季点验稽查。若有作奸犯科，除实犯死罪及罪至外遣，仍各照本律例定拟外，犯该安置流、徒以下，俱照凡人加一等。治罪约束不严之地方官，交部议处。

核订现行刑律

原修改例文（略）

谨按：绿营兵丁各省已逐渐裁撤，且兵丁亦不止绿营一项，自应节删“绿营”二字，以资赅载。谨将修改例文，开列于后。

○修改（略）

大清律例

6.28.411.(23)〔祖父母父母因子孙触犯呈送发遣〕

一、凡祖父母、父母，因子孙触犯，呈送发遣之案，该州县于讯明后，不必解勘，止详府、司核明，转详督抚核咨，俟部复准，即定地起解。若系嫡母、继母及嗣父母呈送发遣，仍照旧解勘。

现行刑律

28.366.(22)〔祖父母父母因子孙触犯呈送发遣〕

一、凡祖父母、父母，因子孙触犯，呈送发遣之案，该州县于讯明后，不必解勘，止详府、司核明，转详督抚核咨，俟院复准，即定地起解。若系嫡母、继母及嗣父母呈送发遣，仍照旧解勘。

现行刑律案语

原例（略）

○仍旧

臣等谨按：此例应仍其旧，理合陈明。

会奏修改各条

○修改（略）

见28.366.(10)〔应拟斩绞人犯染患重病及监故督抚限期验报〕条

大清律例

6.28.411.(55)〔广西东兰州属等距州县城过远地方分驻州同等官代勘盗案〕

现行刑律

28.366.(23)〔广西东兰州属等距州县城过远地方分驻州同等官代勘盗案〕

一、广西东兰州属之那地土州、凌云

县属之天峨哨,去州县城在三百里以外,及全州属之西延州同、西隆州属之八达州同,去州城在一百里以外之盗案,准令该处分驻州同、州判、县丞,会同营汛,前往代勘录供,送交该州县承审。如有查勘不实,照例议处。其东兰、凌云,去州县不及三百里,全州、西隆州,去州不及一百里之盗案,仍由该州县自行往勘。

现行刑律案语

原例(略)

○仍旧

臣等谨按:此例应仍其旧,理合陈明。

大清律例

6.28.411.(50)〔湖南省凤凰乾州永绥三厅命盗案犯由厅径解臬司审转〕

一、湖南省凤凰、乾州、永绥三厅命、盗案犯,由厅径行招解臬司审转,毋庸解道。其秋审人犯,即责成不由审转之该管本道,亲历复勘。遇有异同,仍遵定例办理。

6.28.411.(52)〔贵州普安州命盗重案径解臬司〕

一、贵州直隶普安州一应命、盗重案,径行招解臬司,毋庸解道审转。

现行刑律

28.366.(24)〔直省州县直隶州案犯府道审转解司距道较远之直隶州厅径解臬司〕

一、直省州县案犯,由府审转解司;直隶州案犯,由道审转解司。其湖南直隶靖州,凤凰、乾州、永绥、晃州四厅,四川直隶邛州,一应命盗重案,径行招解臬司,毋庸解道审转。至各省距道较远之直隶州、直隶厅,遇有命盗案犯,亦照此例办理。

现行刑律案语

原例

6.28.411.(50)〔湖南省凤凰乾州永绥三厅命盗案犯由厅径解臬司审转〕(略)

6.28.411.(52)〔贵州普安州命盗重案径解臬司〕(略)

臣等谨按:第一条系嘉庆八年〔1803〕定例,第二条系嘉庆十四年〔1809〕定例,均系为命、盗重案径解臬司,毋庸解道审转而设,情事相同,自应修并为一。第一条,凤凰等三厅命、盗案件招解臬司,本系仿照直隶靖州办理,晃州厅及四川直隶邛州亦然,例未纂入,微嫌遗漏,似应添叙明晰,用资遵守。其凤凰等厅秋审人犯,责成该管道员于巡历时亲鞫移报，已于本门别条叙明。例末秋审人犯一层系属重复，应行节删。第二条，贵州直隶普安州于嘉庆十六年〔1811〕已改为直隶厅，是今昔名称已不相符，情形亦应少异。且各省距道较远之直隶州、直隶厅命盗重案径解臬司者，不止贵州普安一处，似应改为"各省距道较远之直隶州、直隶厅，遇有命盗案犯，向系径行招解臬司者，亦照此例办理"，较为浑括。又查定章州县一切案犯由府审转解司、直隶州一切案犯由道审转解司，此二条因毋庸解道审转，故特立径解臬司专例，则其余俱当由道审转，以多年遵行之事而刑律无文，亦殊阙略，并拟于例首增入，以昭赅备。谨将修改例文，开列于后。

〇修并(略)

大清律例

6.28.411.(58)〔距省窎远厅州县寻常军流徒及命案拟徒人犯毋庸解省〕

一、距省窎远府、厅、州所属之各厅、州、县，寻常遣、军、流、徒人犯，及命案拟徒人犯，均毋庸解省。如广西省泗城、镇安、太平三府所属者，解赴左江道；思恩府所属之百色、武缘两处，解右江道；云南省昭通府所属者，解赴迤东道；大理、丽江、永昌、顺宁四府，及永北、景东、蒙化三厅，并所属者，解赴迤西道；普洱府，及镇沅、元江二州，并所属者，解赴迤南道；贵州省黎平府本属，及所管之古州、下江、开泰、永从、锦屏各厅县，解赴贵东道；大定府所属之威宁州、水城厅，解赴贵西道；贵阳、石阡、大定、兴义、遵义、安顺、都匀、镇远、思南、思州、铜仁十一府，及平越州所属者，解赴各该管府州；江苏省徐州府所属者，解赴徐州道；海州所属，及淮安府所属之阜宁、安东二县，解赴淮海道；淮安府所属之山阳、盐城、清河、桃源四县，解赴淮扬道；安徽省凤阳、颍州二府所属，及泗州并所属者，解赴庐凤道；河南省汝宁府所属，及光州并所属者，解赴南汝光道；湖北省郧阳、襄阳二府所属者，解赴安襄郧道；宜昌、施

现行刑律

28.366.(25)〔距省窎远各厅州县寻常遣流徒及命案拟徒人犯毋庸解省〕

一、距省窎远府、厅、州所属之各厅、州、县，除命案内之遣、流人犯，仍各解省复审外，其寻常之遣、流、徒及命案拟徒人犯，均毋庸解省。如直隶省承德、朝阳、宣化、永平、顺德、广平、大名七府所属，张家口、独石口、多伦诺尔三厅及遵化、赤峰州并所属；江苏省徐州、淮安二府所属，及海州并所属；安徽省凤阳、颍州二府所属，及泗州并所属；江西省南安、赣州二府所属，及宁都州并所属；浙江省温州、处州二府及玉环厅并所属；湖北省郧阳、襄阳、宜昌、施南四府所属；湖南省永顺、沅州二府所属，靖州及凤凰、永绥、乾州、晃州四厅并所属；河南省汝宁府所属，及光州并所属；山西省大同、朔平、平阳、蒲州四府所属，及解、绛二州，口外归化等十二厅，并所属；陕西省榆林、汉中、兴安三府所属；甘肃省庆阳、宁夏二府，及泾、阶、肃、安西四州所属，并西宁府所属之循化、贵德、丹噶尔三厅、大通一县；四川省宁远、重庆、夔州、绥定四府所属，及

南二府所属者,解赴荆宜施道;湖南省永顺、沅州二府所属,及靖州、凤凰、永绥、乾州、晃州、古丈坪五厅,并所属者,解赴辰沅永靖道;四川省宁远、重庆、夔州、绥定四府所属,及酉阳、忠州、叙永厅、石柱厅,并所属者,解赴该管巡道;山西省大同、朔平二府所属者,解赴雁平道;口外归化等五厅并所属者,解赴归绥道;平阳、蒲州二府所属,及解州、绛州,并所属者,解赴河东道;陕西省榆林府所属者,解赴延榆绥道;汉中、兴安二府所属者,解赴陕安道;江西省南安、赣州二府所属,及宁都州,并所属者,解赴南赣宁道;广东省雷州、琼州二府所属者,解赴雷琼道;高州、廉州二府所属者,解赴高廉道;潮州府所属者,解赴惠潮嘉道;浙江省温州、处州二府所属者,解赴温处道;福建省台湾府所属者,解赴台湾道;直隶省承德府所属者,解赴热河道;宣化府所属,及张家口、独石口、多伦诺尔厅,并所属者,解赴口北道;永平府所属,及遵化州并所属者,解赴通永道;顺德、广平、大名三府所属者,解赴大名道;甘肃省西宁府所属之循化、贵德、丹噶尔三厅,大通一县,解赴西宁道;庆阳府所属之五州县,泾州直隶州,并所属三县,解赴平庆泾道;宁夏府所属之五州县,解赴宁夏道;阶州直隶州,并所属二县,解赴巩秦阶道;肃州直隶州,并所属一县,安西直隶州,并所属敦煌、玉门二县,及哈密厅,解赴安肃道,就近审转,详报院司核办。倘有鸣冤翻异,分别提审解省。其命案内遣、军、流犯,仍各解省复审。

酉阳、忠二州,叙永、石硅二厅并所属;广东省雷州、琼州、高州、廉州、潮州五府所属;广西省泗城、镇安、太平三府所属,及思恩府所属之武缘一县并百色厅;云南省昭通、大理、丽江、永昌、顺宁、普洱六府所属,元江州及永北、景东、蒙化、镇沅、镇边五厅并所属;贵州省黎平府本属及所管之古州、下江、开泰、永从、锦屏各处,大定府所属之威宁州、水城厅;解赴各该管道员。其贵州之贵阳、石阡、大定、兴义、遵义、安顺、都匀、镇远、思南、思州、铜仁十一府及平越州所属,解赴各该管府、州就近审转,详报院司核办。倘有鸣冤翻异,分别提审解省。其余距省窎远府、厅、州所属之各厅、州、县,例内未经赅载者,亦照此办理。

现行刑律案语

原例(略)

臣等谨按:此条系道光七年〔1827〕定例,十四年〔1834〕、十九年〔1839〕、咸丰二年〔1852〕节次改定。惟各府州属或有增易各道管辖,或有裁撤移改之处,似应逐一厘订,以符名实。谨将修改例文,开列于后。

○修改

距省窎远府厅州所属之各厅、州、县,除命案内之遣、流人犯,仍各解省复审外,其寻常之遣、流、徒及命案拟徒人犯,均毋庸解省。如直隶省承德、宣化、永平、顺德、广平、大名六府所属,张家口、独石口、多伦诺尔三厅及遵化州并所属;江苏省徐州、淮安二府所属,及海州并所属;安徽省凤阳、颍州二府所属,及泗州并所属;江西省南安、赣州二府所属,及宁都州并所属。浙江省温州、处州二府,及玉环厅并所属;湖北省郧阳、襄阳、宜昌、施南四府所属;湖南省永顺、沅州二府所属;靖州及凤凰、永绥、干州、晃州四厅并所属;河南省汝宁府所属,及光州并所属;山西省大同、朔平、平阳、蒲州四府所属,及解绛二州口外归化等十二厅并所属;陕西省榆林、汉中、兴安三府所属;甘肃省庆阳、宁夏二府及泾、阶、肃、安西四州所属,并西宁府所属之循化、贵德、丹噶尔三厅,大通一县;四川省宁远、重庆、夔州、绥定四府所属,及酉阳、忠二州、叙永、石砫二厅并所属;广东省雷州、琼州、高州、廉州、潮州五府所属;广西省泗城、镇安、太平三府所属,及思恩府所属之武缘一县并百色厅;云南省昭通、大理、丽江、永昌、顺宁、普洱六府所属;元江州及永北、景东、蒙化、镇沅四厅并所属;贵州省黎平府本属及所管之古州、下江、开泰、永从、锦屏各处,大定府所属之威宁州、水城厅;解赴各该管道员。其贵州之贵阳、石阡、大定、兴义、遵义、安顺、都匀、镇远、思南、思州、铜仁十一府及平越州所属,解赴各该管府、州就近审转,详报院司核办。倘有鸣冤翻异,分别提审解省。其余距省窎远府、厅、州所属之各厅、州、县,例内未经赅载者,亦照此办理。

核订现行刑律

原修改例文(略)

谨按:郡县增省,今昔不同,修订之例虽经改正,惟直隶尚遗朝阳府、赤峰州,云南尚遗镇边直隶厅,应行增入。谨将修改例文,开列于后。

○修改(略)

大清律例

6.28.411.(61)〔滇省审办结盟扰害匪徒罪应遣流人犯毋庸解省〕

一、滇省审办结盟扰害匪徒,除犯

现行刑律

28.366.(26)〔滇省审办结盟扰害匪徒罪应遣流人犯毋庸解省〕

一、滇省审办结盟扰害匪徒,除犯

该死罪者,仍行解省审办外,其罪应遣、军、流罪人犯,无论离省道途远近,均令该管府州审转,臬司复核详咨,毋庸解省审勘。倘承办之员,有故勘及捏饰情弊,以致案犯申诉冤抑者,令各督抚严行究参,提省审办。

该死罪者,仍行解省审办外,其罪应遣、流人犯,无论离省道途远近,均令该管府州审转,臬司复核详咨,毋庸解省审勘。倘承办之员,有故勘及捏饰情弊,以致案犯申诉冤抑者,令各督抚严行究参,提省审办。

现行刑律案语

原例(略)

臣等谨按:此例应仍其旧,惟例内军罪应照章删除。谨将修改例文,开列于后。

○修改(略)

大清律例

6.28.411.(36)〔抢窃计赃问拟军流各犯毋庸转解司道勘转〕

一、抢窃计赃、计次、计人数,并勒赎得赃,问拟军、流各犯,及捉人勒赎,仅止图利关禁,暨听从掳捉,罪止遣、军,并抢窃逾贯,首犯已故,从犯罪止拟流之案,除直隶州所属,向例由道审转者,仍由该管道审转,毋庸解司,及各道所辖直隶州,离道较远,仍照旧章径行解司外,其余各厅、州、县,概将人犯解该管府、厅、州审转具详,由司复核,专案请咨,毋庸转解司、道勘转。倘犯供翻异,由该管府、厅、州就近查提质讯,或发回另审。若有关系拒捕,及凌虐重情,并干碍参处之案,仍分别解司、解道,以昭详慎。倘承办之员,有故勘及捏饰情弊,致犯申诉冤抑,仍令各督抚严参提审。

现行刑律

28.366.(27)〔抢窃勒赎罪应遣流等各犯毋庸转解司道勘转〕

一、抢窃及捉人勒赎案内,罪应遣、流,并抢窃逾贯,首犯已故,从犯罪止拟流之案,除直隶州所属,向例由道审转者,仍由该管道审转,毋庸解司,及各道所辖直隶州,离道较远,仍照旧章径行解司外,其余各厅、州、县,概将人犯解该管府、厅、州审转具详,由司复核,专案请咨,毋庸转解司、道勘转。倘犯供翻异,由该管府、厅、州就近查提质讯,或发回另审。若有关系拒捕,及凌虐重情,并干碍参处之案,仍分别解司、解道,以昭详慎。倘承办之员,有故勘及捏饰情弊,致犯申诉冤抑,仍令各督抚严参提审。

现行刑律案语

原例(略)

臣等谨按:例内军罪应照现行办法改为遣罪。所称"计赃、计次、计人数"及"仅止图利关禁，并听从掳捉”各层，均包在应拟遣、流之内，似应改为“抢窃及捉人勒赎案内，罪应遣、流”，以示浑括，并可将“勒赎得赃”一层节去。谨将修改例文，开列于后。

○修改（略）

条例·移改、移井

大清律例

6.28.411.(5)〔南郊北郊大祀之期在京立决重犯停刑〕

一、凡遇南郊、北郊大祀之期，前五日、后五日，刑部及顺天府衙门，凡在京立决重犯，俱停止题奏。其核复外省速议及立决本章，仍止回避斋戒日期。

现行刑律

*断狱·死囚复奏待报

28.375.(3)〔南郊北郊大祀之期在京立决重犯停止具奏〕（略）

6.28.411.(19)〔在京应行立决人犯正值祈祷雨雪停刑〕

一、应行立决人犯，应在京处决者，如适当雨泽愆期清理刑狱之时，并祈雨、祈雪期内，刑部将此等应结案牍，暂行停止题奏。俟雨泽沾足，再行请旨。如系应在外省处决者，俱照常题奏。

现行刑律

*断狱·死囚复奏待报

28.375.(5)〔在京应行立决人犯祈雨祈雪期内暂停具奏〕（略）

6.28.411.(17)〔各省奉到立决人犯部文遇停刑期案存臬署〕

一、各省奉到立决人犯部文，该督抚按程按日计算，如由府厅州转行州县，在正月、六月停刑期内者，即将部文密存按察使内署，仍按程日计算。行至州县已非停刑日期，钉封专差驰递。该州县奉到部文，即日处决。

现行刑律

*断狱·死囚复奏待报

28.375.(7)〔各省奉到立决人犯部文遇停刑期案存臬署〕（略）

现行刑律案语

原例

6.28.411.(5)〔南郊北郊大祀之期在京立决重犯停刑〕(略)

6.28.411.(19)〔在京应行立决人犯正值祈祷雨雪停刑〕(略)

6.28.411.(17)〔各省奉到立决人犯部文遇停刑期案存臬署〕(略)

臣等谨按：以上三条，皆停止行刑日月之例，应移入"死囚覆奏待报"门，以归一类。例内"刑部"改"法部"。京师地面，死罪人犯应归大理院审理，"顺天府衙门"应改"大理院"，以符今制。"题奏"照章改"具奏"。新设提法司与按察使同，亦应于例内注明。谨将移改例文三条，开列于后。

○移改

断狱·死囚复奏待报

28.375.(3)〔南郊北郊大祀之期在京立决重犯停止具奏〕(略)

28.375.(5)〔在京应行立决人犯祈雨祈雪期内暂停具奏〕(略)

28.375.(7)〔各省奉到立决人犯部文遇停刑期案存臬署〕(略)

大清律例

6.28.411.(33)〔外省有关人命徒犯均照军流人犯解司审转〕

一、外省徒罪案件，如有关系人命者，均照军、流人犯解司审转，督抚专案咨部核复，仍令年终汇题。其寻常徒罪，各督抚批结后，即详叙供招，按季报部查核。

＊捕亡·盗贼捕限

6.27.394.(28)〔各省审办无关人命徒案逾限及册报〕(略)

现行刑律

＊断狱·鞫狱停囚待对

28.360.(10)〔无关人命徒罪案件扣限批结与人命徒罪案件扣限解审〕(略)

现行刑律案语

○移并(略)

见6.27.394.(28)〔各省审办无关人命徒案逾限及册报〕条

会奏修改各条

○修改(略)

见6.27.394.(28)〔各省审办无关人命徒案逾限及册报〕条

大清律例

6.28.411.(35)〔秋朝审处决重囚及一应立决人犯冬至夏至停刑〕

一、秋、朝审处决重囚，及一应立决人犯，如遇冬至以前，十日为限，夏至以前，五日为限，俱停止行刑。若文到正值冬至、夏至斋戒日期，及已过冬至、夏至者，于冬至七日、夏至三日以后，照例处决。

现行刑律

＊断狱・死囚复奏待报

28.375.(4)〔秋审处决重囚及一应立决人犯冬至夏至停刑〕（略）

现行刑律案语

原例（略）

臣等谨按：凡在京立决重犯，如遇南郊、北郊大祀之期，停止具奏，例系以前五日为限，此条以冬至前十日为限，微涉参差，亦应改为前五日，并移入"死囚覆奏待报"门，以归一类。谨将移改例文，开列于后。

〇移改

断狱・死囚复奏待报

一、秋、朝审处决重囚，及一应立决人犯，如遇冬至、夏至，以前五日为限，俱停止行刑。若文到正值冬至、夏至斋戒日期，及已过冬至、夏至者，于冬至七日、夏至三日后照例处决。

会奏修改各条

原修改例文（略）

谨按："朝审"字样，他条均拟删去，此条应一律节删。谨将修改例文，开列于后。

〇修改

28.375.(4)〔秋审处决重囚及一应立决人犯冬至夏至停刑〕（略）

大清律例

6.28.411.(46)〔解送秋审人犯州县相距七十里以外不及收禁者〕

一、各省起解秋审人犯，各州县如

现行刑律

＊断狱・囚应禁不禁

28.350.(3)〔招解流罪以上人犯相距五十里外不及收监者〕（略）

有相距在七十里以外,不及收禁者,该地方官预期选拨干役,前赴寄宿之处,传齐地保,知会营汛,同原解兵役支更巡逻防范。审后发回,一体办理。倘有疏脱及纵放等情,将各该役照短解兵役例,与原解兵役分别治罪。

＊断狱・囚应禁不禁

6.28.395.(4)〔解审军流以上人犯相距五十里外不及收监者〕(略)

现行刑律案语

○修并(略)

见6.28.395.(4)〔解审军流以上人犯相距五十里外不及收监者〕条

会奏修改各条

○修改(略)

见6.28.395.(4)〔解审军流以上人犯相距五十里外不及收监者〕条

条例・删除

大清律例

6.28.411.(2)〔刑部现监重犯每年一次朝审〕

一、刑部现监重犯,每年一次朝审。刑部堂议后,即奏请特派大臣复核。俟核定具奏后,摘紧要情节,刊刷招册,送九卿、詹事、科道各一册。于八月初间,在金水桥西,会同详审,拟定情实、缓决、可矜具题,请旨定夺。其情实者,与各省秋审情实人犯,刑科皆于本省勾到前五日复奏一次,经御笔勾除者正法,其余仍监固。

现行刑律案语

原例(略)

臣等谨按:现在朝审由法部专办,"刑部"应俱改"法部","九卿""詹事""刑科"等字,均应按照现行官制改正。谨将修改例文,开列于后。

○修改

一、法部现监重犯,每年一次朝审。法部堂议后,即奏请特派大臣复核。俟核定具奏后,摘紧要情节,刊刷招册,送各部院给事中、各道各一册。于八月初间,在金水桥西,会同详审,拟定情实、缓决、可矜具题,请旨定夺。其情实者,与各省秋审人犯,法部按勾到期前五日复奏一次,经御笔勾除者正法,其余仍监固。

会奏修改各条

○删除

原例、原修改例文、原修并例文

6.28.411.(2)〔刑部现监重犯每年一次朝审〕原修改例文(略)

6.28.411.(6)〔秋审勾到各省本章及朝审案件分由各道御史及京畿道承办〕、6.28.411.(7)〔每年秋朝审御史与掌道与审〕原修并例文(略)

6.28.411.(14)〔秋审人犯分别应否解审〕原修改例文(略)

6.28.411.(13)〔各省每年秋审臬司核办招册〕原例(略)

6.28.411.(15)〔秋审人犯径解臬司〕原例(略)

6.28.411.(16)〔直省委员押解秋审人犯止令逐程交替〕原例(略)

6.28.411.(42)〔各省秋审斩决重犯发回州县监禁待决〕原修改例文(略)

6.28.411.(20)〔距京路远各省应入秋审案件移行道府预行复审〕、6.28.411.(34)〔滇省离省窎远各属秋审人犯免其解者〕、6.28.411.(57)〔距省窎远之府州所属秋审人犯均免解省〕原修并条文(略)

谨按：以上八条，皆从前在京部院会审、在外督抚司道会审及秋审解勘之法，均与新章不符，拟请一并删除。

大清律例

6.28.411.(6)〔秋审勾到各省本章及朝审案件分由各道御史及京畿道承办〕

一、凡秋审勾到时，遇某省本章，即着某道御史承办。朝审案件，令京畿道专办。行刑时，着刑科给事中及刑部侍郎一人监视。

6.28.411.(7)〔每年秋朝审御史与掌道与审〕

一、凡每年秋审，遇审某省，即令某道御史与掌道一体上班。朝审，令京畿道御史同掌道与审。

现行刑律案语

○修并(略)

见6.28.411.(27)〔勾决人犯绑出之日步军派员护送〕条

会奏修改各条

○删除(略)

见6.28.411.(2)〔刑部现监重犯每年一次朝审〕条

大清律例

6.28.411.(8)〔各省官犯审结分别补疏题请〕

一、各省官犯,如系贪酷败检,侵亏狼藉,及有心巧诈,不尽臣职,罪应斩、绞之员,其审题结案,在行刑之日以前者,着皆补疏题请;情实予勾者,即行刑之日已过,亦着行刑;在行刑以后审结者,入下年新事册内,刑部仍粘签声明。其寻常私罪案犯,无前项情节者,着牢固监候,俟次年秋审办理,不得概请补入本年情实。

现行刑律案语

○删除

原例(略)

臣等谨按:此条系乾隆二十二年〔1757〕定例,因尔时原有补入秋审、赶入秋审情实之案,至官犯,则概行声请赶、补,故定有此例,以示区别。迨嘉庆四年〔1799〕以后停止补入、赶入,近年并无此等案件,此条拟即删除。

大清律例

6.28.411.(11)〔秋审可矜人犯内情切天伦义激杀人者〕

一、秋审可矜人犯内,如子妇不孝,詈殴翁姑,其夫忿激致毙,或因该犯之母,素有奸夫,已经拒绝,后复登门寻衅,以致拒殴致毙者,此等情切天伦,一时义激,与寻常狠斗者不同,刑部会同九卿,遇有似此罪犯,案情既确,俱量为区别,照免死减等例,再减一等发落,仍逐案随本声明请旨。

现行刑律案语

○删除

原例(略)

臣等谨按:光绪三十二年十二月〔1907年1-2月〕法部议定《秋审可矜人犯随案减等八条十四项》,内称"一、嗣后殴杀、詈骂及顶撞翁姑不孝有据之妻,随案减为徒三年;故杀者减为流三千里。如未取有尸翁姑及尸亲人等供词,或殴伤后牵詈翁姑,及非因詈骂顶撞起衅者,仍按律拟绞监候。至殴杀妻之案,如妻犯奸并未纵容,及殴夫成伤者,随案减为流三千里。若纵容妻犯奸并殴夫未经成伤各案,或案系谋故,亦仍依律拟绞。一、嗣后母犯奸拒绝奸夫复登门寻衅,其子一时义忿,拒殴致毙者,减为徒三年。如系谋故杀,减为流三千里"等因。具奏,奉旨允准在案。是此项可矜人犯,已随案分别减为徒、流,并不汇入秋审,此例无关引用,应请删除。

大清律例

6.28.411.(12)〔缌麻服属人犯停勾二次之后〕

一、缌麻服属人犯，于停勾二次之后，亦照期功以上例，大学士会同刑部一体省核，改入缓决。

现行刑律案语

〇删除

原例（略）

臣等谨按：乾隆年间缌麻服属人犯绝少缓决之案，故有情实二次未勾人犯，嘉庆以后已分别情节轻重定拟实缓，其已入情实者无不勾决，并无二次未勾人犯。此例与现在办法不符，拟请删除。

大清律例

6.28.411.(13)〔各省每年秋审臬司核办招册〕

一、各省每年秋审，臬司核办招册，务须先期定稿，陆续移咨在省司、道，会同虚衷商榷，联衔具详，督抚复核定拟。至期，会审司、道等官，俱赴督抚衙门办理。

现行刑律案语

原例（略）

〇仍旧

臣等谨按：此例应仍其旧，理合陈明。

会奏修改各条

〇删除（略）

见6.28.411.(2)〔刑部现监重犯每年一次朝审〕条

大清律例

6.28.411.(14)〔秋审人犯分别应否解审〕

一、直省每年应入秋审案犯，于应勘时，仍令各督抚提解省城，率同在省司、道，公同会勘，定拟具题。至缓决人犯，解审一次之后，情罪无可更定者，只令有司叙由详报，停其解审。其曾拟情实未经勾决之犯，及前拟缓决后改情实，并缓决人犯内情可矜疑者，仍照例解审。

现行刑律案语

原例(略)

臣等谨按:此条系乾隆二十五年〔1760〕定例,三十三年〔1768〕修改,四十一年〔1776〕改定。查新章有随本声明秋审,酌入缓决之案,此等人犯与从前业经题明入于缓决之犯无异,似应一律停其解审,于例内添叙明晰。至例首"于应勘时仍"五字,系前次修改旧例时漏未更定之文,应并删。谨将修改例文,开列于后。

〇修改

一、直省每年应入秋审案犯,令各督抚提解省城,率同在省司、道,公同会勘定拟。至缓决人犯,解审一次之后,情罪无可更定,及随本奏准拟缓者,只令有司叙由详报,停其解审。其曾拟情实未经勾决之犯,及前拟缓决后改情实,并缓决人犯内情可矜疑者,仍照例解审。

会奏修改各条

〇删除(略)

见6.28.411.(2)〔刑部现监重犯每年一次朝审〕条

大清律例

6.28.411.(15)〔秋审人犯径解臬司〕

一、秋审人犯解省之时,俱令各州县径行解司,仍报明该管各府。审后亦即由司给发护牌,分发各州县收禁,仍汇文行知各该府。

现行刑律案语

原例(略)

〇仍旧

臣等谨按:此例应仍其旧,理合陈明。

会奏修改各条

〇删除(略)

见6.28.411.(2)〔刑部现监重犯每年一次朝审〕条

大清律例

6.28.411.(16)〔直省委员押解秋审人犯止令逐程交替〕

一、直省委员押解秋审人犯,止令逐程交替,不必长解守候。其交替之时,将人犯并解役,当面点交前站委员收明,始回本地。其审毕发回时,亦照此逐程发递。

现行刑律案语

原例(略)

〇仍旧

臣等谨按:此例应仍其旧,理合陈明。

会奏修改各条

〇删除(略)

见6.28.411.(2)〔刑部现监重犯每年一次朝审〕条

大清律例

6.28.411.(20)〔距京路远各省应入秋审案件移行道府预行复审〕

一、距京路远各省,应入秋审案件,于每年冬季道员巡历复审之时,臬司衙门将已经审结具题,约计次年热审可以接准部咨者,逐一查明,移行该道、府,同已经接准部咨各案,一体预行复审,造册申送。如至期遇有未准部咨,及部驳另审者,臬司照例扣除,仍知会该道,归入下年秋审。

6.28.411.(34)〔滇省离省寫远各属秋审人犯免其解者〕

一、滇省秋审,除曲靖等八府,及距省不远之直隶四厅州人犯,仍解省会鞫外,其离省寫远之永昌、顺宁、丽江、昭通、广南、普洱等六府,即责令不由审转之各道员,于冬季巡历时,亲加研鞫,不必会同该府;其由该道审转,如迤西之景东、永北两厅人犯,令迤南道亲审,迤南之镇沅直隶州及州属恩乐县人犯,令迤西道亲审。倘该道不亲加勘鞫,仅以册结了事,以致案有冤抑,该督抚严参究治。

6.28.411.(57)〔距省寫远之府州所属秋审人犯均免解省〕

一、距省寫远之府州所属秋审人犯,均免其解省。如广西省泗城、镇安、太平三府所属之凌云、西林、西隆、小镇安、天保、归顺、奉议、崇善、龙州、宁明、永康、左州、养利等各厅州县人犯,责成左江道;思恩府属之武缘、百色人犯,责成右江道;贵州省黎平府本属,及所管之古州、下江、开泰、永从、锦屏各厅县,责成贵东道;江苏省徐州府所属各州县,责成徐州道;海州所属各县,及淮安府所属之阜宁、安东二县,责成淮海道;淮安府所属之山阳、盐城、清河、桃源四县,责成淮扬道;安徽省凤阳、颍州二府,及泗州所属各州县,责成庐凤道;河南省汝宁府及光州所属各州县,责成南汝光道;湖北省郧阳、襄阳二府所属各州县,责成安襄勋道;宜昌、施南二府所属各州县,责成荆宜施道;湖南省永顺、沅州二府所属各县,及靖州所属各县,责成辰沅永靖道;山西省大同、朔平二府所属各州县,责成雁平道;口外归化等五厅所属,责成归绥道;平阳、蒲州二府及解州、绛州所属各州县,责成河东道;陕西省榆林、延安二府,及绥德州所属,责成延榆绥道;汉中、兴安二府各属,责成陕安道;江西省南安、赣州、宁都三府州各属，责成南赣宁道；四川省之宁远、重庆、夔州、绥定四府，及酉阳、忠州、叙永厅等府州所属，并广东省之高州、廉州、雷州、潮州四府所属，及浙江省之温州、处州二府所属，均责成该管道员；甘肃省西宁府所属之循化、贵德、丹噶尔三厅，并大通一县，责成西宁道；庆阳府所属五州县，泾州直隶州并所属三县，责成平庆泾道；宁夏府所属五州县，责成宁夏道；阶州直隶州并所属二县，责成巩秦阶道；肃州直隶州并所属一县，安西直隶州并所属敦煌、玉门二县，及哈密厅，责成安肃道；各于冬季巡历时，逐一亲加研鞫，造册加结，移报院司汇核，不必会同该府。倘有鸣冤翻异者，即将本犯解省，听候院司复审。如有续行补入之案，补勘移报。倘该道不实力奉行，或有冤抑不为昭雪，或任犯混供，率行解省，该督抚严参究治。

现行刑律案语

原例

6.28.411.(20)〔距京路远各省应入秋审案件移行道府预行复审〕（略）

6.28.411.(34)〔滇省离省窎远各属秋审人犯免其解者〕（略）

6.28.411.(57)〔距省窎远之府州所属秋审人犯均免解省〕（略）

臣等谨按：以上三条，第一条系距京路远之各省应入秋审案件，由臬司移行道府，预行复审之例；第二条系滇省永昌等府秋审，由道员研鞫之例；第三条系距省窎远之府州秋审人犯，由本管道员研鞫移报之例，情事相类，自应修并为一，以省繁冗。至各府州属或有增设之地，各道管辖或有移改之处，应逐一删订增改。谨将修并例文，开列于后。

○修并

一、各省府州秋审人犯，应解由臬司转行解院审理。其距省窎远之府州所属秋审人犯，均免其解省。如江苏省之淮安、徐州二府，及海州所属；安徽省之凤阳、颍州二府，及泗州所属；江西省之南安、赣州二府，及宁都州所属；浙江省之温州、处州二府所属；湖北省之襄阳、郧阳、宜昌、施南四府所属；湖南省之永顺、沅州二府及靖州，并凤凰、永绥、乾州、晃州四厅所属；河南省之汝宁府及光州所属；山西省之大同、朔平、平阳、蒲州四府，及解、绛二州，并口外归化等十二厅所属；陕西省之汉中、兴安、榆林、延安四府，及绥德州所属；甘肃省之庆阳、宁夏二府，及泾、阶、肃、安西四州所属，并西宁府所属之循化、贵德、丹噶尔三厅，大通一县；四川省之宁远、重庆、夔州、绥定四府，及酉阳、忠二州、叙永、石砫二厅所属；广东省之潮州、廉州、高州、雷州、琼州五府，及崖州所属；广西省之泗城、镇安、太平三府，及奉议、百色、上思三厅所属，并思恩府所属之武缘县；云南省之广南、顺宁、丽江、普洱、永昌、昭通六府所属；贵州省之黎平府本属及所属；直隶州准此。秋审人犯，均责成该管道员。云南省迤西之景东厅，责成迤南道；迤南之镇沅厅，责成迤西道。各于冬季巡历时，将已经审奏，约计次年热审可以接准部咨，及已经接准部咨各案，逐一亲加研鞫，造册加结，移报院司汇核，不必会同该府。倘有鸣冤翻异者,即将本犯解省,听候院司复审。如有续行补入之案,补勘移报。倘该道不实力奉行,或有冤抑不为昭雪,或任犯混供,率行解省,该督抚严参究治。其余距省穹远之府州所属,例内未经赅载者,亦照此办理。

会奏修改各条

○删除(略)

见6.28.411.(2)〔刑部现监重犯每年一次朝审〕条

大清律例

6.28.411.(29)〔直省处决重囚其州县近而道府远者〕

一、直省处决重囚,部文到省之日,除州县远而道府近者,仍照旧例办理外,其州县近而道府远者,不必由道府转行,该督抚即派委在省之同知等官驰往监决。

现行刑律案语

○删除

原例(略)

臣等谨按:处决重囚,如印官并未公出,应由印官监决;印官公出,则由同城佐贰官代为监决;印官公出,无同城佐贰官,准令该吏目、典史会同营员代为监决,均详载本门。此条因府远县近,又由督抚委员监决办理,未能画一,拟即删除。

大清律例

6.28.411.(30)〔五城及顺天府遇有应行递解之匪类凶顽及疯病等项人犯〕

一、凡五城、提督、顺天府各衙门,遇有应行递解之下贱匪类,并凶顽生事,及实患疯病等项人犯,除籍系直隶,就近递回者,听各该衙门照旧办理外,其余应解回别省人犯,均叙明案由,交送刑部,核明应解与否,分别办理,三月汇奏一次。

现行刑律案语

○删除

原例(略)

臣等谨按:向例凡笞、杖以下罪名,准五城步军统领各衙门自行完结;徒、流以上,应交刑部办理。其解回别省者,恐其罪不止于递籍,故定例必送部核办。现在民事、刑事诉讼均归各级审判厅,与从前办法迥不相同,此例无关引用,拟即删除。

大清律例

6.28.411.(31)〔库尔喀喇乌苏命盗等案〕

一、库尔喀喇乌苏地方,遇有一切命、盗等案,俱责令营员,会同粮员查验讯供,解送迪化州办理。

删除律例

○删除

大清律例

6.28.411.(32)〔大宛两县秋审勾决及应斩绞重犯〕

一、大、宛两县秋审勾决,及一应斩、绞立决重犯,刑部于奉旨后,即一面径行顺天府府尹,转饬该县就近办理,一面仍行文直隶总督备案。

删除律例

○删除

大清律例

6.28.411.(37)〔擅杀问拟绞候秋审缓决之犯分别准否减等〕

一、擅杀问拟绞候,入于秋审缓决办理之犯,除谋、故、火器杀人,或连毙二命,及各毙各命致毙人数在四名以上者,均不准一次减等外,其余俱于缓决一次后,即予减等发落。其遇有亲老丁单,应行查办留养者,仍照向例分别办理。

现行刑律案语

○删除

原例(略)

臣等谨按:光绪三十二年闰四月初八日〔1906年5月30日〕刑部等衙门议复臣家本等条奏请"嗣后戏杀、误杀、擅杀三项,凡秋审例准缓决一次即予减等者,随案分别改为流、徒"等因。奉旨:"依议。钦此。"应将擅杀罪人本例修改,并将本例"不准一次减等"各项,修纂为例,列入彼门,此处拟即删除。

大清律例

6.28.411.(38)〔奉天省办理旗民事件无分满汉由所属州县审理〕

一、奉天所属十二州县,办理旗民事件,无分满汉,俱令自行审理。于讯明定拟之后，旗人笞、杖等罪，概行移旗发落，仍知照该州县备案。至承审时，遇有旗人应刑讯之处，仍照例刑讯。

满汉通行刑律

〇删除

谨按：此条系奉天省旗人专例，旗人例应鞭责，州县衙门刑具无皮鞭一项，故不得不移旗发落。现在笞、杖已改罚金，旗人已无鞭责，且该省官制改定新章，此例无关引用，似应删除。

大清律例

6.28.411.(41)〔盛京刑部审题案件经部驳回复审〕

一、盛京刑部审办题奏案件，有经部议驳者，刑部即奏请交盛京将军，或别部侍郎内特派一员，会同复审。如系咨驳之案，即声明交与盛京将军详细会审。

删除律例

〇删除

大清律例

6.28.411.(42)〔各省秋审斩决重犯发回州县监禁待决〕

一、各省秋审斩、绞重犯，俟督抚审勘后，俱发回各州县监禁，接准部文后，即于犯事地方处决。惟福建之台湾府属，甘肃之哈密、安西、玉门、敦煌等厅州县，斩、绞监候人犯，专令按察使照旧收监。其应支囚粮、衣药，及遇有疏脱、监毙事件，俱查照定例，一体办理。

现行刑律案语

原例（略）

臣等谨按：此条系处决秋审重犯之例。从前秋审人犯有因其距省窎远，令按察使收监者，近则距省窎远之秋审人犯，即责成该道于冬季巡历时研鞫，造册加结，移报院司，并不解审。本门已有专条，此例所历指各属仍由按察使收监，与今制不符，应即节删。谨将修改例文，开列于后。

〇修改

一、各省秋审重犯，解勘后，俱发回各州县监禁，俟接部文后，即于犯事地方处决。

会奏修改各条

○删除(略)

见6.28.411.(2)〔刑部现监重犯每年一次朝审〕条

大清律例

6.28.411.(44)〔发遣新疆黑龙江为奴遣犯到配俱不决杖〕

一、凡人犯到配,除五徒、三流照应得杖数折责外,其发遣新疆、黑龙江当差为奴者,到配时照例安插,俱不决杖。若问拟五军及总徒、准徒罪名,俱于逐案引律出语内,声明至配所杖一百折责发落。

现行刑律案语

○删除

原例(略)

臣等谨按:此条系乾隆四十四年〔1779〕定例,嘉庆六年〔1801〕改定。现在军、流、徒附加杖罪已照章宽免,此例无关引用,拟即删除。

大清律例

6.28.411.(45)〔各省驻防旗人犯该斩绞者即在理事同知衙门收禁〕

一、各省驻防旗人,犯该斩、绞者,毋庸解部,即在理事同知衙门收禁。如有应入秋审人犯,令将军、都统等悉心确核,分别情实、缓决、可矜,造册题达,刑部、九卿会核具题。至勾到时,某省驻防,即另册同各省应勾人犯一体办理。

现行刑律案语

○删除

原例(略)

臣等谨按:光绪三十三年十二月〔1908年1-2月〕内《遵议〈满汉通行刑律〉》折,内附片奏请"嗣后驻防旗人应入秋审人犯,改归各督抚汇入民人秋审册内,一体办理"等因。奉旨:"依议。钦此。"是应收禁者,亦当与民人一律交地方官收禁,此例无关引用,应即删除。

大清律例

6.28.411.(48)〔命盗案内由死罪减为军流者专本具题〕

一、凡命、盗案内,本例系由死罪减为发遣、军、流者,定案时仍专本具题,不得同寻常军、遣等案,咨部汇题完结。其罪应斩、绞、凌迟人犯,在监病故者,随案咨部完结，毋庸具题。

现行刑律案语

〇删除

原例（略）

臣等谨按：此系分别命、盗案件专本具题之例。现在此项“题本”已于各例内分别改为“奏咨”，并无具题事件，此例应即删除。

大清律例

6.28.411.(49)〔戏误杀及窝赃满贯问拟绞候缓决犯秋朝审一次减等〕

一、戏杀、误杀，及窃赃满贯，并三犯窃盗赃至五十两以上，问拟绞候，应入缓决之案，秋、朝审一次之后，刑部查核奏明，将戏杀、误杀之犯减为杖一百、流三千里。窃赃满贯、三犯窃盗赃至五十两以上之犯，减发云贵、两广极边烟瘴充军。其抢夺满贯人犯，及误杀案内，所杀系其人之祖父母、父母、伯叔父母、妻、兄弟、子孙、在室女者，俱俟查办缓决时，再行照例办理，不在此例。

现行刑律案语

〇删除

原例（略）

臣等谨按：光绪三十二年闰四月〔1906 年 5 月〕内刑部等衙门议复臣家本等条奏《虚拟死罪人犯减等》折，内称“嗣后戏杀、误杀，凡秋审例准缓决一次减等者，随案分别改为徒、流；不准一次减等者，仍照向例办理”等因。奉旨允准在案。此次修改律例，经遵照纂入例册。至窃盗三犯赃至五十两以上拟绞之例，亦经酌量改轻，并不概拟死罪。其窃赃满贯之案，现改为五百两方拟绞候，已较旧律为轻，未便再予一次减等。例末“抢夺满贯”一层，既声明不在此例，均属无关引用，应即删除。

大清律例

6.28.411.(51)〔五城及步军统领衙门审理案件分别案情自结及送部审办〕

一、五城及步军统领衙门审理案件，如户婚、田土、钱债细事，并拿获窃盗、斗殴、赌博，以及一切寻常讼案，审明罪止枷、杖、笞责者，照例自行完结。其旗民词讼，各该衙门均先详审确情，如应得罪名在徒、流以上者，方准送部审办，不得以情节介在疑似，滥行送部。若将不应送部之案，率意送部者，刑部将原案驳回，仍据实奏参。如例应送部之案，而自行审结，亦即查参核办。至查拿要犯，必须赃证确凿，方可分别奏咨，交部审鞫。若将案外无辜之人，率行拿送，一经刑部审明并非正犯，即将该管官员参奏,番捕人等照例治罪。其斗殴养伤者,务当依限报痊,验明传讯,毋许借伤延宕。饬坊查拘人证要犯,限一两日送部。若逾限,催至三次不到者,即将司坊官参处。

现行刑律案语

〇删除

原例(略)

臣等谨按:此条系雍正五年〔1727〕定例,乾隆四十二年〔1779〕修改,嘉庆十八年〔1813〕改定。现在京师各级审判厅成立,业经法部等衙门奏定《司法警察及营翼地方办事章程》,此例无关引用,应即删除。

大清律例

6.28.411.(54)〔山东省凡有赌博奸拐等案在地窖内破获者〕

一、山东省凡有赌博、奸拐、窝藏窃盗、容留邪匪等案,在地窖内被获者,各就所犯本条加一等治罪,并将地窖平毁。

删除律例

〇删除

大清律例

6.28.411.(56)〔秋审查办留养承祀之案〕

一、秋审查办留养承祀之案,如距省在八百里以内府州所属者,由该督抚督同臬司,亲提犯属、尸亲、族邻人等,逐加研讯。实系亲老丁单,及孀妇独子,方准查办。倘亲属实在老病不能就道者,州县查明,禀请督抚遴委道府大员前往,就近查讯,取具供结,详报督抚、臬司复核办理。其距省在八百里以外府州所属,及正犯例不解省,向由该管巡道审转者,即由该管巡道,就近提齐犯属、尸亲、族邻人等,查取供结详办。若犯属及尸亲等籍隶他省者,即移咨所辖之该省督抚,按照离省道路远近,分别提审,讯取供结,报部核办。

删除律例

〇删除

大清律例

6.28.411.(60)〔罪应凌迟斩枭斩决等案分别题奏〕

一、凡罪应凌迟之案，如谋反、大逆但共谋者，谋杀祖父母、父母者，妻妾杀夫之祖父母、父母者，妻妾谋杀故夫祖父母、父母者，杀一家非死罪三人及支解人为首者，谋杀期亲尊长、外祖父母者，情可矜悯，例准夹签声明之案，仍专本具题。采生折割人为首者，子孙殴死祖父母、父母者，纠众行劫在狱罪囚持械拒杀官弁为首及下手杀官者，尊长谋占财产图袭官职杀功缌卑幼一家三人者，发遣当差为奴之犯杀死伊管主一家三人者，罪囚由监内结伙反狱持械拒杀官弁为首及下手杀官者，妻妾因与有服亲属通奸同谋杀死亲夫者；若与平人通奸谋杀，仍专本具题。并罪应斩枭案内，如卑幼图财强奸谋杀尊长者，杀一家非死罪二人如死系父祖子孙及服属期亲者，洋盗、会匪及强盗拒杀官差者；罪应斩决案内，如子孙殴祖父母、父母及妻妾殴夫之祖父母、父母者，暨两造赴京呈控，奏交该省审办，或曾经刑部奏驳之案，俱专折具奏。其余寻常罪应凌迟、斩枭之案，仍循例具题。各督抚于专奏折尾，将援照刑部议定条款，例得专折陈奏之处声明。倘有强行比附，率意改题为奏，刑部即参奏驳回，仍令照例具题。或应奏不奏，亦即查参。

删除律例

〇删除

6.28.412 检验尸伤不以实 / 28.367 检验尸伤不以实

律文 · 修改

大清律例

6.28.412.1 凡官司初检验尸伤，若承委牒到托故迁延不即检验，致令尸变，及虽即检验，不亲临尸所监视，转委吏卒，凭臆增减伤痕。若初检与复检官吏相见，扶同尸状，及虽亲临监视，不为用心检验，移易、如移脑作头之类。轻重、如本轻报重、本重报轻之类。增减如少增作多、如有减作无之类。尸伤不实，定执要害致死根因不明者，正官杖六十，同检首领官杖七十，吏典杖八十。仵作行人检验不实，扶同尸状者，罪亦如吏典以杖八十坐之。其官吏、仵作因检验不实而罪

现行刑律

28.367.1 凡官司初检验尸伤，若承委牒到托故迁延不即检验，致令尸变，及虽即检验，不亲临尸所监视，转委吏卒，凭臆增减伤痕。若初检与复检官吏相见，扶同尸状，及虽亲临监视，不为用心检验，移易、如移脑作头之类。轻重、如本轻报重、本重报轻之类。增减如少增作多、如有减作无之类。尸伤不实，定执要害致死根因不明者，正官处六等罚，同检首领官处七等罚，吏典处八等罚。仵作行人检验不实，扶同尸状者，罪亦如吏典以八等罚坐之。其官吏、仵作

有增减者,以失出入人罪论。失出减五等,失入减三等。○6.28.412.2若官吏、仵作受财,故检验不以实致罪有增减者,以故出入人罪论。赃重于故出故入之罪者,计赃以枉法各从重论。止坐受财检验不实之人。其余不知情者,仍以失出入人罪论。

因检验不实而罪有增减者,以失出入人罪论。失出减五等,失入减三等。○28.367.2若官吏、仵作受财,故检验不以实致罪有增减者,以故出入人罪论。赃重于故出入故之罪者,计赃以枉法各从重论。止坐受财检验不实之人。其余不知情者,仍以失出入人罪论。

现行刑律案语

原律(略)

臣等谨按:此仍《明律》,顺治三年〔1646〕添入小注。杖罪照章罚金,应依数分等处罚。谨将修改律文,开列于后。

○修改(略)

条例·修改、仍旧、修并

大清律例

6.28.412.(5)〔地方印官验尸扰累差役需索尸亲捏诬及刁徒藉命打抢等〕

一、凡人命呈报到官,该地方印官立即亲往相验。止许随带仵作一名、刑书一名、皂隶二名。一切夫马饭食,俱自行备用。并严禁书役人等,不许需索分文。其果系轻生自尽,殴非重伤者,即于尸场审明定案,将原、被、邻、证人等释放。如该地方印官不行自备夫马,取之地方者,照因公科敛律议处;书役需索者,照例计赃分别治罪。如故意迟延拖累者,照易结不结例处分。若系自尽,并无他故,尸亲捏词控告,按诬告律科断。如刁悍之徒,借命打抢者,照白昼抢夺例拟罪,仍追抢毁物件给还原主。其勒索私和者,照私和律科断,勒索财物入官。至该管上司于州县所报自尽命案,果属明确无疑者,不得苛驳,准予立案。若情事未明,仍即秉公指驳,俟其详复核夺。

现行刑律

28.367.(1)〔检验官验尸扰累书役需索〕

一、遇呈报人命,检验官立即亲往检验。止许随带仵作或检验吏一名、书手一名、皂隶二名。一切夫马饭食,俱行自备。并严禁书役人等需索。其果系自尽、殴非重伤者,即于尸场审明定案,将邻、证人等释放。如检验官不行自备夫马,取之地方者,照因公科敛律议处;书役需索者,照例计赃分别治罪。至该管上司于州县所报自尽命案,果系明确,不得苛驳,准予立案。若情事未明,仍秉公指驳,俟其详复核夺。

现行刑律案语

原例(略)

臣等谨按:此条系雍正三年〔1725〕定例。例内"该地方印官"应改为"检验官",以便通引,"刑书"二字应改为"书手"。至轻生自尽、殴非重伤,例应将行殴之人分别拟徒,如将原、被概行释放,碍难办理,应将此项删去,改为"即于尸场审明定案,将邻、证人等释放"。故意迟延拖累,律有明文,尸亲捏控即系诬告,此二层均无庸复叙,并应节删。再"借命打抢"及"勒索私和"各层,与无赖凶棍冒认尸亲,混行吵闹殴打情事相类,应修并于彼条,业于杀子孙及奴婢图赖人例内声明在案,此处亦应删去。谨将修改例文,开列于后。

〇修改

一、凡人命呈报到官,检验官立即亲往检验。止许随带仵作一名、书手一名、皂隶二名。一切夫马饭食俱自行备用。并严禁书役人等,不许需索分文。其果系轻生自尽,殴非重伤者,即于尸场审明定案,将邻、证人等释放。如检验官不行自备夫马,取之地方者,照因公科敛律议处;书役需索者,照例计赃分别治罪。至该管上司于州县所报自尽命案,果系明确无疑者,不得苛驳,准予立案。若情事未明,仍即秉公指驳,俟其详复核夺。

核订现行刑律

原修改例文

6.28.412.(1)〔遇告讼人命之检验〕原修改例文(略)

6.28.412.(5)〔地方印官验尸扰累差役需索尸亲捏诬及刁徒借命打抢等〕原修改例文(略)

6.28.412.(14)〔州县额设仵作及考试工食并奖惩之法〕原修改例文(略)

谨按:法部新章已另设检验吏三条,应于"仵作"下增入"检验吏"一项,第三条"府"下应添"厅"字。其"故行出入"一层,核与第一条重复,应即节删。各条繁重字句,亦应酌改。谨将修改例文,开列于后。

〇修改

28.367.(8)〔遇告讼人命之检验〕(略)

28.367.(1)〔检验官验尸扰累书役需索〕(略)

28.367.(6)〔州县额设仵作检验吏及考试工食并奖惩之法〕(略)

大清律例

6.28.412.(3)〔人命重案检验尸伤勿得违例三检〕

现行刑律

28.367.(2)〔人命重案检验尸伤勿得违例三检〕

一、凡人命重案,必检验尸伤,注明

致命伤痕。一经检明,即应定拟。若尸亲控告伤痕互异者,许再行复检。勿得违例三检,致滋拖累。如有疑似之处,委别官审理者,所委之官,带同仵作亲诣尸所,不得吊尸检验。

现行刑律案语

原例(略)

○仍旧

臣等谨按:此例应仍其旧,理合陈明。

大清律例

6.28.412.(8)〔检验量伤照工部颁发工程制尺〕

一、凡检验量伤尺寸,照工部颁发工程制尺,一例制造备用,不得任意长短,致有出入。

现行刑律

28.367.(3)〔检验量伤照部颁工程制尺〕

一、凡检验量伤尺寸,照部颁工程制尺,一例制造备用,不得任意长短,致有出入。

现行刑律案语

原例(略)

臣等谨按:此条系乾隆十二年〔1747〕定例。"工部颁发"应改为"部颁"二字。谨将修改例文,开列于后。

○修改(略)

大清律例

6.28.412.(6)〔人命案件印官公出邻邑印官代往及派委本城佐贰相验〕

一、地方呈报人命到官,正印官公出,壤地相接不过五、六十里之邻邑印官未经公出,即移请代往相验。或地处窎远,不能朝发夕至,又经他往,方许派委同知、通判、州同、州判、县丞等官,毋得滥派杂职。其同知等官相验,填具结格通报,仍听正印官承审。如有相验不

现行刑律

28.367.(4)〔人命案件印官公出邻邑印官及同城佐贰并杂职往验〕

一、地方呈报人命到官,正印官公出,移请不过五六十里之邻邑印官代往相验,或地处窎远,不能朝发夕至,又经他往,方许派同城佐贰官往验,填具格结通报,仍听正印官承审。其原无佐贰,或虽有佐贰而不同城者,准令同城杂职官带领谙练吏仵往验。若距城窎

实，照例参处。

6.28.412.(10)〔黔蜀等省命案府州县印官公出同城并无佐贰准令杂职相验〕

一、凡黔、蜀等省遇有命案，其府、州、县原无佐贰，及虽有佐贰而不同城者，印官公出，准令经历、知事、吏目、典史等官，酌带谙练仵作，速往如法相验，写立伤单，报明印官，回日查验填图通报。如印官不能即回，仍请邻邑印官查验填报。其讯无别故之自尽、病毙等案，验明即准取结殓埋，仍由印官通详立案。如代验后，查有增减伤痕情弊，即将原验官照检验不实例分别议处。其各省所属府、州、县内，有与黔、蜀等省相似者，一体酌量办理，其余仍照定例遵行。

6.28.412.(11)〔各省州县命案印官公出同城并无佐贰而邻封窎远由吏目典目验伤〕

一、凡各省州县同城并无佐贰，邻封窎远地方，遇有呈报人命，印官公出，如原系吏目、典史分辖地方，即日可以往返者，仍饬吏目、典史验立伤单，申报印官复验。其距城遥远，往返必须数日处所，该吏目、典史据报，一面移会该管巡检就近往验，填注伤单，一面申请印官复验通报。如印官不能即回，即申请邻邑代验通详。倘该巡检相验不实，或有受贿情弊，即行分别参究。远，往返必须数日处所，该杂职官据报，一面移会该管巡检就近往验，俱写立伤单，报明印官，回日查验填图通报。如印官不能即回，请邻邑印官查验填报。其讯无别故之自尽、病毙等案，准取结殓埋，俱报明印官通详立案。其各省已设检察官专司相验者，不用此例。

现行刑律案语

原例

6.28.412.(6)〔人命案件印官公出邻邑印官代往及派委本城佐贰相验〕(略)

6.28.412.(10)〔黔蜀等省命案府州县印官公出同城并无佐贰准令杂职相验〕(略)

6.28.412.(11)〔各省州县命案印官公出同城并无佐贰而邻封窎远由吏目典目验伤〕(略)

臣等谨按：以上三例，均命案代验之法，应修并为一，并将闲文复句节删，以省繁冗。至各直省已有照新官制，设立检察官专任相验之事者，自当依新官制办理，应即于例末添叙明晰。谨将修并例文，开列于后。

〇修并(略)

大清律例

6.28.412.(7)〔自尽命案尸亲远居别属一时不能到案〕

一、检验自尽人命，如尸亲远居别属，一时不能到案，该地方官应即验明，立案殓埋。

现行刑律

28.367.(5)〔自尽命案尸亲远居别属一时不能到案〕

一、检验自尽人命，如尸亲远居别属，一时不能到案，检验官即验明，立案殓埋。

现行刑律案语

原例(略)

臣等谨按：此条系乾隆六年〔1741〕定例。"地方官"应改为"检验官"，以便通引。谨将修改例文，开列于后。

〇修改(略)

大清律例

6.28.412.(14)〔州县额设仵作及考试工食并奖惩之法〕

一、凡州县额设仵作，大县三名，中县二名，小县一名。并于额设之外，再募一、二人，令其跟随学习。每名给发《洗冤录》一部，选委明白刑书一人，与仵作逐细讲解。每年开印后，该州县将额设、学习名数，造具花名清册，申送该管府、州，汇册通送院、司存案。该管府、州，每年随时就近提考一次。考试之法，即令每人讲解《洗冤录》一节。如果明白，当堂从优给赏。倘讲解悖谬，饬令分别责革及勒限学习，另募充补。仍汇册申报院、司查核，并将召募非人、懈于查察之州县，分别查参。至仵作工

现行刑律

28.367.(6)〔州县额设仵作检验吏及考试工食并奖惩之法〕

一、凡州县额设仵作或检验吏，大县三名、中县二名、小县一名。并于额外募一、二人，跟随学习。每名给发《洗冤录》一部，选派谙练吏仵逐细讲解。每年造具清册，申送该管府、厅、州，汇送院、司存案。该管府、厅、州，每年随时就近提考一次。如果明白，从优给赏。倘有讲解悖谬，饬令分别革罚，并将州县查参。至吏仵工食，每名拨给皂隶工食一分。学习者，两人共给一分。若有暧昧难明之事，检验得法，果能洗雪沉冤，从优给赏。若吏仵额缺不行募补，州县官及各上司均交部分别议处。

食,每名拨给皂隶工食一份。学习者,两人共给皂隶工食一份。若有暧昧难明之事,检验得法,果能洗雪沉冤,该管上司赏给银十两。倘有故行出入,审有受贿情弊,照例治罪。若仵作额缺不行募补,州县官及各上司均交部分别议处。倘州县不将仵作补足,因而私侵工食银两者,州县官革职提问,该管上司一并交部议处。在京五城司坊额设仵作,即责成该巡城御史,每年照此办理。

在京检察厅应设吏仵,即责成该厅,每年照此办理。

现行刑律案语

原例(略)

臣等谨按:本例字句繁冗,应即节删。"五城司坊"应改为"各检察厅"。谨将修改例文,开列于后。

○修改

一、凡州县额设仵作,大县三名,中县二名,小县一名。并于额外再募一、二人,跟随学习。每名给发《洗冤录》一部,选派明白书吏逐细讲解。每年开印后,该州县将额设、学习名数,造具花名清册,申送该管府、州,汇册通送院、司存案。该管府、州,每年随时就近提考一次,令每人讲解《洗冤录》一节,如果明白,从优给赏。倘讲解悖谬饬,令分别革罚,并将懈于查察之州县分别查参。至仵作工食,每名拨给皂隶工食一分。学习者,两人共给皂隶工食一分。若有暧昧难明之事,检验得法,果能洗雪沉冤,该管上司从优给赏。倘有故行出入,审有受贿情弊,照例治罪。若仵作额缺不行募补,州县官及各上司均交部分别议处。在京检察厅应设仵作,即责成该厅,每年照此办理。

核订现行刑律

○修改(略)

见6.28.412.(5)〔地方印官验尸扰累差役需索尸亲捏诬及刁徒借命打抢等〕条

大清律例

6.28.412.(16)〔黔省命案如逢盛暑印官公出邻封窎远准代验之杂职等官取立伤单〕

一、黔省州县命案,如逢盛暑,印官公出不能即回,邻封窎远,往返数日者,

现行刑律

28.367.(7)〔盛暑印官公出邻封窎远准杂职代验命案取立伤单〕

一、直省州县命案,如逢盛暑,印官公出不能即回,邻封窎远,往返数日者,准杂职官代验,取立伤单,将尸棺殓。

准代验之杂职等官取立伤单,将尸棺殓。其州县未行复验缘由,及原验杂职衔名,俱于原题内声叙。如有伤痕不符等弊,将原验官参处。若印官计日即回,邻封相距不远者,仍照旧例行。

其州县未能复验缘由,及原验杂职衔名,俱于原文声叙。若印官计日即回,邻封相距不远者,毋庸杂职代验。

现行刑律案语

原例(略)

臣等谨按:此条系乾隆四十一年〔1776〕定例,专为盛暑检验而设。直省应一体照办,不独黔省为然,应改为通例。例内"原题"二字应改为"原文",有伤痕不符等弊,应按例办理,此处毋庸复叙,应即节删。谨将修改例文,开列于后。

○修改

一、直省州县命案,如逢盛暑,印官公出不能即回,邻封穹远,往返数日者,准杂职官代验,取立伤单,将尸棺殓。其州县未能覆验缘由,及原验杂职衔名,俱于原文声叙。若印官计日即回,邻封相距不远者,仍照旧例行。

大清律例

6.28.412.(1)〔遇告讼人命之检验〕

一、遇告讼人命,有自缢、自残及病死而妄称身死不明,意在图赖诈财者,究问明确,不得一概发检,以启弊窦。其果系斗杀、故杀、谋杀等项当检验者,在京委刑部司官及五城兵马司、京县知县,在外委州县正印官,务须于未检验之先,即详鞫尸亲、证佐、凶犯人等,令其实招以何物伤何致命之处,立为一案,随即亲诣尸所,督令仵作如法检报,定执要害致命去处,细验其圆长、斜正、青赤、分寸,果否系某物所伤,公同一干人众,质对明白,各情输服,然后成招。或尸久发变,青赤颜色亦须详辨,不许听凭仵作混报拟抵。其仵作受财,增减伤痕,扶同尸状,以成冤狱,审实,赃至满数者,依律从重科断。不先究致死根因明确,概行检验者,官吏以违制论。

现行刑律

28.367.(8)〔遇告讼人命之检验〕

一、遇告讼人命,有自缢、自残及病死而妄称身死不明,意图诈赖者,究问明确,不得一概发检。其果系谋、故、斗杀等项当检验者,检验官先详鞫尸亲、证佐、凶犯人等,令其实招以何物伤何致命之处,立为一案,随即亲诣尸所,督令仵作或检验吏如法检报,定执要害致命之处,细验其圆长、斜正、青赤、分寸,果否系某物所伤,当众质对明白,各情输服,然后成招。或尸久发变,亦须详辨颜色,不许听凭吏仵混报拟抵。其吏仵受财,增减伤痕,扶同尸状,以成冤狱,审实,赃至满数者,依律从重科断。不先究致死根因明确,概行检验者,官吏以违制论。

现行刑律案语

原例(略)

臣等谨按:此仍明例,雍正三年〔1725〕删定。惟新章检验尸伤,在京改由检察厅办理,即在外州县,如印官公出,邻封窎远,亦有由佐贰往验之例,应将"在京委刑部司官及五城兵马司、京县知县,在外委州县正印官"等语,改为"检验官"。谨将修改例文,开列于后。

○修改

一、遇告讼人命,有自缢、自残及病死而妄称身死不明,意图诈赖者,究问明确,不得一概发检。其果系谋、故、斗杀等项当检验者,检验官先详鞫尸亲、证佐、凶犯人等,令其实招以何物伤何致命之处,立为一案,随即亲诣尸所,督令仵作或检验吏如法检报,定执要害致命之处,细验其圆长、斜正、青赤、分寸,果否系某物所伤,当众质对明白,各情输服,然后成招。或尸久发变,亦须详辨颜色,不许听凭吏仵混报拟抵。其吏仵受财,增减伤痕,扶同尸状,以成冤狱,审实,赃至满数者,依律从重科断。不先究致死根因明确,概行检验者,官吏以违制论。

核订现行刑律

○修改(略)

见6.28.412.(5)〔地方印官验尸扰累差役需索尸亲捏诬及刁徒借命打抢等〕条

大清律例

6.28.412.(2)〔自缢溺水身死别无他故准告免检〕

现行刑律

28.367.(9)〔自缢溺水身死别无他故准告免检〕

一、诸人自缢、溺水身死,别无他故,亲属情愿安葬,官司详审明白,准告免检。若事主被强盗杀死,苦主自告免检者,官与相视伤损,将尸给亲埋葬。其狱囚患病,责保看治而死者,情无可疑,亦许亲属告免复检。若据杀伤而死者,亲属虽告,不听免检。

现行刑律案语

原例(略)

○仍旧

臣等谨按:此例应仍其旧,理合陈明。

大清律例

6.28.412.(17)〔吏役有犯命案别属吏仵验办〕

一、京师五城吏役有犯命案,本城官员,概令回避,该巡城御史速调别城指挥,带领本管吏仵,前往相验办理。其各省州县,如本州县吏役有犯命案,即就近禀请该上司,立委别州县带领本管吏仵,前往验办。

现行刑律

28.367.(10)〔吏役有犯命案别属吏仵验办〕

一、内外各级审判、检察厅吏役有犯命案,本厅官员,概令回避,速调别级厅员带领本管吏仵,前往相验办理。其各省州县,如本州县吏役有犯命案,即就近禀请上司,立委别州县带领本管吏仵,前往验办。

现行刑律案语

原例(略)

臣等谨按:此条系乾隆四十六年〔1781〕定例。第一层言京师五城相验回避之法,第二层言各省州县相验回避之法。现在五城地面已改设各级审判厅、检察官,即各省亦议推广照办,应将第一层改为各处审判检察厅回避之通例,其各直省未经设立审判厅、检察官者,仍留第二层原文,以资遵守。谨将修改例文,开列于后。

○修改(略)

大清律例

6.28.412.(21)〔差役看押人犯身死及差役秘押毙命私埋并凶徒毙人私埋之开检〕

一、差役奉官暂行看押人犯,有在押身死者,无论有无凌虐,均令禀明本管官,传到尸亲,眼同验明,不得任听私埋。如有私埋情事,经尸亲控告破案者,官为究明致死根由,详请开检,无庸取具尸亲甘结。检明后,除讯系差役索诈凌虐致毙者,仍照各本律例从重治罪外,若止系因病身死,即将私埋之差役杖七十、徒一年半;控告之尸亲,讯无挟仇情节,仍按诬告各本律分别科断。地方官有任听私埋,及庇护差役,不即开

现行刑律

28.367.(11)〔差役看押人犯身死及差役私押毙命私埋并凶徒毙人私埋之开检〕

一、差役奉官暂行看押人犯,有在押身死者,无论有无凌虐,均令禀明本管官,传到尸亲,眼同验明,不得任听私埋。如有私埋情事,经尸亲控告破案者,官为究明致死根由,详请开检,毋庸取具尸亲甘结。检明后,除讯系差役索诈凌虐致毙者,仍照各本律例从重治罪外,若止系因病身死,亦将私埋之差役徒一年半;控告之尸亲,如有挟仇添砌情节,仍按诬告各本律分别科断。地方官有任听私埋,及庇护差役,不即开检者,交部分别严加议处。至差役私押毙

检者,交部分别严加议处。至差役私押毙命之案,应令禀请邻封州县,传到尸亲,眼同验明究办。若有私埋匿报,以及一切凶徒挟仇、谋财,致毙人命私埋灭迹者,经尸亲告发之后,如业将致死根由究问明白,毫无疑义,而尸伤非检不明者,亦即详请开检,按例惩办,均无庸取具尸亲甘结。

命之案,应令禀请邻封州县,传到尸亲,眼同验明究办。若有私埋匿报,以及一切凶徒挟仇、谋财,致毙人命私埋灭迹者,经尸亲告发之后,如业将致死根由究问明白,毫无疑义,而尸伤非检不明者,亦即详请开检,按例惩办,均无庸取具尸亲甘结。

现行刑律案语

原例(略)

臣等谨按:此条系道光十二年〔1832〕定例。查差役私埋在押身死人犯,例准尸亲控告,如讯无挟仇情节,不应概坐以诬告之条,应改为"如有挟仇添砌情节,仍按诬告科断"。徒罪附杖应照章节删。谨将修改例文,开列于后。

〇修改(略)

大清律例

6.28.412.(19)〔广西东兰州属距州县城过远地方命案该处分驻州同等官代验〕

一、广西东兰州属之那地土州、凌云县属之天峨哨地方,去州县城在三百里,及全州属之西延州同、西隆州属之八达州同,去州城在一百里以外之命案,准令该处分驻州同、州判、县丞带领谙练吏仵,前往代验,填格取结,送交该州县承审。如有勘验不实,照例议处。其东兰、凌云去州县不及三百里,全州、西隆州去州不及一百里之命案,仍各照旧例办理。

现行刑律

28.367.(12)〔广西东兰州属等距州县城过远地方分驻州同等官代验命案〕

一、广西东兰州属之那地土州、凌云县属之天峨哨地方,去州县城在三百里,及全州属之西延州同、西隆州属之八达州同,去州城在一百里以外之命案,准令该处分驻州同、州判、县丞带领谙练吏仵,前往代验,填格取结,送交该州县承审。其东兰、凌云去州县不及三百里,全州、西隆州去州不及一百里之命案,仍各照例办理。

现行刑律案语

原例(略)

臣等谨按:此条系乾隆三十八年〔1773〕定例,道光六年〔1826〕、七年〔1827〕增定。系为因地制宜起见,惟检验不实及托故迁延等弊,均须按律议处,例内止言不实,转致罣漏,应即节删。谨将修改例文,开列于后。

○修改

一、广西东兰州属之那地土州、凌云县属之天峨哨地方,去州县城在三百里,及全州属之西延州同、西隆州属之八达州同,去州城在一百里以外之命案,准令该处分驻州同、州判、县丞带领谙练吏仵,前往代验,填格取结,送交该州县承审。其东兰、凌云去州县不及三百里,全州、西隆州去州不及一百里之命案,仍各照旧例办理。

大清律例

6.28.412.(20)〔奉天省昌阁岫岩凤凰城距厅三百里外命案准照磨等官代验〕

一、奉天省昌图、岫岩、凤凰城各厅所属命案,如距厅在三百里以外者,准令照磨及分防巡检,带领谙练吏仵,前往代验,填格取结,送交各该厅承审。如有勘验不实,增减伤痕情弊,分别照例议处。其讯无别故自尽、病毙等案,亦准取结验埋,由各该厅通详立案。若距厅不及三百里者,仍照旧例办理。

现行刑律

28.367.(13)〔奉天吉林黑龙江距州县治所三百里外并印官公出准杂职代验命案〕

一、奉天、吉林、黑龙江各府厅州县命案,如距治所在三百里外者,准杂职官带领谙练吏仵,前往代验;如印官公出,无论三百里内外,亦准杂职官前往代验,均填格取结,送交各该府厅州县承审。其讯无别故自尽、病毙等案,准取结验埋,报明各该府厅州县通详立案。其已设审判厅之地,各应报明该管审判厅办理。

现行刑律案语

原例(略)

臣等谨按:此条系道光二年〔1822〕定例,七年〔1827〕增定,专为奉天昌图、岫岩、凤凰城相验命案而设。惟昌图现已改府,各“厅”字上均应加“府”字。又查同治二年〔1863〕二月内额勒和布等奏《昌图幅员辽阔相验命案请变通成例》一折,奉上谕:“嗣后该地方官公出期内,遇有呈报命案,无论三百里内外,由照磨、经历往验,统交印官审办等因。钦此。”应遵照纂入。又查定例之初,所有岫岩、凤凰城本系援照昌图之例,应一律办理。照磨、经历、巡检应改为杂职等官。至勘验不实等情,律文足资引用,此处可不赘言。谨将修改例文,开列于后。

○修改

一、奉天昌图、岫岩、凤凰各府厅州所属命案,如距厅在三百里以外者,准杂职官带领谙练吏仵,前往代验;如印官公出,无论三百里内外,亦准杂职官前往代验,均填格取结,送交各该府厅承审其讯。无别故自尽、病毙等案,准取结验埋,报明各该府厅通详立案。

核订现行刑律

原修改例文(略)

谨按:奉天、吉林、黑龙江三省幅员辽阔,其各府、厅、州、县距治所在三百里以外者甚多,即奉省亦不仅例内所指三处,自应酌改,以期赅括。再,东三省各处已有设立审判厅者,亦应于例末叙入。谨将修改例文,开列于后。

〇修改(略)

大清律例	现行刑律
6.28.412.(13)〔归化城各协厅相验命案〕 一、归化城各协厅所属,遇有呈报命案到官,即令该通判星往验明,填格录供通详。仍照例详请都统派委蒙古官员会同审拟,毋庸详派会验,致滋稽延。倘该通判等相验不实,以及迟延贻误,令该管上司分别参处。	28.367.(14)〔归化城各厅相验命案〕 一、归化城各厅所属,遇有蒙古、民人交涉命案呈报到官,即令该厅员星往验明,填格录供通详。仍照例详请该管上司派委蒙古官员会同审拟,毋庸详派会验,致滋稽延。倘该厅员等迟延贻误,该管上司查明参处。其内地商民在厅犯有命案,即由该厅员自行审办。

现行刑律案语

原例(略)

臣等谨按:此条系乾隆二十九年〔1764〕山西按察使蓝钦奎条奏定例,专为归化城各厅相验命案而设。查归化各厅向来办法,凡蒙、民交涉命案会审而不会验,内地商民在厅犯有命案,即由各该厅自行审办,既不会验,亦不会审,应于例内修改明晰,俾资遵守。从前各厅皆系通判,嗣后事繁者升为同知,近年增建厅治,设立同知、通判等官,已不仅通判一项,"该通判"三字拟即改为"该厅员"。又查乾隆二十五年〔1760〕理藩院复准归化城同知、通判承办蒙古命盗等案及蒙古、民人交涉命盗事件,由该厅呈报绥远城将军定案时,分别由将军、巡抚咨院奏结。三十一年〔1766〕议准归化城、土默特两旗命盗重案由归化城参领会同同知审拟,该参领呈报副都统,该同知申报归绥道。三十五年〔1770〕又定有绥远城将军亲往审拟之制。应将"都统"二字改为"该管上司",较为赅备。至相验不实,律应参处,凡系命案皆然,不应独见于此,并应节删。"以及"二字亦应删去,分别应改查明。谨将修改例文,开列于后。

〇修改

一、归化城各协厅所属,遇有蒙古、民人交涉命案呈报到官,即令该厅员星往验明,填格录供通详。仍照例详请该管上司派委蒙古官员会同审拟,毋庸详派会验,致滋稽延。倘该厅员等迟延贻误,令该管上司查明参处。其内地商民在厅犯有命案,即由该厅员自行审办。

核订现行刑律

原修改例文(略)

谨按:协厅者,系归化七厅未分以前,设有协理笔帖式,分设以后均已全裁,例首"协"字应删。谨将修改例文,开列于后。

○修改(略)

条例·删除

大清律例

6.28.412.(4)〔外省驻防旗人命案之相验〕

一、凡外省驻防旗人,遇有命案,该管旗员即会同理事同知、通判,带领领催、尸亲人等,公同检验。一面详报上司,一面会同审拟。如无理事同知、通判之处,即会同有司官公同检验,详报审拟。

大清律例

6.28.412.(9)〔京师旗人命案之相验〕

一、凡京师内城正身旗人,及香山等处各营房旗人,遇有命案,令本家禀报该佐领径报刑部相验。街道命案,无论旗、民,令步军校呈报步军统领衙门,一面咨明刑部,一面飞行五城兵马司指挥星往相验,径报刑部。其外城地方人命,亦无论旗、民,俱令总甲呈报该城指挥,该城指挥即速相验,呈报该城御史,转报刑部、都察院;若系旗人,并报该旗。

满汉通行刑律

○删除

6.28.412.(4)〔外省驻防旗人命案之相验〕(略)

6.28.412.(9)〔京师旗人命案之相验〕(略)

谨按:以上二条,均系命案相验分别旗、民之例。现在新改官制,各级审判厅均设有检察官,相验乃其专职,与从前情形不同,此二条似均应删除。

大清律例

6.28.412.(12)〔五城遇有金刃自戕投井投缳等命案转报刑部核复审结〕

一、凡五城遇有命案,除道途倒毙、客店病亡,经该城验讯属实,即自行完结外,其余金刃自戕、投井、投缳等案,俱令该城指挥照例验报,由该城御史审讯,转报刑部核复审结。倘有漏报,将该城官员指名参处。

6.28.412.(15)〔在京五城司坊每城各添设额外学习仵作〕

一、在京五城司坊，每城额设仵作一名之外，各添设额外学习仵作一名，令该巡城御史召募考试充当。其工食照额设仵作减半赏给，每名月给工食银五钱，由户部支领，以资养赡。遇有额设仵作病故、革退，即以额外仵作顶补，再行考募学习之人。

6.28.412.(18)〔京师五城平日案件坌集准委副指挥及吏目代验〕

一、京师五城指挥相验，城内不得过两日，关外不得过三日。如一时案件坌集，指挥不能分身者，准委副指挥、吏目代验，仍归指挥承办。倘指挥有心规避，委验之员有心推卸者，巡城御史稽查参奏。御史姑容，经他人查出参奏者，一并交部议处。

现行刑律案语

○删除

6.28.412.(12)〔五城遇有金刃自戕投井投缳等命案转报刑部核复审结〕(略)

6.28.412.(15)〔在京五城司坊每城各添设额外学习仵作〕(略)

6.28.412.(18)〔京师五城平日案件坌集准委副指挥及吏目代验〕(略)

臣等谨按：五城已奉裁撤，所有检验尸伤改由检察厅办理。以上三条均无关引用，拟即删除。

6.28.413决罚不如法 / 28.368决罚不如法

律文·修改

大清律例

6.28.413.1凡官司决人不如法（如应笞而用杖。）者，笞四十；因而致死者，杖一百，（当该官吏）均征埋葬银一十两。（给付死者之家。）行杖之人，各减一等。（不追银。）其行杖之人，若决不及肤者，依验所决（不及肤）之数抵罪，（或由主使，或由行杖，）并罪坐所由。若受财（而决不如法、决不及肤）者，计赃以枉法从重论。○6.28.413.2若监临（有司、管军）之官，因公事（主令下手者，）于人虚怯去处，非法殴打，及亲自以大杖或金刃、手足，殴人至折伤以上者，减凡斗伤罪二等；致死者，杖一百、徒三年，追埋葬银一十两。其听使

现行刑律

28.368.1凡官司于应刑讯之罪囚，有非法殴打者，处四等罚；因而致死者，处十等罚。○28.368.2若监临（有司、管军）之官，因公事（主令下手者，）于人虚怯去处，非法殴打，及亲自以大杖或金刃、手足，殴人至折伤以上者，减凡斗伤罪二等；致死者，徒三年，追埋葬银一十两。其听使下手之人各减一等，并罪坐所由。（如由监临坐监临；由下手坐下手。若非公事，以故勘平人论。）若于（应刑讯之）人臀腿受刑去处，依法决打，邂逅致死，及（决打之后）自尽者，各勿论。

下手之人各减一等,并罪坐所由。如由监临坐监临,由下手坐下手。若非公事,以故勘平人论。若官司决法人、监临责打人,于人臂腿受刑去处,依法决打,邂逅致死,及决打之后自尽者,各勿论。

现行刑律案语

原律(略)

臣等谨按:此仍《明律》,原有小注,顺治三年[1646]修改。第一节系指笞、杖人犯应依数的决者而言,现笞、杖业已删除,已无所谓决罚。惟死罪人犯证据已确而不肯供认者,尚应刑讯,应将第一节改为"凡官司于应刑讯之罪囚,有非法殴打者,处四等罚;因而致死者,处十等罚",余俱节删。第二节言监临官因公事非法殴打人等语,应仍其旧,惟徒罪附杖应节删。律末若于人受刑去处、依法决打等语,本系泛指官司决罚人、监临责打人而言,按照新章,则"人"字应改为专指罪犯应死、例准刑讯之人而言,拟将原注"官司决罚人、监临责打人"十字删去,并于"人"字上添注"应刑讯之"四字,以免歧异。谨将修改律文、律注,开列于后。

○修改(略)

6.28.414 长官使人有犯 / 28.369 长官使人有犯

律文·修改

大清律例

6.28.414.1 凡在外各衙门长官,及在内奉制出使人员,于所在去处有犯一应公、私等罪者,所部属官等,流罪以下。不得越分辄便推问,皆须开具所犯事由申复本管上司区处。若犯死罪,先行收管,听候上司回报。所掌本衙门印信、及仓库、牢狱锁钥,发付次官收掌。若无长官,次官掌印有犯者,亦同长官。违者,部属官吏笞四十。

现行刑律

28.369.1 凡在外各衙门长官,及在内奉制出使人员,于所在去处有犯一应公、私等罪者,所部属官等,流罪以下。不得越分辄便推问,皆须开具所犯事由申复本管上司区处。若犯死罪,先行收管,听候上司回报。所掌本衙门印信、及仓库、牢狱锁钥,发付次官收掌。若无长官,次官掌印有犯者,亦同长官。违者,部属官吏处四等罚。

现行刑律案语

原律(略)

臣等谨按:此仍《明律》,顺治三年[1646]添入小注。"笞四十"罪名照章罚金,应改为"处四等罚"。谨将修改律文，开列于后。

〇修改（略）

6.28.415断罪引律令 / 28.370断罪引律令

律文·修改

大清律例	现行刑律
[6.28.415.1]凡官司断罪，皆须具引律例，违者如不具引，笞三十。若律有数事共一条，官司止引所犯本罪者听。所犯之罪止合一事，听其摘引一事以断之。〇[6.28.415.2]其特旨断罪，临时处治，不为定律者，不得引比为律。若辄引比致断罪有出入者，以故失论。故行引比者，以故出入人全罪及所增减坐之；失于引比者，以失出入人罪减等坐之。	[28.370.1]凡官司断罪，皆须具引律例，违者，如不具引，处三等罚。若律有数事共一条，官司止引所犯本罪者听。所犯之罪止合一事，听其摘引一事以断之。〇[28.370.2]其特旨断罪，临时处治，不为定律者，不得引比为律。若辄引比致断罪有出入者，以故失论。故行引比者，以故出入人全罪及所增减坐之；失于引比者，以失出入人罪减等坐之。

现行刑律案语

原律（略）

臣等谨按：此仍《明律》，顺治三年〔1646〕添入小注。"笞三十"罪名照章罚金，应改为"处三等罚"。谨将修改律文，开列于后。

〇修改（略）

条例·仍旧、修改

大清律例	现行刑律
[6.28.415.(1)]〔问官更引重例及以情罪可恶字样坐人罪者〕	[28.370.(1)]〔问官更引重例及以情罪可恶字样坐人罪者〕 一、承问各官审明定案，务须援引一定律例。若先引一例，复云不便照此例治罪，更引重例，及加"情罪可恶"字样坐人罪者，以故入人罪论。

现行刑律案语

原例（略）

〇仍旧

臣等谨按:此例应仍其旧,理合陈明。

大清律例

6.28.415.(3)〔未经通行著为定例成案严禁混行牵引〕

一、除正律、正例而外,凡属成案,未经通行著为定例,一概严禁,毋得混行牵引,致罪有出入。如督抚办理案件,果有与旧案相合,可援为例者,许于本内声明,刑部详加查核,附请著为定例。

现行刑律

28.370.(2)〔未经通行著为定例成案严禁混行牵引〕

一、除正律、正例而外,凡属成案,未经通行著为定例,一概严禁,毋得混行牵引,致罪有出入。如督抚办理案件,果有与旧案相合,可援为例者,许于本内声明,仍听大理院复判。

现行刑律案语

原例(略)

臣等谨按:此条系乾隆三年〔1738〕定例,惟刑部已改法部,且须大理院复判,与从前事例不同。例末数语应改为"仍听部院复核",以昭慎重,其附请定例之处应节删。谨将修改例文,开列于后。

○修改

一、除正律、正例而外,凡属成案,未经通行著为定例,一概严禁,毋得混行牵引,致罪有出入。如督抚办理案件,果有与旧案相合,可援为例者,许于本内声明,仍听部院复核。

会奏修改各条

原修改例文

谨按:例内"部院复核"句应改为"大理院复判",以符定制。谨将修改例文,开列于后。

○修改(略)

条例·移并

大清律例

6.28.415.(2)〔非实在光棍者不得一概照光棍例定拟〕

一、例载比照光棍条款,仍照例斟

现行刑律

＊贼盗·恐吓取财

18.236.(2)〔恶棍设法索诈官民〕(略)

酌定拟外，其余情罪相仿，尚非实在光棍者，不得一概照光棍例定拟。

＊贼盗·恐吓取财

6.18.273.(2)〔光棍设法索诈官民〕（略）

现行刑律案语

○修并（略）

见6.18.273.(2)〔光棍设法索诈官民〕条

6.28.416 狱囚取服辩 服者心服，辩者辩理。不当则辩，当则服。或服或辩，故曰“服辩”。／ **28.371 狱囚取服辩** 服者心服，辩者辩理。不当则辩，当则服。或服或辩，故曰“服辩”。

律文·修改

大清律例	现行刑律
6.28.416.1 凡狱囚有犯徒、流、死罪，鞫狱官司各唤本囚及其家属到官具告所断罪名，仍责取囚服辩文状。以服其心。若不服者，听其文状中自行辩理，更为详审。违者，徒、流罪笞四十，死罪杖六十。○6.28.416.2 其囚家属远在三百里之外，不及唤告者，止取本囚服辩文状，不在具告家属罪名之限。	28.371.1 凡狱囚有犯死罪，鞫狱官司唤本囚及其家属到官具告所断罪名，仍责取囚服辩文状。以服其心。若不服者，听其文状中自行辩理，更为详审。违者处六等罚。○28.371.2 其囚家属远在三百里之外，不及唤告者，止取本囚服辩文状，不在具告家属罪名之限。

现行刑律案语

原律（略）

臣等谨按：此仍《明律》，顺治三年〔1646〕添入小注。惟新章流、徒以下，概不准用刑讯，又流、徒以下，狡供不认，据众证拟罪，当将叠次钦奉谕旨，恭纂为例。本律流、徒等罪，亦责付本囚及其家属服辩文状，不特碍难办理，且与新章不符，拟将流、徒一层节删。“杖六十”罪名照章罚金，应改为“处六等罚”。谨将修改律文，开列于后。

○修改（略）

6.28.417 赦前断罪不当 / 28.372 赦前断罪不当

律文 · 仍旧

大清律例

6.28.417.1 凡官司遇赦,但经赦前处断刑名,罪有不当,若处轻为重其情本系赦所必原。者,当依律改正从轻;以就恩宥。若处重为轻,其情本系常赦所不免者,当依律贴断。以杜幸免。若处轻为重、处重为轻,系官吏于赦前故出入而非失出入者,虽会赦并不原宥。其故出入之罪。若系失出入者,仍从赦宥之。

现行刑律

28.372.1 凡官司遇赦,但经赦前处断刑名,罪有不当,若处轻为重其情本系赦所必原。者,当依律改正从轻;以就恩宥。若处重为轻,其情本系常赦所不免者,当依律贴断。以杜幸免。若处轻为重、处重为轻,系官吏于赦前故出入而非失出入者,虽会赦并不原宥。其故出入之罪。若系失出入者,仍从赦宥之。

现行刑律案语

原律(略)

○仍旧

臣等谨按:此律应仍其旧,理合陈明。

条例 · 仍旧、修改

大清律例

6.28.417.(1)〔特差恤刑有审豁者原问官俱不追究〕

现行刑律

28.372.(1)〔特差恤刑有审豁者原问官俱不追究〕

一、遇直省特差恤刑之时,有审豁者,原问官俱不追究。恐官虑罪及己,不肯辩明冤枉也。则会赦可以类推。

现行刑律案语

原例(略)

○仍旧

臣等谨按:此例应仍其旧,理合陈明。

大清律例

6.28.417.(2)〔承审官错拟罪名遇赦免议〕

现行刑律

28.372.(2)〔承审官错拟罪名遇赦免议〕

一、承问官审理事件,错拟罪名者,

不拘犯罪轻重,错拟官员,遇赦免议。

现行刑律案语

原例(略)

○仍旧

臣等谨按:此条应仍其旧,理合陈明。

大清律例

6.28.417.(4)〔奉恩诏以前直省亏空已结各案分别释回着追〕

一、奉恩诏以前,直省亏空已结各案,令各督抚分晰造册送部。其案内人犯有罪名而会赦邀免者,俱准释回原旗、籍。如案内有不应豁免之项,即行文原旗、籍着追。其甫经审题各案,俟已结之日,将并无罪名已结各犯,查明任所有无资财,取结报部,亦令释回原旗、籍。倘本案已清,别案有查追事件,清结之日,亦即报部释回原旗、籍。其奉恩诏以后之案,不在此列。

现行刑律

28.372.(3)〔奉恩诏以前直省亏空已结各案分别释回着追〕

一、奉恩诏以前,直省亏空已结各案,令各督抚分晰造册送部。其案内人犯有罪名而会赦邀免者,俱准释回原旗、籍。如案内有不应豁免之项,即行文原旗、籍着追。其甫经审奏各案,俟已结之日,将并无罪名已结各犯,查明任所有无资财,取结报部,亦令释回原旗、籍。倘本案已清,别案有查追事件,清结之日,亦即报部释回原旗、籍。其奉恩诏以后之案,不在此列。

现行刑律案语

原例(略)

臣等谨按:此条系乾隆元年〔1736〕定例。惟“审题”应改为“审奏”,以符定章。谨将修改例文,开列于后。

○修改(略)

大清律例

6.28.417.(5)〔原非侵盗入己照侵盗拟罪等犯遇恩赦豁免查明奏请定夺〕

一、原非侵盗入己,照侵盗拟罪之犯,较之实犯侵欺,情罪稍轻,及亏空军需钱粮,系由挪移获罪,或经核减着赔,尚与入己军需有间,遇恩赦豁免,行令

现行刑律

28.372.(4)〔原非侵盗入己照侵盗拟罪等犯遇恩赦豁免查明奏请定夺〕

一、原非侵盗入己,照侵盗拟罪之犯,较之实犯侵欺,情罪稍轻,及亏空军需钱粮,系由挪移获罪,或经核减着赔,尚与入己军需有间,遇恩赦豁免,行令

各该旗、省咨报户部查明,会同刑部奏请定夺。	各该旗、省咨报度支部查明,会同法部奏请定夺。

现行刑律案语

原例(略)

臣等谨按:此条系乾隆元年〔1736〕定例。惟"户部""刑部"等字,应改为"度支部""法部",以符今制。谨将修改例文,开列于后。

○修改(略)

条例·删除

大清律例

6.28.417.(3)〔督抚承问叩阍事件轻罪与赦款相符即行释放〕

一、督抚承问叩阍事件,除情罪重大不在赦款者,仍依限审结具题外,其余轻罪与赦款相符,即行释放,汇题销案。

删除律例

○删除

6.28.418闻有恩赦而故犯/28.373闻有恩赦而故犯

律文·仍旧

大清律例	现行刑律
6.28.418.1凡闻知将有恩赦而故犯罪以觊幸免者,加常犯一等,其故犯至死者,仍依常律。虽会赦并不原宥。○6.28.418.2若官司闻知将有恩赦,而故论决囚罪者,以故入人罪论。若常赦所不原而论决者,不坐。	28.373.1凡闻知将有恩赦而故犯罪以觊幸免者,加常犯一等,其故犯至死者,仍依常律。虽会赦并不原宥。○28.373.2若官司闻知将有恩赦,而故论决囚罪者,以故入人罪论。若常赦所不原而论决者,不坐。

现行刑律案语

原律(略)

○仍旧

臣等谨按:此律应仍其旧,理合陈明。

6.28.419徒囚不应役

律文·删除

大清律例

6.28.419.1凡盐场、铁冶拘役徒囚,应入役而不入役,及徒囚因病给假,病已痊可,不令计日贴(补假)役者,(其徒囚与监守者,各)过三日笞二十,每三日加一等,罪止杖一百。○6.28.419.2若徒囚年限未满,监守之人故纵逃回,及容令雇人代替者,照依囚人应役(未满)月日,抵数徒役,(其监守虽多,)并罪坐所由。(纵容之人。)受财者,计赃以枉法从重论。仍拘徒囚(之逃回、雇替者)依律论罪、(计日论其逃、雇之罪。)贴役。(贴补其逃、雇之役。)

现行刑律案语

○删除

原律(略)

臣等谨按:此仍《明律》,明时有盐场、铁冶拘役徒囚之制,故律有应入役而不入,及因病给假计日贴役,并容令雇人代替之法。国朝徒犯向系发本省驿站,地方官恐其脱逃,往往拘而不役。自光绪二十九年〔1903〕奏定新章,概令收所习艺,良法美意,迥异从前,律内所称计日抵役各层,均无关引用。至徒囚年限未满逃回,及监守之人受财故纵等情,则"徒流人逃"律具有科罪明文,尤毋庸复载。此律拟即删除。

6.28.420妇人犯罪 / 28.374妇人犯罪

律文·修改

大清律例

6.28.420.1凡妇人犯罪,除犯奸及死罪收禁外,其余杂犯,责付本夫收管。如无夫者,责付有服亲属、邻里保管。随衙听候,不许一概监禁。违者,笞四十。○6.28.420.2若妇人怀孕,犯罪应拷决者,依上保管,皆待产后一百日拷决。若未产而拷决,因而堕胎者,官吏减凡斗伤罪三等;致死者,杖一百、徒三年。产限未

现行刑律

28.374.1凡妇人犯罪,除犯奸及实犯死罪收禁外,其余俱责付本夫收管。如无夫者,责付有服亲属、邻里保管。随衙听候,不许一概监禁。违者,处四等罚。○28.374.2若妇人怀孕,犯死罪,听令稳婆入禁看视。应拷讯者,待产后一百日拷讯。若未产而拷决,因而堕胎及致死,或产限未满而拷决致死者,徒一年。○28.374.3若孕妇死罪已定,应行刑者,亦

满而拷决致死者,减一等。○[6.28.420.3]若孕妇犯死罪,听令稳婆入禁看视,亦听产后百日乃行刑。未产而决者,杖八十;产讫限未满而决者,杖七十。其过限不决者,杖六十。○[6.28.420.4]失者,失于详审而犯者。各减三等。兼上文诸款而言。如不应禁而禁,笞一十;怀孕不应拷决而拷决堕胎杖七十,致死者杖七十、徒一年半;产限未满而拷决致死者,杖六十、徒一年;及犯死罪不应刑而刑,未产而决者,笞五十;未满限而决者,笞四十;过限不决者,笞三十。

待产后百日行刑。未产而决者,处八等罚;产讫限未满而决者,处七等罚;其过限不决者,处六等罚。○[28.374.4]失于详审而犯者,各减三等。兼上文诸款而言。如不应禁而禁,处一等罚;怀孕不应拷决而拷决,因而堕胎或致死,及产限未满而拷决致死者,处八等罚;及犯死罪不应刑而刑,未产而决者,处五等罚;未满限而决者,处四等罚;过限不决者,处三等罚。

现行刑律案语

原律(略)

臣等谨按:此仍《明律》,顺治三年〔1646〕添入小注。第一节言妇人犯罪监禁之法,第二节言孕妇拷决之法,第三节言孕妇行刑之法。查奏定新章,惟死罪人犯方准刑讯,则妇人非犯死罪自无拷决之理,应将第二节"妇人怀孕,犯罪"一语,改为"妇人怀孕,犯死罪",将第三节"听令稳婆入禁看视"一语移置于此,并将"依上保管"四字节删。既属死罪人犯,则拷决违法之罪亦应减轻,拟将未产而拷决堕胎或致死,及产限未满而拷决致死者,均减为徒一年。第三节即改为专指孕妇死罪已定应行刑者而言。律内、注内笞、杖罪名照章改为罚金,均依此次减改数目分等处罚。徒罪附杖应节删。例首"死罪"上应增"实犯"二字,以免疑误。谨将修改律文,开列于后。

○修改(略)

条例 · 仍旧、移改、修改

大清律例

[6.28.420.(2)]〔妇女除犯奸盗人命禁止提审〕

现行刑律

[28.374.(1)]〔妇女除犯奸盗人命禁止提审〕

一、妇女有犯奸、盗、人命等重情,及别案牵连,身系正犯,仍行提审。其余小事牵连,提子侄兄弟代审。如遇亏空累赔、追赃、搜查家产、杂犯等案,将妇女提审,永行禁止,违者以违制治罪。

现行刑律案语

原例(略)

○仍旧

臣等谨按:此例应仍其旧,理合陈明。

大清律例	现行刑律
＊名例・工乐户及妇人犯罪 1.1.20.(2)〔妇女有犯殴差哄堂之罪〕(略) 1.1.20.(4)〔京城奸媒有犯诱奸诱拐罪坐本妇之案〕(略) 1.1.20.(5)〔妇女犯积匪并窝留盗犯等罪应军流者〕(略)	28.374.(2)〔妇女有犯殴差哄堂积匪窝盗并京城奸媒诱奸诱拐罪坐本妇者〕 一、凡妇女有犯殴差哄堂，及犯系积匪，或窝留盗犯多名，或屡次行凶讹诈，并京城奸媒诱奸、诱拐多次，罪坐本妇者，核其罪名，如在流置以上，收入本地习艺所工作十年，遇赦不赦。

现行刑律案语

○移改(略)

见1.1.20.(2)〔妇女有犯殴差哄堂之罪〕条

大清律例	现行刑律
＊名例・工乐户及妇人犯罪 1.1.20.(3)〔妇女翻控审虚罪应军流等犯均免实发〕(略)	28.374.(3)〔妇女翻控审虚罪在流置以上者〕 一、各直省审理妇女翻控之案，实系挟嫌挟忿、图诈图赖，或恃系妇女，自行翻控，审明实系虚诬，罪在流置以上者，将该犯妇收入习艺所工作三年，限满由该管官察看情形，实知改悔，据实结报，即行释放。若讯明实因伊夫及尊长被害，并痛子情切，怀疑具控，及听从主使出名诬控，到官后供出主使之人，俱准罚赎一次；如不将主使之人供明，仍照例收所工作。

现行刑律案语

○移改(略)

见1.1.20.(3)〔妇女翻控审虚罪应军流等犯均免实发〕条

大清律例

6.28.420.(4)〔拟徒收赎妇女毋庸解审〕

现行刑律

28.374.(4)〔拟徒收赎妇女毋庸解审〕

一、凡拟徒收赎妇女,除系案内紧要证犯,仍行转解质审外,其经该州县审讯明确,毋庸解审者,即交亲属收管,听候发落。

现行刑律案语

原例(略)

〇仍旧

臣等谨按:此例应仍其旧,理合陈明。

大清律例

6.28.420.(1)〔未产拷决不堕胎及产限未满拷决不致死者〕

现行刑律

28.374.(5)〔未产拷决不堕胎及产限未满拷决不致死者〕

一、未产拷决不堕胎,及产限未满拷决不致死者,依不应轻律。

现行刑律案语

原例(略)

臣等谨按:此例应仍其旧,理合声明。

大清律例

6.28.420.(5)〔律应凌迟斩决犯妇怀孕者产后限满分别审鞫审解或行刑〕

一、犯妇怀孕,律应凌迟、斩决者,除初审证据未确,案涉疑似,必须拷讯者,仍俟产后百日限满审鞫。若初审证据已明,供认确凿者,于产后一月起限审解。其罪应凌迟处死者,产后一月期满,即按律正法。

现行刑律

28.374.(6)〔律应死罪犯妇怀孕俟产后限满分别审鞫解审〕

一、犯妇怀孕,律应死罪者,除初审证据未确,案涉疑似,必须拷讯者,仍俟产后百日限满审鞫。若初审证据已明,供认确凿者,于产后一月起限解审。

现行刑律案语

原例(略)

臣等谨按:凌迟孕妇,产后一月行刑,系因所犯重辟,故较律加严。惟现在凌迟业经废除,似应仍以产后百日行刑,俾归一律,拟将此层并例首“凌迟”二字一并节删。又妇女犯斩、绞监候仍应解审,“斩决”句应改为“律应死罪”,作为孕妇产后解审通例。谨将修改例文,开列于后。

○修改(略)

条例·删除

大清律例

6.28.420.(3)〔妇女非实犯死罪不得羁禁〕

一、妇女除实犯死罪例应收禁者,另设女监羁禁外,其非实犯死罪者,承审官拘提录供,即交亲属保领,听候发落,不得一概羁禁。

现行刑律案语

○删除

原例(略)

臣等谨按:此条分别妇女犯罪监禁保领之法,均与律文重复,拟即删除。

大清律例

6.28.420.(6)〔斩绞监候妇女秋审解勘及应停其解审者〕

一、斩、绞监候妇女,秋审解勘经过地方,俱派拨官媒伴送。其业经解勘一次,情罪显然,无可改拟者,下次即停其解审。如有外省定拟情实、可矜具题,经九卿会核改拟缓决者,次年秋审核准无异,亦即停其解审。

现行刑律案语

原例(略)

臣等谨按:此条系乾隆二十五年〔1760〕定例。惟“官媒”名目,已经法部奏准革除,应改为“年老稳练之妇”。“具题”应改“具奏”。“经九卿会核”应改“经部院各衙门会核”,以符今制。谨将修改例文,开列于后。

○修改

一、斩、绞监候妇女,秋审解勘经过地方,俱派拨年老稳练之妇伴送。其业经解勘一次,情罪显然,无可改拟者,下次即停其解审。如有外省定拟情实、可矜具奏,经部院各衙门会核改拟缓决者,次年秋审核准无异,亦即停其解审。

编查馆会奏修改各条

〇删除

原修改例文（略）

谨按：秋审解勘之例，新章业经停止，此条应即删除。

大清律例

[6.28.420.(7)]〔妇女犯斩枭者免其枭示〕

一、妇女犯斩枭者，即拟斩立决，免其枭示。

现行刑律案语

〇删除

原例（略）

臣等谨按：枭示业已废止，此例无关引用。拟即删除。

[6.28.421]死囚复奏待报／[28.375]死囚复奏待报

律文·修改

大清律例

[6.28.421.1]凡死罪囚，不待复奏回报而辄处决者，杖八十。若已复奏回报应决者，听三日乃行刑。若限未满而刑，及过三日之限不行刑者，各杖六十。〇[6.28.421.2]其犯十恶之罪应死，及强盗者，虽决不待时，若于禁刑日而决者，笞四十。

现行刑律

[28.375.1]凡死罪囚，不待复奏回报而辄处决者，处八等罚。若已复奏回报应决者，听三日乃行刑。若限未满而刑，及过三日之限不行刑者，各处六等罚。〇[28.375.2]其犯十恶之罪应死，及强盗者，虽决不待时，若于禁刑日而决者，处四等罚。

现行刑律案语

原律（略）

臣等谨按：此仍《明律》，顺治三年〔1646〕删改，并添入小注。笞、杖罪名照章罚金，应依数分等处罚。谨将修改律文，开列于后。

〇修改（略）

条例·仍旧、移改、修改

大清律例

6.28.421.(2)〔庆贺穿朝服祭享斋戒封印并上元等节不理刑名〕

现行刑律

28.375.(1)〔庆贺穿朝服祭享斋戒封印并上元等节不理刑名〕

一、凡遇庆贺穿朝服，及祭享斋戒，封印，上元、端午、中秋、重阳等节，每月初一、初二，并穿素服日期，俱不理刑名。四月初八日，不宰牲，亦不理刑名。内外一体遵行。

现行刑律案语

原例（略）

○仍旧

臣等谨按：此例应仍其旧，理合陈明。

大清律例

＊名例·五刑

1.1.1.(5)〔正月六月停刑〕（略）

现行刑律

28.375.(2)〔正月六月停刑〕

一、每年正月、六月俱停刑。内、外立决重犯，俱监固，俟二月初及七月立秋之后正法。其五月内交六月节，及立秋在六月内者，亦停正法。

现行刑律案语

○移改（略）

见1.1.1.(5)〔正月六月停刑〕条

大清律例

＊断狱·有司决囚等第

6.28.411.(5)〔南郊北郊大祀之期在京立决重犯停刑〕（略）

现行刑律

28.375.(3)〔南郊北郊大祀之期在京立决重犯停止具奏〕

一、凡遇南郊、北郊大祀之期，前五

日、后五日,法部及大理院,凡在京立决重犯,俱停止具奏。其核复外省速议及立决本章,仍止回避斋戒日期。

现行刑律案语

○移改(略)

见[6.28.411.(5)]〔南郊北郊大祀之期在京立决重犯停刑〕条

大清律例

＊断狱・有司决囚等第

[6.28.411.(35)]〔秋朝审处决重囚及一应立决人犯冬至夏至停刑〕(略)

现行刑律

[28.375.(4)]〔秋审处决重囚及一应立决人犯冬至夏至停刑〕

一、秋审处决重囚,及一应立决人犯,如遇冬至、夏至,以前五日为限,俱停止行刑。若文到正值冬至、夏至斋戒日期,及已过冬至、夏至者,于冬至七日、夏至三日后照例处决。

现行刑律案语

○移改(略)

见[6.28.411.(35)]〔秋朝审处决重囚及一应立决人犯冬至夏至停刑〕条

大清律例

＊断狱・有司决囚等第

[6.28.411.(19)]〔在京应行立决人犯正值祈祷雨雪停刑〕

现行刑律

[28.375.(5)]〔在京应行立决人犯祈雨祈雪期内暂停具奏〕

一、应行立决人犯,应在京处决者,如适当雨泽愆期清理刑狱之时,并祈雨、祈雪期内,法部、大理院将此等应结案牍,暂行停止具奏,俟雨泽沾足,再行请旨。如系应在外省处决者,俱照常具奏。

现行刑律案语

〇移改(略)

见6.28.411.(5)〔南郊北郊大祀之期在京立决重犯停刑〕条

大清律例

6.28.421.(3)〔勾决重囚简去二复〕

一、凡勾决重囚,向例刑科三次复奏。今简去二复,于勾到之后,再将原本进呈御览,遵奉施行。

现行刑律

28.375.(6)〔勾决重囚简去二复〕

一、凡勾决重囚,向例三次复奏。今简去二复,于勾到之后,再将原本进呈御览,遵奉施行。

现行刑律案语

原例(略)

臣等谨按:此条系乾隆十四年〔1749〕定例。惟“刑科”名目现已裁撤,应将此二字节删。谨将修改例文,开列于后。

〇修改(略)

大清律例

*断狱·有司决囚等第

6.28.411.(17)〔各省奉到立决人犯部文遇停刑期案存臬署〕(略)

现行刑律

28.375.(7)〔各省奉到立决人犯部文遇停刑期案存臬署〕

一、各省奉到立决人犯部文,该督抚按程、按日计算,如由府、厅、州转行州、县,在正月、六月停刑期内者,即将部文密存按察使内署;提法司同。仍按程日计算,行至州、县已非停刑日期,钉封专差驰递。该州、县奉到部文,即日处决。

现行刑律案语

〇移改(略)

见6.28.411.(5)〔南郊北郊大祀之期在京立决重犯停刑〕条

条例 · 删除

大清律例

6.28.421.(1)〔直省决过人犯分别专题汇奏〕

一、直省人命、强盗,将全招开列奏疏内。其反叛案内人犯,决过即行题报。余概于年底汇奏。

现行刑律案语

○删除

原例(略)

臣等谨按:此条系从前题本之例,现已改章,此例无关引用,拟即删除。

6.28.422 断罪不当 / 28.376 断罪不当

律文 · 修改

大清律例

6.28.422.1 凡断罪,应决配而收赎,应收赎而决配,各依出入人罪,减故、失一等。○若应绞而斩、应斩而绞者,杖六十。此指故者言也。若系失者,减三等。其已处决讫,别加残毁死尸者,笞五十。仇人砍毁其尸,依别加残毁。○6.28.422.2 若反逆缘坐人口,应入官而放免,及非应入官而入官者,各以出入人流罪故、失论。若系有故,则以故出入流罪论;无故而失于详审者,以失出入流罪论。

现行刑律

28.376.1 凡断罪,应决配而收赎,应收赎而决配,各依出入人罪,减故、失一等。○28.376.2 若应绞而斩、应斩而绞者,处六等罚。此指故者言也。若系失者,减三等。其已处决讫,别加残毁死尸者,处五等罚。仇人砍毁其尸,依别加残毁。

现行刑律案语

原律(略)

臣等谨按:此仍《明律》,顺治三年〔1646〕添入小注。律内笞、杖照章罚金,应依数分等处罚。末节系指缘坐而言,惟新章业经分别宽免,应即节删。谨将修改律文,开列于后。

○修改(略)

条例·修改、修井

大清律例

6.28.422.(2)〔凡斩绞案件倘刑部所见既确改拟题复不必辗转驳审〕

一、凡斩、绞案件，如督抚拟罪过轻而部议从重者，应驳令再审。如拟罪过重而部议从轻，其中尚有疑窦者，亦当驳令妥拟。倘刑部所见既确，即改拟题复，不必辗转驳审，致滋拖累。

现行刑律

28.376.(1)〔斩绞案件大理院所见既确改拟奏复不必辗转驳审〕

一、凡斩、绞案件，如各省拟罪过轻而大理院复判从重者，驳令再审。如拟罪过重而大理院复判从轻，其中尚有疑窦者，亦当驳令妥拟。倘大理院所见既确，即改拟奏复，不必辗转驳审，致滋拖累。

现行刑律案语

原例（略）

臣等谨按：此条系乾隆三年〔1738〕定例。新章死罪案件由大理院复判，法部复核，“刑部”应改为“法部、大理院”，以符今制。谨将修改例文，开列于后。

〇修改

一、凡斩、绞案件，如督抚拟罪过轻而部院核议从重者，驳令再审。如拟罪过重而部院核议从轻，其中尚有疑窦者，亦当驳令妥拟。倘法部、大理院所见既确，即改拟奏复，不必辗转驳审，致滋拖累。

会奏修改各条

〇修改（略）

见6.20.317.(15)〔卑幼殴死本宗功服尊长尊属〕条

大清律例

6.28.422.(6)〔部驳刑案督抚不得固执原题含糊了结〕

一、凡直省督抚，于一切刑名事件，务各研究确情，毋稍迁就。其由刑部驳审之案，无论失出失入，一经讯得实情，即当据实平反，毋得固执原题，含糊了结。如委审之员，有瞻徇回护情弊，即着从严参办。

现行刑律

28.376.(2)〔大理院驳审之案各省问刑衙门毋得固执原奏含糊了结〕

一、凡各省问刑衙门，于一切刑名事件，务各研究确情，毋稍迁就。其由大理院驳审之案，无论失出失入，一经讯得实情，即当据实平反，毋得固执原奏，含糊了结。如驳至三次，仍执原议，大理院复判应改正者，即行改正，仍知照法部,将承审官交部议处。

现行刑律案语

原例(略)

臣等谨按:此例系咸丰二年〔1852〕纂定。查《处分则例》及"官司出入人罪"门删除例内,均有"驳至三次,仍执原议……即行改正,将督抚等交部议处"等语,较此条更为详密,应于例内酌加修复。现在法部、大理院均有核驳之责,应并载明。"原题"应改"原奏"。谨将修改例文,开列于后。

〇修改

一、凡直省督抚,于一切刑名事件,务各研究确情,毋稍迁就。其由部院驳审之案,无论失出失入,一经讯得实情,即当据实平反,毋得固执原奏,含糊了结。如驳至三次,仍执原议,部院复核应改正者,即行改正,将督抚等交部议处。

会奏修改各条

〇修改(略)

见6.20.317.(15)〔卑幼殴死本宗功服尊长尊属〕条

大清律例	现行刑律
6.28.422.(4)〔外省题本案件遇有不引本律定拟妄行减等者〕	28.376.(3)〔各省审奏案件遇有不引本律本例定拟妄行减等者〕
一、外省题本案件,遇有不引本律定拟,妄行援照别条减等者,刑部即将本案改正,并将该督抚、臬司参奏,毋庸再行驳令另拟。	一、各省审奏案件,遇有不引本律、本例定拟,妄行援照别条减等者,大理院即将本案改正,知照法部将该承审官参奏,毋庸再行驳令另拟。

现行刑律案语

原例(略)

臣等谨按:例内"题本"二字应改"审奏","本律"字下应加"本例"。法部、大理院均有复核驳改之责,应改"刑部"为"法部、大理院",并将"并"字改为"仍由法部",以明权限。谨将修改例文,开列于后。

〇修改

一、外省审奏案件,遇有不引本律、本例定拟,妄行援照别条减等者,法部、大理院即将本案改正,仍由法部将该督抚、臬司参奏,毋庸再行驳令另拟。

会奏修改各条

〇修改(略)

见6.20.317.(15)〔卑幼殴死本宗功服尊长尊属〕条

大清律例

6.28.422.(5)〔卑幼殴死期功尊长之案应将是否有心干犯声叙明确〕

一、卑幼殴死期功尊长之案，务令承审各员严究确情，按律定拟。仍将是否有心干犯之处，于疏内声明，不准稍涉含混。其有声叙未确，经刑部核复时改正具题，即将承审之员随本附参，交吏部分别从重议处。

＊斗殴·殴大功以下尊长

6.20.317.(15)〔卑幼殴死本宗功服尊长尊属〕(略)

现行刑律

28.376.(4)〔卑幼殴死期功尊长之案专用实属有心干犯勘语〕

一、卑幼殴死本宗期功尊长尊属之案，于叙案后，毋庸添入“诘非有心致死”句，专用“实属有心干犯”勘语，以免牵混。其例内载明情轻，如被殴抵格无心适伤之类，仍于勘语内声明“并非有心干犯”，援例双请。倘有声叙未确，经大理院核复时改正具奏，将承审之员随本附参，交吏部分别从重议处。

现行刑律案语

○移并(略)

见6.20.317.(15)〔卑幼殴死本宗功服尊长尊属〕条。

会奏修改各条

○修改(略)

见6.20.317.(15)〔卑幼殴死本宗功服尊长尊属〕条

大清律例

6.28.422.(3)〔州县审解案件如招供已符罪名未协上司檄驳申复〕

一、凡州县审解案件，如供招已符，罪名或有未协，该上司不必将人犯发回，止用檄驳。俟该州县改正申复，即行招解，督抚核复，分别咨题完结。

现行刑律

28.376.(5)〔州县审解案件如招供已符罪名未协上司檄驳申复〕

一、凡州县审解案件，如供招已符，罪名或有未协，该上司不必将人犯发回，止用檄驳。俟该州县改正申复，即行招解，督抚核复，分别奏咨完结。

现行刑律案语

原例(略)

臣等谨按：此条系乾隆九年〔1744〕定例。新章题均改奏，例内“咨题”应改“奏咨”。谨将修改例文，开列于后。

○修改(略)

条例·删除

大清律例

6.28.422.(1)〔苗夷有犯分别外结题结及苗人自相争讼〕

一、凡苗夷有犯军、流、徒罪折枷责之案,仍从外结,抄招送部查核。其罪应论死者,不准外结,亦不准以牛马银两抵偿,务按律定拟题结。如有不肖之员,或隐匿不报,或捏改情节,在外完结者,事发之日,交部议处。其一切苗人与苗人自相争讼之事,俱照苗例归结,不必绳以官法,以滋扰累。

现行刑律案语

○删除

原例(略)

臣等谨按:此条系雍正三年〔1725〕定例,乾隆五年〔1740〕改定。例首"军、流、徒折枷"一层,系照旗人折枷之律定拟,惟彼律业于光绪三十二年〔1767〕间经臣馆奏准删除,则苗夷有犯似应照民人办理,现拟于《名例》"化外人有犯"门内,添入"苗人、土蛮、獞、猺犯罪,无论罪名轻重,悉照民人问拟"之条,则此例所称外结及苗人争讼俱照苗例各层,均属无关引用,应即删除。

6.28.423 吏典代写招草 / 28.377 吏典代写招草

律文·仍旧

大清律例

6.28.423.1 凡诸衙门鞫问刑名等项,必据犯者招草,以定其罪。若吏典人等为人改写,及代写招草,增减其正实情节,致官司断罪有出入者,以故出入人罪论。若犯人果不识字,许令在官不干碍之人依其亲具招情代写。若吏典代写,即罪无出入,亦以违制论。

现行刑律

28.377.1 凡诸衙门鞫问刑名等项,必据犯者招草,以定其罪。若吏典人等为人改写,及代写招草,增减其正实情节,致官司断罪有出入者,以故出入人罪论。若犯人果不识字,许令在官不干碍之人依其亲具招情代写。若吏典代写,即罪无出入,亦以违制论。

现行刑律案语

原律(略)

○仍旧

臣等谨按:此律应仍其旧,理合陈明。

条例·修改

大清律例	现行刑律
6.28.423.(1)〔有司谳狱时以供词辄交经承致有改易〕	28.377.(1)〔承审官将供词辄交录事书记致有改易〕
一、各有司谳狱时,令招房书吏照供录写,当堂读与两造共听,果与所供无异,方令该犯画供,该有司亲自定稿,不得假手胥吏,致滋出入情弊。如有司将供词辄交经承,致有增删改易者,许被害人首告,督抚察实题参,将有司官照失出入律议处,经承、书吏照故出入律治罪。受财者,计赃以枉法从重论。	一、内外问刑衙门,令录事或书记照供录写,当堂读与两造共听,果与所供无异,方令该犯画供,该承审官亲自定稿,不得假手胥吏,致滋出入情弊。如承审官将供词辄交录事或书记,致有增删改易者,许被害人首告,督抚察实奏参,将承审官照失出入律议处,录事、书记照故出入律治罪。受财者,计赃以枉法从重论。

现行刑律案语

原例(略)

臣等谨按:此条系雍正七年〔1729〕定例。例内"题参"应改"奏参","书吏"亦应改为"书手"。谨将修改例文,开列于后。

〇修改

一、各有司谳狱时,令招房书手照供录写,当堂读与两造共听,果与所供无异,方令该犯画供,该有司亲自定稿,不得假手胥吏,致滋出入情弊。如有司将供词辄交经承,致有增删改易者,许被害人首告,督抚察实奏参,将有司官照失出入律议处,经承、书手照故出入律治罪。受财者,计赃以枉法从重论。

7 工　律

7.29 营造 / 29 营造

7.29.424 擅造作 / 29.378 擅造作

律文·修改

大清律例

7.29.424.1 凡军民官司有所营造,应申上而不申上,应待报而不待报,而擅起差人工者,即不科敛财物,各计所役人雇工钱,每日八分五厘五毫,以坐赃致罪论。○7.29.424.2 若非法所当为而辄行营造,及非时所可为而辄行起差人工营造者,虽已申请得报,其计役坐赃之罪亦如不申上待报者坐之。○7.29.424.3 其军民官司如遇城垣坍倒,仓库公廨损坏,事势所不容缓,一时起差丁夫、军人修理者,虽不申上待报,不为擅专。不在此坐赃论罪之限。○7.29.424.4 若营造计料申请合用财物及人工多少之数于上而不实者,笞五十。若因申请不实,以少计多,而于合用本数之外,或已损财物,或已费人工,各并计所损物价,及所费雇工钱,罪有重于笞五十者,以坐赃致罪论。罪止杖一百、徒三年。赃不入己,故不还官。

现行刑律

29.378.1 凡军民官司有所营造,应申上而不申上,应待报而不待报,而擅起差人工者,即不科敛财物,各计所役人雇工钱,每日一钱二分五厘。以坐赃致罪论。○29.378.2 若非法所当为而辄行营造,及非时所可为而辄行起差人工营造者,虽已申请得报,其计役坐赃之罪亦如不申上待报者坐之。○29.378.3 其军民官司如遇城垣坍倒,仓库公廨损坏,事势所不容缓。一时起差丁夫、军人修理者,虽不申上待报,不为擅专。不在此坐赃论罪之限。○29.378.4 若营造计料申请合用财物及人工多少之数于上而不实者,处五等罚。若因申请不实,以少计多,而于合用本数之外,或已损财物,或已费人工,各并计所损物价,及所费雇工钱,罪有重于罚五等者,以坐赃致罪论。罪止徒三年。赃不入己,故不还官。

现行刑律案语

原律(略)

臣等谨按:此仍《明律》,顺治三年〔1646〕添入小注,雍正三年〔1725〕删定。"笞五十"罪名照章罚金,应改为"处五等罚"。"雇工钱"小注"每日八分五厘五毫",系属尔时价值,惟今昔佣值不同,"给没赃物"门律文已按照罚金折工数目减半折算,改为"一钱二分五厘",业于彼条按语详晰声明,此处自应照改,以归一律。徒罪附杖并应节删。谨将修改律文、律注，开列于后。

〇修改（略）

条例·修改

大清律例

7.29.424.(4)〔紧急工程酌量预发钱粮修造限期竣工核销〕

一、紧急工程，不及先行料估核算者，酌量工程之大小，预发钱粮，派员修造。俱以领银之日起限，如物料、工价二百两以内者限一个月，五百两以内者限两个月，一千两至二千两以内者限三个月，三千两至五千两以内者限四个月，如式完竣。工竣之后，限十日内呈递销算清册，限十五日该司核算呈堂。如不遵定限完工，及工竣之日，不照限呈递清册，或已递清册，该司不据实核算者，照例分别议处。如管工官或有限期已届，修理未完，而因避处分捏报工竣者，另行指参，交部议处。其工竣核销，如有应缴银两，不及交库完结者，将该员参革，照例勒限催追。限内全完，准其开复。逾限不完，照侵蚀正项钱粮例治罪，仍着落家产追银还库。该司官员扶同徇隐，并交部议处。

现行刑律

29.378.(1)〔工程完竣应缴盈余银两交库完结〕

一、各项工程完竣有应缴盈余银两，承办官不即交库完结者，将该员参革，照例勒限催追。限内全完，准其开复。逾限不完，照侵蚀正项钱粮例治罪，仍着落家产追银还库。

现行刑律案语

原例（略）

臣等谨按：此为预定工程完竣及销算预算限期之例。除管工官应缴银两，“逾限不完，照侵蚀正项钱粮例治罪”一层，仍应载入刑律外，余俱无庸载入，拟即节删。“管工官”应改为“承办官”。“银两”二字上应照《处分则例》加“盈余”二字。谨将修改例文，开列于后。

〇修改（略）

条例·删除

大清律例

7.29.424.(1)〔在京各处修理工程〕

一、凡在京各处修理工程,工价银五十两以内、物料银二百两以内者,照依各处印文,准其修理。其工价银五十两以上、物料银二百两以上者,着该处料估启奏,工部差官复核,会同该处官员、首领监修,将用过钱粮,着管工官名下销算。如多用钱粮,不行启奏,即便承修者,将行文与承修堂、司官,交与该部议处。若物料、工价甚多,而分为几段,陆续行文,俱称五十两以内不奏者,查出亦交与该部议处。

删除律例

○删除

大清律例

7.29.424.(2)〔修理行宫并各省仓廒工程〕

一、凡修理行宫并各省仓廒等项工程,一应动用钱粮事件,令该督抚奏闻,该部议复,再行修理。工完之日,督抚亲自查明。倘有开报浮多,据实核减,造册具题,该部详核题销。如有不行启奏,擅自咨部请销,而该部据咨完结者,即行题参,交该部议处。

删除律例

○删除

大清律例

7.29.424.(3)〔各省修建工程〕

一、凡各省修建一应工程,如物料价银五百两以上、工价银二百两以上者,该督抚将动支银两,及工料细数,预行确估题报,工部查明定议,会同户部指定款项题复,准其动用兴修。俟工竣之日,督抚亲自查核,造册题报,工部核明准销,仍知照户部查核。其物料价银五百两以下、工价银二百两以下者,该督抚咨明工部定议,知照户部,令其动项兴修。工竣,逐一造册题销。倘有需用物料、工价甚多,而分为几处,陆续咨报,并未题明,辄行修建者,查出题参。其有应动用存公银两者,该督抚将确估工料细数,咨报工部查明,知照户部,准其动用。工完造报,工部将准销银数,造入该年存公册内,咨送户部查核。

删除律例

○删除

大清律例

7.29.424.(5)〔各省委员修理城工保固〕

一、各省委员修理城工，督、抚、布、按，每人各管一处。若城工有数处者，则令分管；一、二处者，则令挨管。如有修筑不坚，三年之内倾圮者，着承修之员与专管之上司分赔。倘上司因干系己身赔修，故意隐匿者，一经发觉，责令专修，并交部治罪。

现行刑律案语

○删除

原例(略)

臣等谨按：此系城工分别管理赔修之例。惟称上司故意隐匿交部治罪，并无作何治罪明文，有犯，仍应视有无侵吞入己分别科断。吏部既有《处分则例》，刑律复有"受赃"各条，足资引用，此条拟即删除。

大清律例

7.29.424.(6)〔工程核减请豁银两分别银数在千两上下治罪追赔〕

一、凡遇工程核减，除浮冒侵欺，仍按本律定拟外，如实系核减，本身现在无力完交，请豁银数在一千两以上者，照知府分赔属员侵欺不完治罪之例治罪。以十分为率，如未完之数在五分以内者，杖一百；至六分者，杖六十、徒一年，每一分加一等；十分无完者，杖一百、徒三年，均不准纳赎。如数不及一千两者，仍照旧例请豁，免其治罪。如本身已故，而子孙无力完缴者，仍照例请豁，毋庸议罪。至核减款内，采买、水脚等项应追核减银两，如果力不能完，自应照例请豁，免其治罪。其余经费项下，若长支、滥领、误发，以及分赔之非由属员侵欺，并代赔、着赔之项，若欠项零星，不及一千两者，果系力不能完，照例豁免。如数在千两以上者，请豁时，应令该旗、籍于本折内声明，或将本身照现定工程核减治罪之例酌减一等问拟，或免其治罪之处，请旨定夺。

删除律例

○删除

7.29.425 虚费工力采取不堪用 / 29.379 虚费工力采取不堪用

律文·修改

大清律例

7.29.425.1 凡官司役使人工,采取木石材料及烧造砖瓦之类,虚费工力而不堪用者,其役使之官司及工匠人役,并计所费雇工钱坐赃论。罪止杖一百、徒三年。若有所造作,及有所毁坏,如拆屋坏墙之类。备虑不谨而误杀人者,官司、人役,并以过失杀人论。采取不堪,造毁不备,工匠、提调官,各以所由经手管掌之人为罪。不得滥及也。若误伤,不坐。

现行刑律

29.379.1 凡官司役使人工,采取木石材料及烧造砖瓦之类,虚费工力而不堪用者,其役使之官司及工匠人役,并计所费雇工钱坐赃论。罪止徒三年。若有所造作,及有所毁坏,如拆屋坏墙之类。备虑不谨而误杀人者,官司、人役,并以过失杀人论。采取不堪,造毁不备,工匠、提调官,各以所由经手管掌之人为罪。不得滥及也。若误伤,不坐。

现行刑律案语

原律(略)

臣等谨按:此律应仍其旧。惟小注徒罪附杖应照章节删。谨将律文及修改律注,开列于后。

○修改(略)

7.29.426 造作不如法 / 29.380 造作不如法

律文·修改

大清律例

7.29.426.1 凡官司造作官房器用之类。不如法者,笞四十。若成造军器不如法,及织造缎匹粗糙纰薄者,物尚堪用。各笞五十。若造作、织造各不如法,甚至全不堪用及稍不堪用,应再改造而后堪用者,各并计所损财物,及所费雇工钱,罪重于笞四十、五十者,坐赃论。罪止杖一百、徒三年。其应供奉御用之物,加坐赃罪二等。罪止流二千五百里。工匠各以所由造作、织造之人为罪。局官减工匠一等,提调官吏又减局

现行刑律

29.380.1 凡官司造作官房器用之类。不如法者,处四等罚。若成造军器不如法,及织造缎匹粗糙纰薄者,物尚堪用。各处五等罚。若造作、织造各不如法,甚至全不堪用及稍不堪用,应再改造而后堪用者,各并计所损财物,及所费雇工钱,罪重于罚四等、五等者,坐赃论。罪止徒三年。其应供奉御用之物,加坐赃罪二等。罪止流二千五百里。工匠各以所由造作、织造之人为罪。局官减工匠一等,提调官吏

官一等。以上造作、织造不如法、不堪用等项，并着工匠、局官、提调官吏均偿物价、工钱还官。

又减局官一等。以上造作、织造不如法、不堪用等项，并着工匠、局官、提调官吏均偿物价、工钱还官。

现行刑律案语

原律(略)

臣等谨按：此律应仍其旧。惟笞罪照章改为罚金，应依数分等处罚。注内徒罪附杖亦应照章节删。谨将修改律文、律注开列于后。

○修改(略)

条例 · 删除

大清律例

7.29.426.(1)〔打造弓箭擅改式样货卖者〕

一、凡打造弓箭，擅改式样货卖者，笞五十。

删除律例

○删除

7.29.427冒破物料 / 29.381冒破物料

律文 · 修改

大清律例

7.29.427.1凡造作局院头目、工匠，有于合用数外，虚冒多破物料而侵欺入己者，计入己赃以监守自盗论，不分首从，并赃论罪，至四十两斩。追物还官。若未入己，只坐以计料不实之罪。○7.29.427.2局官并承委复实官吏，知情扶同捏报，不举者，与冒破同罪。至死减一等。失觉察者，减三等，罪止杖一百。

现行刑律

29.381.1凡造作局院头目、工匠，有于合用数外，虚冒多破物料而侵欺入己者，计入己赃以监守自盗论，不分首从，并赃论罪，至四十两绞。追物还官。若未入己，止坐以计料不实之罪。○29.381.2局官并承委复实官吏，知情扶同捏报，不举者，与冒破同罪。至死减一等。失觉察者，减三等，罪止十等罚。

现行刑律案语

原律(略)

臣等谨按：此律应仍其旧。惟"杖一百"罪名照章罚金，应改为"处十等罚"，注内"斩"字亦应照章改"绞"。谨将修改律文、律注，开列于后。

○修改(略)

条例·修改、仍旧

大清律例

7.29.427.(6)〔豫省水利不行预筑致灾及侵蚀钱粮工程不固〕

一、豫省应修水利地方,有动用帑项者,承修各员,果能实力办理,俟保固三年之后,该督抚核题,并交部分别议叙。倘有不预行修筑,以致田亩被淹,即将各员交部分别议处。若侵蚀钱粮,工程不能坚固,承修之员,照侵欺河工钱粮例参革治罪。该管各官徇隐不报,俱照例议处。

现行刑律

29.381.(1)〔承修水利各员侵蚀钱粮致工程不固〕

一、各省应修水利地方,有动用帑项者,承修各员,若侵蚀钱粮,致工程不能坚固,照侵欺河工钱粮例参革治罪。

现行刑律案语

原例(略)

臣等谨按:此系豫省应修水利地方之专例。查各省均有水利地方,应即纂为通例。至如何应行议叙,如何应行议处,事隶吏部,毋庸载入刑律,应即节删。谨将修改例文,开列于后。

○修改(略)

大清律例

7.29.427.(7)〔各省修建工程所需物料承办各员浮开捏报〕

一、凡各省修建工程,所需物料,该督抚等转饬承办各员,不必拘泥各省从前造报物料定价,悉照时价确估造报。工竣之日,另行委员查勘,并取具并无捏饰印结详报,该督抚等确访时价,详细核明,据实题咨,工部再行核销。倘承办各员浮开捏报,即照冒销钱粮例指参。所委各员查验不实,照扶同徇隐例参处。

现行刑律

29.381.(2)〔各省修建工程所需物料承办各员浮开捏报〕

一、各省修建工程,所需物料,须核实估计,倘承办各员浮开捏报,查实,照冒销钱粮例治罪。

现行刑律案语

原例(略)

臣等谨按:此为各省修建工程估计报勘核销之例。除"承办员浮开捏报,照冒销钱粮例治罪"一层,仍应载入刑律外,余俱毋庸载入,拟即节删。谨将修改例文,开列于后。

○修改(略)

大清律例	**现行刑律**
7.29.427.(9)〔修造工程夫头人等领帑侵蚀及私逃〕	29.381.(3)〔修造工程夫头人等领帑侵蚀及私逃〕 一、凡修造工程,如夫头人等领帑侵蚀及私逃者,俱照常人盗仓库钱粮律,计赃治罪。

现行刑律案语

原例(略)

○仍旧

臣等谨按:此例应仍其旧,理合陈明。

条例·删除

大清律例

7.29.427.(1)〔各省督抚将军等衙门收贮军器有侵欺物料挪移虚报〕

一、直隶各省督抚、将军、提镇所辖各标、营等衙门,收贮军器,经上司官查盘,若有侵欺物料,挪移掩饰,虚数开报者,俱以监守自盗论。赃重者,照侵欺仓库钱粮例治罪。该管官不查报,并失察之上司官,俱交该部照例分别议处。

删除律例

○删除

大清律例

7.29.427.(2)〔河工工程估计过多物料数目不符及克减侵冒〕

一、河工估计工程,总河及该督抚分司委员确查。工段丈尺、桩扫、料物,如果与所估物料数目相符,核实具题,发帑兴修。如估计过多,物料数目不符,查出即行指参。承查之员扶同徇隐,交部议处。至完工之日,再行确查。如工程单薄,物料克减,钱粮不归实用,以致修筑不坚固,将承修之员立即参究,分别入已、不入已定罪,侵冒银两,勒限追赔。

现行刑律案语

原例(略)

臣等谨按:河工估计过多及承查员徇隐,均止参处,无庸载入刑律,应即节删。惟克减物料以致修筑不坚固,应分别入己、不入己定罪一层,应仍载入。谨将修改例文,开列于后。

○修改

一、河工完竣,应行确查。如工程单薄,物料克减,钱粮不归实用,以致修筑不坚固,将承修之员立即参究,分别入已、不入已定罪,侵冒银两,勒限追赔。

核订现行刑律

○删除

原修改例文(略)

谨按:承修工程之员克扣钱粮应行参究治罪,不第河工为然,似无须特设专例,此条拟请删除。

大清律例

7.29.427.(3)〔直属抢修等工年需物料限内不能办足及秤收短少并搀入旧烂〕

一、直属抢修等工,每年应需物料,务于八月内预动银两,给发购办,按照漕规价值,据实秤收,毋许重收累民。十月照额办足交工,取具并无短少印甘各结存案。倘承办之员,限内不能如数办足,将料物秤收短少,希冀掩饰,并将旧烂物料搀入,或经厅、汛印官,于互相秤收之时,查出揭报,或经该督访闻,立即严参议处。如过期发银,购办迟滞,分别查参。其上年余剩物料,该管河道查盘实数,出具并无亏空印结呈报。倘盘查缺少,扶同徇隐,及有霉烂、侵亏等弊,即将文武汛员,与盘查不实之上司,一并参处,照数分赔补项。

现行刑律案语

○删除

原例(略)

臣等谨按:此系河工应需物料预为购办之例,内有议处而无罪名,毋庸载入刑律,拟即删除。

大清律例

7.29.427.(4)〔各省修造标营船只不如式及监验查收之员需索等〕

一、各省修造标营船只，着道员、副将会同领价，道员遴委同知、通判，副将遴委都司、守备，协同办料修造。如系将军标下船只，即遴委参领以下等官同领同办。倘承修之员修不如式，贻误军工，以及监验、查收之员需索措勒，并船上什物不即交代清楚，兵丁私行盗卖，以致短少残缺者，该督抚等即将该管将弁指名题参。其头舵人等照例治罪，分别着追。如该管上司不行查察，故为徇隐，一经发觉，照例议处。

现行刑律案语

○删除

原例（略）

臣等谨按：此为承修标营船只之专例。但承修员修不如式，监验、查收员需索措勒，及不交代清楚，致兵丁偷窃什物，均止议处，毋庸载入刑律。即盗卖什物之人应行治罪，自有盗卖官物专条，足资引用。此例拟即删除。

大清律例

7.29.427.(5)〔浙省承修塘工侵亏物料及保固限内坍塌〕

一、浙省修筑塘工，估需银两，饬令承修之员专案请领，不得牵混并领，亦不得通融挪用。领银之后，将办过物料数目申报上司，委员查验。如堆贮物料与所报相符，承查之员，加具保结，申详贮用。倘有亏缺及挪移、掩饰情弊，即行揭参。查验官扶同徇隐，一并参处。至各塘保固限内，如有坍塌，即着落承修之员赔修。若遇有异常潮汐，委非人力可施，查明工程坚固、钱粮俱归实用者，准取结保题，免其赔修。如物料苟简，工程草率，钱粮不归实用，致有冲塌，照例题参，着落赔修。

现行刑律案语

○删除

原例（略）

臣等谨按：此系专言浙省海塘工程之例。止有赔修、参处，而无罪名，毋庸载入刑律，拟即删除。

大清律例

7.29.427.(8)〔京城采办物料承办官侵蚀赢余〕

一、京城物料价值，经工部会同内务府确访时价，酌中更定。一应采办，工部遵照定例给发。如有赢余,并无别项需用,承办官竟行侵蚀,查出照例参究。倘其中有匠作、搬运等费,许承办官将缘由呈明核夺。如该员并不呈报,照应申上而不申上例议处。

现行刑律案语

原例(略)

臣等谨按:此条系言京城官工采办物料估价给发报销核夺之例。除承办官有侵蚀等情,照例参究治罪一层,仍应载入刑律外,余俱毋庸载入,拟即节删。谨将修改例文,开列于后。

〇修改

一、京城所有工程给发物料价值,如有赢余,并无别项需用,承办官自行侵蚀,查出照例参究。

核订现行刑律

〇删除

原修改例文(略)

谨按:侵蚀工程盈余银两,"擅造作"条已有治罪明文,此条系属重出,拟请删除。

7.29.428 带造缎匹 / 29.382 带造缎匹

律文·修改

大清律例

7.29.428.1 凡监临主守官吏,将自己物料,辄于官局带造缎匹者,杖六十,缎匹入官,工匠笞五十。局官知而不举者,与监守官吏同罪;亦杖六十。失觉察者,减三等。则笞三十。若局官违禁带造,监守官吏亦坐不举、失察之罪。

现行刑律

29.382.1 凡监临主守官吏,将自己物料辄于官局带造缎匹者,处六等罚,缎匹入官,工匠处五等罚。局官知而不举者,与监守官吏同罪;亦处六等罚。失觉察者,减三等。则处三等罚。若局官违禁带造,监守官吏亦坐不举、失察之罪。

现行刑律案语

原律(略)

臣等谨按:此仍《明律》。笞、杖罪名照章改为罚金,应依数分等处罚。谨将修改律文、律注,开列于后。

〇修改(略)

7.29.429织造违禁龙凤纹缎匹／29.383织造违禁龙凤纹缎匹

律文·修改

大清律例

7.29.429.1凡民间织造违禁龙凤文纻丝、纱罗货卖者，杖一百，缎匹入官。若买而僭用者，杖一百、徒三年；未用者，笞三十。○机户及挑花、挽花工匠同罪。亦杖一百。

现行刑律

29.383.1凡民间织造违禁龙凤文纻丝、纱罗货卖者，处十等罚，缎匹入官。机户及挑花、挽花工匠同罪。

现行刑律案语

原律（略）

臣等谨按：此律为织造违禁龙凤纹货卖者而设。至僭用龙凤纹罪名已载在“服舍违式”律，此律小注“买而僭用”一层，与彼律重复，即“买而未用”亦应移入彼门，业于彼律内声明在案，此注应删。“杖一百”罪名照章罚金，应改为“处十等罚”。谨将修改律文，开列于后。

○修改（略）

7.29.430造作过限／29.384造作过限

律文·修改

大清律例

7.29.430.1凡各处每年额造常课缎匹、军器，工匠过限不纳齐足者，以所造之数十分为率，一分，工匠笞二十，每一分加一等，罪止笞五十。局官减工匠一等，提调官吏又减局官一等。○7.29.430.2若官司不依期计拨额造之物料于工匠者，局官笞四十，提调官吏减一等。工匠不坐。

现行刑律

29.384.1凡各处每年额造常课缎匹、军器，工匠过限不纳齐足者，以所造之数十分为率，一分，工匠处二等罚，每一分加一等；罪止五等罚。局官减工匠一等，提调官吏又减局官一等。○29.384.2若官司不依期计拨额造之物料于工匠者，局官处四等罚，提调官吏减一等。工匠不坐。

现行刑律案语

原律(略)

臣等谨按:此律应仍其旧。惟笞罪照章改为罚金,应依数分等处罚。谨将修改律文,开列于后。

○修改(略)

7.29.431 修理仓库 / 29.385 修理仓库

律文 · 修改

大清律例

7.29.431.1 凡内外各处公廨、仓库、局院一应系官房舍,非文卷所关,则钱粮所及。但有损坏,当该官吏,随即移文所在有司计料修理,违者笞四十。若因不请修而损坏官物者,依律科以笞四十之罪,赔偿所损之物。还官。若当该官吏已移文有司,而失误施行,不即修理者,罪坐有司。亦笞四十。损坏官物,亦追赔偿。当该官吏不坐。

现行刑律

29.385.1 凡内外各处公廨、仓库、局院一应系官房舍,非文卷所关,则钱粮所及。但有损坏,当该官吏,随即移文所在有司计料修理,违者处四等罚。若因不请修而损坏官物者,依律科以四等罚之罪,赔偿所损之物。还官。若当该官吏已移文有司,而失误施行,不即修理者,罪坐有司。亦处四等罚,损坏官物,亦追赔偿。当该官吏不坐。

现行刑律案语

原律(略)

臣等谨按:此系《明律》,应仍其旧。惟"笞四十"罪名照章罚金,应改为"处四等罚"。谨将修改律文、律注,开列于后。

○修改(略)

条例 · 移改

大清律例

＊营造 · 有司官吏不住公廨

7.29.432.(1)〔铺设修衙派累兵民及离任官员家人毁盗在官物件〕(略)

现行刑律

29.385.(1)〔修衙铺设派累兵民及离任官员家人毁盗在官物件〕

一、凡各省督抚、提镇及有属员等官到任,其属员派累兵民修理衙署,备办铺设,及州县守御等官到任,其属下人役预为铺设,修理衙署,派及兵民,并官员每年指称添换器物,修饰衙署,派累兵民者,该管上司即行指参,文员照科敛律治罪,武弁照克扣律治罪。再官员升任或去任,署内官物件俱着清载簿籍,移交接任官员;如被家人毁盗,将家人照毁盗官物律治罪,仍着落旧任官照数赔补。

现行刑律案语

〇修改(略)

见7.29.432.(1)〔铺设修衙派累兵民及离任官员家人毁盗在官物件〕条

核订现行刑律

〇移隶(略)

见7.29.432.(1)〔铺设修衙派累兵民及离任官员家人毁盗在官物件〕条

条例 · 删除

大清律例

7.29.431.(1)〔营房墩台失修坍塌题参着落赔修〕

一、各省营房、墩台,该管地方文武员弁会同协办,修造完竣,严督兵丁加谨守护。如遇坍损,立即报明印、汛各员,会同查勘修理,造入交代。于离任时,取具接任官印结,详报该管上司查核存案。倘平日不随时修葺,以致坍塌,经后官详揭,即行题参,着落印、汛员弁分认赔修。如去任员弁无力赔修,文员即着落不严查之道、府赔修,武弁即着落不严查之将、备赔修。如兵丁作践拆毁,严惩责革,着落汛弁独赔。如汛弁无力,即着落该管将、备分赔。至交代之时,后官如有勒措滥接等弊,该管上司查实,亦即题参,交部议处。

现行刑律案语

〇删除

原例(略)

臣等谨按:此系营房墩台修造及赔修之专例。止有参处,而无罪名,不必载入刑律,拟即删除。

7.29.432 有司官吏不住公廨

律文·删除

大清律例

7.29.432.1 凡各府、州、县有司官吏,不住公廨内官房,而住街市民房者,杖八十。○若埋没公用器物(有毁失而不还官)者,以毁失官物论。(毁者,计赃准窃盗加二等,免刺;失者,依减毁官物三等追赔。)

现行刑律案语

原律(略)

臣等谨按:此系《明律》,应仍其旧。惟"杖八十"罪名照章罚金,应改为"处八等罚"。注内"免刺"及"依"字应删。谨将修改律文、律注,开列于后。

○修改

凡各府、州、县有司官吏,不住公廨内官房,而住街市民房者,处八等罚。○若埋没公用器物(有毁失而不还官)者,以毁失官物论。(毁者,计赃准窃盗加二等;失者,减毁官物三等追赔。)

核订现行刑律

○删除

原修改律文(略)

谨按:有司官吏从无不住公廨之事,至埋没公用器物,自有毁失官物律,足资引用,亦属重出。此条拟请删除。

条例·○移改

大清律例

7.29.432.(1)〔铺设修衙派累兵民及离任官员家人毁盗在官物件〕

一、凡各省督抚、提镇及有属员等官到任,其属员派累兵民修理衙署,备办铺设,及州县守御等官到任,其属下人役预为铺设,修理衙署,派及兵民,并官员每年指称添换器物,修饰衙署,派累兵民者,该管上司即行指实题参,文员照科敛律治罪,武弁照克扣律治罪。

现行刑律

*营造·修理仓库

29.385.(1)〔修衙铺设派累兵民及离任官员家人毁盗在官物件〕(略)

如该上司徇庇不参，或勒令属员修理衙署，添换器物，发觉之日，将该上司一并交部分别议处。再，官员升任或去任，除自置器皿外，署内一应物件，俱着清载簿籍，移交接任官员。倘将在官物件，被家人毁盗，将家人照毁盗官物律治罪。其毁盗物件，着落旧任官照数赔补。

现行刑律案语

原例（略）

臣等谨按：此例应仍其旧。惟“题参”二字，应改至“上司徇庇不参，交部议处”一层，毋庸载入刑律。“勒令属员修理衙署，添换器物”两语，系属重复，“自置器皿”等语，亦嫌繁冗，均应节删。谨将修改例文，开列于后。

〇修改

一、凡各省督抚、提镇及有属员等官到任，其属员派累兵民修理衙署，备办铺设，及州县守御等官到任，其属下人役预为铺设，修理衙署，派及兵民，并官员每年指称添换器物，修饰衙署，派累兵民者，该管上司即行指参，文员照科敛律治罪，武弁照克扣律治罪。再官员升任或去任，署内官物件，俱着清载簿籍，移交接任官员。如被家人毁盗，将家人照毁盗官物律治罪，仍着落旧任官照数赔补。

核订现行刑律

原修改例文（略）

谨按：本门律目现议删除。此条应移隶“修理仓库”条内，合并声明。

〇移隶

营造·修理仓库

29.385.(1)〔修衙铺设派累兵民及离任官员家人毁盗在官物件〕（略）

7.30 河防／30 河防

7.30.433 盗决河防／30.386 盗决河防

律文·修改

大清律例	现行刑律
7.30.433.1 凡盗决(官)河防者，杖一百。盗决(民间之)圩岸陂塘者，杖八十。若(因盗决而致水势涨漫，)毁害人家，及漂失财物，淹没田禾，计物价重(于杖)者，坐赃论。(罪止杖一百、徒三年。)因而杀伤人者，各减斗杀伤罪一等。(“各”字承河防、圩岸陂塘说。)若(或取利，或挟仇，)故决河防者，杖一百、徒三年。故决圩岸陂塘，减二等。漂失(计所失物价为)赃重(于徒)者，准窃盗论，(罪止杖一百、流三千里。)免刺。因而杀伤人者，以故杀伤论。	30.386.1 凡盗决河防者，处十等罚。盗决圩岸陂塘者，处八等罚。若(因盗决而致水势涨漫，)毁害人家，及漂失财物，淹没田禾，计物价重(于罚)者，坐赃论。(罪止徒三年。)因而杀伤人者，各减斗杀伤罪一等。(“各”字承河防、圩岸陂塘说。)若(或取利，或挟仇，)故决河防者，徒三年。故决圩岸陂塘，减二等。漂失(计所失物价为)赃重(于徒)者，准窃盗论。(罪止流三千里。)因而杀伤人者，以故杀伤论。

现行刑律案语

原律(略)

臣等谨按：此仍《明律》，顺治三年〔1646〕添入小注。惟盗故决河防及圩岸陂塘等项，但当以被害之轻重为罪名之轻重，不必分别官、民。《唐律疏议》谓“盗河防，取水供用，无分公私”，故决堤防者，非因盗水，或挟嫌隙，或恐水漂流自损之类，其义可见。明例虽分“河防及圩岸陂塘”为两层，亦只以被害重轻为别。盖被害重，不当以民而轻，被害轻，不当以官而重也，今律注内增入“官、民”字样，核与古律之意不符，应仍删去。杖罪照章改为罚金，应依数分等处罚。徒、流附杖照章宽免。“免刺”二字应节删。谨将修改律文、律注，开列于后。

〇修改(略)

条例·修改

大清律例	现行刑律
7.30.433.(2)〔故决盗决南旺等湖并阻绝泉源及闸官人等盗水取利〕 一、故决、盗决山东南旺湖，沛县昭阳湖、蜀山湖，安山积水湖，扬州高宝湖，淮安高家堰、柳蒲湾，及徐邳上下滨河一带各堤岸，并河南、山东临河大堤，及盗决格月等堤，如但经故、盗决，尚未过水者，首犯先于工次枷号一个月，发边远充军。其已经过水，尚未侵损、漂没他人田庐财物者，首犯枷号两个月，发极边烟瘴充军。既经过水，又复侵损、漂没他人田庐财物者，首犯枷号三个月，实发云贵两广极边烟瘴充军。因而杀伤人者，照故杀伤问拟。从犯均先于工次枷号一个月，各减首犯罪一等。其阻绝山东泰山等处泉源，有干漕河禁例，军民俱发近边充军。闸官人等，用草卷搁闸板，盗泄水利，串同取财，犯该徒罪以上，亦发近边充军。	30.386.(1)〔故决盗决南旺等湖并阻绝泉源及闸官人等盗水取利〕 一、故决、盗决山东南旺湖，沛县昭阳湖、蜀山湖，安山积水湖，扬州高宝湖，淮安高家堰、柳浦湾各堤岸，并河南、山东临河大堤，及盗决格月等堤，如但经故、盗决，尚未过水者，首犯流三千里。其已经过水，尚未侵损、漂没他人田庐财物者，首犯发极边安置。既经过水，又复侵损、漂没他人田庐财物者，首犯发烟瘴地方安置。因而杀伤人者，照故杀伤问拟。从犯，各减首犯罪一等。其阻绝山东泰山等处泉源，有干漕河禁例，军民俱流二千五百里。闸官人等，用草卷搁闸板，盗泄水利，串同取财，犯该徒罪以上，于本罪上加一等定拟。

现行刑律案语

原例(略)

臣等谨按：《充军条例》俱以极边军与四省极边烟瘴军为差等之分，并无以极边烟瘴与四省烟瘴分差等之处。此例盗故决堤岸未侵损、漂没田庐财物者，发极边烟瘴充军；侵损、漂没者，发云贵两广极边烟瘴充军，是以极边烟瘴与四省烟瘴分差等，名实均与通例不符，拟即改为极边安置与烟瘴地方安置，以示区别。其余近边、边远充军，均照章分别里数改流。惟例末"犯该徒罪以上，发近边充军"一层，若照章改为"流二千五百里"，与本罪已至满流者相抵触，拟改为"于本罪上加一等定拟"。枷号已改罚金，拟即酌予宽免。谨将修改例文，开列于后。

○修改(略)

大清律例

7.30.433.(1)〔黄河运河堤岸工程坚固陡遇冲决〕

一、凡黄河一年之内,运河三年之内,堤工陡遇冲决,而所修工程实系坚固,于工完之日,已经总河、督抚保题者,止令承修官赔修四分,其余六分,准其开销。如该员修筑钱粮俱归实用,工程已完,未及题报,而陡遇冲决者,该总河、督抚将冲决情形,并该员工程果无浮冒之处,据实保题,亦令赔修四分,其余俱准开销。如黄河一年之外,运河三年之外,堤工陡遇冲决,而该管各官实系防守谨慎,并无疏虞懈弛者,该总河、督抚查明具题,止令防守该管各官共赔四分,内河道分司、知府共赔二分,同知、通判、守备、州县共赔一分半,县丞、主簿、千总、把总共赔半分,其余六分准其开销。其承修、防守各员,俱令革职留任,戴罪效力。工完之日,方准开复。倘总河、督抚有保题不实者,后经查出,照徇庇例严加议处,所修工程,仍照定例勒令各官分赔还项。若河员有将完固堤工故行毁坏,希图兴修,借端侵蚀钱粮者,该总河察访奏闻,于工程处正法。

现行刑律

30.386.(2)〔河员毁坏完固堤工希图借端侵蚀钱粮〕

一、河员有将完固堤工故行毁坏,希图兴修,借端侵蚀钱粮者,该兼管河道督抚察访奏闻,于工程处正法。

现行刑律案语

原例(略)

臣等谨按:此系黄运两河保固及分别议处赔修之例。除"河员将完固堤工故行毁坏,希图兴修,借端侵蚀钱粮"一层,仍应载入刑律外,余俱毋庸载入,拟即节删。"总河"应改为"兼管河道督抚"。谨将修改例文,开列于后。

○修改(略)

7.30.434 失时不修堤防 / 30.387 失时不修堤防

律文 · 修改

大清律例

7.30.434.1 凡不先事修筑河防，及虽修而失时者，提调官吏，各笞五十。若毁害人家，漂失财物者，杖六十。因而致伤人命者，杖八十。○7.30.434.2 若不先事修筑圩岸，及虽修而失时者，笞三十。因而淹没田禾者，笞五十。○7.30.434.3 其暴水连雨损坏堤防，非人力所致者，勿论。

现行刑律

30.387.1 凡不先事修筑河防，及虽修而失时者，提调官吏，各处五等罚。若毁害人家，漂失财物者，处六等罚。因而致伤人命者，处八等罚。○30.387.2 若不先事修筑圩岸，及虽修而失时者，处三等罚。因而淹没田禾者，处五等罚。○30.387.3 其暴水连雨损坏堤防，非人力所致者，勿论。

现行刑律案语

原律（略）

臣等谨按：此系《明律》，应仍其旧。惟笞、杖照章改为罚金，均应依数分等处罚。谨将修改律文，开列于后。

○修改（略）

条例 · 修并、修改

大清律例

7.30.434.(1)〔河工包揽闸夫溜夫捞浅铺夫〕

一、凡运河一带，用强包揽闸夫、溜夫二名之上，捞浅铺夫三名之上，俱问发附近充军；揽当一名，不曾用强生事者，问罪，枷号一个月发落。

7.30.434.(2)〔遇河工紧要工程倡造浮议及指称夫头揽雇勒措〕

一、遇河工紧要工程，如有浮议动众，以致众力懈弛者，将倡造之人拟斩监候；附和传播者，杖一百，即于工所枷号一个月。其指称夫头，包揽代雇，勒掯良

现行刑律

30.387.(1)〔河工强揽闸夫溜夫等及揽雇勒措并岁修堤塍勒措业户〕

一、凡运河一带，用强包揽闸夫、溜夫二名以上，捞浅铺夫三名以上，及河工指称夫头，包揽代雇，勒掯良民二名以上者，俱照豪强求索财物律，计赃准枉法论。揽当一名，不曾用强生事；并勒掯良民一名者，俱照不应为律科罪。各省岁修堤塍，如有勒掯业户，将夫工包折银钱者，亦照此例，分别名数定拟。

30.387.(2)〔遇河工紧要工程倡造浮议致众力懈弛〕

民者,二名以上,发附近充军;一名者,杖一百,枷号一个月发落。

7.30.434.(3)〔楚省岁修堤塍措勒业户〕

一、楚省岁修堤塍,如有措勒业户,将夫工包折银钱者,照河工包揽闸夫溜夫捞浅铺夫例,分别名数定拟。

一、遇河工紧要工程,如有浮议动众,以致众力懈弛者,将倡造之人,拟绞监候;附和传播者,照违制律治罪。

现行刑律案语

原例

7.30.434.(1)〔河工包揽闸夫溜夫捞浅铺夫〕(略)

7.30.434.(2)〔遇河工紧要工程倡造浮议及指称夫头揽雇勒措〕(略)

7.30.434.(3)〔楚省岁修堤塍措勒业户〕(略)

臣等谨按:以上三例,第一条系前明《问刑条例》,用强包揽夫役二、三名即问附近军,似嫌过重,按用强包揽与豪强求索情事相等,拟将此项罪名即改为"照豪强求索财物律,计赃准枉法论"。其"揽当一名,不曾用强生事者",例系枷号一月,惟枷号既经改章,本条用强包揽罪名亦拟减轻,则此项罪名亦应酌减,拟改为"照不应为而为律科罪"。第二条前一层言浮议动众之罪,情节较重,拟分出另为一条,斩候罪名照章改为绞候。其附和传播者,例系满杖加枷,现在枷、杖均经改章,若并行折罚,殊形苛碎,拟酌改为"照违制律治罪"。至"指称夫头,包揽代雇"一层,与"包揽闸夫、溜夫"情罪相等,应修并于第一条,以省繁琐。第三条言楚省岁修堤塍,措勒业户,包折夫工,本系照包揽闸夫、溜夫例治罪,应即移附于第一条之末。并将"楚省"二字改为"各省",以便通引。谨将修并例文,开列于后。

○修并

30.387.(1)〔河工强揽闸夫溜夫等及揽雇勒措并岁修堤塍勒措业户〕(略)

30.387.(2)〔遇河工紧要工程倡造浮议致众力懈弛〕(略)

大清律例

7.30.434.(4)〔河工采办料物奸民串保领银亏帑误工〕

一、河工承修各员采办料物,如有奸民串保领银,侵分入己,以致亏帑误工,该总河将承办官参究,仍将亏帑奸民,发该州县严查追比。倘有徇纵等情,亦即查参,交部议处。其亏帑串保

现行刑律

30.387.(3)〔河工采办料物奸民串保领银亏帑误工〕

一、河工承修各员采办料物,如有奸民串保领银,侵分入己,以致亏帑误工,该兼管河道督抚将承办官参究,仍将亏帑奸民,发该州县严查追征,审实,照常人盗仓库钱粮律,计赃治罪。应追

奸民审实,照常人盗仓库钱粮律计赃治罪。应追银两逾限不完,着落原领官名下追赔。

银两逾限不完,着落原领官名下追赔。

现行刑律案语

原例(略)

臣等谨按:此例应仍其旧。惟“总河”应改为“兼管河道”。督抚州县徇纵,查参议处一层事隶吏部,亦应节删,以免繁冗。谨将修改例文,开列于后。

○修改(略)

大清律例

7.30.434.(5)〔违禁增盖房屋有碍堤工〕

一、凡堤工,宜加意慎重,以固河防。除现在已成房屋,无碍堤工者,免其迁移外,如再有违禁增盖者,即行驱逐治罪。并将徇纵、容隐之官弁,交部分别议处。

现行刑律

30.387.(4)〔违禁增盖房屋有碍堤工〕

一、凡堤工,宜加意慎重,以固河防。除已成房屋无碍堤工者,免其迁移外,如再违禁增盖者,即行驱逐,照违制律治罪。

现行刑律案语

原例(略)

臣等谨按:此例应仍其旧。惟官弁分别议处一层,应由吏部、陆军部查照则例办理,毋庸载入刑律,应即节删。谨将修改例文,开列于后。

○修改(略)

核订现行刑律

原修改例文(略)

谨按:此条系乾隆二年〔1737〕定例。“现在”二字系指当时而言,承行既久,应行节删。例末“治罪”一语亦涉含混,拟改为“照违制律治罪”,以昭明晰。谨将修改例文,开列于后。

○修改(略)

7.30.435 侵占街道 / 30.388 侵占街道

律文 · 修改

大清律例	现行刑律
7.30.435.1 凡侵占街巷道路,而起盖房屋,及为园圃者,杖六十,各令拆毁、修筑复旧。其所居自己房屋,穿墙而出秽污之物于街巷者,笞四十;穿墙出水者,勿论。	30.388.1 凡侵占街巷道路,而起盖房屋及为园圃者,处六等罚,各令拆毁、修筑复旧。

现行刑律案语

原律(略)

臣等谨按:此律应仍其旧。惟律内所称"穿墙出秽污之物于街巷"等语,系属违警之事,现在违警已定专律,此节应删。"杖六十"罪名照章罚金,应改为"处六等罚"。谨将修改律文,开列于后。

○修改(略)

条例 · 删除

大清律例

7.30.435.(1)〔京城作践街道淤塞沟渠损坏城脚御道护栅等处〕

一、在京内外街道,若有作践,掘成坑坎,淤塞沟渠,盖房侵占,或傍城使车,撒放牲口,损坏城脚,及大清门前御道、棋盘,并护门栅栏,正阳门外御桥南北,本门月城、将军楼、观音堂、关王庙等处,作践损坏者,俱问罪,枷号一个月发落。

现行刑律案语

○删除

原例(略)

臣等谨按:例内所指在各处作践损坏等情,均系违警罪,现已修定《违警律》,有犯自可查照办理,毋庸列入刑律,此条拟即删除。

7.30.436 修理桥梁道路／30.389 修理桥梁道路

律文·修改

大清律例

7.30.436.1 凡桥梁道路，府、州、县佐贰官职专提调，于农隙之时，常加点视修理，桥梁务要坚完、道路务要平坦。若损坏失于修理，阻碍经行者，提调官吏笞三十。此原有桥梁而未修理者。〇7.30.436.2 若津渡之处，应造桥梁而不造，应置渡船而不置者，笞四十。此原未有桥梁而应造置者。

现行刑律

30.389.1 凡桥梁道路，府、州、县佐贰官职专提调，于农隙之时，常加点视修理，桥梁务要坚完、道路务要平坦。若损坏失于修理，阻碍经行者，提调官吏处三等罚。此原有桥梁而未修理者。〇30.389.2 若津渡之处，应造桥梁而不造，应置渡船而不置者，处四等罚。此原未有桥梁而应造置者。

现行刑律案语

原律(略)

臣等谨按：此律应仍其旧。惟笞罪照章改为罚金，应依数分等处罚。谨将修改律文，开列于后。

〇修改(略)

比引律条

按：律无正条，则比引科断。今略举数条开列于后，余可例推。

大清律例·比引律条

B.3〔发卖猪羊肉灌水及米麦等插和沙土〕

一、发卖猪羊肉灌水，及米麦等插和沙土货卖者，比依客商将官盐插和沙土货卖律，杖八十。

B.10〔杀义子〕

一、杀义子，比依杀兄弟之子律，杖一百、徒三年；故杀者，杖一百、流二千里。

B.17〔偷盗所挂犯人首级丢弃水中〕

一、偷盗所挂犯人首级，丢弃水中，比依拆毁申明亭板榜律，杖一百、流三千里。

B.22〔弓兵奸职官妻〕

一、弓兵奸职官妻，比依奴及雇工人奸家长期亲之妻律，绞。

B.30〔谋杀义父之期服兄弟〕

一、谋杀义父之期服兄弟，比依雇工人谋杀家长之期亲律，已行者，立斩；已杀者，凌迟。

现行刑律案语

○删除

比引律条

臣等查《比引律条》，原共三十条，光绪三十一年〔1905〕业由刑部奏删十条。除"僧道徒弟与师共犯罪"等十五条，现已依类修并各律例外，尚有应行议删者五条。谨分具按语，开列于后：

B.3〔发卖猪羊肉灌水及米麦等插和沙土〕(略)

臣等谨按：此条系照不应重律治罪，有犯自有不应重律可援，不必别立专条，应请删除。

B.10〔杀义子〕(略)

臣等谨按：义父母殴、故杀义子并以殴、故杀乞养异姓子孙论，嘉庆年间定有专例。且查殴、故杀乞养异姓子孙罪名，正与此条相同，则此条系属重复，应即删除。

B.17〔偷盗所挂犯人首级丢弃水中〕(略)

臣等谨按：枭示重罪，业已奏请删除，以后自无悬挂犯人首级之事，此条已成虚设，应即删除。

B.22〔弓兵奸职官妻〕(略)

臣等谨按："奴及雇工人奸家长妻"律末小注，本有"弓兵在官役使作雇工人"之语，且查"弓兵"一项专隶巡检衙门，亦与实在军人不同，则弓兵奸职官妻，自可依律注以雇工治罪。此条应请删除。

B.30〔谋杀义父之期服兄弟〕(略)

臣等谨按：义父之期亲如义子违犯，不论过房年岁，并以雇工人论，本已定有专例。而雇工人谋杀家长之期亲，罪与子孙同，又载在"谋杀祖父母父母"律内，此条系属重复，应即删除。

大清律例·比引律条

B.6〔运粮一半在逃〕

一、运粮一半在逃，比依凡奉制书有所施行而违者律，杖一百。

B.9〔妻之子打庶母伤者〕

一、妻之子打庶母伤者，比依弟妹殴兄姊律，杖九十、徒二年半。

B.15〔奸妻之亲生母〕

一、奸妻之亲生母者，比依母之姊妹论。

B.18〔夫弃妻之尸〕

一、夫弃妻之尸，比依尊长弃毁缌麻以下卑幼之尸律，杖一百、流三千里。

B.20〔拖累平人致死〕

一、拖累平人致死，比依诬告人因而致死一人律，绞。

删除律例

○删除

大清律例·比引律条①

B.2〔强窃盗犯捕役带同投首〕

一、强、窃盗犯，捕役带同投首，有教令及贿求，故捏情弊，比照受财故纵律治罪。

B.4〔男女定婚未曾过门私下通奸〕

一、男女定婚，未曾过门，私下通奸，比依子孙违犯教令律，杖一百。

① 《现行刑律案语》称，以下十五条"已依类修并各律例"，但未明确具体修并。

B.5〔打破信牌〕

一、打破信牌,比依毁官文书律,杖一百。

B.7〔既聘未娶子孙之妇骂舅姑〕

一、既聘未娶子孙之妇骂舅姑,比依子孙违犯教令律,杖一百。

B.8〔遗失京城门锁钥〕

一、遗失京城门锁钥,比依遗失印信律,杖九十、徒二年半。

B.11〔考职贡监生假冒顶替〕

一、考职贡监生假冒顶替者,比照诈假官律治罪。

B.12〔奸义子妇〕

一、奸义子妇,比依奸缌麻以上亲之妻律,杖一百、徒三年;强者,斩。

B.13〔奸乞养子妇〕

一、奸乞养子妇,比依奸妻前夫之女律科断,其子与妇断还本宗;强者,斩。

B.14〔奸义妹〕

一、奸义妹,比依奸同母异父姊妹律,杖一百、徒三年;强者,斩。

B.16〔奸义女〕

一、奸义女,比依奸妻前夫之女律,杖一百、徒三年;强者,斩。

B.19〔兄调戏弟妇〕

一、兄调戏弟妇,比依强奸未成律,杖一百、流三千里。

B.21〔官吏打死监候犯人〕

一、官吏打死监候犯人,比依狱卒非理凌虐罪囚致死律,各绞。

B.23〔伴当奸舍人妻〕

一、伴当奸舍人妻,比依奴及雇工人奸家长期亲之妻律,绞。

B.24〔奴婢诽谤家长〕

一、奴婢诽谤家长,比依骂家长律,绞。

B.25〔奴婢放火烧主房屋〕

一、奴婢放火烧主房屋,比依奴婢骂家长律,绞。

B.26〔弃毁祖宗神主〕

一、弃毁祖宗神主,比依弃毁父母死尸律,斩。

B.27〔义子骂义父母〕

一、义子骂义父母,比依子孙骂祖父母律,立绞。

B.28〔骂亲王〕

一、骂亲王,比依骂祖父母律,立绞。

B.29〔义子奸义母〕

一、义子奸义母,比依雇工人奸家长妻律,立斩。

督捕则例

现行刑律案语

臣等谨按：《督捕则例》创始于国初，以治旗下逃走家人。乾隆以后增入“旗人正身逃走”各条，已与原意不合。恭查皇朝《通典》，兵部初设督捕侍郎，分置员司，掌旗人逃亡之事。康熙三十八年〔1773〕省其职事，以督捕前司、后司及督捕厅，改隶刑部。雍正十二年〔1734〕罢督捕前司及督捕厅，并其事于后司，曰督捕司。是为督捕沿革之大略。及道光以来许旗人出境营生，是曩时例禁早经解除，逃旗之案因而日少，间有私自逃走者，类皆身犯他罪，其情事与则例之本旨亦复不同。况光绪三十三年〔1907〕复将刑律议准满汉通行，则此项则例尤未便仍袭旧名，致滋矛盾。臣等详加考核，其中无关引用及宜改从通例者，凡九十六条，分别删除；其犹资援引而须修改者，凡十四条，删繁存要，并为六条，依其事类移入他门。所有各条谨列如下。

督捕则例·移并

大清律例·督捕则例	现行刑律
	*名例·犯罪事发在逃
D.42 八旗家人逃走分别次数治罪	1.25.(4)〔旗下未经赎放家人逃走〕（略）
D.42.1 一、凡旗下家人初次逃走者，左面刺“清、汉逃人”字，鞭一百；二次逃走者，右面刺字，枷号一个月，鞭一百，均交旗给主领回。如伊主不愿领回者，免其刺字，交县与民人一体管束。三次逃走者，发各省驻防给官员兵丁为奴，照例刺字。旗下家人妇女有犯逃走者，亦照此科断，按律收赎，均免刺字。	
D.42.2 一、盛京旗下家奴，如为匪畏罪逃走，初次枷号两个月，二次改发各省驻防为奴。	
D.29 呈报逃人	
一、凡有护军披甲人逃走，该管佐领、骁骑校务行据实呈报，不得瞻顾避	

忌,谎称患病发狂,朦混呈报。如有朦混谎报者,将该管各官交部议处。其满洲等家下庄头拖欠地租,偷典地亩,并带家业逃走者,仍将逃人带逃家业分为三分,一分给与出首之人,二分给与逃人之主。

D.5 逃人自回自首

一、凡旗下家人初次逃走,一年内投回者,免罪;一年以外投回者,鞭六十。二次逃走,六个月内投回者,免罪;六个月以外投回者,鞭八十。三次逃走,三个月内投回者,免罪;三个月以外投回者,鞭一百,免其刺字。俱不算逃走次数。三次后复行逃走者,虽自行投回,即照初次拿获例治罪。窝家人等,免议。其有经刑部发落之后,复在该旗吃酒行凶者,即行送部发遣。再,该旗圈销逃档文内,务将投回逃犯在外有无为匪,及逃走次数、月日多寡之处,声明咨部,照例治罪。

D.6 同逃先回

一、凡数人同逃后,商量一同投回,内一、二人先回,供明余犯住处提来者,均照逃人自回例,分别年限、次数科断;窝家人等免究。若不曾同商投回者,除先回各犯照自回例科断外,其余各犯照常鞭、刺;窝家人等,照例治罪。

D.8 亲属首逃

一、凡逃人被伊祖父母、父母、子孙出首者,将逃人照自首、自回例科断。仍着该管官取具实系亲属甘结申送。如有假捏情弊,将出结之人,照证佐不言实情律,减二等。逃人仍照逃例治罪。查报不实之该管官,交部议处。

D.28 投递逃牌

一、凡投递逃牌，在京限五日；二百里以内者，限十日；四百里以内者，限十五日，赴该管衙门投递。若不递逃牌者，拿获逃人入官，给与八旗兵丁为奴。若逃人之主将逃牌已交领催，领催遗漏不递者，将该领催鞭一百。若从前已递逃牌，逃人自回，不销逃档，后逃人复逃，而伊主不递新档，仍留旧档者，将逃人之主鞭七十；拿获逃人，俱免其入官，仍给原主。

D.31 谎递逃牌

一、凡旗下家人逃走属实者，准递逃牌。若将屯庄居住不曾逃走之人，谎递逃牌，系闲散，鞭七十；系官，交部议处。如有不服呼唤、抗拒避匿，以致伊主报逃者，将伊主免罪；家奴不科逃罪，照子孙违犯教令律，鞭一百。

D.33 行提逃人带逃财物

一、凡逃人带逃物件，载在原递册内者，准行提；如不载在原递册内，虽告，不准行；如册内所载审系虚开者，免其行提，将逃人仍治逃罪。

现行刑律案语

原例

D.42 八旗家人逃走分别次数治罪两款（略）

D.29 呈报逃人（略）

臣等谨按：以上三条，第一条为旗下家人逃走治罪之通例，“刺字”及“免刺”字样均应节去，枷号现经改章，请酌予宽免。“鞭一百”应改为“处十等罚”。其三次逃走之犯，若辈犷野性成，发驻防为奴，势必仍思逃逸，若照《名例》改发，则所犯罪名究与重罪人犯有间，揆之立法本意，初无投畀荒远之心，拟请量减满徒，入所工作，以便防范而资感化。至京外旗下逃人，自应一律办理。第二条盛京加重之例，未免两歧，拟请删削。第三条护军披甲人系旗下正身，与家奴无涉，且本条并无罪名，亦应删节。其“庄头逃走”一项，拟并入第一条。又，携带同逃条内，凡逃人年六十岁以上，十五岁以下，俱免鞭、刺、发遣，系矜恤老幼之意，应请并入本条，以便援引，并将条文移入“犯罪事发在逃”门内，以省另立门类之繁。谨将移并例文，开列于后。

○移并

名例·犯罪事发在逃

一、凡旗下家人，初次、二次逃走者，均处十等罚，给主领回；如伊主不愿领回，交县与民人一体管束。三次逃走者，徒三年。妇女逃走，依律收赎。逃人年六十岁以上，十五岁以下，俱免罪。其满洲等家下庄头拖欠地租、偷典地亩，并带家业逃走者，将带逃家业分为三分，一分给出首之人，二分给主。

现行刑律案语

原例

D.5 逃人自回自首(略)

D.6 同逃先回(略)

D.8 亲属首逃(略)

臣等谨按：以上三条，情事相同，应合并为一。“刺字”照章应删。“鞭责”各项，应改依罚金银数，分等处罚。家奴吃酒行凶，光绪三十三年〔1907〕已奏准改照民人奴仆问拟，第一条吃酒行凶一项应请节删。第三条亲属首逃限于祖父母、父母、子孙，而不及余亲，似未赅备，拟照《名例》改为“于法得相容隐之亲属”，以归一律。其余繁重语句，及无关要义之处，亦应分别节去，并将条文移入“犯罪自首”门，以昭核实。谨将移并例文，开列于后。

○移并

名例·犯罪自首

一、凡旗下家人，初次逃走，一年内投回者，免罪；二次逃走、六个月内投回，三次逃走、三个月内投回者，同逾限投回，初次处六等罚，二次处八等罚，三次处十等罚；三次后逃走者，虽投回，即照初次拿获例治罪。如数人同逃，商量同回，而一、二人先回者，余犯照自回例科断；并未商量者，仍照例治罪。其于法得相容隐之亲属代逃人出首者，照自首自回例办理。

现行刑律案语

原例

D.28 投递逃牌(略)

D.31 谎递逃牌(略)

D.33 行提逃人带逃财物(略)

臣等谨按：从前旗下家人私逃者多，防范亦极严峻，故投递逃牌、不递逃牌之法，亦极详密。嗣后各项例禁均从宽大，则投递逃牌、不递逃牌之法未便仍执旧例，相绳所有。第一条投递限期及入官为奴并逃人自回，不销逃档，后复脱逃，不递新档等语，均拟删节。第二条“鞭责”罪名，应改“依笞、杖罚金银数，分等处罚”。第三条言行提逃人带逃财物之法，应仍其旧。以上三条情事相连，应并为一，以归简易，并请将条文移入“犯罪事发在逃”门内，以省另立门类之繁。谨将移并例文，开列于后。

○移并

名例·犯罪事发在逃

一、凡旗下家人逃走属实者，准赴该管衙门投递逃牌。若逃牌已交领催，而领催遗漏不递者，处十等罚。若将屯庄居住不曾逃走之人，谎递逃牌，系闲散，处七等罚；系官，交部议处。如有不服传唤，抗拒避匿，以致伊主报逃者，将伊主免罪；家奴不科逃罪，照子孙违犯教令律治罪。其逃人带逃物件，载在原递册内者，准行提；如原册未载，虽告，不准行；如所载审系虚开者，免其行提，将逃人仍治逃罪。

核订现行刑律

原移并例文

D.42 八旗家人逃走分别次数治罪两款、D.29 呈报逃人原移并例文(略)

D.5 逃人自回自首、D.6 同逃先回、D.8 亲属首逃原移并例文(略)

D.28 投递逃牌、D.31 谎递逃牌、D.33 行提逃人带逃财物原移并例文(略)

谨按：从前旗下家奴逃走治罪从严，故分别次数，投递逃牌之法极为详备。现在情形不同，该大臣删改各例，亦已力求简要。惟家人逃走，至于二次、三次，在伊主既不得力，自必情愿释放，必无叠次报逃之理；若三次脱逃以后犹愿领回，则必有实需服役情形，拟以满徒，在主家毫无实益，转非体恤伊主之本意。且旗下家奴，现已改照雇工办理，设仍沿严治逃人之旧，亦与废止奴仆之义不符，拟请将例内“计次治罪”之处，改为“不计次数，俱处十等罚”，自行投回者免罪，并于例首添“未经赎放”四字，俾与他项家人有别。至数人同逃，本系从前情形，近来旗下家奴存留无几，即使脱逃，亦必无数人相约之事。自首免罪，系属通例，家主谎递逃牌，事近苛细；领催遗漏不递，自有旷职处分，均毋庸特著明文，致滋繁重。以上三条，拟即删并为一，仍移入“犯罪事发在逃”门。谨将修并例文，开列于后。

○修改

名例·犯罪事发在逃

1.25.(4)〔旗下未经赎放家人逃走〕(略)

督捕则例·删除

大清律例·督捕则例

D.1 另户旗人逃走

一、在京旗下官员逃走一次者，革职，销除旗档。其另户满洲、蒙古、汉军闲散旗人，初次逃走，或实因病迷，一月以内投回者，免罪；被获者鞭一百，俱仍准挑差。如已逾一月,无论投回、拿获,及二次逃走者,均销除旗档为民,听其自谋生理。刑部于岁终将报逃人数汇疏以闻。若盛京并各省驻防及屯居旗人,有犯逃走,俱照此例,分别办理。其各省驻防失察逃走兵丁之该管各官,交部分别议处。在京及各处旗下另户妇女,有犯逃走,亦照此科断。至吉林、黑龙江所属旗人,初次逃走被获者,鞭一百;一年以内自行投回者,免罪;一年以外投回者,鞭六十。二次逃走者,无论投回、拿获,俱销除旗档为民。

D.17旗人私出境外

一、凡闲散旗人及旗下官员,私自出境取债、探亲者,均照逃走例分别办理。庄屯居住之另户人,照闲散例办理。其另户家人私自出境者,本犯照例治罪,本主免议。

现行刑律案语

原例

D.1另户旗人逃走(略)

D.17旗人私出境外(略)

臣等谨按:以上二条,前一条系正身旗人逃走通例,后一条系旗人私自出境通例。私自出境例照逃走科断,自应合并为一,以省繁冗。"旗下官员"一项,光绪三十三年〔1907〕已奏准并入《名例》犯罪,"事发在逃"门应请节去。笞、杖现改罚金,旗人已无鞭责,例内"鞭一百、鞭六十"罪名,均应改"依罚金银数,分等处罚"。此二条专指旗人正身而言,与家奴无涉,拟请一并移入"犯罪事发在逃"门。谨将移并例文,开列于后。

○移并

名例·犯罪事发在逃

一、在京另户满洲、蒙古、汉军闲散旗人,初次逃走,或实因病迷,一月内投回者,免罪;被获者,处十等罚,仍准挑差。如已逾一月,无论投回、拿获,及二次逃走,均销除旗档为民,听其自谋生理。法部于岁终将报逃人数汇奏。若盛京并各省驻防及屯居旗人,各处旗下另户妇女,有犯逃走,俱照此分别办理。私自出境取债、探亲者,亦照逃走例科断。至吉林、黑龙江所属旗人,初次逃走被获者,处十等罚;一年以内自行投回者,免罪;一年以外投回者,处六等罚。二次逃走者,无论投回、拿获,俱销除旗档为民。

核订现行刑律

○删除

D.1另户旗人逃走、D.17旗人私出境外原移并例文(略)

D.19旗人告假领票原移改例文(略)

D.105八旗逃人通行呈报、D.51外省驻防逃人原移并例文(略)

谨按：以上三条，俱言八旗逃人治罪及缉拿之法，尚系从前情形。恭查同治四年〔1865〕六月钦奉上谕："内阁、八旗都统等会同户部等部奏遵议沈桂芬条陈，请嗣后旗人有愿出外营生者，无论降革休致文武官员，及未食钱粮、本食钱粮举贡生监，暨兵丁闲散人等，准由该都统给照前往。如愿在外省落业，准其呈明，该州县编为旗籍。其服官外省之降革休致文武各员，及病故人员之子孙、亲族人等无力回京者，亦准一体办理。所有词讼案件统归该州县管理。如有不安本分，滋生事端者，即由该地方官照民人一律惩治。其愿入民籍者，即编入该地方民籍各等语，所筹尚属周妥。即着八旗都统，将此次推广办法逐节出示晓谕等因。钦此。"叠经钦遵通行在案。是出外营生本为例所不禁，亦无逾限不回销除旗档之事，且既准给照出外，则呈明请照，亦甚便利，自无私自逃走、甘罹法网之人，如因犯罪脱逃，亦当按犯罪事发在逃各本律例问拟。以上三条，拟请一并删除。

大清律例・督捕则例

D.2 窝逃及邻佑人等分别治罪

一、凡旗民知情窝留旗下逃人者，照知情藏匿罪人律，各减罪人一等治罪。民人邻佑、地方、十家长，知情不首者，杖八十；旗人该管领催及家奴之主知情者，鞭八十。系官，交部议处。不知者，俱不坐。其失察及明知逃人，不行查拿之地方文武官，交部分别察议。

D.53 末家断作窝家

一、凡逃人逃走，换住数家被获者，将末家断作窝家。

D.54 移住窝逃

一、凡移住别处窝隐逃人者，将移住之处两邻、十家长、地方及地方官，俱照例治罪。

D.55 驻防窝带逃人

一、凡往各省驻防官员及闲散人等窝带逃人者，俱照旗人窝逃例分别治罪。

D.56 盛京等处并各边口严查逃人

一、凡盛京、宁古塔、黑龙江将军及边汛等官，各于所属内缉拿逃人，务期必获。如彼处土著之人，将逃人隐匿，不行举出，经旁人出首拿获者，将隐匿之人照窝逃例分别治罪。再沿边地方总兵官，责令所辖守边、守口官弁，将出边之人严加盘查。若将逃人疏忽放出者，将守口之官弁、兵丁，照地方及地方官失于查察例究处；故纵者，从重论。

D.57 口外逃人交扎萨克查拿

一、凡口外有旗下逃人，交与该扎萨克及管辖之人，于各旗佐领下严加查拿，解部治罪。

D.58 游牧处所窝隐逃人

一、边外八旗游牧处所官员，凡游牧之处住有逃人者，应不时巡查缉拿。若将逃人隐匿,不行举出,经旁人出首拿获者,将窝家人等俱照例治罪。

D.59 宁古塔水手等役窝逃

一、凡宁古塔等处驻防地方水手、炮手等役窝隐旗下逃人者,系旗人,照旗人窝逃例;系民人,照民人窝逃例,分别治罪。

D.60 边外屯庄窝逃

一、凡边外居住旗人窝隐逃人者,将窝家及该管领催照例治罪。

D.61 营伍窝逃

一、凡营伍内窝隐逃人者,若有保人,将保人断作窝家。知情留住之房主,减窝家罪一等,罪止杖一百;不知者不坐。其不行查出之管队及外委百总,减房主罪二等,罪止杖八十。该管之把总、千总,交部议处。

D.62 运粮等船窝逃

一、凡粮船并回空船只,各该押运官及千、百总,将人数填写印票,不时稽查。若有窝隐逃人者,将留住逃人之人断作窝家;屯丁头目照地方例治罪;运丁减窝家一等,罪止杖一百;百总减运丁二等,罪止杖八十,仍革去百总;不知者不坐。领运千总并督运各官,均交部议处。

D.63 军船商船窝逃

一、凡军船、商船,该管官将本船男妇数目给与印票,钞关之官查照票内数目放行。若有票内无名之人,即行拿解。如逃人过一关,至二关拿获或被首告拿获者,将不行盘拿放过关之官,交部议处;船主断作窝家。

D.64 官员赴任后家人窝逃

一、凡汉文武官员赴任之后,有本家人窝隐逃人者,本官不知情,免罪;将窝逃之人断作窝家。

D.65 僧道窝逃

一、凡僧尼、道士窝隐逃人者,照民例治罪。

D.70 出首逃人

一、凡逃人被窝家出首者,窝家人等免罪。若窝家不行出首,或该管地方、十家长、邻佑人等内有一人出首者,止将窝家照例治罪,其余邻佑、十家长、地方等俱行免罪。如窝逃之人一村居住,族中人等及主仆互相出首者,窝家亦免罪。至拿解逃人,地方官将窝家暂行拘禁,不许一并解送,候该管衙门审明实系逃人,行文地方官,将窝家审拟发落。

D.71 雇觅逃人佣工

一、凡将逃人雇觅佣工及赁房与住者,照窝家例,分别知情、不知情治罪。若有保人者,将保人照窝家例治罪。其雇主、房主及十家长、地方、邻佑并地方官,俱免议。

D.72 将房地卖与逃人

一、凡将房地卖与逃人者,如有保逃人之人,将保人作为窝家;如无保人,或有引进之人,将引进之人作为窝家;其邻佑、十家长、地方及地方官,俱免议。如无保人及引进之人,将房地之主仍断作窝家,邻佑、地方、十家长俱照例治罪。

D.73 文武官员窝逃

一、凡汉文武官员,并进士、举人、贡监生员,及有顶带人员,窝隐逃人者,俱照民人窝逃例,分别知情、不知情办理。知情者,照犯私罪例科断;不知者不坐。八旗文武官员有犯,亦照此例。邻佑、地方、十家长及地方官,俱照例究议。其误典、误买及雇觅佣工,仍照例将保人或引进之人断作窝家。

D.74 窝家出首逃人妻子

一、凡逃人如被别处及旁人拿获后,窝家将逃人妻子出首者,将窝家照闻拿自首例减二等治罪,地方官免议。若逃人未被拿获之先,窝家将逃人妻子出首者,窝家免罪,地方官仍记功。

D.75 奉天锦州民并流徙人窝逃

一、凡奉天等处所属民人,及流徙尚阳堡、宁古塔之民人,窝隐逃人者,俱照窝家例,分别知情、不知情科断。

D.77 逃人在空地盖房居住

一、凡逃人逃走,在空地盖房居住者,将地主照窝家例分别治罪。如系无主之地,将乡长作为窝家,地方、十家长作为邻佑;如无乡长,将地方作为窝家,十家长作为邻佑。地方官功过,照常议。

D.78 逃人居住未过例限

一、凡逃人逃走,或无一定住处,或雇觅佣工,或赁住店房,未过限者,其不知情之窝家、邻佑人等均免治罪,地方官亦免议处。

现行刑律案语

○删除

D.2 窝逃及邻佑人等分别治罪(略)

D.53 末家断作窝家(略)

D.54 移住窝逃(略)

D.55 驻防窝带逃人(略)

D.56 盛京等处并各边口严查逃人(略)

D.57 口外逃人交扎萨克查拿(略)

D.58 游牧处所窝隐逃人(略)

D.59 宁古塔水手等役窝逃(略)

D.60 边外屯庄窝逃(略)

D.61 营伍窝逃(略)

D.62 运粮等船窝逃(略)

D.63 军船商船窝逃(略)

D.64官员赴任后家人窝逃（略）

D.65僧道窝逃（略）

D.70出首逃人（略）

D.71雇觅逃人佣工（略）

D.72将房地卖与逃人（略）

D.73文武官员窝逃（略）

D.74窝家出首逃人妻子（略）

D.75奉天锦州民并流徙人窝逃（略）

D.77逃人在空地盖房居住（略）

D.78逃人居住未过例限（略）

臣等谨按：以上二十二条，均言窝留逃人之罪，而以首条为纲领。从前窝留罪名重于本犯，窝家之外兼及邻佑，故定例条分缕析，不厌其详，后改照知情藏匿罪人律，减罪人一等治罪，则有犯均应援引通律定拟，毋庸另立专条。以上各款，拟请一并删除。

大清律例·督捕则例

D.3另户人不刺字

一、凡另户护军兵丁，及闲散人逃走者，免其刺字。宗室公以上家下庄头，并户部官庄头、光禄寺园头逃走者，亦照另户人例，免刺。其庄头家下壮丁逃走者，仍照常刺字。

D.14逃人起除刺字

一、凡逃人用药起除面上所刺之字者，枷号三个月，鞭一百。如央人代为起除者，将代为起除之人枷号两个月，鞭一百。所毁之字，仍行补刺。

D.91误行刺字

一、凡官员将不应刺字人犯误行刺字者，交部议处。

现行刑律案语

○删除

D.3另户人不刺字（略）

D.14逃人起除刺字（略）

D.91误行刺字（略）

臣等谨按：以上三条，一言逃人免刺，一言起除刺字，一言误行刺字，均在新章已删之列，应请删除。

大清律例·督捕则例

D.4 十日内拿获不刺字

一、凡逃人十日内拿获者，鞭一百，免刺，不算逃走次数。凡逃人计算次数，家奴以曾经刺字为坐，另户以曾经鞭责、记有档案为坐。过十日者，即照例治罪。若窃骑马骡，持带器械逃走被获者，不论十日内外，枷号两个月，鞭一百。系家奴，仍照例刺字。其奴仆偷窃伊主财物逃走，计赃重者，照刑例从重治罪。

现行刑律案语

○删除

原例（略）

臣等谨按：此例以十日内外分别刺字与否，新章删除刺字，此项即无关引用。至马骡器械，均系财物，如有偷窃逃走，自应概照刑例办理，毋庸另立专条。此例拟请删除。

大清律例·督捕则例

D.7 携带同逃

一、凡逃人年六十岁以上、十五岁以下者，俱免鞭、刺；至三次，亦免发遣。其窝家及地方官，功过照例核议。其祖父带子孙逃，伯叔兄带弟侄逃，及夫带妻逃、父带女逃、子带伊母，并兄弟带姊妹逃走者，为首带逃者，分别次数，照例治罪，应刺字者，仍行刺字。其随逃之子孙、弟侄、妇、女，俱免其鞭责、刺字。不算逃走次数。

D.10 逃人另犯他罪

一、凡逃人在逃走处犯事，一并发觉，拿送刑部。该堂官照例分司会同督捕司官审定，从重归结。应刺"逃人"字样者，仍照例刺字。

D.11 赦后逃人

一、凡正身旗人二次逃走，其初次逃走在赦前者，免其并算，照初次逃走例，分别办理。旗下家人三次逃走，有二次逃走在赦前者，俱免通算；其于赦后逃走三次者，方拟发遣。

现行刑律案语

○删除

D.7 携带同逃（略）

D.10 逃人另犯他罪（略）

D.11 赦后逃人（略）

臣等谨按：携带同逃即罪坐尊长之法，逃人另犯他罪即二罪从重之法，赦后逃人即常赦得原之法,以上三条,有犯应照《名例》办理,拟请删除。其"携带同逃"条内之"老幼免罪"一项,较《名例》为宽,应仍其旧,并请移入"逃人分别次数"例内,以资援引。合并声明。

大清律例·督捕则例

D.9各主逃人前后通算次数

一、凡逃人被获,发落给主后,伊主转卖与人,复从后买之主家逃走者,以鞭、刺计算前后次数。共至三次者,即照例发遣。

现行刑律案语

○删除

原例(略)

臣等谨按:犯罪计次,无论一主、各主,均就罪犯本身通计,此不易之通例,毋庸为逃人特设专条,拟请删除。

大清律例·督捕则例

D.12外省驻防属下人逃

一、凡外省驻防大臣、官员人等属下人役,在京逃走者,听刑部衙门审拟;其在外所随人役逃走者,俱交与该督抚审理,照例造册咨送刑部查核。若有窝家及三次逃人,咨报刑部照例办理。

D.23奉天府江宁等处旗下逃人

一、凡奉天府等处居住旗人逃走者,盛京刑部审理;其江宁等处驻防旗人逃走者,俱交与各该督抚审理,均依逃走例分别办理,仍报明刑部查核。

D.52外省获逃会审

一、凡各省将军、城守尉等拿获逃人,照例会同同城文员审理。

现行刑律案语

○删除

D.12外省驻防属下人逃(略)

D.23奉天府江宁等处旗下逃人(略)

D.52外省获逃会审(略)

臣等谨按:盛京刑部现已裁,并各处旗人有犯,俱归地方官及各级审判厅办理,以上三条均属无关引用,拟请删除。

大清律例·督捕则例

D.13 公主属下人逃

一、凡公主等家下人逃走者，照例鞭、刺。公主等所属另户逃走者，亦照旗下另户人例治罪，免其刺字。窝家、地方官，俱照常议。其口外蒙古之逃人拿解者，咨送理藩院归结。地方官功过，无庸议。窝家分别知情、不知情，照例办理。

现行刑律案语

○删除

原例(略)

臣等谨按：此条本为公主家下人逃走分别应刺、不应刺而设。现在刺字之法，业已删除，本条即无关引用。至口外蒙古人，既归理藩部审结，即与督捕无涉，拟请删除。

大清律例·督捕则例

D.15 逃人不实供伊主住址

一、凡逃人不实供伊主住址者，除照例鞭、刺外，加枷号一个月。

D.34 逃人告提妻子

一、凡逃人告有外娶之妻及所生子女行提，审虚者，枷号一个月，鞭一百。如将别人之妻子仇诬系伊妻子告提，审虚者，枷号三个月，鞭一百。

D.79 妄扳窝家

一、凡逃人诬扳窝家，提来审虚者，将逃人发遣。仍刺字。若续供之窝家，提来审明又属诬扳者，将逃人刺字，不论逃走次数，照奸棍诈害良民例发遣；如年力强壮者，改发乌鲁木齐等处分别种地、为奴。逃罪重者，从重归结。

现行刑律案语

○删除

D.15 逃人不实供伊主住址(略)

D.34 逃人告提妻子(略)

D.79 妄扳窝家(略)

臣等谨按：以上三条言逃人谎供诬指之罪。“妄扳窝家”一条，互见于“徒流迁徙地方”门。光绪三十一年〔1905〕以彼门诬扳窝家之例，无关引用，奏准删去。以上三条事同一例，拟请一并删除。

大清律例·督捕则例

D.16私拿逃人

一、凡逃人之主及平素认识逃人之人,在京附近地方或在屯庄等处,及出差遇见逃人者,准其拘拿外,至有访得逃人下落,令其在刑部控告,或向附近地方官呈告拿解,不许私自拘拿。若违例私自往拿者,地方官及窝家免议。违例私拿之人,若系闲散,鞭一百;系官,交部议处。

现行刑律案语

○删除

原例(略)

臣等谨按:此条系康熙年间定例,从前旗人不许私自出境,故设此条,以防借端外出。现在例禁较宽,自未便仍前限制,此例拟请删除。

大清律例·督捕则例

D.18旗人出境索诈行私

一、凡旗人私自出境需索财物,借端挟诈,及嘱托行私者,销除旗档,按其所犯罪名,照民人一例问拟。系官,革职,亦销除旗档。犯罪重于杖一百者,照例治罪,不准折赎。如将家仆明知差去者,其主系闲散,鞭一百;系官,交部议处。差去之家人,枷号一个月,鞭一百。

D.101在京旗人逃后行窃

一、凡在京满洲、蒙古、汉军正身、闲散旗人逃后,有犯抢、窃,均销除旗档。其初犯罪止笞、杖、枷责者,免其刺字,交县管束;徒罪以上,悉照民人一体刺字、发配。各省驻防旗人有犯,亦照此例办理。

现行刑律案语

○删除

D.18旗人出境索诈行私(略)

D.101在京旗人逃后行窃(略)

臣等谨按:旗人需索挟诈及有犯抢窃,既照民人一体问拟,自毋庸另立专例,此二条拟请删除。

大清律例·督捕则例

D.19旗人告假领票

一、凡八旗兵丁及拜唐阿,如有告假前往各省以及口外者,俱令禀明该管官,系何事、前往何处，及告假限期，详晰声明存档，给领印票，回日圈销。倘有告假逾限不回，及回而不交纳原领印票者，鞭五十。如不领印票私行前往，或领有印票私往别处者，俱鞭一百。至八旗闲散旗人，告假出外营生，无论前往何处，俱报明该参领注册，由佐领给与图记，即准外出营生，不必勒定限期。如有事逗遛，准其报明地方官，行文该旗，回京仍准挑差。若已逾一年，并无地方官展限文书报明该旗者，即销除旗档。倘在外滋事，照民人例问拟。或投往亲族任所，自恃尊长，挟诈需索，准外任各官呈明上司究办。其告假时，该参领随时呈报都统存案，年终汇咨户、兵二部。倘该管参、佐领有勒揹情事，查出参处。八旗降、革、休致之官员，已退钱粮之兵丁，未食钱粮之举、贡、生、监，均照闲散例。其各省驻防旗人，亦一律分别办理。

现行刑律案语

原例

D.19旗人告假领票（略）

臣等谨按：此例应仍其旧，惟各项鞭责应依数分等处罚。"户、兵二部"应改为"度支、陆军部"。例意在推广旗人生计，与督捕无涉，拟请移入"户役"律"人户以籍为定"门，以昭核实。谨将移改例文，开列于后。

〇移改

户役·人户以籍为定

一、凡八旗兵丁及拜唐阿，如有告假前往各省及口外者，禀明该管官，系何事、前往何处，及告假限期，详晰声明存档，给领印票，回日圈销。倘逾限不回，及回而不缴原票者，处五等罚。如不领印票私行前往，或领票而往别处者，俱处十等罚。至八旗闲散旗人，告假出外营生，无论前往何处，俱报明该参领注册，由佐领给与图记，即准外出营生，不必勒定限期。如有事逗遛，准其报明地方官，行文该旗，回京仍准挑差。若已逾一年，并无地方官展限文书报明该旗者，即销除旗档。倘在外滋事，照民人例问拟。或投往亲族任所，自恃尊长，挟诈需索，准外任各官呈明上司究办。其告假时，该参领随时呈报都统存案，年终汇咨度支、陆军部。倘该管参、佐领有勒揹情事，查出参处。八旗降、革、休致之官员，已退钱粮之兵丁，未食钱粮之举、贡、生、监，均照闲散例。其各省驻防旗人，亦一律分别办理。

核订现行刑律

〇删除（略）

见D.1另户旗人逃走条

大清律例·督捕则例

D.20逃人外娶之妻所生子女

一、凡逃人在逃走处所娶之妻，及所生子女，审明断归逃人，给与逃人之主。若有强夺霸娶者,照律治罪。

D.21 逃人外生之女

一、凡逃人将外娶妻所生之女,聘嫁与人者,不论已婚、未婚。断给伊夫完聚外,若将带逃之妻外生之女私聘与人,未婚者,追还财礼,将女断给伊主;已婚者,不拘年限,俱免其离异,向私娶之人追银四十两给主。如贫难无力,量追一半。其嫁女之逃人,照例鞭、刺。知情聘娶者,杖一百;媒合人等,杖八十;不知者不坐。

D.22 已卖逃人外娶妻所生子女

一、凡逃人在外娶有妻室,生有子女,被获时将妻室子女未曾供出,已经完结,其主随将逃人卖与他人之后,始行发觉者,将逃人外娶妻及所生子女,俱断归逃人,给与后买之主。

D.47 逃犯已故免提妻子

一、凡逃人逃走后,在外娶有妻室,及生有子女,或本主首告行提,或被地方官拿获,审明之后,逃人身故者,其外娶之妻及所生子女,仍断与原主。若未发觉之先,逃人已故,虽有外娶妻室及所生子女,伊主呈告或旁人出首,俱不准行。

D.50 口外逃人娶妻

一、凡口外蒙古人逃进内地娶妻者,将所娶之妻,断归母家。其公主属下人役,在逃走处娶妻者,拿获审明,断给逃人完聚。

D.69 逃人原娶之妻

一、凡逃人逃回原籍,在伊原娶之妻家居住被获者,审明,将逃人之妻断给逃人完聚,其窝家人等照例治罪。

现行刑律案语

〇删除

D.20 逃人外娶之妻所生子女(略)

D.21 逃人外生之女(略)

D.22 已卖逃人外娶妻所生子女(略)

D.47 逃犯已故免提妻子(略)

D.50 口外逃人娶妻(略)

D.69 逃人原娶之妻(略)

臣等谨按:以上六条,言逃人在外娶妻及所生子女断给之法,核与"奴仆及户下陈人将女私聘与人,并各项断给完娶"之通例,无甚出入,且此等案件近来并不经见,拟请删除。

大清律例·督捕则例

D.24卖身行诈

一、凡棍徒在地方犯事，潜逃来京，卖身旗下，复回原籍借逃行诈，除实犯死罪外，犯该徒罪以下者，照犯罪潜逃例，加二等治罪；犯该流罪以上者，发各省驻防，给官员、兵丁为奴。

D.25借逃行诈

一、凡奸棍结党，在地方借逃报仇，诈害良民者，照凶恶棍徒生事扰害良民例，发极边足四千里充军。旗下家奴，发各省驻防，给官员、兵丁为奴。

D.26地方官唆逃行诈

一、凡地方官教令逃人，指扳富室为窝家，计图诈害者，革职，照指使犯人诬扳平人例，分别治罪；得赃者，仍以枉法从重论。

D.27首告逃人

一、凡旗人在部及各衙门首告逃人，指明窝留处所，移咨该抚查拿。若无逃人，咨复到日，审系谎告、仇告者，将首告之人照诬告例治罪。如民人首告逃人，许令在该管地方官处告理查拿。若无逃人，审系谎告、仇告者，将首告之民人照诬告例治罪。若有希图财贿，串通谎告，行诈拖累平民者，均照凶恶棍徒生事扰害良民例，发极边足四千里充军；旗下家奴，发各省驻防，给官员、兵丁为奴。如首告逃人之人，不候审理逃避者，除所告不准，仍行注册，候拿获日，照诬告例治罪。若有人首告逃人，该地方官并不拿解，日后另行发觉者，将不行拿解之该管各官，交部议处。

D.38冒称逃人

一、凡雍正十三年(1735)十一月十九日以前，白契所买之人，逃走被获者，中证明白，所买是实，应断与所买之人。如中证不明，所买不实，应断为民。或无中证，或失落文契，但逃人招称系某人家所买属实者，即断与买主。若伊并未卖身，串通冒称系某人家人，并冒抵逃人姓名者，均杖一百、徒三年。其原非买主串通谎认者，系官，交部议处；系闲散，枷号四十日，鞭一百。如有行诈得赃，及另犯他罪者，审明从重归结。

D.37谎开籍贯卖身

一、凡卖身之人谎开籍贯、假捏姓名卖身者，枷号两个月，杖一百，仍断与买主；保人枷号一个月，杖一百。若谎写他人姓名卖身，审系仇怨，计图陷害者，照光棍为首例治罪；知情之保人，俱照光棍为从例治罪。

现行刑律案语

〇删除

D.24卖身行诈(略)

D.25借逃行诈(略)

D.26地方官唆逃行诈(略)

D.27首告逃人(略)

D.38冒称逃人(略)

D.37谎开籍贯卖身(略)

臣等谨按:以上六条,或借逃行诈,或捏名诬陷,尔时逃人及窝逃之罪极严,故有此等情弊。近来逃人案内,各项罪名分别宽免,自不至有仇害诬扳之事。至雍正十三年〔1735〕以前所买之人,事隔百数十年,例文尤属虚设,拟请一并删除。

大清律例·督捕则例

D.30遗漏逃牌

一、凡遗漏投递逃牌者,将逃人入官。若夫妻父子同逃,一半递有逃牌,一半遗漏不递者,其夫妻父子不便拆散,俱免其入官;将遗漏投递逃牌之人鞭七十。窝家人等及地方官,俱照常究议。

现行刑律案语

○删除

原例(略)

臣等谨按:家人逃走许递逃牌,原以家人供给服役,在伊主必不可少,故由官追捕,以示体恤。若一有遗漏,即将伊主鞭责,转非体恤之本意。此例拟请删除。

大清律例·督捕则例

D.32谎报逃人携带兵器

一、凡旗人并不制备军器,遇查验之时,谎称家人携带逃去者,照私卖军器律治罪。

现行刑律案语

○删除

原例(略)

臣等谨按:国初许旗人自行制备军器,故有此例。现在并无准旗人制备军器之事,谎报逃人携带事所必无,此条拟请删除。

大清律例·督捕则例

D.35旗人契买民人

一、凡旗人契买民人,着用该地方正印官印信。若有在地方犯罪案缉之匪类卖身者，保人枷号三个月，杖一百；其原价向卖身之人追取给主；卖身之民递回原籍，枷号三个月，杖一百，如原犯之罪重者，从重归结。

D.41 白契所买之人逃走

一、凡白契家人逃走，悉照红契家人例，报部记档，拿获之日，按照次数分别治罪。其有偷带器械等事，亦照例刺字问拟。如本主遗漏不报，将家奴照例入官；或本主已报，由佐领处遗漏者，将领催等按例惩治。

D.49 旗人所买蒙古人逃

一、凡旗人所买喀尔喀等处蒙古人逃走者，亦照逃人例分别治罪。

D.36 保卖旗人

一、凡将旗下家人称系民人保卖者，将保人并卖身之人俱枷号三个月、杖一百。若卖身之人系逃人，除系初次、二次逃走，仍照本例治罪外，如逃至三次，照逃走三次例，发各省驻防给官员兵丁为奴；保人照窝家例治罪。

现行刑律案语

〇删除

D.35 旗人契买民人（略）

D.41 白契所买之人逃走（略）

D.49 旗人所买蒙古人逃（略）

D.36 保卖旗人（略）

臣等谨按：旗人契买民人之例，互见于“斗殴”律“奴婢殴家长”门，本条例意在杜匪类卖身之弊，惟此等案件久不经见，白契家人之例，臣等亦于彼门内分别修改。蒙古人既卖身，旗下有犯逃走，自应照旗下家人一体治罪，毋庸另款声明。至“保卖旗人”一条，核其情节，背主卖身与逃走本无差异，而罪名有鞭责、枷杖之别，殊未允洽，现拟删除枷号，则所得杖罪，即与逃人鞭责无殊，亦毋庸另立专例。以上四条，拟请一并删除。

大清律例·督捕则例

D.39 派往驻防满洲兵丁临行及中途脱逃

一、派往各省驻防满洲兵丁，有临行自京脱逃及中途脱逃，自行投回者，免其治罪，仍行派往；若被拿获者，削除旗籍，责八十板，带锁发往伊犁充当步甲苦差。如在配复行脱逃，自行投回者，免其治罪，严加管束；拿获者，用重枷枷号三个月，鞭一百。

D.102 马兰泰宁等处兵丁逃回

一、凡发往马兰、泰宁二处壮丁，脱逃被获或自行投回者，照旗逃例分别治罪。

现行刑律案语

○删除

D.39 派往驻防满洲兵丁临行及中途脱逃(略)

D.102 马兰泰宁等处兵丁逃回(略)

臣等谨按:以上二条均系乾隆年间定例。现在各省驻防及马兰、泰宁二处,并无发往兵丁之事,此例无关引用,拟请删除。

大清律例·督捕则例

D.40 察哈尔蒙古并厄鲁特逃走分别治罪

一、察哈尔蒙古等如有逃走,或一月内自回,并一月外自回或被拿获,俱照旗逃例,一体办理。其归并察哈尔之陈厄鲁特,如有逃走者,亦照察哈尔蒙古等办理。其新归并之厄鲁特,如有逃走者,即于拿获之处正法;其自行投回者,不论年月,即发往广东、广西、云南、贵州烟瘴地方。如不安分,即在彼处正法。

D.107 厄鲁特回子逃走

一、凡厄鲁特回子逃走被获,如关系重情,仍听理藩院定拟奏闻请旨外,如止系犯逃,无论拿获、投回,初次枷号一个月、鞭一百,给主严加管束;二次发福州、广州,赏给旗下官兵为奴。其京城居住并王公等带来家下厄鲁特回子逃走,仍照旗下家人逃走例,分别次数、年月办理。

现行刑律案语

○删除

D.40 察哈尔蒙古并厄鲁特逃走分别治罪(略)

D.107 厄鲁特回子逃走(略)

臣等谨按:以上二条指察哈尔各旗逃奴而言,厄鲁特回子盖即坿隶于察哈尔各旗,及为旗下家奴者,与青海、新疆各厄鲁特回部无涉。查厄鲁特分别新、陈,系乾隆以前办法,且察哈尔禁令事隶理藩部,不在《督捕则例》范围之内。此二条拟请删除。

大清律例·督捕则例

D.43 开除丁粮

一、凡卖身旗下之人有丁徭者,即开除丁粮。如原籍居址无可稽查,并无丁徭可除者,令地方官晓谕存案。倘日后逃回,仍作逃人查拿。

D.44 断出为民纳粮当差

一、凡审明逃犯例应断出为民者,即递解原籍,交与地方官,令其纳粮当差。仍令地方官一面申详督抚,一面具文报部。

现行刑律案语

○删除

D.43 开除丁粮(略)

D.44 断出为民纳粮当差(略)

臣等谨按：以上二条系康熙二十二年〔1683〕定例。国初有丁徭之赋，载入《赋役全书》，迨康熙五十年〔1711〕定"滋生人丁，永不加赋"之制，雍正年间又摊丁于地，自是以后卖身旗下者并无丁徭可除，而断出为民者，亦无纳粮当差之事，此二条无关引用，拟请删除。

大清律例·督捕则例

D.45 拿获逃人地方官记功

一、凡旗下家人逃走，无论红契、白契，俱照例鞭、刺，交与伊主。拿获之地方官，记功。

D.76 行提定限

一、凡道府、州县、卫所官员，行文提取逃人及行文移查案件，一百里以内者，往返限十日解复；如不解复，行催一次，再限十日解复。每百里往返，加限五日；一千里以外者，每百里往返，加限四日。递加扣算。若行催后，逾限不解不复者，交部议处。

D.80 行提窝家

一、凡逃人供有窝家，行文地方官查报。并无其人，复行文该督抚详查。如果以并无窝家咨复者，除将逃人照逃例治罪外，仍加枷号一个月。若逃人所供窝家属实，该地方官不行详查，朦混率复，日后别经发觉者，将地方官并该督抚均交部议处。

D.85 递解逃人逾限

一、凡直隶各省州县拿获逃人，详报督抚，请咨起解，即于批文内限定日期。若逾限者，将逾限之地方官交部议处。

D.86 买逃邀功

一、凡或有地方官员觅买旗下奴仆，谎称逃人，申解邀功者，交部严加议处。其知情卖逃之人，系官，交部议处；系闲散及兵丁，枷号一个月，鞭一百。所卖之奴仆，照例入官，给与八旗兵丁为奴。若并无逃人，地方官捏写空名，造册报部，希图邀功者，亦照此例从重究议。

D.94 地方官拿解良民

一、凡地方官将实系平民妄作逃人拿解者，交部议处。如教唆他犯诬扳，计图诈害，或故行拿解，希图议叙者，照故入人罪例，分别治罪。

D.95 监禁迟滞

一、凡地方官拿获逃人，即申详该督抚给咨解部。如无故监禁，迟留过一月者，或被告发，或被部内查知，将该地方官交部议处。

D.96 文武官员功过

一、凡知州、知县、卫所千总、卫守备,查解逃人十五名者,加一级;查解逃人三十名者,加二级。知府及直隶州知州,所属地方查解逃人三十名者,加一级;查解六十名者,加二级。道官及管卫所掌印都司,所属地方查解逃人四十五名者,加一级;查解九十名者,加二级。巡抚,所属地方查解逃人二百名者,纪录一次;四百名者,加一级。以上获逃数多者,俱照此递加。同知、通判、吏目、典史,自行拿获之逃人,各照掌印官例。五城兵马司掌印指挥,照知府例;副指挥、吏目,照知县例。盐运司所属地方查解逃人,将运使照道官例,分司照知府例,管盐场大使照典史例。在京钱局查解逃人者,将所管之官照知府例;外省钱局查解逃人者,布政使照道官例,钱局同知照知县例。窑厂查解逃人者,将所管之官照知府例。营伍武官查解逃人者,将守备、都司、佥书各官照州县例,游击、参将、副将照知府例,总兵官照道官例,提督照巡抚例。将此功一年一叙,若不足议叙之数者,并于下年通算议叙;如仍不足数,将前一年之功截去,止留一年之功于次年接算,不准三年合算。

D.97 总督府尹不议功过

一、凡拿获逃人并失察逃人,各省总督及顺天府、奉天府府尹,功过均免议。

D.98 上司议叙

一、凡州县、卫所等官,拿获逃人未足议叙之数,而该上司官以所辖各属统算,虽已足议叙之数者,不准议叙。

D.99 拿获逃人解送册籍

一、凡文武官员获解逃人记功者,知会该巡抚。其奉天府所属官员拿获逃人记功者,移会府尹,令巡抚、府尹转行知照原拿获之地方官。临叙功时,将拿获逃人年月、姓名,及获逃官员之职名,开造清册,每年四月内解部,与部内底册查核议叙。

D.100 拿获带逃幼小子女

一、凡拿获逃人,如带有十五岁以下之子女一同获解者,地方官不记功。另行拿解者,照十五岁之子女只身逃走例,将地方官一体记功。若被伊主认获及旁人出首者,将失察之地方官及窝家、邻佑人等,仍照例分别究议。

D.106 伊犁等处卡伦缉捕逃人不力

一、伊犁等处盘获逃犯,究出经过卡伦地方未经查拿者,将该处失察经过官员,并失察之地方官及该管大臣,交部分别议处;兵丁鞭七十。如有藏匿负罪潜逃之犯,将失察官员,并失察之地方官及该管大臣,交部从重分别议处;兵丁鞭八十。

现行刑律案语

○删除

D.45 拿获逃人地方官记功(略)

D.76 行提定限(略)

D.80 行提窝家(略)

D.85递解逃人逾限(略)

D.86买逃邀功(略)

D.94地方官拿解良民(略)

D.95监禁迟滞(略)

D.96文武官员功过(略)

D.97总督府尹不议功过(略)

D.98上司议叙(略)

D.99拿获逃人解送册籍(略)

D.100拿获带逃幼小子女(略)

D.106伊犁等处卡伦缉捕逃人不力(略)

臣等谨按：以上十三条，系分别地方官办理逃人案件功过。旗下逃奴近来并不多见，地方官限内缉获亦无咨报记功之案。至教唆、诬扳、监禁、拖累，各条刑律具有明文，自应照通行律例办理。以上各条，拟请一并删除。

大清律例·督捕则例

D.46无主认领之逃人计算次数

一、凡无主认领之逃人，分别鞭、刺，照例入官，给八旗兵丁为奴。若再逃者，连前计算次数，至三次者，发各省驻防给官员兵丁为奴。

D.48逃人无主认领

一、凡地方官将逃人拿解到案，审明实系逃人，如无主认领，照例鞭、刺，入官，给八旗兵丁为奴。其窝家、地方人等及地方官，照例究议。若逃人入官后，有被原主认识者，仍给与原主。

现行刑律案语

○删除

D.46无主认领之逃人计算次数(略)

D.48逃人无主认领(略)

臣等谨按：以上二条言无主逃人之罪。既系无主认领，即不能确指其为逃人，如自行供认实系逃人，亦可引家人逃走通例办理，毋庸再设专例，拟请删除。

大清律例·督捕则例

D.51外省驻防逃人

一、凡外省驻防逃人，属都统者，赴都统衙门投递逃牌；属将军及城守尉者，赴各该衙门投递逃牌，各该衙门用印文转行该督抚存案。其盛京所属逃人，将逃牌送盛京刑部存案。于每年四月内，造册咨送刑部，备案存查。至盛京刑部及该督抚拿获逃人,应鞭、刺者,照例鞭、刺;应发遣者,咨部发遣。亦于每年四月内,将拿获过逃人姓名、旗色、佐领、主名,并拿获日期及官员职名,造具清册,咨送刑部磨对、议叙。若自回逃人,令该管佐领等呈报各该管衙门圈销逃册,照例完结;仍将完结缘由移会缉拿逃人之衙门,一体圈销逃册。

D.105 八旗逃人通行呈报

一、八旗一切逃人,该旗照例一面咨报刑部外,一面即将该犯实在逃走日期,径报步军统领衙门、顺天府、五城迅速查拿。其刑部接到旗咨之日,亦即速行知应行缉犯各衙门一体严拿。

现行刑律案语

原例

D.105 八旗逃人通行呈报(略)

D.51 外省驻防逃人(略)

臣等谨按:以上二条言八旗逃人及外省驻防逃人通行缉拿之法,应合并为一,以省繁冗。盛京刑部及五城御史业已裁撤,刑部现改法部,应分别删改,并请将条文移入"犯罪事发在逃"门内,以省另立门类之繁。谨将移并例文,开列于后。

○移并

名例·犯罪事发在逃

一、八旗一切逃人,该旗一面咨报法部,一面将逃走日期,径报步军统领衙门、民政部、顺天府迅速查拿。法部接咨,亦即速行知应行缉犯各衙门一体严拿。其外省驻防逃人,该将军都统据所属投递逃牌,即转行督抚存案。于每年四月内造册,咨送法部备查。该督抚拿获逃人,照例治罪,亦于每年四月内,将拿获逃人姓名、旗色、佐领、主名,并拿获日期造具清册,咨送法部磨对。若自回逃人,令该管佐领等呈报各该管衙门圈销逃册,并移会缉拿逃人之衙门,一体圈销。

核订现行刑律

○删除(略)

见D.1另户旗人逃走条

大清律例·督捕则例

D.66 笃疾废疾收赎

一、凡逃人窝家及邻佑、地方、十家长等犯,如有笃疾、废疾者,审验明确,俱准其照例收赎。

D.67 老幼收赎

一、凡窝留逃人及邻佑、十家长、地方人等,如有年逾七十及年未及十六岁者,照例问拟,准其收赎,仍取具并无虚冒假捏甘结存案。

D.68 妇人窝逃

一、凡妇人窝隐逃人，应罪坐夫男。如夫男外出实不知情，及只身孀妇并无夫男者，应将本妇照窝隐逃人例分别问拟，依律收赎。邻佑、十家长、地方人等，照例治罪；地方官交部议处。

D.81 解送逃人

一、凡直隶各省拿解逃人，严加肘锁，每一名差有家产正身解役二名递解。其经过地方官，将逃人肘锁验明，每一名亦换差有家产正身解役二名递解。如不差有家产正身解役及少差解役，以致疏脱，或解役同逃人逃走者，地方官交部议处。将解役审明，系疏脱者，照不觉失囚例，减本犯罪二等科断；如本犯罪轻，减尽无科者，将解役照不应轻律折责发落。故纵者，与同罪，至死减一等。若有受贿情弊，计赃以枉法从重论。解役将逃人案内牵连人犯中途疏脱者，亦照此科断。如地方官照例佥差押解，而解役疏脱人犯或同逃人逃走者，将解役审明，照例分别治罪；佥差不慎之地方官，亦交部议处。

D.82 逃人中途患病

一、凡解送逃人中途患病，原解即报明该地方官验明，患病属实者，暂留看守，拨医调治，仍报明该管上司报部存案。俟病愈可以行走，即便转解前途。如将无病逃人谎称有病，故为留滞，或将实在患病者，反不留住，即留而不拨医调治，及病愈后不即行转解者，将该地方官交部议处。解役不报及谎报者，照例治罪。

D.83 同解逃人一人患病

一、凡同批起解逃人，内一人患病，将患病之人留养调治，将别犯先行起解。如系夫妻、父子，俱准其存留调治，俟病痊之日一同起解。

D.84 解役雇倩代解

一、凡解送逃人之解役，不亲身押解，私自倩人代替者，将解役并代替之人，各杖一百。若代替之人于中途疏脱逃人或同逃人逃走者，审明，照例分别从重治罪。原佥差之地方官，交部议处。

D.87 领催兵丁疏脱逃人

一、凡领催、兵丁疏脱逃人，照解役疏脱逃人例，审明或系疏脱，或系故纵，分别治罪。受财卖放者，计赃以枉法从重论。

D.88 徒流留养

一、凡逃人案内各犯，罪应拟流，本身已故者，妻、子免流。若拟流、拟徒各犯之祖父母、父母老疾，家无以次成丁者，该地方官确实查报，照刑例分别枷号、折责，俱准其存留养亲。若有假捏情事，除本犯仍照原拟治罪外，将查报不实之该地方官交部议处。

D.89 解役疏脱逃人

一、凡解役押解逃人中途脱逃者，如审系疏脱，将解役减本犯罪二等科断，给限一百日戴罪追捕。限内能自捕得，免罪。故纵者，不给捕限，与逃人同罪。至死减一等。罪虽坐定，未断之先，能自捕得，减逃人罪一等科断。受财者，不在此限。计赃以枉法从重论。若他人捕得,及逃人已死或自首,均不准减免。其疏脱逃人之同行解役,有实因患病落后,在经过地方官处呈明有据者,免罪。

D.92解役逗遛

一、凡解役押送逃人到部,不即投文,歇宿店房,无故稽留,三日者,笞二十;每三日加一等,罪止杖六十。店家知情留住者,减解役一等治罪;不知者不坐。若解役受贿、诈赃及有所规避者,审明,各从重论。

D.93解役伙逃抢夺

一、凡解役伙同逃人沿途抢夺,扰害村庄,除伤人者,照抢夺伤人律,分别首从,从重问拟外,抢夺伤人,以下手伤人者为首。未伤人者,将解役照白昼抢夺为首例,杖一百、徒三年;逃人照为从律,减一等治罪。仍尽本法刺字。逃罪重者,科其逃罪。计赃重者,各从重论。

现行刑律案语

○删除

D.81解送逃人(略)

D.82逃人中途患病(略)

D.83同解逃人一人患病(略)

D.87领催兵丁疏脱逃人(略)

D.89解役疏脱逃人(略)

D.92解役逗遛(略)

D.93解役伙逃抢夺(略)

D.84解役雇倩代解(略)

D.66笃疾废疾收赎(略)

D.67老幼收赎(略)

D.68妇人窝逃(略)

D.88徒流留养(略)

臣等谨按:以上十二条,均言解送逃人疏脱、逗遛、患病调治、中途抢夺及笃疾废疾、老幼妇人收赎并徒流留养之法。查各项情罪各有通例,足资援引,毋庸另立专例,拟请删除。

大清律例·督捕则例

D.90热审减等

一、凡逃人案内问拟枷号、杖责人犯,遇热审,每年于小满后十日起至立秋前一日止。如立秋在六月内,以七月初一日为止。俱照例准其减等发落,笞罪宽免。

现行刑律案语

〇删除

原例(略)

臣等谨按：枷号、笞、杖现在均改罚金，本条无关引用，拟请删除。

大清律例·督捕则例

D.103 黑龙江三姓等处改发之旗人逃走

D.103.1 一、八旗发遣拉林人犯，有私自逃回者，拿获之日，即行请旨拟斩立决。如在盛京等处拿获者，该将军等讯明情节，具奏请旨，即于现获处所正法。其在京暨各省拿获者，由刑部审明，请旨交旗正法。

D.103.2 一、八旗应发拉林、阿尔楚喀人犯，俱停其发往，改发黑龙江三姓等处充当苦差。该将军于解到之时，均匀酌拨安置，不得令其群聚一处。其在配行凶为匪，不自悛改者，即销去旗档，改发云贵、两广等省，交与地方官严行管束，有犯即照民人例治罪。并令该将军等，将一年内有无另行改发之处，年终汇奏。

D.103.3 一、移住拉林闲散满洲内，如有越过边津逃回京城者，拿获时遵旨正法外，其初次逃走，不出该管地方，无论不行告假私自走出，及自回、被获者，俱枷号一个月，鞭一百；二次逃走者，连妻、子发往伊犁等处，折磨差使。

现行刑律案语

〇删除

D.103 黑龙江三姓等处改发之旗人逃走三款(略)

臣等谨按：以上三条，系拉林遣犯逃走及改发之例。自拉林地方停止发遣，此三条久同虚设，拟请删除。

大清律例·督捕则例

D.104 官庄壮丁脱逃

一、官庄壮丁如有逃走，该管官即行具报缉拿，获日照例惩治。至发遣人犯，入在官庄内者，如有脱逃，亦令报部，缉获究其有无行凶为匪，按其原犯罪名，照脱逃例分别议拟。该管各官，按照逃人名数，分别议处。

现行刑律案语

〇删除

原例(略)

臣等谨按：官庄壮丁，已包于八旗一切逃人之内，应照八旗逃人通行呈报之例，一体办理，毋庸另立专条，拟请删除。

附　录

附录一　修订法律大臣奏请先将例内应删各条分次开单进呈折[①]

窃臣部于光绪二十九年(1903)十一月间,酌拟修改条例大概办法,并拟请,一面由臣部将中例修改完善,一面由臣家本与伍廷芳参酌各国法律另行办理等因。奉奏谕旨:允准在案。臣等随督同提调总纂等官,悉心参考分类纂修,并将全部条例反复讲求,复查历届修例章程,应分别删除、修改、修并、移改、续纂五项。俟全书告竣时,敬缮黄册进呈,恭候钦定。其例内应删除一项,如定例系一时权宜,今昔情形不同者,或业经奏定新章而旧例无关引用者,或本条业已赅载而别条另行复叙者,或旧例久经停止而例内仍行存载者,凡此皆在应删之例。惟此次年久未修,考查倍觉不易,即此删除一项,综计共有三百四十四条之多,若必拘泥旧章。俟全书告成,始行缮写进呈,不特卷帙繁多,编次有需时日,且删增并列,眉目转觉不清,似应酌量变通以归简易。臣等公同商酌,拟请先将删除一项,逐细摘出,分为三次,开单进呈。今将名例及吏、户、礼、兵、刑、工,并比引各律例,内拟请删除者共一百二十一、一百三十七、八十六条,逐一加具按语,另行开列清单,敬呈御览,如蒙圣明鉴定。将来全书告竣,缮写黄册,此项删除之例应请毋庸载入,以省繁渎。再此外,如查明尚有应删之条,当随时奏明办理。

谨奏。

光绪三十一年三月十三等日(1905 年 4 月 17 日)具奏

奉旨:“依议。钦此。”

谨将名例并吏、户、礼、兵、刑、工律内应删各例共三百四十四条,开列于后。

---

① 载《大清光绪新法令》(第 15 册),商务印书馆 1909 年版。

附录二　修订法律大臣奏遵议满汉通行刑律折附片二[①]

九月初三日(1907年10月9日)奉上谕:"朕奉慈禧端佑康颐昭豫庄诚寿恭钦献崇熙皇太后懿旨,礼教为风化所关,刑律为纪纲所系,满汉沿袭旧俗,如服官守制,以及刑罚轻重间有参差,殊不足以昭画一。除宗室本有定制外,着礼部暨修订法律大臣议定满汉通行礼制、刑律,请旨施行,俾率土臣民咸知遵守用,彰画一同风之治。钦此。"

跪聆之下,仰见皇太后、皇上覆载无偏,一视同仁之至意,钦佩莫名。除通行礼制应由礼部议定具奏外,窃维率土之滨,莫非王臣,自来帝王御宇,未有歧视臣民者。我朝入关之初,八旗刑制视汉人有不同者,原以八旗户口,未臻蕃盛,丁壮俱隶军籍,若犯罪概照民人实发,军伍即虞缺额,差务亦因之稽延,故将前明军人犯罪免徒流之律,改为旗人犯罪免发遣之条。凡满洲蒙古汉军犯,该徒流军遣分别改折枷号,不与汉人一例,实发其时。盛京所招民人有犯徒流等罪,亦照旗下分别枷号,可见折枷之制全为军伍差务起见,初非歧视旗民也。且当时约束旗人,较民人尤为严肃。一赌博也,而旗人独拟绞候;一秋审也,而旗人概拟情实。嘉庆以后,始将此等例文删除,与民人一体办理。然未删之例,如吃酒行凶即送部发遣,金刃伤人即永不准食粮,如此之类,皆旗人治罪之重于民人者。更可见旗人治罪,旧律世俗以为优待旗人者,皆未识定律之本意也。乾隆年间,叠次纂定旗人不准折枷各例。道光五年(1825)复分别情节轻重,凡不在寡廉鲜耻之列者,准其折枷,如系不顾行止,有玷旗籍者,俱照民人一体实发,纂为通例。盖凡身隶旗籍者,人人有军人之责任,即人人当有军人之资格,一经有玷旗籍即销除旗档,永远不准挑差。在东西各国之剥夺公权,有军籍资格一项,颇与此例之意隐相符合。自此例颁行以后,旗人犯罪之与民人一体办理者,日见其多,与从前情形已不相同。此由生齿,日繁人类,即难一致法令,与人情风俗互为消息,自不得墨守成规。况乾隆十二年(1747)有八旗汉军准改民籍之例。道光五年(1825),又有八旗满洲蒙古准改民籍之例。是化除畛域早示端倪,方今中外交通法律思想日趋新异,倘仍执旧律划分满汉之界,不惟启外人轻视之心,尤与立宪前途诸多阻碍。臣等于现行律例详加查考,其满汉歧异之处,同一决责用刑,而民人用笞、用杖,旗人独用鞭责;同一发遣定地,而民人应发云贵、两广、新疆者,旗人则发黑

---

① 载《大清光绪新法令》(第15册),商务印书馆1909年版。

龙江、宁古塔等处。其他旗人犯罪,或较民人为轻,或较民人为重者,相歧之处尚多,诚如圣谕"不足以昭画一"。虽定例之初,原各有因时制宜之道,但纲纪所系,若仍彼此殊异,不足以化畛域而示大公。臣等公同商酌,凡律例之有关罪名者,固应改归一律,即无关罪名而办法不同者,亦应量为变通。除笞杖已改罚金,旗人鞭责,业经一体办理外,拟请嗣后旗人犯罪,俱照民人各本律本例科断,概归各级审判厅审理。所有现行律例中,旗人折枷各制,并满汉罪名畸轻畸重,及办法殊异之处,应删除者删除,应移改者移改,应修改者修改,应修并者修并,共计五十条,开列清单,恭呈御览,如蒙俞允,即由臣等通行内外问刑衙门,一体遵行,庶法权归于统一,足以彰圣主同仁之治,而宪政立有根基,亦可奠万年不拔之业矣。再,在外蒙古案件,应按蒙古例问拟者,事隶理藩部,此时未便遽议更张,应仍照章办理,合并声明。

谨奏。

光绪三十三年十二月初七日(1908年1月10日)

奉旨:"依议。钦此。"

再,查例载:一、凡旗人谋故斗杀等案,仍照例令地方官会同理事同知审拟外,其自尽人命等案,即令地方官审理,如果情罪已明,供证已确,免其解犯,仍由同知衙门核转。倘恃旗狡赖不吐实供,将案内无辜牵连人等先行摘释,只将要犯解赴同知衙门审明。如该同知事外苛驳,借应质名色滥差提扰,该上司立即题参。一、各省理事厅员,除旗人犯命盗重案,仍照例会同州县审理外,其一切田土户婚债负细事,赴本州县呈控审理。曲在民人,照常发落,曲在旗人,录供加看,将案内要犯审解该厅发落。至控告在官人犯,不论原、被,经州县两次拘传,别无他故,抗不到案者,将情虚逃避之犯,严拿治罪。一、各处理事同知,遇有逃人案件,并旗人与民人争角等事,俱行审理,不必与旗员会审各等语。此三条,在刑律"军民约会词讼"门内,前二条均系旗人案件,归理事同知会同地方官审拟之例,后一条系理事同知自行审理之例。又,例载:一、各省驻防,旗人犯该斩、绞者,毋庸解部,即在理事同知衙门收禁。如有应入秋审人犯,令将军都统等悉心确核,分别情实、缓决、可矜造册题达,刑部九卿会核具题,至勾到时,某省驻防即另册,同各省应勾人犯一体办理等语。此条在"有司决囚等第"门内,系旗人犯死罪、秋审专归将军都统之例。此办理旗人案件与民人之不同者也。查,奉天省旗人词讼,向归州县审理,并不由旗员会审,遵行已久,并无窒碍。现在新定官制,京师及各直省设立各州审判厅,一切词讼俱归审判厅审理,旗民自毋庸区别。至秋审案件,皆系驻防旗人,今驻防规制正议变通,则此项秋审事宜,自应统归督抚办理,以免歧异。拟请嗣后旗人词讼案件,统归各级审判厅审理。其审判厅尚未设立省分,概归各州县审理,毋庸再由理事同知、通判等官会审。至各省理事同知、通判等员缺,可否裁撤,应请由各该督抚酌量情形奏明办理。至驻防旗人应入秋审人犯,亦请改归各督抚汇入民人秋审册内,一体办理,毋庸再由各将军都统核审,以昭画一,而免歧异。

谨奏。

光绪三十三年十二月初七日(1908 年 1 月 10 日)

奉旨:“依议。钦此。”

再,旗下家奴各条例亦多,与民人办法不同,上年据前署两江总督周馥奏请“禁革买卖人口”一折,由政务处知照法律馆参考办法,当经议定办法,咨覆去后,嗣因政务处裁撤,一切案卷辗转移交编查馆。查馆经理尚未覆奏,所有旗下家奴各条例,应俟议覆周馥一折定议奏准之后,再议去留。理合附片具陈。

谨奏

光绪三十三年十二月初七日(1908 年 1 月 10 日)

奉旨:“知道了。钦此。”

附录三 《大清现行刑律案语》卷首奏折

修订法律大臣奏拟请编定《现行刑律》以立推行新律基础折

〔光绪三十四年正月二十九日(1908 年 3 月 1 日)〕

修订法律大臣、法部右侍郎臣沈家本,修订法律大臣、头品顶戴、侍郎臣俞廉三跪:谨奏为拟请编定《现行刑律》以立推行新律基础恭折仰祈圣鉴事。

窃维新政之要,不外因革两端。然二者相衡,革难而因易。诚以惯习本自传遗,损益宜分次第,初非旦夕所能责望也。方今瀛海交通,俨同比伍,权力稍有参差,强弱因之立判。职是之故,举凡政令、学术、兵制、商务,几有日趋于同一之势,是以臣家本上年〔光绪三十三年八月(1907 年 10 月)〕进呈刑律,专以折冲樽俎、模范列强为宗旨。惟是刑罚与教育互为盈朒,如教育未能普及,骤行轻典,似难收弼教之功。且审判之人才、警察之规程、监狱之制度,在在与刑法相维系,虽经渐次培养设立,究未悉臻完善。论嬗递之理,新律固为后日所必行,而实施之期,殊非急迫可以从事。考日本未行新刑法以前,折衷我国刑律,颁行《新律纲领》,一洗幕府武健严酷之风,继复酌采欧制,颁行《改定律例》三百余条,以补《纲领》所未备,维持于新旧之间,成效昭著。故臣等于陈奏《开馆办事章程折》内拟请设编案处,删订旧有律例及编纂各项章程,并额设总纂、纂修、协修等职,分司其事等因,均仰蒙俞允,钦遵在案。伏查乾隆年间定章修例年限,五年小修一次,又五年大修一次,大致分修改、修并、续纂、删除四项,依次编订。自同治九年(1870 年)而后,未能依限纂修。光绪二十九年(1903 年),臣家本在刑部左侍郎任内奏请删订。嗣于三十一年(1905 年),先将删除一项综计三百四十五条,分期缮单进呈。其修改、修并、续纂三项,未及属稿,适值更改官制,从前提调、总纂各员有擢升外任者,有调赴他部者,暂行中止。现在新律之颁布尚须时日,则旧律之删订,万难再缓。臣等公同商酌,拟请踵续其事,以竟前功,并酌拟办法四则,敬为我皇太后、皇上陈之:

一、总目宜删除也。刑律承明之旧,以六曹分职,盖沿用元《圣政典章》及《经世大典》诸书。揆诸名义,本嫌未安。现今官制或已改名,或经归并,与前迥异,自难仍绳旧式。兹拟将吏、户、礼、兵、刑、工诸目一律删除,以昭划一。

一、刑名宜厘正也。律以笞、杖、徒、流、死为五等,而例则于流之外,复增外遣、充军二项。自光绪二十九年(1903 年)刑部奏请删除充军名目,改为安置;是年刑部又于议复升任山西巡抚赵尔巽条奏,军、流、徒酌改工艺;三十一年(1905 年)臣家本与伍廷芳议复前两江总督刘坤一等条奏,改笞、杖为罚金;三十二年(1906 年)奏请将秋审可矜人犯,随案改流;三十三年(1907 年)臣等遵旨议定满汉同一刑制;是年法部复奏请将例缓人犯免入秋审等因,各在案。迭届变通,渐趋宽简。质言之,即死刑、安置、工作、罚金四项而已。而定案时,因律例未改,仍复详加援引,偶一疏忽,舛迕因之,似非循名核实之义。兹拟将律例内各项罪名,概从新章厘订,以免纷歧。

一、新章宜节取也。新章本为未纂定之例文。惟自同治九年(1870 年)以来,垂四十年,通行章程不下百余条,阅时既久,未必尽合于今。兹拟分别去留,其为旧例所无,如毁坏电杆、私铸银元之类,择出纂为定例;若系申明旧例或无关议拟罪名,或所定罪名复经加减者,毋庸编辑。

一、例文宜简易也。律文垂一定之制,例因一时权宜,量加增损。故列代文法之名,唐于律之外有令及格、式,宋有编敕。自明以《大诰》、《会典》、《问刑条例》附入律后,律例始合而为一。历年增辑,浸而至今,几及二千条以下。科条既失之浩繁,研索自艰于日力。虽经节次删除,尚不逮十之二三。其中与现今情势未符者,或另定新章,例文已成虚设者;或系从前专例,无关引用者;或彼此互见,小有出入,不胜缕举。凡此之类,拟请酌加删并,务归简易。

以上四者,系就大体言之。其余应行刊改之处,临时酌核办理。如蒙俞允,即定其名曰《现行刑律》,由该总纂等按照修改、修并、续纂、删除四项逐加案语,分门编录,并责令克期告成,分别缮具清单,恭候钦定。一俟新律颁布之日,此项刑律再行作废。持之以恒,行之以渐,则他日推暨新律,不致有捍格之虞矣。

所有拟请编订《现行刑律》缘由,谨恭折具陈,伏乞皇太后、皇上圣鉴。

谨奏。

光绪三十四年正月二十九日(1908 年 3 月 1 日)具奏

奉旨:"编查馆会同法部议奏。钦此。"

奕劻等遵旨议奏沈家本等《奏请编定〈现行刑律〉》折

(光绪三十四年五月二十八日〔1908 年 6 月 26 日〕)

臣奕劻等跪奏:为遵旨议奏恭折会陈仰祈圣鉴事。

本年正月二十九日(1908 年 3 月 1 日)准军机处片交本日侍郎沈家本等《奏请编定〈现行刑律〉》一折,奉旨:"编查馆会同法部议奏。钦此钦遵。"钞文前来。查阅原奏各节,因《新刑律草案》虽经编拟,而一时教育、审判、警察、监狱各项规制,诸未完善,恐难急切见于实行,故援日本从前《新律纲领》及《改定律例》之办法,删订旧律,以利变通,系为循序渐进起见。所拟《修订章程》,分删除总目、厘正刑名、节取新章、删并例文四项。臣等公同商酌,删除总目一节,盖亦因时制宜之办法。查六官分治,为成周之旧制,夷考列代律目,汉魏以降,大率有篇目而无总目,《唐律》及《宋刑统》均同。《元典章》目录始以诏令、圣政、朝纲、台纲居前，而吏、户、礼、兵、刑、工六部分列于后。洎明洪武时，废中书省，政归六部，故修律亦分六曹。我朝因之，相承未改。近今官制更张，已与前代不同，事例既增，自非旧日总目所能赅载。今律篇目分名例、职制、公式、户役、田宅、婚姻、仓库、课程、钱债、市廛、祭祀、礼制、宫卫、军政、关津、厩牧、邮驿、盗贼、人命、斗殴、骂詈、诉讼、受赃、诈伪、犯奸、杂犯、捕亡、断狱、营造、河防，凡三十门，条举已详，即无总目，已便检查，应即仍照今律三十门分隶，而删除六律之名，以昭核实。又厘正刑名一节，自系循名责实之意。惟查光绪二十九年（1903 年）刑部奏请删除充军名目章程，附近、近边、边远并入三流，极边、极边烟瘴改为安置；是年刑部议复升任山西巡抚赵尔巽条奏习艺章程，工作兼指遣、军、流、徒四项，仅于惩处之法略分轻重之等。是军罪虽经删除，遣、流尚存，仍应于死刑之次，增入遣罪；安置之次，增入流罪，以存其实。至节取现在奏定新章、删并例文各节，俱系修例向章，应请照原奏所拟办理。抑臣等更有请者，新例颁行，旧例停止，乃乘除自然之理。方今朝廷，庶政咸新，群汇繁阜，有昔为厉禁，今已渐次解除者；有昔为附例，今已别辑为专条者。即如民人出海，例禁綦严，今则易为保护；各省矿山，向多封闭，今则咸议开采；以及结社、集会、发行报纸之类，均非旧时律例范围所能限制。以上各项，均应荟萃参考，以期一贯，而免抵牾。否则，张弛靡常，前后乖舛，有司顾瞻失据，吏胥影射为奸，似于推暨之功，不无阻碍。此原奏引伸所未及，亟应损益者也。

所有臣等遵旨议奏缘由，理合恭折会陈。伏乞皇太后、皇上圣鉴。

再，此折系编查馆主稿，会同法部办理。合并声明。

谨奏。

光绪三十四年五月二十八日（1908 年 6 月 26 日）具奏

奉旨："依议。钦此。"

修订法律大臣奏编订《现行刑律》告竣谨缮具黄册恭候钦定折

（宣统元年八月二十九日〔1909 年 10 月 12 日〕）

修订法律大臣、法部右侍郎臣沈家本，修订法律大臣、头品顶戴、仓场侍郎臣俞廉三跪奏：为编订《现行刑律》告竣谨缮具黄册恭候钦定事。

窃臣等于光绪三十四年正月二十九日（1908 年 3 月 1 日）奏请编订《现行刑律》酌拟办法四则，一曰删除总目，二曰厘正刑名，三曰节取新章，四曰删并例文，并声明其余应行刊改之处，临时酌核办理等因，经编查馆会同法部议准复奏，钦奉谕旨俞允在案。查纂修律例，向章五年奏请开馆一次，惟自同治九年（1870 年）以来，部臣因绌于经费，迄未举行，至今垂四十年。章程叠出，端绪殊涉纷庞，轻重失宜，义理未能一贯。岁月寖久，既较每届修辑为难，而备推行新律基础，尤宜于新陈递嬗之交，为今昔折衷之制。揆厥本旨,亦与寻常编订微有不同。臣等奉命之下,督饬提调、纂修等官,按照前后奏定各节,克期从事。仍依《大清律》篇目,自名例至河防,凡三十门,悉心参考,分修改、修并、移并、续纂、删除各名目,开列本条之首;每条加具按语,疏明其义;并将编订义例条举最录,别为一篇,缀列简端,以便省览。臣等随时勘核,详加审订。谨将缮写黄册,装潢成册,敬呈御览,恭候钦定。俟命下之日,再由臣馆将本届修订律文、条例,遵照向章,另缮黄册进呈,请旨刊印颁行,以资遵守。

再,此次编订,体例虽隐寓循序渐进之义,仍严遵旧日之范围。如为筹备宪政,模范列强,实非博采东西大同之良法,难收其效。臣等更当督饬在事各员,将前奏《刑律草案》酌加修正,克期会奏。合并声明。

所有编订《现行刑律》缘由,谨恭折具陈,伏乞皇上圣鉴、训示。

谨奏。

宣统元年八月二十九日(1909 年 10 月 12 日),军机大臣钦奉谕旨:“沈家本等奏《编定〈现行刑律〉告竣缮具黄册恭候钦定》一折,着编查馆核议具奏。钦此。”

修订法律大臣奏编辑《秋审条款》附片

再查《秋审条款》一书,系乾隆三十二年(1767 年)及四十九年(1784 年)刑部两次纂定,原与刑律相辅而行,盖据律例以定罪名,即因罪名以定矜缓情实,法至善也。特历时既久,例文叠经修改,条款仍沿用至今,其原订子目四十条,大半不能概况;况此次修订《现行刑律》,一切罪名、等次,较从前多有轻重之分,则将来核办秋谳事宜,自非明示遵循,不足免纷歧而祛疑误。臣等公同商酌,拟请将《秋审条款》按照《现行刑律》逐加厘正,借为亭比之资,似于法政不无裨益。如蒙俞允,臣等仍知照法部会同妥慎办理。

所有编辑秋审条款缘由,理合附片具奏请旨。

军机大臣钦奉谕旨:“沈家本等奏《编辑〈秋审条款〉》一片,着依议。钦此。”

附录四 《大清现行刑律案语》凡例

一、律书以六曹分列，揆诸义例，究嫌未安。此次因官制增并，书目未宜因袭，奏蒙俞允，故删除吏、户、礼、兵、刑、工之名，即循三十门之总目，按次编辑。

一、律文简古，沿自前明。时序递迁，俗尚斯异，如流囚家属、私出外境及违禁下海之类，多与今日情势未符，法当通变，治贵因时。凡此诸门，概从芟削。

一、历届修订至同治九年(1870)止，原有律文凡四百三十六条，例文凡一千八百九十二条。嗣于光绪三十一年(1905)及三十三年(1907)，先后删除律例三百八十五条。今自同治十年(1871)起至本年(1908)七月以前，汇集原例，新章酌中订正，共存律文四百一十四条，例文并《督捕则例》一千六十六条。

一、此次修订刑律，凡光绪三十一年及三十三年，业经奏准删除者，应免重载，其中有移改一条，修改七条，修并一条，即应作为原例，藉省繁冗。

一、死刑照新章更定，分别实缓，另有秋审条款本，可毋庸载列。惟绞候入实，实乃绞决，所改应详著其罪，以存其实。至原例内，如以实缓分别情节轻重定拟者，亦择要纂入，余均概行节删，统俟秋审时酌核办理。

一、各国军律俱经军事审判，向较常律加严。其死刑执行之法，亦异。现在陆军部新章死罪用斩，即师其意。然亦有经通常审判厅审判其事者，故本律仍留“军政”一门。惟常律斩刑，乃枭磔等极刑所改。此外，罪名未便率引，所有斩决、斩候各罪，仍照章改为绞决、绞候，以归画一。

一、减重从轻，祥刑盛德于新陈之际，尤为引替之方。死罪条例，虽多秋谳衡情，强半入缓。业经前后将虚拟死罪及备矜各条，量予宽减。至窃盗，古无死法，原律一百二十两以上，拟绞，秋审一次，即准减等，亦与流罪何殊。凡此之类，或竟著本罪，或酌予减科，用副循环渐进之至意。

一、续纂各例，皆以现行章程为断，其虽经通行，业已更改暨申明旧章与罪名无涉，并有关罪名与此次改定宗旨不符者，概不纂辑。

一、条例繁多，有不应隶此而误附入者，有一例而分见两门，小有出入者，今皆考订详明，按类分列，庶阅者展卷瞭然。

一、条例次叙，向以时代为后，先惟叠经修辑，间亦错出检阅为难。此次拟以修改、修并、移改、移并、删除、续纂六项分列。其原例之应存者，则以仍旧别之统，俟钦定之后，续进黄册之时，再合各条，循类纂辑，庶条分缕析，秩序井然。

一、职官处分，事关惩戒，吏部暨陆军部各有专书，刑律本可毋庸载入。惟有因纂定条例而兼及处分者,恐各部则例未及赅载。兹仍酌量情节,分别附入,俾免挂露。

一、《比引律》三十条,原附于刑律之后。自光绪二十九年(1903)刑部奏准删除十条,实存二十条。兹拟分别去取、加具按语,将应存各条移入各本律例之内,庶援引较有依据,亦省辗转比附之烦。

一、《督捕则例》一百十条,专为严缉逃旗而设。现在情形迥异,例文虚设甚多。兹拟将全例删除,择其有关紧要者,仍移入刑律,以资引用。

一、私家撰述,如笺释辑注之类,果于律义多所发明,向俱甄录。前刑部尚书薛允升所著《读例存疑》,经历既深,而于因革要端,持论尤极精审,前经刑部奏进上备乙览,是以一体采择。

一、各条凡遇御名,谨择相当之字意义切合者恭代,无须另撰案语,以昭诚敬。

一、颁发之后,内外问刑衙门凡有问拟,悉令遵照办理。其删除各例及历届章程,此次未经纂入者,均毋得以曾经通行,仍复援引。

附录五 《核订现行刑律》卷首奏折

奕劻等奏核议《编定〈现行刑律〉告竣缮具黄册恭候钦定》折

（宣统元年十二月二十三日〔1910年2月2日〕）

臣奕劻等跪奏：为遵旨核议具奏恭折仰祈圣鉴事。

本年八月二十九日（1909年10月12日）钦奉谕旨："沈家本等奏《编定〈现行刑律〉告竣缮具黄册恭候钦定》一折，着编查馆核议具奏。钦此。"

臣等检阅原奏及案语，大致汇辑新章、删约旧例，统计律文四百一十四条、例文一千六十六条，并于每条博考源流，诠识要义。该大臣等以年余蒇事，程功迅速，具见苦心。惟其中尚有应行斟酌者数端：

一、五刑名目照新章更定，本综核名实之道，乃"罚金"之名改为"罚刑"，似尚未协。查"罚金"始于汉律，沿于六朝，其源最古；自笞杖改制以来，久已中外通行，今并省其词，转滋疑义；且"罚"之与"刑"，文义相类，各刑初莫非惩罚之用，自应仍用"罚金"标目为宜。再，罚金之刑，施之于轻罪人犯，全其廉耻，即以启其羞恶；而于有关十恶及犯奸等条，恐不足以昭儆戒，应另辑专条，实罚工作，不准以罚金完结，以严风纪。

一、买卖人口，久为环球所指摘，而与立宪政体保护人民权利之旨，尤相背驰。此次编订，未经议及，良以属稿在未奉明诏之先。本月臣等议复前署两江总督周馥、监察御史吴纬炳等条奏，业经奉旨禁革，钦遵在案，自应将律内有关买卖人口及奴仆奴婢诸条，一律删除改定，以昭仁政。

一、旧律以六曹分类，多捃摭各部则例，取盈篇幅，已于体例不符；且庶政日新，今昔迥异，而存此条文于例内，转致引断失宜。现既删除总目，改称《现行刑律》，则所附之条，自当以有刑名者为断。原本于无关引用诸条，虽经删除，尚有未尽，自应再行酌核芟剃。惟此项附存之例，未知各部则例有无正文，现在是否尚资援引，应俟命下后，由臣馆缮具清单，咨行各衙门，量加甄择，辑入则例，庶免遗漏。

一、典章制度随世而殊，损益变通，宜徇时尚。律文沿自前明，其中如文官不许封公侯、朝见留难，多与今制不合；至称乘舆车驾、制书有违、诈传诏旨等条内，兼及皇太子，尤背列圣相传家法。以上各律，宜从删削。

一、律文词旨简严，故死刑不注"监候"字样者，概为立决。原本凡凌迟所改各条，概大书"立决"；其绞决所改各条，概大书"监候。入实"，虽为详著本罪起见，究乖义例,仍宜分别节删,或改小注,以期全体一贯。

一、流、徒等刑,从前袭用迁徙之制,自改工艺,概须于监狱执行,即与狱囚无殊。凡有逃亡,自应以在监人论。考各国狱制,分既决、未决二种。既决者,收容服役之犯;未决者,收容逮捕之刑事被告人。名称虽有不同,其为监狱则一。原本仍沿旧日办法,并以昼夜分别轻罪,揆诸法理,多所未安。兹采用《唐律》加役之法,借资惩肃而杜纷歧。

一、枭、磔等刑,久经停止,死刑仅分斩决、绞决、绞候情实、绞候四种。决罚之如何,应权衡情罪之重轻,乃原本于"杀一家三人"门内增入"请旨即行正法"各条。查此项罪名,旧例专用于强盗条内遣流脱逃之犯,本一时权宜之计,其余如逞忿支解及卑幼因奸盗拒毙缌尊等条,大率因一时一事而加重,究非法定常刑,不足据为典要。且绞候入实与绞决相去仅止一间,似不宜于二者之间复设等差。果其情节较重,不妨予以立决。若罪有所止,亦可援名例从重或从一之例,拟以监候。今监候其名,立决其实,未免治丝而棼。凡此之类,宜予逐一厘正删减,以归划一。

一、本年〔宣统元年〕十二月(1910 年 1 月)法部议复邮传部奏请定窃毁铁路要件治罪专条,奉旨允准,系在编订以后,自应续行纂入,以资引用。

以上就其大者言之。此外文义未协及罪名繁复之处,督饬馆员分篇勘正,统计二百六十一条。原本体例分修改、修并、移并、续纂、删除各类,今查有原本删除而体察情形仍应列入者数条,因又增修复一类,共为六类。逐条加具案语,臣等复加审订。谨缮黄册,分装二函,并将原书凡修正之处粘贴黄签,一并敬呈御览,恭候钦定。如蒙俞允,即由臣馆将前后黄册咨交修订法律大臣,将律例正文依类排比,遵照向章另缮黄册,会同臣馆请旨刊印颁行,以资遵守。

所有遵旨核议缘由,理合恭折具陈,伏乞皇上圣鉴。

谨奏。

宣统元年十二月

附录六　编查馆会奏呈进《现行刑律》黄册定本请旨颁行折①

（宣统二年四月初七日〔1910年5月15日〕）

奏为呈进《现行刑律》黄册定本请旨刊印颁行以资遵守恭折会陈仰祈圣鉴事。

宣统元年十二月二十三日（1910年2月2日），臣奕劻等奏《核议〈现行刑律〉缮册呈览》一折，并声明由臣馆将前后黄册咨交修订法律大臣遵照向章另缮黄册，会同请旨刊印颁行等因，二十四日（1910年2月3日）钦奉谕旨："着依议。钦此钦遵。"咨交去后，臣家本等督饬提调等官，将律例正文依类排比，复因杀青之役，众手叠更，校雠之功，艰于扫叶。凡讹夺及小有抵牾之处，悉心校正。又上年〔宣统元年〕十二月二十八日（1910年2月7日）颁行《法院编制法》、本年三月十六日（1910年4月25日）奏准变通秋审旧制，所有审判之复核、京控秋审之会录解勘，与从前办法不同，均照新章更正。计修改五十七条，删除十条，加具按语。除另缮清单进呈外，统计原拟编定《现行律》辑删者，律文四百十四条，例文一千六十六条；经复核勘正者二百六十一条；现又照新章修改删除者六十七条，仍将旧律服制八图弁冕简端缮写。工竣，分装二函，恭呈御览。应俟命下，臣等两馆公同刊印，颁发内外问刑衙门一体遵照。至旧律军、流等罪，向于律后附道里表以备临时查照签发。此次修订，流罪照章改习工作，虽不尽实发，仍有应行到配之犯；军罪虽改为安置，而极边及烟瘴二项，仍应指定道里，即由臣馆知照陆军部，将旧表分别去留，补行刊发，以符名实。

再，臣奕劻等上年〔宣统元年十二月（1910年2月）〕进呈核议《现行刑律》黄册之时，附片声明《现行律》户役内承继、分产、婚姻、田宅、钱债各条应属民事者，毋再科刑，仰蒙俞允，通行在案。此本为折衷新旧，系指纯粹之属于民事者言之。若婚姻内之抢夺、奸占及背于礼教、违律嫁娶，田宅内之盗卖、强占，钱债内之费用受寄，虽隶于户役，揆诸新律，俱属刑事范围之内。凡此之类，均应照《现行刑律》科罪，不得诿为民事案件，致涉轻纵。合并声明。

此折系法律馆主稿，会同编查馆办理。

所有会奏呈进黄册定本缘由，伏乞皇上圣鉴。

谨奏

---

① 载《政治官报》第922号（宣统二年四月十七日），第7～8页。

附录七　颁行《现行刑律》上谕①

（宣统二年四月初七日〔1910 年 5 月 15 日〕）

宣统二年四月初七日(1910 年 5 月 15 日),内阁奉上谕:

上年〔宣统元年八月(1909 年 10 月)〕据修律大臣奏进编定《现行律》,当经谕令编查馆复核,奏准。兹据该馆及该大臣等将《现行刑律》黄册并按照新章修改各条缮具进呈,朕详加披览,尚属妥协。着即刊刻成书颁行,京外一体遵守。国家律令,因时损益,此项刑律为改用新律之预备,内外问刑各衙门务当悉心讲求,依法听断,毋得任意出入,致滋枉纵,以副朝廷慎刑协中之至意。

钦此。

① 载《钦定大清现行刑律》,宣统二年武英殿仿聚珍版。

附录八 《钦定大清现行刑律》历次修纂表

律　目	刑部奏删新律例	满汉通行刑律	现行刑律案语	核订现行刑律	会奏修改各条
名例律					
五刑　律文			修改	修改	
条例(18条)	删除4条		原例15条 修改1条 移改3条 移并1条① 删除9条 续纂3条	续纂1条	修改2条
十恶　律文			仍旧		
条例			仍旧		
八议　律文			仍旧		
应议者犯罪　律文			仍旧		
条例(11条)	删除1条		原例10条 仍旧5条 修改4条 删除1条		修改1条
应议者之父祖有犯　律文			修改	修改	
条例(1条)			原例1条 移改1条		
职官有犯　律文			仍旧		
条例(6条)			原例6条 修改4条 删除2条	修复1条 删除1条	
文武官犯公罪　律文			仍旧		

① 原系2条。

续表

律 目	刑部奏删新律例	满汉通行刑律	现行刑律案语	核订现行刑律	会奏修改各条
条例(1 条)			原例 1 条 删除 1 条	删除 1 条	
文武官犯私罪 律文			修改		
条例(1 条)			原例 1 条 修改 1 条		
犯罪免发遣律文		删除			
条例(5 条)	删除 1 条	删除 3 条 移改 1 条			
军籍有犯	删除				
犯罪得累减 律文			仍旧		
以理去官 律文			仍旧		
条例(1 条)			仍旧		
无官犯罪 律文			修改		
条例(1 条)			仍旧		
除名当差 律文			仍旧		
条例(2 条)	删除 1 条		仍旧		
流囚家属 律文			删除		
条例(13 条)	删除 4 条	删除 2 条	原例 7 条 删除 7 条		
常赦所不原 律文			修改	修改	
条例(13 条)	删除 4 条	修改 2 条	原例 9 条 修改 6 条 仍旧 3 条 续纂 1 条		
流犯在道会赦 律文			删除		
条例(2 条)		删除 1 条	原例 1 条 移改 1 条		
犯罪存留养亲 律文			修改		

续表

律　目	刑部奏删新律例	满汉通行刑律	现行刑律案语	核订现行刑律	会奏修改各条
条例(17条)	删除2条		原例15条 修改4条 修并4条① 仍旧2条 删除3条		修改1条
天文生有犯　律文			修改	删除	
条例(2条)	删除1条		原例1条 修改1条	删除1条	
工乐户及妇人犯罪律文			删除		
条例(5条)	删除1条		原例4条 均移并		
徒流人又犯罪　律文			修改	修并	
条例(13条)	删除3条	删除1条	原例9条 修改2条 修并1条② 删除5条	删除2条	修改1条
老小废疾收赎　律文			修改		
条例(9条)	删除1条		原例8条 修改5条 仍旧1条 删除2条	修改1条	
犯罪时未老疾　律文			修改		
条例			续纂1条		
给没赃物　律文			修改	修改	
条例(20条)	删除8条		原例12条 修改6条 修并1条 仍旧5条		修改1条

① 原系6条。
② 原系2条。

续表

律 目	刑部奏删新律例	满汉通行刑律	现行刑律案语	核订现行刑律	会奏修改各条
犯罪自首 律文			仍旧	修改	
条例(12 条)	删除 1 条		原例 11 条 修改 5 条 移并 1 条 仍旧 4 条 删除 1 条		
二罪俱发以重论 律文			修改		
条例(3 条)	删除 2 条		原例 1 条 修改 1 条		
犯罪共逃 律文			仍旧		
同僚犯公罪 律文			仍旧		
公事失错 律文			修改		
共犯罪分首从 律文			修改	修改	
条例(1 条)			原例 1 条 仍旧 1 条		
犯罪事发在逃 律文			仍旧		
条例(7 条)	删除 1 条	修并 1 条	原例 5 条 修改 2 条 修并 1 条① 删除 1 条		
亲属相为容隐 律文			仍旧	修改	
条例(1 条)	删除 1 条				
处决叛军 律文			仍旧		
化外人有犯 律文			修改		修改②

① 原系 2 条。
② 律目改为“蒙古及入国籍人有犯”。

续表

律　目	刑部奏删新律例	满汉通行刑律	现行刑律案语	核订现行刑律	会奏修改各条
条例(5条)			原例5条 修改2条 仍旧2条 删除1条		修改1条
本条别有罪名　律文			仍旧		
加减罪例　律文			修改		
条例(2条)	删除1条		原例1条 修改1条		
称乘舆车驾　律文			仍旧	修改	
称期亲祖父母　律文			修改		
称与同罪　律文			修改		
称监临主守　律文			仍旧		
称日者以百刻　律文			修改		
称道士女冠　律文			修改		
断罪依新颁律　律文			仍旧		
条例(1条)			原例1条 仍旧1条		
断罪无正条　律文			仍旧		
条例(1条)			原例1条 修改1条		
徒流迁徙地方　律文			修改		
条例(49条)	删除14条	删除3条 修改2条	原例30条 修改6条 修并4条① 移改1条 删除15条 续纂3条		
充军地方　律文			删除		

① 原系8条。

续表

律　目	刑部奏删新律例	满汉通行刑律	现行刑律案语	核订现行刑律	会奏修改各条
条例			原例2条 删除2条		
五徒三流二遣地方					
条例(14条)				修改1条	
吏律					
职制					
官员袭荫　律文			修改		
条例(15条)	删除4条		原例11条 修改5条 修并1条① 删除4条	修并1条②	
大臣专擅选官　律文			修改	删除	
条例(1条)			原例1条 删除1条		
文官不许封公侯律文			修改	删除	
滥设官吏　律文			修改		
条例(3条)	删除2条		原例1条 删除1条		
信牌　律文			修改		
条例(2条)			原例2条 修改1条 删除1条		
贡举非其人　律文			修改		

① 原系2条。
② 原系2条。

续表

律　目	刑部奏删新律例	满汉通行刑律	现行刑律案语	核订现行刑律	会奏修改各条
条例(8条)	删除3条		原例5条 删除5条		
举用有过官吏　律文			修改	修改	
条例(8条)	删除5条		原例3条 修改3条		
擅离职役　律文			修改	修改	
条例(2条)		删除1条	原例1条 删除1条		
官员赴任过限　律文			删除		
条例(4条)	删除4条				
无故不朝参公座律文			修改	删除	
擅勾属官　律文			修改		
奸党　律文			修改	删除	
交结近侍官员　律文			修改		
条例(2条)			原例2条 修改2条		修改1条
上言大臣德政　律文			修改	修改	
条例(1条)			原例1条 并入1条		修改1条
公式					
讲读律令　律文			修改		
制书有违　律文			修改	修改	
弃毁制书印信　律文			修改	修改	
条例(5条)			原例5条 修改1条 仍旧2条 删除2条		

续表

律　目	刑部奏删新律例	满汉通行刑律	现行刑律案语	核订现行刑律	会奏修改各条
上书奏事犯讳　律文			修改		
事应奏不奏　律文			修改	修改	
条例(4条)			原例4条 修改2条 仍旧1条 删除1条 续纂1条	修改1条	修改2条
出使不复命　律文			修改	修改	
官文书稽程　律文			修改		
条例(10条)			原例10条 修改2条 仍旧4条 删除4条		修改1条
照刷文卷　律文			删除		
条例(5条)			原例5条 移改1条 删除4条		
磨勘卷宗　律文			删除		
同僚代判署文案律文			修改		
条例(3条)			原例3条 修改1条 仍旧1条 删除1条	删除1条	
增减官文书　律文			修改		
封掌印信　律文			删除		
漏使印信　律文			修改		
条例(3条)			原例3条 修改2条 仍旧1条	删除1条	

续表

律　目	刑部奏删新律例	满汉通行刑律	现行刑律案语	核订现行刑律	会奏修改各条
擅用调兵印信　律文			修改	修改	
条例(1条)			原例1条 仍旧1条		
户律					
户役					
脱漏户口　律文			修改		
条例(2条)	删除1条		原例1条 修改1条		
人户以籍为定　律文			修改		
条例(25条)		删除2条	原例17条 修改4条 仍旧2条 删除11条	修改2条 修并1条① 删除1条	
私创庵院及私度僧道　律文			修改	修改	
条例(6条)			原例6条 修改5条 删除1条	删除1条	
立嫡子违法　律文			修改		
条例(7条)		删除1条	原例6条 仍旧6条		
收留迷失子女　律文			修改	修改	
条例(1条)		删除1条			
赋役不均　律文			修改		
条例(5条)	删除2条		原例3条 仍旧2条 删除1条		

① 原系2条。

续表

律　目	刑部奏删新律例	满汉通行刑律	现行刑律案语	核订现行刑律	会奏修改各条
丁夫差遣不平律文			删除		
隐蔽差役　律文			删除		
禁革主保里长　律文			修改		
条例(1条)			原例1条 删除1条		
逃避差役　律文			删除		
条例(3条)	删除2条		原例1条 删除1条		
点差狱卒　律文			修改		
私役部民夫匠　律文			删除	修改	
别籍异财　律文			修改		
条例(1条)			原例1条 修改1条		
卑幼私擅用财　律文			修改		
条例(2条)			原例2条 修改1条 仍旧1条	修改1条	
收养孤老　律文			修改		
条例(6条)	删除1条		原例5条 修改1条 仍旧1条 删除3条	删除1条	
田宅					
欺隐田粮　律文			修改		
条例(5条)	删除1条		原例4条 修改2条 仍旧2条		
检踏灾伤田粮　律文			修改	修改	

续表

律　目	刑部奏删新律例	满汉通行刑律	现行刑律案语	核订现行刑律	会奏修改各条
条例(15 条)			原例 14 条 修改 4 条 修并 1 条① 仍旧 8 条 删除 1 条	删除 10 条	
功臣田土　律文			修改		
盗卖田宅　律文			修改		
条例(11 条)	删除 3 条		原例 8 条 修改 5 条 仍旧 2 条 删除 1 条	修改 1 条	
任所置买田宅　律文			修改	删除	
条例(2 条)	删除 1 条		原例 1 条 仍旧 1 条	删除 1 条	
典买田宅　律文			修改		
条例(11 条)	删除 4 条		原例 7 条 修改 2 条 仍旧 2 条 删除 3 条		
盗耕种官民田　律文			修改		
条例(1 条)	删除 1 条				
荒芜田地　律文			修改		
条例(1 条)	删除 1 条				
弃毁器物稼穑等律文			修改		
条例(1 条)	删除 1 条				
擅食田园瓜果　律文			修改		
私借官车船　律文			修改		

① 原系 2 条。

续表

律　目	刑部奏删新律例	满汉通行刑律	现行刑律案语	核订现行刑律	会奏修改各条
婚姻					
男女婚姻　律文			修改		
条例(4条)			原例4条 修改1条 仍旧3条		
典雇妻女　律文			修改		
条例(4条)			原例1条 修改1条		
妻妾失序　律文			修改		
逐婿嫁女　律文			修改		
居丧嫁娶　律文			修改		
条例(1条)			原例1条 移入1条	修改1条	
父母囚禁嫁娶　律文			修改		
同姓为婚　律文			修改	删除	
尊卑为婚　律文			修改		
条例(2条)			原例2条 修改1条 仍旧1条	删除1条	
娶亲属妻妾　律文			修改	修改	修改
条例(2条)			原例2条 修改1条 删除1条	删除1条	
娶部民妇女为妻妾律文			修改		
娶逃走妇女　律文			仍旧		
强占良家妻女　律文			仍旧		

续表

律　目	刑部奏删新律例	满汉通行刑律	现行刑律案语	核订现行刑律	会奏修改各条
条例(7条)			原例8条 移出1条 修改6条 仍旧1条	修改1条	
娶乐人为妻妾　律文			修改	修改	
僧道娶妻　律文			修改		
良贱为婚姻　律文			修改	删除	
出妻　律文			修改	修改	
条例(2条)			原例2条 仍旧2条		
嫁娶违律主婚媒人罪　律文			修改	修改	
条例(5条)	删除1条	修改2条	原例4条 修改2条 仍旧1条 删除1条	修改1条	
仓库					
钱法　律文			修改		
条例(4条)	删除3条		原例1条 删除1条		
收粮违限　律文			修改		
条例(6条)	删除3条		原例3条 修并1条① 仍旧1条		
多收税粮斛面　律文			修改		
条例(6条)	删除1条		原例5条 修改1条 移改1条 仍旧3条	删除3条	

① 原系2条。

续表

律 目	刑部奏删新律例	满汉通行刑律	现行刑律案语	核订现行刑律	会奏修改各条
隐匿费用税粮课物 律文			修改		
条例(1条)	删除1条				
揽纳税粮 律文			修改		
条例(2条)			原例2条 删除2条		
虚出通关朱钞 律文			修改		
条例(11条)	删除2条		原例9条 修改1条 修并1条 删除7条	删除1条	
附余钱粮私下补数 律文			修改		
私借钱粮 律文			仍旧		
条例(6条)			原例6条 修改3条 修并1条 仍旧1条 删除1条		
私借官物 律文			修改		
挪移出纳 律文			修改		
条例(13条)	删除3条		原例10条 移并1条 修改6条 修并1条 仍旧2条		
库秤雇役侵欺 律文			修改		

续表

律　目	刑部奏删新律例	满汉通行刑律	现行刑律案语	核订现行刑律	会奏修改各条
条例(1条)			原例1条 修改1条		
冒支官粮　律文			修改		
钱粮互相觉察　律文			修改		
条例(1条)			原例1条 修改1条		
仓库不觉被盗　律文			修改		
条例(2条)			原例2条 删除2条		
守支钱粮及擅开官封　律文			修改		
出纳官物有违　律文			修改		
条例(2条)	删除1条		原例1条 修改1条		
收支留难　律文			修改		
条例(3条)	删除3条		原例1条 修改1条		修改1条
起解金银足色　律文			修改		
损坏仓库财物　律文			修改		
条例(1条)			原例1条 移出1条		
转解官物　律文			修改		
条例(23条)	删除15条		原例8条 修改6条 仍旧1条 删除1条	删除1条	
拟断赃罚不当　律文			修改		

续表

律　目	刑部奏删新律例	满汉通行刑律	现行刑律案语	核订现行刑律	会奏修改各条
条例(2 条)			原例 2 条 仍旧 1 条 删除 1 条		
守掌在官财物　律文			仍旧		
条例(1 条)	删除 1 条				
隐瞒入官家产　律文			修改	修改	
条例(7 条)	删除 1 条		原例 6 条 移并 2 条 修改 2 条 仍旧 2 条		
课程					
盐法　律文			修改		
条例(25 条)	删除 2 条		原例 23 条 修改 10 条 修并 3 条① 仍旧 2 条 删除 4 条	修改 3 条	
监临势要中盐　律文			删除		
阻坏盐法　律文			删除		
私茶　律文			仍旧		
条例(5 条)	删除 1 条		原例 4 条 修改 2 条 删除 2 条		
私矾　律文			删除		
匿税　律文			修改		
条例(7 条)	删除 2 条		原例 6 条 修改 3 条 仍旧 2 条 删除 1 条		

① 原系 7 条。

续表

律　目	刑部奏删新律例	满汉通行刑律	现行刑律案语	核订现行刑律	会奏修改各条
舶商匿货　律文			删除		
人户亏兑课程　律文			修改		
条例(3条)	删除1条		原例2条 修改1条 删除1条		
钱债					
违禁取利　律文			修改		
条例(7条)			原例7条 修改2条 仍旧2条 删除3条		
费用受寄财产　律文			修改		
条例(3条)			原例3条 仍旧2条 删除1条		
得遗失物　律文			修改		
市廛					
私充牙行埠头　律文			修改		
条例(6条)			原例6条 修改5条 删除1条	删除1条	
市司平物价　律文			修改		
条例(3条)	删除2条		原例1条 修改1条		
把持行市　律文			修改		
条例(8条)	删除3条		原例5条 修改4条 仍旧1条		
私造斛斗秤尺　律文			修改		

续表

律　目	刑部奏删新律例	满汉通行刑律	现行刑律案语	核订现行刑律	会奏修改各条
器用布绢不如法　律文			修改		
礼律					
祭祀					
祭享　律文			修改		
条例(2条)	删除2条				
毁大祀邱坛　律文			修改		
条例(2条)			原例2条 修并1条①		
致祭祀典神祇　律文			修改		
历代帝王陵寝　律文			修改		
亵渎神明　律文			修改		
条例(1条)			原例1条 删除1条		
禁止师巫邪术　律文			修改		
条例(8条)	删除3条		原例5条 修改2条 修并1条② 删除1条		
仪制					
合和御药　律文			修改		
条例(1条)			原例1条 删除1条		
乘舆服御物　律文			修改		
收藏禁书　律文			修改		

① 原系2条。

② 原系2条。

续表

律　目	刑部奏删新律例	满汉通行刑律	现行刑律案语	核订现行刑律	会奏修改各条
御赐衣物　律文			修改		
失误朝贺　律文			修改		
失仪　律文			仍旧		
条例(2 条)			原例 2 条 修改 1 条 仍旧 1 条	删除 1 条	
奏对失序　律文			仍旧		
朝见留难　律文			修改	删除	
上书陈言　律文			修改		
条例(1 条)			原例 1 条 修改 1 条		
见任官辄自立碑律文			修改		
禁止迎送　律文			修改		
条例(6 条)			原例 6 条 修改 2 条 仍旧 3 条 删除 1 条	删除 1 条	
公差人员欺凌长官律文			修改		
条例(1 条)			原例 1 条 修改 1 条	修改 1 条	
服舍违式　律文			修改		
条例(17 条)	删除 1 条		原例 16 条 修改 3 条 仍旧 11 条 删除 2 条	删除 14 条	
僧道拜父母　律文			修改		
失占天象　律文			修改		
条例(1 条)	删除 1 条				

续表

律　目	刑部奏删新律例	满汉通行刑律	现行刑律案语	核订现行刑律	会奏修改各条
术士妄言祸福　律文			修改		
条例(1条)	删除1条				
匿父母夫丧　律文			修改		
条例(4条)			原例4条 修改2条 仍旧1条 删除1条		
弃亲之任　律文			修改		
条例(1条)			原例1条 删除1条		
丧葬　律文			修改		
条例(2条)			原例2条 修改1条 仍旧1条		
乡饮酒礼　律文			修改		
条例(2条)			原例2条 仍旧2条		
兵律					
宫卫					
太庙门擅入　律文			修改		
宫殿门擅入　律文			修改		
条例(2条)			原例2条 删除2条		
宿卫守卫人私自代替　律文			修改		
从驾稽违　律文			修改		
条例(1条)		删除1条			

续表

律目	刑部奏删新律例	满汉通行刑律	现行刑律案语	核订现行刑律	会奏修改各条
直行御道　律文			修改		
条例(2条)			原例2条 修改2条		
内府工作人匠替役律文			修改		
宫殿造作罢不出律文			修改		
辄出入宫殿门　律文			修改		
关防内使出入　律文			修改		
向宫殿射箭　律文			修改		
宿卫人兵仗　律文			修改		
禁经断人充宿卫律文			修改		
冲突仪杖　律文			修改		
条例(3条)		删除1条	原例2条 修并1条① 续纂1条		
行宫营门　律文			修改		
越城　律文			修改		
条例(2条)			原例2条 修改1条 删除1条		
门禁锁钥　律文			修改	修改	
军政					
擅调官军　律文			修改		
申报军务　律文			修改		
飞报军情　律文			修改	修改	

① 原系2条。

续表

律　目	刑部奏删新律例	满汉通行刑律	现行刑律案语	核订现行刑律	会奏修改各条
漏泄军情大事　律文			修改		
条例(3条)			原例3条 修改1条 删除2条		
边境申索军需　律文			修改		
失误军事　律文			修改		
从征违期　律文			修改		
条例(1条)			原例1条 删除1条		
军人替役　律文			修改		
条例(1条)			原例1条 删除1条		
主将不固守　律文			修改		
条例(7条)			原例7条 修改4条 修并1条① 删除1条		
纵军掳掠　律文			修改		
条例(3条)	删除2条		原例1条 修改1条		
不操练军士　律文			修改		
条例(1条)			原例1条 删除1条		
激变良民　律文			修改		
条例(2条)			原例2条 修改1条 仍旧1条		

① 原系2条。

续表

律　目	刑部奏删新律例	满汉通行刑律	现行刑律案语	核订现行刑律	会奏修改各条
私卖战马　律文			修改		
条例(2条)			原例2条 修改1条 删除1条	删除1条	
私卖军器　律文			修改		
条例(1条)			原例1条 修改1条		
毁弃军器　律文			修改		
条例(2条)	删除1条		原例1条 修改1条		
私藏应禁军器　律文			修改		
条例(10条)	删除2条		原例8条 修改3条 修并1条① 删除3条 续纂1条	修改2条	
纵放军人歇役　律文			修改		
条例(1条)			原例1条 仍旧1条		
公侯私役官军　律文			删除		
从征守御官军逃　律文			修改		
条例(6条)	删除3条		原例3条 删除3条		
优恤军属　律文			修改		
条例(1条)		删除1条			
夜禁　律文			修改	删除	

① 原系2条。

续表

律　目	刑部奏删新律例	满汉通行刑律	现行刑律案语	核订现行刑律	会奏修改各条
条例(1 条)		删除 1 条			
关津					
私越冒度关津　律文			修改	删除	
条例(10 条)	删除 7 条		原例 2 条 删除 2 条		
诈冒给路引　律文			修改	删除	
关津留难　律文			修改		
递送逃军妻女出城律文			修改		
盘诘奸细　律文			修改		
条例(12 条)	删除 3 条		原例 9 条 修改 2 条 仍旧 2 条 删除 5 条 续纂 1 条		
私出外境及违禁下海　律文			删除		
条例(44 条)	删除 27 条	删除 1 条	原例 16 条 移改 7 条 删除 7 条	移改 1 条	
私役弓兵　律文			修改	删除	
厩牧					
牧养畜产不如法律文			修改		
条例(1 条)			原例 1 条 修改 1 条		
孳生马匹　律文			修改		
条例(1 条)			原例 1 条 修改 1 条		

续表

律　目	刑部奏删新律例	满汉通行刑律	现行刑律案语	核订现行刑律	会奏修改各条
验畜产不以实　律文			修改		
条例(1条)	删除				
养疗瘦病畜产不如法　律文			修改		
乘官畜脊破领穿　律文			修改		
条例(1条)			原例1条 修改1条		
官马不调习　律文			修改		
宰杀马牛　律文			修改		
条例(4条)			原例4条 修改1条 修并1条① 删除1条		
畜产咬踢人　律文			修改	修改	
隐匿孳生官畜产　律文			修改		
条例(2条)		删除1条	原例1条 修改1条		
私借官畜产　律文			修改		
公使人等索借马匹　律文			修改		
邮驿					
递送公文　律文			修改		

① 原系2条。

续表

律　目	刑部奏删新律例	满汉通行刑律	现行刑律案语	核订现行刑律	会奏修改各条
条例(5条)			原例5条 修改4条 删除1条 续纂2条	续纂1条	
邀取实封公文　律文			修改		
铺舍损坏　律文			修改		
条例(1条)			原例1条 删除1条		
私役铺兵　律文			修改		
驿使稽程　律文			修改		
条例(3条)	删除1条		原例2条 删除2条		
多乘驿马　律文			修改		
条例(4条)			原例4条 修改2条 删除2条		
多支廪给　律文			仍旧		
条例(1条)	删除				
文书应给驿而不给律文			修改		
公事应行稽程　律文			修改		
条例(1条)			原例1条 修改1条		
占宿驿舍上房　律文			修改	删除	
乘驿马赍私物　律文			修改		
条例(2条)			原例2条 修改1条 仍旧1条	修改1条	
私役民夫抬轿　律文			修改		

续表

律　目	刑部奏删新律例	满汉通行刑律	现行刑律案语	核订现行刑律	会奏修改各条
条例(2条)			原例2条 修改1条 删除1条		
病故官家属还乡律文			修改		
条例(1条)			原例1条 仍旧1条		
承差转雇寄人　律文			修改		
条例(1条)			原例1条 修改1条		
乘官畜产车船附私物律文			修改		
条例(3条)	删除2条		原例1条 删除1条		
私借驿马　律文			修改		
刑律					
贼盗					
谋反大逆　律文			修改	修改	
条例(3条)			原例3条 删除3条		
谋叛　律文			修改	修改	
条例(9条)	删除2条	删除1条	原例6条 修改2条 仍旧1条 删除3条 续纂1条	修改1条	
造妖书妖言　律文			修改	修改	

续表

律 目	刑部奏删新律例	满汉通行刑律	现行刑律案语	核订现行刑律	会奏修改各条
条例(3条)			原例3条 修改2条 删除1条	修改1条	
盗大祀神御物 律文			修改		
盗制书 律文			修改		
盗印信 律文			修改		
盗内府财物 律文			修改		
条例(3条)			原例3条 修改3条	修改1条	
盗城门钥 律文			修改	修改	
盗军器 律文			仍旧		
条例(1条)	删除				
盗园陵树木 律文			修改		
条例(8条)			原例8条 修改5条 移改1条 删除2条	修改2条	
监守自盗仓库钱粮律文			修改		
条例(7条)	删除3条		原例4条 修改2条 移改2条	修改1条 删除1条	
常人盗仓库钱粮律文			修改		
条例(4条)	删除2条		原例2条 修改1条 删除1条		
强盗 律文			修改		

续表

律　目	刑部奏删新律例	满汉通行刑律	现行刑律案语	核订现行刑律	会奏修改各条
条例(49条)	删除7条	删除1条	原例39条 修改24条① 移改3条 仍旧5条 删除8条 续纂5条	修改4条	
劫囚　律文			修改		
条例(5条)			原例5条 修改5条	修改1条	
白昼抢夺　律文			修改		
条例(27条)	删除6条		原例21条 修改8条 移改1条② 仍旧3条 删除7条 续纂1条	修改2条	
窃盗　律文			修改		
条例(32条)	删除8条	删除1条	原例23条 修改13条③ 修并1条④ 移改1条 仍旧2条 删除6条	修改1条 删除1条	修改1条
盗马牛畜产　律文			修改		
条例(16条)	删除3条		原例13条 修改5条 仍旧3条 删除5条		

① 原系23条。
② 原系3条。
③ 原系12条。
④ 原系2条。

续表

律　目	刑部奏删新律例	满汉通行刑律	现行刑律案语	核订现行刑律	会奏修改各条
盗田野谷麦　律文			修改		
条例(22 条)	删除 8 条	删除 1 条 修改 1 条	原例 13 条 修改 4 条 仍旧 1 条 删除 8 条	删除 2 条	
亲属相盗　律文			修改	修改	
条例(6 条)			原例 6 条 修改 3 条 仍旧 2 条 删除 1 条	修改 2 条	
恐吓取财　律文			修改		
条例(24 条)	删除 5 条		原例 19 条 修改 3 条 修并 3 条① 仍旧 2 条 删除 8 条 续纂 1 条	删除 1 条	
诈欺官私取财　律文			修改		
条例(13 条)	删除 3 条		原例 10 条 修改 6 条 仍旧 1 条 删除 3 条	修并 1 条②	
略人略卖人　律文			修改	修改	
条例(18 条)	删除 10 条		原例 8 条 修改 7 条 删除 1 条	修改 4 条 续纂 1 条	修改 1 条
发冢　律文			修改	修改	

① 原系 6 条。
② 原系 2 条。

续表

律　目	刑部奏删新律例	满汉通行刑律	现行刑律案语	核订现行刑律	会奏修改各条
条例(23条)			原例23条 修改20条 仍旧1条 删除2条 续纂1条	修改2条 删除1条	
夜无故入人家　律文			修改		
条例(3条)			原例3条 修并1条①	修改1条	
盗贼窝主　律文			修改		
条例(25条)	删除2条		原例23条 修改12条 修并1条② 删除9条	修改1条 删除1条	
共谋为盗　律文			修改		
条例(1条)			原例1条 修改1条		
公取窃取皆为盗　律文			仍旧		
起除刺字　律文			删除		
条例(20条)	删除1条		原例19条 删除19条		
人命					
谋杀人　律文			修改		
条例(10条)	删除3条		原例7条 修改5条 删除2条		
谋杀制使及本管长官　律文			修改		

① 原系3条。

② 原系2条。

续表

律 目	刑部奏删新律例	满汉通行刑律	现行刑律案语	核订现行刑律	会奏修改各条
谋杀祖父母父母律文			修改	修改	
条例(7条)			原例7条 修改2条 修并1条 仍旧1条 删除3条		
杀死奸夫 律文			修改	修改	
条例(36条)			原例36条 修改16条 修并4条① 移改1条 移并2条 仍旧4条 删除6条 续纂1条	修改2条 修并1条② 删除2条	修改1条
谋杀故夫父母 律文			仍旧	修改	
杀一家三人 律文			修改	修改	
条例(17条)	删除1条	修改2条	原例16条 修改7条 修并1条③ 移并1条 仍旧2条 删除4条 续纂1条	修改4条 删除4条	
采生折割人 律文			修改	修改	
条例(1条)					
造畜蛊毒杀人 律文			修改		

① 原系8条。
② 原系2条。
③ 原系2条。

续表

律 目	刑部奏删新律例	满汉通行刑律	现行刑律案语	核订现行刑律	会奏修改各条
条例(2条)			原例2条 修改2条 续纂1条		
斗殴及故杀人 律文			修改		
条例(20条)		修改1条	原例20条 修改9条 修并2条① 移改1条 仍旧1条 删除4条	修改2条	
屏去人服食 律文			修改		
戏杀误杀过失杀伤人 律文			修改		
条例(22条)	删除2条		原例21条 修改6条 修并2条② 移并1条 仍旧1条 删除4条 续纂2条	修改3条	修改1条
夫殴死有罪妻妾 律文			修改		
条例(2条)			原例2条 修并1条③ 续纂1条		
杀子孙及奴婢图赖人 律文			修改	修改	

① 原系5条。
② 原系4条。
③ 原系2条。

续表

律 目	刑部奏删新律例	满汉通行刑律	现行刑律案语	核订现行刑律	会奏修改各条
条例(6条)			原例6条 修改4条 仍旧1条 删除1条		
弓箭伤人 律文			修改		
条例(1条)					
车马杀伤人 律文			修改		
条例(1条)					
庸医杀伤人 律文			修改		
条例(1条)			原例1条 修改1条		
窝弓杀伤人 律文			修改		
威逼人致死 律文			修改		
条例(25条)			原例25条 修改15条 修并3条① 仍旧1条 删除3条	修改5条	
尊长为人杀私和律文			修改	修改	
条例(1条)			原例1条 删除1条		
同行知有谋害 律文			修改		
斗殴					
斗殴 律文			修改		

① 原系6条。

续表

律　目	刑部奏删新律例	满汉通行刑律	现行刑律案语	核订现行刑律	会奏修改各条
条例(14 条)	删除 4 条	删除 1 条	原例 9 条① 修改 4 条 删除 4 条	删除 1 条	
保辜限期　律文			修改		
条例(7 条)	删除 1 条		原例 6 条 修改 3 条 删除 3 条		
宫内忿争　律文			修改		
条例(3 条)			原例 3 条 修改 3 条		
宗室觉罗以上亲被殴　律文			修改		
条例(2 条)			原例 2 条 修并 1 条②		修改 1 条
殴制使及本管长官律文			修改		
条例(5 条)		删除 1 条	原例 4 条 修改 3 条 删除 1 条		
佐职统属殴长官律文			修改		
上司官与统属官相殴　律文			仍旧		
九品以上官殴长官律文			修改		
拒殴追摄人　律文			修改		
殴受业师　律文			修改		

① 内 1 条移并在恐吓取财门。

② 原系 2 条。

续表

律目	刑部奏删新律例	满汉通行刑律	现行刑律案语	核订现行刑律	会奏修改各条
条例(1条)			原例1条 修改1条	修改1条	
威力制缚人　律文			修改		
条例(4条)			原例4条 修改2条 删除2条		
良贱相殴　律文			修改	删除	
条例(1条)			原例1条 删除1条		
奴婢殴家长　律文			修改	修改	
条例(16条)		删除2条	原例14条 修改4条 修并1条① 移改1条 仍旧1条 删除4条	修改3条 删除3条	
妻妾殴夫　律文			修改	修改	
条例(3条)			原例3条 删除3条		
同姓亲属相殴　律文			修改		
殴大功以下尊长律文			修改		
条例(15条)			原例15条 修改5条 修并2条② 移并1条	修改1条	修改1条
殴期亲尊长　律文			修改	修改	

① 原系3条。
② 原系3条，内1条由殴期亲尊长门并入。

续表

律　目	刑部奏删新律例	满汉通行刑律	现行刑律案语	核订现行刑律	会奏修改各条
条例(13条)			原例12条 修改7条 删除5条		修改1条
殴祖父母父母　律文			修改	修改	
条例(12条)			原例12条 移改1条 修改3条 修并1条① 仍旧4条 删除2条		修改1条
妻妾与夫亲属相殴律文			修改		
条例(2条)			原例2条 修改1条 删除1条		
殴妻前夫之子　律文			修改		
妻妾殴故夫父母律文			仍旧		
父祖被殴　律文			修改		
条例(4条)			原例4条 修改4条		
骂詈					
骂人　律文			修改		
骂制使及本管长官律文			修改		
条例(2条)			原例2条 修改1条 删除1条	修改1条	

① 原系2条。

续表

律　目	刑部奏删新律例	满汉通行刑律	现行刑律案语	核订现行刑律	会奏修改各条
佐职统属骂长官　律文			修改		
奴婢骂家长　律文			修改	修改	
骂尊长　律文			修改		
骂祖父母父母　律文			修改	修改	
条例(1条)			原例1条 仍旧1条		
妻妾骂夫期亲尊长　律文			修改		
妻妾骂故夫父母　律文			仍旧	修改	
诉讼					
越诉　律文			修改		
条例(27条)	删除7条	删除1条	原例18条 修改5条① 修并2条② 仍旧3条 删除7条		
投匿名文书告人罪　律文			修改		
条例(5条)	删除1条		原例4条 修改1条 仍旧2条 删除2条		
告状不受理　律文			修改		

① 原系4条。

② 原系4条。

续表

律　目	刑部奏删新律例	满汉通行刑律	现行刑律案语	核订现行刑律	会奏修改各条
条例(9条)			原例9条 修改1条 修并2条① 移改1条 删除3条		
听讼回避　律文			修改		
条例(1条)			原例1条 删除1条		
诬告　律文			修改		
条例(27条)	删除3条	删除1条	原例23条 修改17条② 修并1条③ 仍旧3条 删除2条		
干名犯义　律文			修改	修改	
条例(3条)	删除1条	删除2条			
子孙违犯教令　律文			修改		
条例(3条)		修改1条	原例3条 修改2条 仍旧1条		
见禁囚不得告举他事　律文			修改		
条例(1条)			原例1条 修改1条		
教唆词讼　律文			仍旧		

① 原系4条。
② 原系16条。
③ 原系2条。

续表

律　目	刑部奏删新律例	满汉通行刑律	现行刑律案语	核订现行刑律	会奏修改各条
条例(12条)		删除1条	原例11条 修改3条 修并2条① 仍旧2条 删除2条		删除1条
军民约会词讼　律文			删除		
条例(7条)		删除1条	原例6条 移改1条 删除5条		
官吏词讼家人诉律文			修改		
诬告充军及迁徙律文			删除		
受赃					
官吏受财　律文			修改		
条例(14条)	删除2条		原例12条 修改4条 修并1条② 仍旧4条 删除3条		
坐赃致罪　律文			修改		
事后受财　律文			仍旧		
官吏听许财物　律文			修改		
条例(1条)			原例1条 仍旧1条		
有事以财请求　律文			修改		
条例(2条)			原例2条 修改2条		

---

① 原系4条。

② 原系2条,内1条系由在官求索借贷人财物门并入。

续表

律　目	刑部奏删新律例	满汉通行刑律	现行刑律案语	核订现行刑律	会奏修改各条
在官求索借贷人财物　律文			修改		
条例(8条)	删除1条		原例7条 修改1条 移改2条 仍旧2条 删除2条		
家人求索　律文			仍旧	修改	
条例(1条)			原例1条 修改1条		
风宪官吏犯赃　律文			仍旧		
因公科敛　律文			修改		
条例(2条)	删除1条		原例1条 修改1条		
克留盗赃　律文			修改		
条例(1条)			原例1条 修改1条		
私受公侯财物　律文			删除		
诈伪					
诈为制书　律文			修改		
条例(3条)	删除1条		原例2条 修改1条 删除1条		
诈传诏旨　律文			修改	修改	
对制上书诈不以实律文			修改		
条例(1条)	删除				
伪造印信时宪书等律文			修改		

续表

律　目	刑部奏删新律例	满汉通行刑律	现行刑律案语	核订现行刑律	会奏修改各条
条例(4条)			原例4条 修改3条 仍旧1条		
私铸铜钱　律文			修改		
条例(12条)	删除1条		原例11条 修改6条 修并1条① 仍旧1条 删除2条 续纂2条	修并1条② 移改1条	
诈假官　律文			修改		
条例(7条)	删除3条		原例4条 修改2条 修并1条③		
诈称内使等官　律文			修改		
条例(2条)			原例2条 移改1条 删除1条		
近侍诈称私行　律文			修改		
诈为瑞应　律文			修改		
诈病死伤避事　律文			修改		
条例(2条)			原例2条 仍旧2条		
诈教诱人犯法　律文			修改		
条例(4条)			原例4条 修改2条 删除2条	修复1条	

① 原系2条。
② 原系3条。
③ 原系2条。

续表

律　目	刑部奏删新律例	满汉通行刑律	现行刑律案语	核订现行刑律	会奏修改各条
犯奸					
犯奸　律文			修改	修改	
条例(13条)	删除1条		原例12条 修改7条 修并1条① 删除3条	修改4条②	
纵容妻妾犯奸　律文			修改	修改	
亲属相奸　律文			修改	修改	
条例(3条)	删除2条		原例1条 修改1条		
诬执翁奸　律文			修改		
奴及雇工人奸家长妻　律文			修改	修改	
条例(3条)			原例3条 修改2条 删除1条	修改2条	
奸部民妻女　律文			修改		
居丧及僧道犯奸律文			仍旧		
条例(2条)	删除				
良贱相奸　律文			修改	删除	
官吏宿娼　律文			修改		
条例(1条)			原例1条 删除1条		
买良为娼　律文			修改	修改	

① 原系2条。

② 原系3条析出1条。

续表

律　目	刑部奏删新律例	满汉通行刑律	现行刑律案语	核订现行刑律	会奏修改各条
条例(4 条)			原例 4 条 修改 2 条 删除 2 条	修改 1 条	
杂犯					
拆毁申明亭　律文			修改		
条例(1 条)			原例 1 条 修改 1 条		
夫匠军士病给医药律文			修改		
赌博　律文			修改		
条例(17 条)	删除 1 条		原例 16 条 修改 3 条 修并 5 条① 删除 2 条	修改 2 条	
阉割火者　律文			修改		
条例(5 条)	删除 2 条		原例 3 条 修改 1 条 仍旧 1 条 删除 1 条	修改 1 条	
嘱托公事　律文			修改		
条例(1 条)			原例 1 条 移出 1 条		
私和公事　律文			修改		
失火　律文			修改		
条例(2 条)			原例 2 条 删除 2 条		
放火故烧人房屋律文			修改	修改	

① 原系 11 条。

续表

律目	刑部奏删新律例	满汉通行刑律	现行刑律案语	核订现行刑律	会奏修改各条
条例(3条)			原例3条 修改2条 删除1条		
搬做杂剧　律文			修改	删除	
条例(3条)	删除1条	删除1条	原例1条 删除1条		
违令　律文			修改		
不应为　律文			修改		
捕亡					
应捕人追捕罪人律文			仍旧		
条例(11条)	删除1条		原例10条 修改4条 修并2条① 仍旧1条 删除2条		
罪人拒捕　律文			修改		
条例(16条)	删除4条		原例12条② 修改9条 移改1条 删除1条 续纂2条	修改1条	修改1条
狱囚脱监及反狱在逃律文			修改	修改	
条例(11条)	删除1条		原例10条 修改4条 移改2条 仍旧1条 删除3条		

① 原系3条,1由盗贼捕限移入。

② 内1条在杀死奸夫门修改。

续表

律目	刑部奏删新律例	满汉通行刑律	现行刑律案语	核订现行刑律	会奏修改各条
徒流人逃 律文			修改	删除	
条例(27条)	删除5条		原例22条 修改2条 修并2条① 移改1条 仍旧1条 删除13条 续纂1条	移改3条② 删除2条	
稽留囚徒 律文			修改		
条例	删除1条		原例5条 修改3条 仍旧2条		修改1条
主守不觉失囚 律文			修改	修改	
条例(12条)	删除2条		原例10条 修改3条 修并2条③ 移改1条 仍旧1条 删除1条		
知情藏匿罪人 律文			仍旧		
条例(1条)			原例1条 移改1条		
盗贼捕限 律文			修改		
条例(29条)	删除4条		原例25条 修改11条 修并2条④ 移改2条 移并3条 移出1条 删除3条	修改1条 删除3条	

---

① 原系5条。

② 1条移入主守不觉失囚门,2条移入狱囚脱监及反狱在逃门。

③ 原系5条。

④ 原系5条,内有鞫狱停囚待对门例文2条。

续表

律　目	刑部奏删新律例	满汉通行刑律	现行刑律案语	核订现行刑律	会奏修改各条
断狱					
囚应禁而不禁　律文			修改		
条例(7 条)			原例 7 条 修改 3 条 修并 1 条 仍旧 2 条 删除 1 条	修改 1 条	修改 2 条
故禁故勘平人　律文			修改		
条例(7 条)			原例 7 条 修改 1 条 修并 1 条① 移改 1 条 删除 3 条		
淹禁　律文			修改		
条例(3 条)			原例 3 条 修改 2 条 删除 1 条		
凌虐罪囚　律文			修改		
条例(14 条)			原例 14 条 修改 9 条 修并 1 条② 删除 3 条	修改 2 条	修改 1 条
与囚金刃解脱　律文			修改	修改	
主守教囚反异　律文			修改		
条例(3 条)			原例 3 条 删除 3 条		
狱囚衣粮　律文			修改		

① 原系 2 条。

② 原系 2 条。

续表

律 目	刑部奏删新律例	满汉通行刑律	现行刑律案语	核订现行刑律	会奏修改各条
条例(10条)	删除1条		原例9条 修改4条 移改1条 删除4条		
功臣应禁亲人入视 律文			修改		
死囚令人自杀 律文			修改	修改	
老幼不拷讯 律文			修改		
鞫狱停囚待对 律文			修改		
条例(10条)			原例10条 移出2条 修改3条 仍旧1条 删除4条		修改2条
依告状鞫狱 律文			仍旧		
条例(1条)			原例1条 删除1条		
原告人事毕不放回 律文			修改		
条例(2条)			原例2条 修改2条		
狱囚诬指平人 律文			修改		
官司出入人罪 律文			修改①		
条例(6条)	删除1条		原例5条 修改5条		修改1条
辩明冤枉 律文			修改		

① 原徒流折杖比例24款,均删除。

续表

律　目	刑部奏删新律例	满汉通行刑律	现行刑律案语	核订现行刑律	会奏修改各条
条例(7条)	删除1条		原例6条 修改1条 仍旧3条 删除2条		
有司决囚等第　律文			修改		
条例(61条)	删除6条	删除1条	原例53条 修改21条 修并4条① 移并1条 移改4条 仍旧8条 删除11条 续纂1条	修改4条	修改2条 删除1条
检验尸伤不以实　律文			修改		
条例(21条)		删除2条	原例19条 修改11条 修并1条② 仍旧2条 删除3条	修改5条	
决罚不如法　律文			修改		
长官使人有犯　律文			修改		
断罪引律令　律文			修改		
条例(3条)			原例2条 修改1条 仍旧1条		修改1条
狱囚取服辩　律文			修改		
赦前断罪不当　律文			修改		
条例(5条)	删除1条		原例4条 修改2条 仍旧2条		

① 原系8条。

② 原系3条。

续表

律　目	刑部奏删新律例	满汉通行刑律	现行刑律案语	核订现行刑律	会奏修改各条
闻有恩赦而故犯　律文			仍旧		
徒囚不应役　律文			删除		
妇人犯罪　律文			修改		
条例(7 条)			原例 7 条 修改 2 条 仍旧 3 条 删除 2 条		删除 1 条
死囚复奏待报　律文			修改		
条例(3 条)			原例 3 条 修改 1 条 仍旧 1 条 删除 1 条		修改 1 条
断罪不当　律文			修改		
条例(6 条)			原例 6 条 修改 4 条 移出 1 条 删除 1 条		修改 1 条
吏典代写招草　律文			仍旧		
条例(1 条)			原例 1 条 修改 1 条		
工律					
营造					
擅造作　律文			修改		
条例(6 条)	删除 4 条		原例 2 条 修改 1 条 删除 1 条		

续表

律　目	刑部奏删新律例	满汉通行刑律	现行刑律案语	核订现行刑律	会奏修改各条
虚费工力采取不堪用　律文			修改		
造作不如法　律文			修改		
条例(1 条)	删除				
冒破物料　律文			修改		
条例(9 条)	删除 1 条		原例 8 条 修改 4 条 仍旧 1 条 删除 3 条	删除 2 条	
带造缎匹　律文			修改		
织造违禁龙凤纹缎匹　律文			修改		
造作过限　律文			修改		
修理仓库　律文			修改		
条例(1 条)			原例 1 条 删除 1 条		
有司官吏不住公廨律文			修改	删除	
条例(1 条)			原例 1 条 修改 1 条	移改 1 条	
河防					
盗决河防　律文			修改		
条例(2 条)			原例 2 条 修改 2 条		
失时不修堤防　律文			修改		
条例(5 条)			原例 5 条 修改 2 条 修并 2 条①	修改 1 条	

① 原系 3 条。

续表

律　目	刑部奏删新律例	满汉通行刑律	现行刑律案语	核订现行刑律	会奏修改各条
侵占街道　律文			修改		
条例(1条)			原例1条 删除1条		
修理桥梁道路　律文			修改		
比引律条(30条)	删除10条		原例20条 修并15条 删除5条		
督捕则例(107条)			原例110条 移改1条 移并5条① 删除96条	修并1条② 删除3条	

① 原系13条。
② 原系3条。